देवीप्रसाद चट्टोपाध्याय

देवीप्रसाद चट्टोपाध्याय का जन्म सन् 1918 में हुआ था।

उन्होंने कलकत्ता विश्वविद्यालय से एम.ए., डी.लिट्. किया तथा मॉस्को एकेडेमी ऑफ़ साइंसेज़ से मानद डी.एससी. की उपाधि से सम्मानित हुए। वे जर्मन एकेडेमी ऑफ़ साइंसेज़ के अकादमीशियन तथा भारतीय दार्शनिक अनुसंधान परिषद के राष्ट्रीय फ़ेलो भी रहे। काउंसिल ऑफ़ साइंटिफ़िक एंड इंडस्ट्रियल रिसर्च की शोध परियोजना 'प्राचीन भारत में विज्ञान एवं टेक्नोलॉजी का इतिहास' में अतिथि वैज्ञानिक के रूप में कार्य किया।

उनके द्वारा लिखित और सम्पादित ग्रन्थों की संख्या 40 से अधिक है, जिनमें से अनेक ग्रन्थों का अनुवाद चीनी, रूसी, जर्मन, जापानी और अन्य विदेशी भाषाओं में हो चुका है। उनके कुछ महत्त्वपूर्ण प्रकाशन हैं—'लोकायत', 'ह्वाट इज़ लिविंग एंड ह्वाट इज़ डेड इन इंडियन फ़िलॉसफ़ी', 'इंडियन एथीज़्म', 'साइंस एंड सोसायटी इन एनशिएंट इंडिया', 'इंडियन फ़िलॉसफ़ी', 'हिस्ट्री ऑफ़ साइंस एंड टेक्नोलॉजी इन एनशिएंट इंडिया', 'द बिगिनिंग्स' आदि।

निधन : 8 मई, 1993

लोकायत

प्राचीन भारतीय भौतिकवाद का अध्ययन

देवीप्रसाद चट्टोपाध्याय

अनुवाद
ममता कालिया

राजकमल पेपरबैक्स

पहला पुस्तकालय संस्करण
1982 में प्रकाशित

राजकमल पेपरबैक्स में
पहला संस्करण : 2005
छठा संस्करण : 2024

राजकमल पेपरबैक्स : उत्कृष्ट साहित्य के जनसुलभ संस्करण

राजकमल प्रकाशन प्रा.लि.
1-बी, नेताजी सुभाष मार्ग, दरियागंज
नई दिल्ली-110 002
द्वारा प्रकाशित

शाखाएँ : अशोक राजपथ, साइंस कॉलेज के सामने, पटना-800 006
पहली मंजिल, दरबारी बिल्डिंग, महात्मा गांधी मार्ग, प्रयागराज-211 001
1, अनमोल सोराबजी संतुक लेन, धोबी तलाव, मरीन लाइंस, मुम्बई-400 002
वेबसाइट : www.rajkamalprakashan.com
ई-मेल : info@rajkamalprakashan.com

विकास कंप्यूटर एंड प्रिंटर्स
ट्रॉनिका सिटी-201 102
द्वारा मुद्रित

मूल्य : ₹750

LOKAYAT
by Devi Prasad Chattopadhyay

ISBN : 978-81-267-0944-1

तीसरे अंगरेजी संस्करण का आमुख

अपनी पुस्तक का तीसरा संस्करण प्रकाशित होते देखकर किसी भी लेखक को प्रसन्नता हो सकती है। इस पुस्तक का आमुख लिखने का मुझे जो अवसर मिला है इस अवसर पर पीपुल्स पब्लिशिंग हाउस के मित्रों को सबसे पहले धन्यवाद ज्ञापित करना चाहूंगा जिनके अनवरत सहयोग के कारण मेरी यह पुस्तक लगातार पाठकों तक पहुंचती रही। इस अवसर पर मेरी सबसे बड़ी परेशानी यह है कि मैं उनको यथोचित धन्यवाद नहीं दे सकता। प्रस्तुत संस्करण की छपाई की देखरेख के लिए मैं अपने युवा साथी सुबोध राय का विशेष रूप से कृतज्ञ हूं जिन्होंने इसकी सारी परेशानियों को झेला है।

दूसरे संस्करण की भांति यह संस्करण भी फोटो आफसेट पद्धति से किया गया पुनर्मुद्रण है। इस प्रक्रिया के चलते लेखक और प्रकाशक दोनों ही मुद्रण की ढेर सारी परेशानियों से छुटकारा पा जाते हैं। लेकिन इस प्रक्रिया की सीमा यह है कि इसमें लेखक मूल पुस्तक में बहुत अधिक संशोधन नहीं कर सकता है। लेखक ने जो बातें 1959 के पहले जब पुस्तक प्रकाशित हुई थी तब लिखी थीं, स्वाभाविक है कि 1973 में वह उसमें काफी कुछ जोड़ना घटाना चाहेगा। 1967 में जब पुस्तक के दूसरे संस्करण का प्रस्ताव आया था तभी मुझे यह महसूस हुआ था लेकिन उस समय इसके लिए मैंने कोई प्रयास नहीं किया क्योंकि मैंने देखा कि जो नई सामग्री मैं जोड़ना चाहता हूं उसके लिए अथवा अपने तर्कों को नए सूत्रों में बांधने के लिए जो सामग्री मेरे पास एकत्र है उसके आधार पर पुस्तक में इतने अधिक परिवर्तन की आवश्यकता थी कि इस नई सामग्री को एक नई पुस्तक के रूप में प्रस्तुत करना मैंने अधिक श्रेयस्कर समझा। दूसरे संस्करण के आमुख में मैंने अपने पाठकों से वादा किया था कि मैं नई पुस्तक लिखूंगा तथा शीर्षक के रूप में, 'फर्दर स्टडीज इन इंडियन मैटिरियलिज्म' नाम भी सुझाया था। उस समय पांडुलिपि तैयार करने के लिए मैंने जितने समय का अनुमान लगाया था वह गलत साबित हुआ। मैंने सोचा था कि चूंकि उसके मुख्य तर्क मेरे मन में साफ हैं तथा इसके प्रमाण के लिए जितनी सामग्री की जरूरत है, मोटे तौर पर उसे पहले से एकत्र कर लिया गया है इसलिए उसे पुस्तक का रूप देने में ज्यादा समय नहीं लगेगा। मुझे अपनी गलती का वस्तुतः उस समय एहसास हुआ जब मैंने लिखने का काम आरंभ किया। मूलतः दो कारणों से यह प्रक्रिया उससे ज्यादा समय खपाने वाली साबित हुई जितना मैंने पहले सोच रखा था।

इस संदर्भ में पहला काम उस वैचारिक मलबे की सफाई का है जिसे भारतीय दर्शन की परंपरा की समकालीन व्याख्या के नाम पर इकठ्ठा किया गया है। आप की नाक के नीचे जो बात प्रत्यक्ष है उस पर जोर देने के लिए भी भारतीय दर्शन के बारे में तरह-तरह के निराधार और भ्रामक विचारों के विरुद्ध आपको लंबी बहस करनी पड़ती है। क्योंकि न केवल सामान्य शिक्षित भारतीय के मन में भी ये विचार घर कर गए हैं, बल्कि उनके मन में भी जिनको इस विषय का पर्याप्त पुस्तकीय ज्ञान है। गलत धारणाओं को साफ किए बगैर हमेशा इस बात का खतरा बना रहता है कि भारतीय दार्शनिक परंपरा के बारे में किसी वक्तव्य को, चाहे वह कितना भी साफ और सरल क्यों न हो, तत्काल यह कहकर अस्वीकार कर दिया जाएगा कि यह किसी निहित स्वार्थ के कारण तोड़ा मरोड़ा गया है।

दूसरी बात यह है कि जितना ज्यादा मैं भारतीय दर्शन की भौतिकवादी परंपरा को जानने का उपक्रम करता हूं उतनी ही स्पष्टता से मुझे दिखाई पड़ता है कि भारतीय दर्शन में इस परंपरा की विरोधी परंपरा का कुछ विवरण दिए बिना, यह काम पूरा नहीं किया जा सकता। खास तौर पर उस भाववादी परंपरा का विवरण दिए बिना जो विश्व को नकारती है। भारतीय दर्शन के इतिहास का कमोबेश मतलब यदि उस दार्शनिक गतिविधि के इतिहास से है जो ढाई हजार वर्षों की कालावधि में फैला हुआ है अर्थात उपनिषद काल से (जिसे लोग मोटे तौर पर सातवीं तथा आठवीं शताब्दी ई पू का मानते है) गदाधर तक (जो भारतीय तर्क शास्त्र के तथा अणुवाद के अंतिम महान प्रवक्ता थे और सातवीं शती में जिन्होंने अपनी पुस्तकों की रचना की)। आरंभ से अंत तक दर्शन की दो विरोधी प्रवृत्तियों के बीच संघर्ष का यह इतिहास रहा है—कभी प्रच्छन्न कभी तीव्र और स्पष्ट। इसके अलावा इस मुख्य संघर्ष के साथ कई गौण दार्शनिक दृष्टियों का संघर्ष जुड़ा हुआ है।

इस प्रकार जिस तरह भौतिकवादी प्रवृत्ति हमेशा धर्मनिरपेक्षता, विवेकवाद तथा विज्ञान से प्रतिबद्ध थी, भाववादी प्रवृत्ति के साथ रहस्यवाद, दकियानूसीपन, और धर्मग्रन्थों के प्रति अटूट आस्था जैसी बातें जुड़ी हुई थीं। संघर्ष के इस मूल दृष्टिकोण से विचार करने पर भारत की दार्शनिक परंपरा का जो चित्र उभर कर सामने आता है, उस आधारभूत विचार-धारात्मक संघर्ष को समझने में उसका महत्व बहुत ज्यादा है। यह संघर्ष अभी भी चल रहा है।

लेकिन इस चित्र के, जिसकी ऊपर चर्चा की गई है, पुनर्निमाण का काम बहुत आसान नहीं है। अपने पाठकों को मात्र सूचना दे सकता हूं कि इस कार्य पर मैंने पिछले कई वर्षों तक काफी परिश्रम किया है तथा अब मैं पांडुलिपि को अंतिम रूप देने के लिए उसे सुधारने-संवारने में लगा हूं। कुछ ही हफ्तों में इसकी पांडुलिपि पीपुल्स पब्लिशिंग हाउस के अपने मित्रों को सौंपने वाला हूं। लेकिन इस पांडुलिपि का शीर्षक बदल दिया गया है क्योंकि लेखन के दौरान इसकी योजना में परिवर्तन की जरूरत महसूस की गई। इस नई पांडुलिपि को मैंने, 'ह्वाट इज़ लिविंग ऐंड ह्वाट इज़ डेड इन इंडियन फिलासफी कहा है।*

कलकत्ता **देवीप्रसाद चट्टोपाध्याय**

15 नवंबर 1973

* यह पुस्तक अब प्रकाशित हो चुकी है (अनुवादक).

प्रथम अंगरेजी संस्करण का आमुख

श्री प्रशांत कुमार सान्याल की सक्रिय सहायता और प्रोत्साहन के बिना मैं यह काम शुरू भी नहीं कर सकता था और राणा घाट कालेज में संस्कृत के मेरे युवा अध्यापक श्री हरिदास सिनहरे के सहयोग के बिना इस पुस्तक को पूरा नहीं कर सकता था। श्री सिनहरे के प्रति अपनी कृतज्ञता को दो शब्दों में व्यक्त करना मेरे लिए असंभव है। प्राचीन ग्रंथों के मानक अनुवादों में जब मैं इधर-उधर भटका हूं तब मैंने उनके अनुवादों का सहारा लिया है, कभी-कभी थोड़ा-बहुत और कभी-कभी एकांतिक रूप से। इस पुस्तक का आठवां अध्याय तो विशेष रूप से उन्हीं के परिश्रम और धैर्य का परिणाम है इसलिए इस अध्याय को मैं दोनों का सहयोगी प्रयास मानता हूं। इसके साथ ही धैर्यपूर्वक उन्होंने पूरी पांडुलिपि का अवलोकन किया है और अनगिनत बहुमूल्य सुझाव दिए हैं।

पांडुलिपि संपादन तथा प्रूफ संशोधन का श्रमसाध्य कार्य श्री टी. के. एन. मेनन ने किया है। पीपुल्स पब्लिशिंग हाउस के अन्य मित्रों के प्रति भी मैं कृतज्ञता ज्ञापित करता हूं जिन्होंने अन्य कई रूपों में मेरी मदद की है।

कई महत्वपूर्ण सुझावों के लिए मैं जादवपुर विश्वविद्यालय के मनीन्द्रकिशोर चक्रवर्ती का आभारी हूं। 'सात्य' शब्द की व्याख्या, साथ ही प्रागैतिहासिक युग में वैदिक 'यज्ञ' शब्द की संभावित व्यंजनाओं की ओर संकेत उन्होंने ही किया था। इसी तरह बंगाल एशियाटिक सोसाइटी के श्री चित्रभानु सेन ने हमारा ध्यान इस संभावना की ओर आकृष्ट किया कि 'छांदोग्य उपनिषद' में जो 'स्वाध्यायम् अद्वव्रज' शब्द आया है उसका अर्थ वैदिक अध्ययन का परित्याग भी हो सकता है। श्री रामकृष्ण मैत्र ने पर्याप्त मात्रा में नृतत्वशास्त्र संबंधी आंकड़े उपलब्ध कराकर मेरी मदद की है जिसका मैंने इस पुस्तक में इस्तेमाल किया है। इस पुस्तक की अनुक्रमणी भी उन्होंने ही तैयार की है।

मैं अपने दो अंतरंग मित्रों का भी ऋणी हूं—श्री सुभाष मुखोपाध्याय तथा श्री मोहित सेन। कुछ व्यावहारिक सहायता के साथ-साथ कई महत्वपूर्ण मसलों पर उनके साथ प्रासंगिक चर्चाओं ने मेरे लिए नए विचारों के द्वार खोले हैं। कुछ आधारभूत मसलों पर श्री राधारमण मित्र के विद्वतापूर्ण निर्देशन के लिए मैं ऋणी हूं।

कई तरह की मदद के साथ मेरी पत्नी अलोका ने धैर्य के साथ मुझे सहयोग दिया है। उसके लिए मैं आभार व्यक्त करता हूं।

देवीप्रसाद चट्टोपाध्याय

अनुक्रम

खंड : एक
समस्या और पद्धति

1. असुर मत 3

1. भौतिकवाद और लोकदर्शन, 2. भारतीय भौतिकवाद की समस्या, 3. विलुप्त लोकायत ग्रंथ, 4. परंपरागत विधि, 5. विद्वत जगत में अराजकता, 6. मध्वाचार्य की प्रामाणिकता, 7. मध्वाचार्य की प्रस्तुतीकरण शैली, 8. लोकायत का प्रमाणवाद, 9. लोकायत नीतिशास्त्र, 10. लोकायत तत्वमीमांसा, 11. लोकायत और क्रियानुष्ठान, 12. लोकायत और असुर मत, 13. असुर मत और प्राचीन देहवाद, 14. असुर विश्वोत्पत्ति विज्ञान, 15. लोकायत और तंत्र, 16. असुर लोगों का मत, 17. सिंधु घाटी पुरातत्व, 18. तंत्र और सिंधु घाटी सभ्यता, 19. मूल सांख्य, 20. योन अनुष्ठान, 21. वेद और लोकायत, 22. पुनर्कथन.

2. मंत्रोच्चारक श्वान

1. एक दुर्बोध अंश, 2. बकदाल्भ्य कौन था, 3. आधुनिक व्याख्या, 4. 'कुत्ते' का अर्थ 5. वैदिक साहित्य में पशु नाम, 6. पशु नामों वाले मनुष्य, 7. प्राचीन साहित्य में श्वान, 8. पिछड़े लोग, 9. टोटमवाद या प्रतीक पूजावाद, 10. टोटमवाद और वैदिक साहित्य, 11. सामूहिक जीवन, 12. जादू टोना और धर्म, 13. अन्न के लिए गीत, 14. प्रारंभिक वैदिक गान, 15. छांदोग्य उपनिषद, 16. इच्छा और गीत, 17. वाक्, छंद और जादू टोना, 18. ऋग्वेद में गान, 19. लोक संस्कृति और वैदिक संस्कृति, 20. संक्षिप्त पुनर्कथन, 21. सामान्य सिद्धांत.

खंड : दो
सामाजिक पृष्ठभूमि का अध्ययन

3. गणपति 99

1. गणपति क्यों ?, 2. गणपति का अर्थ, 3. गणपति एक विपत्ति, 4. विघ्नेश्वर से सिद्धिदाता, 5. परस्पर विरोधी पौराणिक कथाएं, 6. विघ्नराज का रूपांतरण, 7. वेदों में गण और गणपति, 8. गणों के संबंध में जायसवाल का मत, 9. गण का अर्थ, 10. असमान विकास, 11. महाभारत का गण, 12. व्रात्य का अर्थ, 13. कौटिल्य और जनजातीय समाज, 14. वज्जि जनों का सामूहिक संहार, 15. जनजातीय अतिजीविता, 16. जातीय अथवा वंश संरचना, 17. ग्रामीण समुदाय, 18. वर्णव्यवस्था, 19. प्रथागत नियम, 20. जनजातीय अवशेषों का विपरीत अवस्था में पहुंचना.

4. गौरी 183

1. कृषि का आगमन और पुरुष के महत्व का विलोप, 2. शिकारी, कृषिकार्यरत और पशुपालक जनजातियां, 3. स्त्री और पुरुष का सामाजिक महत्व, 4. मातृ अधिकार, 5. पुरुष सूक्त और पशुपालक अर्थव्यवस्था, 6. मूर्ति शिल्प संबंधी अनुरूपताएं, 7. कृषि स्त्रियों की

खोज, 8. भारत में मातृ अधिकार, 9. स्त्री सिद्धांत, 10. मोहनजोदड़ो का धर्म, 11. ग्राम देवता.

खंड : तीन
भौतिकवाद

5. तंत्रवाद का स्वरूप 211

1. जादू और प्रारंभिक कृषि, 2. वामाचार का अर्थ, 3. कृषि अनुष्ठान, 4. दुर्गापूजा का मूल स्रोत, 5. लता साधना और यंत्र, 6. ख पुष्प, 7. पंच मकार, 8. तंत्र का अर्थ, उसकी पुरातनता और संप्रदाय, 9. तंत्रवाद के पंथ, 10. तंत्रवाद और जातियां, 11. देह तत्व, 12. तंत्रवाद और ताओवाद, 13. शारीरिक श्रम और आदि विज्ञान, 14. आदि-वैज्ञानिक प्रवृत्ति.

6. सांख्य : आदिभौतिकवाद से भौतिकवाद तक 283

1. तंत्र और सांख्य, 2. मूल सांख्य की समस्या, 3. मूल सांख्य संबंधी स्रोतग्रंथ, 4. ब्रह्म सूत्र और सांख्य, 5. भाववाद बनाम भौतिकवाद, 6. वेद विरोधी मतों का उद्भव, 7. पुरुष का स्थान, 8. सांख्य का उद्भव, 9. सांख्य और योग, 10. नया रूप और योग, 10. नया रूप और उसके मूल तत्व.

7. संघ और नियति 361

1. प्रारंभिक बौद्ध धर्म के संबंध में दो मत, 2. निर्णायक प्रश्न, 3. असमान विकास, 4. जनजातियां और राज्य, 5. नई विपत्तियां, 6. सत्य का साम्राज्य, 7. संघ और आदिम साम्यवाद, 8. ईश्वर रहित धर्म, 9. सैद्धांतिक आधार, 10. बुद्ध और उनके समकालीन, 11. भाग्यवाद.

खंड : चार
भाववाद

8. वरुण और माया 419

1. वैदिक साहित्य, 2. आधुनिक सादृश्य, 3. वैदिक देवता, 4. टोडा, 5. इहलौकिक इच्छाएं, 6. तुलनात्मक विधि, 7. सामूहिक जीवन के अवशेष, 8. भाग और अंश : वितरण, 9. सभा और समिति : प्रशासन, 10. यज्ञ : उत्पादन का अनुष्ठान, 11. वरुण की अवनति और ऋतु 12. माया : भाववाद का उदय.

परिशिष्ट

भाववाद का भौतिक आधार

संदर्भ ग्रंथ सूची 535

अनुक्रमणी 544

खंड : एक

समस्या एवं पद्धति

1

असुर मत

प्राचीन भारतीय भौतिकवाद की समस्या

प्राचीन भारत में प्रचलित दार्शनिक शब्दावली में बड़ी विचित्र किंतु रोचक अस्पष्टता तथा अनेकार्थता है। फिर भी इसका महत्व आधुनिक युग जितना ही है।

हमारे विचारशील पुराने दार्शनिकों ने लोकदर्शन और भौतिकवादी दर्शन के लिए दो भिन्न शब्दों का प्रयोग करने की आवश्यकता नहीं समझी। दोनों के लिए एक ही शब्द था 'लोकायत' जिसे चार्वाक या 'बार्हस्पत्य' दर्शन भी कहा जाता था। लोकायत का अर्थ था लोगों का दर्शन या लोकदर्शन। लोकायत का अर्थ इहलौकिक दर्शन या भौतिकवाद भी था।

1. भौतिकवाद और लोकदर्शन

'लोकेषु आयत: लोकायत:' इसे लोकायत कहा गया क्योंकि यह लोगों में (लोकेषु) प्रचलित (आयत:) था। चौदहवीं शताब्दी के दार्शनिक मध्वाचार्य ने मध्ययुग में भारतीय दर्शन का जो सारग्रंथ 'सर्वदर्शन संग्रह' लिखा था उसके अनुवाद में ई. बी. कोवेल ने लोकायत शब्द की इस व्युत्पत्ति को स्वीकार किया है (I. 2. टि.) एच. पी. शास्त्री ने भी इस शब्द का प्रयोग इसी अर्थ में किया है जिसका मतलब है: विश्व के प्रति लोगों का दृष्टिकोण (बौद्ध धर्म (व) 37-8) उन्होंने यह व्याख्या सामान्य और व्यावहारिक ढंग से की है। मानो यह देश के साधारण दार्शनिक चिंतन का एक अंग हो और इसलिए इसके समर्थन के लिए किसी प्रमाण की कोई आवश्यकता नहीं रही हो।

लेकिन इसके समर्थन के लिए प्रमाण हैं और हम एक-दो प्रमाणों का उल्लेख करेंगे। एस. एन. दासगुप्त (52.iii.514 टि) ने पहले ही यह बात इंगित की है कि बौद्ध ग्रंथ 'दिव्यावदान' में लोकायत शब्द का प्रयोग इसकी व्युत्पत्ति वाले अर्थ में हुआ है यानी वह जो लोगों में प्रचलित था। चौदहवीं शताब्दी के जैन भाष्यकार गुणरत्न (तर्क रहस्य दीपिका 300) ने आठवीं शताब्दी के हरिभद्र के 'षड्दर्शन समुच्चय' पर अपनी टीका में लोकायतों (या लोकायतिकों) का उल्लेख इस अर्थ में किया है कि वे विवेक और क्षमताविहीन साधारण लोगों जैसा आचरण करते थे। मध्वाचार्य ने भी यह बताने के लिए कि प्राचीन भौतिकवादी मत, जो परंपरा से ही चार्वाक के नाम से जुड़ा हुआ है, लोकायत मत भी क्यों कहलाता था। इसके लिए उन्होंने लगभग यही कारण बताया है।

> नीति और उपयोग संबंधी शास्त्रों के अनुरूप जो आम आदमी संपत्ति अर्जन और इच्छापूर्ति को मानव का एकमात्र लक्ष्य मानते हैं और इस बात को नहीं मानते कि कोई भी वस्तु परलोक के लिए है, वे केवल चारवाक मतावलंबी हैं। इसलिए इस मत का दूसरा नाम लोकायत है—एक ऐसा नाम जो उपरोक्त विचारधारा के अनुरूप है। (1.2)

ऐसा कहते हुए मध्वाचार्य अपने महान गुरु शंकराचार्य (आठवीं शताब्दी) का ही अनुसरण कर रहे थे (आन ब्र. सू. i. 1.1)। शंकर ने 'ब्रह्मसूत्र' पर अपने भाष्य में साधारण असभ्य लोगों (प्राकृत जनाः) को लोकायत मतानुयायियों (लोकायतिकः) के समकक्ष बताया।

यह सत्य है कि इस प्रकार के विचार मुख्यतः लोकायत के प्रति घृणा से ही उपजे थे किंतु इस बात से इन कथनों का महत्व कम नहीं होता, विशेषकर इस तथ्य को ध्यान में रखते हुए कि लोकायत शब्द की व्युत्पत्ति में ही यह बात निहित है। निश्चय ही लोकायत का अर्थ था लोकदर्शन अथवा जनसाधारण का जीवनदर्शन। यह भी सत्य है कि जो लोग इस अर्थ में इस शब्द का प्रयोग करते थे उनके मन में बहुधा इन लोगों और इनके दर्शन के प्रति बहुत घृणा थी।

यह दर्शन मूलतः इहलौकिक या भौतिकवादी था। अन्य प्रमाणों के अलावा, इस शब्द के वैकल्पिक महत्व से भी इसी बात का संकेत मिलता है। पीटर्सबर्ग डिक्शनरी में लोकायत को केवल भौतिकवाद बताया गया है। (v. 235.)। किंतु पी. टी. एस. डिक्शनरी ने इस शब्द का अर्थ लिया है लोगों का विश्व दृष्टिकोण, एम. मोनियर विलियम्स (99. 907) के अनुसार पुल्लिग में इस शब्द अर्थ 'भौतिकवादी' और नपुंसक लिंग में 'भौतिकवाद' है जो नास्तिकवादी दर्शन प्रणाली है। एच. टी. कोलब्रुक ने कहा कि पुल्लिग में लोकायतन का अर्थ 'भौतिकवादी' ही है। (वही)

हमारे कुछ पुराने प्रमुख विद्वानों ने भी इस शब्द की यही व्याख्या की है। पंचानन तर्करत्न (बंगला साहित्य सम्मेलन के चौदहवें अधिवेशन के दार्शनिक अनुभाग में अध्यक्षीय भाषण) के अनुसार यह दर्शन 'लोकायत इसलिए कहलाया क्योंकि इसका विश्वास केवल इस ठोस भौतिक लोक में था, अन्य किसी बात में नहीं। इससे इतर अन्य सभी बातों के अस्तित्व को इसमें नकारा गया है। राजकृष्ण मुखोपाध्याय ने भी इसी प्रकार का तर्क दिया है (बंगदर्शन व श्रवण 1881) उनके अनुसार, लोकायत शब्द का व्युत्पादन इस दर्शन में प्राकृतिक विश्व (लोक अथवा इहलोक) पर मूल रूप से बल देने के कारण हुआ है।

प्राचीन ग्रंथों में हमें यह देखने को मिलता है कि लोकायत शब्द को इसकी भौतिकवादी सामग्री के आधार पर स्पष्ट करने के कुछ प्रयत्न किए गए। पांचवीं शताब्दी के बौद्ध टीकाकार बुद्ध घोष ने विचार व्यक्त किया था कि आयतः शब्द का प्रयोग आयतन अर्थात 'आधार' के अर्थ में भी किया जा सकता है (52. iii. 515)। इसके अनुरूप लोकायत का अर्थ होगा ऐसा दर्शन जिसका आधार यह भौतिक लोक है। हरिभद्र (षड् दर्शन समुच्चय 81) और उनके टीकाकारों ने भी इस नाम की कुछ ऐसी ही व्युत्पत्ति बताई थी। हरिभद्र ने लोकशब्द की परिभाषा बताई, वह सब जिसके बारे में ज्ञानेंद्रियों से पता चल सके। एक टीकाकार मणिभद्र ने कुछ और निश्चित परिभाषा देने का प्रयत्न किया (षड्दर्शन समुच्चय पर मणिभद्र की टीका)। इसका सार था, लोक पदार्थ सार्थं अथवा पदार्थ समूह, यानी संपूर्ण भौतिक अस्तित्व। इन दोनों के अनुसार, अब चूंकि लोकायत शब्द का मूल लोक शब्द में था इसलिए इसका अर्थ केवल भौतिकवादी दर्शन ही हो सकता था।

इसी प्रकार लोकायत का अर्थ न केवल लोकदर्शन, बल्कि इहलौकिक अथवा भौतिकवादी दर्शन था। वास्तव में भारतीय दर्शन के दो प्रमुख विद्वानों एस. राधाकृष्णन और दासगुप्त ने बारी-बारी से इस एक ही नाम के दो अर्थों की ओर हमारा ध्यान आकृष्ट किया है। राधाकृष्णन का कहना है कि 'इंद्रिय ज्ञान वाले विश्व के संदर्भ में लोकायत भौतिकवाद के लिए पयर्यावाची संस्कृत शब्द है (105.i. 279 टि.)। दासगुप्त का कहना है कि 'लोकायत (शब्दिक अर्थ—जो लोगों में प्रचलित है) चार्वाक के सामान्य रूप से सभी विदित मतों के लिए पर्यायवाची शब्द

प्रतीत होता है' (52. 1. 78 टि.)। अब हमें इन दोनों अर्थों में संबंध स्थापित करना है और यदि हम ऐसा करते हैं तो हमें बार बार किए गए इस दावे में अपना संदेह प्रकट करना होगा कि भारत की दार्शनिक परंपरा, भाववाद या अध्यात्मवाद की एक अबाध धारा है। यह दावा तो आज भी किया जाता है : भारतीय चिंतन की विशेषता यह है कि इसमें मानव के बाह्य विश्व की अपेक्षा आंतरिक विश्व की ओर अधिक ध्यान दिया गया है। (106. i. 21)

यह तभी सत्य हो सकता है यदि हम भारतीय चिंतन की उस प्रवृत्ति को अनदेखा कर जाएं जिसे परंपरा से सामान्य भारतीय जन की प्रवृत्ति माना जाता है। उसका विश्व दृष्टिकोण स्वाभाविक रूप से ही भौतिकवादी था और लोकायत नाम इसी तथ्य का प्रमाण है।

2. भारतीय भौतिकवाद की समस्या

इससे यही निष्कर्ष निकलता है कि प्राचीन भारतीय भौतिकवाद को एक ऐसा दार्शनिक मत नहीं समझा जा सकता जिसका विभिन्न विचार पद्धतियों में अपना पृथक स्थान हो। हमारे प्राचीन भौतिकवाद का प्रश्न, हमारे जन इतिहास के साथ अविभाज्य रूप से जुड़ा हुआ है। 'जन' से क्या तात्पर्य था ? क्या उनका कोई दर्शन था ? यदि ऐसा था तो वह किन अर्थों में भौतिकवाद था ? ये ऐसे प्रश्न हैं, लोकायत का अध्ययन करते समय जिनकी उपेक्षा नहीं की जा सकती।

स्पष्ट है कि इन प्रश्नों के उत्तर लोकायत के संबंध में उपलब्ध सामग्री में खोजने होंगे। किंतु यह सामग्री सहायक और संतोषप्रद होने की अपेक्षा, अनेक और अनपेक्षित कठिनाइयां उत्पन्न करती हैं।

उदाहरण के लिए यह सभी जानते हैं कि लोकायत संबंधी उपलब्ध सामग्री इतनी कम और खंडित है कि इसे मिला-जुलाकर लोकायत का फिर से संपूर्ण ढांचा बनाने के लिए कूवियर जैसे पुरातत्ववेत्ता की आवश्यकता होगी। फिर भी जैसे जैसे हम आगे बढ़ते हैं, हमें अनुभव होता है कि एकमात्र या वास्तविक कठिनाई यही नहीं है। इस प्रकार की सामग्री बहुत अस्पष्ट और कम से कम बाह्य रूप से अंतर्विरोधों तथा भ्रामक बातों से भरी पड़ी है।

इससे आंशिक रूप से यह स्पष्ट होता है कि प्राचीन भारत में लोकायत के प्रादुर्भाव और महत्व के संबंध में आधुनिक शोधकर्ताओं के बहुत से निष्कर्ष क्यों अनिश्चित से रहे। हम आगे चलकर देखेंगे कि प्रत्येक निष्कर्ष पूर्णतया किसी चुने हुए एक सूचनास्रोत पर आधारित था इसीलिए उस शोधकर्ता ने लोकायत का निष्कर्ष अपने निजी दृष्टिकोण से निकाला।

किंतु एक और बात भी है जिसके कारण प्राचीन भारतीय भौतिकवाद के संबंध में इतनी अधिक संख्या में भिन्न विचार बने। इन आधुनिक शोधकर्ताओं के बीच आपसी मतभेद होते हुए भी इन सब ने परोक्ष या प्रत्यक्ष रूप से मध्वाचार्य के 'सर्वदर्शन संग्रह' को ही विलुप्तप्राय लोकायत का पुर्नगठन करने के उद्देश्य के लिए एकमात्र उचित प्रारंभिक बिंदु माना है। किंतु मध्वाचार्य ने लोकायत का जो वर्णन किया है वह संदिग्ध है। हम आगे चलकर देखेंगे कि ऐसा क्यों है। हो सकता है कि एक बार हम मध्वाचार्य के प्रभाव से अपने आपको मुक्त कर लें तो उससे भी पुराने स्रोतों से लोकायत के संबंध में मिलने वाली जानकारी हमें उतनी जटिल नहीं प्रतीत हो।

इसीलिए मैंने पुराने घिसे-पिटे रास्ते पर न चलना ठीक समझा और किसी ऐसी विधि की खोज का प्रयत्न किया जिससे प्राचीन सामग्री पर कोई नई रोशनी पड़ सके और लोकायत को जनसाधारण के इहलौकिक दृष्टिकोण के रूप में समझने में सहायता मिल सके। ऐसी विधि का आभास मुझे जी थामसन के हाल के लेखों से, विशेषकर उनकी पुस्तकों, 'ऐशचिलस ऐंड एथेंस',

और 'स्टडीज इन एंशिएंट ग्रीक सोसायटी' के पहले दो खंडों में मिला। दूसरे अध्याय में मैंने बताया है कि किस प्रकार दुर्बोध, यहां तक कि निरर्थक प्रतीन होने वाली कुछ प्राचीन दार्शनिक सामग्री के अंशों को भी, थामसन के सिद्धांतों के अनुसार व्याख्या करके स्पष्ट रूप से समझा जा सकता है।

उनका तरीका अपनाते समय मुझे कुछ ऐसे प्रश्न उठाने के लिए बाध्य होना पड़ा जो साधारणतया इस विषय पर स्तरीय विचार-विमर्श में नहीं उठाए जाते। इसका परिणाम, विषय से हटकर विचार करने से भी कुछ अधिक ही रहा। यहां तक कि मुझे अपनी पूर्वनिर्धारित योजना में काफी संशोधन करना पड़ा और बहुत हद तक मेरा लेखनकार्य उन दुर्बोध पंथों के स्रोतों का पता लगाने पर केंद्रित हो गया, जिन्हें आमतौर पर तंत्र कहा जाता है। इसके अलावा सांख्य दर्शन के प्रादुर्भाव और विकास से संबद्ध बहुचर्चित प्रश्न को भी गंभीरता से लेना पड़ा और कम से कम आंशिक रूप से इसका उत्तर खोजना पड़ा। मैंने देखा कि भारत में मातृ-अधिकार से संबद्ध अति जटिल प्रश्न पर विचार किए बिना यह सब कुछ संभव नहीं था। वास्तव में अंत में मैंने यह अनुभव किया कि लोकायत के संबंध में आज भी हमारा ज्ञान अधूरा है। इसका मुख्य कारण एक दुर्भाग्यपूर्ण परिस्थिति है। प्राचीन भारत में मातृ अधिकार और इसकी विशिष्ट विचार धारा का अभी और गंभीरता से अध्ययन और उस पर शोध होना चाहिए। जैसाकि हम देखेंगे, जे. मार्शल ने आर. पी. चंदा के सुझावों का अनुसरण करते हुए कई महत्वपूर्ण विचार व्यक्त किए हैं। और ओ. आर. एहरेनफेल्स ने मार्शल से प्रेरणा पाकर और सामग्री इकट्ठी की है। किंतु उन्होंने मोरगन, एंगेल्स और ब्रिफो की ओर ध्यान नहीं दिया इसलिए उनके जो निष्कर्ष हैं उनका महत्व अपूर्ण है।

लेकिन इन सबसे ज्यादा आश्चर्यजनक बात एक और है जो मुझे अपने अध्ययन के दौरान नजर आई। लोकायत की परंपरा और प्राचीन वैदिक परंपरा के बीच मूल रूप से समानता है। यह अत्यंत उल्लेखनीय है। हम जानते हैं कि ये दोनों परंपराएं एक दूसरे से बहुत भिन्न हैं बल्कि वास्तव में पूर्ण रूप से परस्पर विरोधी हैं। यह भी सभी जानते हैं कि जिन लोगों ने बाद में स्वयं को वैदिक परंपराओं के उत्तराधिकारी घोषित किया उनके मन में लोकायत के प्रति कितनी घृणा थी। इसी तरह ऐसे लोगों के प्रति लोकायतिकों की घृणा भी उतनी ही सर्वविदित है। फिर भी ऊपर जिन समानताओं की बात कही गई है वे अद्भुत हैं। इसको स्पष्ट करना होगा। मुझे आदि वैदिक जनों के विचार और मान्यताओं के उद्गम की खोज के लिए इस पुस्तक में संबद्ध विषय से काफी अलग हटना पड़ा है। और विरोधाभास यह है कि ऐसा मुझे लोकायत को अधिक अच्छी तरह समझने के लिए करना पड़ा। इस प्रकार का रास्ता प्रचलित विधि से हटकर है। इसलिए मैं उन परिस्थितियों को सामने लाने का प्रयत्न करूंगा जिनमें मुझे यह प्रश्न उठाने के लिए बाध्य होना पड़ा है।

3. विलुप्त लोकायत ग्रंथ

आमतौर पर यही मानकर प्राचीन भारतीय भौतिकवाद का अध्ययन प्रारंभ किया जाता है कि इसके इतिहास का पुनर्निर्माण करने में वास्तविक कठिनाई, संबद्ध सामग्री उपलब्ध न होने के कारण उत्पन्न होगी। क्योंकि यह कहना अतिशयोक्ति न होगी कि विलुप्त लोकायत के संबंध में अनिश्चितता के समुद्र में निश्चित उपलब्ध सूचना केवल इतनी ही है कि हमारे पास लोकायत पर कोई मूल लेख नहीं हैं। आधुनिक विद्वान तो इस बात पर भी सहमत नहीं हो पाए हैं कि इस तरह के कोई लेख कभी थे भी।

रिस डेविड्स ने इस संभावना को दृढ़ता से नकारा है (113.1.166 और आगे)। शंकर और बौद्धों द्वारा लोकायत के खंडन की चर्चा करते हुए डेविड्स का कहना है कि 'जो बातें कही गई हैं उनसे कुछ विचारकों और अन्य व्यक्तियों के मिले-जुले विचारों की ओर संकेत किया गया है न कि कोई विशेष प्रबंध लिखा गया है।' डेविड्स का विचार है कि जिस दार्शनिक मत का इस प्रकार खंडन हो जाए उसे प्रतिपादित करने के लिए ग्रंथ लिखना अवांछनीय पूर्वग्रह ही हो सकता है।

किंतु तुची, गार्बे और दासगुप्त द्वारा इकट्ठा किए गए प्रमाण निश्चित ही इस विचार के विरुद्ध हैं। तुची का कहना है :

> यह सभी जानते हैं कि आज के युग तक कोई लोकायत ग्रंथ बचा नहीं रहा है। किंतु इससे यह धारणा बना लेना, जैसाकि कुछ विद्वानों ने किया, कि लोकायत ग्रंथ कभी लिखे ही नहीं गए थे, एक प्रकार का अन्याय होगा। मैं केवल संक्षेप में कुछ तथ्यों का उल्लेख करूंगा जो मेरे विचार से स्पष्ट रूप से यह इंगित करते हैं कि प्राचीन काल में लोकायत ग्रंथों के बारे में लोगों को पता था। (पी. आई. पी. सी. 1925-36)

चंद्रकीर्ति के 'प्रज्ञा शास्त्र' में एक लोकायत शास्त्र का उल्लेख है। आर्यदेव के 'सत् शास्त्र' में 'बृहस्पति सूत्र' के कुछ वास्तविक उद्धरण हैं। 'परंपरा से ही यह माना गया है कि स्वयं बृहस्पति ने एक चिंतन प्रणाली 'बार्हस्पत्य' पर प्रथम ग्रंथ लिखा था। और मुझे समझ में नहीं आता कि हम इसे क्यों न मानें' (वही)। 'पुष्य दंत' की कृति के हाशिये में कुछ टिप्पणियां लिखने वाले अज्ञात लेखक के अनुसार, 'इस कृति में जिस पुरंदर नामक व्यक्ति का उल्लेख है वह चार्वाक मते ग्रंथ-कर्ता,' था अर्थात वह उन ग्रंथों का रचयिता था जिसमें चार्वाक प्रणाली को प्रतिपादित किया गया था। गार्बे (ई. आर. ई. viii. 138) ने दो विशिष्ट व्यक्तियों के नाम लिए हैं, पतंजलि (महाभाष्य vii. 23.3.45) और भास्कराचार्य (आन ब्र. सू. iii.3.53) जो, 'भौतिकवाद के ग्रंथों के अस्तित्व के साक्षी हैं।'

दासगुप्त (52. iii. 514) ने बौद्ध ग्रंथ 'दिव्यावदान' का उल्लेख किया है जिसमें लोकायत को, 'एक विशिष्ट चिंतन शैली माना है जिसका एक भाष्य और एक प्रवचन भी था।' इसके साथ उन्होंने पतंजलि का प्रमाण जोड़ा, जिसका उल्लेख गार्बे कर चुके हैं। इसे उन्होंने निर्णायक प्रमाण माना। 'वर्त्तिका सूत्र' के लेखक व्याकरणशास्त्री कात्यायन (लगभग 300 ई० पू०) ने एक नियम बनाया जिसके अनुसार,

> 'वर्णक' शब्द का स्त्रीलिंग 'वर्णका' हो जाता है जिसका अर्थ है कंबल अथवा अपने चारों ओर लपेटने वाली शाल जैसी कोई वस्तु। पतंजलि ने (लगभग 150 ई०पू०) इस 'वर्त्तिका सूत्र' की व्याख्या करते हुए कहा है कि वर्णक शब्द के अर्थ को सूती या ऊनी दुशाले तक ही सीमित रखने का उद्देश्य यह है कि अन्य अर्थों में इसका स्त्रीलिंग वर्णिका या वर्त्तिका (अर्थात टीका या टिप्पणी) हो जाएगा जैसाकि लोकायत पर भगूरी की टीका में हुआ है। (वही. iii.515-6)

इससे दासगुप्त ने यह निष्कर्ष निकाला कि 'यह निश्चित प्रतीत होता है कि लोकायत नाम का कोई ग्रंथ था जिसपर 150 ई०पू० से भी पहले, या तीन सौ वर्ष से भी पूर्व कम से कम एक भाष्य लिखा गया था। यही वे वर्ष हैं जिनके बीच 'वर्त्तिका सूत्र' के रचयिता कात्यायन के जीवनकाल का अनुमान लगाया गया है।' (वही)

किंतु ऐसे ग्रंथ, चाहे कभी वे अस्तित्व में रहें हों, अब हमारे लिए खो चुके हैं। बहुत से ग्रथों में लोकायत के विचारों के विरुद्ध जितना तिरस्कार और घृणा व्यक्त की गई है, उसे देखते हुए

बहुधा यह अनुमान लगाया जाता है कि इन ग्रंथों को जानबूझकर नष्ट कर दिया गया होगा (55.100)। बहरहाल जो भी था, यह बहुत पहले घटित हुआ होगा, संभवतः क्रिश्चियन युग से भी पहले। ऐसे विलुप्त लेखों और ग्रंथों के उल्लेख मात्र के अलावा आज हमारे पास लोकायत विचारों के कुछ इक्का दुक्का उल्लेख हैं। ये छुटपुट उल्लेख लोकायत मत, या इसके अनुयायियों यानी लोकायितकों के बारे में भी हैं जो ऐसे लोगों के लेखों में मिलते हैं जो केवल लोकायत की खिल्ली उड़ाना या इसका खंडन करना चाहते थे। जैसाकि एस. के. बेलवलकर और आर. डी. रानाडे ने कहा है, कि इस दार्शनिक मत का यह दुर्भाग्य रहा है कि इसे हम विरोधियों की कृतियों के माध्यम से ही जान पाए हैं। (69.ii. 459)

लोकायत मतानुयायियों के विरोधी निष्पक्ष रूप से यह बताने को उत्सुक नहीं रहे होंगे कि लोकायत वास्तव में क्या था। इसलिए हम आशा नहीं करते कि इन स्रोतों से हमें लोकायत के संबंध में निष्पक्ष विवरण मिलेगा। दूसरी बात यह है कि विभिन्न दार्शनिक मतों के लेखकों ने दार्शनिक विवादों के अलग अलग संदर्भों में लोकायत का खंडन करने का प्रयत्न किया। इस प्रकार इन स्रोतों से लोकायत के संबंध में जो जानकारी मिली वह अनिवार्यतः बहुत से टुकड़ों में बटी हुई थी। संभवतः एकमात्र अपवाद 'सर्व दर्शन संग्रह' है जिसमें लोकायत का विवरण है और लेखक ने एक तारतम्य का आभास दिया है। किंतु हम देखेंगे कि इस पर भी बहुत कम भरोसा किया जा सकता है। ऐसी परिस्थितियों में रिस डेविड्स का यह कहना पूरी तरह उचित है कि 'जब तक अन्य ग्रंथों की खोज नहीं हो जाती, विशेषकर ऐसे ग्रंथ जो विरोधियों के लिखे हुए न हों, (113.1.170-1) तब तक अधिक से अधिक लोकायत के संबंध में इसके खंडित अस्तित्व का उत्तर खोजने के लिए हम कोई कामचलाऊ धारणा ही बना सकते हैं।

रिस डेविड्स ने यह बात 1899 में लिखी थी। तब से हम अपने अनुभव के आधार पर अब निश्चत रूप से यह कह सकते हैं कि इस प्रकार के ग्रंथ मिलने की कोई आशा नहीं है। यह सच है कि एफ. डब्लू. थामस ने एक 'बृहस्पति सूत्र' का पता लगाया जिसे संपादित और अनूदित करने के बाद 1921 में प्रकाशित किया गया। हो सकता है कि यह लोकायत ग्रंथ हो क्योंकि ऐसा कहा जाता है कि लोकायत मत की स्थापना बृहस्पति ने की थी। किंतु कोई भी विद्वान इस पुस्तक को गंभीरतापूर्वक स्वीकार नहीं कर सकता है। यह कृति समय के संदर्भ में बहुत देर से लिखी गई और इसमें बताई गई विचारधारा लोकायत मत से वास्तव में भिन्न या निश्चित ही उसके विरुद्ध है। जैसाकि तुची का कहना है, 'इसका स्वरूप निश्चित ही ब्राह्मणपक्षीय हैं।' साथ ही उन्होंने कहा है : 'किंतु इसके बावजूद आपको इसमें लोकायत के बारे में कुछ ऐसे उद्धरण मिलेंगे जो संभवतः किसी प्राचीन ग्रंथ में से लिए गए थे और वह ग्रंथ अथवा संग्रह अब विलुप्त हो चुका है। किंतु उसका स्वरूप विशिष्ट रूप से लोकायत मत के अनुरूप था।' (पी. आई. पी. सी. 1925.36) किंतु यही तो वास्तविक समस्या है। विशिष्ट लोकायत स्वरूप का निश्चित अर्थ क्या है? इसके संबंध में हमारी जानकारी का स्रोत क्या है?

4. परंपरागत विधि

इसके उत्तर में कहा गया है और बहुधा उपलक्षित किया गया है कि मध्वाचार्य की कृति में लोकायत संबंधी जो खंडित सूचनाएं हैं वे विशेष महत्व की हैं और यहीं से हमारा अध्ययन आरंभ होना चाहिए। किंतु रिस डेविड्स ने इस सुझाव को अस्वीकार कर दिया है। गर्बे का कहना है, 'हमारे ज्ञान का प्रमुख स्रोत, सर्व दर्शन संग्रह का प्रथम अध्याय है।' (ई. आर. ई. viii. 138)

आधुनिक विद्वानों की आमतौर पर यही प्रवृत्ति रही है कि वे लोकायत मत के पुर्नर्निर्माण

के लिए मूल विचार मध्वाचार्य की कृति से एकत्र करते रहे हैं और फिर अन्य स्रोतों से प्राप्त लोकायत संबंधी दूसरी बातों के संदर्भ में उनकी व्याख्या करते रहे हैं। यहां तक कि शास्त्री भी, लोकायत के बारे में हमारे ज्ञान की वृद्धि में जिनके महत्वपूर्ण योगदान पर हम आगे चर्चा करेंगे, इसी विधि के पक्ष में थे। रिस डेविड्स को मध्वाचार्य की पुस्तक में दी गई जानकारी की सत्यता में संदेह था। यह भी एक विरोधाभास है कि मध्वाचार्य के प्रति उनके संदेह का आधार भी मध्वाचार्य की कृति पर उनकी निर्भरता ही थी। यहां यह भी बताना आवश्यक है कि परंपरागत विधि के दो स्पष्ट लाभ है, जिसके कारण हम इस विधि को अपनाने की बात सोचते हैं।

एक तो यह कि लोकायत के बारे में मध्वाचार्य ने जो कुछ लिखा, वह स्पष्ट और सामंजस्यपूर्ण है। मध्वाचार्य ने लोकायितकों के प्रमाणवाद, तत्वमीमांसा और नीतिशास्त्र को बड़े सांमजस्यपूर्ण और तर्कसंगत ढंग से प्रस्तुत किया है।

उनके अनुसार लोकायतिकों ने प्रत्यक्ष इंद्रिय ज्ञान के अलावा किसी अन्य ज्ञानस्रोत को वैध नहीं माना और इसलिए उन्होंने केवल उन्हीं ठोस वस्तुओं को सत्य माना जिनका ज्ञान इंद्रियों के माध्यम से हो सकता है। उनके अनुसार ईश्वर और आत्मा का कोई सत्य प्रमाण नहीं है और न ही मृत्यु के बाद कोई अस्तित्व है। इसके स्वाभाविक परिणामस्वरूप लोकायतिकों ने सभी धार्मिक और नैतिक मूल्यों को नकार दिया और वे केवल इंद्रिय सुख को ही मानते थे। मध्वाचार्य द्वारा प्रस्तुत लोकायत मत का यही सार है। पता नहीं उन्होंने इसे अपनी कल्पना से लिखा या नहीं, किंतु इसमें कहीं कोई जटिलता नहीं है और अद्भुत आंतरिक सांमजस्य है। यदि हम यहीं से अपना अध्ययन प्रारंभ करते हैं तो हमें कम से कम ऐसा प्रतीत होगा कि हम ठोस धरती पर चल रहे हैं।

दूसरा लाभ, और यह भी कोई बिना महत्व के नहीं है, यह है कि मध्वाचार्य द्वारा दी गई जानकारी के आधार पर अध्ययन प्रारंभ करने से हमारे आधुनिक विद्वानों के मन में यह भावना आती है कि जो काम वे कर रहे हैं, वह जाना-पहचाना है। क्योंकि मध्वाचार्य की पुस्तक में कही गई बातें आज की, या समकालीन भौतिकवादविरोधी धारणाओं के साथ मेल खाती हैं। मध्वाचार्य के अनुसार, भौतिकवाद उन विवेचन-क्षमताविहीन लोगों का वाद था जो मध्वाचार्य के अस्तित्व के उच्च मूल्यों को कतई नहीं समझते थे। यही विचार आधुनिक विद्वानों के भी हैं। वे भी भौतिकवाद के प्रति उतनी ही वितृष्णा लिए हुए हैं जितनी कि मध्वाचार्य में थी। यहां हम दो उदाहरण देते हैं।

एल. द ला वाली पूसैं (ई. आर. ई. viii.494) ने लोकायत विचारधारा के बारे में लिखते हुए कहा है 'एक ऐसा व्यक्ति जो किसी स्त्री के विचारों को भौतिकवादी मत के पक्ष में बदलना या यूं कहिए कि उसे विकृत आचरण के पथ पर अग्रसर करना चाहता है', आदि आदि। लेखक के विचार में भौतिकवाद एक प्रकार की विकृति मात्र है, दुराचरण है। वे इसको इतना स्पष्ट मानते हैं मानो कोई सत्य कथन कर रहे हों।

भौतिकवाद के प्रति संभवतः लगभग इसी दृष्टिकोण के कारण राधाकृष्णन कह सके कि, 'इस मत का सार, रूपकात्मक नाटक प्रबोध चन्द्रोदय के पात्र में मिलता है।' (195.i.278) लेखक निश्चित ही यह जानता है कि इसका मतलब लगभग वैसा ही है जैसा कि यह कहना कि सुकरात के विचारों या उसके चरित्र का सार अरिस्टोफेंस के नाटकों में मिलेगा। क्योंकि 'प्रबोधचन्द्रोदय में वास्तव में एक भौतिकवादी व्यक्ति का व्यंग्यात्मक वर्णन है।' और इसे कहीं भी परोक्ष नहीं रखा गया है। कुछ उदाहरण प्रस्तुत हैं; नाटक के द्वितीय अंक से (अनुवाद, टेलर)

भौतिकवादी : (राजा काम की ओर देखता है और आगे बढ़ता है) आपकी जय हो ! भौतिकवादी आपको प्रणाम करता है।

राजा काम : प्रिय मित्र, तुम्हारा स्वागत है, आओ यहां बैठो।

भौतिकवादी : (बैठते हुए) पाप आपके चरणों में दंडवत करता है।

काम : आशा है पाप का कौशल अबाध है।

भौतिकवादी : आपकी विपुल कृपा से सब प्रसन्न हैं। उसे जो कार्य करने के आदेश दिए गए थे, उन्हें पूरा करने के पश्चात वह आपके चरणस्पर्श करना चाहता है। क्योंकि वह व्यक्ति सौभाग्यशाली है जो अपने स्वामी के शत्रुओं का नाश करने के पश्चात उसके दर्शन प्राप्त कर आनंदित होता है और उसके चरणों पर माथा टेकता है।

काम : बाप ने क्या क्या कार्य संपन्न किए ?

भौतिकवादी : उसने वेदप्रशस्त पथ पर चलने वाले सदाचारी जनों को पथभ्रष्ट किया और उन्हें अपनी वासनाओं की पूर्ति के लिए प्रेरित किया। वैसे यह उपलब्धि न तो मेरी और न ही पाप की है, क्योंकि इसकी सामर्थ्य तो हमें आपने प्रदान की थी।…

यह सर्वविदित है कि यह नाटक 'मिथिला के कृष्ण मिश्र ने बौद्धो, जैनियों, चार्वाक, कापालिकों और उन दिनों में जन-मानस पर हावी होने वाले अन्य मतों का परिहास और खंडन करने के लिए लिखा था' (39. भू० 4)। कोई भी विद्वान इस नाटक में से बौद्ध धर्म या जैन धर्म का सार प्राप्त करने की संभावना का संकेत नहीं देगा। किंतु भौतिकवादी दर्शन की बात भिन्न है। आधुनिक विद्वान, सार और व्यंग्य चित्र के बीच भेद नहीं करना चाहते और इस प्रकार वे समझते हैं कि लोकायत के अध्ययन की शुरुआत मध्वाचार्य के विवरण से करना संतोषप्रद है।

इन दो बाह्य लाभों के बावजूद हमें परंपरागत विधि में संदेह व्यक्त करना होगा। एक तो इस विधि से निकलने वाले परिणामों का परस्पर विरोधी होना ही इसकी विश्वसनीयता में संदेह करने के लिए पर्याप्त है। हम पहले इन अंतर्विरोधों पर ध्यान दें और देखें कि मध्वाचार्य पर प्रारंभिक निर्भरता, इन अंतर्विरोधों के लिए कहां तक उत्तरदायी है।

5. विद्वत जगत में अराजकता

प्राचीन भारतीय दर्शन के आधुनिक लेखक और इनमें ऐसे विख्यात विद्वान भी है जिनको सरलता से चुनौती नहीं दी जा सकती, जो लोकायत के प्रादुर्भाव और महत्व के संबंध में अत्यंत असाधारण परस्पर विरोधी निष्कर्षों पर पहुंचे हैं। ऐसा अनुमान लगाया गया है कि लोकायत परंपरागत नियमों और लोकाचार के छिन्न-भिन्न होने के परिणामस्वरूप उपजा। कुछ अन्य लोगों का विचार है कि इसके कारण समाज की परंपराएं और कठोर हो गई। कुछ लोगों का निष्कर्ष है कि लोकायत प्राचीन सुमेरिया से भारत में आया। कुछ लेखक कहते हैं कि यह प्रारंभ में भारतीय पुरोहित नीति का अंग था। यह भी कहा गया है कि लोकायत केवल प्राचीन काल में ही नहीं था क्योंकि यह अब भी देश के कुछ पुराने और अत्यंत अश्लील धार्मिक मतों में विद्यमान है। लोकायत क्या रहा होगा, इसके संबंध में निकाले गए ये निष्कर्ष मूल रूप से एक दूसरे से भिन्न हैं, इसलिए जब इन सबके स्थान पर एक निराशावादी मत व्यक्त किया गया कि भारतीय दर्शन की एक विचारधारा के रूप में लोकायत का कभी कोई अस्तित्व ही नहीं रहा तो कोई आश्चर्य की बात नहीं।

ये हमारे विद्वत जगत में विद्यमान अराजकतापूर्ण परिस्थितियों के कुछ उदाहरण हैं।

लोकायत के बारे में मध्वाचार्य के विवरण पर निर्भरता के परिणामस्वरूप उत्पन्न इन्हीं विचारों का हम अध्ययन करेंगे।

राधाकृष्णन ने तर्क दिया है कि 600 ई. पू. से लेकर 200 ई. तक के आर्य काव्ययुग के दौरान भारत की अव्यवस्थित परिस्थितियों में बौद्धिक विकास के रूप में लोकायत उपजा। यह एक ऐसा युग था जिसमें शताब्दियों से आ रहे विश्वास टूट रहे थे और जनमानस पर शास्त्रों का आधिपत्य छिन्न-भिन्न हो रहा था। ऐसे वातावरण में, 'तत्त्व मीमांसा संबंधी कितनी ही परिकल्पनाएं और निरर्थक धारणाए व्यक्त की गईं...भौतिकवादी विश्व के इंद्रिय ज्ञान पर, और बौद्ध अपने मनोवैज्ञानिक उपदेशों और उच्च नैतिक मूल्यों पर बल' दे रहे थे।' (105.i.271-6)

ऐसी परिस्थितियों में प्रभाव हीन होने के बावजूद भौतिकवाद एक ऐतिहासिक भूमिका निभा रहा था। वह परंपरा और जादू-टोने से जकड़े पुराने धर्म को उखाड़ रहा था, व्यक्ति की अध्यात्मिक स्वतंत्रता घोषित कर रहा था, और शास्त्रों की सर्वोच्च सत्ता के सिद्धांत को अस्वीकार-कर रहा था। चार्वाक दर्शन, उस युग का दमन करने वाले पुराने विचारों और रूढ़ियों के बोझ को उतार फेंकने का एक उन्मादपूर्ण प्रयत्न है। धर्मांधता की समाप्ति इसलिए आवश्यक थी कि महान रचनात्मक चिंतन हो सके। (वही.i.283)

इस निष्कर्ष की विशेषता इसकी सरलता में है। लेकिन यह सरला मध्वाचार्य पर दृढ़ निर्भरता का परिणाम है। ऐसा लगता हैं कि लेखक ऐसी किसी सूचना अथवा जानाकरी के प्रभाव में नहीं आना चाहता हैं जो लोकायत के संबंध में मध्व के विवरण से भिन्न हो। यही कारण है कि वे 'सर्वदर्शनसंग्रह' का समर्थन,' प्रबोधचन्द्रोदय और सर्व सिद्धांत संग्रह 'जैसी पुस्तकों से ही करने पर सहमत हुए। मध्व की पुस्तक की भांति ये दोनों पुस्तकें भी वेदांतिक भाववाद के दृष्टिकोण से लिखी गई थीं। और इन सबमें लोकायत का विवरण मूल रूप से एक जैसा ही था। ये विवरण एकदम नकारात्मक है। लोकायत ने, अनुमान की विश्वसनीयता, वेदों की सत्ता, ईश्वर आत्मा और इनके अमरत्व तथा सत्यता को नहीं माना और तात्कालिक 'इंद्रिय आंनद को छोड़ अन्य सभी नैतिक मूल्यों का खंड़न किया। मात्र इसी विवरण पर अपना ध्यान केंद्रित करते हुए लेखक ने केवल एक ही प्रश्न पूछना उचित समझा : प्राचीन भारत में ऐसे अति नकारात्मक दृष्टिकोण के उपजने का कारण क्या था। यह धारणा कि उस युग में शताब्दियों से चली आ रही मान्यताएं और आस्थाएं ढह रही थीं और इसके कारण मुक्त चिंतन की इच्छा प्रबल हो गई, लेखक को अपने विचार सिद्ध करने में सहायक हुई। निःसंदेह यह एक प्रकार की अतिशयोक्ति और विफल प्रयास था। फिर भी इसकी भूमिका ऐतिहासिक रही। हमारे पूर्वजों को चिंतन के लिए, स्वयं को रीति-रिवाजों और जादू-टोने वाले पुराने धर्म की बेड़ियों से मुक्ति पाना आवश्यक था। लोकायत ने इस मुक्ति की प्राप्ति में अपना योग दिया।

जे. स्वायर ने भी प्राचीन भारत में चिंतन की स्वतंत्रता के साथ लोकायत के संबंध को माना है (जे. आर. ए. एस. xix. 299 और आगे)। लेकिन उन्होंने इस स्वतंत्रता के साथ लोकायत के संबंध को बिल्कुल दूसरे प्रकार का माना। उनका कहना था कि लोकायत, प्राचीन मान्यताओं और आस्थाओं के टूटने का परिणाम नहीं बल्कि इनके सुदृढ़ होने का कारण था। वे इस निष्कर्ष पर कैसे पहुंचे? राधाकृष्णन की भांति उन्होंने भी मध्वाचार्य द्वारा दिए गए लोकायत के नकारात्मक विवरण से शुरूआत की। किंतु वे लोकायत संबंधी प्रमाणों को और गंभीरतापूर्वक लेना चाहते थे और मध्वाचार्य ने जो ढांचा उपलब्ध कराया उसमें इन्हें ठूसना चाहते थे, जबकि राधाकृष्णन ने ऐसा नहीं किया था। यही कारण है कि इन दोनों विद्वानों के मतों में बहुत अंतर था।

ऋग्वेद में धर्मभ्रष्ट नास्तिक लोगों के प्रमाणों का जो उल्लेख है उसके आधार पर म्वायर ने यह अनुमान लगाया कि देश के बौद्धिक वातावण में अति प्राचीन काल से ही चिंतन की स्वतंत्रता की भावना रही होगी। ऐसा वातावरण कई शताब्दियों तक बना रहा होगा। यहां तक कि जिस काल में 'रामायण' की रचना हुई उसमें भी कोई व्यक्ति ब्राह्मण होते हुए भी लोकायत मतों का प्रचार कर सकता था। यह बात ब्राह्मण जाबालि द्वारा रामचंद्र जी को नास्तिक विचारों के मानने के लिए राजी करने के प्रयत्न से प्रमाणित होती है। (वही. 303 और आगे), इस प्रकार के नास्तिक विचार मूल रूप से लोकायतिक विचार थे, यह बात म्वायर ने मध्वाचार्य द्वारा वर्णित लोकायत विचारों के साथ इनकी सामान्यताओं के आधार पर कही है। आगे रामायण में मिले प्रमाण की चर्चा करते हुए उन्होंने कहा है :

> ब्राह्मणीय पद्धति और दृढ़ हो जानें, इसके आचार नियमों का विस्तृत प्रसार हो जाने के बाद भी यह स्पष्ट है कि चिंतन के क्षेत्र में उतनी कठोरता नहीं बरती गई। किंतु यदि कोई ब्राह्मण कर्मकांड का पालन करता है और अपनी जाति के विशेष अधिकारों का रक्षक है तो वह स्वेच्छा से किसी भी दार्शनिक मत पर सोच सकता है या उसका प्रचार कर सकता है। (वही. 331. तुल. 19. i.379)

किंतु बाद में जब लोकायतिकों और बौद्धों जैसे नास्तिकों द्वारा कटु आलोचनाएं होने लगीं, 'जब धर्मग्रंथों की सत्ता न केवल मौन रूप से अस्वीकार कर दी गई अथवा क्षीण हो गई, बल्कि प्रत्यक्ष रूप से भी इसे त्याग दिया गया और इन ग्रंथों पर आधारित व्यवस्था की भी आलोचना और बहिष्कार किया गया', (वही) तब रुढ़िवादियों को चिंता हुई। उन्होंने ऐसे कड़े नियम बनाए कि स्वतंत्र चिंतन का शताब्दियों से चला आ रहा वातावरण समाप्त हो गया। इस प्रकार लोकायत की अतिउग्रता ही प्राचीन धर्म की सत्ता को सुदृढ़ करने का कारण बनी।

लोकायत के प्रादुर्भाव और विकास के संबंध में दासगुप्त के जो अनुमान हैं उनमें से एक भी धारणा इन दोनों विचारों से मेल नहीं खाती। उनका कहना है कि वास्तव में लोकायत किसी अन्य देश का मत था जो भारत में आया लेकिन यहां विकास प्रक्रिया के दौरान इसमें कुछ परिवर्तन हुए।

संभवतः लोकायत विचारों का मूल सुमेर सभ्यता में था जिसमें मृतकों के शरीर को सजाया-संवारा जाता था और यह माना जाता था कि मृत्यु के बाद शारीरिक अस्तित्व रहता है। यह मान्यता आगे चलकर इतनी बदल गई कि तर्क किया जाने लगा कि चूंकि आत्मा और शरीर एक हैं, और चूंकि मृत्यु हो जाने पर शरीर का दाह संस्कार किया जाता है इसलिए मृत्यु के बाद अस्तित्व नहीं हो सकता, और इसीलिए मृत्यु के बाद दूसरा लोक भी नहीं हो सकता। (25. iii. 529) इस प्रकार हमें पता चलता है कि लोकायत विचार बहुत पुराने हैं---ये आर्यों से भी पहले के सुमेर जनों में प्रचलित थे। (वही iii. 531) दासगुप्त इस विचित्र निष्कर्ष पर कैसे पहुंचे ? इसका कारण यह है कि अन्य लेखकों की भांति उन्होंने भी मध्वाचार्य के लोकायत संबंधी वर्णन से प्रारंभ किया। किंतु अन्य लोगों के विपरीत, वे लोकायत के संबंध में उपलब्ध अतिरिक्त सूचना के महत्व पर बल देना चाहते थे जो उनके विचार से छांदोग्य उपनिषद में मिल सकती थी। इस उपनिषद में कहा गया है कि असुरों ने शरीर और आत्मा को एक माना। दूसरी बात यह है कि उपनिषद में असुरों द्वारा मृतक के शरीर को सजाने की प्रथा का उल्लेख है जिसकी व्याख्या दासगुप्त ने इस प्रकार की : 'मृतक के शरीर को सुंदर कपड़ों और आभूषणों से सुसज्जित करना और उसके लिए खाद्य सामग्री रखना, शायद इस विचार से किया जाता था कि यह व्यक्ति मरने के बाद दूसरा लोक जीतेगा।' (44. iii.528)

दासगुप्त का कहना है कि प्राचीन सुमेरियाई ही असुर थे। दासगुप्त का विचार है कि दफनाने की जिस प्रथा का उल्लेख है वह केवल उन्हीं में प्रचलित थी। उधर शरीर और आत्मा एक होने की बात से उन्हें सहज ही लोकायत का ध्यान आया किंतु मध्वाचार्य ने जिस प्रकार के लोकायत का वर्णन किया है उसमें शरीर के अतिरिक्त, आत्मा के अस्तित्व का न केवल खंडन किया गया है बल्कि मृत्यु के बाद किसी भी रूप में कोई अस्तित्व होने को भी अस्वीकार किया गया है। इसलिए उपनिषद में मिले प्रमाण को मध्वाचार्य के लोकायत संबंधी वर्णन के साथ तालमेल के लिए दासगुप्त को इस परिकल्पना का आश्रय लेना पड़ा कि प्राचीन सुमेर सभ्यता में मृतकों को दफनाने की प्रथा के पीछे जो विचार और विश्वास थे वे भारत में आने के बाद कुछ परिवर्तित हुए। भारत में दाहसंस्कार प्रथा का यह अर्थ है कि मृत्यु के बाद कोई अस्तित्व नहीं रहता। किंतु तुची इन सब बातों से सहमत नहीं हुए। उनके अनुसार लोकायत वास्तव में भारत की पुरोहित नीति का ही अंग था। 'प्रारंभ में लोकायत, पुरोहित विधि का अंग था ये पुरोहित इस पृथ्वी पर राजाओं की उसी प्रकार सहायता करते थे जिस प्रकार स्वर्गलोक में इंद्र की सहायता बृहस्पति करते थे। कुछ समय तक अर्थ और धर्म इसी मार्ग पर चले। (पी. आई. पी. सी. 1925.40)

अर्थ से लेखक का मतलब था राजनीतिक अर्थव्यवस्था और धर्म का मतलब था धार्मिक सुविधा। किंतु लेखक ने कहा, 'ये दोनों, अर्थ और धर्म, बहुत समय तक साथ साथ न चल सके। प्रारंभ के दिनों में ही दोनों के बीच संघर्ष के लक्षण दिखाई दिए। राजनीतिक छल कपट और धार्मिक शुद्धता साथ साथ नहीं रह सकते। वास्तव में अर्थ और धर्म के बीच असली विरोध के लक्षण याज्ञवल्क्य और नारद के समय से ही देखे जा सकते है।' (वही. 41) अंततः इस प्रक्रिया से धर्म के प्रति अर्थ का खुला विद्रोह हो गया :

> कालांतर में इस राजनीतिशास्त्र के ज्ञाताओं में कुछ ऐसे हुए जिन्होंने धर्म की सत्ता मानने से इनकार कर दिया और घोषणा की कि मनुष्यों के संसार में ईश्वर और पुरोहितों का कोई काम नहीं।...जैसाकि इस प्रकार की स्थिति में होता है, धर्म के विरुद्ध धर्म की प्रतिक्रिया चलती रही : अर्थ ने न केवल धर्म से संबंध विच्छेद कर लिया अपितु उसके प्रतिद्वंद्वी के रूप में उठ खड़ा हुआ। (वही)

इससे तुची ने अनुमान लगाया कि प्रारंभ में जो अर्थ मत था वह बदलकर मध्वाचार्य द्वारा वर्णित अनीश्वरवादी, सुखभोगवादी और भौतिकवादी दर्शन बन गया जिसका वर्णन आगे मध्वाचार्य ने किया। किन कारणों से तुची ने यह निष्कर्ष निकाला? एक तो उन्हें मध्वाचार्य से भी बहुत पहले के कुछ ऐसे सूचना स्रोत मिले जिनमें लोकायत के संबंध में कुछ ऐसे उल्लेख थे जो मध्वाचार्य द्वारा वर्णित चित्र से बहुत भिन्न थे। हम देखते हैं कि बौद्धों के पालि या संस्कृत ग्रंथों में जिन रूढ़िगत सूत्रों का ब्राह्मण अध्ययन करते थे उनमें विभिन्न विद्याओं और विज्ञानों की सूची में लोकायत भी था। विनय पिटक के अनुसार, कुछ बौद्ध भिक्षु इसका अध्ययन करना चाहते थे किंतु बुद्ध ने उन्हें रोक दिया। (वही. 40.1) रिस डेविड्स इन प्रमाणों पर पहले ही ध्यान दे चुके थे और उन्होंने विचार व्यक्त किया कि वास्तव में लोकायत का अर्थ केवल प्रकृति सिद्धांत था। किंतु इससे वे सहमत नहीं हुए :

> संस्कृत में लोक शब्द का अर्थ कभी भी प्रकृति नहीं रहा। प्रकृति के लिए या तो 'प्रकृति' या 'प्रधान' या 'स्वभाव' शब्द का प्रयोग किया जाता है। इसलिए बौद्ध ग्रंथों में ब्रह्मांड संबंधी प्रश्नों पर विचार करते समय जब वे विश्व को भौतिक वस्तु कहते तो किसी प्रकार की भ्रांति से बचने के लिए, लोक शब्द से पहले भाजन शब्द को उपसर्ग के रूप में जोड़ते

> थे। स्वयं लोक शब्द का अर्थ मानव संसार या प्राणी समूह से है, जैसे लोकयात्रा, लोकोक्ति लोकवाद, देवलोक। इसलिए लोकायत शब्द की हमारी व्याख्या बिल्कुल भिन्न है। यह एक विज्ञान है जो लोक अर्थात इस संसार का अध्ययन करता है और यह व्याख्या शुन शी अथवा शुन सू द्वारा चीनी भाषा में किए गए लोकायत शब्द के अनुवाद के अनुरूप ही है : 'वे जो संसार अथवा इसके रीतिरिवाजों के अनुसार आचरण करते हैं'। इसलिए यह लोकायत जिसका ध्येय लोकयात्रा है; नीति और अर्थशास्त्र का पूर्वगामी है। ब्राह्मणों ने नीति और अर्थशास्त्र को बृहस्पति द्वारा प्रतिपादित ज्ञान माना है.इसी से लोकायत को बार्हस्पत्य तथा उनके मत को बार्हस्पत्यमत कहा जाता है और इसका अर्थ था नीति। (वही. 40)

यह और बात है कि इस शब्द की यह व्याख्या स्वीकार की जा सकती है या नहीं, किंतु इन तथ्यों का निश्चित ही बहुत महत्व है। विद्वज्जन, जिन विज्ञानों अथवा विद्याओं का अध्ययन करते थे उनमें अनिवार्यतः लोकायत भी होता था। यह तथ्य अपने आप में, मध्वाचार्य के विरुद्ध प्रमाण है। इसी से तुची को मध्वाचार्य की प्रामाणिकता पर संदेह हो जाना चाहिए था किंतु उसने ऐसा नहीं किया। आज का विद्वान मूलतः मध्व की प्रामाणिकता ही स्वीकार करता है। इसलिए तुची के लिए केवल यही संभावना बची रही कि अर्थ और धर्म के बीच संघर्ष का परिकल्पित इतिहास बनाएं, जिसमें वास्तविक गहन-गंभीर लोकायत का रूपांतर करके उसे मध्वाचार्य वर्णित लोकायत के अनुरूप बना दिया जाए।

शास्त्री का कहना है कि लोकायत को भारतीय इतिहास के प्राचीन काल का एक अंश मात्र मानना गलत होगा (130.4 और आगे)। आज भी भारत में लोकायत मतानुयायी हैं। 'बृहस्पति मूत्र' (थामस द्वारा खोजे गए) और जैन भास्कर गुणरत्न के लेखों में मिलने वाले कुछ विशेष प्रमाणों के आधार पर शास्त्री को लोकायतिकों और कुछ अन्य प्राचीन मतों के अनुयायी कापालिकों के बीच घनिष्ठ संबंध देखने को मिले। बृहस्पति इनको दो अलग मत मानते हैं, किंतु गुणरत्न, कापालिकों और लोकायतिकों को एक ही बताते हैं।' (वही) यह कथन अपने आपमें चौंका देने वाला है, क्योंकि कापालिकों का अस्तित्व आज भी समाप्त नहीं हुआ है। शास्त्री तो इससे भी आगे कुछ और कहना चाहते थे :

> लोकायतिकों और कापालिकों का प्रभाव आज भी भारत में बहुत प्रबल है। बहुत से अनुयायियों वाला एक संप्रदाय है जिसमें आस्था रखने वाले लोगों का यह विश्वास है कि देह अथवा भौतिक शरीर ही सब कुछ है। इसके दुख और आनंद पर ध्यान दिया जाना चाहिए और धार्मिक क्रियाओं का संबंध पुरुष और स्त्री के संभोग से है और इसकी सिद्धि संभोग की अवधि के अनुसार घटती या बढ़ती है। इस संप्रदाय के लोग वैष्णव कहलाते हैं किंतु वे विष्णु या कृष्ण या उसके अवतारों में विश्वास नहीं रखते। उनकी आस्था केवल देह में है। इस मत के अनुयायियों का दूसरा नाम सहजिया है, जो बौद्धों के एक संप्रदाय का नाम है जिसका उदय भारत में महायान के अस्तित्व की अंतिम चार शताब्दियों में हुआ। (वही)

यदि यह सच है तो लोकायत संबंधी मध्वाचार्य का वर्णन निश्चित ही संदेहास्पद है। क्योंकि हालांकि हमें यह तो देखना ही है कि वास्तव में सहजिया संप्रदाय बौद्ध धर्म के अपभ्रष्ट महायान का कहां तक एक अवशेष है, फिर भी हमें इस बारे में इतनी जानकारी तो है कि हम इसे मध्वाचार्य द्वारा वर्णित लोकायत नहीं मान सकते (मेरा आशय यह नहीं है कि सहजिया संप्रदाय के लोगों का भौतिकवादी देहवाद वैसा नहीं रहा होगा जैसाकि मध्वाचार्य ने चार्वाक की तत्व मीमांसा के वर्णन

में बताया है)। यदि यह मान भी लें कि लोकाग्रत वही है जो कापालिक और सहजिया संप्रदाय है, तो भी तर्कानुसार हमें मध्वाचार्य के लोकायत वर्णन को अस्वीकार करना होगा। शास्त्री ने अपने चकित कर देने वाले कथन के बावजूद ऐसा नहीं किया क्योंकि मूल रूप से वे मध्वाचार्य के वर्णन को मानते थे। 'सर्व दर्शनसंग्रह' का उल्लेख करते हुए उन्होंने लिखा, 'मध्वाचार्य की पुस्तक की ओर बहुत पहले मेरा ध्यान आकृष्ट हुआ···चार्वाक का बद्ध वर्णन मैंने शीघ्र ही अपना लिया। उत्सुकतावश मुझे अन्य उल्लेख भी देखने के लिए बाध्य होना पड़ा'। (वही. 1) किंतु शास्त्री ने यह देखते हुए भी कि अन्य उल्लेख 'सर्व दर्शन संग्रह' में मिलने वाले प्रमाण के विरुद्ध थे, इस संभावना पर ध्यान नहीं दिया कि कापालिक और सहजिया जैसे प्राचीन संप्रदायों के गहरे अध्ययन के आधार पर लोकायत का पुर्नानिर्माण करने के लिए मध्वाचार्य के वर्णन पर संदेह किया जा सकता है। इसी से शास्त्री की अपनी ही धारणाओं के बीच आंतरिक विसंगतियां आ गई। मध्वाचार्य के लोकायत वर्णन को उन्होंने अपनाए रखा फिर भी लोकायतिकों, सहजिया और कापालिक मतानुयायियों के बीच समानता का उल्लेख करते रहे।

डी. आर. शास्त्री (लेखक ने बाद में जो कुछ लिखा था पृ. 106, उससे वे बातें स्पष्ट नहीं होती जो उन्होंने अपनी प्रसिद्ध पुस्तक में अस्पष्ट रहने दी थी.) ने, जिनकी पुस्तक, शार्ट हिस्टरी आफ इंडियन मैटीरियलिज्म, सेंसेशनलिज्म ऐंड हेडोनिजम, शैक्षणिक जगत में काफी लोकप्रिय हुई। अपने पूर्वगामियों द्वारा उठाई गई समस्या को, एच. पी. शास्त्री के कथन के आधार पर सुलझाने का प्रयत्न किया। इसका सबसे सरल तरीका यही था कि यह तर्क दिया जाए कि चूंकि मध्वाचार्य के कथनानुसार लोकायतिक लोग स्वाभाविक रूप से भ्रष्ट आचरण वाले लोग थे, इसलिए उन्होंने अपभ्रष्ट बौद्धों, कापालिकों और वासना की पराकाष्ठा के लिए कुख्यात सहजिया लोगों के साथ अपना संबंध आसानी से स्थापित कर लिया। सभी भ्रष्ट आचरण वालों ने एक दूसरे को आकृष्ट किया। डी. आर शास्त्री ने इसके लिए अनेक तर्क दिए :

> कुछ अपभ्रष्ट बौद्ध संप्रदाय, जिनमें नैतिक दृष्टि से कामुकतापूर्ण आचरण की खुली छूट थी, धीरे धीरे लोकायत मत के साथ जुड़ गए। इनमें से एक था कापालिक संप्रदाय। यह एक बहुत प्राचीन संप्रदाय है। इसके अनुयायी मद्यपान, नरबलि और स्त्री से संभोग करते हैं। वे मृतक व्यक्तियों के शवों, मद्य और स्त्रियों की सहायता से अपना धार्मिक ध्येय प्राप्त करने का प्रयत्न करते हैं। चूंकि इस संप्रदाय का लक्ष्य कामपूर्ति अथवा इंद्रियसुख प्राप्ति था, इसलिए यह धीरे धीरे नास्तिक लोकायत मत से संबद्ध हो गया। लोकायत मत का सर्वोच्च लक्ष्य भौतिक इंद्रिय सुखभोग है। (131.35-6)
>
> ब्राह्मण पुनर्जागृति के बाद लोकायत ने विभिन्न भागों में अलग अलग रूप धारण कर लिया। बंगाल में एक पुराने बौद्ध महायान संप्रदाय ने, जिसका प्रमुख ध्येय वासना था, अपना पृथक अस्तित्व त्याग दिया और स्वभाववादियों तथा कापालिकों की भांति, नास्तिक लोकायतिकों के साथ मिल गया। उधर लोकायतिकों ने स्वयं को उस संप्रदाय में मिला लिया। आज भी इस संप्रदाय में नास्तिकों के उस मदनोत्सव की पुरानी कामुकता विद्यमान है जिसमें दैहिक सुखों की तृप्ति करने की खुली छूट थी। यह सहजिया संप्रदाय है। (वही. 37)

रोचक बात यह है कि लेखक के अनुसार यह दोहरी अपभ्रष्टता हमारे प्राचीन इतिहास के एक काल में व्यापक रूप से लोकप्रिय रही।

लोकायतिकों का संप्रदाय आनंद और सुख भोग का संप्रदाय था। उनके प्रभाव से भारतीय इतिहास के उस काल में मंदिर, राज दरबार, कविता, कला, सभी में इंद्रियसुख प्राप्ति

की भावना को प्रधानता प्राप्त थी। सारे देश में कामुकता का वातावरण था। ब्राह्मण और चांडाल, राजा और रंक, सभी पूरे उत्साह के साथ समान रूप से मदनोत्सव में सम्मिलित होते थे और मदन अथवा कामदेव की आराधना करते थे। (वही. 36)

लेखक ने हमें यह नहीं बताया कि वह भारतीय इतिहास के किस काल का उल्लेख कर रहा है। न ही लेखक में यह जिज्ञासा दिखाई दी कि मदनोत्सव और मंदिरों में वासनाप्रधान शिल्प का वास्तविक महत्व क्या था। लोकायत के साथ इन सबका कोई संबंध होने के विचार के साथ ही कई जटिल प्रश्न उठ खड़े होते हैं। डी. आर. शास्त्री ने अत्यंत सरलता दिखाते हुए केवल यही तर्क दिया है कि ये सब बातें लोकायतिकों के भ्रष्ट दृष्टिकोण के व्यापक प्रभाव के कारण ही हुई होंगी और मध्वाचार्य ने अपने वर्णन में इस भ्रष्टता का उल्लेख किया है।

प्राचीन लोकायत के संबंध में इतनी सारी भिन्न भिन्न परिकल्पनाओं के पश्चात आधुनिक विद्वान को केवल एक ही काम करके सारी समस्या को वास्तविकता के परे हटा देना है। रिस डेविड्स ने तो पहले ही ऐसा कर दिखाया था। उन्होंने बौद्ध सूत्रों के आधार पर यहां तक कह दिया कि लोकायत मत और उसके अनुयायियों का कभी कोई अस्तित्व ही नहीं था। 'सारी कथा में हमें किसी ऐसे व्यक्ति का प्रमाण नहीं मिला जो स्वयं को लोकायतिक कहता था या जिसे लोकायत का स्वयं कोई ज्ञान था। इस प्रकार के भी कोई संकेत नहीं है कि लोकायत नाम का कोई दार्शनिक मत या चिंतन प्रणाली वास्तव में कभी अस्तित्व में थी। (113.i.172)

फिर भी प्राचीन साहित्य में लोकायतिक कहलाने वाले कुछ लोगों के संबंध में प्रमाण मिलते हैं हालांकि यह साहित्य लोकायत के विरोधियों द्वारा ही लिखा गया। रिस डेविड्स का कहना है कि ये उल्लेख केवल प्राकृतिक नियमों के अनुसार जीवन बिताने वालों के संबंध में थे। प्रारंभ में इनके प्रति आदर भाव था किंतु बाद में प्राकृतिक नियमों के अनुसार जीवन व्यतीत करने वाले लोगों को घृणा की दृष्टि से देखा गया।

प्रारंभ में लोकायत शब्द का प्रयोग प्राकृतिक सिद्धांत अथवा लोक सिद्धांत के अर्थ में हुआ था। इसके संबंध में जो कुछ कहा गया है उसमें अवास्तविकता का पुट है···मध्य युग में प्राकृतिक सिद्धांतवादियों की पहेलियों और वाक्छल से घृणा की गई। अंत में कुछ लेखक कुछ मतों को अपने विरोधियों के मत्थे मढ़कर लोकायत या लोकायतिक शब्दों का प्रयोग करने लगे और उन्हें घृणा का पात्र बना दिया। (वही)

इस प्रकार लोकायत के अस्तित्व को अस्वीकार करके समस्या को सुलझा दिया गया। यह पूछा जा सकता है कि इस प्रकार की धारणा के लिए मध्वाचार्य के वर्णन पर निर्भरता कहां तक उत्तरदायी है। स्पष्ट है कि उत्तर यही होगा कि मध्वाचार्य का वर्णन इसके लिए उत्तरदायी नहीं है। क्योंकि रिस डेविड्स ही एकमात्र आधुनिक विद्वान थे जिन्होंने मध्वाचार्य की प्रामाणिकता पर निश्चित रूप से संदेह किया।

अंत में 14वीं शताब्दी में महान धर्मत्राता सायण-मध्वाचार्य ने एक लंबे अध्याय में लोकायत को, 'खाओ, पियो, मौज करो, कल किसने देखा है,' के सिद्धांत पर चलने वाला मत बताया है। उन्होंने लोकायत को दर्शन में निराशावाद और दुखों से बचकर जीवन बिताने वाला और धर्म में नास्तिक विचार लाने वाला मत बताया।···उसका सशक्त वर्णन उनकी कल्पना की उड़ान का परिणाम है जो, कुछ नास्तिकों के भोंड़े कवित्व पर आधारित थी। इस प्रकार की कविता प्राचीन ब्राह्मणों द्वारा पढ़े जाने वाले लोकायत का अंश नहीं रही होगी। इसी से पता चलता है कि अच्छा बौद्धिक स्तर रखने वाला व्यक्ति उस स्थिति में कैसा हो जाता है जब उसका इतना नैतिक पतन हो चुका हो कि वह ब्रह्मज्ञानियों के

विचारों को भी बिना सोचे-समझे न माने। 113. i, 172

स्पष्ट है कि रिस डेविड्स मध्वाचार्य के विवरण को इस प्रकार अस्वीकार करना चाहते थे। किंतु वास्तव में लोकायत दर्शन की सत्यता को अस्वीकार करने का उनका मूल आधार भी मध्वाचार्य ही रहे। लोकायत का उल्लेख करने वाले अधिक प्राचीन ग्रंथों में उन्हें ऐसी कोई दर्शन प्रणाली नहीं मिली जो मध्वाचार्य के लोकायत वर्णन से मेल खाती हो। इस प्रकार स्वयं लोकायत ही उन्हें असत्य प्रतीत हुआ। लोकायत की सत्यता या असत्यता मध्वाचार्य के वर्णन की प्रामाणिकता पर निर्भर हो गई। लोकायत को असत्य मान लिया गया क्योंकि मध्वाचार्य ने इसका जो वर्णन किया वह सत्य नहीं हो सकता था। मध्वाचार्य पर परोक्ष निर्भरता इससे अधिक नहीं हो सकती थी।

बात यह है कि रिस डेविड्स को लोकायत के बारे में कई उल्लेख देखने को मिले, विशेषकर बौद्ध साहित्य में, जो उन्हें मध्वाचार्य के वर्णन से मेल खाते हुए प्रतीत नहीं हुए। यदि वे अपने वर्णन को मध्वाचार्य के प्रभाव से मुक्त कर सकते, बौद्ध सूत्रों से मिलने वाली सूचना का उचित महत्त्व समझ सकते, और जैन तथा अन्य स्रोतों से उपलब्ध जानकारी से इनका संश्लेषण करने का प्रयत्न करते तो रिस डेविड्स को प्राचीन लोकायत के पुर्निर्माण का संभवतः कोई नया तरीका मिल जाता। किंतु मध्वाचार्य का शाब्दिक प्रतिरोध करते हुए भी उन्होंने यह सब कुछ नहीं किया। इस प्रकार हमारे आधुनिक विद्वानों के लिए मध्वाचार्य का कथन ही एकमात्र प्रामाणिक स्रोत बना रहा।

6. मध्वाचार्य की प्रामाणिकता

हमारे आधुनिक विद्वान चूंकि मध्वाचार्य पर बहुत निर्भर रहे हैं और चूंकि इस निर्भरता से इन हमारे आधुनिक विद्वानों में आपस में इतने अधिक अंतर्विरोध और अस्पष्टता रही है, इसलिए हमारे लिए यह तर्कसंगत ही है कि सबसे पहले लोकायत के संबंध में मध्वाचार्य द्वारा प्रस्तुत वर्णन की प्रामाणिकता की परख की जाए।

मध्वाचार्य के बारे में पहला संदेह तो इस बात से उठता है कि उनके और मूल लोकायत के समय के बीच बहुत बड़ा कालांतर है। प्रारंभिक बौद्ध ग्रंथों के कूटदंत सुत्त, (वही. i .178) जैसे स्रोतों में लोकायत का नाम आता है। और उसी काल के ब्रह्मजाल सुत्त, (वही. i. 46) में निश्चित रूप से भौतिकवादी दृष्टिकोण का भी विवरण है, जिसमें शरीर और आत्मा को एक ही माना गया है। इसको देखते हुए, और लोकायतिकों तथा उनके भौतिकवादी विचारों के संबंध में भौतिकवादी बौद्ध लेखकों द्वारा व्यक्त की गई गहरी चिंता को ध्यान में रखते हुए हम बड़ी आसानी से यह अनुमान लगा सकते हैं कि लोकायत का चलन बहुत पहले, बुद्ध के काल के भी पूर्व था। दूसरी ओर मध्वाचार्य तो 14वीं शताब्दी में हुए। इस प्रकार मूल लोकायत और मध्वाचार्य के बीच कम से कम दो हजार वर्ष का अंतर था।

यदि इस ओर ध्यान दिया जाए कि मध्वाचार्य स्वयं राजनीतिक कार्यों में बहुत व्यस्त रहते थे, तो यह प्रारंभिक संदेह और प्रबल हो जाता है। अपने भाई सायण की भांति मध्वाचार्य भी विजयनगर साम्राज्य के संस्थापक मंत्री थे, यह भी समझा जाता है कि यह साम्राज्य स्थापित करने के लिए उन्होंने मध्ययुग के एक मठ से धन प्राप्त किया (विश्वकोष (बं) ivx. 565]। इससे पता चलता है कि मध्वाचार्य स्वयं गहरी राजनीतिक गतिविधियों में सक्रिय थे। इनका दार्शनिक प्रभाव उनके व्यावहारिक राजनीतिक क्रियाकलापों का सैद्धांतिक प्रतिरूप था। तो फिर ऐसी स्थिति में अभिजात वर्ग के इतने बड़े खुले समर्थक मध्वाचार्य लोकायत का वास्तविक और

अधिकृत चित्र किस प्रकार प्रस्तुत कर सकते थे, जबकि लोकायत नाम से ही स्पष्ट है कि यह जनसाधारण का विश्वदृष्टिकोण था।

किंतु मध्वाचार्य के पक्ष में तर्क दिया जा सकता है कि इन दोनों बातों में से किसी का भी कोई विशेष महत्त्व नहीं हो सकता। मध्वाचार्य और प्रारंभिक लोकायतिकों के काल के बीच स्पष्टतः बहुत अंतर है। फिर भी, जो व्यक्ति भारतीय दार्शनिक चिंतन की विकासप्रक्रिया से परिचित है, वह वास्तव में यह आशा नहीं रखता कि कुछ शताब्दियों के दौरान किसी दार्शनिक प्रणाली में उल्लेखनीय परिवर्तन हुए होंगे। मध्वाचार्य के समय तक आते आते, प्रारंभिक लोकायत की मूल बातों का विस्तार हुआ होगा और इन्हें काफी सुनियोजित प्रणाली का रूप दिया गया होगा। किंतु इससे यह संदेह करना उचित नहीं है कि मूल लोकायत और बाद में इसके बिस्तृत रूप के मूल सिद्धांतों में अनिवार्यतः परिवर्तन आया होगा।

दूसरे यह भी सच है कि मध्वाचार्य राजनीतिक कार्यों में उलझे हुए तो थे किंतु इसी आधार पर यदि मध्वाचार्य के विवरण को अस्वीकार कर दिया जाता है तो परिणाम यही होगा कि लोकायत अज्ञात और अज्ञेय बना रहेगा। क्योंकि लोकायत का दुर्भाग्य है कि इसके संबंध में जानकारी केवल इसके विरोधियों के विवरणों से मिलती है। जिन अन्य लोगों ने लोकायत के बारे में जानकारी दी है, संभव है वे मध्वाचार्य के राजनीतिक विचारों से सहमत न रहे हों। किंतु इन लोगों के अपने धार्मिक विचार मध्वाचार्य के राजनीतिक विचारों की भांति उतने ही प्रबल रहे होंगे। इस प्रकार के पक्ष समर्थन के बावजूद लोकायत के विषय में मध्वाचार्य द्वारा दी गई जानकारी पर हम बहुत अधिक निर्भर नहीं कर सकते क्योंकि आंतरिक तथा बाह्य दोनों ही तरह के साक्ष्य इसके विपरीत पड़ते हैं। बाह्य साक्ष्य तो निर्णायक हैं किंतु आंतरिक साक्ष्य अधिक महत्वपूर्ण नहीं हैं। इन्हीं के आधार पर हम अपनी बात शुरू करेंगे।

7. मध्वाचार्य की प्रस्तुतीकरण शैली

कावेल ने 'सर्वदर्शन संग्रह' के अंगरेजी अनुवाद की भूमिका में लिखा है कि मध्वाचार्य ने अपने विरोधियों के विचारों के संबंध में, अक्सर विचित्र हासपरिहास शैली का परिचय दिया। वे स्वयं को अपने विरोधियों का समर्थक बताते हुए अस्थायी रूप से उनकी ओर से तर्क-वितर्क करते थे जबकि उनके विचार पूर्णरूप से अपने विरोधियों के विचारों के प्रतिकूल थे।' (9. प्रिफे. vii)

यह महत्वपूर्ण है। मध्वाचार्य की जिस योग्यता का उल्लेख किया गया है वह उनकी चिंतन प्रतिभा की परिचायक है। लेकिन उनकी यह प्रतिभा, प्रामाणिकता के मूल्य पर थी। वे अपनी ही रचनात्मक कल्पना के प्रभाव में आ गए और वह स्वयं को कुछ समय के लिए लोकायतिकों की स्थिति में रखना चाहते थे। इसलिए मध्वाचार्य ने यह बताना आवश्यक नहीं समझा कि स्वयं लोकायतिकों को क्या करना था और वे वास्तव में किस प्रकार अपने तर्क प्रस्तुत करते थे। इसकी बजाय मध्वाचार्य यह बताना चाहते थे कि यदि वे स्वयं लोकायतिक हो तोते क्या कहते, और उनके दार्शनिक दृष्टिकोण के पक्ष में क्या तर्क देते।

इससे असंगतियां उत्पन्न हो गईं। लोकायत के तर्क मध्वाचार्य के अपने तर्कों के ढंग के बहुत प्रतिकूल रहे होंगे। मध्वाचार्य स्वयं तो वेदांती थे और वेदांतियों की अपनी ही तर्कशैली थी। फिर भी मध्वाचार्य वेदांतिक तर्कशैली को लोकायतिकों पर थोपने से नहीं हिचकिचाए। वेदांतियों के लिए 'श्रुति' सर्वोच्च अधिकृत प्रमाण थी। केवल तर्कों से ही किसी सिद्धांत अथवा धारणा को सिद्ध नहीं किया जा सकता था। यह तभी वैध हो सकते थे जबकि ये 'श्रुति' के अनुरूप हों। इसलिए फिर किसी वेदांती के लिए किसी कथन का निश्चित प्रमाण उपनिषदों की

किसी न किसी सूक्ति को माना गया। किंतु यह तो लोकायतिकों की चिंतनपद्धति के ठीक विपरीत था। स्वयं मध्वाचार्य ने स्वीकार किया है कि लोकायतिकों ने 'श्रुति' को आलसी ढोंगियों की कपट रचना बताया।

ऐसी परिस्थितियों में यह कहना कि लोकायतिकों ने उपनिषद का उद्धरण दिया, वैसी ही विचित्र बात है मानो यह कहना कि शैतान ने बाइबिल का उदाहरण दिया है। फिर भी वेदांती मध्वाचार्य अपने व्यक्तिगत विचारों से इतने प्रभावित थे कि उन्होंने यहां तक कह दिया कि लोकायतिकों ने अपने विचारों के समर्थन के लिए वृहदाण्यक उपनिषद का उदाहरण दिया था।

> इस मत के चार तत्व, पृथ्वी आदि मूल तत्व हैं। इनसे जब शरीर बनता है तब केवल इन्हीं से ठीक वैसे ही बुद्धि उपजती है जिस प्रकार कुछ वस्तुओं के सम्मिश्रण से मादक शक्ति उपजती है। और जब ये तत्व नष्ट हो जाते हैं तो बुद्धि भी तुरंत नष्ट हो जाती हैं। इसे सिद्ध करने के लिए वे 'श्रुति' का हवाला देते हैं (बृहदारण्यक उपनिषद ii : 4.12)। इन तत्वों से विशुद्ध ज्ञान उपजता है, इनके नष्ट होने पर ज्ञान भी लुप्त होता है—मृत्यु के पश्चात कोई बुद्धि नहीं रहती'। (वही. 2-3)

उपनिषद के इस अंश का जो भी वास्तविक अर्थ रहा हो किंतु निश्चित है कि लोकायतिक स्वयं कभी इस प्रकार का तर्क न प्रस्तुत करते।

8. लोकायत का प्रमाणवाद

आमतौर पर यह माना जाता है कि लोकायत ने अनुमान की वैधता को अस्वीकार किया। मध्वाचार्य ने लोकायत के प्रमाणवाद के संबंध में जिस प्रकार लिखा है, यह धारणा मुख्यतः उसी से बनी। यूरोपीय तर्कशास्त्र की पारिभाषिक शब्दावली में अनुमान की वैधता के विरुद्ध दिया गया तर्क संक्षेप में इस प्रकार है :

अनुमान में पहले से ही यह मानकर चला जाता है कि लिंग पद (मिडिल टर्म) और अन्य साध्य पदों (मेजर टर्म्स) के बीच एक सामान्य प्रत्यय अर्थात व्याप्ति है। किंतु इस व्याप्ति को पहले से ही मान लेना अनुचित है। वैध ज्ञान का कोई भी स्रोत इसके सत्य होने के बारे में निश्चित रूप से नहीं कह सकता। यूरोपीय तर्कशास्त्र में इसी के समान निकटतम धारणा ह्यूम की है जिन्होंने सामान्य प्रत्यय और इसके अनिवार्य संबंध को अस्वीकार किया है।

इस तरह, उदाहरणस्वरूप धूम (लिंग) से अग्नि (साध्य) का अनुमान तभी प्रमाणित हो सकता है जब यह सिद्ध हो जाए कि जब भी धूम होता है तो अग्नि (व्याप्ति) होती है लेकिन धूम और अग्नि के इस सार्वभौमिक संबंध को प्रामाणिक करने के लिए ज्ञान का कोई प्रमाणित स्रोत नहीं है। इंद्रियज्ञान से इस प्रकार के ज्ञान को पाना संभव नहीं है क्योंकि इसकी पहुंच कुछ मुख्य चीजों तक ही सीमित है। अनुमान को स्वयं व्याप्ति का आधार नहीं बनाया जा सकता। इसीलिए अनुमान संभव नहीं है।

प्रमाणवाद के बारे में जिस प्रकार मध्याचार्य ने बताया है, उसमें अंतिम सिद्धांत यही है कि ज्ञान का एकमात्र स्रोत सीधा इंद्रिय ज्ञान है।

लोकायतिकों का खंडन करना कुछ सरल हो जाता है यदि उनके ज्ञानशास्त्र को इस प्रकार संक्षिप्त कर दें। सभी तर्क व्याप्ति पर आधारित हैं और इसलिए व्याप्ति का खंडन करने का अर्थ है तर्क में ही अविश्वास करना। किंतु लोकायतिकों को अपने पक्ष के लिए स्वयं तर्कवितर्क करना पड़ा। इसलिए उसमें परस्पर विरोधी बातें आ गई। जैसाकि स्वयं मध्वाचार्य ने बौद्ध दृष्टिकोण से लोकयातिकों के विरुद्ध तर्क देते हुए कहा :

अगर कोई व्यक्ति यह नहीं मानता कि अनुमान भी प्रमाण का एक प्रकार है तो इसका उत्तर दिया जा सकता है : आप केवल इतना कहते हैं कि अनुमान, प्रमाण का एक प्रकार नहीं है :, क्या आप इस कथन को सिद्ध करने के लिए कोई सबूत नहीं देना चाहते, या कोई सबूत दे रहे हैं ? यदि आप कोई सबूत नहीं देते तो आप अनुमान को प्रमाण का एक प्रकार मानने से इंकार नहीं कर सकते क्योंकि एक सिद्धांत है कि कोई बात केवल कह देना ही उसे सिद्ध करना नहीं होता। और न ही सबूत देने से काम चल सकता है, क्योंकि जहां एक ओर आप कहते हैं कि अनुमान, प्रमाण का एक प्रकार नहीं है, वहां आप इस कथन को सिद्ध करने के लिए (अर्थात अनुमान द्वारा) कुछ कटा-छंटा तर्क देते हैं और इस प्रकार एक हास्यास्पद स्थिति में उलझ जाते हैं मानो आप कह रहे हों कि आपकी माता बांझ है .. जब आप किसी वस्तु के अस्तित्व को इस आधार पर नकारते हैं कि उसका इंद्रियों के माध्यम से ज्ञान नहीं हो सकता, तब आप स्वयं एक ऐसे अनुमान को स्वीकार कर रहे हैं जिसका मध्यपद अर्थात लिंग, अप्रत्यक्षीकृत ज्ञान है। (वही. 14)

इसके अलावा न्यायदर्शन के मध्ययुगीन विचारक उदयन ने कहा कि लोकायत का जो प्रतिपादन है उससे हमारा व्यावहारिक जीवन तक असंभव बन जाएगा : 'यदि इस सिद्धांत को सभी जगह समान रूप से लागू किया जाता है और लोग उन सब चीजों पर अविश्वास करने लग जाते हैं जिन्हें वे किसी एक समय पर देख या सुन नहीं सकते, अथवा जिनके बारे में इंद्रियों से ज्ञान प्राप्त नहीं होता तो हमारा समस्त व्यावहारिक जीवन गंभीर रूप से अस्तव्यस्त हो जाएगा।' (52. iii. 539 में उद्धृत)

अब प्रश्न यह है कि लोकायत के ज्ञानशास्त्र के इस निरूपण पर हम वास्तव में कहां तक निर्भर कर सकते हैं। क्या लोकायतिकों ने सचमुच इसी समग्रता से अनुमान की वैधता के विरुद्ध तर्क किया, जिसके कारण न केवल तर्कशास्त्र, बल्कि व्यावहारिक जीवन भी असंभव बात बन गई ? परिस्थितिजन्य प्रमाणों से हमें यह उत्तर मिलता है कि ऐसी बात नहीं थी। इससे यह स्पष्ट होता है कि मध्वाचार्य ने लोकायत के ज्ञानशास्त्र का जो चित्र प्रस्तुत किया वह कोरी कल्पना पर आधारित था।

हम यह कहेंगे कि तर्क के प्रति लोकयातिकों का ऐसा विशुद्ध नकारात्मक अथवा ध्वसात्मक दृष्टिकोण नहीं था। इसके विपरीत लोकायत मतानुयायी संभवतः भारत के पहले तर्कविद थे। हम यह भी कहेंगे कि यह सोचना गलत है कि लोकायतिक केवल खंडन अथवा ध्वंस के लिए ही तर्कों का प्रयोग कर रहे थे। बुद्धघोष ने लोकायत को (वितंड-वाद-सात्थ) कहा है। पालिप में प्रयुक्त 'सात्थ' शब्द का वही अर्थ है जो संस्कृत में 'शास्त्र' शब्द का है अर्थात कोई विज्ञान, अथवा अध्ययन का कोई पक्ष। इस प्रकार बुद्धघोष के अनुसार लोकायत, वितंड और वाद का शास्त्र था। ये दो शब्द विवाद या तर्क के लिए प्रयुक्त किए गए। हालांकि न्यायमत के अनुसार इनका प्रयोग दो विपरीत अर्थों में किया गया था। 'वितंड' का अर्थ है कपटपूर्ण वादविवाद और इसकी परिभाषा है : एक प्रकार का छलपूर्ण तार्किक वादानुवाद ('जल्प') जिसका उद्देश्य कोई प्रतिधारणा प्रस्तुत किए बिना अपने विरोधी की धारणा की आलोचना करना मात्र है—और इस प्रकार 'वाद' से इसका भेद किया जाना चाहिए। वाद का अर्थ है किसी निश्चित धारणा को उचित सिद्ध करने के लिए निष्पक्ष रूप से तर्कसंगत विवाद करना। (वही.iii. 512)

इस भेद को ध्यान में रखते हुए दासगुप्त ने प्रश्न उठाया कि लोकायत किस प्रकार वितंड और वाद, दोनों का सात्थ (शास्त्र) हो सकता था ? उन्हें इसका उत्तर, न्यायमत के एक और मध्ययुगीन दार्शनिक जयंत से मिला। जयंत के अनुसार बौद्धों ने वितंड और वाद में कोई अंतर

नहीं माना। उनके लिए दोनों थोथे वाक्छल थे। इस प्रकार दासगुप्त ने कहा, 'लोकायत में वितंड के होते हुए भी बौद्ध साहित्य में इसे विशेष बौद्ध अर्थों में वाद भी कहा जा सकता था। यानी लोकायत का अर्थ केवल ध्वंसात्मक तर्कवितर्क था जो कपटपूर्ण और निरर्थक था।

> इस प्रकार उपरोक्त, तथा पालि पुस्तकों के अन्य अंशों से यह निश्चित हो जाता है कि लोकायत का अर्थ है एक प्रकार का कपटपूर्ण वादविवाद, कूट तार्किकता या वाक्छल, जिसका उपयोग अबौद्ध लोग करते थे, और जिससे कोई लाभकारी परिणाम तो नहीं ही मिलते थे, हमारी बुद्धिमत्ता में कोई वृद्धि भी नहीं होती थी, और हम स्वर्ग तथा मोक्ष के पथ से भी भटक जाते थे। साधारण जन इस प्रकार के चतुराईपूर्ण वादविवाद को पसंद करते थे। इस विषय पर एक सुनियोजित विज्ञान (सात्थ या शास्त्र) था जिसे बौद्धों ने तिरस्कारपूर्ण भाव से वितंडसात्थ कहा है। (वही. iii. 514)

हो सकता है समस्या का यह एक समाधान रहा हो, किंतु दूसरी संभावना भी पूर्णतया अनहोनी नहीं है। यह भी तो हो सकता है कि लोकायतिकों को तर्कवितर्क के इन दोनों रचनात्मक और ध्वंसात्मक पक्षों अर्थात वितंड और वाद का पता हो। अब यह कहा जाएगा कि ऐसा नहीं हो सकता। कुछ बौद्ध स्रोत स्वयं यह आभास देते हैं कि लोकायत केवल थोथा और कपटपूर्ण वाद-विवाद था। किंतु इस तरह के विवरण में असत्यता की झलक मिलती है। क्योंकि यह बौद्ध स्रोत इस प्रकार के स्पष्टतः हास्यास्पद और अल्प बुद्धि वालों जैसे तर्कों को लोकायतिकों के तर्क बताते थे। इस प्रकार के तर्क का एक उदाहरण है: 'कौवे सफेद हैं, क्योंकि उनकी हड्डियां सफेद हैं: सारस का रंग लाल है क्योंकि उसका रक्त लाल है।' (सुमंगल विलासिनी 91 देखें 52.iii. 515, 113.1.167-8) लोकायतिकों के तर्क इतने भोंडे और मिथ्या नहीं हो सकते थे। इसका प्रमाण निम्नलिखित बात से मिलता है।

'शुक्रनीति सार' (iv.3.55) ने विज्ञानों और कलाओं की अपनी सूची में उल्लेख किया है कि नास्तिक लोगों के तर्क बड़े प्रबल होते थे। उस जमाने में सामान्यतः लोकायतिकों को ही नास्तिक कहा जाता था। इस पुस्तक के अनुसार, नास्तिकों के शास्त्र में ईश्वर के अस्तित्व और वेदों की सत्ता को स्वीकार नहीं किया गया है। परंतु यह तर्क केवल विध्वंसकारी ही थे। दूसरी ओर 'शुक्र नीति सार' में ही कहा गया है कि इन नास्तिकों का रचनात्मक पक्ष भी था: 'सर्वं स्वभाविकं मतं' अर्थात ऐसा सिद्धांत जिसके अनुसार सब कुछ प्राकृतिक नियमों द्वारा संचालित है। इस प्रकार हमें यहां न केवल बौद्ध तर्कवितर्क के प्रति लोकायतिकों के रचनात्मक दृष्टिकोण होने की संभावना का उल्लेख मिलता है बल्कि किसी रचनात्मक धारणा के पक्ष में इस प्रकार के तर्क का उपयोग किए जाने का भी संकेत मिलता है।

कौटिल्य ने अपने अर्थशास्त्र (i.1) में सांख्य और योग के साथ साथ लोकायत का भी उल्लेख किया है और इसे तर्कविज्ञान अर्थात अन्वीक्षिकी कहा हैं। मेधातिथि ने मनु पर टिप्पणी करतें हुए चार्वाक की तर्क विद्या के संबंध में लिखा (आन मनु vii.43) है। स्वयं मनु (ii.11) ने हेतुशास्त्र (तर्कविज्ञान) और हेतुकों (तर्कविद्याविद) का उल्लेख किया। दासगुप्त ने ठीक ही कहा है कि यह संभवतः लोकायत और लोकायतिकों की ओर संकेत था (52.iii. 518)। क्योंकि यद्यपि न्याय और मीमांसा मतों के दार्शनिकों को भी बहुधा हेतुक और तार्किक कहा जाता था, फिर भी वे रूढ़िवादी परिधि में ही तर्कशास्त्र के ज्ञाता थे, जबकि मनु द्वारा उल्लिखित तर्कविद्याविद, वैदिक दृष्टिकोण से नास्तिक थे। भागवत पुराण में (xi.18. 30) में भी बौद्धों और जैनियों के साथसाथ हेतुकों का उल्लेख है। इस पुराण में इनके लिए पाखंडी शब्द का प्रयोग किया गया है।

यह सच है कि मनु (Iv.30, ii.11 आदि) ने इन तर्कविद्याविदों के विरुद्ध कठोर कानूनी नियम लागू करने को कहा : किसी भी व्यक्ति को इन नास्तिकों (पाखंडी :), वर्णधर्म का उल्लंघन करने वालों (विकर्मस्थः), पाखंडियों (वैडाल वृतिकों) और हेतुकों के साथ बात भी नहीं करनी चाहिए। किंतु इसका कारण यह नहीं था कि ये हेतुक वैध तर्कवितर्क के विरुद्ध थे या केवल कूट तार्किकता ही करते थे। कारण यह था कि तर्क विद्या में प्रवीण यह लोग अपने तर्कों से परलोक, यज्ञों वाले धर्म तथा वेदों की सत्ता को मिथ्या सिद्ध करते थे। मनु के प्रमुख भाष्यकारों ने यह बात स्पष्ट रूप से कही है। मेधतिथि (आन मनु iv. 30) के अनुसार हेतुक (मनु ने जिनका उल्लेख किया), वे लोग थे जो परलोक की सत्यता और आहुतियों तथा यज्ञों की क्षमता को नहीं मानते थे। कुल्लूकभट्ट (आन मनु iv. 30) ने सीधे ही कहा : हेतुक लोग, वेदविरोधी, तर्क व्यवहारिनाः थे, अर्थात ऐसे लोग जो वेदों के विरुद्ध थे और मात्र इसी विरोध को व्यक्त करने के लिए तर्कवितर्क करते थे। इस प्रकार, जब तक यह न मान लिया जाए कि बौद्ध तर्कवितर्क के प्रति रचनात्मक दृष्टिकोण का अर्थ केवल इतना है कि धर्मग्रंथों को आंख मूंदकर स्वीकार कर लिया जाए, तब तक मनु के प्रमाण से यह सिद्ध नहीं किया जा सकता कि लोकायतिकों ने बौद्ध तर्कवितर्क के प्रति नकारात्मक दृष्टिकोण अपना रखा था।

इन सब बातों का अर्थ यह नहीं है कि भारतीय दर्शन में हमें तर्क की वैधता के प्रति पूर्ण रूप से नकारात्मक या ध्वंसात्मक दृष्टिकोण देखने को नहीं मिलता। वास्तव में ऐसा दृष्टिकोण विद्यमान है। किंतु मजे की बात यह है कि ऐसा नकारात्मक दृष्टिकोण दर्शन के उसी मत का था जिसके अनुयायी स्वंय मध्वाचार्य थे। केवल वेदांत (ब्र० सू०ii,11) के अनुसार तर्क आपमें अवैध है, तार्किकता तो किसी व्यक्ति की तर्कवितर्क करने की अपनी क्षमता पर निर्भर करती है। इसलिए तर्कों के आधार पर जो कुछ भी कोई व्यक्ति सिद्ध करता है उसे दूसरा व्यक्ति अवैध या गल्त सिद्ध कर सकता है।

ऐसा अनुमान लगाया गया है कि वेदांत ने, भले ही नकारात्मक दृष्टिकोण से लोकायतिकों के दृष्टिकोण के विरोध में तार्किता या तर्कवितर्क की वैधता को अस्वीकार किया किंतु लोगों को स्वर्ग और मोक्ष दिलाने वाले पथ से बहकाने वाले लोकायतिकों के तर्कों से क्षुब्ध होकर रूढ़िवादियों ने आवश्यक समझा कि वे तर्क विद्या का खंडन करें और विश्वास तथा आस्था के लिए मार्ग प्रशस्त करें। जैसाकि दासगुप्त ने कहा हैं :

> रूढ़िवादी हिंदू दार्शनिक मत यह था कि परम सत्य का बोध केवल धर्मग्रंथों में आस्था और विश्वास से ही हो सकता है क्योंकि ऐसे तर्क या अनुमान से इस परम सत्य तक नहीं पहुंचा जा सकता जिसका खंडन कोई और तर्कविद् कर सकता हो : संभव है कि यह मत उन कूट तार्किकों या तर्कविदों के नकारात्मक प्रभाव से उपजा हो जो ऐसी धारणाओं को सिद्ध करने में सफल हुए जिन्हें अन्य लोगों ने गलत सिद्ध किया और फिर बाद में अधिक दक्ष विद्वानों ने इनका भी खंडन कर दिया। (52. iii. 517)

दासगुप्त के अनुसार यह प्रारंभिक तर्कविद (हेतुक) लोकायतिक ही थे। इस प्रकार यह निष्कर्ष निकाला गया कि रूढ़िवादियों ने तर्क की वैधता को, लोकायतिकों के नकारात्मक प्रभाव में आकर ही अस्वीकार किया।

यदि मान लें कि यह बात सच है तो भी मध्वाचार्य की भांति यह नहीं स्वीकार किया जा सकता कि तर्क विद्या के प्रति लोकायतिकों का दृष्टिकोण पूर्णरूप से ध्वंसात्मक या नकारात्मक था इसके विपरीत एक बेदांती के नाते मध्वाचार्य का दृष्टिकोण ही ध्वंसात्मक था। इसके लिए बड़े विचित्र ढंग से मध्वाचार्य ने लोकायतिकों को दोषी ठहराया है। मध्व बाह्य रूप से अपने इस

विचार को काफी संतोषजनक ढंग से प्रस्तुत कर सके हैं। मध्वाचार्य के लिए ऐसा करना इसलिए संभव था, क्योंकि लोकायतिक वास्तव में सामान्य अर्थों में अनुमान की प्रक्रिया का विरोध नहीं कर रहे थे, बल्कि उनका विरोध एक विशेष दृष्टिकोण के प्रति था जिसमें अनुमान द्वारा ईश्वर, आत्मा और परलोक की सत्यतता प्रमाणित की गई थी।

किंतु दासगुप्त के इस विचार को सरलता से स्वीकार नहीं किया जा सकता कि लोकायतिकों के प्रभाव के विरोधस्वरूप, रूढ़िवादियों ने तर्क की वैधता को अस्वीकार किया। यह विचार इस पूर्वधारणा पर आधारित है कि लोकायतिक केवल कूट तार्किक और वाक्छली थे जो मात्र ध्वंसात्मक उद्देश्यों के लिए तर्कवितर्क करते थे। निःसंदेह लोकायतिकों ने रूढ़िवादी ब्राह्मणों के कई सिद्धांतों और मतों को अस्वीकार किया। किंतु प्रश्न यह है कि स्वर्ग और मुक्ति की सत्यता तथा वैदिक यज्ञों की क्षमता को गलत सिद्ध करने वाला कोई भी तर्क क्या ध्वंसात्मक या निरर्थक वाक्छल होता है। एक समय था जब रूढ़िवादियों की यही मान्यता थी। किंतु ऐसा कोई आधार अथवा कारण नहीं दिखता है कि भारतीय दर्शन का इतिहासकार आज भी इस मान्यता को स्वीकार करे।

परंतु यह कहा जा सकता है कि इस बात के लिए कोई प्रमाण नहीं है कि लोकायतिकों ने रचनात्मक उद्देश्यों के लिए तर्क का प्रयोग किया। हमारे पास उपलब्ध केवल ऐसे ही प्रमाण हैं, जिनके अनुसार लोकायतिकों ने किसी न किसी धारणा का खंडन करने के लिए तर्क का इस्तेमाल किया। जैसा कि एच. पी. शास्त्री ने कहा है : 'उनके पास पक्ष लेने के लिए कुछ ही सिद्धांत हैं किंतु खंडन के लिए बहुत सी सामग्री है। वे सीधे दृढ़ और अति व्यंग्यात्मक शब्दों में खंडन करते है(130.4)। इसमें कोई संदेह नहीं कि लोकायतिकों के संबंध में हमारा यही विचार बनता है किंतु ऐसी सूचना देने वाले स्रोत बड़े विचित्र हैं। लोकायतिकों के बारे में हमें सूचना उनके दार्शनिक विरोधियों से प्राप्त हुई हैं। और ये विरोधी लोकायत दर्शन की आलोचनाओं से स्वयं को बचाने में व्यस्त थे। स्पष्ट है कि उनके पास लोकायत दर्शन के विचारों का विस्तृत उल्लेख करने का न तो समय था और न ही कोई अन्य अवसर था। इसका मतलब है कि लोकायतिकों ने विरोधी दार्शनिकों या मतों की कुछ निश्चित धारणाओं की जो आलोचनाएं कीं. विरोधियों द्वारा दिए गए उनके उत्तर ही हमें उपलब्ध हुए हैं। इसी से हमें यह आभास मिला कि लोकायतिक, अन्य विचारकों अथवा दार्शनिकों की केवल आलोचना ही करते थे और उनके अपने कोई निश्चित मत और विचार नहीं थे जिनकी वे रक्षा करते। किंतु लोकायत दर्शन के संबंध में यह हमारा सीमित ज्ञान है। और यह सोचना गलत होगा कि लोकायतिकों के दृष्टिकोण की मूल विशेषता केवल आलोचना करनी ही थी।

दासगुप्त (52 .iii. 536) द्वारा लोकायत के संबंध में किए गए प्रशंसनीय शोध कार्यों के कारण अब लोकायतिकों के बारे में जानकारी की यह कमी काफी सीमा तक दूर हो गई हैं। दासगुप्त ने अनुमान प्रक्रिया के संबंध में लोकायतिकों के रचनात्मक दृष्टिकोण के बारे में हमें महत्वपूर्ण जानकारी ढूंढ़ कर दी है। इस प्रमाण का विशेष महत्व इस बात से है कि अब हमें लोकायत के पक्ष का विस्तृत ज्ञान ऐसे व्यक्ति से प्राप्त हुआ है जो स्वयं लोकायतिक था। यह व्यक्ति है पुरंदर। हम पहले ही देख चुके हैं कि तुची ने कहा है कि पुरंदर ही चार्वाक के दृष्टिकोण से लिखी गई पुस्तकों के रचयिता थे, 'चार्वाक मते ग्रंथकर्ता'। दासगुप्त इससे सहमत हैं। उनका विचार हैं कि पुरंदर सातवीं शताब्दी में हुए। किंतु यह तिथि अपेक्षाकृत काफी बाद की है। फिर भी लोकायत मतानुयायी होने के कारण वे संभवतः वास्तविक लोकायत परंपरा को ही आगे बढ़ा रहे थे। दासगुप्त ने पुरंदर के दृष्टिकोण को संक्षेप में इस प्रकार बताया है :

पुरंदर—स्वीकार करते है कि इंद्रिय ज्ञान के माध्यम से सभी भौतिक वस्तुओं की जानकारी प्राप्त करने में अनुमान की उपयोगिता है किंतु अनुभवातीत जगत के संबंध में किसी रूढ़िगत धारणा को सिद्ध करने अथवा मृत्यु के बाद के जीवन या कर्म-नियति के संबंध में कोई धारणा स्थापित करने के लिए अनुमान को उपयोग में नहीं लाया जा सकता, क्योंकि इनके संबंध में साधारण इंद्रिय ज्ञान प्राप्त नहीं हो सकता।

पुरंदरात्तु इह लोक प्रसिद्धम् अनुमानम् चार्वाकैः अपि इष्यते एव,
यत तु कैः चित् लौकिकं मार्गम् अतिक्रम्य अनुमानम् उच्यते तन निषिध्यते।[86]

इसका अर्थ है : किंतु पुरंदर ने कहा कि चार्वाक के अनुसार भी अनुमान केवल ज्ञात जगत के भौतिक क्षेत्र तक ही वैध हैं, किंतु यदि कोई इसके प्रयोग को इहलौकिक वस्तुओं से आगे ले ज़ाना चाहता है तो उसके द्वारा निकाला गया निष्कर्ष निषिद्ध होगा।

और पुरंदर का यह कथन हठधर्मितापूर्ण नहीं था। स्वयं दासगुप्त ने भी जैन लेखक वादिदेव सूरि के विचारों का अनुसरण करते हुए पुरंदर के पक्ष को स्पष्ट करने का प्रयत्न किया है। वादिदेव सूरि ने भी पुरंदर के एक सूत्र को उद्धृत किया है :

सामान्य अनुभव से युक्त व्यावहारिक जीवन में और अनुभवातीत सत्य जानने के कार्य में, अनुमान की वैधता अवैधता के बीच भेद को मानने का प्रमुख कारण यह है कि, कई परिस्थितियां एक साथ उपस्थित रह कर या अनुपस्थित रह कर, किसी परिणाम को जन्म देती हैं ज़िसका होना या न होना देखने के पश्चात ही आगमनात्मक व्यापकीकरण का सिद्धांत बनता है; किंतु अनुभवातीत स्तर पर ऐसा करना संभव नहीं है क्योंकि यदि ऐसा कोई अनुभवातीत, क्षेत्र है भी, तो मानव इंद्रियों से उसका ज्ञान नहीं हो सकता, इसलिए इस क्षेत्र के लिए कोई आगमनात्मक व्यापकीकरण का या सहवर्तित्व का सिद्धांत निश्चित नहीं किया जा सकता। (वही)

इस प्रकार वादिदेव सूरि ने लोकायत ज्ञानशास्त्र के बारे में हमें जो आभास दिया उसके अनुसार अनुमान प्रक्रिया का महत्व गौण था। लोकायतिक, इंद्रिय ज्ञान को सबसे अधिक महत्व देना चाहते थे। मणिभद्र ने षड् दर्शन समुच्चय पर अपने भाष्य (आन षड् दर्शन समुच्चय v.81) में लोकायत द्वारा इंद्रिय ज्ञान को प्राथमिक महत्व दिए जाने के कुछ अत्यंत प्रभावशाली कारण बताएं हैं। ये ऐसे सामाजिक राजनीतिक कारण है जो इतने आधुनिक प्रतीत होते हैं कि देखकर आश्चर्य होता हैं। कुछ चतुर कपटी लोग धर्म की आड़ लेकर स्वर्ग प्राप्ति और पापपुण्य के बीच भेद के बारे में लोगों के मन में भ्रम उत्पन्न करने का प्रयत्न कर रहे हैं। वे अपनी बात को सिद्ध करने के लिए अनुमान प्रक्रिया को और उपनिषदों-पुराणों आदि को वैध ज्ञान के स्रोत बताते हैं। लोकायत ने इंद्रिय ज्ञान को जो मूल महत्व दिया उसका उद्देश्य लोगों को ऐसे ही छल और भ्रम का शिकार होने से बचाना था। लोक दर्शन होने के कारण वह धार्मिक कुचक्रों से जनसाधारण को सावधान करना चाहता था। मणिभद्र ने लोकायत दृष्टिकोण को और अधिक स्पष्ट करते हुए कहा कि जिसका अनुभव नहीं किया जा सकता, यदि उसका अस्तित्व मान लिया जाए तो निर्धन व्यक्ति स्वयं को यह भुलावा दे सकता है कि उसके पास सोने का ढ़ेर है और इस प्रकार वह अपनी दीनहीन परिस्थिति में भी पीड़ा का अनुभव नहीं करेगा; जो दास है वह अपने आपको भ्रम में रख सकता है कि वह स्वामी बन गया है। धार्मिक पाखंडियों द्वारा रचित यह भ्रम जन-साधारण के लिए विनाशकारी होंगे और फिर, चूंकि ये धार्मिक पाखंडी अज्ञेय के अस्तित्व के पक्ष में अनुमान और श्रुति पर अधिक बल दे रहे थे इसलिए लोकायतिकों को इंद्रिय ज्ञान के मूल महत्व के पक्ष में बोलने के लिए बाध्य होना पड़ा। इस प्रकार यदि रूढ़िग्रस्त धर्म के पक्षधरों ने

विश्वास और आस्था का स्थान बनाने के लिए तर्कबुद्धि को अस्वीकार करना आवश्यक समझा, तो लोकायतिकों को जनसाधरण की रक्षा के लिए इन पाखंडियों की मिथ्या धारणाओं के विरुद्ध तर्क देना आवश्यक प्रतीत हुआ।

इस प्रकार जो संपूर्ण चित्र हमें मिलता है वह निर्थक वादविवाद करने वाले कुछ कूट तार्कियों का नहीं, है बलिक यह दो संस्कृतियों के बीच संघर्ष का चित्र है। एक मत के प्रणेता ईश्वर, स्वर्ग और अमरत्व का डंका पीटने और इन्हें प्राप्त करने के लिए वैदिक यज्ञों का मार्ग बताने में व्यस्त थे तो दूसरे मत के प्रणेता वे लोग थे जो साधारण जन का दृष्टिकोण प्रतिपादित कर रहे थे और उनके भौतिक हितों की रक्षा करना चाहते थे। यदि हम यह मान लें कि लोकायतिक लोग इस देश के प्रथम तर्क विद्याविद थे, और इसे मानने के काफी ठोस आधार भी हैं तो हम यह भी मान सकते हैं कि भारतीय तर्कशास्त्र का जन्म, धार्मिक छलकपट से जनसाधारण को बचाने के प्रयत्नों का परिणाम हैं। इस संबंध में आगे चलकर और विस्तार से बताया जाएगा क्योंकि अभी हमें यह देखना है कि धार्मिक छलकपट का आरंभ कैसे हुआ।

यह अलग बात है कि हम निश्चित करें कि लोकायत ज्ञानशास्त्र को जनहित के साथ जोड़ने में मणिभद्र पर वास्तव में कहां तक निर्भर कर सकते हैं? किंतु एक बात स्पष्ट है। मध्वाचार्य ने लोकायत ज्ञानशास्त्र को पूरी तरह विध्वंसात्मक या नकारात्मक बताया था, वह एक कपोल कथन था और चूंकि मध्वाचार्य ने काल्पनिक ज्ञानशास्त्र को लोकायतिकों के तत्व विज्ञान और नीतिशास्त्र का आधार बताया, इसलिए उन्होंने लोकायत के संबंध में जो चित्र प्रस्तुत किया है, वह भी अत्यंत अविश्वसनीय ही होगा।

9 लोकायत नीतिशास्त्र

मार्क्स ने लिखा है : सुखवाद का दर्शन और कुछ नहीं, केवल कुछ ऐसे सामाजिक वर्गों का वाक्चातुर्य था, जिन्हें भरपूर सुख मिला हुआ था।' (136.316 में उद्धृत)। यदि यह सच, है और यदि लोकायत, जैसाकि इसके शाब्दिक अर्थ से संकेत मिलता है, केवल साधारण लोगों (प्राकृतजनाः) का दर्शन था, जिन्हें शंकर ने तिरस्कार भाव से मूढ़ व्यक्तियों का समूह कहा है, तो फिर इस बात की सचमुच कोई संभावना नहीं रह जाती कि लोकायत दर्शन, सुखवाद था। फिर भी मध्वाचार्य ने जैसा उसका वर्णन दिया हैं इससे तो लोकायत, एक प्रकार का अति सुखवाद जान पड़ता है। मध्वाचार्य ने लोकायत दर्शन के नीतिशास्त्र का विवरण इस प्रकार दिया है :

> मनुष्य का एकमात्र ध्येय इंद्रिय सुख भोग करना है। आप यह नहीं कह सकते कि ऐसा ध्येय नहीं हो सकता, क्योंकि सुख के साथ कोई न कोई दुख भी जुड़ा होता है, और यह हमारी बुद्धिमत्ता है कि हम पूर्ण सुख का भोग करते हैं और उसके साथ अनिवार्य रूप से आने वाले दुख से बचते हैं—जिस प्रकार मछली का इच्छुक व्यक्ति छिलके और कांटों समेत उसे ले लेता है और जितनी मछलियां उसे चाहिए उतनी लेने के बाद बस कर देता है (यानी उसे उससे अधिक नहीं चाहिए), या जिस प्रकार चावल प्राप्त करने का इच्छुक व्यक्ति उसके छिलके और भूसी सहित इच्छानुसार चावल ले लेने के बाद बस कर देता है। इसलिए दुःख के डर से हमें सुख को नहीं छोड़ना चाहिए जिसे हमारी बुद्धि अपने लिए अनुकूल समझती है पशुओं द्वारा चर लिए जाने के डर से लोग धान बोना बंद नहीं कर देते न ही वे भिखारियों के मांगने के भय से भोजन पकाना रोक देते हैं। (9.3)

और लोकायतिकों का एक प्रसिद्ध श्लोक है कि 'जब तक जीवन है सुख का भोग करो। शुद्ध घी का सेवन करो, भले ही उधार से दब जाओ।'

हम तर्क देंगे कि लोकायत के नीतिशास्त्र को बदनाम करने के लिए ही उसे इस प्रकार का बताया गया। लोकायत इस प्रकार के इंद्रिय सुखभोग का पक्षपाती कभी नहीं रहा होगा।

अपने तर्क का प्रारंभ कुछ ऐसी बातों से करेंगे जिन्हें कुछ आधुनिक विद्वान पहले ही प्रस्तुत कर चुके हैं। गर्वे ने लिखा है : 'ऐसा अनुमान लगाना स्वाभाविक है कि लोकायत के प्रणेता ने इसे गूढ़ सिद्धांतों पर आधारित किया और लोकायत के विरोधियों ने जैसी जानकारी दी है उसकी अपेक्षा यह कहीं अधिक गंभीर दार्शनिक विचार को लेकर विकसित हुआ होगा (इ० आर० ई० viii. 138, तुल 55.100) यह सच है। किंतु प्रश्न यह है कि ऐसा अनुमान लगाना स्वाभाविक क्यों है। इसका उत्तर बेलबलकर और रानाडे ने दिया है : आमतौर पर यह माना जाता है कि लोकायत का दृष्टिकोण नकारात्मक और ध्वंसात्मक था, इसे देखते हुए यह स्पष्ट नहीं होता कि लोकायत इतना आकर्षक और व्यापक रूप से प्रचलित दार्शनिक मत कैसे बन गया।' (69.ii. 459) इन विद्वानों ने साथ ही यह नहीं कहा कि लोकायत के संबंध में इस तरह की मान्यताएं मूल रूप से मध्वाचार्य के प्रभाव का परिणाम थीं। संभवतः इसका कारण यह रहा हो कि यह बात अपने आप में ही बहुत स्पष्ट है।

यह सिद्ध करने के लिए कि लोकायत मत का प्रभाव बहुत गहरा और व्यापक था, कई प्रमाण दिए जा सकते हैं। एक प्रमाण तो स्वयं लोकायत शब्द ही है जिसका अर्थ था लोगों में यानी लोक में प्रचलित। लोकायत का विकृत रूप प्रस्तुत करने और इसकी निंदा और खंडन करने के लिए इसके विरोधियों ने जो सतत प्रयत्न किए वे एक और प्रमाण हैं। यदि लोकायत केवल एक ऐसा छिछले सिद्धांत वाला मत होता जिसमें माना जाता है कि भले उधार लेकर ही सही, पर मौज करो, तो हम यह स्पष्ट नहीं कर सकते कि इसके बावजूद लोकायत का इतना गहरा और व्यापक प्रभाव कैसे रहा, या फिर भारतीय दर्शन के सभी मतों ने लोकायत को इतनी गम्भीरता से क्यों लिया। वैसे लोकायत के नीतिशास्त्र के बारे में मध्वाचार्य के वर्णन के विरुद्ध तर्क के लिए हमारे पास और भी प्रत्यक्ष प्रमाण हैं।

'महाभारत' के 'वनपर्व' में [म० (रे) iii-97] द्रोपदी ने कहा कि वह जब छोटी थी तब उसके पिता ब्राह्मणों को अपने यहां बुलाया करते थे। उसके पिता और भाइयों ने ब्राह्मण से ही बार्हस्पत्य मत का अध्ययन किया : हे राजन ! द्रोपदी ने युधिष्ठिर को संबोधित करते हुए कहा : इस मत के बारे में सुनने के उद्देश्य से मैं जब किसी बहाने अपने पिता के पास पहुंची और उनकी गोद में बैठ गई तब उस ब्राह्मण ने बड़े स्नेह के साथ मुझे बार्हस्पत्य मत के बारे में बताया।

बार्हस्पत्य मत और कुछ नहीं लोकायत मत का ही दूसरा नाम था। इसे स्वीकार न करने का मतलब है प्राचीन परंपराओं की सत्यता में संदेह करना। और न ही यह कहा जा सकता है कि बार्हस्पत्य मत का यहां अर्थ था राजकाज चलाने की प्राचीन विद्या, जैसा कि तुची का विचार है। क्योंकि इस कथित राज विद्या के संबंध में मूल रूप से कोई भी नास्तिकता की बात नहीं है जबकि महाभारत (वही iii.89) में युधिष्ठिर ने द्रोपदी की बात सुनने पर यह आरोप लगाया कि उस पर नास्तिक विचारों का प्रभाव है। इस प्रकार जिस बार्हस्पत्य मत का उल्लेख किया गया है, वह केवल लोकायत मत ही हो सकता था। किंतु क्या 'महाभारत' का यह प्रमाण मध्वाचार्य के लोकायत संबंधी वर्णन से मेल खाता है ? स्पष्ट है कि नहीं खाता। यदि लोकायत मत वैसा ही होता जैसा मध्वाचार्य ने बताया है, तो द्रोपदी के पिता जैसा सम्मानित व्यक्ति कभी भी इस मत को सीखने और इसका अध्ययन करने के लिए विद्वान ब्राह्मण को विशेष रूप से आमंत्रित करने की आयश्यता न समझता।

ऐसा भी कहा गया है कि लोकायत मत का जानकार एक ब्राह्मण था। यह बात काफी

विचित्र प्रतीत हो सकती है। यह बात लोकायत के बारे में न केवल हमारी, बल्कि मान्य ब्राह्मण धारणाओं के भी विरुद्ध है। बौद्ध स्रोत तो इससे भी आगे बढ़ गए हैं। जैसाकि रिस डेविड्स ने बताया है :

> बौद्ध सुत्तों में अच्छे ब्राह्मण की व्याख्या स्वयं ब्राह्मणों के मुख से ही कराई गई है। (अंगुत्तर, 1-163, और अन्य अंश) इस व्याख्या में बताया गया है कि उस ब्राह्मण को जिन विभिन्न विद्याओं का ज्ञान था उनमें एक लोकायत विद्या भी थी। यह सारा अंश प्रशंसा में लिखा गया है। यद्यपि दो-एक शब्दों के निश्चित भावार्थ के बारे में संदेह है फिर भी यह उन सभी गुणों का वर्णन है जिन्हें ग्रहण करके कोई भी ब्राह्मण प्रकांड विद्वान कहलाने में गर्व कर सकता था। (113.i. 166)

आगे चलकर रिस डेविड्स ने 'महाभारत' के जिस अंश की ओर ध्यान आकृष्ट किया है (यह अंश हरिवंश में भी आता है) इस अंश में विद्वान ब्राह्मणों को जो विद्याएं आनी चाहिए उनकी सूची है और इनका ज्ञान प्राप्त कर लेने के बाद ही उन्हें लोकायत का विद्वान कहा जाता था।' (वही. i. 169)

इस प्रकार के प्रमाण संभवतः बताते हैं कि हमें ब्राह्मण, विशेषकर बौद्धकालीन (56. अ. viii) भारत के ब्राह्मण के बारे में अपनी धारणाओं को बदलना होगा। मध्वाचार्य के विवरण से लोकायत के संबंध में बनी धारणाओं को भी बदलने की आवश्यकता इन्हीं प्रमाणों के आधार पर अनुभव की जा सकती है, क्योंकि ये प्रमाण न केवल कुछ ऐसे ब्राह्मणों के हैं जो लोकायत के ज्ञान का प्रसार-प्राचर कर रहे थे बल्कि ये ब्राह्मण अत्यंत विद्वान और प्रतिष्ठित भी थे। दूसरे शब्दों में यह कहा जा सकता है कि किसी व्यक्ति को प्रबुद्ध, सुसंस्कृत और विद्वान बनने के लिए लोकायत दर्शन का ज्ञान होना आवश्यक था। इसलिए लोकायत दर्शन के विचार सुख प्राप्ति के लिए दौड़ने वाले मूढ़ जनों की स्वाभाविक अश्लीलता की अभिव्यक्ति कभी नहीं रहे होंगे जैसाकि मध्वाचार्य हमें विश्वास करने को कहते हैं।

लोकायत ऐसा नहीं रहा होगा यह बात कुछ अन्य स्रोतों से भी प्रमाणित होती है। मिलिंद में कहानी के नायक नागसेन को लोकायत का ज्ञान प्राप्त था (113. i. 170)। निश्चित है कि यह एक गुण माना जाता था। एक अन्य अंश में रिस डेविड्स (वही) ने बताया है कि लोकायतिक शब्द का प्रयोग अपमानजनक अर्थ में किया गया है जो इस पुस्तक में अतिशयोक्ति के रूप में सम्मिलित कर लिया गया होगा। इसके अलावा बाणभट्ट ने 'हर्षचरित' (कावेल और थामस द्वारा अनूदित पृ. 236) में संन्यासियों की एक लंबी सूची दी है जिनमें लोकायतिकों के नाम भी शामिल हैं :

> राजा ने विभिन्न आसनों पर बैठे हुए अलग अलग प्रांतों के बहुत से बौद्धों पर दृष्टिपात करने के पश्चात अचानक ही उस संन्यासी की उपस्थिति की घोषणा की—श्वेत वस्त्रधारी जैनी, श्वेत वस्त्रधारी भिक्षुक, कृष्ण के अनुयायी, धार्मिक जिज्ञासु, अपने बालों को नोचने वाले संन्यासी, कपिल के अनुयायी, जैन, लोकायतिक, कणाद के अनुयायी और ईश्वर को विश्व का सृजनहार मानने वाले, और उपनिषदों के अनुयायी - - -।'

लोकायतिकों को जिस स्तर के विद्वानों के बीच यहां दिखाया गया है वह 'सर्वदर्शन संग्रह' में प्रस्तुत किग गए चित्र के निश्चित रूप से विपरीत है।

इसलिए हम लोकायत नीतिशास्त्र का मध्वाचार्य द्वारा किया गया वर्णन अस्वीकार करने के लिए बाध्य हैं। लेकिन प्रश्न यह है कि क्या कोई ऐसा अन्य स्रोत है जिससे उन रचनात्मक नैतिक मूल्यों का थोड़ा सा आभास मिल सके, जिनका पक्ष लोकायतिकों ने लिया था। शायद

ऐसे कुछ स्रोत हैं, हालांकि ये संकेत मुख्यतः परोक्ष रूप में मिलते हैं।

आइए सबसे पहले 'महाभारत' ['म.' (रे) xii. i. 120 और आगे] के 'शांति पर्व' की उस प्रसिद्ध घटना को देखें जिसमें एक चार्वाक का वध किया गया है।

कुरुक्षेत्र के महायुद्ध के पश्चात जब पांडव विजयी होकर लौट रहे थे तब हजारों ब्राह्मण युधिष्ठिर को आशीर्वाद देने के लिए नगरद्वार पर एकत्र हुए। उनमें एक चार्वाक भी था। वह आगे बढ़ा और अन्य ब्राह्मणों की अनुमति लिए बिना ही उसने महाराज को इस प्रकार संबोधित किया :

> यह ब्राह्मण समूह तुम्हें शाप दे रहा है क्योंकि तुमने अपने बंधुओं की हत्या की है। स्वजनों का विनाश करके और अपने गुरुजनों की हत्या करके तुम्हें क्या लाभ मिला? तुम्हें तो मर जाना चाहिए।'

उस चार्वाक के अचानक रोषपूर्ण गर्जन से वहां एकत्र ब्राह्मण मंडली स्तब्ध रह गई। युधिष्ठिर को घोर आघात लगा और वह मर जाना चाहता था। किंतु तब तक अन्य ब्राह्मण सुसंयत हो गए और उन्होंने राजा से कहा कि यह चार्वाक हमारा वास्तविक प्रतिनिधि नहीं है बल्कि छद्म वेष में कोई दानव और युधिष्ठर के शत्रु दुर्योधन का मित्र है। ब्राह्मणों ने राजा को आश्वासन दिया कि वे तो उनके महान कार्यों के प्रशंसक हैं। इसके पश्चात इस विरोधी चार्वाक को उन्होंने पकड़ लिया और जलाकर भस्म कर दिया।

चार्वाक का छद्मवेषी दानव, और कुटिल दुर्योधन का गुप्तचर आदि बताया जाना, एक वैमनस्यपूर्ण कपोल कल्पना है जो इतनी भोंडी है कि इसे गंभीरतापूर्वक स्वीकार नही किया जा सकता। किंतु उल्लेखनीय बात यह है कि चार्वाक और लोकायत दोनों एक ही अर्थ रखने वाले शब्द थे और इसलिए चार्वाक ने जो कुछ कहा उसमें लोकायत के वास्तविक नैतिकमूल्यों के संकेत खोजना गलत नहीं होगा।

'महाभारत' के इस अंश में चार्वाक ने ऐसी कोई बात नहीं कही थी जिससे थोड़ासा भी इस बात का आभास मिलता हो कि लोकायत का जीवनदर्शन केवल यही था कि 'खाओ, पियो, मौज करो, कल किसने देखा है।' दूसरी ओर, यदि इन शब्दों में निहित नैतिक मूल्यों को ही हमें देखना है तो ये मूल्य निश्चित रूप से जनजातीय जीवन के थे, जिसमें लोग, संबंधियों के एक समूह में अथवा एक कबीले में रहते थे। चार्वाक ने युधिष्ठिर के जिस कुकृत्य पर रोष प्रकट किया वह अपने संबंधियों का विनाश करने और बड़ों की हत्या करने के बारे में था। चार्वाक का आरोप मानव मात्र का जीवन नष्ट करने के संबंध में नहीं था, क्योंकि यदि ऐसा होता तो इस दृष्टिकोण को अहिंसा माना जाता। निश्चित रूप से आरोप स्वजनों की हत्या के संबंध में था और इसीलिए हम इसे जनजातीय जीवन के विशिष्ट नैतिक मूल्य की अभिव्यक्ति मानते हैं।

> जनजातीय समाज के सारे इतिहास में कबीलाई संबंधों को पवित्रतम संबंध माना गया है। ग्रोनबेख ने नार्वे के आदिम जाति-जीवन के संबंध में लिखते हुए बताया है कि कबीले के किसी सदस्य की हत्या से कितना रोष और घृणा का भाव व्याप्त हो जाता था। कबीले में प्रविष्ट होते ही जीवन की पवित्रता को सर्वोच्च स्थान मिलता है जिसका कभी उल्लंघन नहीं किया जा सकता। कबीले में किसी का खून बहाना धर्मविरुद्ध, अंधापन और आत्मघात समझा जाता है। ऐसी स्थिति में सामान्य प्रतिक्रिया उतनी ही निश्चित तीव्रता के साथ होती है जैसीकि शरीर की किसी नाड़ी में सुई चुभने के बाद होती है। (46. 34-5)

कुरुक्षेत्र का युद्ध इससे बिल्कुल भिन्न था। यह भाइयों-भाइयों के बीच लड़ाई थी। अपने सगे-

संबंधियों का मारा जाना था। जनजातीय समाज के पुराने नैतिक मूल्य नष्ट हो रहे थे। इस प्रकार चार्वाक ने इन कृत्यों के विरुद्ध स्पष्ट और साहसपूर्ण शब्दों में आपत्ति व्यक्त की। उसे जलाकर भस्म कर दिया गया और नई स्थिति के अनुरूप नैतिक मूल्यों में संशोधन किया गया। इसका प्रमाण हमें 'गीता में मिलता है। कुरुक्षेत्र के युद्ध की पूर्वसंध्या में अर्जुन बहुत दुखी और भारी मन लिए हुए बैठे थे। उनके सामने अपने बंधुओं और गुरुजनों की हत्या करने की समस्या थी। वह युद्ध नहीं करना चाहते थे। ऐसी स्थिति में कृष्ण को गहन तत्वमीमांसा का आश्रय लेना पड़ा जिसके आधार पर इन हत्याओं को उचित ठहराया जा सके। किंतु इससे पहले कृष्ण ने अधिक व्यावहारिक और भौतिक पहलुओं पर अपना तर्क दिया। उन्होंने कहा : यदि इस युद्ध में तुम मारे गए तो स्वर्ग में जाओगे और यदि विजयी हुए तो इस पृथ्वी पर सुख भोग करोगे'। (गीता ii. 37)

यह बड़ी स्पष्टवादिता थी। दोनों स्थितियों में सुख और आनंद प्राप्ति की आशा थी। यदि अपने संबंधियों को मार सको तो पृथ्वी पर सुख भोग करो और यदि स्वयं मारे जाओ तो स्वर्ग का सुख भोगो।' भारतीय दर्शन के इतिहास में सुखवाद की संभवतः यह सबसे प्रथम अभिव्यक्ति थी। किंतु 'महाभारत' के प्रमाण के आधार पर आंका जाए तो चार्वाक का नीतिशास्त्र ऐसे विचारों के विरुद्ध स्पष्ट आपत्ति को व्यक्त करता है। कहीं ऐसा तो नहीं कि जो लोग लोकायतिकों को घोर मुखवादी बता रहे थे वे स्वयं भी चोरी छिपे इसी सुखवाद को मानते थे?

10. लोकायत तत्वमीमांसा

हम यह तर्क देने जा रहे हैं कि लोकायतिको का विश्व दृष्टिकोण यद्यपि मूल रूप से इहलौकिक और भौतिकवादी था फिर भी यह वैसी भौतिकवादी तत्वमीमांसा नहीं थी जैसी मध्वाचार्य ने बताई है। लोकायतवादी भौतिकवाद की मूल विशेषता थी, देहवाद अर्थात यह मत कि आत्मा कुछ नहीं केवल शरीर ही है। हो सकता है कि लोकायतिकों का यह देहवाद वैसा ही रहा हो जैसा मूल तंत्रवाद का था। लोकायत के विश्वोत्पत्ति विज्ञान के विश्लेषण से भी तंत्रवाद के साथ उसका संबंध प्रमाणित होता है। इस तर्क का जटिल होना अनिवार्य है और इसलिए इसको प्रमाणित करने के लिए विषय से हटकर भी काफी विचार-विमर्श करना आवश्यक है। प्रारंभ में ही इस तर्क के विभिन्न चरणों के बारे में कुछ कहना लाभकारी होगा। हमारे तर्क के विभिन्न चरण इस प्रकार हैं :

1. मूलतः लोकायत वैसा निराशवादी या भौतिकवादी दर्शन नहीं रहा होगा जैसाकि आमतौर पर समझा जाता है।

2. संभवतः इस शब्द का प्रयोग आमतौर पर उन 'मतों' के लिए किया जाता होगा जो ब्राह्मणीय कर्मकांड के विरुद्ध तो थे, किंतु उनकी अपनी क्रियाएं इहलौकिक उद्देश्यों को लेकर थीं।

3. ब्राह्मण संस्कृति के अनुयायियों ने लोकायत को असुर मत कहा; इसलिए ब्राह्मण सूत्रों में असुर मत कहे जानेवाले दर्शन का विश्लेषण करके मूल लोकायत दर्शन के संबंध में जानकारी प्राप्त करना संभव है।

4. इस असुर मत की दो प्रमुख विशेषताएं थीं : देहवाद और एक विचित्र विश्वोत्पत्ति विज्ञान। दोनों बातों से मूल लोकायत और मूल तंत्रवाद के बीच किसी न किसी प्रकार के संबंध की संभावना का संकेत मिलता है। लोकायस को मूलतंत्रवाद बताना बड़ा विचित्र प्रतीत हो

सकता है, किंतु ऐसा केवल इसलिए है कि इन दोनों के संबंध में हमारी धारणाएं गलत हैं।

11. लोकायत और क्रियानुष्ठान

इसमें कोई संदेह नहीं कि लोकायतिकों ने 'श्रुति' और 'स्मृति' की प्रामाणिकता को स्वीकार नहीं किया और ब्राह्मणों के कर्मकांड, और परलोक अथवा स्वर्ग के विचार की खिल्ली उड़ाई। लोकायत के बारे में हमारे लगभग सभी सूचना स्रोत इन मुद्दों पर सहमत हैं। ब्राह्मणों के रूढ़िवाद की लोकायत द्वारा की गई आलोचना के कारण ही हमारे विद्वानों ने तुरंत यह कल्पना करली कि लोकायतिक लोग प्राचीन कूटतार्किक, संशयवादी या नास्तिक उन्हीं अर्थों में थे जिन अर्थों में आज हम इन शब्दों का प्रयोग करते हैं। किंतु यह संदेहास्पद है। कूट तार्किकों और संशयवादियों से हम यह अर्थ लगाते हैं कि इस तरह के कुछ एक दार्शनिक थे। जबकि इस बात की संभावना है कि लोकायत कभी भी ऐसा दर्शन नहीं रहा जिसका प्रचार केवल कुछेक व्यक्तियों ने किया। अधिक सभावना इस बात की है कि लोकायत कुछ ऐसी क्रियाओं और विश्वासों का संग्रह था जो जनमानस और जनजीवन में गहरी जड़ें जमा चुका था और साथ ही ब्राह्मण मत का विरोधी था।

ब्राह्मणों के कर्मकांड के विरोधी होने का अनिवार्य अर्थ यह नहीं है कि लोकायतिक लोग किसी भी प्रकार की क्रिया के विरुद्ध थे : यह विरोध तो इस कारण भी हो सकता है कि वे अपने अनुष्ठानों के अनुसार चलना चाहते थे और ये क्रियाएं कुछेक विश्वासों-मान्यताओं पर आधारित थीं जबकि रूढ़िवादी ब्राह्मणों के कर्मकांड के साथ इनका सीधा संघर्ष था। साथ ही लोकायय मत मूल रूप से इन अर्थों में भौतिकवादी था कि वह भौतिक मानव देह और इसके आसपास के भौतिक विश्व को छोड़कर अन्य किसी बात को सत्य नहीं मानता था। इसलिए यदि लोकायतिकों ने किसी प्रकार के कोई अनुष्ठान किए तो उनका संबंध परलोक के साथ नहीं रहा होगा। यह बात हमें काफी विचित्र प्रतीत होगी क्योंकि हम यह सोचने के आदी हो चुके हैं कि क्रियानुष्ठान अनिवार्यतः धार्मिक होते हैं और इसलिए उनका आधार परलोक संबधी दृष्टिकोण होता है। हम आगे चलकर इस प्रश्न पर विचार करेंगे कि क्रियाएं किस प्रकार भूलतः इहलौकिक हो सकती हैं। अभी तो हम केवल यही बताने का प्रतत्न करेंगे कि एक ओर तो लोकायत निश्चित रूप से इहलौकिक दृष्टिकोण की अभिव्यक्ति था किंतु साथ ही इसका संबंध कुछ निम्चित प्रकार की क्रियाओं से भी था। ये बातें हम काफी प्रचीन प्रमाणों से सिद्ध करेंगे। संक्षेप में दो तरह के प्रमाण नीचे दिए गए हैं।

पहला, लोकायत द्वारा परलोक के विचार को स्वीकार न करना। वास्तव में इसे सिद्ध करने के लिए बहुत सारे प्रमाणों की आवश्यकता नहीं है। इन प्रमाणों को सभी जानते हैं और कोई भी इन्हें गंभीरतापूर्वक चुनौती नहीं देगा। हम यहां केवल एक दिलचस्प प्रमाण का उल्लेख करेंगे क्योंकि सामान्यतः इसपर कभी बात नहीं होती। मनु के पुराने भाष्यकारों के अनुसार मनु ने लोकायतिकों को कम से कम दो निश्चित शब्दों से संबोधित किया है। ये शब्द थे नास्तिक और हैतुक। उदाहरण के लिए मेधातिथि ने लोकायतिकों के लिए इन दोनों शब्दों का प्रयोग किया और मेधातिथि के अनुसार् लोकायतिकों के पक्ष को प्रस्तुत करने वाला सूत्र था : 'नास्ति दत्तम् नास्ति हूतम् नास्ति परलोकम् इति।' इसका अर्थ है : 'प्रसाद चढ़ाना, यज्ञों में आहुतियां देना व्यर्थ है और कोई परलोक नहीं है।' इस प्रकार मनु (iii-150 और viii.22.) की व्याख्या करते हुए मेधातिथि ने कहा कि नास्तिक लोग और कोई नहीं केवल 'लोकायतिक और अन्य' लोग थे। मनु के इन श्लोकों (iii : 150 और viii. 309) की व्याख्या करते हुए मेधातिथि ने कहा

कि उपरोक्त सूत्र लोकायतिकों और अन्य लोगों का ही था। साथ ही मेधातिथि ने मनु(iv : 30) की व्याख्या करते हुए कहा कि यह सूत्र हैतुकों का था। इन सब बातों से सिद्ध होता है कि हैतुक या नास्तिक कहलाने वाले लोकायतिकों का दृष्टिकोण भौतिकवादी अथवा इहलौकिक था। निःसंदेह मेधातिथि बहुत प्राचीन नहीं है। काणे ने विचार व्यक्त किया है कि मेधातिथि दसवीं शताब्दी में हुए थे जबकि मनु ईसा पूर्व दो सौ शताब्दी से ईसवी सन दो सौ के बीच के हुए। फिर भी मेधातिथि की प्रामाणिकता पर संदेह करने का कोई कारण नहीं है। क्योंकि इन दोनों शब्दों की न तो कोई अन्य व्याख्या हो सकती है और न ही ऐसा कोई प्रमाण है कि लोकायतिक लोग वास्तव में प्रसाद चढ़ाने, यज्ञों के लिए आहुतियां देने या परलोक के अस्तित्व में किसी भी प्रकार का विश्वास रखते थे।

दूसरा, परलोक को नकारने के बावजूद लोकायतिकों के संभवतः कुछ अपने अनुष्ठान थे। इस संदर्भ में हम तीन रोचक प्रमाणों का उल्लेख करेंगे। बौद्ध पुस्तक 'सद्धर्म पुण्डरीक (एस० बी० ई० xxi.263) में एक अंश है जिसमें 'लोकायत मंत्रधारक' और 'लोकायतिक', इन दो शब्दों का एक साथ उल्लेख किया गया है। वैसे यह उल्लेख तिरस्कार की भावना से हुआ है। केर्न ने इस अंश का अनुवाद इस प्रकार किया है :'··· जब वह इहलौकिक मंत्रों में निपुण व्यक्तियों (लोकायत मंत्रधारकः) और इहलौकिक दर्शन के समर्थकों (लोकायतिक) की सेवा नहीं करता और उन्हें प्रसन्न रखने का प्रयत्न नहीं करता' (वही) 'इहलौकिक मंत्रों में निपुण', लोकायत मंत्रधारक', इन विचित्र शब्दों का अर्थ क्या था? इसका ठीक-ठीक उत्तर देना संभव नहीं है। फिर भी इसमें कोई संदेह नहीं है कि यह संबोधन लोकायतिकों के लिए था। तो इससे स्पष्ट है कि वे किसी न किसी तरह के मंत्रों का इस्तेमाल करते थे।

एक और बौद्ध पुस्तक 'दिव्यावदान (619) में एक वाक्य है : 'लोकायत-यज्ञ-मंत्रेषु निष्णातः'। इसका अर्थ निम्नलिखत तीन अर्थों में से कोई भी हो सकता है : (1) लोकायत यज्ञों और मंत्रों में निपुण, (2) लोकायत जैसे यज्ञों और मंत्रों का विशेषज्ञ (3) लोकायत यज्ञ के मंत्रों, का विशिष्ट ज्ञाता।

यदि पहला अर्थ भी मान ले तो हम इस धारणा की उपेक्षा नहीं कर सकते कि लोकायत, यज्ञ और मंत्र के बीच घनिष्ठ संबंध था। संभवतः लोकायत का संबंध किसी प्रकार के अनुष्ठान और मंत्र से था। इसी के साथ 'विनयपिटक' का प्रमाण भी जोड़ा जा सकता है जो निश्चित रूप से इधर संकेत करता है कि प्राचीन बौद्ध जिस प्रकार लोकायत को समझते थे उसमें मुख्यतः जादू-टोने अथवा मंत्र होते थे। 'विनयपिटक' के चुल्लवग्ग में एक अंश इस प्रकार है :

> और तब छब्बग्गिय भिक्खुओं ने लोकायत प्रणाली सीखी।
>
> लोगों ने आपस में एक दूसरे से फुसफुसा कर कहा : 'उन लोगों की भांति जो अब भी इहलौकिक सुखों का भोग करते हैं।'
>
> भिक्खुओं ने लोगों की फुसफुसाहट सुनी और उन्होंने यह बात उस हुतात्मा को बताई।
>
> 'हे भिक्खुओं, क्या कोई व्यक्ति जो लोकायत को मूल्यवान मानता है, इस विद्या में परिपूर्णता प्राप्त कर सकता है। या इसका पूर्ण लाभ उठा सकता है?'
>
> ऐसा नही हो सकता प्रभु।'
>
> 'क्या कोई व्यक्ति जो इस मत और विद्या को मूल्यवान मानता है वह इसे सीख सकता है?'
>
> 'ऐसा नहीं हो सकता प्रभु।'
>
> हे भिक्खुओं, आप लोकायत दर्शन प्रणाली नहीं सीखेंगे। जो भी ऐसा करेगा वह दुक्कट (भिक्षुओं द्वारा किए जाने वाले अपराधों का एक प्रकार) का भागी होगा।'

और कल छब्बग्गिय भिक्खुओं ने लोकायत प्रणाली का अध्ययन शुरू किया। लोगों ने फिर आपस में कानाफूसी की और कहा : उन लोगों की भांति जो अब भी इहलौकिक सुखों का भोग कर रहे हैं।' उन्होंने यह बात उस महान आत्मा को बताई।

'हे भिक्खुओ, आप लोग लोकायत का अध्ययन नहीं करेंगे। जो भी ऐसा करेगा, दुक्कट का अपराधी होगा।'

(इसी प्रकार के अंत वाले कुछ और अंश हैं:)

'हे भिक्खुओ, आप निम्नकोटि की विद्याओं (भविष्यवाणी करना, शकुन अपशकुन देखना, मंत्र चलाना; ज्योतिष लगाना, देवताओं को बलि देना, जादू-टोना करना छद्‌म वैद्य बनना) का अध्ययन-अध्यापन नहीं करेंगे।' (एस. बी. ई. xx. 151-2)

उल्लेखनीय है कि लोकायत को निम्नकोटि की इन विद्याओं में से एक कहा गया, और ये विद्याएं थीं—भविष्यवाणी करना, मंत्र चलाना, शकुन-अपशकुन देखना आदि। इन विद्याओं के लिए पालि भाषा में जो शब्द प्रयोग में लाया गया, वह था—तिराच्छन्नविग्ग, जिसका शाब्दिक अर्थ है, जंगली या बर्बर बुद्धि। स्पष्ट है कि बौद्धों के मन में इन विद्याओं के लिए घृणा थी। लेकिन विचारणीय प्रश्न यह नहीं है। बात असल में यह है कि जिस प्रकार के लोकायत को वे लोग जानते थे उसका संबंध निश्चित रूप से किसी प्रकार के अनुष्ठान या मंत्र से था। रिस डेविड्स और ओल्डनबर्ग (वही xx. 152 टि.) ने इस ओर ध्यान अकृष्ट किया है कि निम्नकोटि की सात विद्याओं की वही सूची 'महाशील' में भी थी जो उपरोक्त 'चुल्लबग्ग' के अंशों में थी। इस सूची में लोकायत का नाम भी था। इस प्रकार लोकायत और अनुष्ठानों के बीच संबंध स्पष्ट है।

कुमारिल ने मीमांसा दर्शन में सुधार लाने का जो विचार किया था उसका वास्तविक अर्थ हम संभवतः इसी दृष्टिकोण से समझ सकते हैं। उन्होंने कहा : 'क्योंकि व्यावहारिक रूप में मीमांसा का अधिकांश लोकायत प्रणाली में परिवर्तित हो गया है; किंतु मैंने इसे आस्तिक पथ पर लाने का प्रयत्न किया है।' (वार्तिक 10)

आम तौर पर इसकी व्याख्या इस प्रकार की जाती है। मीमांसा प्रणाली के विरोधी व्याख्याकार प्रभाकर ने इसमें ईश्वर को कोई स्थान नहीं दिया था कुमारिल ने दर्शन में ईश्वर को पुनर्स्थापित करके इसे आस्तिक दर्शन बनाया। जैसाकि म्वायर ने कहा है : 'प्रोफेसर बनर्जी से मुझे यह ज्ञात हुआ कि मीमांसा के भाष्यकार प्रभाकर और उनके मत ने पूर्वमीमांसा को एक नास्तिक दर्शन माना; जबकि कुमारिल ने इसे आस्तिक बताया।' (102. iii. 95.)

किंतु यह अर्थ पूर्णरूप से काल्पनिक है। कुमारिल भी प्रभाकर से कम नास्तिक नहीं थे। वास्तव में कुमारिल की महान कृति 'श्लोकवार्तिक' के उस अंश में जिसे 'संबंधाक्षेपपरिहार' कहा जाता है अब भी भारतीय दार्शनिक साहित्य में आस्तिक दर्शनविरोधी तर्कों का श्रेष्ठतम उदाहरण माना जाता है। तो फिर कुमारिल का यह कहने का क्या अर्थ था कि मीमांसा का अधिकांश लोकायत में परिवर्तित हो गया है। उनके भाष्यकार इस प्रश्न का उत्तर देने में कोई विशेष सहायक नहीं हुए हैं। फिर भी एक बात है जिसकी उपेक्षा नहीं की जा सकती। मीमांसा मूल रूप से अनुष्ठानों को तर्कसंगत रूप देने का प्रयत्न थी। कुमारिल ने मीमांसा के पतन के संबंध में जो भी सोचा हो, किंतु यह क्रियाओं को तर्कसंगत बनाने की प्रक्रिया का (संभवतः गलत क्रियाओं को तर्कसंगत बनाने की प्रक्रिया का) पतन रहा होगा। शायद कुमारिल मीमांसा को, स्थिति को सुधारने और सही क्रियाओं को तर्कसंगत बनाने का माध्यम बनाना चाहते थे। यदि यह बात मान ली जाए तो कहा जा सकता है कि मीमांसा लगभग समान रूप से लोकायत के बराबर हो गई, या तो इसलिए कि उसने क्रियाओं को गलत ढंग से तर्कसंगत बनाया या उसने

नास्तिक क्रियाओं को तर्कसंगत बनाया। दोनों में से कोई बात सच भी हुई हो तो हमें यह स्वीकार करना होगा कि कुमारिल के विचार से लोकायस, अनुष्ठानों से अलग नहीं था। वे शायद यह कहना चाहते थे कि जिन क्रियाओं के साथ लोकायत का संबंध था वे मूलतः नास्तिक या अवैदिक थीं, क्योंकि कुमारिल ने 'आस्तिकपथ' जैसे शब्दों का प्रयोग किया है जिसका सीधा अर्थ है वैदिक पथ।

यदि यह सब सच है (हालांकि लोकायत ने 'श्रुति' और स्मृति की महत्ता, तथा ईश्वर के अस्त्वि को अस्वीकार किया, परलोक और ब्राह्मणीय कर्मकांड के प्रभाव को नहीं माना) तो भी यह वैसा संदेहवाद और भौतिकवाद नहीं रहा होगा जैसा कि हम आमतौर पर समझते हैं, यानी यह, कि लोकायत का प्रतिपादन कुछेक दार्शनिकों ने किया था। इसके विपरीत ब्राह्मणवाद और लोकायत के बीच संघर्ष, हमें दो निश्चित संस्कृतियों के बीच के संघर्ष जैसा प्रतीत होता है, जिसमें लोकायत ने सामान्य जन के जीवन में अपनी जड़ें मजबूती से जमा रखी थीं। संभवतः इसी दृष्टिकोण के संदर्भ में हम बेलवलकर और रानाडे के इस कथन को समझ सकते हैं कि लोकायत, इस देश में' व्यापक रूप से प्रचलित और आकर्षित करने वाला मत था' और इसी दृष्टिकोण से 'लोकेषु आयतः' का स्पष्ट निहितार्थ भी समझ सकते हैं कि यदि इस सामान्य दृष्टिकोण को अस्वीकार कर देते हैं तो हम इस हास्यस्पद निष्कर्ष पर पहुंचेंगे कि किन्हीं अज्ञात कारणों से भारत के आम लोगों पर कुछेक दार्शनिकों के विचारों का बहुत गहरा प्रभाव पड़ा और यह दार्शनिक आज के अर्थों में संदेहवादी, कूटतार्किक, नास्तिक और भौतिकवादी थे।

12. लोकायत और असुर मत

किंतु समस्या यह है कि जिन व्यापक अर्थों में हम लोकायत को समझने का प्रयत्न कर रहे हैं उस अर्थ के संदर्भ में इस शब्द का प्रयोग करते हुए लोकायतिकों के विश्वदृष्टिकोण के बारे में अपनी धारणा किस प्रकार बना सकते हैं। अब चूंकि हमारे पास लोकायत के विरोधियों के ही वर्णन हैं इसलिए हम यह तरीका अपना सकते हैं कि सबसे पहले लोकायतिकों के विरुद्ध प्रचलित कुछ ब्रह्मणीय कथाओं का विश्लेषण करें।

'महाभारत' के अनुसार पवित्र ब्राह्मणों ने जिस चार्वाक का वध किया था वह वास्तव में एक राक्षस था। उसने घोर जप-तप करके बहुत शक्ति अर्जित की थी और फिर उसने देवताओं को दुख देना और उन्हें दबाना शुरू कर दिया था। इस तरह की कथा अपनी ही विशेषता रखती है क्योंकि ब्राह्मण सूत्र बराबर यही कहते आ रहे थे कि लोकायत मत और उसके अनुष्ठान राक्षसों, दैत्यों और असुरों के थे।

विष्णु पुराण (iii. 18.14-26 अनु म्वायर) में इसका वर्णन करने के बाद कि किस प्रकार महान मायावी (मायामोह) ने दैत्यों को दो नास्तिक मतों को, यानी बौद्ध और जैन, को स्वीकार करने के लिए मना लिया। यहीं पर लोकायत मत की व्युत्पत्ति के संबंध में इस प्रकार बताया गया है :

> इस महा मायावी (मायामोह) ने अपनी माया से कई अन्य धर्मविरोधी बातें बता कर अन्य दैत्यों की मतिभ्रष्ट की। बहुत थोड़े ही समय में इन असुरों (दैत्यों) ने इस माया के धोखे में आकर तीन वेदों द्वारा निर्दिष्ट विधान पर आधारित सारी प्रणाली का परित्याग कर दिया। कुछ दैत्यों ने वेदों की निंदा की तो कुछ ने देवताओं की, इसी प्रकार कुछ ने यज्ञों तथा ब्राह्मणों की भी निंदा की। उनका कहना था : यह ऐसी प्रणाली है जिस पर कुछ कहने की आवश्यकता ही नहीं है बलि के लिए वध करना पशुओं का धार्मिक गुणों के अनुरूप

नहीं है। यह कहना कि अग्नि में दी गई घी की आहुतियों से आगे चलकर कोई सुफल मिलने वाला है, एक बचकानी बात है। यदि इंद्र बहुत सी बलियां चढ़ाने के बाद देवराज बन कर भी शमी और अन्य प्रकार की लकड़ी का भोजन करता है तो इससे तो पशु कहीं उत्तम हैं जो वृक्षों की पत्तियां खाते हैं। यदि यह सत्य है कि बलि में चढ़ाया गया पशु स्वर्ग पहुंचता है तो बलि देने वाला व्यक्ति अपने पिता की ही बलि क्यों नहीं चढ़ा देता। यदि किसी व्यक्ति के भोजन करने से किसी अन्य व्यक्ति की भूख मिटती है तो फिर यात्रा पर गए हुए लोगों की भूख मिटाने के लिए उनके नाम पर श्राद्ध किए जाने चाहिए और यात्रा पर जाने वाले लोगों को भी इसी भरोसे पर अपने साथ कोई खाद्य सामग्री ले जाने की आवश्यकता नहीं होनी चाहिए।—हे असुरो, अमोध वाणियां आकाश से नहीं होतीः मैं और आप जैसे अन्य प्रज्ञावान व्यक्ति केवल वही बातें स्वीकार कर सकते हैं जो तर्क पर आधारित हों। इस प्रकार महा मायावी ने विभिन्न तरीकों से दैत्यों को पथभ्रष्ट किया जिससे उनमें से कोई भी तीन वेदों का आदर न करे। जब दैत्य इस कुपथ पर चल पड़े तब देवताओं ने अपनी संपूर्ण शक्ति एकत्र की और युद्ध के लिए तैयार हो गए। इसके पश्चात देवों और असुरों के बीच युद्ध हुआ, जिसमें सतपथ का परित्याग करने वाले असुरों को देवों ने पराजित किया। इससे पूर्व तो सतपथ पर चलने के कारण उनकी रक्षा होती थी, किंतु जब उन्होंने इसे छोड़ दिया तो उनका विनाश हो गया।

म्वायर विश्वसनीय ढंग से यह बताते हैं कि यहां जिस मत का उल्लेख किया गया है वह केवल लोकायत मत ही हो सकता था (जे. आर. ए. एस. xix. 302)। इस बात पर भी ध्यान देना होगा कि 'मैत्रायणी उपनिषद' (vii. 9. ब्यूम का अनुवाद) में भी लोकायतिकों के आसुरी, मिथ्या अवैदिक विचारों की उत्पत्ति के संबंध में लगभग वैसी ही कथा बताई गई है'

वस्तुतः वृहस्पति देवताओं के गुरु, शुक्र असुरों के गुरु बन गए और इन्द्र की सुरक्षा असुरों के विनाश के लिए उन्होंने अविद्या का सृजन किया। इसी अविद्या के कारण मनुष्य शुभ को अशुभ और अमंगलकारी को मंगलकारी कहता है। वे कहते हैं कि उस धर्म का पालन करो जो वेदों और शास्त्रों का विनाश करता है। इसलिए किसी को भी इस उपदेश पर नहीं चलना चाहिए। यह मिथ्या है। यह एक बांझ स्त्री जैसा है। इसका फल केवल सुख-भोग है जो सतपथ से भटक जाता है उसका यही हाल होता है। इसलिए इस पथ पर नहीं चलना चाहिए।

गीता में कृष्ण ने कहा : इस विश्व में दो जातियों का सृजन हुआ : देव और असुर। हे अर्जुन मैं देवों के मत के संबंध में तुम्हें पहले ही बता चुका हूं। असुरों के मत के बारे में सुनो। (xvi-6) स्पष्ट है कि देवों के मत का अर्थ था : गीता का दार्शनिक सार। किंतु 'असुरों के मत' का अर्थ क्या था? श्रीधर स्वामी, गीता के सबसे श्रेष्ठ भाष्यकार कहे जाते हैं, उनका यह विचार है कि गीता में जिस मत को असुरों का मत कहा गया है वह और कुछ नहीं, केवल लोकायत मत ही था। इस प्रकार यहां भी हमें यही कथा मिलती है कि लोकायत मत दैत्यों और राक्षसों का मत था।

निस्संदेह इस प्रकार की कथाओं का उद्देश्य लोकायत मत से दूर हटाने के लिए लोगों के मन में भय का संचार करना था। यह तो साफ जाहिर है कि जिस रूप में ये कथाएं प्रस्तुत की गईं वे पूर्ण सत्य नहीं हो सकती थीं। फिर भी इनमें महत्वपूर्ण सत्य का अंश हो सकता है। अनुमान लगाया जा सकता है कि लोकायत मत ऐसे लोगों का था जिन्हें ब्रह्मणों ने घृणा के कारण दैत्य और असुर कहा। किंतु ये लोग कौन थे? हम आगे चल कर देखेंगे कि यह एक जटिल प्रश्न

है जिसका साधारण सा उत्तर होने की अपेक्षा नहीं की जा सकती। किंतु इसमें कोई संदेह नहीं कि अनेक स्थानों पर इन शब्दों का प्रयोग ऐसे लोगों के लिए किया गया है जिन्हें वैदिक परंपरा के उत्तराधिकारी अपने से भिन्न और पृथक मानते थे और साथ ही इन भिन्न लोगों की संस्कृति मूलतः कथित ब्रह्मणीय संस्कृति से अलग थी। किंतु असुरों का मत वास्तव में क्या था? यह कहां तक इहलौकिक था और इसके बावजूद क्रियाओं और मंत्रों से संबद्धथा?

13. असुर मत और प्राचीन देहवाद

दासगुप्त पहले ही हमारा ध्यान इस संभावना की ओर आकृष्ट कर चुके हैं कि जिस मत को असुरों का मत कहा गया है उसे एक लक्षण मानते हुए प्राचीन लोकायत का पुनर्निर्माण किया जा सकता है (52. iii- 528 और आगे)। दासगुप्त के अनुसार ये असुर प्राचीन सुमेरवासी थे। इसलिए दासगुप्त का विचार है कि लोकायत मत प्राचीन सुमेरिया से आया। जैसाकि हम देखेंगें, यह एक संदेहास्पद अनुमान है: असुरों को प्राचीन सुमेरियाई बताना कई संभव धारणाओं में से एक हो सकती है। फिर भी उनका यह विचार अपना महत्व रखता है, क्योंकि प्राचीन ब्राह्मण सूत्र बराबर यह कहते आ रहे थे कि लोकायत मत असुरों का मत था। इसलिए फिलहाल इस प्रश्न को छोड़ दें कि असुर कौन थे और हम उन विचारों के संबंध में कुछ प्रमाणों का अध्ययन करें जो असुरों के विचार बताए जाते हैं। हम अपना अध्ययन असुरों की मुख्यतया दो बातों तक ही सीतिम रखेगें, एक तो जीव की उत्पत्ति का सिद्धांत और दूसरी विश्वोत्पत्ति का सिद्धांत। पहले जीवोत्पत्ति का सिद्धांत लें। 'मैत्रायणी उपनिषिद' (vii. 10, अनु. ह्यूम) की कथा इस प्रकार हैं :

> वस्तुतः देव और असुर, आत्मा के इच्छुक बनकर ब्रह्मा के समक्ष उपस्थित हुए। उन्होंने प्रणाम किया और कहा : 'भगवन हम आत्मा चाहते हैं। इसलिए हमें कृपा करके बताइए।' फिर बहुत देर तक ध्यानस्थ रहकर उन्होंने सोचा :
>
> 'वास्तव में यह असुर जिस आत्मा के इच्छुक हैं वह वास्तविक आत्मा से भिन्न है। इसलिए उन्हें एक भिन्न सिद्धांत बताया गया।
>
> उसी के आधार पर ये मूर्ख अपना जीवन व्यतीत करते हैं और घोर मोहमाया में फंसे हुए हैं और इस भवसागर को पार करने वाली अपनी नैया का विनाश कर चुके हैं और मिथ्या की प्रशंसा करते हैं। वे मिथ्या को सत्य समझते हैं जैसा कि जादू में होता है।
>
> इसलिए जो कुछ वेदों में कहा गया है वही सत्य है। वेदों के कथन के अनुसार ही सुबुद्धि रखने वाले व्यक्ति अपना जीवन व्यतीत करते हैं। इसलिए किसी भी ब्राह्मण को अवैदिक साहित्य नहीं पढ़ना चाहिए और यही लक्ष्य होना चाहिए।

यह बड़ी संदेहास्पद बात है कि आत्मा के संबंध में असुरों का जो मत था वह उन्हें सत्य से भटकाने के लिए जानबूझकर बताया गया। फिर भी इसमें कोई संदेह नहीं कि उपषिद का लेखक आत्मा के सिद्धांत को असुरों के विचारों की एक अत्यंत प्रमुख विशेषता के रूप में दर्शाना चाहता था।

किंतु आत्मा के संबंध में असुरों का यह सिद्धांत क्या था? 'मैत्रायणी उपनिषद' ने हमें इसका कोई उत्तर नहीं दिया है। किंतु हमें यह उत्तर 'छांदोग्य उपनिषद' में मिलता है जहां कथा को अधिक विस्तार से दिया गया है। 'छांद्धोग्य उपनिषद' में दी गई इंद्र और विरोचन की कथा को हम नीचे प्रस्तुत करते हैं :

प्रजापत्ति ने कहा : 'आत्मा जो पापरहित है, अजर अमर है, दुःख, बुभुक्षा तृष्णा रहित है;

जिसका लक्ष्य और आदर्श परम सत्य है, उसी की खोज की जानी चाहिए। उसी का बोध प्राप्त करने की इच्छा होनी चाहिए। जिसे आत्मा का बोध हो गया, वह सभी लोकों और इच्छाओं को पा गया।

देवों और असुरों दोनों ने इसे सुना फिर उन्होंने कहा : 'आओ हम उस आत्मा को खोजें, जिसके बोध से मनुष्य सब लोकों और इच्छाओं को प्राप्त कर लेता है।'

तब देवताओं में से इंद्र और असुरों में से विरोचन प्रजापत्ति के समक्ष आए। फिर एक दूसरे के साथ कोई वार्तालाप किए बिना दोनों प्रजापत्ति के समक्ष अर्घ्य लेकर पहुंचे।

फिर दोनों ने पवित्र ज्ञान की प्राप्ति की इच्छा रखने वाले शिष्य के रूप में 32 वर्ष तक ब्रह्मचर्य का पालन किया।

तब प्रजापत्ति ने हम दोनों से पूछा: 'आप लोग कौन सी इच्छा लेकर जी रहे हैं।

तब दोनों ने कहा : 'आत्मा जो पापमुक्त अजर अमर है, दुःख, बुभुक्षा, तृष्णा रहित है, जिसका लक्ष्य और आदर्श परम सत्य है, उसी की खोज की जानी चाहिए। उसी का बोध प्राप्त करने की इच्छा होनी चाहिए। जिसे आत्मा का बोध हो गया वह सभी लोकों और सभी इच्छाओं को पा गया। भगवन, लोगों, का कहना है कि यही आपके शब्द हैं। हम उस आत्मा की प्राप्ति की इच्छा लेकर जी रहे हैं।'

तब प्रजापत्ति ने इन दोनों से कहा : 'वह, जो आंखों में दृष्टिगोचर है, वही आत्मा है जिसके संबंध में मैंने कहा है। वही अमर और भयरहित है। वही ब्रह्म है।

'किंतु भगवान ! जिसे हम जल और दर्पण में देखते हैं वह कौन है ? 'वस्तुतः वही इन सबमें दृष्टिगोचर है।' प्रजापति ने कहा।

'जल के पात्र में स्वयं को देखो। आत्मा के बारे में तुम जो कुछ नहीं समझ पाते वह मुझे बताओ।'

तब दोनों ने जल के पात्र में देखा।

फिर प्रजापति ने उनसे कहा : 'तुम्हें क्या दिखाई दे रहा है ?

तब दोनों ने कहा : 'प्रभु हमें इसमें सब कुछ सिदखाई दे रहा है। एक ऐसी आत्मा जो ठीक हम जैसी है। यहां तक कि बाल और नाखून भी हमारे जैसे ही हैं'।

तब प्रजापति ने उन दोनों से कहा : 'तुम लोग स्वयं को आभूषणों और सुंदर वस्त्रों से अलंकृत करो और फिर जल के पात्र में देखो।'

तब दोनों ने अपने आपको सुंदर आभूषणों और वस्त्रों से सुसज्जित किया और जल के पात्र में देखा।

तब प्रजापति ने उनसे पूछा,' आप लोगों को क्या दिखाई दे रहा है' दोनों ने उत्तर दिया : 'ठीक वैसा ही जैसे कि हम हैं प्रभु, आभूषणों और वस्त्रों से सुसज्जित।'

'वही आत्मा है, प्रजापति ने कहा। अमर और भयरहित है, वही ब्रह्म है।'

तब शांत हृदय के साथ उन दोनों ने प्रास्थान किया।

प्रजापति ने उन्हें जाते हुए देखा और कहा : 'वे दोनों बिना कुछ समझे और आत्मा को जाने लौट रहे हैं। जिस किसी के पास भी यह उपनिषद होगा चाहे वे देव हों या असुर, उनका विनाश हो जाएगा।'

तब विरोचन शांत हृदय के साथ असुरों के पास आया। उसने उन्हें इस उपनिषद के बारे में बताया : 'स्व-आत्मा को इसी पृथ्वी पर सुखी बनाना है। इसी की सेवा करनी है। जो अपनी आत्मा को इस पृथ्वी पर सुखी बनाता है जो उसकी सेवा करता है उसे दोनों लोक

प्राप्त होते हैं।'

इसीलिए आज भी इस पृथ्वी पर उसके संबंधी उस व्यक्ति को अश्रद्धावान कहते हैं जो दाता नहीं है, जिसकी आस्था नहीं है जो यज्ञ नहीं करता, यही असुरों का उपनिषद है। वे मृतक के शरीर को भिक्षा में प्राप्त वस्त्रों तथा आभूषणों से सजाते हैं और इस बात को मानते हैं कि इससे ये दूसरा लोक भी जीत लेंगे।' (viii. अनु ह्यू म)

इसके पश्चात 'छांदोग्य उपनिषद' में वर्णन किया गया है कि देवताओं के प्रतिनिधि इंद्र को आत्मा के संबंध में किस प्रकार के मत के अनुसार चलने में वास्तविक विपदा का आभास हुआ और किस प्रकार वह प्रजापति के पास लौटा ताकि सच्ची आत्मा के स्वरूप के आदर्श को धीरे-धीरे समझ सके। इस कथा का यह भाग हमारे लिए केवल इसलिए रुचिकर है, कि इससे यह पता चलता है कि असुरों का मत क्या नहीं था। क्योंकि ऐसा कहा गया है कि विरोचन जो असुरों का प्रतिनिधि था इसी बात से संतुष्ट था कि शरीर ही आत्मा है।

किंतु एक विचित्र बात यह भी है कि असुरों के संबंध में यह कहा गया कि उनका विश्वास परलोक में भी था। कम से कम बाह्य रूप से तो यह इस विचार से मेल नहीं खाता कि शरीर से अलग कोई आत्मा नहीं है। हो सकता है कि ऐसा इस कारण हुआ हो कि कुछ निश्चित मंत्रों का प्रयोग ध्यानपूर्वक न किया गया हो। जो भी हो इसमें किसी संदेह के लिए अवकाश नहीं है कि इस प्रकार का विश्वास लोकायत के विचारों का अंग नहीं हो सकता था, क्योंकि लोकायत संबंधी सभी उपलब्ध प्रमाण निश्चित रूप से इसके विरुद्ध हैं। फिर भी इस बात को ध्यान में रखते हुए, हमें दासगुप्त के इस विचार को स्वीकार करना ही पड़ता है कि उपनिषद में जिसे कहा गया कि असुरों ने आत्मा को शरीर से भिन्न नहीं माना, वह केवल लोकायत मत ही हो सकता था। इसके लिए प्रमाण केवल यही नहीं हो सकता कि ब्राह्मणों की कथाओं में बार-बार लोकायत विचारों को असुरों का मत कहा गया। इसके अलावा यह सिद्धांत कि शरीर से अलग कोई आत्मा नहीं है, प्रमुख बात थी जिसे केंद्र बनाकर विरोधी दार्शनिकों ने लोकायत पर आघात किया। इसके लिए विशिष्ट उदाहरण के रूप में शंकराचार्य के लेखों को लिया जा सकता है।

'ब्रह्म सूत्र' पर अपने भाष्य में शंकर ने तीन बार लोकायत मतों का उल्लेख किया है और हर बार यही कहा है कि इनके अनुसार शरीर से अलग कोई आत्मा नहीं है।

अज्ञानी लोगों और लोकायतिकों का मत है कि बुद्धिसंपन्न भौतिक शरीर ही आत्मा है (आन ब्र. सू॰ i. l. 1)।

इसी कारण कि बुद्धि वही है जहां देह है और देह के बिना बुद्धि का कोई अस्तित्व नहीं मिलता, भौतिकवादी यह मानते हैं कि बुद्धि इस देह का एक गुणमात्र है (एस. बी.-ई. xvxiv. 368)।

कुछ भौतिकवादी (लोकायतिक) जो देह को ही आत्मा समझते हैं शरीर से अलग किसी आत्मा के अस्तित्व को नहीं मानते। उनका विचार है कि चेतना (यद्यपि पृथ्वी और अन्य वाह्य तथ्यों में) किसी एक तत्व में या उनके समूह में नहीं देखी जा सकती, इनमें उस समय आ सकती है जब ये देह का रूप धारण करते हैं। इस प्रकार चेतना इनमें से उपजती है। ये लोग कहते हैं कि ज्ञान, मादकता की भांति है (जो कुछ वस्तुओं को एक निश्चित अनुपात में मिलाने से उपजती है) और मनुष्य केवल एक शरीर है जिसकी विशेषता चेतना है। इस प्रकार देह से पृथक ऐसी कोई आत्मा नहीं है जो किसी अन्य लोक में जा सकती हो या मुक्ति पाती हो और जिसके कारण शरीर में चेतना रहती हो, केवल देह ही चेतना है, आत्मा है। इस धारण का आधार वे इस सूत्र को बताते हैं: 'अस्तित्व से ही देह है।' क्योंकि जहां किसी

वस्तु के अस्तित्व में होने से कोई अन्य वस्तु विद्यमान है, और यदि वह वस्तु अस्तित्व में नहीं है तो दूसरी वस्तु भी विद्यमान नहीं है, तो हम यह कहते हैं कि पहली वस्तु इस वस्तु का गुणमात्र है। उदाहरण के लिए, आलोक और ऊष्णता को हम अग्नि के गुण कहते हैं और जिस प्रकार जीवन, गति, चेतना, स्मृति आदि (जिन्हें पृथक आत्मा के अस्तित्व में विश्वास रखने वाले लोग आत्मा का गुण मानते हैं) केवल देह में ही विद्यमान है, उससे बाहर नहीं और देह इन गुणों का संबल है, और यह सिद्ध नहीं किया जा सकता है कि यह देह से पृथक हैं तो निष्कर्ष यही हुआ कि यह केलव देह के गुणमात्र हैं इसलिए आत्मा शरीर ले पृथक नहीं है (वही xxxviii 269)।

इस प्रकार हमें यहां एक ऐसा मत मिलता है जिसमें आत्मा को शरीर से अलग नहीं माना गया है और स्पष्ट रूप से इसे लोकायत मत कहा गया है। इस बात पर ध्यान देना होगा कि शंकर ने लोकायतिकों के किसी अन्य विचार या धारणा का उल्लेख नहीं किया है और न ही उसका खंडन करने की आवश्यकता समझी है'। इसका अर्थ यह है कि लोकायत के विभिन्न विचारों अथवा मतों में सबसे महत्वपूर्ण विचार शंकर ने इसी को समझा।

वैसे भी आत्मा के संबंध में इस प्रकार का विचार बहुत प्राचीन है, वास्तव से यह 'ब्रह्मसूत्र' से भी पुराना है जिस पर शंकर ने टीका लिखी है। हमें 'वृहद् आरण्यक उपनिषद' में भी ठीक ऐसे ही या कम से कम इसी जैसे मत कर उल्लेख मिलता है और पुराने बौद्ध साहित्य में भी ऐसा उल्लेख है। 'वृहद् आरण्यक उपनिषद' में याज्ञवल्क्य ने मैत्रेयी से कहा :

इन तत्वों (भूत) में से उपज कर मनुष्य फिर इन्हीं में विलुप्त हो जाता है। मृत्यु के पश्चात कोई चेतना नहीं रहती। "ना प्रेत्य संज्ञा अस्ति।' (ii 4, 12 अनु ह्यूम)

वृहद् आरण्यक उपनिषद (iv, 5, 13) में एक और स्थान पर यही बात फिर कही गई है और संभवतः इसी विचार का यम ने 'कठ उपनिषद (ii, 6) में उल्लेख किया है। वृहद् आरण्यक में मैत्रेयी ने याज्ञवल्क्य से आत्मा के संबंध में जब इस प्रकार का विचार सुना तो वह स्वभावतः चकित रह गई। किंतु स्पष्ट है कि यह विचार याज्ञवल्क्य का अपना नहीं था; यह उस विरोधी का विचार था जिसको वह चुनौती दे रहे थे। इसलिए यह विचार प्राचीन लोकायतिकों का हो सकता था। दासगुप्त पहले ही यह स्पष्ट कर चुके हैं कि उपनिषद के इस अंश को जयंत इन्हीं अर्थों में देखना चाहते थे ? 'जयंत ने अपनी 'न्याय मंजरी' पुस्तक में कहा है कि लोकायत मत उपरोक्त अंशों में व्यक्त बिचारों पर आधारित था और ये अंश विरोधियों (पूर्वपक्ष) के विचारों को ही व्यक्त करते हैं।' (52. iii. 519)

आत्मा के संबंध में इस विचार की चर्चा करते हुए रिस डेविड्स ने कहा : 'यदि ठीक यही विचार नहीं तो कम से कम इससे बहुत कुछ मिलते जुलते विचार के संबंध में 'ब्रह्मजाल सुत्त' में विवाद उठाया गया है और सभी पिटकों में बराबर इसकी चर्चा इन शब्दों में हुई है, 'तम जीवन तम शरीरम'। (113. i. 167)

रिस डेविड्स के अनुवाद के अनुसार यह अंश इस प्रकार है : यदि यही नहीं तो बहुत कुछ इससे मिलते जुलते दृष्टिकोण का खंडन 'ब्रह्मजाल सुत्त' में किया गया है और तम जीवन तम शरीरम' वाक्यांश के अंतर्गत पिटकों में लगातार इसका उल्लेख हुआ है। रिस डेविड्स के अनुवाद के अनुसार यह अंश इस प्रकार हैं :

पहले तो, बंधुओं, कोई संन्यासी अथवा ब्राह्मण निम्नलिखित विचार, निम्नलिखित दृष्टिकोण प्रस्तुत करता है :

'महोदय, चूंकि इस आत्मा का रूपाकार है, यह चार तत्वों से निर्मित है, और माता-

> पिता की संतान है, बेहाबसान होने पर इसका छेदन होता है, यह नष्ट हो जाती है, और मृत्यु के बाद इसका अस्तित्व बना नहीं रहता, और तब महोदय, आत्मा पूर्ण रूप से नष्ट हो जाती है··· (वही !' 46)

जैसाकि रिस डेविड्स ने कहा है, यदि ऐसे दृष्टिकोण का उल्लेख पिटको में लगातार हुआ है, तो हमें कम से कम इतना तो स्वीकार करना ही पड़ेगा कि इस तरह का दृष्टिकोण बुद्धकालीन भारत में व्यापक रूप से प्रचलित रहा होगा। इसके अतिरिक्त, रिस डेविड्स (i. 172) ने स्वयं दिखाया है कि लोकायत और लोकायतिक नाम प्रारंभिक बौद्ध स्रोतों में बहुधा आए हैं। इन परिस्थितियों के अंतर्गत हमारे लिए यह सोचना स्वाभाविक ही है कि यह विवादाधीन सिद्धांत अथवा इससे कोई बहुत मिलती जुलती चीज मूल लोकायत का एक पक्ष थी किंतु स्पष्टतः यही वह बिंदु है जिसपर रिस डेविड्स ने गहरी शंका व्यक्त की है। उनके अनुसार हमें इस तरह का एक दृष्टिकोण प्राचीन बौद्ध स्रोतों में मिलता है, इन स्रोतों में हमें लोकायत का नाम भी मिलता है, किंतु इन दोनों के बीच प्रकट संबंध हमें कहीं नहीं मिलता। इसलिए हम इस निर्णय पर नहीं पहुंच सकते कि ऐसा कोई संबंध था ही। निश्चय ही, शंकर ने इसी तरह के सिद्धांत का खंडन किया था और उन्होंने उसे लोकायत कहा था, रिस डेविड्स के अनुसार यह संभवतः एक भूल थी।

> आत्मा विषयक अपने सिद्धांत का प्रतिपादन करते समय शंकर एक विलक्षण मत का खंडन करते हैं, जिसे वह लोकायतिकों का मत बताते हैं—संभवतः गलती से, क्योंकि इसी मत का खंडन युगों पहले पिटकों में किया गया था और वहां इसे लोकायत नहीं कहा गया यद्यपि वह शब्द पिटकों में अनेक बार आया था (वही. i 171-2)

स्वाभाविक है कि इस बिंदु पर हम रिस डेविड्स से सहमत होने में हिचकिचाते हैं। किसी स्पष्ट चीज के साक्ष्य को किसी अस्पष्ट चीज के साक्ष्य द्वारा तिरस्कृत नहीं किया जा सकता। स्पष्ट बात यह है कि प्राचीन बौद्ध स्रोतों में एक प्रकार के देहवाद का उल्लेख बार बार हुआ है। दूसरे इन्हीं स्रोतों ने लोकायत नामक सिद्धांत का उल्लेख बार बार किया है। तीसरे, शंकर यद्यपि प्राचीन बौद्धों के बहुत बाद में आए तथापि उन्होंने इन दोनों को एक ही जाना और उन्होंने विशेषकर लोकायतिकों के सिद्धात के रूप में इसके देहवाद का खंडन करना चाहा। अस्पष्ट बात यह है कि इन प्राचीन बौद्ध स्रोतों ने देहवाद का उल्लेख लोकायत नाम के साथ ही क्यों नहीं किया और स्पष्ट रूप से इन दोनों को एक क्यों नहीं बताया? किंतु किसी प्रकट एकात्मकता का अभाव उसका सकारात्मक अस्वीकार नहीं होता, विशेषकर शंकर की रचनाओं द्वारा प्रदत्त साक्ष्य के होते हुए। रिस डेविड्स का तर्क स्वीकार्य होता, यदि विवादाधीन देहवाद का उल्लेख करने के लिए बौद्ध स्रोतों द्वारा व्यवहृत लोकायत के अतिरिक्त कोई नाम ढूंढना संभव होता, अथवा विकल्प के रूप में, इन स्रोतों ने निश्चित रूप से लोकायत के नाम से जिस सिद्धांत का उल्लेख किया है उसके स्थान पर विवादाधीन 'देहवाद' के अतिरिक्त कोई सिद्धांत ढूंढा जा सकता। किंतु इनमें से कोई संभावना नहीं है। रिस डेविड्स से सहमत होने के लिए यह मान लेना जरूरी होगा कि यद्यपि यह देहवाद बुद्धकालीन भारत में बहुत व्यापक रूप से प्रचलित था किंतु इसे कोई निशचित नाम नहीं दिया गया था अथवा कम से कम बौद्ध लेखकों ने इसके नामोल्लेख की कोई जरूरत नहीं समझी। इसके अतिरिक्त यह मान लेना भी जरूरी होगा कि लोकायत नामक एक बहुत व्यापक रूप से प्रचलित सिद्धांत था किंतु बौद्ध लेखकों ने इसका वर्णन करने की कोई जरूरत नहीं महसूस की। इस तरह की पूर्वमान्यताएं विवेकहीन होंगी। साथ ही, यह मानना जरूरी होगा कि शंकर देहवाद को लोकायतिकों का बताकर, जिसमें उन्हें स्वयं विश्वास न था,

लोकाततिकों की स्थिति को जानबूझकर गलत रूप में प्रस्तुत कर रहे थे। शंकर और प्राचीन बौद्धों के बीच का अंतराल लंबा रहा हो सकता है, किंतु इस संभावना को गलत सिद्ध करने का कोई साक्ष्य नहीं है कि शंकर उसी बात को विस्तारपूर्वक कह रहे थे जो उन्हें सुदूर अतीत से, संभवतः 'बृहदारण्यक' तथा 'छांदोग्य उपनिषद' के समय से परंपरा से प्राप्त हुई थी।

14. असुर विश्वोत्पत्तिविज्ञान

उपनिषदों और पिटकों का यह देहवाद सही तौर पर लोकायतिक हो सकता था, किंतु यह मध्याचार्य के विवरण वाला देहवाद नहीं हो सकता क्योंकि हम पहले ही देख चुके हैं कि लोकायत के अपने विशिष्ट सुनिश्चित मंत्र और अनुष्ठान थे। इसलिए लोकायत के दृष्टिकोण को समझने के लिए एक नया प्रश्न उठाना आवश्यक है। क्या हमें प्राचीन भारत के सांस्कृतिक इतिहास में कोई ऐसा देहवाद मिलता है जो उस समय अपनी विशेष क्रियाओं और अनुष्ठानों की विशेषताएं लिए हुए था ? वास्तव में ऐसा देहवाद था और यह उन पुरातन विश्वासों तथा अनुष्ठानों वाला था जिन्हें आमतौर पर तंत्रवाद कहा जाता है। तंत्रवाद बहुत पुराना था। विद्वानों (51. 27) का अनुमान है कि यह वेदों से भी पुराना हो सकता है।

तंत्रवाद अपनी क्रियाओं और अनुष्ठानों के होते हुए भी निचिश्त रूप से अवैदिक था और कम से कम अपने प्रारंभिक काल में तो वैदिक परंपराओं के विरुद्ध भी था। जैसाकि मनु के भाष्यकार कुल्लूक भट्ट ने कहा : 'श्रुतियां दो प्रकार की हैं, वैदिक और तांत्रिक' (आन मनु. ii 1) तंत्रवाद एक प्रकार से जनसाधारण में प्रचलित 'लोकेषु आयतः' था। एक आधुनिक विद्वान ने कहा है : 'लोक ज्ञान और विश्वास के क्षेत्र में वे (तंत्र) भारत के बहुत बड़े भाग में वेदों से भी अधिक प्रचलित हैं' (ई० आर० ई० xii. 193) यह तंत्रवाद, एक अत्यंत महत्वपूर्ण अर्थ में देहवाद का उग्रतम रूप था। तंत्रवाद में मानव देह को एक सूक्ष्म विश्व माना गया है (51. 31)। हम आगे चलकर तंत्रवाद के इन सभी पहलुओं पर विस्तार से विचार करेंगे। अभी तो हमें यह देखना है कि इस संकेत से प्राचीन लोकायत के संबंध में चित्र का पुनर्निर्माण करने में कितनी सहायता मिल सकती है कि प्राचीन लोकायतिकों का देहवाद वही रहा होगा जो तंत्रवाद का देहवाद था।

हम पहले ही देखा चुके हैं कि जिस असुर मत का 'गीता' में उल्लेख हुआ है, उसे श्रीधर ने लोकायत मत कहा है। श्रीधर की प्रामाणिकता में संदेह करने के लिए हमारे पास कोई ठोस कारण नहीं है, विशेषकर इसलिए कि 'छांदोग्य उपनिषद', 'मैत्रायणी उपनिषद' और 'विष्णु पुराण' जैसे पुराने स्रोतों में बार बार लोकायत विचारधारा को असुरों का विचार बताया गया है। इसलिए हम यह पता लगाने के लिए 'गीता' का और सावधानी के साथ अध्ययन कर सकते हैं कि इसमें असुर मत के संबंध में कोई और निश्चित जानकारी मिलती है या नहीं।

'गीता' (xvi. 7 और आगे) में असुरों और उनके विचारों में संबंध के जो कुछ कहा गया है उसमें से अधिकांश बातें केवल घृणा की भावना से कही गई हैं। असुर इच्छा और आत्मसंयम के बीच भेद नहीं कर सकते थे। उन्हें पवित्रता, नैतिकता और सत्य का कुछ ज्ञान नहीं था आदि आदि। लेकिन बदनाम करने वालें इन घोर विरोधी विचारों के इस ढेर में से असुर मत के संबंध में कम से कम दो दिलचस्प बातें निकालना हमारे लिए संभव है। एक तो यह कि विश्वोत्पत्ति के संबंध में असुरों का एक निश्चित मत था और दूसरी यह कि उनकी कुछ विशिष्ट क्रियाएं थीं।

'गीता' में असुरों के विश्वोत्पत्ति विज्ञान का सार इस प्रकार दिया है : 'अपरस्पर समभूतम् किम् अन्यत काम हेतुयां' (xxi. 8)। विश्व की उत्पत्ति पुरुष और नारी के संयोग से हुई है और

इस उत्पत्ति का कारण काम या कामेच्छा के अलावा और कुछ नहीं हो सकता। 'गीता' के अनुसार दूसरी बात यह है कि हालांकि ईश्वर और परलोक (वही) के बारे में असुरों की कोई आस्था नहीं थी फिर भी उनकी अपनी ही विशिष्ट यज्ञ-क्रियाएं थीं (xvi. 17)। जो यज्ञ ये असुर करते हैं वे केवल नाममात्र के यज्ञ हैं' (xvi. 17)। इसका मतलब यह है कि असुर किसी न किसी प्रकार का यज्ञ करते थे, यद्यपि स्वाभाविक है कि ये अनुष्ठान असुरों से घृणा करने वाले व्यक्तियों के विचार से इतने खराब थे कि इन्हें अनुष्ठान कहा ही नहीं जा सकता।

इस प्रकार हम यहां देखते हैं कि 'गीता' में जिन असुरों का उल्लेख है उनका एक विशिष्ट विश्वोत्पत्ति विज्ञान था और अनिवार्यतः इहलौकिक होते हुए तथा ईश्वर को न मानते हुए भी उनकी अपनी ही कुछ क्रियाएं आदि थीं। इसलिए श्रीधर के इस विचार को मानते हुए कि ये असुर लोकायतिक ही थे, हम इन दो संकेतों के आधार पर प्राचीन लोकायत की निश्चित जानकारी प्राप्त करने का प्रयत्न कर सकते हैं। अब प्रश्न यह है कि क्या हमें प्राचीन भारतीय परंपरा में अवैदिक अथवा अब्राह्मणीय क्रियानुष्ठानों वाला कोई ऐसा ही विश्वोत्पत्ति विज्ञान देखने को मिलता है? इस प्रश्न का उत्तर है कि ऐसा विज्ञान है। और हमें यही कहना होगा कि इस प्रकार के विज्ञान को खोजने के लिए हमें तंत्रवाद पर ध्यान देना होगा।

हम नीचे, तंत्रवाद पर अपने विचार व्यक्त करने वाले हाल के सक्षम लेखकों में से एक विद्वान के विचारों का भावानुवाद प्रस्तुत करते हैं। इसमें उन्होंने तंत्रवाद के विश्वोत्पत्ति विज्ञान को स्पष्ट किया है :

> मानव समाज में नवजीवन का सृजन पुरुष और नारी के संयोग से होता है। यही प्रक्रिया विश्व की उत्पत्ति के लिए भी है और इसमें पुरुष और प्रकृति का संयोग होता है···सीमाहीन विस्तृत रिक्त आकाश में मूलतः जो महाप्रकंपन था, उसने मानव शरीर में मदन की काम वासना का रूप धारणा किया। जिस प्रकार मानव समाज में काम और मदन के कारण नए नाम और नए रूपों का सृजन होता है ठीक उसी प्रकार आदि पुरुष और प्रकृति में भी काम और मदन के कारण उत्पन्न महाप्रकंपन से सारे विश्व में नए नामरूपों का सृजन हुआ।—कुछ तंत्रों में वास्तव में शिव (पुरुष) और शक्ति (प्रकृति) तथा मानव पुरुष और मानव स्त्री के बीच संयोग की समानता का विस्तृत वर्णन दिया गया है। शिव और शक्ति का संयोग विश्वोत्पत्ति का, और मानव पुरुष और मानव स्त्री का संयोग जनन का कारण बना। (रचनावली (व.) ii. 294-5)

इस प्रकार असुर विश्वोत्पत्ति विज्ञान, जिससे से श्रीधर का मतलब था लोकायत विश्वोत्पत्ति विज्ञान, वही था जो तंत्रवाद का विज्ञान था। अन्य स्थलों पर इसी तरह के विश्वोत्पत्ति विज्ञान के लिए (तुल० 48, ii, 91)। हम पहले ही देख चुके हैं कि लोकायत का देहवाद वही रहा होगा जो तांत्रिकों का देहवाद था। यहां ये दोनों धारणाएं एक जगह आकर मिलती हैं। संभवतः लोकायत और तंत्रबाद दो अलग अलग मत नहीं थे। इसी से प्राचीन बौद्ध ग्रंथों में लोकायत क्रियानुष्ठानों के, और गीता में असुर क्रियाओं के उल्लेख किए जाने के कारणों का स्पष्टीकरण मिल सकता है।

15. लोकायत और तंत्र

यहां हम अपनी बात शुरू करने के पूर्व दासगुप्त की पुस्तक का एक अंश उद्धृत करते हैं :

> गुणरत्न ने 'षड् दर्शन समुच्चय' पर अपने भाष्य में चार्वाक को नास्तिक मत बताया है, जिसके अनुयायी केवल खाना-पीना जानते थे और पाप-पुण्य की सत्यता को नहीं मानते

और जो ज्ञान सीधा इंद्रियों के माध्यम से हो सकता है उसी को सत्य मानते थे किसी अन्य बात को नहीं। ये मद्यपान करते थे, मांसाहारी थे और स्वच्छंदतापूर्वक यौन संभोग करते थे। प्रत्येक वर्ष एक निश्चित दिन वे सब एकत्र होते थे और स्त्रियों के साथ स्वच्छंद रूप से संभोग करते थे। उनका आचरण साधारण जनों जैसा था और इसीलिए वे लोकायत कहलाते थे। (520, iii, 533)

गुणरत्न ने लोकायतिकों के जिस यौन स्वातंत्र्य का उल्लेख किया है उससे एक रोचक बात का संकेत मिलता है। यह स्वच्छंदता नैतिक विकृति का लक्षण नहीं हो सकती क्योंकि ऐसे विकृत विचारों वाले लोगों को अपनी क्रियाओं के लिए वर्ष का कोई निश्चत दिन निर्धारित करने की आवश्यकता नहीं होती। और यदि यह यौन स्वच्छंदता कोई अनुष्ठान थी तो मांस खाना और मद्यपान करना भी कोई अनुष्ठान ही रहा होगा। तो इस प्रक.र गुणरत्न के लेखो में हमें तांत्रिकों के कम से कम तीन 'म' मिलते हैं। जैसाकि सभी जानते हैं, तांत्रिकों की पांच क्रियाओं को पंच मकार या पांच 'म' कहा जाता है क्योंकि इन क्रियाओं के नाम 'म' अक्षर से आरंभ होते है। ये हैं—मद्य, मांस, मैथुन, मुद्रा और मत्स्य। इनमें पहले तीन नाम सबसे अधिक महत्व के हैं और गुणरत्न के कथन को हम केवल इसी रूप में समझ सकते हैं कि वे तंत्र को लोकायत के समान बताना चाहते थे।

इसलिए गुणरत्न का कथन अत्यंत उल्लेखनीय है। लेकिन कम उल्लेखनीय यह भी नहीं है कि दासगुप्त ने इसके महत्व की उपेक्षा की। उन्होंने गुणरत्न के लेखों में से केवल यही बात ध्यान देने योग्य समझी कि चार्वाक नाम के बारे में अनिश्चितता थी : 'इस प्रकार यह कहना कठिन है कि चार्वाक शब्द किसी वास्तविक व्यक्ति का नाम था या लोकायत मत के अनुयायियों को संबोधित करने के लिए केवल एक शब्द था।' (वही) स्पष्ट है कि गुणरत्न के कथन में इससे कहीं अधिक समस्याओं का संकेत मिलता है। गुणरत्न ने वास्तव में जो कुछ कहा है हम उसी से शुरू कर सकते हैं :

और इसके बाद लोकायत मत। सबसे पहले नास्तिक, कापालिक जो अपने शरीर पर भभूति लगाते हैं और योगी हैं और उनमें से कुछ पतित ब्राह्मण हैं, वे मनुष्य के पुण्य और पाप नहीं मानते। वे कहते हैं कि विश्व चार तत्वों या महाभूतों से बना हैं। इनमें से कुछ —चार्वाक आदि—आकाश को पांचवां तत्व अथवा महाभूत मानते हैं। उनका कहना है कि विश्व पांच तत्वों से उत्पन्न हुआ है। उनके अनुसार इन तत्वों में चेतना उसी प्रकार उपजती है जिस प्रकार किसी वस्तु में मादकता कीं शक्ति उपजती है। जीवित प्राणी, पानी में एक बुलबुले के समान है। मनुष्य और कुछ नहीं केवल चेतना संपन्न शरीर है। वे मद्यपान करते हैं, मांस खाते हैं और स्वच्छंद यौन संभोग, यहां तक कि कौटुंबिक व्यभिचार भी करते हैं। हर वर्ष एक निश्चित दिन वे सब एकत्र होते हैं और जिसको जिस स्त्री के साथ संभोग करने की इच्छा होती है, कर सकता है। उनका कोई धर्म नहीं है। वे केवल काम को ही मानते हैं। ये लोग चार्वाक, लोकायत आदि कहलाते हैं। पीना और खाना ही उनके जीवन का लक्ष्य है; उन्हें चार्वाक इसलिए कहा जाता है क्योंकि वे चबाते हैं, 'चर्वं' 'अर्थात बिना सोचे समझे खाते रहते हैं। वे पाप और पुण्य को केवल स्थूल वस्तुओं के गुण अवगुण मानते हैं—उन्हें लोकायत अथवा लोकायतिक भी कहा जाता है क्योंकि वे साधारण अविवेकी जनों की भांति आचरण करते हैं। उन्हें वार्हस्पत्य भी कहा जाता है क्योंकि उनके मत को मूल रूप से वृहस्पति ने प्रतिपादित किय.था। (तर्क रहस्य दीपिका, 300)

गुणरत्न प्राचीन काल में लोकायतिकों को दिए गए अन्य सभी नामों का उल्लेख करना नहीं

भूले। ये नाम थे चार्वाक और वार्हस्पत्य। इस प्रकार जब इस बारे में कोई संदेह नहीं रह जाता कि वे किसका उल्लेख कर रहे थे। साथ ही उन्होंने यह भी कहा कि लोकायतिक लोग कापालिक थे। वे योगी थे और अपने शरीरों पर भभूत मलते थे। हम इस बात को जानते हैं कि कापालिक तांत्रिक हैं (51.105 टि,) : कापालिक तांत्रिक योगियों का सामान्य नाम है और तंत्रवाद यौगिक क्रियाओं का एक रूप है जिसमें शरीर पर भभूत मलना एक महत्वतूर्ण बात है। इसी संदर्भ में तांत्रिकों के तीन महत्वपूर्ण 'म' मद्य, मांस और मैथुन को समझना होगा। यद्यपि गुणरत्न ने जिस भौतिकवादी मत का यहां उल्लेख किया है वह तंत्रवाद के संबंध में हमारी सामान्य धारणा से मेल नहीं खाता, फिर भी लोकायतिकों और तांत्रिकों की समानता में अब कोई अंतर ही नहीं रह गया है। किंतु, जैसाकि हम बाद में विस्तार से विचार करेंगे, ऐसा मुख्यतः इस कारण हुआ है कि सामान्यतः तंत्रवाद का मूल सार वह नहीं है जो हमं आम तौर पर समझते रहे हैं। जहां तक उसका कोई दार्शनिक आधार होने की बात है तंत्रवाद भौतिकवाद था या यों कहा जाए कि आदि भौविकवाद था। अर्थात एक ऐसा आदि भौतिकवाद जिसमें आदिमजनों की परिकल्पनाएं भरी पड़ी थीं। इसका उदाहरण है देहवाद और तंत्रवाद का विशिष्ट विश्वोत्पत्तिविज्ञान। स्पष्ट है कि यह आदि भौतिकवाद आधुनिक भौतिकवादी दर्शन से बहुत दूर था। फिर भी इस बात पर ध्यान देना महत्वपूर्ण है कि मूलतंत्रवाद, मानव चिंतन के ऐसे दौर का प्रतिनिधित्व करता है जिसे अभी आध्यात्मिक मूल्यों से परिचित होना बाकी था। इसमें कोई संदेह नहीं कि तंत्रवाद पर लिखी गई पुस्तकों में हमें सभी प्रकार के आध्यात्मिक विचार देखने को मिलते हैं, लेकिन ठीक ही कहा गया है (रचनावली ब, 7 ii, 271) कि हमारे पास जो लिखित सामग्री उपलब्ध है उसमें से तंत्रवाद के वास्तविक सिद्धांत ढूंढ़ निकालना कठिन है। कारण यह है कि इन लेखों में तंत्रवाद को आस्तिक मत जैसा बताने का प्रयत्न किया गया और इसीलिए इस पर आध्यात्मवादी विचार बराबर थोपे जाते रहे हैं। इसके परिणामस्वरूप तंत्रवाद के तथाकथित दो रूप बन गए :—बौद्ध तंत्रवाद और हिंदू तंत्रवाद। हिंदू तंत्रवाद आगे चलकर वैष्णव तंत्रवाद और शक्ति तंत्रवाद में विभक्त हुआ। किंतु मूलतंत्रवाद इन सबसे कहीं अधिक पुराना था, वास्तव में आध्यात्मिक विचारों के प्रादुर्भाव से भी पुराना! इस संबंध में आगे चलकर और विस्तार से लिखा जाएगा। अभी तो हमें केवल गुणरत्न के प्रमाण पर ही विचार करना है।

शुक्र है कि एच. पी. शास्त्री ने कहीं अधिक निष्पक्षता का रवैया अपनाया और उन्होंने गुणरत्न द्वारा दिए गए संकेतों की अनदेखी नहीं की। उन्होंने कहा : 'गुणरत्न ने कापालिकों को लोकायतिक बताया है' (130.,6)। शास्त्री ने कुछ अन्य संकेतों की ओर भी हमारा ध्यान आकृष्ट किया है जो इसी बात को इंगित करते हैं। इन में से एक संकेत 'बृहस्पति सूत्र' में मिलता है जिसका संपादन थामस ने किया है। इस पुस्तक में एक के बाद एक दो सूत्र हैं जिनमें से पहले में लोकायतिकों का और दूसरे में कापालिकों का उल्लेख है और शास्त्री के अनुसार ये दोनों सूत्र बिलकुल प्रामाणिक हैं यद्यपि यह भी सच है कि जिस रूप में यह तुस्तक हम लोगों तक पहुंची है वह आम तौर पर प्रामाणिक नहीं है। ये सूत्र हैं :

भौतिक समृद्धि प्राप्त करने के समय (अर्थसाधना-काले) लोकायत का अनुसरण किया जाना चाहिए। (11-5)

और काम क्रियाओं (काम साधनों) के लिए केवल कापालिक का अनुसरण करो। (11-6)

अपनी बात को स्पष्ट करने के लिए इसका उल्लेख करते हुए शास्त्री ने लिखा :

किंतु 'बृहस्पति सूत्र' हमें जो सबसे महत्वपूर्ण सूचना देता है वह यह है कि लोकायतिकों

और कापालिकों के बीच घनिष्ठ संबंध था। उसने (अर्थात वृहस्पति ने जिन्हें पुस्तक के वास्तव में मूल अंशों का लेखक माना जाता है) कहा है, संपत्ति के उत्पादन के लिए लोकायत शास्त्र है; और फिर साथ ही उनका कहना है, काम या इहलौकिक सुखों (शाब्दिक अर्थ लिया जाए तो यौन क्रियाओं) के लिए कापालिक शास्त्र है। यदि वृहस्पति ऐसा कहते हैं तो यह निश्चित है कि आस्तिक अथवा रूढ़िवादी लोग नास्तिक कह कर उनकी निंदा करेंगे। किंतु इस समय हमारा उद्देश्य यह नहीं है—इस समय हमारा लक्ष्य कापालिक लोग हैं···"किंतु बृहस्पति सूत्र हमें बताता है कि कापालिक एक प्राचीन संप्रदाय है, कम से कम उतना ही प्राचीन जितना लोकायतिक। और जिस प्रकार लोकायतों ने अपने भौतिकवादी दर्शन से अर्थविज्ञान की शुरुआत की उसी प्रकार कापालिकों ने यौन विद्या अथवा कामशास्त्र को शुरू किया। किंतु हम नहीं जानते कि इसका अधार कौनसी दार्शनिक प्रणाली थी। (वही, 5-6)

ऊपर कही गई बातों में अंतिम बात का अर्थ स्पष्ट नहीं है। वृहस्पति का कहना है कि लोकायतिक, कापालिकों से घनिष्ठ रूप से संबद्ध थे। गुणरत्न इससे भी आगे बढ़ गए और उन्होंने दोनों को एक बताया। शास्त्री ने वृहस्पति और गुणरत्न दोनों पर गंभीरतापूर्व विश्वास किया है। किंतु हम वास्तव में यदि ऐसा करें तो स्पष्ट है कि कापलिकों की काम साधना के आधार के लिए भौतिकवादी दर्शन को छोड़ किसी अन्य दार्शनिक प्रणाली की कल्पना करने की आवश्यकता नहीं है। और फिर शास्त्री के ही तर्क से यह निष्कर्ष निकलता है कि कापालिकों का तथाकथित कामशास्त्र, भौतिक संपत्ति की वृद्धि करने वाली अर्थ साधना के आदर्श के साथ महत्वपूर्ण संबंध रखता था। हम भी यही कहेंगे कि वास्तव में ऐसा ही था, क्योंकि कापालिकों जैसे तांत्रिक मतों का स्रोत वह आदि मान्यता थी जिसके अनुसार मानव की प्रजनन क्रिया का अनुसरण करके प्राकृतिक उत्पादन बढ़ाया जा सकता था अर्थात काम साधना और अर्थ साधना एक दूसरे से असंबद्ध नहीं थी।

16. असुर लोगों का मत

असुर मतों के संबंध में प्राप्त होने वाली और सूचनाओं से इसकी पुष्टी होती है कि लोकायतिक का अर्थ संभवतः तांत्रिक था। किंतु इस पर विचार करने से पहले यह देखना आवश्यक है कि इस संबंध में दासगुप्त ने क्या कहा है; क्योंकि उन्होंने ही सबसे पहले सुझाव दिया था कि जिन विचारों को असुरो के विचार कहा जाता है उनके विश्लेषण के आधार पर लुप्तप्राय लोकायत दर्शन का पुनर्निर्माण करना संभव है।

उनका प्रमुख प्रमाण 'छांदोग्य उपनिषद' का वह अंश है जिसमें बताया गया है असुरों का एक प्रकार का कोई देहवाद था। उपनिषद ने असुरों द्वारा मृतको को दफनाने का भी उल्लेख किया है और दासगुप्त ने तर्क दिया है कि 'यह देहवाद मृतकों को आभूषणों और वस्त्रों से सुसज्जित करने की उनकी प्रथा का स्वाभाविक परिणाम है (52.iii.530)। इसी के आधार पर उन्होंने निष्कर्ष निकाला कि लोकायत विचारों का उद्भव प्राचीन सुमेरिया से हुआ।

इस धारणा में मुख्य रूप से दो बातें सिद्ध मान ली गई हैं। पहली तो यह कि असुर लोग प्राचीन सुमेरियाई ही थे कोई और नहीं। और दूसरी यह कि मृतकों को दफनाने की प्रथा केवल उन्हीं में थी क्योंकि यदि देहवाद दफनाने की प्रथा का सहज परिणाम है और अन्य लोगों में भी वही या वैसी ही दफनाने की प्रथा थी तो संभवतः वे भी उसी या वैसे ही देहवाद का सृजन करते यह बात दासगुप्त की धारणा के विरुद्ध जाती। किंतु यदि इस पर अच्छी तरह ध्यान दें

तो हम देखेंगे कि दोनों बातें अत्यंत संदेहास्पद हैं। अपनी बात यहां हम दूसरी बात से शुरू करते हैं।

सबसे पहले तो यह कहा जा सकता है कि उपनिषद ने वास्तव में यह नहीं कहा कि असुरों का देहवाद, उनकी दफनाने की प्रथा का सहज परिणाम था। इसके विपरीत उपनिषद से यही आभास मिलता है कि असुर देहवाद में विश्वास रखते थे और वे दफनाने की एक निश्चित प्रथा का पालन भी करते थे। दूसरी बात यह कि दफनाने की यह प्रथा केवल सुमेरियाइयों की ही विशेषता नहीं थी। सभी जानते हैं कि प्राचीन मिस्र के लोगों में भी यह प्रथा थी कि वे अपने मृतकों को सुसज्जित करते थे। ऐसी ही प्रथा प्राचीन काल में विश्व के अन्य स्थानों पर कई अन्य लोगों में भी थी। यहां तक की आज भी भारत में बची कई अन्य जनजातियां दफनाने की ऐसी ही प्रथा अपनाए हुए हैं (ई.आर.ई. iv। 411 और आगे)। इस प्रकार असुरों की दफनाने की प्रथा का जो उल्लेख है वह प्राचीन सुमेरियाइयों की ही विशेषता नहीं हो सकती। इसके अलावा यह भी सत्य नहीं है कि मृतकों की पार्थिव देह को ठिकाने लगाने का प्राचीन सुमेरियाइयों का केवल यही तरीका था :

> ऐसा प्रतीत होता है कि लागाशा के दक्षिणी भाग के लोगों की भांति प्राचीन सुमेर के कुछ भागों और अक्काद में दाहसंसकार की प्रथा थी, किंतु अन्य भागों में शवों को बक्सों में बंद करके गाड़ने की प्रथा अधिक थी, (वही iv. 444)

इस प्रकार दासगुप्त की यह धारणा आसानी से स्वीकार नहीं की जा सकती कि लोकायत का देहवाद, मृतकों को सुसज्जित करने की सुमेरियाई प्रथा का सहज परिणाम था।

किंतु असुर शब्द से क्या मतलब था ? क्या ऐसा हो सकता है कि प्राचीन भारतीय साहित्य में जिन्हें असुर कहा गया है वे प्राचीन सुमेरियाई ही थे। यदि यह बात मान ली जाए तो दासगुप्त का निष्कर्ष उचित होगा। किंतु सभी विद्वान इससे सहमत नहीं होंगे और कुछ प्रमाण ऐसे हैं जो इस धारणा की पुष्टि नहीं करते।

प्राचीन असुरों के संबंध में कई अनुमान भी सम्मिलित है जिसके आधार पर दासगुप्त ने अपनी धारणाएं प्रस्तुत की हैं। 'बनर्जी और शास्त्री, असुरों को अनुसुरिया से आए हुए लोग मानते हैं जो असुर मत के अनुयायी थे और जो भारत में आर्यों के आगमन से पहले यहां आए तथा उन्होंने सिंधुघाटी सभ्यता स्थापित की। भंडारकर असुरों को असुर असीरियाई मानते हैं और उनका कहना है कि 'शतपथ ब्राह्मण' में मगध या दक्षिण बिहार में असुर बस्तियों का उल्लेख है' (78.220)

अन्य विद्वानों का विचार है कि ये असुर, अहूर मजदा के अनुयायी और प्राचीन फारस देश के वासी थे।

> क्रिस्टेनसन का कहना है कि प्राचीन भारतीय-ईरानी समाज में जो अधिक सुसंकृत और स्थिर वृत्ति वाले लोग थे वे असुर धर्म का पालन करते थे और वे मुख्यतः कृषि तथा पशुपालन का कार्य करते थे। उधर लोगों में जो कुछ अधिक कर्मण्य किंतु कम सभ्य व्यक्ति थे वे देव धर्म, जो असुर धर्म से पुराना था, को ही मानते रहे और उन लोगों को पुरानी प्रथाएं तथा रीति-रिवाज अधिक पसंद थे। असुर धर्म वाले लोग तो ईरान में ही संतोषपूर्वक बसे रहे, किंतु देव धर्म वाले लोग अपनी साहसिक वृत्ति से प्रेरित होकर पूर्व की ओर आगे बढ़ते हुए अंततः भारत में पहुंचे। (वही. 220)

बी. के. घोष (वही. 218 और आगे) की दलील है कि यद्यपि अंततः भारतीय आर्यों का समाज मुख्यतयाः दैविक बन गया और यह भारतीय-ईरानीसमाज के विपरीत था जो मुख्यतया

आसुरिक बना रहा, फिर भी असुर शब्द, संभवतः किसी उच्च सभ्यता से ग्रहण किया गया था।'

> जैसा कि मैं अन्यत्र (इंडियन कलचर viii -339) कह चुका हूं, यह शब्द संभवत: और कुछ नहीं, केवल असीरिया के किसी रक्षक देवता का नाम रहा होगा जिसे भारतीय-ईरानी लोग जातीय नाम के रूप में प्रयोग में लाते थे। ये लोग कसाइट शासन काल में असीरिया-वासियों के सीधे या परोक्ष संपर्क में अवश्य आए होंगे।' (वही 223-4)

कुछ लोगों के अनुसार मध्य भारत में आज भी जो असुर जनजाति है, वह प्राचीन भारतीय साहित्य में उल्लिखित असुरों का वंशज हो सकती है।

> जिस भूखंड को आज भारत कहा जाता है उस पर आर्यों ने जब आक्रमण किया तो उन्हें भयानक जंगली लोगों का सामना करना पड़ा, जिन्हें आर्यों ने असुर या राक्षस कहा और उन्हें उस स्थान से खदेड़ दिया या कुछ हद तक उन्हें समाप्त कर दिया। क्या छोटा नागपुर में रहने वाले असुर जाति के लोग आर्यों के इन्हीं विरोधियों के वंशज हैं या कि इनका संबंध मिर्जापुर में आज भी पाए जाने वाले तटबंधों के निर्माता असुरों से है, यह एक ऐसा प्रश्न है जिसक उत्तर कुछ भी हो सकता है। फिर भी ऐसा कोई कारण नहीं है कि इन संभावनाओं पर ध्यान ही नहीं दिया जाए। (ई.आर.ई. ii. 157)

जो अन्य विद्वान यह नहीं मानते कि आज जीवित असुर जनजाति के पूर्वज ही प्राचीन भारतीय साहित्य के असुर थे, वे यही कहेंगे कि आर्यों के आगमन पर उनका विरोध करने वाले मूल भारतवासी ही असुर थे।

असुर दैत्य, दानव और नागा लोगों ने आर्य संकृतिक के प्रसार का कड़ा विरोध किया। इन लोगों की सभ्यता और संस्कृति विकास के विभिन्न चरणों में थी। कुछ तो एकदम उजड्ड, जंगली और असभ्य जनजातियां थीं और कुछ जातियों की सभ्यता का थोड़ा सा विकास हो चुका था। पौराणिक कथाओं में इन विरोधी जातियों, असुर, दानव, दैत्य और राक्षस के विवरण से इनके विकास के तीन चरण मिलते हैं। वास्तव में यह नाम तो मनुष्यों के थे, किंतु आम तौर पर आर्यों के शत्रु होने के कारण उन्हें ये नाम दे दिए गए। इसका उद्देश्य यह भावना व्यक्त करना था कि ये लोग भिन्न प्रकार के घृणास्पद शत्रु या जंगली हैं। बाद में ये नाम तिरस्कार भाव और अपशब्द के रूप में प्रयुक्त होने लगे और इन लोगों को दुराचारी बनाने के लिए भी इन नामों का उपयोग किया जाने लगा। अंततः इन शब्दों का अर्थ बन गया पिशाच, और इन्हें दैत्यों के पर्यावाची के रूप में इस्तेमाल किया गया। (78.313)

असुरों के संबंध में इन अलग-अलग विचारों से कम से कम यह पता चलता है कि समस्या मालूम नहीं है और हम सरलता से यह नहीं कह सकते कि यह लोग प्राचीन सुमेरियाई थे। बात यह हैं कि असुरों के संबंध में हमारे प्राचीन साहित्य में जितने भी उल्लेख हैं, वे सभी एक जैसे नहीं हैं। इससे यह संकेत मिलता है कि शायद इस शब्द का प्रयोग एक ही अर्थ में नहीं होता था।

असुरों के संबंध में इतने सारे भ्रामक उल्लेखों को देखते हुए इस समय हमारे लिए यही ठीक होगा कि हम एक ही की धारणा पर ध्यान दें जो काफी प्रमुख प्रतीत होती है। वह धारणा यह है कि कम से कम बहुत सारे उल्लेखों में असुर शब्द सिंधु सभ्यता के निर्माताओं के लिए इस्तेमाल किया गया।

17. सिंधु घाटी पुरातत्व

सायण ने कहा : मेरु पर्वत पर अमरावती नगर है जहां देवताओं का वास है; और मेरु की

तराई में असुरों की नगरी इरावती है, (एस. बी, ई. vii-110 टि.) यह पता लगाना मुश्किल है कि सायण ने किस प्राचीन बात के आधार पर यह कहा ; किंतु सायण के कथन से इरावती के साथ असुरों के संबंध को साधारण नहीं समझा जाना चाहिए। क्योंकि पुरातत्ववेत्ताओं ने वास्तव में इरावती नदी के किनारे पर खुदाई करके एक प्राचीन नगर के अवशेष खोज निकाले हैं और ऋग्वेद से मिलने वाले प्रमाणों के आधार पर इस बात को मानने के लिए बहुत बड़ा आधार है कि यह असुरों की नगरी थी। इस नगर को हड़प्पा कहा गया है। यह प्रमाण बहुत साधारण है।

ऋग्वेद के छठे मंडल में हमें असुरों के विरुद्ध इंद्र के अभियान का विवरण मिलता है। इसमें इंद्र को असुरघ्न (vi.22.4) अर्थात असुरों को मारने वाला कहा गया है। वैदिक साहित्य में इंद्र के लिए यह संबोधन असाधारण नहीं है। अर्थवेद (एस. बी. ई. viii. 79, 83, 137, 215, 222) शतपथ ब्राह्मण (वही xxvi. 399; xiii. 193), गृह्य सूत्र (वही. xxix. 342), और यहां तक कि उपनिषदों (वही xv) में भी इंद्र को असुरों का संहार करने वाला कहा गया। 'असुरघ्न' शब्द, ऋग्वेद के छठे मंडल के 22वें सूक्त की चौथी पंक्ति में आया है। कहा जाता है कि इसके रचयिता भारद्वाज ऋषि थे। इसी मंडल के कई अन्य सूक्त, जिनमें 27वां सूक्त भी है, इसी ऋषि ने लिखे। 'ऋग्वेद' के छठे मंडल के 27वें सूक्त में इंद्र की जो भूमिका बताई गई है वही 22वें सूक्त में भी हैं। वैसे 27वें सूक्त में असुर शब्द का प्रयोग नहीं किया गया है।

'ऋग्वेद' के छठे मंडल के 27वें सूक्त में हमें कुछ विशेष नाम देखने को मिलते हैं। इनमें से एक है वरशिखा। इसमें बताया गया है कि इंद्र ने वरशिखा और उसके वंशजों का संहार किया। हमने अभी देखा कि इससे यह संकेत मिलता है कि इंद्र ने यह कार्य असुरघ्न अथात् असुरों के संहार करने वाले व्यक्ति के रूप में किया। सायण ने इसी को देखते हुए वरशिखा को एक असुर बताया। (आन ऋ. वे. vi. 27.4)

यह बात महत्वपूर्ण है क्योंकि यदि वरशिखा और अन्य लोग असुर ही थे तो जिस नगर में वे रहते थे वह भी असुरों का नगर रहा होगा। 'ऋग्वेद' के अनुसार इस नगर का नाम हरियूपिय था। आज के विद्वान (128.18) इस ऋग्वेद में उल्लिखित हरियूपिया को सिंधु घाटी का हड़प्पा नामक स्थान मानना चाहते है: निश्चित ही लिखित सामग्री और पुरातत्व खोज से मिलने वाली जानकारी दोनों एक दूसरे से बहुत मेल खाती है। (21.68)

इसलिए यह विश्वास करने के कई आधार हैं कि कम से कम कुछेक बातो में असुर शब्द का अर्थ था: सिंधुघाटी सभ्यता की स्थापना करने वाले। जैसा कि हम देख चुके हैं बनर्जी और शास्त्री का यही विचार है; हांलाकि उनका अनुमान था कि सिंधु घाटीसभ्यता के से संस्थापक मूल रूप से असीरिया से आए थे। किंतु इस अनुमान को संतोषजनक ढंग से सिद्ध करने के लिए अभी समयकाली पुरातात्विक खोज की आवश्यकता है। (35.183-4)

18. तंत्र और सिंधुघाटी सभ्यता

समकालीन पुरातत्ववेत्ताओं (128.18) और इतिहासकारों का मत है कि वैदिक आर्यों ने सिंधु घाटी की सभ्यता वाले नगरों का विनाश किया, उनमें रहने वाले लोगों को लूटा, उनका संहार किया और उन्हें वहां से खदेड़ दिया। आज जितना हमारा ज्ञान है उसके आधार पर हम इस मत के स्थान पर कोई अन्य संतोषजनक धारणा नहीं अपना सकते। किंतु सिंधुसभ्यता का क्षेत्र बहुत विस्तृत था अतः इसमें रहने वाले सभी लोगों का पूर्ण रूप से संहार तो नहीं हुआ होगा; और न इस बात की ही संभावना है कि उनकी विचारधारा, उनकी मान्यताएं और उनके

क्रियानुष्ठान ही इस देश से एकदम विलुप्त हो गए होंगे।

तो इन सबका क्या हुआ ? हमारे इतिहासकारों को अभी इस प्रश्न का पूरी तरह उत्तर देना है। फिर भी यदि मान लें कि सिंधुसभ्यता के लोगों को 'ऋग्वेद' के प्रारंभिक भागों में असुर कहा गया, तो भी यह अनुमान लगाना स्वाभाविक है कि उनके बाद उनके वंशजों को भी असुर ही कहा गया होगा। यहां तक कि बाद के वैदिक ब्राह्मणीय साहित्य में भी यही बात रही होगी और इसलिए यहां प्रश्न उठाना असंगत नहीं है कि क्या उपनिषद और 'गीता' जैसे अपेक्षाकृत बाद में लिखे गए ग्रंथों में असुरों की जो क्रियाएं बताई गई हैं वे उसी सिंधु सभ्यताकाल की अवशेष ही रही होंगी।

यहां भी परंपरागत साहित्य के प्रमाण, पुरातत्ववेत्ताओं द्वारा प्राप्त की गई जानकारी के साथ मेल खाते हुए प्रतीत होते हैं। हम पहले ही देख चुके हैं कि 'गीता' में जिस प्रकार विशेष रूप से असुर मत का वर्णन हुआ है वह संभवतः तंत्रवाद जैसा ही था। दूसरी ओर यह कहा गया है कि सिंधु घाटी सभ्यता के भौतिक अवशेषों में तंत्रवाद के बहुत अधिक लक्षण दिखाई देते हैं। (87. i. 48-51., प्राणनाथ, आई. एच. क्यू. vii. 1-52)

हमने लोकायत को असुर विचारधारा जैसा बताने के कारणों पर विचार किया है। किंतु लोकायत जो भी था, मूल रूप से आदिभौतिकवादी या इहलौकिक था। इससे एक और प्रश्न उठता है : क्या जिसे असुर मत कहा जाता है, उसमें इहलौकिकता वाली कोई बात है ? हम असुरों के देहवाद और विश्वोत्पत्तिविज्ञान का उल्लेख कर चुके हैं। हम अब वैदिक साहित्य में से ही एक और विशेष प्रमाण का उल्लेख करेंगे जिससे संकेत मिलता है कि असुरों के अनुष्ठान भी मूलतः इहलौकिक थे। 'ऋग्वेद' में लिखा है :

> हे इंद्र, तुमने अपनी माया से उन मायावियों को पराजित किया है जो श्राद्ध को स्वयं हड़प जाते हैं, तुम जन रक्षक हो। तुमने पिप्रू नगरों को ध्वस्त किया और विजिसान (वे जो सीधे रास्ते पर अथवा सत पथ पर चलते हैं) को लुटेरों के प्रकोप से बचाया है।' (i. 51.5)

मायाविन का शाब्दिक अर्थ है वे लोग जिनके पास माया की शक्ति अथवा मंत्रशक्ति (91.26) थी। सायण (आन ऋ. वे. i. 52.5) ने कहा कि यहां यह शब्द असुरों के लिए प्रयोग में लाया गया। और निस्संदेह सायण का कथन ठीक था। क्योंकि 'ऋग्वेद' (i.11.1; 1.51.5, v. 63.7 आदि) में कहा गया है कि माया असुरों की शक्ति थी इसके अलावा वेदों में इस प्रकार के कथन हैं कि असुर श्राद्ध को भी अपने मुंह में डाल लेते थे। एक बार देवता और असुर जो दोनों प्रजापति से उत्पन्न हुए थे, एक दूसरे के साथ प्रतिस्पर्धा में आ गए और असुरों ने धृष्टतापूर्वक सोचा, 'अब हम यह किसको भेंट करें ?' किंतु फिर इसे अपने ही मुंह में डाल लिया।'

यह आख्यान 'शतपथ ब्राह्मण (एस. वी. ई. xii. 1;xiiv. 22) में दो जगह आया है और फिर सायण ने 'ऋग्वेद' पर अपनी टिप्पणी में इसी बात को सिद्ध करने के लिए वाजसनेयी और कौशितकी के कथन को उद्धृत किया है (आन ऋ. वे. 1. 51.5)। वाजसनेयी ने कहा कि एक समय था जब देव और असुर एक दूसरे के साथ धृष्टता का व्यवहार करते थे; असुरों ने सोचा : 'हम किसी को भी श्राद्ध भेंट नहीं करेंगे, और फिर उन्होंने उसे स्वयं ही खाना प्रारंभ कर दिया और इस प्रकार देवों का अपमान किया'। कोशितकी ने कहा कि असुरों ने अग्नि को पराजित किया और स्वयं को ही श्राद्ध भेंट करने लगे।

यज्ञाहुति अथवा बलि को स्वयं खा लेने की प्रथा अत्यंत विचित्र प्रतीत होती है। लेकिन तांत्रिकों की क्रियाएं कुछ ऐसी ही हैं : वे मद्यपान करते हैं और मांस खाते हैं, ऐसी क्रिया का उनके लिए जो भी महत्व रहा हो। किंतु यदि हम चार्वाक नाम की व्युत्पत्ति ('चर्व' अर्थात

खाने की क्रिया) के संबंध में गुणरत्न से सहमत होते हैं तो असुर जो श्राद्ध का भोजन स्वयं खा लेते थे, चार्वाक कहे जा सकते हैं। जो भी हो, कम से कम वैदिक प्रमाण इस ओर इंगित करते हैं कि असुरों के क्रियानुष्ठान परलोक संबंधी विचारों पर आधारित नहीं थे, यानी उनकी क्रियाएं अनिवार्यतः भौतिकवादी थीं।

19. मूल सांख्य

असुर मत और तंत्रवाद से संबद्ध प्रश्नों का उत्तर मोटे अर्थों में तब तक पूरी तरह नहीं दिया जा सकता जब तक कि सांख्य दर्शन के प्रादुर्भाव और विकास की जटिल समस्या का अध्ययन नहीं हो जाता।

पहली बात तो यह है कि कुछ अत्यंत रुचिकर संकेत हैं जिनके महत्व को कम करके नहीं समझा जा सकता। जैसाकि सभी जानते हैं कपिल को सांख्य प्रणाली का संस्थापक माना गया है और कहा जाता है कि सबसे पहले उन्होंने यह ज्ञान आसुरी को दिया। इस प्रकार भागवत (i. 12 अनु. कोल ब्रुक) के अनुसार 'पांचवें अवतार का नाम कपिल था जो ऋषिराज थे और जिन्होंने आसुरी को सर्वप्रथम सिद्धांतों का सांख्य दृष्टि से स्पष्टीकरण बताया।'

वैसे कपिल को ईश्वर का अवतार कहना कुछ विरोधाभास लगता है क्योंकि, जैसाकि सभी जानते हैं, मूल सांख्य में ईश्वर का कोई स्थान नहीं था। किंतु सबसे पहले आसुरी को सांख्य ज्ञान दिया जाना केवल गल्प कथा नहीं रही होगी। क्योंकि यही बात सांख्य कारिका (70) में भी कही गई है : 'यह महान पवित्र ज्ञान, ऋषि ने दया करके आसुरी को दिया। आसुरी ने इसे पंचशिखा को बताया और पंचशिखा ने इसका व्यापक रूप से प्रचार प्रसार किया।'

अब जैसाकि आमतौर पर समझा जाता है, आसुरी किसी व्यक्ति विशेष का नाम रहा होगा। इसका खंडन करने के लिए कोई निश्चित आधार नहीं है। साथ ही हमें इस बात की अनदेखी नहीं करनी चाहिए कि आसुरी नाम, असुर शब्द से निकला होगा : असुर के साथ स्त्री प्रत्यय जुड़ता है तो यह अर्थ देता है संतान अथवा अपत्य का, इस प्रकार आसुरी शब्द का अर्थ हुआ असुर का पुत्र।

यह बात अपना महत्व रखती है कि काफी प्राचीन एक अन्य ग्रंथ में स्वयं कपिल को असुर बताया गया है जो अन्य असुरों की भांति देवताओं के साथ जूझ रहे हैं। इस प्रकार बौधायन ने कहा :

> इस प्रकरण के संदर्भ में वे इस अंश का उल्लेख करते हैं—'कपिल नाम का एक असुर था जो प्रह्लाद का पुत्र था और देवों के साथ संघर्षरत था। उसने ही यह विभाजन किए। एक समझदार व्यक्ति को इन पर कोई ध्यान नहीं देना चाहिए। (एस. बी. आई. xiv. 260)

निश्चित रूप से तो यह नहीं कहा जा सकता कि इसी कपिल ने सांख्य दर्शन प्रणाली को प्रारंभ किया, किंतु इसकी संभावना को भी नकारा नहीं जा सकता। इसके अलावा कई मूल महत्व की बातें है जिनके बारे में सांख्य दर्शन असुरों के विचारों से सहमत है।

हम पहले ही देख चुके हैं कि 'गीता' में असुरों के एक विश्वोत्पत्ति विज्ञाम की चर्चा है, यह विश्व कामसाधना का परिणाम है और पुरुष तथा प्रकृति के संयोग से उत्पन्न हुआ। गौड़पाद (आन सां. का. 21) ने 'सांख्य कारिका' पर अपने भाष्य में इसी विश्वोत्पत्ति विज्ञान का उल्लेख किया है : 'जिस प्रकार पुरुष और स्त्री के संभोग से शिशु उत्पन्न होता है उसी प्रकार प्रकृति और पुरुष के संयोग से सृष्टि की रचना होती है।'

यह आपत्ति उठाई जाएगी कि सांख्य में प्रकृति का अर्थ आदि पदार्थ था (न कि मानव

स्त्री) जिस प्रकार कि पुरुष का अर्थ होता था आत्मा (न कि कोई मानव पुरुष)। इससे सांख्य विश्वोत्पत्ति विज्ञान और असुरों के विज्ञान के बीच की समानता लगभग समाप्त हो जाती है। किंतु बात ऐसी नहीं है। क्योंकि यद्यपि अंततः पुरुष का अर्थ आत्मा ही लगाया गया था फिर भी यह शब्द का मूल अर्थ नहीं था। वास्तव में पुरुष का अर्थ किसी मानव पुरुष की देह से था और इसी अर्थ में प्रारंभिक उपनिषदों के रचयिताओं ने भी इस शब्द को लिया है। इस बात पर वेलवलकर और रानाडे पहले ही अपने तर्क दे चुके हैं। ब्राह्मणों और उपनिषदों में इस शब्द के प्रयोग के संबंध में उन्होंने कहा : 'इससे स्पष्ट पता चलता है कि वास्तव में पुरुष का अर्थ था मानव, जिसका अपना ही शारीरिक स्वरूप था न कि कोई आंतरिक शक्ति या आत्मा जो शरीर के अंदर वास करती है, 'उपनिषदों के प्रथम और दूसरी श्रृंखला के ग्रंथों में लगभग इसी अर्थ में इस शब्द का प्रयोग किया गया है। (69. ii. 428)

सांख्य चिंतन वास्तव में पूर्णरूप से नास्तिक तथा भौतिकवादी विचारधारा वाला था, किंतु इसे कड़े आध्यात्मिक प्रभावों से गुजरना पड़ा और भाववादी विचार इसमें इस प्रकार ठूस दिए गए कि अंत में इसने मूल सांख्य चिंतन के एकदम विपरीत रूप धारण कर लिया। इस पर हम आगे चलकर विस्तार से लिखेंगे, फिलहाल इतना ही पर्याप्त है कि पुरुष देह के मूल प्रारंभिक सिद्धांत को बाद में चेतना के सिद्धांत में परिवर्तित कर दिया गया। यह वेदांत के जीव संबंधी विचार से भिन्न नहीं है। और यह परिवर्तन सांख्य चिंतन पर आध्यात्मिक प्रभावों की प्रक्रिया का ही परिणाम था। यह भी सत्य है कि सांख्य में प्रकृति का अर्थ था पदार्थ यानी भौतिक पदार्थ। किंतु बहुधा इस बात की अनदेखी कर दी जाती है कि प्रकृति को स्पष्टतः स्त्री गुण संपन्न माना गया। जैसाकि भट्टाचार्य ने कहा है, प्रकृति की तुलना एक नर्तकी और संकोचशील वधू से की गई है (भारत दर्शन सार बं. 149.58)। इसके अलावा जैसाकि हम छठे अध्याय में देखेंगे, सांख्य पुस्तकों में प्रकृति के लिए, 'क्षेत्र' और अन्य शब्द प्रयोग में लाए गए हैं और इसका लक्ष्य भी संभवतः प्रत्यक्ष नारी स्वभाव था। इनसे पता चलता है कि 'प्रकृति' न केवल एक पदार्थ-सूचक सिद्धांत था बल्कि एक स्त्री सिद्धांत भी था। अब हमें इसी पर विस्तृत रूप से विचार करना है कि यह स्त्री सिद्धांत किस प्रकार एक ही समय में आदि पदार्थ भी समझा जा सकता है, जिससे मूल सांख्य के अनुसार विश्व की उत्पत्ति हुई।

आइए अब फिर सांख्य विचारों की ओर लौटें। यदि प्रकृति और पुरुष का मूल अर्थ स्त्री और पुरुष था और स्पष्ट है कि यही अर्थ रहा होगा, तो हमारे पास यह मानने के बहुत अच्छे कारण हैं कि मूल सांख्य चिंतन में संकेतित विश्वोत्पत्तिविज्ञान, 'गीता' में उल्लिखित असुर विश्वोत्पत्तिविज्ञान से बहुत भिन्न नहीं था। किंतु हम कह चुके हैं कि यह विश्वोत्पत्तिविज्ञान तंत्रवाद के विज्ञान जैसा ही था। अब इसके साथ मूल सांख्य और मूल तंत्र के बीच संबंध के स्वरूप का प्रश्न उठता है।

इसमें तो संदेह की कोई बात नहीं है कि सांख्य और तंत्र के मूल तत्व एक ही हैं। ये हैं: प्रकृति और पुरुष। सांख्य और तंत्र दोनों के अनुसार, जहां तक विश्वोत्पत्ति क्रिया का संबंध है, इसका मूल प्रकृति है। इसलिए तंत्र और सांख्य के बीच निश्चित ही कोई संबंध रहा होगा। किंतु सांख्य के संबंध में नए विचारों के प्रभाव में आकर, (इन परिवर्तित विचारों के अनुसार मूल भौतिकवादी दृष्टिकोण को रहस्यमय भाववाद समझा जाता है) आधुनिक विद्वान सामान्यतः इस संबंध को स्वीकार नहीं करना चाहते क्योंकि तंत्रवाद अपने क्रियानुष्ठानों के मामले में मुख्यतया अपनी मूल तथा आदि स्थिति में ही रहा, हालांकि बाद में भी इस पर आध्यात्मिकता के रंग चढ़ाने के प्रयत्न किए गए। अथवा फिर तंत्र और सांख्य के बीच इस संबंध को यदि

स्वीकार किया जाता है तो यह कहा जाता है कि तंत्रवाद ने अपना दार्शनिक आधार सांख्य प्रणाली से ग्रहण किया (ई. आर. ई. vi. 706)। हम आगे चलकर तर्क देंगे कि यह अत्यंत भ्रमपूर्ण धारणा है क्योंकि सभी अनुमानों के अनुसार, बाद के हर प्रकार के तत्वमीमांसा संबंधी परिवर्तनों के बावजूद, सांख्य का प्रदुर्भाव तंत्रवाद की भांति ही निम्न स्तर पर हुआ। वास्तव में मूल रूप से सांख्य और तंत्र एक दूसरे से भिन्न नहीं थे और यदि हम यह कहना चाहें कि काल के हिसाब से कौन पहले और कौन बाद में था तो हम कहेंगे कि तंत्रवाद पहले आया। मूलतः तंत्रवाद का अर्थ था आदि विश्वदृष्टिकोण वाला पुरातन सिद्धांत, और उतने ही आदिकालिक क्रियानुष्ठान। यह सिद्धांत बाद में एक प्रकार के समानांतर द्वैतवाद में सम्मिलित हो गया। और इसमें से एक ओर तो सांख्य का दार्शनिक चिंतन और दूसरी ओर योग की व्यावहारिक विद्या का विकास हुआ। कालांतर में सांख्य और योग दोनों को भाववादी मार्ग पर ले जाया गया ; किंतु दोनों के बीच पुराने संबंधों को पूरी तरह भुलाया न जा सका। वैसे बाद में यह कह कर कि किसी समय सांख्य और योग का संश्लेषण हुआ था, इस संबंध को व्यावहारिक उपयोगिता दे दी गई। किंतु हम यह सिद्ध करने का प्रयत्न करेंगे कि इतिहास की दृष्टि से यह बात सत्य नहीं है बल्कि वास्तविकता इसके विपरीत थी। असल में तो तंत्रवाद ही पहले था और इसमें से बाद में सांख्य और योग की व्युत्पत्ति हुई। किंतु जिस प्रकार असमान विकास के कारण भारत में आदिम-जनजातीय परिस्थितियों में कुछ लोग सभ्य और आधुनिक समाज के साथ साथ रहते चले आ रहे हैं उसी प्रकार चिंतन के क्षेत्र में बाद के विकसित सांख्य और योग के साथ तांत्रिक मान्यताएं और क्रियाएं भी बनी रहीं जो मूल चिंतनधारा का प्रतिनिधित्व करती थीं और जिनमें से अंततः सांख्य और योग विकसित हुए थे। किंतु इस संबंध में आगे चलकर और विस्तार से लिखा जाएगा।

सारांश यह है कि विलुप्त लोकायत की समस्या से हमें असुर विचारों और तंत्रवाद के संबंध में प्रश्न उठाने पड़े और इनसे फिर नई समस्याएं सामने आईं जो सांख्य दर्शन के स्रोत के संबंध में थीं। तो क्या लोकायत और सांख्य के बीच कोई संबंध था ? जैन सूत्रों के अनुसार तो ऐसा लगता है कि इसमें संबंध था। यह बात दासगुप्त पहले ही कह चुके हैं :

> 'लोकायत नास्तिकों' के विचारों पर टिप्पणी के बाद, 'सूत्रकृतंग सूत्र' में सांख्य पर टिप्पणी की गई है। इस संबंध में शीलंक का कहना है कि लोकायत और सांख्य में कोई विशेष अंतर नहीं है क्योंकि यद्यपि सांख्य में आत्मा अथवा जीव के अस्तित्व को माना गया है फिर भी यह आत्मा कुछ कर नहीं सकती और सारा कार्य प्रकृति ही करती है जो लगभग वैसी ही है जैसाकि भौतिक तत्व। देह और तथाकथित मनस्, केवल भौतिक तत्वों का मिश्रण है और कुछ नहीं और अलगअलग आत्माओं का अस्तित्व नाममात्र के लिए है। क्योंकि ऐसी आत्मा कुछ कर नहीं सकती और किसी काम की नहीं है (आकिंचितकार) इसलिए लोकायत ने इसे पूरी तरह अस्वीकार कर दिया है। (52, iii, 527)

जैन सूत्रों से लोकायत और सांख्य के बीच जिस घनिष्ठ संबंध का पता चलता है वह कुछ विचित्र प्रतीत होगा। किंतु इसका कारण यह हो सकता है कि एक ओर तो हम लोकायत के संबंध में मध्वाचार्य के वर्णन पर बहुत अधिक निर्भर करने की गलती कर चुके हैं और दूसरी ओर हमें मूल सांख्य के संबंध में सही विचारों तक अभी पहुंचना बाकी है। फिर भी हम जो कुछ कहना चाहते हैं उस दृष्टिकोण से लोकायत और सांख्य के बीच घनिष्ठ संबंध उतना विचित्र प्रतीत नहीं होता बल्कि ऐसा अपेक्षित ही है। हो सकता है कि शुरू में लोकायत का अर्थ वही पुरातन मान्यताएं और अनुष्ठान रहा हो जिन्हें आमतौर पर तंत्रवाद कहा जाता है। और तंत्रवाद में कई मूल

समानताएं वास्तविक सांख्य की बातों के साथ हैं। जो भी हो, लोकायत की समस्या को तब तक अच्छी तरह नहीं समझा जा सकता जब तक मूल सांख्य के प्रश्न का अध्ययन नहीं हो जाता और इसके अलावा यह भी हो सकता है कि तंत्रवाद के प्रादुर्भाव के संबंध में खोज करने से लोकायत और सांख्य दोनों पर प्रकाश पड़े। इस प्रकार हमें इस मूल महत्व के प्रश्न को देखना है कि मूल तंत्रवाद का मतलब क्या है? हम इस प्रश्न का उत्तर पांचवें अध्याय में देने का प्रयत्न करेंगे और देखेंगे कि तंत्रवाद के संबंध में हमारा जो आमतौर पर विचार बनता है उसके विपरीत, तंत्रवाद वास्तव में भारत की दार्शनिक धरोहर में प्राकृतिक वृत्ति को दर्शाता है। इसके अलावा एक विशेषता यह भी थी कि इसमें निश्चित रूप से लोकतांत्रिक प्रवृत्तियां नजर आईं। वस्तुतः इसे बराबर गलत समझा गया, क्योंकि इसके साथ वे कार्य और विचार जुड़े हुए थे जिनको परंपरा से ही घृणा की भावना से देखा जाता रहा है। लगभग समान रूप से ऐसी ही स्थिति प्राचीन चीन में ताओवाद की थी। वस्तुतः ताओवाद और तंत्र के बीच मूलभूत समानताएं थीं। जोसेफ नीधम (54, ii, 33-164) के हाल के विस्तृत शोध के लिए हम उनके आभारी हैं, जिसके कारण अब हम इस बात को ठीक ढंग से समझने की स्थिति में हैं। उन्होंने प्राचीन ताओवाद के महत्व का जो विश्लेषण किया है और उससे जो बात स्पष्ट हुई है, वह हमारे लिए प्राचीन तंत्रवाद को समझने में सहायक हो सकती है।

इन बातों पर हम आगे विचार करेंगे और यहां हम स्वयं को प्राचीन तंत्रवाद के केवल एक महत्वपूर्ण पक्ष तक ही सीमित रखेंगे। यह पक्ष है तंत्रवाद का यौन संभोग पर विशेष बल देना।

20. यौन अनुष्ठान

गुणरत्न ने कहा है कि लोकायतिक लोग समय समय पर स्वच्छंद संभोग करते थे। यह बात तथाकथित वामाचारी सिद्धांत और तांत्रिक क्रियाओं की ओर संकेत है। वाम का अर्थ था स्त्री और संभवतः काम भी। तंत्र के संदर्भ में इसके दोनों अर्थ थे क्योंकि तंत्रवाद में स्त्रीकेंद्रित आचार और यौन संभोग दोनों थे। सामान्यतः वामाचार का अर्थ लगाया जाता है वामपक्षीय आचरण, जो वास्तव में भ्रामक अर्थ है।

इसमें कोई संदेह नहीं कि तंत्र के इस पक्ष के प्रति हमारे आधुनिक दार्शनिक मतों में अत्यंत उग्र घृणा भाव है। राजेन्द्रलाल मित्र ने इसी का संकेत दिया है जब उन्होंने लिखा है कि तंत्रवाद में, 'ऐसे सिद्धांत और क्रियाएं हैं जो अत्यंत घृणास्पद और भयंकर हैं, और मानव का विकृत मस्तिष्क इससे अधिक गिरी हुई बात नहीं सोच सकता। इसकी तुलना में, पिछली शताब्दी में हालीवेल स्ट्रीट से छपकर आने वाली सामग्री अत्यंत पवित्र प्रतीत होगी।' [बौद्ध धर्म (बं) 82, में उद्धृत]।

शास्त्री ने कहा कि इन बातों पर खुलेतौर पर विचार करने के लिए हमें सभ्य समाज की सीमाएं लांघनी होंगी और संभवतः भारतीय दण्ड संहिता के अंतर्गत अपने विरुद्ध कार्रवाई किए जाने का जोखिम भी उठाना होगा (वही 83)। इसी वामाचार के कारण ही क्रुक ने तंत्रवाद को, 'हिंदू धर्म का सबसे निकृष्ट पक्ष' बताया। (ई॰ आर. ई. i, 705)

इसमें कोई संदेह नहीं कि आधुनिक नैतिक मूल्यों की दृष्टि से तंत्रवाद अत्यंत घृणास्पद प्रतीत होता है, किंतु केवल ऐसा निर्णय देकर ही अपनी खोज को रोक देना पर्याप्त नहीं है। क्योंकि तथ्य यह है कि जिस कुख्यात स्वच्छंदता को तंत्रवाद की विशेषता बताया गया है वह विकृति मात्र नहीं रही होगी। ऐसा सोचने के कम से कम दो महत्वपूर्ण कारण हैं।

पहला, जैसाकि बार बार और ठीक ही कहा गया है, तंत्रवाद भारतीय संस्कृति के विकास

के अत्यंत सशक्त कारकों में से एक रहा है : इसलिए स्वयं को विकृत लोगों का राष्ट्र माने बिना हम तंत्र को केवल एक विकृति नहीं मान सकते। भावनाओं की बात को छोड़ दीजिए, वैसे भी इस प्रकार का निष्कर्ष अत्यत हास्यास्पद होगा। इसलिए संभावना यही है कि इन विचित्र मान्यताओं और क्रियाओं का कोई न कोई मूलभूत रहस्य अवश्य रहा होगा। यदि हम नैतिक दृष्टि से घृणा भाव के कारण संतुलित न रह सकें तो हम इसके महत्व को नहीं पकड़ पाएंगे। हमारे पूर्वज तंत्रवाद के वामाचार को यदि इतना गंभीरतापूर्वक लेते थे तो यह केवल एक विकृति अथवा व्यभिचारवृत्ति नहीं रहा होगा। वैसे यदि हम अपने विकसित ज्ञान और नैतिक मूल्यों के संदर्भ में इसे देखें तो यह प्रत्यक्ष रूप से हमें विकृति ही प्रतीत होगा। हम आज जो कुछ हैं, उसे समझने के लिए यह जानना आवश्यक है कि हमारे पूर्वजों के विश्वास और मान्यताएं ऐसी विचित्र क्यों थी।

दूसरा तर्क भी कोई कम महत्वपूर्ण नहीं है। इसपर हम कुछ विस्तार से बात करेंगे। एक अनुष्ठान के रूप में यौन संभोग का मूल महत्व कोई विकृति नहीं रहा होगा। यह इस बात से सिद्ध होता है कि भारतीय संस्कृति के दूसरे प्रमुख पक्ष यानी वैदिक रीति में भी इसी या ऐसी ही क्रियाओं और मान्यताओं के लक्षण मिलते हैं। वास्तव में वैदिक साहित्य इनरे भरा पड़ा है। भारतीय संस्कृति के समकालीन समर्थक अपने आर्य पूर्वजों को इस प्रकार की मान्यताओं तथा क्रियाओं के तथाकथित कलंक से बचाने के लिए आमतौर पर प्रमाणों को दबा देने का प्रयत्न करते हैं। किंतु अपनी प्राचीन विरासत की काल्पनिक कथा से स्वयं को भ्रमित रखने से अच्छा तो यही होगा कि हम तथ्यों को स्वीकारें, उनका और सामना करें। इसलिए इन्हें समझने के लिए हम वैदिक साहित्य के कुछ अंश उद्धृत करेंगे।

नीचे दिया गया अंश 'छांदोग्य उपनिषद' के 'वामदेव्य शमन' से है।

वह आह्वान करता है : यह हींकार है।
वह अनुरोध करता है : यह 'प्रस्ताव' है।
वह स्त्री के साथ लेट जाता है : यह 'उद्गीत' है।
वह स्त्री के ऊपर लेटता है : यह 'प्रतिहार' है।
वह अंत तक पहुंचता है : यह 'निधान' है।
वह समाप्ति कर देता है : यह 'निधान' है।

यह संभोग पर आधारित वामदेव्य शमन है। जो इस प्रकार संभोग पर केंद्रित 'वामदेव्य शमन' को समझता है वह संभोग क्रिया करता है, प्रत्येक संभोग से अपने जैसा मनुष्य पैदा करता है। पूर्ण जीवन व्यतीत करता है, दीर्घायु होता है, संतान और पशु धन से संपन्न होता है, ख्याति प्राप्त करता है। किसी को किसी स्त्री संभोग से दूर नहीं रहना चाहिए। यही उसका नियम है। (ii, 13, ह्यूम)

'शमन' का अर्थ था वेद मंत्रोचारण। वैदिक ऋषियों ने मंत्रोच्चारण को बहुत महत्व दिया था। हींकार, प्रस्ताव, उद्गीथ इत्यादि, पंचसूत्री शमन के पांच उपभाग थे। शायद इस उपनिषद के रचयिता संभोग के पांच विभिन्न चरणों को वेद मंत्रों के इन पांच भागों के समान बताकर संभोग के चरणों को अधिक महत्व देना चाहते थे। उस समय की अविकसित परिस्थितियों को देखते हुए यौन संभोग की क्रिया से होने वाले लाभ बहुत बड़े थे। 'प्रत्येक संभोग से व्यक्ति अपने ऐसा मनुष्य पैदा करता है, पूर्ण जीवन व्यतीत करता है, संतान और पशुधन से संपन्न होता है, दीर्घायु होता है, ख्याति प्राप्त करता है।' पशुधन का यहां उल्लेख महत्वपूर्ण है, क्योंकि उपनिषद काल तक भौतिक संपत्ति को मुख्यतया पशुधन के अनुसार आंका जाता था। इससे यह

पता चलता है कि उपनिषद का दार्शनिक यहां एक ऐसी मान्यता का उल्लेख कर रहा था जिसके अनुसार प्रजनन को उत्पादन से पृथक करके नहीं देखा जा सकता था। काम अथवा यौन संभोग को अर्थ (पशु) या भौतिक संपत्ति के अर्जन के लिए सहायक माना जाता था। इस संबंध में समकालीन विचार जो भी हो, इस प्राचीन दृष्टिकोण से प्रत्यक्ष रूप से यह एक बुद्धिमानी की बात समझी गई कि 'किसी व्यक्ति को किसी भी स्त्री के साथ संभोग से दूर नहीं रहना चाहिए। यही उसका नियम है।'

उपनिषदों को वेदांत कहा भी गया है, इसका शाब्दिक अर्थ होता है वेदों का अंत, यद्यपि समय के अंतर से तो यह उपनिषद वेदों से कई शताब्दियों बाद के हैं, किंतु किसी न किसी प्रकार से ये वेदों के साथ हीं जोड़ दिए गए थे। इस तरह वेदों और उपनिषदों के बीच का यह संबंध कृत्रिम था। फिर भी यह निश्चित है कि उपनिषदों के रचयिता अपने पूर्वजों अर्थात प्रारंभिक वैदिक जनों के अनुभवों, विचारों और मान्यताओं पर दार्शनिक मत प्रस्तुत कर रहे थे, क्योंकि ये बातें एक अबाध मौखिक परंपरा की विचित्र शृंखला से उनतक पहुंची थी। स्पष्ट है कि छांदोग्य उपनिषद के 'वामदेव्य शमन' में निहित मान्यता भी उन्हीं में से एक थी। यही मान्यता आगे हमें स्वयं संहिताओं में भी देखने को मिलती है। उदाहरण के लिए ('एस. बी. ई. xiii) में संभोग को ठीक वैसी ही क्रिया माना गया जिस प्रकार लकड़ी के दो टुकडों 'अश्वत्थ' और शमी को एक दूसरे से रगड़कर आग जलाई जाती है : अश्वत्थ शमी पर आरोहण करने लगा : तब एक बालक उत्पन्न हुआ। निश्चित ही पुत्र प्राप्ति का यही तरीका है। और हम अपनी पत्नियों को भी इसी विधि से पुत्रवती बनाते हैं।'

निश्चित ही यह श्लोक एक ऐसे समारोह में बोला जाता था जिसका लक्ष्य पुत्र प्राप्ति था। (वही xlii-460) फिर भी यौन संभोगक्रिया को अग्नि प्रज्ज्वलित करने वाली क्रिया जैसा मानना अत्यंत महत्वपूर्ण है क्योंकि प्रारंभिक वैदिक जनों के लिए यज्ञ के समय अग्नि का बहुत महत्व था। इसके अलावा जैसाकि सभी जानते हैं, यौनक्रिया, और इसका विवरण देने वाले वाक्य, 'वाजसनेयी संहिता' (वा. स. xxiii. 26 और आगे) के अनुसार अश्वमेध यज्ञ का अत्यंत महत्वपूर्ण पक्ष थे।

इन बातों से हम अब वैदिक यज्ञों के प्रश्न पर आते हैं। हम आगे चल कर देखेंगे कि प्रारंभ में इन यज्ञों को वैदिक जनों के उत्पादन क्रियाकलापों का साधन और सहायक माना जाता था। यहां इस बात पर ध्यान देना आवश्यक है कि प्राचीन वैदिक विश्वासों के अनुसार यज्ञ प्रक्रिया और यौन संभोग क्रिया को बहुधा एक दूसरे से अविभाज्य माना गया था। जिन मूर्तियों अथवा चित्रों के माध्यम से यज्ञों को समझा और स्पष्ट किया जाता था वे बहुधा यौन क्रिया के किसी न किसी पक्ष को दर्शाते थे। यह बात ब्राह्मण ग्रंथों से स्पष्ट होती है। ये ब्राह्मण ग्रंथ कर्मकांड के संबंध में थे और संहिता तथा उपनिषद के बीच के काल में इनकी रचना हुई थी।

> जो स्वयं को निराश्रित समझता है उसे घी और खिचड़ी दान करना चाहिए; यहां (पृथ्वी) उसे आश्रय नहीं मिलता जो आश्रय नहीं खोजता। घी स्त्री का दूध रक्त है और चावल पुरुष का; यह संसर्ग है। निश्चित ही इस संसर्ग से वह वंश चलाने के लिए स्वयं को संतान और पशुधन से संपन्न करता है। जो यह जानता है, उसे संतान और पशुधन प्राप्त होते हैं। (12.107)

भाष्यकारों ने कहा कि 'निराश्रित' शब्द का अर्थ था 'संतान और पशुधनविहीन' इसका जो उपचार बताया गया वह था घी और चावल को मिलाना, और यह क्रिया संभोग का प्रतीक थी। घी, स्त्री के रक्त का और चावल के दाने पुरुष के वीर्य के प्रतीक थे और यह एक पुरातन मान्यता

थी कि स्त्री के रक्त और पुरुष के वीर्य के सम्मिश्रण से गर्भ होता है (सांख्या दर्शन 203)। संसर्ग का यही अर्थ था। यहां यह बात ध्यान देने योग्य है कि ऐसी कल्पना की गई कि इस विधि से न केवल संतान उत्पन्न होगी बल्कि पशु भी, और इस प्रकार निराश्रय की स्थिति से छुटकारा मिल जाएगा।

'ऐत्तरेय ब्राह्मण' का यह अंश सोम यज्ञ के संदर्भ में आता है। अन्य यज्ञों के संदर्भ में आने वाले अन्य अंशों में भी संभोग को अत्यधिक महत्व दिया गया है।

> 'अनुष्टुप (श्लोक) है अपने अग्नि देवता की ओर बढ़ो। वह दो प्रथम पदों को अलग करता है; इसलिए स्त्री अपनी जंघाएं खोलती हैं, वह अंतिम दो पदों को सर्जन करता है। इसलिए पुरुष अपनी जंघाएं मिलाता है। यह संसर्ग है; तब इस प्रकार वह संतान के लिए अपनी प्रार्थना से पूर्व संसर्ग करता है : जो यह जानता है उसे संतान और पशुधन प्राप्त होता है। (12, 159)

कोशितकी ब्राह्मण में लगभग यही बात दोहराई गई है :

> तब वह सात मंत्रों वाले आज्य का उच्चारण करता है—यह अनुष्टुप छंद में हैं। अनुष्टुप वाक् हैं : जो कुछ भी वाक् अर्थात अनुष्टुप के माध्यम से मांगा जाता है वह सब उसे प्राप्त होता है। वह दो पदों को अलग करता है। यह प्रजनन का प्रतीक है : मानो कोई व्यक्ति अपनी पत्नी की जंघाएं खोलता है। फिर वह उसे अलग करता है, यह आश्रय का प्रतीक है। (वही. 423-4)

शतपथ ब्राह्मण में (एस० बी० ई० xii. 194, 257 और आगे, 261 और आगे, 277, 281 334, 336, 377, और आगे 381, 386, 388 395 और आगे, 398, xxvi, 61, 90 और आगे, 131, 212-5, 318, 327 365-9, 436 और आगे, xiiv. 15, 57, 171, 179 और आगे, 192, 199, 211 और आगे, 215, 219 और आगे, 239 और आगे, 248 और आगे 254, 349, 384, 391) कई स्थानों पर बार-बार यौन संभोग क्रिया के महत्व पर प्रतीकात्म और कभी-कभी प्रत्यक्ष रूप से बल दिया गया है। ब्राह्मण ग्रंथों के बाद उपनिषद आए। हम देखते हैं कि उपनिषदों के दार्शनिक, यज्ञ को यौन संभोग क्रिया के समान बताया जाना एक दैव प्रज्ञा (ब० उप० vi. 2 6) मानते हैं। नीचे दी गई कथा दो प्रमुख उपनिषदों (छांदोग्य v. 3 और आगे) और वृहद आरण्यक (vi. और आगे) में हैं।

श्वेतकेतु आरुणेय पांचालों की सभा में गया। वहां प्रवहन जाबालि ने उससे पूछा : 'क्या तुम्हें तुम्हारे पिता ने शिक्षा दी है?' श्वेतकेतु ने उत्तर में हामी भरी। किंतु उसके ज्ञान की परीक्षा लेने के लिए जाबालि ने पांच प्रश्न पूछे, उनमें से किसी का उत्तर भी श्वेतकेतु नहीं दे पाया। इसलिए वह निराश होकर अपने पिता गौतम के पास लौटा। गौतम को भी इन प्रश्नों का उत्तर नहीं आता था।

वे स्वयं प्रवहन जाबलि के पास ज्ञान प्राप्त करने के लिए गए। प्रारंभिक शिक्षादीक्षा के बाद गौतम को प्रश्नों के उत्तर मिले। एक प्रश्न था : क्या आप जानते हैं कि पांचवीं आहुति के बाद जल का स्वर मनुष्य के स्वर जैसा किस प्रकार हो जाता है? (छां० उप० v. 3.3) इसका (बृ० उप० vi, 2.2) उत्तर इस प्रकार था :

> हे गौतम, मनुष्य, वस्तुतः एक यज्ञाग्नि है। वाक् अथवा वाणी इस अग्नि का ईंधन है; सांस धुआं है, जिह्वा इस अग्नि की ज्वाला है। आंखें कोयला हैं; और कान चिनगारियां हैं। इस अग्नि में देवता हवि देते हैं। इन आहुतियों से वीर्य बनता है।
>
> हे गौतम वस्तुतः स्त्री, यज्ञ की अग्नि है। उसकी योनि ईंधन है। आमंत्रण, धुआं है;

भग, अग्नि शिखा है; पुरुष का प्रवेश कोयले की तरह है और काम सुख चिंगारियां हैं। देवता इस अग्नि में वीर्य की आहुति देते.हैं। इस आहुति से गर्भ बनता है। तो इस प्रकार पांचवीं आहुति में जल को मनुष्य का स्वर मिलता है।

दस महीने तक गर्भस्थ रहने के पश्चात् या जितना भी समय वहां रहे उसके बाद, वह उत्पन्न होता है। (छां० उप० v. 7.1—v. 9. 1. अनु. ह्यूम)

स्पष्ट है कि उपनिषदों के दार्शनिक इसी रूप में प्रजनन क्रिया को समझते थे। वे यज्ञ को भी ऐसी ही क्रिया मानते थे। यही बात 'वृहदारण्यक उपनिषद (vi. 4.2-11) में भी आगे कही गई है किंतु हमें विस्तृत उल्लेख करने की आवश्यकता नहीं है।

अब हम लोकायत परंपरा में वामाचार के प्रश्न पर लौटते हैं, किंतु लोकायत को तंत्रवाद का विस्तृत रूप मानते हुए वैदिक परंपरा के अनुयायी बाद में मुख्यतया वामाचार के कारण ही तंत्रवाद से घृणा, और इसकी निंदा करते रहे हैं क्योंकि इस प्रकार का दृष्टिकोण न्यायसंगत नहीं था, और इसी या ऐसे ही वामाचार के लक्षण वैदिक परंपराओं में भी विद्यमान थे। इसके अलावा वैदिक प्रमाणों से एकदम स्पष्ट हो जाता है कि इस यौन संभोग को वास्तव में कोई अन्य महत्व दिया गया होगा और इसे विकृति नहीं माना गया होगा। अन्यथा प्राचीन ऋषि-मुनियों ने इसे वैदिक साम और वैदिक यज्ञ के समकक्ष न माना होता। इसलिए हमारी समस्या प्राचीन विद्वानों की बात को समझना और यह जानना है कि उन्होंने प्रत्यक्ष रूप से विचित्र इन विचारों और मान्यताओं को इतना महत्व क्यों दिया? यह बात जानने के लिए आवश्यक होगा कि परंपरागत विधि को छोड़ कर हम कोई अन्य तरीका अपनाएं, क्योंकि परंपरागत विधि से इन समस्याओं का स्पष्टीकरण नहीं मिल सकता।

21. वेद और लोकायत

हम कहते आ रहे हैं कि बाद के वैदिक परंपरा के समर्थक, वामाचार के कारण तंत्रवाद की निंदा करके स्वयं अपनी परंपरा की भी निंदा कर रहे थे क्योंकि वही या वैसी ही मान्यताएं प्रारंभिक वैदिक संस्कृति की प्रमुख विशेषताएं थी।

यह तर्क दिया जाएगा कि इस प्रकार की मान्यताएं और विचार यद्यपि वैदिक साहित्य में थे फिर भी स्पष्टतः ये असंस्कृत लोगों के विचार थे और इसलिए पूरी संभावना है कि वास्तव में ये स्थानीय आदिम जातियों के विचारों और मान्यताओं में से रहे होंगे। जब वैदिक आर्य इन जनजातियों के संपर्क में आए तो वैदिक दृष्टिकोण इन आदिम जातीय विचारों तथा मान्यताओं से दूषित हो गया। यह तर्क कई आधुनिक विद्वानों को पसंद आएगा, क्योंकि इस प्रकार की धारणा उन्हें सदा प्रिय रही है कि वैदिक जनों ने बड़ी उदारता से स्थानीय आदिम जातियों के विचारों और मान्यताओं को ग्रहण किया और इसी कारण इन जातियों के विचार, वैदिक दृष्टिकोण में स्थान पा गए (पी० ए० ओ० एस० 1894 में हापकिंस liv और आगे; 30. 18, 24, 31 आदि) बार-बार यह कहा गया है कि भारतीय संस्कृति आर्यों और अनार्यों की विचारधाराओं का बहुत सुंदर सम्मिश्रण है। हम इसे संग्रहण और विलय की धारणा कह सकते हैं।

किंतु इस धारणा के विरुद्ध कई तर्क हैं। इनमें से हम यहां तीन तर्क देंगे। पहले दो तर्क इस धारणा की सामान्य संभाव्यता से संबद्ध है और तीसरा इस निश्चित संभावना के विरुद्ध होगा कि वैदिक साहित्य में वामाचार की कुछ बातों का आ जाना इस प्रक्रिया का परिणाम था।

पहली बात तो यह है कि स्वयं वैदिक जन भी किसी जमाने में जंगली अथवा आदिम जातीय स्थिति में रहे होंगे और इसलिए यदि मान लें कि इस प्रकार की मान्यताएं और विचार आदिम

जातीय लोगों के हैं, ये तो विचार स्वयं वैदिक जनों के आदिम जातीय अतीत के अवशेष भी तो हो सकते हैं। वैदिक साहित्य में जो कुछ भी आदिकालिक है वह जरूरी नहीं कि अवैदिक जनों अथवा स्थानीय आदिम जातियों की ओर से वैदिक विचारों में प्रविष्ट हुआ हो।

दूसरी बात यह है कि पारिभाषिक शब्दावली तो वंशगत होती है और सांस्कृतिक आदान-प्रदान की प्रक्रिया बहुधा रहस्यमय और अस्पष्ट होती है। वास्तव में विभिन्न धारणाएं और सिद्धांत संस्कृति के सतही दृष्टिकोण पर आधारित होते है। विचारों और मान्यताओं को तो ऐसा समझा जाता है, मानों वे सिलेसिलाए कपड़े हों जिन्हें कोई भी पहन सकता है। हमें सांस्कृतिक प्रसार के आम सिद्धांत के बारे में बहुत कुछ सुनने को मिलता है। किंतु इस धारणा को तो अभी पूरी तरह विकसित होना है। इस बीच, जैसाकि थामसन ने कहा है, इस सांस्कृतिक प्रसार के महत्व को बढ़ा-चढ़ाकर भी तो प्रस्तुत किया जा सकता है।

> चूंकि सभी सामाजिक संस्थाओं का उद्देश्य, चाहे वे विदेशी हों या देशी, किसी न किसी आवश्यकता की पूर्ति करना है। इसलिए किसी रीति रिवाज की उत्पत्ति कैसे हुई, इसका स्पष्टीकरण यह कहकर नहीं दिया जा सकता कि यह रिवाज बाहर से लिया गया है। जैसाकि फरगूसन का कहना है, 'राष्ट्र केवल वही बात ग्रहण करते हैं, जिसका अविष्कार करने की स्थिति में वे स्वयं लगभग पहुंच चुके होते हैं (46.4)।

तो यदि भारतीय संस्कृति में आर्यों और अनार्यों के विलयन की यह धारणा वास्तव में कभी सिद्ध होगी तो उसका आधार केवल लोगों की भौतिक आवश्यकताओं का स्पष्ट ज्ञान ही होगा। इन्हीं आवश्यकताओं के कारण आर्यों और अनार्यों ने एक दूसरे से बहुत सी बातें ग्रहण कीं। इस प्रकार की आवश्यकता वास्तव में कितनी थी, इसका निश्चय तो विस्तृत ऐतिहासिक शोध से ही होगा, किंतु, यह शोध कार्य प्रारंभ करने से पहले स्वयं भौतिक आवश्यकता के संबंध में सामान्य सैद्धांतिक स्थिति को स्पस्टरूप से यहां जान लेना आवश्यक है।

संस्कृतिक का अपना कोई पृथक अस्तित्व नहीं होता। यह कोई इधर-उधर उड़ती हुई ऐसी चीज नहीं है जो किसी एक या हरेक जीवन प्रणाली से जुड़ जाए। आमतौर पर इसे इतिहास में भौतिकवादी विचारों का प्रत्यक्ष रूप कहा जाता है। जैसाकि मार्क्स और एंगेल्स ने कहा है :

> विचारों, धारणाओं और चेतना के आविर्भाव का सीधा संबंध पहले तो लोगों की भौतिक गतिविधि और आपसी व्यवहार के साथ हैं नैतिकता, धर्म, तत्वमीमांसा, तब शेष सैद्धांतिक विचारधारा और इनके अनुरूप चेतना के विभिन्न रूपों में किसी स्वतंत्र अस्तित्व का आभास नहीं रहता। इनका कोई इतिहास, कोई विकास नहीं है : किंतु लोग अपनी भौतिक आवश्यकता की वस्तुओं का उत्पादन करते हुए और आपसी दैनिक व्यवहार को विकसित करते हुए वास्तविक जीवन के अनुसार विचारों और उनके परिणामों में परिवर्तन लाते चले जाते हैं। (80. 13-4)

इन साधारण विचारों के अलावा, एक निश्चित और विशेष कारण है जिससे हम यह नहीं मान सकते कि वैदिक साहित्य में यौन संभोग को एक अनुष्ठान के रूप में मान्यता दे दी गई। यह अनार्यों की मान्यता थी, जिसे वेदों में सम्मिलित कर लिया गया। सामान्य वैदिक चिंतन, जिसमें ये बातें देखने को मिलती हैं, तंत्रवाद से भिन्न था। वैदिक जनों का विचार था कि यौन संभोग से उनकी भौतिक संपत्ति में वृद्धि होगी। यह भौतिक संपत्ति मूलतः पशुधन ही था। इसका अर्थ यह है कि वैदिक विचारधारा मुख्य रूप से पशुपालन करके जीवननिर्वाह करने वाले लोगों की विचारधारा थी। इसके विपरीत तंत्रवाद का वामाचार भी हालांकि इसी विश्वास पर आधारित था कि यौन संभोग से भौतिक संपत्ति बढ़ती है, तो भी जैसाकि हम आगे चलकर देखेंगे,

इसमें भौतिक संपत्ति का अर्थ कृषि उत्पादन था। यानी मूलतः यह विचारधारा कृषि कार्यों से जीवननिर्वाह करने वाले लोगों की थी।

साथ ही यह भी ध्यान देने योग्य बात है कि ऐसा विश्वास करने के कुछ आधार हैं कि लोकायतिक भी कृषि को सर्वोच्च महत्व देने के पक्ष में थे। यहां तक कि लोकायत नाम की व्याख्या भी इस प्रकार की जा सकती है और उससे इसी बात का संकेत मिलता है। शब्द है लोक और आयत। आयत शब्द बनता है आ+य+त्अ से। इसका अर्थ है उचित विधि से 'आ' प्रयत्न करना 'यत' (52. iii. 514)। और जैसाकि मोनियर विलियम्स ने बताया :

> प्राचीनतम ग्रंथों में लोक शब्द से पहले आमतौर पर 'उ' लगता है। और 'उ' एक उपसर्ग स्वरवर्ण हो सकता है और उलोक शब्द, लोक शब्द का समपार्श्विक द्वंद्वात्मक रूप हो सकता है, कुछ अन्य ग्रंथों के अनुसार, उलोक, उर अथवा अव लोक का संक्षिप्त रूप है और इसका अर्थ था 'मुक्त या खुला स्थान,' इसके अलावा, लोक शब्द, लैटिन भाषा के लूकूस शब्द का समकक्षी है जिसका मूल अर्थ था, 'किसी वन को साफ करना। लोक शब्द, लितुवानिया की भाषा के लौकस शब्द के बराबर भी हो सकता है जिसका अर्थ था खेत (99.906)।

क्या लोकायतिक वे लोग थे जो कृषि के लिए खेत (लोक) तैयार करने के लिए उचित तरीके से (आयत) वन साफ करने के प्रयत्न कर रहे थे? जो भी हो, 'बृहस्पतिसूत्र' (130.3) और प्रबोधचंद्रोदय (प्र० ऐक्ट) दोनों के अनुसार, लोकायतिकों ने वर्त को अत्यंत महत्वपूर्ण माना और वर्त का मूल अर्थ था कृषि। और यदि तंत्रवाद का वामाचार, कृषक लोगों के विश्वासों का अंग था तो हमारी यह धारणा और भी उचित लगती है कि तंत्र और लोकायत एक ही थे। और यदि तंत्रवाद का वामाचार कृषि कार्य करने वाले लोगों के विश्वासों और मान्यताओं का भाग था तो इस दृष्टिकोण से हमारी यह धारणा और भी उचित लगती है कि तंत्र और लोकायत एक ही थे।

वैदिक साहित्य के यौन क्रिया अनुष्ठान की दूसरी विशेषता यह है कि इसमें पुरुष को बहुत अधिक प्रधानता दी गई। उदाहरण के लिए, 'बृहदारण्यक उपनिषद' में इस सारी क्रिया को पुरुष के दृष्टिकोण से देखा गया है और स्त्री को वश में करने और उसे नीचा दिखाने के लिए उग्र उपाय भी सुझाए गए हैं। 'यदि वह अब भी उसकी इच्छापूर्ति नहीं करती तो, उसे डंडे या हाथों से पीटना चाहिए और यह कह कर उसे वश में कर लेना चाहिए कि 'शक्ति और तेज के साथ मैं तुम्हारे तेज का हरण करता हूं'। इस प्रकार करने से वह तेजविहीन होजाती है।' (ब्र० उप० vi. 4. 7)

यह तंत्रवाद के मूल सिद्धांतों के एकदम विपरीत है। तंत्रवाद में स्त्री सिद्धांतों को प्रमुखता दी गई है यहां तक कि इसमें पुरुष का कोई स्थान नहीं है। आर्थर एवलन ने बड़े स्पष्ट तरीके से यह बात कही है :

> यह संप्रदाय नारी का बहुत सम्मान करता है और उसे शक्ति कहता है। शक्ति अर्थात स्त्री के साथ दुर्व्यवहार करना एक अपराध माना जाता है। एच. एच. विल्सन का भी कहना है कि स्त्रियों को प्रथम कारण की अभिव्यक्ति माना गया है और उसका आदर, यहां तक कि पूजा की जाती है। जो भी उसका निरादर करता है उस पर प्रकृति अर्थात जगदमाता का कोप होता है और जो उसे प्रसन्न रखता है वह स्वयं प्रकृति की आराधना करता है। और इस प्रकार ऐसे समय में जबकि, जैसाकि कुछ लोगों का कहना है, सती की प्रथा का पालन वेदों के विधान के अनुसार किया जाता रहा था कई स्त्रियों का बड़ी निर्दयता से दमन हो रहा था, महानिर्वाण तंत्र ने ही बाद में इस प्रथा को उपरोक्त कारणों से

रोका। इन्हीं विचारों के अनुरूप हम देखते हैं कि सभी महान शास्त्रों में से केवल तंत्र में ही कहा गया है कि कोई भी स्त्री गुरु की पदवी पर प्रतिष्ठित हो सकती है और उसके द्वारा दी गई दीक्षा का अधिक फल मिलता है। (6. प्रिफे० xviii)

जैसाकि हम चौथे और पांचवे अध्याय में देखेंगे, इस प्रकार का दृष्टिकोण केवल ऐसी सामाजिक प्रणाली की विशेषता रहा होगा जिसमें मातृत्व के अधिकार को मान्यता मिली थी और इसीलिए हम तब तक लोकयत की समस्या को पूरी तरह नहीं समझ सकते जब तक कि भारत में मातृत्व के अधिकार के प्रश्न का अध्ययन न करें।

सारांशतः वैदिक साहित्य में जिस प्रकार का महत्व यौन संभोग क्रिया को दिया गया है वह पशुपालन से आजीविका कमाने वाले और पितृत्व का अधिकार मानने वाले समाज का विचार रहा होगा। इसके विपरीत लोकायत में वही परंपरा बनी रही जो कृषि कार्य करने वाले और मातृत्व के अधिकार में विश्वास रखने वाले समाज की मान्यता थी। हम बाद में इस भेद के महत्व पर विचार करेंगे। अभी तो हम केवल यह कहना चाहते हैं कि पशुपालन करने वाले समाज ने कृषक समाज से या दूसरे समाज ने पहले समाज से यह प्रथा ग्रहण न की होगी और यौन संबंधी महत्व जो तंत्रवाद में देखने को मिलता है वह केवल विकृति न होकर अपना कुछ और ही महत्व रखता होगा। इसलिए तंत्रवाद की निंदा केवल इसी आधार पर करना तर्क संगत नहीं है। जो लोग वैदिक परंपरा के समर्थक होने का दावा करते हैं उनके लिए तो तंत्रवाद के यौन सिद्धांतों और क्रियाओं पर रोष प्रकट करना विशेष रूप से असंगत होगा, क्योंकि स्वयं प्रारंभिक वैदिक जन भी इन्हीं बातों में विश्वास करते थे और वे लोग इन्हीं के अनुसार आचरण भी करते थे।

22. पुनर्कथन

लोकायत का अर्थ था साधारण जन का दर्शन। इसका अर्थ इहलौकिकता या सहज स्वाभाविक भौतिकवाद भी था। लोकायितिकों के मूल ग्रंथ तो उपलब्ध नहीं हैं और इनके मिलने की आशा भी नहीं है, इसलिए हमें उनके दर्शन का पुनर्निर्माण मुख्यतः उनके विरोधियों की कृतियों में मिलने वाले संदर्भों के आधार पर ही करना होगा। इन विरोधियों में एक दार्शनिक मध्वाचार्य थे, जिन्होंने अपने सर्व दर्शन संग्रह में लोकायत का वर्णन किया है। अभी तक तो आधुनिक विद्वान इसी को विलुप्त लोकायत संबंधी ज्ञान का मूल स्रोत मानते हैं। किंतु आंतरिक और वाह्य दोनों प्रकार के प्रमाण मध्वाचार्य की सत्यता के विरुद्ध जाते हैं। अब चूंकि विभिन्न आधुनिक विद्वानों ने अलग अलग ढंग से मध्व के लोकायत संबंधी वर्णन और अन्य सूत्रों से प्राप्त अतिरिक्त प्रमाणों के विभिन्न अंशों के बीच तालमेल बैठाने का प्रयत्न किया है, इसलिए प्राचीन भारतीय भौतिकवाद के बारे में बहुत सारी आधुनिक धारणाएं देखने को मिलती हैं। इनमें परस्पर अंतर्विरोधों के वाबजूद थोड़ा बहुत सत्य भी है। यदि हम स्वयं को मध्व के प्रभाव से मुक्त कर लें तो इन अंतर्विरोधों को दूर किया जा सकता है। क्योंकि जब हम मध्वाचार्य के प्रभाव से मुक्ति पा लेते हैं तो हम देखते है कि जिन प्रमाणों पर ये धारणाएं आधारित हैं वे सभी एक ही बात की ओर संकेत देती हुई प्रतीत होती हैं। वह बात यह है कि लोकायत का अर्थ था पुरातन, लोकप्रिय मान्यताएं और क्रियाएं, जिन्हें सामान्यतः तंत्रवाद कहा गया। आध्यात्मिक और परलोक के बारे में विचार बाद में तंत्रवाद पर थोपे गए थे। किंतु वास्तविक तंत्रवाद, अपने अधिक दार्शनिक रूप अर्थात सांख्य की भांति नास्तिकवाद और भौतिकवाद ही था।

किंतु आज के चिंतनशील व्यक्ति यौन क्रियाओं पर अधिक महत्व के कारण तंत्रवाद से

घृणा करते हैं। जो लोग बाद में वैदिक परंपरा के समर्थक होने का दावा करते थे, उनके मन में इसीलिए तंत्रवाद के प्रति घृणा आई। किंतु ठीक यही बातें स्वयं प्राचीन वैदिक विचारधारा की विशेषता थीं। इसलिए अनुमान है कि आधुनिक लोग उत्तेजित होकर इन बातों का जो अर्थ लगा रहे हैं, वास्तव में वह नहीं रहा होगा इसके विपरीत इनका अर्थ कुछ भिन्न ही रहा होगा। इस प्रकार प्राचीन लोकायत की समस्या मोटे तौर पर यह पता लगाने की है कि इसका मूल महत्व क्या था।

किंतु प्रश्न यह है कि हम यह पता कैसे लगा सकते हैं। अर्थात हमें कौन सा तरीका अपनाना चाहिए। इसलिए हम अगले अध्याय में इस तरीके अथवा विधि की समस्या को लेकर उस पर विचार करेंगे।

2

मंत्रोच्चारक श्वान

तुलनात्मक विधि का अध्ययन

इस अध्याय में हम यह तर्क देंगे कि कुछ पुरातन और ऊपरी तौर पर निरर्थक प्रतीत होने वाले प्राचीन दार्शनिक साहित्य के अंशों को हम समझ सकते हैं यदि हम भी इनकी व्याख्या के लिए वही पद्धति अपनाएं जो थामसन ने ग्रीक दर्शन का अध्ययन करने के लिए अपनाया था। आगे आने वाले अध्यायों में, प्राचीन भारतीय दर्शन के इतिहास का पुनर्गठन करने के लिए इन पद्धतियों की उपयोगिता और वैधता के प्रश्न पर कुछ हद तक विचार किया जाएगा। किंतु इस बात की आशंका से कि हम कहीं अपने मुख्य विषय से बहुत अधिक न भटक जाएं मैंने एक दुर्बोध प्रसंग के उदाहरण के रूप में एक ऐसा अंश चुना है जो अत्यंत विचित्र होते हुए भी घोर भौतिकवादी दृष्टिकोण को दर्शाता है।

1. एक दुर्बोध अंश

निम्नलिखित उदाहरण 'छांदोग्य उपनिषद' के प्रथम अध्याय का बारहवां खंड है। यह अंश अपने आपमें में पूर्ण है :

> और अब इसके बाद श्वानों का उद्‌गीथ। इस प्रकार बकदाल्भ्य या ग्लव मैत्रेय वेदों का अध्ययन करने गया।
>
> उसके पास सफेद कुत्ता आया। इस कुत्ते के चारों ओर अन्य कुत्ते पहुंचे और उन्होंने कहा : 'हे महानुभाव आप मंत्रोच्चारण द्वारा हमारे लिए भोजन उपलब्ध कराएं, हम भूखे हैं।' तब उस (सफेद कुत्ते) ने उनसे कहा : कल प्रातः इसी स्थान पर आप सब मेरे पास आएं।' इस प्रकार वकदाल्भ्य या ग्लव मैत्रेय वहीं बैठा रहा। तब जैसे वे (पुरोहित) बहिष्पवमान स्त्रोत का पाठ करने जा रहे थे और हाथ में हाथ डालकर थिरक रहे थे उसी प्रकार वे भी थिरकने लगे। तब वे (कुत्ते) बैठ गए और प्रारंभिक हींकार करने लगे। वे गाने लगे : 'ओम्! हमें भोजन दो। ओम्! हमें पेय दो। ओम्! देव, वरुण, प्रजापति, सावित्री यहां अन्न एकत्र करो। हे 'अन्न देवता'! यहां अन्न एकत्र करो! यहां अन्न एकत्र करो। ओम्'।

यह अनुवाद और इस अध्याय में उद्धृत उपनिषदों के अन्य अंशों का अनुवाद मोटे तौर पर ह्यूम द्वारा किए गए अनुवाद पर आधारित है और नीचे दिए गए आवश्यक शब्दों के अर्थ इस प्रकार हैं : (देखें 99)।

उद्‌गीथ का सामान्य अर्थ है सामवेद का गान, विशेषकर निश्चित सामवेद का पाठ और इसमें बाद में जोड़े गए अंशों का नहीं। किंतु संकीर्ण अर्थ में उद्‌गीथ का मतलब है उच्च स्वर में पाठ करना और पांच भागों वाले साम का भाग है। इससे पहले दो भाग हैं—हींकार अथवा मंगला-

चरण (प्रारंभिक व्याहृति) और प्रस्ताव यानी प्रारंभिक स्तुति। उद्गीथ के बाद के दो भाग प्रतिहार यानी उत्तर और निधान यानी समाप्ति हैं।

बहिष्पवमान वैदिक स्तोम 'स्तुति, भजन, मंत्र' का नाम है जो प्रातः संध्या करने के समय वेदी के बाहर गाया जाता है।

इस भाग की विशेषता यह है कि जीवित रहने के भौतिक साधनों को सर्वाधिक महत्व देकर इसमें घोर भौतिकवादी दृष्टिकोण को उभारा गया है भले ही यह आदिम या असभ्य ढंग से ही किया गया हो। वास्तव में, यदि हम यह मानते हैं कि चार्वाक शब्द चर्व् अर्थात खाना या चबाना क्रिया से बना है (तर्क रहस्य दीपिका 300) तो इस अंश में जिन विचित्र प्राणियों का वर्णन है वे चूंकि केवल खाने-पीने की चीजें ही मांगने के लिए गीत गाते हैं अतः उन्हें 'चार्वाक लोगों का समूह' भी कहा जा सकता है। यह अंश विचित्र इसलिए है कि यह उपनिषद का एक भाग है, जिसे आमतौर पर आध्यात्मिक ज्ञान का भंडार माना जाता है।

2. बकदाल्भ्य कौन था

इस अंश की मुख्य विषयवस्तु प्रत्यक्षतः जोर जोर से गाने वाले इन कुत्तों का विचित्र दृश्य है। किंतु इस दृश्य का वर्णन यूं ही नहीं किया गया था बल्कि इसका अभिप्राय यह था कि बकदाल्भ्य नाम का व्यक्ति इसे देखे। इसलिए यदि हम यह पता लगाएं कि यह व्यक्ति कौन था, इसके विचार और मान्यताएं क्या थीं तो इस दृश्य पर कुछ प्रकाश पड़ सकता है। किंतु दुर्भाग्य से आधुनिक विद्वानों ने इस संभावना की उपेक्षा कर दी।

संभवतः इस अंश में प्रयोग में लाए गए शब्दों 'स्वाध्यायम् उद्वाव्रज' से बकदाल्भ्य के विचारों का कुछ संकेत मिल सकता है। विशुद्ध व्याकरण की दृष्टि से इन शब्दों का अर्थ होना चाहिए 'वेदों के अध्ययन का परित्याग कर दिया', न कि 'वेदों का अध्ययन करने गया', जैसा कि इस अनुवाद में कहा गया है। वैसे तो सभी परंपरागत व्याख्याएं, इन शब्दों का अर्थ, 'वेदों का अध्ययन छोड़ दिया', किए जाने के विरुद्ध है, किंतु यह अर्थ पूर्णतया शाब्दिक होने के साथ साथ कुछ उपयोगी भी है। इससे हमें इस व्यक्ति का दूसरा नाम जानने में सहायता मिल सकती है। ग्लव का शाब्दिक अर्थ है, अप्रसन्न : जो व्यक्ति वेदों से अप्रसन्न होगा वह उनका परित्याग करेगा ही। हां इस प्रश्न की अनदेखी नहीं की जानी चाहिए कि ग्लव मैत्रेय का अर्थ व्याकरण की दृष्टि में अप्रसन्न मैत्रेय होना चाहिए या नहीं।

इस तरह की व्याख्या का अर्थ होगा वह व्यक्ति वैदिक दृष्टि से नास्तिक था। छांदोग्य उपनिषद से बाहर के कुछ और प्रमाणों से यह बात और भी पुष्ट होती है। 'जैमिनीय उपनिषद ब्राह्मण' (i, 9,2) में बताया गया है कि किस प्रकार बकदाल्भ्य नामक व्यक्ति, देवराज इंद्र के विरुद्ध हिंसात्मक संघर्ष कर रहा था। 'काठक संहिता' (xxx, 2) में उसे धृतराष्ट्र के साथ कर्मकांड संबंधी शास्त्रार्थ में रत बताया गया है। इन बातों से प्रतीत होता है कि वह असंतुष्ट व्यक्तियों में था। हां, इन सूत्रों से दूसरे नाम ग्लाव मैत्रेय का उल्लेख नहीं है। इसलिए हमें उसे छांदोग्योपनिषद का बकदाल्भ्य कहने में कुछ दुविधा हो रही है। तो भी, इसी आधार पर निश्चित रूप से नहीं कहा जा सकता कि दोनों नाम एक ही व्यक्ति के नहीं हैं, विशेषकर इसलिए कि छांदोग्योपनिषद [(i, 2, 13), मैक्डोनल तथा कीथ (95, vi, ii 58, 336 में) ने यह सोचा कि इन सभी पाठों में एक ही व्यक्ति का जिक्र है] में ही अन्य स्थान पर बकदाल्भ्य नाम आया है और साथ में दूसरा नाम ग्लव मैत्रेय नहीं है। इसके अलावा वैबर और ग्रियर्सन का कहना है कि बकदाल्भ्य पांचाल था और पांचाल लोग, ब्राह्मण विरोधी थे (95, vi, i, 165) इससे यह धारणा और

पुष्ट होती है कि वह वैदिक दृष्टिकोण से नास्तिक रहा होगा।

किंतु इस व्यक्ति की सैद्धांतिक मान्यताओं के संबंध में यह धारणा स्वीकार करने में कुछ अड़चनें हैं। स्वयं छांदोग्योपनिषद का प्रमाण ही इसके विरुद्ध प्रतीत होता है। इसी उपनिषद में अन्य स्थान पर उसे वेद मंत्रों का उच्चारण और उनके अनुसार आचरण करता हुआ दिखाया गया है। बकदाल्भ्य को इसका ज्ञान था। वैदिक मंत्रोच्चारण के रहस्य का ज्ञान था और वह नेमिष देश वासियों (i, 2, 13) का उद्गाता पुरोहित बन गया था। 'महाभारत' (रे का अनु, iii, 74) में भी ऐसा वर्णन है कि वह युधिष्ठिर को कर्मकांड के बारे में परामर्श देता है।

इस प्रकार ये प्रमाण पहले दिए गए प्रमाणों के प्रतिकूल हैं और यह संकेत देते हैं कि बकदाल्भ्य नास्तिक नहीं था या उसने वेदों के अध्ययन का परित्याग नहीं किया था। इस दुविधा का निराकरण हो सकता है। दोनों प्रकार के प्रमाणों को स्वीकार करते हुए हम यह कल्पना कर सकते हैं कि पहले तो वह वैदिक पुरोहित रहा होगा जिसने बाद में वेदों का त्याग कर दिया या फिर पहले वह नास्तिक था किंतु बाद में वेदों में उसकी आस्था हो गई होगी। जिसके दो गोत्र नामों से भी आभास मिलता है कि जीवन में किसी मोड़ पर आकर उसके विश्वासों और मान्यताओं में परिवर्तन आया कोसंबी, ने (जे० बी० बी० आर० ए० एस०xxvi, 23) उसके दोनों नामों की जो व्याख्या की है, और जिसे साधारणतया स्वीकार किया गया है, उसकी पुष्टि किसी ग्रंथ से नहीं होती। शंकर का विचार था कि वह किसी विवाहित स्त्री का पुत्र था किंतु उसका पिता किसी अन्य स्त्री का पति था उसकी माता का पति नहीं, (द्वयमुष्यायन आन, छां० उप० i, 12,)।

इन सभी जटिलताओं को देखते हुए, उस व्यक्ति के संबंध में निश्चित रूप से कुछ कहना कठिन है जिसके सामने मंत्रोच्चारण करने वाले कुत्तों का दृश्य प्रस्तुत था। किंतु अपने तर्क के लिए, इतना ही पर्याप्त होगा कि हम उसके विश्वासों और मान्यताओं के संबंध में दो वैकल्पिक संभावनाओं पर ही सोचें।

3. आधुनिक व्याख्या

इस व्यक्ति की सैद्धांतिक मान्यताओं के संबंध में विस्तार से विचार किया जा चुका है। या तो उसने वेदों का अध्ययन छोड़ दिया, या शुरू किया। यदि पहली बात सच है तो मंत्रोच्चारण करने वाले कुत्तों का दृश्य उसके डांवाडोल विश्वासों को फिर से स्थिरता प्रदान करने के लिए हुआ होगा। यदि दूसरी बात सच है तो फिर इस दृश्य का उद्देश्य उसे उस ज्ञान का बोध कराना होगा जिसकी खोज में वह था। दोनों बातें एक लक्ष्य की ओर बढ़ती हैं : यह दृश्य किसी न किसी प्रकार से वैदिक ज्ञान या वैदिक मंत्रोच्चारण ज्ञान से संबद्ध था जिसे इस अंश को लिखने वाला वेदों का सार मानता था। यह धारणा अत्यंत विचित्र प्रतीत होगी। ऐसा हास्यास्पद दृश्य, वैदिक ज्ञान या मंत्रोच्चारण के ज्ञान से संबद्ध कैसे हो सकता था 'तो भी, जैसाकि हमने अभी देखा, जिस संदर्भ में यह दृश्य प्रस्तुत हुआ उसके विश्लेषण से कोई और निष्कर्ष नहीं निकल सकता।

हम आगे चलकर, वेद मंत्रोच्चारण के महत्व पर विचार करेंगे और इसके साथ इस दृश्य का संभावित संबंध खोजने का प्रयत्न करेंगे। किंतु इससे पहले हम इस अंश की आधुनिक विद्वानों द्वारा की गई व्याख्या की समीक्षा करेंगे। बकदाल्भ्य के समक्ष यह दृश्य, चाहे उसके डोलते हुए विश्वासों को स्थिरता प्रदान करने के लिए था, या फिर जिस ज्ञान की खोज में वह था उसका बोध कराने के लिए प्रस्तुत किया गया था, किंतु हमें मानना होगा कि इस अंश के लेखकों का उद्देश्य

इसे परिहासपूर्ण अथवा व्यंग्यपूर्ण बनाना नहीं रहा होगा। यानी प्रकरण पूर्ण गंभीरता के साथ लिखा गया। यह बात महत्वपूर्ण है क्योंकि यह निर्णायक हो सकती है। इससे आधुनिक विद्वानों के इस मत का खंडन होता है कि यह सब कुछ वैदिक पुरोहितों के कर्मकांड पर मात्र एक व्यंग्य था। राधाकृष्णन का कहना है: 'ऐसे अवसर भी हैं जबकि उन्हें (उपनिषदकारों को) यज्ञ और पौरोहित्य धर्म अत्यंत उथला प्रतीत होता है और तब वे अपने मन में भरे सारे व्यंग्य को उड़ेल देते हैं। वे कुत्तों के एक जुलूस का वर्णन इस प्रकार करते हैं मानों वह पुरोहितों का जुलूस हो जिसमें पिछला कुत्ता आगे वाले कुत्ते की पूंछ पकड़े हुए कह रहा है, 'ओम हमें भोजन दो; ओम हमें पेय दो।' (102, i, 149)

> रिस डेविड्स ने इस अंश में, 'सूक्ष्म व्यंग्य की भावना' देखी जो विशेष रूप से भारतीय थी: इस परिहास की विशेषता क्या थी? प्रकार का परिहास पश्चिम में कहीं नहीं है। यह अतिशयोक्तिपूर्ण, यहां तक कि असंभव वर्णन की बाह्य गंभीरता और नैतिक विचारों की वास्तविक सतत गंभीरता के बीच के विरोधाभास का रोष है—उपनिषदों में यह विशेष रूप से उभर कर आया है। कुत्ते द्वारा की जाने वाली प्रार्थना—और ऐसी ही कई अन्य घटनाओं में अवास्तविकता और सत्यनिष्ठा का मिश्रण है (113, i, 161-2)।

ड्यूरां ने लगभग राधाकृष्णन के ही विचारों का समर्थन किया है: 'स्वयं उपनिषदों से ही प्रतीत होता है कि उस समय भी संदेह करने वाले लोग विद्यमान थे। कभी कभी ऋषिमुनि, पुरोहितों की खिल्ली उड़ाते थे जैसे कि छांदोग्योपनिषद में उस समय के कर्मकांडी पुरोहितों के जुलूस को कुत्तों का जुलूस बताया गया, जिसमें प्रत्येक कुत्ता अपने से आगे वाले की पूंछ पकड़ कर बड़ी श्रद्धा के साथ कहता है, 'ओम् हमें भोजन दो: ओम् हमें पेय दो' ओम् अन्नं देहि। ओम् जलं देहि। (43, 416) ह्यूम (140. 138) को इस अंश में व्यंग्य की भावना संभवत: कुछ कम दिखाई दी; उन्होंने पुरोहितों के इस कार्य को व्यंग्य बताते हुए कोष्टक में प्रश्नचिह्न लगा दिया है। उदाहरण तो और भी दिए जा सकते हैं किंतु इसकी आवश्यकता नहीं है। प्रश्न यह है कि आधुनिक विद्वानों ने इस अंश को व्यंग्यपूर्ण माना इसके कई कारण हैं।

एक महत्वपूर्ण कारण यह है कि इन विद्वानों पर शंकर द्वारा की गई उपनिषदों या 'वेदांत' की धारणा की सहज व्याख्या का बहुत अधिक प्रभाव है। शंकर का कहना था कि उपनिषदों में कर्म के महत्व को नकार कर विशुद्ध ज्ञान के महत्व पर वल दिया गया है। किंतु यह दावा नहीं किया जा सकता कि औपनिषदिक विचारों की सामान्य वृत्ति की यही एकमात्र संभव व्याख्या है। मूल प्रसंग के विस्तार के प्रश्न के अलावा एक मोटा तथ्य यह है कि उपनिषदों के अन्य परंपरागत भाष्यकाकार इस प्रकार के मत के विरुद्ध थे। उदाहरण के लिए रामानुज का कहना था कि उपनिषद वैदिक कर्मकांड के विरोधी नहीं बल्कि उनके पूरक हैं। हालांकि हम यहां इस विवाद में नहीं पड़ना चाहते। किंतु आधुनिक विद्वानों के विचारों के समक्ष यह बात इंगित की जा सकती है कि जहां तक इस अंश विशेष का संबंध है, स्वयं शंकर को भी इसमें कोई व्यंग्य प्रतीत नहीं हुआ (आन छां० उप० i, 12, 1)। इसके विपरीत वे हमारा ध्यान इस अंश के संदर्भ की ओर दिलाकर इसके गंभीर निष्कर्ष को दर्शाना चाहते थे। छांदोग्य उपनिषद में इस प्रसंग से पहले के भागों में अकाल की स्थिति का वर्णन है (छां० उप० i, 10, 11, उल्लेखनीय है कि यह वार्ता इस वाक्य से समाप्त होती है: वस्तुतः यहां सभी प्राणी अपने लिए अन्न प्राप्त करके जीवित रहते हैं, यह प्रतिहार से संबंध देवत्व है)। एक भूखा-प्यासा वैदिक ऋषि उशष्ठि चक्रायण को नीच जाति का जूठन खाने पर बाध्य होना पड़ा। इसलिए शंकर का कहना था कि उपनिषदकार को आगे चल कर कुत्तों के उद्गीथ का वर्णन करना पड़ा क्योंकि अन्न प्राप्ति की

यह विधि थी और इसलिए क्षुधा निवारण का यही तरीका था। शंकर के अनुसार सफेद कुत्ता या तो कोई देवता या कोई ऋषि था जो एक कुत्ते के रूप में प्रकट हुआ। इसी प्रकार जो अन्य कुत्ते उसके पास आए वे भी अपेक्षाकृत कम महत्व वाले देवता अथवा ऋषि रहे होंगे। किंतु शंकर ने यह स्पष्ट करने का प्रयत्न नहीं किया कि दैवी ज्ञान देने के लिए देवताओं को कुत्तों का रूप किस वजह से धारण करना पड़ा।

4. 'कुत्ते' का अर्थ

इससे हम एक और ऐसे महत्वपूर्ण कारण पर पहुंचते हैं जिससे आधुनिक विद्वानों ने इस प्रसंग को केवल व्यंग्यात्मक समझा। इसमें वर्णित कुत्तों के बारे में उनकी समझ एकदम गलत है। उनका विचार था कि ये कुत्ते वास्तव में कुत्ते ही थे, और कुछ नहीं। और क्योंकि वे कुत्ते थे इसलिए यह भी कल्पना कर ली गई कि उनकी पूंछ भी होगी। जैसाकि राधाकृष्णन ने कहा है, 'प्रत्येक कुत्ता अपने से आगे वाले की पूंछ पकड़े हुए था।' वैसे मूल प्रसंग में पूंछों का कहीं उल्लेख नहीं है। फिर भी इन पूंछों के अविर्भाव की कहानी काफी लंबी है। यह कहानी शंकर के उपनिषद भाष्य से आरंभ हुई 'क्योंकि यद्यपि शंकर ने उन्हें देवता ही माना और उनका विचार था कि वे सचमुच कुत्ते का रूप धारण करके आएं', यह समझ मैक्समूलर की पुस्तक 'सेक्रेड बुक्स आफ दि ईस्ट' (96. i. 21) से होती हुई राधाकृष्णन की पुस्तक 'इंडियन फिलासफी' तक पहुंची। किंतु प्रश्न उठेगा कि बिना पूंछ वाले कुत्ते कैसे हो सकते हैं? और स्पष्ट रूप से दिखाई देने वाले मानवीय आचरण को कुत्तों वाला आचरण तब तक कैसे कहा जा सकता है जब तक कि इस कथन के पीछे कोई व्यंग्य न हो।

यह सत्य है कि आधुनिक चिंतनशील व्यक्ति के लिए ये दोनों ही संभावनाएं लगभग असंभव प्रतीत होती हैं। लेकिन जिस प्रसंग की बात हो रही है वह आधुनिक नहीं है। यह एक प्राचीन पुस्तक का अंश है जिसमें प्राचीन वास्तविकताओं का उल्लेख है। इसलिए इस प्रसंग को भलीभांति समझने के लिए हमें पुरातन विचारों के दृष्टिकोण से इसे देखना चाहिए न कि आज की परिस्थितियों और विचारों को उस पर लादना चाहिए। और जब हम प्राचीन दृष्टिकोण से देखेंगे तो यह समझना बहुत सरल होगा कि इस प्रसंग में वर्णित कुत्ते न तो शंकर के देवता हैं और न ही आधुनिक विद्वानों के कुत्ते बल्कि साधारण मनुष्यों का एक समुदाय है।

5. वैदिक साहित्य में पशु नाम

जिस दृष्टि से हम आजकल सोचते और देखते हैं उसके मुकाबले पुराने जमाने में परिस्थितियां कई तरह से मूल रूप से भिन्न रही होंगी। तब मनुष्य अपने लिए पशुओं के नाम बड़ी स्वच्छंदता से उपयोग में लाते थे और इसके पीछे किसी प्रकार का वैमनस्य अथवा व्यंग्य नहीं होता था। इसके कुछ उदाहरण वैदिक साहित्य में मिलते हैं। कहा जाता है कि वेदों यानी वैदिक संहिताओं की कई शाखाएं थीं। इनमें से अधिकांश विलुप्त हो चुकी हैं केवल नाम रह गए हैं। किंतु बचे हुए नामों में से अधिकांश के अर्थ भी विलुप्त हो चुकें हैं। बहुत कम नाम ऐसे हैं जिनका कोई स्पष्ट अर्थ निकलता है। किंतु आश्चर्यजनक बात यह है कि ऐसे नामों की व्युत्पत्ति या तो किसी पशु के नाम से या पौधे के नाम से होती है।

'ऋग्वेद संहिता' की एकमात्र शाखा जो आज विद्यमान है उसका नाम है शाकल। यह सांप की एक किस्म का नाम है (रे. ब्रा. iii 43)। प्रातिशाख्य (ऋग्वेद 'बं.' 29) के अनुसार इसी वेद की चार और शाखाएं थीं जिनके नाम थे—आश्वलायन, वाष्कल, सांख्यायन, और

माण्डूकायन। स्पष्ट है कि अंतिम नाम की व्युत्पत्ति मंडूक अर्थात मेंढक से हुई। यह पता लगाना भी दिलचस्प बात होगी कि क्या अन्य तीन नाम भी इसी प्रकार किसी पशु या पौधे से तो नहीं व्युत्पन्न हुए थे।

पुराणों में सामवेद संहिता की एक हजार शाखाओं का उल्लेख है (124. i. 163)। इंद्र ने इनका विनाश कर दिया था। इंद्र ने ऐसा क्यों किया? यह समझ में नहीं आता। इतनी ही दुर्बोध बात उन सात शाखाओं के नाम हैं जिनके बारे में कहा जाता है कि ये इंद्र के प्रकोप से बच गईं। ये शाखाएं हैं कौथुम, सत्यमुग, राणायेन, कपोल, महाकपोल, लांगुलिक और शारदूलीय। अंतिम नाम निश्चित ही शारदूल यानी शेर से बना। अन्य नामों की व्युत्पत्ति भी इसी प्रकार किसी पशु नाम से हुई होगी।

कृष्ण यजुर्वेद संहिता की दो प्रसिद्ध बची हुई शाखाओं में से एक का नाम है—तैत्तिरीय। स्पष्ट रूप से यह एक पक्षी तित्तिर से बना होगा। अन्य बची हुई शाखाओं की उपशाखाओं के नाम भी बड़े रोचक हैं। ये हैं मानव, वराह, छगलेय, हरद्रव्यीय, दुंदुभ, श्यामायानीय। पहली तीन उपशाखाओं के नाम मनुष्य, सुअर और बकरी से बने हैं।

अथर्ववेद संहिता की कुछ शाखाओं के नाम हैं पैप्पलाद, ब्रह्मपलाश और शौणक। इनमें से संभवतः प्रथम नाम किसी ऐसे पक्षी से बना जो पीपल के फल खाता था और अंतिम नाम निश्चित ही किसी पशु से बना है जिसके बारे में इस समय हम विशेष रूप से चर्चा करेंगे। शौनक शब्द की व्युत्पत्ति 'श्वान' से हुई है और इस नाम के प्रयोग के पीछे कोई व्यंग्य की भावना नहीं निहित है।

संक्षेप में वैदिक संहिताओं की शाखाओं के कुछ नामों का अर्थ स्पष्ट है यद्यपि कुछ अन्य नामों को समझना कठिन है। जब अर्थ स्पष्ट है तो उसकी व्युत्पत्ति किसी पशु अथवा पौधे में देखी जा सकती है। किंतु जो स्पष्ट है, उसे अस्पष्ट से प्रतिस्थापित नहीं किया जा सकता। इसलिए यह तर्क दिया जा सकता है कि वैदिक ऋषि अपनी साहित्यिक रचनाओं के साथ पशु नाम जोड़ रहे थे। ऐसा प्रतीत होता है कि एक निश्चित पशु नाम वाले लोगों के निश्चित समूह में प्रत्येक शाखा विद्यमान थी।

यह प्रवृत्ति बड़ी कठिनाई से समाप्त हुई। यहां तक कि कुछ प्रमुख उपनिषदों के भी स्पष्ट पशु नाम हैं। ये हैं—श्वेताश्वतर 'सफेद खच्चर' मांडूक्य 'मेढ़क', कोशितकि 'उल्लू', तैत्तिरीय 'तीतर'। एक अन्य उपनिषद जो यद्यपि संस्कृत रूप में अब विलुप्त है, छागलेय कहलाता था और यह नाम बकरे के नाम से निकला था।

ये तथ्य विश्वास योग्य हैं। इसलिए हमें यह कल्पना करने में कुछ दुविधा होगी कि वैदिक साहित्य में यदि कोई पशु नाम आया हो तो उसका अर्थ वास्तव में यही था कि वे पशु थे या ये पशुनाम किसी व्यंग्य की भावना से मनुष्यों के लिए उपयोग में लाए गए। इस प्रकार छांदोग्य उपनिषद के अंश में मंत्रोचारण करने वाले कुत्ते वास्तव में कुत्ते रहे ही न होंगे: हो सकता है कि वे मनुष्य ही हों और उपनिषदकार ने यहां इस प्रसंग में उन्हें श्वान कहा हो किंतु ऐसा करते समय उसके मन में उनके कार्य के प्रति परिहास करने की भावना नहीं रही होगी बल्कि कोई और ही कारण रहा होगा जिसकी सापेक्षिक रूप से खोज की जानी चाहिए। नीचे दिए गए प्रमाणों को देखते हुए यह धारणा और भी दृढ़ होती है।

6. पशु नामों वाले मनुष्य

वैदिक साहित्य में मनुष्यों के कई ऐसे समूहों का उल्लेख है जिनके पशु नाम हैं। यहां कुछ उदा-

हरण दिए जाते हैं। ऋग्वेद (vii. 18. 19) में एक जनसमूह को अजस् कहा गया है। इस शब्द का अर्थ है बकरा। कुछ अन्य लोगों को शिग्रुस (वही) कहा गया और यह नाम एक दाहक जड़ का है जिसे पीस कर मसाला बनाया जाता है। इसी प्रकार मत्स्य (vii. 18. 6) यानी मछली शब्द का प्रयोग भी हुआ है। 'शतपथ ब्राह्मण' (xiii. 5. 4. 9) में किसी मत्स्य राजा का उल्लेख है। मत्स्य जनों का उल्लेख कोषीतकि उपनिषद (iv. 1) गोपथ ब्राह्मण (i. 1. 9) और यहां तक कि मनु संहिता (ii. 19; vii. 193) में भी हुआ है। शतपथ ब्राह्मण (vii. 5. 15) में ब्रह्मा द्वारा एक कछुवे (कूर्म) का रूप धारण करने का उल्लेख है। ऐतरेय ब्राह्मण और अथर्ववेद में, एक ऋषि-परिवार 'कश्यप' का उल्लेख है और इस शब्द का अर्थ हैं कछुवा (94. 153)।

कश्यप किसी जाति का नाम नहीं था बल्कि एक वैदिक ऋषि का नाम था। इससे हम वैदिक साहित्य में, उल्लिखित उन प्रसिद्ध ऋषियों के नामों पर विचार कर सकते हैं जिनके नाम पशुओं के नामों पर हैं। मैकडोनल इस तरह के बहुचर्चित उदाहरणों की एक सूची बना चुके हैं (वही)। ये ऋषि हैं कौशिक (उल्लू से बना), मांडूक्य (मेंढक से), गौतम (बैल से), वत्स (बछड़े से) और शुनक (कुत्ते से)। यह सूची अपने आप में परिपूर्ण नहीं है। (उदा० छां० उप० iv. 3, 5 में एक रोचक नाम कापेय एक कपि से आया है)। किंतु हमारी रुचि इस सूची के अंतिम नाम में है। क्योंकि हम मंत्रोच्चारक कुत्तों की समस्या को समझने का प्रयत्न कर रहे हैं। बात यह है कि वैदिक साहित्य में शुनक ऋषि बहुत प्रसिद्ध हैं और उपनिषद के इस प्रसंग की शंकर द्वारा की गई व्याख्या को देखते हुए यह बताना आवश्यक है कि वैदिक साहित्य में कहीं भी यह नहीं कहा गया कि इस ऋषि का नाम शुनक इसलिए था क्योंकि उसकी कुत्ते जैसी पूंछ थी या वह कुत्ते का रूप धारण करते थे। वह एक ऋषि थे, मनुष्य थे।

वास्तव में वैदिक साहित्य में तो इससे भी अधिक बातें हैं। ऐतरेय ब्राह्मण में तीन प्रसिद्ध भाइयों के नाम हैं, शुनः पुच्छ, शुनः शेष, और शुनक लोगूल इनका अर्थ है कुत्ते की पूंछ (2. 303-9)। यदि कुत्ते की पूंछ पर वैदिक ऋषियों (कम से कम शुनःशेष तो निश्चित ही एक थे) के नाम हो सकते थे तो उपनिषद के इस अंश में जिन लोगों को श्वान अथवा कुत्ते कहकर संबोधित किया गया है, वास्तव में उनकी पूंछें होना आवश्यक नहीं है।

7. प्राचीन साहित्य में श्वान

इस प्रकार यह पूर्णतया संभव है कि छंदोग्य उपनिषद में जिनको श्वान कहा गया है वे वास्तव में मनुष्यों का एक समूह था और उन्हें कुत्ते अथवा श्वान इसलिए नहीं कहा गया कि लेखक इस अंश में उनके प्रति व्यंग्य की भावना दर्शा रहा था। यह संभावना तब और भी दृढ़ हो जाती है जब इन तथ्यों को देखा जाता है कि हमारे प्राचीन साहित्य में कई अन्य स्थानों पर मनुष्यों को श्वान कह कर संबोधित किया गया है।

कौटिल्य ने अपने अर्थशास्त्र (xi. 1) में श्वान कहलाने वाले लोगों का उल्लेख किया है। ये तथा कुछ अन्य लोग राजा-शब्दोपजीवी-गण के थे। हरिवंश (अध्याय 38) का एक पूरा अध्याय ही एक श्वान नामक अत्यंत प्रतिष्ठित परिवार की वंशावली के वर्णन में लिखा गया है। महाभारत सभापर्व (xix. 28) में यादवों के एक वर्ग को श्वान कहा गया है। इसी ग्रंथ में कम से कम दो अन्य स्थानों पर मनुष्यों के समुदायों को श्वान कहा गया है। इनमें से एक का उल्लेख भीष्म पर्व (ix. 42) और दूसरे का सभापर्व (iii. 16) में मिलता है।

साथ ही महाभारत (देखें, जाति भेद (बं०) 100-1) से ऐसा आभास मिलता है कि इसमें कई लोगों के भिन्न-भिन्न प्रकार के पशु नाम थे। कुछ उदाहरण हैं : उलूक, वृश्चिक, काक,

शृगाल (गीदड़), गर्दभ, कुक्कुट, गज, शशक (खरगोश), कच्छप (कछुवा) वराह (सूअर) मेष (भेड़) शार्दूल (शेर), हंस, अश्व (घोड़ा) और मत्स्य (मछली)।

किंतु हमें तो केवल उन्हीं प्रमाणों पर अपना ध्यान देना है जो वास्तव में ऐसे मनुष्यों से संबद्ध हैं जिन्हें श्वान कहा गया। कारंड व्यूह (99. 287) में एक संकर जाति को कुक्कुर कहा गया और 'महाभारत' (वही) में इसी नाम के एक मुनि का उल्लेख है। 'विष्णु पुराण' (वही) में भी कुक्कुर जाति के मनुष्यों का उल्लेख आया है। इसके कुछ और उदाहरण भी हैं। (वही)

8. पिछड़े लोग

प्रश्न यह है कि क्या हम अपने आधुनिक विचारों की दृष्टि से इन प्राचीन लोगों को सामान्यतः पशु नामों से बुलाए जाने की प्रवृत्ति का कोई अर्थ निकाल सकते हैं। स्पष्ट है कि ऐसा नहीं हो सकता और इसका कारण भी उतना ही स्पष्ट है। यह उल्लेख प्राचीन वास्तविक परिस्थितियों के थे और ये कई पहलुओं से आज की वास्तविकताओं से मूल रूप से भिन्न थीं।

फिर भी इस बात पर ध्यान देना आवश्यक है कि आज भी इस प्रकार की प्राचीन परिस्थितियां एकदम विलुप्त नहीं हुई हैं। यदि हम अपनी जनगणना की रिपोर्टों के पृष्ठ पलटें या थर्स्टन, रिसली, रसल और अय्यर की कृतियां (बल्कि किसी भी ऐसे लेखक की पुस्तक जिसमें हमें देश के पिछड़े लोगों के बारे में बताया गया है) देखें और इन विभिन्न लोगों के नामों की एक बड़ी सूची बनाएं तो संभवतः हम देखेंगे कि कोई भी जाना-पहचाना पशु या पौधा नहीं बचा है जिसके आधार पर मनुष्यों के नाम न रखे गए हैं। आज भी विभिन्न आदिमजातियों और अर्द्ध जंगली जातियों के लोगों को ऐसे ही विचित्र नामों से संबोधित किया जाता है। इनमें से वह जाति हमारे अध्ययन के लिए सर्वाधिक उपयुक्त है जिसका नाम श्वान से निकला है। हम कुछेक उदाहरण देंगे। रिसली (115. 793) ने ओरांव जाति के विवरण में 'जंगली कुत्तों' की बात कही है। अय्यर (1. 248) ने मैसूर की आदिमजातियों और कुछ अन्य जातियों में 'श्वान' का उल्लेख किया है। थर्स्टन (44. देखें भोलिया) ने दक्षिण भारतीय लोगों की जो सूची बनाई है उसमें भी जंगली श्वानों का नाम आता है। इस प्रकार के कई उदाहरण दिए जा सकते हैं। केवल इस बात पर ध्यान देना आवश्यक है कि 'श्वान' आज भी भारत की जातियों और आदिमजातियों में एकदम दुर्लभ जाति नहीं है। कहने की आवश्यकता नहीं कि वैदिक साहित्य के श्वानों की भांति ये श्वान भी कच्छप, मांडूक्य, खच्चर और मत्स्य जैसे पशु नामों वाले व्यक्ति ही हैं। क्या इससे यह निष्कर्ष नहीं निकलता कि हमारे देश के जो पिछड़े लोग हैं उनकी परिस्थितियों से हमारे प्राचीन साहित्य पर आज भी कुछ प्रकाश पड़ सकता है।

इस निष्कर्ष के बारे में भी कोई रहस्य नहीं है। प्राचीन साहित्य, प्राचीन होने के कारण स्वभावतः प्राचीन परिस्थितियों या कम से कम उनके कुछ पहलुओं को प्रतिबिंबित करता है। इधर आज भी विद्यमान पिछड़े लोग अपने अवरुद्ध विकास के कारण वही प्राचीन विशेषताएं अपने समाज में जीवित रखें हुए हैं। यह असंतुलित विकास का परिणाम है। सारे विश्व में सभी लोगों के विकास की गति समान नहीं रही है: कुछ जनसमूह आज भी विकास के ऐसे चरण में हैं जिसे अन्य जनसमूह कई युग पहले ही पार कर आए हैं। यह बात केन्स पहले ही कह चुके हैं। 'यह समुदाय हमारे हजारों वर्ष पुराने पूर्वजों के आध्यात्मिक आचरण को दर्शाता है। हम भौतिक और नैतिक विकास के उन्हीं चरणों से गुजर चुके हैं और आज हम जो कुछ हैं वह इसीलिए कि उन्होंने कड़ा श्रम करते हुए जीवन बिताया। (101. में पुरालेख रूप में उद्धृत)

किंतु यह विश्वव्यापी स्तर पर ही सत्य नहीं है। असंतुलित विकास, भारतीय समाज के

इतिहास की विशेष रूप से महत्वपूर्ण बात रहा है। इस देश में प्राचीन समाज, विकसित और सभ्य समाज के साथ साथ बना रहा है। यह आज भी भारत में खत्म नहीं हुआ है।

यदि यह सच है तो हमें आज भी विद्यमान आदिवासी और अर्धजंगली जातियों के संबंध में उपलब्ध सामान्य जानकारी के आधार पर, अपने प्राचीन साहित्य की प्रत्यक्ष रूप से दुर्बोध बातों को समझने का प्रयत्न करने दिया जाना चाहिए। हम देखेंगे कि यह तरीका, छांदोग्य उपनिषद के अंश को समझने में कहां तक सहायक होता है।

9. टोटमवाद या प्रतीक पूजावाद

आज तक जीवित प्राचीन जातियों की लगभग सार्वभौम विशेषता यह है कि इनके लोगों ने अपने नाम, पशुओं या पेड़ पौधों के नाम पर रखे। मोर्गन का कहना है : 'अमरीका के सारे आदिवासी क्षेत्रों के कबीलों के नाम किसी न किसी जानवर या निर्जीव वस्तु के नाम पर रखे गए हैं और कभी भी किसी व्यक्ति के नाम पर नहीं। समाज की इस प्रारंभिक स्थिति में व्यक्ति का अपना अस्तित्व कबीले में विलुप्त हो गया।' (101. 86)

इस प्रकार, उदाहरण के लिए, सेनेका नामक अमरीकी जनजाति, रीछ, लोमड़ी, ऊद बिलाव, कछुवा, मृग, चहा पक्षी, सारस, और बाज कबीलों से मिल कर बनी थीं। इसी तरह, ओजिबवा जन जाति, लगभग चालीस असगोत्रीय कबीलों में विभाजित थी, जिनमें, सारस, विडाल मछली, मुर्गाबी, रीछ; नेवले जैसे कुछ जानवर, और लोमड़ी कबीले प्रमुख थे (ई. आर. ई. xii. 394)। जानवरों या पौधों के नाम रखने की प्रथा प्रतीक पूजावाद 'ओअमिज्म' अथवा टोटमवाद कहलाती है। टोटम शब्द अमरीका की आजिबवा जन जाति की बोली के एक शब्द के आधार पर बना है। मोर्गन (101. 170) का कहना है कि 'ओजिबवा बोली में टोटम शब्द का उच्चारण बहुधा डोडेम किया जाता है और इसका अर्थ है प्रतीक या कबीले का परिचय चिह्न, इस प्रकार लोमड़ी कबीले का चिह्न या लोमड़ी चित्र का प्रतीक था।' जैसाकि बाद में लिखी गई पुस्तकों में बताया गया है, टोटमवाद 'आस्ट्रेलिया की अल्प विकसित शिकारी जनजातियों में अब भी पूरी तरह विद्यमान हैं, यह अमरीका, मेलानेशिया, अफ्रीका, भारत और एशिया के अन्य भागों में रहने वाली अधिक विकसित जन जातियों में भी थोड़े बहुत अपभ्रष्ट रूप में दिखाई देता है' (46. 12)।

संक्षेप में टोटमवाद को इस प्रकार प्रस्तुत कर सकते हैं : जन जाति में सम्मिलित प्रत्येक कबीले का संबंध किसी पशु या पौधे से होता है जो उसका प्रतीक चिह्न 'टोटम' कहलाता है। 'कबीले के सदस्य स्वयं को अपने टोटम जैसा और उसका वंशज मानते हैं' (वही 11)। उदाहरण के लिए, श्वान कबीले के लोग स्वयं को श्वान और उसके वंशज समझेंगे। टोटमवाद के साथ कुछ निषेध और निश्चित प्रतिबंध भी जुड़े हुए हैं। इसके अनुसार श्वान कबीले के लोगों को कुत्ते का मांस अर्थात अपने कबीले के चिह्न वाले पशु का मांस खाना वर्जित होगा। एक ही चिह्न वाले कबीले के लोगों के बीच विवाह नहीं हो सकता।

यह ध्यान देने योग्य बात है कि टोटमवाद अथवा प्रतीक पूजावाद आज भी ऐसे लोगों में विद्यमान है जो जन जातीय स्थिति से बहुत आगे निकल चुके हैं। इस प्रकार के अवशेषों से स्पष्ट संकेत मिलता है कि ये लोग आज चाहे विकास के किसी भी चरण में पहुंच चुके हों, लेकिन इनके पूर्वज किसी न किसी समय में प्रतीक पूजावाद के विकास चरण में रहे होंगे। जैसाकि थामसन ने कहा है :

भारत, यूरोप, अरब-यहूदी और चीनी लोगों में कई ऐसी प्रथाएं और संगठन हैं जिनका

प्रारंभ टोटमवाद अथवा प्रतीक पूजावाद से हुआ। ये सभी लोग आज भी या पहले कभी जन जातियों के रूप में संगठित हुए होंगे और इसलिए यदि यह सिद्ध किया जा सके कि टोटमवाद, जन जातीय प्रणाली की निहित विशेषता है तो इस धारणा की काफी पुष्टि हो जाएगी कि ये लोग भी पहले प्रतीक पूजक थे। (वही 12)

इस अंतिम बात को लेखक ने विस्तार से किस प्रकार प्रस्तुत किया है यह जानने के लिए पाठकों को थामसन की ही पुस्तक पढ़नी होगी। इस समय तो हमारे सामने प्रश्न है कि क्या वैदिक साहित्य में जिस स्वतंत्रता से पशुओं के नामों को मनुष्यों के नामों के रूप में प्रयोग में लाया गया वह इसी टोटमवाद के अवशेष हैं और फिर, यदि ऐसा है तो हम इन प्रमाणों से क्या निष्कर्ष निकाल सकते हैं।

10. टोटमवाद और वैदिक साहित्य

मैकडानल का विचार है कि, 'ऋग्वेद में संभवतः टोटमवाद के कुछ संकेत हैं या इस विश्वास का संकेत है कि मानव जाति या अलग अलग जातियां या परिवार, पशुओं अथवा पौधों के प्रतीक चिह्नों के वंशज हैं' (94.153)।' ओल्डनवर्ग, भी पशु नामों को टोटमवाद का अवशेष मानते हैं; इसके अलावा ओल्डनवर्ग का विचार है कि वैदिक साहित्य में कतिपय जिन निषेधों का उल्लेख है वे भी उसी टोटमवादी विश्वास से ही बने होंगे (13. exxi)

किंतु हापकिन्स ने इन बातों पर गहरा संदेह व्यक्त किया है : 'ओल्डनवर्ग के विचारों के संबंध में उन्होंने लिखा है, 'हमारे प्रबुद्ध विद्वान जो आधुनिक मानव विज्ञान के बहुत अच्छे ज्ञाता हैं, अपना यह अंतिम निर्णय देते प्रतीत हो रहे हैं कि व्यक्तियों और कबीलों के पशु नाम होने का निश्चित अर्थ है टोटमवाद।' हापकिन्स को यह धारणा स्वीकार्य प्रतीत नहीं हुई : 'टोटमवाद का कोई प्रमाण नहीं है, इसके विपरीत यहां इस बात का सीधा प्रमाण है कि टोटमवाद के बिना भी बाह्य रूप से टोटमवादी लक्षण देखे जा सकते हैं (पी० ए० ओ० एस9 1894. cliv) तो इस 'बाह्य टोटमवादी' लक्षण का क्या स्पष्टीकरण हैं ? हापकिन्स का विचार है, 'श्री कच्छप का नाम संभवतः इसलिए पड़ा क्योंकि वे हर काम बहुत धीमी गति से करते थे।' और श्री खीरा का नाम संभवतः इस कारण पड़ा कि उनका बहुत बड़ा परिवार था, 'इस तरह की पारिवारिक घटनाओं से संबद्ध व्यक्ति को समकालीन समाज में व्यंग्यात्मक प्रशंसा की भावना के कारण यह नाम दिया जा सकता है।' (वही)

लगभग यही तर्क कीथ (11, 196-7; 13. cxxi) ने भी दिया है उन्होंने भी वैदिक साहित्य में टोटमवाद के अवशेष होने की बात अस्वीकार कर दी है (जे० आर० ए० एस० (1907) 931 और आगे) और आगे। मुख्यतया मैकडानल द्वारा बताए गए प्रमाणों की चर्चा करते हुए कीथ ने कहा है कि 'इस बात की बहुत अधिक संभावना है कि इनमें से कुछ नाम उनके अति स्पष्ट वक्ता मित्रों ने दिए हों (ii. 196)। और फ्रेजर और ओल्डनवर्ग के विचारों के संबंध में उन्होंने कहा कि 'पशु या वनस्पति नामों का प्रयोग मनुष्य के लिए किया जाना एक प्रमाण के रूप में निरर्थक है, क्योंकि कुछ मामलों में ये केवल उपनाम ही हो सकते हैं (13. cxxi)

किंतु इस प्रकार के तर्क से गंभीर व्याख्या और कल्पना की उड़ान के बीच कोई सीमा संधि नही रहती। ग्रंथों में श्री खीरा के लंबे-चौड़े परिवार होने का कहीं परिहास नहीं किया गया है और यह संभावना कि श्री कच्छप का नाम धीमी गति सें कार्य करने की उनकी प्रवृत्ति के कारण पड़ा, लेखक की केवल कल्पनामात्र है। इसी तरह कीथ भले ही यह कल्पना कर लें कि मत्स्य, अजस्; शिग्रुस जैसे जन जातीय नाम या गौतम, वत्स, शुनक, कौशिक, मांडूकेय ओर कश्यप जैसे

वैदिक परिवारों के नाम, उनके स्पष्टवक्ता मित्रों द्वारा दिए गए उपनाम थे। किंतु वैदिक साहित्य लिखने वालों ने स्वयं कहीं भी ऐसी संभावना का आभास नहीं दिया, है। हमें तो केवल इन वैदिक परिवारों और ऋषियों के प्रति गहरा आदर भाव ही देखने को मिलता है। हम छांदोग्य उपनिषद से कुछ उदाहरण देते हैं। कौषीतकि ऋषी ने अपने पुत्र को उद्गीथ के रहस्य का बोध कराया (i. ण.2)। शुनक कापेय मुनि—इन दो शब्दों में से पहला श्वान से और दूसरा कपि अथवा बंदर से निकला है—ने एक शिष्य को रहस्य ज्ञान दिया (iv. 3.5.)। इसी प्रकार ऋग्वेद में और ऐतरेय ब्राह्मण में शुनःशेप की कथा किसी प्रकार की व्यंग्यात्मक प्रशंसा की भावना के बिना पूर्ण गंभीरता के साथ कही गई है।

और फिर केवल ऋषियों के ही पशु नाम नहीं थे। जैसाकि हम देख चुके हैं कि वैदिक साहित्य के प्रसंगों और शाखाओं के नाम भी बहुधा प्रसिद्ध पशुओं के नामों पर थे। तो क्या ये केवल उपनाम थे (कीथ) या व्यंग्यात्मक प्रशंसा का परिणाम थे (हापकिन्स)? स्पष्ट है कि ऐसा नहीं था। इसका एकमात्र स्पष्टीकरण यही है कि इन ग्रंथों और वैदिक साहित्य के रचयिता ऐसे लोगों के वंशज थे जो इन पशुओं के प्रति विशेष श्रद्धाभाव रखते थे: अर्थात वे वास्तव में इन्ही नामों वाले टोटमवादी कबीलों के सदस्य थे।

किंतु हापकिन्स, टोटमवादी की उत्तरजीविता को अस्वीकार करने के लिए इतने उत्सुक क्यों थे? इसका कारण यह है कि वे आर्यो को 'आधुनिक मानव विज्ञान के अपमान से बचाना चाहते थे।'

> बाद के साहित्य में हमें अन्य जन समूहों के बारे में मानव विज्ञान की दृष्टि से गहन जानकारी मिलती है। इसका कारण यह है कि जैसे जैसे और अधिक संख्या में हिंदुओं का भारत में प्रवेश हुआ, उन्होंने अनार्य जातियों के धार्मिक आचार, विचार और उपासना पद्धति को अपनाया। प्राचीन भारत की असभ्य अवस्था में पनपने वाले विचारों के समानांतर मत हमें ऋग्वैदिक आर्यो की परिष्कृत धार्मिक पद्धति से नहीं बल्कि ऊपर कही गई बात से मिलते हैं। (पूर्वोद्धृत clv)

यहां बहुत सी बातों को, अनुमान के आधार पर सत्य मान लिया गया है। ऋग्वैदिक आर्य जो भी रहे हों और उनके साहित्य से उनके विकास स्तर का जैसा भी आभास मिलता हो, किंतु वे अंततः अन्य लोगों की भांति मनुष्य ही तो थे। उन्हें भी इस पृथ्वी पर अपना जीवन, उच्च स्तर से नहीं, बल्कि निम्नतम स्तर से ही आरंभ करना पड़ा होगा और धीरे धीरे ऊपर उठे होंगे। संक्षेप में, वे भी पहले असभ्य जाति ही रहे होंगे। इसलिए यह असंभव नहीं है कि बाद के साहित्य में भी उनके असभ्य अतीत के कुछ अवशेष बने रहे। तब उनके साहित्य का मूल्यांकन करते हुए यह कहना गलत होगा कि जो भी असभ्य समाज की बातें उनमें बची हुई थी वे सब उन्होंने अनार्यो से, प्राप्त की। वैसे भी, लोगों के मत और विश्वास यूं ही हर एक जाति के नही बन जाते। इसलिए वैदिक साहित्य में टोटमवाद के प्रमाणों से यह नहीं समझना चाहिए कि यह विचार अनार्यो अथवा आर्यो से पूर्व के लोगों से प्राप्त किए गए, बल्कि यह कहना अधिक तर्कसंगत होगा कि यह स्वयं वैदिक जनों के असभ्य अतीत के अवशेष हैं।

अब हम कीथ के तर्क को और अधिक ध्यान से परख सकते हैं। उनके तर्क से ऐसा प्रतीत होता है कि वैदिक साहित्य में केवल कुछ टोटमवादी बातें हैं, सभी नहीं। इसलिए 'लोगों के लिए पशु या वनस्पति नामों का प्रयोग किया जाना एक प्रमाण के रूप में निरर्थक है।' (13. cxxi)

> वैदिक साहित्य में कहीं भी ऐसी बात नजर नहीं आती जिससे पता चले कि कोई ऐसा टोटमवादी कबीला था जो धार्मिक अनुष्ठान के रूप में अपने कबीले के प्रतीक चिह्न (टोटम)

> वाले पशु या पौधे को खाता था। इसलिए राईनाख ने जो सिद्धांत प्रतिपादित किया है उसके अनुरूप टोटमवाद की मूलभूत विशेषता की तो वेदों में झलक तक नहीं मिलती। वेदों से तो केवल यही प्रश्न उठता है कि क्या इन लोगों का वंश किसी पशु अथवा पौधे से प्रारंभ हुआ था। (11. 196)

इस प्रश्न के अलावा कि अश्वमेघ (13. cxxxv) और सोम (cxxi) यज्ञों के पुरातन उल्लेखों में अपने प्रतीक-चिह्न वाले पशु का वध धार्मिक अनुष्ठान के रूप में किए जाने के कोई संकेत मिलते हैं या नहीं। कीथ का तर्क केवल ऐसे लोगों के विरुद्ध लाभकारी होगा जो वैदिक साहित्य में टोटमवाद के पूर्ण रूप से विद्यमान होने का दावा करते हों। किंतु वास्तव में यहां केवल इतना कहा जा रहा है कि वैदिक साहित्य में, टोटमवाद के अवशेष हैं। अवशेष तो किसी संपूर्ण का अंश ही होता है, और टोटमवाद के अवशेष से उसकी संपूर्ण विशेषताओं का पता लगने की अपेक्षा कभी नहीं की जा सकती है। दूसरी ओर, यदि हम यह धारणा अस्वीकार कर दें कि यह टोटमवाद के अवशेष थे, तो हमें ज्ञान के प्रकाश की बजाय अज्ञान के अंधकार में रहना होगा और यह कहना होगा कि यह पशुनाम हम नहीं जानते कि क्या हैं। वास्तव में कीथ को अपने तर्क के कारण अंततः कहना पड़ा :

> इस बात की अधिक संभावना है कि कुछ नाम तो उनके स्पष्ट वक्ता मित्रों ने उपनाम के रूप में दिए होंगे और शेष नाम दिए जाने के कारणों को हम नहीं जान सकते। (11.196)

इस प्रकार, अब हमारे सामने केवल दो ही विकल्प बच जाते हैं, या तो केवल कल्पना की उड़ान या पूर्ण अज्ञान। और यह सब इसलिए कि एक वैध धारणा का दृढ़ विरोध करने के सतत प्रयत्न किए जा रहे हैं।

11. सामूहिक जीवन

वैदिक साहित्य में टोटमवादी प्रमाणों के अस्तित्व को स्वीकार करने वाले मेकडानल्ड और ओल्डनबर्ग जैसे विद्वानों ने भी इन प्रमाणों के निहित परिणामों पर अधूरा विचार ही किया है। टोटमवाद को बहुधा एक उत्सुकताजनक बात माना जाता है और दुर्भाग्य की बात है कि बहुधा इस शब्द का प्रयोग भी निश्चित अर्थों में नहीं किया गया है। इसलिए ठीक ही कहा गया है कि इस शब्द का प्रयोग,

> केवल उन्हीं मामलों तक सीमित रहना चाहिए जहां, पशुओं (कभी कभी पेड़ पौधों या निर्जीव वस्तुओं) के साथ किसी जन समुदाय का प्रणालीबद्ध संबंध होने के साथ कुछ सामाजिक संगठनात्मकता भी जुड़ी हो (ई० वी०) xxii. 315)

इस सामाजिक संगठन का स्वरूप क्या है? मोरे ने हमें इसका बड़ा स्पष्ट उत्तर दिया है। उनका कहना है कि सच्चे टोटमवादी समाज में,...कोई राजा या प्रजा नहीं होते। यह जनतंत्रीय या साम्यवादी होता है, कबीले के सभी लोग एक दूसरे के साथ समता के आधार पर रहते हैं और कबीले के प्रतीक-चिह्न का आदर करते हैं। (100.5)

और फिर...क्रियात्मक और वैचारिक विषयों के दायित्व किसी भी टोटमवादी कबीले के संचालन में सामूहिक होते हैं...वह एक साम्यवादी और समतावादी समाज है जिसमें एक ही प्रतीक-चिह्न के अधीन सब लोग सम्मिलित होते हैं और यही प्रत्येक सदस्य का एक दूसरे के साथ घनिष्ठता का मूलतत्व होता है और इसी के कारण कबीले के सभी सदस्य एक दूसरे के साथ समता के आधार पर रहते हैं। (वही.14) यह आदिम साम्यवाद है।

चूंकि आस्ट्रेलिया में अब भी टोटमवाद सबसे अधिक विद्यमान है इसलिए हम यहां इस आदिम

साम्यवाद के संबंध में मुख्यत: आस्ट्रेलियायी प्रमाणों पर ध्यान देंगे। रेवरेंड रिडली ने कहा है :

> वन्य जातियों का एक और नियम है साम्यवाद। वे श्री प्रूधो के सिद्धांत पर चलते हैं। (ला प्रोप्रिऐत सेंस्त ले वोल) उनके सुनियोजित साम्यवाद में किसी भी व्यक्ति की अचल तथा व्यक्तिगत संपत्ति का होना असंभव है। (110.7)

दक्षिण आस्ट्रेलिया की वन्य जातियों का उल्लेख करते हुए टेपलिन ने लिखा है :

> प्रत्येक कबीले का अपना प्रतीक है और इसका हर सदस्य अन्य पुरुषों स्त्रियों और बच्चों के साथ अपना खून का रिश्ता मानता है। इसी कबीले वाले जीवन के कारण ही आस्ट्रेलियायी आदिमजातियों का विशिष्ट राष्ट्रीय चरित्र बना है। कबीले में कोई व्यक्तिगत संपत्ति नहीं हो सकती। सभी प्रकार के औजार और हथियार आदि सामूहिक रूप से सभी सदस्यों के होते हैं : प्रत्येक व्यक्ति इन्हें कबीले की संपत्ति मानता है जिसका उपयोग कबीले के कल्याण के लिए, और आवश्यकता पड़ने पर उसकी रक्षा के लिए भी किया जाता है। यदि उसके पास कोई हथियार या जाल या नौका है जो किसी न किसी रूप में उसकी अपनी है, तो वह यह जानता है कि उसकी इस संपत्ति पर प्रथम अधिकार कबीले का है। प्रत्येक सदस्य अपने पड़ोसी की संपत्ति का ध्यान रखता है क्योंकि यह परिवार की सामूहिक संपत्ति का अंश है...इस प्रकार की स्थिति का एक प्रभाव यह है कि कोई किसी के प्रति आभारी होने के लिए बाध्य नहीं है। यदि कोई व्यक्ति किसी खतरे में है या घायल हो गया है तो कबील का जो भी व्यक्ति उसकी सहायता करता है, उसका यह कार्य किसी व्यक्तिगत संबंध के कारण नहीं बल्कि कबीले के प्रति अपने दायित्व के कारण होता है। बहुधा ऐसा होता है कि किसी व्यक्ति को किसी ऐसे सदस्य को भी पूरीपूरी सहायता पहुंचानी पड़ती है जिसे वह पसंद नहीं करता। वह सामूहिक हित को देखते हुए अपनी व्यक्तिगत भावनाओं को भुला देता है और यदि कबीले के किसी सदस्य के प्रति कोई दया दिखाई जाती है तो यह सारे कबीले के प्रति समझी जाती है। किसी एक सदस्य को कोई हानि पहुंचती है तो इसे सारे कबीले की हानि माना जाता है। (40.2 और आगे)

टोटमवादी समाज में रहने वाले लोगों के सामूहिक जीवन के ये कुछ उदाहरण हैं। यदि सामूहिक जीवन बिताना टोटमवाद की निहित विशेषता है तो इसके अवशेषों को भी ऐसे ही सामूहिक जीवन का अवशेष समझा जाना चाहिए।

12. जादू टोना और धर्म

अब हम मंत्रोच्चारण करने वाले कुत्तों के विचित्र दृश्य की ओर लौटते हैं। कुछ कुत्ते भूखे थे। वे एक सफेद कुत्ते के पास पहुचे और कहने लगे : महानुभाव क्या आप मंत्र द्वारा हमारे लिए भोजन प्राप्त कर सकते हैं? हम भूखे हैं। हमें यह दृश्य विचित्र प्रतीत होता है। एक गीत से भोजन की समस्या किस प्रकार सुलझ सकती है? फिर भी कुत्तों का तो यही मंतव्य था। जब वे गाने लगे तब वह गीत केवल भोजन के लिए ही था और किसी चीज के लिए नहीं : 'ओम' हमें भोजन दो; ओम, हमें पेय दो' आदि। इस प्रकार वास्तविक गीत ने उस इच्छा की पूर्ति की जिसके लिए गीत गाया गया था। भले ही यह पूर्ति कल्पना में ही हुई हो।

यह कह जा सकता है कि गीत से कुत्तों का अर्थ संभवत: प्रार्थना था। उन्हें खाना चाहिए था इसलिए उन्होंने एक सफेद कुत्ते से अनुरोध किया (संभवत: वह कोई बड़ा कुत्ता था) कि वह देवताओं से प्रार्थना करने में उनका नेतृत्व करे, जिससे कि देवता उनकी इच्छा पूरी करें। यह व्याख्या हमारे आधुनिक विचारों से मेल खाती है। वास्तव में स्वयं शंकर भी इस प्रसंग की

व्याख्या कुछ इसी ढंग से करना चाहते थे। (आन छां० उप० i.12.2)

किंतु इस व्याख्या को गंभीरतापूर्वक स्वीकारने में काफी बाधाएं हैं। इस अंश में 'गाना' शब्द आता है न कि 'प्रार्थना'। यह नहीं सोचा जा सकता कि इन दोनों शब्दों के बीच का भेद लेखक (या लेखकों) को पता नहीं था। इसी उपनिषद के एक अन्य संदर्भ में हम देखते हैं कि 'प्रार्थना करना' शब्द का जानबूझ कर प्रयोग किया गया (उदा० ii.3.1) इस प्रकार चूंकि 'गाना' और 'प्रार्थना करना' शब्द भिन्न हैं और स्वयं लेखकों को भी इस प्रसंग में भेद की स्पष्ट रूप से जानकारी थी, इसलिए हम यह कल्पना करने का दुस्साहस नहीं कर सकते कि इसमें उनका अर्थ प्रार्थना से था औरउन्होंने गान शब्द का प्रयोग गलती से किया। इसके अलावा कुत्तों का वास्तविक गीत जो अंत में आया; स्पष्टतः एक गीत था न कि प्रार्थना। यद्यपि यह भी सत्य है इसमें कुछ प्राचीन वैदिक देवताओं का भी स्मरण किया गया है।

दूसरी बात यह, कि एक और प्रमाण है जो इस प्रसंग से बाहर का होते हुए भी इस धारणा के निश्चित रूप से विरूद्ध है कि कुत्तों के गीत में कोई प्रार्थना थी। हम देख चुके हैं कि ये कुत्ते न तो देवता थे और न ही कुत्ते बल्कि कुछ आदिवासी जनों का समूह था। इसलिए हम आदिवासी जनों के संबंध में उपलब्ध सामान्य ज्ञान के संदर्भ में ही इनके व्यवहार को समझने की आशा कर सकते हैं। तो प्रश्न है : क्या हम स्पष्ट रूप से देखे गए और जाने गए ऐसे लोगों के बारे में वास्तव में यह कह सकते हैं कि वे प्रार्थना कर रहे थे। जेन हैरिसन ने इस प्रश्न का पहले ही उत्तर इन शब्दों में दिया है :

> जंगली आदमी क्रियाशील व्यक्ति है। वह जो चाहता है, उसके लिए किसी देवी देवता से कहने के बजाय वह स्वयं उसकी प्राप्ति के लिए प्रयत्न करता है। वह प्रार्थना के बजाय मंत्र तंत्र करता है। संक्षेप में वह जादू टोना करता है और सबसे बड़ी बात यह है कि बहुधा पूरे श्रम के साथ वह जादू टोने वाले नृत्य करता है। जब कोई जंगली व्यक्ति धूप या वर्षा चाहता है तो किसी मंदिर अथवा गिरजे में जाकर किसी झूठे देवता के समक्ष दंडवत नहीं करता : वह अपनी अपनी समस्त जाति को बुलाता है और सूर्य नृत्य या वायु नृत्य अथवा वर्षा नृत्य करता है। यदि उसे किसी रीछ का शिकार करके उसे पकड़ना है तो वह रीछ से अधिक शक्ति अथवा चतुराई प्राप्त करने के लिए अपने देवता से प्रार्थना नहीं करता बल्कि एक भालू नृत्य के रूप में शिकार की उस क्रिया का पूर्वाभ्यास करता है। (139.30)

हैरिसन ने इस जगह जादू शब्द का प्रयोग किया है। जादू धर्म नहीं है। दोनों के बीच गुणात्मक भेद है। जैसाकि थामसन ने कहा है :

> धर्म की विशिष्टता है ईश्वर में आस्था, और प्रार्थना अथवा यज्ञ और बलि आदि के अनुष्ठान करना। जिन निम्नतम स्तर के जंगलियों के संबंध में हमें जानकारी है उनके कोई देवता नहीं हैं और उन्हें प्रार्थना या यज्ञों का कोई ज्ञान नहीं है। इसी प्रकार सभ्य समाज के प्रागैतिहासिक काल की जिस सीमा तक हमारी पहुंच हो सकती है वहां के मानव का स्तर ऐसा है जिसमें कोई देवी देवता, कोई प्रार्थना अथवा यज्ञ विद्यमान नहीं थे। इस चरण में हमें केवल जादू टोना मिलता है (47.9)

गंभीर स्वभाव के विद्वानों को इस बात में कोई संदेह नहीं कि वैदिक साहित्य में, जादू टोनों में विश्वास होने के काफी ठोस संकेत हैं। जैसाकि सभी जानते हैं लगभग सारे अथर्ववेद में केवल जादू टोना ही है और कुछ नहीं। तो जब हम वैदिक लोगों के प्रागैतिहासिक काल में झांक कर देखते हैं तब वहां हमें एक ऐसा स्तर मिलता है जहां धर्म नहीं केवल जादू टोना था। किंतु दुर्भाग्य की बात है कि हमारे आधुनिक विद्वान (उदाहरणार्थ 124.i 125; 11.380-2 आदि)

बहुधा जादू शब्द का प्रयोग किसी निश्चित अर्थ में नहीं करते और इस बात का ध्यान नहीं रखा जाता कि धर्म और जादू के बीच क्या गुणात्मक अंतर है। इसलिए जादू टोने में विश्वासों के सामान्य रूप का कुछ विस्तृत अध्ययन करने की आवश्यकता है।

> जादू का आधारभूत सिद्धांत है कि आप माया का सृजन करके वास्तविकता पर नियंत्रण कर रहे हैं, सचमुच उस पर नियंत्रण कर सकते हैं। प्रथम चरण में तो यह केवल एक प्रकार स्वांग होता है। आपको वर्षा चाहिए इसलिए आप एक ऐसा नृत्य करते हैं जिसमें बादलों के घिर आने, बिजली कड़कने और वर्षा होने का स्वांग भरा जाता है। आप अपनी कल्पना में उस इच्छा की पूर्ति का अभिनय करते हैं जिसे आप वास्तव में देखना चाहते हैं। बाद के चरणों में इस स्वांग के साथ ही एक आदेश भी हो सकता है, एक अनिवार्यतः, 'वर्षा' किंतु यह आदेश है अनुरोध नहीं। सामूहिक बाध्यता का यह सिद्धांत समाज के उसी चरण के समरूप है जिसमें समुदाय अभी भी एक अभिभाज्य पूर्णता है और वह प्रत्येक व्यक्ति से ऊपर और सभी सदस्यों से उच्च है। इस प्रकार प्रतिकूल प्रकृति के विरुद्ध संगठित प्रदर्शन का प्रयास होता है, भले ही यह अशक्त हो। (47.9)

ऊपर दिए गए उदाहरण में हमने दो बातों पर विशेष वल दिया है, क्योंकि उपनिषद के इस अंश से इनका सीधा और प्रत्यक्ष संबंध है। कुत्ते, भोजन के लिए गीत चाहते थे और उनका यह गीत प्रत्यक्ष रूप से खाद्य गीत था। यह काल्पनिक मनोरथ सृष्टि में इच्छित वास्तविकता की पूर्ति थी। और जिन्होंने यह किया था (उपनिषद के उस अंश में वर्णित कुत्ते), हम पहले ही कह चुके हैं कि वे समाज के उस चरण को प्रदर्शित करते थे जिसमें समुदाय अभी अविभाजित 'पूर्णता' के रूप में था। संक्षेप में जिस मंतव्य से गीत गाया गया वह जादू था। यह प्रार्थना कभी नहीं हो सकता था। जादू तो एक काल्पनिक मनोरथ की सृष्टि की विधि है। किंतु काल्पनिक होते हुए भी व्यर्थ नहीं है। यह वास्तविक विधि के लिए सहायक है। थामसन ने इस बात को विस्तार से इन शब्दों में प्रस्तुत किया है :

> मोआरी जाति के लोगों में आलू एक नृत्य है। आलू की फसल अभी छोटी ही होती है तो पुरवैया से इसके नष्ट हो जाने की आशंका रहती है, इसलिए लड़कियां खेतों में जाकर नाचती हैं। इस नृत्य में वे अपने अंग संचालन से, तेज हवा के चलने, वर्षा होने और फसल में पौधे निकलने के भाव प्रदर्शित करता है, और नाचने के साथ साथ गीत गाते हुए, फसल से कहती हैं कि वह भी उनकी तरह लहलहाए। वे अपनी कल्पना को अभिनय का रूप देकर इच्छित वास्तविकता को सत्य बनाती हैं। यही जादू है, एक माया विधि जो वास्तविक विधि की सहायक तथा पूरक है। किंतु मायापूर्ण और काल्पनिक होते हुए भी यह बात व्यर्थ नहीं है। आलूओं पर नृत्य का कोई सीधा प्रभाव नहीं पड़ता, किंतु स्वयं लड़कियों पर इसका काफी प्रभाव पड़ सकता है और पड़ता है। उनमें यह विश्वास पैदा होता है कि इस नृत्य से उनकी फसल का बचाव होगा। तब वे अधिक विश्वास और उत्साह के साथ उसकी देखभाल करती हैं। और इस प्रकार फसल पर प्रभाव पड़ता ही है। वास्तविता के प्रति उनकी आंतरिक भावनाओं में परिवर्तन आता है और इसलिए तब परोक्ष रूप से वास्तविक स्थिति भी बदलती है। (48. i. 440)

तो यह जादू का मनोवैज्ञानिक असर है। किंतु यह अलग अलग व्यक्तियों पर नहीं पड़ता। हम पहले ही देख चुके हैं कि अनुष्ठान का एक तत्व है इसे सामूहिक रूप से करना। इसमें बहुत से लोग एक ही भावना से सम्मिलित होते हैं...सामूहिकता और भावनात्मक उग्रता दो ऐसे तत्व हैं जो सामान्य प्रतिक्रिया को अनुष्ठान का रूप दे देते हैं और 'विशेष-

> कर आदिवासियों में' जो एक दूसरे से अत्यंत घनिष्ठ रूप से संबद्ध हैं और कभी अलग नहीं रहते। जंगली समुदाय का व्यक्ति बहुत दुर्बल व्यक्तित्व वाला होता है। उसमें तीव्र भावनात्मक तनाव केवल सामाजिक कारणों से उत्पन्न होता है और बना रहता है। पवित्र वही है जिसे जाति ऐसा मानती है और यही अनुष्ठान योग्य है...इस प्रकार भावनात्मक तीव्रता और सामूहिकता साथ साथ चलते हैं.. (139. 36-7)

किंतु आदिवासियों की सामूहिकता पर उत्पादन प्रणाली में प्रगति का प्रतिकूल असर पड़ा है। इस प्रणाली से आवश्यकता की पूर्ति के बाद कुछ उत्पादन बच जाता है। इस प्रकार के अतिरिक्त उत्पादन से संभावना उत्पन्न हो जाती है कि बहुत से लोगों के श्रम पर थोड़े से लोग मौज करें। (4.अ. ix) किंतु आदि मानव के मन में जादू का जो प्रभाव था उसकी स्मृति बिलुप्त नहीं होती। अब उसको तर्कसंगत रूप देकर एक रहस्यमय आध्यात्मिक शक्ति बना दिया जाता है जो एक ऐसा गुप्त ज्ञान है जिस का कुछ ही लोगों को पता है। यही अंधविश्वास है। यह अंधविश्वास एक कुसंस्कार के रूप में उत्पादन की वास्तविक प्रणाली में बाधक बन जाता है। ऐसी स्थिति में जादू की भूमिका बिल्कुल प्रतिकूल हो जाती है। यहां यह धर्म का रूप धारण कर लेता है।

हम यही कहने जा रहे हैं कि उपनिषदों के चिंतकों के लिए भी यही स्थिति बन चुकी थी। फिर भी उनके अंधविश्वासों को समझने के लिए उनके प्रागैतिहासिक काल पर दृष्टिपात करना आवश्यक है जब ये अंधविश्वास उत्पादन की प्रणाली में सहायक थे।

13. अन्न के लिए गीत

छांदोग्य उपनिषद के जिस अंश को समझने का हम प्रयत्न कर रहे हैं उसकी प्रमुख विषयवस्तु है भोजन प्राप्ति के लिए गीत। ध्यान देने योग्य पहली बात यह है कि इस अंश में यह विचार अचानक ही नहीं भर दिया गया। वास्तविकता यह है कि उपनिषद के रचयिताओं की कल्पना में ऐसा कोई गीत ही नहीं आ सकता था जिसका संबंध अन्न प्राप्ति के विचार से न हो 'या ऐसी ही किसी इच्छा की पूर्ति' से न हो। जिस प्रकार वे स्वयं उद्‌गीथ शब्द की व्युत्पत्ति करना चाहते थे उसी से यह बात स्पष्ट है। उनके अनुसार यह शब्द असल में एक प्रकार का संक्षिप्त वाक्य था : उद्,गी और थ। उद का अर्थ था श्वास, गी का अर्थ था वाक् और थ का अर्थ था अन्न अथवा भोजन।

थ अन्न है, क्योंकि अन्न पर ही सारा विश्व स्थित है। (छां. उप. i. 3.6) इसलिए उदगीथ में सम्मिलित तत्वों में एक था अन्न। और उपनिषद के रचयिताओं को ऐसे किसी गीत की जानकारी नहीं थी जो उदगीथ न हो। इस प्रकार उन्होंने जिस गीत का सृजन किया वह अनिवार्यतः अन्न प्राप्ति के लिए था।

अब हम उस सामान्य संदर्भ को समझ सकते हैं जिसमें गीत गाने वाले कुत्तों के दृश्य को उपनिषद में रखा गया था। यह दृश्य केवल यूं ही नहीं प्रस्तुत किया गया था। इसका मूल उद्देश्य यह था कि यह बताया जाए कि बक दाल्भ्य नामक किसी व्यक्ति ने इसे देखा। या तो वह कोई पथभ्रष्ट नास्तिक था जिसमें वेद मंत्रों के प्रति आस्था को फिर से जागृत करना था या कोई ऐसा परंपरागत जिज्ञासु था, जिसके समक्ष वेद मंत्रों के रहस्य को उद्‌घाटित किया जाना था। जो भी हो इस दृश्य को, उपनिषद के रचयिताओं के अनुसार वैदिक मंत्रों के महत्व के साथ ही संबद्ध किया जा सकता था। इस तरह की परिस्थितियों में इस दृश्य की विषयवस्तु अन्न के लिए गीत को छोड़ कर और कुछ नहीं हो सकती थी। रचयिताओं का विचार था कि अन्न प्राप्ति की प्रक्रिया वेद मंत्रोच्चारण से अलग नहीं थी। इस बात को और पुष्ट करने के लिए आवश्यक

है कि वैदिक श्लोकों के स्वरूप और इनके संबंध में उपनिषदों में बताई गई धारणाओं के सामान्य स्वरूप पर संक्षेप में विचार किया जाए।

14. प्रारंभिक वैदिक गान

छांदोग्य उपनिषद के प्रारंभिक अध्यायों में वाक् गान और संगीत स्वरों के प्रश्नों पर लिखा गया है। इस उपनिषद के विषय के संदर्भ में यह अपेक्षित ही था। अन्य उपनिषदों की भांति छांदोग्य उपनिषद भी एक वेद से संबद्ध था। यह सामवेद था, जिसका अर्थ है 'स्वर ज्ञान'। (124. i. 54)

वास्तव में सामवेद स्वतंत्र रूप से नहीं लिखा गया था। यह ऋग्वेद के उन श्लोकों का संग्रह-मात्र था जो सोमयज्ञ के समय ही उच्चारित किए जाते थे। सामवेद की 75 ऋचाओं को छोड़कर अन्य सभी ऋचाएं ऋग्वेद के आठवें और नवें खंड में हैं। और ऐसा अनुमान लगाया गया है कि बाकी ऋचाएं भी ऋग्वेद का कोई ऐसा भाग रही होगी जो विलुप्त हो चुका है (वही. i. 164)। इससे पता चलता है कि सामवेद का संकलन जब भी हुआ हो इसमें सम्मिलित गीत वास्तव में बहुत पहले रचे गए होंगे।

सामवेद के सबसे अधिक विख्यात संशोधित संस्करण कौथुम के दो भाग हैं। इन दोनों भागों में, जैसाकि विंटरनिट्स ने कहा है, '—मूल पाठ तो किसी लक्ष्य की प्राप्ति का साधन-मात्र है। मूल तत्व तो संगीत है और दोनों भागों का उद्देश्य संगीत स्वरों का पाठ कराना है'। (वही) छांदोग्य उपनिषद, सामवेद में जोड़ा गया। यह परिशिष्ट होने के नाते स्वाभाविक रूप से इन प्रारंभिक वैदिक गीतों से संबद्ध था। इस संदर्भ में यह आपत्ति उठाई जा सकती है कि यह वैसे गीत नहीं थे जैसे कि हम समझते हैं। ये तो किसी वैदिक यज्ञ की विधि के भाग के रूप में निश्चित अर्थों वाले गीत थे।

> किसी यज्ञ क्रिया के निश्चित उद्देश्य के लिए संग्रहीत किए जाने के कारण सामवेद, यजुर्वेद के समान है क्योंकि इसकी जितनी ऋचाएं हैं वे सोमयज्ञ के समय बोलने के लिए हैं। (92. 171)

यह बात सच है। किंतु इसका अर्थ केवल यही है कि वैदिक गीतों की व्युत्पत्ति से संबंधित प्रश्नों का उत्तर पूरी तरह देने के लिए हमें वैदिक यज्ञों की उत्पत्ति से संबद्ध जटिल प्रश्न पर सोचना होगा। आठवें अध्याय में हम वैदिक यज्ञों के उद्गम की समस्या पर विचार करेंगे और देखेंगे कि यज्ञों को बाद में जितना जटिल माना गया उनके होते हुए भी यह धारणा बनाने का आधार है कि मूल रूप से यह यज्ञ, प्रारंभिक वैदिक जनों की पुरातन श्रम प्रक्रिया के ही कुछ पहलू थे।

अभी तो हम उपरोक्त आपत्ति को एक भिन्न, यद्यपि स्पष्ट, अर्थ में समझने का प्रयत्न करेंगे। वैदिक गीतों एक विशेष अर्थ था। क्योंकि जिस मानव इतिहास के साहित्य की हमें निश्चित जानकारी है उसमें ये आदि गीत थे। इसलिए ये गीत मानव इतिहास के अति प्रारंभिक चरण के हैं। वैदिक जनों के अक्षरज्ञान शून्य पूर्वजों ने जिस समय मौखिक रूप (ऋ. वे. i. 38. 14) से इन गीतों की रचना की तब वे संभवतः उसी प्रकार के आदिवासी जीवन में रह रहे थे जिसकी झलक हमें आज भी कहीं कहीं मिलती है।

विंटरनिट्स इसे पहले ही आंशिक रूप से स्वीकार कर चुके हैं कि यह धारणा पूर्णतया नवीन नहीं है:

> यह सभी गान ऋत्विजों और धर्माचार्यों ने स्वयं नहीं रचे थे। संभवतः इनमें से प्राचीनतम गान जनसाधारण द्वारा गाए जाने वाले लोकप्रिय गीत थे जो बहुत पहले संक्रांति या अन्य राष्ट्रीय पर्वों पर अर्द्ध-धार्मिक गीतों के रूप में गाए जाते थे। कुछ अन्य गान इससे भी

पुराने हो सकते हैं जबकि ब्राह्मणकाल से भी पहले के ओझा-ऋत्विज खूब शोर करने वाले संगीत धार्मिक अनुष्ठानों के समय गाते थे। जादू टोना करने वाले और मांत्रिक तथा शमक लोग भी आदि जनों के समाज में ऐसा ही करते थे। शमन संगीत जन-साधारण में लोकप्रिय था। इसके संकेत पहले ही—स्तोत्र अर्थात हर्षनाद में देखने को मिलते हैं। विशेषकर इस बात से यह और भी स्पष्ट हो जाता है कि सामवेद की ऋचाओं में चमत्कारी शक्ति समझी जाती थी। यह धारणा ब्राह्मणकाल तक बनी रही। सामवेद से संबद्ध एक कर्मकांड की पुस्तक है, जिसका नाम है साम विधान ब्राह्मण। इसके दूसरे खंड में जादू के मंत्र ही दिए हुए हैं जिनमें बताया गया है कि कौन से कार्य के लिए कौन से शमक प्रयोग में लाए जाएं। हम यह भी देख सकते हैं कि ब्राह्मणकाल से पूर्व के विश्वासों और मंत्रों में शमन संगीत का अस्तित्व बना हुआ है। यह बात इस तथ्य से सिद्ध होती है कि ब्राह्मणीय नियम पुस्तकों में बताया गया है कि जैसे ही शमन स्वर सुनाई दे, ऋग्वेद और यजुर्वेद का अध्यापन तथा पाठ तुरंत रोक दिया जाना चाहिए। (124. i. 167-8)

लेखक ने जो कुछ कहा है वह अत्यंत महत्वपूर्ण है। किंतु इसे हम आकस्मिक टिप्पणी नहीं मान सकते। इसके निहितार्थों को गंभीरतापूर्वक लेना होगा। इसका निहितार्थ यह हैं कि हमें आज भी जीवित वन्य जातियों के जीवन में गीत और संगीत की भूमिका का अध्ययन करना ही होगा। और इसी संदर्भ में हमें प्रारंभिक वैदिक गीतों के न केवल विचित्र और दुर्बोध प्रतीत होने वाले पक्ष को समझने का प्रयत्न करना होगा बल्कि इनके संबंध में बाद में लगाए गए अनुमानों को भी समझना होगा।

15. छांदोग्य उपनिषद

सामवेद में जोड़े गए परिशिष्ट के रूप में छांदोग्य उपनिषद का इस मायने में विशेष महत्व है कि वाक् गीत और संगीत के सिद्धांतों को समझने की दिशा में बहुत प्रारंभिक काल में किए गए प्रयत्नों का यही एक निश्चित साहित्य हमारे पास है। किंतु उपनिषद के रचयिताओं अर्थात हमारे पूर्वजों यानी प्रारंभिक वैदिक जनों ने इस वाक् गीत और संगीत का अनुभव विशेष अर्थों में किया था। यह बात इसलिए महत्वपूर्ण है क्योंकि इसी से छांदोग्य उपनिषद के प्रति हमारा मूल दृष्टिकोण निर्धारित होता है।

प्रारंभिक वैदिक गीतों की रचना और इन पर किए गए छांदोग्य चिंतन के बीच का अंतराल बहुत बड़ा रहा होगा। यदि साधारण-सा अनुमान भी लगाया जाए तो यह अंतराल दो हजार वर्षों से अधिक का होगा। इस काल में वैदिक जनों के मतों और विचारों में भी उनकी सामाजिक संस्थाओं की भांति मूल परिवर्तन हुए होंगे। उपनिषद के रचयिता सामाजिक विकास के काफी अच्छे चरण में रहे होंगे (इस पर हम आठवें अध्याय में चर्चा करेंगे) और उनके आध्यात्मिक और दार्शनिक विचार भी परिष्कृत होंगे। किंतु उनके पूर्वजों की स्थिति, जिन्होंने वास्तव में इन गीतों और संगीत की रचना की थी, बहुत भिन्न रही होगी। वे आदिवासी समाज में रहते थे (इस पर भी हम आठवें अध्याय में चर्चा करेंगे।) हम यह नहीं मान सकते कि वे लोग कोई गहन चिंतन कर सकते थे क्योंकि यह सभी जानते हैं कि वन्य जीवन बिताने वाली जातियों में इसकी क्षमता ही नहीं होती (67. ii. 503 और आगे) लेकिन साथ ही वाक् यानी भाषा और गीत तथा संगीत की भूमिका उनके जीवन में मुख्यतः वैसी ही रही होगी जैसा कि आज की आदिवासी जातियों के जीवन में है। यहां पर यह ठोस अनुभव का मामला रहा होगा न कि अमूर्त चिंतन का।

लेकिन यह बात उपनिषद के रचयिताओं के अनुभव का अंग नहीं हो सकती थी। फिर भी वे इसे पूरी तरह नहीं भूले थे। इसकी स्मृति उपनिषद के रचयिताओं तक मौखिक परंपरा की अबाध शृंखला में बंधकर आई और वैदिक संस्कृति इस कार्य में कितनी अटूट थी, यह भी सभी जानते हैं। अन्य शब्दों में, बहुत गहन चिंतन होने के बावजूद और इस तथ्य के बावजूद कि वे लोग अपनी ही शब्दावली के माध्यम से सोचते विचारते थे, उपनिषद के रचयिता पुरातन अनुभवों की स्मृति को ही तर्कसंगत बनाने का प्रयत्न कर रहे थे। हमारी रुचि इसी पुरातन अनुभव तक केंद्रित है। यदि हमें इसका कोई स्पष्ट आभास नहीं है तो उपनिषदों में कही गई विवेचनापूर्ण बातें हमें रहस्यमय, यहां तक कि निरर्थक भी प्रतीत होंगी।

वैदिक ऋषियों ने गीतों की रचना मूलतः विशेष प्रभावों के लिए की थी। उनकी यह कल्पना थी कि पदों की मात्राओं, स्वरावलि और अक्षरों, यहां तक कि इनके उच्चारणों में भी अथाह चमत्कारी शक्ति है। संभवतः इसका सबसे विख्यात उदाहरण यह है कि त्वष्ट्रि का शत्रु मरने के बजाय स्वयं त्वष्ट्रि मारा गया क्योंकि मंत्रोचारण सही नहीं हुआ था) यह शक्ति, जिसकी कल्पना यद्यपि अद्भुत थी किंतु असल में यह वास्तविक भौतिक शक्ति की सहायक थी। परंतु उपनिषदों के चिंतकों के लिए यह ऐसी नहीं रही होगी क्योंकि इसे वास्तविकता प्रदान करने वाली सामूहिक जीवन शैली उपनिषद काल में विद्यमान नहीं थी। ये चिंतक इस शक्ति की मूल गुणकारिता के विचार को केवल यह कहकर ही जनमानस के लिए तर्कसंगत बनाने का प्रयत्न कर सकते थे कि किसी रहस्यमय आध्यात्मिक शक्ति का ही यह परिणाम है। इस प्रकार इस मूल गुणकारिता का अर्थ अपने पूर्ववर्ती अर्थ के ठीक विपरीत हो गया। पहले जिस शक्ति को एक भौतिक शक्ति के रूप में अनुभव किया गया, वह बाद में एक रहस्यमय आध्यात्मिक भावना में बदल गई।

इसको बाद में युक्तिसंगत बनाए जाने के इस पक्ष में हमारी कोई रुचि नहीं है, फिर भी हम गीतों और संगीत के प्रभाव के बने रहने के प्रश्न की पूर्णरूप से उपेक्षा नहीं कर सकते।

> …आर्थिक प्रगति के कारण जो सामाजिक संस्थाएं पुरानी पड़ गईं उन्होंने धर्म की शरण ली। मानव इतिहासकारों की रुचि इस पक्ष में है क्योंकि यह पक्ष परित्यक्त प्रथाओं और विश्वासों का भंडार है। लोग अपने पूर्वजों द्वारा स्वीकार की गई प्रथाओं और कार्यों को छोड़ देने के बाद भी इस मान्यता से बंधे रहते हैं कि उनकी समृद्धि किसी न किसी रूप में अपने पूर्वजों की सदिच्छा पर निर्भर है। (48. i. 66)

किंतु जिन नई परिस्थितियों में ये प्राचीन मान्यताएं और प्रथाएं लाई जाती हैं, उनका नया ही उद्देश्य बन जाता है। ये सामूहिक भावना को तीव्र बनाने का साधन नहीं रह जाती बल्कि इन्हें कुछेक व्यक्तियों का 'रहस्यमय ज्ञान' घोषित कर दिया जाता है और तब ये लोग अन्य व्यक्तियों की तुलना में उच्च माने जाते हैं। कहने का मतलब यह है कि वर्गों में विभाजित समाज में एक वर्ग द्वारा दूसरे वर्ग पर प्रभुत्व जमाने के लिए ये एक सैद्धांतिक अस्त्र बन जाते हैं।

ये शब्द आधुनिक हैं किंतु उपनिषदों में उपलब्ध इसके प्रमाण एकदम स्पष्ट हैं। उपनिषद का अर्थ था 'गुप्त अथवा रहस्यमय ज्ञान' और यह अर्थ वेदों से भिन्न था जिसे केवल 'ज्ञान' कहा गया। उपनिषद के रचयिता बड़े गर्व के साथ यह घोषित करते हैं कि यह गुप्त ज्ञान केवल शासक वर्ग के पास ही था अर्थात क्षत्रियों या राजाओं के पास और अपने वर्ग की श्रेष्ठता स्थापित करने तथा उसे बनाए रखने के लिए एक महत्वपूर्ण माध्यम था। यह बात हमें राजाओं के मित्र 'राजन्य बंधु', प्रवाहन जाबालि द्वारा श्वेत केतु आरुणेय से पूछे गए पांच प्रश्नों की कथा में देखने को मिलती है। यह कथा बृहद् आरण्यक और छांदोग्य उपनिषद दोनो में है और हमने

प्रथम अध्याय के बीसवें खंड में इसका उल्लेख किया है। जब श्वेत केतु के पिता गौतम राजमहल में गए (छां. उप. v. 3.6) और राजा से अनुरोध किया कि वे इन प्रश्नों का उत्तर दें तो राजा ने कहा : तो हे गौतम ! तुमने जो कुछ मुझे बताया है वह ज्ञान तुमसे पहले अन्य ब्राह्मणों के पास नहीं था : और इसलिए सभी लोकों में केवल क्षत्रिय ही शासक रहे हैं। (वही. v. 3.7)

यह बड़ी आश्चर्यजनक स्वीकारोक्ति है। यदि ब्राह्मणों को भी इस ज्ञान का परिचय नहीं था तो इसका निहितार्थ यही हो सकता है कि केवल क्षत्रियों या राजाओं को ही इस ज्ञान पर एकाधिकार था। किंतु इस कथन में और भी अधिक विस्मयकारी एक अन्य बात थी : 'तस्माद् सर्वेषु लोकेषु क्षात्रस्यैव 'प्रशासनम्' अर्थात, क्योंकि केवल क्षत्रियों को ही इसका ज्ञान था इसलिए वे सभी लोकों के शासक थे। समकालीन भाषा में इसका अर्थ केवल यह हो सकता है कि उपनिषद अथवा गुप्त ज्ञान, शासक वर्ग का सैद्धांतिक हथियार था। तो भी राजा ने अंततः जो ज्ञान दिया उसका सूक्ष्मता से विश्लेषण करने पर पता चलता है कि यह वन्य जातियों के उत्पादकता संबंधी जादू टोने के पुरातन विश्वास का रहस्यमय रूप ही था। (पांचवें अध्याय में चलकर हम इसपर और विस्तार से चर्चा करेंगे) इससे हमें औपनिषदिक ऋषियों द्वारा उन प्राचीन विश्वासों के संबंध में किए गए चिंतन का थोड़ा बहुत आभास मिलता है जो उन्हें अपने पूर्वजों से प्राप्त हुए थे।

अब हम छांदोग्य उपनिषद की ओर विशेष रूप से ध्यान देंगे। एक खास बात यह है कि सारे उपनिषदों में प्राचीन अनुभवों को समान रूप से रहस्यमय नहीं बताया गया है। आरंभिक उपनिषदों के अध्यायों में, जिसमें यह उपरोक्त अंश भी आता है रहस्यमयता कम थी। छांदोग्य उपनिषद का स्वरूप कुछ विचित्र है। इसमें किसी एक विषयवस्तु पर सुनियोजित ढंग से विचार नहीं किया गया है। इसमें तो विभिन्न विषयों पर विचार व्यक्त किए गए हैं जो एक दूसरे के साथ या तो सुगठित ढंग से जुड़े हुए नहीं हैं या बिल्कुल ही अलग हैं। अकस्मात जिस प्रकार ये विचार शुरू होते हैं और समाप्त हो जाते हैं, उससे यह आभास मिलता है कि वास्तव में ये अलग अलग मोतियों की एक माला थी जिन्हें बाद में एक सूत्र में पिरो दिया गया किंतु यह सूत्र भी कोई बहुत पक्का नहीं था।

किंतु निश्चित रूप से एक विषय ऐसा है जो इस उपनिषद के प्रथम दो अध्यायों के सभी भागों में है। यह विषय है वाक् गीत और संगीत। दूसरे अध्याय के समाप्त होने के बाद इस उपनिषद में कहीं कहीं फिर, और वह भी अकस्मात रूप में इस विषय का उल्लेख हुआ है (उदा० iii. 12.1; iii. 17.3)। इसी से आभास मिलता है कि उपनिषद के प्रथम दो अध्याय ही इसका मूल थे और अन्य अध्याय बाद में जोड़े गए होंगे। इसीलिए इसमें पुरातन अनुभवों की स्मृति को कम विकृत रूप में बनाए रखा जा सका है।

यह आपत्ति उठाई जा सकती है कि उपनिषद के कुछ अन्य अध्यायों में भी विषयवस्तु का तारतम्य है। विषय है जीव का वास्तविक स्वरूप। यह एक ऐसा विषय है जो सारे उपनिषदों की विचारधारा की विशेषता माना जाता है। हम देखते हैं कि इस पर छांदोग्य उपनिषद में न केवल अपेक्षाकृत अधिक स्थानों पर बल्कि अधिक उत्साह और गहन रुचि के साथ लिखा गया है।

यह सच है। फिर भी यह दूसरा विषय न तो छांदोग्य उपनिषद की विशेषता है और न ही इस परिस्थिति के साथ कोई संबंध रखता है कि यह उपनिषद सामवेद के साथ एक परिशिष्ट के रूप में जोड़ा गया। इसके अलावा छांदोग्य शब्द के महत्व को नहीं भूलना चाहिए। क्योंकि यद्यपि उपनिषदों के नामों का विषयवस्तु के साथ कोई अनिवार्य संबंध नहीं है, फिर भी

जहां कहीं ऐसा कोई संबंध है, वहां उसकी अनदेखी नहीं होनी चाहिए। छांदोग्य शब्द, छंदोग से बना है। छंदोग का अर्थ है 'छंद गायक।' छंद में, 'चमत्कार गीत', 'पवित्र पाठ', और 'लय' होती है। यानी इस शब्द का मूल अर्थ 'लयपूर्ण भाषा' रहा होगा। इसका संबंध मूल शब्द छंद से भी हो सकता है जिसका अर्थ है 'प्रसन्न करना, संतुष्ट करना या प्रसन्नता लाना'। (124. i. 168 टि.)

यदि उपनिषद के रचयिताओं को इसमें मुख्यतः जीव के स्वरूप से संबद्ध प्रश्नों पर ही विचार करना था तो ऐसा कोई कारण समझ में नहीं आता कि उन्होंने इसे छांदोग्य क्यों कहा। किंतु यदि वे चमत्कार गीतों पर ही मुख्यतया विचार करना चाहते थे तो इस उपनिषद के प्रारंभिक अध्याय मूल आधार थे और इस प्रकार वे अन्य अध्यायों से पुराने थे। इसलिए कोई आश्चर्य की बात नहीं है कि हम आदिवासी जनों के संबंध में प्राप्त सामान्य ज्ञान के संदर्भ में इन्हें अधिक अच्छी तरह समझ सकते हैं।

16. इच्छा और गीत

उपनिषद के इन प्रारंभिक अध्यायों में जो कुछ कहा गया है उन सभी को स्पष्ट करने का प्रयत्न करना हमारे लिए आवश्यक नहीं है। हम तो केवल उन विषयों पर अपना ध्यान केंद्रित रखेंगे जिनका सीधा संबंध विचाराधीन अंश से है। क्योंकि हम यहां यही कहने का प्रयत्न कर रहे हैं कि मंत्रोच्चारण करने वाले अथवा गीत गाने वाले कुत्तों का विचित्र दृश्य व्यंग्यात्मक नहीं था बल्कि इसका उद्देश्य उस बात को प्रकट करना था जिसे उपनिषद के रचयिता वास्तव में वेद मंत्रोच्चारण का सार तत्व समझते थे। छांदोग्य उपनिषद में कहा गया है :

> व्यक्ति का सार तत्व है वाक्।
> वाक् का सार तत्व है ऋक् (स्तुति या देवगीत)
> ऋक् का सार है साम (संगीत)
> साम का सार है उद्गीथ (उच्च स्वर में गाना) (i. 1.2)

अर्थात कोई वाक्य ऐसा नहीं है जो पद्य न हो, कोई पद्य ऐसा नहीं है जो संगीतमय अथवा गेय न हो। और कोई संगीत ऐसा नहीं है जिसे उच्च स्वर में न गाया जाए। ये सभी बातें मानव अस्तित्व के साथ आवश्यक रूप से जुड़ी हुई हैं। यहां वाक् पद्य और गीत के बीच जिस प्रकार के संबंध की कल्पना की गई है, वह प्राचीन वैदिक दर्शन की अनिवार्य विशेषता है।

> किंतु वैदिक ब्रह्मज्ञानियों अथवा धर्मशास्त्रियों द्वारा लय (मेलोडी) और ऋक् यानी (स्टेंजा) के बीच संबंध की कल्पना के अनुसार लय की उत्पत्ति ऋक् से हुई। इसलिए ऋक् को योनि कहा जाता है जिससे लय उत्पन्न हुई। (124. i. 165)

स्वाभाविक है कि यह धारणा आधुनिक विद्वानों को विचित्र प्रतीत हुई (वही) क्योंकि यह पद्य और लय यानी संगीत के बीच संबंधों के बारे में हमारी आज की धारणा से भिन्न है। परंतु यह हमें विचित्र नहीं लगेगी यदि हम इसे भी उसी विधि से समझने का प्रयत्न करें जिस विधि से हमने उपनिषद के अंश में 'कुत्तों' को समझने का प्रयत्न किया है अर्थात हमें आदिम जनों से संबंधित अपनी जानकारी के परिप्रेक्ष्य में इसे देखना चाहिए।

> वन्य जातियों की सामान्य भाषा में ताल और लय विशेष रूप से प्रखर है। कुछ भाषाओं में तो उच्चारण इतना सुरतालमय है और शब्दों के अर्थ के लिए इतना महत्वपूर्ण है कि जब किसी गीत की रचना की जाती है तो उसकी धुन पर बोल के शब्दों की स्वाभाविक लय का प्रमुख प्रभाव होता है। (48. i. 439)

यानी आदिवासियों के ऋक्, साम की योनियां हैं, या कोई ऐसा ऋक् नहीं जो साम न हो, ठीक उसी प्रकार जैसे कि कोई ऐसा वाक् अथवा ऐसी भाषा नहीं जो पद्य (ऋक्) न हो।

> इस प्रकार अन्य जातियों के लोगों की बोली उस सीमा तक सुरतालमय और अद्‌भुत है कि इसे केवल कविता ही कहा जा सकता है। और यदि उनकी साधारण बोली कवित्वमय है तो उनकी कविता में जादू है। उनकी कविता तो केवल गीत है, और उनका गान लगभग सदैव अंग संचालन के साथ होता है जिसका उद्देश्य बाह्य परिस्थितियों में किसी तरह का परिवर्तन लाना या फिर वास्तविक परिस्थितियों पर कल्पना का रंग चढ़ाना होता है। (वही. i. 440)

इस अंतिम बात से हम प्राचीन वैदिक गान की एक और जानी मानी विशेषता पर आते हैं। ऐसा माना जाता था कि गाने के साथ साथ हाथों से कुछ निश्चित मुद्राएं बननी चाहिए। 'गीत गाते समय विभिन्न स्वरों की अभिव्यक्ति के लिए धर्माचार्य अपनी उंगलियों और हाथों की मुद्राएं बनाते थे। (124. पूर्वोद्धृत i. 167)

बर्नेल (xxviii, xli—xlviii) ने सामवेद के आरषेय ब्राह्मण की जो भूमिका लिखी है उसमें वैदिक मंत्रोच्चारणों की विशिष्टता पर विचार करने का भी थोड़ा प्रयास किया है। फिर भी हमें इस विस्तृत विवरण की रहस्यमय निरर्थकता पर आश्चर्य होता है, क्योंकि इस दृष्टिकोण से समझने का प्रयत्न नहीं किया गया है कि ये मुद्राएं आदिवासियों की बोलचाल का ही एक ढंग थीं :

> बच्चों की तरह जंगली लोग भी बात करते हुए हाथ हिलाहिला कर मुद्राएं बनाते हैं। इन मुद्राओं का उद्देश्य केवल दूसरों को अपनी बात समझने में सहायता करना नहीं है। वे जब अपने आपसे बात करते हैं तो भी ऐसी ही मुद्राएं बनाते हैं—हमारे लिए भाषा का महत्व पहले, और मुद्राओं का बाद में है, किंतु इसका अर्थ यह नहीं है कि हमारे आदि पूर्वजों का भी इसके बारे में ऐसा ही विचार था। (48. i. 445—6)

किंतु आइए हम फिर छांदोग्य उपनिषद के बारे में विचार करें। हमने देखा कि प्राचीन समाज में भाषा, कविता और संगीत एक अविकसित चरण में थे फिर भी इन सभी समानांतर गतिविधियों का आपस में एक प्रकार का सामंजस्य-सा था। तो उस समय के समाज के सामंजस्य का आधार था जादू, एक माया विधि, जिसका लक्ष्य इच्छित बात को इस प्रकार प्रस्तुत करना था मानो वह हकीकत हो। जादू टोने का केंद्र बिंदु है इच्छा। वह इच्छा, जिसकी पूर्ति अद्‌भुत कल्पना द्वारा की जाती है। स्वाभाविक है कि हम छांदोग्य उपनिषद के रचयिताओं से यह अपेक्षा न करें कि उन्हें ऐसे गीत की जानकारी होनी चाहिए थी जो इच्छापूर्ति के लिए न हो या किसी ऐसे गायक का पता होना चाहिए जो इच्छाओं का उपार्जक न हो (छां. उप. i. 2. 13 : कामम् अगायति) मूलतः यह इच्छा अन्न के लिए थी जैसा कि गीत गाने वाले कुत्तों के प्रसंग में बताया गया था :

> तब उसने (श्वान) अपने लिए अन्न का गीत गाया, क्योंकि जो भी अन्न खाया जाता है उसे वही खाता है। इस प्रकार वह स्थित होता है।
>
> उन देवताओं ने कहा : 'वस्तुतः अन्न की भांति ही विश्व की सीमा है, और तुमने गीत गाकर इसे प्राप्त किया है। हमें इस अन्न का भाग दो।

यह अंश बृहदारण्यक उपनिषद का है। (i. 3. 17-8) किंतु यह कथा के संदर्भ में आया है। यही कथा छांदोग्य उपनिषद (i. 2) में भी है। ड्यूसन का अनुमान है कि बृहदारण्यक की कथा अधिक पुरानी है। किंतु यह संदेहास्पद है। इस कथा की मूल विषयवस्तु उद्‌गीथ है इसलिए यह

छांदोग्य उपनिषद के साथ विशेष मेल खाती है। इसके अलावा इच्छापूर्ति के लिए गीत गाने की बात निश्चित रूप से छांदोग्य उपनिषद की प्रमुख विषयवस्तु है। हम कुछ उदाहरण देते हैं :

> निश्चित ही जो इच्छापूर्ति के लिए गीत के महत्व को जानता है वह उद्गीथ का आदर करता है और वही इच्छा गीतों का प्रभावशाली उद्गाता है। (i. 2. 14)
>
> इसलिए जो उद्गाता यह जानता है, कह सकता है : 'मैं गीत गाकर तुम्हारी किसी भी इच्छा की पूर्ति कर सकता हूं' : क्योंकि वह वास्तव में गीत गाकर इच्छाओं की पूर्ति करने में पारंगत है, जो इसका ज्ञान रखते हुए साम का उच्चारण करता है—हां, साम का उच्चारण करता है। (i. 7. 8)
>
> 'मुझे गीत गाकर देवताओं के लिए अमरत्व प्राप्त करने दो'। इस प्रकार गीत गाकर कुछ प्राप्त करना चाहिए। 'मुझे गीत गाकर पितरों के लिए हव्य, मनुष्य के लिए आशा, पशुओं के लिए चारा और जल, यजमान के लिए स्वर्ग और अपने (आत्मा) लिए अन्न प्राप्त करने दो'। इन बातों का ध्यान करते हुए बड़ी सावधानी से स्तोत्रोच्चारण किया जाना चाहिए। (ii. 22. 2)
>
> ऋक् कौन सा है ? साम कौन सा है ?
> उद्गीथ कौन सा है ? इसी पर शास्त्रार्थ होता रहा है।
> ऋक्, वाक् है। साम श्वास (प्रण) है। उद्गीथ यह अक्षर है 'ओम्'।
> वस्तुतः यह एक युगल है, वाक् और प्राण तथा ऋक् और साम।
> 'ओम्', अक्षर इन दोनों को जोड़ता है।
> निश्चय ही जब कोई युगल बनता है तो वस्तुतः दोनों एक दूसरे की इच्छा पूरी करते हैं।
> जो यह जानता है, वास्तव में इच्छाओं को पूरा करने वाला बनता है और इस अक्षर के रूप में उद्गीथ की उपासना करता है।
> सत्य ही, यह अक्षर एक स्वीकृति है : क्योंकि जब कोई व्यक्ति किसी बात के लिए सहमत होता है तो वह केवल इतना कहता है, 'ओम्'।
> वास्तव में यह पूर्ति है अर्थात सहमति है।
> जो यह जानता है वास्तव में इच्छाओं को पूरा करने वाला बनता है और इस अक्षर के रूप में उदगीथ की उपासना करता है। (i. 1.4-8)
> और अब इच्छापूर्ति।
> निम्नलिखित स्थानों को शरण स्थल के रूप में पूजा जाना चाहिए—और अंत में व्यक्ति को अपनी इच्छा पर पूर्ण ध्यान करते हुए स्वाध्याय के साथ स्तोत्रोच्चारण करना चाहिए। सत्य ही, यह अपेक्षा है कि उसकी उस इच्छा की पूर्ति होगी जिसके लिए वह स्तोत्रोच्चारण कर रहा होगा—हां, जिस इच्छा के लिए वह स्तोत्रोच्चारण कर रहा होगा। (i. 3.8.12)

यदि उपनिषद के रचयिताओं ने सचमुच यही बातें सोची थीं तो आधुनिक विद्वानों को यह धारणा बनाने का कोई आधार नहीं है कि उपनिषद में उल्लिखित कुत्ते, चूंकि उनके गीत का लक्ष्य अन्न की इच्छा की पूर्ति करना था, वैदिक धर्माचार्यों का परिहासमात्र कर रहे थे। इसके विपरीत, उपनिषद के ये रचयिता अपने पूर्वजों से समय की दृष्टि से भले ही बहुत दूर रहे हों किंतु वे तब भी गीत की चमत्कारी गुणकारिता को उसी भांति समझ रहे थे जिस तरह उनके पूर्वजों ने उसे माना था। इसीलिए इन रचयिताओं को ऐसे किसी गीत का ज्ञान नहीं था जिसका लक्ष्य इच्छापूर्ति न हो।

मूलतः यह इच्छा अन्न के लिए थी। किंतु उसी भांति यह इच्छा वर्षा, पशुधन-संवर्धन या अग्नि प्रज्वलन की भी हो सकती थी। हम कुछ और उदाहरण देंगे :

पूर्व वायु, हींकार है।

बादल बनता है : यह प्रस्ताव है।

वर्षा होती है : यह उद्गीथ है।

बिजली चमकती है : यह प्रतिहार है।

बादल छंटते हैं : यह निधान है।

जो यह जानता है, उसके लिए वर्षा होती है, वास्तव में वह वर्षा कराता है और पांच चरणों वाले साम की उपासना करता है। (ii. 3)

हम देख चुके हैं कि हींकार, प्रस्ताव आदि, पंच चरणों वाले साम के पांच भाग हैं। ध्यान देने की बात यह है कि वन्य जातियों में आज भी वर्षा कराने वाले चमत्कार में निहित विश्वास अपने विशुद्ध रूप में विद्यमान हैं। नीचे इस मान्यता के संबंध में उदाहरण दिया गया है कि पशु धन की वृद्धि की इच्छापूर्ति के लिए साम में चमत्कारी गुण हैं।

पशुओं में पंच चरणों वाले साम का आदर होना चाहिए।

बकरी हींकार है।

भेड़ प्रस्ताव है।

गाय उद्गीथ है।

घोड़ा प्रतिहार है।

मनुष्य निधान है।

उसे पशु प्राप्त होते हैं, वह पशुधन से संपन्न होता है जो यह जानते हुए पशुओं में पंच-चरणों वाले साम का आदर करता है। (ii. 6)

इस धारणा में स्वेच्छाचारिता का कुछ तत्व स्पष्ट है। पुरातन अनुभवों के आधार पर ये धारणाएं बनी थी, इसलिए इनको स्वेच्छाचारी होना ही था। किंतु हम इस बात पर अपना ध्यान केंद्रित नहीं कर रहे हैं। हम तो इस बात पर विचार कर रहे हैं कि इन धारणाओं के पीछे कौन सी प्राचीन मान्यताएं कार्य कर रही थीं।

और अधिक उदाहरण देने की आवश्यता नहीं है। विंटरनिट्स सामवेद की कर्मकांड पुस्तक की ओर पहले ही हमारा ध्यान आकर्षित कर चुके हैं। यह पुस्तक चमत्कारी क्रियाओं की एक संहिता है जिसमें विभिन्न प्रकार के सामों का उपयोग करने की विधि बताई गई है। किंतु विंटरनिट्स ने स्पष्ट रूप से यह नहीं कहा है कि चमत्कारों के लिए सामों का ऐसा उपयोग वैदिक पुरोहितों की कल्पनामात्र नहीं रहा होगा। इनके रचयिता केवल उन्हीं मान्यताओं और विश्वासों को युक्तिसंगत बनाने का प्रयत्न कर रहे थे जो उन्हें अपने पूर्वजों से विरासत में मिले थे।

17. वाक्, छंद और जादू-टोना

गीत गाने वाले कुत्तों के दृश्य को सीधे ही व्यंग्यपरक मान लेने का एक प्रत्यक्ष कारण यह हो सकता है कि भोजन अथवा अन्न के लिए गीत गाने का विचार, हमारे सुसंस्कृत विद्वानों को बड़ा अभद्र प्रतीत हुआ। यह अभद्र तो है किंतु इन विद्वानों की गलती यह है कि वे उपनिषदकारों को सुसंस्कृत या परिष्कृत जन मानते हैं जो कि वे थे नहीं। वे तो भूख से पीड़ित असंस्कृत लोग थे जिन्हें भुखमरी, मृत्यु और विनाश का भय सताया करता था। इसीलिए, उन्होंने यह कल्पना की कि

बाक्, छंद, गीत, लय, सभी में अन्न प्राप्ति का चमत्कारी गुण है। बृहदारण्यक उपनिषद में वाक् की उत्पत्ति की कथा इस प्रकार दी गई है :

> प्रारंभ में यहां कुछ नहीं था। यह संसार मृत्यु से, भूख से आच्छादित था, क्योंकि भूख मृत्यु है।...... उसने इच्छा की, 'यदि मेरे जैसा एक और जीव उत्पन्न हो जाता।' उसने 'मृत्यु-भूख' वाक् के साथ मानसिक मैथुन किया। जो वीर्य था वह वर्षा बन गया। उसने उसे एक वर्ष तक अपने गर्भ में रखा। इस लंबी अवधि के पश्चात उसे उत्पन्न किया। जब वह जन्मा तो मृत्यु ने उसे निगलने के लिए मुंह खोला। वह चिल्लाया 'मां'। वास्तव में यह वाक् बन गया। उसने सोचा : 'वस्तुतः, मैं यदि उस पर आक्रमण करता हूं, तो मेरे लिए भोजन कम हो जायगा। इस वाक् के साथ, इस जीव के साथ उसने इस सारे संसार को, जो कुछ यहां है, उसको जन्म दिया : ऋक्-यजुः-साम, छंद,यज्ञ, पुरुष, पशु। उसने जो कुछ उत्पन्न किया, उसका भक्षण करने लगा। सत्य ही, वह सब कुछ खाता है यही अदिति का स्वभाव है। जो अदिति के इस स्वभाव को जानता है, यहां की प्रत्येक वस्तु का भक्षक बन जाता है, प्रत्येक वस्तु उसके लिए खाद्य बन जाती है। (i. 2. 1. 4. 5)

इस प्रकार उपनिषदकार अन्न के प्राकृतिक विचार के प्रति इतने भावुक नहीं थे। इसी उपनिषद में कहा गया, 'वस्तुतः यह सारा संसार केवल खाद्य और उसका भक्षक है'। (i. 4. 6.) और फिर :

> जो साम-मंत्र की शक्ति को जानता है वह वस्तुतः सशक्त है। वास्तव में स्वर उसकी शक्ति है क्योंकि स्वर की शक्ति से प्राण, गान करता है। किंतु कुछ लोग कहते हैं कि उसकी शक्ति खाद्य में है। (i. 3. 27)

यहां विशेष ध्यान इस बात पर देना है कि इन प्राक्कथनों के रहस्यमय और दुर्बोध होते हुए भी वाक् और अन्न के मूल संबंध को पूर्ण रूप से भुलाया नहीं गया था। लय की भांति वाक् को भी अन्न प्राप्ति का चमत्कारी साधन माना गया था। छांदोग्य उपनिषद के रचयिता, वाक् की इसी चमत्कारपूर्ण गुणकारिता को विभिन्न तरीकों से युक्ति संगत बनाने का प्रयत्न कर रहे थे।

> वाक् उसे दुग्ध देता है। 'अर्थात् स्वयं वाक् ही दुग्ध है'।
>
> जो साम-मंत्रों के इस रहस्य को समझता है, 'हां जो इस रहस्यमय अर्थ का ज्ञान रखता है', वह अन्न् से संपन्न होता है, भोजन प्राप्त करता है। (i. 13. 4)

यह छांदोग्य उपनिषद में एक आध स्थान पर नहीं कहा गया है। यह विचार कई स्थानों पर बार बार व्यक्त किया गया है। इस प्रकार :

> वाक् उसे दुग्ध देता है 'अर्थात् स्वयं वाक् का दुग्ध।' जिसे इसका ज्ञान है वह वाक् में सप्तधा-साम का आदर करता है और अन्न से संपन्न होता है, खाद्य को ग्रहण करने वाला बनता है। (ii. 8. 3)
>
> वाक् उसे दुग्ध देता है 'अर्थात् स्वयं वाक् दुग्ध।' जो यह जानता है और उद्गीथ के अक्षरों, उद, गी, थ, का आदर करता है वह अन्न से संपन्न होता है, भोजन प्राप्त करने वाला बनता है। (i. 3. 7)

किंतु छांदोग्य उपनिषद के रचयिताओं ने यह स्पष्ट किया कि जिस वाक् या भाषा की बात वे कर रहे हैं साधारण भाषा नहीं थी, बल्कि वन्य जातियों के असभ्य लोगों की स्वरमयी थी और इसीलिए वह छंदबद्ध थी। सच तो यह है कि उसके विचार से कोई वाक्य ऐसा नहीं था जो छंदबद्ध न हो। जैसी कि अपेक्षा की जानी चाहिए, छंदों का यही मूल उद्देश्य माना जाता था। छांदोग्य उपनिषद में कहा गया :

> वस्तुतः जब देवताओं को मृत्यु का भय होता था तो वे वेद-त्रयी की शरण लेते थे। वे स्वयं को आच्छादित यानी छंदों से परिरक्षित कर लेते थे—'आच्छादयन' क्योंकि स्वयं को वे इनसे आच्छादित करते थे इसीलिए इन्हें छंद कहा गया। (i. 4. 2)'

इसका मतलब है कि देवताओं को (वैदिक जनों के पूर्वजों को), मृत्यु का भय था। बृहदारण्यक (i. 2. 1) उपनिषद में पहले ही कहा जा चुका है कि मृत्यु का अर्थ था भूख। उन्होंने छंदों की शरण ली। स्पष्ट है कि भूख और विनाश से बचने के लिए देवताओं को केवल छंदों की ही शरण मिल सकती थी। उन्हे अन्न देकर बचाया जा सकता था। मतलब यह हुआ कि एक समय ऐसा था जबकि छंद को अन्न प्राप्ति के उद्गम से संबद्ध माना जाता था। हमें बाद के वैदिक ग्रंथों में इसी स्मृति के अवशेष विभिन्न रूपों में देखने को मिलते हैं। प्रारंभिक वैदिक मंत्रों में गायत्री, उष्णिक्-वृहती, पंक्ति आदि, अधिक विख्यात हैं। और ऐत्तरेय ब्राह्मण ने कहा है:

> गायत्री मंत्र को उसे स्विष्ट्कृत के अभ्यर्थना श्लोकों के रूप में प्रयोग में लाना चाहिए, जो तेजस्विता या वैभव चाहता है : गायत्री—तेजस्विता और वैभव है; जो यह जानते हुए गायत्री मंत्र का प्रयोग करता है वह तेज और वैभव प्राप्त करता है। और जो जीवन की इच्छा रखता है उसे उष्णिक् छंदों का प्रयोग करना चाहिए, उष्णिक् जीवन है; यह जानते हुए जो उष्णिक् मंत्रों का प्रयोग करता है वह अपना संपूर्ण जीवन सुख से बिताता है। अनुष्टुप छंद का प्रयोग उसे करना चाहिए जो स्वर्ग-कामी है—बृहदि मंत्रों का प्रयोग वह करे जो समृद्धि और कीर्ति चाहता है; छंदों में बृहदि, समृद्धि और कीर्ति है; वस्तुतः जो यह जानते हुए बृहदि छंद का प्रयोग करता है उसे समृद्धि और कीर्ति प्राप्त होती है। यज्ञ की इच्छा करने वाले को पंक्ति मंत्र का प्रयोग करना चाहिए त्रिष्टुप्, शक्ति, बल, सत्ता है; जो यह जानते हुए त्रिष्टुप् छंद का प्रयोग करता है वह शक्ति, बल तथा सत्ता संपन्न बनता है। पशुधन की इच्छा करने वाले को जगती मंत्री का उपयोग करना चाहिए; पशु का संबंध जगती से है; जो यह जानते हुए जगती छंद का उपयोग करता है वह पशुधन से संपन्न होता है। जो समुचित अन्न का इच्छुक है उसे विराज् छंद का प्रयोग करना चाहिए; विराज्, अन्न है; इसलिए जिसके पास इस संसार में सबसे अधिक अन्न है उसी को सर्वाधिक यश प्राप्त होता है; इसीलिए विराज् का नाम कीर्ति अथवा यश है। (12. 110)

ऐसे ही कई और प्रसंग ऋग्वेद में मिल सकते हैं। किंतु बहुत सारे अंशों को उद्धृत करने की आवश्यकता नहीं है। असल बात तो यह है कि वाक् और साम की भांति छंद भी किसी न किसी इच्छा की पूर्ति के लिए थे। बाद में भले ही किसी निश्चित छंद का संबंध किसी निश्चित इच्छा की पूर्ति से जोड़ दिया गया, किंतु माना यही गया था कि छदों में चमत्कारी गुण थे। तब तो मंत्रोच्चारक श्वान भी किसी इच्छा की पूर्ति के लिए कोई निश्चित गीत रच कर वास्तविक वैदिक पथ से बहुत हट कर कोई काम नहीं कर रहे थे।

18. ऋग्वेद में गान

ऋग्वेद में गान के महत्व का विश्लेषण करने से इस बात की और भी पुष्टि होती है कि छांदोग्य उपनिषद के मंत्रोच्चारक अथवा गीत गानेवाले कुत्ते पूर्ण रूप से वैदिक पथ पर चल रहे थे। अन्य शब्दों में बक दाल्श्य के समक्ष प्रस्तुत किया गया दृश्य वैदिक ऋषियों की प्राचीन प्रज्ञा को दर्शाने के लिए था। ऋग्वेद के छठे मंडल में इंद्र को संबोधित करते हुए कहा गया है :'हम गणों के बीच आसन ग्रहण करो और गाओ, जिससे हम अन्न प्राप्त कर सकें—हम, जो गा रहे हैं'।(vi. 40. 1)

गण का अर्थ था समूह, और हम अगले अध्याय में देखेंगे कि इसका विशिष्ट अर्थ था सामू-

हिंकता, जो आदिमजातीय जीवन की विशेषता थी। तो प्रारंभिक वैदिक ऋषि स्वयं गणों में रहते हुए अन्न चाहते थे। किंतु इसकी प्राप्ति के लिए वे समूहगीत गा रहे थे और वे इंद्र से अनुरोध कर रहे थे कि वह भी इस समूह में सम्मिलित हों। यह अत्यंत उल्लेखनीय बात है, क्योंकि छांदोग्य उपनिषद के गीत गाने वाले कुत्ते ठीक यही तो कह और कर रहे थे : 'अन्नम् नो भगवान अगायतु अशनायाम् वा इति।' साधारणतया यह स्वीकार किया गया है कि ऋग्वेद का सबसे पुराना अंश दूसरे मंडल से सातवें मंडल तक है। इसी भाग में हमें 'अन्न के लिए गीत' बार बार देखने को मिलता है। इसके कुछ उदाहरण इस प्रकार हैं :

> 'हे अग्नि' उन गीतों के साथ तुम संपत्ति लाते हो, जिसमें अन्न भी होता है : हम अपनी सेवा से तुम्हारी आराधना करेंगे। (ii. 6. 1)
>
> इंद्र ने अंगीरसों द्वारा खाद्य गीतों में व्यक्त की गई इच्छा को प्रेरित किया तथा पूर्ण किया। (ii. 20. 5)
>
> ऋषिमुनियों ने यज्ञ करके स्तुति गा कर, जल प्रदान करने वाले इंद्र से गाय प्राप्ति की अपनी इच्छा पूर्ण की। इकट्ठे बैठकर समवेत स्वरों में इंद्र की स्तुति गा कर उन्होंने गायों की रक्षा की कामना की और संपत्ति प्राप्त की। (ii. 21. 5)
>
> गायक तुम्हारे (इंद्र) चारों ओर घूमते हुए सभी ऋतुओं में अन्न के संबंध में वर्णन करते हैं : वे गायत्री और त्रिस्तुव दोनों छंदों में साम गायकों की भांति गाते हैं और श्रोता को प्रसन्न करते हैं। (ii. 43. 1)
>
> गायकों के गीतों से अग्नि ने अति वृद्धि की। (iii. 5. 2)
>
> अग्नि वैश्वानर का ध्यान करके, हम अन्न और संपत्ति के इच्छुक होने के कारण, यज्ञ में मंत्रों से उसका आह्वान करते हैं। वह विशाल हृदय है, वह अपने रथ में बैठकर यज्ञ स्थल पर आता है। (iii. 26.1)

आदि आदि। ऋग्वेद के पुरातन भाग में से ऐसे कई और अंश उद्धृत किए जा सकते हैं। इन सबमें हमें गीत अनिवार्यतः समवेत गान के रूप में मिलता है और इसका उद्देश्य विशेष रूप से कोई भौतिक इच्छा (बहुधा अन्न की इच्छा) की पूर्ति होता है।

यह एक दिलचस्प बात है कि ऋग्वेद के पुराने और बाद में लिखे गए अंशों के बीच लंबे अंतराल में वैदिक जनों के जीवन में आए परिवर्तनों के बावजूद 'अन्न के लिए गीत' का विचार विलुप्त नहीं हुआ। गीतों में चमत्कारी गुण होने की स्मृति संभवतः बाद में आने वाले कवियों तक बनी रही और उन्होंने अपने समय के अनुसार कुछ संशोधन करके इन्हीं गुणकारी गीतों को प्रतिध्वनित करने का प्रयत्न किया। नीचे कुछ उदाहरण ऋग्वेद के बाद में लिखे गए अंशों से दिए जाते हैं :

> कुश पर रखे हुए हविः प्रसाद और मंत्र आपको (अश्विनो को) हमारी इच्छानुसार अन्न लेकर हमारे पास आने को बाध्य करते हैं। (i. 117. 1)
>
> और फिर वर्षा लाने वाले हे अश्विनो इस प्रकार के कुश से छिड़के गए जल वाले घर में तुम्हारे दीप्तिमान शरीर की स्तुति हमें आहार देती है : यह हमें वर्षा और सुख उसी प्रकार उपहाररूप में देती है जिस प्रकार गाय दूध देती है। (i. 181. 8)
>
> हे मरुतो! यह तुम्हारी स्तुति है : हमें यह स्तुति सीखने को मिली जो तुम्हारा आदर करते हैं और तुम्हारे हृदय को आर्द्र (दयावान) बनाते हैं। जिससे हम अन्न को युद्ध में विजय से प्राप्त होने वाली संपत्ति समझें और यह हमारे शरीर को पौष्टिक आहार उपलब्ध कराता है। (i. 165. 15; i. 166. 15; i. 167. 11; i. 168. 10)

यह अंकित ऋचा ऋग्वेद के प्रथम मंडल में चार बार आई है। स्पष्ट है कि इसे बहुत महत्व दिया गया था। इसमें हम प्रत्यक्ष रूप से देखते हैं कि प्राचीन चमत्कारी गुणों का तत्व एक नई आराधना के साथ मिश्रित था। इसका संभावित कारण यही रहा होगा कि इसे बाद में लिखा गया होगा, अर्थात उस समय की सामाजिक परिस्थितियों में परिवर्तन आ चुका था। किंतु उल्लेखनीय बात यह है कि चमत्कारिता का तत्व वेद में बाद में लिखे गए अंशों में भी पूरी तरह विलुप्त नहीं हुआ था। उस समय भी गीत अथवा स्तुति को किसी इच्छा की पूर्ति करने वाला समझा जाता था। सायण ने अंतिम ऋचा पर अपनी टीका में इस बात को स्पष्ट कर दिया है। यहां मरुत की स्तुति करने के बाद इच्छित वस्तु की कामना की गई है। एक और बात विशेष ध्यान देने योग्य है। जो इच्छा यहां व्यक्त की गई वह पूर्णरूप से भौतिक थी। इसमें दिव्य आनंद या मोक्ष जैसी कोई आध्यात्मिक बात नहीं कही गई है। यहां केवल अन्न के लिए इच्छा व्यक्त की गई है और अन्न का लक्ष्य है : शरीर को पौष्टिक आहार प्रदान करना।

प्रत्यक्ष रूप से यह प्राकृतिक भौतिकवाद या आदिमजनों का पुरातन भौतिकवाद है, जिससे बाद के वैदिक जन भी मुक्त नहीं हो पाए थे। यही सहज भौतिकवाद उपनिषद के अंश में वर्णित मंत्रोच्चारक श्वानों का भी है। जीवन यापन के भौतिक साधनों को सर्वोच्च मूल्य मान कर अर्थात केवल अन्न के लिए, भोजन के लिए और पेय के लिए गीत गा कर ये कुत्ते पूर्ण रूप से मूल वैदिक पथ पर चल रहे थे।

हम आठवें अध्याय में प्रारंभिक वैदिक जनों के सहज भौतिकवादी दृष्टिकोण पर आगे विचार करेंगे। इस बीच एक रोचक बात यह है कि सहज भौतिकवाद की दृष्टि से वैदिक दृष्टिकोण और लोकायतिक दृष्टिकोण के बीच आश्चर्यजनक साम्य है।

19 लोक संस्कृति और वैदिक संस्कृति

अब हम पारंपरिक दृष्टिकोण से हट कर, यानी देश में आज भी जीवित लोक संस्कृति के दृष्टिकोण से, वैदिक संस्कृति के मूल रूप की विशिष्टताओं को समझने का प्रयत्न करेंगे। टोटमवाद के अवशेषों के संबंध में हम पहले कह चुके हैं कि हमारे पिछड़े लोगों का विकास अवरुद्ध रहा। तो भी उनमें वैदिक जनों के पूर्वजों की मान्यताओं और रीति रिवाजों की झलक मिलती है। इसमें कोई रहस्य की बात नहीं है। ये प्रारंभिक पूर्वज स्वयं पिछड़े हुए लोग थे। अब हम यह बताने जा रहे हैं कि इसी या ऐसे ही कारण से वैदिक संस्कृति के प्रारंभिक काल पर हमारी लोक संस्कृति के कुछ तत्वों की सहायता से प्रकाश पड़ सकता है। वैदिक संस्कृति के इसी प्रारंभिक काल के बारे में ही उपनिषदों के रचयिता अपने ढंग से चिंतन कर रहे थे। हम अपना विचार विमर्श केवल पद्य और गान के प्रश्नों तक ही सीमित रखेंगे, क्योंकि इस समय हम जो तर्क दे रहे हैं उसके साथ इनका विशेष संबंध है।

औपनिषदिक चिंतकों के लिए गान का अनिवार्य उद्देश्य किसी इच्छा की पूर्ति था और गायक उन इच्छाओं का उपार्जक था। ऐसा इसलिए था कि गान का सार किसी इच्छा की पूर्ति करना था जैसाकि उनके प्रारंभिक पूर्वजों का अनुभव था। हम देखेंगे कि किस प्रकार बंगाल के व्रतों के पीछे भी यही मान्यता सक्रिय थी। ये लोक रीतियां हैं जो बहुधा कुछ निश्चित ऋतुओं में मनाई जाती हैं और यह व्रत अधिकतर किसानों की स्त्रियां रखती हैं।

हम बंगाल के व्रतों के संबंध में अवनींद्रनाथ ठाकुर द्वारा लिखे गए उल्लेखनीय निबंध के लिए ऋणी हैं (बांगलार व्रत (ब) के आगे आने वाले उद्धरण छायानुवाद हैं)। सामान्यतः हम इस विषय पर उन्हीं के विचारों के अनुसार चलेंगे, केवल वे बातें छोड़ देंगे जहां उन्होंने भाववादी

दृष्टिकोण अपना कर इस विषय को दुर्बोध बना दिया है।

किसी व्रत का मूल उद्देश्य कोई इच्छा है (वही. 1)। इसमें पद्य, पहेलियां, गान, नृत्य और यहां तक कि प्रतीकात्मक चित्रों यानी अल्पना का भी समावेश है। ये सब कुछ ऐसा आभास देने के लिए हैं मानो इच्छा पूर्ण हो चुकी हो। अवनींद्रनाथ ने कहा है :

> व्रत मात्र एक इच्छा है। इसे हम चित्रों में देखते हैं : यह गान और पद्य में प्रतिध्वनित होती है, नाटकों और नृत्यों में इसकी प्रतिक्रिया दिखाई देती है। संक्षेप में व्रत केवल वे इच्छाएं हैं जिन्हें हम गीतों और चित्रों में चलते-फिरते सजीव रूपों में देखते हैं। (वही.58)

यह सब प्रत्यक्ष रूप से चमत्कार अथवा जादू है। अर्थात इन्हें धार्मिक कहना एक भ्रांति होगी। अवनींद्रनाथ ने बार बार कहा है कि व्रत न तो प्रार्थना है न ही देवताओं को प्रसन्न करने का प्रयत्न है (वही. 11)। व्रत में निहित उद्देश्य अनिवार्यतः क्रियात्मक उद्देश्य होता है। इसका उद्देश्य देवी देवताओं के समक्ष दंडवत करके किसी वर की याचना करना नहीं है। बल्कि इसके पीछे दृष्टिकोण यह है कि कुछ निश्चित कर्म करके अपनी इच्छा पूर्ण की जाए। वास्तव में परलोक या स्वर्ग का विचार व्रतों से कतई जुड़ा हुआ नहीं है। हां, जैसा कि हम आज देखते हैं, कुछ व्रत केवल धार्मिक विकृतियां हैं। किंतु, जैसा कि अवनींद्रनाथ ने दृढ़तापूर्वक कहा है, इन्हें धार्मिकता का रंग बाद में कुछ स्वार्थी लोगों ने दिया या फिर बाद के विचारों में से ये विकृतियां आईं (वही. 7)। जो भी हो ये वास्तविक व्रत नहीं है। सच्चे व्रत वे हैं जैसा कि उन्होंने बड़े कवित्त-मय ढंग से कहा, जो 'इस धारा के संगीत के साथ समस्वर हैं' (वही)।

व्रत की एक विशेषता यह है कि समान इच्छा को लेकर इसे अनेक लोगों को सामूहिक रूप से रखना होता है। यदि किसी एक व्यक्ति की कोई निजी इच्छा है और वह इसकी पूर्ति के लिए कोई कार्य करता है तो इसे व्रत नहीं कहा जाएगा। यह केवल तभी व्रत बनता है जब एक ही परिणाम की प्राप्ति के लिए कई व्यक्ति मिल कर आपस में सहयोग करें।

> किसी व्यक्ति के लिए नृत्य करना संभव हो सकता है किंतु अभिनय करना नहीं। इसी प्रकार किसी व्यक्ति के लिए प्रार्थना करना और देवताओं को संतुष्ट करना संभव हो सकता है, किंतु व्रत करना नहीं। प्रार्थना और व्रत दोनों का लक्ष्य इच्छाओं की पूर्ति है, किंतु प्रार्थना केवल एक व्यक्ति करता है और अंत में यही याचना करता है कि उसकी इच्छा पूरी हो। व्रत अनिवार्यतः सामूहिक अनुष्ठान होता है और इसके परिणाम स्वरूप वास्तव में इच्छा पूर्ण होती है। (वही 11)

बंगाल के किसान वसु धारा व्रत करते हैं (वही 57)। यह व्रत ग्रीष्म ऋतु के मध्य में सूखे वाले दिनों में किया जाता है, जब, जैसा कि व्रत के पदों में वर्णन आया है, 'गंगा डूब जाती है और आकाश राख का ढेर बन जाता है।' स्वाभाविक है कि व्रत का उद्देश्य वर्षा और प्रचुर जल की इच्छा पूर्ति है। किसान गाते हैं। वे वर्षा गीत गाते हैं और इस गीत में वे सूखे और गर्मी से तप्त धरा को जलमग्न देखते हैं जिसमें बच्चे हंस खेल और तैर रहे हैं। ये किसान अभिनय भी करते हैं। वे वर्षा का सृजन करते हैं। एक वृक्ष पर एक बड़ी हंड़िया लटका कर उसमें पानी भर देते हैं और छोटे छोटे छेद कर देते हैं। यह हंड़िया एक मेघ है। उसमें से जल कण टपकते हैं। यह वर्षा है। इस प्रकार ये किसान अपनी कल्पना में अपनी इच्छा को वास्तविकता प्रदान करते हैं। हम इन क्रियाओं के अंग के रूप में गान की भूमिका पर ही अपना ध्यान केंद्रित रखेंगे।

अब प्रश्न यह है : इस वसु धारा व्रत में जो गीत वर्षा के लिए गाए जाते हैं (मानो वास्तव में यह इच्छा पूरी हो गई हो) क्या सचमुच वर्षा लाते हैं ? स्पष्ट है कि ऐसा नहीं होता। फिर भी यह गीत व्यर्थ नहीं है। ग्रीष्म ऋतु के मध्य में पड़ने वाला यह सूखा काफी लंबे समय तक रहता

है और बहुत भयंकर होता है। हमारे किसानों के जीवन की यह घड़ी घोर परीक्षा वाली होती है। और ये किसान इन गीतों में वर्षा के जिस दृश्य को देखते हैं, जिसमें पृथ्वी जलमग्न है और बच्चे तैर रहे हैं, वह भले ही 'भौतिक सत्य' न हो किंतु 'मनोवैज्ञानिक सत्य' तो निश्चित रूप से है (शब्दावली तो फ्रायड की ही है, यद्यपि स्वयं फ्रायड ('टोटम ऐंड टैबू') आद्य जादू-टोने को भौतिकवादी दृष्टिकोण से नहीं देखा।) इन गीतों से किसान आश्वस्त होते हैं और प्रकृति के इस विकट विरोधी स्वरूप के समक्ष अपनी निरीहता की भावना से उबरते हैं। इसी तरह जादू यद्यपि एक काल्पनिक विधि है फिर भी वह वास्तविक विधि का सहायक बनता है।

वैदिक जनों के प्राचीन पूर्वज भी अपने गीत गाते थे और इनका लक्ष्य इच्छाओं की पूर्ति था। इन्हीं गीतों के सहारे वे जीवित रहे। गीतों ने देवताओं को भूख और मृत्यु से बचाया और छंदों ने उन्हें आश्रय दिया। जब उपनिषद के अंश में वर्णित कुत्ते इन प्रारंभिक देवताओं ही की भांति भूखे थे अतः वे कोई गीत चाहते थे। यह गीत अन्न के लिए था। इसलिए उनका व्यवहार बंगाल के उन किसानों से बहुत भिन्न नहीं था जो आज भी वसु धारा और अन्य व्रत करते हैं।

निश्चित ही ये किसान आदिवासी नहीं हैं। फिर आदिमजनों की यह क्रिया उनके सांस्कृतिक जीवन में आज भी एक सजीव शक्ति कैसे बनी हुई है, यह एक जटिल प्रश्न है। यह प्रश्न हम अगले अध्याय में उठाएंगे। इस बीच हम उस उल्लेखनीय बात पर ध्यान देना चाहते हैं जिस पर हम पहुंच चुके हैं। लोकायत की परंपराएं वैदिक परंपराओं की न समझ में आने वाली बातों पर अनपेक्षित प्रकाश डाल सकती हैं। क्योंकि हम देख चुके हैं कि लोकायत का अर्थ था, जनसाधारण या जैसा कि शंकर ने घृणाभाव से कहा, मूढ़जन, समूहों की मान्यताएं और विचार। संक्षेप में यह लोक संस्कृति का ही दूसरा नाम था।

किंतु लोकायत का अर्थ इहलौकिक दृष्टिकोण भी था जिसे हम भौतिकवाद कह चुके हैं। अवनींद्रनाथ ठाकुर ने हमारा ध्यान इस तथ्य की ओर आकृष्ट करके वास्तव में उल्लेखनीय कार्य किया है कि प्राचीन वैदिक ऋचाएं अथवा गीत, इसी दृष्टिकोण से व्रत गान जैसे हैं। उन्होंने ठीक ही कहा है कि इन व्रतों की उत्पत्ति वेदों से नहीं हुई होगी। वेद और व्रत दो भिन्न संस्कृतियों के पक्ष थे। इसलिए उन्होंने यह विचार व्यक्त किया कि ये व्रत आर्यों के आगमन से पहले के लोगों में प्रचलित थे। फिर भी व्रत गान और वैदिक ऋचाओं अथवा गीतों में उल्लेखनीय समानता है :

> आर्यों और उनसे पहले के लोगों ने जिस संसार से अपना संबंध रखा वह यही पृथ्वी थी, जिस पर वे वास्तव में जन्मे थे। दोनों की इच्छा यह थी कि उन्हें इसी पृथ्वी पर संपत्ति, फसल, सौभाग्य, स्वास्थ्य, दीर्घायु और अन्य इहलौकि आवश्यक वस्तुएं प्राप्त हों। इन दोनों यानी आर्यों और आर्य-पूर्व जनों के गीतों में व्यक्त निहित इच्छाओं से यह बात स्पष्ट है। (बांगलार व्रत. 6)

इस उल्लेखनीय समानता का कारण क्या हो सकता है? अवनींद्रनाथ ठाकुर ने इस प्रश्न का उत्तर देने के लिए एक विधि बताई है। उन्होंने अमरीकी आदिवासियों के संबंध में प्राप्त जानकारी के आधार पर किसानों के व्रत को समझाने का प्रयत्न किया है (वही. 21 और आगे)। यदि यह विधि वैध है और यदि व्रत गानों तथा प्रारंभिक वैदिक गीतों के बीच की समानताएं वास्तव में मूलभूत हैं, तो प्रत्यक्ष निहित निष्कर्ष यही है कि हम वैदिक गीतों की दुर्बोध बातों को भी तुलनात्मक मानव विज्ञान के संदर्भ में समझने का प्रयत्न कर सकते हैं। दुर्भाग्य की बात है कि अवनींद्रनाथ ठाकुर ने स्वयं इस तर्क के पूर्ण परिणाम को नहीं समझा। फिर भी हम काफी निकट से उनका अनुसरण कर सकते हैं क्योंकि उन्होंने जिन बातों को उजागर किया उनमें से कुछ और रोचक बातें सामने आ सकती हैं।

व्रत कितने पुराने हैं? अवनींद्रनाथ ठाकुर के विचार से ये व्रत पुराने हैं, वास्तव में बहुत पुराने, निश्चित रूप से पुराणों से भी पहले के (वही. 6) और हो सकता है कि वेदों से भी प्राचीन हों (वही. 9)। हमें जो भी समानताएं नजर आती हों, लेकिन वेदों से व्रत निश्चित रूप से भिन्न हैं। वैदिक गीतों में जितनी भी इच्छाएं हैं वे विशेष रूप से पुरुषों की हैं जबकि व्रत पदों में व्यक्त इच्छाएं स्त्रियों की हैं: 'वैदिक रीतियां पुरुषों के लिए थीं और व्रत स्त्रियों के लिए थे और वेद तथा व्रत के बीच, पुरुषों और स्त्रियों की इच्छाओं का ही अंतर है।' (वही. 6)

यह बात विशेष महत्व की है। वैसे इन दोनों के बीच एक और अंतर है जो उतना ही महत्वपूर्ण है किंतु लेखक ने उस पर विशेष बल नहीं दिया है। दोनों का लक्ष्य कुछ इच्छाओं, जैसे समृद्धि और सुरक्षा की पूर्ति था। फिर भी जिन वस्तुओं की इच्छा की गई वे एक जैसी नहीं थीं। वैदिक जन पशुधन की इच्छा रखते थे।

> वैदिक जनों की आजीविका का प्रमुख साधन पशुधन की अभिवृद्धि करना था। उनकी सबसे बड़ी इच्छा अधिक से अधिक पशु प्राप्त करने की थी: और सुरक्षा, स्वास्थ्य तथा समृद्धि संबंधी उनकी विभिन्न प्रार्थनाओं में लगभग सदैव ही सबसे पहले पशु का उल्लेख मिलता है। (92. 166)

किंतु हमारे गांवों में व्रत करने वाली स्त्रियों का प्रथम लक्ष्य फसल है। वास्तव में अधिकांश व्रत सीधे या परोक्ष रूप से कृषि की सफलता की कामना पर आधारित हैं। इसके विपरीत वैदिक जनों के जीवन और इसीलिए उनके गीतों और अनुष्ठानों में भी कृषि का महत्व गौण था। 'ऋचाओं का सृजन जिस काल में हुआ उस समय तक कृषि की भूमिका बहुत छोटी थी'। (124. i. 64) इसलिए यह मानते हुए कि व्रतों का प्रादुर्भाव आर्यपूर्व काल में हुआ, हम यह निष्कर्ष निकाल सकते हैं कि इन आर्यपूर्व जनों की संस्कृति मूलतः कृषि प्रधान थी और यह स्त्रियों का क्षेत्र था।

क्या वैदिक जनों की पशुधन पर आधारित अर्थव्यवस्था का कोई संबंध पौरुषीय विचारों से था? और इसी प्रकार क्या आर्यपूर्व जनों की कृषि पर आधारित अर्थव्यवस्था का संबंध स्त्रैण विचारों से था? इन बातों पर हम आगे चलकर विचार करेंगे। अभी तो हमें केवल यह याद रखना है कि पिछले अध्याय में वामाचारी विचारों पर सोचते हुए हमें यही मूल अंतर देखने को मिला। लोकायतिकों की यौन-संभोग-क्रिया मातृ अधिकार वाली कृषि प्रधान संस्कृति का एक भाग थी जबकि वैदिक साहित्य में यह पितृ अधिकार के संदर्भ में पशुधन पर आधारित थी।

20 संक्षिप्त पुनर्कथन

मंत्रोच्चारक श्वान को वैसे ही वास्तविक कुत्ता नहीं कहा जा सकता जैसे उनका गीत वैदिक ऋषियों पर वास्तव में कोई व्यंग्य नहीं था। वे तो केवल आदिवासी जन थे और उनके कार्य का लक्ष्य केवल यही था कि वे बक दाल्भ्य नामक किसी व्यक्ति को वैदिक मंत्रों का ज्ञान दें। छांदोग्य उपनिषद में कहा गया है: 'बक दाल्भ्य को इसका ज्ञान था। वह नैमिष प्रदेश के लोगों का उद्गीथ गायक बन गया। वह उनकी कामनाओं के गीत गाया करता था। (i.2.13)

वैसे ऊपर हमें यह नहीं बताया गया है कि उसके सामने मंत्रोच्चारक श्वानों का जो दृश्य प्रस्तुत किया गया है, उससे उसकी कोई वृद्धि हुई या नहीं। संभवतः ऐसा हुआ हो। क्योंकि जिस ज्ञान की बात कही जा रही है, वह इच्छाओं के गीत गाने के संबंध में था, और उसके समक्ष जो दृश्य प्रस्तुत हुआ वह केवल यही था।

हमने छांदोग्य उपनिषद के दुर्बोध प्रतीत होने वाले अंश को इसीप्रकार स्पष्ट करने का

प्रयत्न किया है। हमारा तर्क यह रहा है कि हमारे प्राचीन साहित्य में जो बात समझ में नही आने वाली है, वह अत्यंत पुरातन मान्यता अथवा विश्वासों का अवशेष हो सकती है और इसलिए हम आज जीवित आदिवासी जनों के संबंध में उपलब्ध सामान्य जानकारी के संदर्भ में इसे समझ सकते हैं। यह तर्क इस सामान्य सिद्धांत पर आधारित है कि आज के आदिवासी जन, 'हमारे हजारों साल पहले के पूर्वजों के आध्यात्मिक आचरण को प्रतिबिंबित करते हैं।' (101. पुरालेख)

21. सामान्य सिद्धांत

यह सिद्धांत सबसे पहले वैज्ञानिक ढंग से मोरगन ने प्रतिपादित किया। उन्होंने अपना अधिकांश जीवन अमरीकी आदिवासियों में बिताया। मोरगन द्वारा किया गया अध्ययन, 'मानवविज्ञान के क्षेत्र में एक पथप्रदर्शक कार्य है और अपने ढंग की अनुपम कृति है' (48. i. 87)। इसी के आधार पर उन्होंने 'हमारे लिखित इतिहास की प्रमुख विशेषताओं की प्रागैतिहासिक नींव' का पुनर्निर्माण किया (4.10), उन्होंने विचार व्यक्त किया कि सभी आदिम जातियां, सामाजिक विकास के समान स्तर का जीवन नहीं बिता रही थी :

> यह मानना ही होगा कि मानव परिवार के कुछ सदस्य एकदम जंगली और कुछ सदस्य वन के जानवरों जैसा जीवन बिता रहे थे और कुछ लोग सभ्य हो चुके थे। इस लिए ऐसा प्रतीत होता है कि ये तीनों परिस्थितियां एक-दूसरे के साथ एक स्वाभाविक तथा आवश्यक प्रगति क्रम से जुड़ी हुई हैं। इसके अलावा सारे मानव परिवार के प्रत्येक भाग ने जिसके स्तर तक अपना विकास किया उसके संदर्भ में यह क्रम एक ऐतिहासिक सत्य है। यह कथन तब और भी अधिक संभव प्रतीत होता है जब हम देखते हैं कि प्रगति किन परिस्थितियों में होती है और इनमें से दो या इससे अधिक परिस्थितियों में, मानव समाज के कई समूहों ने प्रगति की। (101.3)

इसलिए हम इस बात का सहज अनुमान लगा सकते हैं कि :

> आर्यो के प्राचीन पूर्वज भी संभवतः उन्ही अनुभवों से गुजरे जो आज के आदिवासियों तथा वन्य जातियों के हैं। वैसे तो इन जातियों के अनुभवों में वह सारी जानकारी उपलब्ध है जो प्राचीन और आधुनिक दोनों सभ्यताओं के विभिन्न कालों और वन्यजीवन वाली बाद की अवधि पर प्रकाश डालती है। किंतु इनसे पहले के युग की जानकारी का अनुमान मुख्यतः उन बातों से लगाया जा सकता है जो उनकी वर्तमान संस्थाओं तथा आविष्कारों और आदिवासी तथा वन्य जातियों में आज भी विद्यमान तत्वों के बीच कड़ी का काम करती हैं। (वही 7-8)

अंत में मोरगन ने कहा :

> इन बहुत सारी जातीय कालावधियों में विभिन्न जातियों और जन समूहों का अध्ययन करते समय हमें प्राचीन इतिहास और अपने पुरातन पूर्वजों की परिस्थितियों का ही अध्ययन करना होता है। (वही. 18)

मोरगन ने ये विचार 1877 में व्यक्त किए थे। तब से पुरातत्व विज्ञान के क्षेत्र में काफी प्रगति हो चुकी है और लिखित इतिहास की प्रागैतिहासिक नींव के पुनर्निर्माण की संभावनाएं बहुत बढ़ गई हैं। फिर भी इस प्रगति से मोरगन के विचारों का महत्व कम नहीं हुआ है।

पुरातत्व विज्ञान, मानव की विलुप्त जाति के भौतिक अवशेषों का अध्ययन करता है। लेकिन यह विज्ञान हमें उस जाति की सामाजिक व्यवस्था और विश्वासों तथा विचारों के बारे में सीधा

कुछ नहीं बताया। यह कमी जातिविज्ञान पूरी कर सकता है। जातिविज्ञान के क्षेत्र में मोरगन के समय के बाद से काफी नई सामग्री इकट्ठी की जा चुकी है। हम देखेंगे कि इससे मोरगन के कुछ निष्कर्षों में संशोधन करने की आवश्यकता है। किंतु उनका मूल तर्क अब भी वैध है। दुर्भाग्य की बात है कि प्रागैतिहासिक काल का अध्ययन करने वाले हमारे आधुनिक विद्वानों ने इसका पूरा लाभ नहीं उठाया। थामसन ने इस तुलनात्मक विधि का पक्ष लिया है। साथ ही उन्होंने आवश्यक चेतावनी भी दी है।

गोर्डन चाइल्ड ने पूछा है कि क्या हमें यह मान लेना चाहिए कि—क्योंकि इन आदिम-जातियों की आर्थिक और भौतिक संस्कृति विकास के एक ऐसे चरण पर आकर अवरुद्ध हो गई जिसे यूरोप के लोग दस हजार साल पहले पार कर चुके थे इसलिए इन आदिम जातियों का मानसिक विकास भी उसी स्थान पर रुक गया। थामसन यह मानते हैं कि इसका उत्तर 'नहीं' में होना चाहिए। लेकिन साथ ही उनका कहना है कि 'समस्या को यहीं नहीं छोड़ा जा सकता'। यह सच है कि इन आधुनिक आदिम जातियों की संस्थाओं का विकास चलता रहा है किंतु ये विकसित हुए हैं :

> केवल उन्हीं दिशाओं में जो उत्पादन के वर्तमान तरीकों से निर्धारित हुई हैं। समस्या के समाधान की कुंजी यही है। उदाहरण के लिए यदि हम आस्ट्रेलिया के टोटमवाद, बहिर्गोत्र विवाह और दीक्षा आदि जैसी प्रथाओं का अध्ययन करें और अन्य स्थानों की ऐसी ही प्रथाओं के साथ इनकी तुलना करें तो हम देखते हैं कि ये आश्चर्यजनक रूप से व्यापक हैं और विकास की एक लंबी अवधि की ओर इंगित करती हैं। लेकिन ये सभी संस्थाएं एक साधारण शिकारी जाति की अर्थ व्यवस्था की विशेषताएं हैं। अन्य शब्दों में, जिस प्रकार इन आदिम जातियों का आर्थिक विकास अवरुद्ध है उसी प्रकार उनकी संस्कृति भी अल्पविकसित है। इसके परिणामस्वरूप हमें यूरोप के पाषाण काल में इसी रूप में इन संस्थाओं के होने की आशा नहीं करनी चाहिए। संभावना इसी बात की है कि किसी न किसी रूप में ये संस्थाएं मौजूद थीं। (48.i.34-5)

इसके अलावा, बाह्य प्रभावों के कारण उपजने वाली कुछ विशेष बातों का प्रश्न भी है :

> यह कभी नहीं भूलना चाहिए कि आज जो आदिवासी जन हैं उनके संबंध में हमें केवल इतनी ही जानकारी है कि हमारे व्यापारी, धर्मप्रचारक, सरकारी अधिकारी और जातिय विज्ञान विशेषज्ञ इन तक पहुंचे हैं। कुछ मामलों में इन लोगों को दक्षिण अफ्रीका की सोने की खानों में काम करने वाले बंटू जाति के लोगों की तरह श्रमजीवी अथवा सर्वहारा समूहों में बदल दिया गया है। कुछ अन्य मामलों में इन आदिम जातियों की संस्थाएं और प्रथाएं ब्रिटिश औपनिवेशिक कार्यालय के परोक्ष शासन के अधीन मनमाने ढंग से स्थिर कर दी गई हैं। इन आकस्मिक बाह्य संपर्कों के कारण इन आदिम जातियों की संस्कृतियों में निश्चित ही कुछ विशेष बातों का आ जाना स्वाभाविक है। इन बातों को केवल तभी समझा जा सकता है जब पूंजीवादियों द्वारा किए जाने वाले शोषण के प्रभावों का वैज्ञानिक विश्लेषण किया जाए। (वही.i.35-6)

थामसन का इस संदर्भ में यह निष्कर्ष था कि इन कुछ बातों को छोड़ कर अन्यथा तुलनात्मक विधि एक ऐसा साधन है जिसका उपयोग हम कर सकते हैं और जरूर करना चाहिए यदि हम अपने विषय में आगे बढ़ने के लिए कृतसंकल्प हैं। (वही.i. 36)

मार्क्स की भांति मोरगन को भी पुराना माना जाता है और इसलिए उसकी उपेक्षा की जाती है। किंतु हमें इस प्रश्न के विवाद में पड़ने की आवश्यकता नहीं है कि मोरगन की बातें

आज भी कहां तक उचित हैं। थामसन पहले ही इस संबंध में विचार व्यक्त कर चुके हैं और वास्तव में किसी भी अन्य लेखक से कहीं अधिक दक्षता के साथ उन्होंने ऐसा किया है। थामसन ने यह संकेत भी दिया है कि बाद में मानव विज्ञान के क्षेत्र में हुए कार्य से एकत्र हुए प्रमाणों के कारण मोरगन के निष्कर्षों में कहां और कैसे संशोधन की आवश्यकता है। इसलिए पाठकों के लिए यह लाभकारी होगा कि वे मोरगन के आलोचकों पर पूरी तरह निर्भर होने से पहले, इन आलोचकों की थामसन द्वारा की गई आलोचना को भी पढ़ लें।

फिर भी हम मोरगन के आलोचकों को थामसन द्वारा दिए गए उत्तर की एक विशेष बात का उल्लेख यहां कर सकते हैं। इस तरह की आलोचनाएं हमेशा ही निष्पक्ष प्रमाणों का परिणाम नहीं होती। बहुधा इनमें इससे कुछ अधिक ही होता है। यह 'कुछ अधिक,' हमारे विद्वत जगत के मन में मोरगन के निष्कर्षों के प्रति सामान्य विरोध की भावना की उपज है।

जिस प्रकार आदिवासियों का अध्ययन करने वाला आधुनिक वैज्ञानिक एक सभ्य व्यक्ति है ठीक उसीप्रकार 'कल का इतिहासकार आज का नागरिक है' (46.2) अर्थात, समकालीन समाज के विचार मान्यताएं और मूल्य, वैज्ञानिकों और इतिहासकारों दोनों के मूल दृष्टिकोण पर प्रभाव डाल सकते हैं, भले ही वे जान बूझ कर इन प्रभावों से बचते हों। इसलिए जीवन के प्रति न केवल आदिम दृष्टिकोण, आदिम समाज के प्रसंग में बना होगा बल्कि आदिम जीवन के संबंध में हमारे दृष्टिकोण पर भी, हमारे समाज के प्रसंग में प्रभाव पड़ने की स्पष्ट संभावना है। हम निजी संपत्ति पर रहते हैं, नैतिकता के बारे में हमारे अपने मूल्य हैं और हम पैतृक वंश प्रणाली के अभ्यस्त हैं। हमारे दृष्टिकोण पर ये सभी बातें छाई हुई हैं और इस बात की बहुत अधिक संभावना है कि हम उस युग में भी इन्हें देखने का आग्रह करें जिस युग में वास्तव में इनका कोई अस्तित्व ही न रहा हो।

इसलिए समाज विज्ञान के विद्वान और इतिहासकार जिस निष्पक्षता का दावा करते हैं उसे हम यदि पूर्णरूप से मान भी लें तो भी यह निष्पक्षता एक भ्रम ही होगी। इसका अर्थ यह नहीं है कि निष्पक्षता होगी ही नहीं, लेकिन यह कितनी होगी, यह इस बात पर निर्भर करता है कि हमारे अंदर अपनी आलोचना करने की कितनी क्षमता है।

इस प्रकार, पूर्वस्थिति का पक्ष लेने वाला व्यक्ति, पूर्वस्थिति की आलोचना करने वाले किसी समाजवादी की तुलना में, आदिम जनों या हमारे प्राचीन पूर्वजों की परिस्थितियों को अच्छी तरह नहीं समझ सकेगा। यहां से हम एक ऐसी बात पर पहुंचते हैं जिसे मार्क्स ने, विवेचनात्मक अंधता' कहा है।

> श्रेष्ठ प्रज्ञावान व्यक्ति भी अपने सिद्धांतों और एक प्रकार की विवेचनात्मक अंधता के कारण ऐसी बातें नहीं देख-समझ पाते जो उनकी आंखों के सामने होती हैं। बाद में जब समय आता है तो उन्हें आश्चर्य होता है कि जिन बातों के लक्षण अब उन्हें चारों ओर से दिखाई दे रहे हैं उन्हें वे पहले नहीं देख सके। जब फ्रांसीसी क्रांति हुई और उसके साथ न्याय तथा वैज्ञानिक ज्ञान की चेतना का प्रसार हुआ तो उसके विरुद्ध सबसे पहली प्रतिक्रिया यह हुई कि हर बात को मध्य युगीन और अव्यावहारिक समझा जाने लगा ; यहां तक कि ग्रिम जैसे भाषा शास्त्री भी इससे अछूते नहीं रहे। दूसरी प्रतिक्रिया यह थी कि मध्ययुग से पूर्व के काल में प्रत्येक राष्ट्र के आदिम युग का अध्ययन किया जाए। यह समाजवादी वृत्ति के अनुरूप है, यद्यपि उन विद्वानों को कोई आभास ही नहीं है कि इस वृत्ति से उनका कोई संबंध है। और फिर वे पुरातन में नवीनता को देख कर आश्चर्य चकित रह जाते हैं, यहां तक कि समतावादी भी आश्चर्य चकित हो जाते हैं। पुरातन में नवीनतम को देख

> कर, अराजकतावाद के प्रणेता, फ्रांसीसी दार्शनिक, समाजशास्त्री और अर्थशास्त्री प्रूधो भी कांप उठते थे।

हम सब इस विवेचनात्मक अंधता से कितने पीड़ित रहते हैं इसके उदाहरण देखिए :

> हुन्सरुक्कॅन में, ठीक हमारे पड़ोस में, हाल के वर्षों तक पुरानी जर्मन प्रणाली विद्यमान रही। मुझे अब याद आ रहा है कि मेरे पिता एक वकील के दृष्टिकोण से इस संबंध में मुझसे बात किया करते थे। एक और प्रमाण : जिस प्रकार भूगर्भवेत्ताओं ने यहां तक कि कुवियेर जैसे विशेषज्ञ ने भी कुछ तथ्यों को बिलकुल विकृत रूप दे दिया है, उसी प्रकार ग्रिम जैसे उच्च बौद्धिक स्तर वाले भाषा विज्ञान विशेषज्ञ ने सीधे सरल लैटिन वाक्यों का गलत अनुवाद कर दिया क्योंकि उन पर मोजर और अन्य लोगों का प्रभाव था। (मुझे याद है कि मोजर इस विचार के वशीभूत थे कि जर्मन लोगों में 'स्वाधीनता' कभी रही ही नहीं, और 'जलवायु के प्रभाव से दास बनते हैं')। उदाहरण के लिए, टैसीटस का एक, सर्वविदित अंश है : 'अर्वा पर ऐन्नोस म्यूतां एत सुपरेस्त एजर'। इसका अर्थ है : वे आपस में खेत बदलते हैं और बाकी साझी भूमि बच रहती है। किंतु ग्रिम और अन्य लोगों ने इसका अनुवाद किया, वे हर साल नए खेत जोतते हैं और फिर भी अनजुती भूमि बच रहती है। (82.242)

हमें अपने अध्ययन के दौरान मार्क्स की इस बात के गहरे महत्व को समझने के कई अवसर मिलेंगे कि 'पुरातन' में नवीनतम का अर्थ क्या है। किंतु अभी तो हम केवल विवेचनात्मक अंधता के प्रश्न पर ही सोचेंगे। हमारी प्राचीन संस्कृति पर लिखी गई आधुनिक पुस्तकों में कई उदाहरण देखने को मिलेंगे। यहां हम कुछेक रोचक उदाहरणों का उल्लेख करेंगे।

महाभारत (कर्णपर्व xxxiv.119) में वाहीक लोगों का वर्णन है। इनके संबंध में इस ग्रंथ में कहा गया है : इसलिए उनके अपने पुत्र नहीं बल्कि बहनों के पुत्र उत्तराधिकारी बनते हैं। यहां मातृकुलीय उत्तराधिकार का परोक्ष उल्लेख है। इसप्रकार का उत्तराधिकार आज भी खासी और अमरीका की इरोकी जन जातियों में विद्यमान है। किंतु मध्य युग के भाष्यकार नीलकंठ ने इसका स्पटीकरण यह कह कर दिया है : 'क्योंकि वे अपने बच्चे, अपनी पत्नियों की बजाय अपनी बहनों के गर्भ से उत्पन्न करते हैं। इसलिए उनकी बहनों के पुत्र उनके उत्तराधिकारी बनते हैं।'

स्पष्ट है कि हम नीलकंठ से यह अपेक्षा नहीं कर सकते कि वह तुलनात्मक विधि के आधार पर इस परोक्ष मातृकुलीय उत्तराधिकार की व्याख्या करेंगे। किंतु इतनी आशा तो हम उनसे करते ही हैं कि नीलकंठ इतनी हास्यास्पद और विचित्र बात का आविष्कार करके उसे प्राचीन ग्रंथ पर नहीं थोपेंगे। किंतु उन्हें ऐसा करना पड़ा। क्योंकि वह इस ग्रंथ में वर्णित उत्तराधिकार विधि को केवल उसी विधि के आधार पर समझने का प्रयत्न कर रहे थे, जिसका उन्हें ज्ञान था और जिसे उनके समाज ने स्वीकार कर रखा था। उत्तराधिकार केवल पिता से पुत्र को मिल सकता है। इसलिए, क्योंकि वाहीक जाति में पिता की बहनों के पुत्र उत्तराधिकारी बनते थे इसलिए किसी न किसी रूप में वे वास्तविक पुत्र रहे होंगे, चाहे वे बहनों के गर्भ से जन्मे हों। इसका अर्थ यही हुआ कि नीलकंठ विवेचनात्मक अंधता के शिकार थे। किंतु आधुनिक विद्वान जिन्हें जातिविज्ञान ने बहुत कुछ सूचनाएं उपलब्ध करा दी हैं और प्रत्यक्षतः जो नीलकंठ की अपेक्षा कहीं अच्छी स्थिति में हैं, क्या वे आधुनिक विद्वान स्वयं को इस विवेचनात्मक अंधता से मुक्त करा सके? दुर्भाग्यवश नहीं। हम यहां केवल एक उदाहरण देगें।

छांदोग्य उपनिषद (i 10.1) में इभ्य ग्राम नामक गांव की चर्चा है, जिसमें इभ्य जाति के

लोग रहते थे। इभ का अर्थ है हाथी। इसलिए इभ्य का शाब्दिक अर्थ होगा हाथी के वंशज। टोटमवाद की दृष्टि से इसका स्पष्ट अर्थ यह है कि इस गांव में रहने वाले लोग हाथी कबीले के वंशज थे। प्राचीन भारत में इस कबीले के लोग विख्यात थे; इभ्य जनों का उल्लेख ऋग्वेद (i.65.7) और प्राचीन बौद्ध साहित्य (अंबत्थ सुत्त) में भी आया है। उपनिषद काल में संभवत: ये लोग अभी पिछड़े हुए थे, क्योंकि छांदोग्य उपनिषद (i.10) की कथा में उन्हें नीच लोग कहा गया है। सम्राट अशोक द्वारा ज्ञापित की गई राजाज्ञाओं (21. 102) में से पाचवीं में इभ्य जनों को नीच जाति कहा गया है।

किंतु उपनिषद के परंपरागत भाष्यकारों और आधुनिक विद्वानों को यह सीधा-सरल अर्थ भी समझ में नहीं आया। शंकर (आन छां. उप. i.10.1) ने इभ्य नाम का अर्थ लगाया हाथी की सवारी करने वाले और इसके लिए उन्होंने व्याकरण के नियमों का काफी चतुराई से आश्रय लिया। हम उनकी कठिनाई को समझते हैं। टोटमवाद की धारणा उन्हें उपलब्ध नहीं थी। किंतु आधुनिक विद्वान अपने लेखों में बार-बार इस नाम की जो गलत व्याख्या करते हैं, वह बात समझ में नहीं आती। यही कहा जा सकता है कि ये विद्वान विवेचनात्मक अंधता से पीड़ित हैं। कुछ और उदाहरण भी हैं। गेल्डनर (21.102) ने इसका अर्थ लगाया है कुछ संपन्न सामंत जो हाथी रखते थे। राधाकृष्णन् (107.353) ने भी उन्हीं का अनुसरण किया है और इभ्य ग्राम का अर्थ बताया है, 'हाथी रखने वाले लोगों का गांव'। ह्यूम (140.186) ने हाथी शब्द तो बिल्कुल हटा दिया और इभ्य ग्राम का सीधा सा अर्थ लगाया, 'एक अमीर व्यक्ति का गांव'।

इसी प्रकार यदि हम अपने समय की धारणाओं और विचारों के अनुसार प्राचीन ग्रंथों की व्याख्या करते हैं तो उन्हें गलत ही समझेंगे। इसलिए उचित तरीका तो यही होना चाहिए कि इन ग्रंथों को आज भी जीवित आदिवासियों के संबंध में उपलब्ध सामान्य जानकारी के संदर्भ में प्रयत्न किया जाय। तभी हम अपने अतीत के चित्र का पुनर्निर्माण करने में सफल होने की आशा रख सकते हैं।

खंड : दो

सामाजिक पृष्ठभूमि का अध्ययन

3

गणपति

जनजातीय विरासत का अध्ययन

लोकायत, जैसाकि इस नाम से ही स्पष्ट है, लोगों अथवा जनसाधारण की विश्वदृष्टि थी। इसलिए हमारे लिए यह युक्तिसंगत ही है कि भारतीय जनता के इतिहास के अध्ययन से शुरुआत की जाए। इस अध्ययन को लाभकारी बनानें के लिए दो बातों को विशेष रूप से ध्यान में रखना होगा : असमान विकास और जनजातीय उत्तरजीविता :

> भारत की कुल जनसंख्या का एक बड़ा भाग अनुसूचित जनजातियों का है। 1951 की जनगणना के अनुसार इन जनजातियों के सदस्यों की संख्या एक करोड़ 91 लाख थी। प्रत्येक हजार भारतीयों में से 54 लोग जनजातियों के थे।(दि आदिवासीज. 99)

> जनजातियों के लोग अर्थव्यवस्था के विभिन्न चरणों में जीवन बिता रहे हैं। ये चरण हैं : इधर-उधर से खाद्य सामग्री इकट्ठी करने या शिकार करने से प्रारंभ कर नए-नए स्थानों पर खेती करके और उसके बाद एक ही स्थान पर बसकर खेती करना है। बिरहोर, कोरुवा और हिल मारिया जन जातियां यहां वहां से खाद्य सामग्री इकट्ठी करके और शिकार करके जीवन निर्वाह करती हैं। बैगा, पौड़ी (पहाड़ी) भुइयां, जुआंग और कुटियाकंध जनजातियां हर बार नए-नए स्थानों पर खेती करती हैं। मुंडा, संथाल और ओरांव लोग मुख्यत: स्थाई रूप से बस कर हल की खेती पर निर्भर हैं। नागाओं ने सीढीदार खेती की प्रणाली विकसित की है जिसमें जलवाहिनी नालियों से सिंचाई की जाती है।

> सामाजिक व्यवस्था में भी विभिन्न जनजातियों के बीच बहुत अंतर है। भारत में मातृसत्तात्मक गारो और खासी जनजातियां और पितृसत्तात्मक मुंडा, संथाल और अन्य जनजातियां साथ साथ रहती हैं। ओंगी जैसी कुछ जनजातियां लगभग नग्नावस्था में रहती हैं जबकि भुइयां और गोंड जनजातियों के लोग समुचित वेशभूषा में रहते हैं। (वही 24-5)

यह असमान विकास है और इस अध्याय में हम जिन मुद्दों पर विचार करेंगे उनमें से एक बुनियादी मुद्दा यह है कि पुरातन काल से भारतीय सामाजिक इतिहास का एक अत्यंत महत्वपूर्ण लक्षण यही असमान विकास रहा है। कम से कम पांच हजार साल पहले भारत ने सिंधु घाटी में राज्य संस्था का उदय होते देखा। यह निश्चित ही जनजातीय संगठनों के अवशेषों पर आधारित रहा होगा यद्यपि हमारे इतिहासकारों को अभी इस बात पर प्रकाश डालना है कि यह प्रक्रिया किस प्रकार शुरू हुई।

साथ ही ये जनजातियां प्रारंभिक राज्यों के समय भी उसी प्रकार बनी रहीं जिस तरह यह सारे भारतीय इतिहास के दौरान, और आज तक बनी हुई हैं। स्पष्ट है कि हम जनजातियों की उपेक्षा करके भारतीयों के इतिहास को समझने की आशा नहीं कर सकते। किंतु दुर्भाग्य की बात

है कि हमारे इतिहासकारों ने जनजातियों की ओर आमतौर पर ध्यान नहीं दिया है।

हमारे एक प्रमुख समकालीन मानवविज्ञानवेत्ता गुह ने भारत की जनजातियों की चर्चा करते हुए कहा है 'कि इसमें कोई संदेह नहीं हो सकता कि जिस स्तर पर भारत की सभ्यता आज है उसमें इन जनजातियों से मिले कई गुण सम्मिलित हैं,' (वहीं 38) जैसाकि हम देखेंगे, गुणों के ये उपहार बहुधा सभ्य लोगों के ही जनजातीय भूतकाल के जीवित शेष हैं (आत्मसातीकरण विषयक इस परिकल्पना की जांच पड़ताल हमने अध्याय एक खं. 12 में की है। इस परिकल्पना में इस परिस्थिति को अनदेखी कर दी गई है कि यहां तक कि तथाकथित सभ्य आर्यों का अतीत भी जनजातीय था) यानी आवश्यक नहीं है कि ये गुण उन्होंने अपने जनजातीय पड़ोसियों से उधार लिए हों अथवा अपना लिए हो, हालांकि ऐसा सोचना हमारे विद्वानों को बहुत प्रिय है। [भारतेर संस्कृति (बं) भूमिका: विचारों और विश्वासों का यह आदान प्रदान ईश्वर की कृपा का प्रमाण है]

यहां हम इस अध्याय में अपने तर्क की दूसरी बात पर आते हैं। हम यह तर्क देने जा रहे हैं कि कुछ ऐसे कारणों से जिनका अध्ययन किया जाना चाहिए, जनजातीय तत्व हमारे सामाजिक ताने-बाने में सदा ही प्रखर होकर जीवित रहे हैं। और इसीलिए ये भारतीय जनमानस की मान्यताओं और विचारों में भी बने रहे हैं, यहां तक कि उन जनसमूहों में भी जो अपने जनजातीय चरण को पीछे छोड़ आए हैं। तो हमें जनजातीय उत्तरजीविता की उपेक्षा करके भारत के सांस्कृतिक इतिहास को समझ पाने की आशा नहीं रखनी चाहिए। किंतु खेद की बात है कि हमारे इतिहासकारों ने जनजातीय उत्तरजीविता के इस प्रश्न पर समुचित ध्यान नहीं दिया है। (तुलनीय 21. 20-31)

1. गणपति क्यों ?

भारत के सामाजिक इतिहास के, विशेषकर प्राचीनकाल के इतिहास के प्रश्नों पर सीधे कुछ सोचने में कई कठिनाइयां हैं। जैसाकि सर्वविदित है, धार्मिक और पौराणिक दृष्टिकोण से तो हमारे पास बहुत सामग्री है किंतु सामाजिक इतिहास की दृष्टि से अधिक जानकारी उपलब्ध नहीं है। इस लिए हम एक भिन्न बिंदु से शुरुआत करेंगे। यदि यह सच है कि धार्मिक विचार अंततः भौतिक परिस्थितियों से बनते हैं तो धार्मिक विचारों, जिनमें ये भौतिक परिस्थितियां प्रतिबिंवित हैं, का अध्ययन करके इन परिस्थितियों के संबंध में कुछ पता लगाना हमारे लिए संभव होना चाहिए (46.38)। जैसाकि मार्क्स ने कहा है, 'अतीत की वास्तविकता, पौराणिक परिकल्पनाओं में प्रतिबिंबित होती' (4.170) इसलिए पुरातन वास्तविकता तक पहुंचने के लिए हम पौराणिक परिकल्पनाओं का अध्ययन कर सकते हैं।

आइए किसी देवता के जन्म की कथा से प्रारंभ करें। और चूंकि हमारी मूल रुचि लोकायत अर्थात् साधारण जन के विश्व दृष्टिकोण की समस्या में है इसलिए हमें देवता भी ऐसा चुनना चाहिए जिसका नाम विशेष रूप से जन साधारण से जुड़ा हुआ हो। वह देवता हैं गणपति जिनका अर्थ है लोगों का देवता। (शिक्षा ओ सभ्यता. 144)

गणपति की कथा को यहां हमने कई कारणों से चुना है। इससे हमें प्राचीन भारत की जनजातियों का कुछ आभास मिलेगा और साथ ही इस पक्ष पर भी प्रकाश पड़ेगा कि जनजातीय व्यवस्था के भग्नावशेषों पर राज्य व्यवस्था का उदय कैसे हुआ होगा। वैसे दार्शनिक पक्ष से भी यह महत्वहीन नहीं है। क्योंकि गणपति सदा से देवता नहीं थे, कम से कम आधुनिक अर्थ में तो नहीं। प्राचीन पौराणिक कथाकारों और नियम बनाने वालों की दृष्टि में भी गणपति का

कोई श्रेष्ठ स्थान नहीं था। वह तो बहुत बाद में देवता बने और जिस प्रक्रिया से वह देवत्व को प्राप्त हुए वह उसी प्रक्रिया का सैद्धांतिक प्रतिबिंब थी जिससे राजसत्ता का उदय हुआ। संपत्ति के व्यक्तिगत स्वामित्व पर आधारित राजसत्ता का उदय वर्गीकृत समाज से पूर्वकालीन आदिम साम्यवाद के अवशेषों पर हुआ, उसी प्रकार मानव चेतना में आध्यात्मिक विचारों का प्रादुर्भाव, आध्यात्मिकता से पहले के काल के आदिम विचारों के अवशेषों पर हुआ। वास्तव में हम गणपति से यह मानने के लिए प्रेरित होते हैं कि आध्यात्मिकता से पूर्व के काल को विचारधारा भौतिकवादी थी या कम से कम आदिम भौतिकवादी, यानी लोकायत थी और वह भी उन्हीं अर्थों में जिन अर्थों में हमने इसे समझा है।

लेकिन अकेला गणपति ही देवता नहीं थे। इसलिए यदि आध्यात्मिक मूल्यों के विकास की प्रक्रिया, जिस रूप में हम इसे समझने का प्रयत्न कर रहे हैं, वैध थी तो यही प्रक्रिया अन्य देवताओं के अस्तित्व में आने के इतिहास के लिए भी वैध होनी चाहिए। यह सत्य है। इसलिए गणपति की बजाय हम किस अन्य देवता, शिव अथवा कृष्ण की कथा भी ले सकते थे। या फिर प्राचीन वैदिक देवता बृहस्पति की कथा भी उठाई जा सकती थी जिसे परंपरा से ही प्राचीन भारत में भौतिकवादी दृष्टिकोण से संबद्ध माना गया है। बाद में भले ही इस संबंध के वैचित्र्य को छिपाने के लिए बड़ी चतुराई से गल्प कथाओं का उपयोग किया गया हो।

किंतु गणपति की जीवन कथा की खोज करने के कई लाभ हैं। उनके देवत्यपूर्व काल के संबंध में पर्याप्त सामग्री है। और इससे जनजातीय समाज व्यवस्था के साथ उनका सीधा संबंध जुड़ता है। क्योंकि गणपति का अर्थ था गणों अथवा साधारण जनों का मुखिया या नायक और जैसाकि हम देखेंगे, गण का अर्थ था जनजातीय समूह, यद्यपि हमारे आधुनिक विद्वानों ने इस शब्द का बहुधा गलत अर्थ लगाया है।

वैसे भी गणपति की कथा में काफी विशिष्टता है। भारत की देवकथाओं में विचित्र संदिग्धता और अनेकार्यता के कारण, शिव (99. 343) तथा स्वयं बृहस्पति का भी नाम गणपति था। गणपति और बृहस्पति के नाम की समानता के लक्षण ऋग्वेद (ii. 23. 1) में भी मिलते हैं। यहां तक कि 'ऐतरेय ब्राह्मण' में कहा गया है कि वैदिक मंत्र 'गणनामत्व आदि ब्राह्मणास्पति या बृहस्पति के लिए संबोधित किया गया। (12. 122) इससे एक दिलचस्प बात उभरती है। यदि इस पुरानी बात में सचमुच कोई तथ्य है कि प्राचीन भारत में भौतिकवाद के साथ बृहस्पति का कोई संबंध था, और जैसाकि वैदिक साहित्य में संकेत मिलता है, यदि गणपति और बृहस्पति नामों को एक दूसरे से बदला जा सकता था, और फिर यदि गणपति शब्द इसलिए बना कि वह व्यक्ति गणों का नायक था तो क्या हम यह मानने के लिए प्रेरित नहीं होते कि वर्गीकृत होने से पहले के आदिम समाज और प्राचीन युग के भौतिकवादी दृष्टिकोण के बीच कोई संबंध था।

कुछ भी हो गणपति हमें प्राचीन भारतीय दर्शन की ओर आकृष्ट करते हैं क्योंकि कई दार्शनिक मतों के साथ उनका संबंध था। विलसन ने गण को किसी दार्शनिक मत या धार्मिक संप्रदाय का नाम बताया है। इस मत के स्वरूप का आभास संभवतः परोक्ष प्रमाणों से मिल सकता है। (12. 343) गणपति के कई अन्य नाम थे। इनमें से दो नाम थे लोकबद्ध और लोक नाथ। पहले का अर्थ था लोगों का मित्र और दूसरे का लोगों का रक्षक। इसमें सांकेतिक शब्द है लोक यानी साधारण जन। लोकायत नाम भी इसी लिए बना था क्योंकि साधारण जनों 'लोक' में प्रचलित 'आयत' था। इसलिए लोकायत विचारों के साथ लोकबंधु का संबंध होना कोई बहुत असंभव बात नहीं है।

किंतु लोकायत संबंधी बचीखुची सामग्री के पुनरावलोकन से यह धारणा बनती है कि कम

से कम तांत्रिकवाद के साथ तो उसका गहरा संबंध था। क्या हमें तांत्रिकवाद के साथ गणपति का संबंध भी कहीं दिखाई देता है? वास्तव में कई रूपों में यह संबंध देखने को मिलता है। तांत्रिक साहित्य में गणपति पचास से अधिक वैकल्पिक नामों से संबोधित हुए हैं। इसके अतिरिक्त आनंदगिरि के 'शंकर विजय' में कई गणपत्य संप्रदायों अर्थात गणपति के अनुयायियों का वर्णन है (ख. xvii)। हमारी रुचि विशेष रूप से उच्छिष्ट गणपति के अनुयायियों में है। इनका जो वर्णन आनंदगिरि ने किया है वह गुणरत्न द्वारा किए गए लोकायतिकों के वर्णन से बहुत भिन्न नहीं है। दोनों में स्वच्छंद यौन संभोग क्रिया एक महत्वपूर्ण अनुष्ठान है। वास्तव में आनंदगिरि ने स्पष्ट शब्दों में कहा कि उच्छिष्ट गणपति के अनुयायी, और कोई नहीं, केवल वामाचारी यानी तांत्रिक थे।

प्राचीन भारत के दार्शनिक मतों के साथ, या विशेषकर प्राचीन भारतीय दर्शन में भौतिकवादी वृत्ति के साथ गणपति का यह संबंध परोक्ष, और कहीं-कहीं अति क्षीण हो सकता है किंतु यह अवास्तविक नहीं है। यदि हम गणपति अथवा लोकबंधु या लोकनाथ के विचित्र इतिहास का, कम से कम सामान्य रूप से अस्थाई पुर्ननिर्माण कर सकें तो संभवतः इन उपरोक्त बातों के महत्त्व को सही ढंग से समझ पाएंगे।

2. गणपति का अर्थ

गणपति संबंधी पौराणिक कथाएं बहुत जटिल और दुर्बोध हैं किंतु इस नाम का शाब्दिक अर्थ बहुत सरल है। यह है गण और पति यानी गणों का नायक या रक्षक। इसमें निहित धार्मिक महत्व कितना था यह एक संदेहास्पद प्रश्न है। गणपति का दूसरा समानार्थक शब्द है गणेश यानी गणों का ईश अथवा देवता। किंतु छठी शताब्दी में गणपति को गणनायक और वराहमिहिर भी कहा जाता था (बृ. सं. xv. 15)। जिसका अर्थ था किसी जन समुदाय या पौर संघ का मुखिया। और फिर देवता शब्द का जो अर्थ हम लगाते हैं वैसा कुछ भी, 'वाजसनेयी संहिता' या 'ऋग्वेद' में प्रयुक्त गणपति शब्द में नहीं है। मोनियर विलियम्स ने कहा कि इन ग्रंथों में गणपति का अर्थ केवल किसी वर्ग या सैन्य दल या समुदाय का नायक था (99.343)। महिधर ने मोनियर विलियम्स से बहुत पहले, 'वाजसनेयी संहिता' पर अपने भाष्य में इस नाम की व्याख्या की—'गणनाम गणरूपेण पालकम', अर्थात जो गणों या सैन्य दलों की रक्षा करता है (आन वाज. सं. xxiii. 19)। तांत्रिक साहित्य में गणपति या गणेश के पचास वैकल्पिक नामों में एक नाम गण था [विश्वकोश (बं) v. 202]। शायद विलसन ने भी इसी आधार पर कहा कि गणेश के कई नामों में से एक नाम गण था (99. 343)। गण शब्द में देवता सूचक कुछ नहीं था।

3. गणपति एक विपत्ति

यह सब बातें अपने आपमें तो दिलचस्प है किंतु गणपति की सबसे महत्वपूर्ण बात उनके नामों में नहीं है। महत्वपूर्ण बात यह है कि गणपति के प्रति भावनाओं में बड़ा विचित्र परिवर्तन हो गया। पहले तो गणपति को कष्ट और विपत्तियां लाने वाला माना जाता था और बाद में वह सद्भाव और सफलता का देवता बन गए और भावनाओं तथा आस्थाओं में इस परिवर्तन की कहानी, गणपति के देवत्व तक पहुंचने की भी कहानी है।

हम सदा यही समझते रहे हैं कि गणपति केवल मनोकामनाएं पूर्ण करने वाले देवता हैं। लेकिन प्रत्यक्षतः यह भावना तो बाद में पहले वाली भावना पर थोपी गई। पहले तो गणपति को विपत्तियों का अवतार माना जाता था। यह विचार बहुत पहले पांचवीं शताब्दी में विद्यमान

था और आमतौर पर कहा जाता है कि 'गृह्य सूत्र' उसी काल में लिखे गए।

प्रथम तो यह याद रखना है कि कुछ अन्य प्राचीनग्रंथों की भांति 'महाभारत' में भी एक की बजाय कई गणपतियों की कल्पना की गई थी। 'यहां गणेश्वरों या गणपतियों और विनायकों का प्रतिनिधित्व है'''वे संख्या में बहुत अधिक हैं और सर्वत्र उपस्थित हैं' (72.147)। कहने की आवश्यकता नहीं कि जिन्हें विनायक कहा गया वे वैसे ही थे जैसे गणपति। 'गृह्य सूत्रकाल' में यह गणपति या विनायक केवल भय तथा तिरस्कार की भावना उत्पन्न करते थे। 'मानव गृह्य सूत्र' में कहा गया :,

> इनसे आक्रांत व्यक्ति मिट्टी के ढेले तोड़ता है, घास काटता है, अपने शरीर पर आलेखन करता है और उसे स्वप्न में जल, सिर मुंड़े आदमी, ऊंट, सूअर, गधे आदि दिखाई देते हैं और उसे ऐसा लगता है मानों वह हवा में उड़ रहा हो, और चलते समय उसे आभास होता है जैसे कोई उसका पीछा कर रहा है। (ii.14)

यह सब मनोवैज्ञानिक भ्रम के लक्षण थे जिन्हें उन दिनों भूत पिशाच से आक्रांत होने के परिणाम समझा जाता था। किंतु गणपतियों के दुष्कृत्य केवल यही नहीं थे। ग्रंथ में आगे वर्णन है कि किस प्रकार विनायकों के कारण :

> शासन करने की योग्यता रखते हुए भी राजकुमारों को राज्य नहीं मिलता। सभी आवश्यक गुणों से संपन्न होते हुए भी कुमारियों को पति नहीं मिलते। संतान उत्पन्न करने की क्षमता होते हुए भी स्त्रियां बांझ रहती हैं। अन्य स्त्रियों की संतानों की मृत्यु हो जाती है। योग्य और विद्वान अध्यापक को छात्र नहीं मिलते और छात्रों की शिक्षा-दीक्षा में व्यवधान आ जाता है। व्यापार और कृषि में विफलता का मुंह देखना पड़ता है।

उस समय के मानव के सीमित सुखों को देखते हुए, विपत्तियां इससे अधिक क्या हो सकती थीं। गणपति को अमंगल का जीता जागता रूप माना जाता था और गणपति के संबंध में यह धारणा बहुत समय तक वनी रही होगी।'मानव सूत्र' से कई शताब्दियों के अंतर पर याज्ञवल्क्य द्वारा लिखी संहिता में इसी को प्रेषित किया गया।

याज्ञवल्क्य ने प्रारंभ में कहा कि रुद्र और ब्रह्मा ने बाधाएं उत्पन्न करने के लिए विनायक को गणों का मुखिया (गणानाम् आधिपत्ये) नियुक्त किया।

> उससे आक्रांत व्यक्ति स्वप्न में देखता है कि वह डूब रहा है, लाल कपड़े पहने हुए सिर मुंडे लोग हैं, मांसाहारी पशुओं की सवारी कर रहा है, चांडालों, गधों, ऊंटों आदि के साथ वास कर रहा है, अपने शत्रुओं से दूर भागने का प्रयत्न कर रहा है, किंतु ऐसा न कर सकने के कारण उनके चंगुल में आ जाता है। उसकी एकाग्रता भंग हो जाती है, किसी भी उद्यम में विफल हो जाता है और अकारण ही खिन्नता का अनुभव करता है। गणपति से आक्रांत होने से राजकुमारों को राज्य नहीं मिलता। (i.271 और आगे. भावानुवाद)

इसके बाद शेष भाग वही है जो 'मानव गृह्य सूत्र' में है। 'मानव गृह्य सूत्र' के बाद और 'याज्ञवाल्क्य स्मृति' से पहले, 'मनु स्मृति' ग्रंथ लिखा गया। मनु (iii.164) ने निर्देश दिया कि जो लोग गणयज्ञ करते हैं उन्हें अंत्येष्टि भोज में सम्मिलित न होने दिया जाए। गण यज्ञ का क्या अर्थ था। पुराने भाष्यकार गोविंदराज ने इसे गणपति के अनुयायियों का यज्ञ बताया है। किंतु गणपति के प्रति बदलते हुए विचारों के कारण आधुनिक विद्वानों को यह सीधी सरल व्याख्या स्वीकार करने में कठिनाई हो रही है। इसलिए वे जानना चाहते हैं कि मनु का तात्पर्य वास्तव में क्या था? किंतु स्वयं मनु भी उन दिनों की प्रचलित भावनाओं को ही व्यक्त कर रहे थे। एक श्लोक (वी. क्यू. 1931-2.475) है कहा जाता है कि इसे मनु ने ही लिखा है और इसमें गणपति

को दलित वर्गो और शूद्रों का देवता बताया गया है। यह ब्राह्मणों के देवता शंभु और क्षत्रियों के देवता माधव के स्पष्ट रूप से विपरीत है। मनु के अनुसार शूद्र केवल अन्य लोगों के उतरे हुए कपड़े ही पहन सकते थे और दूसरों का जूठन खा सकते थे (x.125)। इसलिए हम यह आशा तो नहीं कर सकते कि मनु के हृदय में शूद्रों के देवता गणपति के अनुयायियों के प्रति आदर भाव रहा होगा। इसलिए गण यज्ञ के प्रति मनु का तिरस्कार भाव युक्तिसंगत ही है। किंतु मनु से पहले कात्यायन ने इस गण यज्ञ के संबंध में रोचक संकेत दिए हैं (काव्यायन श्रौत सूत्र, xxii-11.12)। उनकी व्याख्या के अनुसार गण यज्ञ इस प्रकार की उपासना क्रिया नहीं थी जैसी कि हम समझते हैं: यह बंधुओं 'भातृनाम्' और मित्रों 'सखिनाम्' द्वारा मिलकर सामूहिक रूप से किया जाने वाला अनुष्ठान था। इस सामूहिकता के संबंध में हम आगे चलकर और लिखेंगे। अभी केवल गणपति के संबंध में प्रारंभिक विचारों पर ही सोचेंगे।

गणपति के कुछ सुप्रसिद्ध नामों के बारे में हम अधिकृत या अर्धअधिकृत साहित्य में व्यक्त की गई इन प्रारंभिक धारणाओं के संबंध में अच्छी तरह समझ सकते हैं। ये नाम हैं: विघ्नकृत, विघ्नेश, विघ्नराज, विघ्नेश्वर इत्यादि। इन सबका विशुद्ध शाब्दिक अर्थ है विघ्न डालने वाला। किंतु बाद में विकसित विचारों के प्रभाव के अधीन, इन नामों के शाब्दिक अर्थ की अनदेखी कर दी जाती है और सामान्यतः आधुनिक विद्वान यह मानना चाहते हैं कि इन नामों का अर्थ था देवता जो कठिनाइयों और विघ्नों के समय में मनुष्य की इनसे पार पाने में और सफलता प्राप्त करने में सहायता करता है। जैसा कि मोनियर विलियम्स ने कहा: 'यद्यपि गणेश बाधाएं उत्पन्न करते हैं, वह उन्हें दूर भी करते हैं: इसलिए सभी कार्यों के आरंभ और सभी प्रकार की रचनाओं का आरंभ करने के पूर्व 'नमो गणेशाय विघ्नेश्वराय' शब्दों के साथ उनका स्मरण किया जाता है।' (99.343) इसका अर्थ है कि मैं विघ्नों के देवता गणेश के सम्मुख नमन करता हूं।

यह तथ्य तो सत्य ही हैं किंतु यह वास्तविकता बदली हुई परिस्थितियों में है। यानी ऐसा बाद में विकसित हुई गणपति संबंधी परिवर्तित भावनाओं के अंतर्गत हुआ। विघ्नकृत आदि शब्दों का अर्थ है, 'विघ्न या बाधाएं उत्पन्न करने वाला।' पहले जिन विधि संबंधी पुस्तकों का उल्लेख किया गया है उनमें यही मूल अर्थ था। हमने देखा कि याज्ञवल्क्य ने स्पष्ट शब्दों में कहा: 'विनायक, गुणों का देवता इसलिए बना कि वह बाधाएं उत्पन्न कर सके।' (कर्म विघ्न सिद्धार्थम्)। और बौधायन (एस. बी. ई xiv. 254) के 'धर्मसूत्र' में इस संबंध में निर्णायक बात कही गई है। गणपति को सीधे एक शब्द से संबोधित किया जाता था और वह शब्द था विघ्न अर्थात बाधा। तो गणपति का अर्थ था बाधा। पौराणिक साहित्य तो हमें इससे भी आगे बढ़कर यह समझने के लिए प्रेरित करता है कि गणपति न केवल विघ्न उत्पन्न करने वाले थे बल्कि ऐसा करते हुए वह रक्त भी बहा देते थे।

कहा जाता है कि गणपति के हस्तिशीश में केवल एक दांत रह गया था। इसी से उसका नाम 'एकदंत' पड़ा। और यह बचा हुआ एक दांत रक्तवर्ण था। तांत्रिक साहित्य में [विश्व कोश (बं.) v. 202] में इसका स्पष्टीकरण यह कहकर दिया गया है कि इस दांत के ऊपर उन शत्रुओं का रक्त लगा था जिनका संहार किया गया। किंतु शत्रु कौन हो सकते थे 'ब्रह्म वैवर्त पुराण' (iii. 40) ने इसका उत्तर एक बहुत ही रोमांचक कथा सुनाकर दिया कि किस प्रकार गणपति का दूसरा दांत खो गया था। परशुराम और गणपति के बीच युद्ध हुआ था। परशुरामं ने एक कुल्हाड़ा गणपित के ऊपर दे मारा। यह कुल्हाड़ा स्वयं गणपति के पिता ने ही बनाया था। परशुराम ने जब कुल्हाड़ा मारा तो गणपति का एक दांत टूट गया। ऐसी बात नहीं कि

गणपति परशुराम के बराबर नहीं थे। क्योंकि 'ब्रह्मांड' पुराण में कहा गया है कि गणपति कुल्हाड़े का प्रहार सहन करने की क्षमता रखते थे, किंतु उन्होंने ऐसा नहीं किया क्योंकि वह अपने पिता द्वारा तैयार किए गए कुल्हाड़े को एक अशक्त अस्त्र के रूप में नहीं देख सकते थे। (109. I.i.60)

इस कथा की रोचक बात परशुराम के स्वभाव से इंगित होती है। जैसाकि सभी जानते हैं परशुराम ब्राह्मणों अथवा पुरोहित वर्ग की सर्वोच्च स्थिति के घोर समर्थक थे। क्या इसका तात्पर्य यह है कि अपने काल में या अपने समय में गणपति का प्रमुख शत्रु पुरोहित वर्ग था। प्राचीन ब्राह्मण साहित्य में गणपति के प्रति जो तिरस्कार भाव है उससे तो इसी धारणा की पुष्टि होती है।

गणपति के प्रति यह घृणा केवल साहित्य के स्रोतों तक ही सीमित नहीं थी। गुप्त का कहना है कि गणपति की कुछ प्रतिमाओं में उन्हें बहुत भयावह दानव के रूप में दिखाया गया है और यह इस बात का संकेत है कि प्रारंभ में गणपति के प्रति किस प्रकार की धारणाएं थीं (शिक्षा और सभ्यता 144)। वास्तव में गणपति संबंधी प्रारंभिक शिल्प भिन्न प्रकार का था।

> उनकी भोड़ी नग्नता और साथ ही उनका आभूषण रहित होना इस बात का आभास देते हैं कि तब तक वह साधारणजन के स्तर से ऊपर नहीं पहुंचे थे। (26.xix)

ये सब बातें सत्य हैं किंतु इससे भी अधिक महत्वपूर्ण वे प्रतिमाएं हैं जिनमें गणपति के प्रति विरोधी और तिरस्कारात्मक भाव स्पष्ट रूप से झलकते हैं।

बंगाल में पत्थर की बनी हुई ऐसी मूर्तियां पाई गई हैं जिनमें गणपति को भृकुटितारा के पद्मासन के नीचे या पर्णेश्वरी के कमल सिंहासन के नीचे पड़ा हुआ दिखाया गया है (वही. 37.8)। कमल सिंहासन के नीचे पड़े हुए गणपति के हाथ में तलवार और ढाल होने से यह संकेत मिलता है कि उन्होंने संघर्ष किए बिना आत्मसर्पमण नहीं किया था। इसके अलावा तिब्बत की कुछ कांस्य प्रतिमाओं में गणपति को महाकाल के चरणों के नीचे दबा हुआ दिखाया गया है (वही. 43)। ऐसा माना जाता है कि वह महाकाल नियम और व्यवस्था के देवता हैं।

> चीनी लेखक और यात्री यी-त्सिंग ने वर्णन किया है कि भारतीय बिहारों या मठों के द्वार पर आमतौर पर एक देवता की मूर्ति होती थी—जिसके हाथ में सोने की थैली थी और इस देवता का नाम महाकाल था (27.161)।

मंगोलिया के तानाशाह अल्तात खान ने इस महाकाल को छोड़कर अपने राज्य में अन्य सभी प्रतिमाएं जला डाली थीं (वही)। इसलिए ये सभी बातें इस बात के प्रमाण हैं कि महाकाल का संबंध अभिजात्य वर्ग और शासक वर्ग से था।

इसके अलावा मंजुश्री द्वारा गणपति को पददलित करने के दृश्य वाली मूर्तियां भी बहुत दुर्लभ नहीं है (26.43)। संभवतः इनसे भी अधिक महत्वपूर्ण प्रतिमा एक ऐसे देवता की मिली है जिसका नाम विघ्नांतक (वही) था और जिसका सीधा अर्थ है विघ्नों को नष्ट करने वाला या बाधाओं को पार करने वाला। इस देवता के पैरों के नीचे गणपति का होना केवल यही अर्थ रखता है कि वह विपत्तियां उत्पन्न करता है। नेपाल की पुरानी लोक कथाओं से भी इस बात की पुष्टि होती है।

> ओडियान का एक पंडित काठमांडू के पास बागमती नदी के तट पर कुछ विशेष सिद्धि प्राप्त करने के लिए अनुष्ठान कर रहा था। गणेश ने इस बौद्ध को सिद्धि प्राप्त करने से रोकने के लिए कई अलंघ्य बाधाएं खड़ी कीं। यह पंडित आवश्यक क्रियानुष्ठान पूरे न कर सका। उसने इस संकट की घड़ी में बाधाओं का नाश करने वाले बौद्ध देवता का आह्वान किया जो

विघ्नांतक का भयंकर रूप धर कर आए और गणेश को पराजित किया (वही)। यह आपत्ति उठाई जा सकती है कि मंजुश्री, महाकाल और अन्य सभी तो बौद्ध देवी-देवता थे। इसलिए गणपति के प्रति उनकी घृणा हिंदू धर्म के प्रतिनिधि ग्रंथों मानव गृह्यसूत्र याज्ञवल्क्य स्मृति के रचयिताओं की घृणा से कुछ भिन्न थी। यह सत्य है किंतु इससे यही पता चलता है कि एक समय ऐसा था जब गणपति से बौद्ध भी उतनी ही घृणा करते थे जितनी कि हिंदू। जो भी हो, गणपलि को अभी भी देवता के स्तर तक पहुंचना बाकी था।

4. विघ्नेश्वर से सिद्धिदाता

गणपति के संबंध में आश्चर्यजनक बात यही प्रतीत होती है कि रक्तरंजित हस्तिदंत वाले विघ्न उत्पन्न करने वाले गणपति अंततः देवता घोषित कर दिए गए जो मनोकामना सफल होने का वरदान देते थे। विघ्नराज, सिद्धिदाता बन गए। स्वाभाविक ही, गणपति के प्रति इस परिवर्तित भावना को लोकप्रिय बनाने के लिए व्यापक प्रचारात्मक साहित्य की आवश्यकता थी।

गणेश अथवा गणपति को पुराणों में बहुत प्रमुखता दी गई। कम से कम दो प्रमुख पुराणों के काफी अधिक भागों में गणपति के वैभव का ही वर्णन किया गया है। ये पुराण हैं 'ब्रह्म वैवर्त पुराण' और 'स्कंद पुराण' (दोनों का गणेश-खण्ड)। यहां अतिशयोक्तियों का खूब खुलकर प्रयोग किया गया है। 'स्कंद पुराण' में गणपति को स्वयं ईश्वर का अवतार बताया गया। एक अन्य ग्रंथ 'गणपति तत्व' [(विश्व कोश बं V.202)] में इससे भी अधिक कहा गया। इसमें गणपति को समस्त आध्यात्मिक सत्य वाले सर्वव्यापी ब्रह्म के बराबर बताया गया। गणपति की स्तुति के लिए कम से कम एक उप पुराण और एक छोटे उपनिषद की रचना की गई। ये ग्रंथ थे 'गणेश पुराण' और 'गणपति उपनिषद'। गणपति स्तुति कहां तक और कितनी अतिशयोक्तिपूर्ण थी इसका उदाहरण 'गणपति उपनिषद' में मिलता है। इसमें गणपति को इस प्रकार संशोधित किया गया है :

> यह विश्व उन्हीं में अभिव्यक्त है : पृथ्वी, अग्नि, वायु और आकाश तुम्हीं ब्रह्म हो, तुम्हीं विष्णु हो, तुम्हीं रुद्र हो।
>
> तुम त्रिमूर्ति से भी श्रेष्ठ हो। (26.5)

यहां विशेष ध्यान इस बात की ओर जाता है कि गणपति की कीर्ति के लिए किस प्रकार से सोच समझकर उनके सुनियोजित प्रचार के लिए प्रयत्न किया गया है। 'नारद पुराण' में गणेश स्तोत्र में कहा गया है :

> जो इसकी (गणपति स्तोत्र की) आठ प्रतियां बनाता है और उन्हें आठ ब्राह्मणों में बांटता है उसे गणेश की कृपा से अपने अध्ययन कार्य में तत्काल सफलता प्राप्त होना निश्चित है। ('वृहत् स्तोत्र रत्नाकर')

भारतीय शिल्पकारों में गणेश एक नए चरित्र के रूप में उभरने लगे। किसी अन्य द्वारा पददलित होने की बात तो छोड़िए, अब उन्हें बहुमूल्य आभूषणों से अलंकृत किया जाने लगा। हम देखेंगे कि गणपति के प्रति यह नया उत्साह अचानक ही उपजा।

यह प्रचार अभियान भले ही बड़ा भव्य रहा हो, किंतु इसके कुछ छिद्रों को छिपाया न जा सका। इनका अध्ययन करने पर हमें पता चलता है यह कि सब बाद में सोचे गए भोंडे प्रयासों का परिणाम था। आश्चर्यजनक आकस्मिकता के साथ यह घोषित कर दिया गया कि गणपति, प्रज्ञा और विद्वत्ता के देवता हैं। यह 'मानव गृह्यसूत्र' और 'याज्ञवल्क्य स्मृति' के रचयिताओं द्वारा गणपति के प्रति व्यक्त किए गए भावों के पूर्ण रूप से विपरीत रहा होगा। क्योंकि दोनों के

अनुसार विनायक के कारण ही किसी विद्वान पंडित को कोई शिष्य नहीं मिलते थे और विद्यार्थियों को अपने अध्ययन कार्य में सभी प्रकार की बाधाओं और विघ्नों का सामना करना पड़ता था। गणपति को अचानक ही जिन गुणों से संपन्न बना दिया गया उसे उचित बताने के लिए कोई देव कथा गढ़ने की स्वाभाविक आवश्यकता समझी गई। इसीलिए कहा गया कि केवल गणेश ही वेद व्यास द्वारा रचित और उच्चरित महाभारत को लिखने का अति कठिन कार्य करने योग्य थे। किंतु विंटरनित्स पहले ही सिद्ध कर चुके हैं कि यह प्रसंग भले ही महाभारत के कुछ संशोधित संस्करणों में आता है किंतु चूंकि यह अन्य संस्करणों में नहीं है, इसलिए निश्चित ही यह रचना महाभारतोत्तर होगी अर्थात् यह किसी स्थानीय विद्वान के मस्तिष्क की उपज होगी जिसे बाद में येनकेन प्रकारेण महाभारत के साथ जोड़ दिया गया होगा (जे. आर. ए. एस. xxviii. 147 और आगे)

एक और उदाहरण लें। इस दावे की पुष्टि करने के लिए कि गणपति बहुत प्रज्ञावान थे, यह बताना आवश्यक था कि उन्होंने बड़े गूढ़ रहस्य और उच्चस्तरीय दार्शनिक प्रवचन दिए। इस प्रकार बाद में लिखा गया 'गणेश गीता' नामक एक ग्रंथ हमें मिलता है जिसमें गणेश से दर्शन पर व्याख्यान दिलाए गए हैं। किंतु इस ग्रंथ को लिखने वाला व्यक्ति स्वयं कोई बुद्धिमान आविष्कारक नहीं था। क्योंकि इसका पाठ शब्दशः वही है जो 'श्रीमद् भगवद् गीता' का है। अंतर केवल यही है कि यहां कृष्ण के स्थान पर गणेश का नाम रख दिया गया है। (98.139) वास्तव में गणपति अपनी बुद्धिमत्ता और विद्वत्ता की कीर्ति से भी अधिक पुराने हैं। आधुनिक विद्वान इस बात की अनदेखी कर गए हैं और उन्होंने व्यर्थ ही कीर्ति और गणपति के काल को एक दूसरे से जोड़ने का प्रयत्न किया है :

> मेरा विचार है कि गणपति की बुद्धिमत्ता और प्रज्ञा की ख्याति इस कारण है कि उन्हें बृहस्पति समझा गया, जिन्हें ऋग्वेद में प्रज्ञा और बुद्धि का देवता माना गया है और ऋषि-राज कहा गया है। (72. 149)

यह कथन संतोषजनक नहीं हो सकता। प्रारंभिक वैदिक साहित्य में प्रज्ञा और बुद्धि जैसे विशेष गुण केवल ब्राह्मणस्पति के ही नहीं थे। इसके अलावा 'मानव गृह्य सूत्र' और 'याज्ञवल्क्य स्मृति' दोनों में ही निश्चित रूप से यह सिद्ध कर दिया गया है कि गणपति को बुद्धिमत्ता की ख्याति बहुत प्राचीन नहीं हो सकती थी। गणपति की प्रज्ञा की ख्याति के संबंध में मोनियर विलियम्स ने जो स्पष्टीकरण दिया है वह विलक्षण अधिक और विश्वसनीय कम है (99. 343)। विलियम्स ने इस देवता के बौद्धिक स्तर को उसके सिर के आकार के अनुसार बताना चाहा, गणेश की बौद्धिक विलक्षणता दर्शाने के लिए उसपर हाथी का सिर लगाया गया था। यह संभवतः मनमाना निष्कर्ष है। गणेश के हस्तिमुख के पीछे कुछ और ही रोचक कथा है।

5. परस्परविरोधी पौराणिक कथाएं

जो विघ्नकर्ता सिद्धिदाता बन गया उसे उच्च वंश का वंशज बताना आवश्यक था। स्वाभाविक है कि पुराणों के रचयिताओं को यह कार्य काफी कठिन प्रतीत हुआ और पौराणिक साहित्य ने गणपति के जन्म के बारे में सोचा। फाउचर ने ठीक ही कहा है :

> इन कथाओं की अप्रासंगिकता से भी अधिक इनकी विसंगतियां यह सिद्ध करने के लिए पर्याप्त होंगी कि अभीष्ट बात को प्रस्तुत करने की आवश्यकता की पूर्ति के लिए, सामान्य से भी निम्न स्तर के लेखकों ने बहुत बाद में इन कथाओं का आविष्कार किया। (26.xxi)

राव (109. i. i. i. और आगे) और कैनेडी (61. 353 और आगे) जैसे विद्वान इन कथाओं

का संकलन पहले ही कर चुके हैं। हमें नए सिरे से इनके आद्योपांत विस्तार में जाने की आवश्यकता नहीं है। हमारे उद्देश्य के लिए एक या दो उदाहरण ही पर्याप्त होने चाहिए।

कभी कभी यह भी दावा किया गया कि गणपति एक पुरुष से उत्पन्न हुए थे, बिना किसी स्त्री के (वी. क्यू. 1935. 105)। फिर यह कहा गया कि वह पुरुष के सहयोग के बिना एक स्त्री के गर्भ से जन्मे (26.7)। इससे कम से कम यह संकेत मिला कि एक देवता के रूप में गणपति का जन्म सामान्य ढंग से नहीं हुआ था। इसके अतिरिक्त गणपति के जन्म के साथ एक प्रकार की अपवित्रता की भावना जुड़ी हुई थी और जिसे पुराणों में पूर्ण रूप से दूर नहीं किया जा सका था।

एक विशेष कथा है कि पार्वती एक बार अपने ही शरीर के मल के साथ, खेल रही थी और उन्होंने इस मल को एक आकार दे दिया। यह कथा 'स्कंद पुराण' 'ब्रह्म वैवर्त पुराण' आदि में आई है। यह एक विचित्र आकार था जिसके प्रति पार्वती स्वयं आकृष्ट हो गई और उन्होंने इसमें प्राण फूंके और इसे अपना पुत्र कहा। एक अन्य कथा इससे भी बढ़कर है। पार्वती जिस उबटन को अपने शरीर पर मलती थीं उसमें अपना मल मिश्रित करके वह गंगा के उद्गमस्थल पर गई और एक हस्तिमुख वाली मालिनी नामक राक्षसी को यह मिश्रण पीने के लिये बाध्य किया। इसके परिणाम-स्वरूप मालिनी के गर्भ से एक बालक जन्मा, जिसे पार्वती ले गई (ई० आर० ई० ii.808)। इस प्रकार गणपति को देवताओं की श्रेणी में एक दत्तक के रूप में लाया गया न कि जन्म से।

इसके बावजूद यह स्पष्ट सहीं हो पाया कि गणपति का हस्तिमुख कैसे बना। इस समस्या के कारण पौराणिक साहित्य और कठिनाइयों में पड़ गया। 'ब्रह्म वैवर्त पुराण' के अनुसार जन्म के पश्चात शीघ्र ही गणेश पर शनि की दृष्टि पड़ी और गणेश कट गए, इसलिए विष्णु ने शोकग्रस्त माता पर दया करके एक हाथी का सिर उस बालक के शरीर पर लगा दिया (वही)। किंतु 'स्कंद पुराण' में यह कथा स्वीकार नहीं की गई [(विश्व कोश (ब) v.182-3)]। इस पुराण के अनुसार गणेश का सिर जन्म से पूर्व ही नहीं रहा था। सिंदूर नामक एक दैत्य माता के गर्भ में प्रविष्ट हो गया और उन्होंने गर्भस्थ बालक का सिर खा लिया। जब बालक जन्मा तो उसे अपने लिए स्वयं ही एक सिर प्राप्त करना पड़ा। उसने गजासुर नामक हस्ति दानव का सिर काटा और अपने शरीर पर लगा लिया। यह स्पष्ट नहीं हुआ कि इस बालक को ऐसा भोंडा दिखने वाला सिर ही क्यों पसंद आया।

दक्षिण भारत के 'सुप्रभेदागम' में एक अति विलक्षण स्वाभाविक स्पष्टीकरण दिया गया है (वी० क्यू० 1935.105)। एक बार शिव और पार्वती ने हस्तिमुद्रा में संभोग किया जिससे हस्तिमुख वाला बालक उत्पन्न हुआ। हस्तिमुख वाली राक्षसी मालिनी या राक्षस गजासुर के साथ गणेश का संबंध जोड़ने वाली कथाओं से संकेत मिलता है कि बाद में रचित कथाओं के आवरण में यह तथ्य छिपा है कि गणेण के पूर्वज मूल रूप से आदिवासी राक्षस और राक्षसी थे। एक और कथा जो कई पुराणों में आती है उससे भी यही आभास मिलता है (16.354)। इंद्र के नेतृत्व वाले अभिजात देवतागण शिव के निवासस्थल सोमनाथ के पर्वतीय क्षेत्र में, नीच जाति वाले शूद्रों तथा उनकी स्त्रियों के एक समागम से डर गए। देवताओं ने शिव से प्रार्थना की किंतु उन्होंने इस सभा को नहीं रोका। तब सभी देवता शिवपत्नी पार्वती के पास पहुंचे। उन्होंने इस जनसमूह के विनाश के लिए अपने शरीर के मल से एक विपत्तिकारक देवता का सृजन किया। हो सकता है कि इस पौराणिक कथा में कुछ सचाई रही हो, लेकिन इसे उलट कर प्रस्तुत किया गया है। हम पहले ही देख चुके हैं कि मनु ने गणेश को शूद्रों का देवता घोषित किया। यह मानने के भी पर्याप्त कारण हैं कि गणपति के अनुयायियों में स्त्रियों का दर्जा पुरुषों के बराबर था

(शंकर विजय' खं. xvii)। इसलिए गणपति का जन्म शूद्रों और उनकी स्त्रियों के समागम को रोकने के लिए नहीं हुआ होगा। जैसाकि नाम से ही विदित होता है कि गणपति नाम वास्तव में साधारण जनों को समूहीकृत करने से संबद्ध रहा होगा वह उनके नेता रहे होंगे न कि उनका विनाश करने वाले।

एक और बात विशेष महत्व की है। गणपति का एक अन्यं नाम है द्वि-देहक (26.xxiv) इसका अर्थ है दो शरीरों वाला। गणपति वास्तव में ऐसे ही थे। उनके दो शरीर, दो व्यक्तित्व, दो जन्म थे : एक पहला और एक बाद का। एक अश्लील और एक पवित्र, विघ्नकर्ता और सिद्धिदाता। हम गणेश के सिद्धिदाता वाले रूप से अधिक परिचित हैं क्योंकि बाद के काल में इसी रूप का अधिक प्रचार किया गया।

6. विघ्नराज का रूपांतरण

विघ्नराज का रूपांतरण सिद्धिदाता में कब हुआ इस संबंध में मोटा अनुमान लगाना हमारे लिए संभव है। कोडिंगटन की 'एंशेंट इंडिया' में गणपति की एक ऐसी प्रतिमा का उल्लेख है जिसमें वह पूर्ण वैभव और साजसज्जा के साथ दिखाए गए हैं (प्लेट xxxix)। यह मूर्ति ईसवी सन् पांच सौ के आसपास की मानी जाती है और इसे गणपति को नए रूप में प्रस्तुत करने वाली प्रारंभिक मूर्तियों में से एक समझा जाता है। कुमारस्वामी ने इस बात की ओर ध्यान आकृष्ट किया है कि 'गुप्त राजाओं के शासनकाल से पहले के मूर्तिशिल्प में गणेश की कोई मूर्ति नहीं है, और 'गणेश की प्रतिमाएं अचानक ही गुप्तकाल में बनीं और ये दुर्लभ नहीं थीं' (बी.एम.एफ. ए.बी. cxxi 35)। काणे का अनुमान है कि गणेश की सर्वविदित विशेषताएं और उनकी पूजा, ईसवी सन् पांच सौ या छः सौ से पूर्व होने लगी थी (8. ii. 215)। ये सभी अनुमान पुराणों में उपलब्ध प्रमाणों से मेल खाते हैं। यद्यपि पुराण इससे भी पहले के रहे होंगे। विद्वानों ने सिद्ध किया है कि गुप्त राजाओं के शासन काल में ब्राह्मणीय साहित्य नए सिरे से लिखा गया (112. 23, 21.138)। इस प्रकार हमें कुछ आभास मिल जाता है कि गणेश या गणपति किस कालांश में देवता बन गए। यह समय गुप्त काल से कुछ ही पहले रहा होगा।

अब हम कुछ अधिक आलोचनात्मक दृष्टि से गणपति की विशेषताओं का अध्ययन करेंगे। इससे आभास मिल सकेगा कि गणपति किस प्रकार देवता बने। इसका संकेत उनके हस्ति मुख से मिलेगा। हम यह मानने के अभ्यस्त हो गए हैं कि गणपति का हस्तिमुख प्रारंभ से ही था। किंतु वास्तव में ऐसा नहीं है।

> मध्य युग के ग्रंथों में गणेश के हस्तिमुख, कुंभाकार उदर, मूषकवाहन आदि जैसी विचित्र विशेषताओं का जो वर्णन है वह वैदिक साहित्य में है ही नहीं। (8. 11. 213)

हां, बौधायन के 'धर्मसूत्र' में विनायक को हस्ति मुख वक्रतुंड, एकदंत, और लंबोदर कहा गया है। ये सभी विशेषताएं बाद के काल में उसके साथ जोड़ दी गई। 'किंतु' जैसाकि काणे ने बताया है : 'बौधायन के इस अंश की प्रामणिकता संदेहास्पद है।' (वही ii.214)

दूसरी ओर हमारे पास कई ऐसे प्रमाण हैं जिनसे संकेत मिलता है कि गणपति की जो वर्तमान स्थिति प्रतिष्ठापित हुई उनसे पहले एक नहीं कई गणपति थे। 'वाजसनेयी' संहिता में यह शब्द बहुवचन में है (xvi. 25)। 'मानव गृह्य सूत्र' में चार विनायकों का उल्लेख है और याज्ञवल्क्य ने इन्हें अनेक बताया है। 'महाभारत (अनुशासन पर्व cli. 26) में भी गणेश्वरों और विनायकों के संबंध में बहुवचन का प्रयोग किया गया है। भंडारकर का अनुमान था कि मूलत: जो चार विनायक थे वे कालांतर में एक हो गए। (70, 148)

संभवत: विभिन्न गणपतियों के विभिन्न आकार और विशेषताएं थीं। 'तैत्तरीय संहिता' (iv. 1. 2. 2) ने हल्का सा संकेत दिया है कि इन गणपतियों की शक्ल पशुओं जैसी थी। किंतु तांत्रिक साहित्य इससे भी एक कदम आगे बढ़ गया और उसमें बताया गया कि कुछ गणपतियों के चिह्न बैल थे और कुछ अन्य के चिह्न सांप थे [(विश्व कोश (बं) v. 252)]। तांत्रिक पुस्तकों में गणपति के पचास नामों में वृषभद्वध्रज' और वृषकेतन (दोनों का अर्थ बैल है) द्विजिह्वा (दो जिह्वा वाला अर्थात् सांप) नाम हमारे अध्ययन के लिए विशेष महत्व रखते हैं। गणपति के सुपरिचित हस्ति मुख की भांति विभिन्न गणपतियों के पशु नाम भी संभवत इस बात का संकेत हैं कि इनका प्रादुर्भाव प्राचीन टोटमवादी विश्वासों से हुआ। इस बात पर विस्तार से तर्क देने की आवश्यकता नहीं है कि हमारे परिचित गणपति का हस्तिमुख भी निश्चित रूप से टोटमवाद का परिणाम है। इसका कोई अन्य स्पष्टीकरण नहीं हो सकता। फाउचर ने ठीक ही कहा है :

> गणेश जैसे नरपशु आकार के बारे में विचार करते समय हम बड़ी आसानी से यह देख सकते हैं कि यह आकार किसी पशु से लिया गया होगा ; और यहां हम प्राचीनतम रूढ़िवाद को देखते हैं जिसे हमारा विकसित मस्तिष्क समझ सकता है; टोटम की उपासना और कृषि संबंधी अनुष्ठान। (26. xvi)

किंतु इस बात पर ध्यान नहीं दिया जाता कि कई अन्य परिस्थतियां भी हैं। मूलतः टोटमवाद में निहित है एक निश्चित सामाजित प्रणाली और सभी यह मानते हैं कि यह प्रणाली एक प्रकार का आदिम साम्यवाद थी। यदि गणपति का हस्तिमुख टोटमवाद का परिणाम है तो उसका इतिहास उतना ही पुराना है जितना आदिम साम्यवाद पर आधारित जीवन का। हम देखेंगे कि गण शब्द के अर्थ का विश्लेषण करने से इस बात की पुष्टि होती है। यहां टोटमवाद और धर्म के बीच विभेद के संबंध में पूर्ण रूप से स्पष्ट होना आवश्यक है। हम थामसन को उद्धृत करते हैं :

> परिपक्व धर्म से टोटमवाद इस बात में भिन्न है कि उसमें कोई प्रार्थना नहीं की जाती केवल आदेश दिए जाते हैं। आराधना करने वाले बाध्यकारी जादुई शक्ति से टोटम पर अपनी इच्छा हावी करते हैं और सामूहिक बाध्यता का यह सिद्धांत समाज की एक ऐसी स्थिति के समरूप है जिसमें समाज अलग-अलग प्रत्येक व्यक्ति से और उसके सभी सदस्यों से ऊपर है। जब तक सारे समाज के संगठित प्रयत्न उसे केवल जीवन निर्वाह करने के स्तर तक बनाए रखने के लिए ही होते हैं तब तक आर्थिक या सामाजिक असमानता नहीं हो सकती केवल इतना हो सकता है कि किसी एक व्यक्ति ने यदि कुछ अर्जित किया तो इसका श्रेय उसे मिले। आस्ट्रेलिया में आज भी यही बात है।…पूजा के अधिक विकसित रूप जिन्हें हम धर्म कहते हैं, पहले से यह मान कर चलते हैं कि आवश्यकता से अधिक उत्पादन है, जिससे कुछ गिने चुने लोग बहुत से अन्य लोगों के पसीने की कमाई पर जीवित है। कबीले के मुखिया को चुनाव द्वारा नियुक्त करने की प्रथा समाप्त हो जाती है और पैतृक आधार पर पिता के बाद पुत्र मुखिया बनने लगता है। टोटम की पूजा और उसे संतुष्ट रखने की क्रियाएं होने लगती हैं, टोटम का मानव आकार बन जाता है और वह देवता हो जाता है। देवता का दर्जा सारे समाज के लिए वही बन जाता है जो अनुयायियों के समक्ष एक सरदार का दरजा होता है … विशेषाधिकारप्राप्त वर्ग के विस्तार से दैवी शक्ति में भी वृद्धि होने लगती है और इसी से सरदार की शक्ति बनती है। जैसे जैसे शासक कबीला अपने प्रभाव क्षेत्र का विस्तार करता है, वह अन्य कबीलों के टोटम देवताओं को अपने में समेट लेता है। शासक कबीले का टोटम, सारी जाति या विभिन्न जातियों के समूह का टोमट बन जाता और अंत में राज्य का देवता बन जाता है। (48. i. 49-50)

इसे ध्यान में रखते हुए हम गणपति के प्रश्न पर लौटते हैं। 'मानव गृह्य सूत्र,' 'मनुस्मृति' और 'याज्ञवल्क्य स्मृति' जैसे ग्रंथों के लेखक गणपतियों से घृणा करते थे। हमें वास्तव में यह पता नहीं है कि ये लेखक कौन थे, केवल इतना मालूम है कि वे अपने समय की राज्यसत्ता के प्रतिनिधि अथवा प्रवक्ता थे। किंतु इन प्रारंभिक राज्यों के साथ साथ जनजातियां भी उसी प्रकार विद्यमान थीं जिस प्रकार आज हैं। तो इन ग्रंथों के रचयिताओं के मन में गणपतियों के प्रति घृणा के भाव को उस समय के राज्यों के इन जनजातियों के प्रति दृष्टिकोण का प्रतिबिंब माना जा सकता है।

किंतु रवैया बदला और इन राज्यों की सत्ता वाले लोगों के प्रवक्ताओं ने गणपति की प्रशंसा प्रारंभ कर दी। स्पष्ट है कि ये पुराने गणपति अर्थात हाथी, बैल या सांप नहीं थे, बल्कि एक विशिष्ट गणपति था जो बहुत से टोटम चिन्हों में से चुना गया था और जिसे देवता का दर्जा दे दिया गया था। अब लेखक लोग बहुत सारे गणपतियों की बात नहीं कर रहे थे, वे केवल लंबोदर एकदंत, हस्तिमुख की स्तुति कर रहे थे और यह गणपति सिद्धिदाता है और हम अपने समय में केवल इसी से परिचित हैं।

पहले के बहुत से गणपतियों में से किसी एक निश्चित गणपति का चुनाव किया जाना और उसके स्वभाव तथा उसके प्रति जनभावना में परिवर्तन आना कोई संयोग की बात नहीं हो सकती हैं। इन परिवर्तनों के स्पष्टीकरण की आवश्यकता है और इसको स्पष्ट करने के लिए एकमात्र धारणा यही बन सकती है कि ये परिवर्तन उस प्रक्रिया को प्रतिबिंबित करते हैं जिसके अंतर्गत कोई जाति जो हाथी को अपना चिह्न मानती थी अंततः विजयी होकर सबसे श्रेष्ठ सर्वोच्च राज्य बन गई। यह जाति अपने टोटम के प्रति जो श्रद्धाभाव रखती थी वह बना रहा। किंतु उसका स्वरूप बदल गया। जाति का टोटम देवता बन गया, केवल नाम वही रहा। हम अपने परिचित गणपति की विभिन्न प्रतिमाओं का कुछ ध्यान से अध्ययन करें तो देखेंगे कि वह एक चूहे की सवारी करता है। अर्थात गणपति का वाहन चूहा है (मूषक) इतना विशालकाय देवता एक छोटे से चूहे पर सवारी करे, यह बात स्पष्टतः संकेत देती है कि वाहन का चुनाव सोच समझकर नहीं किया गया। किंतु फिर भी इस चुनाव में कोई वास्तविक विसंगित नहीं है। क्योंकि देवताओं को अपने वाहन स्वयं चुनने की स्वतंत्रता नहीं थी। यह निर्णय इस बात से किया जाता था कि जिस जाति या कबीले को पराजित किया गया है, उसका चिन्ह अथवा टोटम कौन सा था। इसका अर्थ यह है कि हाथी कबीले ने चूहे के टोटम वाले कबीले पर विजय, प्राप्त की। पहेले कबीले अथवा विजयी कबीले का टोटम तो देवता बन गया जबकि पराजित कबीले के टोटम का उसके अधीन होना तर्कसंगत ही था।

ये सभी बातें अनुमानों पर आधारित प्रतीत हो सकती हैं किंतु वास्तविक कारण यह है कि हमारे इतिहासकारों ने अभी तक प्राचीन भारत में राज्यों के उदय की समस्या की ओर बहुत कम या बिल्कुल ही ध्यान नहीं दिया है। यही मान लिया गया कि राज्य सदा से ही विद्यमान थे। निःसंदेह इतिहासकार कभी कभी प्राचीन भारत में जातियों, राज्यों और कबीलों के अस्तित्व की बात करते हैं। किंतु हमें उनसे हमेशा यह आभास नहीं मिलता कि वे इन शब्दों के असली महत्व को स्पष्ट रूप से समझना चाहते हैं। इसके अलावा इस सामान्य ऐतिहासिक नियम के प्रति कोई आदरभाव नहीं दिखाया जाता कि राज्य केवल जातियों के अवशेषों पर ही उभर सकते थे। इन परिस्थितियों में यह धारणा कि हाथियों द्वारा अन्य जातियों पर, जिनमें चूहे भी शामिल थे, अपनी प्रभुसत्ता स्थापित किए जाने के परिणामस्वरूप गणेश एक देवता बन गए, विचित्र ही प्रतीत होगी।

स्पष्ट है कि ऐतिहासिक शोध के वर्तमान चरण में उस प्रक्रिया की विस्तृत जानकारी प्राप्त

करना संभव नहीं है जिससे गणपति देवत्व को प्राप्त हुआ। हम केवल दो बातों तक अपना विचार सीमित रखेंगे। पहली यह कि हमारी इस धारणा में मूलतः कुछ भी असंभव नहीं है। दूसरी यह कि यदि अन्य देशों के लोगों के प्राचीन इतिहास के तुलनात्मक अध्ययन का भारत के प्राचीन इतिहास को समझने के लिए कोई महत्व है तो शायद यही एक युक्तिसंगत धारणा है जिसके आधार पर हम आगे बढ़ सकते हैं।

हमारी धारणा असंभव नहीं है क्योंकि हमें वास्तव में यह जानकारी है कि विजयी हाथियों ने प्राचीन भारत में राज्यसत्ता स्थापित की थी। इस प्रकार उदाहरण के लिए प्राचीन मतंग थे, जिन्होंने सिक्के बनवाए और इन पर अपने इतिहास की छाप छोड़ी। कोसंबी का कहना है कि कोसल के बाद के काल के सिक्कों को यदि कालक्रम से देखा जाए तो मतंग (हाथी) राजवंश की स्थापना के क्रमिक इतिहास का पता चलता है (21.149)। इस बात पर कोई संदेह नहीं किया जा सकता कि मतंग नाम निश्चित ही टोटमवादी अतीत का स्मृतिचिह्न था। किंतु यदि यह दावा किया जाए कि मतंगों द्वारा राजसत्ता स्थापित किए जाने की यह घटना गणपति के देवत्व प्राप्त करने की प्रक्रिया को दर्शाती है तो यह यदि प्रत्यक्ष रूप से हास्यापद नहीं तो अत्यंत काल्पनिक दावा होगा। क्योंकि मतंग राजवंश शायद गणपति के देवता बनने के समय से भी कहीं अधिक पुराना था। हम देख चुके हैं कि अब तक उपलब्ध प्रमाणों में गणपति के देवता बनने की घटना गुप्त राजाओं के काल से पहले की ही रही होगी। दूसरी ओर इस बात को देखते हुए कि बौद्ध ग्रथ 'ललित विस्तर' में राजा पसेनदि को 'मतंग च्युति उपपन्नम' बताया गया है यानी हाथी के वीर्य से जन्मा (जे. बी. बी. आर- ए. एस. xxvii. 185)। तो इसे ध्यान में रखते हुए यह विचार ठीक ही है कि मतंग राजवंश मौर्य राजाओं से भी पहले का था। पसेनदि बुद्ध के समय में कोसल का राजा था। इस प्रकार गणपति के हस्तिमुखी होने का संबंध इन मतंग राजाओं के साथ नहीं हो सकता। फिर भी मतंग नरेशों का प्रमाण महत्वपूर्ण है, क्योंकि इससे यह पता चलता है कि किसी हस्ति जाति का प्राचीन भारत में अंततः राजसत्ता स्थापित करना मूल रूप से असंभव नहीं है। इसके अलावा प्राचीन भारत में राजसत्ता स्थापित करने वाले केवल ये मतंग ही नहीं थे। शिलालेखों से पता चलता है कि कुछ और हाथी भी थे, जिन्होंने राजसत्ता स्थापित की। उदाहरण के लिए खारवेल की पटरानी ने स्वयं को हस्तीसह या हस्तीसिंह की पुत्री बताया। (61. 57)

हमें प्राचीन भारत में चूहों अथवा मूषकों का भी उल्लेख मिलता है। अनुमान लगाया गया है कि ये मूषक वही थे जो प्रारंभिक ग्रीक कथाकारों की कथाओं में मूसिकन कहलाते थे (37.1.75)। कम से कम दोनों नामों में अत्यधिक समानता है। यदि यह बात सत्य है और यदि हमें ग्रीक कथाकारों पर विश्वास करना चाहिए तो संभवतः हमें यह भी मानना पड़ेगा कि सिकदर के अभियान के समय ये मूषक एक सामुदायिक जीवन व्यतीत कर रहे थे जो जनजातीय लोगों की पद्धति थी। ग्रीक लेखकों ने हमें उनके सामुदायिक जीवन के बारे में बताया है। (वही)

प्राचीन भारत के हाथियों अथवा मतंगों की भांति इन चूहों या मूषकों का भी स्पष्टतः टोटमवादी अतीत था। उनका नाम ही इस बात का प्रमाण है। आधुनिक भारत में आज भी जीवित जनजातियों में चूहा एक टोटम के रूप में दुर्लभ नहीं है। (115. 793; 44.i. 164) यही बात प्राचीन भारत में भी रही होगी। हमें कई स्रोतों से इस नाम का उल्लेख मिलता है। किंतु जायसवाल का विचार है कि ये सभी नाम एक ही जाति को संबोधित करते हैं :

> मूषक लोग दक्षिण भारत के निवासी थे। 'महाभारत' में बताया गया है कि वे वनवासियों के साथ रहते थे। इनका प्रदेश कलिंग से बहुत दूर नहीं रहा होगा। क्योंकि नाट्यशास्त्र

(लगभग ईसा पूर्व सौ से ईसवी सन् सौ तक) में तोसल, कोसल और मोसल (मूशिका) जनों का उल्लेख है। (जे. बी. ओ. आर. एस. iii.442)

पुराणों में विंध्य देशों में 'स्त्री राज्य' और मूषकों का उल्लेख है। (वही) जैसाकि जायसवाल का विचार है ये सभी एक ही जनसमूह के द्योतक हो सकते हैं यद्यपि इस बात की भी संभावना को नकारा नहीं जा सकता कि अलग अलग जातियों को भी एक ही नाम से पुकारा गया हो। क्योंकि ऐसा कोई कारण नही है कि चूहे को केवल एक ही निश्चित जनसमूह का अलग टोटमचिह्न समझा जाए। जो भी हो, हमारे वर्तमान तर्क के संदर्भ में मूषिक जनों के बारे में अत्यंत महत्वपूर्ण तथ्य यह है कि हमें कहीं भी यह नहीं बताया गया है कि इन मूषिक जनों ने कोई राजसत्ता स्थापित की। इसके बजाय हमें यह सुनने को मिलता है कि किसी प्रारंभिक राजसत्ता ने इन मूषिक जनों को पराजित किया। उल्लेखनीय है कि मूषिकों के पराजित होने की कथा प्रसिद्ध हस्तिगुफा (हाथी की गुफा) में कलिंग के राजा खारवेल के शिलालेखों में मिलती है। ये शिलालेख ईसा पूर्व 160 वर्ष के बताए जाते हैं। जायसवाल, जिन्होंने इन महत्वपूर्ण शिलालेखों को पढ़ने, फिर से संभालने और इनकी व्याख्या करने के काम को अपने जीवन का लक्ष्य बना लिया था, (61.3) बताते हैं कि इस शिलालेख की चौथी पंक्ति में उल्लेख है कि राजा खारवेल ने मूषिकों को पराजित किया। जायसवाल के अनुवाद के अनुसार, 'वह मूषिकों की राजधानी को विनष्ट कर देता है' (जे. बी. औ. आर. एस iii. 462)

सभी ऐतिहासिक और महत्वपूर्ण शोधकार्यों के बावजूद हस्तिगुफा के शिला लेख आज भी दुर्बोध बने हुए हैं। उदाहरण के लिए हमें अभी तक यह पता नहीं है कि इसका नाम हस्तिगुफा क्यों पड़ा। यह नाम कुछ संकेत अवश्य देता है यद्यपि हम संभवतः यह तर्क नहीं दे सकते कि इस गुफा के शिलालेखों में मूषिकों की पराजय का जो विवरण है उससे गणपति के देवता बनने का कोई संकेत मिलता है। क्योंकि आमतौर पर यह माना जाता है कि इस गुफा के शिलालेख जैन धर्मावलंबियों का कार्य है और इसका मतलब है कि गणपति के साथ इस गुफा का कोई संबंध नहीं हो सकता और न ही राजा खारवेल और हाथी के बीच कोई संवंध सिद्ध किया जा सका है। इसके अलावा मूषिकों की पराजय की घटना गणपति के देवता बनने से बहुत पहले घटी। फिर भी हमारे तर्क के दृष्टिकोण से यह प्रमाण महत्वपूर्ण है। इससे पता चलता है कि प्राचीन भारत में कोई पराजित जाति थी जिसका चिह्न चूहा था।

तो इस प्रकार प्राचीन भारत में हस्ति कवीले भी थे और मूषिक कबीले भी थे। हमारे पास हस्ति कबीले के विजयी होने और मूषिकों के परजित होंने के प्रमाण हैं। इसलिए हमारी यह धारणा कि गणेश की बहुपरिचित प्रतिमा के पीछे किसी हस्ति कबीले द्वारा अपना साम्राज्य स्थापित करने का इतिहास छिपा है, बहुत वे तुकी नहीं होनी चाहिए। दूसरे यह एकमात्र युक्ति संगत धारणा है जिस पर हम काम कर सकते हैं किंतु हमें इतिहास की कुछ ऐसी ही घटनाओं से कुछ सीखने के लिए सहमत होना चाहिए। हम विशेष रूप से मोरे और डेवी द्वारा प्राचीन मिस्र में जनजातियों से साभ्राज्य बनने तक के संक्रमण-काल के संबंध में किए गए शोधकार्यों को विशेष रूप से ध्यान में रख रहे हैं (100-115 और आगे)। उन्होंने मुख्यतया टोटमवादी प्रमाणों के आधार पर इस इतिहास का पुनर्निर्माण किया है यह सिद्ध किया है कि राज्य के उदय का इतिहास देवता के उदय का इतिहास भी था।

उत्तरी और दक्षिणी राज्यों के गठन से पहले मिस्र कई स्वशासी प्रदेशों में बंटा हुआ था, अर्थात् वहां टोटमवादी कबीले और जनजातियां एक समूह में गांवों में रहती थी। इन विभिन्न प्रदेशों में रहने वाली जातियों के भिन्न-भिन्न टोटम चिन्ह और झण्डे थे। मिस्र की प्राचीन-

कथाओं में उत्तर द्वारा दक्षिण पर विजय (होरस के अनुयायियों द्वारा) और बाद में ऊपरी तथा निचले हिस्से के दो राज्यों की स्थापना की स्मृति बनी रही। कई हाथी दांत तथा पत्थर की पट्टिकाओं पर उत्कीर्ण चित्रों से मोरे और डेवी ने इस कथा की व्याख्या की है। इन पट्टिकाओं पर पशुओं को आपस में लड़ते हुए और अंत में बाज पक्षी की विजय को दिखाया गया है। इन चित्रों में युद्धरत जानवर विभिन्न प्रदेशों में रहने वाले कबीलों तथा जातियों के अलग-अलग टोटम चिह्न थे। इनके बीच युद्ध मात्र विभिन्न प्रदेशों के बीच युद्ध था और अंत में बाज पक्षी की विजय वास्तव में उस प्रदेश की विजय थी जिसका टोटम चिह्न यह पक्षी था। बाज पक्षी वाले प्रदेश व सरदार मैनिज था। इस प्रकार अन्य जानवरों पर बाज की विजय वास्तव में मैनिज द्वारा विभिन्न लड़ाइयों में प्राप्त की गई विजय थी।

मैनिज ने नील नदी की शेष घाटी और उसके डेल्टा पर विजय प्राप्त की और विभिन्न स्वतंत्र गांवों तथा कबीलों को एक राज्य के अधीन ले आया। टोटमवादी चित्रों में जो कथा बताई गई वह यही थी कि मेनिज़ किस प्रकार राजा बना? साथ ही यह एक जनजाति से एक साम्राज्य की स्थापना की भी कहानी थी। यह एक टोटम के देवता बनने की भी कथा थी। बाज पक्षी होरस देवता बन गया जो प्राचीन मिस्र का बाज देवता था। मिस्र के चित्रों में राजा मेनिज़ और होरस देवता को एक दूसरे से अति घनिष्ठ बताया गया है।

मोरे और डेवी ने जिस प्रकार प्राचीन मिस्र के इस इतिहास का पुनर्निमाण किया है वह पूरी तरह स्पष्ट है। जो बात स्पष्ट हो वह उन बातों पर प्रकाश डालने की क्षमता रखती है जो अस्पष्ट प्रतीत हो रही हों। गणपति का इतिहास भी एक टोटम के देवता बनने का इतिहास है किंतु यह अभी दुर्बोध है। मिस्र की ऐसी ही घटनाओं के आधार पर क्या हम यह आशा नहीं कर सकते कि जब हमारे विद्वान प्राचीन भारत में एक जनजाति के स्तर से राज्य की स्थापना तक के संक्रमण काल के इतिहास का पुनर्निर्माण करेंगे तो फिलहाल समझ में न आने वाली ये बातें स्पष्ट हो जाएगी। भारत में अलग-अलग काल में भिन्न-भिन्न प्रदेशों में इसी प्रकार का संक्रमण हुआ होगा। इन दुर्बोध बातों को समझने के लिए हमें टोटमवादी प्रमाणों पर ध्यान देना होगा। किंतु अभी तो हम राज्य संबंधी प्रश्न छोड़ सकते हैं और उन लोगों के साहित्य पर वापस लौटते हैं जिन्हें अभी राज्य संस्था की पूर्ण रूप से जानकारी नहीं थी। यह साहित्य है वेद। जैसीकि अपेक्षा की जा सकती है हम देखते हैं कि वैदिक संहिताएं, गणों और गणपतियों की प्रशंसा से भरी पड़ी हैं।

7. वेदों में गण और गणपति

गंभीर विद्वानों (उदाहरणार्थ 92.153 और आगे, 124·63; 21. अध्याय 4) ने इस बात को स्वीकार किया है कि प्रारंभिक वैदिक लोग जनजातीय जीवन बिताते थे। इसीलिए अपने तर्क के दृष्टिकोण से हम न तो उनसे यह अपेक्षा करते हैं कि वे गणों से व गणपतियों से घृणा करते थे जैसी कि 'मानव गृह सूत्र' 'याज्ञवल्क्य स्मृति' और 'मनु स्मृति' के रचयिता करते थे, और न ही हम यह अपेक्षा करते हैं कि उन्हें हस्तिमुख वाले देवता और देवता का ज्ञान था और उसके वैभव का प्रचार करने के सभी कृत्रिम तरीके उन्हें आते थे। इसके विपरीत यदि गण का अर्थ था जनजाति और यदि प्रारंभिक वैदिक जन स्वयं ऐसा ही जनजातीय जीवन व्यतीत कर रहे थे तो हम यह आशा करते हैं कि उनके कवि विभिन्न गणों को अपने जातीय संगठनों का अंग मानते थे और गणों के नेता अर्थात् गणपति के प्रति मैत्रीपूर्ण आदरभाव रखते थे।

वैदिक कवियों को अपने गणपति का तो पता था किंतु उन्हें इसके हस्तिमुख की कोई

जानकारी नहीं थी। यह गणपति न तो विघ्नराज था और न ही बाद का सिद्धिदाता। महत्व की बात यह है कि उन प्रारंभिक वैदिक कवियों को किसी ऐसे गणपति का ज्ञान नहीं था जो इन जीते-जागते गणों से पृथक हो जिनके बीच वे स्वयं रहते थे।

> हे ब्राह्मणस्पति, हम तुम्हारा आह्वान करते हैं, तुम गणों के गणपति हो, कवियों के कवि हो, असीम धन-धान्य से परिपूर्ण हो, गुरुजनों के गुरुजन हो, स्तुत्य देवों में अग्रगण्य हो। जहां यज्ञ हो रहे हैं, वहां आकर अपना आसन ग्रहण करो। (ऋ० वे० ii 23·1)

गणपति की यह स्तुति 'ऋग्वेद' के दूसरे मण्डल में अर्थात् वैदिक साहित्य के प्राचीनतम भाग में है। 'ऋग्वेद' का दसवां मण्डल बहुत बाद में लिखा गया और जैसा कि हम आठवें अध्याय में देखेंगे, इसमें उन वास्तविक सामाजिक परिस्थितियों का चित्रण है जो वैदिक साहित्य के पहले के अंशों द्वारा प्रस्तुत किए गए चित्र से कई प्रकार से भिन्न हैं। किंतु इस बात पर ध्यान देना होगा कि दसवें मण्डल के समय में ही गणों के प्रति स्नेह और गण के नेता के प्रति मैत्रीपूर्ण आदर-भाव बना हुआ था :

> हे गणपति, तुम गणों में अपना स्थान ग्रहण करो। तुम्हें कवियों में सर्वश्रेष्ठ प्रज्ञावान माना जाता है। दूर या पास का कोई कार्य तुम्हारे बिना नहीं किया जाता। हे संपत्ति संपन्न, महान और बहुवर्णी सूर्य की स्तुति करो। (ऋ. वे. x 112.9)

यह आह्वान इंद्र के लिए था। दसवें मण्डल में इंद्र को गणपति के रूप में संबोधित करने में अंतर था, किंतु यह एक बात है जिस पर हम आठवें अध्याय में फिर लौट सकते हैं।

स्वयं 'ऋग्वेद' में हमें कहीं अन्यत्र गणपति का उल्लेख नहीं मिलता, किंतु गणों का उल्लेख बार-बार आया है। अन्य समानार्थक शब्दों के साथ यह शब्द 'ऋग्वेद' में कम से कम 44 बार आया है। इनमें से अधिकांश में गण का अर्थ है मारुतों का सामूहिक जीवन। अन्यत्र इस शब्द का प्रयोग जिस प्रकार किया गया है, वह अधिक महत्वपूर्ण है, क्योंकि इससे स्वयं वैदिक कवियों अथवा ऋषियों के सामूहिक जीवन का संकेत मिलता है।

> हे (सर्वदेवता), स्वलाभ की इच्छा रखने वाले तथा बलिष्ठ भुजाओं वाले सदाप्रिय (सदैव संपन्न) यजमान, आपकी सहायता से अपने शत्रुओं का संहार कर सकें। मनुष्य की ये दोनों इच्छाएं पूर्ण होती हैं, इसीलिए वह गणों की स्तुति करता है। (v. 44·12)
>
> हे पूषाण, तुम विदेशों में भी विख्यात हो। गण को प्रेरणा दो कि वह हमारे लाभ के लिए गौवें प्राप्त कर सकें। (vi. 56.5)
>
> देदीप्यमान अग्निशिखा ऊंची उठी, जो कभी बुझती नहीं, जो तीक्ष्ण दांतों वाली और गण जिसकी रक्षा करता है। (viii. 23·4)
>
> (हे उषाओं) तुम अभिजातवर्गीय हो, (हम) इन गणों के माध्यम से संपत्ति (अन्न) के लिए आपसे अनुरोध करते हैं, हम इच्छुक जनों को आप भरपूर संपत्ति (अन्न) दें। (v. 79.5)
>
> हे इंद्र, आपके सुख के लिए भेंट किए गए सोम का पान करो। और फिर उन दो अश्वों को नियंत्रित करके छोड़ दो जो आपके मित्र हैं; तब गणों के बीच आकर अपना आसन ग्रहण करो तथा मंत्रोच्चारण करो, जिससे हमें (जो मंत्रोच्चारण कर रहे हैं) अन्न प्राप्त हो सके। (vi 40.1)

यह सामूहिक जीवन अर्थात गण, गणपद्धति प्रारंभिक जनजातीय चरण की विशेषता थी, किंतु गण की सीधी स्पष्ट व्याख्या को सरलतापूर्वक स्वीकार नहीं किया जाएगा। इस शब्द के कारण कई अस्पष्ट और परस्पर विरोधी व्याख्याएं उत्पन्न हुई। ये सभी अस्पष्टताएं

हाल में नहीं उत्पन्न हुईं। उदाहरण के लिए हमने अभी 'ऋग्वेद' से जिन पांच अंशों को उद्धृत किया उनके संबंध में सायण ने इसी एक शब्द की पांच भिन्न व्याख्याएं की हैं। ये हैं---(1) 'देव संघ' अर्थात वैदिक देवताओं का सामूहिक संगठन (2)'मनुष्य संघ' अर्थात मनुष्यों का सामूहिक संगठन, (3) यजमान गण अर्थात् यजमानों का समूह (4) संघभूत, अर्थात् किसी समूह अथवा सामूहिक संस्था का गठन करना, और (5) स्रोतृसंघ अर्थात स्तुति गान करने वाला दल।

जो भी हो, गण का निहित अर्थ था कोई समूह या किसी प्रकार का सामूहिक जीवन। कोई भी विद्वान इसके संबंध में गंभीर संदेह प्रकट नहीं करेगा। किंतु एक और प्रश्न उठाना अनिवार्य है : प्राचीन साहित्य में जिस सामूहिक जीवन का उल्लेख हमें मिलता है वह कैसा रहा होगा? जहां तक वेदों और वैदिक जनों का संबंध है, हमारे विद्वान यह कहने से नहीं हिचकिचाते कि उस समय का जीवन जनजातीय जीवन था। यहां तक कि जायसवाल जैसा व्यक्ति, जो जैसा कि हम आगे चलकर देखेंगे, गण को जनजातीय बताने के अत्यंत विरोधी थे, का विचार था कि :

> वैदिक काल में हिंदू समाज जनों, जनजातियों या राष्ट्रों में विभाजित था, उदाहरण के लिन अनु, यदु, कुरु। (37· i, 11 टि०)

अन्य विद्वानों ने भी वैदिक जनों की सामाजिक प्रणाली का विवरण देते हुए जनजाति शब्द का बेहिचक प्रयोग किया है। भंडारकर का मत था, 'रुद्रों को गण' या जनजातियां और गणपति को जनजातियों का नेता कहा जाता है। (72.104) किंतु उनका कहना है कि रुद्र का विचार वैदिक ऋषियों को वन्य जाति के देवताओं से मिला होगा :

> चूंकि उसे वनों तथा अन्य निर्जन स्थानों में विचरण करने वाला बताया गया था इसलिए किसी ऋषि को विचार आया होगा कि उसे वनों में रहने वाली जनजातियों का सदस्य बता दिया जाए। एक अन्य जाति निषाद की तुलना रुद्रों से की जाती है। यह तथ्य इसी विचार की पुष्टि करता है। (वही. 103)

इस प्रकार वैदिक साहित्य में गणों और गणपतियों के संबंध में भंडारकर का यह मत बना :

> रुद्र के बहुत से मारुत थे जिन्हें गण कहा जाता था और इन गणों का सरदार गणपति था। जैसाकि हमने देखा कि रुद्र नाम को सामान्य भाव प्रदान कर दिया गया और इस शब्द का अभिप्राय यह हो गया कि बहुत सी आत्माओं ने मूल रुद्र का रूप ले लिया; इसी प्रकार गणपति नाम का सामान्यीकरण हुआ और इसका अर्थ था गणों या समूहों के अनेक सरदार। (वही. 147)

इसका निहित निष्कर्ष यह है कि वैदिक जनों ने गणों और गणपतियों का विचार वनों में रहने वाली जनजातियों से ग्रहण किया। किंतु वैदिक साहित्य में उपलब्ध प्रमाण इस प्रकार की धारणा के प्रतिकूल है। यह सत्य है कि 'ऋग्वेद' में गण शब्द मारुतों के संबंध में कई बार आया है और मारुतों का रुद्र के साथ गहरा संबंध था फिर भी कई ऐसी स्थितियां हैं जिनमें गण शब्द का मारुतों के साथ कोई भी संबंध नहीं है। इसके अलावा 'ऋग्वेद' में रुद्र को कभी भी गणपति नहीं कहा गया और यह बात भंडारकर की धारणा के निश्चित रूप से विरुद्ध जाती है। इसके विपरीत केवल ब्राह्मणस्पति जैसे उच्च वैदिक देवताओं और विशेष रूप से इंद्र को गणपति कहा गया। संक्षेप में वैदिक साहित्य में गणों और गणपति की प्रतिष्ठा मौलिक थी और यह आदिवासी जातियों से किसी प्रकार के संग्रहण का परिणाम नहीं थी। हमने इस बात पर तर्क-वितर्क किया क्योंकि हमारे विद्वानों में यह प्रवृत्ति है कि वे 'ऋग्वेद' के गणों और गणपतियों को

इसी प्रकार के संग्रहण का परिणाम बताते हैं। मित्र का कहना है :

> प्रारंभ में गणेश गणों का विशेष देवता था। ये गण जंगली आर्य जनजाति से बने थे जो मरुस्थलों, पर्वतीय क्षेत्रों तथा वनों में रहते थे। शायद बाद में गणपति को पशुपति (शंकर) से और भूतपति (शिव) से संबद्ध किया गया और जब उसे आर्यों के उच्च देवताओं की श्रेणी में सम्मिलित किया गया तब उसके जन्म के संबंध में पुराणों में विभिन्न विवरण दिए गए। इन व्याख्याओं के विकसित होने में शायद कई शताब्दियां लगी होंगीं। (वी. क्यू. 1935. 105)

सेन इससे भी आगे बढ़ गए और उन्होंने कहा कि गणपति मूलतः अनार्य थे और जनसाधारण को संतुष्ट रखने के लिए आर्यों ने बाद में उसे अपने देवताओं की श्रेणी में सम्मिलित कर लिया। [जति भेद (बं.)64]

ये विद्वान इन परिस्थितियों में एक बात स्पष्ट रूप से भूल जाते हैं। वैदिक काल के बाद के समय में गणपति की प्रतिष्ठा में जो भी उतार-चढ़ाव आए हों, जहां तक वैदिक साहित्य का संबंध है, हमें गणों और गणपतियों की प्रतिष्ठा और वैभव के स्पष्ट और निश्चित प्रमाण मिलते हैं। इसमें कुछ भी रहस्यमय नहीं है। कुछ लोगों ने बाद में वैदिक परंपरा के उत्तराधिकारी होने का दावा किया किंतु फिर भी जनजातीय जीवन से घृणा करते थे जबकि इसके विपरीत स्वयं वैदिक जन जनजातीय समाज या गणों में रहते थे और गणपति को वे केवल अपना नेता अथवा सरदार मानते थे। हम कुछ और प्रमाणों के उद्धरण दे सकते हैं। निम्नलिखित प्रमाण 'अथर्व वेद से हैं :

> गणों को अर्पित ! महागणों को अर्पित। (xix.22.16)
>
> यज्ञ, विधिपूर्वक तथा यजमानों की पूर्ण संख्या के साथ किया गया है क्योंकि इसे गणों ने किया है जो इंद्र के प्रियजन है और दोषरहित हैं। (xx.40.2;xx.70.4. तुल. ऋ. वे. i.6.8)
>
> उस दानशील प्रभु (बृहस्पति) ने गण के साथ मिलकर, असुर (वाल) को पराजित कर अपना नाद करके, अलग करने की नीति अपना कर; उसने दूध दही देने वाले और रंभाने वाले पशुओं को वापस प्राप्त किया। (xx. 88. 5. तुल. ऋ. वे. iv. 50. 5)
>
> मारुतों के गण निनाद करने वाले मेघों के लिए अलग से मंत्रोच्चारण करें और इससे होने वाली वर्षा का जल पृथ्वी पर पड़े। (iv. 15. 4)

'वाजसनेयी संहिता' में भी ऐसे ही अंश हैं :

> गणों और गणपतियों को नमन। व्रातों और व्रातपतियों को भी नमन। मांत्रिकों (गृत्स) और अब उनके अग्रणियों को नमन। विविध रूपी जनों तथा विश्व रूपों को भी नमन। (xvi. 25)
>
> आप गणों में गणपति हैं। हम आपका आह्वान करते हैं। आप प्रियजनों (प्रियानाम्) में प्रियपति (प्रियजनों के देवता) हैं।
>
> हम आपका आह्वान करते हैं। आप निधियों (धीनाम्) में निधिपति हैं। हम आपका आह्वान करते हैं। (xxiii. 19. तुल. ऋ. वे. ii. 23. 1)

स्पष्ट है कि यह अंतिम अंश अश्वमेघ यज्ञ के समय स्त्रियों द्वारा समवेत गान के रूप में गाया जाता था। यहां निधि शब्द कुछ रुचिपूर्ण है। मोनियर विलियम्स (99.548) ने बताया है कि यह शब्द 'धा' धातु से निकला है और इसका अर्थ था, 'जमा करना' और संहिताओं में इसका अर्थ था भंडार और धनराशि। किंतु यह भंडार या धनराशि किसकी थी ? बाद के समय के पौराणिक विधि साहित्य में कुछ ऐसे संकेत बने रहे जिनसे हम अनुमान लगा सकते हैं कि यह

भंडार या राशि मूलतः निजी नहीं थी। पुराणों में सामान्यतः नौ निधियों और कभी-कभी आठ निधियों का उल्लेख है और इन्हें साकार रूप दिया गया था (वही)। किंतु हम जब इन निधियों के वास्तविक नामों का अध्ययन करते हैं तो हमारे मस्तिष्क में सबसे पहले इनके टोटमवादी अतीत का विचार आता है। ये नाम हैं : पद्म, महापद्म, शंख, मकर, कच्छप आदि। इसलिए इन नामों से हमारा ध्यान अत्यंत धूमिल अतीत, टोटमवादी अतीत पर जाता है। उस समय लोगों की संपत्ति भले ही बहुत साधारण सी रही हो किंतु यह निजी संपत्ति नहीं रही होगी। निधि अथवा संपत्ति के सामूहिक स्वामित्व का यह आदि विचार बाद के विधि साहित्य के रचयिताओं तक पहुंचा होगा [विश्व कोश (वे.) x.126-7]। उन्हें यह जारकारी थी कि स्वामित्व का जो विचार बाद में बना वह इस प्रकार की संपत्ति के साथ मेल नहीं खाता। इसलिए इस आदिम विचार को अपने विचारों के अनुरूप बताने के लिए उनके पास केवल एक ही रास्ता रह गया था कि यह कह दिया जाए कि निधि इस प्रकार की संपत्ति थी जिसके स्वामित्व को सदा के लिए समाप्त कर दिया गया था।

प्रारंभिक वैदिक जनों की संपत्ति के प्रश्न पर आठवें अध्याय में विचार किया जाएगा। इस समय हम अपने अब तक के तर्क का सारांश दे सकते हैं। प्रारंभिक वैदिक लोग जनजातीय समाज में रहते थे और गणपतियों के तथा गणों के वैभव के गीत गाते थे। किंतु वैदिक काल के बाद प्रारंभिक राज्य के सत्ता के प्रवक्ता अपने आसपास के जनजातीय समाज से घृणा करते थे और इसीलिए गणों और गणपतियों के लिए उनके मन में घृणा थी। इस प्रकार वैदिक परंपराओं के उत्तराधिकारियों ने ठीक उन्हीं विचारों और पद्धतियों के प्रति घृणा करना सीखा, जिन्हें उनके पूर्वज इतना महत्वपूर्ण और मूल्यवान मानते थे। यह स्थिति कई शताब्दियों तक चलती रही जब तक कि किसी विजेता जाति ने राजसत्ता स्थापित की और गणपति के प्राचीन विचार को पुनर्जीवित किया तथा उसे एक नई प्रतिष्ठापूर्ण स्थिति में ला बैठाया। और तब गणपति अपने प्राचीन रूप का एक औपचारिक व्यक्तित्व मात्र बन गया और उसके साथ केवल एक पशुमुख तथा मानव शरीर जुड़ा रहा जो हमें उसके किसी गण अथवा जनजाति का सरदार होने की पूर्वस्थिति की स्मृति कराता है। किंतु क्या गण शब्द का वास्तव में जनजाति ही अर्थ था?

8. गणों के संबंध में जायसवाल का मत

'ऋग्वेद' से प्रारंभ होने वाले प्राचीन साहित्य में गणों का बहुत उल्लेख आया है। किंतु हमारे इतिहासकारों का ध्यान इस ओर अभी हाल ही में अर्थात बीसवीं शताब्दी के दूसरे दशक में समुचित ढंग से आकृष्ट हुआ। इसके परिणामस्वरूप दो महत्वपूर्ण ऐतिहासिक शोधकार्य सामने आए जायसवाल की 'हिंदू पोलिटी' और मजूमदार की 'कारपोरेट लाइफ इन एंशेंट इंडिया'। इनमें से जायसवाल की पुस्तक विशेष रूप से महत्वपूर्ण है। मजूमदार की पुस्तक 1919 में छपी थी और यद्यपि जायसवाल की पुस्तक 1924 में प्रकाशित हुई तो भी लेखक ने इसकी भूमिका में बताया है कि यह पुस्तक बहुत पहले प्रकाशित होनी थी किंतु कुछ अत्यंत लज्जाजनक घटनाओं के कारण ऐसा नहीं हो पाया। (37. प्रिफे. vi) प्रकाशन की ये तिथियां महत्वपूर्ण हैं। क्योंकि इन कृतियों के पीछे ऐतिहासिक उत्साह के अलावा भी कुछ था। जैसा कि ठीक कहा गया है :

> हिंदू राज्य तंत्र (हिंदू पालिटी) के बारे में जायसवाल की बहुचर्चित पुस्तक ब्रिटिश शासक-वर्ग के इस दावे का खंडन करने के उद्देश्य से लिखी गई थी कि, भारत संसदीय लोकतंत्र के योग्य नहीं है। जायसवाल ने इसमें सिद्ध किया कि भारत में गणतंत्र था और स्वशासी लोकतंत्र भी थे। (41. 3)

स्वयं जायसवाल ने इसपर संतोष प्रकट करते हुए कहा : 'सर शंकरन नायर ने भारत सरकार के सांविधानिक सुधारों से संबंधित परिपत्र पर अपनी टिप्पणी में इस पुस्तक की पांडुलिपि के कुछ अंशों का उल्लेख किया' (तिथि 5 मार्च 1919)। (37. प्रिफे. vi)

इसलिए कोई आश्चर्य की बात नहीं कि इस पुस्तक में प्राचीन गणों में संसदीय लोकतंत्र की छोटी-छोटी बातों को खोजने के प्रति बहुत उत्साह दिखाया गया। उदाहरण के लिए गणतंत्रों में सांसदों के स्थानों की संख्या, प्रस्ताव. इनके विषय तय करना, कार्य संचालन के लिए आवश्यक न्यूनतम सदस्य निर्धारित करना, सचेतक, मत, अनुपस्थित सदस्यों के मतों को प्राप्त करना, मतपेटियों में गुप्त मतदान की प्रथा, बहुसंख्यक शासन की विधि, जनमत संग्रह करने का सिद्धांत, मताधिकार और नागरिकता के आधार तैयार करना, न्यायपालिका के प्रतिनिधियों को शासन कार्य में सम्मिलित करना और गणतंत्रों के नियम बनाना इत्यादि। संक्षेप में कहने का आशय यह है कि जिन बातों को प्राप्त करने के लिए हमारा राष्ट्रीय आंदोलन संघर्ष कर रहा था वे सभी प्राचीन काल में थीं।

हमारे राष्ट्रवादी समाचारपत्रों ने जिस उत्साह के साथ मजूमदार की पुस्तक का स्वागत किया, उससे भी यही अनुमान लगाया जा सकता है कि यह पुस्तक इसी भावना से प्रेरित होकर लिखी गई। 'मार्डन रिव्यू' (मार्च 1919) ने इसका स्वागत करते हुए लिखा 'जो लोग इस समय इतिहास के तथ्यों के विरुद्ध यह बात सिद्ध करने का प्रयत्न कर रहे हैं कि स्वायत्त शासन की प्रणाली केवल पाश्चात्य राष्ट्रों में ही है उनके लिए यह पुस्तक मुंहतोड़ जवाब है।' अमृत बाजार पत्रिका (20 फरवरी 1919) को इस बात पर प्रसन्नता थी कि यह पुस्तक हमारे आंग्ल-भारतीय मित्रों के इस कथन का समुचित उत्तर देगी कि भारत लोकतंत्रीय प्रणाली के प्रयोग के लिए पूर्णतया अनुपयुक्त है।

ऐतिहासिक शोधकार्य हमारे राष्ट्रीय संघर्ष में एक सैद्धांतिक हथियार बन गया। उन दिनों इस सैद्धांतिक हथियार ने जो महत्वपूर्ण भूमिका निभाई हमें उसे कम नहीं समझना चाहिए, न ही हमें एक क्षण के लिए यह भूलना चाहिए कि प्राचीन गणों के संबंध में बहुत श्रम और दक्षता के साथ जो इतनी अधिक सामग्री विशेष रूप से जायसवाल ने इकट्ठी की उसका कितना मूल्य और महत्व है। ऐतिहासिक शोध के क्षेत्र में जायसवाल का यह महान कार्य केवल उन्हीं की योग्यता वाला व्यक्ति पूरा कर सकता था।

फिर भी इन सब बातों के कारण हमें उनके निष्कर्षों की कमियों के प्रति आंख नहीं मूंद लेनी चाहिए। ये कमियां या सीमाएं ऐसी थीं जो स्पष्टतः की उस समय की स्थितिजन्य आवश्यकताओं का परिणाम थीं जिनके कारण उनका ध्यान गणों की ओर आकृष्ट हुआ। हमारे राष्ट्रीय आंदोलन ने भारत में एक लोकतंत्रीय स्वशासी राज्य की जो मांग रखी थी उसने हमारे इतिहासकारों को प्राचीन भारत में इस प्रकार के राज्यों की खोज करने के लिए बाध्य किया और जायसवाल का मत था कि इस प्रकार के राज्य का पारिभाषिक नाम गग था। किंतु हम यह कहने जा रहे है कि वास्तव में इस शब्द का अर्थ जनजातीय समाज था, या जैसाकि अपेक्षाकृत बाद के साहित्य में कहा गया कि इस शब्द का अर्थ जनजाति के कुछ कम या अधिक विकृत रूप के लिए प्रयुक्त हुआ। यह बात महत्वपूर्ण है क्योंकि राज्य और जनजाति भिन्न है। राज्य का उदय केवल जनजाति के अवशेषों पर ही हुआ है।

9. गण का अर्थ

आधुनिक शब्दकोषों में क्या कहा गया है, पहले हम यह देखेंगे। विलसन ने इस शब्द के जो अर्थ

एकत्र किए हैं वे इस प्रकार हैं : एक झुंड, समूह, सैनिक, टुकड़ी जनजाति या वर्ग इत्यादि (सांख्य दर्शन में द्रष्टव्य गण)। मोनियर विलियम्स (99. 343) ने ये अर्थ इकट्ठे किए : झुंड, सैनिक टुकड़ी, समूह, संख्या, जनजाति, क्रम, सजीव और निर्जीव तत्वों का वर्ग, अनुचरों या अनुयायियों का समूह, सैनिक या छोटे देवताओं का वर्ग, कोई मंडली अथवा निगम, किसी लक्ष्य को प्राप्त करने के लिए गठित की गई लोगों की सभा या संस्था इत्यादि :

मैकडानल (संस्कृत-इंग्लिश डिक्शनरी, द्रष्टव्य गण) द्वारा एकत्र किए गए अर्थ इस प्रकार है : जनसमूह, लोगों की भीड़, वर्ग, सैनिक, अनुचरों का समूह, संप्रदाय, संस्था, निगम इत्यादि। स्पष्ट है कि ये आधुनिक शब्दकोश परंपरागत शब्दकोशों में दिए गए अर्थों की सहायता ले रहे थे। इसलिए फ्लीट ने ठीक ही कहा कि :

> कई अन्य पारिभाषिक शब्दों के साथ भारतीय शब्दकोशों में गण शब्द को मूलतः समूह और संघटन का पर्यायवाची बताया गया है और इनका प्रमुख अर्थ है जनसभा या समागम (जे. आर. ए. एस. 1915, 138)

इसके आधार पर उन्होंने कहा कि गण का अर्थ जनजाति था किंतु थामस ने इस व्याख्या पर आपत्ति उठाई और 'जरनल आफ दि रायल एशियाटिक (1914, 413-4, 745-7, 1915, 1:8-40, 533-5, 802-4 आदि) सोसायटी' में दोनों विद्वानों के बीच काफी लंबा विवाद चला। विवाद का तात्कालिक विषय था पांचवीं छठी शताब्दी के दो पुराने शिलालेख जिनमें 'मालव गण स्थिति' शब्द आए थे। दोनों ने अपनी-अपनी बात की पुष्टि के लिए भारतीय विद्वानों का हवाला दिया। फ्लीट ने भंडारकर को उद्धृत किया जिन्होंने 'मालव गण' को मालव जनजाति कहा था (इंडियन ऐंटिक्वेरी 1913, 161) थामस ने जायसवाल को प्रामाणिक बताया जबकि आश्चर्य की बात है कि वे गण शब्द का उपयोग ऐसे अर्थों में करना चाहते थे जो थामस की व्याख्या से काफी भिन्न थे :

> अब आवश्यक प्रमाण निश्चित रूप से श्री जायसवाल ने उस निबंध में दिया है जिसका मैंने उल्लेख किया है; यह प्रमाण, गण शब्द को निश्चित राजनीतिक अर्थ में उपयोग में लाने के लिए है और यही हमारी वर्तमान स्थिति के लिए उपयुक्त है जिसे उन्होंने गणतंत्र कहा है, किंतु जिसे यदि संचालक संस्था या सभा कहा जाए तो अधिक उपयुक्त होगा और इसीलिए यही इसका एकमात्र अर्थ बनता है जो विचार योग्य है—मैं नहीं समझता कि किसी भी स्थिति में गण शब्द का अर्थ किसी जनजाति की संचालक संस्था के अलावा कुछ और भी हो सकता है (जे. आर. ए. एस. 1915, 534-5)

किंतु दुर्भाग्य की बात है कि थामस इस संबंध में बिलकुल स्पष्ट नहीं हैं। जनजातीय की संचालक संस्था का अर्थ क्या हो सकता था। वास्तविक जनजातीय समाज इतना लोकतंत्रीय और समतावादी है कि किसी जनजाति से अलग किसी संचालक संस्था का होना स्पष्ट रूप से नहीं सोचा जा सकता। (101. 66, 85-6) हां, यह तब संभव हो सकता है यदि इसका अर्थ हो जनजातीय परिषद। जो भी हो जायसवाल ने गण शब्द की जो व्याख्या की, वह भिन्न थी और स्पष्ट तथा युक्तिसंगत थी :

> लोकतंत्रीय संगठनों के विशेष अध्ययन के परिणामों को देखते हुए मैं उस महान विद्वान (रिस डेविड्स जो जायसवाल के अनुसार बौद्ध साहित्य पर अग्रणी प्रामाणिक विद्वान थे) से असहमत हूं जब वे इन लोकतंत्रीय संगठनों को 'कबीले' कहते हैं। उपलब्ध प्रमाण हमें इन संगठनों को कबीले कहने के लिए बाध्य नहीं करते। ईसा पूर्व सातवीं और छठी शताब्दी के भारतीय गणतंत्र…बहुत पहले ही समाज के जनजातीय चरण को पार कर चुके थे। वे

राज्य बन गए थे, गण और संघ थे, यद्यपि इस बात की बहुत अधिक संभावना है कि इनमें से अधिकांश का आधार राष्ट्रीय या जनजातीय था जैसाकि प्राचीन अथवा आधुनिक प्रत्येक राज्य का रहा होगा। (37. i. 49-50)

जायसवाल उस दृष्टिकोण के सबसे सक्षम और अत्यंत युक्तिसंगत समर्थक हैं जिसका हम विरोध करने जा रहे हैं, और हम फ्लीट, मोनियर विलियम्स, भंडारकर और रिस डेविड्स जैसे उच्चकोटि के विद्वानों के पुराने मत के पक्ष में और जायसवाल के विरुद्ध तर्क देंगे।

जायसवाल द्वारा एकत्र की गई बहुत अधिक सामग्री ने निर्णायक रूप से सिद्ध कर दिखाया कि जहां तक गण का अर्थ कोई जनसमूह था, वहां इसका मूल अर्थ था किसी प्रकार की अराजतंत्रीय और अति लोकतांत्रिक संगठन। किंतु इसको आधार बनाकर हम तर्क नहीं दे सकते कि एकमात्र निष्कर्ष यही है कि गण लोकतंत्रीय राज्य है क्योंकि जनजातीय समाज भी अपने विशुद्ध रूप में इतना लोकतंत्रीय है जितना कि ग्रीस के नगर राज्य भी नहीं हो पाए थे। किंतु इससे भी महत्वपूर्ण वे प्रमाण हैं जिनकी जायसवाल ने उपेक्षा कर दी थी। इनसे पता चलता है कि अति लोकतंत्रीय गण केवल जनजातीय समुदाय ही थे या जैसाकि बाद के साहित्य में आया है, ये गण इन जनजातीय समुदायों के कमोवेश विकृत रूप ही थे।

जायसवाल ने व्याकरणाचार्य पाणिनि के प्रमाणों से आरंभ किया। पाणिनि को ईसा पूर्व छठी शताब्दी का बताया जाता है। जायसवाल का यह तर्क उचित है कि गणों के संबंध में पाणिनि ने जो बहुत से नियम निर्धारित किए', उनमें हमें इस बात पर विशेष ध्यान देना पड़ता है कि पाणिनि के समकालीन विद्वान उस समय के गणतंत्रों को कितना महत्त्व देते थे, (वही. i.33)

पाणिनि ने (iii-3-86) संघ शब्द की व्युत्पत्ति के संबंध में कहा है कि इसका अर्थ (हान, iii-3-76 से व्युत्पादित संघट सब्द के अर्थ के विपरीत) वही है जो गण शब्द का अर्थ है। (वही-i. 27-8)

इसका सीधा-सा मतलब यह होना चाहिए कि पाणिनि ने गण और संघ को समान माना। पतंजलि ने पाणिनि पर टिप्पणी करते हुए कहा कि संघ का नाम इसलिए दिया गया क्योंकि वह एक समूह, एक सम्मिलन था। (आन पाणिनि v. 1.59) इसलिए इनमें कोई ऐसी बात नहीं है जिससे इस विचार को स्वीकार न किया जाए कि ये जनजातीय समाज थे या यह निष्कर्ष निकाला जाए कि केवल लोकतंत्रीय राज्यों को ही गण कहा जा सकता था। किंतु जायसवाल का विचार था कि व्याकरण का एक अन्य नियम, जिसे उन्होंने पाणिनि से उद्धृत किया, इसी बात को एक प्रकार से सिद्ध करता है जबकि इस नियम में निहित बात भी है कि पाणिनि जिन संघों से परिचित थे उनमें से कुछ संघों में जातीय भेदभाव की बुराई आ चुकी थी। यह नियम काफी पेचिदा है और हम देखेंगे कि यदि इस नियम के संबंध में जायसवाल द्वारा की गई व्याख्या स्वीकार भी कर ली जाए तो भी उससे कोई निष्कर्ष नहीं निकलता। इसके अलावा कुछ अन्य तथा कम संदेहास्पद प्रमाण भी इसी निष्कर्ष के विरुद्ध जाते हैं।

इस नियम में पाणिनि (v. 3. 114) ने कुछ संघों की चर्चा की है जिन्हें उसने वाहीक जनो के 'आयुधजीवी संघ' बताया है। भाष्यकारों ने इनके उदाहरण के रूप में जो नाम दिए हैं वे हैं क्षुद्रक और मालव। पाणिनि के अनुसार, ऐसे संघों के लोगों को जिन शब्दों से संबोधित किया जाता था उनके पीछे प्रत्यय भी लगाया जाता था जैसेकि 'न्यत', । इस प्रकार क्षुद्रक संघ के व्यक्ति को क्षौद्रक्य : कहा जाता था। इसी प्रकार मालव संघ का व्यक्ति मालव्यः कहलाता था। साथ ही पाणिनि का कहना था यह नियम केवल ऐसे शब्दों पर लागू होगा जिनका अर्थ निश्चित

रूप से अब्राह्मणीय और अराजतंत्रीय (अब्राह्मण-राजन्यत्) हो। इसी कारण जायसवाल ने कहा कि संभवतः यह शब्द ब्राह्मणों और क्षत्रियों के लिए थे जो संघों के भी सदस्य थे अन्यथा पाणिनि इस प्रकार के निषेध क्यों निर्धारित करते। यह जनजातीय स्थिति की तुलना में एक विकसित सुपरिचित हिंदू समाज की ओर संकेत है। (37. i. 34) सबसे पहले आइए हम देखें कि परंपरागत भाष्यकारों ने इस नियम की व्याख्या किस प्रकार की। भट्टोजि ने पूछा :

> पाणिनि ने सूत्र में संघ शब्द का प्रयोग क्यों किया? उत्तर है कि वह, उदाहरण के लिए, सम्राट को इससे अलग करना चाहते थे, जिनके साथ प्रत्यय जोड़ने का नियम लागू न होता, क्योंकि वह (सम्राट) संघ की भावना से पृथक होता था।···अब्राह्मण शब्द क्यों लिया गया? इसलिए कि किसी ब्राह्मण को संबोधित करते समय गोपल्लव विशेष्य के साथ प्रत्यय जोड़ने की संभावना न रहे।···यह नियम केवल निश्चित विशेष्य राजन्य पर लागू होता है।

इससे, कम से कम एक बात तो स्पष्ट हो जानी चाहिए कि भाष्यकार हमें यह बताने को उत्सुक था कि संघ और राजन्य की अवधारणा एक-दूसरे से पूरी तरह बेमेल थीं। इसलिए यह कहने की तो कोई संभावना ही नहीं होगी कि संघ का अर्थ था एक विकसित, सुपरिचित हिंदू समाज। क्योंकि ऐसे समाज में साधारणतः क्षत्रिय और ब्राह्मण थे और फिर कोई यह कल्पना कैसे कर सकता था कि संघ सुपरिचित हिंदू समाज का प्रतिनिधित्व करते थे, विशेषकर इस तथ्य को देखते हुए कि पाणिनि ने निश्चित रूप से जो भीं कहा हो, कम से कम इस बात में संदेह नहीं है कि वे इस तरह की स्थिति को अपवाद ही मानते थे। जायसवाल के साथ सहमत होने के लिए यह कल्पना करना आवश्यक होगा कि आमतौर पर या निश्चित रूप से संघों में ब्राह्मण और क्षत्रिय थे। और ऐसी स्थिति पाणिनि के वास्तविक कथन के ठीक विपरीत होगी।

इसके अलावा यदि पाणिनि द्वारा निर्धारित किए गए उपरोक्त नियम के संबंध में जायसवाल की व्याख्या को गंभीरतापूर्वक लिया जाए तो यह स्वयं जायसवाल के ही मत के विरुद्ध जाता है जिसमें उन्होंने कहा कि ये संघ लोकतंत्रीय थे न कि राजतंत्रीय। उनकी व्याख्या के अनुसार इस नियम में यह निहित था कि संघों में ब्राह्मण और क्षत्रिय दोनों थे, किंतु व्याकरण साहित्य में क्षत्रिय शब्द राजा 'एकराज' के अर्थों में प्रयोग में लाया गया। कात्यायन ने पाणिनि के सूत्र पर अपनी टिप्पणी में कहा कि सूत्र में 'क्षत्रिय' शब्द 'एकराजा' (शासक) के लिए प्रयोग में लाया गया जिससे संघ की भावना अलग हो गई। (आन पाणिनि iv. 1. 168)। यही बात हमें पतंजलि के भाष्य में भी देखने को मिलती है :

> सूत्र में 'क्षत्रिय 'शब्द' एकराजतंत्र को इंगित करता है। अर्थात् यह राजतंत्र की भावना का द्योतक है। फिर इस शब्द का प्रयोग क्यों किया गया। इसलिए कि संघ का भाव न रहे। क्योंकि जिस प्रत्यय पर विचार किया जा रहा है वह संघ को इंगित करने वाली विशेष्य संज्ञाओं पर लागू होता था। (वही)

इस सूत्र से स्पष्ट है कि पाणिनि ने क्षत्रियों के संगठनों के लिए जनपद शब्द का प्रयोग किया होता न कि संघ शब्द का जिसमें क्षत्रिय सम्मिलित नहीं किए गए थे। इस प्रकार व्याकरणाचार्य जिस अर्थ में संघ शब्द को लेते थे वह इस भाव के अनुकूल नहीं था कि उसमें क्षत्रिय हों। इसलिए यह नहीं कहा जा सकता कि संघों में सुपरिचित जातीय भेदभावग्रस्त समाज की झलक मिलती है। इसलिए ये लोकतंत्रीय राज्य थे, जनजातीय समाज नहीं। और यदि मान भी लिया जाए कि पाणिनि के अनुसार कुछ संघों या गणों में ब्राह्मण या क्षत्रिय थे तो भी हम सुपरिचित हिंदू समाज के बारे में जायसवाल के मत से सहमत नहीं हो सकते। क्योंकि स्पष्ट है कि इस प्रकार के ब्राह्मण और क्षत्रिय वैसे नहीं थे जैसाकि आमतौर पर हम समझते हैं। यह बात 'महाभारत' से स्पष्ट है।

पाणिनि ने जिन संघों की चर्चा की है वे वाहीकों के थे। इन्हीं वाहीकजनों का उल्लेख 'महाभारत' में इस प्रकार हुआ :

> वहां रहने वाले लोगों को वाहीक कहा जाता है। प्राचीन काल से वहां निम्नस्तर के ब्राह्मण भी रहते हैं। उन्हें वेदों का कोई ज्ञान नहीं है, वे कोई यज्ञ आदि नहीं करते और न ही अन्य लोगों को यज्ञों में सहायता करने की क्षमता रखते हैं। वे पतित(व्रात्य) हैं और इनमें से बहुत से लोग शूद्रों तथा अन्य जातियों की लड़कियों के संयोग से जन्मे हैं। देवता इनसे कोई भेंट कभीं स्वीकार नहीं करते (राय कृत अनुवाद viii. 155-6)
>
> हे राजन्, मैं भिन्न-भिन्न धर्मों का पालन करने वाले बहुत से देशों की यात्रा करते हुए अंत में वाहीक जनों के प्रदेश में पहुंचा। वहां मैंने सुना कि पहले व्यक्ति को ब्राह्मण बनना पड़ता है और फिर वह क्षत्रिय बनता है। वास्तव में एक वाहीक इसके बाद वैश्य बन जाता है फिर शूद्र बनता है और तब वह नाई हो जाता। है। नाई बनने के बाद वह फिर ब्राह्मण बन जाता है। ब्राह्मण के स्तर पर लौट कर वह फिर दास हो जाता है। (वही viii. 156)

किंतु 'महाभारत' के और प्रमाण बाद में दिए जाएंगे। इसमें कोई संदेह नहीं कि संभवतः अधिक प्रगति करने वाले संघों के बाद के वैयाकरणों के समय में जातीय विभाजन के प्रारंभिक लक्षण आ गए थे। उदाहरण के लिए पतंजलि (आन पाणिनि iv. 1,168) ने कहा कि क्षुद्रक और मालव जनों में एक निश्चित प्रत्यय दासों तथा कर्मकारों के साथ नहीं जोड़ा जाएगा। इसका निहित अर्थ यही था कि उस समय तक प्राचीन भारत के इन दो विख्यात संघों में दास प्रथा का कोई न कोई रूप आ चुका था और यह निश्चित कर दिया गया था कि कौन लोग किस प्रकार के शिल्प में रत होंगे। शायद संघों का जनजातीय ढांचा अन्य स्थानों पर भी टूटने लगा था। किंतु यह सामान्य दावा करना उचित नहीं होगा कि वैयाकरणों के समय के संघ अनिवार्यतः पूर्ण विकसित राज्य बन गए थे।

संघों और गणों को दिए गए कुछ नामो से भी यह संकेत मिलता है कि व्याकरण साहित्य में संघ और गण शब्द का मूल अर्थ केवल जनजातीय समाज ही रहा होगा। ये नाम निश्चित ही जनजातीय है क्योंकि इनमें से अधिकांश का मूल टोटमवादी है। नीचे दी गई सूची बहुत रोचक होगी यद्यपि केवल यही नाम नहीं हैं और भी बहुत से रहे होंगे।

क्षुद्रक (कमेंट्रीज आन पाणिनि v. 3. 114) एक प्रकार का डांस। (99.331)
मालव (कमेंट्रीज आन पाणिनि v. 3. 114), एक श्वेत पुष्पित लोध्र।
वृक, (पाणिनि v. 3. 115) तेंदुआ।
दमनी, (वही v. 3. 116), धमनीय पुष्प (आरटीमीसिया फ्लावर) से संबद्ध।
ओलपी (भट्टोजि आन पाणिनि v. 3. 116) उदुप नामक पौधे से संबद्ध।
त्रिगातों (पाणिनि v. 3. 116) के सम्मिलन में निम्नलिखित हैं :
कौंडोपारथ, जो कौड लता के निकट बैठता है।
दंडकि, जो दंड, अर्थात् तने, गजदंत या अक्षदंड से जन्मा, या अश्व और Hedysarum lagapodiardles. पौधो से उत्पन्न हुआ।
क्रोतुकी, सियार से।
जलकी, मकड़ी आदि आदि।
कपोतपकः (भट्टोजि आन पाणिनि v. 3. 112) कबूतर का बच्चा। (99.251)
कौंजयान्यः (भट्टोजि आन पाणिनि v. 3. 113), कुंज (अर्थात् वृक्षों का झुरमुट या हाथी

का लंबा दांत) का वंशज (99.288) वंशज पर्सावः, (पाणिनि v.3.117) फरसा वाले। (99. 609)

ब्रधनायन्यः (भट्टोजि आन पाणिनि v.3.113) (ब्रधना) एक घोड़े से [निघंटु : i, 14)

शमीवत्य : पाणिनि v.3.118] शभी वट से जो समी वृक्ष वाले हैं।

और्णवत्यः (वही) ऊर्णाव से, मकड़ी के जाले वाले।

ये नाम बहुत रोचक हैं और ये लोकतंत्रीय राज्यों के नाम नहीं हो सकते।जायसवाल ने व्याकरण से जो प्रमाण दिए हैं हम उसके विस्तार में जाना चाहते थे, क्योंकि उनके सभी तर्कों में से यही सबसे अधिक युक्तिसंगत थे। उनके अन्य तर्कों में बहुत अधिक दृढ़ता नहीं है। हम यहां एक या दो की चर्चा कर सकते हैं :

फिर, नए गणों की स्थापना की गई। इसका मतलब क्या यह है कि नई जनजातियों की स्थापना हुई? इस तरह का अर्थ तो ध्यान देने योग्य है ही नहीं। (37. i. 29)

किंतु जिन लोगों ने वास्तव में जनजातियों का अध्ययन किया है उनके लिए नई जातियों का गठन कोई अत्यंत असंभव बात प्रतीत नहीं हुई। कई वर्ष पहले मोरगन ने कहा था :

नई जनजातियां और नए गोत्र लगातार प्राकृतिक विकास से बनते जा रहे थे। इसका तरीका बड़ा साधारण था। पहले तो किसी ऐसे स्थान से जहां आबादी बहुत बढ़ गई हो, लोग धीरे धीरे हटकर किसी अन्य स्थान पर, जहां आजीविका के अधिक अच्छे साधन उपलब्ध थे, जाने लगे। कई वर्षों तक इसी प्रकार होता रहा और काफी लोग जनजाति के मूल क्षेत्र से दूर जाकर बस गए। कालांतर में ये प्रवासी अपनी रुचियों, भावनाओं और यहां तक कि भाषा में भी भिन्न हो गए। इसके बाद वे मूल जाति से अलग और स्वतंत्र हो गए यद्यपि उनके प्रदेश एक दूसरे के साथ जुड़े हुए थे। इस प्रकार एक नई जनजाति बन गई। (101. 105)

किंतु जायसवाल का विचार था कि गणों की स्थापना कुछेक व्यक्तियों ने की, और इसलिए ये जनजातियां नहीं हो सकते थे। उदाहरण के लिए, 'महाभारत में सात गणों के एक परिसंघ का उल्लेख है जिसका नाम 'उत्सव-संकेत' था : पांडव (नकुल) ने युद्ध में कौरवों, और पहाड़ी डाकुओं को समाप्त करने के बाद उत्सव-संकेत नामक सात गणों को पराजिन किया (संभापर्व xxvi.16)

परंपरागत भाष्यकार नीलकंठ ने निम्नलिखित टिप्पणी की : 'उत्सव-संकेत' जनों में पुरुष और स्त्री के बीच पारस्परिक आकर्षण ही यौन संबंध के लिए पर्याप्त आधार था। विवाह प्रथा उनमें नहीं थी उनका यौव जीवन उतना ही विवेकहीन था जितना कि जानवरों का।'

यदि यह मान लिया जाए कि नीलकंठ गणों को केवल बदनाम ही नहीं कर रहे थे, यानी वे वास्तव में प्राचीन परंपरा के आधार पर अपना मत व्यक्त कर रहे थे तो हम कह सकते हैं कि ऊपर कही गई बात, यदि इसमें कुछ संकेत है तो, यही बताती है कि उस समय सामूहिक विवाह का कोई रूप अवश्य था और यह राज्य के चरण तक पहुंचने से पहले तक के जनजातीय जीवन की विशेता था। जिन सात गणों को सामूहिक रूप से 'उत्सव-संकेत' कहा गया वे सात जनजातियां थीं। किंतु जायसवाल ने किसी और प्रमाण के बिना और नीलकंठ की घोर उपेक्षा करते हुए कहा :

उत्सव-संकेत लोकतंत्रीय थे, उनकी स्थापना शायद दो व्यक्तियों उत्सव और संकेत ने की थी। किंतु हम यह कह सकते हैं कि संकेत एक पारिभाषिक शब्द है जिसका अर्थ किसी लोकतंत्र द्वारा पारित किया गया कोई प्रस्ताव या कार्य होता है, और इस बात की पूरी संभावना है कि इस संदर्भ में मूलतः संकेत से अभिप्राय था कोई एक राज्य जिसकी स्थापना उत्सव

जनों ने एक प्रस्ताव पारित करके की। (37. i. 156)

संकेत (प्रतीत होत है कि इस शब्द का शाब्दिक अर्थ यौन आकर्षण है 99-1126) शब्द का अर्थ गढ़ने और टिप्पणी की आंतरिक युक्तिसंगतता के प्रश्न के अलावा प्राचीन ग्रंथ में वर्णित सात गणों को दो काल्पनिक व्यक्तियों, उत्सव और संकेत द्वारा स्थापित राज्य के स्तर तक पहुंचना महान कल्पनाशीलता है। यह जो कुछ भी रहा हो कम से कम इतिहास तो नहीं है।

10. असमान विकास

जायसवाल ने गणों के संबंध में जो प्रमाण प्रस्तुत किए हैं वे महत्वपूर्ण है किंतु इससे भी अधिक महत्वपूर्ण वे प्रमाण हैं जिनकी उपेक्षा उन्होंने अपनी धारणा को सिद्ध करने में की।

उदाहरण के लिए, जैसाकि हम देख चुके हैं, वैदिक साहित्य में यहां तक कि उससे प्राचीनतम अंशों में भी गणों के बारे में काफी अधिक उल्लेख हैं। किसी भी गंभीर विद्वान के लिए यह तर्क अतिशयोक्तिपूर्ण होगा कि वैदिक ऋषियों ने अपने समय के कुछ लोकतंत्रीय राज्यों की ही प्रशंसा गाई। इसलिए जायसवाल ने यही ठीक समझा कि वैदिक साहित्य में वर्णित गणों की उपेक्षा कर दी जाए। उन्होंने वैदिक काल में जनजातीय समाज की चर्चा की। वैदिक काल में सभा और समिति के प्रश्न का उल्लेख किया किंतु वैदिक जनों के गणों के संबंध में पूरी तरह चुप्पी साधना ही उन्होंने हितकर माना।

जायसवाल के समर्थन में यह कहा जा सकता है यद्यपि प्रारंभिक वैदिक लोग, जनजातीय समाज में रह रहे होंगे, और यद्यपि प्रारंभिक वैदिक साहित्य में गण शब्द का अभिप्राय इन्हीं जनजातियों से रहा होगा, तथापि प्रारंभिक वैदिक साहित्य और व्याकरण साहित्य के बीच की अवधि में भारतीय समाज स्थिर नहीं बना रहा होगा। इसलिए पाणिनि के काल में जिनके गणों संबंधी वर्णन पर जायसवाल ने इतना निर्भर किया, भारतीय लोग जनजातीय स्थिति से बहुत आगे निकल गए होंगे और उन्होंने राज्यसत्ताओं का विकास किया होगा। यह सभी जानते हैं कि शब्दों में परिवर्तन धीमी गति से आता है जबकि उनके अर्थ में परिवर्तन आने की गति तेज होती है और बहुधा नई वास्तविकताओं के लिए भी पुराना शब्द ही प्रयोग में लाया जाता है। इसलिए सहज ही यह कल्पना की जा सकती है यद्यपि गण शब्द का अर्थ जनजातीय संगठन था, विशेषकर प्रारंभिक वैदिक सूत्रों में, तो भी पाणिनि और उनके साथ के समय में इसका यही अर्थ रहा होगा। यानी यह असंभव नहीं है कि वेदोत्तरकाल के नए संदर्भ में गण शब्द का अर्थ, जैसाकि जायसवाल ने सोचा, लोकतंत्रीय राज्य बन गया जो उस समय तक अस्तित्व में आ चुके थे।

यह तर्क वैध नहीं हो सकता। फिर भी इसको अस्वीकार करने का मतलब यह कतई नहीं है कि पाणिनि और अन्य लेखकों के समय में भारत में राज्यों का विकास अभी होना था। वास्तव में भारत में राज्य का विकास वैदिक काल से भी बहुत पहले हो चुका था। सिंधु घाटी सभ्यता के लोगों के भौतिक अवशेष इस बात के प्रमाण हैं कि उन दिनों तक एक सुविकसित नागरिक जीवन और एक केंद्रीय राज्य सत्ता अस्तित्व में आ चुके थे। इसके अलावा जैसाकि वैदिक साहित्य से पता चलता है, स्वयं वैदिकजन भी, अपने जनजातीय अतीत के बावजूद अंततः वर्गीकृत समाज और राज्य संगठन के स्तर तक पहुंचे। इसलिए इस बात का खंडन करना बहुत विचित्र होगा कि पाणिनि के काल में राज्यों का अस्तित्व था। किंतु खंडन इस बात का किया जा रहा है कि गण शब्द का अर्थ राज्य रहा होगा। सामाजिक संगठनों का विकास सारे देश में समान नहीं था। राज्यों के साथ साथ जनजातियां सदा ही अस्तित्व में रहीं। और प्रारंभिक काल

में भी लोग जनजातीय चरण से बहुत आगे निकल आए थे, उन्हें अपने पड़ोसी जनजातियों का उल्लेख करने के लिए किसी शब्द का प्रयोग करना पड़ा। ये शब्द थे : गण, व्रात, पूग, संघ, श्रेणी, उन्हें इन शब्दों को आविष्कार करने की आवश्यकता नहीं थी। ये शब्द उनके अपने ही पूर्वजों में प्रचलित थे। व्याकरण के सूत्रों से पता चलता है कि ये संघ अराजतंत्रीय थे। सिकंदर के अभियान के ग्रीक लेखक (जे० वी० बी० आर० ए० एस० xxv 11.180) बताते हैं कि इन संघों में सीधे सैनिक आक्रमण का मुकाबला करने की अपार शक्ति थी। बौद्ध स्रोतों (दीघनिकाय का महापरिनिब्बान सुत्त) ने यह स्पष्ट किया कि ये संघ अपने गठन में अति लोकतंत्रीय थे इन सारी सूचनाओं को यदि महाभारत और 'अर्थशास्त्र' में उपलब्ध प्रमाणों के संदर्भ में देखा जाए तो जनजातीय समाज का पूर्ण चित्र बनता है।

हमारे इतिहासकार वास्तव में भारतीय जनता के असमान विकास की अनदेखी कर जाते हैं जो कि भारत के इतिहास की मूल विशेषता रहा है। जो बात सिंधु घाटी के लोगों के लिए सत्य थी वह उनके समकालीन सभी लोगों के बारे में सत्य नहीं थी। सिंधु राज्य के आसपास जनजातियां थीं और स्वयं वैदिक जन भी जातीय समाज के पशुपालन वाले चरण में थे और अपनी संपत्ति को इसी बात से आंकते थे कि किसके पास कितने पशु हैं। असमान विकास का यह एक उदाहरण है। किंतु सिंधु राज्य का विनाश हो गया और अनुमान लगाया जाता है कि यह विनाश वैदिक जनों ने किया। अंततः वैदिक जनों ने अपनी राज्यसत्ता विकसित की। इस संबंध में ब्रह्मणों में स्पष्ट रूप से बताया गया है। किंतु वैदिक जन सारे भारत का प्रतिनिधित्व नहीं करते थे। इन प्रारंभिक राज्यों के केन्द्रों के आसपास जनजातीय समाज के बड़े बड़े क्षेत्र थे जिनमें रहने वाले लोगों को उस ससय के साहित्य में राक्षस और दानव कहा गया। असमान विकास का यह एक और उदाहरण है। अशोक के शिलालेखों में जो जनजातीय नाम आते हैं वे एक बार फिर उस काल के असमान विकास का उदाहरण प्रस्तुत करते हैं :

> अशोक के कलिंग युद्ध में हुए भीषण नरसंहार में विरोधी राजकुमारों या राजाओं का कोई उल्लेख नहीं है। अशोक के कुछ अन्य शिलालेखों में केवल जनजातीय नामों का उल्लेख आता है। किंतु उसने अपने समकालीन ग्रीक राजाओं के नामों का उल्लेख किया है। जैसे एंटियोकस, एंटीगोनस, तोलेमाएओस, मागस, अलकसाद्रोस; तो इससे स्पष्ट है कि एक मौर्य साम्राज्य को छोड़कर उस समय भारत में कोई अन्य वैसा राज्य नहीं था। (जे० ए० ओ० एस० lxxv.37) :

असमान विकास की यह विशेषता सभी अगले युगों में आधुनिक समय तक के भारतीय इतिहास में बनी रही। इसी असमान विकास के कारण 1881 में इंपीरियल गजेटियर आफ इंडिया' के लेखक ने इसे 'प्रस्तर युग का हमारे युग में अवशेष' बताया (135. iv. 176)

> इस प्रकार भारत, विभिन्न जातियों का एक बहुत बड़ा संग्रहालय है जिसमें हम मानव के इतिहास और उसकी संस्कृति के निम्नतर स्तर से लेकर उच्चतम स्तर तक पढ़ सकते हैं। ये उदाहरण कोई सूखी हड्डियां या जीवावशेष नहीं है, बल्कि सजीव समाज हैं जिनकी अति विविध परिस्थतियों के अनुरूप हमें अपने प्रशासन और कानूनों को ढालना है। (वही. iv. 174)

इस असमान विकास का और भी हाल का उदाहरण जनजातीय भारत के मानचित्र में मिलता है जिसे 1956 में मानव शास्त्र विभाग ने तैयार किया। इसे ध्यान में रखते हुए अब हम गणों के प्रश्न पर लौटते हैं और बिशेषकर उन प्रमाणों पर विचार कर सकते हैं जिन्हें जायसवाल ने कोई महत्व नहीं दिया या अपनी धारणा को सही बताने के लिए उन्हें जिनकी अनदेखी करनी पड़ी।

11. महाभारत का गण

वैदिक ऋषियों ने गणों का यशगान किया। ये गण अपने ही ढंग के संगठन थे। वैदिकोत्तरकाल के साहित्य में भी हमें कई जगह गणों का उल्लेख मिलता है, किंतु यहां उनके प्रति जो दृष्टिकोण व्यक्त किया गया, वह अलग और महत्वपूर्ण भिन्नता लिए हुए था। अब ये ऐसे संगठन नहीं थे जिनके साथ वेदोत्तरकाल के साहित्य के रचयिताओं का कोई संबंध हो। अब ये संगठन गैरों के हो गए थे जिनको घृणा और तिरस्कार की भावना से देखा जाता था। जो लोग अब भी गणों में रहते थे उन्हें अपवित्र, असभ्य और वैवाहिक नैतिकता विहीन समझा जाता था। इसका विशिष्ट उदाहरण है वाहीक जनों के प्रति 'महाभारत' में व्यक्त दृष्टिकोण। पाणिनि के अनुसार वाहीकजन संघों या गणों में रहते थे। महाभारत में कर्ण के मुख से यह वर्णन प्रस्तुत किया गया है :

> धृतराष्ट्र के प्रासाद में ब्राह्मण लोग विविध सुंदर प्रदेशों और प्राचीन काल के कई नरेशों का विवरण सुनाया करते थे। ब्राह्मणों में एक वयोवृद्ध और प्रमुख व्यक्ति ने पुराने इतिहास का वर्णन करते हुए वाहीक और माद्रक जनों के संबंध से ये शब्द कहे : 'प्रत्येक व्यक्ति को वाहीक जनों से सदा दूर रहना चाहिए। वे अपवित्र हैं और सदाचार से इनका कोई नाता नहीं है और वे हिमवंत, गंगा, सरस्वती, यमुना, कुरुक्षेत्र, सिंधु और उसकी पांच सहायक नदियों के क्षेत्र से दूर रहते हैं। मैं अपने युवाकाल के उन दिनों का स्मरण करता हूं जब वाहीक राजाओं (सरदारों) के निवास के बाहरी द्वार पर गोमांस के लिए एक वधशाला और मादक द्रव्य जमा करने के लिए स्थान बना रहता था। एक बार किसी अति गुप्त कार्यवश मुझे वाहीक जनों में जाकर रहना पड़ा। वहां रहने से मुझे इन लोगों के आचरण का बहुत अच्छा ज्ञान हो गया है। सकल नामक एक नगर है, अपग नाम की नदी है और एक वाहीक जाति है जो 'जारंतिक' नाम से जानी जाती है। इन लोगों का आचरण घृणास्पद हैं। वे गौड़ नामक मदिरा का पान करते हैं और इसके साथ तली हुई जौ खाते है। वे लहसुन के साथ गोमांस भी खाते हैं। वे आटे के साथ मांस मिली हुई रोटी खाते है और अन्य लोगों से मांगे हुए चावल उबाल कर खाते हैं। उनमें अच्छे आचरण की एक भी बात नहीं है। उनकी स्त्रियां मदोन्मत्त होकर नग्नावस्था में अपने घरों और नगरों से बाहर निकलकर हंसती और नाचती हैं। वे कोई अनुलेप नहीं लगातीं, हार नहीं पहनतीं और हर समय नशे में चूर होकर भिन्न भिन्न प्रकार के अश्लील गीत गाती हैं। और उनका स्वर उतना ही मीठा होता है जितना कि किसी गधे या ऊंट का। यौन संभोग में वे पूर्णतया निर्लज्ज और असंयमी हैं तथा अन्य बातों में भी वे अपनी इच्छानुसार काम करती हैं। मदिरा के प्रभाव में वे अपने होश खो बैठते हैं और एक दूसरे के प्रति प्रेमपूर्ण विशेषज्ञों का इस्तेमाल करते हैं। वाहीक जनों की पतित स्त्रियां मदमत्त होकर अपने अपने पति और स्वामी को संबोधित करती हैं और पति पवित्र दिनों में भी किसी प्रकार का कोई संयम नहीं बरतते तथा स्त्रियां नृत्य मग्न रहती हैं। ऐसा पापपूर्ण जीवन बिताने वाले वाहीक जनों में एक, जो इन निर्लज्ज स्त्रियों के बीच रहता था, एक बार कुछ दिनों तक कुरु जंगल में रह रहा था। बड़े निराश मन से वह विलाप करने लगा : 'हा' वह विशालांगी (वाहीक) बाला, पतले पट धारण किए हुए, मेरा अपने वाहीक प्रियतम—का स्मरण कर रही है। इस समय जब वह निद्रा के लिए अपनी शैया पर जा रही है और मेरा स्मरण कर रही है मैं यहां कुरु जंगल में अपने दिन बिता रहा हूं। वह क्षण कब आएगा जब सतलुज और

सुखद इरावती नदी पार करके मैं अपने प्रदेश में पहुंचूंगा और उन सुंदर स्त्रियों को देखूंगा, जिनके चौड़े मुख हैं और जिन्होंने अपने माथे पर लाल सिंदूर की चमकती हुई बिंदी लगा रखी होगी तथा आंखों में गहरा काला काजल भरा होगा, और अपने सुंदर शरीर को कंबलों तथा पशुओं की खाल से ढक रखा होगा। और मुक्त कंठ से उच्च स्वर में बोल रही होंगी। वह दिन कब आएगा जब मैं ढोल-नगाड़े और शंखध्वनि जिनके स्वर उतने ही मधुर हैं जितने ऊंट और खच्चर के स्वर हैं, के संगीत के वातावरण में इन मदमस्त स्त्रियों के सहवास में पहुंचूंगा। इन स्त्रियों के बीच मैं कब पहुंचूंगा जो सामी, पीलू और करीरा वृक्षों की पगडंडियों वाले मनमोहक वनों में मांस और रोटी तथा बिलोए हुए दूध मिश्रित आटे के लड्डू खा रही होंगी। वह समय कब आएगा जब मैं अपने देशवासियों के साथ मिलकर प्रमुख मार्गों पर जाकर राह चलनेवाले यात्रियों को लूटूंगा और उनके कपड़े छीन लूंगा तथा बार बार उन्हें पीटूंगा,'

'ऐसा कौन सा व्यक्ति होगा जो एक क्षण के लिए भी स्वेच्छा से इन वाहीकजनों में जाकर रहेगा जो इतने गिरे हुए तथा पापी हैं और जिनका आचरण इतना भ्रष्ट है।'

इस कथन के पश्चात ब्राह्मण ने एक बार फिर यह बात कहनी शुरू की जिसे मैं इन पापी वाहीकजनों के संबंध में वताने जा रहा हूं। मैं जो कुछ कह रहा हूं, उसे सुनो :

बहुत बड़े और घने बसे हुए सकल नगर में एक राक्षसी कृष्णपक्ष के चौदहवें दिन ढोल की ताल पर गाया करती थी : 'मैं भर पेट गोमांस खाकर और गौड़ मद्य पी मत्त होकर अगली बार कब इस सकल नगर में वाहीक जनों के बीच गाऊंगी? फिर वह समय कब आएगा जब उन विशालांगी बालाओं और स्त्रियों के साथ मिलकर आभूषणों से सुसज्जित होकर मैं भेड़, सुअर, गाय, पक्षियों, गधे और ऊंट का मांस भरपेट खाऊंगी। जो लोग भेड़ का मांस नहीं खाते उनका जीवन व्यर्थ है।'

हे शल्य, सकल प्रदेश के रहने वाले सभी बूढ़े-जवान इसी प्रकार मद्यपान करते, गीत गाते और चिल्लाते रहते हैं। ऐसे लोगों में सदाचार कहां देखने को मिल सकता है? आपको इसका ज्ञान होना चाहिए। किंतु मुझे एक अन्य ब्राह्मण के संबंध में भी बताना चाहिए जिसने कुरु राज्य की सभा में हमसे यह कहा :

'जहां पीलू वृक्ष के वन हैं और पांच नदियां-शतद्रू, विपाशा; इरावती, चंद्रभागा, और वितस्ता तथा छठी नदी सिंधु बहती हैं, उन क्षेत्रों में सिम हिमवंत से दूर, अरत्त नामक प्रदेश हैं। इन क्षेत्रों में कोई सदाचार और धर्म नहीं है। वहां किसी को नहीं जाना चाहिए। देवता, पितृ और ब्राह्मण पतित लोगों से या अन्य जातियों की लड़कियों से शूद्रों द्वारा उत्पन्न लोगों या वाहीकों से कोई भेंट स्वीकार नहीं करते। ये लोग कभी यज्ञ नहीं करते और अत्यंत अधर्मी हैं।' उस प्रकांड ब्राह्मण ने कुरु राजसभा में यह भीं कहा था :

इन वाहीकजनों को लकड़ी के बड़े और गहरे बर्तनों, मिट्टी की थालियों और ऐसे बर्तनों में खाने में कोई घृणा नहीं होती, जिन्हें कुत्तों ने चाटा हो, या जिनमें पिसे जौ तथा अन्य अनाज चिपका हुआ हो। ये वाहीक जन भेड़, ऊंटनी और गधी का दूध पीते और इस दूध का बना दही खाते हैं। इन पतित —लोगों में बहुत से अवैध बच्चे होते हैं। कोई ऐसा खाद्य अथवा दूध नहीं जिसका वे उपयोग न करते हों। अरंत वाहीक अत्यंत मूढ़ और अज्ञानी हैं और इनसे दूर ही रहना चाहिए।'

किंतु मुझे उस एक अन्य ब्राह्मण के संबंध में भी बताना चाहिए जिसने कुरु की राजसभा में मुझसे कहा था :

…विपासा नदी में वाही और हीक नामक पिशाच हैं। वाहीकजन, इन दोनों पिशाचों से उत्पन्न हुए हैं। इनका जन्म सृजनकर्ता से नहीं हुआ है। इस प्रकार के निम्न स्तर से जन्म लेकर उन्हें धर्मग्रंथों अथवा शास्त्रों में बताए गए कर्तव्यों का ज्ञान कैसे हो सकता है' हमें करष्कों, महिषकों, कलिंगों, केरलों, कारकोटकों, विरकों और अन्य अधर्मी जनों से सदा दूर रहना चाहिए।

'यहां तक कि एक विशालनितंबनी राक्षसी ने भी एक ब्राह्मण से यही बात कही। वह ब्राह्मण एक बार उस प्रदेश में पवित्र जल में स्नान करने गया था और एक रात वहां रहा था। इन प्रदेशों का नाम है अरत्त। वहां के निवासियों को वाहीक कहते हैं—देवता इनसे कोई भेंट स्वीकार नहीं करते।' (अंगरेजी अनुवाद राय द्वारा. viii. 152-6)

वाहीक जनों का वर्णन महाभारत के दूसरे भाग में भी चलता रहा और कर्ण ने यह कहते हुए कि किसी विद्वान ब्राह्मण ने उसे यह बताया था, उन लोगों की सामाजिक प्रणाली के बारे में हमें अति महत्वपूर्ण संकेत उपलब्ध कराए हैं :

पुराने समय में एक सती साध्वी स्त्री का अरत्त के कुछ डाकुओं ने अपहरण कर लिया। इन डाकुओं ने उसका शील भंग किया। उस स्त्री ने शाप दिया; 'क्योंकि तुमने एक असहाय और पति वाली लड़की का शील भंग किया है इसलिए तुम्हारे परिवारों की सभी स्त्रियां लंपट बन जाएंगी। ओ नराधम लोगों, तुम लोग कभी भी इस भयंकर पाप के परिणाम से नहीं बचोगे' हे शल्य, इसी कारण अरत्त जनों में उनके अपने पुत्र नहीं बल्कि उनकी बहनों के पुत्र उत्तराधिकारी बनते हैं (वही, viii. 156-7.)

यह माता के वंश में उत्तराधिकारी चुनने की प्रथा की ओर परोक्ष संकेत है। इस प्रथा के अनुसार स्त्री के अधिकार उसके भाई को मिल जाते हैं। इसके उदाहरण आज भी अमरीका के इरोकी, भारत के खासी तथा अन्य जनजातियों में देखने को मिलते हैं। (48. i. 154) उपरोक्त वर्णन देने वाले इस ब्राह्मण को तो अपने समाज में पैतृक उत्तराधिकार के नियम का ही पता था, इसलिए यह प्रथा इसे पतन की द्योतक प्रतीत हुई। अब इसको स्पष्ट करने के लिए आवश्यक था कि वह इसे किसी पाप का परिणाम बताए। इसी प्रकार यह ब्राह्मण सूचनावाहक, वाहीक स्त्रियों की सामाजिक तथा यौन स्वतंत्रता को देखकर अत्यंत स्तब्ध रह गए थे।

किंतु इन जनजातियों के लोगों के संबंध में वर्णन करने वाले ब्राह्मणों के मन में नैतिक दृष्टि से घृणाभाव उत्पन्न होना वास्तव में एक विडंबना थी। क्योंकि यदि उनके अपने ही मानदंडों के अनुसार देखा जाए तो इन जनजातियों के प्रति इन ब्राह्मणों का अपना रवैया कुछ उच्च नैतिक स्तर का नहीं था। यह बात कौटिल्य के 'अर्थशास्त्र' से स्पष्ट है। हम शीघ्र ही इसका उदाहरण देंगे और देखेंगे कि इन ब्राह्मणों के, 'गुप्त कार्य' केवल यही थे कि वे साधु संन्यासी के रूप में जा कर इन जनजातियों के लोगों की जासूसी करें, उन्हें अवैध शराब तथा सुंदर स्त्रियों (विवाहित, अविवाहित और वेश्याओं) द्वारा भ्रष्ट करें और इस प्रकार इन लोगों का नैतिक पतन करें। इसके अलावा उनकी इस नैतिक घृणा का एक और रोचक पक्ष भी है, जिसका इस समय हम उल्लेख करना चाहेंगे।

वाहीक जनों में यौन संभोग संबंधी नैतिकता की कमी के कारण इन ब्राह्मणों को बहुत घृणा हुई थी। 'यौन संभोग क्रिया में वे अत्यंत निर्लज्ज हैं।' या, जैसाकि नीलकंठ ने कहा, 'वे इस क्रिया में पशुओं की भांति किसी के साथ भी संभोग करते थे।' सभ्य जातियों के लोग अपने समय की जनजातियों के पुरुषों और स्त्रियों के बीच संबंधों को इसी दृष्टिकोण से देखते थे और यह दृष्टिकोण हमारे समय के आदिवासियों के यौन संबंधों के बारे में कुछ आधुनिक विद्वानों के दृष्टिकोण

से बहुत भिन्न नहीं हैं किंतु वास्तविकता यह है कि जिस बात को इतना घृणित समझा जाता था, वह एक स्त्री के साथ विवाह करने की प्रथा स्थापित होने से पहले के वैवाहिक संबंधों का एक रूप था। एकविवाह की प्रथा तो सभ्यता के आने पर शुरु हुई। दिलचस्प बात यह है कि 'महाभारत' के इन सभ्य प्रेक्षकों का भी अपना एक जनजातीय अतीत था जिसमें ऐसी ही प्रथाएं थीं। यह स्वयं 'महाभारत' से स्पष्ट है। नीचे एक उदाहरण दिया जा रहा है :

> हमने यह सुना है कि उद्दालक नाम एक का महान ऋषि था। उसका श्वेतकेतु नाम का एक पुत्र था जो स्वयं भी उच्चकोटि का संन्यासी था। एक दिन श्वेतकेतु के पिता की उपस्थिति में एक ब्राह्मण आया और श्वेतकेतु की माता का हाथ पकड़ कर कहने लगा—आओ चलें। पुत्र ने जब यह देखा कि कोई व्यक्ति उसकी माता का हाथ पकड़कर जबर्दस्ती उसे ले जा रहा है तो उसे बहुत क्रोध आया। अपने पुत्र को क्रोधित देख कर उद्दालक ने कहा : 'हे पुत्र क्रोध मत करो। यह प्रथा आदिकाल से चली आ रही है। इस जगत में सभी श्रेणियों की स्त्रियां मुक्त हैं (शब्दशः 'अनावृत'), हे पुत्र इस तरह के मामले में, जहां तक पुरुषों की अपनी अपनी श्रेणी का संबंध है, ढोर जैसा व्यवहार करते हैं।' किंतु ऋषिपुत्र श्वेतकेतु ने इस प्रथा को स्वीकार नहीं किया और इस संसार में उसने पुरुषों और स्त्रियों के संबंध में वर्तमान प्रथा स्थापित की। (राय के अनुवाद का अनुवाद, i, 356)

इसी प्रकार 'महाभारत' में पांडु ने कुंती से कहा :

> लेकिन अब मैं तुम्हें उन प्राचीन प्रथाओं के संबंध में बताऊंगा जिन्हें हमारे नैतिकता के प्रत्येक नियम का ज्ञान रखने वाले ऋषि मुनियों ने बताया—प्राचीन काल में स्त्रियां अपने अपने घरों में बंद नहीं रहती थीं और वे अपने पति और अन्य संबंधियों पर निर्भर नहीं थीं। वे मुक्त रूप से कहीं भी आ-जा सकती थीं और स्वेच्छा से अपने जीवन का आनंद ले सकती थीं—उस समय वे पतिव्रता बनकर अपने अपने पति के साथ जुड़ी नहीं रहती थीं और फिर भी, हे प्रियदर्शनी, उन्हें पापपूर्ण स्त्रियां नहीं माना जाता था क्योंकि प्राचीन काल की परंपराओं के अनुसार ही उनका व्यवहार था। यही परंपरा आज भी पक्षियों और पशुओं में बिना किसी ईर्ष्या के चली आ रही है। परंपरा द्वारा स्वीकृत इस प्रथा को महान ऋषियों ने श्रेष्ठ कहा है। हे सुजघना, इस परंपरा को आज भी उत्तरी कुरु प्रदेश के निवासियों में आदरभाव से माना जाता है। स्त्रियों के पक्ष की यह परंपरा वास्तव में अनादिकाल से चली आ रही है। आज की प्रथा तो केवल बाद में ही स्थापित हुई है। (वही, i. 355-6)

उपरोक्त कथन हमें मोरगन का स्मरण कराता है :

> हम यह मानते आए हैं कि परिवार का रूप सदा से एकपत्नीक परिवार वाला रहा है—इसकी बजाय, परिवार का रूप तो एक के बाद एक चरणों में विकसित हुआ है और एकपत्नीक परिवार इस क्रम का अंतिम रूप है—इससे पहले अन्य प्राचीन रूप भी रहे हैं जो मानव इतिहास के सारे प्राकृतावस्था काल में रहे और फिर असभ्यावस्था काल तथा मध्य युग तक बने रहे। एकपत्नीक परिवार और पितृसत्तात्मक परिवार के कोई लक्षण असभ्यावस्था काल के पूर्व के युग में नहीं मिलते। इस प्रकार ये दोनों तो आधुनिक रूप ही हैं। (101.393)

सारांश यह है कि इन्हीं ब्राह्मणों के बीच जिन्होंने जनजातीय लोगों को पशुओं की भांति असंगत तथा उन्मुक्त यौन संभोगरत बता कर उनकी निंदा की थी, एक पत्नी के साथ यौन संभोग रखने का रूप अपेक्षाकृत काफी देर से विकसित हुआ। इन ब्राह्मणों ने जनजातीय लोगों को सामाजिक विकास की जिस स्थिति में पाया था वैसे ही चरण में ब्राह्मणों के पूर्वज भी रहे और उनके यौन

संबंध भी वैसे ही थे तथा वे इन्हें धर्म मानते थे। यह भी एक विडंबना है कि जिन गणों या संघों को बाद के ब्राह्मणों ने घृणित समझा वे उनके अपने ही पूर्वजों की सामाजिक व्यवस्था थे और ये ब्राह्मण इन पूर्वजों की परंपराओं के उत्तराधिकारी होने में गर्व का अनुभव करते थे।

12. व्रात्य का अर्थ

यह अंतिम बात महत्वपूर्ण है। हमारे आधुनिक विद्वानों ने प्राचीन भारत के सामाजिक इतिहास के संबंध में जो भ्रामक धारणाएं बना रखी हैं और जो एक अन्य महत्वपूर्ण शब्द व्रात्य के अर्थ को गलत समझने के कारण उत्पन्न हुई हैं उन्हें स्पष्ट करने में यह अंतिम बात सहायक हो सकती है। इसलिए हम इस व्रात्य शब्द के अर्थ और इतिहास के विस्तार में जाएंगे।

यह शब्द 'महाभारत' के उस अंश में आया है जिसका हमने उद्धरण दिया है। कर्ण ने कहा: 'व्रात्यनाम् दासमियनाम् देवाः अन्नम् न भुंजते'। हमने जिस अनुवाद का उपयोग किया है उसमें व्रात्य शब्द का अर्थ है पतित या गिरे हुए लोग। यह एक त्रुटि है। किंतु यह त्रुटि न तो असाधारण है और न ही अकारण। हम पहले इनका विश्लेषण करेंगे।

'महाभारत' की विधि तथा कर्मकांड के साहित्य में भी यही निश्चित संकेत दिए गए कि जिन लोगों को व्रात्य कहा जाता था वे अपवित्र और गिरे हुए पतित लोग थे। आपस्तंब धर्म सूत्र (i.1.1.22—i.1.2.10) के अनुसार व्रात्य वह व्यक्ति है जिसके पूर्वजों का उपनयन-संस्कार नहीं हुआ। 'परस्कर गृह्य सूत्र' और अन्य सूत्रों में भी यही बात कही गई (8.ii.96)। 'संस्कार' का अर्थ है पवित्र करना और 'उपनयन' का अर्थ है दीक्षा देने की ब्राह्मणीय विधि। दीक्षा के समय, दीक्षा लेने वाले को गायत्री मंत्र सीखना होता था और इस मंत्र को सवितृ भी कहा जाता था। इसलिए मनु (ii.39) ने कहा कि व्रात्य वे लोग थे जो सवितृहीन थे और इसलिए आर्य समाज की परिधि से बाहर थे। याज्ञवल्क्य (i.38) का भी यही मत था: 'सवितृ-पतित लोग ही व्रात्य थे। इन लोगों को न तो वेद पढ़ाए जाते थे और न ही उन्हें यज्ञों के समय कोई कर्मकांड की क्रिया करने की अनुमति थी तथा उनके साथ सामाजिक रीति से आपसी मेल-जोल भी निषिद्ध था।'

'बौधायन धर्म सूत्र' (i.9.15) ने ब्राह्मणों के उसी पुराने सिद्धांत के अनुसार व्रात्यों के पतन के कारण को स्पष्ट करने का प्रयत्न किया। यह सिद्धांत था व्रात्य, व्रात्य और कोई नहीं केवल वर्णसंकर अर्थात अलग अलग जातियों के स्त्री-पुरुषों से उत्पन्न व्यक्ति थे। किंतु कर्मकांड की जिन पुस्तकों को 'ब्राह्मण' कहा जाता है उनमें व्रात्यों के उत्थान की विधि बताई गई थी। इस प्रकार 'तंड्य महा ब्राह्मण' (xvii. 1-4), में 'व्रात्य स्तोम' नामक विधि का वर्णन किया गया है जिसके चार भिन्न भिन्न रूप थे। 'कात्यायन श्रौत सूत्र' (xxii. 4. 27-8) में कहा गया कि इस क्रिया से व्रात्य जन व्रात्य नहीं रहेंगे और उनके साथ सामाजिक मेलजोल रखा जा सकेगा। साथ ही इस क्रिया के संदर्भ में 'तंड्य महा ब्राह्मण' में इस बात के कुछ महत्वपूर्ण संकेत मिलते हैं कि वास्तव में मूल रूप से इस शब्द का अर्थ क्या था। इसमें एक कथा कही गई है: 'जब देवता स्वर्ग लोक की ओर चले तो उनके कुछ आश्रित पृथ्वी पर रह गए और उन्हें व्रात्य जीवन व्यतीत करना पड़ा। किंतु अंततः इन आश्रितों को मारुतों से 'षोडषस्तोम' (16 स्तोतों वाला) और 'अनुस्तुभ' छंद मिला जिनकी सहायता से वे स्वर्ग लोक में पहुंचे।'

जिस प्रकार से यह कथा कही गई है उससे स्पष्ट है कि यह सत्य नहीं हो सकती। किंतु ऐसा प्रतीत होता है कि इसमें सत्य का एक अत्यंत महत्वपूर्ण तत्व है। यानी प्रारंभिक वैदिक जनों के सामाजिक जीवन में भी असंतुलित विकास था। इनमें से कुछ तो प्रगति कर गए और कुछ

पिछड़ गए और उन्हें व्रात्य जीवन बिताना पड़ा। जो लोग आगे बढ़ गए उनके मन में स्वभावतः इन पिछड़े लोगों के प्रति घृणा उत्पन्न हो गई। क्योंकि इसी 'ब्राह्मण' में घोषणा की गई है कि जो लोग व्रात्य जीवन बिताते थे वे पतित थे, क्योंकि वे न तो खेती करते थे और न ही व्यापार। स्पष्ट है कि ये तकनीकी विकास के प्रश्न थे न कि केवल धर्म का पालन करने के। इसलिए यह उचित प्रतीत होता है कि व्रात्य का अर्थ प्राचीन वैदिक जनों के सामाजिक विकास के दृष्टिकोण से लगाया जाए। संभवतः इस का सीधा शाब्दिक अर्थ कुछ और प्रकाश डालेगा।

'सावित्री पतिता' के अर्थ से प्रभावित होकर हमारे आधुनिक विद्वानों ने इस शब्द को व्रत शब्द से व्युत्पन्न बताने का प्रयत्न किया है। व्रत शब्द का अर्थ है धार्मिक क्रिया। जो लोग व्रत-विहीन थे अथवा धार्मिक क्रियाएं नहीं करते थे उन्हें व्रात्य कहा जाता था। किंतु जैसाकि शास्त्री ने लगभग सिद्ध करते हुए बताया है कि कोई ऐसा तरीका नहीं सोचा जा सकता जिससे व्रात्य शब्द को विशुद्ध व्याकरणीय नियमों के दृष्टिकोण से, व्रत शब्द से व्युत्पादित बताया जा सके और फिर इसका यह अर्थ बन जाए कि व्रात्य लोग वे थे जो कोई धार्मिक क्रियाएं अथवा व्रत नहीं करते थे। (129.3)

काणे का कहना है कि, 'व्रात्य शब्द की व्युत्पति, पुरातनता की धुंध में विलुप्त हो चुकी है' (8. ii. 386)। किंतु ऐसा निराशाजनक दृष्टिकोण बनाने की कोई आवश्यकता नहीं है। पाणिनि (v. 3. 113) पहले ही यह संकेत दे चुके हैं कि किस प्रकार इस शब्द को व्रात के साथ न्यः प्रत्यय जोड़ कर बनाया जा सकता है। यद्यपि भाष्यकार भट्टोजि 'व्रात सूचक शब्दों की व्युत्पत्ति को सीमित रखना चाहते थे तथापि स्वयं सूत्र में ऐसा कोई संकेत नहीं है जिससे व्रात शब्द पर इस नियम को लागू करना निषिद्ध हो। इस प्रत्यय को स्वार्थ अथवा स्व हित के लिए अर्थ में जोड़ा जाना था। इस प्रकार व्रात्य लोग वे थे जो व्रातों में रहते थे या व्रातों के सदस्य थे। तो प्रश्न यह है कि, व्रात का अर्थ क्या था? कात्यायन ने कहा कि श्रेणी, पूग, गण, व्रात और संघ इन सभी शब्दों का एक ही अर्थ था, और वह मूल रूप से था कोई समूह या वर्ग। (8. ii. 66) इस प्रकार गण और व्रात शब्दों के अर्थ भिन्न नहीं थे। सायण ने भी यही बात कहने का प्रयत्न किया। 'गण और व्रात के बीच लगभग कोई अंतर नहीं है' (आन ऋ. वे. x. 34. 12)। हम देख चुके हैं कि गण का मतलब था जनजातीय समूह। तो व्रात का अर्थ भी भिन्न नहीं हो सकता था। इसलिए पाणिनि ने इस शब्द की जो व्युत्पति बताई है, उसे स्वीकार करते हुए हम इस निष्कर्ष पर पहुंचते है कि व्रात्य लोग वे थे जो जनजातीय समाज में रहते थे। और अब हम इस संदर्भ में 'तंड्य महा ब्राह्मण' की कथा को समझ सकते हैं। वैदिक जनों के पूर्वजों में से कुछ लोग सामाजिक विकास के उच्च चरण तक पहुंचे जबकि कुछ लोग पिछड़ गए और जन-जातीय स्तर पर रहे क्योंकि उन्होंने खेती करना या व्यापार करना नहीं सीखा।

साथ ही विधि तथा कर्मकांडी साहित्य की भांति 'तंड्य महा ब्राह्मण' में भी व्रात्यों या व्रात्य जनों के लिए घृणा भाव ही था। यहां फिर हम उसी विडंबनापूर्ण स्थिति को देखते हैं जो वैदिक परंपरा में थी। इन सभी ग्रंथों के रचयिता प्राचीन वैदिक परंपराओं के दृढ़ समर्थक होने का दावा करते थे। किंतु व्रात्यों के लिए घृणा भाव व्यक्त करते हुए वे स्वयं वैदिकजनों के प्राचीन संगठनों के प्रति भी घृणा व्यक्त कर रहे थे। यदि, जैसाकि 'तंड्य महा ब्राह्मण' हमें बताता है, कुछ वैदिक पूर्वज प्रगति करके आगे बढ़े और अन्य लोगों को व्रात्य जीवन बिताने के लिए पीछे छोड़ गए तो एकमात्र निष्कर्ष यही निकलता है कि इससे भी पहले के किसी अति पुरातन काल में वैदिक जनों के सभी पूर्वज व्रातों में रहते थे अर्थात वे व्रात्य थे।

संहिताओं से यह स्पष्ट हो जाता है कि यह अनुमान सही है। जब हम स्मृतियों, सूत्रों और

ब्राह्मणों को छोड़ कर वैदिक साहित्य के और भी प्राचीन अंशों को देखते हैं तो हम पाते हैं कि स्वयं वैदिक ऋषि भी व्रातों और व्रात्यों के विरोधी नहीं थे बल्कि इनकी महिमा गाते थे। इसका सबसे अच्छा उदाहरण 'अथर्ववेद' है जिसमें पूरा एक अध्याय व्रात्यों की प्रशंसा में लिखा गया है। इसके कुछ उदाहरण नीचे दिए जा रहे हैं :

> वह (व्रात्य) उठा : वह पूर्व दिशा की ओर चला। उसके पीछे बृहद (एक वैदिक छंद) और रथंतर (एक और वैदिक छंद) दोनों तथा आदित्य और सभी देवता चले : जो भी ऐसे ज्ञानी व्रात्य का अपमान करता है वह बृहत और रथंतर तथा आदित्यों और सभी देवताओं का अपमान करता है; जो इस बात को जानता है उसके अंदर बृहत और रथंतर अथवा आदित्य और सभी देवता वास करते हैं। पूर्व दिशा में आस्था उसकी गणिका है। मित्र उसका मागध (भाट अथवा चारण) विवेक उसका परिधान, दिवस उसका उष्णीष अथवा पगड़ी, रात्रि उसके बाल, पीतवर्ण उसके दो प्रवर्त, कलमली उसकी मणि, वर्तमान और भविष्य दोनों उसके प्यादे, मन उसका अनियंत्रित वाहन, मातरिश्वन तथा पवमन उस अनियंत्रित वाहन को खींचने वाले (वाह), वायु उसका रथ, चक्रवाक उसका अंकुश, यश और कीर्ति उसके हरकारे; जो यह जानता है उसे यश और कीर्ति मिलते हैं (ह्विटनी कृत अनुवाद 774)

अथर्ववेद में आगे यह वर्णन भी है कि किस प्रकार वह व्रात्य बाद में दक्षिण दिशा, फिर पश्चिम दिशा और उसके बाद उत्तर दिशा में गया और उसे इस प्रकार वैसी ही कीर्ति प्राप्त हुई। इस प्रकार अथर्ववेद में व्रात्य की कीर्ति का वर्णन ब्रह्मांड के स्तर पर करने की प्रवृति पाई गई। इस वर्णन की चरम परिणति इस प्रकार हुई :

> उस व्रात्य के संबंध में,
> उसकी दाईं आंख सूर्य है; और उसकी बांई आंख चंद्रमा है।
> उसका दांया कान यह अग्नि है;
> उसका बांया कान स्वच्छकारी (वायु) है।
> दिवस और रात्रि उसकी दो नासिकाएं हैं; दिति और अदिति उसकी खोपड़ी के दो भाग हैं।
> वर्ष उसका सिर है।
> दिवस के साथ साथ व्रात्य पश्चिम दिशा की ओर अग्रसर होता है, और रात्रि के साथ साथ वह पूर्व दिशोन्मुख होता है।
> उस व्रात्य को नमन। (वही, 791)

इन उदाहरणों के आधार पर कुछ आधुनिक विद्वानों का तो यहां तक कहना है कि 'अथर्ववेद' के व्रात्य की तुलना 'ऋग्वेद' के 'पुरुष सूक्त' में वर्णित पुरुष से या पुराणों में वर्णित परम जीव अर्थात ईश्वर से की जा सकती है। [विश्वकोश (बं.) x. 101]

'अथर्ववेद' में व्रात्य की महिमा ने सायण के मन में काफी उलझन पैदा कर दी। वैदिक साहित्य उनसे कुछ हजार वर्ष पुराना था और स्वयं ब्राह्मणवाद के महान समर्थक होने के कारण सायण उसी प्रकार से व्रात्य को देखना चाहते थे, जिस प्रकार कि कर्मकांड और विधि साहित्य के रचयिताओं ने उसे देखा था। किंतु 'अथर्ववेद' का प्रमाण इसके ठीक विपरीत था। सायण ने इसका मनमाना स्पष्टीकरण देकर इस अंतर्विरोध को उलझाने का प्रयत्न किया। सायण ने कहा कि यह वर्णन 'सभी व्रात्य जनों पर लागू नहीं होता, केवल कुछ अति शक्तिशाली और सर्वत्र श्रद्धेय तथा पुण्यात्मा व्रात्यों' के लिए ही यह वर्णन था (8. ii. 386)। किंतु 'अथर्ववेद' के इस अंश में ऐसी कोई बात नहीं है जिससे इस स्पष्टीकरण को उचित ठहराया जा सके।

यही बात हम गणों और गणपति के संबंध में देख चुके हैं। प्रारंभिक वैदिक साहित्य ने इन दोनों की कीर्ति गाई है जबकि वैदिक परंपरा के बाद के उत्तराधिकारियों ने इन दोनों से घृणा की और वास्तव में यह समानांतर प्रवृत्ति अपेक्षित ही है, क्योंकि गण और व्रात्य दोनों शब्दों का एक की अर्थ था, जनजातीय समाज का सामूहिक जीवन। इसीलिए स्वयं 'ऋग्वेद' में हम गणों के यशगान के साथ साथ व्रातों की भी विशिष्ट प्रशस्ति देखते हैं। कुछ श्लोकों में दो शब्दों को समानार्थक शब्दों के रूप में प्रयोग में लाया गया है :

> हम स्तुति गान में प्रत्येक व्रात, प्रत्येक गण में मारुतों की शक्ति और अग्नि के वैभव की इच्छा करते हैं। (iii. 26. 6)

यह बात ध्यान देने योग्य है कि 'ऋग्वेद' के दसवें मंडल में गण की प्रशस्ति की भांति व्रात की प्रशस्ति भी पूर्ण रूप से विलुप्त नहीं हुई थी।

> व्रात, इन 53 (चौपड़ खेलने के पासे) के साथ खेलता है; वह स्वभाव से सवितृ देवता की भांति सत्य बोलने वाला है—(x. 34. 8)

हम बाद में इस बात पर विचार करेंगे कि आदिम समाज में पांसे का क्या महत्व था। वर्तमान संदर्भ में इस बात पर ध्यान देना आवश्यक है कि 'ऋग्वेद' के 'अक्ष-सूक्त' में किस प्रकार गण और व्रात शब्दों को समानार्थक रूप में प्रयोग में लाया गया और दोनों को समान प्रतिष्ठा भी प्राप्त थी। पांसे को इस प्रकार संबोधित किया जाता था :

> मैं उसे संबोधित करता हूं जो तुम्हारे महान गण का नेता (सेनानी) बन चुका है और जो व्रत का प्रमुख नायक (राज-प्रथम) है। मैं घोषणा करता हूं कि मैं कोई संपत्ति छुपाए हुए नहीं हूं; मैं अपनी भुजाओं की दसों उंगलियां खोलता हूं और सत्य (ऋत) बोल रहा हूं। (x. 34. 12)

इस कथन से यह बात स्पष्ट हो जाती है कि वैदिक ऋषि अपने गणों और व्रातों के इतने निकट थे कि वे उनसे घृणा नहीं कर सकते थे।

13. कौटिल्य और जनजातीय समाज

अंततः प्रारंभिक गण विघटित हो गए और उनके अवशेषों पर राज्य उभरे। किंतु असंतुलित विकास के कारण प्रारंभिक भारतीय राज्यों के आसपास और बहुधा उनके क्षेत्र में ही बहुत से ऐसे स्थान थे जहां जनजातियां रहती थीं यद्यपि राज्यसत्ता के प्रतिनिधि उनसे घृणा करते थे। धार्मिक या अर्द्धधार्मिक स्तर पर गणों के प्रति यह घृणा, गणपतियों और विनायकों के प्रति घृणा में अभिव्यक्त हुई। उधर नैतिक या अर्द्ध नैतिक स्तर पर आदिवासियों की सामान्य रीतियों और उनके विश्वासों के प्रति घृणा और विशेषकर विवाह संबंधी नैतिक आचरण के प्रति उनकी घृणा उसी धार्मिक घृणा का परिणाम थी।

किंतु कौटिल्य के लेखन में जनजातीय लोगों के प्रति घृणा का उग्रतम रूप देखने को मिलता है। कौटिल्य ने संघों का जो वर्णन किया है, वह कई कारणों से बहुत महत्वपूर्ण है। एक तो इस संबंध में कोई भावनात्मक अतिशयोक्ति नहीं है; जनजातीय समाज के प्रति उनकी घृणा धार्मिक अथवा नैतिक आधार पर न थी अपितु इसका आधार पूर्णतः व्यावहारिक था। कौटिल्य कभी भी राजनीति को नैतिक आचरण के साथ नहीं जोड़ना चाहते थे।

दूसरे, ऐसा विश्वास करने का भी आधार है कि जिस नीति को कौटिल्य द्वारा प्रतिपादित माना जाता है वह वास्तव में उनसे कई शताब्दियों पहले राजनीति के रूप में मानी गई थी और इसका पालन किया जाता था। और अंतिम बात यह है कि इन सामूहिक बंधनों वाले संघों या

जनजातियों को तोड़ने के उनके उत्साह का अपना ही महत्व है :

संघों में प्रविष्ट होकर गुप्तचरों को जहां कहीं भी ईर्ष्या, घृणा और आंतरिक संघर्षों तथा मतभेदों के अन्य लक्षण दिखाई दें वहां उन्हें सुनियोजित ढंग से मतभेद पैदा करने के लिए परस्पर संदेह के बीज बोना चाहिए। आचार्य के भेष में उन्हें जननायकों के बीच छोटी बातों को लेकर झगड़े पैदा कराने चाहिए। चतुर गुप्तचरों को सार्वजनिक जलपानगृहों, धर्मशालाओं और वेश्यालयों में संघ नायकों के स्तर से नीचे के लोगों की प्रशंसा करके इन नायाकों को उत्तेजित करना चाहिए। ज्योतिषी बनकर या अन्य भेष बदलकर इन गुप्तचरों को संघ के अंदर ही राजकुमार के राजयोग के लक्षणों का प्रचार करना चाहिए; और इस प्रकार संघ के निष्ठावान नेताओं को इस राजा या किसी अन्य राजा के राजकुमार की अधीनता स्वीकार करने के लिए प्रेरित करना चाहिए। जिन लोगों को इस प्रकार राजी कर लिया जाए, उन्हें राजा द्वारा पशुधन, अनुचर तथा अन्य वस्तुएं भेंट के रूप में भेजी जानी चाहिए। इस प्रकार इन लोगों का मन जीत लेना चाहिए। किसी भी झगड़े के समय गुप्तचरों को चाहिए कि वे मद्य विक्रेताओं के रूप में किसी के यहां पुत्रजन्म अथवा विवाह या किसी की मृत्यु का बहाना बनाकर मदन रस (मादक द्रव्य) के साथ मिले हुए मद्य के सैकड़ों पात्र वितरित करें। चैत्यों और मंदिरों अथवा पुण्य स्थलों के द्वारों पर स्वर्ण मुद्रिकाएं तथा स्वर्ण मुद्राएं रख दी जानी चाहिए और इस प्रकार संघ नायकों के मन में लोभ की भावना उत्पन्न की जानी चाहिए।

वेश्याओं या नर्तकियों, अभिनेताओं अथवा अभिनेत्रियों के स्वामियों को चाहिए कि वे संघों में प्रविष्ट होकर नायकों के समक्ष, मनमोहक यौवन और सौंदर्यवाली स्त्रियों को लाकर इन नायकों की काम वासना को उत्तेजित करें। फिर इन स्त्रियों को अन्य पुरुषों के पास ले जाकर या ऐसा विदित करा कर कि कोई अन्य व्यक्ति उन्हें जबंदस्ती उठाकर ले गए हैं, इन स्वामियों को उन लोगों के बीच परस्पर झगड़े कराने चाहिए जो इन स्त्रियों के प्रेम पाश में बंध गए हो। जब झगड़ा हो जाए तो चतुर गुप्तचर अपना कार्य करें और घोषणा करें कि इस प्रकार एक पापी और व्यभिचारी का नाश किया जाता है।

अपने प्रेमी (संघ नायक) के साथ धोखा करने के बाद एक स्त्री को अन्य नायक के पास पहुंचना चाहिए और कहना चाहिए : 'वह नायक मुझे तुम्हारे ऊपर आसक्त देख कर परेशान कर रहा है। जब तक वह जीवित है मैं तुम्हारे पास नहीं रह सकती। इस प्रकार एक नायक दूसरे की हत्या करने पर उतारू हो जाएगा। रात्रि के अंधकार में जब किसी स्त्री को बलपूर्वक उठा कर ले जाया जा रहा हो तो वह किसी उद्यान अथवा मनोरंजन उद्यान के निकट पहुंच कर तेज धार वाले अस्त्रों से या विष से उस व्यक्ति की हत्या कर देगी। और तब वह शोर मचाएगी कि 'मेरे प्रेमी की अन्य व्यक्ति ने हत्या कर दी है।'

रात के समय गुप्तचर किसी संन्यासी का वेश धारण करके ऐसे व्यक्ति के पास पहुंचे जो कामोत्तेजित हो रहा हो। वह संन्यासी उसे यह कहकर कोई मरहम दे कि इसके प्रयोग से स्त्री को अपने वश में किया जा सकता है। किंतु वास्तव में इस मरहम में विष घुला हुआ हो। यह मरहम देकर संन्यासी वहां से चलता बने। उसी स्थान पर अन्य गुप्तचर भी रहें तो यही कहेंगे कि यह घटना किसी विरोधी द्वारा घटित कराई गई है।

गुप्त निर्देश प्राप्त युवा विधवाएं या संन्यासिनियों का रूप धारण किए हुए स्त्रियां आपस में झूठमूठ इस बात पर झगड़ा करें कि राजा के पास जो बहुमूल्य वस्तु रखी हुई है उस पर उनका अधिकार हैं। झगड़ा करती हुई ये स्त्रियां संघ-नायकों के समक्ष अपने शरीर का

प्रदर्शन करेंगी और इस प्रकार उसे कामोत्तेजित कर देंगी। वेश्याएं या नर्तकियां या गायिकाएं किसी प्रेमी के साथ सांध्य मिलन का कार्यक्रम बना सकती हैं और जब वे किसी गुप्त घर में उससे मिलें तो चतुर गुप्तचर वहां पहुंच कर उसकी हत्या कर दें या बेड़ियां डालकर उसे उठा ले जाएं। कोई गुप्तचर किसी संघनायक से जाकर कहे कि 'एक निर्धन व्यक्ति अमुक गांव से बाहर गया हुआ है और उसकी पत्नी इतनी सुंदर है कि वह रानी बनने योग्य है। आपको उसे अवश्य प्राप्त करना चाहिए।' जब उस स्त्री को उठा लिया जाए — तो उसके एक पखवाड़े बाद एक अन्य गुप्तचर संन्यासी के रूप में संघसभा में पहुंचे और संघनायक की यह कहकर निंदा करें: 'इस व्यक्ति ने मेरी पत्नी, या पुत्रवधू, या बहिन या पुत्री को बलपूर्वक अपने यहां रखे हुए है।' जब संघ नायक उसको दंड देगा तो राजा उसे कारावास में डाल देगा और यातनाएं देगा। चतुर गुप्तचरों को साधु और भिक्षु के वेश में रात्रि भ्रमण करना चाहिए। गुप्तचरों को विभिन्न वेश धरकर नायकों पर आरोप लगाना चाहिए: 'इस व्यक्ति ने एक ब्राह्मण की हत्या की है और एक ब्राह्मण स्त्री के साथ बलात्कार किया है।'

कोई गुप्तचर ज्योतिषी के वेश में आकर किसी विवाहित युवती के संबंध में यह भविष्यवाणी करेगा: 'इस व्यक्ति की पुत्री रानी बनेगी और इसका पुत्र राजा बनेगा, उसे येनकेन प्रकारेण प्राप्त कर लो भले ही बल प्रयोग क्यों न करना पड़े।' यदि एक संघ नायक उसको प्राप्त करने में विफल रहता है तो गुप्तचरों को चाहिए कि उसके विरोधी नायक को भड़काएं। और जब वह विरोधी उस स्त्री को प्राप्त करने में सफल हो जाता है तो लड़ाई होना अवश्यंभावी है। एक संन्यासिनी, पत्नी के साथ बहुत प्रेम करने वाले नायक से कहेगी: 'वह दूसरा नायक अपने यौवन पर बहुत गर्व करता है और उसने मुझे तुम्हारी पत्नी को बहका फुसला कर लाने को कहा है। मैं उससे डरती हूं। इसलिए मुझे उसका पत्र और आभूषणों की भेंट तुम्हारी पत्नी को लाकर देनी पड़ी। तुम्हारी पत्नी निर्दोष है। किंतु उस दूसरे नायक के विरुद्ध गुप्त रूप से कुछ कदम उठाने होंगे और तुम्हारी सफलता की उत्सुकता से प्रतीक्षा करूंगी।' (अर्थशास्त्र अधिकरण xi. भावानुवाद)

इसी प्रकार बहुत कुछ कहा गया है। कई पृष्ठों में कौटिल्य के 'अर्थशास्त्र' में हमें ऐसी बातें देखने को मिलती हैं। किंतु जनजातीय समाज के सामूहिक जीवन को नष्ट करने का यह विशेष उत्साह क्यों? कौटिल्य ने हमें इसका स्पष्ट उत्तर दिया है: 'किसी संघ को अपने अधीन लाना, किसी सेना दंड या किसी समर्थक को अपने अधिकार में लेने से कहीं अधिक अच्छा है। अपनी एकता (या संगठन, संहतवत) के कारण ये संघ अपराजेय हैं।' (वही, अनुवाद-श्याम शास्त्री)

कोसंबी ने ठीक ही टिप्पणी की है: 'सामान्यतः ऐसे संघ बहुत शक्तिशाली हैं और सैनिक शक्ति द्वारा इन्हें नष्ट नहीं किया जा सकता था। यह बात पंजाब में सिकंदर के अभियान से पूरी तरह पुष्ट होती है जहां ऐसी ही जनजातियों ने उसका सबसे कड़ा मुकाबला किया। 'अर्थशास्त्र' ने जब यह कहा कि सीधा आक्रमण करके इन संघों को पराजित नहीं किया जा सकता तो यह कोई अतिशयोक्ति नहीं थी।' (जे. बी. बी. आर. ए. एस. xxvii. 188)

14· वज्जि जनों का सामूहिक संहार

हम अब इस नीति को इतिहास की एक वास्तविक घटना के संदर्भ में समझने का प्रयत्न कर सकते हैं। सामान्यतः जिस काल को कौटिल्य काल कहा जाता है, यह घटना उससे बहुत पहले घटी थी। जैन साहित्य में इस घटना को 'बड़े शिलाखंडों के साथ हुआ अंतिम युद्ध' बताया गया

है। बौद्ध स्रोतों से पता चलता है कि यह घटना बहुत पहले बुद्ध के जीवनकाल में आरंभ हुई।

उन दिनों में कई जनजातियों को मिलाकर एक महासंघ अथवा संघटन बना था जिसका नाम वज्जि महासंघ था। प्रसिद्ध लिच्छवि इसकी एक प्रमुख जाति थी जिसका उल्लेख पालि ग्रंथों में आया है। राजा अजातसत्तु ने इस वज्जि महासंघ के विरुद्ध एक अभियान आरंभ करने का इरादा किया। बौद्ध ग्रंथ 'महा परिनिब्बान सुत्त' का आरंभ इस अंश से हुआ है :

> एक बार महाप्रतिष्ठित भगवान बुद्ध राजगृह में गिद्ध श्रृंग नामक पहाड़ी पर वास कर रहे थे। उन दिनों विदेह जाति के मगध सम्राट की राजमहिषी के पुत्र अजातसत्तु ने वज्जियों पर आक्रमण करने का निश्चय किया। उसने कहा : मैं इन वज्जियों पर आक्रमण करूंगा, भले ही वे कितने ही शक्तिशाली हों, मैं इन वज्जियों का समूल विनाश कर दूंगा। इस प्रकार उसने मगध के महामंत्री ब्राह्मण वस्साकार (वर्षाकार) से बात की और कहा : 'हे ब्राह्मण, आप महाप्रतिष्ठित भगवान बुद्ध के पास जाइए और मेरी ओर से उनके चरणों में प्रणाम करके उनकी कुशलक्षेम पूछें और जानकारी लें कि क्या वे सुख और पूर्ण स्वास्थ्य से हैं कि नहीं। फिर उनसे निवेदन कीजिए कि मगध सम्राट विदेह के पुत्र अजातसत्तु ने वज्जियों पर आक्रमण करने की प्रबल इच्छा रखते हुए निश्चय किया है : 'मैं इन वज्जियों पर आक्रमण करूंगा भले ही वे बहुत शक्तिशाली हों, मैं इनका समूल विनाश कर दूंगा और इनका कहीं नानोनिशान नहीं छोड़ूंगा। और फिर जो कुछ भी प्रभु भविष्यवाणी करें, उसे ध्यान से सुनना और आकर मुझे बताना। क्योंकि बुद्ध असत्य भाषण नहीं करते।' तब ब्राह्मण वस्साकार ने राजा के शब्दों को सुना और कहा : 'आपकी इच्छानुसार होगा।' फिर उसने राजकीय रथों को तैयार करने का आदेश दिया और उनमें से एक पर बैठकर अपने दलबल के साथ राजगृह से प्रस्थान किया और गिद्ध श्रृंग की ओर उस स्थान तक रथ में चलता गया जहां तक जाना संभव था और फिर रथ से उतर कर वहां तक पैदल गया जहां महाप्रतिष्ठित बुद्ध थे। वहां पहुंचने पर ब्राह्मण ने अति विनम्र भाव से उनकी स्तुति की और श्रद्धाभाव के साथ उनके पास बैठ गया (तब उसने सम्राट के आदेशानुसार अपना संदेश सुनाया)।
>
> उस समय श्रद्धेय आनंद भगवान बुद्ध के पीछे खड़े होकर उन्हें पंखा झल रहे थे और तब बुद्ध ने उनसे कहा : 'आनंद तुमने सुना कि वज्जि जन बहुधा इकट्ठे होते हैं और अपने कबीले की जनसभाओं में भी पहुंचते हैं।' 'भगवान् मैंने ऐसा ही सुना है।'
>
> 'आनंद, बुद्ध ने कहा, 'जब तक वज्जि जन इस प्रकार इकट्ठे होते रहेंगे और अपने कबीले की जनसभाओं में आते रहेंगे तब तक यह आशा नहीं करनी चाहिए कि उनमें दुर्बलता आएगी या उनका पतन होगा, बल्कि वे समृद्ध होते जाएंगे।'
>
> और इसी प्रकार आनंद से प्रश्न करते हुए तथा उत्तर प्राप्त करते हुए बुद्ध ने निम्नलिखित परिस्थितियों का वर्णन किया, जिनमें वज्जि महासंघ का कल्याण निश्चित रूप से होता रहेगा।
>
> 'आनंद, जब तक वज्जि जन एकमत होकर एकत्र होते हैं, एकमत होकर उठते हैं, सर्वसम्मत रहकर कार्य करते हैं; जब तक वे ऐसी कोई व्यवस्था नहीं करते जो पहले से स्थापित नही हो चुकी, किसी पूर्वस्थापित व्यवस्था को रद्द नहीं करते और पुराने समय से स्थापित वज्जि रीति रिवाजों के अनुसार चलते हैं, जब तक वे वज्जीय गुरुजनों का आदर सम्मान तथा समर्थन करते हैं और उनकी बातों पर ध्यान देना अपना कर्तव्य मानते हैं, जब तक उनके कबीलों में स्त्रियों व लड़कियों को बलपूर्वक अथवा अपहरण करके जबर्दस्ती रोका नहीं

जाता, जब तक नगरों और गांवों में वज्जीय चैत्यों और धर्मस्थलों के लिए श्रद्धा और भक्तिभाव रहता है, और पहले की भांति यज्ञों तथा आहुतियों का चलन बना रहता है; जब तक अरहतों को समुचित समर्थन और सुरक्षा मिलती रहती है जिससे कि वे दूर दूर से आकर अपने क्षेत्र में प्रवेश पा सकें और वहां सुखपूर्वक रह सकें, तब तक वज्जियों के ह्रास की अपेक्षा नहीं की जानी चाहिए बल्कि वे और समृद्ध होंगे। (113. ii. 78-80)

यह बड़ी रोचक बात है। इससे पता चलता है कि कौटिल्य ने कोई नई बात नहीं कही। कौटिल्य से बहुत पहले स्वयं बुद्ध ने इस ओर ध्यान दिलाया था कि संघ या जनजातियों को सीधे सैनिक आक्रमण से पराजित नहीं किया जा सकता और उनकी शक्ति उनके सुसंगठित सामूहिक जीवन में है। इसलिए कौटिल्य ने जनजातियों पर सीधा सैनिक आक्रमण करना उचित नहीं समझा। और बौद्ध ग्रंथ में उल्लिखित ब्राह्मण मंत्री वस्साकार ने भी ठीक यही बात कही :

इसीलिए हम यही अपेक्षा कर सकते हैं, ब्राह्मण ने उत्तर दिया, 'कि जब कल्याणकारी परिस्थितियों में से एक परिस्थिति के होते हुए भी वज्जियों का ह्रास नहीं बल्कि कल्याण ही होगा और जब सभी सातों परिस्थितियां उनके पक्ष में होंगी तब उनकी समृद्धि कितनी अधिक होगी। इसलिए गौतम, मगध सम्राट वज्जियों पर विजय प्राप्त नहीं कर सकता; अर्थात युद्ध में उन्हें पराजित नहीं कर सकता जब तक कि उनकी एकता को भंग न किया जाए या कोई कूटनीति न अपनाई जाए। और अब, हे गौतम ! हमें जाना चाहिए। हम व्यस्त हैं और बहुत कार्य करना है। (वही, ii. 80-1)

और फिर ब्राह्मण वस्साकार अपने आसन से उठकर चला गया। किंतु यह कथा यहीं समाप्त नहीं हुई। बुद्धघोष ने अपने ग्रंथ 'सुमंगलविलासिनी' में बताया है : 'बुद्ध के परामर्श पर ही अजातसत्तु ने निर्णय किया कि वज्जियों के साथ तत्काल युद्ध न किया जाए बल्कि अवसर की प्रतीक्षा की जाए।'

और फिर बुद्धघोष ने कथा की समाप्ति करते हुए कहा कि अजातसत्तु को विश्वास नहीं था कि वह बलप्रयोग से वज्जियों को पराजित करने की क्षमता रखता है, इसलिए उसने लिच्छवि जनों में फूट के बीज बोने के लिए धूर्त वस्साकार को एक शरणार्थी के वेश में भेजा। वस्साकार ने अजातसत्तु के आक्रमण के लिए प्रारंभिक कार्य करने के उद्देश्य से तीन वर्ष वहां बिताए और इसके बाद अजातसत्तु ने गंगा नदी को पार किया और वज्जियों की राजधानी वैशाली पर अधिकार कर लिया। उस समय उसका कोई विशेष विरोध नहीं हुआ। (64.72)

किंतु प्रश्न यह है कि वस्साकार द्वारा बुद्ध से भेंट करने की इस घटना का बुद्धघोष द्वारा दिया गया विवरण कहां तक विश्वसनीय है। बुद्धघोष ने तो बहुत बाद में यह सब लिखा। फिर भी बाशम का दावा है कि, 'यह याद रखा जाना चाहिए कि बुद्धघोष स्वयं मगध का निवासी था और उसे अपने देश के इतिहास की परंपराओं तथा विश्वसनीय अभिलेखों को देखने का अवसर मिला होगा। (वही, 71)

यह सत्य है। इसलिए बुद्धघोष ने 'महापरिनिब्बान सुत्त' के विवरण में जो कुछ जोड़ा उसमें ऐतिहासिक तथ्य होने की संभावना है। इसलिए यह विश्वास करने का कारण भी है कि सीधा युद्ध वास्तव में नहीं किया गया, इसके बजाय कौटिल्य द्वारा बताए गए धूर्तता के तरीके अपनाए गए। स्वयं इस सुत्त में हमें देखने को मिलता है कि वस्साकार ने इस संबंध में स्पष्ट संकेत दिए। साथ ही बुद्धघोष के वर्णन में कुछ ऐसी बात थी जो प्रत्यक्ष काल्पनिक प्रतीत होती थी। बुद्ध ने स्वयं अजातसत्तु को यह परामर्श नहीं दिया होगा कि धूर्ततापूर्ण विधि अपनाई जाए। हम इस संभावना को विश्वाश योग्य नहीं मानते क्योंकि वज्जियों के प्रति बुद्ध की सहानुभूति पूर्ण रूप से

विदित थी। इसके अलावा, लिच्छवियों की पराजय उतनी सरलता से नहीं होगी जैसाकि भाष्यकार ने बताया है क्योंकि अन्य ग्रंथों के प्रमाण इसके विपरीत हैं।

एक जैन ग्रंथ 'निरयवलिक' (वही, 69) में लिच्छवियों पर अजातसत्तु के आक्रमण का उल्लेख है। यह बड़ा भयंकर युद्ध हुआ था और लिच्छवियों के नायक चेदग ने अजातसत्तु की सेना के एक राजकुमार काल को मार डाला और उसकी सेनाओं को बुरी तरह खदेड़ दिया। इस ग्रंथ में यह नहीं बताया गया कि अंततः इस युद्ध का क्या परिणाम रहा। किंतु एक अन्य जैन ग्रंथ 'भगवती सूत्र' (वही) में भी इसी युद्ध का वर्णन है। इसके अनुसार दो युद्ध हुए थे। एक महाशिलाकांते और दूसरा रहमूसले। अजातसत्तु (कुणीय) पहले युद्ध में केवल तब गया जब उसे सूचना मिली कि उसकी सेनाओं की पराजय हो रही है। उसके दस भाई पहले ही चेदग के वाणों से मृत्यु को प्राप्त हो गए थे। चेदग की विजय लगभग निश्चित थी, किंतु ग्यारहवें दिन इंद्र देवता ने कुणीय (अजातसत्तु) को एक बहुत बड़े युद्ध यंत्र भेंट में दी जिससे लिच्छवियों पर बड़े बड़े शिलाखंड बरसाए गए (वही) इस प्रकार महाशिलाकांते का युद्ध समाप्त हुआ। रहमूसले युद्ध का परिणाम भी, जैन स्रोतों के अनुसार, अंततः किसी दैवी हस्तक्षेप पर ही निर्भर था। अजातसत्तु को असुरों के इंद्र से एक रथ मिला जिसपर बहुत बड़ी मूसल अथवा गदा लगी हुई थी और जिससे लिच्छवियों में हाहाकार मच गया। (वही, 70)

किंतु जिनदास के 'आवश्यक चूर्णी' ग्रंथ में जो बातें कही गई हैं उनसे हम यह निष्कर्ष निकाल सकते हैं कि लिच्छवियों की पराजय केवल दैवी हस्तक्षेप के कारण नहीं हुई। इससे हमें पता चलता है कि पराजय का असली कारण कुलावलय नामक एक संन्यासी द्वारा किया गया विश्वासघात था। 'कुणीय (अजातसत्तु) के अधीन एक अति सुंदर वेश्या ने उसे अपने मोहजाल में फंसा लिया और उसे अपने वचन तोड़ने तथा नगर के साथ द्रोह करने के लिए मना लिया। चेदग ने नदी में डूबकर आत्महत्या कर ली। और लिच्छविजन नेपाल की ओर उत्प्रवास कर गए।' (वही)

यह बात भी ध्यान देने योग्य है कि यद्यपि अजातसत्तु ने वज्जियों का पूर्ण विनाश करने की बड़ी बड़ी बातें तो कहीं तथापि वज्जियों की पराजय उस प्रकार की नहीं हुई। जैसाकि बाशम ने ठीक ही कहा है : 'लिच्छवि राजकुमारी कुमारदेवी के साथ चंद्रगुप्त प्रथम का विवाह और नेपाल में लिच्छवि राजघराने का अभ्युदय इस बात का संकेत हैं कि वज्जीय महासंघ के प्रमुख कबीले ने अजातसत्तु के साथ युद्ध के बाद भी कोई आठ सौ वर्ष तक अपना अलग अस्तित्व बनाए रखा।' (वही, 75) जनजातीय लोगों की वैसी ही अपराजेय शक्ति थी।

15. जनजातीय अतिजीविता

वज्जीय जनों के विरुद्ध इस आक्रमण की ऐतिहासिक सत्यता पर संदेह करने का कोई कारण नहीं है। और यह आसपास की जनजातियों के प्रति कौटिल्य की नीति का विशिष्ट उदाहरण है। एक सुंदर वेश्या के माध्यम से कुलवलय की मति भ्रष्ट करना एक ऐसी बात है जिसे हमें अंतिम कड़ी के रूप में समझनी चाहिए। रायचौधरी का कहना है कि जिस युद्ध का उल्लेख हुआ है वह बुद्ध की मृत्यु के शीघ्र पश्चात हुआ होगा (108, 171 और आगे)। बाशम ने इस युद्ध का समय और अधिक सुनिश्चित करने का प्रयत्न किया है (64. 74)। यदि हम बुद्ध के निर्वाण की तिथि ईसा पूर्व 483 शताब्दी मानते हैं,तो महावंश की समसामयिकता के आधार पर, अजातसत्तु ईसा पूर्व 491 शताब्दी में राजसिंहासनपर बैठा होगा और वज्जियों पर उसका दूसरा आक्रमण ईसा पूर्व 481-480 में हुआ होगा—हमारा कहना यह है कि पहला आक्रमण ईसा पूर्व 485 में हुआ।

दूसरी ओर ऐसा माना जाता है कि मौर्य राजवंश की स्थापना के पीछे कौटिल्य की बुद्धि थी। मौर्य राजवंश की स्थापना ईसा पूर्व 322 में हुई। इस प्रकार वज्जियों पर अजातसत्तु के आक्रमण और "अर्थशास्त्र' की वास्तविक रचना होने के समय के बीच काफी लंबा अंतराल रहा होगा। और फिर भी अजातसत्तु के आक्रमण के विवरण से ऐसा प्रतीत होता है कि कौटिल्य ने जिस नीति का विस्तारपूर्वक निरूपण किया, उसका प्रयोग बहुत पहले अजातसत्तु कर चुका था। इससे यही पता चलता है कि कौटिल्य ने जिस नीति को सिद्धांत का रूप दिया उसे बहुत पहले ही व्यवहार में लाया जा चुका था। संभवतः इसका स्पष्टीकरण यह हो सकता है कि स्वयं कौटिल्य ने अपने से पहले के आचार्यों की एक लंबी सूची का उल्लेख किया है जिससे कौटिल्य द्वारा प्रतिपादित कही जाने वाली नीति अथवा सिद्धांत उससे भी पुराने हो सकते हैं। इसके अलावा यह सोचने के भी आधार हैं कि कौटिल्य की नीतियों का वास्तविक उपयोग उसके बाद भी कई शताब्दियों तक होता रहा। हमें बाद के संस्कृत काव्यों में भी इन नीतियों के लोकप्रिय होने का पता चलता है। (उदाहरणार्थ, किरातार्जुनीयम्, शिशुपालबधम्)

भारत के इतिहास में इतनी शताब्दियों तक इस नीति की महत्वपूर्ण भूमिका को देखते हुए यह अपेक्षा करना तर्कसंगत ही होगा कि पारंपरिक भारत के सामाजिक ढांचे की समस्या को समझने का एक स्रोत यह हो सकता है कि इस नीति को ठीक तरह से समझा जाए। इसी बात को ध्यान में रखते हुए हम इस नीति का अधिक गहरा अध्ययन करेंगे। भारत में आज की भांति पहले भी काफी क्षेत्रों में जनजातियां बसी हुई थीं। पूर्वकाल में इस तरह के जनजातीय क्षेत्र काफी व्यापक और प्रधानता प्राप्त रहे होंगे। सामान्यतः राज्य सत्ताएं कुछ क्षेत्रों तक स्थानीय रूप से सीमित थीं और जहां कहीं किसी राज्य का सत्ताधीन क्षेत्र बहुत बड़ा था, जैसा कि प्रसिद्ध साम्राज्यों का, वहां भी राज्य प्रशासन के क्षेत्र के अंदर जनजातियां थीं। इसलिए जनजातियों के लोगों ने राज्य प्रशासकों के लिए सदा ही समस्याएं खड़ी कीं। कौटिल्य के 'अर्थशास्त्र' से विदित होता है कि ये समस्याएं वास्तव में बहुत जटिल थीं।

अब प्रश्न उठा कि जनजातियों के लोगों का क्या किया जाए ? ये बात तो स्पष्ट है कि जनजातीय संगठन तथा एकता को तोड़ा जाना था और उन्हें अपने अधीन लाया जाना था। किंतु यह भी स्पष्ट है कि इन सभी लोगों का पूर्ण रूप से संहार नहीं किया जा सकता था। इसलिए किसी नई व्यवस्था के अधीन इनके पुनर्वास का कोई तरीका खोजने की मांग हुई। वास्तव में किस प्रकार का तरीका अपनाया गया, इस संबंध में हम पूर्ण रूप से स्पष्ट हैं और इसका श्रेय कौटिल्य की स्पष्ट राज्य नीति को है। कौटिल्य ने दो बातें सुनाईं। पहली यह कि जनजातियों के इन लोगों की एकता भंग करने के बाद उन्हें इकट्ठा न रहने दिया जाए। यदि ऐसा होने दिया गया तो युद्ध में पराजय के बावजूद वे फिर जनजातीय एकता की ओर आकृष्ट होंगे जो स्वाभाविक ही है और तब वे अपनी खोई हुई स्वाधीनता को फिर से प्राप्त करने के लिए हथियार उठा लेंगे (377, मैसूर संस्करण)। इसलिए पहला कार्य, जनजातियों के लोगों को बिखरा देने का था।

यहां से हम दूसरी बात पर पहुंचते हैं जो जनजातीय लोगों के संबंध में कौटिल्य की नीति की सबसे महत्वपूर्ण बात है। कौटिल्य ने वे कौन से तरीके सुनाए जिनसे इन लोगों को पुनर्स्थापित किया जाना था ? कौटिल्य ने कहा कि इन लोगों को दस या पांच परिवारों के छोटे छोटे गांवों में बसाया जाना चाहिए और उन्हें कृषि कार्यों में लगाना चाहिए (पंचकुलिम दसकुलिम वा कृष्यायाम् निवेसयेत, वही); ये गांव अलग अलग रहने चाहिए और इसलिए इन्हें आत्मनिर्भर होना चाहिए। यह बात प्रथम सिद्धांत में ही निहित है। इस बात का पूरा ध्यान रखा

जाना चाहिए कि इन छोटे छोटे समूहों के बीच रहने वाले लोगों के आपस में संपर्क में आने की कोई संभावना न रहे।

इन सब का सारांश इस प्रकार है: जनजातीय समाज का विघटन किया जाना था और इन लोगों को छोटे आत्मनिर्भर कृषिप्रधान गांवों में बसाया जाना था। और यह नीति प्राचीन काल के किसी राजनीतिज्ञ द्वारा दिया गया सुझाव मात्र नहीं थी, हमारे इतिहास में पिछली कई शताब्दियों के दौरान इस नीति का सक्रिय रूप से पालन भी हुआ। इसलिए यह अपेक्षा करना तर्कसंगत ही है कि प्राचीन भारत के विशिष्टतापूर्ण सामाजिक ढांचे की समस्या पर प्रकाश डालने के लिए इसका अपना ही महत्व हो।

यह एक ऐसी स्थिति थी मानो मूल आधार में कोई समुचित परिवर्तन लाए बिना उसके ऊपर खड़े ढांचे में कृत्रिम रूप में परिवर्तन किया गया हो। क्योंकि यह जनजातियों का स्वाभाविक विघटन नहीं था जो उत्पादन विधियों में प्रगति का परिणाम होता। यह तो जनजातीय समाज पर बाहर से आक्रमण करके उसे तोड़ने और इन जातियों के लोगों को बहुत छोटे और अलग थलग गांवों में रहने के लिए बाध्य करने वाली स्थिति थी। इसमें, जैसाकि सर्वविदित है, इन समुदायों द्वारा उत्पादित किए गए कुल कृषि उत्पादन का कुछ भाग राजा या स्वामी को देना होता था जिसके अधीन ये जनजातियां लाई गई थीं। शासक और ग्रामवासियों के बीच संपर्क कभी भी बहुत गहरा नहीं रहा। ग्रामवासियों को अपने अपने गांवों में अपने ढंग का जीवन बिताने के लिए स्वतंत्र छोड़ दिया गया था और स्वाभाविक ही है कि उनमें अपने जनजातीय विश्वासों और विचारों के तत्व बने रहे हों। अन्य शब्दों में, ग्रामीण समाज में परिवर्तित इन जनजातीय लोगों ने अपने अतीत की विशेषताओं को जीवित रखा। मान लिया जाए कि इस प्रकार की कोई नीति काफी लंबे समय तक व्यापक रूप से प्रयोग में लाई जाती रही, तो भी इस सारी प्रक्रिया के परिणामस्वरूप एक विचित्र सामाजिक स्थिति पैदा हो गई, जिसमें ऊपर तो निरंकुशवाद रहा और निचले स्तर पर गांवों में अपूर्ण रूप से छिन्न-भिन्न जनजातीय समाज रहा। इसके अलावा कुछ ऐसे क्षेत्र भी थे जहां जनजातियां अपने शुद्ध रूप में बनी हुई थीं। इन सब परिस्थितियों का सामान्य भारतीय जनों पर सम्मिलित प्रभाव यही रहा कि इन लोगों के जीवन में ऐसे दृढ़ तत्व बने रहे जिनका प्रादुर्भाव जनजातीय समाज में हुआ।

कहीं ऐसा आभास न मिलने लगे कि सारी परिस्थितियों को अति सरल बनाने का प्रयत्न किया गया है, इसलिए हम अपनी बात को पूरी तरह स्पष्ट कर देने को उत्सुक हैं। हम यह नहीं कहना चाहते कि कौटिल्य द्वारा प्रतिपादित नीति का सभी जगह समान रूप से पालन किया गया। और न ही हम यह कहना चाहते हैं कि जनजातियों को विघटित करने और विस्थापित लोगों को छोटे तथा अलग थलग कृषिप्रधान समाज में पुनर्स्थापित करने की नीति ही एकमात्र ऐसी परिस्थिति थी जिसने परंपरागत भारतीय समाज कहलाने वाली व्यवस्था के गठन में अपना योगदान दिया। यह सामाजिक व्यवस्था अपने आपमें ही बड़ी जटिल थी और इसका विकास भी अति जटिल प्रक्रिया के परिणामस्वरूप हुआ होगा। फिर भी कौटिल्य द्वारा प्रतिपादित नीति और भारत में प्रारंभिक राजसत्ताओं द्वारा कई शताब्दियों तक इसका सक्रिय रूप से पालन किया जाना, संभवतः उन विभिन्न परिस्थितियों में से एक रही होगी और निश्चित ही यह अपने आपमें महत्वहीन नहीं थी, और इसने परंपरागत भारतीय समाज की विशेषताओं के गठन में अपना योग दिया। और यदि हमने इन अपूर्ण तथा कृत्रिम ढंग से विनष्ट जनजातीय तत्वों के संबंध में अलग से विस्तारपूर्वक लिखा है तो इसका कारण यह है कि इसके महत्व को अब तक समुचित मान्यता नहीं दी गई है।

अभी भी निश्चित रूप से यह नहीं कहा जा सकता कि कौटिल्य द्वारा प्रतिपादित नीति ने प्राचीन भारत के सामाजिक ढांचे की विशिष्टता में कहां तक अपना योगदान किया। किंतु यह सत्य है कि जनजातीय तत्वों का दृढ़तापूर्वक जीवित रहना, प्राचीन भारतीय समाज की मूल विशेषता रही और इसलिए इन बातों पर विचार किए बिना परंपरागत भारतीय संस्कृति या विशेषकर भारतीय लोक संस्कृति को समझना संभव नहीं है। इसलिए आगे चलकर इन जनजातीय अतिजीविताओं का और विस्तृत स्पष्टीकरण जब तक नहीं मिलता तब तक हम यहां इनमें से कुछ अधिक महत्वपूर्ण पहलुओं पर विचार करेंगे। हम निम्नलिखित बातों पर विचार करने जा रहे है : (क) भारतीय लोगों की जातीय अथवा वंश संरचना, (ख) ग्राम कम्यून तथा भूमि पट्टे का प्रश्न, (ग) वर्ण संगठन, और (घ) रूढ़िजन्य अर्थात परंपरागत नियम।

16. जातीय अथवा वंश संरचना

भारत में जनगणना की विश्वसनीय रिपोर्ट केवल 1871-72 से मिलनी शुरू हुई। किंतु सबसे पहली रिपोर्ट में जिन तथ्यों का उल्लेख किया गया वे काफी सूचनाप्रद हैं। भारत में ब्रिटिश शासन के अधीन लगभग 18 करोड़ 60 लाख लोग थे और सामंती राज्यों में कोई पांच करोड़ 40 लाख लोग रहते थे। फिलहाल इन सामंतीय राज्यों का प्रश्न छोड़ देते हैं; रिपोर्ट में इनके बारे में पूरे तथ्य नहीं दिए गए थे। ब्रिटिश शासन के अधीन रहने वाले 18 करोड़ 60 लाख लोगों में से मुसलमानों का प्रश्न भी फिलहाल छोड़ा जा सकता है जिनकी संख्या लगभग 4 करोड़ 10 लाख थी, क्योंकि उनकी उत्पत्ति की समस्या जटिल है और वैसे भी इन लोगों के मुसलमान बनने की कहानी काफी देर से शुरू हुई। इस प्रकार हमारा संबंध केवल 14 करोड़ 50 लाख लोगों से है। 1871-72 की जनगणना रिपोर्ट से यह आश्चर्यजनक सूचना प्राप्त हुई कि इन साढ़े 14 करोड़ लोगों में से लगभग एक करोड़ 80 लाख लोग जनजातीय स्थिति में रह रहे थे। अधिकारियों ने इन्हें आदिवासी या अनार्य कहा और उनकी अतिजीविता को इस प्रकार स्पष्ट करने का प्रयत्न किया : 'मैदानी इलाकों से आर्यों द्वारा पीछे धकेले जाने के बाद ये लोग पर्वतीय क्षेत्रों के दुर्गम स्थानों में छिपे रहे हैं ठीक उसी प्रकार जैसे वे विलुप्तप्राय पशु जिनके अवशेष पुराजीवविज्ञानियों को पहाड़ी गुफाओं में मिले हैं।' (135.iv.174)

किंतु इससे भी अधिक चौंकाने वाली बात संभवतः यह है कि शेष 12 करोड़ 70 लाख में से ग्यारह करोड़ से अधिक लोगों के बारे में यह स्पष्ट रूप से नहीं कहा जा सका कि उनकी नस्ल कहां से आई। मोटे तौर पर लगभग एक करोड़ 70 लाख लोग मान्यताप्राप्त शासक जातियों के थे, जिन्हें 'अपेक्षाकृत शुद्ध आर्य वंशज या संस्कृतभाषी जाति (ब्राह्मण और राजपूत) के वंशज' बताया गया। किंतु शेष 11 करोड़ से अधिक वे लोग, जो भारतीय जनता का बड़ा भाग थे, वे कौन थे ? ब्रिटिश अधिकारियों ने इन्हें मिलोजुली नस्ल वाली आबादी कहा जो मुख्यतया अनार्य लोगों से उत्पन्न हुई थी। अनार्य लोगों का अर्थ था जनजातीय लोग जिन्हें जनगणना की रिपोर्ट में आदिवासी कहा गया था।

> भारत के प्राचीनकाल पर दृष्टिपात करने से हमें पता चलता है कि भूमि पर अधिकार जमाने के लिए दो जातियां संघर्षरत थीं। इनमें से एक जाति श्वेत वर्ण की थी जो कुछ ही समय पूर्व उत्तर पश्चिम के गिरिपथों (दर्रों) से होकर भारत आई थी। ये लोग आर्य थे। इस शब्द का अर्थ है अभिजात वंश के लोग। वे परिष्कृत भाषा बोलते थे, मैत्रीपूर्ण थे तथा शक्तिशाली देवताओं की पूजा करते थे। दूसरी जाति कुछ निम्न कोटि की थी जो यहां अति प्राचीन काल से बसी हुई थी। इसे उदात्त जाति के नवागंतुक लोगों ने खदेड़ कर

> या तो पर्वतीय क्षेत्रों में धकेल दिया, या फिर उन्हें मैदानी क्षेत्रों में अपना दास बना लिया। इन दोनों जातियों के अपेक्षाकृत मूल वंशजों की संख्या अब लगभग बराबर ही है। इन दोनों के बीच की जातियां मुख्यतया असभ्य जनों से उपजी और आज वे ही वर्तमान भारतीय जनसंख्या का अधिकांश हैं। (वही, iv.172)

वैसे भारत के इतिहास को देखने का यह 19वीं शताब्दी का सामान्य तरीका था कि श्वेत वर्ण तथा अधिक प्रगतिसंपन्न आर्यों ने श्याम वर्ण वाले आदिवासियों को पराजित किया। भारत के प्राचीन इतिहास में श्वेत वर्ण वाले लोगों की श्रेष्ठता की खोज जैसी ही यह बात भी थी। स्पष्ट है कि यह मत इस बात पर आधारित था कि प्राचीन भारत का शासकवर्ग और आर्यजन एक ही थे। यह एक ऐतिहासिक त्रुटि थी। किंतु यह त्रुटि अकारण नहीं थी। अति प्राचीन काल से ही इस देश के शासकवर्ग को यही उत्सुकता थी कि जिन लोगों को आर्य कहा जाता था उनकी उपलब्धियां और प्रतिष्ठा का कुछ अंश उन्हें भी प्राप्त हो। ये शासक लोग यही सिद्ध करने का प्रयत्न करते थे कि वे स्वयं भी आर्यों के वंशज हैं। वैसे उन्हें यह काम अति कृत्रिम ढंग से करना पड़ा। देश के अलग अलग भागों में अपना शासन स्थापित करने वाले राजाओं और सामंतों का कोई वास्तविक संबंध विशुद्ध रूप से वैदिक कहे जाने वाले लोगों से नहीं था। उदाहरण के लिए मौर्यों का तथाकथित आर्यों के साथ कोई संबंध नहीं था। यहां तक कि पुराणों के रचयिताओं या यों कहिए कि जिन्होंने पुराणों को संशोधित रूप में लिखा, उन्होंने भी इस तथ्य को स्वीकार किया है। इस प्रकार उदाहरण के लिए, हमें बताया गया कि महापद्मनंद के बाद सभी राजा शूद्र या लगभग शूद्र होंगे।

> इसका मूल अर्थ होगा कि वे वैदिक जनों के वंशज होने का दावा नहीं करते थे और न ही विशुद्ध वैदिक क्रियानुष्ठान आदि करते थे। इस बात में संदेह करने का कोई कारण नहीं है क्योंकि मौर्य वंश के लोग निश्चित ही यह सब नहीं करते थे। (जे. बी. बी. आर. ए. एस. xxvi. 25 n)

फिर भी स्वयं को आर्य प्रतिष्ठा के भागीदार बताने की शासकों की प्रवृत्ति महापद्मनंद के पश्चात भी वास्तव में समाप्त नहीं हुई। अपेक्षाकृत आधुनिक इतिहास का यहां एक उदाहरण दिया जाता है :

> मराठों को महानता के शिखर पर पहुंचाने वाले शिवाजी थे। वह शूद्र थे। किंतु उन्होंने जब 1664 में अपने लिए एक छोटा, पूर्ण रूप से स्वतंत्र राज्य बना लिया तो उसके बाद वे अपना राज्याभिषेक कराना चाहते थे। किंतु एक शूद्र का राज्याभिषेक करने के लिए ब्राह्मण तैयार नहीं थे। इसलिए एक वंशावली बनाई गई। जिसमें भौंसले परिवार को चित्तौड़ के सिसोदिया वंश की एक उपशाखा बताया गया और घोषणा की गई कि यह परिवार कई शताब्दियों तक क्षत्रिय रीति रिवाजों की उपेक्षा करता रहा इसलिए यह व्रात्य बन गया। बनारस के एक प्रकांड पंडित, जो मराठा थे, अपना यह मत देने के लिए आमंत्रित किए गए कि शिवाजी एक व्रात्य क्षत्रिय थे और यदि शास्त्रोचित विधि के अनुसार उनका शुद्धिकरण हो जाता है तो फिर राज्याभिषेक समारोह किया जा सकता है। विश्वेश्वर भट्ट नामक यह पंडित बहुत अधिक लिखने वाला था और वादविवाद कला में प्रवीण था। उन्हें गाग भट्ट भी कहा जाता था क्योंकि शास्त्रार्थ के लिए एकत्र सभाओं में वह एक बैल की तरह उच्च स्वर में बोलता था। बेचारे शिवाजी को पूरे 15 दिन तक शुद्धिकरण के विभिन्न अनुष्ठान करने पड़े और तब कहीं जाकर उनका राज्याभिषेक हुआ। (129.1-2)

विशुद्ध आर्य वंशज होने का दावा करने की देश के शासकों की उत्कंठा का यदि यह उदाहरण है और उन्नीसवीं शताब्दी के इतिहासकारों ने यदि भारत के इतिहास की व्याख्या करते हुए यह कहा कि अनार्यों पर आर्यों का राज्य था तो इस भ्रांति में पड़ने का उनके पास समुचित कारण था। यह एक अच्छी बात है कि बाद के समय से और कई विद्वान इतिहासकारों ने भारत के इतिहास के प्रति अपने इस दृष्टिकोण को त्याग दिया है।

किंतु इस समय हम केवल इसी बात पर विचार नहीं कर रहे हैं। यह बड़े आश्चर्य की बात है कि प्रारंभिक जनगणना अधिकारियों ने टिप्पणी की कि भारत की अधिकांश जनसंख्या असभ्य लोगों से पैदा हुई, यानी स्पष्ट है कि वे जनजातियों के वंशज थे। किंतु जनजातीय वंशज कहने से उनका अर्थ क्या है? क्या इसका यही मतलब था कि वे असल में जनजातीय लोगों से उपजे? किंतु यह बात तो सारे संसार के सभी लोगों के लिए समान रूप से सत्य है और इसलिए इस देश की तथाकथित संकर जनसंख्या के संबंध में विशेष रूप से यह बात कहना कोई मायने नहीं रखता। इसके बावजूद जनगणना अधिकारियों को यह बात विशेष रूप से कहनी पड़ी, क्योंकि संभवत: वे इस तथ्य को देख रहे थे कि लोगों में जनजातीय जीवन की विशेषताएं उस समय भी प्रमुख रूप से विद्यमान थीं, वे तब भी मुख्यतया जनजातीय लोग ही थे, फिर भी उन्हें विशुद्ध जनजातीय नहीं कहा जा सकता था, अर्थात वे केवल आंशिक रूप से ही अजनज़ातीय बनं पाए थे।

किंतु जो बात समग्र रूप से भारत के लिए सत्य थी वह स्पष्टत: देश के प्रत्येक भाग के लिए सत्य नहीं थी। भारत के कुछ भागों में यह बात अधिक उभर कर सामने आई। दत्त ने ने 1874 में बंगाल के किसानों के संबंध में जो कुछ कहा वह इस प्रकार है:

> जबसे आर्यों का बंगाल में आगमन हुआ है, उनका मुख्य उद्देश्य आदिवासी जातियों का धर्म परिवर्तन करना रहा है, और अब बहुत से आदिवासी, हिंदू धर्म में आ गए हैं। फिर भी उनकी अपनी अलग जातियां हैं— हारी, डोम आदि······डाक्टर हंटर ('ऐनल्स आफ रुरल बेंगाल' पुस्तक) ने एक रोचक प्रश्न उठाया है कि बंगाल की पूरी जनसंख्या में ऐसे लोगों का अनुपात क्या है जो पहले आदिवासी जातियों के थे और मतांतरण के पश्चात हिंदू बन गए। उन्होंने इस प्रश्न का अपूर्ण उत्तर दिया है। (50. 11-2)

दत्त ने स्पष्ट किया कि यह उत्तर अपूर्ण क्यों रहा और उसके बाद उन्होंने इसी प्रश्न पर बेर्वली के विचारों का अध्ययन किया:

> बेर्वली का अनुमान है कि बंगाल की लगभग तीन करोड़ 70 लाख की कुल आबादी में से लगभग चार लाख लोग आदिवासी (संथाल, गारो आदि) हैं और मतांतरण के पश्चात हिंदू बने आदिवासियों की संख्या 50 लाख से कुछ अधिक है। मतांतरित आदिवासियों में बागड़ी, बुन, चमार, मोची, चंडाल, डोम, हारी, कौड़ा, मल, मेहतर और कई अन्य जन-जातियां शामिल हैं। यद्यपि अब इन सबको हिंदू माना जाता है, फिर भी यदि कोई हमारे गांवों में इनके विचित्र रहन-सहन को ध्यानपूर्वक देखे तो उसे इस निष्कर्ष पर पहुंचने में कोई कठिनाई नहीं होगी कि ये लोग आदिवासियों के वंशज हैं।

किंतु पांच लाख आदिवासी और पचास लाख हिंदू बनाए गए आदिवासियों को मिलाकर बंगाल की तीन करोड़ 70 लाख की आबादी पूरी नहीं हो जाती। इन 55 लाख लोगों में दत्त ने लगभग 25 लाख ऐसे लोगों को शामिल किया जो उच्च जातियों के थे अर्थात जिनका यह दावा था कि वे शुद्ध आर्यों के वंशज हैं। इसके अलावा लगभग पांच लाख लोग उच्च जाति के मुसलमान थे। फिर भी बहुत बड़ी संख्या में ऐसे लोग बच रहे जिनका इन आंकड़ों में कोई उल्लेख नहीं आया था।

अब कुल मिलाकर लगभग तीन करोड़ 70 लाख की आबादी में से हम यदि पांच लाख आदिवासियों, 50 लाख हिंदू बने आदिवासियों, 25 लाख सवर्ण हिंदुओं और दस लाख उच्च मुसलमानों को निकाल दें तो भी लगभग दो करोड़ 80 लाख लोग बच जाते हैं। प्रश्न उठता है कि क्या ये दो करोड़ 80 लाख लोग आदिवासियों के वंशज हैं।

दत्त का दृढ़ मत है कि ये लोग आदिवासियों के ही वंशज हैं। इस संबंध में उनका स्पष्टीकरण इस प्रकार है :

> बंगाल के विजेता आर्यों ने सारे प्रदेश में व्यापक रूप से अपने धर्म का प्रसार किया। किंतु वे आदिवासी खेतिहरों को समाप्त न कर सके। यह तर्कसंगत अनुमान है कि एक ओर तो बहादुर और उग्र आदिवासी थे जो बंगाल के सुरक्षित वन्य प्रदेश में चले गए और दूसरी ओर दुर्बल लोगों ने विजेताओं का धर्म स्वीकार कर लिया और वैसे ही खेतिहर बने रहे जैसे पहले थे।

इस कथन का मूल तत्व अत्यंत महत्वपूर्ण है कि बंगाल से अधिकांश किसान न तो पूर्ण रूप से आदिवासी थे और न ही पूरी तरह अजनजातीय थे। और यह मत इस बात के बावजूद बना है कि 19वीं शताब्दी के इतिहासकारों का कहना था कि आर्य लोगों ने विजेता बनकर स्थानीय आदिवादियों का धर्मपरिवर्तन किया।

यदि आर्य विजेताओं के स्थान पर हम प्रारंभिक राज्यों के शासकों को रखें और स्थानीय आदिवासियों की जगह उन जनजातीय लोगों को मान लें जिनके विरुद्ध आक्रमण हो रहे थे तो हम यह बात समझने का प्रयत्न कर सकते हैं कि हमारे इतिहास के प्रारंभिक दिनों में धर्म-परिवर्तन की प्रक्रिया का क्या निश्चित प्रभाव रहा होगा। आधुनिक युग में भी इस प्रक्रिया के उदाहरण हैं। इनसे अतीत की वास्तविक स्थिति पर प्रकाश पड़ सकता है। इस प्रक्रिया के लिए अधिक यथार्थवादी और कम पाखंडपूर्ण आधुनिक शब्द है 'भरती'। खेतों में काम करने के लिए कृषि मजदूरों की, बागान के लिए कुलियों की, खानों के लिए खनिकों की और औपनिवेशिक लड़ाइयों में झोंकने के लिए सिपाहियों की भरती की जाती है। एक उदाहरण प्रस्तुत है। 1881 में हंटर ने संथालों के लिए लिखा था :

> संथाल मैदानी इलाकों के लोगों से अलग वनों में, गांवों या पहाड़ियों में रहते हैं—यद्यपि वे अब भी शिकारी और जंगली जनजातियों की कई प्रथाओं से चिपके हुए हैं, फिर भी उन्होंने हल चलाना सीख लिया है और कुशल खेतिहर बनकर स्थिर जीवन बिताने लगे हैं।...सारा का सारा गांव सहभोज, शिकार, और पूजा आदि में संयुक्त रूप से सम्मिलित होता है...जातिगत बंधन इतने दृढ़ है कि संथालों में जाति से निष्कासित कर देना एकमात्र दंड था...पिछली शताब्दी के लगभग अंत तक ये संथाल आसपास के मैदानी इलाकों के लिए सिरदर्द बने हुए थे किंतु 1789 में ब्रिटिश सरकार ने बंगाल के भूमिधरों को जमीन के स्वामित्व के अधिकार दे दिए। यह प्रबंध बाद में स्थायी बंदोबस्त के नाम से जाना गया। इस प्रबंध के होते ही प्रत्येक भूस्वामी ने अपनी अपनी जुती हुई जमीन का क्षेत्र बढ़ाने की कोशिश की। संथालों और अन्य जंगली जनजातियां अधिक मजदूरी या पट्टे के शुल्क से मुक्त खेतों के लोभ के कारण अपने सुरक्षित गढ़ छोड़ कर बाहर आने को उत्सुक हुईं। (135. iv. 177, 179)

संथाल विद्रोह की घटना इस बात का पर्दाफाश करती है कि अधिक मजदूरी या पट्टाशुल्कमुक्त खेत एक कपोल कथा ही थी : '30 जून 1855 के दिन दक्षिणी भागों के संथालों की 30 हजार की भीड़ ने तीर कमान लेकर कलकत्ता की ओर चलना शुरू किया जहां वे गवर्नर जनरल के

सामने अपनी परिस्थितियों का ब्यौरा देना चाहते थे।' (वही iv. 179)

इसके अलावा यह पहले ही बताया जा चुका है कि स्थायी बंदोबस्त का वास्तविक उद्देश्य 'अंगरेजों के राज्य के सामाजिक आधार के लिए अंगरेजों के ही ढंग के जमींदारों का नया वर्ग बनाना था' (49.217)। किंतु इस समय हमारी दिलचस्पी इस स्पष्ट स्वीकारोक्ति में है कि किस प्रकार अभी अपेक्षाकृत हाल के समय में भी मजदूरों की भरती मुख्यतया जनजातीय लोगों से की जाती थी। 'लंदन मार्निंग क्रोनिकल' (1792) ने कहा कि 'प्रत्येक मालिक अपनी निचली जमीनों को सुधारने के लिए पहाड़ियों से खेतिहर मजदूर इकट्ठे कर रहा है' (135. iv. 179 में उद्धृत)। आधुनिक युग में भी इसी प्रकार स्वतंत्र वन्य जनों को खेतिहर दासों में परिवर्तित किया जा रहा था। इससे हमें कौटिल्य की शताब्दियों पहले कही गई बात याद आती है : 'मार्निंग क्रानिकल' ने जो समाचार दिए उनमें केवल इतनी ही बात नहीं थी कि जनजातीय लोगों में भरती के लिए काम करने वाले एजेंटों की भूमिका को भ्रष्ट बनाने और उनके नैतिक मूल्यों का पतन करने का प्रयत्न किया गया।

हेगल ने कहा था कि भारत 'प्राचीन होने के साथ साथ आधुनिक भी है।' (137. 145)। जो भी हो, यहां प्राचीन स्थितियों जैसी ही आधुनिक स्थितियां भी मौजूद हैं। कोसंबी ने पहले ही कहा है : 'जनजातीय प्रदेशों में कृषि पर आधारित ग्रामीण अर्थव्यवस्था का आना, भारत में प्रथम महान सामाजिक क्रांति है' (जे. ए. ओ. एस. ixxv. 35) यह कथन महत्वपूर्ण है यद्यपि इस सत्य की हमारे इतिहासकारों ने बहुधा अनदेखी कर दी हैं। किंतु स्वयं कोसंबी भी इस बात की अनदेखी कर गए कि कौटिल्य के लेखन में हमें इस प्रगति के विभिन्न तरीकों में से एक के बारे में सूचना मिलती है। संभवत: इसी कारण, कोसंबी ने इस प्राचीन सामजिक रूपांतरण का एकपक्षीय चित्र प्रस्तुत किया। उन्होंने हमें बताया कि यह रूपांतरण शांतिपूर्ण था और भारत में इस रूपांतरण प्रक्रिया में हिंसा का स्थान धार्मिक विश्वासों की अपार शक्ति ने ले लिया :

> मार्क्स ने जात-पात की प्रणाली से उत्पन्न पिछड़ेपन को देखा। उन्होंने गाय, सांप, बंदर आदि की पूजा की घृणास्पद क्रिया देखी जिसने मनुष्य का कितना पतन किया था। ब्राह्मणों ने अपने स्वार्थसाधन के लिए ये अंधविश्वास पैदा किए, जिनके बिना न तो जनजातीय लोगों का शांतिपूर्ण ढंग से धर्मपरिवर्तन हो सकता था और न ही स्वतंत्र जीवन बिताने वाली वन्य जातियों को निरीह दास बनाया जा सकता था। वैसे यह भी सत्य है कि विभिन्न जनजातियों के बीच शांतिपूर्ण संपर्क (सामान्यतया यह संपर्क केवल युद्धक्षेत्र में ही होता था) और शिकार या पशुपालन से जीवननिर्वाह करने के बदले कृषि कार्यों में लग जाने से इन जनजातियों को आजीविका के अधिक सुरक्षित साधन मिलना निश्चित हो गया। केवल किसी अति प्रभावशाली धार्मिक क्रिया, या अपार बल प्रयोग या आधुनिक समाजवाद से ही इन वन्य जनों को जीता जा सकता था। भारत में हिंसापूर्ण बलप्रयोग को न्यूनतम रखा गया और इसका स्थान धर्म ने ले लिया, जात-पांत की प्रणाली और स्मृतियों में या तो टोटम या विभिन्न निषेधों को अपना लिया गया, या इन आस्थाओं का शस्त्र शक्ति से भी बड़ी शक्ति की सहायता से हटाया गया।

इसमें कोई संदेह नहीं कि धार्मिक आस्थाओं का अपना प्रभाव था और इनकी उपेक्षा करना भूल होगी। साथ ही प्राचीन काल में जनजातीय लोगों के स्वतंत्र जीवन को खेतिहर दासों के जीवन में बदलने के लिए हिंसा और छल-कपट के तरीकों की भूमिका को भी हमें नहीं भूलना चाहिए। कुल मिलाकर ऐसा प्रतीत होता है कि कोसंबी ने धार्मिक पक्ष, ब्राह्मणीय कर्मकांड को अनावश्यक महत्व दिया :

> ब्राह्मणीय कर्मकांड किसी जादू टोना करने वाले किसी ओझा द्वारा की जाने वाली बेसिर-पैर की पूजा मात्र नहीं थे बल्कि यह एक व्यावहारिक पंचांग, तर्कसंगत ऋतु विज्ञान और कृषि संबंधी ठोस व्यावहारिक ज्ञान पर आधारित था। ये सब बातें जनजातीय लोगों को नहीं आती थीं। उन्हें तो केवल तीखी नोक वाले डंडे या कुदाली से गुड़ाई करना ही आता था। जनजातीय प्रदेशों में जाने वाले ब्राह्मणों ने भले ही पाखंडपूर्ण जादू-टोने का प्रयोग किया हो, लेकिन इन प्रदेशों में वह प्रथम प्रभावशाली पथप्रदर्शक और ज्ञानदाता थे, भले ही वह बाद में जनजाति द्वारा किए जाने वाले उत्पादन पर एक बोझ बन गए।

किंतु हमने जनजातीय प्रदेशों में जाने वाले ब्राह्मणों को प्रभावशाली पथप्रदर्शक के बदले किसी अन्य भूमिका में देखा है। 'महाभारत' में, ब्राह्मण सूचनावाहकों ने अति गुप्त विशेष कार्यों का उल्लेख किया था जिन्हें पूरा करने के लिए उन्हें जनजातियों में जाकर रहना पड़ा। कौटिल्य के 'अर्थशास्त्र' ने तो और स्पष्ट कर दिया कि यह गुप्त कार्य था : सुरा, सुंदरी तथा असत्य की सहायता से जनजातियों के लोगों का नैतिक पतन कराना। हमने देखा कि किस प्रकार ब्राह्मण वस्साकार ने वज्जीय जनों के विरुद्ध अभियान में यही हथकंडे अपना कर अजातसत्तु की सहायता की।

जो भी हो, इन जनजातीय लोगों को हिंसा और बलप्रयोग से ही जीतना पड़ा। यहां तक कि राज्य शासन में इनके 'विलय' से पहले व्यापक स्तर पर इनका संहार करना पड़ा। संभवतः अशोक का कलिंग युद्ध इस प्रकार के व्यापक नरसंहार का एक विशिष्ट उदाहरण है।

17. ग्रामीण समुदाय

छोटे और आत्मनिर्भर ग्रामीण समुदाय परंपरागत भारतीय सामाजिक व्यवस्था की अति प्रखर विशेषताएं रखते हैं। हम इनका अध्ययन करके देखेंगे कि इनमें जनजातीय समाज के अवशेषों की झलक कहां तक मिलती है। नीचे, ग्रामीण समुदायों के संबंध में मार्क्स द्वारा दिया गया प्रसिद्ध वर्णन प्रस्तुत किया जा रहा है :

> छोटे और अति प्राचीन भारतीय समुदाय, जिनमें से कुछ तो आज तक अपनी उसी सामाजिक व्यवस्था को बनाए हुए हैं, मुख्यतः भूमि के सामूहिक स्वामित्व के आधार पर बसे हुए हैं। यहां कृषि और दस्तकारी का कार्य मिलजुलकर होता है और यह निश्चित कर दिया गया है कि किसको कौन सा काम करना है। श्रम का यह विभाजन उस समय और भी सुनियोजित योजना के रूप में सहायक होता है जब कोई नया समुदाय बनता है। प्रत्येक समुदाय सौ एकड़ से लेकर कई हजार एकड़ के क्षेत्र में बसा हुआ है और वह अपनी आवश्यकता की सभी वस्तुएं स्वयं पैदा करता है। उत्पादनों का मुख्य भाग समुदाय द्वारा स्वयं इस्तेमाल होता है और इसे किसी विनिमय के योग्य वस्तु नहीं समझा जाता। इसलिए यहां उत्पादन उस श्रमविभाजन के अनुसार नहीं होता जो समग्र भारतीय समाज में वस्तु-विनिमय के साधन के रूप में निर्धारित किया गया था। केवल अतिरिक्त यानी अपनी आवश्यकता की पूर्ति के बाद बचे हुए उत्पादन ही विनिमय की वस्तु बनते हैं और इसका कुछ भाग भी विनिमय की वस्तु तब बनता है जब यह राज्य के अधिकारियों के पास पहुंचता है। अनादि काल से इन अधिकारियों को उत्पादन का कुछ भाग लगान के रूप में दिया जाता रहा है। भारत के विभिन्न भागों में इन समुदायों का गठन भिन्न भिन्न प्रकार से हुआ है। सबसे सीधे रूप वाले समुदाय वे हैं जहां भूमि की जुताई सामूहिक रूप से होती है और सारा उत्पादन समुदाय के सदस्यों में बांट दिया जाता है। साथ ही प्रत्येक परिवार में

सहायक उद्योगों के रूप में कताई और बुनाई होती है। जनसाधारण तो एक ही प्रकार के काम में लगे रहते हैं किंतु इसके साथ ही इन समुदायों में एक 'प्रमुख निवासी' होता है जो न्यायाधीश, पुलिस कर्मचारी, और कर समाहर्ता यानी कर एकत्र करने वाला भी होता है, एक व्यक्ति सारी जोतों का हिसाब रखता है, एक अन्य अधिकारी अपराधियों के विरुद्ध कारंवाई करता है और अनजाने मुसाफिरों को अगले गांव तक सुरक्षित पहुंचाता है; एक सीमारक्षक होता है जो पास-पड़ोस के समुदायों से अपने गांव की सीमाओं की रक्षा करता है; इसके अलावा एक जल निरीक्षक होता है जो सिंचाई के सामूहिक जलाशय से जल का वितरण करता है। ब्राह्मण धार्मिक अनुष्ठान आदि कराता है; अध्यापक गांव के बच्चों को पढ़ना-लिखना सिखाता है। पंचांग ब्राह्मण अथवा ज्योतिषी यह बताता है कि बुआई और फसल कटाई शुभ या अशुभ होंगे। एक लोहार और एक बढ़ई होता है जो कृषि कार्यों में काम आने वाले औजारों की मरम्मत करता हैं। कुम्हार सारे गांव के लिए मिट्टी के बर्तन बनाता है। नाई भी होता है और एक धोबी रहता है जो लोगों के कपड़े धोता है। एक सुनार भी होता है और कहीं कहीं एक ग्राम कवि भी होता है जो कुछ समुदायों में सुनार का स्थान ले लेता है तो अन्य समुदायों में अध्यापक का। ये लगभग एक दर्जन व्यक्ति सारे समुदाय के खर्च पर अपना पेट पालते हैं। यदि जनसंख्या बढ़ जाती है तो नए समुदाय की स्थापना किसी खाली भूमि पर पुराने समुदाय के ढंग से की जाती है। यह सारी व्यवस्था, श्रमविभाजन की एक प्रणाली को परिलक्षित करती है, किंतु तैयार माल के मामले में एक तरह का श्रम विभाजन संभव नहीं है, क्योंकि लोहार और सुनार आदि के माल के ग्राहक सदा वही रहते हैं जो हमेशा रहे हैं, अधिक से अधिक हुआ तो छोटे या बड़े गांव के अनुसार वहां एक की बजाय दो या तीन लोहार और सुनार आदि कारीगर हो सकते हैं। समुदाय में जिस नियम के अनुसार श्रमविभाजन किया जाता है उसके पीछे प्राकृतिक नियम का बल होता है, किंतु प्रत्येक कारीगर लोहार, बढ़ई आदि अपना अपना काम परंपरागत ढंग से किंतु स्वतंत्र रूप से अपनी अपनी कार्यशाला में करते हैं और स्वयं को किसी के अधीन नहीं मानते। अपनी आवश्यकताएं स्वयं पूरी करने की क्षमता रखने वाले इन समुदायों में उत्पादन कार्यों का संचालन जिस सरल विधि से होता है वही एशियायी जन समुदायों की अपरिवर्तनीय प्रवृत्ति की कुंजी है। यह अपरिवर्तनीयता एशियायी राज्यों के बराबर टूटते रहने और पुनर्स्थापित होने तथा शासकों के सदा बदलते रहने की प्रवृत्ति के ठीक विपरीत है जबकि उपरोक्त आत्मनिर्भर समुदाय, लगातार अपने जैसे ही और सनुदायों को जन्म देते रहते हैं और जब कभी कोई समुदाय अकस्मात नष्ट हो जाता है तो उसी स्थान पर उसी नाम से फिर नया समुदाय बन जाता है। समाज के आर्थिक तत्त्वों के ढांचे पर राजनीति की तूफानी हवाओं का कोई असर नहीं पड़ता। (84. i. 357-8)

हम सिद्ध करने जा रहे हैं कि इन समुदायों में सहकारी जीवन, और इससे भी अधिक महत्वपूर्ण किसी भी व्यक्ति की निजी भूमि न होना, जनजातीय समाजव्यवस्था के अवशेष थे। किंतु मार्क्स के वर्णन की वैधता पर संदेह प्रकट किया गया है। विवाद का मुख्य विषय है भूमि का स्वामित्व। विल्क्स (126), कैंपबैल (18), और मेन (91) जैसे लेखकों ने राजस्व तथा बंदोबस्त संबंधी रिपोर्टों को (जिन्हें ब्रिटिश राज्य में भारत के विलय के समय भूमि पर सभी प्रकार के अधिकारों की जानकारी देने वाली लेखा पुस्तिका माना गया है) मुख्य आधार बनाते हुए निष्कर्ष निकाला कि परंपरागत भारतीय ग्राम समुदाय के सभी सदस्य उसी प्रकार से संयुक्त रूप से भूमि के स्वामी होते थे जिस प्रकार कि प्राचीन यूरोप के मार्क अथवा कस्बों में था

जिनका अध्ययन वान मारेर ने किया था। जैसाकि मेन ने कहा :

> भारत के ग्रामीण समुदाय में जर्मन कस्बों के साथ इतनी अधिक समानताएं हैं कि यह संयोग मात्र नहीं हो सकता—इसमें भी यही दो बातें हैं कि खून के रिश्ते के बंधनों में बंधा परिवारों का समूह और व्यक्तियों का समूह भूमि का संयुक्त स्वामी है। इसके पास जितनी भूमि है, उसे यदि उसी प्रकार नहीं तो कम से कम उसी सिद्धांत के अनुसार बांटा जाता है; और संबंधियों के समूह में जो विचार होते हैं और एक-दूसरे के प्रति उनके जो कर्तव्य होते हैं वे बहुत हद तक सबके लिए समान होते हैं। किंतु भारतीय ग्रामीण समुदाय निर्जीव नहीं बल्कि एक सजीव संस्था है। कस्बे को जागीर में परिवर्तित करने वाले कारण भले ही भारत में पाए जाते हों, किंतु उनका प्रभाव बड़ा क्षीण रहा है ; देश की आबादी का सबसे बड़ा भाग अर्थात् ग्रमीण समुदाय किसी बड़े जनसमूह में विलीन नहीं हुआ है और न ही किसी बड़े क्षेत्र में विलुप्त हुआ। (वही.12)

वान मारेर द्वारा, मार्क (जर्मन कस्बे) के साथ भारतीय ग्राम समुदाय का जो तुलनात्मक अध्ययन किया गया वह महत्वपूर्ण था यद्यपि उसमें एक ऐसी बात की उपेक्षा कर दी गई थी जिसे मार्क्स और एंगेल्स पहले ही स्पष्ट कर चुके थे। उनका कहना था कि प्राचीन जर्मन कस्बों (मार्क) में भूमि सबकी साझी होती थी। यह प्रथा जनजातीय प्रणाली का अवशेष थी। किंतु मेन द्वारा उपरोक्त बात लिखे जाने से पहले एंगेल्स (220) ने डुहरिंग के विचित्र दावे (अर्थात काफी अधिक भूमि का पूरा पूरा उपयोग करने के उद्देश्य से मनुष्य द्वारा प्रकृति को बस में करने के लिए खेतिहर मजदूरों का होना आवश्यक है। जमींदारों के लिए कार्य करने वाले मजदूरों के अलावा और कौन यह काम कर सकता था ?) का उत्तर देते हुए लिखा :

> यदि हम व्यापक स्तर पर भूसंपत्ति से पूरा लाभ उठाने की बात तक ही अपने को सीमित रखें तो प्रश्न उठता है कि किसकी भूसंपत्ति 'और तब हमें सभी सभ्य जनों के प्रारंभिक इतिहास में, 'महान भूस्वामी' नहीं मिलता जिसे श्रीमान डुहरिंग ने अपने वाक्छल की चातुरी से ला थोपा है, और इस वाक्छल को उन्होंने प्राकृतिक द्वंद्वात्मक तर्क-वितर्क कहा है। इस भूस्वामी की जगह हमें मिलते हैं जनजातीय और ग्रामीण समुदाय जो भूमि के साझे मालिक थे। भारत से आयरलैंड तक काफी बड़े क्षेत्रों में भूसंपत्ति का पूरा लाभ उठाने का काम सबसे पहले ऐसे जनजातीय और ग्रामीण समुदायों ने किया। कभी कभी कृषियोग्य भूमि पर मिलकर खेती की जाती थी और इसके उत्पादन पर सारे समुदाय का अधिकार होता था, और कभी कभी कुछ खेत अस्थाई तौर पर कुछ परिवारों को दिए जाते थे, जबकि जंगल और चरागाहों का उपयोग संयुक्त रूप से ही होता था। श्रीमान डुहरिंग ने राजनीति और कानून के क्षेत्र में जो 'अति विस्तृत विशिष्ट अध्ययन' किया है उसकी विशेषता यही है कि उसमें ये सब कुछ नहीं है, उनकी सभी पुस्तकों से पता चलता है कि उन्हें जर्मन कस्बों (मार्क) के आदिम गठन के बारे में मारेर द्वारा लिखी गई युग-प्रवर्तक पुस्तकों का कुछ पता नहीं है, जबकि ये पुस्तकें जर्मनी के सभी कानूनों का आधार हैं। डुहरिंग को दिनोंदिन बढ़ रहे उस साहित्य का भी कोई ज्ञान नहीं है जो मुख्यतः मारेर से प्रेरणा पाकर लिखा गया और जिसमें यूरोप तथा एशिया के सभी सभ्य लोगों में यह सिद्ध करने का प्रयत्न किया जा रहा था कि आदिकाल में समाज के सभी लोग भूमि के साझे मालिक थे। इसी साहित्य में संयुक्त स्वामित्व के विभिन्न रूपों और इस प्रवृत्ति के खत्म होने की प्रक्रिया भी बताई गई है। (2.263)

ध्यान देने योग्य बात है कि एंगेल्स ने 'जनजातीय' और 'ग्रामीण समुदायों' की चर्चा की जिसका

अर्थ है कि वे इन दोनों को अलग अलग मानते थे। आदिकाल में भूमि के संयुक्त स्वामित्व की प्रथा, जो समाज के वर्गीकृत होने से पूर्व के काल या जनजातीय समाजव्यवस्था की विशेषता थी, अंगरेजों के विजेता बनकर आने के समय तक भारत के गांवों में बराबर विद्यमान रही। यह महत्वपूर्ण बात है। सारे विश्व के लोगों का जहां तक जनजातीय अतीत है, वही भूमि के संयुक्त स्वामित्व का इतिहास भी है। मारेर के लेखन में जिसे एंगेल्स ने युगप्रवर्तक कहा जर्मन कस्बों (मार्क) के इतिहास में भूमि के संयुक्त स्वामित्व को खोज निकाला। इसी प्रकार विल्क्स, कैंपवल और मेन के लेखन की श्रेष्ठता इसी बात में है कि उन्होंने यह सिद्ध किया कि राजस्व और बंदोबस्त संबंधी प्रारंभिक ब्रिटिश रिपोर्टें इस बात का प्रमाण हैं कि समाज के वर्गीकृत होने से पूर्व के काल की विशेषता, भूमि का संयुक्त स्वामित्व, भारतीय गांवों की सजीव विशेषता बना रहा। यहां तक कि यह तब भी इन ग्रामीण समाजों में था जबकि वे जनजातीय चरण से काफी आगे प्रगति कर चुके थे। किंतु कुछ लेखकों ने इस संयुक्त स्वामित्व के तथ्य पर काफी जोरदार संदेह प्रकट किया। इनमें प्रमुख थे बेडन पावेल। इसलिए हम उनके कुछ तर्कों और कथनों का अध्ययन करेंगे।

> कुछ भी हो, मेरा विचार है कि हमें इस बात पर जोर देने का अधिकार है कि भारत में एक अलग प्रकार के गांव हैं और यह सिद्ध नहीं किया जा सकता कि उनमें पहले या आज भी संयुक्त स्वामित्व की प्रथा विद्यमान है। इस बात को मान लिया जाना चाहिए। इसके अलावा यदि हम पहले एक ही प्रकार के गांव को ध्यान में रखें और विविध रूपों तथा विशिष्टताओं वाले इस देश के शेष विस्तृत क्षेत्र को छोड़ दें तो पुरातन भूमि प्रथाओं या आर्थिक विज्ञान संबंधी सामान्य प्रश्न के उत्तर में 'भारतीय ग्रामीण समुदाय' को प्रमाण मानना संभव नहीं है। (63.5)

पावेल के कथनानुसार जिस प्रकार के गांवों में संयुक्त स्वामित्व के प्रमाण का खंडन हुआ वे रैयतबाड़ी व्यवस्था के गांव थे। किंतु उन्होंने स्वयं स्वीकार किया है कि भारत में एक अन्य प्रकार के गांव भी थे, जिन्हें पावेल ने संयुक्त गांव कहा और जो मेन के वर्णन के अनुरूप थे। बेडन पावेल के अनुमान के अनुसार इन दो प्रकार के गांवों का कुल क्षेत्रफल इस प्रकार था: संयुक्त गांव—2, 18, 170 वर्गमील, रैयतबाड़ी गांव—5, 75, 313 वर्गमील (वही 8)। इसलिए यदि उन्हीं की बात मान ली जाए कि रैयतबाड़ी गांवों में संयुक्त स्वामित्व का कोई लक्षण दिखाई नहीं देता तो भी इस बात से इनकार नहीं कर सकते कि देश के काफी विस्तृत भागों में संयुक्त स्वामित्व की विशेषता बनी रही। किंतु उनका अपना विचार भी संदेह से परे नहीं है। क्योंकि रैयतवाड़ी गांवों में भी जनजातीय समता के काफी प्रखर लक्षण विद्यमान रहे हैं। इसलिए जनजातीय सामूहिक जीवन के भी लक्षण नजर आए। इस प्रकार उदाहरण के लिए स्वयं बेडेन पावेल ने देखा कि इस तरह के गांवों की खेती योग्य भूमि यद्यपि विभिन्न परिवारों में विभाजित की गई थी फिर भी समय समय पर इनका पुनर्विभाजन किया जाता था (वही 179-8, 324-5 तुल० 91.112)। भूमि का समय समय पर इस तरह पुनर्वितरण इसी समता को बनाए रखने के उद्देश्य से किया जाता था और इसलिए यह समाज के वर्गीकृत होने से पूर्व के जनजातीय समाज का ही अशेवषों था। यही सारे विश्व की पुरातन समाज की प्रथा रही है :

> फिलिस्तानी ट्रांस जोर्डन और सीरिया में अब भी अर्ध सामूहिक स्वामित्व का एक और रूप विद्यमान है—पहले पहल जब जनजातियां स्थिर होकर किसी स्थान पर बस गईं तो गांव की खेती योग्य भूमि को सभी सदस्यों में बराबर बांटा गया, प्रत्येक सदस्य को गांव के

अलग अलग भागों में भूमि का टुकड़ा प्राप्त हुआ और सदस्यों के बीच समता बनाए रखने के लिए, समय समय पर इस भूमि का पुर्नावितरण किया जाता था। (48. i. 305 टि. में उद्धृत)

थामसन ने सीबोम और वीनोग्रादोफ के कथन के आधार पर बताया है कि हर साल भूमि का पुर्नावितरण करके समानता बनाए रखने की यह आदिम प्रथा इंगलैंड के प्रारंभिक काल के गांवों की भी विशेषता रही (वही. i. 306)। सीबोम और वीनोग्रादोफ का कहना था कि यह प्रथा सीधे इस सिद्धांत पर आधारित थी, 'जमीन किसी भी व्यक्ति को सदा के लिए नहीं दे दी जाती थी बल्कि यह जनजातीय समुदाय की संपत्ति बनी रहती थी, जबकि कृषि कार्यों के लिए प्रयोग में लाने के वास्ते यह भूमि विभिन्न परिवारों में कुछ नियमों के अनुसार बांटी जाती थी। खेत देने का काम लाटरी से किया जाता था।'

थामसन ने ऐसे ही कई और उदाहरणों का उल्लेख किया है जिनके महत्व की अनदेखी नहीं की जा सकती। तथ्य की बात यह है कि समय समय पर लाटरी डालकर भूमि का पुर्नावितरण करना, सारे विश्व में प्रारंभिक कृषि ग्रामों में प्रचलित था और यदि रैयतबाड़ी गांवों में भी ब्रिटिश शासन के आरंभ के समय तक यह विशेषता बनी रही, और ऐसा ही हुआ क्योंकि स्वयं बेडन पावेल ने ही यह बात कही तो ये गांव संयुक्त स्वामित्व के विरुद्ध प्रमाण होने के बजाय यही समझे जाएंगे कि इनमें भी जनजातीय अतीत के बहुत से अवशेष थे। आश्चर्य की बात हैं कि यद्यपि बेडन पावेल भूमि के संयुक्त स्वामित्व को गलत सिद्ध करने के लिए इतने आतुर थे, तो भी उन्होंने इन रैयतबाड़ी गांवों में जनजातीय समाज व्यवस्था के तत्वों के अवशेष' होने के विरुद्ध कुछ नहीं कहा। इसके विपरीत उन्होंने मेन की जो आलोचना की उसमें कही बातों में से एक निश्चित बात यह थी कि मेन ने इन गांवों की जनजातीय समाजव्यवस्था के अवशेषों की ओर ध्यान नहीं दिया :

इस तथ्य से मुझे यह पता चलता है कि सर एच. एस. मेन की पुस्तक में रैयतबाड़ी गांवों का कोई निश्चित उल्लेख क्यों नहीं किया गया, और उन्होंने सामान्य भारतीय जातियों में जनजातियों या कबीलों के गठन तथा पंजाब में सीमांत क्षेत्रों के जनजातीय गांवों की ओर कोई ध्यान क्यों नहीं दिया। (63. 4)

फिर रैयतबाड़ी ढंग के गांवों की चर्चा करते हुए उन्होंने कहा :

जिन देशों में इस प्रणाली वाले गांव हैं वहां हमें लगभग सभी में जनजातीय सामाजिक स्थिति के लक्षण दिखाई देते हैं—विस्तृत क्षेत्र के इलाके कबीलों में बटे हुए थे और प्रत्येक इलाके में कई गांव थे। प्रत्येक गांव का अपना मुखिया या सरदार था। (वही.9)

किंतु 'कबीलों' के गठन और 'जनजातीय सामाजिक स्थिति' से क्या तात्पर्य था? 'स्पष्टतया बेडन पावेल ने मोरगन की धारणाओं की उपेक्षा कर दी थी जिसके कारण उनकी अपनी धारणा बड़ी विचित्र हो गई। उन्होंने इस तथ्य पर ध्यान नहीं दिया कि वास्तविक जनजातीय सामाजिक स्थिति और भूमि का निजी स्वामित्व एक दूसरे से कभी मेल नहीं खा सकते। निजी स्वामित्व तो सामाजिक प्रगति की प्रक्रिया में अपेक्षाकृत काफी बाद के चरण में आया। जैसाकि हाबहाउस ने एक सामान्य सिद्धांत तय किया :

हम इस सारी बात को यह कहकर व्यक्त कर सकते हैं कि संस्कृति के निचले स्तर पर समूह का सिद्धांत सर्वोपरि रहता है और पशुपालन से निर्वाह करने वाले लोगों में भी यह थोड़ा बहुत विद्यमान रहता है। भूमि के निजी स्वामित्व की भावना अधिक विकसित कृषि स्तर पर बढ़ती है, कुछ तो समूह के सिद्धांत के साथ मिलकर, और कुछ हद तक कबीले के

> सरदार पर निर्भरता के कारण या फिर कभी कभी इस बात से कि उस समय वहां के सामंत का प्रभाव तथा व्यवहार कैसा था। वास्तव में इसमें कुछ वैसी ही संदिग्धता देखने को मिलती है जैसी हमें अपने इतिहास के प्रारंभिक युग में सामूहिक स्वामित्व और जमींदारी प्रथा के बीच नजर आती है। जिस चरण में आकर वन्य जीवन सभ्य समाज में परिवर्तित होने लगता है उसमें सामूहिक और सामंतीय सिद्धांत एक-दूसरे से गुंथे हुए लगते हैं—और सभ्यता में इसका अगला चरण वही प्रतीत होता है जिसमें जमींदार का बोलबाला हो जाता है। (48. i. 302-3 में उद्धृत)

किंतु बेडन पावेल जिस धारणा को लेकर काम करना चाहते थे उसने वास्तव में इस ऐतिहासिक प्रक्रिया को अस्त-व्यस्त कर दिया। स्पष्टतया उनकी धारणा है कि निजी स्वामित्व वाले रैयतबाड़ी गांव प्रारंभ से ही थे और कुछ क्षेत्रों में संयुक्त स्वामित्व की प्रणाली उन लोगों ने थोपी जिन्होंने ये क्षेत्र जोते थे। रैयतबाड़ी गांवों के संबंध में उन्होंने लिखा :

> यह संभव है कि जब पहले द्रविड़ और अन्य कबीलों ने इस तरह के गांव स्थापित किए उस समय जनजातियों के एक प्रकार के संघ के गठन का विचार था। और कबीले के प्रत्येक सदस्य को अपनी आवश्यकताओं की पूर्ति के लिए पर्याप्त भूमि प्राप्त करने का अधिकार था; किंतु यहां सामूहिक स्वामित्व का कोई लक्षण नजर नहीं आता। गांव के कई भाग बहुत से लोगों को दे दिए जाते थे या फिर इन भूखंडों का लाभ ये लोग स्वतंत्र रूप से उठाते थे। (63.9)

बेडन-पावेल के अनुसार, इन गांवों में संयुक्त स्वामित्व की प्रथा बहुत बाद में आई। संयुक्त स्वामित्व वाले गावों का प्रादुर्भाव कैसे हुआ, इसके बारे में वे कहना चाहते थे :

> गांव में साझे हित वाले और विभाजित अथवा अविभाजित भूमि के स्वामी कई तरह से उभरते हैं—मैं एक बार फिर सबसे पहले यह दोहराना चाहता हूं कि ये लोग सभी प्रकार से या तो शासक, विजेता और बहुधा गैर कृषक जाति के होते हैं जो गांव में पहले से बसे हुए खेतिहरों के समूह की तुलना में अधिक उच्च स्तर पर या जमींदार के पद पर पहुंचे होते हैं। सामान्यतः ये खेतिहर जनजातियों अथवा मिली-जुली जातियों या साधारण जातियों के वंशज होते हैं। या फिर, यदि ये भूस्वामी कृषक प्रकृति हैं तो अपने प्रयासों से या पट्टेदारों और आश्रितों की सहायता से खाली पड़ी जमीन पर अपने गांव बसा लेते हैं। (वही. 21-2)

ऐतिहासिक प्रक्रिया के विपरीत होने के कारण यह धारणा स्पष्टतया गलत है। भारत में निजी संपत्ति के विकास के अलावा कई ऐसे निश्चित मामलों का भी पता है जिनमें पुराने जनजातीय समाज वाले गांवों पर अपना शासन स्थापित करने वालों ने व्यक्तिगत या निजी स्वामित्व की प्रथा आरंभ की। अब हम इन आधुनिक पाश्चात्य लेखकों को छोड़कर कुछ पुराने प्रमाणों पर ध्यान देंगे। इन प्रमाणों से पता चलता है कि परंपरागत कृषिप्रधान भारत में भूमि की निजी स्वामित्व की प्रथा कोई प्रमुख विशेषता नहीं थी। जैसाकि मेन ने कहा, यह उल्लेखनीय है कि भारत जैसे कृषिप्रधान देश के विधि ग्रंथों में, 'भूमि के स्वामित्व की अवधि के पट्टे और कृषि कार्यों में रत विभिन्न वर्गो के पारस्परिक अधिकारों के संबंध में कोई नियम नहीं हैं (91-51)। इसके स्थान पर राजाओं द्वारा गांवों से लिए जाने वाले राजस्व के संबंध में नियमों का उलेख है। आम तौर पर यह लगान सारे गांव के कुल उत्पादन का छठा हिस्सा होता था जिसे मनु ने भाग या कर कहा था।

गांव की पैदावार का कुछ हिस्सा लेने के राजा के अधिकार का यह प्रमाण और विधि ग्रंथों

में राजाओं को विभिन्न अतिशयोक्तिपूर्ण बड़े-बड़े नामों से विभूषित किए जाने के कारण कुछ लेखकों ने यह कल्पना कर ली कि भूमि पर खेतिहरों का कोई अधिकार नहीं था बल्कि यह भूमि राजा की संपत्ति थी। स्मिथ का कहना है कि 'भारत का परंपरागत कानून सदा से यह मानता आया है कि कृषि भूमि शासक की संपत्ति है।' (37. ii. 181 में उद्धृत)

किंतु शासक ही भूमि का स्वामी है इसके पक्ष में गंभीरतापूर्वक दिया गया एकमात्र तर्क भारतीय विधिशास्त्र का प्रमाण नहीं अपितु प्रारंभिक काल में आए ग्रीक पर्यटकों द्वारा किया गया वर्णन है। किंतु विल्क्स ने पहले ही बता दिया कि हम इस पर कितना कम विश्वास कर सकते हैं। (126. 112-13)

> इसलिए जायसवाल ने स्मिथ को ठीक ही उत्तर दिया : 'भारत के प्रमाणित और अकाट्य विधिवेत्ताओं ने जो परंपरागत कानून बनाया वह इसके ठीक विपरीत है। यह किसी अन्य देश का कानून हो सकता है; किंतु निश्चित ही यह भारत का कानून नहीं है।' (37. ii. 181)

किंतु जायसवाल तथा कुछ अन्य विद्वानों ने शासकीय स्वामित्व के सिद्धांत के खंडन के लिए जिन प्रमाणों का उल्लेख किया वे उनके विचार से यह सिद्ध करते थे कि भूमि निजी संपत्ति थी। इस प्रकार इन्हें सामूहिक स्वामित्व की बजाय व्यक्तिगत स्वामित्व का प्रमाण माना गया। आलोचनात्मक समीक्षा से पता चलता है कि यद्यपि वास्तव में यह सब प्रमाण शासक के स्वामित्व को गलत सिद्ध करते हैं फिर भी इनमें ऐसी कोई बात नहीं है जिससे निजी स्वामित्व की बात सिद्ध होती हो या सामूहिक स्वामित्व की धारणा गलत प्रमाणित होती हो। वास्तव में निजी स्वामित्व (या आधुनिक अर्थ में संपत्ति) शासक की संप्पत्ति का एकमात्र विकल्प नहीं है। इसका दूसरा विकल्प है सामूहिक स्वामित्व अर्थात प्राचीन या जनजातीय ढंग का स्वामित्व जिसके स्पष्ट अवशेष भारतीय ग्राम समुदायों में जीवित रहे। जायसवाल ने मीमांसा पर कोलब्रुक के निबंध का उद्धरण देकर अपना तर्क आरंभ किया :

> विश्वजीत यज्ञ जैसे कुछ अनुष्ठानों में यजमान को अपनी सारी संपत्ति यज्ञ कराने वाले ब्राह्मण को भेंट करनी पड़ती है। यह पूछा जाता है कि क्या सम्राट अपनी सारी भूमि, जिसमें चरागाह, राजमार्ग, झीलें और पोखर आदि शामिल हैं, समर्पित कर देगा? क्या सार्वभौम सम्राट सारी पृथ्वी दान कर देगा? क्या कोई अधीनस्थ शासक अपना वह सारा प्रांत दे देगा जिसपर उसका शासन है? इस प्रश्न का उत्तर है : भूमि सम्राट की संपत्ति नहीं है और अधीनस्थ राजा भी भूमि का स्वामी नहीं है। शत्रु से युद्ध करके संपत्ति, घर, खेत आदि जीते जाते हैं और तब उस पर राजा की सत्ता बनती है। विधिशास्त्र का यह सूत्र कि 'राजा धार्मिक संपत्ति को छोड़ अन्य सभी संपत्ति का स्वामी है, उसके इस अधिकार के बारे में है कि वह पापियों को सीधी राह पर लगाए और सदाचारियों की रक्षा करे। शासक के रूप में उसकी सत्ता अपने राज्य का शासन चलाने और अन्याय को समाप्त करने के लिए है। इसके लिए उसे साधारण व्यक्तियों और किसानों से कर प्राप्त होता है और अपराधियों से जुर्माना लेता है किंतु इससे संपति पर उसका अधिकार नहीं बन जाता। यदि ऐसा होता तो उसके राज्य के प्रत्येक नागरिक के घर और भूमि राजा की संपत्ति बन जाते। भूमि राजा की नहीं है बल्कि उन सबकी साझी है जो उस पर अपना खून पसीना बहाकर उससे लाभान्वित होते हैं। जैमिनी का कहना है कि भूमि सबकी है। इसलिए यद्यपि किंसी एक व्यक्ति को भूमि का कुछ भाग भेंट के रूप में दे दिया जाता है तो भी कोई शासक सारी भूमि दान नहीं कर सकता और न कोई अधीनस्थ राजा कोई प्रांत दे सकता है। केवल वे ही घर और

> खेत भेंट किए जा सकते है जिन्हें खरीदा गया हो, या ऐसे ही किसी तरीके से प्राप्त किया गया हो। (वही. ii. 175)

यह पृथ्वी शासक की संपत्ति नहीं थी और न ही किसी छोटे राजा का भूमि पर अधिकार था। तो फिर यह किसकी संपत्ति थी? कोलब्रुक ने इसके लिए जो महत्वपूर्ण उद्धरण दिया वह जैमिनी का यह कथन था कि भूमि पर सबका समान रूप से अधिकार था। इसमें व्यक्तिगत स्वामित्व का कोई संकेत नहीं था। जायसवाल ने इसके बाद नीलकंठ को उद्धृत किया। इस उद्धरण का उनके द्वारा किया गया अनुवाद इस प्रकार है :

> इसी प्रकार किसी शासक (क्षत्रिय) और अन्य व्यक्तियों को युद्ध करके जीतना और अन्य तरीके (उपलब्ध) हैं। जीतने पर विजेता का अधिकार विजित शासक के केवल मकानों भूमि और व्यक्तित्व पर होता है। जहां जहां से विजित शासक को कर लेने का अधिकार था वहां विजेता को भी वैसा ही अधिकार मिल जाता है, किंतु स्वामित्व नहीं। इसलिए एक सम्राट द्वारा सारा देश और एक प्रांत संदर्भ में देय (भेंट करने योग्य) नहीं है; यह बात छठी पुस्तक (पूर्व मीमांसा की) में कही गई है। गावों और खेतों आदि के भूमि के संदर्भ में स्वामित्व का अधिकार इनके स्वामियों का है। राजा का अधिकार उनसे कर लेने तक ही सीमित है। इसलिए आज जिस क्रिया को पारिभाषिक शब्दावली में 'भूमि भेंट करना' आदि कहा जाता है उसका अर्थ भूमि दे देना नहीं बल्कि एक प्रकार की सहायतार्थ वृत्ति देना है। यदि मकानों, खेतों आदि को इनके स्वामी से खरीदा जाता है (राजा द्वारा) तब वास्तव में उसका स्वामित्व का अधिकार बनता है। (वही. ii. 176-7)

इस उद्धरण में 'भूस्वामी' शब्द से सामंती ढंग के निजी स्वामित्व का आभास हो सकता है। लेकिन यह आभास गलत अनुवाद के कारण मिलता है। भूस्वामी या जमींदार को जिस अर्थ में हम समझते हैं वह ब्रिटिश राज की देन थे और वे नीलकंठ के समय में नहीं रहे होंगे। नीलकंठ ने वास्तव में उनके लिए 'भौमिकादि' शब्द का प्रयोग किया था। मोनियर विलियम्स का विचार है कि भौम शब्द का अर्थ है, 'भूमि से संबध या भूमि के प्रति निष्ठा रखने वाला, भूमि द्वारा या भूमि से उपजा (99. 768)।' भाषाविज्ञान के अनुसार बहुवचन में भौमिक का अर्थ है भूमि के पालक (क्योंकि यह शब्द एक प्रत्यय 'स्निक' शाब्दिक अर्थ बच्चे) को भूमि शब्द के साथ जोड़ने से बना है। इसके अलावा यह ध्यान देने योग्य है कि नीलकंठ ने केकल भौमिकों का उल्लेख नहीं किया : उन्होंने आदि (अर्थात तथा, अन्य) शब्द भी जोड़ा था। यदि मान लें कि भौमिक का अर्थ था भूस्वामी या जमींदार, तो उसके साथ 'तथा अन्य' शब्द जोड़ने का कोई औचित्य दिखाई नहीं देता। किंतु जो अर्थ हमने बताया है उसके संदर्भ में आदि शब्द का जोड़ा जाना पूर्णतया तर्कसंगत है। जैसाकि हमने देखा, ग्राम समुदायों में खेतों में वास्तव में काम करने वालों के अलावा, कारीगर तथा अन्य लोग भी थे और भूमि तथा गांव (भूमि-क्षेत्रादि) उन सबके साझे थे।

दूसरी बात यह है कि इस उद्धरण में क्रय-विक्रय शब्दों से कुछ अस्पष्टता आ सकती है। हम आगे चलकर विचार करेंगे कि इस प्रकार की खरीद-बिक्री का असली अर्थ क्या था। जायसवाल ने इसके बाद मध्वाचार्य, कात्यायन, मित्रमिश्र और 'भट्टदीपिका' के लेखक के उद्धरण दिए हैं। किंतु इनमें से किसी में भी भूमि के व्यक्तिगत स्वामित्व के पक्ष में कोई निर्णायक प्रमाण नहीं मिलता। (37. ii. 177 और आगे)

मध्वाचार्य ने महाभूमि' को सभी जीवों की साझी संपत्ति बताया जिसपर वे श्रम करके उसका उपभोग कर सकते थे। 'भट्टदीपिका' के लेखक ने घरों और खेतों की बिक्री की चर्चा तो की किंतु जैसा नीलकंठ ने अपने विवरण में बताया कि, यह गृह क्षेत्र दान था जो निश्चित ही

'महापृथिवी' के विपरीत था। इस 'महापृथिवी, पर किसी प्रकार का कोई अधिकार नहीं हो सकता था। राजा को किसानों से उत्पादन का कुछ भाग लेने मात्र का अधिकार था। इसलिए हमारा यह मानकर चलना युक्तिसंगत होगा कि इन विधिशास्त्रों के अनुसार, यद्यपि शासक तो निश्चित ही गांव की भूमि का स्वामी नहीं था, इस भूमि पर किसी का निजी या व्यक्तिगत स्वामित्व भी नहीं था।

काणे भी मुख्यतया मनु की विधि संहिताओं के आधार पर कहते हैं कि खेती योग्य भूमि का स्वामित्व किसानों का था न कि राजा का। (8. ii. 867-8) मनु की संहिताओं के बहुत से अंशों की चर्चा करते हुए उन्होंने कहा 'कि इन सबसे यह सिद्ध होता है कि मनु का मत था कि खेती योग्य भूमि के स्वामी स्वयं खेतिहर ही थे और राजा को उस भूमि के उत्पादन का कुछ भाग लेने का अधिकार था।' किंतु प्रश्न यह है कि विधि संहिताओं के अनुसार किसानों का स्वामित्व व्यक्तिगत रूप से था या सामूहिक रूप से ? काणे ने व्यक्तिगत स्वामित्व की बात स्वीकार की है यद्यपि उन्होंने इसके पक्ष में अथवा सामूहिक स्वामित्व के विरोध में कोई निश्चित प्रमाण प्रस्तुत नहीं किया। इसलिए हम उनके विचार को स्वीकार करने के लिए बाध्य नहींहैं।

निजी स्वामित्व की अपनी धारणा के पक्ष में जायसवाल ने शिलालेखों के प्रमाणों की चर्चा की है। 'शिलालेखों से यह पूरी तरह सिद्ध हो गया है कि भूमि पर निजी स्वामित्व की प्रथा थी, (8. ii, 174) किंतु उन्होंने शिलालेखों के निहितार्थ का विश्लेषण तो किया ही नहीं साथ ही उन्होंने अपनी धारणा को सिद्ध करने के लिए किसी शिलालेख का भी उद्धरण नहीं दिया। इसकी बजाय अपनी एक पादटिप्पणी (वही) में उन्होंने 'इंडियन एंटीक्वैरी' नामक पत्रिका में छपे एक निबंध का हवाला दिया है। उनका कहना है कि यह निबंध इस धारणा को उचित सिद्ध करता है। 'गुप्तकाल में ताम्र पत्रों पर भूस्वामित्व संबंधी आलेखों और जिला अधिकारी के कार्यालय में उसकी मोहर लगा कर दर्ज किए गए इन अभिलेखों से निजी स्वामित्व की बात पूरी तरह सिद्ध हो जाती है (वही. ii. 180)।'

जिस निबंध अथवा लेख के आधार पर जायसवाल निजी स्वामित्व की धारण को निर्णायक ढंग से सही सिद्ध कर रहे थे वह पारजिटर द्वारा लिखा गया था इं. ऐं. [(1910) 193]। उनके इस प्रसिद्ध निबंध का शीर्षक था 'थ्री कोपर-प्लेट ग्रांट्स फ्राम ईस्ट बंगाल'। किंतु विचित्र बात यह है कि इन ताम्र पट्टिकाओं का यहां वास्तविक अध्ययन करने से पता चलता है कि ये भूमि के निजी स्वामित्व की धारणा के विरुद्ध पक्के प्रमाण हैं यहां तक कि निबंध का लेखक स्वयं भी यही मानता है। इन तीन ताम्र पाट्टिकाओं में से पहली तो बिल्कुल स्पष्ट है और पारजिटर का विचार था कि इससे सिद्ध होता है कि भूमि पर सभी गांव वालों का साझा स्वामित्व था। अभिलेख इस प्रकार है :

> जिले (आधुनिक फरीदपुर) के प्रमुख व्यक्ति जो इतित, कुलचंद्र, गरुड़, वृहच्छत्त, आलूक, अनाचार, भार्षैत्य, शुभदेव, घोषचंद्र, अनामित्र, गुणचंद्र, कालसखा, कुलस्वामी, दुर्लभ, सत्यचंद्र. अर्जुनबप्पा, कुंडलिप्त और साधरण जनों(प्राकृताय:) के साथ इकट्ठे हुए थे। उन्हें प्रतिनिधि वटभोग ने इस प्रकार सूचित किया : 'मैं आप महानुभावों से खेती योग्य भूमि का एक हिस्सा (क्षेत्र खंड) खरीदना चाहता हूं और इसे एक ब्राह्मण को दान में देना चाहता हूं, इसलिए आप मुझसे इस भूमि को विभाजित करके उसका मूल्य लेने की कृपा करें और यह भूखंड मुझे दें।' हम इस अनुरोध को ध्यान में रखते हुए सर्वसम्मति से निर्णय देते हैं जो भूमि का विस्तृत ब्यौरा रखने वाले (पुस्तपाल) विनयसेन द्वारा बताई गई सूचना पर आधारित है। इस जिले में पूर्वी समुद्र के साथ वाले क्षेत्र में नियम है कि खेत ऐसी वस्तुएं

हैं जिन्हें चार दीनार की दर से बेचा जा सकता है और यह उस क्षेत्र के लिए है जिसमें कुल्य-बीज (कुल्य वप) बोया जा सकता है। इस बिक्री का प्रमाण परंपरागत ताम्र-पट्टिका है और यह प्रथा अमुक अमुक बोआई क्षेत्र की कृषि भूमि के खंड के लिए गिनती होने के तुरंत बाद लागू मानी जाएगी और भारी करों के रूप में सम्राट के श्रीचरणों में इस भूखंड के उत्पादन का छठा भाग यहां के कानून के अनुसार भेंट किया जाएगा (तच्च परम-भट्टारक पादनम अत्र धर्म सदभाग लाभ :)। इसलिए प्रतिनिधि वटभोग द्वारा इस विधि का पालन किए जाने और वास्तव में अपनी इच्छा को सिद्ध करते हुए तथा अपने गुणों की साख स्थापित करने की इच्छा से हमारी उपस्थिति में बारह दीनार दिए जाने पर हमने आठ नल (संभवतः बांस) गुना नौ बालिस्त (शिवचंद्र के हाथ का) भूमि ध्रुविलाती में नाम कर वटभोग को ताम्र-पट्टिका की प्रथा के अनुसार बेची है। यह व्यक्ति वटभोग अपना परलोक सुधारने की इच्छा रखता है। वह तब तक इस भूखंड का उपभोग करता रहेगा जब तक चंद्रमा, तारे और सूर्य विद्यमान रहेंगे। उसने अपने माता-पिता की आत्मा की शांति के लिए चंद्रस्वामी नामक ब्राह्मण को दान की है जो भारद्वाज गोत्र का है और वजसानेय है तथा छः अंगों (इस अनुदान का उल्लंघन करने वालों के विरुद्ध घोषणा क्षेत्र की सीमा निर्धारित) का जिज्ञासु है। तृतीय (शासन) वर्ष, वैशाख का पांचवां दिन। (अनु० कोसंबी, जे० ए० ओ० एस० ixxv. 232)

विशेष ध्यान देने योग्य बात यह है कि जिले के प्रमुख व्यक्तियों और साधारण जनों की सर्वसम्मत स्वीकृति के आधार पर ही भूमि 'खरीदी' जा सकती थी। यह प्रमाण व्यक्तिगत अथवा निजी स्वामित्व के विरुद्ध है। फिर भी यहां पर मूल्य का भुगतान करना और खरीद तथा बिक्री की शर्तें स्पष्ट हैं जिनसे कुछ रोचक प्रश्न उठते हैं। जैसाकि कोसंबी ने कहा है[8] 'अब मुख्य प्रश्न यह है कि रकम किसको दी गई और किस उद्देश्य के लिए दी गई?' (वही) यह रकम संभवतः उनको तो नहीं दी गई होगी जिन्होंने अपनी स्वीकृति दी क्योंकि इनमें न केवल गांव वाले थे बल्कि सारे जिले के प्रमुख व्यक्ति भी थे। इसके अलावा' यह सौदा आर्थिक लाभ या पूंजी लगाने के लिए नहीं था; इसकी बजाय' यह भूखंड आध्यात्मिक उत्थान के लिए ब्राह्मण को दिया गया। 'देश की प्रथा के अनुसार जब कभी इस प्रकार के उद्देश्यों के लिए किसी ब्राह्मण को भूमि मिलती थी तो वह करमुक्त हो जाती थी। इसलिए जो चीज खरीदी गई वह संभवतः परंपरागत छठा भाग देने के कर से मुक्त थी। यदि ऐसा है तो भूमि का खरीदा जाना कर से इस मुक्ति के लिए सरकारी खजाने को कुछ देना मात्र था। कोसंबी ने ठीक ही कहा है।

इस प्रकार उपरोक्त 'छठा भाग,' कुल मूल्य का छठा भाग नहीं होगा बल्कि उत्पादन के छठे भाग को करके रूप में देने से मुक्ति पाने के लिए कोष में (या उन लोगों को जिन्हें सरकार ने कर लेने का उत्तरदायित्व सौंपा था)। धन जमा कराने की क्रिया को इंगित करता है। (वही 233)

यह ताम्र-पट्टिका ईसवीं सन् की छठी शताब्दी की थो। अन्य अभिलेख और आदेश जो अन्य काल में जारी हुए उनसे भीं हमें भूमि के स्वामित्व के संबंध में मोटे तौर पर ऐसा ही आभास मिलता है। हम कोसंबी के कुछ उद्धरण देते हैं :

चंद्रगुप्त के सेनापति अमरकरद्दाव ने ईसवी सन् 409-10 में ईवरवसक नामक गांव खरीदा था और इसे सांची में एक बौद्ध बिहार को दिया था। इस गांव को खरीदने के लिए राजवंश के कुछ सदस्यों ने धनराशि दी थी। यह गांव राज्य की ओर से ही खरीदा गया होगा और यह राजकोष को मुआवजे के रूप में दिया गया होगा जिसके बाद गांव की आय

> उस बौद्ध विहार को मिलने लगी होगी। किंतु बंगाल में गुप्तकाल में दी गई अन्य जागीरों आदि के विवरण में इस गांव के संबंध में और अधिक सूचना न उपलब्ध होने के कारण केवल अनुमान ही लगाया जा सकता है। वास्तव में इन राजाज्ञाओं में किसी प्रकार की भी खरीद एक असामान्य बात है और ऐसा भी कभी सुनने में नहीं आया कि उन दिनों में कोई सामान्य व्यक्ति भूमि बेचता था। दामोदरपुर की पट्टिकाओं से भी यह संकेत नहीं मिलता कि बाहर से आए हुए व्यक्तियों ने कभी किसी ग्राम परिषद से जमीन खरीदी है। जैसाकि कभी कभी कहा जाता है। खरीद के मामलों में जमीन का मूल्य स्पष्टतः राज्य को चुकाया जाता था। यह भुगतान कोई ब्राह्मण या उसका संरक्षक तीन दीनार प्रति कुल्य वप की दर से करता था और इसके बदले में उसे परिवार के निर्वाह के लिए पर्याप्त ऐसी भूमि पर खेती करने का अधिकार मिल जाता था जो पहले नही जोती गई थी या बंजर (खील) भूमि थी। इसके लिए उसे कोई कर नहीं देना होता था। इसका अर्थ यह हैं कि कोई ब्राह्मण कर से मुक्ति के लिए धन देता था न कि स्वयं भूमि के लिए या फिर वह भूमि कोई मंदिर बनाने के लिए होती थी। अंततः संबद्ध अधिकारी राजा के प्रति उत्तरदायी थे। (वही. 21)

कर से इस प्रकार की मुक्ति की स्थिति का पता पांचवीं शताब्दी के प्रारंभिक काल के कुछ अभिलेखों से भी मिलता है (वही. 230) अन्य मामलों की तरह इस मामले में भी भूमिं दान करने वाला व्यक्ति स्वयं राजा ही था। किंतु यह दान भी एक भूस्वामी के रूप में नहीं था बल्कि ऐसे व्यक्ति के रूप में था जिसे उस भूमि से कर लेने का अधिकार था; इसका मतलब यह है कि अनुदान का अर्थ केवल यह था कि अब वह राजा उस भूमि पर कर नहीं लेगा। अब तक खुदाई से जो राजादेश मिले हैं उनमें अधिकांश ऐसे हैं जो राजाओं द्वारा ब्राह्मणों को भूमि या गांव दान करने के संबंध में हैं।' (वही. 228) किंतु इस तरह के दान का क्या अर्थ था?

> सामान्यतः राजा करमुक्त खेती बाड़ी का अधिकार स्वीकृत करता है। बाद में गांव के कर भी उसी को दिए जाते हैं जिसे इस प्रकार का दान दिया गया। आम तौर पर यह कर वस्तु के रूप में और मुख्यतया अनाज के रूप में दिए जाते हैं। कर लेने का अधिकार मिलने का मतलब यह नहीं है कि वह उस भूमि का स्वामी हो गया। नियम यही है कि भूमि बेची नहीं जा सकती या इसपर किसी का स्वामित्व नहीं हो सकता। जिस व्यक्ति को इस भूमि से कर लेने का अधिकार दिया जाता है उसे देय कर का लेखा जोखा नहीं रखना है और न ही वह राज्य को उसका कोई भाग देता है जैसाकि सामंती युग में होता था। (वही. 229)

किंतु बाद में सामंती युग में कर प्रणाली में जो भी परिवर्तन आए हों. भूमि के निजी स्वामित्व की प्रथा भारतीय अर्थव्यवस्था में कम से कम सामान्य स्तर पर विकसित नहीं हुई थी। यहां तक कि बहुत देर बाद मुगल काल में भी देश के बहुत बड़े भागों में भूमि के सामूहिक स्वामित्व की प्रथा बनी हुई थी। जैसाकि विल्क्स ने कहा : '17 वीं शताब्दी के अंतिम दशकों में औरंगजेब के दरबार में आने वाले यूरोपीय पर्यटकों ने सर्वसम्मति से यह कहा है कि भारत में निजी स्वामित्व वाली भूमि नहीं थी।' (126, 114) इस तरह के प्रमाण निर्णायक हैं।

भारत में भूमि के पट्टे की परंपरागत विधि की समस्या का और अधिक विस्तार से अध्ययन करना हमारे लिए संभव नहीं है। वास्तव में इतिहासकारों को अभी भी इस समस्या को पूरी तरह सुलझाना है। हमारे तर्क के लिए जो कुछ आवश्यक है उसपर पर्याप्त विचार हो चुका है। हम यही कहना चाहते हैं कि जनजातीय समाजव्यवस्था के जो अवशेष आज विद्यमान हैं वे प्राचीन भारतीय सामाजिक व्यवस्था की विशेषता थे। भारतीय ग्राम समुदाय, इस जनजातीय सामा-

जिक व्यवस्था के उदाहरण थे। इन समुदायों की प्रमुख बात वही सहकारी जीवन और सामूहिक स्वामित्व थी जो जनजातीय समाजव्यवस्था के स्पष्ट अवशेष हैं। हेगल और मार्क्स पहले ही यह बात कह चुके हैं। हेगल ने कहा :

> जैसाकि पहले कहा जा चुका है, प्रत्येक गांव की संपूर्ण आय दो भागों में बांटी जाती है जिसमें से एक भाग राजा को और दूसरा किसानों का होता है। किंतु अनुपात के अनुसार उस स्थान के मुखिया, न्यायधीश, जलव्यवस्था निरीक्षक, धार्मिक अनुष्ठानों के लिए उत्तरदायी ब्राह्मण, ज्योतिषी जो ब्राह्मण होता है और बताता है कि कौन सा दिन शुभ और कौन सा अशुभ है, लोहार, बढ़ई, कुम्हार, धोबी, नाई, वैद्य, नर्तकियां संगीतज्ञ, और कवि को भी अपना अपना हिस्सा मिलता है। यह प्रबंध निर्धारित है, अपरिवर्तनीय है और इस पर किसी का जोर नहीं चल सकता। इसलिए सामान्य हिंदू सभी तरह के राजनीतिक आंदोलनों के प्रति उदासीन है क्योंकि उसकी स्थिति अपरिवर्तित रहती है। (137.161)

> हेगल के अनुसार भारत में किसी का भी व्यक्तिगत अस्तित्व नहीं था। किंतु इसका कारण क्या था? हेगल का विचार था कि इसका उत्तर 'स्वप्नावस्था में आत्मा के स्वरूप' की अवधारणा में मिल सकता है जो हिंदू प्रकृति का सामान्य सिद्धांत है। (वही 147)

> पृथक अस्तित्व के विपरीत आत्मा का अस्तित्व समाप्त हो गया है और इस प्रकार बाह्य और व्यक्तिगत आंतरिक भेद उस सार्वभौमिकता के समक्ष लुप्त हो जाता है जो इसका सार है। इसलिए केवल स्वप्नावस्था वाला भारतीय ही है जिसे हम परिमित और व्यक्तिगत अस्तित्ववाला कह सकते हैं। साथ ही वह मूल रूप से दिव्य, असीम और सार्वलौकिक है। (वही)

स्वाभाविक है कि मार्क्स को मीमांसा के इस आवरण को उतार फेंकने और ग्राम समुदायों के संबंध में स्पष्ट तथा निष्पक्ष रूप से सत्य बात कहने का काम करना पड़ा अर्थात उन्हें हेगल को उसके पैरों पर खड़ा करने के लिए उद्यम करना पड़ा।

18. वर्णव्यवस्था

परंपरागत भारतीय समाज की एक अन्य प्रमुख व्यवस्था थी वर्णव्यवस्था। इससे हमारा मतलब नीची जाति पर तथाकथित उच्च जाति के लोगों की श्रेष्ठता (जातीय दर्प) का काल्पनिक दावा नहीं है। हमारा मतलब उस वास्तविक और विचित्र व्यवस्था से है जिसमें तथाकथित उच्च जातियों और निम्न जातियों के लोग रहते हैं। जात-पांत की समस्या बहुत पेचीदी है। सेर्नाट ने कहा कि इस विषय के संबंध में किसी भी कथन को पूर्ण सत्य नहीं माना जा सकता। फिर भी इस संबंध पर लिखा गया साहित्य बहुत विस्तृत है और इसके लेखक कहीं भी एक दूसरे के साथ सहमत नहीं हो पाए हैं : 'वर्णव्यवस्था कैसे शुरू हुई इसके बारे में भी संभवतः उतनी ही धारणाएं हैं जितने कि इस विषय के लेखक।' (वही. 17)

इन सभी धारणाओं की समीक्षा करना हमारे लिए न तो आवश्यक और न ही संभव। हम इस समस्या का पूर्ण तथा अंतिम समाधान खोजने का प्रयत्न नहीं करेंगे। हम इसपर केवल उसी पहलू से विचार करेंगे जिसका संबंध हमारे तर्क से है। तर्क यह है कि ग्राम समुदायों की भांति जातियों में भी जनजातीय व्यवस्था के प्रबल अवशेष हैं। कोसंबी इस बात को पहले ही स्पष्ट कर चुके हैं।

> भारत के संपूर्ण इतिहास से पता चलता है कि जनजातीय तत्व, साधारण समाज में घुल मिल गए थे। यह भारतीय समाज की प्रमुख विशेषता वर्णव्यवस्था का आधार है और प्राचीन भारतीय इतिहास का सारभूत तत्व है। (21.25)

हमें इसके निहितार्थ को अपनी इस धारणा के संदर्भ में स्पष्ट करना है कि जनजातीय व्यवस्था की विशिष्टता समाप्त करने की प्रक्रिया अपूर्ण रही है। कभी ऐसे प्रयत्न भी किए गए कि ब्राह्मणीय साहित्य, विशेषकर धर्मशास्त्रों के आधार पर वर्णव्यवस्था की विचित्र विशेषताओं को स्पष्ट किया जाए। आज के विद्वानों में दत्त (88.17) तथा अन्य लेखक जातियों के प्रादुर्भाव के बारे में 'मनु संहिता' जैसे ब्राह्मणीय सिद्धांतों को काफी अधिक महत्व देते हैं किंतु अब वर्णव्यवस्था संबंधी ब्राह्मणीय दृष्टिकोण आम तौर पर अस्वीकार कर दिया गया है। कारण यह है कि तब और आज की जातियों के बारे में वास्तविकता, ब्राह्मणीय धारणाओं के साथ कोई मेल नहीं खाती।

> ऐसा प्रतीत होता है कि वास्तव में नए व्यावसायिक वर्ग उत्पन्न हो गए थे जिनमें जातीय तत्व थे। ब्राह्मणों में उनकी उत्पत्ति का जो वर्णन दिया गया, वह उन्हीं मूल चार जातियों के जोड़-तोड़ पर आधारित था जिनमें ब्राह्मण जगत का मानसिक क्षितिज सिमटा हुआ था। (31.91)

सेनगुप्त (88.47-8) ने सेन्सस आफ वेस्ट बंगाल (1951) में अपने एक लेख में उन संकर जातियों और उपजातियों की उत्पत्ति के बारे में दो बड़ी रोचक तालिकाएं तैयार की हैं जिनका उल्लेख धर्मशास्त्रों में हुआ है। इन तालिकाओं से यह पूरी तरह सिद्ध हो गया है कि संकर जातियां की व्युत्पत्ति संबंधी धारणाएं एकदम निरर्थक थीं।

किंतु जातियों के संबंध में ब्राह्मणीय वर्णन की आलोचना सबसे पहले बौद्ध दर्शन के दो विद्वानों, रिस डेविड्स और फिक ने की और इन्हें अस्वीकार कर दिया। रिस डेविड्स ने कहा कि 'मुद्राओं और अभिलेखों से मिलने वाले प्रमाणों की भांति, बौद्ध साहित्य के प्रमाण भी जातियों और इतिहास संबंधी ब्राह्मणीय धारणाओं से मेल नहीं खाते' (112. प्रिफे. vi) इसके बावजूद डेविड्स ने स्वयं कहा : 'मुझे ऐसे विचारों के विरुद्ध युद्ध की घोषणा करनी पड़ी।' फिक ने कहा, यद्यपि तथ्यों और वास्तविक परिस्थितियों के विरुद्ध ब्राह्मणीय धारणाएं तीव्र प्रतिक्रिया व्यक्त कर रही थीं, फिर भी तथ्यों पर ध्यान दिए बिना इनका प्रसार किया गया। इसीलिए इन धारणाओं में वास्तविक परिस्थितियों का सही चित्र हमें नहीं मिलता। चार वर्णों और अन्य संकर जातियों के बारे में मनु द्वारा प्रतिपादित सिद्धांत की चर्चा करते हुए फिक ने कहा:

> प्रत्यक्षतः यह स्पष्ट है कि इस सिद्धांत से हमें वास्तविक स्थिति का सही चित्र नहीं मिलता। यह पता लगाना भी कठिन नहीं है कि इस प्रकार की प्रणाली कैसे विकसित हुई। कुछ निश्चित संकर जातियों के नामों से साफ पता चलता है कि वह सामग्री कौन सी थी जिससे यह प्रणाली बनी। यह सामग्री सभी चरणों में या तो भौगोलिक या जातीय संबंधों, स्थानों या लोगों के नामों पर आधारित है और इन्हीं से जातियों तथा उपजातियों के नाम पड़े। उदाहरण के लिए मागध, निषाद, वैदेह, अम्बस्थ, मल्ल, लिवि और चांडाल। इसके साथ साथ कुछ हद तक व्यावसायिक वर्गों के आधार पर भी जातियों के नाम बने जैसे सूत यानी रथचालक, वेणु अर्थात बांसुरी बनाने वाला, नट यानी नर्तक, कैवर्त अर्थात मछुआरा। यह, या ऐसे ही समूह आर्य समाज से अलग अपने ही जीवन में मस्त रहते थे यद्यपि उनके वंश या व्यवसाय के प्रति घृणा प्रदर्शित की जाती थी। उनका अपना अस्तित्व स्पष्ट और सजीव था किंतु उनकी चुपचाप उपेक्षा कर देना या उन्हें चार वर्णों में से किसी एक के अंतर्गत बांध पाना संभव न था। तब इस सिद्धांत को विस्तृत किया गया और मिलीजुली जातियों को चार मूल जातियों के साथ जोड़ा गया और उनके परिवारों या व्यावसायिक समूहों की व्युत्पत्ति के बारे में मनमानी धारणाएं बना कर उन्हें मान्यता

प्राप्त जाति बना दिया गया। (56.8-9)

यह सत्य है तो स्पष्टतः हमें जातियों के बारे में वास्तविकता को जानने के लिए ब्राह्मण विधि-शास्त्रों को बजाय किन्हीं अन्य सूचना स्रोतों पर निर्भर करना होगा। फिक ने मुख्यतया एक विकल्प के रूप में बौद्ध जातक कथाओं का सहारा लिया। किंतु यह वर्णभेद प्रणाली केवल बौद्ध काल के भारत की ही विशेषता थी, जिसका चित्र फिक के अनुसार जातक कथाओं में वास्तविक रूप से प्रतिबिंबित हुआ है। जातियां तो आज के भारत में भी एक जीता जागता सत्य हैं और इस नाते, यदि हम केवल बौद्ध स्रोतों तक ही सीमित रहें, चाहे ये स्रोत अपेक्षाकृत कितने ही निष्पक्ष रहे हों, तो भी इस समस्या को पूर्ण रूप से समझ पाने की संभावना निश्चित रूप से बहुत कम है। स्वयं फिक ने भी यह अनुभव किया :

> ......हम आधुनिक भारत की परिस्थितियों का लाभ उठाने से भी नहीं हिचकते। क्योंकि अति प्राच्य संस्कृतियों की स्थिरता के कारण इनमें अतीत की बहुत सी बातें आज भी जीवित हैं। प्रारंभिक युगों की परिस्थितियों को समझने और उनके साथ तुलना करने के लिए इनमें बहुत सी सामग्री उपलब्ध है। (वही. 2-3)

किंतु जब हम ऐसा करने पर सहमत होते हैं यानी वर्तमान परिस्थितियों के संदर्भ में पुराने युगों की परिस्थितियों को समझने का प्रयत्न करते हैं तो हमें सबसे आश्चर्यजनक बात यह दिखाई देती है कि भारत में विशेष रूप से पिछड़े लोगों के समाज में जनजातीय व्यवस्था और वर्णव्यवस्था की विभाजनरेखा सदा ही स्पष्ट नहीं नजर आती। यह बात इन पिछड़े लोगों के संबंध में लिखी गई पुस्तकों के शीर्षक से ही स्पष्ट विदित है। पुस्तकों के इन नामों में आम तौर पर जाति और आदिम जाति अथवा जनजाति शब्द प्रयोग में लाए जाते हैं (जनगणना रिपोर्टों में जनजातियों और जातियों संबंधी विशेष खंडों के अतिरिक्त अन्य विशेष पुस्तकें अय्यर, रिसली थर्स्टन, रसेल, व अन्य लेखकों की हैं)। इससे यह पता चल जाता है कि जाति और जनजाति के बीच की विभाजनरेखा कहां है यह स्वयं लेखकों को भी स्पष्ट नहीं है। इसके अलावा जनगणना की रिपोर्टों में भी पिछड़े लोगों के संबंध में अनिवार्य रूप से एक अलग खंड रहता है और इनका शीर्षक होता है जातियां और जनजातियां। स्पष्ट है कि जनगणना अधीक्षकों को ही यह पता नहीं था कि इन दोनों के बीच भेद किस प्रकार किया जाए।

यह बात केवल आधुनिक प्रवृत्ति ही नहीं है। हमारी प्राचीन विधि संहिताओं और अन्य ग्रंथों के लेखकों को भी यह मालूम नहीं था कि किसी एक पिछड़े वर्ग को जाति कहा जाए या कि जनजाति। प्राचीन काल में जिस मनमाने ढंग से इन शब्दों का प्रयोग होता था उससे यह बात स्पष्ट है। हम यहां केवल दो चार उदाहरण ही देंगे। मनु (x.22) ने लिच्छवियों को एक निम्न संकर जाति बताया था : किंतु अन्य स्रोतों से यह पता चलता है और विशेषकर बौद्ध स्रोतों से सिद्ध होता है कि यह एक जनजाति का नाम था जो वज्जी जनों के परिसंघ का एक अंग थी। इसी प्रकार मनु (x.8) ने अम्बस्थ जनों को भी एक छोटी जाति बताया क्योंकि यह एक ब्राह्मण पिता और वैश्य माता से उपजी थी। किंतु 'महाभारत' (जे०ए०ओ०एस० lxxv.38) में इसे स्पष्ट रूप से एक जनजाति बताया गया। यही बात उग्र नामक लोगों के साथ हुई। फिक (वही) ने बताया है कि यह नाम किसी प्राचीन जनजाति का ही हो सकता था; किंतु ब्राह्मण (88.47-8) ग्रंथों में इसे एक छोटी या नीच जाति कहा गया और उस समय की आम ब्राह्मणीय वृत्ति के अनुरूप यही बताने का प्रयत्न किया गया कि यह जनजाति विभिन्न जातियों के परस्पर संसर्ग से उपजी। प्रत्यक्षतः यह एक कल्पना मात्र प्रतीत होती है। इसी प्रकार गौतम के अनुसार कर्ण एक संकर जाति है जबकि मनु ने इसे जनजाति का नाम बताया (वही. 22)। इन सब बातों से

सिद्ध होता है कि आधुनिक जनगणना अधिकारी की भांति प्राचीन लेखक भी इस बात को पूरी तरह नहीं समझ सके थे कि कोई भी पिछड़ा वर्ग जनजाति है या कि कोई जाति। इससे यही अर्थ निकलता है कि इस जातीय व्यवस्था में जनजातीय व्यवस्था के प्रबल अवशेष प्रारंभिक काल से शुरू होकर आज भी विद्यमान हैं। यह बात इससे भी सिद्ध होती है कि 'जाति' और 'जनजाति' शब्दों के बीच पहले और आज भी कोई भेद नहीं माना जाता और दोनों को एक दूसरे के स्थान पर बहुधा प्रयोग में लाया जाता है। वास्तव में यह प्रमाण केवल शाब्दिक पक्ष से ही नहीं है बल्कि इसमें और भी गहराई है। यदि वर्णव्यवस्था के वास्तविक ढांचे का समुचित विश्लेषण किया जाए तो स्पष्ट पता चलेगा कि इसमें जनजातीय विशेषताएं आज भी बनी हुई हैं। वर्णप्रणाली के संबंध में लिखने वाले लेखक इसकी परिभाषा के बारे में एक दूसरे से सहमत नहीं हैं और इसीलिए उनमें वर्णव्यवस्था के मूल तत्वों के बारे में भी मतैक्य नहीं है।

> विदेशी लेखकों ने वर्णव्यवस्था को परिभाषित करने के प्रयत्न किए हैं किंतु यह बड़ी सरलता से देखा जा सकता है कि ये तथाकथित परिभाषाएं वर्णव्यवस्था की केवल उन विशेषताओं का विस्तृत वर्णन प्रस्तुत करती हैं जिन पर संबद्ध लेखक विशेष बल देना चाहता है। (वही. 16)

नेसफील्ड, बेन्स, सेनार्ट, रिसली, केतकर, हटन, घुर्ये और दत्त तथा अन्य लेखकों को आम तौर पर इस विषय का विशेषज्ञ माना जाता है और उन्होंने वर्णव्यवस्था के मूल तत्वों के बारे में भिन्न भिन्न चित्र प्रस्तुत किए हैं। इन सबके विस्तार में खो जाने के बजाय हमारे लिए यह अधिक लाभकारी होगा कि हम पहले जनजातीय व्यवस्था के बारे में स्पष्ट विचारों से आरंभ करें और तब वर्णव्यवस्था का अध्ययन करें और देखें कि इस वर्णव्यवस्था में जनजातीय व्यवस्था के विभिन्न पक्ष कहां तक आज भी विद्यमान हैं।

जनजाति सगोत्रीय होतीं हैं किंतु इसकी उपजातियां, जिन्हें कबीले कहा जाता है, पूरी तरह से बहिर्गोत्रीय होती हैं। कबीले के सभी सदस्यों का यह दृढ़ विश्वास होता है कि वे एक ही पूर्वज के वंशज हैं। इनका मूल पूर्वज आम तौर पर कोई पौधा या जानवर माना जाता है जिससे इस कबीले का नाम होता है। और अंतिम बात यह है कि प्राचीन समाज की प्रमुख विशेषता उसकी परिषद है। कबीले के सभी कार्यों का संचालन उसकी परिषद करती है; इसी प्रकार जनजातीय स्तर पर भी इनकी अपनी अपनी परिषदें हैं जो जनजाति के सारे सदस्यों से ऊपर हैं। जनजातियों में सबसे बड़ा दंड जनजाति से बाहर निकाल देना है।

हमने जनजातीय व्यवस्था की इन प्रमुख बातों का उल्लेख किया क्योंकि यही बातें वर्णव्यवस्था की भी मूल विशेषताएं हैं।

(क) सगोत्रीय समूह जिनमें कट्टर बहिर्गोत्रीय उपसमूह होते हैं जिनके नाम किसी न किसी जानवर के नाम से होते हैं : यह विशेषता वर्णव्यवस्था में प्रखर रूप से विद्यमान है। हम नीचे रसल और हीरालाल की पुस्तक 'ट्राइब्ज ऐंड कास्ट्स आफ दि सेंट्रल प्राविंसेस आफ इंडिया' में से कुछ उदाहरण देते हैं :

> अहीर (103. ii, 24-6) जाति की उपजातियां हैं जो फिर और भी छोटी छोटी बहिर्गोत्रीय जातियों में विभाजित हैं। इनके बहुधा ऐसे नाम होते हैं जो किसी टोटम जानवर के नाम से रखे जाते हैं। अंध.(वही ii. 38-9) बरार की एक खेतिहर जाति है जो दो भागों में विभक्त हैं : (1) वर्तति या शुद्ध और, 2 : खल्तति या अवैध :.जो इकट्ठे बैठकर भोजन तो करते हैं किंतु एक दूसरे में विवाह नहीं करते। फिर ये जातियां भी बहुत सी बहिर्गोत्रीय उपजातियों में विभक्त हैं। इनमें से कुछ के नाम टोटमवादी हैं। उदाहरण के लिए मजी-

रिया (बिल्ली); रिंगनी (एक प्रकार का पौधा), दुमारे (चींटियों की बांबी, जिसे दुमारे कहा जाता है); दुकारे (यानी दूकर सुअर) तितवे (एक प्रकारु का पक्षी तित्तवा) आदि।

बैगा (वही. ii, 77-81) एक आदिम द्रविड़ जनजाति है। यह सात उपजातियों में विभक्त है जो आगे चलकर बहुत से बहिर्गोत्रीय हिस्सों में बंट गई है और इनके नाम गोंड जनजाति के नामों जैसे हैं। उदाहरण के लिए मरकम, मारवी, नेताम, तेकाम आदि—इन उपजातियों में से कोई भी दूसरी उपजाति में विवाह नहीं कर सकता जो उसी देवता की आराधना करती हो।

ये उदाहरण बड़े ध्यानपूर्वक नहीं बल्कि यूं ही चुने गए हैं। लेखकों ने अहीर और अंध को जातियां कहा है किंतु उनकी समाजव्यवस्था और मोरगन द्वारा जनजातीय व्यवस्था के प्राचीन ढांचे के अध्ययन से विदित विशेषताओं के बीच बहुत अधिक समानता है। उदाहरण के लिए नीचे एक रेखाचित्र दिया गया है जिसमें मोरगन द्वारा वर्णित सेनेका जनजाति और रसल तथा हीरालाल द्वारा वर्णित अंध जाति के बीच तुलना की गई है :

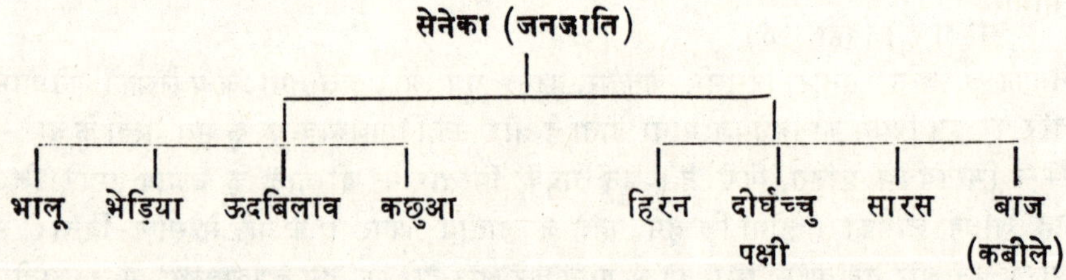

उदाहरण : भालू कबीले का व्यक्ति इसी कबीले के अंदर विवाह नहीं कर सकता। सभी कबीले कट्टर बहिर्गोत्रीय हैं।

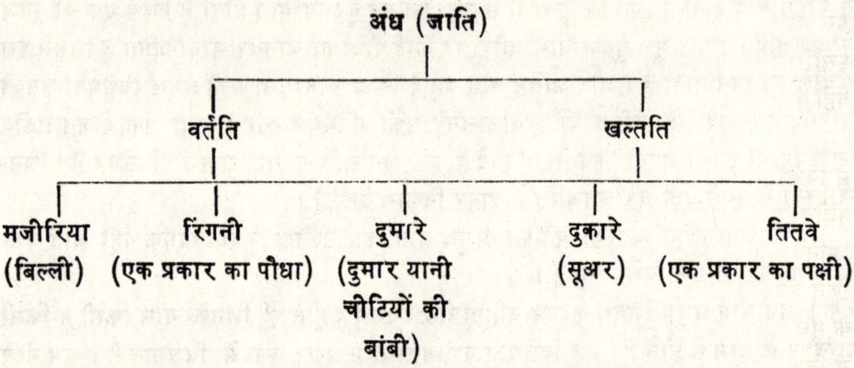

बिल्ली उपजाति का व्यक्ति इसी उपजाति में विवाह नहीं कर सकता। सभी उपजातियां कट्टर बहिर्गोत्रीय हैं।

यह बात कुछ विशेष रुचिकर है कि रसल और हीरालाल ने अहीर और अंध के लिए जाति शब्द का प्रयोग किया है जबकि बैगा को जनजाति बताया है। यह शब्दों का अंतर मनमाने ढंग से किया गया है क्योंकि तीनों की समाजव्यवस्था सामान्यत: एक जैसी ही है। स्पष्ट है कि लेखकों के लिए वर्णव्यवस्था और जनजातीय व्यवस्था के बीच भेद करना संभव नहीं था। यह अनिश्चितता और भी साफ नजर आने लगती है जब हम देखते हैं कि बहिर्गोत्रीय खंड और बहिर्गोत्रीय उपखंड जैसे शब्दों का प्रयोग बिना सोचे समझे किया गया। बात बड़ी सीधी सी है 'बहिर्गोत्रीय

उपखंड' अर्थात बहिर्गोत्रीय घराना एक जानी मानी बात है। और यह केवल जनजातीय व्यवस्था की ही विशेषता है। इस प्रकार लेखकों ने बैगा को एक जनजाति माना और इसे बहुत से छोटे छोटे समूहों से बना समाज बताया। ये छोटे छोटे समूह बहिगोत्रीय घराने अथवा परिवार थे। किंतु यही विशिष्ट बात अहीर और अंध लोगों की समाजव्यवस्था में भी विद्यमान थी जबकि लेखकों ने इन्हें जातियां बताया। किंतु इस बात का वर्णन करने के लिए इन लेखकों ने बिना किसी औचित्य के कहीं कहीं 'बहिर्गोत्रीय खंड' शब्द का प्रयोग किया और कहीं पर 'बहिर्गोत्रीय परिवार' शब्द का ही प्रयोग किया। इसके अलावा इन बहिर्गोत्रीय परिवारों के नाम बहुधा जानवरों के नाम से थे जो इस बात का निर्णायक प्रमाण हैं कि इन जातीय संगठनों में जनजातीय समाजव्यवस्था के प्रबल अवशेष विद्यमान थे।

हम रसल और हीरालाल द्वारा मनमाने ढंग से प्रयोग में लाए गए शब्दों पर इसलिए अधिक विचार कर रहे हैं क्योंकि जिन लेखकों ने 'आधुनिक भारत की परिस्थितियों का लाभ उठा कर' जातीय प्रणाली अथवा वर्णव्यवस्था को स्पष्ट करने का प्रयत्न किया है उनमें सामान्यतः यही प्रवृत्ति पाई जाती है।

नीचे एक विशेष उदाहरण दिया जाता है :

> 'जनजातीय ढंग की जातियों में' टोटमवादी कबीले देखने को मिलते हैं। टोटम कोई जानवर या पौधा है, जिसे कबीले के सदस्य किसी जमाने में आराध्य मानते थे और इसके पीछे कई प्रकार के निषेध थे किंतु एक जनजाति के 'किसी जाति में विकसित होने तक' उस नाम की व्युत्पत्ति आमतौर पर भुला दी गई और स्वयं उस नाम में भी परिवर्तन हो गया। (ई. आर. ई. iii. 233)

किंतु जनजातीय ढंग की जातियों का क्या अर्थ है? इसका मतलब यह हो सकता है कि केवल वे जातियां जिनमें जनजातीय अवशेष बड़े प्रबल रूप में जीवित हैं। यद्यपि कुछ अन्य जातियों में इस प्रकार के जनजातीय अवशेष इतने प्रत्यक्ष नहीं हैं फिर भी उनमें विद्यमान तो हैं ही। और इसीलिए हम तथाकथित जनजातीय ढंग की जातियों को एक विशेष और अलग प्रकार की जाति नहीं कह सकते।

दूसरा प्रश्न यह है कि 'किसी जाति में विकसित होने तक' का क्या अर्थ है? क्या इस कथन से किसी सामान्य ऐतिहासिक विकास के नियम को इंगित किया गया है? यह तो कतई संभव प्रतीत नहीं होता, क्योंकि सारे विश्व में सभी लोग पहले जनजातीय व्यवस्था में ही रहते थे किंतु 'अनिवार्यतः जातियों में विकसित नहीं हुए।' जातीय प्रणाली एक अनोखी प्रणाली है (88.16) किंतु यह अनोखा स्वरूप मुख्यतः उन परिस्थितियों के कारण है जिनमें जनजातीय समाजव्यवस्था के मूल तत्व किसी न किसी प्रकार जातीय प्रणाली में स्थिरता पा जाते हैं। जनजातियां जातियों में विकसित हुई, किंतु ये जातियां अपने जनजातीय अतीत के अवशेषों को नहीं त्याग पाईं। इसी दृष्टिकोण से उपरोक्त कथन को पूर्ण रूप से स्वीकार किया जा सकता है। किंतु यह दृष्टिकोण और कोई बात सिद्ध नहीं करता सिवाय हमारी इस धारणा के कि जनजातियों को अपने अतीत से मुक्त करने की प्रक्रिया अपूर्ण रही।

ध्यान देने की बात है कि वर्ण या जातीय व्यवस्था के अंदर जनजातीय तत्वों का स्थिर होना 'तथाकथित नीची जातियों' की ही विशिष्टता नहीं है। जनजातीय समाजव्यवस्था के मूल तत्व अपेक्षाकृत कम स्पष्ट रूप और कई अन्य तत्वों के साथ मिलकर 'उच्च जातियां' कहलाने वाले जनसमूहों में भी पाए जाते हैं। इस प्रकार ब्राह्मण जाति के लोग छोटे छोटे गोत्रों में बंटे हुए थे। यह पूर्णतया बहिर्गोत्रीय समूह हैं और आम तौर पर किसी पशु नाम से जाने जाते हैं।

उदाहरण के लिए कोई ब्राह्मण कश्यप गोत्र का है और यह नाम कछुए अथवा कच्छप से बना है। इसका मतलब यह हुआ कि कश्यप गोत्र के सभी सदस्य, एक ही मूल पूर्वज के वंशज हैं ज कश्यप था। इस गोत्र के होने के कारण इस ब्राह्मण के लिए दो बातें निषिद्ध हैं। एक तो उसे कभी भी कछुए का मांस नहीं खाना चाहिए और दूसरे कश्यप गोत्र में विवाह नहीं करना चाहिए। इससे यह स्पष्ट हो जाता है कि कश्यप गोत्र कच्छप कबीले की अतिजोविता का द्योतक हैं। उसके पूर्वज इसी कबीले के थे और वह ऐसा चरण था जबकि उन्हें अभी जनजातीय समाज व्यवस्था से आगे विकसित होना था।

यह तर्क दिया जा सकता है कि गोत्र प्रणाली (अर्थात गोत्रों को जो 'प्रवार' नामक व्यापकत श्रेणियों के तहत समूहीकृत हैं) इतनी जटिल है कि उसे ऐसे सरल ढंग से नहीं आंका जा सकता। इस विषय पर ब्राह्मणीय साहित्य बहुत विकसित और कभी कभी अति जटिल है। किंतु इससे यही सिद्ध होता है कि गोत्रों के बारे में ब्राह्मणीय साहित्य केवल अति प्राचीन प्रणाली के अवशेषों को तर्कसंगत बनाने का प्रयत्न था। फिर भी इस ब्राह्मणीय साहित्य में कुछ बड़े स्पष्ट संकेत हैं जो यह बताते हैं कि 'उच्च जातियों' के गोत्र भी जनजातीय समाज की कबीला प्रणाली के अवशेषमात्र थे। हम इनमें से कुछ का उल्लेख करेंगे।

'ऋग्वेद' में गोत्र शब्द का अर्थ था गौशाला या गउओं का झुंड (जे. बी. बी. आर. ए. एस xxvi. 21)। बाद में यह शब्द किसी जाति की उपजातियों के लिए कैसे प्रयुक्त होने लगा इसका तो केवल अनुमान ही लगाया जा सकता है। काणे का मत है कि वैदिक साहित्य की रचना के समय ही इस शब्द का अर्थ उपजाति बनने लगा था। (8. ii 479)

> कहीं कहीं गोत्र का अर्थ संभवतः केवल समूह है, उदाहरण के लिए देखिए 'ऋग्वेद' के अंश ii. 23. 18 और iii. 65. 5, समूह से बदलकर इस शब्द का अर्थ 'व्यक्तियों का दल' हो जाना बड़ा सरल है इस बात का कोई निश्चित उदाहरण नहीं है कि 'ऋग्वेद' में गोत्र शब्द को केवल 'एक पितृसत्तात्मक पूर्वजों के वंशजों' के लिए प्रयोग में लाया गया किंतु यह स्पष्ट है कि गोत्र शब्द में निहित विचार को ऋग्वेद काल में भी सभी जानते थे।' 'अथर्ववेद' में (v. 21 3.) एक शब्द आता है 'विश्वगोत्रीय' अर्थात् सभी परिवारों का सदस्य। यहां गोत्र का साफ मतलब है 'खून के रिश्ते से जुड़े हुए व्यक्तियों का समूह'।
> 'कौशिक सूत्र' (iv-2) में एक मंत्र है जिसका असंदिग्ध अर्थ है' व्यक्तियों का दल'।

जो भी हो, इसमें कोई संदेह नहीं कि बाद में इस शब्द का स्पष्ट महत्व इस अर्थ में था कि यह सपितृता और एक ही वंश के लोगों के लिए प्रयुक्त होने लगा। पाणिनि (iv. 1. 162) और उसके भाष्यकारों ने इसी अर्थ में गोत्र शब्द का प्रयोग किया। जैसा कि फिक ने कहा,

> भारतीय शब्दकोषकारों ने गोत्र शब्द को संतति (वंश परंपरा) जनन (प्रजाति), कुल, (परिवार), अभिजन, (वंशानुक्रम), अन्वय (नस्ल), वंश अन्वय (वंश परंपरा) और संतान का समार्थक बताया है। (अमरकोष ii-7-1, ई. आर. ई. vi. 353)

ये सभी काणे (8. ii 484) के निम्नलिखित सारांश की पुष्टि करते हैं: गोत्र के संबंध में सामान्य धारणा यह है कि जो लोग एक ही पुरुष पूर्वज से अबाध वंशानुक्रम में पुरुष संतानों से उत्पन्न हुए हैं वे एक ही गोत्र के हैं। ब्राह्मण गोत्रों के सदस्य जिन मूल पूर्वजों पर गर्व करते थे उन्हें प्राचीन ऋषि मुनि समझा गया। इस प्रकार इन ऋषियों को 'गोत्रकारिन' कहा गया अर्थात वे विभिन्न ब्राह्मण परिवारों के संस्थापक थे और उनके वंशज विभिन्न 'गोत्र' हैं। किंतु यह स्पष्टतः बाद में आए विचारों का परिणाम है क्योंकि इन ब्राह्मणीय सिद्धांतों में विसंगतियां, परस्पर विरोधाभास और इधर उधर से जोड़े गए अंश साफ दिखाई देते है।

सूत्रों, पुराणों और सार संग्रह पुस्तिकाओं में गोत्र तथा प्रवर से संबद्ध ढेर सारी सामग्री में इतने विरोधाभास हैं कि उनमें कोई तारतम्य लाना असंभव है। इस विषय पर लिखी गई प्रमुख कृति 'प्रवर मंजरी' के विद्वान लेखक ने निराश होकर लिखा : 'यहां उद्धृत सूत्रों के कुछ भागों में, विभिन्न सूत्रकारों की रचनाओं के क्रम में (प्रवरों के नामों में) बहुत भिन्नता है। यह भिन्नता विशेष रूप से 'अश्वलायन श्रोत सूत्र' में है (वही. ii. 483)

अस्पष्टता और विरोधाभासों के कुछ उदाहरण नीचे दिए हैं।

'मतसय पुराण' की कथा के अनुसार ब्रह्म से सात ऋषि उत्पन्न हुए। ये ऋषि थे, भृगु, अंगीरस मरीचि, अत्रि, पुलह, पुलस्त्य और विश्वामित्र। किंतु 'शतपथ ब्राह्मण' ने मूल सात ऋषियों को भिन्न सूची दी जिन्हें मूल पूर्वज माना जाता है। इस सूची के ऋषियों के नाम हैं, गौतम, भारद्वाज विश्वामित्र, जमदग्नि, वशिष्ठ, कश्यप और अत्रि। इस सूची में अगस्त्य ऋषि का नाम भी बाद में जोड़ा गया। इससे आठ गोत्रकारियों के नाम हमें मिले। किंतु ब्राह्मणीय परंपरा में इनसे उत्पन्न होने वाले गोत्रों की संख्या एक नहीं है। 'अश्वलायन श्रोत सूत्र' के अनुसार गोत्रों की संख्या 49 थी। किंतु राधाकांत द्वारा उल्लिखित एक अंश के अनुसार यह संख्या 24 थी। 'कुल दीपिका' में यह संख्या 40 बताई जाती है यद्यपि पुस्तक में केवल 32 नाम दिए गए हैं। 'गोत्र प्रवर निबंधन, कदंबम' के अनुसार यह संख्या 73 से कम नहीं थी। किंतु बौधायन के अनुसार गोत्रों की वास्तविक संख्या इससे बहुत अधिक थी।

ब्राह्मण गोत्रों का एक समूह बना कर इकाइयों (संभवतः कबीलों की तरह की)में परिवर्तित किया जाता है। ऐसा, साझे प्रवरों द्वारा किया जाता है। बौधायन ने इनमें से 49 वर्गों को माना है जबकि गोत्रो की संख्या बहुत अधिक, लगभग असीमित है। (जे. बी. बी. आर. ए. एस. xxvi. 21)

गोत्र प्रणाली में कई और विरोधाभास हैं जिनकी ओर आधुनिक विद्वान पहले ही संकेत कर चुके हैं। हमें उकता देनेवाले इस ब्यौरे का फिर से अध्ययन करने की आवश्यकता नहीं है। कोसंबी इन विसंगतियों के संबंध में एक कारण पर पहले ही विचार कर चुके हैं। यह निश्चित है कि प्रणाली का विस्तार हुआ। क्योंकि इसने बढ़ती हुई जनसंख्या को तो संभाला ही, साथ में कई अन्य ऐसे क्षेत्रीय तथा जातीय समूहों को भी अपने में सम्मिलित कर लिया जो वैदिक श्रेणियों के नहीं हो सकते थे।' (वही. 24)

ब्राह्मणीय परंपरा वाली 'गोत्र प्रवर' प्रणाली एक ऐसी सामाजिक व्यवस्था को युक्तिसंगत बनाने और उसे सराहनीय सिद्ध करने के प्रयत्न का परिणाम थी जो इन ग्रंथों के रचयिताओं को प्राचीन काल से मिली थी। किंतु यह इतनी जटिल है कि उसे सुलझाने की कोई आशा नहीं दिखाई देती। ऐसी परिस्थितियों में यह अनुमान लगाने का कोई लाभ नहीं कि यह सब किस प्रकार हुआ और न ही इस सारी प्रणाली की हर छोटी छोटी बात का स्पष्टीकरण ढूंढ़ने का प्रयत्न करने से ही कोई लाभ होगा (वही)। किंतु प्रश्न उठता है कि गोत्र प्रणाली की वे कौन सी विशेष बातें हैं जिन पर हमें ध्यान देना चाहिए ताकि इसकी व्युत्पत्ति को समझ सकें। आइए पहले कुछ गोत्रों के नाम देखें क्योंकि ये नाम बड़े महत्वपूर्ण हैं। नीचे कुछ सुप्रसिद्ध नाम और उन पशुओं अथवा पेड़ पौधों के नाम दिए गए हैं जिनसे ये गोत्र बने। अवश्लायन श्रोत सूत्र (xii. 10 6 और आगे) में दी गई गोत्रों की सूची में ये नाम आते हैं।

वत्स (गाय का बछड़ा), शुनक (कुत्ता), रिक्षा (भालू या रीछ), भारद्वाज (एक प्रकार के पक्षी), मुद्गल (एक प्रकार की मछलियां), कपि (बंदर), अजा (बकरी), रेणु (पुष्परज या पराग), वेणु (बांस) कश्यप (कछुआ) शांडिल (एक प्रकार के पक्षी), गौतम (गाय),

अन्य ब्राह्मण ग्रंथों में कुशिक (उल्लू), मंडूक (मेढक), दर्भ (दूब अथवा घास) तित्तिर (तोता) आदि रोचक नाम मिलते हैं। इनसे मिलने वाला संकेत स्पष्ट है। अपने मूल चरण में ये गोत्र निश्चित ही टोटमवादी कबीले रहे होंगे। ऐसे विचित्र नामों के लिए इसके अलावा और कोई कारण नहीं हो सकता। फिर भी कभी कभी विद्वान इस स्पष्ट संकेत को नहीं पकड़ पाते। उदाहरण के लिए इसलिए यह कहा जाता है कि :

> गोत्र विशुद्ध रूप से ब्राह्मणीय व्यवस्था है। इसके समर्थन में हम देखते हैं कि असभ्य जन-जातियों के जानवर और फल वाले वृक्षों के टोटम चिन्हों के बजाय इन गोत्रों के नाम ऋषि मुनियों के नामों पर हैं (जे. बी. बी. आर. ए. एस xxvi. 22)

लेखक वास्तव में इस बात की अनदेखी कर गया है कि उन ब्राह्मणों के पूर्वज भी किसी काल से असभ्य जनजातियों वाला जीवन व्यतीत कर रहे थे। इस तथ्य को अतिशयोक्तिपूर्ण कथाओं से नहीं छिपाया जा सका कि ये गोत्र ऋषि मुनियों के वंशज थे। ये कथाएं बाद में पूर्वजों की प्राचीन समाजव्यवस्था के अवशेषों को श्रेष्ठ बनाने के लिए गढ़ी गई थी। इसकी पुष्टि गोत्रों के लिए निर्धारित इस कड़े नियम से होती है कि कोई भी व्यक्ति अपने ही गोत्र में विवाह नहीं कर सकता। यह सत्य है कि कई बातों में गोत्र के नियमों को बड़ा महत्वपूर्ण माना जाता है जैसे निस्संतान मरने वाले व्यक्ति की संपत्ति किसे दी जाए, श्राद्ध या अंतिम संस्कार कौन करे, कुछ निश्चित अनुष्ठानादि कौन कराए, पितरों के तर्पण कौन करे और बाल किस प्रकार मुंड़ाए जाएं।

> किंतु धार्मिक कार्यों में गोत्र भिन्नता का प्रभाव व्यावहारिक जीवन पर इतना नहीं था जितना कि सगोत्र विवाह या कुछ निश्चित गोत्रों के व्यक्तियों के बीच विवाह के निषेध संबंधी नियमों का था। (ई. आर. ई. vi. 35)

बहिर्गोत्रीयता के इस नियम में विभिन्न कार्यों को अलग अलग महत्व दिया गया था (8. ii.436) इस प्रकार उदाहरण के लिए, 'गोभिल गृह्य सूत्र और 'आपस्तम्ब धर्म सूत्र' में कहा गया कि वर और बधू का गोत्र एक नहीं होना चाहिए। कौटिल्य ने भी लगभग वही बात कही। लेकिन गौतम और वशिष्ठ के धर्म सूत्रों और मानव तथा वराह के गृह्य सूत्रों के अनुसार एक ही प्रवर की लड़की के साथ विवाह करना निषिद्ध था। मनु और वैखानस ने कहा कि वर की माता और वधू सपिंड नहीं होनी चाहिए। याज्ञवल्क्य, गौतम, वशिष्ठ तथा अन्यों ने तो इससे भी अधिक कड़ाई वाले नियम लागू किए। उन्होंने कहा कि सपिंड लड़की के लिए पिता के वंश में सात और माता के वंश में पांच रिश्तों तक विवाह करना वर्जित है। अब और उदाहरण देने की आवश्यकता नहीं हैं। बात पूरी तरह स्पष्ट हो चुकी है। ब्राह्मणों के गोत्र एकदम बहिर्गोत्रीय थे। इससे एक बार फिर यही इंगित होता है कि ये गोत्र प्राचीन कबीलों के अवशेष थे।

इस प्रकार यदि हम प्राचीन गोत्र प्रणाली को युक्तिसंगत बनाने और इसे श्रेष्ठ बताने का प्रयत्न करने वाले बाद के लेखकों की जटिल बातों में न उलझें, और यदि हम इस प्रणाली के मूल तत्वों पर ही अपना ध्यान केंद्रित रखें, तो यह स्पष्ट रूप से विदित हो जाएगा कि गोत्र प्रणाली के मूल तत्व थे : (1) किसी एक गोत्र के सभी सदस्य एक ही पूर्वज के वंशज हैं, (2) गोत्रों के नाम आम तौर पर पशु नाम हैं, (3) प्रत्येक गोत्र के सदस्यों के लिए सगोत्र विवाह का कड़ा निषेध है। ब्राह्मणों की जातीय व्यवस्था के लिए गोत्र प्रणाली अत्यधिक महत्वपूर्ण थी। इसलिए तथाकथित उच्च जातियों में भी जनजातीय व्यवस्था के प्रबल अवशेष विद्यमान थे। किंतु गोत्र प्रणाली केवल ब्राह्मण जातियों की विशिष्टता नहीं थी, इस संबंध में फिक पहले ही कह चुके हैं।

और न ही इस शोध कार्य में हम केवल संस्कृत साहित्य पर निर्भर कर सकते हैं। हमें बौद्धों

के पालि ग्रंथों में दिए गए धर्मादिशों और जैन पुस्तकों को भी ध्यान में रखना होगा। यदि तब हम इस प्रकार मिलने वाले परिणामों और आधुनिक आंग्ल-भारतीय साहित्य में मानव जाति के संबंध में मिलने वाली सामग्री का तुलनात्मक अध्ययन करें तो इन विभिन्न स्रोतों से प्राचीन काल में गोत्रों की उत्पत्ति तथा प्रणाली के बारे में कोई निष्कर्ष निकाल सकते हैं। (ई. आर. ई. vi. 353. इसके बाद वाले उद्धरण भी इसी लेख से लिए गए हैं)

यह सुझाव बहुत महत्वपूर्ण है और हम गोत्र प्रणाली के संबंध में शेष विचार विमर्श फिक के सुझावों के अनुसार करेंगे। शाक्य कुल में जन्मे बुद्ध ने स्वयं को गौतम कहा। उनके पिता और चचेरे भाई आनंद को भी गौतम नाम से संबोधित किया गया। वे क्षत्रिय थे। इससे सिद्ध होता है कि क्षत्रियों में भी गोत्र प्रणाली थी।

यह देखते हुए कि संबद्ध व्यक्तियों को कुल नाम (शाक्य) संबोधित करने की बजाय गोत्र नाम से (गौतम) संबोधित करने की प्रथा थी, यह बात सिद्ध होती है कि प्राचीन गोत्रों की सदस्यता को कितना अधिक महत्व दिया जाता था विशेषकर क्षत्रियों में यही बात बौद्ध सुत्तों में भी बारबार आई है : 'जो लोग गोत्र को महत्व देते हैं उनमें खत्तिय को श्रेष्ठ समझा जाता है।'

जैन ग्रंथों में इस संबंध में संभवतः और निश्चित प्रमाण मिलते हैं।

गोत्र केवल ब्राह्मणों की समाजव्यवस्था नहीं थी, यह बात जैनियों के धर्मग्रंथों में और स्पष्ट होती है। जैन धर्म के संस्थापक महावीर बुद्ध की भांति एक क्षत्रिय थे और कश्यप गोत्र के थे। और सिद्धार्थ, उनके पिता, उनके चाचा, और उनके बड़े भाई नंदिवर्धन तथा उनकी सबसे बड़ी बहिन सुदर्शना, सभी कश्यप थे। उधर महावीर की माता त्रिशला, वशिष्ठ गोत्र की थी, उनकी पत्नी यशोदा कौंदिन्य गोत्र की थी जबकि उनकी पुत्री, जो तब तक अविवाहित थी, कश्यप गोत्र की थी। किंतु विवाह के बाद अपने पति के गोत्र में चली गईं और उनकी पुत्री अर्थात महावीर की पौत्री कौशिक गोत्र की थीं। इस प्रकार जैनियों की परंपराओं से भी हम यही अनुमान लगाते हैं कि क्षत्रिय कुल ब्राह्मणों की भांति गो– को उच्च महत्व देते थे और सगोत्र विवाह के निषेध को मानते थे; क्योंकि महावीर का परिवार उन दो परिवारों के साथ गोत्र और प्रवर के दृष्टिकोण से कोई संबंध नहीं रखता था जिनमें विवाह हुए।

बहुत बाद में क्षत्रिय कुल के लोगों में यही प्रथा बनी हुई थी।

जो राजपूत आर्य क्षत्रियों के वैध उत्तराधिकारी होने का दावा करते हैं वे बहुत से कबीलों या जनजातियों में विभाजित हैं और प्रत्येक कबीला अथवा जनजाति स्वयं को किसी सुप्रसिद्ध पूर्वज की वंशज मानती है—यदि राजपूतों को एक जाति माना जाए तो वे अपनी ही जाति में विवाह करते हैं। कोई भी राजपूत इस जाति से बाहर की लड़की से विवाह नहीं करता। किंतु विभिन्न कबीलों में बहिर्गोत्रीय प्रणाली इस प्रकार की है कि पुरुषों को अपने कबीले से बाहर दूसरे कबीलों में से पत्नियां खोजनी होती हैं।

यही बात जाटों में भी प्रचलित है।

जाट भी अपने आपको क्षत्रियों का वंशज मानते हैं और कई पहलुओं से राजपूतों के बराबर हैं। वे भी एक जनजाति की ही भांति केवल सजातीय विवाह ही करते हैं किंतु राजपूतों की भांति इनमें भी अलग अलग गोत्र हैं जो पूरी तरह बहिर्गोत्रीय हैं अर्थात एक ही गोत्र में विवाह नहीं हो सकता। देसवाल, मान, दलाल और सीवाल गोत्रों के लोग एक ही पूर्वज के वंशज माने जाते हैं और इनमें आपस में विवाह नहीं हो सकता : इसी प्रकार राजपूतों का मुवाल,

सुवाल और रेकवाल गोत्रों के बीच आपस में विवाह नहीं हो सकता।

जैसाकि हम देख चुके हैं, फिक इन सभी परिणामों की तुलना आधुनिक आंग्ल-भारतीय साहित्य से प्राप्त मानववंश संबंधी सूचनाओं के साथ करना चाहते थे। इस तुलना से उन्हें गोत्र और वर्णव्यवस्था के बारे में अति महत्वपूर्ण बात कहने का अवसर मिला।

> हिंदुओं की छोटी जातियों और पर्वतीय आदिवासियों तथा विशेष कर दक्षिण भारत के द्रविड़ लोगों में हम लगभग सामान्य रूप से एक प्रणाली देखते हैं जिसके अंतर्गत ये जातियां छोटे छोटे बहिर्गोत्रीय उपखंडों में बटी हुई हैं जिन्हें कहीं कहीं गोत भी कहा जाता है। ये ब्राह्मणों के गोत्रों जैसे ही हैं। ब्राह्मण गोत्रों की भांति इनमें भी वंशपरंपरा पुरुष संतान के आधार पर मानी जाती है। इस प्रकार संतान का गोत्र वही होता है जो पिता का गोत्र है, न कि माता का। किंतु लड़कियां विवाह के बाद पति के गोत्र में चली जाती हैं और एक ही गोत्र के लड़के लड़कियों के बीच विवाह नहीं हो सकता। किंतु इन लोगों और उच्च जातियों के गोत्रों में केवल यही अंतर है कि ये लोग स्पष्ट रूप से आज भी टोटमवादी हैं। प्रत्येक बहिर्गोत्रीय कबीले के नाम किसी पशु, पेड़, पौधे, या किसी प्राकृतिक अथवा कृत्रिम वस्तु के नाम पर हैं और इस कबीले के लोगों को उस टोटम वाले पशु का मांस खाना या उसका उत्पादन करना अथवा जलाना या पास रखना या किसी अन्य प्रकार से उपयोग करना वर्जित है। कुछ निश्चित उदाहरण देखिए—सभी भील टोटम की पूजा करते हैं और उसे कोई हानि पहुंचाने अथवा उसका उपयोग करने से दूर रहते हैं और जब वे अपने टोटम के पास से निकलते हैं तो उसके सामने नमन करते हैं और भील स्त्रियां घूंघट निकाल लेती हैं। भीलों में आवा कबीले का नाम इसके टोटम के नाम से पड़ा है। यह टोटम है पतंगा या एक प्रकार का कीड़ा। इस कबीले के लोग पतंगे या कीड़े को कोई नुकसान नहीं पहुंचाते। गोला कबीला, तेलुगुभाषी लोगों की एक बहुत बड़ी चरवाहा जाति है और इसके सदस्य रघिदल गोत्र के हैं। उन्हें पवित्र गूलर वृक्ष की पत्तियों पर भोजन रखकर खाने का निषेध है।

ऐसे ही कई और उदाहरण हैं। इस प्रकार हम अहीर, अंध और बैगा जैसे पिछड़े लोगों पर वापस पहुंचते हैं जिन्हें रसल और हीरालाल जैसे लेखकों ने अपनी मरजी से ही जातियां या जनजातियां कह दिया। भारत में आज भी विद्यमान इन पिछड़े लोगों के बारे में कई पुस्तकें लिखी गई हैं और यह सिद्ध करने के लिए अनगिनत उदाहरण हैं कि उनकी समाजव्यवस्था में अनेक बहिर्गोत्रीय उपखंड थे (जिनका नाम आम तौर पर किसी पशु अथवा पौधे के नाम पर होता है) और उपवर्ग बड़े समूहों के अंग थे तथा इन समूहों में विवाह वर्जित नहीं था। किंतु जातियों के संबंध में आधुनिक लेखकों ने जिस बात को पर्याप्त महत्व नहीं दिया है वही वर्ण-व्यवस्था के प्रादुर्भाव को समझने के लिए सबसे अधिक महत्व की है। ब्राह्मणों और क्षत्रियों जैसी तथाकथित उच्च जातियों के मन में इन पिछड़े लोगों के प्रति बहुत तीव्र घृणा भाव था। वे अपनी उच्ज जाति पर बेहद गर्व करते थे; फिर भी यह तथ्य बना हुआ है कि इनके अपने पूर्वज भी कभी ऐसी ही समाजव्यवस्था में रहते थे और इस समाजव्यवस्था की विशिष्ट बातें बनी रहीं, संभवतः देश की आर्थिक स्थिति के विकास के अवरुद्ध हो जाने के कारण बाद में उनके अपने ही समाज में इनके अवशेष रहे। यह उनकी अपनी जातीय व्यवस्था थी। अन्य शब्दों में जनजातीय समाजव्यवस्था ही हमें जातीय अथवा वर्णव्यवस्था के रहस्य को समझने के लिए वास्तविक संकेत उपलब्ध कराती है। और जब कभी इस संकेत को हाथ से निकल जाने दिया जाता है तो वर्णव्यवस्था पर बड़ी बड़ी पुस्तकें भी केवल व्यर्थ का शब्दजाल बनकर रह जाती हैं। यहां तक

की विल्सन जैसे महान संस्कृत विद्वान भी इस संकेत को न पकड़ पाने के कारण यह कह गए कि जातीय अथवा वर्णव्यवस्था भारत की जलवायु और भारतीयों के चरित्र का परिणाम थी।

> जाति, जो अति उर्वर फलने फूलने वाले जंगली पौधों की भांति, उष्ण जलवायु के तपते हुए प्रभावों से उपजी होगी, ऐसी विस्तृत हुई कि वह हिंदू समाज में सर्वत्र व्याप्त और समर्थ हो गई। इसमें गर्मी के कारण आने वाली शिथिलता और पहले से स्थापित स्थिति में परिवर्तन लाने की अनिच्छा का भी योगदान रहा। (88. 18 में उद्धृत)

रिसली और गेट ने भी, मानववंश संबंधी महत्वपूर्ण सामग्री इकट्ठी करने के बावजूद, जाति-व्यवस्था को भारतीय लोगों की मनोवैज्ञानिक विशिष्टता के दृष्टिकोण से स्पष्ट करना चाहा।

> यह स्पष्ट है कि जातीय प्रवृत्ति को भारतीय मानस की कुछ विशिष्टताओं ने बहुत प्रोत्साहित किया होगा वास्तविकताओं के अनुसार न चलना, कर्म के प्रति उदासीनता, स्वप्न संसार में खोया रहना, परंपरा के प्रति अतिशय आदर भाव, समाज को असीम वर्गों तथा उपवर्गों में विभाजित करने, छोटी छोटी बातों के भेद करना, किसी सिद्धांत को तर्क की चरम सीमा तक ले जाने के लिए बाल की खाल निकालने की वृत्ति और कहीं से भी उत्पन्न होने वाले सामाजिक विचारों तथा रीति रिवाजों का अनुसरण करना और उन्हें अपने समाज में विलीन कर लेने की अद्भुत क्षमता, इसी भारतीय मानस की विशिष्टताएं हैं। इसी अनुसरण वृत्ति के कारण ही किसी चिंतनशील ब्राह्मण द्वारा सबसे पहले गढ़ी गई चार वर्गों की कल्पित कथा, महाकाव्यों (महाभारत रामायण आदि) के माध्यम से खूब प्रचारित हुई। इन धर्मग्रंथों को गांवों के पढ़ेलिखे हिंदू वैसे ही श्रद्धाभाव से पढ़ते हैं जैसे इंगलैंड का ग्रामीण अपनी बाइबिल पढ़ता था। और अंततः जाति एक विस्तृत आदर्श बन गई जिसके अनुरूप हिंदू समाज को अपना ढांचा बनाना पड़ा। (वही 38)

हमें वास्तव में यह पता नहीं है कि इन चार वर्णों की कथा की सबसे पहले कल्पना करने वाला वह 'चिंतनशील ब्राह्मण' कौन था; किंतु हमें यह निश्चित रूप से पता है कि वंशानुगत कपोल-कल्पित मनोविज्ञान के संदर्भ में इस वर्णव्यवस्था को उचित बताना भी किसी कपोल कल्पना से कम नहीं है।

(ख) जाति परिषद तथा जाति से निष्कासन का दंड : और अब हम संक्षेप में वर्णव्यवस्था की कुछ अन्य बातों पर विचार करेंगे। इन्हें भी जनजाति समाजव्यवस्था के अवशेषों के रूप में ही समझा जा सकता है। जनजातीय समाज की सबसे बड़ी विशेषता है उसकी परिषद, और जन-जातियों में कठोरतम दंड है कबीले से निष्कासन। संथालों और अन्य जनजातियों में दंड का यह रूप आज भी बना हुआ है। (135. iv. 177, 179 तुल. 46. 35) ऐसे ही सिद्धांत जाति-व्यवस्था वाले शासन और दंड के बारे में हैं।

> जाति में मान्यता प्राप्त नेताओं अथवा मुखिया के माध्यम से सदस्यों में अनुशासन बनाए रखा जाता है—कभी कभी वे पदभार संभालते हैं और उनके कुछ निश्चित कार्य तथा कर्त्तव्य होते हैं किंतु आम तौर पर, विशेषकर कोई काम काज करने वाली जातियों में, एक प्रकार की समिति या पंचायत का गठन किया जाता है जो जाति के अनुशासन के सभी पहलुओं तथा अन्य मामलों की देखभाल करती है। पंचायत का निर्णय अंतिम होता है और उसके अधिकार को चुनौती नहीं दी जा सकती। जाति के नियमों और निषेधों के छोटे मोटे उल्लंघनों के लिए एक प्रकार का शुद्धिकरण समारोह किया जाता है और जाति बंधुओं को भोज दिया जाता है। किंतु गंभीर अपराधों के लिए या धृष्टता के लिए संबद्ध व्यक्ति का हुक्का पानी बंद कर दिया जाता है। अर्थात जिस व्यक्ति को यह दंड दिया जाता है उसकी

जाति के सभी लोग उससे कोई संबंध नहीं रखते। किसी प्रकार का व्यवहार उसके साथ नहीं रहता और कोई भी व्यक्ति न तो उसके साथ बैठकर खाना खाता है और न धूम्रपान करता है और न ही उससे बातचीत करता है, लोग उससे उसी प्रकार से दूर रहते हैं जिस प्रकार से कोढ़ी से रहते हैं और उसका जीना इतना दूभर हो जाता है कि वह किसी भी शर्त को स्वीकार करने के लिए तैयार हो जाता है। यदि उसका अपराध इतना गंभीर हो कि प्रायश्चित करके भी उसे इस अपराध से मुक्ति न मिल सकती हो तो उस व्यक्ति को किसी छोटी जाति में सम्मिलित होना पड़ता है या मुसलमान बनना पड़ता है या ऐसे नगरों में मुंह छिपाना पड़ता है जहां जाति के बंधन ग्रामों की तुलना में दुर्बल हैं और उतने कठोर नहीं हैं। (ई. आर. ई. iii. 232)

(ग) क्रियाशील जातियां और व्यावसायिक कबीले : यह आपत्ति उठाई जा सकती है कि जातिव्यवस्था के जिस दृष्टिकोण को हम उचित बताने का प्रयत्न कर रहे हैं उसे स्वीकार नहीं किया जा सकता क्योंकि इसमें जातीयव्यवस्था की एक बहुत महत्वपूर्ण बात स्पष्ट नहीं हो पाती। यह बात है विभिन्न जातियों के व्यवसायों का निर्धारण और इनकी अपरिवर्तनीयता।

हमारा उत्तर है कि व्यवसाय की अपरिवर्तनीयता जातीय व्यवस्था की ऐसी मूलभूत विशेषता नहीं है जैसीकि हम बहुधा भ्रम में आकर ब्रह्मणीय संहिताओं के सैद्धांतिक विचारों के अनुसार समझते हैं। फिर पहले ही बता चुके हैं कि 'दश ब्राह्मण जातक' में कहा गया कि ब्राह्मण लोग कई तरह के व्यवसायों में रत थे (56. 216 और आगे)। किंतु निश्चित ही इसका अर्थ यह नहीं है कि 'क्रियाशील जातियां' विद्यमान ही नहीं थी या कोई निश्चित व्यवसाय अपनाना ही जातीय व्यवस्था की विशेषता नहीं थी। वास्तव में प्रारंभिक काल से ही बहुत सी जातियां अपने व्यवसाय से ही जानी जाती थीं और यहां तक कि आधुनिक काल में भी कुछ निश्चित व्यवसाय केवल निश्चित जातियों तक ही सीमित हैं। किंतु इन सब बातों से हमारी इस धारणा का खंडन नहीं होता कि जातीय व्यवस्था में जनजातीय व्यवस्था के अवशेष हैं क्योंकि व्यवसाय की यह अपरिवर्तनीयता स्वयं जनजातीय संगठन की विशेषता थी। जैसाकि थामसन ने कहा है :

> जनजातीय समाज के प्रारंभिक चरण में, श्रमविभाजन केवल स्त्री और पुरुष के बीच ही था। किंतु पशुपालन, खेतीबाड़ी और दस्तकारी के विकास से निश्चित व्यवसाय वंशानुगत होते गए। यह प्रवृत्ति विशेष रूप से कबीलों में उभरी।—जैसाकि ग्रोनबेख ने बताया है कि श्रेणियों का उद्‌भव कबीलों से हुआ। इन दोनों के बीच संरचनात्मक अंतर केवल इतना है कि श्रेणी की सदस्यता उसमें पैदा होने से ही नहीं बन जाती थी। यह संभव है कि पुत्र अपने पिता का व्यवसाय अपनाकर उस श्रेणी का सदस्य बन जाए। वैसे अति पुरातन कबीलों में आम तौर पर अन्य श्रेणियों के लोगों को भी सम्मिलित कर लिया जाता था। चूंकि दस्तकारी के काम करने वाले कबीले जनजातीय व्यवस्था के विकसित चरण में व्यापक रूप से विद्यमान थे इसलिए यह मानकर चलना कठिन नहीं है कि इस प्रकार के कबीले प्राचीन यूनान में भी थे। और यदि ऐसा नहीं भी था तो कुछ ऐसे प्राचीन कबीले तो थे ही जिनमें से बाद में दस्तकार कबीले विकसित हुए। (46.44-45)

थामसन ने इसी दृष्टिकोण से प्राचीन ग्रीस की दस्तकार जातियों अथवा कबीलों के बारे में बताया हैं : जैसे होमरिदाई (भाट), अस्कलेपिआदाई (वैद्य), इयामिदाई, ब्रांचिदाई और क्रोतिदाई (ज्योतिषी), यूनेइदाई (वीणा वादक), केरिकेस और थियोकेरिकेस (संदेशवाहक या ढिंढोरची)। और इसमें कोई संदेह नहीं है कि प्राचीन भारत की सूत (रथवाहक), वेणु (बांसुरी बनाने वाले), नट(नर्तक), कैवर्त (मछुए) जातियां या तो वास्तविक व्यावसायिक कबीले थे या व्यावसायिक,

जातियों के रूप में यह हस्तशिल्प में लगे कबीलों के अवशेष थे जिनके उदाहरण हमें आज भी भारत में देखने को मिलते हैं। इस प्रकार गोत्रों के मामले में विवाह संबंधी जैसे कठोर बहिर्गोत्रीय नियम थे वैसे ही जातियों और उपजातियों में व्यवसाय संबंधी कठोर नियम भी जनजातीय समाजव्यवस्था के अवशेष ही थे। किंतु दुर्भाग्य की बात है कि जातीय प्रणाली के अधिक प्रमुख लेखकों ने भी इस बात को पूरी तरह याद नहीं रखा। इसके परिणाम स्वरूप, वैज्ञानिक स्पष्टीकरण का स्थान कभी कभी कल्पना ने ले लिया है। उदाहरण के लिए स्लेटर का विचार था : 'व्यावसायिक वर्ग जादू, धार्मिक अनुष्ठानों और अपने व्यवसाय के रहस्यों को बनाए रखने की स्वाभाविक इच्छा के कारण सगोत्रीय बन गए (88.17)।' वैसे इस प्रकार के अनुमान का कोई आधार नहीं है; बहिर्गोत्रीयता इन प्रारंभिक कबीलों का मूल तत्व रही होगी। इसी प्रकार राय ने जाति की समस्या के बारे में अपने उल्लेखनीय लेखन में इस बात पर बल दिया :

> कि जातीय व्यवस्था के गठन में पवित्र निषेधों, दैवी शक्ति और आत्मा जैसे पुरातन विचारों का बहुत महत्व था और साथ ही भारतीय तथा आर्य संस्कृति में कर्म के विचार और पवित्र निषेधों का भी उतना ही महत्व रहा होगा। बाद में कर्म और निषेध की पवित्रता को ब्राह्मण की विशिष्टता मान लिया गया क्योंकि ऐसा समझा जाता था कि ब्राह्मण में आध्यात्मिक शक्ति है। (वही)

इसमें कोई संदेह नहीं कि जातियों के बारे में कुछ तत्वों की जटिलताएं ऐसे ही विचारों से बनी होंगी। फिर भी जैसाकि हम देख चुके हैं, जातियों के संबंध में वास्तविक संकेत कहीं और ही खोजना होगा। यह संकेत जनजातीय समाजव्यवस्था में मिलता है। जातियों को जनजातियां तो नहीं कहा जा सकता फिर भी इनमें जनजातीय लक्षणों की बहुलता है। जनजातीय विशिष्टताओं से मुक्त करने की अपूर्ण प्रक्रिया के संबंध में हमारी यही धारणा है।

19. प्रथागत नियम

भारत की कानूनी प्रणाली में भी जनजातीय अतिजीविता दिखाई देती है। मेन ने बहुत विलक्षण विश्लेषण करके इस बात को स्पष्ट किया है। हम इसी से प्रारंभ करते हैं। किसी समय में यह समझा गया था कि भारत में नियम और विधि संबंधी आदेशों का भंडार धर्मशास्त्रों में है, किंतु प्रारंभिक आंग्ल-भारतीय प्रशासकों को पता चल गया कि ऐसी बात नहीं है। जैसाकि मेन ने कहा :

> ····· किसी आंग्ल-भारतीय अधिकारी को जितना अधिक 'राजस्व' प्रशासन में लगाया जाता है और उसका कार्यस्थल जितना अधिक बड़े नगरों से दूर रहता है उतना ही अधिक वह इस बात को स्वीकार करने से हिचकिचाता है कि जो नियम मनु द्वारा बनाए गए समझे जाते हैं वे कभी भी सार्वभौम थे या हैं। (91.52)

मेन ने धर्मशास्त्रों के इन नियमों को संहिताबद्ध नियम कहा। उनका दावा था कि :

> मनु और उनके भाष्यकारों द्वारा प्रतिपादित भारत का संहिताबद्ध विधान अपने आपमें पूर्ण और युक्तिसंगत प्रतीत होता है, किंतु यह सारे भारत के अपेक्षाकृत बहुत थोड़े से क्षेत्र में प्रचलित है और लोगों में इसका बहुत कम प्रभाव है। पूरब का निवासी वास्तव में अपनी स्थानीय प्रथाओं और उनसे संबद्ध नियमों को मानता है। (वही. 39)

इसके अतिरिक्त,

> ······देश के सारे संहिताबद्ध नियम अर्थात मनु की आचार संहिता (विभिन्न भाष्यकारों ने इसका काफी विस्तार किया है:) सैद्धांतिक दृष्टि से कुछ निश्चित ब्राह्मणवादी

विचारों से जुड़ी हुई है। किंतु अभी हाल की जानकारी से सिद्ध होता है कि संहिताबद्ध नियमों का उतना प्रभाव नहीं है जितना कि पहले समझा जाता था। बहुत सी स्थानीय प्रथाएं इस संहिता से अलग स्वतंत्र रूप से विकसित हुई हैं। किंतु लिखित और अलिखित नियमों की तुलना से स्पष्ट प्रतीत होता है कि संहिता पर हावी ब्राह्मणवादी विचार बाहर से आए। मुझे इस विचित्र परिस्थिति की ओर ध्यान आकृष्ट करना होगा कि विधि शास्त्र पर इन ब्राह्मणीय सिद्धांतों के प्रभाव को ब्रिटिश शासन ने बढ़ाया है, कम नहीं किया। (वही 20)

जिन अलिखित नियमों अथवा कानूनों से लोगों का जीवन मुख्यतया संचालित था, वे देश की प्रथाओं पर आधारित होने के कारण मेन द्वारा प्रथाजन्य नियम बताए गए। इस प्रकार आंग्ल-भारतीय प्रशासकों को इन प्रथाजन्य कानूनों का सामना करना पड़ा और इनमें से बहुत से कानूनों को अपनी न्यायिक प्रणाली में सम्मिलित करना पड़ा। किंतु यह कोई नई बात नहीं थी। मेन ने स्वयं भी इस बात पर ध्यान नहीं दिया कि इन प्रथागत कानूनों का सामना करने और राज्य के कानूनों में इनको सम्मिलित करने की समस्या ब्राह्मणीय नियम बनाने वालों के सामने भी बहुत पहले आई थी, चाहे यह प्रथागत कानून उनके लिए कितने ही अप्रिय रहे हों। एक उदाहरण के रूप में हम काणे का उद्धरण देते हैं :

वृहस्पति का भी एक ग्रंथ है जिसमें कहा गया है कि देशों, जातियों और परिवारों की पर-परागत प्रथाओं की रक्षा (या इन्हें लागू करना) राजा को करनी चाहिए, क्योंकि वे अतीत-काल से प्रचलित हैं, अन्यथा प्रजा क्रुद्ध हो जाती है। ऐसी प्रथाओं में एक है दक्षिण भारत की जहां ब्राह्मण अपने मामा की पुत्री के साथ विवाह करते हैं। (8.ii. 462)

और,

वृहस्पति ने इस कथन पर प्रकाश डालते हुए कि राजा को लोकप्रिय परंपराओं में हस्तक्षेप नहीं करना चाहिए भले ही वे अनुचित हों, उन्होंने ऐसी कई प्रथाओं का उल्लेख किया है जिनमें कुछ के अनुसार, 'कुछ अन्य देशों में एक भाई द्वारा अपने दिवंगत भाई की विधवा को पत्नी के रूप में ग्रहण करने जैसी अति घृणित प्रथा और एक परिवार को एक कन्या देने जैसी प्रथा भी है। (वही. ii. 555)

हमने काणे के इन दो अंशों का उल्लेख किया है क्योंकि इनमें प्रथाजन्य नियमों की उत्पत्ति के बारे में कुछ जानकारी मिलती है। इन दो में से पहला नियम चचेरे, ममेरे, मौसेरे या फुफेरे भाई-बहनों के बीच विवाह के संबंध में था। जैसे कोई व्यक्ति अपने मामा की लड़की या फूफी की लड़की से विवाह करे। दूसरा नियम अर्थात किसी परिवार को कन्या देना (किसी व्यक्ति को नहीं और जिसके परिणामस्वरूप कन्या के पति का भाई भी पति बन जाता है) भी प्रत्यक्षतः सामूहिक विवाह का अवशेष था।

हम कहने जा रहे हैं कि ये दोनों नियम जनजातीय समाजव्यवस्था के अवशेषों का प्रति-निधित्व करते हैं (विकास के अलग अलग चरणों में) और यदि यह पता चले कि इस तरह के नियम प्रथागत नियमों की महत्वपूर्ण विशिष्टता थे तो अनुमान यही होगा कि प्रथागत नियमों की व्युत्पत्ति जनजातीय समाजव्यवस्था से हुई। पिता या माता के भाई-बहनों के बच्चों के बीच विवाह के प्रश्न पर हम पहले विचार करेंगे। नियम यह था कि मामा या बुआ की लड़की के साथ विवाह हो सकता था (मातुल पितृश्वश्री दुहित्री गमन)। इन दोनों स्थितियों में संहिताबद्ध नियमों के प्रणेताओं ने ऐसे विवाह की आलोचना की क्योंकि यह सपिंड विवाह के निषेध के विरुद्ध थी (आगे आने वाले उल्लेख 8.ii. 458-9 में मिलेंगे)। अपस्तंब धर्म सूत्र में इसे घोर

पापाचार कहा गया। गौतम की भांति बौधायन ने भी इस प्रथा की यह कहकर निंदा की कि यह स्मृतियों और शिष्ट (प्रबुद्ध) जनों के विचारों के प्रतिकूल थी। पिता की बहन की पुत्री या माता के भाई के पुत्रों से विवाह का प्रयत्न करने को बहुत गंभीर अपराध मानते हुए मनु ने इसके प्रायश्चित स्वरूप 'चंद्रायण' प्रायश्चित निर्धारित किया। मनु ने कहा कि :

> बुद्धिमान व्यक्ति को इनमें से किसी कन्या को अपनी पत्नी नहीं बनाना चाहिए ; वे विवाह योग्य नहीं है क्योंकि वे सपिंड संबंधी हैं और इनके साथ विवाह करके मनुष्य पतित हो जाता है (अर्थात नरक में जाता है या जाति भ्रष्ट हो जाता है)।

यह सिद्ध करने के लिए कि बुआ या मामा की लड़की से विवाह का कड़ा निषेध संहिताबद्ध नियमों में था, कई और उदाहरण दिए जा सकते हैं। किंतु साथ ही इन नियमों को प्रतिपादित करने वालों को यह भी स्वीकार करना पड़ा कि भारत के कुछ भागों, विशेषकर दक्षिणी भागों में प्रचलित प्रथाओं में इस प्रकार के विवाह भी थे। बौधायन ने उपरोक्त अंश में कहा कि मामा या फूफी की लड़की के साथ विवाह दक्षिण के पांच विचित्र व्यवहारों में से एक था। इसके अलावा बौधायन के लेखन से पता चलता है कि संहिताबद्ध नियमों के कुछ लेखक तर्क दिया करते थे कि चूंकि मामा और बुआ की लड़की के साथ विवाह की प्रथा दक्षिण भारत की मान्य प्रथाओं में से थी और इसे केवल देश के अन्य भागों में ही पाप माना जाता था तो इसमें यही निहितार्थ है कि दक्षिण में इसे पाप नहीं समझा जाता था। बौधायन स्वयं इस प्रकार के तर्क का खंडन करना चाहते थे। लेकिन हम देख चुके हैं कि वृहस्पति के कथन के आधार पर यह कहा गया कि राजा को प्रथाओं को स्वीकार करना और उनका पालन करना चाहिए। वास्तव में मामा और बुआ की पुत्री के साथ विवाह की प्रथा को एक अति प्रमुख उदाहरण के रूप में प्रस्तुत किया गया। अन्य लेखकों का कहना था कि श्रुति और शिष्ट जनों ने भी इस प्रथा को उचित बताया। उदाहरण के लिए 'स्मृति चंद्रिका' और 'परसार माधवीय' (वही.ii.461) के लेखकों ने निम्नलिखित श्रुति का उल्लेख किया। 'शतपथ ब्राह्मण' ने कहा :

> इस प्रकार एक ही क्रिया से (भक्षक और भक्ष्य) अलग हो जाते हैं ; इसलिए एक ही व्यक्ति से दोनों, भोक्ता (पति) और भोग्या (पत्नी) उत्पन्न होते हैं ; क्योंकि अब रक्त के बंधनों से बंधे ये संबंधी आपस में क्रिया का आनंद लेते हुए कहते हैं : 'चौथी या तीसरी पीढ़ी में हम एक होंगे।'

इन लेखकों के अनुसार चौथी या तीसरी पीढ़ी में एक होने का अर्थ था मामा या बुआ की लड़की के साथ विवाह। उन्होंने एक और वैदिक श्लोक का उल्लेख किया जो वैदिक साहित्य में बहुत बाद के अंश में आया है (खील सूक्त)। इस श्लोक का अनुवाद इस प्रकार है :

> हे इंद्र ! स्तुत्य पथ से चलकर हमारे यज्ञस्थल पर आओ और अपना भाग ग्रहण करो। इन पुरोहितों ने तुम्हारे भाग के लिए घी में तला हुआ मांस उसी प्रकार प्रस्तुत किया है जिस प्रकार (किसी व्यक्ति के विवाह के लिए) मामा या बुआ की पुत्री होती है।

इस प्रकार की श्रुतियां अति उल्लेखनीय हैं। हमारे लिए इस प्रकार के अंशों के वास्तविक अर्थ निकालने कि आवश्यकता नहीं है कि इनसे इस प्रकार के विवाहों का सचमुच समर्थन होता था या नहीं। हमारे तर्क के लिए केवल यही देखना पर्याप्त है कि बाद के संहिता नियमों के कुछ प्रणेताओं ने कानूनी प्रणाली के सामान्य ढांचे में क्षेत्रीय प्रथाओं को स्थान देने के कितने सतत प्रयत्न किए। इसी भावना के कारण 'स्मृति चंद्रिका' और 'परसार माधवीय' के लेखकों ने कहा कि 'दक्षिण के वेद ज्ञाता शिष्टजन वेदों के तात्पर्यानुसार मामा की लड़की के साथ विवाह करते हैं।' 'स्मृतिमुक्ता फल' के लेखक ने भी यही तर्क दिया।

सारांश के रूप में हम कह सकते हैं न केवल प्रारंभिक ब्रिटिशकाल के आंग्ल-भारतीय प्रशासक बल्कि संहिताबद्ध नियमों के कुछ लेखक स्वयं भी इस बात से भलीभांति परिचित थे कि संहिताओं के मूल दावे कुछ भी रहे हों, प्रथाजन्य नियमों को भी सामान्य कानून प्रणाली में स्थान देना आवश्यक था, नहीं तो यह प्रणाली इतनी अवास्तविक हो जाती है कि इसे स्वीकार नही किया जा सकता। इसलिए प्रश्न उठते हैं—इन प्रथाजन्य निनमों का स्रोत क्या था और लोगों पर इन नियमों का इतना गहरा और मूलभूत प्रभाव क्यों पड़ा ? हम इन प्रश्नों का उत्तर इस प्रकार देंगे। प्रथाजन्य नियमों का स्रोत जनजातीय व्यवस्था के नियम थे। लोगों पर इनका इतना प्रबल प्रभाव इसलिए बना रहा क्योंकि उनके जीवन से जनजातीय समाजव्यवस्था के तत्व पूरी तरह विलुप्त नहीं हो पाए थे। दूसरे शब्दों में, जिस धारणा के आधार पर हमने ग्रामीण समुदायों और जातीय व्यवस्था की मूल बातों को स्पष्ट करने का प्रयत्न किया वही धारणा प्रथाजन्य नियमों की अतिजीविता पर भी प्रकाश डालती है। यहां एक ही बात को इंगित करने वाले कई मत हैं।

सबसे पहले हम प्रथाजन्य नियमों के स्रोतों का प्रश्न उठाते हैं। प्राचीन लेखकों ने मामा और बुआ की लड़की के साथ विवाह को एक विशेष उदाहरण के रूप में चुना। ब्राह्मणों के लेखक पिता के वंश के संदर्भ में इस प्रश्न का विवेचन कर रहे थे। उनका कहना था कि क्या किसी पुरुष के लिए अपने मामा या बुआ की पुत्री से विवाह करना उचित था ? किंतु स्पष्ट है कि यह प्रथा मातृसत्तात्मक व्यवस्था का अंग थी। यह बात अनेक तरीकों से विदित होती है। यह प्रथा आज भी देश के उन भागों में है जहां अब भी मातृसत्तात्मक समाजव्यवस्था के तत्व जीवित हैं। दकन और मद्रास प्रेसीडेंसी में कई जातियों में न केवल मामा की लड़की के साथ विवाह की अनुमति है बल्कि इसे बहुत श्रेष्ठ माना जाता है। यहां तक कि कर्नाटक के देशस्थ ब्राह्मण और करहद ब्राह्मण जैसी कुछ ब्राह्मण जातियां आधुनिक काल में भी इस प्रथा का पालन करती हैं(वही ii. 462) जिन क्षेत्रों का उल्लेख किया गया है उनमें मातृसत्तात्मक व्यवस्था के अवशेष भरे पड़े हैं।

इससे भी अधिक महत्वपूर्ण बात यह है कि धर्मशास्त्र के रचयिताओं ने जिस समभगिनी विवाह की चर्चा की है उसे वे अनिवार्यतः मामा की लड़की या बुआ की लड़की के साथ विवाह के रूप में ही देखते थे। इसका निहितार्थ यह है कि मामा की पुत्री मूल रूप से वही थी जो बुआ की पुत्री थी। अर्थात मामा ही बुआ का पति था। कहने का मतलब यह हुआ कि माता के भाई का विवाह पिता की बहन से हुआ। यह बात नीचे दी गई तालिका से स्पष्ट हो जाएगी :

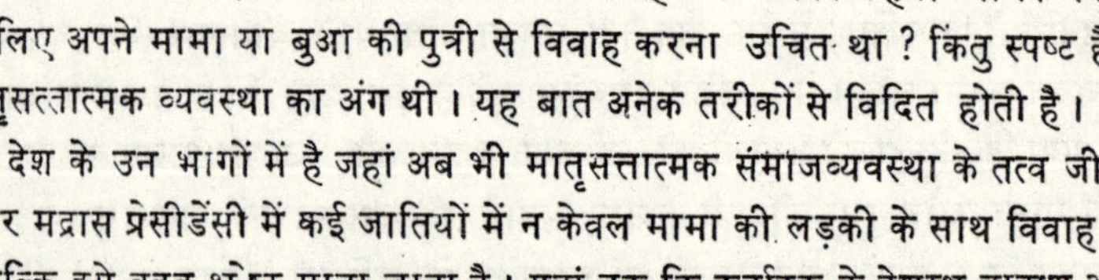

यदि पुत्र के दृष्टिकोण से, पुत्री क और पुत्री ख वास्तव में एक ही थी तो माता का भाई, पिता के बहन के पति के अलावा और कोई नहीं हो सकता था।

इससे हमें इस विवाह प्रथा को पूरी तरह नए दृष्टिकोण से देखना होगा। यह बंधुता की पारिभाषिक शब्दावली की वर्गीकृत प्रणाली में निहित जटिल वैवाहिक संबंध का मामला है (48. i. 68)। वैसे वर्गीकृत प्रणाली को सबसे पहले मोरगन ने स्पष्ट किया था। और उनका निष्कर्ष लगभग डेढ़ सौ भाषाओं के विश्लेषण पर आधारित था। इनमें से एक भाषा तेलुगु थी जो भारत

के उसी क्षेत्र में बोली जाती थी जहां मामा की लड़की से या बुआ की लड़की से विवाह की प्रथा आज भी बनी हुई है और धर्मशास्त्रों के रचयिताओं के समय में भी प्रचलित थी। उनके लिए यह एक बहुत बड़ी समस्या थी। तेलुगु में माता के भाई की पुत्री और पिता के बहन की पुत्री के लिए एक ही शब्द है। यह शब्द है वदिने। इसी प्रकार फूफा और श्वसुर के लिए भी एक ही शब्द है। यह शब्द है मामा। माता के भाई को मेनमान कहा जाता है। उधर माता के भाई की पत्नी और सास के लिए एक ही शब्द है अत्ता। पिता की बहन को मेन अत्ता कहा जाता है।

हमें तेलुगु में रिश्तेदारी की पारिभाषिक शब्दावली की वर्गीकृत प्रणाली के और विस्तार में जानें की आवश्यकता नहीं है। इस विषय की मोरगन सविस्तार विवेचना कर चुके हैं और थामसन ने मोरगन के आधुनिक आलोचकों को सही उत्तर दे दिया है। थामसन ने बंधुता की इस पारिभाषिक शब्दावली में निहित वैवाहिक संबंध को संक्षेप में स्पष्ट करते हुए कहा : यह सारी प्रणाली मामा या बुआ की कन्या से विवाह की लगातार प्रथा पर निर्भर है।' आधुनिक तेलुगु-भाषी लोगों के पूर्वजों में प्रचलित इसी विवाह प्रथा को धर्मशास्त्रों के लेखकों ने अति घृणित माना। फिर भी वे प्रारंभिक ब्रिटिश शासनकाल के प्रशासकों की भांति इन प्रथाजन्य नियमों के प्रभाव की एकदम उपेक्षा नहीं कर सके। इसलिए इनमें से कुछ को, संहिताबद्ध नियमों में इन प्रथाजन्य नियमों को स्थान देने के लिए प्रच्छन्न तरीके अपनाने पड़े। लोगों के जीवन पर ऐसे प्रथाजन्य नियमों का इतना प्रबल प्रभाव था कि यदि इनकी उपेक्षा कर दी जाती तो सारी कानून प्रणाली अवास्तविक और अव्यावहारिक बन जाती।

किंतु मामा या बुआ की कन्या से विवाह संबंधी इस प्रथा की व्युत्पत्ति कहां से हुई ? मोरगन का अनुसरण करते हुए थामसन ने इसका संक्षिप्त सारांश इस प्रकार दिया है :

> सहभगिनी (मामा या बुआ की कन्या से) विवाह उस वैवाहिक संबंध का रूप है जो प्रत्येक पीढ़ी में दो बहिर्गोत्रीय वर्गों के बीच विवाह का परिणाम होते हैं। सभी संबंधियों को यह देखते हुए वर्गीकृत किया जाता है कि वे व्यक्ति विशेष के अपने वर्ग के हैं या अन्य वर्ग के। (वही. i. 68-9)

इससे हम धर्मशास्त्रों द्वारा उल्लिखित दूसरे प्रथागत नियम पर आते हैं। कहा जाता है कि वृहस्पति ने निश्चित रूप से दो प्रथागत नियमों की चर्चा की थी जिनमें से एक सहभगिनी (मामा या बुआ की कन्या) विवाह के संबंध में और दूसरा, किसी व्यक्ति के बजाय पूरे परिवार को विवाह में पुत्री दे देने की प्रथा के संबंध में था। अब हम देख सकते हैं कि यह दूसरा नियम किसी अन्य स्रोत से नहीं बल्कि पहले नियम से ही उपजा। ये दोनों नियम सामूहिक विवाह की प्रथा के अवशेष थे।

यह आपत्ति उठाई जा सकती है कि वृहस्पति द्वारा निर्दिष्ट प्रथा सामूहिक विवाह की बजाय सहोदरीय अथवा बहुपति विवाह की प्रथा थी। प्रमुख विद्वानों ने इसे इसी अर्थ में समझा है। हमारे मुताबिक पहली बात तो यह है कि इस प्रकार का अर्थ संदेहास्पद है। क्योंकि ऐसा कहीं नहीं कहा गया कि किसी एक लड़की का विवाह बहुत सारे भाइयों के साथ संयुक्त रूप से कराया जाता है, इसकी बजाय यही प्रतीत होता है कि जो भी लड़की विवाह में दी जाती थी वह सभी भाइयों की संयुक्त पत्नी होती थी। संभवतः एक से अधिक लड़कियां एक ही परिवार में ब्याह दी जाती थीं यानी कई लड़कियां कई भाइयों की संयुक्त पत्नियां हो जाती थीं। दूसरी बात यह कि यदि मान लें कि निर्दिष्ट प्रथा केवल सहोदरीय बहुपति विवाह थी, तो भी हमारे मूल तर्क पर इसका कोई प्रतिकूल प्रभाव नहीं पड़ता क्योंकि साली से विवाह की प्रथा की भांति सहोदरीय बहुपति विवाह की प्रथा भी सामूहिक विवाह की प्रथा का अवशेष थी।

यहां सारांश यह निकलता है कि धर्मशास्त्रों में उल्लिखित दोनों प्रथाजन्य नियम एक दूसरे से संबद्ध थे और दोनों जनजातीय समाजव्यवस्था के अवशेष थे। दूसरे संहिताबद्ध नियमों के लेखकों को इस प्रकार के प्रथाजन्य नियम बहुत आपत्तिजनक प्रतीत हुए, फिर भी उन्हें कानूनी प्रणाली में ही इन नियमों के लिए स्थान देने को बाध्य होना पड़ा क्योंकि, जैसाकि स्पष्ट रूप से स्वीकार किया गया है, लोगों के जीवन पर इन प्रथागत नियमों का इतना प्रबल प्रभाव था कि इनकी उपेक्षा नहीं की जा सकती थी।

ब्रिटिश राज आने से बहुत पहले कानून प्रणाली की यही आम स्थिति थी। जब ब्रिटिश प्रशासक आए तो उन्हें मूलतः यही स्थिति नजर आई। जैसाकि मेन ने कहा कि लोग वास्तव में अपनी अपनी स्थानीय प्रथाओं में जकड़े हुए थे। इस प्रकार की प्रथाएं या प्रथाजन्य नियम, जनजातीय समाजव्यवस्था के अवशेष थे इसके अलावा कुछ नहीं। मेन ने स्पष्ट रूप से तो यह बात नहीं कही फिर भी उनके कथन का निहितार्थ केवल यही हो सकता था। उन्होंने 'आदिम व्यवहार' की बात कही जिसका 'प्रारंभ से ही बहुत ध्यानपूर्वक पालन और आदर किया जाता था' (91. 52) उनका कहना था' 'ये अलिखित परंपराएं भले ही अलग अलग स्थानों पर छोटी मोटी भिन्नताएं लिए हुए हों, किंतु इनके मूल तत्व सामान्यतः एक ही थे। शताब्दियों तक इन प्रथाओं को जीवित रखने का श्रेय इस बात को है कि लोग इन प्रथाजन्य नियमों की बराबर विवेचना करते रहते थे।' इनको इस प्रकार जीवित रखा जा सका क्योंकि 'भारत की सामाजिक संरचना अति प्राचीन ढंग की है' (वही. 56, उद्धरण चिह्न लेखक द्वारा)। मुख्य बात यह है कि समाजव्यवस्था के संदर्भ में प्रयुक्त शब्दों 'आदिम' और 'प्राचीन' का अर्थ केवल जनजातीय ही हो सकता है।

20. जनजातीय अवशेषों का विपरीत अवस्था में पहुंचना

हमने देश की जातीय संरचना, ग्रामीण समुदायों, जातीय अथवा वर्ण प्रणाली और प्रथागत नियमों के संदर्भ में अपूर्ण अजनजातीयकरण की प्रक्रिया विषयक अपनी धारणा स्पष्ट करने का प्रयत्न किया है। अब हमें जनजातीय अतिजीविताओं के महत्व का और गहराई से अध्ययन करना होगा। जनजातियों के लोग अपने उत्पादन पद्धति में पिछड़े होने के कारण निर्धन, और अज्ञानी हैं तथा उन्हें बहुधा प्रकृति के प्रकोपों का सामना करना पड़ता है। इसलिए प्राकृतिक अवस्था में रहने वाले इन वन्य जातियों को धार्मिक संप्रदाय बनाने का कोई प्रश्न ही नहीं है जैसा कि कुछ पुराने विचारकों का प्रयत्न था और न ही जनजातीय लोगों के बारे में कोई अतिभावुकतापूर्ण दृष्टिकोण अपनाने की आवश्यकता है।

> सत्य बहुधा कटु होता है किंतु बहुत से लोग स्थिति को भावुकतापूर्ण दृष्टिकोण से देखते हैं और वास्तविकता की अनदेखी कर जाते हैं···यह समझ लेना चाहिए कि भारत में जनजातीय लोगों का जीवन हर समय केवल संगीत और नृत्य में रत रहना ही नहीं है। (बोस, 'आदि वासी' में, 118)

यहां तक की हमारी औद्योगिक मजदूर बस्तियों में रहने वाले निर्धनतम श्रमिक भी कई दृष्टियों से सीमांत पर्वतीय क्षेत्रों में रहने वाले और मुक्त विचरण करने वाले जनजातियों से कहीं अच्छी स्थिति में हैं।

> गोर्डन का कहना है कि मेसोपोटामिया में सबसे कम वेतन पाने वाला मजदूर उत्तरपाषाणकालीन किसी भी गांव के स्वतंत्र और समतावादी सदस्यों से अच्छे थे। नगरीय क्रांति ने जीवन के स्तर को बहुत ऊंचा उठा दिया था। (48. i. 24)

साथ ही इस चित्र का दूसरा पक्ष भी है। हमारे भूतपूर्व प्रधानमंत्री नेहरू ने जनजातीय पड़ोसियों

के संबंध में अपने विचार इस प्रकार व्यक्त किए थे :

> जनजातीय लोगों में मुझे कई ऐसे गुण दिखाई दिए जो भारत के मैदानी इलाकों, नगरों और और अन्य भागों में रहने वाले लोगों में नहीं हैं। इन्हीं गुणों के कारण मैं आकृष्ट हुआ··· जनजातीय लोगों के प्रति हमारा रवैया आदानशील होना चाहिए। बहुत सी बातें हैं जो हम उनसे सीख सकते हैं, विशेषकर सीमांत क्षेत्रों में, और यह सीखने के बाद हमें उनकी सहायता तथा सहयोग करने का प्रयत्न करना चाहिए। इन लोगों में बहुत अनुशासन है और वे भारत में अधिकांश लोगों की तुलना में कहीं अधिक लोकतांत्रिक हैं। यद्यपि उनका कोई संबिधान नहीं है फिर भी वे लोकतांत्रिक ढंग से कार्य करते हैं और बड़ों या प्रतिनिधियों द्वारा लिए किए निर्णयों का पालन करते है। सबसे बड़ी बात यह है कि ये ऐसे लोग हैं जो नाचते गाते हुए जीवन का आनंद लेने का प्रयत्न करते हैं; ये वे लोग नहीं हैं जो सट्टा बाजार में बैठकर एक-दूसरे पर चिल्लाते-चीखते हैं और अपने आपको सभ्य समझते हैं। (नेहरू 'आदिवासी' में, पृ. 1-3)

इतने दयनीय रूप से निर्धन और पिछड़े जनजातीय लोगों के इन चित्ताकर्षक गुणों का स्रोत क्या है ? बहुत पहले एंगेल्स ने इस प्रश्न का उत्तर निम्नांकित शब्दों में दिया था :

> आदिवासी समाज का वैभव और बंधन इसी बात में था कि उसमें कोई शासक और शासित नहीं था। आंतरिक मामलों में उस समय तक अधिकारों और कर्तव्यों के बीच कोई भेद नहीं किया जाता था; इरोकी रेड इंडियन जनजाति में यह समस्या कभी खड़ी नहीं हुई कि सार्वजनिक मामलों में भाग लेना, खून का बदला खून से लेना या शारीरिक हानि के बदले में कुछ लेना अधिकार के अंतर्गत था अथवा कर्तव्य के; यह प्रश्न उसे वैसा ही हास्यास्पद लगता जैसाकि कोई यह पूछे कि खाना, सोना या शिकार करना अधिकार है या कर्तव्य। और न ही कोई जनजाति या कबीला अलग-अलग वर्गों में विभाजित होता था। इससे हम उन परिस्थितियों के आर्थिक आधार का अध्ययन करने के लिए प्रेरित होते हैं।
>
> आबादी बहुत घनी बसी हुई नहीं थी यानी काफी विस्तृत क्षेत्र में लोग रहते थे—श्रमविभाजन प्राकृतिक आवश्यकताओं के अनुसार बड़ा सरल ढंग से होता था : 'ये श्रमविभाजन स्त्रियों और पुरुषों के बीच था। उनके पास अपने अपने उपयोग के औजार होते थे—घरों के अंदर सामुदायिक वातावरण था जिसमें अक्सर बहुत से परिवार इकट्ठे रहते थे। जिस भी चीज का उत्पादन और उपयोग संयुक्त रूप से होता था वह सबकी साझी संपत्ति होती थी। परिवार के सभी लोग उस घर-आंगन और लंबी नौका के साझे स्वामी थे।' (4.258-9)

संक्षेप में सभ्य समाज के लोगों को जनजातीय लोगों के आर्थिक आधार की जो सबसे अच्छी बात लगी वह उनका साम्यवाद है, भले ही यह आदिवासियों का साम्यवाद था। इसी आदिम-साम्यवाद के बारे में एंगेल्स ने कहा कि इसने जनजातीय व्यवस्था को 'बालसुलभ सरलता जैसा सुंदर बना दिया (वही. 160), जो एक ऐसा रहस्यमय आकर्षण अपने में संजोए हुए था जिससे जर्मन लोगों ने क्षीण हो रहे यूरोप में नई शक्ति का संचार किया। (वही. 254) आदिवासी समाज का वैभव और साथ ही उसकी सीमाएं तकनीकी विकास के अति निम्नस्तर पर निर्भर करते हैं। इस चरण में श्रम शक्ति से अपनी आवश्यकता से अधिक उत्पादन नहीं किया जा सकता। इसलिए उनमें गरीबी है; किंतु आवश्यकता से अधिक उत्पादन न होने के कारण शोषण की भी कोई गुंजाइश नहीं है।

तकनीकी विकास ने किस प्रकार इस आदिम समता को दुर्बल बनाया, और हम किस प्रकार

आदिम साम्यवाद से वर्गीकृत समाज तक की ऐतिहासिक विकास की इस प्रक्रिया का मूल्यांकन करें; ये कुछ ऐसे प्रश्न हैं जिनकी बारीकियों में जाने की इस समय आवश्यकता नहीं है। अभी तो हमें यह देखना है कि मूल आर्थिक आधार यानी साम्यवाद से समूल अलग कर दिए जाने, और अपूर्ण रूप से अजनजातीय सामाजिक ढांचे में लाए जाने पर जनजातीय तत्व किस प्रकार अपनी मूल शक्ति और सार्थकता खो बैठते हैं तथा प्रतिगामी बन जाते हैं। ये एकदम रिक्त और निर्जीव होकर अतीत का निष्प्राण बोझ बन जाते हैं। हम देख चुके है कि जनजातीय तत्व किस प्रकार ग्राम समुदायों, जातीय प्रणाली और संहितावद्ध कानूनों में जीवित रहे। अब हम देखेंगे कि इनकी अवनति कैसे हुई।

पहले ग्राम समुदाय को लें। भारत में बिटिश राज द्वारा इन ग्राम समुदायों के विनाश के संबंध में मार्क्स की प्रसिद्ध टिप्पणी नीचे दी गई है। उल्लेखनीय है कि मार्क्स ने इन्हें अर्ध असभ्य अर्ध सभ्य समुदाय बताया। अर्थात् एक ऐसा पेचीदा सामाजिक ढांचा जो जनजातीकरण की अपूर्ण प्रक्रिया का परिणाम था :

> उन असंख्य परिश्रमी पितृसत्तात्मक और निरापद सामाजिक समुदायों को असंगठित और छोटी छोटी इकाइयों में विभाजित होते देखकर मानवीय भावनाओं को कितनी पीड़ा पहुंची होगी। ये लोग विपत्तियों के सागर में ढकेल दिए गए, अपनी प्राचीन सभ्यता और जीवन यापन के वंशानुगत साधनों से वंचित हो गए। किंतु हमें नहीं भूलना चाहिए कि प्राकृतिक सौंदर्य से भरपूर गांवों में रहने वाले ये समुदाय चाहे कितने ही निरापद प्रतीत होते हों किंतु वे सदा ही प्राच्य निरंकुशता का ठोस आधार रहे। उनके सोचने की क्षमता लगभग नगण्य थी जिससे वे अंधविश्वासों की कठपुतली बन गए, परंपरागत नियमों व निषेधों में जकड़ गए और अपने सारे पुराने वैभव तथा ऐतिहासिक शक्ति से विहीन हो गए। हमें नहीं भूलना चाहिए कि इनमें एक असंस्कृत व्यक्ति वाला अहं भाव भी था। वे अपने छोटे से खेत पर काम करते हुए कई साम्राज्यों का विनाश, अवर्णनीय क्रूरता, और बड़े नगरों में किए गए नरसंहार को चुपचाप देखते रहे तथा उन्हें प्राकृतिक घटनाएं मात्र समझा, जबकि वे स्वयं आततायियों के निरीह शिकार बने रहते थे। हमें नहीं भूलना चाहिए कि उनके इस अपमानपूर्ण, कुंठित और निष्क्रिय जीवन ने, उनके इस गतिहीन अस्तित्व ने, बर्बर निरुद्देय विनाशकारी शक्तियों को जन्म दिया और हिंदुस्तान में हत्या जैसे जघन्य कार्य को एक धार्मिक अनुष्ठान बना दिया। (85.382-4)

इसी प्रकार हम देख चुके हैं कि जातीय व्यवस्था भी मूलतः कबीलों की समाज व्यवस्था का अवशेष थी। जनजातीय जीवन में विभिन्न कबीलों के आपसी सहयोग की प्रणाली से सभी परिचित हैं। इस बात से भी सभी परिचित हैं कि प्राचीन भारत के सामाजिक ताने-बाने में वर्ण अथवा जातीय व्यवस्था के कारण विभाजित मानव समुदाय अपने आपको कितना अलग थलग महसूस करते थे। मार्क्स ने इन जातियों को, 'भारत की प्रगति और शक्ति के मार्ग में निर्णायक बाधाएं' कहा। (वही 390) और हम भारतीय यह अच्छी तरह जानते हैं कि मार्क्स ने यह बात बढ़ा चढ़ाकर नहीं कही। जनजातीय चरण में जो तत्व सब लोगों को प्राकृतिक विपदाओं का सामना करने के लिए संगठित करता था, वही बाद में अवशेष के रूप में देश के लोगों को एक दूसरे से दूर करने का प्रमुख कारण बन गया। प्रथाजन्य नियमों में भी जनजातीय व्यवस्था के अवशेष, अतीत का निष्प्राण बोझ मात्र प्रतीत हुए। इससे किसान सदियों पुरानी घिसीपिटी प्रथाओं के दास बन गए।

भारत में प्रत्येक व्यक्ति अपने वर्ग की प्रथाओं का दास है;विभिन्न वर्गों की बहुत सी प्रथाएं

हैं किंतु इनमें एक दूसरे से इतनी भिन्नता नहीं है जितनी कि सभ्य पश्चिम के आधुनिक समाज के स्त्री-पुरुषों के रीतिरिवाजों में है। (91.13-4)

21. विचारधारा को जीवित रखने की समस्या

हम यह मानकर चलेंगे कि विचारधारा मनुष्य की भौतिक गतिविधियों और भौतिक संबंधों के साथ प्रत्यक्ष रूप से जुड़ी होती है। क्योंकि भौतिक संबंध मानव जीवन की वास्तविक भाषा हैं। जिन नियमों द्वारा हम समाज की रचना तथा उसके वास्तविक आधार को समझते हैं, उन्हीं नियमों द्वारा विचारधारात्मक ऊपरी ढांचे को भी जानना होगा। इसलिए यदि यह सत्य है कि भारत की आम जनता के जीवन का अजनजातीकरण अधूरा ही रहा तो यह तर्कसंगत होगा कि उनके प्रमुख विश्व दृष्टिकोण के स्रोतों को जनजातीय लोगों के विश्वासों और विचारों में खोजा जाए, यद्यपि इस विश्व दृष्टिकोण का मूल महत्व जनजातीय अवशेषों की भांति, अंततः प्रतिगामी हो गया होगा।

हमारी सबसे अधिक दिलचस्पी इस विश्व दृष्टिकोण के मूल स्वरूप में है। हमारा तर्क है कि यह मूल स्वरूप, सहजस्फूर्त, भौतिकवादी और आद्य भौतिकवादी रहा होगा। यह जनजातीय जीवन में सामूहिक श्रम की विशेषता के कारण सजीव बना रहा होगा। दिलचस्प बात यह है कि श्रमिकों (लोकेषु आयतः) के जीवन में तो यह बना ही रहा, साथ ही यह जनसाधारण अर्थात् लोकायत के जीवन से भी पूरी तरह विलुप्त नहीं हुआ। ऐतिहासिक तथ्यों से इस तर्क की पुष्टि कहां तक हो सकती है, यह तो हमारे शेष अध्ययन से पता चलेगा, इस समय हम केवल एक प्रश्न उठाएंगे। क्या हमारे प्राचीन साहित्य में कोई ऐसा प्रमाण है जिससे यह संकेत मिलता हो कि पुरातन समाज व्यवस्था (गण) और पुरातन भौतिकवादी दृष्टिकोण के बीच कोई संबंध था? हां, इस तरह का प्रमाण है, भले ही वह अलग अलग टुकड़ों में बंटा हुआ हो। पाणिनि का एक सूत्र है (v.2.21) 'व्रातेन जीवति, अर्थात् व्रात जीवन व्यतीत करो। पतंजलि ने इस पर टिप्पणी करते हुए कहा :

> व्रात, अलग अलग वर्गो के लोगों के संघ है जिनके व्यवसाय निश्चित नहीं हैं किंतु वे श्रम करके जीवन व्यतीत करते हैं; उनका कार्य 'व्रातम' है। और जो लोग इस प्रकार के 'व्रात कर्म से जीते हैं वे 'व्रातिनः हैं।

इसी बात पर अन्य प्रामाणिक भाष्यों में और प्रकाश डाला गया है। 'काशिका के अनुसार :

> व्रात, भिन्न भिन्न प्रकार के लोगों के संघ और पूग हैं जिनके कोई निश्चित व्यवसाय नहीं हैं और जिनका सर्वोच्च लक्ष्य भौतिक संपदा और यौन सुख की प्राप्ति है (अर्थ-काम-प्रधानः)

भट्टोजि ने कहा :

> जो लोग बौद्धिक संपदा (बुद्धि वैभवेन) की बजाए, शारीरिक श्रमः (शरीरयसेन) द्वारा जीते हैं वे 'व्रातिनः (व्रातों के सदस्य) हैं।

आइए, अब हम इन कथाओं के निहितार्थों को देखें। गण, व्रात, संघ, पूग, श्रेणी, ये सभी शब्द एक दूसरे के पर्याय थे। हम पहले भी 'गण', 'संघ' और 'व्रात' शब्दों का विस्तृत अध्ययन कर चुके हैं और हमने देखा है कि मानव समाजव्यवस्था के संदर्भ में इनसे जिस सामूहिकता का संकेत मिलता है उसका सीधा सा अर्थ था जनजातीय सामूहिकता। इस प्रकार जिस 'व्रातिनः' का उल्लेख किया गया है वे जनजातीय लोग थे। प्रारंभिक व्याकरण शास्त्री उन्हें इसी अर्थ में जानते थे।

'काशिका' के अनुसार, जिन लोगों का वर्णन इस प्रकार किया गया है वे 'अर्थ-काम-प्रधान' थे यानी वे भौतिक समृद्धि और काम को मानव जीवन का सर्वोच्च लक्ष्य मानते थे। यह अति महत्वपूर्ण संकेत है। भारतीय दर्शन की शब्दावली में भौतिकवादियों के लिए इससे अधिक निश्चित कोई और संज्ञा नहीं हो सकती। इसलिए यह माना जा सकता है कि मनुष्य के अन्य आदर्श जैसे धर्म और मोक्ष अर्थात् धार्मिक उत्थान और आत्मा की मुक्ति सामूहिक जीवन व्यतीत करने वाले इन लोगों के मानस पर तब तक नहीं उभरे थे। मनुष्य के चेतन मन में आध्यात्मिक मूल्य, समाज के वर्गीकृत होने के साथ साथ उपजे। आदिम वर्गपूर्व समाज का विश्व दृष्टिकोण आध्यात्मिकता से पहले का था और इस प्रकार यह आदि भौतिकवादी था।

उल्लेखनीय है कि व्याकरणाचार्यों ने इस आदि भौतिकवाद और आदिम गण जीवन के बीच संबंधों के तर्कसंगत आधार का संकेत दिया। पतंजलि ने कहा कि ये लोग शारीरिक श्रम करके जीवन व्यतीत करते थे। भट्टोजि इससे भी आगे बढ़ गए और उन्होंने स्पष्ट रूप से इस शारीरिक श्रम (शरीरयस्) की तुलना बौद्धिक संपदा (बुद्धि-वैभव) से की। स्वाभाविक है कि व्याकरणाचार्यों को यह पतन सूचक प्रतीत हुआ। चूंकि वे वर्गों में विभाजित समाज में रहते थे इसलिए वे उनकी भावनाओं को न समझ पाए। उन्होंने अपने आसपास के जनजातीय जीवन को केवल घृणा और तिरस्कार की दृष्टि से ही देखा। 'शरीरयस्' या शारीरिक श्रम के प्रति घृणा रखना उनके लिए स्वाभाविक ही था, क्योंकि वर्गों में विभाजित समाज में शारीरिक श्रम को दासता का द्योतक माना जा चुका था। शारीरिक श्रम की प्रक्रिया से उत्पन्न सहज भौतिकवादी विश्वदृष्टिकोण को भी वे आदर की दृष्टि से नहीं देख पाए, क्योंकि उन्हें विश्व के प्रति यह दृष्टिकोण 'अर्थ काम प्रधान :' प्रतीत हुआ।

> जनजातियों से राष्ट्र और राज्य विकसित हुए, फिर नियम और राजनीति का उद्भव हुआ और इसके साथ ही मानव मस्तिष्क में मानव वस्तुओं के संबंध में विचित्र विचार उत्पन्न हुए। यह विचार था धर्म। ये सभी मानव मस्तिष्क की परिकल्पनाएं थीं जो मानव समाज पर छाई हुई प्रतीत हुई और इनके समक्ष, श्रमिक वर्ग द्वारा सृजित वस्तुएं गौण हो गईं। विशेषकर तब, जबकि समाज के विकास के अति प्रारंभिक चरण में जिस श्रम प्रक्रिया का समायोजन मानव मस्तिष्क ने किया था, उसी को वह दूसरों से करवाना चाहता था और स्वयं उस श्रम से बचना चाहता था। सभ्यता के तीव्र विकास का सारा श्रेय मस्तिष्क को अर्थात् मस्तिष्क की गतिविधि के विकास को दिया गया। लोग अपने कार्यों को अपनी आवश्यकताओं का नहीं बल्कि विचारों का परिणाम मानने के आदी हो गए। इस प्रकार एक समय ऐसा आया जब विश्व के बारे में आदर्शवादी दृष्टिकोण उभरा जो प्राचीन मूल्यों के पतन के बाद, मानव मस्तिष्क पर विशेष रूप से छाया हुआ है। (3.238-9)

भाववादी दृष्टिकोण के प्रादुर्भाव की एंगेल्स इस प्रकार व्याख्या करना चाहते थे। यह मार्क्सवाद पर मार्क्स और एंगेल्स के प्रथम पूर्ण वक्तृत्व के अनुरूप था।

> श्रम का वास्तविक विभाजन तब होता है जब भौतिक वस्तुओं और बौद्धिक श्रम का विभाजन होने लगता है। उस श्रम से मानव चेतना स्वयं पर गर्व कर सकती है कि वह वर्तमान क्रियाओं से भिन्न कुछ और है। वह किसी ठोस वस्तु को जन्म देने की बजाए वास्तव में किसी कल्पना को जन्म दे रही है। अब मानव चेतना, स्वयं को इस संसार से मुक्त कराने, और 'विशुद्ध' सिद्धांत, अध्यात्म ज्ञान, दर्शन, नीतिशास्त्र आदि का निर्माण करने की स्थिति में हो गई है। (80.19-20)

भारतीय दर्शन में भाववादी दृष्टिकोण के उद्भव के इतिहास की समीक्षा हम इसी दृष्टिकोण से

करने का प्रयत्न करेंगे। किंतु इस समय हमारी विशेष रुचि इस बात में है कि यदि शारीरिक श्रम (शरीरयस्) को घृणा के स्तर तक ले जाने वाली और बौद्धिक श्रम (बुद्धि-वैभव)को श्रयस्कर बताने वाली सामाजिक क्रिया, भाववादी दृष्टिकोण के समारंभ का सचमुच कोई संकेत देती है तो हमें पुरातन आद्य भौतिकवादी दृष्टिकोण के विनाश या अवनति की समस्या का समाधान भी इसी में खोजना होगा।

स्पष्ट है कि जब व्याकरणाचार्य, 'व्रातिनः' को 'अर्थ-काम-प्रधानः' कहकर संबोधित कर रहे थे तो वे जनजातीय समाज में तब भी सामूहिक जीवन बिताने वाले लोगों के पुरातन आद्य भौतिकवादी दृष्टिकोण के संबंध में चर्चा कर रहे थे। तब तक उनके मानस पर भाववादी दृष्टि-कोण और आध्यात्मिक मूल्यों का प्रादुर्भाव नहीं हुआ था; उनका मानस अथवा चेतना अभी शारी-रिक श्रम के कार्यों से अलग नहीं हुई थी और उसे सांसारिक कार्यो से मुक्त होना था और इस संसार में भौतिक संपत्ति (अर्थ) की प्राप्ति के अलावा किसी अन्य मानवीय आदर्श को खोजना था।

किंतु व्याकरणाचार्यों ने नहीं कहा कि इन व्रातिनः के लिए अर्थ ही सर्वोच्च लक्ष्य था। उन्होंने अर्थ के साथ-साथ काम की भी चर्चा की और काम का अर्थ था वासना की संतुष्टि। यह महत्त्वपूर्ण है, क्योंकि इससे हमें पुरातन आद्य भौतिकवादी दृष्टिकोण के स्वरूप का स्पष्ट संकेत मिलता है जिसकी चर्चा की गई है।

हम पांचवें अध्याय में देखेंगे कि अपने विकसित रूप में यह विश्व दृष्टिकोण तंत्रवाद में अभिव्यक्त हुआ और तंत्रवाद का मूल स्रोत उन विश्वासों में था जो प्ररंम्भिक काल में कृषि से संबद्ध जादू-टोने आदि में निहित था। वह विश्वास यह था कि मानव प्रजनन प्रक्रिया का अनु-करण करके प्रकृति की उत्पादकता बढ़ाई जा सकती है।

इस बात पर आगे चलकर विस्तार से विचार किया जाएगा और हम इस अध्याय को एक संक्षिप्त टिप्पणी के साथ समाप्त कर सकते हैं जो वैचारिक अथवा सैद्धांतिक अतिजीविता के प्रश्न के संबंध में है। हमने तर्क दिया है कि जनजातीय तत्व जिस रूप में लोगों के जीवन में अभी विद्यमान हैं, उसमें उनका मूल महत्व नही था बल्कि वे प्रतिगामी बन चुके थे। यदि मान लिया जाए कि सैद्धांतिक विचारधारा, सामाजिक वास्तविकता के साथ बड़ा महत्वपूर्ण संबंध रखती है तो हम यही अपेक्षा कर सकते हैं कि विचारधारात्मक अतिजीविता के इतिहास में भी वैसा ही परिवर्तन आया होगा। पांचवें अध्याय में हम देखेंगे कि सचमुच यह परिवर्तन कैसे आया। तांत्रिक विश्वास और क्रियाएं भारतीय जनसाधारण के जीवन पर अपनी पकड़ बनाए रहीं; किंतु इनका वैसा प्रबल प्रभाव नहीं रहा जैसाकि आद्य भौतिकवादी स्वरूप के समय था।

संक्षिप्त रूप में यही कहा जाएगा कि विश्वास और क्रियाएं भी प्रतिगामी बन गईं और इस प्रकार उन सभी आध्यात्मिक विचारों और शब्दों को ग्रहण करने लगीं जो इन पर बराबर थोपे जा रहे थे। इसके परिणामस्वरूप तंत्रवाद पर ढेर सारी भ्रामक सामिग्री लिख डाली गई। इसमें से कुछ में तो बौद्ध दर्शन की और कुछ अन्य में हिंन्दू धर्म की प्रबल छाप थी। इससे तथा-कथित बौद्ध तंत्र, शैव तंत्र, शाक्त तंत्र, वैष्णव तंत्र और न जाने कितने तंत्र उत्पन्न हो गए।

सच तो यह है कि तंत्रवाद पर विषमतापूर्ण साहित्य के इस ढेर के बढ़ने के साथ ही पुरातन आद्य भौतिकवाद के, आध्यात्मिक विचारों का सहज ग्राही बन जाने की प्रक्रिया का अंत नहीं हुआ। यही प्रक्रिया एक अन्य दिशा में भी उभरी और भारतीय दर्शन के इतिहास में इसके दूरगामी प्रभाव हुए। क्योंकि, जैसाकि हम पहले ही संकेत दे चुके हैं और जैसाकि हम और विस्तार से देखेंगे, सांख्य प्रणाली जब प्रारंम्भ हुई तो संभवतः यह उसी मूल तंत्रवाद के तुरातन

भौतिकवाद को ही प्रस्तुत कर रही थी चाहे यह प्रस्तुतीकरण प्रत्यक्षतः कुछ अधिक सचेतन रूप में रहा हो। किंतु, जैसा कि हम आगे चलकर यह भी देखेंगे, सांख्य दर्शन का मूल भौतिकवाद अंततः अपना प्रतिगामी बन गया और बहुत जल्द, सांख्य दर्शन के बारे में उपलब्ध आरंभिक ग्रंथ सांख्यां कारिका के समय में ही यह लगभग प्रच्छन्न वेदांत या पूर्ण भाववाद में परिवर्तित हो गया। किंतु इस पर छठे अध्याय में और विस्तार से लिखा जाएगा।

4

गौरी

भारतीय मातृ अधिकार का अध्ययन

अब हमें अपनी जनजातीय परंपराओं के एक अन्य पक्ष, मातृ अधिकार पर विचार करना है। लोकायत और विशेषकर तंत्र और सांख्य की मूल अवधारणाओं को समझने के लिए इसका स्पष्ट ज्ञान होना अति आवश्यक है। सांख्य की भांति तंत्र में भी नारी सिद्धांत या प्रकृति को, मूल सत्य यानी विश्वोत्पत्ति का कारण माना जाता है।यह विचार दार्शनिक कल्पनाओं में स्त्री की सामाजिक प्रधानता को प्रतिबंबित करता है। हमें यह देखना होगा कि स्थिति का युक्तिसंगत झुकाव एक प्रकार के सहज प्रकृतवाद या आद्य भौतिकवाद की ओर क्यों था। किंतु प्रारंभ में ही यह समझ लेना आवश्यक है कि मातृ अधिकार के आर्थिक आधार के संबंध में सामान्य सैद्धांतिक स्थिति क्या है।

हम तर्क देने जा रहे हैं कि चूंकि कृषि की खोज स्त्रियों ने की थी और प्रारंभ में केवल स्त्रियां ही कृषिकार्य करती थीं, इसलिए समाज में उनकी आर्थिक और सामाजिक स्थिति को सर्वोच्च बनाने के लिए अनुकूल परिस्थितियां उत्पन्न हो गई। भारतीय दर्शन की लोकायत धारा में प्रकृति (प्रकृति की प्रधानता) पर जो सैद्धांतिक बल दिया गया है, उसके भौतिक आधार का पता हमें इसी से चलता है। इसके विपरीत, वैदिक विचारधारा 'पुरुष प्रधान' थी। जैसाकि हम आगे चलकर देखेंगे कि इसका भौतिक आधार उन वैदिक जनों की पशुपालन अथवा चरागाही अर्थ व्यवस्था थी।

1. कृषि का आगमन और पुरुष के महत्व का विलोप

देश के कुछ भागों में एक लोक अनुष्ठान (फोक रिचुअल) है जिसे गणेश चतुर्थी व्रत कहा जाता है। यह व्रत भाद्रमास के (अगस्त-सितंबर) की चौथी तिथि से शुरू होकर कई दिन तक चलता है। इस अनुष्ठान की सबसे उल्लेखनीय बात यह है कि यद्यपि यह एक पुरुष देवता के नाम पर है किंतु इस व्रत में उस देवता की भूमिका लगभग नगण्य है। देश के कुछ अपेक्षाकृत अविकसित भागों में, इस धार्मिक अनुष्ठान में गणेश को बुवाई के मौसम (15-36) में नए चांद का प्रतीक मात्र माना जाता है। अन्य भागों में गणेश को इस व्रत की विभिन्न क्रियाओं के दौरान अचानक ही वहां से प्रस्थान कर जाना पड़ता है और फिर इस व्रत का समस्त चरित्र स्त्रैण हो जाता है। गुप्ते (इ. ए. xxxv पृ. 60 और आगे) के अनुसार, जिनके विवरण पर हम यहां निर्भर कर रहे हैं, व्रत के दूसरे दिन गणेश की प्रतिमा त्याग दी जाती है और इसके बाद केवल एक देवी का नाम ही सुनने को मिलता है। यह देवी है गौरी; किंतु यह गौरी हमारे परिचित पौराणिक देवी देवताओं वाली गौरी नहीं है इसके बजाए वह केवल कुछ पौधों की गठरी है जिसके साथ ही एक मानव प्रतीकात्मक प्रतिमा अर्थात् एक कुमारी कन्या की प्रतिमा होती है।

स्त्रियां पौधे इकट्ठा करती है और उसे हल्दी से बनाई गई चौक (अल्पना) के ऊपर रख देती हैं। जब इनका गठ्ठर बनाया जाता है तो विवाहिता स्त्रियों को सिंदूर दिया जाता है। व्रत की सारी क्रियाएं पौधों के इसी गठ्ठर के आस-पास होती है जिनमें केवल स्त्रियां भाग लेती हैं। इन पौधों और कुवांरी कन्या को घर के प्रत्येक कमरे में ले जाया जाता है और प्रश्न किया जाता है : गौरी गौरी तुम क्या देख रही हो ? कुम.री उत्तर देती हैं 'मुझे समृद्धि और धनधान्य की बहुलता दिखाइ दे रही है।' गौरी के इस नाटकीय आगमन को वास्तविकता का पुट देने के लिए फर्श पर उसके पैरों के निशान बनाए जाते हैं जिससे इसमें बात का आभास दिया जाता है कि वह वास्तव में इन कमरों में आई।

अगले दिन समारोह शुरू होने पर चावल और नारियल की गिरी से बने हुए पिंड देवी के सामने रखे जाते हैं। प्रत्येक हाथ से काता हुआ सुहागिन अपने से सोलह गुना लंबा सूत लेकर गौरी के सामने रखती है। फिर शाम को 'घर की सभी लड़कियां वहुत देर तक गाती और नाचती रहती हैं और फिर गौरी के समक्ष नाचने और गाने के लिए अपनी सखियों के घर जाती हैं।' दुर्भाग्य की बात है कि गुप्ते ने हमें इन गीतों और नृत्यों का कोई ब्योरा नहीं दिया। अगले दिन प्रतिमा को अर्द्धचंद्राकार मालपुए की भेंट चढ़ाई जाती है। फिर प्रत्येक स्त्री वह सूत जो उसने पिछली रात को प्रतिमा के सामने रखा था उठा लेती है। फिर हर स्त्री इस सूत का छोटा गोला बना लेती हैं और उसपर सोलह गांठें लगा लेती हैं। फिर इन्हें हल्दी में रंगा जाता है और तब हर स्त्री इसे अपने गले में पहन लेती है। सूत का यह हार वह अगले फसल कटाई दिवस तक पहने रहती है और फिर उस दिन सूर्यास्त से पहले इसे उतार कर विधिपूर्वक नदी में विसर्जित कर देती हैं। इस बीच, जिस दिन यह सूत का हार गले में पहना जाता है उस दिन गौरी की प्रतिमा को किसी नदी या तालाब में विसर्जित कर दिया जाता है और उसके किनारे से लाई गई मिट्टी को घर लाकर सारी जगह तथा बगीचे में बिखेर दिया जाता है। यहां भी स्त्री ही देवी की प्रतिमा को नदी तक ले जाती है और उसे यह चेतावनी दी जाती है कि पीछे मुड़ कर न देखे, ठीक उसी प्रकार जैसे किसी शव को ले जाते समय पीछे देखना वर्जित है।

ऐसे व्रत या अनुष्ठान करने के बाद आमतौर पर कथा होती है। इस व्रत की कथा बड़ी सीधी सी है। एक बार की बात है कि एक अति निर्धन व्यक्ति रहता था। वह अपनी गरीबी से तंग आकर डूबने के लिए नदी पर गया। वहां उसे एक वृद्ध विवाहिता स्त्री मिली; उसने इस निर्धन व्यक्ति को घर लौटने के लिए राजी किया और स्वयं भी उसके साथ गई। इस वृद्ध महिला के साथ उस व्यक्ति के घर में समृद्धि भी आई। अब उस वृद्धा का लौटने का समय आया। वह व्यक्ति उसे वापस नदी पार ले गया जहां वृद्धा ने नदी के किनारे मुठ्ठी भर मिट्टी उठाकर उसे दी और कहा कि यदि समृद्धि चाहता है तो इस मिट्टी को अपनी सारी संपत्तिपर बिखेर दे, वृद्धा ने उससे यह भी कहा कि हर साल भाद्र मास में वह गौरी के सम्मान में इसी प्रकार का अनुष्ठान किया करे। इस अनुष्ठान के संबंध में गुप्ते के विचार इस प्रकार हैं :

> इस क्रिया का तार्किक संकेत यह है कि : (1) नदी या तालाब के किनारे वाली कछारी भूमि वास्तव में खेती-बाड़ी के लिए सबसे उपयुक्त है; (2) वृद्ध स्त्री प्रतीक है जाते हुए पुराने मौसम का (3) युवा लड़की नए मौसम का प्रतीक है जो खिलने के लिए तैयार है जैसाकि 'छुई-मुई का चिह्न विशेष रूप से इंगित करता है; (4) लेटी हुई आकृति अथवा पुतला संभवतः पुराने मौसम के मृत शरीर का प्रतीक हैं और चावल तथा मोटे अनाज की जो भेंट चढ़ाई जाती है, वह यही संकेत देता है कि उस समय यह अनाज प्रस्फुटित हो रहा होता है; (5) अनाज की यह भेंट धान की नई फसल भादवी की आशा में दी जाती है—

> किंतु लेटी हुई आकृति की आत्मा का मध्यरात्रि को शरीर त्यागना, उस मौसम में खेतों में काम करने के अंतिम दिन का संकेत है, लेटी हुई आकृति को धरती माता की गोद में सुला देना, चारों ओर रेत का बिखेरा जाना और सोलह गांठों वाले गोले बनाना, ये सब मौसम, पुराने मौसम की समाप्ति नए मौसम के समारंभ के प्रतीक हैं जो सारे संसार की आदिम जातियों द्वारा मनाए जाते हैं और यहां इन्हें हिंदू रूप दे दिया गया है। सोलह गांठें लगाना और सोलह सूत्रों के गोले बनाना और फिर उसका हार बना लेना, इस बात का संकेत हैं कि धान की फसल के लिए इतने ही सप्ताह लगते हैं। (वही. xxxv. 62)

यह विचार बड़े रोचक हैं। सारे अनुष्ठान का केंद्र बिंदु भरपूर फसल की इच्छा हैं। किंतु इस अनुष्ठान की एक और विशेषता भी कम महत्व की नहीं है जिसकी ओर हमारे लेखक का ध्यान ही नहीं गया। वह पक्ष यह है कि सारा अनुष्ठान कृषि से संबंधित है अतः इसे केवल स्त्रियां ही करती हैं। इसमें किसी पुरुष देवता के अथवा किसी पुरुष के लिए कोई स्थान नहीं है। केवल पुरुष देवता का नाम इसके साथ कृत्रिम रूप से जोड़ दिया गया है। किंतु इस अनुष्ठान के साथ देवता का नाम जुड़े होने के कारण स्पष्ट है कि गुप्ते भ्रम में पड़ गए और उन्होंने कृषि संबंधी अनुष्ठान के साथ पुरुष देवता को संबद्ध करने का व्यर्थ प्रयत्न किया है। उनके अनुसार, धान की बालियों के पास रखे हुए छाज या कटी हुई फसल का गट्ठर सिर पर रख कर ले जाते हुए किसान के चित्र से, गणेश की प्रतिमा का विचार उभरा होगा (वही 61)। यह विचार एकदम विचित्र है और गंभीरतापूर्वक इसकी आलोचना करने की कोई आवश्यकता नहीं है। हमारे अति उत्साही लेखक ने गणेश और संसार के अन्य भागों के कुछ कृषि देवताओं की जो तुलना की है वह इससे मी अधिक विचित्र है : 'इस प्रसंग में भारत के गणेश देवता को, मैक्सिको की अनाज की देवी, टोंगा द्वीपसमूह की आलो आलो, ग्रीस की दिमित्तर या रोम की देवी सेरीस के बराबर माना जा सकता है।' (वही)

इस तुलना में लिंगभेद की समस्या उत्पन्न हो गई है। जिसके साथ हमारे गणेश जी की तुलना की गई है वे सभी देवियां हैं। हम देखेंगे कि इन सबके देवी होने का तर्कसंगत आधार क्या था। अन्य शब्दों में, कृषि की खोज होने के साथ ही देवताओं को पीछे हट जाना पड़ा। सच तो यह है कि हमारे लेखक ने स्वयं ही गणेश चतुर्थी व्रत के संबंध में इस पक्ष को देखा है :

> मुख्य देवी गौरी, जो फसल की देवी है, के संबंध में एक बड़ी विशिष्टता की चर्चा करना बाकी है। यह कहा जाता है कि उनके पति शिव ने चोरी-चोरी उनका पीछा किया और उनकी साड़ी की बाहरी चुन्नट में छिटे रहे। शिव का प्रतीक वह लोटा है जिसमें चावल भरे होते हैं और जो नारियल से ढका होता है। (वही 63)

स्पष्ट है कि गौरी और गणेश की भांति शिव के नाम को भी इस कृषि संबंधी अनुष्ठान के साथ पौराणिक देवी देवताओं में से उठाकर जोड़ दिया गया। किंतु प्रश्न यह है कि जब यह सारा अनुष्ठान ही मूल रूप से कृषि से संबद्ध है और पुरुष देवता को या तो गणेश की भांति इस सारे दृश्य से बाहर निकलना पड़ता है या फिर उनकी स्थिति शिव की भांति गौण हो जाती है। क्या कृषि अर्थव्यवस्था के प्रारंभिक चरण में ऐसी बात है जो नारी के सिद्धांत को वैचारिक क्षेत्र में प्रतिष्ठापित करती है?

2. शिकारी, कृषिकार्य रत, और पशुपालक जनजातियां

थामसन (48. i. 33) ने आज भी जीवित जनजातियों के आर्थिक विकास को दृष्टि में रखते हुए उनका निम्नलिखित प्रकार से वर्गीकरण किया है:

(i) अल्पविकसित शिकारी : जो इधर उधर से खाद्य पदार्थ इकट्ठा करते हैं और शिकार करते हैं।

(ii) कुछ अधिक विकसित शिकारी : शिकार करके और मछलियां पकड़ कर निर्वाह करने वाले।

(iii) पशुपालक या चरवाहे-दो स्तर दो श्रेणियां : दूसरी श्रेणी की जनजातियां पशुपालन के साथ साथ खेतीबाड़ी भी करती हैं।

(iv) कृषि कार्यरत तीन श्रेणियां : तीसरी श्रेणी वाली जनजाति, छोटे छोटे भूखंडों पर खुरपी से जुताई करने के बजाए खेतों में हल चलाकर जुताई का तरीका अपनाती हैं और कृषि कार्य के साथ साथ पशुपालन का कार्य भी करती हैं।

इस वर्गीकरण के संबंध में हमें दो बातें याद रखने को कहा गया है :

1. चरवाहों की दूसरी और कृषिकार्यरत जनजातियों की तीसरी श्रेणी में, 'हम और प्रगति के चिह्न देखते हैं। वे अन्य हस्तशिल्प भी करते हैं, स्थाई बस्तियां बनाकर रहते हैं, अंतः-जनजातीय वस्तुविनिमय करते हैं और लोहे के काम भी करते हैं। निचली श्रेणियों से जो जन-जातीय सामाजिक ढांचा इन्हें उत्तराधिकार में मिला, वह इस स्तर पर आकर टूटने लगता है।'

2, जनजातियों के इन वर्गों का कोई 'निश्चित कालक्रम नहीं है। खाद्य वस्तुएं इकट्ठी करके और शिकार करके निर्वाह करना सभी जगह सबसे पहले शुरू हुआ, किंतु स्थानीय वन-स्पति और पशु किस प्रकार के उपलब्ध हैं तथा आसपास की अन्य स्थितियां किस प्रकार की हैं उसी पर उच्च श्रेणियां निर्भर करती हैं। 'इस प्रकार, खाद्य वस्तुएं इकट्ठी करने और शिकार से निर्वाह करने की स्थिति के बाद, प्राचीन काल के कुछ लोग तो पशुपालनवाली अर्थव्यवस्था की ओर अग्रसर हुए जबकि कुछ अन्य लोगों ने कृषि की खोज कर ली। इन दोनों दिशाओं में प्रगति से अंततः जनजातीय प्रणाली टूटी। इस तरह आर्थिक प्रगति के दो समानांतर पथ बने जिनसे मनुष्य सभ्यता की ओर बढ़ा (तुल. 4. 259 और आगे)। हम भारतीय संस्कृति की दो मूल प्रवृत्तियों, वैदिक और अवैदिक को समझने के लिए उपरोक्त बात के महत्व को देखेंगे।

3. स्त्री और पुरुष का सामाजिक महत्व

हमारे अति प्राचीन पूर्वजों के जीवन में पुरुष और स्त्री का सामाजिक महत्व क्या था, इस प्रश्न का उत्तर देने के लिए हम अपने प्रस्तुत अध्ययन में अपनाई गई पद्धति के अनुसार मानव वंश-शास्त्र पर नजर डाल सकते हैं और देख सकते हैं कि आज जीवित जनजातियों के आर्थिक जीवन से इस बात का कैसा संबंध है। नीलगिरि पहाड़ियों में टोडा आदिवासियों का एक छोटा सा समुदाय हैं। यद्यपि उनकी संख्या बड़ी तेजी से घटती जा रही है, किंतु उन्होंने मानव वंश संबंधी पर्याप्त रुचि जगाई क्योंकि आज भारत में विशुद्ध रूप से पशुपालक अर्थव्यवस्था का प्रतिनिधित्व वे ही कर रहे हैं।

ये लोग विशुद्ध रूप से पशुपालक हैं और अन्य कोई कार्य नहीं करते। उनकी कृषि उत्पादनों की आवश्यकताओं की पूर्ति कन्नड़ जनजाति बड़गा करती है जो उसी पठार पर रहती है, जबकि दक्षिण भारत के जंगलों में रहने वाले लोग कोट, इन टोडा लोगों के लोहे और बर्तनों आदि की आवश्यकताएं पूरी करते हैं। (ई. आर. ई. xii. 354)

इस प्रकार, हमारे वर्गीकरण के अनुसार टोडा लोग पशुपालक अर्थव्यवस्था की प्रथम श्रेणी में आते हैं। उनका सामाजिक संगठन पुरुष की प्राधानता का ज्वलंत उदाहरण है।

वंशक्रम सदा ही पुरुष संतान के आधार पर चलता है। व्यक्ति अपने पिता के कबीले का

सदस्य माना जाता है। पितृत्व का निर्धारण विवाह से नहीं बल्कि तीर कमान दिए जाने के एक समारोह से होता है जो माता की गर्भावस्था के सातवें महीने में होता है—टोडा लोग बहुपत्नी विवाह करते हैं जो सहभगिनी विवाह होते हैं। पहले यह प्रथा अपने शुद्ध रूप में संभव थी क्योंकि बालिकाओं का वध कर देने का रिवाज था। किंतु यह रिवाज अब उतना प्रचलित नहीं है। यद्यपि कभी कभी आज भी बालिकाओं को पैदा होते ही मार डाला जाता है। (वही)

असम को खासी जनजाति काफी बड़ी है जिसकी चर्चा यहां प्रासंगिक होगी :

उनका प्रमुख उद्योग कृषि है किंतु साथ ही वे शिकार करने, मछली पकड़ने और पशुपालन जैसे काम भी करते हैं। उनकी मुख्य फसल धान है। खाद का उपयोग वे भलीभांति जानते हैं। किंतु प्रदेश के अधिकतर भागों में इस जनजाति को हल का उपयोग करना नहीं आता है। (48. i. 151)

इस तरह, हमारे वर्गीकरण के अनुसार खासी लोगों को तीसरी कृषीय श्रेणी में रखा जाएगा :

उनका समाजिक संगठन आज भी विद्यमान मातृसत्तात्मक व्यवस्था का सर्वाधिक आदर्श उदाहरण है। यह व्यवस्था बड़े युक्ति संगत और सुचारू ढंग से संचालित है। यहां तक कि जो लोग पिता की सत्ता को समाज का आधार मानते हैं उन्हें भी यह व्यवस्था अति विलक्षण प्रतीत होती है। माता न केवल परिवार की मुखिया तथा परिवार को संगठित रखने का एकमात्र माध्यम है, बल्कि पहाड़ों के सर्वाधिक आदिम क्षेत्र सिंतेंग प्रदेश में वह वास्तविक संपत्ति की एकमात्र स्वामिनी है और उसी के द्वारा उत्तराधिकार का निर्धारण होता है। बच्चों के साथ पिता का कोई रिश्ता नहीं है। बच्चे अपनी माता के वंश के माने जाते हैं। पिता जो कुछ अर्जित करता है वह उसकी माता के कुल को मिलता है और मृत्यु हो जाने पर उसकी अस्थियां माता के रिश्तेदारों के शिला स्मारक वृत्त में रख दी जाती हैं। जोवाई में वह न तो अपनी पत्नी के घर में रहता है और न ही वहां कुछ खाता है। वह अंधेरा होने के बाद ही वहां जाता है। जनजातीय समाज में बड़े-बूढ़ों का बहुत आदर किया जाता है। बड़े बूढ़ों के प्रति आदर ही जनजातीय धर्मनिष्ठा का आधार है। यह आदर केवल सबसे वृद्ध स्त्री और उसके भाई को मिलता है। मृतकों की स्मृति बनाए रखने के लिए चपटे चपटे स्मारक पत्थर लगाए जाते हैं जो कुल माता के नाम पर होते हैं। इनके पीछे खड़े पत्थरों की पंक्ति होती है जो माता पक्ष के पुरुष रिश्तेदारों को समर्पित होते हैं। पूर्वज पूजा की इस विधि के अनुरूप जिन अन्य दिवंगत आत्माओं की आराधना की जाती है उनमें मुख्यतया स्त्रियां होती हैं। वैसे इनमें पुरुष पूर्वज भी होते हैं। बीमारी और मृत्यु की शक्तियों को स्त्रीय माना जाता है और सबसे अधिक पूजा इन्हीं की होती है। दो देवियों को परिवार की रक्षक मानते हैं यद्यपि उनके साथ-साथ वंश के प्रथम पितामह की भी आराधना की जाती है। सभी धार्मिक अनुष्ठानों का संचालन पुजारिन करती हैं और पुरुष पुजारी उनके अधीनस्थ सहायक होते हैं। एक प्रमुख राज्य खाईरिम में, प्रधान पुजारिन और वास्तविक राज्याध्यक्ष एक स्त्री है जो धार्मिक और शासकीय दोनों कार्यों को चलाती है। (ल्याल, 29. xix—xx में उद्धृत)

हमारे अध्ययन के लिए टोडा और खासी लोगों के उदाहरण विशेष महत्व के होंगे, क्योंकि इनसे स्पष्ट होता है कि पशुपालक अर्थव्यवस्था का संबंध पुरुष की सामाजिक प्रधानता से है जबकि प्रारंभिक कृषि अर्थव्यवस्था का संबंध स्त्री की प्रधानता से है।

आइए, अब हम सामाजिक विकास के इससे भी पूर्व के चरण की ओर लौटें। मजूमदार

(74.106) द्वारा आर्थिक आधार पर किए गए वर्गीकरण के अनुसार भारत की निम्नलिखित जनजातियां अभी भी 'शिकार करके और खाद्यपदार्थ संग्रह करके अपना निर्वाह करने वाले चरण में हैं' : ये जनजातियां है : राजी (उत्तर प्रदेश) ; खरिया और बेरहोर (बिहार) कूकी और कोन्यक (असम) ; हिल मारिया (मध्य प्रांत) ; कोया, कौनता रेड्डी, पालियन, कदर, हिल पंतराम (मद्रास और हैदराबाद); जुआंग (उड़ीसा)। इनमें पितृवशपरंपरा की प्रमुखता है। (उदाहरणार्थ 130. ii. 161, 331) शिकार पर निर्भर करने वाली जनजातियों के और उदाहरण आस्ट्रेलिया में मिलेंगे और इनमें बहुत सी जनजातियों में पितृ वंशपरंपरा है (48. i. 42-3)। फिर भी इनमें कुछ रीतिरिवाज ऐसे हैं जो यह संकेत देते हैं कि अतीत में इनके यहां मातृ वंशपरंपरा थी।

> आस्ट्रेलिया में एक दूसरे से बिलकुल अलग दो जनजातियां हैं जिनके बारे में हमें बहुत अधिक जानकारी है। इनमें एक विस्तृत नियम संहिता है जिसके अनुसार विवाहित पुरुषों को शिकार से प्राप्त अधिकांश जानवर अपनी पत्नियों के माता-पिता को दे देने होते हैं। ऐसे ही नियम संसार के अन्य भागों में भी पाए जाते हैं। इनसे एक ऐसे समाज का संकेत मिलता है जिसमें पुरुष उस कबीले में जाकर रहते थे जहां से उनकी पत्नियां आई थीं। अर्थात एक मातृसत्तात्मक कबीला था जिसमें सारी सत्ता स्त्रियों में केंद्रित थी। (वही.i. 43)

इन सब बातों को ध्यान में रखते हुए अब हम मातृ अधिकार के आर्थिक आधार से संबद्ध सामान्य प्रश्न पर विचार आरंभ कर सकते हैं।

4. मातृ अधिकार

रिवर्स ने मातृ अधिकार की व्याख्या करते हुए उसकी परिभाषा इस प्रकार दी है :

> एक ऐसा सामाजिक संगठन जिसमें समुदाय के अन्य सदस्यों के समक्ष व्यक्ति के अपने अधिकार और सारे समुदाय के समक्ष उसके अधिकार इस बात से निर्धारित होते हैं कि माता के साथ उसका क्या संबंध है। ऐसी स्थिति में समाज के प्रति व्यक्ति के उत्तरदायित्वों, उसके अधिकारों और विभिन्न निषेधों का नियमन और इनका क्षेत्र, उन संबंधों से निर्धारित होता है जो उसकी माता के संबंधियों और माता के सामाजिक वर्ग के साथ हैं। (ई. आर. ई. viii. 851)

इस संबंध में रिवर्स ने निम्नलिखित प्रमुख तत्वों का उल्लेख किया है : वंश, संबंध, उत्तराधिकार, अधिकार, और विवाह। मातृ अधिकारात्मक विशुद्ध स्थिति कहीं कहीं उत्पन्न होती है। यह मुख्यतया असम की खासी जनजाति और उत्तरी अमरीका की कुछ जनजातियों (इरोगी और सेरी रेड इंडियन) में पाई गई है। अन्य जातियों में संगठन संबंधी उपरोक्त तत्वों में से केवल एक दो ही प्रमुखता से होते हैं। बेचोफेन के बाद पिछली शताब्दी में, मानव वंशविज्ञान विशेषज्ञ इस बात पर समान रूप से सहमत थे कि मातृ अधिकार वास्तव में सामाजिक व्यवस्था के मूल रूप को प्रस्तुत करता है। अनेक समकालीन विद्वान इस मत को कड़ी चुनौती देते हैं यद्यपि उनमें किसी निश्चित विकल्प के बारे में कोई सहमति नहीं है। हाल में वर्षों में विस्तृत आंकड़ों तथा सूचनाओं के आधार पर ब्रिफो ने पुरानी व्यवस्थावाले विचार की पुष्टि की है। वैसे उन्होंने इसमें कुछ महत्वपूर्ण संशोधन भी सुझाए हैं। (48. i. 43)

पुराने मत के पक्ष और विपक्ष में विचार व्यक्त करने वाले अधिकांश विद्वानों द्वारा दिए गए प्रमाण ज्यादातर ऐसे हैं जो मुख्यतया एक समाज व्यवस्था से दूसरी समाज व्यवस्था में

परिवर्तित होने के मामले हैं। इस प्रकार के प्रमाण स्पष्ट रूप से मातृ अधिकार की व्यवस्थावाले समाज की स्थापना पहले होने का संकेत देते हैं। पुराने मत के समकालीन आलोचकों में से एक रिवर्स भी हैं। उन्होंने स्वीकार किया है :

> संसार के कई भागों में हमें इस बात का निश्चित प्रमाण मिला है कि मातृ अधिकार की परिस्थिति या तो पितृ अधिकार में बदली या उसने एक ऐसे सामाजिक संगठन का रूप ले लिया जिसमें पिता और माता दोनों के रिश्तेदारों के सामाजिक अधिकारों को मान्यता दी जाती है। इस प्रकार का एक प्रमाण यह है कि यूरोप में मातृ अधिकार का कोई रूप कभी विद्यमान था, जबकि सूडान में ऐतिहासिक प्रमाण है कि पांच सौ साल पहले बेजा जनजाति जो आज निश्चित ही पिता के वंशक्रम को मानती है, उन दिनों माता के वंश से क्रम निर्धारित करती थी और संपति के उत्तराधिकारी बहन या पुत्री के लड़के होते थे। मेलानेशिया में और अमरीका के कुछ भागों में इस बात के निश्चित प्रमाण हैं कि मातृ वंशानुक्रम वाले समाज की स्थापना हुई और यह संक्रमण प्रक्रिया मेलानेशिया के कुछ भागों में अभी भी चल रही है। दूसरी ओर विश्व के किसी भी भाग से ऐसा सुस्पष्ट प्रमाण नहीं मिला है जिससे यह संकेत मिलता हो कि पहले पितृ वंशानुक्रम चल रहा था जो बाद में परिवर्तित होकर मातृ वंशानुक्रम बन गया। (ई. आर. ई. viii॰ 858.)

आश्चर्य की बात है कि उसी लेखक ने अपने उसी लेख में यह टिप्पणी की : किंतु जहां यह लगभग निश्चित है कि आम तौर पर सारे विश्व में मातृ अधिकार से पितृ अधिकार में परिवर्तित होने की संक्रमण क्रिया हुई, वहीं यह भी संभावना है कि इनके ठीक प्रतिकूल परिवर्तन ही हुआ हो।' (वही) किंतु लेखक ने प्रतिकूल परिवर्तन प्रक्रिया के जो संभावित उदाहरण बताए हैं वह ऐसी प्रक्रिया नहीं है जो वास्तव में घटित हुई हो, बल्कि यह तथ्य है कि कुछ प्रत्यक्ष रूप से पिछड़ी जनजातियों में पितृ अधिकार के स्पष्ट तत्व हैं जबकि कुछ अन्य अपेक्षाकृत अधिक सुसभ्य जनजातियों के सामाजिक संगठन में मातृ अधिकार के दृढ़ तत्व हैं। रिवर्स ने उत्तरी अमरीकी जनजातियों के प्रमाण का उल्लेख किया है :

> न केवल हुरो की और प्यूऐब्लो रेड इंडियन जैसे कुछ मातृ वंशीय लोगों की संस्कृति इस महाद्वीप की अति विकसित संस्कृतियों में से एक है, बल्कि जहां डेन या उत्तरी अथपास्कन जैसे लोग, मातृ और पितृ दोनों वंशों से चलते हैं, वहां अल्पविकसित संस्कृतिवाले लोग ही हैं जो मातृ वंशीय परंपरा अपनाए हुए हैं। (वही)

ऐसे प्रमाण महत्वपूर्ण हैं। हमने पहले देखा कि शिकार से निर्वाह करने वाली जनजातियों में पितृ अधिकार के तत्व असामान्य नहीं हैं, जबकि खासी जनजाति एक विकसित कृषि चरण में (यद्यपि यह चरण पशुओं द्वारा जोते जाने वाले हल के उपयोग के शुरू होने के पहले का होगा) मातृ अधिकार का अति विशिष्ट उदाहरण है। पिछली शताब्दी के मानव वंशशास्त्र के विशेषज्ञों और हमारे समकालीन आलोचकों ने एक बात पर ध्यान नहीं दिया। वह है, स्त्री अथवा पुरुष के सामाजिक प्रभुत्व का आर्थिक आधार। सामजिक प्रभुत्व तथा आर्थिक आधार के बीच संबंध के बारे में हम थामसन को उद्धृत करेंगे :

> शिकार के चरण से पूर्व के समाज में कोई उत्पादन नहीं होता था केवल बीजों, फलों और छोटे जानवरों को यहां वहां से अपने अधिकार में ले लिया जाता था और इसके परिणामस्वरूप श्रम का कोई विभाजन नहीं था। (48-i-41-2)

ऐसी परिस्थिति में समाज में स्त्री की प्रधानता होना स्वाभाविक है क्योंकि जब कोई उत्पादन नहीं होता था तो उत्पादन के दृष्टिकोण से किसी के श्रेष्ठ होने का कोई प्रश्न नहीं था, जबकि

शिशुओं के लालन-पालन और उन्हे अपनी परंपराओं का ज्ञान कराने जैसा सर्वाधिक महत्त्वपूर्ण कार्य इस चरण में केवल स्त्रियां करती थीं :

> दो प्रकार के प्राकृतिक संबंध हैं, यौन और जन्मदाता के संबंध। उच्च जीवों में दोनों संबंध परस्पर निषेधक होते हैं। मादा अपनी गर्भावधि और स्तनपान कराने वाले कार्य में यौन क्रिया विरक्त रहती हैं और बच्चे को खिलाने-पिलाने तथा उसकी देखभाल करने के काम में नर का योगदान बहुत कम या बिल्कुल ही नहीं होता। यह बात गोरिल्ला, बंदर आदि सहित सभी दूध पिलाने वाले जानवरों के बारे में सामान्य रूप से सत्य है। यही बात मनुष्य के बंदर जैसे पूर्वजों के बारे में भी सच है तो इसका मतलब है कि अनुकरण से सहयोग तक की स्थिति तक पहुंचने में जो प्रगति हुई वह माता-पिता के संबंधों के विकास से हुई, विशेषकर माता और उसके बच्चों के बीच संबंध विकसित होने से। इसलिए यह कहा जा सकता है कि उत्पादन के विकास के लिए एक परिस्थिति यह थी कि सहयोग की उन आदतों का विस्तार और रूपांतर हुआ जो अनुकरण पर आधारित थी और यही अनुकरण माता और उसके बच्चे के बीच बंदर से मनुष्य तक के संक्रमण काल के दौरान संबंधों की विशेषता थी। बंदरों में,बड़े होने पर माता-पुत्र संबंध; यौन संबंध में बदल जाता है। किंतु मनुष्य के मामले में यह संबंध धीरे धीरे इतना विस्तृत होता चला जाता है कि वह समुदाय के सभी सदस्यों के साथ अयौनी सामाजिक संबंध के रूप में स्थापित हो जाता है। इस प्रकार माता और उसके बच्चों के बीच प्राकृतिक लगाव से समुदाय में रिश्ते की भावना आई, एक दूसरे के प्रति अपने अपने कर्त्तव्यों के बारे में चेतना उपजी और परस्पर स्नेह का अविर्भाव हुआ। इसलिए खासी जनजाति के इस मुहावरे में वास्तविक सत्य है,' स्त्री से कबीला उत्पन्न हुआ। (वही ii-41-2)

इस प्रकार प्रारंभिक सामाजिक संगठन का केंद्रबिंदु माता थी और यह स्थिति बहुत लंबे समय तक बनी रही। पिछली शताब्दी के मानव वंशविज्ञान के विशेषज्ञों का इस बात पर बल देना ठीक ही था कि मानव समाज के प्रारंभिक चरण की विशेषता थी मातृ अधिकार। फिर भी उनके मत में काफी संशोधन करने की आवश्यकता है, क्योंकि उन्होंने समाज में स्त्री और पुरुष के प्राधान्य के संबंध में बाद में होने वाले उन परिवर्तनों को अनदेखा कर दिया जो उत्पादन की विधि के विकास और परिवर्तनों के परिणामस्वरूप हुए। इस संदर्भ में हम थामसन का एक लंबा उद्धरण देगें :

> किंतु जब भाले का आविष्कार हुआ तो शिकार का काम पुरुषों का हो गया जबकि स्त्रियों ने खाद्य सामग्री इकट्ठा करने का काम जारी रखा। शिकारी जनजातियों में विश्व भर में स्त्रियों और पुरुषों के बीच इस प्रकार का श्रमविभाजन था, जो इसलिए हुआ क्योंकि गर्भावस्था और स्तन्यकाल के दौरान स्त्रियां अपेक्षाकृत कम गतिशील थीं।
>
> शिकार के साथ ही जानवरों को पालतू बनाने की प्रवृत्ति आई। जानवरों को मारने के बजाए उसे जीवित ही घर लाया जाता था और वहीं रखा जाता था। इसीके अनुरूप पशुपालन का कार्य लगभग सभी जगह पुरुषों का रहा है। दूसरी ओर, खाद्य सामग्री इकट्ठा करने की क्रिया से, बस्ती के आसपास की जमीन में बीज बोने की प्रवृत्ति का जन्म हुआ और इस प्रकार खेती का काम स्त्रियों द्वारा किया जाने लगा। इसके बाद पशुओं द्वारा चलाए जाने वाले हल का उपयोग शुरू होने पर कृषि कार्य पुरुषों के जिम्में आ गया। अफ्रीका के कुछ भागों में, जहां हल का उपयोग हाल हीं में शुरू हुआ है, यह कार्य परिवर्तन अभी भी चल रहा है। उत्पादन विधि के साथ स्त्री या पुरुष के संबंधों में परिवर्तनों के संदर्भ

> में ही पितृ वंशानुक्रम की प्रथा के उदय को देखा जा सकता है। यह प्रक्रिया शिकार के साथ शुरू हुई और पशुपालन के चरण में इसमें गति आई, किंतु कृषि के प्रारंभिक चरण में यह प्रक्रिया उलटी हो गई।
>
> यह प्रश्न उठाया गया है कि यदि वंशानुक्रम सबसे पहले मातृ मूल के आधार पर चलता था तो अधिकांश पिछड़े लोगों में यह पितृ कुल के आधार पर और कुछ अन्य अधिक विकसित जनजातियों में मातृ कुल के आधार पर ही क्यों बना हुआ है? इसका उत्तर यह है कि शिकारवाली अर्थव्यवस्था की मूल विशेषता थी स्त्री और पुरुष के बीच का श्रम-विभाजन। यह ऐसी व्यवस्था थी कि पितृ कुल के आधार पर वंशानुक्रम चलना स्वाभाविक था। आधुनिक शिकारी जनजातियों में से अधिकांश में पितृ कुल के अनुसार वंशानुक्रम इसलिए चलता है क्योंकि उनका आर्थिक जीवन उसी स्तर तक आकर रुक गया। इसके विपरीत जब हम यह देखते हैं, और जैसा कि हम देखेंगे, सभ्य लोगों के प्रागैतिहासिक काल में मातृ कुल के अनुसार वंशानुक्रम का चलन विकास के काफी उच्च चरण तक बना रहा जबकि मानव वंशविज्ञान के आंकड़ों और सूचनाओं से ऐसा प्रतीत नहीं होता। इसका कारण यह है कि ये लोग बहुत जल्द शिकारी जनजातियों से विकसित होकर कृषिकार्यरत जनजातियां बन गए। (वही. i. 42-3)

सारांश यह है कि स्त्री और पुरुष का सामाजिक महत्व आर्थिक जीवन के विकास से जुड़ा हुआ है। शिकारवाले चरण से पहले के काल में मातृ अधिकार था। किंतु शिकार का चरण आरंभ होने पर सामाजिक श्रेष्टता पुरुष को मिली। इस चरण के बाद के काल में जो लोग विकास के पथ पर चलते हुए पशुपालक अर्थव्यवस्था में पहुंचे उनमें पुरुष की श्रेष्टता और भी सुदृढ़ हो गई। किंतु जिन लोगों ने कृषि की खोज की, वहां स्थिति उलटी हो गई। इनमें मातृ अधिकार फिर मे स्थापित हुआ। कृषि का और विकास होने के साथ ही, विशेषकर पशुओं द्वारा हल चलाने की क्रिया के साथ कृषिकार्यरत जनजातियों में मातृ अधिकार अपना स्थान अंतिम रूप से खो बैठा।

देवी और देवताओं का सृजन तो मनुष्य की आकृति के अनुरूप ही होता है। समाज में स्त्री और पुरुष के महत्व में परिवर्तनों की झलक भी देवी-देवताओं के महत्व के परिवर्तन में प्रतिबिंबित हुई। शिकारी और पशुपालक चरणों के समाज में मुख्यतया देवता हैं जबकि चरण के प्रारंभिक काल में देवियों का स्थान ऊंचा है। हमारा तर्क है कि इन बातों से हमें वैदिक और अवैदिक दृष्टिकोणों के बारे में कुछ संकेत मिलते हैं।

5. पुरुष सूक्त और पशुपालक अर्थव्यवस्था

लगभग सभी विद्वान इस विचार से सहमत हैं कि प्रारंभिक वैदिक जनों का आर्थिक जीवन मुख्यतया पशुपालक जीवन था। इसके बाद भी उपनिषद (यह बात बल्कि काफी सुज्ञात है उदा. छां. उप. iv. 4.5) काल तक ऋषिमुनि अपनी संपत्ति को पशुधन के आधार पर आंकते थे। हम आठवें अध्याय में प्रारंभिक वैदिक साहित्य, विशेषकर ऋग्वेद की संक्षिप्त समीक्षा करेंगे और देखेंगे कि इस सारे साहित्य में अधिक से अधिक पशु प्राप्त करने की इच्छा दिखाई पड़ती है। अभी तो केवल कुछ विशेषज्ञों के मतों की चर्चा करना ही हमारे लिए पर्याप्त होगा। इस प्रसंग में विंटरनिट्स का मत है :

> ऋग्वेद में चावल के बारे में कोई नहीं जानता था जो कि बाद में प्रमुख कृषि उत्पादन और भारतीयों का मुख्य खाद्य बन गया। ऋग्वेद से पता चलता है कि केवल जौ उगाया जाता

> था और उस काल में कृषि का बहुत मामूली सा महत्व था। आय का प्रमुख स्रोत पशुपालन था और मुख्य पशु बैल था—श्लोकों और देव स्तुतियों में बार बार पशु और घोड़ों के लिए प्रार्थनाएं की गई हैं। इसके अलावा विरोधी स्थानीय निवासियों के साथ पशुधन की प्राप्ति के लिए संघर्ष होता है। इसीलिए युद्ध के लिए जो प्राचीन शब्द प्रयोग में लाया जाता था, उसका अर्थ था पशु धन की इच्छा (राविष्टि)। अतिशयोक्तिपूर्ण आख्यानों में गाय और बैल को बहुमूल्य संपत्ति बताते हुए इनकी स्तुति की गई है। अपने बछड़े की ओर भागते हुए रंभाने वाली गायों के स्वर को प्राचीन भारतीय जन सबसे मृदु संगीत मानते थे। एक कवि कहता है कि 'गायक इस प्रकार इंद्र का आह्वान कर रहे हैं जैसे गऊ माता अपने बछड़े के लिए रंभाती है।' देवताओं की तुलना बैल के साथ और देवियों की तुलना गाय के साथ बड़े सहज रूप में की गई है। गाय का दूध न केवल प्रमुख खाद्य पदार्थ था बल्कि देवताओं के लिए किए जाने वाले यज्ञों में दूध और घी प्रमुख सामग्री थी। गाय के स्तनों से निकला हुआ धारोष्ण दूध पीना पसंद किया जाता था और वैदिक ऋषि इस चमत्कार पर आश्चर्य करते थे कि 'जीवित' गाय पकाया हुआ दूध कैसे देती है। (124.i.64-5)

अन्य विद्वानों (उदा. 92.166) के लेखन में भी ऐसी ही बातें मिलती हैं जिन्हें उद्धृत किया जा सकता है लेकिन इसकी आवश्यकता नहीं है। वास्तव में, वैदिक काल का अध्ययन करने वाले विशेषज्ञ आम तौर पर यही कहते हैं कि वैदिक जन विशेषकर प्रारंभिक काल में मुख्यतया पशुपालक थे। वैदिक काल की अर्थव्यवस्था में कृषि की भूमिका न केवल गौण थी बल्कि इसे हीन भाव से देखा जाता था। पशुपालन करने वाले लोगों को कृषि के प्रति विरक्ति थी (67. iii. 59, 111)। मित्र (इ. ए. लेख xx : 'प्रिमिटिव आर्यन्स') का मत है कि पारसी धर्मावलंबियों के प्रति वैदिक जनों की घृणा भी इसी कारण उपजी। यह सर्वविदित है कि मनु के अनुसार ब्राह्मणों को खेतीबाड़ी का काम करना वर्जित था (एस. बी. ई. xxv.86, 106 और आगे, 420 और आगे) बौधायन (1.5.101) ने भी यही देखा कि कृषि और वेदों के अध्ययन के बीच वास्तविक विरोध था :

> पशुपालक समाज के योद्धाओं (अर्थात् वैदिक जन) ने उत्तर भारत के उपजाऊ मैदानों में अपने पैर जमाए; उन्होंने कभी भी जमीन जोतने का काम नहीं किया और इसे स्थानीय निवासियों के लिए छोड़ दिया। वास्तव में उन्हें सभी पशुपालक योद्धाओं की भांति कृषि से बहुत घृणा थी और वे इसे विजित जातियों का व्यवसाय मानते थे। (67.iii.59)

'पशुपालक अर्थव्यवस्था वाले समाज में पुरुष के प्रभुत्व की स्वाभाविक प्रवृत्ति है। हमने टोडा लोगों का उदाहरण देखा जो भारत में एकमात्र जीवित पशुपालक जनजाति है और इनका सामाजिक संगठन पितृसत्तात्मक है। सच तो यह है कि कोई भी पशुपालक लोग ऐसे नहीं हैं जो पितृसत्तात्मक न हों, क्योंकि लगभग सभी जगह पशुपालन का काम पुरुषों का है।' (48.i.42)

> पुरुषों के हाथ में निश्चित रूप से आर्थिक सत्ता पहली बार तब आई जब जानवरों को पालतू बनाना शुरू हुआ। यह कार्य हमेशा से शिकारियों का कार्य समझा गया है और यह तब शुरू हुआ जब जनजातियां विकसित होते होते पशुपालक समाज में परिवर्तित हुईं। आमतौर पर इस आर्थिक सत्ता का उपयोग स्त्रियों और उनके परिवारों को पति की सेवा में लगाने के लिए किया गया है। पशुधन देकर स्त्रियां खरीदी जाती हैं और स्थानीय पितृकुल वंशानुक्रम वाले परिवारों में विवाह होने से पशुपालक लोगों में पितृ सत्तात्मक समाज व्यवस्था की स्थापना होना अवश्यंभावी है। 67.ii.251)

इस समय हमारी रुचि विशेस रूप से इस प्रश्न में है कि पशुपालक अर्थव्यवस्था के परिणाम-

स्वरूप पुरुष की सामाजिक श्रेष्ठता का वैदिक जनों में विद्यमान होना, उनके देवताओं में किस प्रकार प्रतिबिंबित होता है :

> वैदिक धर्म और उपासना में देवियों का स्थान अति गौण है। विश्व का संचालन करने के कार्य में उनकी भूमिका लगभग नगण्य है। यदि किसी का थोड़ा-बहुत महत्व है तो वह देवी है उषा। आंकड़ों के आधार पर यह तृतीय श्रेणी में आती हैं। लगभग अन्य सभी देवताओं को सोम रस भेंट चढ़ाई जाती है किंतु उषा को यह अधिकार प्राप्त नहीं है। इसके बाद दूसरा स्थान सरस्वती का है, लेकिन वह देवकुल की निम्नतम श्रेणी में गिनी जाती हैं। कुछ अन्य देवियों की स्तुति में एक एक ऋचा लिखी गई है। तीन छंदों की एक छोटी सी ऋचा में पृथ्वी की स्तुति की गई है। पृथ्वी और द्योस में लगभग कोई अंतर नहीं है। एक ऋचा में रात्रि का आह्वान किया गया है। अपनी बहन उषा की भांति इसे भी आकाश पुत्री कहा गया है। एक अन्य ऋचा में बाढ़ की स्तुति की गई है :

इसी प्रकार देव पत्नियों के रूप में देवियों का महत्व वेदों में बहुत ही तुच्छ है। उनका कोई स्वतंत्र स्वरूप नहीं है और वे केवल ऐसी पत्नियां हैं जो इंद्र जैसे देवताओं के पास थीं। उनके बारे में लगभग कुछ भी नहीं कहा गया है केवल उनके नामों का उल्लेख है जो देवताओं के नाम के साथ स्त्रीलिंग प्रत्यय-अणी' जोड़ने से बने हैं। (94.124-5)

वैदिक जनों की पशुपालक अर्थव्यवस्था की भांति वैदिक देवकुल में पुरुषों के प्रभुत्व को भी सब लोग इतनी अच्छी तरह जानते हैं कि इसके विषय में विस्तार से चर्चा करने की आवश्यकता नहीं है। (72.142.14.xxx.284 और आगे, कोसंबी ने वैदिक साहित्य में पुरातन मातृ-अधिकार की अतिजीविता के बारे में विचार किया है) केवल इतना ही कहने की आवश्यकता है कि वैदिक जनों की पशुपालक अर्थव्यवस्था ही वेदकुल में पुरुष प्रभुत्व का भौतिक आधार थी। निसंदेह, वैदिक साहित्य बहुत विस्तृत है। स्वयं सारा ऋग्वेद रचने के लिए वैदिक ऋषियों को कई शताब्दियां लग गईं। इस अवधि के दौरान वैदिक जनों की चेतना में भी उनकी सामाजिक व्यवस्था की भांति प्रगति हुई। किंतु यह प्रगति पुरुष प्रभुत्व की विचारधारा के सामान्य प्रारूप के अंतर्गत थी।

हमारे विद्वानों ने वैदिक चिंतन की प्रगति को अद्वैतवाद और वेदांत की ओर अग्रसर होने की अचेतन जिज्ञासा बताया है (105.i.91 और आगे) यह सत्य हो सकता है। किंतु उनका यह कहना सत्य नहीं है कि ऋग्वेदकाल में बाद के ऋषि मुनियों ने जिस एक सर्वोच्च सत्ता का मूल सिद्धांत प्रतिपादित किया उसका कोई लिंग नहीं था।

> ऋग्वेद संहिता का संकलन जब भी पूरा हुआ हो, उससे पहले यह दृढ़ धारणा बन चुकी थी कि केवल एक अलिंग परमतत्व है जो व्यक्तित्व और मानव प्रकृति के सभी बंधनों और सीमाओं से ऊपर है। (97.51)

राधाकृष्णन को इस जगह उद्धृत करना प्रासंगिक होगा :

> यह सिद्ध करने के लिए कि वह न स्त्री है न पुरुष, उन्होंने मूल सिद्धांत अर्थात् 'सत्' का आश्रय लिया। ऋग्वेद की कुछ उन्नत ऋचाओं में सर्वोच्च सत्ता को 'वह' (स्त्री लिंग में) या नपुंसक लिंग में संबोधित किया गया है और ऐसा करते हुए लिंग पर कोई विशेष ध्यान नहीं दिया गया है। (105.i.94,96)

कहने की आवश्यकता नहीं है कि वैदिक साहित्य के अपेक्षाकृत बाद के अंशों में कुछ स्थानों पर परम सत्य का संबोधन नपुंसक लिंग में किया गया है (x.129) किंतु इस बात पर बल देने की आवश्यकता है कि इन अंशों से यह सिद्ध नहीं होता कि वैदिक विचारक पुरुष प्रधान विचार-

धारा की सीमाएं पार कर चुके थे। निर्णायक प्रमाण पुरुष सूक्त (ऋ. वे.x.90) से मिलता है जो बहुत बाद में ऋग्वेद के अंशों में आता है। नीचे पुरुष सूक्त का एक अंश दिया जाता है :

पुरुष के हजार सिर, हजार आंखें, हजार पैर हैं।
पृथ्वी की सभी दिशाओं में वह छाया हुआ है और चारों ओर दस अंगुल के आकाश में व्याप्त है।
यह पुरुष सदा रहा है और सदा रहेगा।
वह अमरत्व का स्वामी है जो अन्न भोग करके और अधिक स्वस्थ बनता है।
उसकी महानता इतनी शक्तिशाली है; वस्तुतः पुरुष इससे भी महान है।
सभी प्राणी उसका चौथाई अंश हैं; तीन चौथाई अनंत जीवन स्वर्ग में है।
तीन चौथाई जीवन के साथ पुरुष ऊपर गयाः किंतु उसका एक चौथाई फिर भी यहीं था।
वहां से वह सभी दिशाओं में व्याप्त हो गया जहां वह उन सब पर छाया हुआ है जो भोजन खाते हैं और जो नहीं खाते।

केवल इतना याद रखने की आवश्यकता है कि 'पुरुष' का अर्थ यहां केवल पुरुष-व्यक्ति से है। इसलिए यदि पुरुष के प्राधान्य के विचार से ओतप्रोत कोई उदाहरण है तो वह हमें अपने वैदिक साहित्य में मिलता है। हमारे विद्वान वहुधा उत्साही होकर यह कहते हैं कि हमारे अति प्राचीन पूर्वजों में निर्बाध और स्वतंत्र चिंतन करने का गुण था। किंतु ये विद्वान इस शब्द 'पुरुष' का शाब्दिक अर्थ भूल जाते हैं। कभी यह प्रश्न नहीं उठाया जाता कि इस विख्यात ऋचा में, समस्त ब्रह्मांड को आदि पुरुष के संदर्भ में देखा गया। परंतु यह प्रश्न प्रासंगिक और महत्वपूर्ण भी है, क्योंकि वैदिक परंपरा यहीं पर अवैदिक परंपरा, या स्पष्ट कहिए कि तांत्रिक परंपरा से इतनी अधिक भिन्न है। अवैदिक या तांत्रिक परंपरा के अंतर्गत, ब्रह्मांड को आदि स्त्री में देखा गया था। तथ्य यह है कि वैदिक जनों का चिंतन अन्य लोगों की भांति, आर्थिक जीवन द्वारा निर्धारित सामान्य ढांचे से अलग नहीं हो पाया। निश्चित ही पुरुष सूक्त में, अमूर्त चिंतन के विकास के किसी चरण का आभास मिलता है। किंतु यह अमूर्त चिंतन तो मुख्यतया पशुपालक लोगों का ही था। और चूंकि ये लोग पितृसत्तात्मक समाज व्यवस्था में रहते थे इसलिए पुरुष की प्रधानता से अलग हटकर नहीं सोच सकते थे।

वैदिक साहित्य में यह भी कम उल्लेखनीय नहीं हैं कि जो थोड़े-बहुत उल्लेख कृषि के संबंध में किए गए उनमें आम तौर पर देवताओं के स्थान पर देवियां हैं। ऋग्वेद में सीता का आह्वान किया गया है। सीता का शाब्दिक अर्थ है, खेत में हल चलने से बनने वाली झिरी या हराई।

हे बहुल सीता, यहां उपस्थित होने की कृपा करो। हम तुम्हारी स्तुति करते हैं जिससे कि तुम हमें अगाध संपत्ति प्रदान करो, और हमें ढेर सारे फल मिलें। इंद्र, सीता का हाथ पकड़े और पूषाण उसका मार्गदर्शन करे। हमारी प्रार्थना है कि वह प्रचुर जल संपन्न हो और वर्षों तक इस जल को दूध के रूप में दे। (iv.57.6-7)

यहां सीता इंद्र और पूषाण जैसे देवताओं से नीचे हैं। किंतु अपेक्षित भी यही है। देवियों का स्तर देवताओं के स्तर से नीचे रखा जाना वैदिक जनों की कृषिप्रधान अर्थव्यवस्था के अनुरूप है। किंतु उल्लेखनीय यह है कि कृषि के लिए देवता की जगह देवी की कल्पना की गई है।

कीथ का कहना है कि 'उन सूत्रों में यह देवी अधिक जीवंत है। जो कृषि कार्यों से संबद्ध हैं' (ii.186)। ऋग्वेद की रचना और सूत्रों के बीच काफी कालांतर है। सूत्रों में कृषि से संबद्ध कुछ अन्य देवी-देवताओं का जो उल्लेख हुआ है उनमें सभी देवियां हैं। गोभिल गृह्य सूत्र (iv. 4.29; 96.xxx.113)में सीता, आशा, आरद, और अनघ की चर्चा की गई है। इनका आह्वान

खेत की जुताई बुआई और फसल कटाई के अवसर पर विशेष धार्मिक अनुष्ठानों के समय किया जाता था। फिर परष्कर गृह्यसूत्र (ii.17.10;96.xxix.334) में उर्वरा, सीता, यजा, शामा और भूत देवियों का उल्लेख है ये सभी कृषि कार्यों से संबद्ध थीं। इन देवियों की चर्चा करते हुए कीथ ने आगे लिखा है :

> यह मान लेना निश्चित ही हास्यास्पद होगा कि उपासना के ये अवशेष वैदिक धर्म के सारे कृषि पक्ष का प्रतिनिधित्व करते हैं। वास्तव में इन अनुष्ठानों में बहुत से ऐसे समारोहों के पर्याप्त लक्षण मिलते हैं जिनका संबंध कृषि से था किंतु इन देवी देवताओं का वैदिक धर्म में कोई विशेष महत्व नहीं था क्योंकि इस दिशा में लोगों की समृद्धि का उत्तरदायित्व बड़े देवताओं ने अपने ऊपर ले लिया था। जब कृषि और वनस्पति के देवी देवताओं की प्रतिष्ठा और महत्व लोगों के बीच बढ़ जाता है तब उनका स्तर बड़े देवताओं जैसा हो जाता है। यही बात एशिया माइनर और मिस्र की भूमि में अत्तिस, ऐडानिस और संभवतः ओसीरिस देवियों के मामले में हुई। यह तथ्य कि अन्य देवीदेवता वैदिक धर्म के बड़े देवताओं में आते हैं, इस अवधारणा के अलावा स्पष्ट नहीं किया जा सकता कि वैदिक जनों की निश्चित धार्मिक प्रवृत्तियों के अनुसार ही उपास्य देवी और देवता बनते थे। (11.187)

यह प्राक्कल्पना एकदम व्यर्थ है। बात बड़ी सरल और स्पष्ट है। वैदिक अर्थव्यवस्था में कृषि का उतना महत्व नहीं था जितना एशिया माइनर या मिस्र में। इसलिए वैदिक साहित्य में कृषि से संबद्ध देवियों को कोई बहुत प्रतिष्ठापूर्ण स्थान दिए जाने का कोई उचित कारण नहीं था। वैसे भी यह बड़ी आश्चर्यजनक बात है कि कीथ ने एशिया माइनर और मिस्र के धर्मों की बात करते हुए महान देवियों को कितनी आसानी से अनदेखा कर दिया है किंतु इस संबंध में और बातें बाद में विस्तार से की जाएंगी।

6. मूर्ति शिल्प संबंधी अनुरूपताएं

वैदिककाल में कुछ पशुपालक जनजातियां थीं जो वैदिक प्रभाव से बाहर थीं। राधाकृष्णन (105. i. 87) ने कृष्णों के उदाहरण का उल्लेख किया है। ऋग्वेद (viii.96.13) के अनुसार वैदिक-जनों ने इंद्र के नेतृत्व में इन कृष्णों को पराजित किया था। इस जनजाति के 'देव तुल्य नायक' को भी कृष्ण नाम से संबोधित किया गया। उल्लेखनीय है कि यह एक पुरुष था। इस प्रकार भंडारकर (72.103-4) का विचार है कि ऋग्वेद में उल्लिखित रुद्र पहले शिकारी जनजातियों (निषादों) का देवता रहा होगा। भंडारकर का कहना है कि यह आवश्यक नहीं है कि ये जन-जातियां विशुद्ध रूप से अवैदिक नहीं थीं। हमारे तर्क के लिए यही प्रासंगिक है कि रुद्र भी एक पुरुष था। किंतु शिकारवाली अर्थव्यवस्था और पुरुष देवता के बीच परस्पर संबंध को देखने के लिए हमें वैदिक साहित्य का आश्रय लेने की आवश्यकता नहीं है। हमारा उद्देश्य तो इस संदर्भ में गणपति से ही पूरा हो जाता है। देवता और अर्थव्यवस्था के बीच परस्पर संबंध के बारे में संकेत उसके आयुधों से मिलते हैं। हमारे देवता खाली हाथ नहीं थे। उनके हाथों में कोई न कोई प्रतीकचिह्न रहता था। इन्हें आयुध कहा जाता है जिसका शाब्दिक अर्थ है हथियार।

विभिन्न अस्त्र और चिह्न…जो आमतौर पर विष्णु, शिव और अन्य देवताओं के हाथों में पाए जाते हैं उन्हें 'आयुध पुरुष' कहा गया है। (109.i.i.287-8)। किंतु स्पष्ट है कि इन आयुधों को मानव रूप दिया जाना मनमरजी से किया गया है, क्योंकि मानवीकृत आयुध के लिंग का निर्धारण केवल इस बात से होता है कि संस्कृत में इस नाम का लिंग कौन सा है। (वही)

बाद के लेखकों ने अपने ही विचारों के अनुरूप इन आयुधों को आध्यात्मिक महत्व प्रदान

करने का प्रयत्न किया। इससे स्वाभाविक ही बहुत अस्पष्टता और विरोधभास उत्पन्न हो गए। इसके कुछ उदाहरण राव (वही.i.i.293) ने दिए हैं। उन्होंने एक तरह से निराश होकर यह बात कही है :

> इस प्रकार हम देख सकते हैं कि हिंदू देवताओं और देवियों की प्रतिमाओं के हाथों में देखे जाने वाले इन विभिन्न हथियारों और प्रतीक चिह्नों के संबंध में सर्वसम्मति है, जिससे स्पष्ट होता है कि प्राचीन हिंदुओं के धर्म के क्षेत्र में मूर्ति शिल्पकला के संबंध में एक सुनियोजित प्रतीक प्रणाली थी। इस प्रतीक विज्ञान की कुंजी संभवतः खो गई है और इसे सरलता से पुनः प्राप्त नहीं किया जा सकता। जब तक इसे दोबारा प्राप्त नहीं किया जाता तब तक हिंदू प्रतिमाओं के नैतिक उद्देश्य और अर्थ के संबंध में अनुमान लगाने के अलावा और कुछ भी संभव नहीं है। (वही. i.i. 295-6)

किंतु ऐसा निराशावादी दृष्टिकोण अपनाने का संभवतः कोई कारण नहीं है। क्योंकि कम से कम कुछ आयुधों के मूल महत्व को समझना संभव है। किंतु शर्त यह है कि हम यह प्रयत्न करते समय बाद के मनमाने ढंग से बनाए गए विचारों से प्रभावित न हों। मूर्ति शिल्प की दृष्टि से गणपति के बहुत से रूप थे। कम से कम डेढ़ दर्जन विभिन्न रूप रहे होंगे और प्रत्येक के लिए अलग-अलग नाम था। इनमें से वल गणपति या भक्ति विघ्नेश्वर गणपति जैसे कुछ रूप तो बहुत बाद में आए हैं जबकि उन्मत्त उच्चिष्ट गणपति या नृत्य गणपति जैसे रूप वास्तव में पुराने हैं। विशेष ध्यान देने योग्य बात यह है कि गणपति की जो भी प्रतिमा बहुत आधुनिक नहीं है, उसमें उसके हाथों में दो आयुध हैं, पाश और अंकुश। ये आयुध तरुण गणपति, वीर विघ्नेश्वर गणपति, लक्ष्मी गणपति, प्रसन्न गणपति, उन्मत्त उच्चिष्ट गणपति, विघ्नराज गणपति, भुवनेश गणपति, नृत्य गणपति और हरिद्र गणपति आदि के हाथों में देखे जा सकते हैं। (वही. i.i. 52-9)

तो यह सोचना तर्कसंगत ही है कि पाश और अंकुश गणपति के मूल आयुध थे। यदि यह सीधा सा प्रश्न किया जाए कि शिकार के काम आने वाले दो प्रसिद्ध हथियारों, विशेषकर हाथी का शिकार करने के काम आने वाले हथियार को लेकर गणपति क्या करता होगा तो इसका एक ही उत्तर हो सकता है कि गणपति स्वयं शिकार करता था। इस बात की पुष्टि उसके टोटमवादी आविर्भाव और उसके हाथी के सिर से होती है। टोटमवाद, शिकार के चरण की विशेषता है। (इस संबंध में थामसन की इस आवधारणा को याद रखना महत्वपूर्ण होगा कि टोटम वाले जानवर या पक्षी को कबीले का विशेष खाद्य माना जाता था। बाद में टोटम पशु या पक्षी का भक्षण वर्जित होने के तथ्य को उन्होंने इस रूप में स्पष्ट किया है कि यह विभिन्न कबीलों द्वारा एक दूसरे पर आर्थिक दृष्टि से निर्भर रहने का एक उपाय था। (46.12-13; 48. i. 37-8) इसके अलावा कुछ अन्य रूपों में विशेषकर वीर विघ्नेश्वर और ऊर्ध्व गणपति के रूप में उसके हाथ में तीर और कमान (109.i.i. 52, 56) भी है जो विशेष रूप से शिकारियों के हथियार हैं। इसलिए गणपति मूलतः शिकारी जनजातियों का ही देवता हो सकता है और हमारे तर्क के संदर्भ में, जैसा कि अपेक्षित है, वह एक पुरुष था।

किंतु जैसा कि हम गणेश चतुर्थी व्रत की विवेचना करते समय देख चुके हैं, देवता को या तो क्रियास्थल से हट जाना पड़ता है या उसकी स्थिति तब स्पष्ट रूप से गौण हो जाती है जब यह क्रिया निश्चित रूप से कृषि से संबद्ध होती है। गणपति की प्रतिमाओं में हमें इसी बात की अभिव्यक्ति भिन्न प्रकार से देखने को मिलती है। शिकार युग के देवता को निस्संदेह कृषि युग में लाया गया है किंतु ऐसा केवल तभी संभव हुआ जब मूर्ति शिल्प में मूलस्वरूप को इतना असंगत

कर दिया गया कि वह पुरुष नहीं रहा। बात बड़ी रोचक है और हम इसका और अधिक ध्यान से अध्ययन कर सकते हैं।

वल गणपति के आयुधों (शस्त्रास्त्रों) में हम आम, केला और अन्य फल देखते हैं। तरुण गणपति के हाथ में अन्य वस्तुओं के अलावा, बेल और जंबू फल होते हैं। भक्ति विघ्नेश्वर गणपति के पास आयुधों के रूप में नारियल, आम और गुड़ की भेली आदि होते हैं। लक्ष्मी गणपति के आयुधों में विशेष हैं अनार, कमल, घट और कल्पलता आदि। इसी प्रकार महा-गणपति के हाथों में कमल और अनार के साथ-साथ धान की बाली भी होती है। (वही, 1.i.57) और उदाहरण देने की आवश्यकता नहीं है। विषय यह है कि ये सभी वस्तुएं कृषि उत्पाद हैं, इनसे यही सिद्ध करने का प्रयत्न किया गया है कि गणपति का संबंध कृषि कार्यों से था। किंतु अंतर्विरोध और असंगतियां उत्पन्न होती है। इनमें से एक पर हम विशेष ध्यान देंगे। यहां असंगति यह है कि एक पुरुष देवता के हाथ में अनार है।

ग्रीक देवी देवताओं के आयुधों में अनार कोई अप्रचलित आयुध नहीं है किंतु यह जिनके भी हाथों में था वे सब देवियां थी न कि देवता। और यह तर्कसंगत भी है। इसमें निहित तर्क के लिए हम थामसन से एक उद्धरण देंगे :

> दिमितर के हाथों में हमेशा ही पोस्ते की ढोंढी या अनार या दोनों ही होते हैं। एथेंस में विक्टरी ऐथीना की प्रतिमा के दाएं हाथ में एक शिरस्त्राण और बाएं हाथ में एक अनार है। ओलंपिया में व्यायाम प्रतियोगी 'मिलाने' की प्रतिमा के हाथ में एक अनार था। मिलोन हेरा का एक पुजारी था। अरगोस में हेरा की प्रतिमा के एक हाथ में तलवार और दूसरे हाथ में अनार था। इसकी चर्चा करते हुए पौसेनियस ने टिप्पणी की : मैं अनार के संबंध में और अधिक नहीं कहूंगा, क्योंकि इससे संबद्ध कथा एक रहस्य है। यह रहस्य क्या था ? अनार फल का रंग तीखा लाल होता है। बीज भी (कोक्कोस) ऐसा ही होता है और इससे एक साधारण रंग निकलता था जिसके कारण गहरे लाल रंग के लिए ग्रीक भाषा में कोक्कीनोस शब्द बना। अनार रक्त का प्रतीक है। यह तो आम तौर पर समझा जाता है। किंतु इसका वास्तविक अर्थ किसी के ध्यान में नहीं पड़ा। इसे आम तौर पर हिंसा से हुई मृत्यु का प्रतीक माना जाता है और इस प्रसंग में भी निस्संदेह इसका यही अर्थ है—किंतु ये बातें तो बाद की है। अनार का प्रयोग एक औषधि रूप में मासिक धर्म और गर्भ के लिए किया जाता था। और इसी से सिद्ध होता है कि दिमितर के हाथ में अनार का वही महत्व था जैसा कि पोस्ते की ढोंढी का, जिसे बहुसंतानोत्पादकता का प्रतीक बताया जाता है। डेस्पोएनिय (पर्सीफोन) की एल्यूसीनिया और ऐर्केडिया की रहस्यकथाओं में एक कहानी की प्रसिद्ध घटना का उल्लेख किया गया जिसमें अनार का उपयोग वर्जित था। एथेंस में जो स्त्रियां थैस्मोफोरिया रखती थीं उन्हें अनार का उपयोग करने और रति संभोग से दूर रहने को कहा जाता था। हर रात वे बेंत की चारपाई पर सोतीं थीं। इस चारपाई में दो गुण थे, एक तो स्त्री की यौन इच्छा के आवेग पर रोक लगती थी और दूसरे इससे सांप दूर भागते थे। अब चूंकि वे यौन इच्छा के संवरण के लिए बेंत का उपयोग करते थे तो हमें यही मानना चाहिए कि वे यौन इच्छा को प्रोत्साहित करने वाले अनार को वर्जित रखते थे। इसका रंग युद्ध में क्षत विक्षत योद्धाओं का रक्त नहीं था बल्कि यह मासिक धर्म और प्रसूति के बाद का रक्त स्राव था और यह प्रसवन शक्ति का प्रतीक था। (48.i.219-20)

अब हमें आदिवासियों के विचारों में मासिक धर्म के रक्त को दिए गए महत्त्व को, विशेषकर

प्रारंभिक कृषि युग में विद्यमान विचारों के संदर्भ में देखना है। अभी तो हमारे लिए इसी बात पर ध्यान देना पर्याप्त है कि यदि मान लें कि इस तरह के प्रतीकात्मक महत्व सार्वभौम थे और ऐसा निश्चित ही था, तो गणपति द्वारा अनार को अपना आयुध बनाना स्पष्ट रूप से एक विचित्र असंगति है। यह पुरुष देवता स्त्रियों के मामले में दखल दे रहा था। उसके लिए एक पुरुष होकर शिकारी अर्थव्यवस्था से संबद्ध होना तो ठीक था लेकिन कृषि के साथ उसका संबंध नहीं होना चाहिए था। ऐसा प्रतीत होता है कि जब कभी वह कृषि के साथ संबद्ध होना चाहता था तो उसे स्त्रियों की विशेषताएं और रहस्य ग्रहण करने होते थे।

हमारे चिर परिचित गणपति के संबंध में बाद के विचारों में ऐसी मूल असंगतियां और भी हैं। विभिन्न तरीकों से प्रयत्न किए गएं कि उसे रक्त के रंग के साथ संबद्ध किया जाए। मंत्र महार्णव [विश्वकोश (बं) v. 203] के अनुसार गणपति की प्रतिमा का रंग रक्त जैसा लाल होना चाहिए। तंत्रसार (गणेश मित्र : अ. ii. छ. 63.4) में हमें 'सिंदूर जैसा लाल' रक्त जैसे रंग के कपड़े पहने हुए जैसे गुणवाची वाक्य गणपति के संबंध में मिलते हैं। कोलब्रुक के अनुसार गणपति लोगों का प्रमुख समुदाय चिह्न था। माथे पर लाल सिंदूर का एक वृत्त (ई.आर.ई. देखेi. 176)। गहरे लाल रंग के गुड़हल के फूल को 'गणेश का फूल' [विश्वकोश (बं) v. 206] कहते हैं। सिंदूर को, 'गणेश की प्रसाधन सामग्री (वही, v. 208) कहते हैं। नर्मदा के किनारे पर गणेश कुंड के पास एक लाल पत्थर है जिसे गणेश प्रस्तर (वही, 205) कहा जाता है। काणे (8. ii. 716) ने कहा है कि पूजा में पांच प्रकार के पत्थर प्रयोग में लाए जाते थे जिनमें से गणेश की पूजा के लिए प्रयोग में लाए जाने वाला पत्थर लाल रंग का था।

इन सबका वास्तविव महत्व क्या था? ऐसा क्यों माना गया कि लाल रंग के साथ गणपति का कोई घनिष्ट संबंध है? इस रंग का महत्व क्या था? शंकर विजय (अ. xvii. पृ. 115) के लेखक ने हमें इन प्रश्नों के उत्तर का संकेत दिया है। क्योंकि उसने हमें स्पष्ट शब्दों में बताया है कि गणपति के अनुयाइयों के धार्मिक अनुष्ठानों में मासिक धर्म के रक्त की भूमिका निर्णायक थी। स्पष्ट है कि लाल रंग, जिसके साथ गणपति का विभिन्न रूपों में संबंध बताया गया, वह इसी बात का प्रतीक था। हम पांचवें अध्याय में इस बात को और विस्तार से देखेंगे। प्राचीन संस्कृतियों में लाल रंग का यह प्रतीकात्मक महत्व सार्वभौम था। थामसन ने ब्रिफो द्वारा एकत्र किए गए ढेर सारे प्रमाणों के आधार पर इस बात को निर्णायक रूप से प्रस्तुत किया है।

इस समय तो हमारे लिए इतना ही ध्यान देना काफी है कि यदि इस रंग का असली महत्व यही था तो इस पुरुष देवता का लाल रंग से अभिषेक करना युक्तिसंगत प्रतीत नहीं होता। यही असंगति तब भी प्रदर्शित होती है जब गणेश के हाथ में अनार का फल होता है। यह पुरुष देवता ऐसे मामलों में उलझ रहा था जो स्त्रियों से संबद्ध थे।

इस बात को ध्यान में रखते हुए संभवतः यह अधिक युक्तिसंगत होता कि वह कृषि के क्षेत्र से अलग हो जाता, जिस प्रकार वह गणेश चतुर्थी व्रत से असंबद्ध हो गया था और इस व्रत का सारा अनुष्ठान एक देवी की प्रतिमा पर केंद्रित हो गया है जिसे स्त्रियां करती थीं। उसके लिए संभवतः दूसरा विकल्प किसी स्त्री का आश्रय लेना था। तथ्य तो यह है कि कुछ मामलों में ऐसा ही हुआ है। एलोरा की गुफा में गणेश को केवल अपने बलबूते पर नहीं बल्कि उसे सात स्त्रियों का अधीनस्थ प्रदर्शित किया गया है। इन सात स्त्रियों को सात माताएं (सप्त मातृका) कहा गया [26. प्ले. 2 (सी)]। कुछ अन्य प्रसंगो में, हम एक युवती को आमतौर पर उसकी गोद में बैठी हुई देखते हैं जिसे उसने अपने बाहुपाश में ले रखा है। इस युवती को शक्ति कहा जाता है और गणेश की इस प्रकार की प्रतिमाएं शक्ति गणपति के नाम से प्रसिद्ध हैं। (109. i.i. 53) हम

बाद में देखेंगे कि इस प्रकार के शिल्प में, जहां इस पुरुष देवता को शक्ति के साथ संबद्ध किया गया है, उसे किस प्रकार गौण स्थिति में पहुंचा दिया गया; भले ही इन प्रतिमाओं को बनाने वाले शिल्पियों ने पुरुष और स्त्री के इस आनुपातिक महत्व की कितनी ही उपेक्षा क्यों न की हो।

7. कृषि:स्त्रियों की खोज

इस प्रकार कृषि के प्रारंभिक चरण में देव स्तर पर स्त्री और पुरुष की प्रधानता उलटी हो गई। स्त्री आगे बढ़ गई और पुरुष को या तो पृष्ठभूमि में पीछे धकेल दिया गया या कम से कम इतना हुआ कि उसे स्त्री की नकल करने के लिए बाध्य होना पड़ा। ये सब बातें तर्कसंगत थीं। कृषि के प्रारंभिक चरण में स्त्री का सामाजिक महत्व बढ़ गया था क्योंकि कृषि की खोज स्त्रियों ने ही की थी। जे. डी. बरनाल ने लिखा है :

> चूंकि खाद्य सामग्री इकट्ठा करना स्त्रियों का काम था इसलिए संभवतः उन्होंने ही कृषि की खोज की। जो भी हो यह कृषिकार्य कम से कम तब तक स्त्रियां ही करती रहीं जब तक बैल द्वारा हल चलाने या जुताई करने की विधि का आविष्कार नहीं हुआ। जुताई एक प्रकार के हल से की जाती थी जो पाषाणकाल में खुदाई के काम में लाई जाने वाली लकड़ी के आधार पर बना था और जिसका प्रयोग स्त्रियां जमीन से कंद मूल निकालने के लिए करती थी। जहां जहां शिकार से अधिक महत्व खाद्य सामग्री जुटाने के लिए कृषि को मिला वहां स्त्रियों का स्तर ऊंचा उठा और मातृकुल के अनुसार वंशानुक्रम चलाने की बजाय पितृकुल के अनुसार वंशानुक्रम चलाने की प्रवृत्ति रुकी और इसे उलट दिया गया। पितृकुल के अनुसार वंशानुक्रम चलाने की प्रवृत्ति सबसे पहले शिकार वाले चरण में आरंभ हुई थी। केवल उन्ही स्थानों पर जहां पशुपालन ही प्रमुख व्यवसाय था, जैसे कृषिप्रधान बस्तियों के आसपास के क्षेत्र में पितृ सत्तात्मक समाजव्यवस्था पूर्ण रूप से स्थापित हुई, जैसाकि हम बाइबल में देखते हैं। (60.60-1)

गिलिस ने 'एनसाइक्लोपीडिया आफ रिलिजन ऐंड एथिक्स' में अपने लेख में यही बात कही है :

> आदिवासियों में कृषि का काम पूरी तरह, अथवा बहुत हद तक पुरुषों के हाथों में नहीं है। जैसाकि वान डेन स्टीनेन ने मध्य ब्राजील के बाकैरी के संबंध में कहा है, कृषि की खोज स्त्री ने ही की है—उनके पुरुष जब दूर दूर शिकार पर या लड़ाई पर जाते थे तो स्त्रियां और बच्चे अपनी झोंपड़ियों के आसपास एक तीखी नोक वाली लकड़ी से और पत्थर की कुल्हाड़ी की सहायता से इधर-उधर जमीन में कुछ न कुछ बोते रहते थे। इस प्रकार अधिकांश कृषि कार्य पुरुषों को सौंपने से पूर्व यह काफी विकसित चरण में पहुंच चुकी थी। इसलिए हल और खेतों की जुताई की विधि के विकास के साथ ही परिस्थितियों की आवश्यकता के कारण कृषि कार्य पुरुषों के हाथ में आए। इसके अलावा जब पशुपालक लोग खेतीबाड़ी करने लगते हैं तो वे स्त्रियों द्वारा पशुपालन का कार्य करने पर आपत्ति उठाते हैं। (ई. आर. ई. i. 227-8)

ब्रिफो की टिप्पणी भी इस संदर्भ में ध्यान देने योग्य है :

> आदिवासियों में श्रमविभाजन इस प्रकार हुआ कि खाद्य सामग्री इकट्ठा करने और साग-सब्जी उगाने का काम स्त्रियों का और शिकार करना पुरुषों का काम बन गया। आस्ट्रेलिया के आदिवासियों की स्त्रियों के लिए कंद-मूल खोदने वाली छेड़ी, उनकी व्यक्तिगत जीवन की उतनी ही अविभाज्य वस्तु है जितने कि पुरुषों के हथियार और उपकरण। खेती बाड़ी की कला का विकास पूर्ण रूप से स्त्रियों के हाथों से हुआ है। स्त्रियों द्वारा कृषि की

> खोज को आदिवासियों की पुरानी धार्मिक कथाओं में स्मरण किया जाता है। (67.iii.2) जहां भी कृषि, जो प्रारंभ से ही स्त्रियों का कार्यक्षेत्र रही है, एक महत्वपूर्ण स्तर तक विकसित हुई है और इस स्तर से पहले कोई पशुपालक चरण नहीं आया है, जहां मातृ सत्तात्मक व्यवस्था बहुधा बनी रही है। यहां तक कि यह संस्कृति के अपेक्षाकृत विकसित चरणों में भी बढ़ी है···यह बात विशेष रूप से मिस्र में हुई जिसकी संपदा और संस्कृति नील नदी की देन है, जिसके द्वारा खेतों की सिंचाई होती थी और वे खूब पैदावार देते थे। वहां पशुपालक समाज जैसी संपत्ति को कोई उच्च महत्व प्राप्त नहीं हुआ है। (वही. ii. 251-2)

8. भारत में मातृ अधिकार

इस प्रकार कृषि की खोज का श्रेय स्त्रियों को है। इसलिए कृषि अर्थव्यवस्था के प्रारंभिक चरण में समाज में स्त्रियों का श्रेष्ठ स्थान था। किंतु अब भी भारत के निश्चित प्रसंग में प्रश्न पूछे जा सकते हैं। हम पहले ही खासी लोगों का उदाहरण देख चुके हैं और यह भी देखा है कि उनमें खेती बाड़ी की विधि अपेक्षाकृत अविकसित है और उनके समाज में मातृ अधिकार अपने विशुद्ध रूप में विद्यमान है। कोसंबी ने कहा है : 'देश के जिन भागों में हल का उपयोग सबसे अंत में प्रारंभ हुआ वहां आज भी मातृसत्तात्मक संस्थाएं हैं। जैसे त्रावणकोर-कोचीन और कुछ जनजातियों में'। (21.22) किंतु स्पष्ट है कि कुछ और प्रश्न भी उठते हैं। क्या भारत में कृषि की खोज स्त्रियों ने की ? क्या यही कारण था कि समाज में स्त्रियों का श्रेष्ठ स्थान था ? एहरेन्फेलस इन प्रश्नों के उत्तर पहले ही दे चुके हैं :

> यहां स्त्रियों ने न केवल सुनियोजित खेती का विकास किया बल्कि इसे व्यावहारिक रूप भी दिया, और यह कोई सरल काम नहीं रहा होगा, क्योंकि आदिम समाज में, विशेषकर आदिम संस्कृति में, रूढ़िवाद बहुत दृढ़ता से व्याप्त था। कृषिपूर्वकाल के समाज के कुछ अवशेष आज भी विद्यमान हैं। खेती की जुताई के परिणामस्वरूप इस प्रथम मातृसत्तात्मक संस्कृति वाले लोगों ने वनों में भटकना छोड़ दिया और बस्ती बसाकर एक जगह रहने वाले प्रथम समूह बन गए। (5.8)

वास्तव में लेखक ने इससे भी आगे बढ़कर यह विचार व्यक्त किया है कि कृषि का एक आदिम रूप और इसके साथ साथ मातृ अधिकार का एक रूप सबसे पहले भारत में ही विकसित हुआ।

> भारतीय और अभारतीय मातृसत्तात्मक संस्कृतियों के परस्पर संबंध कई प्रकार के हैं। सामान्य भौगोलिक और पुरातात्विक स्थिति इस सिद्धांत के पक्ष में है कि विश्व में मातृसत्तात्मक संस्कृतियों का मूल आविर्भाव भारत में हुआ। (वही. 204)

इस प्रकार वह भारतीय मातृ अधिकार ही था जिसमें, ऐसा प्रतीत होता है कि भूमध्यसागर के बेसिन, प्राच्य अफ्रीका, निकट पूर्व और विशेषकर दक्षिण अरब के क्षेत्रों में प्राचीन मातृसत्तात्मक सभ्यताओं को जन्म दिया।' (वही)

इस धारणा को निश्चित ही चुनौती दी जा सकती है कि भारत में ही सबसे पहले मातृ अधिकार का जन्म हुआ और इसलिए भारत से यह प्राचीन विश्व के अन्य स्थानों पर पहुंचा। यदि मातृ अधिकार का मूल कारण स्त्रियों द्वारा की गई कृषि की खोज है, और जिसे एहरेन्फेलस बार बार स्वीकार कर चुके हैं, तो यह कल्पना भी की जा सकती है कि संसार के अन्य स्थानों पर भी ऐसी ही परिस्थियों में यानी ऐसी ही खोज के कारण किसी मातृ अधिकार या इस जैसी अन्य समाजव्यवस्था का विकास हुआ हो। तो भी इस बात से हमारे लेखक द्वारा भारत में मातृ अधिकार के प्रश्न को हल करने में दिए गए योगनान के महत्व को कम नहीं किया जा सकता। उन्होंने

जातियों को दर्ज करने वाले, कास्ट रजिस्टर (वही. 18-35) की जो अनुक्रमणिका इतनी मेहनत से तैयार की है वह इस बात को प्रदर्शित करती है कि भारत के लोगों में 'मातृसत्तात्मक संस्कृति के तत्व' को आज भी कितने दृढ़ और व्यापक रूप से विद्यमान हैं। निश्चित ही भारत जैसे कृषिप्रधान देश में जहां अवरुद्ध आर्थिक विकास के कारण जनजातीय तत्वों के बहुत प्रवल अवशेष हैं, मातृअधिकार के अवशेषों का होना स्वाभाविक ही है। पूर्वोत्तर में खासी और गारो जनजातियां, और दक्षिण-पश्चिम में मालावार तट के नायरों में मातृ अधिकार के अवशेष विशेष रूप से विद्यमान हो सकते हैं। किंतु जैसाकि एहरेन्फेल्स ने बताया है कि बहुत सी और पुरातन जनजातियां हैं जो झूम की खेती (लेखक के 'यू' समूह) से अपना निर्वाह करती हैं और जिनमें मातृ अधिकार का कहीं अधिक आदिम रूप विद्यमान है :

> उनके मातृ अधिकार के बहुत से तत्व, आस पास के पितृसत्तात्मक लोगों से लिए गए हैं। ये समूह अधिक प्रगतिशील हैं। तो भी यह संभव है कि अति आदिम होते हुए भी मातृ अधिकार वाली यह सभ्यता अन्य समूहों का प्रभाव पड़ने से बहुत पहले यू समूह के अंदर स्थापित हो चुकी होगी। (वही. 201)

इन सबसे अधिक महत्वपूर्ण, एहरेन्फेल्स के वे विचार हैं जो उन्होंने व्यापक भारतीय किसान समुदाय में मूल मातृ अधिकार के दृढ़तापूर्वक दमन किए जाने के संबंध में व्यक्त किए। मातृ अधिकार को जिस आकस्मिक और कृत्रिम ढंग से समाप्त कर दिया गया, उसने भारतीय समाज में विशिष्ट रूप से तीन कुप्रथाओं को जन्म दिया। ये थीं, बहुपत्नी विवाह, बाल विवाह और सती प्रथा। बहुपत्नी विवाह संबंधी प्रमाणों का सारांश देते हुए ऐहरेन्फेल्स ने निष्कर्श निकाला :

> भारत में बहुविवाह प्रथा का मुख्य कारण यह था कि पितृसत्तात्मक आव्रजक संगठित समूहों ने उन स्त्रियों पर पुरुषों को हावी करने की अपनी इच्छा को लादना चाहा जिनकी स्वतंत्रता और आत्मविश्वास की भावना को संगठित मातृसत्तात्मक समाज ने सबल बनाया था। इस प्रकार ऐसा प्रतीत होता है कि समाज में स्त्री की स्थिति को गौण बनाने के लिए बहुपत्नी विबाह को साधन बनाया गया और वैबाहिक संबंधों में सामाजिक दृष्टि से उसका स्थान नीचा हो गया। (वही. 121)

किंतु प्रश्न यह है कि भारत में मातृसत्ता के प्रतिरोध को तोड़ने के लिए ऐसे विवेकहीन तरीके क्यों अपनाए गए। ऐसे तरीके अपनाए जाने के उदाहरण, मानव इतिहास में और कहीं भी नहीं मिलते, जबकि मानव सभ्यता के विभिन्न चरणों में पितृसत्ता और मातृसत्ता के बीच संघर्ष रहा ही है।' (वही. 128) लेखक ने इसका उत्तर, 'भारत में आर्यों के आगमन से पूर्व की मातृसत्तात्मक सभ्यता के विशेष उत्साह और विकास' में खोजा है। (वही. 125) यही विशेष उत्साह और विकसित स्थिति थी जिसने 'नवागंतुक आर्यो की पितृसत्तात्मक प्रवृत्तियों को दृढ़ चुनौती दी, (वही. 121) और इसीलिए इसको समाप्त करने के लिए ऐसे विवेकहीन तरीके अपनाने की आवश्यकता पड़ी। यही बात बालविवाह के संबंध में भी है : 'जिन अन्य देशों में पितृसत्ता और मातृसत्ता के बीच संघर्ष हुआ है, उनकी तुलना में भारत में बालविवाह की प्रथा होने का भी वही कारण है जो बहुविवाह का' (वही. 125)।

किंतु स्त्रियों को अपने पुराने महत्व से वंचित करने के लिए सर्वाधिक हिंसक तरीके अपनाए जाने का पता विधवाओं के प्रति घृणा से चलता है। भारत में स्त्रियों की स्थिति के उत्तरोत्तर ह्रास का यह चित्र, पुरुषों के समक्ष उन्हें दलित करने की प्रत्यक्ष प्रवृत्ति को प्रदर्शित करता है। इसी प्रवृत्ति के कारण विधवाओं के साथ भीषण दुर्व्यहार होता है। (वही. 128) विधवाओं की स्थिति को स्पष्ट करने के लिए एहरेन्फेल्स ने रसल को उद्धृत किया है :

(बहुधा विधवा को) बाध्य किया जाता है कि वह अपना सिर मुंड़ाए। उसके लिए चारपाई या बिस्तरे पर सोना आमतौर पर वर्जित है, उसे जमीन पर या लकड़ी के तख्ते पर सोना चाहिए। उसे कभी पान नहीं खाना चाहिए, दिन में केवल एक बार भोजन करना चाहिए और सभी व्रत पूर्ण निष्टा के साथ रखने चाहिए। वह केवल सफेद कपड़े पहनती है और उसके हाथों में कांच की चूड़ियां तथा पैरों में कोई आभूषण नहीं होते। उस पर कई अन्य प्रतिबंध भी लगे होते हैं और परिवार में आमतौर पर उसका स्थान एक दासी जैसा होता है···हिंदुओं का कहना है कि विधवा अर्धमृत है। उसे परिवार का भोजन नहीं बनाने दिया जाना चाहिए।···विधवा को कुल देवता या परिवार के पूर्वजों की उपासना करने की अनुमति नहीं होती···विधवा को अपने पति की संपत्ति के किसी भाग पर अपना अधिकार नहीं जताना चाहिए···। (103. ii. 369)

एह्‌रेन्‌फेल्स ने ठीक ही कहा है :

यदि हम विधवा के निरर्थक तथा बेकार जीवन को देखें तो ऐसी परिस्थितियों में उसका अपने पति की चिता पर बैठ कर सती हो जाना कोई बड़ी बात नहीं थी। यदि कोई विधवा सती होने से इनकार कर देती थी तो उसे अपमानपूर्ण, निरुद्देश्य, नीरस जीवन बिताना पड़ता और रूढ़िगत भय से आक्रांत रहने के साथ-साथ यह बहुधा सारे परिवार की घृणा की पात्र बन जाती थी। इसके विपरीत सती हो जाना, न केवल परिवार के लिए गौरव और प्रतिष्ठा की बात मानी जाती थी बल्कि आत्मदाह करने वाली स्त्री की आत्मा को शाश्वत आनंद की स्थिति प्राप्त होती है, ऐसा समझा जाता था। (5. 128)

इस प्रकार हम देखते हैं कि :

—स्त्रियों की खराब स्थिति, उस समय परम दुर्दशा में बदल गई जब जीती जागती विधवाओं को मृत पति की चिता पर सती होने के लिए बिठा दिया जाता था। यह प्रथा आर्यों से पहले के काल में और आर्यों के समाज में नहीं थी। यह मूल रूप से मातृ सत्तात्मक व्यवस्था और आव्रजक पितृ सत्तात्मक समाज के बीच संघर्ष का परिणाम थी और इसका एकमात्र उद्देश्य, स्त्री को पितृ सत्ता के अधीन लाना था। (वही. 129)

यह दिखाने के लिए अहरेन्‌फेल्स का तर्क यहां संदेहास्पद है, हमने उद्धरण के कुछ ही अंशों पर विशेष बल दिया है। उनके अनुसार वैदिक काल के दौरान वैदिक आर्य पितृ सत्तात्मक होते हुए भी स्त्रियों को अपमानित और दलित करने के लिए सती जैसी अति उग्र प्रथाओं को नहीं अपनाते थे। उन्होंने इस बात की संभावना को स्वीकार किया कि वे प्रारंभिक वैदिक काल में आर्य स्त्रियों की स्थिति अच्छी थी। वयस्क विवाह होते थे और विधवाओं को पुनर्विवाह करने की अनुमति थी। (वही. 126) इस प्रकार, एह्‌रेन्फेल्स ने तर्क दिया :

ब्राह्मणों की स्त्री विरोधी भावना उस संघर्ष का परिणाम थी जो पितृ सत्तात्मक व्यवस्था वाले पर्यटनशील पशुपालक समूहों और मातृसत्तात्मक व्यवस्था वाली स्थानीय सभ्यता के बीच हो रहा था। इन्हीं पर्यटनशील पशुपालक समूहों की समाज व्यवस्था, आर्य ब्राह्मणवाद का आधार थी जबकि प्रारंभिक वैदिककाल में स्त्रियों को वड़ा प्रतिष्ठित स्थान प्राप्त था और स्थानीय मातृसत्तात्मक सभ्यता ने आर्य ब्राह्मणवाद का सक्रिय प्रतिरोध किया। आमतौर पर ऐसा प्रतिरोध ऐसी ही परिस्थितियों में अन्य देशों में नहीं हुआ था। भारत में स्त्रियों का स्तर उत्तरोत्तर गिरता गया और ब्राह्मणों की यह इच्छा प्रबल होती गयी कि उनके प्रतिरोध को सभी संभव उपायों से कुचल दिया जाए। यहां यह बात स्पष्ट हो जाती है कि पितृसत्तात्मक समाज के प्रतिनिधियों ने इसी अनुपात में

अधिकाधिक भयंकर तरीके अपनाए। (वही. 127)

किंतु जैसा कि हमारा लेखक समझता है, प्रारंभिक वैदिक काल में स्त्रियों की स्थिति वास्तव में उतनी प्रतिस्ठापूर्ण नहीं थी। संहिताओं में इस प्रथा के सुस्पष्ट उल्लेख हैं कि पति के शव के साथ विधवा को भी जला दिया जाता था :

> ऋग्वेद और अथर्ववेद में अंतिम संस्कार संबंधी ऋचाओं से पता चलता है कि वैदिककाल में पुरुषमेध, अनुमरण या पति की चिता पर बैठकर उसका अनुसरण करना जैसी प्रथाएं भी प्रतीकात्मक रूप में प्रचलित थीं। (एम. ए. एस. आई. xli-19)

मैत्रायिणी संहिता (ci. x. 6. 8; ii. 6. 3) में स्त्रियों को असत्य बताया गया है, तैत्तरीय संहिता (vi. 5. 8. 2.) में कहा गया है कि एक सदाचारी स्त्री, दुराचारी पुरुष से कहीं अधिक निकृष्ट हैं। 'कठ सहिता (xxx.ii) में व्यंग्यभाव से कहा गया है कि स्त्री अपने त्रिया चरित्र से रात को अपने पति से वस्तुएं प्राप्त करने की क्षमता रखती है। प्रसंग यह है कि वैदिक जनों की पशुपालक अर्थव्यवस्था, उनकी पितृसत्तात्मक व्यवस्था का आधार थी और इसमें स्त्रियों को प्रतिष्ठा का स्थान मिलने की कोई गुंजाइश नहीं थी। वैदिक समाज में स्त्रियों के स्तर का पतन वैदिक जनों के आर्थिक जीवन के कारण हुआ, ठीक उसी प्रकार जैसे देश के अवैदिक जनों अर्थात् साधारण किसानों के जीवन में मातृसत्तात्मक व्यवस्था के तत्वों के बने रहने का कारण केवल उनके आर्थिक जीवन की मूल प्रणाली थी। इसी पितृ अधिकार और मातृ अधिकार के आर्थिक आधार की एहरेन्फेल्स ने अनदेखी कर दी यद्यपि उन्हें उन्होंने कृषि को मातृसत्तात्मक व्यवस्था से ठीक ही जोड़ा था। आर्थिक आधार की अनदेखी करने के कारण ही उन्होंने पितृसत्ता और मातृ-सत्ता दोनों को अलग अलग अस्तित्ववाली स्वतंत्र व्यवस्थाएं माना और ऐसा प्रतीत हुआ मानों पितृसत्ता, मातृसत्ता के साथ एक प्रकार का संघर्ष कर रही है।

यह सच है कि इस देश में पितृसत्ता को विजय दिलाने के लिए विवेकहीन और अति उग्र तरीके अपनाने की आवश्यकता थी। एहरेन्फेल्स ही एकमात्र लेखक हैं जिन्होंने इस बात पर बल दिया है कि पुरुष की महत्ता को कृत्रिम ढंग से स्थापित करने के लिए अपनाए गए उग्र तरीकों के परिणाम स्वरूप बहुपत्नी विवाह, बाल विवाह और सती जैसी कुप्रथाएं आरंभ हुई। जैसाकि एहरेन्फेल्स ने सही कहा है, मातृसत्ता को हटाने के लिए विशेष प्रयत्न किए जाने का अनिवार्य परिणाम यह रहा होगा कि उतने ही विशेष उत्साह के साथ इस देश में मातृसत्ता स्थापित रही होगी। किंतु हमारे विश्लेषण का यहीं पर अंत नहीं हो सकता क्योंकि साधारण भारतीय जन-समुदाय में मातृ अधिकार की दृढ़ता अपने आप में एक समस्या है और यह कहने से इसे हल नहीं किया जा सकता जैसाकि एहरेन्फेल्स ने किया, कि मातृ अधिकार का चलन अति पुरातन था। (5-121-2)

उधर जब हम इस समस्या को सामाजिक व्यवस्था के आर्थिक आधार के दृष्टिकोण से देखते हैं तो उत्तर बहुत सरल प्रतीत होता है। जैसाकि हम पिछले अध्याय में इस पर विचार कर चुके हैं, कि देश में आर्थिक विकास आमतौर पर अवरुद्ध रहा। भारतीय जनता का अधिकांश भाग केवल खेती-बाड़ी करने वाला किसान ही बना रहा। यदि अविकसित कृषि अर्थव्यवस्था की स्वाभाविक प्रवृत्ति मातृसत्तात्मक समाज का सृजन करने की थी और यदि भारत के अधि-कांश साधारण जन सुख्यतया कृषि कार्य ही करते थे तो यह तर्कसंगत ही था कि उन पर पुरुष का प्रभुत्व स्थापित करने के लिए अति उग्र तथा विवेकहीन तरीकों की आवश्यकता रही हो। एहरेन्फेल्स ने ठीक संकेत दिया कि पितृ अधिकार का प्रतिरोध हुआ, किंतु उन्होंने इसका सही कारण नहीं बताया है। मातृ अधिकार के आर्थिक आधार की उपेक्षा करने से एहरेन्फेल्स

के विचारों में गंभीर कमियां आई हैं। पुरुष का प्रभुत्व उग्र तरीकों से थोपने के कारण बहुपत्नी विवाह, बाल विवाह और सती जैसी कृत्रिम प्रथाएं उत्पन्न हो सकती हैं किंतु फिर भी मातृ सत्तात्मक संस्कृति के तत्वों को जनसाधारण के जीवन से पूरी तरह समाप्त नही किया जा सका। एहरेन्फेल्स ने स्वयं भारत में मातृसत्ता की गहरी जड़ों वाले अवशेषों की एक विस्तृत सूची बड़े सुंदर ढंग से बनाई है। मातृसत्ता के दमन के लिए जिस प्रकार के उग्र उपाय किए गए उन्हें देखते हुए मातृसत्ता के ये अवशेष और कुछ नहीं तो अनोखे अवश्य हैं। एहरेन्फेल्स ने इस अनोखेपन का कोई युक्तिसंगत स्पष्टीकरण नहीं दिया है। जब हम यह प्रश्न अपने आप से पूछते हैं कि भारत में मातृ अधिकार की इस व्यापक अतिजीविता का असली कारण क्या हो सकता है तो इसका केवल एक ही उत्तर संभव है। मातृसत्ता के भौतिक आधार के तत्व भी निश्चित ही जीवित रहे होंगे। हम फिर उसी बात पर लौटते हैं कि अधिकांश लोग कृषि अर्थव्यवस्था के अपेक्षाकृत निम्नस्तर पर बने रहे होंगे।

9. स्त्री सिद्धांत

मातृ अधिकार के जो भी अवशेष हैं उनमें से इस समय हमारी सीधी रुचि उस बात में है जिसे धार्मिक विश्वासों और दार्शनिक मतों में आमतौर पर, 'स्त्री सिद्धांत' कहा जाता है। साधारण भाषा में यह 'स्त्री सिद्धांत' मातृ अधिकार का वैचारिक पक्ष हैं। इस पर कोई भी गंभीर विद्वान संदेह नही करेगा। हम स्टारबक का उद्धरण दे रहे हैं :

> देवताओं में बहुधा देवियों को उच्च स्थान प्राप्त रहा है। यह इस बात पर निर्भर करता है कि सामाजिक व्यवस्था किस प्रकार की थी और उसमें स्त्रियों का कितना आदर था। जिस कबीले में माता का सर्वोच्च स्थान है उसमें 'देवी माता' को भी सर्वोच्च स्थान दिए जाने की संभावना है, किंतु यह तभी होगा जब वह कबीला अथवा जनजाति, जादू टोने के चरण से ऊपर उठ चुकी होगी। (ई. आर. ई. v. 828)

यह प्रत्यक्ष रूप से तर्कसंगत है किंतु हमें अभी और आगे इसका अध्ययन करना है। हमें उस परिस्थिति के संबंध में प्रश्न उठाना है 'जिसमें माता अपने समूह की नेता होती है।' हम जब ऐसा कहते हैं तो यह तथ्य सामने आता है कि अंतिम विश्लेषण में प्रारंभिक कृषि अर्थव्यवस्था ही 'स्त्री सिद्धांत' का भौतिक आधार है। दुर्भाग्यवश स्टारबक ने स्वयं यह प्रश्न नहीं उठाया। यद्यपि यह दिलचस्प बात है कि वे वाह्य ऐतिहासिक तथ्यों से प्रभावित होकर, कृषि और स्त्री सिद्धांत के बीच मूलभूत संबंध को स्वीकार करने के लिए बाध्य हुए हुए :

> यह अवश्यंभावी प्रतीत होता हैं कि जैसे जैसे देवियों की उपासना के लिए उपयुक्त तथा प्राकृतिक रूप से सुरक्षित घाटियों में शांतिपूर्ण कृषि कार्यों का महत्व कम होता गया, और कबीलों तथा नगरों के लोगों के बीच परस्पर विलयीकरण होने से ऐसे युद्धप्रिय राष्ट्रों का उदय हुआ जिनमें वीर और योद्धा लोगों का बाहुल्य था वैसे वैसे देवताओं का दर्जा सर्वोच्च होता गया। उधर 'अबला देवियों का महत्व कम हो गया और उन्हें छोटे मोटे उत्तरदायित्व सौंप दिए गए। देव पत्नियां होने के कारण वे गौण हो गई और भुला दी गई, या फिर उन्हें अपना अस्तित्व बनाए रखने तथा नई परिस्थितियों के अनुकूल बनाने के लिए अपना लिंग परिवर्तन करना पड़ा। (वही)

इस प्रकार देवताओ और देवियों को, युद्ध और शांति की उपज समझा जाता है, युद्धकाल में 'सबल देवता' और शांति काल में 'अबला देवियां'। समस्या, जीवन को परिस्थितियों के अनुकूल बनाने की थी :

जीवन की आवश्यकताओं में शामिल हैं संरक्षण और सुरक्षा। इस दृष्टि से देवता विशेष रूप से उपयोगी रहे हैं। एक और आवश्यकता है, फसल, पशुधन और संतान की अभिवृद्धि। देवियां, संतति और अभिवृद्धि की स्वाभाविक व अनुकूल प्रतीक रही हैं। (वही. v. 830)

इसी को आरंभबिंदु मानकर हमारे लेखक ने भारत के धार्मिक इतिहास की व्याख्या करने का प्रयत्न किया है :

भारत इस बात में अनोखा है कि उसका इतिहास विरोधाभासी है। जहां आगे चलकर इसका विकास हुआ वहीं देवियों की भी उच्च स्तुति हुई। किंतु यह इतिहास उसी सिद्धांत को नकारात्मक ढंग से प्रस्तुत करता है। वेदों की रचना उस काल से पहले या उस काल के दौरान हुई जब आर्य लोग भारत के आदिवासियों को पराजित कर रहे थे और अपनी ही जनजातियों के बीच युद्धरत थे। ऐसी परिस्थितियों में कोई देवियां नहीं हैं यद्यपि सारा साहित्य बहुत सारे देवताओं से भरा पड़ा है। जबसे वे अपेक्षाकृत शांतिपूर्ण कृषि जीवन बिताने लगे तबसे देवियों की उपासना को सर्वोच्च स्थान मिल गया है। दुर्गा को प्रकृति और बसंत की देवी, काली को चिरतंनता और निस्सीमता की देवी, सरस्वती को महत्तम प्रज्ञा की देवी और शक्ति को समस्त सृष्टि की माता माना गया। (वही.v.828)

स्त्री सिद्धांत और कृषि कार्यों के बीच परिकल्पित संबंध निश्चित ही महत्वपूर्ण हैं। किंतु यह कल्पना एक ऐसी अवधारणा के आधार पर की गई है जो ऐतिहासिक दृष्टि से युक्तिसंगत नहीं है। चंडी जैसी देवियां भी थीं, जिनके क्रियाकलापों का वर्णन 'मार्कण्डेय पुराण' में किया गया है और ये ऐसे क्रियाकलाप हैं जिनसे वह किसी भी अन्य उग्रता और युद्धकौशल के लिए विख्यात देवता के बराबर मानी जा सकती हैं। वास्तव में 'अबला' देवी की कल्पना पितृसत्तात्मक समाज में बहुत बाद में की गई है। इसलिए उसपर-आधारित कोई भी मत तथ्यों के साथ मेल नहीं खा सकता।

प्राचीन एशिया माइनर की रणप्रिया योद्धा स्त्रियों में, ऐमेजोन की कथा मुख्यतया पौराणिक कथा है। किंतु इसका कोई ऐतिहासिक आधार भी हो सकता है। जो भी हो कई आदिम जन-जातियों में स्त्रियां शारीरिक दृष्टि से अबला होने की अपेक्षा पुरुषों की तुलना में कहीं अधिक विकसित हैं और आदिवासी समाज में आमतौर पर लड़ाई में भी शामिल होती हैं। यहां तक कि उन्हें आमतौर पर अधिक क्रूर भी समझा गया है। ब्रिफों ने बहुत से प्रमाणों के आधार पर इन बातों को निर्णायक रूप से सिद्ध किया है। (67.i.443-6, 451-3, 454-8)

इसलिए यह सोचना गलत है कि पुरुषों ने योद्धाओं के रूप में इसलिए ख्याति प्राप्त की क्योंकि वे शारीरिक दृष्टि से सबल थे। जैसाकि ब्रिफो ने ठीक ही कहा है, इसका वास्तविक कारण आर्थिक बातों में है :

पुरुष का एक वीर योद्धा के रूप में ख्याति पाना निश्चित ही शारीरिक गठन के कारण या आदिवासी स्त्री की अक्षमता के कारण नहीं है। बल्कि ऐसा आर्थिक आवश्यकताओं के आधार पर हुआ है। (वही.i.451) ऐसी कौन सी आर्थिक आवश्यकताएं थीं जिनके कारण स्त्रियां पूरी तरह युद्ध के काम में नहीं लग सकती थीं ? किंतु जहां आमतौर पर यह माना जाता है कि पुरुषों के कार्यों में स्त्रियां अपना योगदान करती हैं वहां ऐसे रचनात्मक कार्यों में, जिनसे भौतिक संस्कृति का विकास हुआ है, आदिवासी समाज में केवल स्त्रियां ही लगी रहती हैं और इनमें पुरुषों का कोई योगदान नहीं होता। शुरू में सभी उद्योग, कुटीर उद्योग थे और इसीलिए इनका विकास स्त्रियों के हाथों हुआ, जिनसे घर बनता है और जो घरों में रहती हैं। (वही.i.460)

जिस खोज के कारण मनुष्य ये सब उद्योग विकसित कर सका, वह थी कृषि। इसलिए विशेष रूप से कृषि पर ध्यान देना ही तर्कसंगत होगा। अब यहां स्त्री सिद्धांत के बारे में आमतौर पर और भारतीय धर्म के विकास के बारे में विशेष रूप से स्टारबक के विचार पर फिर से ध्यान देंगे। यह वास्तव में उल्लेखनीय तथ्य है कि वैदिक देवकुल में मुख्यतया देवता ही हैं। किंतु इसका कारण, जैसाकि स्टारबक का विचार था, यह नहीं है कि वैदिक जन युद्धरत थे। किंतु इससे भी उल्लेखनीय तथ्य यह है कि वेदोत्तर हिंदू धर्म में, वेदों के प्रति पूर्ण औपचारिक आस्था की भावना होते हुए भी कोई भी प्रमुख वैदिक देवता जैसे इंद्र, वरुण, मित्रप्रजापति, पूषाण, मतारिसिवन आदि नहीं था। वेदोत्तर देवताओं की श्रेणी में से इन वैदिक देवताओं का विलुप्त होना तर्कसंगत ही था। जिस पशुपालक अर्थव्यवस्था ने वैदिक देवताओं की परिकल्पना को जन्म दिया था वह इसे और सुदृढ़ बनाने के लिए वेदोत्तर काल में विद्यमान नहीं थी। इसलिए वैदिक देवताओं को विलुप्त होना ही पड़ा। लोगों के जीवन पर पितृ अधिकार के तत्व भले ही जबंदस्ती थोप दिए गए हों, फिर भी मातृ अधिकार के अवशेषों को पूर्ण रूप से समाप्त नहीं किया जा सका। भारतीय जनसाधारण खेतिहर बना रहा और उसकी आस्था माता या शक्ति में बराबर बनी रही। ऐसी बात नहीं है कि बाद के भारतीय देवकुल में देवता न हों। किंतु वे मुख्यरूप से कृषि से संबद्ध हैं और आमतौर पर या तो उनका अग्रगण्य महत्व नहीं है या किसी न किसी रूप में वे देवियों के साथ जुड़ गए हैं। इस विलय का सबसे आम उदाहरण संभवतः शिवलिंग है। स्मरणीय है कि सुपरिचित शिवलिंग का गौरी पट्टम स्त्रीयोनि ही है।

दूसरी बात यह है कि स्टारबक इस अवधारणा को लेकर चले हैं कि आर्यों ने भारत के मूल निवासियों को पराजित करने के बाद इस देश में बसकर शांतिपूर्ण कृषि कार्य आरंभ कर दिया। स्टारबक के समय में वे पुरातत्व सूचनाएं उपलब्ध नहीं थीं जो बाद में मिलीं। इसलिए उनके समय में 19वीं शताब्दी के विद्वानों ने इस अवधारणा को लगभग सर्वसम्मत रूप से स्वीकार किया। किंतु सिंधु घाटी में को गई खुदाई से जो प्रमाण मिले उनसे स्टारबक की धारणा का खंडन हो गया है। मार्शल ने सिंधुघाटी के अवशेषों के बारे में इस प्रकार विचार व्यक्त किए हैं :

> पांच हजार वर्ष पहले जब आर्यो का नाम भी किसी ने नही सुना था, भारत के अन्य भागों में न सही किंतु पंजाब और सिंध में एक अति विकसित, अनोखी और समरूप सभ्यता पूर्ण रूप से पनपी हुई थी जो तत्कालीन मेसोपोटामिया और मिस्र जैसी ही थी, किंतु कुछ पक्षों से वह इनसे भी श्रेष्ठ थी। (87.i. प्रिफेस, v)

> मोहन जो दड़ो और हड़प्पा दोनों जगह जो बात स्पष्ट और प्रमुखता से उभर कर आती है, वह है इनकी सभ्यता—इन दोनों स्थानों पर कोई नवोदित सभ्रता नहीं है बल्कि यह युगों पुरानी है जिसमें कई हजार वर्षों के मानव प्रयत्नों की झलक मिलती है। इस प्रकार अब भारत को भी फारस, मेसोपोटामिया और मिस्र के समकक्ष मान लिया जाना चाहिए और इसकी गिनती उन महत्वपूर्ण स्थानों में होनी चाहिए जहां समाज को सभ्यता प्रदान करने की प्रक्रिया आरंभ तथा विकसित हुई। (वही)

किंतु किसके द्वारा आरंभ की गई? पुरुष द्वारा या स्त्री द्वारा? संभवतः स्त्री द्वारा। क्योंकि प्राचीन सभ्यताओं वाले अन्य स्थानों की भांति सिंधुघाटी में भी संपत्ति की प्राप्ति पृथ्वी से हो रही थी। अन्य शब्दों में आवश्यकता से अधिक जो कृषि उत्पादन होता था वही उसका भौतिक आधार था और कृषि की खोज स्त्रियों ने की थी। इसलिए कोई आश्चर्य की बात नहीं है कि प्राचीन सिंधु घाटी सभ्यता में मातृसत्तात्मक तत्वों के प्रबल अवशेष मिलते हैं। हम एक बार फिर एहरेन्फेल्स को उद्धृत कर सकते हैं :

> इन उत्खननों से और सरजान मार्शल ने पुरातत्व परिमाणों का जो सारांश दिया है उससे इतिहास के बारे में विशेषकर भारत के मातृसत्तात्मक क्षेत्रके अति विकसित स्तर के संबंध में सारा दृष्टिकोण ही बदल गया है और दो मूल महत्व के तत्व सामने आए हैं : (क) हम जिसे 'हिंदू धर्म कहते हैं उसके सांस्कृतिक ढांचे में आर्यपूर्व तत्व की प्रमुखता और (ख) इस विकसित आर्यपूर्व सभ्यता का मातृसत्तात्मक स्वरूप जिसमें आधुनिक और मध्ययुगीन भारत को कई तत्व, प्रवृत्तियां और सांस्कृतिक आकार आदि मिले हैं। (5.1)

मार्शल के अनुसार, मातृसत्तात्मक चरित्र वाले सिंधु घाटी के अवशेष धार्मिक वस्तुएं थीं। हम आगे चलकर इनके बारे में मार्शल के विचार उद्धृत करेंगे। अभी हम 'केवल यही सिद्ध करना चाहते हैं कि भारत के धार्मिक इतिहास में स्त्री सिद्धांत का महत्व वेदोत्तरकाल की शांतिपूर्ण परिस्थितियों का परिणाम नहीं था जैसाकि स्टारबक की कल्पना थी। इसका इतिहास तो भारत में कृषि की खोज के संबंध में प्रमाणित अवधि के प्रारंभ में शुरू होता है। ठीक उसी प्रकार जिस तरह से बाद के काल में इसके अवशेषों का आधार इसी तथ्य के अनुसार देखा जा सकता है कि जिन लोगों में ये जीवित रहे वे, मुख्यतया खेतिहर थे।

10. मोहन जो दड़ो का धर्म

विद्वानों में, बाद के भारतीय धर्म, जिसे आमतौर पर हिंदू धर्म कहा जाता है, में अनार्य तत्वों के महत्व के संबंध में विवाद था। मोनियर विलियम्स और हापकिंस का विचार था कि इन तत्वों का योगदान लगभग नगण्य था और ये अति बर्बर और निष्कृट पक्ष थे। उधर अपर्ट का मत इसके ठीक बिपरीत था। इस विवाद की पृष्ठभूमि में, जैसाकि मार्शल ने ठीक ही कहा है, मोहन जो दड़ो और हड़प्पा से मिलने वाली नई सामग्री का आश्चर्यजनक महत्व था, क्योंकि यह आर्य पूर्वकाल के वास्तविक स्मारक थे। (6.i.49)

मार्शल ने इस नई सामग्री की जो व्याख्या की, उसकी प्रेरणा उन्हें शक्तिवाद के संबंध में चंदा द्वारा व्यक्त किए गए विचारों से मिली। चंदा के विचार, सिंधु घाटी में खुदाई शुरू होने से कुछ वर्ष पहले प्रकाशित हुए थे। देवी के संबंध में शक्ति धारणा के अनुरूप देवियों की कल्पना के लिए हमें वैदिक आर्यों और फारस के ईरानियों के प्रभुत्व वाले देशों तथा एशिया माइनर, सीरिया, मिस्र और भूमध्य सागर के तटवर्ती देशों की यात्रा करनी चाहिए।' (33.148-9) इसका कारण खोजना कठिन नहीं है :

> एक ओर तो भारतीय शाक्त संप्रदाय की देवी शक्ति और धार्मिक यौन स्वच्छंदता का पालन करने वाले वामाचार तथा 'कुलाचार' मतावलबियों के शाक्त अनुष्ठान और दूसरी ओर अरब यहूदियों (सेमाइट) की अस्तार्त, मिस्र की आईसिस और फ्रीजिया की सिबिल देवी के बीच बहुत अधिक समानता है।

इन समानताओं के आधार पर चंदा ने कहा :

> यह अनुमान लगाया जा सकता है कि भारत में शाक्त मत का उदय वैसी ही परिस्थितयों में हुआ होगा जिनमें सीरिया में अस्तार्त, एशिया माइनर में सिबिल और मिस्र में आईसिस की परिकल्पना की गई थी। (वही. 150)

ये सामाजिक परिस्थितियां ठीक ठीक किस प्रकार की थीं ? चंदा ने इस प्रश्न का उत्तर एक शब्द में दिया है। मातृसत्तात्मक। मातृसत्तात्मक परिस्थितियां प्राचीन सीरिया, एशिया माइनर और मिस्र में विद्यमान थी :

> यह सिद्ध करने के लिए बहुत से प्रमाण हैं कि सेमाइट जनजाति, छिन्न भिन्न होने से पहले

> समाज के मातृसत्तात्मक चरण से गुजरी थीं। यह जनजाति कुछ लोगों का समूह थी जो अरब मरुस्थल में एक नखलिस्तान में रहते थे। इस जनजाति में माताएं, उनके भाई तथा पुत्र थे। पिता अन्य जातियों के थे जो उसी मरुस्थल में एक दूसरे नखलिस्तान में रहते थे। इन माताओं के साथ उनका अस्थाई यौन संभोग का संबंध था। वंशानुक्रम माता के कुल से माना जाता था और शांति तथा युद्धकाल में कबीले की नेता वही होती थी। ऐसे समाज में जनजाति का प्रमुख देवता निश्चित ही मानव माता के समकक्ष सोचा गया होगा। देवतुल्य पुरुष भी रहे होंगे जो निश्चित ही मामा के रूप में जाने जाएंगे। किंतु उन्हें 'पिता' नहीं कहा जाएगा और समाज में उनकी भूमिका इतनी महत्वहीन होगी कि परवर्ती धर्म में आगे चलकर उनका उल्लेख कहीं कहीं ही होगा। इस मत की पुष्टि इस तथ्य से होती है कि अस्तार्त इश्तर के स्वरूप में सबसे प्राचीन और स्थाई तत्व वहीं हैं जो अन्य कारणों से भी, प्राचीन सेमाईट जनजाति की माता के गुण रहे होंगे। (ई. आर. ई. ii.115)

इसी प्रकार महामाता सिबिल के मूल को भी उस तथ्य के संदर्भ में देखना होगा जिसके बारे में फ्रेजर का कहना है कि 'ऐतिहासिक काल तक लाईसिया में मातृ अधिकार बना रहा और हम अनुमान लगा सकते हैं कि उससे पहले के काल में यह सारे एशिया माइनर में फैला हुआ होगा। (57.394.5) आईसिस की भूमि मिस्र में मातृकुल की महत्ता और पुरुषों की तुलना में स्त्रियों को संपत्ति तथा उत्तराधिकार के मामले में प्रमुखता देने की पुरातन प्रणाली रोमन काल तक विद्यमान रही। (वही.395)

इन समानताओं के आधार पर चंदा ने निष्कर्ष निकाला : 'देवी को आद्य शक्ति और जगदंबा को शक्ति मानने की धारणा भी संभवतः ऐसे समाज में बनी होगी जहां मातृसत्तात्मक व्यवस्था थी। (33.153) शाक्त संप्रदाय के प्रादुर्भाव के संबंध में अब तक जितनी टिप्पणियां हुई हैं उनमें से यह टिप्पणी निःसंदेह सबसे अधिक तर्कसंगत है। किंतु दुर्भाग्य की बात है कि लेखक ने शाक्त संप्रदाय के सामाजिक मूल संबंधी प्रश्न पर आगे कोई विचार नहीं किया। इसकी बजाय वे शाक्तवाद और उसके मातृसत्तात्मक आधार को केवल एक जातिगत विशिष्टता के रूप में देखना चाहते थे। अंततः उन्होंने यही प्रश्न उठाना ठीक समझा कि क्या शाक्तवाद का प्रादुर्भाव बाहरी देशों के भारतीय आर्यों के बीच हुआ था ?' (वही. 153) किंतु बाद के विद्वानों की दृष्टि में इस प्रश्न का बहुत अधिक महत्व नहीं रहा।

मार्शल को शाक्तवाद और मातृ अधिकार के साथ इसके संभावित संबंध की समस्या को फिर से उठाना पड़ा, क्योंकि मोहन जोदड़ो और हड़प्पा से मिले भौतिक अवशेषों में मिट्टी की बहुत सी नारी मूर्तियां और ऐसी अन्य वस्तुएं मिलीं जिन्हें खिलौने मात्र नहीं समझा जा सकता था :

> अब यह सर्वविदित है कि सिंधु घाटी और बलूचिस्तान में जिस प्रकार की नारी मूर्तियां मिली हैं वैसी ही बहुत सी मूर्तियां फारस और ऐजियन के बीच बहुत से देशों में, विशेषकर ऐलाम, मेसोपोटामिया, ट्रांसकासपिया, एशिया माइनर, सीरिया फिलीस्तीन, साइप्रस, क्रीट, साइक्लेड, बालकन क्षेत्र और मिस्र में मिली हैं। (87. i. 50)

इनकी समानताएं बहुत उल्लेखनीय हैं। मार्शल ने सिंधु घाटी सभ्यता के अवशेषों की व्याख्या अन्य स्थानों से मिलीं, वैसी ही मूर्तियों के संदर्भ में करने का प्रयत्न किया है :

> इनके बारे में आमतौर पर स्वीकार किया गया मत यह है कि ये मूर्तियां महामाता या प्रकृति देवी की हैं, जिनमी उपासना अनातोलिया (संभवतः फ्रीजिया) में आरंभ हुई और वहां से पश्चिम एशिया के अधिकांश भागों में फैली। किंतु सिंधु नदी के किनारे पर मिली

मूर्तियों और इन मूर्तियों के बीच जो समानता है उसे देखते हुए यह निष्कर्ष निकालने से अपने आपको रोक पाना कठिन है कि सिंधु घाटी की मूर्तियां भी माता या प्रकृति देवी की हैं और इनका उपयोग भी वही था जैसा पश्चिम की मूर्तियों का था। अर्थात या तो ये पूजा-अर्चना में भेंट के लिए थीं या थोड़ी बहुत संभावना इस बात की है कि इन्हें घरों के पूजागृह में रखा जाता था। निष्कर्ष को इस तथ्य से भी बल मिलता है कि सिंधु से लेकर नील नदी तक सारे क्षेत्र में ये मूर्तियां थीं। यह ऐसा क्षेत्र था जो न केवल भौगोलिक दृष्टि से एक-दूसरे से जुड़ा हुआ था बल्कि ताम्र-पाषाण काल में भी यह समान संस्कृति के बंधनों से परस्पर जुड़ा हुआ था। (वही)

मार्शल ने इससे आगे एक और महत्वपूर्ण टिप्पणी की है :

यह धारणा अत्यंत युक्तिसंगत है कि इनका प्रादुर्भाव भी पश्चिम एशिया की देवी माताओं की भांति मातृसत्तात्मक समाज में हुआ। (वही, i. 517) और भी, भारतीय शाक्त मत और इन मतों के बीच उल्लेखनीय समानता को बहुत पहले से समझा गया है और उन पर टिप्पणियां हो चुकी हैं। यह माना गया है कि दोनों मामलों में मत समान सामाजिक परि-स्थितियों, (अर्थात मातृसत्तात्मक व्यवस्था) में उपजे और ऐसी कल्पना की जाती है कि ये परिस्थितियां भारत में आर्यपूर्वकाल में और उन्हीं दिनों में निकट पूर्व के क्षेत्र में विद्यमान थी। किंतु इस बात को नहीं देखा गया और इस बात का केवल मोहनजोदड़ो तथा हड़प्पा के अवशेषों से पता चला है कि भारत और पश्चिम एशिया में ताम्र-पाषाण युग के दौरान समान सभ्यता थी—वास्तव में कुछ ऐसे प्रमाण भी हैं कि सिंधु घाटी और मैसोपोटामिया के धर्मों में भी निश्चित ठोस संबंध था। (वही, i. 58)

इस तरह का निश्चित ठोस संबंध, सिंधु घाटी की पुरातत्व खोज का उल्लेखनीय परिणाम है किंतु नारी मूर्तियों से संबद्ध हमारी व्याख्या यहीं पर समाप्त नहीं हो सकती। यदि ये देवी माता की मूर्तियां थी और यदि ये मध्य यूरोप, भूमध्य सागर क्षेत्र और निकट पूर्व (48. i. 237-48) में नव पाषाण और ताम्र पाषाण युगों के अवशेषों में सैकड़ों की संख्या में मिली हैं तो सभी जगह इनका आविर्भाव समान भौतिक परिस्थितियों में हुआ होगा। उनके इस आवि-र्भाव को केवल आदिकाल की कृषि चरण में विद्यमान मातृसत्तात्मक व्यवस्था के संदर्भ में समझा जा सकता है। किंतु यह एक ऐसा प्रश्न है जिसे मार्शल ने पर्याप्त गंभीरता से नहीं उठाया। हम जब ऐसा कहते हैं तो सभी जगह यही बात देखने को मिलती है। इन सभी प्राचीन सभ्यताओं की संपदा धरती से उपजती थी और कृषि की खोज स्त्रियों ने की थी। प्राचीन सभ्यताओं के इन सभी केंद्रों में मातृदेवियों की मूर्तियां दबी पड़ी हैं क्योंकि ऐसा विश्वास किया जाता था कि जादू के जोर पर कृषि कार्यरत स्त्रियों को सफलता मिलेगी, जिन्होंने कृषि की खोज करके, सभ्यता के आरंभ में अति निर्णायक भूमिका निभाई।

11. ग्राम देवता

किंतु भारत में मातृदेवियों की कहानी का अंत सिंधु सभ्यता के साथ नहीं हुआ, हम फिर मार्शल का उद्धरण देते हैं। वह 'माता' या 'महामाता' है और प्रकृति का मूल प्रतिरूप है जो शक्ति के रूप में विकसित हुई। उसके प्रतिनिधियों को ग्रामदेवता कहते हैं, जो वास्तव में ग्रामदेवियां हैं और जिनके नाम अति प्रतिष्ठित हैं। उनके गुणों में विभिन्न स्थानों के अनुसार अंतर हो सकते हैं। लेकिन वे सभी उसी एक प्रकृति की प्रतिमूर्तियां हैं। वे उत्पादकता की जन्मदात्री हैं—इसमें कोई संदेह नहीं कि अनार्य लोगों के राष्ट्रीय देवताओं में उनका प्रमुख स्थान था। यह बात

आदिम जनजातियों में इनकी उपासना की लोकप्रियता से सिद्ध होती है। यह भी तथ्य है कि इन जनजातियों के धार्मिक अनुष्ठानों में प्रमुख भूमिका ब्राह्मणों की नहीं बल्कि नीच जाति वाले पारिया की होती है जो कुछ पुरानी जनजातियों के सदस्य हैं। और ऐसा माना जाता है कि उन्हें देवी की अनुकंपा प्राप्त करने की विधि आती है। आर्यपूर्व काल की कुछ जनजातियां कभी भी वास्तव में हिंदू धर्म के अंतर्गत नहीं आयी और इन जनजातियों में माता या धरती माता की उपासना विशेष रूप से होती है। (87. i, 51)

ऐहरेनफेल्स (5. 79-80) ने भारत के उन पिछड़े लोगों की निम्नलिखित सूची तैयार की है जिनके मन में आदि देवी का आज भी सर्वोच्च स्थान है। ये जनजातियां हैं : बीली मग्गा, बुद-बुदीकी, दर्जी, डोंब, गड़ब, गंगादिकार ओक्कालु, गंगा, गोल्ला, हद्दी, हल्लीकर, ओक्कालिगा, हेलव, होलेय, इदिग इत्यादि। यह सूची लंबी चौड़ी है।

जैसा कि मार्शल का तर्क है, यदि ये ग्रामदेवता सचमुच माता या महामाता के प्रतिनिधि हों जिनके अवशेषों का मूल उद्गम ईसापूर्व तीन हजार वर्ष पहले था तो यहां हमें उसी असंतुलित विकास का एक और उदाहण मिलता है जिसका विस्तृत उल्लेख हमने पिछले अध्याय में करने का प्रयत्न किया है। भारत में आज भी ऐसे लोग हैं जो वैसा ही जीवन बिता रहे हैं और वही आस्थाएं और विश्वास लिए हुए हैं जैसा जीवन और जैसी आस्थाएं हजारों वर्ष पहले सिंधु सभ्यता के निर्माताओं के पूर्वजों की थीं।

इससे भी अधिक महत्वपूर्ण तथ्य यह है कि भारतीय किसानों में बहुत बड़ा अंश ऐसा है जो अब जनजातीय समाज में नहीं रहता किंतु उनमें पुरुष देवताओं का स्थान गौण है। उनके जीवन पर वास्तविक प्रभाव अधिकतर देवियों का है। इनमें विख्यात हैं दुर्गा, काली, चंडी आदि। किंतु जैसा कि तर्क दिया जा चुका है कि इन नामों की भिन्नता, उनके गुणों और ऐतिहासिक विशेष-ताओं की भिन्नताओं की भांति गौण महत्व की हैं, क्योंकि ये बाद में जोड़ी गई हैं [जे.ए.एस.बी. (एन.एस.) xxi. 315 और आगे]। इन सबकी पृष्ठभूमि में वही आदि देवी है जिसकी मिट्टी की मूर्तियां प्राचीन सभ्यताओं वाले सभी स्थानों पर खुदाई से मिली हैं। भारतीय जनमानस में इस आदि देवी की स्मृति की अतिजीविता का कारण यही हो सकता है कि उसके भौतिक आधार के तत्व भी अभी तक विद्यमान हैं। इससे भारत के सामाजिक इतिहास के अनोखेपन से संबद्ध वही दूसरी बात स्पष्ट होती है जिसके संबंध में हमने पिछले अध्याय में तर्क देने का प्रयत्न किया है। वास्तव में जनजातीय अतीत के जीवित अवशेष, प्राचीन भारतीय समाज की एक महत्वपूर्ण विशेषता रही है।

5

तंत्रवाद का स्वरूप

रहस्यवादी संप्रदाय और कृषि अनुष्ठान

भारतीय संस्कृति की दो मूल प्रवृत्तियां हैं : वैदिक और अवैदिक। अवैदिक प्रवृत्ति का यदि सर्वाधिक विशिष्ट नहीं तो कम से कम प्रमुख पक्ष है तंत्रवाद जिसमें सर्वोच्च महत्व प्रकृति या स्त्री सिद्धांत को दिया गया है। इस अध्याय में हम यह जानने का प्रयत्न करेंगे कि स्त्री सिद्धांत का मूल अधार कृषि को बताने के संबंध में हमने जो सामान्य तर्क दिए है वे तांत्रिक विश्वासों और क्रियाओं की अन्य मूलभूत विशेषताओं को कहां तक स्पष्ट कर सकते हैं।

1. जादू और प्रारंभिक कृषि

सारे विश्व में यह तथ्य देखा गया है कि अपेक्षाकृत प्रारंभिक चरणों में कृषि कार्यों को जादू टोने पर बहुत निर्भर समझा गया। इस प्रकार जादू टोने को प्रारंभिक कृषि चरण में एक विचित्र प्रकार का महत्व दिया गया। सभी असभ्य जनों का यह विश्वास है कि किसी अन्य कार्य की अपेक्षा कृषि कार्य, चमत्कारिक शक्ति और विधि पर अधिक निर्भर करता है और पुरुष के श्रम और कौशल पर इसकी उतनी निर्भरता नहीं है।' (67. iii. 2-3)

ब्रिफो (वही. iii. 3) ने इस बात को कई उदाहरण देकर स्पष्ट किया है। प्यूब्लो रेड इंडियनों ने जब वहां आकर बसने वाले यूरोपियों को बिना किसी अनुष्ठान के फसल बोते देखा तो उन्हें बहुत धक्का लगा। और फिर भी जब भरपूर फसल हुई तो वे आश्चर्यचकित रह गए। 'इस घटना ने उनकी आस्था की जड़ें हिला दीं। पादरियों के सतत प्रयत्न भी ऐसा नहीं कर पाए थे।' उत्तरी बोर्नियो में, 'ड्याक लोगों के लिए खेती बाड़ी पर की जाने वाली सारी मेहनत एक नीरस दिनचर्या नहीं है बल्कि यह एक ऐसी प्रक्रिया है जिसे देवी संरक्षण प्राप्त है और बीच बीच में मंगल उत्सव मनाने के लिए इसमें बाधाएं भी पड़ती हैं। इसी प्रकार दक्षिण अफ्रीका में, 'सुंबा स्त्रियां तब तक जमीन की जुताई नहीं करती जब तक वहां उनका नृत्य नहीं हो जाता, क्योंकि उनका कहना है कि यदि वे प्रेतात्माओं का आदर नहीं करतीं तो फसल नहीं होगी।' इसी तरह प्राचीन मैक्सिको में छोटे से छोटा कृषि कार्य भी उर्वरता की देवी के आह्वान और उसके आदर में किए जाने वाले समारोहों के बिना नहीं होता।

इसमें हम कुछ और उदाहरण भारतीय जनजातियों के जोड़ सकते हैं। हो जनजाति (75. 211-2) के सात प्रमुख त्योहार होते हैं। इन सभी का संबंध कृषि जीवन से है इसलिए इन त्योहारों का समय और मौसम भी कृषि की आवश्यकताओं के अनुसार निर्धारित किया गया है। ये समारोह केवल मौज मस्ती करने के लिए नहीं है। इनका उद्देश्य कृषि की सफलता को निश्चित करना है, भले ही यह चमत्कार के माध्यम से हो।

संथाल जनजाति [जे. ए. एस. बी. (एम. सी.) xix. 7] सावन के महीने में (जुलाई-अगस्त),

जिस समय मानसून की वर्षा होती है और धान के पौधों को रोपना संभव होता है, हरियार सिम समारोह मनाती है ताकि, 'धान हराभरा उगे।'

> मध्य प्रांत में अगस्त के महीने में जब फ़सल उग रही होती है तो घर में जंगली धान की बालियां टांग दी जाती हैं जो धान के मूल पौधे की प्रतीक हैं। इसी प्रांत में कुरमी जनजाति सावन के महीने के मध्य में जब धान की बालियां फूट रही होती हैं 'हेरेली' या हरियाली का त्योहार मनाती है। नमक मिले आटे के पेड़े बना कर पशुओं को खिलाए जाते हैं। हल और अन्य औजार तालाब पर ले जाकर धोए जाते हैं और फिर उन्हें घर के आंगन में रख दिया जाता है। हल का मुंह सूर्य की ओर किया जाता है और उसपर मक्खन तथा चीनी चढ़ाई जाती है। संयुक्त प्रांत में (अब उत्तरप्रदेश अनु०) भुईया, कोल और बींड लोग भी वर्षा ऋतु के दौरान हरियारी देवी की पूजा करते हैं। वे फसल की कटाई के बाद या बुआई के मौसम से पहले खेतों में मुर्गी के चूजों की वलि देने और शराब का अर्घ्य चढ़ाने के लिए बैगा पुरोहित को बुलाते हैं। (15. 265)

ये तो केवल कुछ उदाहरण हैं। यह कहना अतिशयोक्ति नहीं होगी कि भारत के पिछड़े लोगों को कोई भी कृषि कार्य ऐसा नहीं जान पड़ता था जो किसी न किसी जादू-टोने पर अत्यधिक निर्भर न रहा हो (इस अध्याय में हम इस अनुष्ठान के कई उदाहरण देखेंगे), किंतु कभी कभी इस बात की अनदेखी कर दी जाती है कि हमारे अति प्राचीन पूर्वज, हमारे जनजातीय पड़ोसियों की भांति यही समझते थे कि भरपूर फसल जादू-टोनों और विधि-विधान पर निर्भरकरती है। कौटिल्य ने अपने 'अर्थशास्त्र' में निर्देश दिया है कि समुचित मंत्रोच्चारण के बिना बुआई नहीं की जानी चाहिए :

> बीज बोते समय हमेशा एक मुट्ठी भर बीज को सोने के एक टुकड़े के साथ लेकर पानी में धोया जाना चाहिए और फिर उन्हें बो दिया जाना चाहिए और साथ ही यह मंत्रोच्चारण किया जाना चाहिए, 'प्रजापति कश्यप देवता को नमन, खेती सदा फले-फूले और बीजों तथा संपत्ति में देवी का वास हो, चंडावत हो। (33. 133)

कौटिल्य से भी पहले जब हम वैदिक साहित्य को देखते हैं तो यही बात सामने आती है। निस्संदेह वैदिक अर्थव्यवस्था में कृषि का स्थान गौण था। किंतु रोचक बात है कि कृषि के बारे में जो अपेक्षाकृत थोड़े से उल्लेख वैदिक साहित्य में हैं, उनमें इस प्रक्रिया को जादू-टोने आदि पर अत्यंत निर्भर माना गया है। अथर्ववेद (96 xiii-141) में बीजों की बुआई के समय निम्नलिखित मंत्रोच्चार का सुझाव दिया गया है :

> स्वयं को उठाओ, अपनी ही शक्ति से फलो फूलो, हे बीज प्रत्येक पात्र को इतना भर दो कि वह फूट जाए। आकाश की बिजली तुम्हारा नाश नहीं करेगी।
>
> हे बीज देवता ! हम तुम्हारा आह्वान करते हैं और तुम जब इसका श्रवण करते हो तब अपने आपको आकाश जैसा ऊंचा उठाओ। समुद्र जैसे अपार बन जाओ।
>
> जो तुम्हारी सेवा करेंगे वे अपार होंगे, तुम्हारे ढेर अपार होंगे। जो तुम्हें भेंट में देंगे उनका भंडार कभी समाप्त नहीं होगा। जो तुम्हें खाएंगे उनका भंडार कभी समाप्त नहीं होगा।

'तैत्तिरीय संहिता' में ऐसे ही मंत्र का उल्लेख मिलता है :

> खेत की हराई का घी और शहद से अभिषेक किया गया है जिसे सभी देवताओं ने स्वीकार किया है। मारुतों ने पूर्ण शक्ति दी है, दूध से पूरित है, हे खेत की हराई हमारी ओर दूध लेकर आना। (13. 316)

यहां तक कि ऋग्वेद (iv. 57.6) में भी हमें खेती को सफल बनाने के लिए मंत्रों के कुछ उदा-

हरण मिलते हैं। किंतु मंत्रों पर कृषि की निर्भरता, वैदिक साहित्य के अपेक्षाकृत बाद के अंशों में विशेषकर गृह्यसूत्र में स्पष्ट और सीधे तौर पर बताई गई है। अश्वलायन गृह्यसूत्र (ii. 10.-4), 'संस्वायन गृह्यसूत्र' (iv. 13.5) और भारद्वाज गृह्यसूत्र (ii. 10) में कहा गया है कि कृषि देवता को खेत की जुताई शुरू करने से पूर्व भेंट चढ़ाई जानी चाहिए। 'परष्कर गृह्यसूत्र' (ii. 17. 9) में सीता अर्थात खेत की हराई की देवी को काफी महत्व दिया गया है और 'गोझिल गृह्यसूत्र' (iv.4.27) में कहा गया है कि जुताई, निराई, बुआई, कटाई और अनाज को खलिहानों में रखने से संबद्ध धार्मिक क्रियाओं के समय आशा, अरड और अनघ जैसी देवियों के साथ साथ सीता का भी आह्वान किया जाना चाहिए। (वैदिक कृषि से संबद्ध अन्य देवियों का उल्लेख पिछले अध्याय में किया गया है)

वैदिक प्रमाण विशेष रूप से महत्वपूर्ण हैं। हो सकता है कि वैदिक जनों के लिए कृषि का महत्व अपेक्षाकृत कम रहा हो, किंतु वे भी जादू-टोने को कृषि के लिए अत्यधिक महत्व का मानते थे। प्रश्न यह है कि ऐसा क्यों माना गया? थामसन ने पशुपालन के व्यवसाय के साथ कृषि की तुलना करके इसके कारणों का विश्लेषण किया :

> जब तक उनके पास अपने पशु, उनके लिए चारा और चरागाह हैं तब तक वे खेती अर्थात जुताई-बुआई और फसल की कटाई के काम की पशुपालन के काम से तुलना करते हैं तो इसे बहुत धीमी गतिवाला, कष्टकारी और अनिश्चित कार्य समझते हैं। खेती के काम के लिए धैर्य, दूरदर्शिता और विश्वास की आवश्यकता होती है। इसीलिए कृषि समाज में जादू-टोने का विस्तृत विकास हुआ है। (46. 21-2)

शुरूशुरू में किसानों को यह पता नहीं था कि धरती से पौधे वास्तव में कैसे उगते हैं। उनके लिए बुआई से लेकर कटाई तक की सारी प्रक्रिया बहुत रहस्यपूर्ण थी। इसके अलावा उनकी खेती की तकनीक बिल्कुल अपर्याप्त थी जिसके परिणामस्वरूप अच्छी फसल होने की संभावनाएं बहुत अनिश्चित थी। इसीलिए खेती-बाड़ी के काम में धैर्य, दूरदर्शिता और विश्वास की आवश्यकता होती थी।

किंतु जादू-टोने से उनकी ये सभी मनोवैज्ञानिक आवश्यकताएं कैसे पूरी होती थीं? जादू-टोने इस विश्वास पर आधारित हैं कि हम वास्तविकता पर नियंत्रण रख सकते हैं। किंतु यह भ्रम किस प्रकार उत्पन्न किया जा सकता था? अपने मनोरथ की काल्पनिक सृष्टि करके। किंतु स्पष्ट है कि इसका प्रभाव वास्तविक परिस्थितियों पर नहीं पड़ सकता। किंतु यह काल्पनिक सृष्टि करने वाले लोगों को काफी प्रभावित कर सकता है और करता था। इस विश्वास से प्रेरित होकर कि अपने मनोरथ की काल्पनिक सृष्टि करके वे अपनी इच्छा की वास्तव में पूर्ति कर सकते हैं, उनमें इस इच्छापूर्ति के लिए और अधिक मेहनत करने की भावना उत्पन्न होती थी।

जादू-टोने का आधार अज्ञान है। किंतु इसे केवल अज्ञान मानना भी गलत होगा, क्योंकि यह कर्म को निर्देशित करता है यद्यपि यह मनोवैज्ञानिक दिशानिर्देश होता है। कृषि के प्रारंभिक चरण में जब इस मनोवैज्ञानिक निर्देशक की सबसे अधिक आवश्यकता होती है, हम सहज ही देखते हैं कि जादू-टोने में विश्वास और इससे संबद्ध क्रियाओं में विचित्र तीव्रता आ जाती है।

2. वामाचार का अर्थ

यदि कृषि की खोज स्त्रियों ने की थी तो यह तर्कसंगत ही है कि अपने मूलरूप में जादू-टोना स्त्रियों के ही कार्यक्षेत्र में आना चाहिए। यहीं पर हमें तंत्रवाद की एक महत्वपूर्ण कड़ी मिलती

हैं। क्योंकि हमारी आम धारणा के विपरीत तंत्रवाद में भी सबसे पहले मूलतः ऐसे ही अनुष्ठान थे जिनमें केवल स्त्रियां भाग लेती थीं। इसका कारण यह है कि तंत्रवाद के स्रोत भी कृषि संबंधी अनुष्ठान ही थे। आइए, हम यह सामान्य धारणा लेकर चलें कि कृषि संबंधी जादू-टोने के साथ सबसे पहले स्त्रियों का ही संबंध रहा। ब्रिफो ने इस संबंध में संक्षेप में कहा है :

> खेतों की उर्वरता बढ़ाने के लिए किए जाने वाले जादू या धार्मिक अनुष्ठान स्वभावतः स्त्रियों का ही विशेष कार्यक्षेत्र थे क्योंकि स्त्रियों ने ही खेती की तकनीक को विकसित किया था··· (67. iii. 3)

उन्होंने ये विचार बहुत सारी उपलब्ध सामग्री के आधार पर व्यक्त किए हैं। हम कुछ उदाहरण नीचे दे सकते हैं : 'सियेरा लियोने में राखा स्त्री समाज का मुख्य कार्य, 'औषधि' या टोना तैयार करना है जिसे धान के खेतों पर छिड़क दिया जाता है और इस प्रकार वे आश्वस्त हो जाती हैं कि अब इन खेतों में भरपूर पैदावार होगी (वही), कहा जाता है कि चेयेनीज लोगों का अनाज नृत्य, युवतियां और अधेड़ उम्र की स्त्रियां करती थीं। वे एक गोल दायरे में नाचती थीं—नृत्य का नेतृत्व करने वाली स्त्री के हाथ में एक छड़ी होती थी जिसके एक सिरे पर अनाज की भुनी हुई बाली लगी होती और छड़ी का दूसरा सिरा बाली की डंडी के छेद में घुसा होता था। सियो जनजाति की स्त्रियां हर साल बसंत ऋतु में काफी बड़े स्तर पर अनुष्ठान और समारोह करती थीं। जिससे खेतों की उर्वरता निश्चित होती थी। (वही) हिदत्स जनजाति की स्त्रियां अनाज समारोह में अपने हाथ में एक छड़ी लेकर चलती थीं जिसके सिरे पर उन सभी वस्तुओं के नमूने होते थे जो उन्होंने खेतों में उगाए थे। जैसे मकई, कद्दू, तरबूज आदि। इन्हें लेकर वे झोंपड़ी में जाती थीं। यहां वे अपने सारे वस्त्र उतार देती थीं और बड़े-बूढ़े इन फलों तथा स्त्रियों पर पवित्र जल छिड़कते थे। इस प्रकार इस मामले में उर्वरीकरण क्रिया पुरुषों ने की। किंतु जैसाकि हमें बताया गया है कि ये समारोह स्त्रियों ने प्रारंभ किए थे। (वही.iii.4)

हम इन प्रमाणों को एक अन्य दृष्टिकोण से देख सकते हैं। एक अच्छी फसल की मूल आवश्यकता है वर्षा :

> कृषि की सफलता से संबद्ध कोई भी अनुष्ठान इतने अधिक महत्व का नहीं है जितना कि वर्षा को नियंत्रित करने के उद्देश्य से किया जाने वाला अनुष्ठान। इन अनुष्ठानों को आमतौर पर स्त्रियों का विशेष कार्य समझा जाता है। (वही. iii. 10)

नीचे कुछ उदाहरण दिए जाते हैं। पेरू की कुछ जनजातियों और चिली के अराऊकानियम जनजाति में वर्षा लाने वाला जादू पूर्ण रूप से पवित्र स्त्रियों या पुजारिनों पर निर्भर करता है :

> ग्रान चाको के ऐबीपोनेस लोगों में जनजाति की सबसे बड़ी आयु वाली स्त्री को गांव के लिए आवश्यक जल उपलब्ध कराने के योग्य माना जाता था। कैनरी द्वीपसमूह के गुआन्वेस लोगों में जल वृष्टि कराने का काम पुजारिनों का था; इसके लिए वे समुद्र तट पर जाती थीं और पानी को डंडे से पीटती थीं। सारे भारत में वर्षा की पर्याप्त मात्रा उपलब्ध कराने से संबंधित जादू-टोने लगभग स्त्रियों द्वारा ही किए जाते हैं। (वही)
>
> आदिम यूरोप में वर्षा कराने का काम पुजारिनों का ही था और इसके संकेत मध्य युग और आधुनिक काल में यूरोप में जादूगरनियों की ऐसी ही गतिविधियों में मिलते हैं। (वही. iii. 11)

इसी प्रकार अफ्रीका में भी जहां वर्षा लाना पवित्र राजा के प्रमुख कार्यों में माना जाता है, इस कार्य को स्त्रियों की विशेष शक्ति और गतिविधियों से संबद्ध किया जाना प्रत्यक्ष है (वही. iii. 13)।' फिलहाल हम वर्षा लाने वाले जादू के विस्तृत वर्णन के कुछ दिलचस्प पहलू देखेंगे।

अभी इतना ही याद रखना पर्याप्त है कि कृषि के एक प्रमुख पक्ष के रूप में यह स्त्रियों के कार्य क्षेत्र में आता था। प्राचीन काल के कुछ सम्प्रदाय स्पष्टतः कृषि संबंधी जादू-टोने से आरंभ हुए। हम यहां ऐसे ही एक संप्रदाय का उल्लेख कर सकते हैं। यह संप्रदाय है डायोनिसस। इसे 'कृषि की खोज और आरंभ करने वाला' माना गया है (वही.iii. 123)। बोइयोतिया में डायोनिसस से संबंद्ध अनुष्ठान, सफल व खेती-बाड़ी के लिए अनिवार्य थे, (वही)। और ये अनुष्ठान स्त्रियों द्वारा किए जाते थे :

> थीब्स (वही.iii. 125-6) में उस आराधना गृह में, जो डायोनिसस का जन्मकक्ष समझा जाता है, किसी पुरुष को प्रवेश करने की अनुमति नहीं थी और यह निषेध पौसानिया के समय तक बना रहा।

पेंथियूस की कथा से पता चलता है कि जो पुरुष स्त्रियों के इन रहस्यों को जानने का प्रयत्न करते थे उनके टुकड़े टुकड़े कर दिए जाने का खतरा रहता था। (46. 139-40)

> वास्तव में ऐसा प्रतीत होता है कि डायोनिसस से संबद्ध सारा संप्रदाय ही स्त्रियों के धर्म से संबंधित था और इस धर्म के अनुष्ठानों आदि से पुरुषों को अलग रखा गया था। जब इटली में डायोनिसियन धर्म प्रारंभ हुआ तो किसी भी समारोह में पुरुष को आने की अनुमति नहीं थी। यदि कोई ऐसा करता था तो उसे कड़ा दंड किया जाता था। (67.-iii. 128)

पूर्ण रूप से या प्रमुख रूप से स्त्रियों पर निर्भर करने वाले धार्मिक अनुष्ठानों का विचार हमें विचित्र प्रतीत हो सकता है। किंतु इसका कारण यह है कि हम मूलतः पितृसत्तात्मक रहे हैं। आज ईसाई धर्म और अन्य प्रमुख पितृसत्तात्मक समाजों में, जैसे ब्राह्मणीय भारत और चीन में हमें यह विचार बड़ा अटपटा प्रतीत होता है कि धार्मिक कार्य स्त्रियों द्वारा किए जाते थे, (वहीं ii. 514) किंतु प्राचीन काल में, विशेषकर उन लोगों में जो कृषि की खोज के आधार पर सभ्यता की ओर अग्रसर हो रहे थे, ऐसा नहीं था। 'प्राचीन जगत सारा ही पुजारिनों से भरा पड़ा था' (वही) इसके उदाहरण हैं रोम के देवता वेस्ता को समर्पित कुमारियां। अति प्राचीन और पवित्र धार्मिक मठ इस बात के पूरे संकेत हैं कि ये कुमारियां और अन्य पुजारिनें राज्य की महा पुजारिन रेजीना तथा फ्लिमिनसे की भूमिका इटली में प्रारंभिक काल में कहीं अधिक महत्वपूर्ण थी। प्राचीन इटली में राज्य पुजारिनों के अलावा कई अन्य धार्मिक कार्य करने वाली पुजारिनें और भविष्यवक्ता थीं जो मंदिरों की राज्य पुजारिनों से भी अधिक प्रभावशाली मानी जाती थीं (वही)। इसी प्रकार प्राचीन ग्रीस में भी पुजारिनें थीं।

> ग्रीस में डेल्फी और डोडोना जैसे अति पवित्र और प्राचीन मंदिरों में धार्मिक कार्य करने के लिए पुजारिनें थीं और वे भविष्यवाणियां भी करती थीं। दिमित्तर की पुजारिन भी, रोम की वस्ता समर्पित कुमारियों की भांति ओलंपिक खेलों में विशेष सिंहासन पर आसीन होती थीं। हेलीकारनेसस में उसे डेमोस की पुजारिन भी कहा जाता था। डेमोस को जनता का प्रतिनिधि माना जाता था। ग्रीस के आदि संप्रदायों में पुजारिनों की यह महत्ता और भी अधिक थी और इसमें कोई संदेह नहीं हो सकता कि उन पुरातन संप्रदायों में, जो बाद में डायोनिसस धर्म के साथ जुड़ गए, धार्मिक क्रियाएं न केवल मुख्य रूप से बल्कि केवल स्त्रियों द्वारा संपन्न की जाती थीं। (वही. ii. 515)

यही बात प्राचीन बेबोलीनियां, असीरिया और मिस्र के मामले में भी सत्य थी :

> ग्रीस की भांति बेबीलोनिया और असीरिया में भी स्त्रियों को भगवान का पैगंबर माना जाता था। ऐसा माना जाता है कि अजहर हद्दों ने अरबेला और इश्तर की पुजारिनों

और सेविकाओं से देबी के प्रवचन सुने थे। (वही)

असीरियायी शिलालेखों में पुजारिनों को माता कहा गया। कारथेज में महान देवी और लोगों के बीच संपर्क का माध्यम स्त्रियां थीं। प्राचीन मिस्र में रा की महापुजारिन स्वयं महारानी थी। पुराने मध्ययुगीन और नए राज्य में भी पुजारिनें थीं। (वही)

हाल में जोसेफ नीधम ने सिद्ध किया है कि प्राचीन चीन में विशेषकर ताओवादियों में जादू-टोने का काम पहले स्त्रियों का था। मंगोलों के लिए चीनियों का अपना ही शब्द था, वू—ऐसा प्रतीत होता है कि वू दो प्रकार के थे, एक तो असली 'वू' जो स्त्रियां थी और दूसरा 'ह्सी' जो पुरुष थे। (54. ii. 134) ब्रिफो ने कहा है कि प्रचीन संस्कृतियों में, 'धार्मिक संप्रदायों में स्त्रियों की प्रधान भूमिका रही है।' उन्होंने इसके समर्थन में कई प्रमाण बताए हैं। उनका निष्कर्ष था :

> विश्व के अन्य भागों की कई असंस्कृत जातियों की भांति पश्चिमी और उत्तरी यूरोप में हमारे अपने पूर्वजों में धार्मिक कार्यों और पूजा अर्चना की क्रियाएं पुरुषों की बजाय स्त्रियों की थी और बाद में यह काम पुरुष पुजारियों को हस्तांतरित किया गया। (67. ii 543)

ऐसे कार्य हस्तांतरण के संबंध में डुइड लोगों का उदाहरण दिया जा सकता है :

> इस बात का प्रमाण है कि इन (डुइड) लोगों ने जादू-टोने के काम से स्त्रियों को हटा दिया और स्वयं यह काम करने लगे। कृषि संबंधी अनुष्ठान और प्राचीन कथाएं सुनाने का काम सबसे पहले स्त्रियों के ही हाथ में था। और चूंकि ये अनुष्ठान अधिकतर जादू-टोने वाले होते थे इसलिए वे स्त्रियां 'विलक्षण' जादूगरनियां थीं। बाद में धीरे-धीरे पुरुषों ने स्त्रियों के कार्यों को हथियाना शुरू कर दिया और देवियों की तुलना में देवताओं के हावी हो जाने से पुरुष भी महान जादूगर बन गए। (वही. ii. 541 में उद्धृत)

लेकिन बात यह है कि स्त्रियों के कार्य क्षेत्र में जादू-टोने के कार्यों के दृष्टिकोण से पुरुषों का हस्तक्षेप अचानक नहीं हुआ होगा और न ही पहली स्थिति के सभी लक्षण पूरी तरह मिट गए होगें। अर्थात, धार्मिक क्षेत्र में जादू-टोने के कार्य पितृसत्तात्मक परिस्थितियों के अनुकूल हो जाने के बाद भी इस तथ्य के लक्षण निश्चित रूप से रहे होंगे कि पहले यह कार्य केवल स्त्रियां ही करती थीं। पुरुष को इन धार्मिक कार्यों के अनुकूल बनने के लिए मानो अपने लिंग भेद को भूलना पड़ा होगा और स्वयं को स्त्रियों के समान बनाना पड़ा होगा। सीरिया की देवी इश्तर के पुजारी, पेसोनोस के पुजारी गेल्ली और कूरेतिस के हिमाइती पुजारी एफीसियन आर्टेमिस तथा अन्य देवियों के पुजारियों को यह धार्मिक कार्य करने के योग्य बनने के लिए अपना पुरुष-अस्तित्व समाप्त करना पड़ा और वे वास्तव में शारीरिक दृष्टि से अपुरुष बन गए। (वही. iii. 213)

> ऐतिहासिक काल में सिबिल के पुजारी वास्तव में हिजड़े थे जिन्हें गैलोइ कहा जाता था और इनका सबसे पहले उल्लेख ईसा पूर्व तीसरी शताब्दी के आसपास सिकंदर से संबंधित साहित्य में हुआ। वे स्त्रियों जैसे कपड़े पहनते थे और उन्ही की भांति अपने लंबे बालों में खुशबूदार तेल डालते थे। वे इस प्रकार की वेशभूषा में सुसज्जित होकर झांझ मंजीरे, बांसुरी, खंजड़ी, लकड़ी की करताल आदि वाद्यों की स्वर लहरी पर शोर मचाते और नाचते हुए अनुष्ठान करते थे जिसमें स्वयं को उत्तेजना की उस पराकाष्ठा तक ले जाते थे जिसमें वे अपने शरीर पर कोड़े या बेंत मार मार कर स्वयं को घायल कर लेते थे और फिर बुरी तरह क्लांत हो जाते थे। (ई. आर. ई. iv. 377)

किंतु अपना पुरुषत्व समर्पित कर देने का आम तरीका यही था कि पुजारी लोग स्त्रियों जैसे कपड़े पहन लें। इस आचरण का महत्व इसी तथ्य के संदर्भ में समझना होगा कि पुरातन विश्वासों के अनुसार परिधान भी, धारण करने वाले व्यक्ति का ही एक अंग है। (54. 43-4)

आदिवासी समाज में स्त्री या पुरुष के अलग अलग कपड़ों से संबंधित यह एक सार्वभौम सिद्धांत है कि जो व्यक्ति स्त्री के कपड़े पहनता है वह स्त्री के तथा पुरुष के वस्त्र पहनने वाला पुरुष के कार्य करता है ।(67. ii. 352)

पातागोनिया में पुरोहिताई के कार्य करने वाले लोगों को, 'एक प्रकार से अपना लिंग त्याग देना पड़ता है और स्त्रियों जैसे कपड़े पहनने होते है, (वही. ii. 525)। बोर्नियों की डायाक जनजाति के वे सभी पुरुष जो पहले जादू-टोने का काम करते थे, स्त्रियों जैसे कपड़े पहनने के लिए बाध्य होते थे। (वही ii. 526)

> जब जूलू सरदार वर्षा लाने के लिए धार्मिक अनुष्ठान करते हैं तो वे स्त्री का पेटीकोट पहनते हैं। मैडागास्कर में पुजारी लोग स्त्रियों वाले कपड़े पहनते हैं। ताहीटी और मारक्वीसा में ऐरियोइ के पुजारी अपने शरीर पर हल्का रंग मलते थे जिससे वे स्त्रियों जैसा दिखें और अपने हाव-भाव तौर-तरीके भी स्त्रियों जैसे ही करते थे। (वहो. ii. 531)

यह नियम कि पुजारियों को स्त्रियों जैसे कपड़े पहनने चाहिए उत्तरी अमरीका के रेड इंडियनों, न्यू मैक्सको की जनजातियों और सारे इंदोनेशिया, वलियू द्वीपसमूह में भी पाया जाता है (वही) व्हाइट हेड ने बताया है कि तेलुगुभाषी प्रदेश में ग्विचीवाड में जब कोई पुजारी धार्मिक क्रिया करने लगता है तो वह स्त्रियों के कपड़े पहनता है। (वही iii. में 50 पर उद्धृत) यही बात प्राचीन काल में भी सत्य थी।

> प्राचीन जर्मन लोगों में पुजारी स्त्रियों जैसे कपड़े धारण करते थे।बावीलोन में इश्तर के पुजारियों को स्त्रियों वाले परिधान पहनने होते थे। और इसी प्रकार सीरिया की देवी और पेसियोनिस के पुजारियों को भी करना होता था। (वही. ii. 531)

कोरीबांतीस; दाकित्ली तथा कूरेतीस, प्राचीन रोम के पुजारी और कोस में हेराक्लीस के पुजारी भी ऐसा ही करते थे। (वही) ब्रिफो ने हमें कई और उदाहरण दिए हैं। उनका निष्कर्ष है :

> ऐसा नहीं प्रतीत होता कि इस सार्वभौम प्रथा का इसके अलावा अन्य कोई अर्थ निकाला जा सकता है कि मूलतः जादू शक्ति को स्त्रियों के साथ संबद्ध किया जाता था और जादू-टोने के कार्य अनिवार्यतः स्त्रियों के कार्य समझे जाते थे। (वही ii. 534)

सारांशतः कृषि की खोज स्त्रियों ने की थी। कृषि संबंधी जादू-टोने, जिनसे प्राचीन धर्म उपजे थे, पूरी तरह स्त्रियों के कार्य क्षेत्र में आते थे। बाद में पितृसत्तात्मक परिस्थितियों के अनुकूल धर्मों को बनाने के लिए ये कार्य पुरुषों को दिए जाने लगे। तब भी ये पुरुष अपने पुरुष रूप में ये कार्य नहीं कर सकते थे। वे केवल अपना यौन परिवर्तन करके स्त्रियां बनने के बाद ही पुजारी बन सकते थे।

अब हम तंत्रवाद की ओर लौटते हैं। इस बात को तो हम आगे चलकर उठाएंगे कि तंत्रवाद की विशिष्ट क्रियाएं और मूल विचारधाराएं किस हद तक आदिवासी लोगों के कृषि संबंधी जादू-टोने से उपजे थे। अभी तो हम केवल एक प्रश्न उठा सकते हैं : क्या तंत्रवाद में कोई भी ऐसी बात है जिससे हम यह अनुमान लगा सकें कि मूल रूप से यह केवल स्त्रियों का ही कार्य था ? इसमें कोई संदेह नहीं किया जा सकता कि तांत्रिकों में स्त्री पुरोहित हैं जिन्हें भैरवी योगिनी कहा जाता है और उनका आज भी महत्वपूर्ण स्थान है। नीधम का कथन है :

> यह बड़ी रोचक बात है कि ताओवाद की भांति तंत्रवाद में भी सिद्धहस्त स्त्रियों को प्रोत्साहित किया जाता था और इसकी नेताओं में लक्ष्मिन्करा (ईसवी सन 729) और सहजयोगिनी (ईसवी सन 765) के नाम मिलते हैं। (54.ii. 427)

फिर भी हम देखते हैं कि अधिकांश तांत्रिक पुरुष हैं। किंतु प्रश्न यह है कि क्या तांत्रिक क्रियाओं

में पुरुष वास्तव में पुरुष के रूप में ही भाग लेते हैं? इसका उत्तर यह है कि ऐसा नहीं है। 'आचारभेद तंत्र' में निर्देश दिया गया है :

> पंचतत्वों, आकाश कुसुम, (ख पुष्प) और कुल स्त्री की पूजा करो। यही वामाचार है। परम स्त्रीशक्ति को एक स्त्री बनकर ही प्रसन्न करना होगा। [वामा भूत्वा यजेत् परम्, विश्वकोश (बं) vii. 512]

पंचतत्व, पुष्प और कुल स्त्री, तंत्रवाद के पारिभाषिक शब्द हैं जिनके अर्थ पर हम बाद में चर्चा करेंगे। यहां विशेष ध्यान इस निर्देश पर देना है कि परम स्त्री शक्ति को प्रसन्न करते समय स्त्री बनो। 'वामा भूत्वा यजेत् परम्'। तांत्रिकों को इस प्रकार स्त्री क्यों बनना चाहिए? इसका केवल एक ही उत्तर हो सकता है। ये क्रियाएं मूलतः स्त्रियों से संबधित थीं और केवल उन्हीं के कार्यक्षेत्र में आती थीं। जैसाकि हम देख चुके हैं, अन्य मामलों में भी यही बात पुजारियों द्वारा स्त्रियों के कपड़े पहनने की प्रथा से सिद्ध होती है।

इसी में हमें वामाचार शब्द का वास्तविक अर्थ खोजना है। इस शब्द के साथ तंत्रवाद का घनिष्ट संबंध है। यहां तक कि संस्कृत के बड़े योग्य विद्वानों ने भी बहुधा इस शब्द का गलत अर्थ लगाया है और इसे वाम मार्ग बताया है। (99.941 तुल. ई. आर. ई. xii. 196) इसका कोई विशेष अर्थ नहीं निकलता। शब्द है वामा और आचार। आचार का अर्थ है क्रिया या धार्मिक क्रिया। वामा का अर्थ है स्त्री या काम। इस प्रकार वामाचार का अर्थ है स्त्री और काम के अनुष्ठान। हम देख चुके हैं कि वैदिक साहित्य में भी कई ऐसे अनुष्ठानों का उल्लेख है जिनकी प्रकृति काम विषयक है। किंतु यह साहित्य ऐसे समाज का था जो मुख्यतया पशुपालक समाज था और इसलिए पितृसत्तात्मक था। इसलिए ऐसी वैदिक क्रियाओं में स्त्रियों को कोई उच्च स्थान नहीं दिया जा सकता था। इसके विपरीत, तंत्रवाद में स्त्री को बहुत अधिक महत्व दिया जाता है। इसमें स्त्री शक्ति को प्रसन्न करना होता है और इसके लिए स्त्री बनना होता है। स्पष्ट है कि तंत्रवाद का प्रादुर्भाव उन अनुष्ठानों में खोजना होगा जो पहले केवल स्त्रियों के कार्यक्षेत्र में आते थे। और जैसा कि हम आगे चलकर देखेंगे इसमें काम विषयक बातों का अत्यंत महत्वपूर्ण योगदान था। इसी से वामाचार का अर्थ स्पष्ट होता है।

यह आपत्ति उठाई जा सकती है कि वामाचार बहुत सी तांत्रिक क्रियाओं का एक रूप मात्र है। अर्थात हम वामाचार और तंत्रवाद को एक ही बात नहीं मान सकते। वास्तव में तंत्रवाद का वामाचार, एक और विधा दक्षिणाचार के एकदम प्रतिकूल है। किंतु हमें वामाचार में ही तंत्रवाद का मूल रूप खोजना है। इसके समर्थन में कई तर्क दिए जा सकते हैं। दक्षिणाचार का आविर्भाव बहुत बाद में हुआ है। यह बात इसके कृत्रिम और समझौतावादी स्वरूप से स्पष्ट है। कोई भी व्यक्ति दक्षिणाचारी तांत्रिक होते हुए भी वैदिक पथानुगामी हो सकता है। (इस बात से बागची जैसे विद्वान भी भ्रम में पड़ गये हैं और वह समझते हैं कि तंत्रवाद के दो रूप हैं, एक पुरातनपंथी और दूसरा वाममार्गी, 66. i. 45)। दूसरी बात यह है कि कुछ तांत्रिक ग्रंथों में घोषित किया गया है कि इन दोनों में से वामाचार ही वास्तविक तंत्रवाद का प्रतिनिधित्व करता है। जैसा कि वामकेश्वर तंत्र में कहा गया है :

> दो प्रकार के आचार हैं, वाम और दक्षिण; एक तो जन्म के क्षण से ही दक्षिण दिशा में है जबकि वाम पथ केवल अभिषेक के बाद प्राप्त किया जा सकता है। [विश्वकोश (बं) vii. 513]

इसे, तंत्रवाद में दीक्षा को दिए गए अत्यधिक महत्व के संदर्भ में समझना होगा। जिस तांत्रिक को दीक्षा नहीं मिली है वह तांत्रिक है ही नहीं। और यदि दीक्षा से वह वामाचारी बनता है तो

इसका निहित अर्थ यही है कि असली तांत्रिक वामचारी है। तीसरी बात यह है, जो ठीक भी है, कि उपलब्ध ग्रंथों पर बहुत अधिक निर्भर करके तंत्रवाद के वास्तविक स्वरूप को समझना सदा ही संभव नहीं है [रत्नावली (बं.) 274] ऐसे अधिकांश ग्रंथ नकली हैं। दूसरी ओर, असली तंत्रवाद मुख्यतय गुप्त क्रियाओं से बना है और जो तांत्रिक ये क्रियाएं कर रहे हैं वे ऐसे व्यक्ति को सरलता से भी रहस्य नहीं बताएंगे जिसे दीक्षा नहीं मिली है। फिर भी हमारे कुछ विद्वान, क्रियाशील तांत्रिकों के साथ अपने व्यक्ति गत संबंधों के कारण कुछ रहस्यों को प्राप्त करने में सफल हुए हैं। इन विद्वानों में से एक ने बताया है कि कम से कम बंगाल के तांत्रिक तो वामाचार को छोड़कर किसी अन्य विद्या को वैध नहीं मानते। [विश्वकोश (बं) vii, 513] यह बात महत्वपूर्ण है। मातृसत्तात्मक दक्षिण भारत ही एकमात्र अपवाद है। इसे छोड़कर केवल वृहत्तर बंगाल ही दूसरा ऐसा क्षेत्र है जहां तंत्रवाद सशक्त रूप से स्थापित है।

चित्र 1
शतचक्र : सप्त कमल

अंतिम किंतु सबसे महत्वपूर्ण बात है तंत्रवाद की योगसाधना—अर्थात इसकी मनोदैहिक क्रियाएं। इनको ठीक से समझने पर हम देखेंगे कि ये क्रियाएं अपने अंदर नारीत्व का बोध कराने के उग्र प्रयत्न के अतिरिक्त और कुछ नहीं। अन्य शब्दों में यह मूल व्यक्तित्व और चेतना को एक स्त्री के व्यक्तित्व और चेतना में परिवर्तित करने के लिए एक प्रकार का प्रशिक्षण है। अभी तक हमारे विद्वान इस बात को नहीं पकड़ पाए हैं। तंत्रवाद पर लिखने वाले आधुनिक लेखक आम तौर पर योग साधना से किसी गुप्त आध्यात्मिक महत्व को खोजने में दिलचस्पी लेते रहे हैं, किंतु दुर्भाग्य की बात है कि वे इन क्रियाओं के प्रत्यक्ष और सीधे अर्थ को नहीं देख पाए। हम इस प्रश्न की विवेचना कुछ विस्तार से करेंगे।

तंत्रवाद की योगसाधना को आमतौर पर शत-चक्र-भेद कहा जाता है (भारतेर संस्कृति ii. ii. 167 और आगे; 51:107 और आगे)। इसका सैद्धांतिक आधार शरीर रचना के बारे में तांत्रिकों का मत है। इसके अनुसार दो नाड़ियां हैं जो सुषुम्ना नाड़ी के दोनों ओर समानांतर चलती हैं। तांत्रिकों के अनुसार सुषुम्ना नाड़ी नितंब से लेकर मस्तिष्क तक जाती है और इसलिए सामान्यतः इसी को रीढ़ की हड्डी माना जाता है। सुषुम्ना के अंदर एक और नाड़ी मानी जाती है वज्राख्या। इसके बीच एक और नाड़ी है चित्रिणी। संक्षेप में, यह चित्रिणी, मुख्य सुषुम्ना नाड़ी का अंतरतम भाग है।

ऐसी धारणा है कि सुषुम्ना नाड़ी के सात अलग अलग स्थानों पर सात पद्म अर्थात कमल

हैं। तंत्रवाद के बारे में लिखने वाले आधुनिक लेखक आम तौर पर इन्हें स्नायुजाल कहते हैं। किंतु बात यह है कि तंत्रवाद में कई अन्य शब्दों की भांति पद्म को भी उसके पारिभाषिक अर्थ में ही देखा गया है। तंत्रवाद में पद्म या कमल को योनि या भग का प्रतीक माना गया है।

> तथाकथित बौद्ध तंत्रवाद की चर्चा करते हुए एल. डिलवालपोलियों ने कहा : वज्र (इसका दूसरा नाम है मणि), पुरुष के लिंग का एक श्लील या रहस्यमय नाम है, ठीक उसी प्रकार जैसे भग या योनि का साहित्यिक नाम पद्म है। (ई.आर.ई. xii. 196)

आधुनिक बौद्ध जो अत्यंत नैतिकतावादी हैं, उस मंत्र का वास्तविक अर्थ नहीं भांप पाए, जिसका जाप वे हर रोज करते हैं। यह मंत्र है, 'ओम मणि पद्मे हुम, अर्थात् ओम वह मणि जो पद्म में विराजमान है।' प्राचीन मिस्र में कमल को ऐसा ही प्रतीकात्मक महत्व दिया गया था और यह पश्चिम में भी विद्यमान है, तब भी जबकि वे तथा बौद्ध धर्मावलंबी, अपने अपने धर्म के मूल सिद्धांत का खंडन करते हैं।' (ई.आर.ई. v. 829)। इसलिए सुषुम्ना नाड़ी पर ये सात कमल नारीत्व के सात स्थान हैं और कुछ नहीं। तंत्रवाद के अनुसार, ये प्रत्येक मनुष्य के अंदर हैं। इस बात की और पुष्टि इस दिए गए विवरण से होती है : 'विभिन्न तंत्रों के अनुसार, इन सात पद्मों के निश्चित आकार के चित्र हैं (चित्र 1)। इन चित्रों में अधिकांश पद्मों के अंदर एक त्रिकोण दिखाई देता है। जैसा कि हम आगे चलकर देखेंगे, तंत्रवाद में त्रिकोण अनिवार्यतः भग या योनि का प्रतीक है। इसके अलावा तंत्रों में सात शक्तियों : कुलकुंडलिनी, वाणिनी, लाकिनी इत्यादि-का उल्लेख है। प्रत्येक शक्ति एक एक पद्म में विराजमान है। आधुनिक विद्वानों ने कभी कभी इस शक्ति शब्द का अर्थ, बल या ऊर्जस्विता बताया है। दासगुप्त ने तो इसे 'विद्युत बल' तक कह दिया। (51.116.) विचित्र बात है कि यही लेखक (पृ.150) कहता है कि तथाकथित वैष्णव सहजिया साहित्य में कुल कुंडलिनी शक्ति को राधा माना गया है यानी यह वैष्णवों का स्त्री सिद्धांत है। किंतु तंत्रवाद के निश्चित संदर्भ में ये सब अर्थ स्वीकार्य नहीं होंगे। तंत्रों में शक्ति का निश्चित अर्थ है नारी या स्त्री। इसलिए यदि कुल कुंडलिनी और अन्य शक्तियां सुषुम्ना के सात पद्मों में रहते हुए ऊर्जस्विता या बल हैं तो हम इन्हें स्त्री शक्ति या उर्जस्विता के अलावा और कुछ नहीं मान सकते। इस प्रकार प्रमुख नाड़ी सुषुम्ना पर नारीत्व के सात स्थान हैं।

अब हम योगसाधना के प्रश्न पर आते हैं। तंत्र साधक अर्थात तांत्रिक योग का अभ्यास करने वाले साधक से कहा जाता है कि वह प्राणायाम या अन्य तरीकों से कुंडलिनी शक्ति (कुंडली मार कर पड़े हुए नारीत्व) को, नितंब के पास सुषुम्ना के अंतरतम केंद्र में जाग्रत करे। इसके बाद शेष प्रयत्न यही होता है कि इस शक्ति को सुषुम्ना की चित्रिणी नाड़ी के माध्यम से मस्तिष्क तक ले जाएं और एक एक करके सुषुम्ना के सभी पद्म पार करें। सुषुम्ना के सबसे ऊपर वाले पद्म को सहस्र-दल-पद्म कहा जाता है जिसका शाब्दिक अर्थ है हजार पंखुड़ियों वाला कमल। सियाल ने इसे, 'हजार पिंडकों या अंडों वाला, ऊपरी मस्तिष्क कहा है, जिसमें ये सभी पिंडक कुंडलिनी के रूप में पड़े हैं।' (132.221) तांत्रिकों के अनुसार यह चेतना का उच्चतम निवास है।

इस प्रकार तांत्रिक योगसाधना का सार यह है कि अंतरतम केंद्र में विराजने वाले स्त्री सिद्धांत को जाग्रत करके उसे सक्रिय किया जाए और फिर बीच के सभी स्थलों को बेधकर इसे चेतना के उच्चतम स्तर तक पहुंचाया जाए। इस प्रकार यह केवल व्यक्तित्व को नारी में पूर्णरूप से परिवर्तित करने का प्रयत्न है। तांत्रिकों ने स्वाभावतः यह धारणा बनाई कि एक बार कुंडलिनी शक्ति सहस्त्र-दल-पद्म तक पहुंच जाती है तो वह पुरुषत्व के साथ मिलकर एक हो जाती

है। यह पुरुषत्व सहस्र-दल-पद्म में नारीत्व के साथ ही विराजमान है और वहां सभी वस्तुएं एक दूसरे में विलीन हो जाती हैं और उनका कोई अलग अस्तित्व नहीं रहता क्योंकि सब कुछ नारीत्व में विलीन हो जाता है जो अंतरतल में जाग्रत हो चुकी होती है।

हमें यहां तांत्रिकों के शरीर रचना सिद्धांत के गुण-दोषों पर विचार नहीं करना है और न ही हम शत-चक्र-भेद के परिणामस्वरूप उत्पन्न होने वाले आध्यात्मिक आनंद की समीक्षा करना चाहते हैं। यह सभी जानते हैं कि तंत्रवाद संबंधी ग्रंथों में इस योगसाधना के संबंध में उल्लिखित विचार उसके पुरातन सिद्धांतों पर बहुत बाद में थोपे गए हैं। यहां केवल इतना ही कहना प्रासंगिक है कि यह क्रिया और कुछ नही केवल उसी निर्देश को कार्यरूप देने का एक व्यावहारिक तरीका है कि 'वामा भूत्वा यजेत् परम्', यानी परम स्त्री सिद्धांत को स्वयं स्त्री बन कर प्रसन्न करो। जो लोग तंत्रवाद पर आधुनिक लेखकों की मानक पुस्तकों से परिचित हैं उन्हें तंत्रवाद की योगसाधना की यह व्याख्या बड़ी अपरिचित सी प्रतीत होगी। किंतु इस व्याख्या के सही होने की पुष्टि कुछ अन्य स्रोतों, विशेषकर चर्या गीतों से होती है। इनका अध्ययन करने वाले सभी विद्वानों ने यह सिद्ध किया है कि ये गीत मुख्यतया तांत्रिक गीत हैं। वैसे आम तौर पर यह भी समझा जाता है कि तंत्रवाद की यह प्रकृति मुख्य रूप से बौद्ध है।
स्त्री शक्ति के बारे में बौद्ध धारणा का उल्लेख करते हुए दासगुप्त ने कहा है :

> चर्या गीतों में हमें बार-बार इस स्त्री शक्ति के उल्लेख मिलते हैं जिसे अलग-अलग नामों से चांडाली, डोंबी, शवरी, योगिनी, नैरमणि, सहजसुंदरी आदि कहा गया है। हमें इस साकार देवी के साथ योगिनी के संयोग के भी कई उल्लेख मिलते हैं। (51.116)

महत्वपूर्ण बात है कि अलग अलग नामों से परिचित यह स्त्री शक्ति चर्या गीतों के अनुसार योगिनी के शरीर के बाहर नहीं रहती। कुंडलिनी और अन्य शक्तियों की भांति ये स्त्री-शक्तियां योगी के शरीर के अंदर ही होती हैं। एक गीत में कहा गया है :

> योगी कान्हा कपाली (अर्थात् तांत्रिक पुरोहित बन गया है) और योग साधनाएं करने लगा है। वह शरीर रूपी नगर में अद्वैत रूप में केलि कर रहा है। (गीत सं. 11; अनु.51. 105 में)

चर्या गीतों में स्त्री सिद्धांत की विभिन्न तरीकों से योगी के शरीर के अंदर कल्पना की जाती है। एक गीत में कहा गया : 'एक तो पद्म है और चौसठ पंखुड़ियां हैं। डोंबी उस पर चढ़कर नृत्य करती हैं' (गीत सं. 10. अनु. 51.116 में) किंतु इस नृत्य की तुलना अग्निशिखा के साथ की गई है जो प्रत्येक वस्तु को स्वाहा कर देती है और केवल विशुद्ध नारीत्व रह जाता है :

> नाभि में चंडाली प्रज्ज्वलित है और वह पांच तथागतों और लोचना आदि देवियों को भस्म करती है और जब सब कुछ भस्म हो जाता है तो हुम शब्द के माध्यम से चंद्रमा अवतरित होता है। (51.116)

या जैसाकि एक अन्य गीत में कहा गया है :

> पद्म और बिजली बीच में आकर एक दूसरे से मिलते हैं और इनके संयोग से चंडाली प्रज्ज्वलित होती है। यह प्रचंड अग्नि डोंबी के निवास के संपर्क में आती है—मैं चंद्रमा को लेता हूं और जल डालता हूं। न तो झुलसा देने वाली गरमी और नहीं जल का पता रहता है। किंतु यह मेरु पर्वत शृंग से होकर आकाश में प्रवेश करती है। (वही.117)

हुम शब्द के माध्यम से चंद्रमा या जल का आना, हमें निर्थरक या रहस्यमय प्रतीत नहीं होगा यदि हम याद रखें कि आदिवासियों का विचार था कि चंद्रमा प्राकृतिक उर्वरता प्रदान करने वाला है। इस बात पर ब्रिफो (एम.ii,432, 583-94) और थामसन (48.i.210 और आगे)

ने विस्तृत विचार व्यक्त किए हैं। फिर भी इसमें कोई संदेह नहीं कि चर्या गीतों की भाषा ज्यादातर रहस्यमय है (संध्या भाषा) जिसे केवल दीक्षित साधक ही समझ सकता हैं। किंतु यह प्रत्यक्ष हो चुका है कि चर्या गीतों के दृष्टिकोण से भी योगसाधना का लक्ष्य, अंतस्थल में स्त्री शक्ति को जागृत करना और इसके अद्वैत रूप को मुखर करना है। चर्या गीतों में इस बात को अत्यंत प्रतीकात्मक भाषा में कहा गया है और इन गीतों को बौद्ध तत्व मीमांसा से अलंकृत किया गया है। यदि इन गीतों को इस प्रतीकात्मक भाषा और तत्व मीमांसा से मुक्त कर दिया जाए तो भी ये केवल उसी विचित्र निर्देश को व्यावहारिक रूप देने का प्रयत्न मात्र हैं जिसमें कहा गया है : 'वामा भूत्वा यजेत् परम्'। वामाचार, स्त्रियों (वामा) के व्यवहार (आचार) के अर्थ में लिया जाए तो यह तंत्रवाद की केवल कुछेक विद्याओं की ऐसो विशेषता नहीं हैं जिसे अलग किया जा सके। यह तो स्वयं तंत्रवाद की मूल विशेषता ही है।

तंत्रवाद के आधुनिक विद्वानों ने इसकी योगसाधना की अति विस्तृत विवेचना की है। किंतु इसकी क्रियाओं का स्पष्ट आशय आमतौर पर नहीं समझा गया है। फिर भी इन विद्वानों में से कुछ तो यह स्वीकार करने को बाध्य हुए हैं कि किसी न किसी तरह से तंत्रवाद स्त्री बनने के आदर्श को प्रस्तुत करता था। इस संदर्भ में भंडारकर का कहना है :

> तंत्रवाद के प्रत्येक निष्ठावान अनुयायी की महत्वाकांक्षा है कि वह त्रिपुरसुंदरी (तंत्रवाद में स्त्री सिधांत का एक नाम) के समरूप बन जाए। उसकी धार्मिक साधनाओं में से एक यह है कि वह स्वयं को एक स्त्री के रूप में समझने लगे। इस प्रकार शक्ति मत के अनुयायी अपने नाम को इस विश्वास के आधार पर उचित बताते हैं कि भगवान एक स्त्री रूप है और सभी का लक्ष्य एक स्त्री बनना होना चाहिए। (72.146)

किंतु प्रश्न है कि वे ऐसा क्यों मानते हैं? भंडारकर ने इस प्रश्न का उत्तर देने का प्रयत्न नहीं किया है। इसी प्रकार सहजिया संप्रदाय (तांत्रिक हैं) के लोगों के संबंध में बोस ने लिखा है :

> सहजिया संप्रदाय के लोगों का भी यही विश्वास है कि आध्यात्मिक विकास के किसी एक चरण में आकर पुरुषों को स्वयं को एक स्त्री के रूप में परिवर्तित कर लेना चाहिए और याद रखना चाहिए कि जब तक वह अपने अंदर स्त्री की प्रकृति का बोध नहीं कर लेता तब तक उसे सच्चे प्रेम का अनुभव नहीं हो सकता। (70.42)

इस बात को स्पष्ट करने के लिए बोस ने सहजिया गीतों की कुछ अति प्रासंगिक पंक्तियों का उल्लेख किया है :

> अपने अंदर के पुरुष का परित्याग करो और एक स्त्री (प्रकृति) बन जाओ। इस प्रकार तुम एक शरीरी हो जाओगे और शाश्वत बन जाओगे।
> प्रेम और काम केवल तब, जब तुम स्वभाव से स्त्री (प्रकृति) बन जाओगे।
> हे पुरुष तुम्हें स्त्री बन जाना चाहिए ··
> वह जिसे स्त्री आचरण और पुरुष व्यावहार का ज्ञान है··· [वही, तुल० सहजिया साहित्य (बं) 52]

प्रश्न सिर्फ यही उठता है कि सहजिया लोग ऐसा प्रत्यक्षतः विचित्र मानव आदर्श क्यों बनाते है? भंडाकर के विपरीत बोस ने इस प्रश्न का सामना बड़े साहस के साथ करने का प्रयत्न किया है और वास्तव में उन्होंने सहजिया मत को मनोवैज्ञानिक आधार पर उचित बताने का प्रयत्न किया है :

> किंतु पुरुष का स्त्री बनने का मतलब है, किसी अस्सी वर्षीय वृद्धा व्यक्ति की स्थिति पर विचार किजिए। निःसंदेह वह एक पुरुष है, किंतु उसकी सारी कामवासना स्वाभाविक

ढंग से समाप्त हो चुकी है और उसके अंदर पौरुष के तत्व विलुप्त हैं । दादा या नाना की यह स्थिति आयु तथा ह्रास का परिणाम है। किंतु एक ऐसे युवक के बारे में सोचिए जो सतत आध्यात्मिक साधना द्वारा काम के प्रति उदासीनता की स्थिति में पहुंचता है। तब उसकी सारी इंद्रियां सशक्त और सक्रिय बनी रहेंगी और वृद्धावस्था के कारण ह्रास करने वाले प्रभावों से वे पूर्ण रूप से मुक्त रहेंगी, फिर भी उसकी इंद्रियां इस सीमा तक नियंत्रण में रहेंगी कि बाह्य उत्तेजनाओं के होते हुए भी उस पर कोई प्रतिक्रिया नहीं होगी। (वही.42)

यह कथन जिस विचित्र मनोवैज्ञानिक तर्क पर आधारित है वह विस्तृत आलोचना करने योग्य भी नहीं है। इसके अलावा लेखक ने जो भी उचित ठहराने का प्रयत्न किया हो वह सहजिया लोगों का मत नहीं है। सहजिया लोग सतत साधना से नपुंसकता की कोई काल्पनिक स्थिति प्राप्त करने में रुचि नहीं रखते। उनका निश्चित आदर्श स्त्री बनना है अर्थात नारीत्व को जाग्रत करना है जो उनके अनुसार सभी पुरुषों में निहित है और इस प्रकार वे अपने अंदर के पुरुष को समाप्त कर देना चाहते हैं। वैसे भी सभी प्रकार के उन्मादों विशेषकर कामोन्माद को समाप्त कर देना किसी भी असली तांत्रिक मत का ध्येय कभी नहीं रहा है, और सहजिया तंत्रवादियों का तो बिलकुल ही नहीं। इसके बजाय उनका ध्येय आंतरिक उन्माद को (स्त्री उन्माद) जाग्रत करना और स्वयं को एक विक्षिप्तावस्था में ले जाना है। जैसा कि शास्त्री ने निश्चय-पूर्वक इस बात पर बल दिया है, 'इन सहजिया लोंगों के सभी ग्रंथ यही कहते हैं कि यदि आप बोधि की प्राप्ति चाहते हैं तो काम के पांच रूपों के अनुसार आनंद अवश्य उठाना चाहिए' (पंच-कामः)। [बौद्धधर्म (ब) 7।]

किंतु यह प्रश्न किया जाएगा कि स्त्री बनने के प्रयत्नों को तथा, जैसा हम आगे चल कर देखेंगे, प्रजनन से संबद्ध मामलों या विशेषकर इस प्रक्रिया में स्त्री की भूमिका को इतना महत्व क्यों दिया गया? अन्य शब्दों में, जिन दो अर्थों में हमने वामाचार शब्द को समझने का प्रयत्न किया है उस पर इतना बल क्यों दिया गया? अभी तक हम यह कह चुके हैं कि वामाचार इस तथ्य का प्रमाण है कि तंत्रवाद मूलतः स्त्रियों और केवल स्त्रियों की क्रिया थी। किंतु केवल इसी बात से इस क्रिया को दिए गए महत्व पर प्रकाश नहीं पड़ता। अभी उठाए गए इस प्रश्न का उत्तर देने के लिए तंत्रवाद के मूल महत्व की गहराई में जाना आवश्यक है। हम तर्क देंगे कि कुछ ठोस भौतिक आवश्यकताएं थीं जिनकी पूर्ति के लिए इन क्रियाओं का आविष्कार किया गया था। यह ठोस भौतिक आवश्यकता थी कृषि कार्य। किंतु यह कृषि, विकास के प्रारंभिक चरण की थी अर्थात यह अल्पविकसित विधि पर आधारित थी। इस चरण में वास्तविक विधि को एक भ्रामक विधि के आश्रय की आवश्यकता थी। कृषि तब चमत्कारी शक्तियों तथा क्रियाओं पर अत्यधिक निर्भर थी।

कृषि के प्रारंभिक चरणों के साथ संबद्ध चमत्कारों में आस्था का सार क्या था? आस्था अथवा विश्वास यह था कि प्रकृति की उत्पादन क्रिया, मानव प्रजनन क्रियाओं, या विशेषकर स्त्री की प्रजनन क्रिया से न केवल जुड़ी हुई है बल्कि उस पर अत्यधिक निर्भर है। तंत्रवाद का मूल इसी प्राचीन विश्वास में है। इस प्रकार तांत्रिकों की योग्या साधना, स्वयं को स्त्री रूप में परि-वर्तित करने का सतत प्रयत्न या अपने अंदर सुप्त नारीत्व को जाग्रत करने का युक्तिसंगत उद्देश्य (चाहे यह कितना ही विचित्र रहा हो) यह था कि प्रकृति की उत्पादन संबंधी गतिविधि को क्रियाशील बनाने के लिए सर्वोच्च महत्व के इन कामों को पूरा किया जाए।

3. कृषि अनुष्ठान

हम सबसे पहले कृषि अनुष्ठान में निहित सामान्य सैद्धांतिक स्थिति पर विचार करेंगे और फिर तंत्रवाद से संबद्ध निश्चित प्रश्नों पर लौटेंगे :

> जब एक कैथोलिक पादरी ने औरिनको के रेड इंडियनों को इस बात के लिए डांटा कि वे चिलचिलाती धूप में अपनी स्त्रियों को खेतों में बुआई करने के काम पर लगाते हैं जबकि उनकी गोदी में दूध पीते बच्चे हैं तो पुरुषों ने उत्तर दिया : फादर आप इन बातों को नहीं समझते, और इसलिए आप क्षुब्ध होते हैं। आप जानते है कि स्त्रियां बच्चे जनती हैं, हम पुरुष लोग नही। जब स्त्रियां बीज बोती हैं, तो मकई के एक पौधों पर दो या तीन बालियां उगती हैं। यक्का (कुमुदिनी के प्रकार का एक सफेद फूल का पौधा) और उसकी जड़ों से दो या तीन टोकरियों जितना फल मिलता है और उत्पादन भी बढ़ जाता है। अब बात क्यों है ? केवल इसलिए कि स्त्रियां जानती हैं कि पैदा कैसे किया जाता है और उन्हें मालूम है कि जिस बीज को वे बोती हैं उसे किस प्रकार उपजाऊ बनाया जाए। उन्हें बीज बोने दो। हम पुरुषों को इस संबंध में इतना ज्ञान नहीं हैं जितना कि उन्हें है। (58-28-9)

इसे कृषि संबंधी जादू में निहित आस्था का विशिष्ट उदाहरण समझा जा सकता है। प्रमुख बात यह है कि मानव प्रजनन, विशेषकर स्त्रियों द्वारा, और प्राकृतिक उत्पादन क्रिया एक ही प्रकार की क्रियाएं हैं। अन्य शब्दों में, मानव प्रजनन और कृषि उत्पादन एक दूसरे से जुड़े हुए हैं। इसलिए संसर्ग या अनुकरण द्वारा एक का प्रभाव दूसरे पर पड़ सकता है। फ्रेजर के शब्दों में, पहला संसर्गात्मक जादू, और दूसरा सादृश्यात्मक जादू कहलाएगा। फ्रेजर का कथन था कि आदिवासी लोग, मानव प्रजनन क्रिया और पेड़-पौधों की ऐसी ही क्रिया को एक समझ बैठे और उन्होंने कल्पना की कि मानव प्रजनन क्रिया से वे पेड़-पौधों की उपज भी साथ ही बढ़ा रहे हैं। (वही.136) फ्रेजर ने एक उदाहरण मध्य अफ्रीका के बंगांडा लोगों का दिया है:

> बंगांडा लोगों का विश्वास है कि जिस दंपति ने जुड़वा बच्चों को पैदा करके विलक्षण उत्पादकता का प्रमाण दिया है उनमें केले के वृक्षों के उत्पादन की अभिवृद्धि करने की शक्ति है। केला उनका प्रमुख खाद्य है। जुड़वां बच्चे पैदा होने के कुछ समय बाद एक समारोह किया जाता है जिसका स्पष्ट उद्देश्य, इन बच्चों को पैदा करने वाले दंपति की उत्पादन शक्ति केले के वृक्षों को प्रदान करना है। बच्चों की माता घर के पास घनी घास पर लेट जाती है और केले का फूल अपनी दोनों टांगों के बीच रख लेती है। फिर पति आकर अपने लिंग के साथ उस फूल को हटा देता है। उसके बाद ये दंपति सारे प्रदेश में घूमते हैं और अपने प्रिय मित्रों के उद्यान में नाचते हैं, जिसका प्रत्यक्ष उद्देश्य केले के वृक्षों को और अधिक उत्पादक बनाना है। (वही.137)

इस प्रसंग में पुरुष की प्रजनन शक्ति की भी कुछ भूमिका प्रतीत होती है। किंतु फ्रेजर ने रेड इंडियनों के जिस उदाहरण का उल्लेख किया उसमें पुरुष की उत्पादक शक्ति को निश्चित रूप से नकारा गया है और यह शक्ति केवल स्त्री में ही बताई गई है। यह इस आस्था का अधिक पुरातन रूप है। अर्थात स्त्री की प्रजनन शक्ति विशेष रूप से पृथ्वी के साथ जुड़ी हुई है। फ्रेजर ने स्पष्ट रूप से इस बात पर ध्यान नहीं दिया। स्त्रियों की खोज होने के कारण कृषि उत्पादन को मूल रूप से स्त्रियों की प्रजनन क्रिया से अनिवार्यतः जुड़ा हुआ समझा जाता था। फ्रेजर द्वारा बताए गए कुछ तथ्य इसी बात का संकेत देते हैं :

> बवेरिया और आस्ट्रिया के किसान जानते थे कि गर्भवती स्त्री में, उत्पादकता का प्रसार

> करने का चमत्कारिक गुण है। वे यह मानते हैं कि यदि किसी वृक्ष का पहला फल किसी गर्भवती स्त्री को खाने को दिया जाए तो अगले वर्ष वह वृक्ष भरपूर फल देगा। इसके विपरीत बगांडा लोगों का विश्वास है कि एक बांझ पत्नी अपने पति के उद्यान को भी अनुत्पादक अथवा बांझ बना देती है। इसलिए जो स्त्री निस्संतान होती है उसे आम तौर पर तलाक दे दिया जाता है। (वही.28)

फ्रेजर ने संक्षेप में कहा : बच्चे पैदा करने की क्षमता रखने वाली स्त्री पेड़ पौधों को भी उत्पादक बना देती है। (वही.29) इस बात के महत्व को और अच्छी तरह से समझने के लिए हमें थोड़ी देर के लिए फ्रेजर को छोड़कर ब्रिफो का अनुसरण करना होगा जिन्होंने इस पर कुछ विस्तार से विचार किया है। इस तथ्य के कारण कि स्त्रियों ने सबसे पहले खेती बाड़ी आरंभ की, वे न केवल कृषि संबंधी जादू टोना करने वाली सबसे पहले प्राणी थीं बल्कि इस जादू टोने का सार तत्व यह था कि स्त्रियों ने अपनी प्रजनन शक्ति को पृथ्वी की प्रजनन शक्ति के साथ जोड़ा है। (67.iii. 3)

> पृथ्वी की उत्पादकता का पुरातन संबंध स्त्रियों के साथ बना रहा जो खेती बाड़ी करती थीं और जिन्हें कृषि संबंधी जादू टोने का भंडार समझा जाता था। (वही.iii.117)
>
> जिस दैवी स्रोत से ये चमत्कारी शक्तियां मूल रूप से प्राप्त होती समझी जाती हैं, हम देखेंगे कि वह स्त्रियों के कार्यों के साथ घनिष्ट रूप से जुड़ा हुआ हैं। जो चमत्कारी शक्तियां इससे उन्हें मिलती हैं, वे आदिवासी धारणा के अनुसार, उनके प्राकृतिक गठन का उतना ही अंग हैं जितना कि उनकी प्रजनन क्रियाएं। (वही. ii. 560)
>
> खेतों में स्त्रियों के श्रम की सफलता को आदिवासी लोग चमत्कारी शक्तियों का परिणाम समझते हैं और उनके विचार से यह शक्ति स्त्रियों में ही है। ऐसा माना जाता है कि उनके जनने की शक्ति की भांति यह चमत्कार करने की शक्ति भी उनकी नारी प्रकृति में निहित है। आदिवासी व्यक्ति सोचता है कि खेती की सफलता मुख्यतया स्त्री की चमत्कारिक शक्ति पर निर्भर करती है और खेती का संबंध बच्चे जनने की प्रक्रिया के साथ भी है। (वही. iii. 54)

हम कुछ उदाहरणों का उल्लेख कर सकते हैं। चिरोकी लोगों के अनुसार अनाज की खोज इस संसार की प्रथम स्त्री ने की थी। उसकी जब मृत्यु होने लगी तो उसने निर्णय किया कि उसके शरीर को पृथ्वी पर घसीटा जाए। जहां कही भी उसका शव पृथ्वी के साथ संपर्क में आया वहां भरपूर फसल हुई। (वही. iii. 2) ब्राजील के तूपी लोगों में एक प्राचीन कथा प्रचलित है जिसमें बताया गया है कि एक युवती ने बिना यौन संभोग के एक वर्फ जैसे गोरे बच्चे को जन्म दिया। एक साल बाद इस शिशु की मृत्यु हो गई और इसे दफना दिया गया। कुछ समय बाद उस बच्चे की कब्र पर एक पौधा उगा और उसने एक फल दिया। यह उस पृथ्वी पर पहला सेमुल-आलू का पौधा था। (वही. iii. 54, iii. 2)

> न्यूजीलैंड में एक गर्भवती स्त्री और एक ऐसी स्त्री जिसने शकरकंदी बो रखी हैं, दोनों के लिए धार्मिक रक्षात्मक उपाय और निषेध एक जैसे हैं। निकोबार द्वीप के निवासियों की धारणा है कि यदि कोई गर्भवती स्त्री बीज डाले तो वह सबसे अच्छी तरह अंकुरित होगा तथा फूले-फलेगा। यूरोप में भी ऐसे ही विचार प्रचलित हैं। दक्षिणी इटली के किसानों का विश्वास है कि किसी गर्भवती स्त्री द्वारा जो कुछ भी बोया या रोपा जाता है वह फले-फूलेगा और बढ़ेगा, ठीक उसी प्रकार जिस प्रकार उसके गर्भ में बच्चा विकसित होता है। (वही. iii. 55)

इन सब बातों के पीछे मूल विचार स्पष्ट है। 'पृथ्वी और स्त्री की उत्पादकता को एक समान गुण समझा जाता है।' आधुनिक ग्रीस के एक किसान गीत में इसी पुरातन विश्वास के तत्व अब भी बने हुए हैं: 'एक यूहदी लड़की अनाज काट रही है; ओह, यह लड़की गर्भवती है। कभी तो वह अनाज काटती है और कभी गेहूं की बाली के ऊपर झुक जाती है और वह एक स्वर्णिम शिशु को जन्म देती है। (वही)

इस मूल विचार की बड़ी व्यापक अभिव्यक्ति है। ब्रिफो ने यहां तक कहा है कि यह विचार सार्वभौम हैं। फल देने वाली भूमि और बच्चे पैदा करने वाली स्त्री का साम्य सार्वभौम है। (वही. iii. 59)

यदि आदिवासी आस्था के अनुरूप कृषि उत्पादन संबंधी विचार बड़े अपरिपक्व हैं तो मानव प्रजनन के संबंध में भी ऐसा ही था। यौन संभोग और बच्चा पैदा होने के बीच के कारणात्मक संबंध समझने में मानवता को कई युग लगे। आस्ट्रेलिया और अमरीका के कुछ आदिवासी अभी भी ज्ञान के मामले में इतने पिछड़े स्तर पर हैं कि उन्हें अभी तक इस संबंध का पता नहीं चला है। वे तो यही मानते हैं कि स्त्रियों के गर्भ में बच्चे सीधे पृथ्वी माता से आते हैं:

> आस्ट्रेलिया और उत्तरी अमरीका के आदिवासियों की भांति हेस्सिया में निएरस्तिएन में स्त्रियों का विश्वास है कि उन्हें एक गुफा में से बच्चे मिलते हैं। उनका कहना है कि यदि आप इस गुफा के बाहर आसपास की धरती पर कान लगाएं तो अजात शिशुओं का स्वर तथा रोदन स्पष्ट सुन सकते हैं। उत्तरी यूरोप के क्रिश्चियन पादरियों को इस तरह के विश्वासों को दूर करने के काम में बहुत कठिनाई हुई। (वही iii. 58)

अन्य स्थानों पर यही विश्वास अन्य रूपों में उपस्थित हैं इसकी अभिव्यक्ति इस बात से होती है कि नवजात शिशु को पृथ्वी पर लिटा दिया जाता है। प्रत्यक्ष है कि इससे यही विचार बनता है कि पृथ्वी उस बच्चे की माता है:

> रोमन लोग इस प्रथा का आदर करते हैं और इसी प्रकार की प्रथा का चलन अति असभ्य तथा जंगली लोगों में भी था। उदाहरण के लिए लंका में वेद्दा लोग बच्चे को पृथ्वी पर लिटा देते हैं– ब्राजील के तूपी लोग और मध्य अफ्रीका में तथा गोल्ड कोस्ट में अफ्रीकी आदिवासी भी ऐसा ही करते हैं—सिसिली में यह विश्वास किया जाता है कि यदि बच्चे को जन्म के तुरंत बाद पृथ्वी पर न लिटाया जाए तो वह अस्पताल में निश्चित ही मर जाएगा। (वही)

प्रसव क्रिया के लिए संस्कृत में सबसे अधिक प्रचलित शब्द है भूमिष्ट अर्थात पृथ्वी पर रखा जाना। यह शब्द अपनी कहानी स्वयं ही कह रहा है। इस प्रकार इस प्राचीन विश्वास के दो पक्ष हैं। एक तो पृथ्वी की पेड़-पौधों को उगाने की क्रिया को स्त्री शरीर की प्रजनन क्षमता पर चमत्कारी शक्ति द्वारा निर्भर समझा जाता है और दूसरी ओर स्त्री की प्रजनन क्षमता को चमत्कार के आधार पर पृथ्वी की उत्पादन क्षमता पर निर्भर माना जाता है। इस दूसरे पक्ष की अभिव्यक्ति करने वाले कुछ और उदाहरण हम दे सकते हैं। भारत में सारे देश में यह प्रथा है कि संतान की इच्छुक स्त्रियां किसी वृक्ष पर कोई पत्थर या मिट्टी का ढेला टांग देती हैं। इस प्रकार यह वृक्ष फलदायक बनाया जाता है और आशा की जाती है कि स्त्रियां भी इसी प्रकार फलदायक बनेंगी। कुछ अन्य प्रथाओं के अनुसार संतान की इच्छुक स्त्रियों की झोली में फल और सब्जियां रखी जाती हैं। फ्रेजर ने बताया है कि सारे भारत में व्याप्त कई अन्य प्रथाओं में भी इसी विश्वास की अभिव्यक्ति होती है:

> वृक्ष पर वास करने वाली प्रेत आत्मा, पशुओं की वृद्धि करती है और स्त्रियों को संतान

देती है। उत्तरी भारत में एम्ब्लीका आफीसीनालिरा (बटवृक्ष अथवा पीपल) को पवित्र वृक्ष माना जाता है। फाल्गुन मास की ग्यारहवीं तिथि को इस वृक्ष की जड़ों में जल दिया जाता है, इसके तने के चारों ओर लाल या पीले रंग का धागा लपेटा जाता है और स्त्रियों, पशुओं तथा फसल की उत्पादकता के लिए प्रार्थना की जाती है। उत्तरी भारत में ही नारियल को अति पवित्र फलों में माना जाता है और इसे श्रीफल अर्थात समृद्धि की देवी श्री का फल कहा जाता है। यह उर्वरता का प्रतीक है और सारे उत्तरी भारत के मंदिरों तथा देवस्थलों में इसे रखा जाता है और संतान की इच्छुक स्त्रियों को पुरोहित लोग यह फल प्रसाद के रूप में देते हैं। (58.119)

यह विश्वास और आस्थाएं, हमें जैसी आज दिखाई देती हैं, अधिकतर धर्म का रूप ले चुकी हैं। वैसे इसमें कोई संदेह नहीं कि इनका प्रादुर्भाव चमत्कारी अथवा जादुई शक्तियों के रूप में हुआ। अन्य घटनाओं में यही विश्वास बड़े विचित्र ढंग से व्यक्त होता है। बांझ स्त्रियां अपने आपको वर्षा में खड़ा करती हैं या अपने ऊपर जल डालती हैं और इसके पीछे यही विचार होता है कि इस प्रकार उनका बांझपन दूर हो जाएगा। जल को पृथ्वी की उत्पादकता प्रदान करने वाला प्रमुख साधन माना जाता है, उससे यह आशा भी की जाती है कि स्त्रियों में भी वह प्रजनन शक्ति लाएगा। कहने का अर्थ यह हुआ कि प्राकृतिक उत्पादकता से मानव की प्रजनन शक्ति निश्चित होती है।

पंजाब में संतान की इच्छुक स्त्रियां चौराहों पर या सड़कों अथवा गलियों के मिलनस्थल पर स्नान करती हैं। (22.i.235) पंजाब में ही बांझ स्त्रियों को एक लकड़ी के स्टूल पर बिठा कर एक कुएं में लटकाया जाता है। वह स्त्री जब कपड़े उतार कर स्नान करती है और फिर कपड़े पहन लेती है तब उसे बाहर निकाल लिया जाता है। जब उस स्त्री के लिए कुएं में उतरना संभव नहीं होता तो यह क्रिया किसी वृक्ष के नीचे नहा कर पूरी की जाती है। ऐसा विश्वास किया जाता है कि इस क्रिया से कुएं या वृक्ष की उत्पादन शक्ति स्त्री में भी आ जाएगी। कुआं सूख जाता है और वृक्ष भी सूखता चला जाता है और स्त्री हरी हो जाती है (121. i. 235) कंध लोगों में बांझ स्त्री को पुरोहित दो सरिताओं के संगम पर ले जाता है और उस पर जल छिड़कता है (एन.आई.एन.क्यू. i. 47) कई गोंडों में, दुल्हन के सिर पर और हिमालय की तराई वाले क्षेत्रों में दुल्हन के हाथों पर जल डाला जाता है। (जे.आर.ए.एस. xiii. 430)। अन्य स्थानों पर भी ऐसे ही विश्वास और रीति-रिवाज दिखाई देते हैं।' उर्वरता लाने वाली वर्षा और प्रवहमान जल जो पृथ्वी को उत्पादक बनाता है स्त्री को गर्भवती भी बना सकता है। (67. iii. 56)।

दक्षिण अफ्रीका या आस्ट्रेलिया के आदिवासियों की स्त्रियां और लड़कियां वर्षा के समय कहीं शरण ले लेती हैं क्योंकि उनका विचार है कि आकाश से होने वाली वर्षा जिस प्रकार पृथ्वी को उर्वर बनाती है उसी प्रकार उन्हें भी गर्भवती बना देगी। होटेंटाट स्त्रियों का विचार है कि जब तक वे नग्न होकर तेज वर्षा में खड़ी नहीं हो जाती तब तक उनके लिए कोई बच्चा पैदा करना असंभव होगा। आस्ट्रेलियाई स्त्रियों का विचार है कि वे वर्षा से गर्भ धारण कर सकती हैं। मंगोलिया की एक राजकुमारी ओलों भी वर्षा के कारण गर्भवती हुई। (वही, ii. 452)

इस विश्वास के ठीक विपरीत विचारों की अभिव्यक्ति के भी उदाहरण हैं। स्त्री की प्रजनन शक्ति को, पृथ्वी को उर्वर बनाने वाली वर्षा को लाने में सहायक समझा जाता है। नीचे कुछ प्रसिद्ध उदाहरण दिये गए हैं। गोरखपुर में 1873-74 के अकाल के दौरान रात के समय

स्त्रियों के दल हल लेकर पूर्ण नग्नाअवस्था में अपने घरों से निकले और अपने अपने खेतों में हल चलाए। (जे.ए.एन.एस.बी. xii. 921) इसी प्रकार मिर्जापुर में बहुत अधिक समय तक सूखा पड़ने के अवसर पर :

> एक किसान परिवार की तीन स्त्रियां पूर्ण नग्नावस्था में बाहर निकली किंतु इससे पहले ही सभी पुरुषों को उस स्थान से हटा दिया गया। इनमें से दो नग्न स्त्रियों को बैलों की तरह हल में जोता गया और तीसरी स्त्री ने अपने हाथों से हल का मूठ पकड़ा। इसके बाद उन्होंने हल जोतने की क्रिया अभिनीत की। (वही.)
>
> जब कभी उत्तरी बंगाल में सूखा पड़ता है तब राजवंशी या कोच लोगों की स्त्रियां सब कपड़े उतार देती हैं और पूर्ण रूप से नग्न होकर वरुण देवता की प्रतिमा के समक्ष नृत्य करती हैं। (वही. तुल. 116. i. 498)

चौबे (भारतीय विद्या, vi. 175-8) और देसाई (जे.जी.आर.एस. vi. 22-7) ने भी गुजरात में ऐसी ही रीतियों के संबंध में सूचना दी है। ये रीतियां विशेषकर कुर्मी, नोनिया, कहार, चमार, दुसाध और धामका जातियों के श्रमिक वर्ग में विद्यमान हैं। वास्तव में इस प्रकार की रीतियां विश्व के अन्य भागों में भी व्यापक रूप से प्रचलित हैं :

> जार्जिया के काकेसियन प्रांत में जब भी बहुत लंबे समय तक सूखा पड़ता है तो विवाह योग्य लड़कियों को बैलों वाले हल में दो-दो कर के जोता जाता है और पुरोहित के हाथ में उनकी लगाम होती है। इसी हालत में वे नदियों, कीचड़, दलदल आदि से गुजरती हैं और प्रार्थना करती, चिल्लाती, रोती और हंसती हुई चलती हैं। (58.71 अगला उद्धरण भी इसी पृष्ठ से लिया गया है।)

अन्य स्थानों पर इन जादुई क्रियाओं में न तो कोई प्रार्थना की जाती है और न ही कोई पुरुष पुरोहित होता है :

> ट्रांसिलवानिया के एक जिले में सूखे के कारण जब सारी जमीन बुरी तरह झुलस जाती हैं तब कुछ लड़कियां एकदम नग्न हो जाती हैं और एक वृद्ध स्त्री, जो स्वयं भी नग्न होती है उनका नेतृत्व करती हैं। वे एक पटेला चोरी करती हैं, खेतों के पार उसे किसी नदी-नाले तक ले जाती हैं और इसे उसमें विसर्जित कर देती हैं।

फ्रेजर ने भारत में वर्षा लाने वाले अनुष्ठानों और इस रीति के बीच मूल समानताओं पर ध्यान दिया। सरबिया में,

> सूखे के दिनों में एक लड़की को नग्न कर दिया जाता है और उसे फूलों से सजाया जाता है। इस अर्ध-नग्नावस्था में वह प्रत्येक घर के सामने नाचती है और घर की बड़ी बूढ़ी स्त्रियां बाहर आकर एक मटका पानी उसके ऊपर उड़ेल देती हैं और इधर उसकी सखियां वर्षा गीत गाती रहती हैं। (14. 39.)

प्रत्यक्ष है कि इन सभी रीतियों के पीछे यही विचार है कि जो उत्पादन शक्ति स्त्री में है, उसे प्रकृति को भी प्रदान किया जाए। यह ध्यान देने योग्य बात है कि मानव ज्ञान के विकास के अपेक्षाकृत बहुत बाद के चरण में भी, जबकि यौन संभोग और बच्चा पैदा होने के बीच कारणात्मक संबंध को समझा जाने लगा था, या कम से कम अस्पष्ट रूप से कोई संबंध समझा गया था, तब भी इस पुराने जादू टोने के दोनों पक्ष आम तौर पर प्रचलित रहे। इस प्रकार हम देखते हैं कि अनाज पैदा करने वाली पृथ्वी, बच्चे पैदा करने वाली स्त्री के साथ समानता के आधार पर बनी रहीं। इसके परिणामस्वरूप, एक ओर तो स्त्री की प्रजनन क्रिया को प्रकृति की उत्पादकता की अभिवृद्धि करने वाली क्रिया समझा गया और दूसरी ओर प्रकृति की उर्वरता को मानव

की, विशेषकर स्त्री की प्रजनन क्षमता के लिए सहायक समझा गया।

4. दुर्गापूजा का मूल स्रोत

धरती माता को मानवी माता के समान मानने का यह पुरातन विश्वास प्राचीन काल की महान देवियों की प्रतिष्ठापना में कहां तक सहायक रहा, इस विषय पर ब्रिफो काफी विस्तार से लिख चुके हैं। (67. iii. 54 और आगे) हम यहां हिंदू धर्म से केवल एक उदाहरण का उल्लेख करेंगे, क्योंकि तंत्रवाद के प्रादुर्भाव के साथ इसका सीधा संबंध है। मार्कंडेय पुराण में एक प्रसिद्ध खंड है जिसे देवी माहात्म्य (सर्ग 81-93) कहा जाता है। इसमें देवी स्वयं एक आश्चर्यजनक घोषणा करती है :

> हे देवताओं, इसके बाद मैं जीवनपोषक साग सब्जियों के साथ सारे विश्व का पालन (अर्थात पोषण) करूंगी। साग सब्जियां भारी वर्षा के दिनों में मेरे अपने शरीर से उत्पन्न होंगे। (आत्मदेह समुद्भवै)। तब मैं इस पृथ्वी पर शाकम्भरी के नाम से प्रसिद्धि प्राप्त करूंगी। (वही. सर्ग 92. श्लोक 43-44)

शाकम्भरी नाम बड़ा महत्वपूर्ण है। इसका अर्थ है 'शाक अथवा जड़ी बूटियां पैदा करने वाली या शाक और जड़ी-बूटियों का पोषण करने वाली।' इस विचार को देवी की इस घोषणा से और स्पष्ट कर दिया गया है कि जीवन का पोषण करने वाली शाक सब्जियां, वर्षा ऋतु के दौरान उसके अपने शरीर से उत्पन्न होंगी इसलिए इस नाम में यह अति पुरातन विश्वास निहित है कि पेड़ पौधे मूलतः स्त्री के शरीर से उपजे। हमने चिरोकी और तूपी जैसे पिछड़े लोगों में इस विश्वास के जीते-जागते उदाहरण देखे हैं। विशेष रोचक बात यह है कि इस विश्वास का ठोस प्रमाण हड़प्पा में पुरातत्ववेत्ताओं ने खोज निकाला है। मार्शल ने इसका विवरण देते हुए कहा है :

> ...हड़प्पा (प्लेट 22-12) से प्राप्त अति विलक्षण आयताकार मुद्रा जिसपर एक नग्न स्त्री का चित्र है। यह चित्र उलटा बनाया गया है। उसकी दोनों टांगे खुली हुई हैं और उसके गर्भ में से एक पौधा बाहर निकल रहा है। (87. i. 52)

चित्र 2

इस मुद्रा के ऊपर 6 अक्षर खुदे हुए हैं जो संभवतः इस अति रोचक शाकम्भरी नाम पर कुछ प्रकाश डालते हैं।

भले ही हम अभी सिंधु घाटी की लिपि को समझ पाने की स्थिति में नहीं हैं, किंतु इस बीच यह ध्यान देने योग्य बात है कि इस मुद्रा पर जो विचार उत्कीर्ण हैं उनकी अभिव्यक्ति भारतीय संस्कृति के अन्य चरणों में भी हुई। (चित्र 4) मार्शल ने कहा :

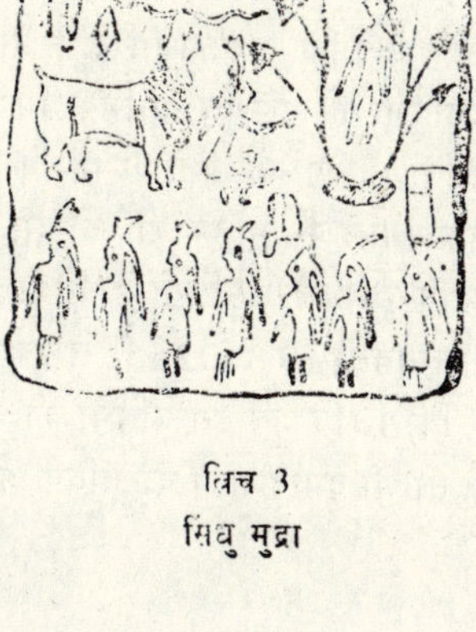

चित्र 3
सिंधु मुद्रा

> जहां तक मैं जानता हूं, भारत में धरती माता को उसके गर्भ से उगे हुए एक पौधे के साथ प्रस्तुत करने वाला यह चित्र अपने आपमें अनूठा है, किंतु अप्राकृतिक नहीं है। यह संयुक्त प्रांत में बीटा से प्राप्त उस मिट्टी के चित्र के साथ बहुत समानता

रखता है जो प्रारंभिक गुप्त काल का है और इसमें देवी को लगभग वैसी ही मुद्रा में दिखाया गया है। किंतु यहां, उसके गर्भ से उत्पन्न होने के बजाय गर्दन से एक कमल का फूल निकला हुआ दिखाया गया है। (वही)

चित्र 4

इस प्रकार वनस्पति के साथ देवी का संबंध स्पष्ट है। सिंधु घाटी की खुदाई से कुछ वर्ष पहले चंदा ने यही बात कही थी। (33, अ. IV) उन्होंने इस बात की ओर ध्यान आकृष्ट किया था कि देवी के कुछ प्रसिद्ध नामों, जैसे अन्नदा और अन्नपूर्णा को इसी दृष्टिकोण से समझना होगा। (वही. 134) अन्नदा का अर्थ है 'अन्न देने वाली' और अन्नपूर्णा का अर्थ है 'जो अन्न से परिपूर्ण है'। इसके अलावा पौधों और देवियों के बीच संबंध की पुष्टि शाक्त मत में कुलवृक्ष को दिए गए महत्व से भी होती है :

इस संबंध में शाक्त मत का एक और ध्यान देने योग्य पक्ष है, कुलवृक्षों की पूजा। प्रत्येक शाक्त मतावलंबी का कर्तव्य है कि वह प्रातःकाल उठते ही सबसे पहले कुलवृक्ष को प्रणाम करे और इस मंत्र का उच्चारण करे; ओम् कुल वृक्षम्यो नमः। कुल चूड़ामणि के अनुसार, 'आराधक को जहां कहीं कुलवृक्ष दिखाई दे उसे प्रणाम करना चाहिए।' शाक्त आनंद तरंगिणी के लेखक ने कुलवृक्षों को दो अलग अलग सूचियां प्रस्तुत की हैं" कुलवृक्षों के संबंध में कहा जाता है, 'कुलयोगिनियां सदा ही इन कुलवृक्षों पर विराजती हैं। किसी को कुलवृक्षों के नीचे नहीं सोना चाहिए और न ही इन वृक्षों को हानि पहुंचानी चाहिए।' (वही, 135)

किंतु चंदा ने इस संबंध में जितनी भी बातें कहीं उनमें से दुर्गापूजा के उद्भव अथवा प्रादुर्भाव का संबंध वनस्पति जगत के साथ होने के बारे में उन्होंने जो कहा वह संभवतः सबसे अधिक महत्वपूर्ण है। किंतु दुर्भाग्य की बात है कि लेखक इस धार्मिक अनुष्ठान के पर्याप्त विस्तार में नहीं गया है और उसने इसके कुछ अधिक महत्वपूर्ण पक्षों पर ध्यान नहीं दिया। हम इनपर विशेष रूप से विचार करेंगे।

सबसे पहले तो यह याद रखना आवश्यक है कि सिंहारूढ़, दस हाथों वाली महादेवी की इस प्रतिमा के साथ हम चाहे कितने ही परिचित हों, वास्तव में दुर्गापूजा के मूलभूत सार के साथ इसका कोई वास्तविक धार्मिक संबंध नहीं है। इस प्रतिमा का संबंध दुर्गा के साथ किस प्रकार हो गया, वह हमारे इतिहासकारों के सुलझाने के वास्ते एक रोचक समस्या हो सकती है। फिर भी इसमें कोई संदेह नहीं कि यह संबंध बहुत बाद में जोड़ा गया है और इससे दुर्गापूजा की मूलभूत धार्मिक क्रिया पर कोई अधिक प्रभाव नहीं पड़ता। जैसाकि बंदोपाध्याय ने कहा, अभी एक शताब्दी पहले तक बंगाल के मूर्तिकारों को दस हाथों वाली सिंहारूढ़ देवी, जो अपने पुत्रों और पुत्रियों से घिरी है, के बारे में कुछ पता नहीं था। [रत्नावली (ब.) ii.265] लेखक ने ठीक ही कहा है कि तथ्य यह है कि यद्यपि अब इस प्रतिमा की सवारी बड़ी धूमधाम से निकलती है तो भी दुर्गापूजा में वास्तविक आराधना का इससे कोई संबंध नहीं है। इसकी बजाय यह कोई

चित्र 5
पूर्ण घट

ऐसा अनुष्ठान है जो पूर्ण घट (चित्र, 5) और यंत्र में केंद्रित हैं। तो ये क्या है ?

पूर्ण घट जल से भरा हुआ मिट्टी का एक पात्र है। इसको इस प्रकार रखा जाता है : पांच प्रकार के अनाज के बीज (पंच शस्य), मिट्टी की एक चपटी तथा चौकोर आकार की पट्टिका पर बिखेरे जाते हैं। फिर मिट्टी के एक पात्र को पानी से भरकर उसके ऊपर रखा जाता है। दही और चावल मिलाकर इस पात्र में रख दिए जाते हैं। इस घड़े जैसे पात्र की गर्दन के चारों ओर लाल रंग का सूत बांध दिया जाता है। इसके खुले मुख को पांच प्रकार की पत्तियों से ढक देते हैं। फिर एक मिट्टी का ढक्कन इन पत्तियों पर रख दिया जाता है और इस ढक्कन के ऊपर चावल और सुपारी रखते हैं। चावल वाले इस ढक्कन पर फिर एक और फल, अधिकतर हरा नारियल डंडी के समेत रखा जाता है। इस नारियल पर सिंदूर लगाया जाता है। घड़े के एक ओर गीले सिंदूर से एक मानव चित्र बनाते हैं। इसे सिंदूर पुत्तलि कहा जाता है। यह पूर्ण घट है। [क्रि. कां. वा. (बं.) 1.239]

जिस चपटी चौकोर आकार की मिट्टी की पट्टिका पर घड़ा रखा जाता है उसपर एक रेखाकृति बनी होती है जिसे सर्वतोभद्र मंडलम् कहा जाता है। यह तंत्रवाद के उन प्रसिद्ध रेखाचित्रों में से एक है जिन्हें यंत्र कहा जाता है। इसके बीचों बीच आठ पंखड़ियों वाले कमल (अष्टदल पद्म) का चित्र (चित्र, 6) होता है। जैसाकि हम देख चुके हैं, तंत्रवाद में यह पद्म या कमल अनिवार्यतः स्त्री की योनि का प्रतीकात्मक चिन्ह है। अब हम सरलता से देख सकते हैं कि सर्वतोभद्र मंडलम् के ऊपर पूर्ण घट रखे जाने का क्या महत्व है। पौधे और फलों को स्त्री की योनि के साथ संपर्क में लाया जाता है। यही विचार स्वयं पूर्ण घट में भी विद्यमान है। यह घड़ा स्त्री का गर्भ है। इस गर्भ में शिशु है, यह संकेत सिंदूर पुत्तलि के चित्र से मिलता है। इस प्रकार यह सारा अनुष्ठान मानव प्रजनन का द्योतक है; सिंदूर के प्रयोग का प्रतीकात्मक महत्व भी इसी बात की पुष्टि करता है। किंतु मानव प्रजनन की क्रिया का यह प्रस्तुतीकरण क्यों ? स्पष्ट है कि इसके पीछे फल, वनस्पति आदि की अभिवृद्धि की अभिलाषा है। इसीलिए इन्हें स्त्री के प्रजनन अंग के संपर्क में लाया जाता है। तो हम एक बार फिर इसी जादू टोने वाले विश्वास पर लौट आएं कि मानव प्रजनन क्रिया या विशेषकर स्त्री के प्रजनन शक्ति के अनुकरण या संसर्ग से प्रकृति की उत्पादकता निश्चित होती है या उसमें वृद्धि होती है। दुर्गापूजा का मूल महत्व यही है। इसमें ऐसी बात नहीं जिसे स्पष्ट रूप से आध्यात्मिक या धार्मिक कहा जा सके। यह कृषि संबंधी जादू टोना मात्र है।

चित्र 6
सर्वतोभद्र मंडलम्

5. लता साधना और यंत्र

आधुनिक मानदंडों की दृष्टि से देखें तो संभवतः कोई बात तंत्रवाद के यौन सिद्धांतों तथा क्रियाओं से अधिक विकृत और घृणास्पद रूप से अश्लील नहीं होगी। इसीलिए प्राचीन तंत्रवाद के संबंध में आधुनिक लेखकों के दो दृष्टिकोण हैं। या तो तंत्रवाद को पूरी तरह से निंदनीय बता दिया

गया है या इसकी अश्लीलताओं पर पर्दा डालने का प्रयत्न किया गया है। ऐसा करने के लिए इसे कुछ आध्यात्मिक और रहस्यात्मक बनाया गया है। किंतु ये दोनों दृष्टिकोण वास्तव में सहायक नहीं है। तंत्रवाद के संदर्भ में तत्व मीमांसा की जो बारीकियां बताई गई हैं, उनसे हमें इसे समझने में कोई सहायता नहीं मिलती। अंततः ये हैं तो आधुनिक विचारधाराएं ही जो काल्पनिक रूप से तंत्रवाद पर थोप दी गई हैं। (इसी अध्याय का खंड 9 देखें) तंत्रवाद वास्तव में है तो आदिकालीन और असंस्कृत ही, भले ही बाद के विचारों ने इसे कितना ही परिष्कृत बताया हो। फिर भी असंस्कृत होने के आधार पर तंत्रवाद को एकदम अस्वीकार कर देना गलत होगा। कम से कम देश के सांस्कृतिक इतिहास को समझने के लिए इसे अस्वीकार करना लाभकारी नहीं होगा। इस तथ्य को नकारा नहीं जा सकता कि असंस्कृत विचित्रताओं के होते हुए भी भारतीय संस्कृति के विकास पर तंत्रवाद का अति प्रबल प्रभाव था। भारतीय जनमानस पर इसका प्रभाव सामान्यतः समझे जाने वाले प्रभाव से कहीं अधिक गहरा था। इस देश के लोग न जाने कितनी शताब्दियों से इन्हीं सिद्धांतों और क्रियाओं को अत्यधिक महत्व देते चले आए हैं। आधुनिक समय में तंत्रवाद की अतिजीविताएं चाहे कितनी दूषित या विकृत और असंगत या बेसिरपैर की प्रतीत होती हों, किंतु पहले इनका अलग ही महत्व रहा होगा। अब चूंकि हम अपने उन पूर्वजों की परिस्थितियों से बहुत आगे निकल आए है इसलिए इन महत्वों को तर्कसंगत बताने की आवश्यकता नहीं है। किंतु इन्हें समझने का प्रश्न अवश्य है। क्योंकि यह जानना आवश्यक है कि आज हम जो कुछ हैं वह कैसे बने।

इन प्रारंभिक टिप्पणियों के बाद अब हम तंत्रवाद की कुछ मूलभूत विशेषताओं को समझने का प्रयत्न कर सकते हैं। हम देखते हैं कि तंत्रवाद में सबसे अधिक बल उन अनुष्ठानों पर दिया जाता है जो स्त्री की योनि पर केंद्रित हैं। इसके लिए सामान्य शब्द है 'भग', यद्यपि तंत्रवाद की विशिष्ट शब्दावली के अनुसार इसे बहुधा लता कहा जाता है। इस प्रकार भग पर केंद्रित धार्मिक क्रियाओं को भग यज्ञ कहा गया जिसका शाब्दिक अर्थ है स्त्री के गुप्तांग का अनुष्ठान या लता साधना। ध्यान देने योग्य बात है कि तांत्रिक 'यंत्रों' में भी, अर्थात (इसके प्रतीकात्मक रेखाचित्रों में भी) स्त्री के गुप्तांग पर ऐसा ही बल दिया जाता है। थामसन के उद्धरण से आरंभ करना उचित होगा :

> उत्तरी अमरीका में जब अनाज को कीड़ा लगता है तो जिन स्त्रियों का मासिक धर्म चल रहा होता है वे रात में एकदम नग्न होकर खेतों में चलती हैं। यूरोप के किसानों में आज भी ऐसी प्रथाएं प्रचलित हैं। प्लिनी ने इन हानिकारक कीड़ों के प्रतिकारक के रूप में यह उपाय बताया कि रजस्वला या जिन्हें मासिक धर्म चल रहा हो, ऐसी स्त्रियों को नंगे पांव, खुले बाल और अपने लंहगे नितंबों तक उठाकर खेतों में पैदल चलना चाहिए। कोलूमेल्ला के अनुसार डेमोक्रीटोस का भी यही मत था। उसका कहना था कि स्त्रियों को तीन बार नंगे पांव और खुले बालों से दौड़ कर फसल की परिक्रमा करनी चाहिए। प्रत्यक्ष है कि इसके पीछे विचार यही था कि स्त्री की उर्वरक शक्ति का प्रसार हो जो ऐसे समय में सक्रिय मानी जाती है। और जगहों पर यह शक्ति स्त्रियों के अंदर सुप्त अवस्था में होती हैं। उदाहरण के लिए जूलू जाति के लोगों में जो लड़कियां इस तरह से खेतों में दौड़तीभागती हैं, उनके लिए नग्न होना आवश्यक है यद्यपि उस समय रजस्वला होने की आवश्यकता नहीं है। यह स्त्रियों द्वारा अपने लंहगे ऊंचे उठा कर गुप्तांगों को प्रदर्शित करने की प्रसिद्ध प्रथा का आविर्भाव है। यह प्रथा ग्रीस में विशेषरूप से दिमितर से संबद्ध थी। यह प्रथा स्त्री उपासकों के कई ग्रीक संप्रदायों में भी प्रचलित थी, ये स्त्रियां नंगे पांव,

> नंगे सिर या बिना मेखला के एक जुलूस के रूप में चलती थीं। ये सभी क्रियाएं एक ही प्रकार के विचारों के अंतर्गत होती थीं। (48.i.206)

हम देख चुके हैं कि वर्षा लाने के अनुष्ठान को जिस प्रकार हमारे पिछड़े किसान वर्ग की स्त्रियां करती हैं उसकी मूल विशेषता थी उनकी नग्नता। इसके पीछे विचार यही है कि स्त्री का प्रजनन अंग इस प्रकार प्रदर्शित करने से प्रकृति की उर्वरता में वृद्धि होगी। वास्तव में यह विचार विश्व के ऐसे सभी लोगों में विद्यमान है जो आर्थिक विकास के पिछड़े हुए चरण में ही अबी तक चल रहे हैं। हम कुछ और उदाहरण देख सकते हैं।

हिदत्स लोगों में स्त्रियां कृषि अनुष्ठान में भाग लेते समय अपने सभी वस्त्र उतार देती हैं। (67.iii.4) बरोंगा स्त्रियों की वर्षाकारक क्रियाओं और कांगों में विभिन्न स्त्री समाज की रीतियों की एक प्रमुख विशेषता, जिसने सभ्य समाज के लोगों को बहुत विचलित कर दिया है, यही है कि ये स्त्रियां इन क्रियाओं को करते समय पूरी तरह नग्न होती हैं। (वही, iii.204) 'असभ्य यूरोप की स्त्रियों के अनुष्ठान की प्रकृति भी इसी प्रकार अश्लील थीं'। (वही, iii.205) हालैंड की स्त्रियों को भी ये अनुष्ठान नग्नावस्था में करने पड़ते थे। (वही) 'ब्रिटिश पुजारिनें नग्न होकर अपने शरीर पर नीला रंग पोत कर नृत्य करती थीं।' (वही)

> यह एक विश्वव्यापी नियम है कि जादूगरिनी को अपने मंत्रों को प्रभावशाली बनाने के लिए निर्वसना हो जाना चाहिए। प्राचीन ग्रीस और इटली में जादूगरनियां अपने जादू-टोने करते समय नग्न हो जाती थीं। (वही. iii.208)

ब्रिफो ने बहुत सारे उदाहरणों में से केवल कुछ बताए हैं। इस सूची में हम एक विशेष महत्व का उदाहरण जोड़ना चाहते हैं जिसकी ओर नीधम ने हाल ही में हमारा ध्यान आकृष्ट किया है। (54.ii.135) उन्होंने बताया है कि अनुष्ठान के समय नग्नता, चीन के ताओवादियों की पुरोहिताई क्रियाओं का एक प्रमुख पक्ष थी। इसके अलावा वर्षा लाने के लिए इस नग्नता का विशेष महत्व था। यह इसलिए भी है क्योंकि तंत्रवाद और ताओवाद के बीच बहुत अधिक समानता है जिसे हम आगे चल कर देखेंगे।

भारतीय उदाहरणों में रुचि रखने वाले पाठकगण क्रुक के प्रसिद्ध लेख, 'न्यूडिटी इन इंडिया इन कस्टम ऐंड रिचुअल' को पढ़ सकते हैं। (जे. आर. ए. आई. xix.247) उनका कहना है, 'कई जादू-टोनों के लिए नग्नता आवश्यक है और वर्षा लाने से संबद्ध जादू-टोनों के लिए यह अनिवार्य प्रतीत होती है'। (14.71) किंतु उनके द्वारा दिया गया स्पष्टीकरण प्रत्यक्षतया गलत है :

> इस प्रथा का संभावित स्पष्टीकरण यह है कि जादू-टोना करने वाला व्यक्ति कपड़ों के कारण अपवित्र हो जाता है और निर्वसन हो जाने का अर्थ है उच्च शक्तियों के समक्ष पूर्ण समर्पण। (वही)

क्रुक ने जादू की मूल विशेषता और धर्म से इसकी भिन्नता की अनदेखी कर दी है। जादू में उच्च शक्ति को समर्पण करने का कोई प्रश्न नहीं है। इसके विपरीत जादू में तो बड़ा व्यावहारिक लक्ष्य होता है, अपने प्रजनन अंग का प्रदर्शन करके ये स्त्रियां प्रकृति पर दबाव डालने का प्रयत्न करती हैं कि वह भी उत्पादन करे। हम फिर ब्रिफो को उद्धृत करते हैं :

> सभी धर्म न केवल अपने अविकसित और आदि चरणों में, बल्कि भारत, बेबीलोन, ग्रीस, और मिस्र की महान सभ्यताओं में अपने अति विकसित रूपों में, ऐसी परिकल्पनाओं, प्रतीकों और क्रियाओं से भरे पड़े हैं, जो आधुनिक यूरोप के लोगों को धार्मिकता और पवित्रता के प्रतिकूल प्रतीत होती हैं। यह विचार आमतौर पर यह कहकर व्यक्त किया जाता है

> कि प्रकृति की उत्पादन शक्ति की तो सभी जगह पूजा होती आई है। किंतु यह कथन, पूजा शब्द की अस्पष्टता के कारण स्वीकार्य नहीं है। पूजा शब्द, किसी पुरातन धार्मिक क्रिया की तार्किकता या प्रेरक उद्देश्य को व्यक्त नहीं करता। प्राचीन धार्मिक क्रियाओं के लक्ष्य पूज्य नहीं थे, बल्कि उनकी व्यावहारिक उपयोगिता या फिर उनसे उत्पन्न होने वाले कल्पित खतरों के कारण इनकी पूजा होती थी। (67.iii.207)

संभवतः, 'प्राचीन धार्मिक क्रिया' पर के स्थान पर 'जादुई' शब्द का प्रयोग अधिक उचित होता। फिर भी यह तथ्य है कि सांस्कृतिक विकास के बाद के चरणों में जब जादू का मूल महत्व समाप्त हो गया और वह धर्म बन गया तो भी स्त्री के प्रजनन अंग की गुणकारिता में पुराना विश्वास बना रहा, यद्यपि इसका वैसा ही महत्व नहीं रहा जैसाकि पहले था। यही तांत्रिक ग्रंथों में उल्लिखित भग योग और लता साधना का संकेत है। किंतु मूल तंत्रवाद, इस पर लिखे गए ग्रंथों से कहीं अधिक पुराना है। इसलिए तंत्रवाद में स्त्री के गुप्तांग को दिए गए अत्यधिक महत्व का उद्गम हमें पुरातन विचारों में, इसकी जादुई गुणकारिता के विश्वास में खोजना होगा। किंतु तंत्रवाद के निश्चित प्रसंग का अध्ययन करने से पहले हमारे लिए, अन्य लोगों की धार्मिक प्रणालियों में इस आदिवासी जादू-टोने के विश्वास की अतिजीविता के कुछ उदाहरणों की समीक्षा करना लाभकारी होगा।

ब्रिफो ने हमारा ध्यान कई ऐसे उदाहरणों की ओर आकृष्ट किया है जिनमें धार्मिक अनुष्ठानों के दौरान नग्नता अर्थात गुप्तांगों का सीधा प्रदर्शन करने को धार्मिक कार्यों की एक महत्वपूर्ण विशेषता माना गया है। प्रत्यक्ष है कि स्त्री के गुप्तांग के प्रतीकों का प्रयोग भी इसी निहित विचार से किया जाता है। इसका एक रोचक उदाहरण सिंधु घाटी की खुदाई से मिला है। (87.i.प्ले.xiii.7) प्रसिद्ध कामाख्या (विश्वकोश, : ब, कामाक्ष्य) मंदिर में देवी की मूर्ति, और कुछ नहीं, केवल योनि अर्थात स्त्री का गुप्तांग है। ब्रिफो ने और भी उदाहरण दिए हैं। इसके अलावा यह भी ध्यान देने योग्य बात है कि जब जादू-टोने का काम स्त्रियों के हाथ से पुरुषों के हाथ में आया तो मानव प्रजनन शक्ति को पुरुष के लिंग में केंद्रित समझा गया। इसलिए उसे पहले वाले नियम का विस्तार करके एक ओर तो पुरुष पुजारियों को कपड़े उतार देने होते थे (67.iii.209, तुल. 15.71 और आगे), जबकि दूसरी ओर लिंग के प्रतीकों और उस आकार की प्रतिमाओं को धार्मिक कार्यों में व्यापक रूप से प्रयोग में लाया जाने लगा था। 'प्राचीन मिस्र में स्त्रियां, लिंग प्रतिमाएं लेकर चलती थीं जिनका संचालन धागे से बांध कर किया जाता था, जैसाकि आज भी पश्चिम अफ्रीका और कांगो में होता है। (67.iii.205)एथेंस में थेस्मोफोरिया (वही.iii.206) में संभ्रांत परिवारों की अधिकांश स्त्रियां ऐसा ही करती थीं। स्त्री के सदाचार संरक्षक वेस्ता संप्रदाय द्वारा प्रयुक्त प्रतीक चिह्नों में एक चिह्न लिंग था। (वही) ब्रिफो की टिप्पणी थी कि, अश्लीलता अफ्रीका में ठीक उसी प्रकार अनपेक्षित भ्रष्टाचार का लक्षण नहीं मानी जाती थी जैसे ग्रीस में।

अब हम तंत्रवाद में भग योग और लता साधना की समस्या पर लौटते हैं। हमारे तर्क के दृष्टिकोण से हम इस बात की अपेक्षा कर सकते हैं कि तंत्रवाद में स्त्री की योनि को जो महत्व दिया गया है उसका संबंध प्राकृतिक उत्पादकता से था और इसलिए यह भौतिक समृद्धि से सबद्ध थी। पूर्ण रूप से तांत्रिक परंपरा से प्रेरित हो भग को भौतिक समृद्धि के सभी छः रूपों, 'षड् ऐश्वर्य' [विश्वकोश (बं०) xiii,222] का संपूर्ण योग समझा जाता है। स्त्री के गुप्तांग के लिए प्रयुक्त शब्द किस प्रकार भौतिक संपत्ति के सभी संभव रूपों के स्रोत अर्थ वाला शब्द बन गया, यह एक ऐसा प्रश्न है जो आम तौर पर पूछा नहीं जाता। किंतु यह उचित प्रश्न है और

इसका केवल एक ही उत्तर हो सकता है। पुरातन विश्वास के अनुसार, स्त्री की योनि सभी प्रकार की भौतिक समृद्धि का स्रोत है। यह आपत्ति की जा सकती है कि संपत्ति के स्रोत वाला अर्थ पुराना है। यह शब्द इसी अर्थ में ऋग्वेद के प्रारंभिक भागों में भी आया है (हम अध्याय 8 में इस पर चर्चा करेंगे)। यदि वास्तव में ऐसा ही था तो हमें अपने प्रश्न कि केवल एक भिन्न दृष्टि कोणसे देखना है : यह शब्द यदि मूलतः भौतिक संपत्ति के लिए प्रयुक्त होता था तो फिर बाद में यह स्त्री के गुप्तांग के अर्थ में कैसे प्रयोग में लाया जाने लगा ?

तंत्रवाद में भौतिक संपत्ति कृषि के संदर्भ में मानी जाती थी और यह बात एक अन्य शब्द से प्रमाणित होती हैं जो तंत्र में स्त्री के गुप्तांग के लिए प्रयोग में लाया जाता है। यह शब्द है लता। इसका शब्दिक अर्थ है पौधा या बेल। किंतु तंत्रवाद में यह शब्द स्त्री के गुप्तांग के लिए प्रयोग में लाया जाता है। स्पष्ट है कि तंत्रवाद में इन दोनों के बीच किसी प्रकार के संबंध की कल्पना की गई है।

इन दोनों में किसी प्रकार के संबंध का होना तंत्रवाद की निहित विशेषता है जो यंत्रों द्वारा

चित्र 7
यंत्र

चित्र 8
यंत्र

चित्र 9

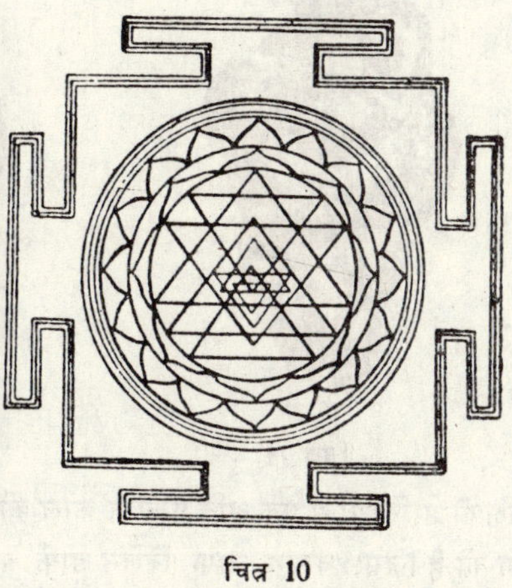

चित्र 10

भी प्रदर्शित होती है। यंत्र एक प्रकार के रेखाचित्र हैं। कभी कभी यह कहा जाता है कि तांत्रिक लोग इनको इसलिए इतना महत्व देते हैं क्योंकि ऐसा माना गया है कि देवतागण इन्हीं

पर आकर अपना आसन ग्रहण करते हैं [विश्वकोश (बं.) xv.545] इस प्रकार के स्पष्टीकरण वास्तविक तांत्रिक दृष्टि से एकदम मनगढ़ंत हैं। जब कोई तांत्रिक आपको अपना विश्वासपात्र समझने लगता है तो स्पष्ट शब्दों में यह बात स्वीकार करेगा कि रेखाचित्र स्त्री की योनि के प्रतीक हैं। योग्य विद्वान वास्तव में इस बात को बार बार कह चुके हैं। उदाहरण के लिए भंडारकर ने श्रीचक्र या श्रीयंत्र के संबंध में निम्नलिखित टिप्पणी की। (72.146) वे इसे वास्तविक तंत्रवाद की एक विशेषता मानते हैं :

> इसमें स्त्री की योनि के चित्र की पूजा की जाती है। यह चित्र एक अन्य चित्र के बीचोबीच बना होता है और एक दूसरे चित्र में इस प्रकार के नौ योनियों के रेखाचित्र होते हैं और यह सारा रेखाचित्र मिलाकर श्रीचक्र बनता है।

तंत्रवाद में भिन्न भिन्न नामों वाले कई यंत्र हैं (चित्र 7-10) जिसमें से श्रीचक्र एक है। किंतु इन सबमें मूलभूत विशेषता एक ही है। इनमें योनि को यां तो पद्म के चित्र से या फिर एक त्रिकोण के रेखाचित्र से प्रस्तुत किया जाता है। आम तौर पर ये दोनों चित्र होते हैं। यंत्रों की एक अन्य प्रमुख विशेषता के महत्व की अनदेखी कर दी जाती है। अधिकांश यंत्रों में हमें एक लता का चित्र भी दिखाई देता है जो केंद्र में योनि के प्रतीकात्मक चित्र के चारों ओर लिपटी होती है। इसे कल्पलतिका (शाब्दिक अर्थ है—इच्छाएं पूरी करने वाली लता) कहा जाता है।

यदि हम अपने आपसे यह प्रश्न पूछें कि तांत्रिक यंत्रों में लता को स्त्री के गुप्तांग से इतने घनिष्ठ रूप से संवद्ध क्यों किया गया है तो संभवतः इसका केवल एक ही उत्तर होगा। तंत्रवाद के यंत्रों का स्रोत वही पुरातन विश्वास है जिसकी अभिव्यक्ति शाकम्भरी शब्द में की गई है और जिसके ठोस अवशेष हड़प्पा की खुदाई में मिले हैं। अब हम तांत्रिक यंत्रों में आमतौर पर एक त्रिकोण के चित्र द्वारा स्त्री के गुप्तांग की प्रतीकात्मक अभिव्यक्ति की विधि के संभावित उद्गम की समीक्षा कर सकते हैं। इससे उत्पादन और प्रजनन संबंधी प्रारंभिक विचारों के विकास पर कुछ प्रकाश पड़ेगा।

चित्र 11

चित्र 12

चित्र 13

दक्षिणी आस्ट्रिया में एक अति प्राचीन काल की प्रतिमा मिली (चित्र 11-13) जो प्रारंभिक पाषाण युग की है जिसे, 'वीनस आफ विलेन डार्फ' कहा जाता है (आस्ट्रिया के क्रेमास नामक जगह में उपलब्ध चूने के पत्थर की प्रतिमा)। यह विशाल नितंबों और भारी स्तनों वाली स्थूलकाय नग्न स्त्री की प्रतिमा है जो संभवतः स्त्री की गर्भावस्था को प्रदर्शित करती है। हमारे मानदंडों के

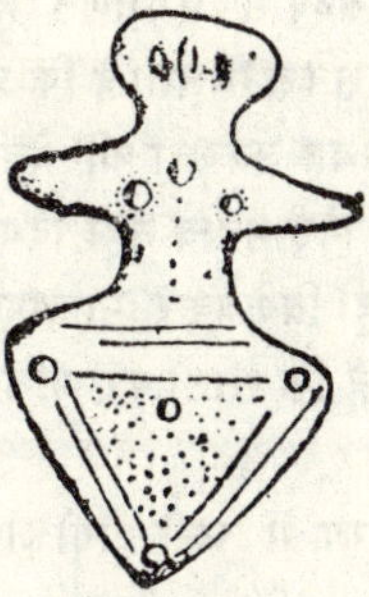

चित्र 14

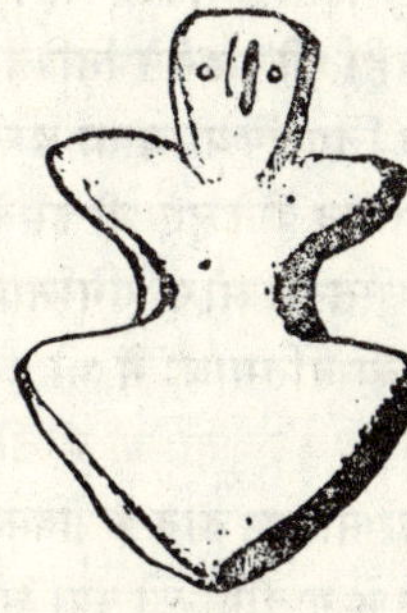

चित्र 15

चित्र 16

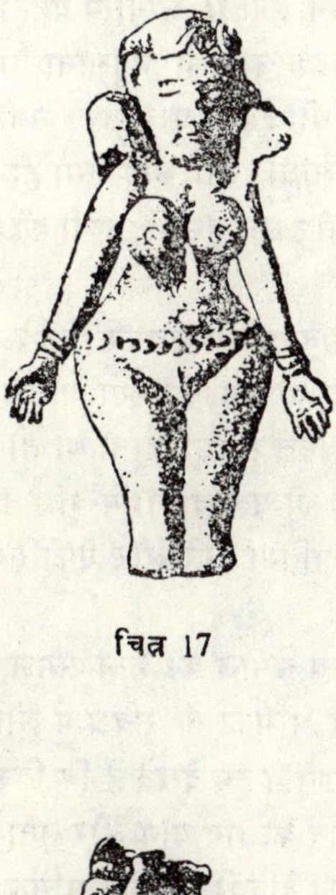

चित्र 17

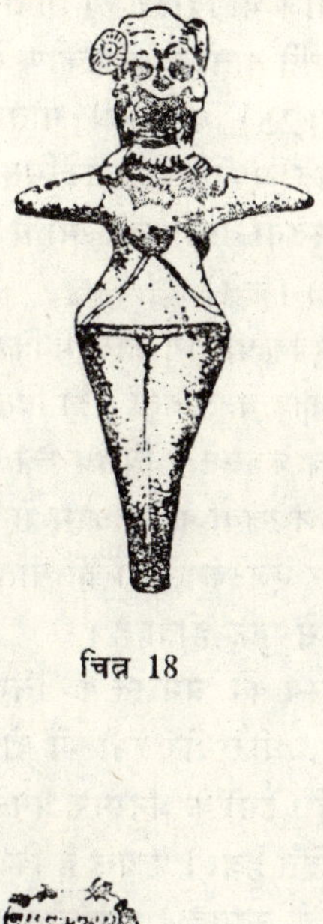

चित्र 18

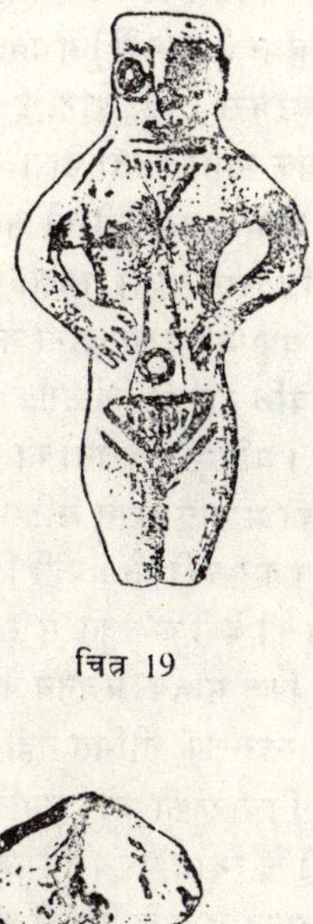

चित्र 19

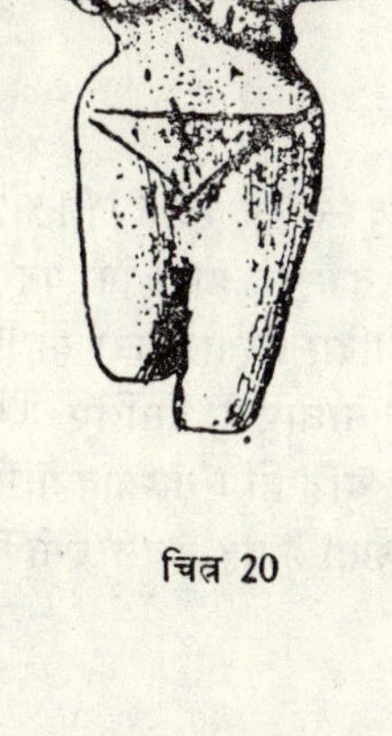

चित्र 20

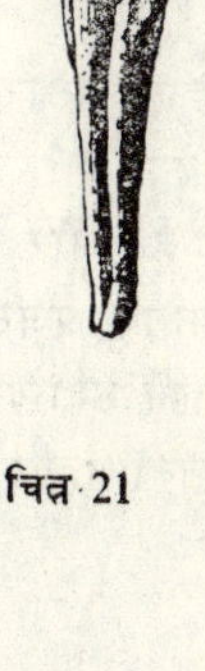

चित्र 21

चित्र 22

अनुसार यह कोई कलात्मक वस्तु नहीं हो सकती थी। यह बात इस तथ्य से प्रमाणित होती है कि यह प्रतिमा लाल रंग से पुती हुई थी। इससे निश्चित रूप से यही संकेत मिलता है कि प्रतिमा का उपयोग धार्मिक अनुष्ठानों के लिए किया जाता था। स्पष्ट है कि यह उर्वरता की देवी थी। किंतु ध्यान देने योग्य बात है कि नग्न होते हुए भी इसके गुप्तांग को कोई महत्व नहीं दिया गया था। प्रत्यक्ष है कि अधिक महत्व स्तनों और गर्भाशय का था। यह विशेषकर महत्वपूर्ण है। प्रारंभिक पाषाण युग की कुछ अन्य प्रतिमाओं में भी हम यही देखते हैं कि स्तनों पर अधिक बल दिया गया।

ये प्राचीन प्रतिमाएं स्पष्टतः मानव ज्ञान के विकास के ऐसे चरण में बनी होंगी जब यह पता नहीं था कि प्रजनन प्रक्रिया में गुप्तांगों की क्या भूमिका है। एक अति प्राचीन धारणा यह थी कि गर्भ सबसे पहले स्तनों में आरंभ होता है। (ई. आर. ई. x.242) बाद में शिशु में उतर आता है। ऐसा अनुमान है कि यह धारणा गर्भावस्था के उन प्रारंभिक लक्षणों से बनी जो पहले स्तनों में दिखाई देते हैं। आज भी ब्रिटिश न्यू गिनी के भिनाऊगोलो लोगों में यह विश्वास बना हुआ है। (वही) संभवतः इन्हीं बातों के दृष्टिकोण से एजटेक लोगों में बहुस्तना माता का चित्र उभरा। (ई. आर. ई. v.125) वह पृथ्वी माता भी थी जिसे प्राकृतिक उर्वरता की सहायक माना जाता था। संभवतः एफीसियन आर्टेमिस का आधार भी कोई ऐसा ही विचार रहा होगा। यह देवी भी अनेक स्तनों वाली स्त्री मानी गई और उसे मूलतः पृथ्वी की उर्परता में वृद्धि लाने वाली समझा गया। (वही)

यह याद रखा जाना चाहिए कि प्राचीन काल में किसी भी बात के महत्व पर विशेष बल देने की विधि यह थी कि उसका आकार बहुत बढ़ा चढ़ा दिया जाए या उसकी संख्या अधिक कर दी जाए। यदि पहले स्तनों को मानव प्रजनन से विशेष रूप से संबंधित समझा जाता था तो पाषाण युग की माताएं अपने अति विशाल स्तनों के माध्यम से पृथ्वी की उत्पादकता में वृद्धि करने का प्रयत्न कर रही थीं। यही विचार ऐज़टेक लोगों की माता की प्रतिमा को और ऐफीसियन अर्टेमिस की देवी के बहुत से स्तनों से पुष्ट होता है।

किंतु मानव प्रजनन के रहस्य को समझने के लिए मानव समाज का ज्ञान समझ की इस नीचे स्तर तक सीमित नहीं रहा, धीरे धीरे स्त्री की योनि की भूमिका के संबंध में और विकसित विचार की ओर प्रगति हुई। इसी के अनुसार अगले चरणों में हम देखते हैं कि विशेष बल स्तनों के स्थान पर योनि पर केंद्रित हुआ। प्रत्यक्ष है कि तंत्रवाद का भग योग और लता साधना भी मानव ज्ञान के ऐसे ही चरण के उत्पाद हैं। प्राचीन काल की देवियों की कुछ प्रसिद्ध मूर्तियों से भी यह बात प्रकाशित होती है। उल्लेखनीय है कि उनमें से अधिकांश मूर्तियों में योनि को एक त्रिकोण द्वारा प्रदर्शित किया गया है। तांत्रिक यंत्रों में त्रिकोणों के संबंध में संभवतः यही एक संकेत है।

5. ख पुरुष

बुआई करने से पहले भील लोग खेत के किनारे एक पत्थर को सिंदूर से रंग देते हैं। (15.250) वे लोग ऐसा क्यों करते हैं? सिंदूर का महत्व क्या है? हमारा तर्क यह होगा कि यह सिंदूर मासिक धर्म से होने वाले रक्तस्राव का प्रतीक है। और चूंकि आदिम विचारधारा यह थी कि मासिक धर्म के दौरान होने वाला रक्तस्राव मानव प्रजनन का आधार है, इसलिए पत्थर को इस रक्त से रंग देने का उद्देश्य यह है कि खेत की उत्पादकता में वृद्धि हो। तंत्रवाद में मासिक धर्म के रक्त या ऐसे ही अन्य प्रतीकों को जो इतना महत्व दिया जाता है वह केवल इसी बात से

स्पष्ट हो सकता है। यहां हम अपनी बात थामसन के इस कथन से प्रारंभ करते है :

इस बात को महत्व देना आवश्यक है कि मनुष्य की बहु-उत्पादन शक्ति का जादू उत्पादन की प्रक्रिया में है, न कि परिणाम में। अर्थात यह जादू प्रसव के समय होने वाले स्राव में है, न कि पैदा होने वाले बच्चे में। इस विश्वास के परिणामस्वरूप स्राव से होने वाला हर प्रकार का रक्त चाहे वह मासिक धर्म का हो या प्रसव काल का, स्त्री के अंदर की जीवन-दायक शक्ति समझा जाने लगा। आदिम विचार यह है, जो काफी सही भी है कि यह वैसी ही प्रक्रिया है जैसी बच्चा पैदा होने की।

जादू के दो पक्ष हैं। इसकी क्षमता के कारण यह एक ऐसी बात बन जाता है जिससे भय पैदा हो—एक पक्ष यह है कि जिस स्त्री के निकट न जाया जा सके वह पवित्र है, अनुल्लंघनीय है। एक दूसरे पक्ष के अनुसार वह अपवित्र है, दूषित है। रोमवासी उसे 'सैका' पवित्र और अभिशप्त कहते थे। इसलिए पितृसत्तात्मक समाज में स्त्री के हाथ से धार्मिक कार्य का नियंत्रण निकल जाने के पश्चात उसके प्रति विरोधी पक्ष ही विद्यमान है। न केवल उसके यौन कार्यों को अपवित्र माना जाता है बल्कि स्वयं स्त्री के स्वभाव को भी अपवित्र माना जाता है। वह सब बुराइयों की जड़ बन गई है, डायन बन गई है।

यह विचार विश्वव्यापी हैं। मानव जीवन के किसी भी पक्ष में विचारों की इतनी समानता नहीं है जितनी कि रजस्वला और प्रसूता स्त्रियों के प्रति व्यवहार में देखी जा सकती है। इस विषय पर ब्रिफो ने विस्तार पूर्वक लिखा है। उन्होंने मानव समाज के प्रत्येक वर्ग और संस्कृति के हर चरण से उदाहरण एकत्र किए हैं। (48.i.205)

अरस्तू, प्लिनी और अन्य प्राचीन तथा मध्ययुगीन प्रकृतिवादियों का विश्वास था कि मासिक धर्म का स्राव बंद होने के पश्चात गर्भाशय में जो रक्त बच जाता है उससे भ्रूण बनता है। यह जीवन उत्पन्न करने वाला रक्त है। इसलिए किसी व्यक्ति या वस्तु को, निषेधों (चाहे वे मासिक धर्म, प्रसवोत्तर, या ऐसी ही किसी अन्य मूल बात पर आधारित अन्य निषेध हों) में बांधने का सबसे सामान्य तरीका यही है कि उस पर रक्त या वैसे रंग का चिन्ह लगा दिया जाए। निषेध के दो परस्पर विरोधी पक्षों के अनुरूप रक्तचिन्ह के भी दो प्रकार के प्रभाव समझे जाते हैं। एक तो इस प्रकार चिन्हित व्यक्ति या वस्तु से संपर्क वर्जित है और दूसरे, इससे जीवन शक्ति प्राप्त होती है। एक विश्वव्यापी प्रथा है कि रजस्वला और गर्भवती स्त्रियां अपने शरीर पर लाल गेरु पोत लेती हैं जिससे दो उद्देश्य एक साथ पूरे होते हैं। पुरुषों को चेतावनी मिल जाती है कि वे दूर रहें और इन स्त्रियों की प्रजनन शक्ति में वृद्धि होती है। कई विवाह संस्कारों में दुल्हन के माथे पर लाल कुंकुम लगा देते हैं जो इस बात का संकेत है कि पति के अलावा कोई अन्य पुरुष उस स्त्री के पास नहीं जा सकता। साथ ही इसमें यह विश्वास निहित है कि वह स्त्री अपने पति के लिए बहुत से बच्चों को जन्म देगी। यह श्रृंगार प्रसाधनों के प्रयोग का समारंभ था। बंटू जनजाति के वालेंज लोगों में प्रत्येक स्त्री अपने पास लाल गेरु का पात्र रखती है। स्त्रियां इसे अत्यंत पवित्र मानती हैं तथा समारोहों के समय वे इस गेरु से अपने मुंह और शरीर को सजाती हैं। जिन विभिन्न अवसरों पर ये स्त्रियां इस गेरु का उपयोग करती हैं वे इस प्रकार हैं : प्रसवोपरांत माता और बच्चा दोनों को इससे रंगा जाता है इस प्रकार बच्चा जीवित रहेगा और माता को फिर से जीवन मिलेगा। लड़की का मासिक धर्म जब आरंभ होता है तो उसे सिर से पैर तक लाल रंग से रंग दिया जाता है। इस प्रकार वह दोबारा जन्म लेती है और फल-दायिनी होती है। किसी स्त्री के पति की मृत्यु हो जाने के पश्चात शोक संतप्त विधवा

> द्वारा अग्नि को फलांगने के बाद होता है और तब उस विधवा स्त्री को लाल रंग लगा दिया जाता है। इस प्रकार वह मृत्यु की अपवित्रता से मुक्त होती है।
> लाल रंग नवजीवन का प्रतीक है। इसलिए प्राचीन पाषाण काल और नवपाषाण काल के अवशेषों से जो हड्डियां मिली हैं वे लाल रंग से रंगी हुई थीं। हम जब यह देखते हैं कि जमीन में दबे इन कंकालों को गर्भावस्था वाली स्थिति में रखा गया था तो यह प्रतीक और भी स्पष्ट हो जाता है। जीवन के रंग से पुती हुई, और गर्भ में जैसे शिशु रहता है उस स्थिति में रखी हुई इन हड्डियों से यही बात स्पष्ट होती है। दिवंगत व्यक्ति की आत्मा के पुनर्जन्म को निश्चित करने के लिए आदि मानव इससे अधिक और क्या कर सकता था? (वही.i.209-10)

भारत में बाद के धर्मों में भी इसी आदिम विश्वास की अतिजीविता के दो एक विशिष्ट उदाहरण हम यहां देख सकते हैं। बंगाल में, 'आजकल ऐसा विश्वास किया जाता है कि पहली वर्षा के समय धरती माता रजस्वला होकर अपने आपको उत्पादन के लिए तैयार करती है। उस सारी अवधि में जुताई, बुआई और अन्य सभी कृषि कार्य पूरी तरह बंद हो जाते हैं'। (25.i.189) इस दिन के धार्मिक अनुष्ठान को अंबूवाची कहा जाता है। इसी प्रकार त्रावणकोर में,

> मंदिर में एक अत्यंत महत्वपूर्ण नियत कालिक समारोह होता है जो त्रिप्पू खरत्तु या शुद्धि समारोह के नाम से प्रसिद्ध है। इसका संबंध देवी के रजोधर्म से है। विश्वास किया जाता है कि देवी को एक वर्ष में लगभग आठ या दस बार रजोधर्म होता है। देवी की धातु से बनी प्रतिमा पर लिपटे कपड़े पर लाल धब्बे पाए जाते हैं ठीक उसी प्रकार जैसे रजोधर्म में होता है। इस कपड़े को उतार कर वंजीपुज्हा या तलवूर पट्टी गृहों की स्त्रियों के पास निरीक्षण के लिए भेजा जाता है और वे जब तथ्य का अनुमोदन कर देती हैं तो प्रतिमा को किसी अलग कक्ष में ले जाया जाता है और देवी के गोपुरम को उस अवधि के लिए बंद कर दिया जाता है। वह कपड़ा धोबिन को दे दिया जाता है और फिर देवी के लिए इसका कभी उपयोग नही किया जाता। लोगों में इस धब्बों वाले कपड़े की बहुत मांग है जिसे एक पवित्र अवशेष समझा जाता है। (67.ii.435-6)

चुंगानूर में भी माता पार्वती के रजोधर्म को बहुत महत्व दिया जाता है। (वही.ii.436) यही स्थिति असम की कामाख्या देवी की भी है [विश्वकोश (वं.) कामाक्ष्य]। यदि तंत्रवाद को उत्पादकता और प्रजनन क्रियाओं के पारस्परिक संबध पर आधारित जादू-टोने का परिणाम समझा जाना है तो तंत्रवाद में मासिक धर्म में होने वाले रक्तस्राव को बहुत महत्व दिया जाना स्वाभाविक ही है। इस रक्त के लिए तंत्रवादियों का एक विशेष शब्द है-कुसुम या पुष्प, जिसे कभी कभी रहस्यमयी भाषा में खपुष्प कहा जाता है। इस शब्द से भी वनस्पति जगत के साथ घनिष्ठ संबंध होने का संकेत मिलता है। कुसुम या पुष्प का अर्थ है—फूल। पौधे भी उसी प्रकार फल देते हैं जिस प्रकार स्त्री का गुप्तांग बच्चे पैदा करता हैं। इसलिए स्त्री के गुप्तांग को लता कहा जाता है। इसी प्रकार फल से पहले फूल होता है ठीक वैसे ही जैसे गर्भ से पूर्व मासिक धर्म, इसलिए मासिक धर्म के रक्त को कुसुम या पुष्प कहते हैं।

इस रक्त के प्रश्न पर तांत्रिक साहित्य में काफी विस्तारपूर्वक चर्चा की गई है। विभिन्न प्रकार की स्त्रियों के रक्त को भिन्न भिन्न नाम दिए गए हैं (वही.vii.522)। किंतु यह पक्ष हमारे लिए विशेष महत्व का नहीं है। यह याद रखना आवश्यक है कि तांत्रिकों की कुछ क्रियाएं जैसे सिंदूर का प्रयोग या उनके कपड़ों का रक्त जैसे लाल रंग का होना इसी विश्वास के कारण है। आज जिस रूप में यह विश्वास बना हुआ है वह निश्चय ही अंध विश्वास कहलाएगा।

आधुनिक विचारकों को तांत्रिकों की विस्तारपूर्ण विवेचना बहुत घृणास्पद और अश्लील प्रतीत होगी। किसी पुरातन विश्वास का, आज के युग में अंधविश्वास समझा जाना कोई आश्चर्य की बात नहीं है। यह तो तकनीकी ज्ञान की प्रगति का परिणाम है। किंतु मासिक धर्म के रक्त के साथ बहुधा जो अपवित्रता की भावना जुड़ी रहती है, उसका संभवत: कोई और कारण है। यह, एक पुराने अंधविश्वास का स्थान नए अंधविश्वास द्वारा ले लिए जाने की प्रक्रिया है। आज यदि हम मासिक धर्म के रक्त के संबंध में निष्पक्ष रूप से नहीं सोच पाते हैं तो उसका कारण यही है कि हम पितृसत्तात्मक व्यवस्था से पूर्ण रूपेण प्रभावित हैं।

7. पंच मकार

एक तांत्रिक ग्रंथ में कहा गया है 'हे देवी! इन पांच के बिना कोई व्यक्ति चंडी मंत्र का पाठ कैसे कर सकता है,' (वही.vii.532)। एक अन्य तांत्रिक ग्रंथ में कहा गया है कि, 'हे देवी! ये पांच 'म' देवताओं को प्रिय हैं (वही. vii. 531)। कई अन्य ग्रंथों में भी 'इन पांच' या 'इन पांच म,' को ऐसा ही महत्व दिया गया है। अत्यधिक आदरपूर्वक जिन पांच 'म' का उल्लेख किया गया है वे पांच 'म' हैं, मद्य, मांस, मत्स्य, मुद्रा और मैथुन। चूंकि ये सभी शब्द म अक्षर से आरंभ होते है इसलिए इन्हें पंच मकार कहा जाता है। निस्संदेह यह सूची बड़ी भयावह है। जिन आधुनिक विद्वानों ने तंत्रवाद को तर्कसंगत या उचित ठहराने का प्रयत्न किया है उन्हें भी ये पंच मकार सबसे बड़ी बाधा प्रतीत होते हैं। इन्हें रहस्यात्मक रूप देने के प्रयत्न किए गए हैं। जिसे दीक्षा प्राप्त नहीं हुई है उसके लिए इन पंच मकरों का वास्तविक महत्व समझना बहुत कठिन है क्योंकि इसका अर्थ बहुत ही गूढ़ और छिपा हुआ है। कभी कभी यह भी कहा जाता है कि तंत्रवाद की क्रियाएं साधारण लोगों के लिए नहीं हैं, केवल वे ही लोग इन्हें कर सकते हैं जो आध्यात्मिक दृष्टि से विकसित हो चुके हों। पंच मकार की साधना बहुत कठिन ओर जोखिम वाली है। वास्तव में यह तलवार की धार पर चलने और जंगली शेरों के साथ खेलने से भी अधिक कठिन है आदि। (रत्नावली, ii.251)

पंच मकारों को इस प्रकार न्यायसंगत ठहराए जाने में हमारी रुचि नहीं है। इसमें प्रत्यक्ष झलकने वाली विचित्रताएं ही इसकी स्थिति की दुर्बलता को सामने लाती हैं, जिसे उचित बताने का प्रयत्न किया गया है। विकसित तकनीकी ज्ञान और प्रकृति के नियमों के विस्तृत ज्ञान के कारण हमारे लिए इन पुरातन क्रियाओं की प्रशंसा करना या उन्हें उचित समझना कठिन है। किंतु इसे 'समझना' आवश्यक है। और हम तब तक उन्हें नहीं समझ सकते जब तक इसे अपनी पुरातन पूर्वजाओं के दृष्टिकोण से देखने का प्रयत्न न करें। इन स्त्रियों ने कृषि की खोज के बाद अभी सभ्यता की ओर बढ़ना शुरू किया ही था। पंच मकारों में से हम विशेष रूप से मद्य और मैथुन अर्थात शराब पीने और यौन संभोग करने की क्रियाओं पर ध्यान देंगे। एक समकालीन विद्वान का कहना है कि 'धार्मिक दृष्टि से अनुमोदित मांस-मछली और तला हुआ अनाज खाने पर कोई आपत्ति नहीं की जा सकती। किंतु हमें यह संशय होता है कि मद्यपान और मैथुन क्रियाएं किस प्रकार धार्मिक क्रियाओं का अंग हो सकती थीं।' [तंत्र परिचय, (ख) 56]

फिर भी तांत्रिक ग्रंथों में इन दोनों को स्पष्ट और निश्चित महत्व दिया गया है। उदाहरण के लिए मद्य के प्रयोग के बिना कोई साधना नहीं की जा सकती। जैसाकि एक ग्रंथ में घोषणा की गई है :

> मद्य के बिना कोई सिद्धि प्राप्त नहीं की जा सकती। इसलिए आपको बड़े ध्यानपूर्वक मद्यापान करना चाहिए और उस स्त्री को भी करना चाहिए। इसके बाद ही आपको

मंत्रोच्चारण करना चाहिए। (विश्वकोश, vii. 526)

स्पष्ट है कि इसे सभ्य समाज का दर्शन नहीं माना जा सकता। किंतु हमें आज विद्यमान आदिवासी लोगों के बारे में जो कुछ पता है उसी के संदर्भ में इस बात को समझना होगा। ओरांओ आदिवासी धान की पौध लगाने से पहले खेत में चावल की शराब का अर्घ्य देते हैं। (15.250) बैंगा लोग जंगल साफ करने और खेती योग्य भूमि निर्धारित करने के बाद गांव की सीमा के चारों ओर समय समय पर शराब उंडेलते । हैं (वही 83-4) यह काम बैंगा ओझा को सौंपा जाता है जो यह काम करते समय बहुधा स्वयं मदमत्त होता है। ऐसी स्थिति में यह समझा जाता है कि उसके अंदर एक प्रकार की दिव्य शक्ति आ गई है। इस कथन के साथ ही क्रुक ने ठीक ही कहा है कि यह विचार कि मद्य से जादू-टोने की शक्ति आती है गोंड लोगों की उस क्रिया का आधार है जिसके अनुसार वे महुआ वृक्षों के चारों ओर अनुष्ठान करते हैं। ये गोंड आदिवासी महुआ के फूलों की डंडियों से शराब खींचते हैं और इसका उपयोग विभिन्न धार्मिक तथा घरेलू कार्यों में करते हैं। क्रुक की पुस्तक में रोग से बचने या खेतों की उत्पादकता बढ़ाने के लिए शराब से धार्मिक क्रियाएं करने के और उदाहरण भी दिए गए हैं। (वही. 100, 119, 127, 133, 176, 422)

फिर शराब को जादू-टोना करने की शक्ति को बढ़ाने और खेतों की उर्वरता में वृद्धि करने का माध्यम क्यों समझा जाता है? इसका उत्तर यही है कि आदिम विचार के अनुसार शराब भी रक्त जैसी है और इसे जीवनदायक वस्तु के रूप में समझा जा सकता है। यह बात दो प्रकार के उदाहरणों से स्पष्ट हो जाएगी। एक के अनुसार, मद्य का उपयोग मृत्यु पर विजय पाने के लिए और दूसरे के अंतर्गत, यह उपयोग बीज के जन्म को निश्चित करने के लिए होता है। इस प्रकार शराब मृत्यु पर विजय और जन्म को प्रोत्साहन देने का माध्यम है। नीचे दिए गए उदाहरण से स्पष्ट हो जाता है कि शराब को मृत्यु के दूषण से मुक्ति पाने का माध्यम समझा जाता है :

> आयरलैंड में मृतक व्यक्ति के शव के पास बैठ कर रात्रि जागरण करने वाले लोगों द्वारा मृत्यु का अभिनंदन करने के लिए शराब पीने की प्रथा इसी बात का सुपरिचित उदाहरण है। पश्चिमी अफ्रीका में मृत्यु के बाद उपवास के दौरान त्शी लोग बहुत अधिक मद्यपान करते हैं और शोक विलाप करने वाले लोग भी आम तौर पर शराब में धुत्त होते हैं। यही बात योरुबा लोगों में भी है। लेकिन आम तौर पर यह मद्यपान अंत्येष्टि के बाद अनिवार्य रूप से दिए जाने वाले मृत्यु भोज के पश्चात होता है।
>
> वूलवा रेड इंडियनों में अंतिम संस्कार के समय मिशला नामक शराब बहुत पी जाती है। मृतक के घर से लेकर उस स्थान तक, जहां शव को दफनाया गया है, सूत की एक लंबी लाइन टेलिग्राफ की तार की भांति बनाई जाती है। मृतक के घर में मद्यपान होता है। 'मैंने नदी के किनारे किनारे कई मील तक सफेद डोरा खिंचा हुआ देखा है जो नदी-नालों को बार बार पार करता हैं।' जैसे ही किसी बंगाला व्यक्ति की मृत्यु होती है तो उसके परिवार वाले गन्ने की शराब बहुत बड़ी मात्रा में मंगा लेते हैं। तीन या चार दिन तथा रातों तक नृत्य और मद्यपान चलता रहता है। यह तब तक होता रहता है जब तक शराब खत्म नहीं हो जाती है। गुयाना के रेड इंडियन भी मृत्यु भोज के समय शराब पीते और नाचते हैं।

जांबेसी के निशनियाई लोगों में जौ की शराब पोंबे का इस्तेमाल मृत्यु के समय सभी संस्कारों में बहुत अधिक किया जाता है। बोना नामक समारोह के लिए इस बियर को बहुत मात्रा में तैयार किया जाता है। कब्र के ऊपर छेद किए जाते हैं और उनमें पोंबे

> बीयर डाली जाती है। जिस घर के सामने यह कब्र है, उसके छेद के ऊपर अन्य शोकसंतप्त लोग पोंबे से अपने हाथ धोते हैं। जब अन्य लोग लौट कर आते हैं तो मृतक की विधवा (इसे मुसिमो, प्रेत-आत्मा कहा जाता है) कपड़े से सिर ढक कर खड़ी होती है और पोंबे-पंबे की रट लगाती है। वह कपड़े के नीचे बैठकर यह बीयर पीती है। प्रमुख विधवा के घर में एक बहुत बड़ा गड्ढा किया जाता है और उसे सीमेंट से अच्छी तरह पक्का बनाया जाता है। फिर इसमें पोंबे शराब भर दी जाती है और प्रत्येक व्यक्ति लेट कर इस शराब को पीता है और इसके लिए किसी पात्र का इस्तेमाल नहीं करता। बाद में एक भोज होता है, जिसमें मांस खाया जाता है और बियर पी जाती है। (ई. आर. ई. v. 79-80)

भारत में, विशेषकर दलित वर्ग कहलाने वाले लोगों में, मृत्यु पर होने वाले संस्कार में इसी प्रकार शराब का इस्तेमाल किया जाना कोई असामान्य बात नहीं है। स्पष्ट है कि इन संस्कारों में मदिरा का इस्तेमाल मृत्यु के दूषण से मुक्ति पाने और नवजीवन प्राप्त करने के लिए होती है। भारत में बनाई जाने वाली देशी शराब में सबसे प्रचलित नाम है 'संजीवनी' या 'मृतसंजीवनी' जिसका अर्थ है जीवन देने वाली या जो मृतकों को जीवन देती है। जब किसी लड़की को पहली बार मासिक धर्म होता है तो उस समय मदिरा का प्रयोग संभवतः इसी विश्वास के आधार पर किया जाता है कि मासिक धर्म का अर्थ है मृत्यु और पुनर्जन्म अर्थात किशोरावस्था की मृत्यु हो गई और वयस्क का जन्म हुआ है। कोई आश्चर्य की बात नहीं कि इन संस्कारों में एक जीवनदायक माध्यम के रूप में मदिरा को इतना महत्वपूर्ण स्थान मिला है। (ई. आर. ई. v.80) आदिम समाजों में रजस्वला होने के पश्चात विवाह किया जाता है और विवाह का अर्थ है प्रजनन की क्रिया की तैयारी। इसलिए जैसा कि अपेक्षित है, विवाह के समय होने वाले संस्कारों में भी मदिरा का महत्वपूर्ण स्थान है :

> टिप्पेरा लोगों के विवाहों में दुल्हन को उसकी माता शराब से भरा हुआ गिलास देती है। दुल्हन इसे दूल्हे के पास ले जाती है और उसके घुटने पर बैठ जाती है। थोड़ी सी शराब पीने के बाद बाकी बची हुई मदिरा वह दूल्हे को दे देती है। थाना के नाकरी कुनबियों में विवाह संसकार पूरा होने के बाद दूल्हे और दुल्हन को शराब दी जाती है। ख्यूंगथा आदि-वासयियों में दुल्हन की नातेदार लड़कियां गांव के प्रवेशमार्ग पर एक बांस के साथ खड़ी होकर दूल्हे का रास्ता रोक लेती है। इस बांस के दूसरी ओर खड़ा होकर यह दूल्हा उनके साथ बंधुत्व का स्नेह सिक्त प्याला पीता है और उसके पश्चात उसे गांव में प्रवेश करने दिया जाता है। मोरक्को में विवाह के अवसर पर मुल्ला शराब का प्याला अपने आशी-र्वाद के साथ दूल्हे-दुल्हन को देता है। जब दोनों इसे पी लेते हैं तो उस प्याले को दूल्हे द्वारा जमीन पर जोर से फेंक कर तोड़ दिया जाता है। इसका 'परोक्ष अर्थ यह है कि उसकी कामना है कि वे तब तक एक दूसरे से अलग न हों जब तक कि इस प्याले के टूटे हुए टुकड़े फिर से नहीं जुड़ जाते।' ···लारका लोगों में दूल्हे और दुल्हन दोनों पक्षों के प्रत्येक सदस्य को बीयर का एक एक प्याला दिया जाता है। वे इसको मिलाते हैं और फिर पी जाते हैं। इस क्रिया के साथ ही विवाह संपन्न हो जाता है। मोल्लका, जापान, बंगाल, ब्राजील, रूस, स्कैंडीनेविया और यूरोप के कई अन्य स्थानों पर दूल्हा और दुल्हन एक ही पात्र में मदिरा या बीयर पीते हैं। बेनी-इसरायली विवाहों में दूल्हा दुल्हन के मुंह में शराब डालता है। कोरिया और चीन में दूल्हा और दुल्हन दो प्यालों में पीते हैं और ये दोनों प्याले एक लाल धागे के साथ आपस में बंधे होते हैं। क्रिश्चियन धर्म वाले देशों में यह प्रथा विवाह संस्कार से अलग है किंतु परोक्ष रूप से इसे उस समय पूरा किया जाता है जब नव दंपति

को पवित्र शराब दी जाती है जिसे विवाह के तुरंत या शीघ्र पश्चात पीना पड़ता है। गोंड आदिवासियों में दुल्हन और दूल्हा के पिता इकट्ठे शराब पीते हैं। (वही)

मनुष्य को प्रजनन के लिए उत्तेजित करने में शराब महत्वपूर्ण भूमिका निभाती है, इस विश्वास का सबसे अच्छा उदाहरण संभवत: संथाल आदिवासियों में प्रचलित इस सृजन कथा में है :

दो पक्षियों के अंडों में से मानव समाज के प्रथम लड़के और लड़की का आविर्भाव हुआ। लड़के का नाम हरम और लड़की का आयो था। वे बिलकुल नंगे थे फिर भी उनमें कोई लज्जा की भावना नहीं थी और वे बड़ी शांतिपूर्वक रहते थे। वे अपने जैसे बच्चे पैदा नहीं कर रहे थे। इसलिए एक दिन प्रमुख 'बोंगा' या आत्मा लिता उनके पास आई और कहा : 'मेरे नाती पोतो ! तुम लोग कहां हो ? कैसे हो ? मैं तुम्हारा दादा हूं; मैं तुमसे मिलने आया हूं। मैं देख रहा हूं कि तुम कुशल से हो। किंतु एक महान सुख है जिसका अनुभव तुम लोगों ने नहीं किया है। तुम लोग मदिरा बनाओ, इसका स्वाद बहुत मीठा है। तब उसने उन्हें बीयर बनाना सिखाया। तीनों जंगल में गए। लिता ने उन्हें जड़ी-बूटियां दिखाई। लड़के और लड़की ने उन्हें खोदा और लेकर आए। फिर उन्होंने मदिरा बनाना सीखा। तब लिता ने उनसे कहा : 'अब दोनों थोड़ी-सी मदिरा लिता को धरती पर सर्मापित करके बाकी पी जाओ। कल मैं तुमसे फिर मिलने आऊंगा।' उसके बाद उन्होंने पत्तों के तीन प्याले बनाए और उन्हें बीयर से भर दिया। फिर उन्होंने एक प्याले की बीयर को लिता के नाम पर धरती पर उंडेल दिया और बाकी दोनों प्यालियां वे स्वयं पी गए। जब वे बीयर पी रहे थे तो उन्होंने एक दूसरे के साथ प्रणय का आनंद लेना आरंभ कर दिया। प्रणय करते करते वे सारी बीयर पी गए और उन्हें नशा हो गया। तब तक रात हो चुकी थी। वे दोनों इकट्ठे लेट गए। जब सबेरा हुआ तो अचानक ही लिता आ गया उसने आवाज दी, 'मेरे बच्चे कैसे हो, क्या आप लोग उठ गएहो या नहीं ? बाहर आओ।' जब उन्हें चेतना आई तो उन्होंने देखा कि वे दोनों नग्न हैं। उन्हें बहुत शर्म आई। इसलिए उन्होंने जबाब दिया, 'हे दादा ! हम बाहर कैसे आ सकते हैं ? हमें बहुत शर्म आ रही है। हम नग्न हैं। पिछली रात जब हमें बीयर का नशा हो गया तब हमने कुछ ऐसा काम किया जो अच्छा नहीं है।' तब लिता ने उनसे कहा, 'कोई बात नहीं है।' और फिर वह मुस्कराता हुआ चला गया...तब उन्हें सात लड़के और सात लड़कियां हुई। [जे. ए. एस. बी. (एस-सी.) xix.12--4]

इस कहानी का निहितार्थ स्पष्ट है। प्रथम मानव दंपत्ति को मद्य की खोज के लिए प्रोत्साहित किया गया। जब तक उन्हें यह पता नहीं था तब तक उन्हें प्रजनन क्रिया का भी कोई ज्ञान नहीं था। इस प्रकार आदिम विचारधारा यही है कि मदिरा वह माध्यम है जिससे पुरुष न केवल मृत्युपर विजय पाता है बल्कि नए जीवन का सृजन भी कर सकता है। रक्त की भांति यह भी स्वयं जीवन का नियम है।

मनुष्य पर मद्यपान के मनो-शारीरिक प्रभाव ने इस प्रकार की विचारधारा को उपजाने में कहां तक योगदान किया, यह अध्ययन योग्य रोचक विषय है। अनुमान यही है कि मुख्यतया ऐसा ही हुआ होगा। मदोन्मत्तता को सहज ही यह समझने में गलती हो सकती है कि इस स्थिति में व्यक्ति सामान्य जीवन की अपेक्षा किसी भिन्न स्थिति में आ जाता है। ऐसे ही किसी विचार के कारण पुरोहितों और पुजारियों ने रासायनिक क्रिया से दैव ज्ञान की स्थिति उत्पन्न करने के लिए मदिरा का प्रयोग आरंभ किया होगा। ब्रिको (67, iii, 133) ने कुछ रोचक उदाहरण बताए हैं। स्पष्ट है कि ये सभी उदाहरण इसी आदि विचार को प्रदर्शित करते हैं कि मदिरा का चमत्कारी प्रभाव है और विशेषकर जीवन देने के संबंध में पृथ्वी की उर्वरता में वृद्धि

किए जाने वाले अनुष्ठान में मदिरा के उपयोग का कारण इसी विचारधारा में खोजना होगा। इसलिए इस दृष्टिकोण से तंत्रवाद में मद्यपान को दिया गया महत्व तर्कसंगत प्रतीत होता है।

तंत्रवाद का पक्ष लेते हुए हमारे कुछ प्राचीन विद्वानों ने तर्क दिया है कि तंत्रवाद में मांस और मद्य का धार्मिक क्रियाओं में उपयोग किए जाने पर आपत्ति नहीं उठाई जा सकती, क्योंकि यह स्वयं वैदिक रूढ़ियों से अलग नहीं है। 'भारतीय तांत्रिक पंडितों का कहना है कि यह धारणा गलत है कि तंत्रवाद में पंचतत्व से संबद्ध प्रावधान वेदविरुद्ध हैं।' (6. प्रिफे. xxxiv) उनका कहना है कि वैदिक जनों में भी मांस और उबालकर तैयार की गई मदिरा का व्यापक प्रयोग होता था और यह उनके कर्मकांड का एक अंग था। हम यहां विशेष रूप से मदिरा के प्रयोग के बारे में उल्लेख करेंगे। वैदिकजनों द्वारा आम तौर पर प्रयोग में लाई जाने वाली मदिरा को 'सोम' कहते थे। वैदिक साहित्य में इसका अत्यंत महत्वपूर्ण स्थान है। सोम एक वैदिक देवता भी था और उसपर केंद्रित एक प्रमुख अनुष्ठान को सोम यज्ञ कहते थे। रोचक बात यह है कि उबालकर तैयार की गई इस मदिरा को वैदिक साहित्य में एक ऐसा साधन माना जाता था जिसके द्वारा व्यक्ति मृत्यु पर विजय पाकर अमर हो सकता था। एक वैदिक कवि ने घोषणा की, 'हमने सोम का पान किया है और अमर हो गए हैं।' (ऋ. वे. iv. 48.3)

इससे भी अधिक महत्वपूर्ण मादक पेय था 'सुरा'। वैसे इसका प्रयोग अपेक्षाकृत कम होता था। बाद में इस 'सुरा' शब्द का प्रयोग सामान्य मदिरायुक्त पेय के लिए होने लगा। स्पष्ट है कि यह 'सोम' से अधिक मादक पेय था और इसका प्रयोग कुछ निश्चित धार्मिक क्रियाओं तक ही सीमित था। सुरा वाजपेय, सौत्रमणि और अन्य वैदिक अनुष्ठानों का अंग थी (11.339, 352-3, 265, 384) आदि। हमारे तर्क के दृष्टिकोण से यह बात महत्वपूर्ण है कि वैदिक साहित्य में यह 'सुरा' 'उत्पादकता बढ़ाने से संबद्ध जादू-टोनों की धार्मिक क्रियाओं में काम आती थी।' यह बात आज के वैदिक विद्वान पहले ही कह चुके हैं। (वही. 91)

तो फिर इन सबका, विशेषकर वैदिक साहित्य में सुरा के धार्मिक क्रियाओं में उपयोग का वास्तव में क्या अर्थ है? क्या इसका यही अर्थ है, जैसाकि कुछ आधुनिक तांत्रिक पंडितों का कहना है कि तांत्रिक ग्रंथों में उल्लिखित पंच तत्वों का प्रयोग करने की अनुमति प्राचीन वैदिक परंपराओं में थी? इस प्रकार का मत अत्यंत विचित्र होगा, क्योंकि किसी अन्य कारण से न सही तो इस दृष्टिकोण से तो यह विचित्र होगा ही कि तांत्रिक पंच मकारों में मद्य का संबंध स्त्री सिद्धांत की सर्वोच्च महत्ता से जुड़ा हुआ है। अन्य शब्दों में, वैदिक और तांत्रिक मतों में मूलभूत अंतर है, इसलिए तांत्रिक मत को वैदिक मत के आधार पर उचित बताने का प्रयत्न व्यर्थ है। फिर भी वैदिक साहित्य में 'सोम' और 'सुरा' का धार्मिक क्रियाओं में प्रयोग किए जाने की बात अपने आप में रोचक है। कई विशिष्ट वैदिक क्रियाओं की भांति, यह स्वयं वैदिक जनों के पुरातन अतीत की अतिजीविता को प्रदर्शित करता है। ये वैदिक जन मुख्यतया पशुपालक लोग थे। इसलिए उन्हें उर्वरतावृद्धि संबंधी धार्मिक अनुष्ठान की आवश्यकता इतनी अधिक नहीं थी जितनी कि प्रारंभिक कृषि चरण के लोगों द्वारा अनुभव की गई थी। जैसाकि हम देख चुके हैं, कृषि के प्रारंभिक चरण में जादू-टोने में विश्वास और इस प्रकार की क्रियाएं बहुत अधिक प्रचलित थीं। यही कारण है कि वैदिक विचारधारा में सुरा के प्रयोग का उतना महत्व नहीं हो सका जितना कि तंत्रवाद में था। फिर भी वैदिक साहित्य में पुरातन विश्वास की अतिजीविता के प्रमाण के रूप में 'सोम' और 'सुरा' का धार्मिक उपयोग यह सिद्ध करता है कि प्रारंभिक वैदिक जन, (बाद के ब्राह्मण अपने आपको जिनका सांस्कृतिक वंशज होने का गर्वपूर्ण दावा करते हैं) ऐसे विश्वास और आचार-विचार रखते थे जैसेकि आज भी ओरांवों और बैगा जनजातियों के लोगों के हैं।

इसके अलावा देश की तथाकथित नीच जातियां जो आज भी मृत्यु और विवाह संबंधी संस्कारों में मदिरा के प्रयोग को बहुत महत्व देती हैं, प्रारंभिक वैदिक विश्वासों और क्रियाओं के बहुत समीप हैं। इन्हीं विश्वासों और क्रियाओं को बाद के ब्राह्मणों ने इन तथाकथित नीच जातियों के प्रति घृणाभाव रखते हुए भी उचित बताने का प्रयत्न किया। अब हम पंच मकार के एक अन्य 'म' अर्थात मैथुन यानी यौन संभोग के बारे में विवेचना करेंगे। फ्रेजर ने यूरोप के बसंत और ग्रीष्म समारोहों का उल्लेख करते हुए कहा :

> हम इस बात की बहुत अधिक संभावना को मानकर चल सकते हैं कि इन रीति-रिवाजों में जो कामुकता होती थी वह किसी काल में, आकस्मिक दुराचार नहीं बल्कि इन अनुष्ठानों का एक आवश्यक अंग समझी जाती थी। अनुष्ठान करने वाले लोगों का यह विश्वास था कि वृक्षों और पौधों का संयोग तब तक फलदायक नहीं हो सकता जब तक कि स्त्री और पुरुष के बीच वास्तविक संयोग न हो। (58.135-6 और आगे)

फ्रेजर ने आगे कहा कि आज के सभ्य यूरोप में इस पुरातन विश्वास को इसके मूल रूप में देखना कठिन है :

> किंतु संसार के अन्य भागों की असभ्य जातियां यौन संभोग को पृथ्वी की उत्पादकता पर प्रभाव डालने का माध्यम आज भी मानती हैं। इसके अलावा यूरोप में आज भी या अभी हाल तक कुछ क्रियाएं बनी रहीं जिन्हें ऐसी ही प्रथा के अवरुद्ध अवशेष कहना अनुचित नहीं होगा।

स्पष्ट है कि यह प्रथा मानव ज्ञान के विकास के एक ऐसे चरण को इंगित करती है जहां यौन संभोग और गर्भ होने के बीच संबंध को सही रूप मे समझा गया। इसलिए इस प्रथा के पीछे तर्क यह है कि यौन सभोग, जिससे मानव की प्रजनन क्षमता निश्चित होती है, पृथ्वी की उर्वरता में भी जादुई ढंग से वृद्धि करेगा। फ्रेजर ने कुछ प्रमाणों का उल्लेख किया है जो नीचे दिए जाते हैं। (वही. 136 और आगे) मध्य अमरीका के पिपिलीस लोग खेतों में बीज डालने से पहले चार दिन तक यौन क्रिया नहीं करते :

> इसका उद्देश्य यह है कि बुआई शुरू करने वाले दिन से पहले की रात को वे अपनी पूर्ण क्षमता के साथ यौन संभोग कर सकें। कहा जाता है कि कुछ लोग तो बुआई के लिए पहला बीज डालने के समय संभोग क्रिया करने के लिए नियुक्त किए जाते हैं।

वे लोग इस यौन संभोग क्रिया को अपना कर्त्तव्य मानते थे, 'और यदि संभोग नहीं किया जाता था तो बीज डालना अवैध होता था।' जावा के कुछ भागों में धान के खेतों में पौधे के निकलने के समय किसान अपनी पत्नियों को रात में खेतों में ले जाते हैं और 'फसल की वृद्धि के लिए आपस में यौन संभोग करते हैं।' यूरोप के किसानों की कुछ प्रथाएं इसी विश्वास की अवशेष हैं। जर्मनी के कुछ भागों में फसल की कटाई के समय पुरुष और स्त्री फसल काट लेने के बाद खेत में इकट्ठे लोट पोट होते हैं' । (वही. 137) युक्रेन में 'विवाहित युवक-युवतियों के जोड़े उन खेतों में लेट जाते हैं जहां बुआई हो चुकी होती है। वे कई बार इन खेतों में लोटते हैं। उनका विश्वास है कि ऐसा करने से फसल की पैदावार बढ़ेगी। (वही) ब्रिफो ने निम्नलिखित टिप्पणी की :

> अनादि काल से जो क्रियाएं कबीले के खाद्य की अभिवृद्धि से संबद्ध रही हैं, विशेषकर जब यह खाद्य शिकार के बजाय मुख्यतया खेती से प्राप्त होता था, तो स्वाभाविक है कि यही क्रियाएं जादू-टोने द्वारा पृथ्वी की उत्पादकता बढ़ाने के लिए प्रयोग में लाई जाने लगीं। संस्कृति के निचले स्तरों पर यह विश्वास विश्वव्यापी है कि यौन क्रिया से पृथ्वी से भरपूर

उत्पादन प्राप्त करने में सहायता मिलती है और वास्तव में यह क्रिया उत्पादन के लिए अनिवार्य है। (67. iii. 196)

एक अनुष्ठान के रूप में इस यौन संभोग के बारे में एक बात याद रखना आवश्यक है। बहुधा इसे प्राचीन पुरखों के यौनीय साम्यवाद जिसमें सामूहिक यौन संबंध या सामूहिक विवाह होते थे, की ओर प्रतिगमन का लक्षण माना जाता है। (48.i.67) इसलिए सभ्य समाज के प्रेक्षक को यह क्रिया सहज ही एक प्रकार की यौन उच्छृंखलता प्रतीत हो सकती है। किंतु ऐसी धारणा उचित नहीं होगी। 'इस व्यभिचारपूर्ण आमोद-प्रमोद को केवल अनियंत्रित कामोन्माद का उद्वेग समझना अन्यायपूर्ण होगा। निस्संदेह इसका आयोजन पृथ्वी की उर्वरता बढ़ाने और मानव समाज के कल्याण के लिए आवश्यक समझकर किया जाता है।' (58.137) बिफ्रो का कहना है कि यह परंपरागत यौन उच्छृंखलता पहले बिलकुल भिन्न भाव से देखी जाती थी। (67. iii. 196) इसकी और भी पुष्टि इस तथ्य से होती है कि इस क्रिया को जो पवित्रता का आवरण मिला हुआ था और जो बहुधा हमें लगभग धार्मिक लगता है, उसका कारण यही धार्मिक निर्बंध संभोग की क्रिया थी। इन बातों को ध्यान में रखते हुए हम कुछ विख्यात उदाहरण दे सकते हैं :

पेरू के लोगों में पाल्टा या नाशपाती के पकने के समय किए जाने वाले समारोह से पहले कुछ समय तक कठिन उपवास रखा जाता था और वे यौन संभोग से दूर रहते थे। इसके बाद स्त्रियां और पुरुष एक ही स्थान पर नग्नावस्था में इकट्ठे हो जाते थे और एक निर्धारित संकेत मिलने पर दौड़ पड़ते थे। प्रत्येक पुरुष, जिस भी स्त्री को पकड़ लेता था उसके साथ संभोग करता था। निर्बंध यौन उच्छृंखलता वाले ऐसे ही वार्षिक समारोह चिली में, निकारागुआ में, न्यू मैक्सिको की आदिम जातियों में, और मैक्सिको की आदिम जातियों में, आज भी होते हैं। एमेजान क्षेत्र के उआओपेस लोगों में तथा अन्य जनजातियों में जुरुपारी के धार्मिक त्योहार के समय निर्बंध यौन उच्छृंखलता के दृश्य देखने को मिलते हैं, जिनमें जवान और बूढ़े, सभी पूर्ण स्वतंत्रता के साथ भाग लेते हैं। कोरोटी लोगों में प्रत्येक धार्मिक नृत्य के बाद खुलेआम यौन संभोग होता है और ऐसी ही क्रियाएं बोरारो लोगों में भी प्रचलित हैं। पाटागोनिया लोगों का प्रमुख धार्मिक समारोह कामारुको का अंत स्वच्छंद और खुले यौन संभोग के साथ होता है। उत्तरी अमरीका और मिसीसिपी घाटी के निचले हिस्सों में रहने वाली जनजातियों में जब फसल कटाई के समारोह होते थे तो साथ ही आम यौन क्रियाएं भी होती थीं और बूढ़े, स्त्री तथा पुरुष अन्य युवक-युवतियों को प्रोत्साहित करते थे कि वे स्वतंत्र रूप से इस तरह की क्रियाओं में भाग लें। (वही: iii. 196--7)

न्यूगिनी के पश्चिमी छोर और आस्ट्रेलिया के उत्तरी भागों के बीच लेती, सरमाटा तथा अन्य द्वीपसमूहों के असभ्य जंगली लोग सूर्य को पुरुष का और पृथ्वी को स्त्री का रूप मानते हैं और उनकी धारणा है कि सूर्य, पृथ्वी को उर्वर बनाता है। वर्षा ऋतु के आरंभ में हर साल श्री सूर्य पवित्र अंजीर के वृक्ष में आते हैं और पृथ्वी को गर्भवती बनाते हैं…। इस अवसर पर बहुत बड़ी संख्या में सूअर और कुत्तों की बलि दी जाती है। स्त्री और पुरुष समान रूप से एक कोलाहलपूर्ण भ्रष्ट आचरण में भाग लेते हैं। सूर्य और पृथ्वी का रहस्यात्मक संभोग बड़े नाटकीय ढंग से खुल्लमखुल्ला प्रदर्शित किया जाता है और ऐसा करते समय लोग नाचते-गाते हुए उस अंजीर वृक्ष के नीचे वास्तव में यौन संभोग करते हैं। बताया जाता है कि इस समारोह का उद्देश्य वर्षा लाना, प्रचुर मात्रा में खाद्य और पेय

उपलब्ध कराना और बहुत सारा पशुधन तथा बच्चे और संपत्ति सूर्य पितामह से प्राप्त करना होता है। (58.136)

ब्रिटिश उत्तरी बोर्नियो के दायाक लोगों में बुनुत नामक समारोह का उद्देश्य भी पृथ्वी की उर्वरता बढ़ाना और धान की भरपूर फसल की प्राप्ति है। इस समारोह के समय ठीक 15 मिनट के लिए स्वतंत्र यौन क्रियाएं होती हैं और इसके बाद पूर्ण सदाचार का व्यवहार फिर से होने लगता है···। मलय प्रायद्वीप में धान की कटाई के समय जाकुन जन जातियों के पुरुष एक दूसरे के साथ अपनी पत्नियां बदलते हैं। (67.iii.197)

ब्रिफो ने इस तरह के कई प्रमाण एकत्र किए हैं। (वही. iii. 196-209) किंतु आइए अब हम कुछ उदाहरण अपने ही देश से लें। संथाल आदिवासियों का सबसे बड़ा समारोह सोहरे कहलाता है। आधुनिक विद्वान इस मेले का कृषि के साथ स्पष्ट संबंध पहले ही देख चुके हैं। इनमें से एक विद्वान ने इस मेले का वर्णन इस प्रकार किया है :

पांच दिन तक नाचना, मद्यपान करना और यौन संभोग की निर्बंध क्रियाएं करना चलता रहता है। यह महत्वपूर्ण है। इनके आरंभ होने के समय गांव का मुखिया अन्य लोगों को एक भाषण देता है जिसमें वह कहता है कि वे लोग जिस प्रकार से चाहें यौन संभोग कर सकते हैं, किंतु उन्हें कुछेक स्त्रियों को हाथ नहीं लगाना है। इसके अलावा वे पूर्ण आनंद उठा सकते हैं। गांव के लोग उत्तर देते हैं कि वे अपने अपने कानों में बारह कपास के फाहे डाल रहे हैं और वे किसी ओर ध्यान नहीं देंगे; कुछ भी देखें-सुनेंगे नहीं। (68.v.336)

कोल्हन में माघे तथा अन्य त्योहारों के दौरान आमतौर पर जिस प्रकार के यौन स्वातंत्र्य की बात कही जाती है वह उच्छृंखलतापूर्ण नहीं होती। माघे मेले के दौरान 'हो' जनजाति के लोगों द्वारा अश्लील भाषा का जो प्रयोग किया जाता है, जिसके दौरान लड़के अपने माता-पिता को और माता-पिता अपने बच्चों को गालियां देते हैं, इस प्रथा की कर्नल डाल्टन ने गलत व्याख्या की है। 'हो' जनजाति के लोगों की ये प्रथाएं अनोखी नहीं हैं और ऐसी भी नहीं है कि कहीं और देखने को न मिलें।···(यह) मूल रूप से कृषि संबंधी अनुष्ठान है। (75. 143)

एक नागा जनजाति है रेंगमा। पूर्वी और पश्चिमी, दोनों क्षेत्रों के रेंगमा लोगों में आर्थिक लाभ के लिए किसी प्रकार की वेश्यावृत्ति नहीं होती। किंतु पश्चिमी रेंगमा लोगों में कुछ गांवों में यौन संबंधी नैतिक आचरण कड़ा होने के बावजूद बुआई के समय अन्य गांवों में यौन स्वातंत्र्य होता है। इसके लिए कारण यह बताया जाता है कि इस अवसर पर वे बहुत अधिक मद्यपान कर लेते हैं। किंतु संभवतः यह बात अधिक सत्य है कि लगभग अचेतन विश्वास इस प्रकार का है कि स्त्री और पुरुष के संयोग से किसी न किसी प्रकार खेतों की उर्वरता बढ़ेगी। (90. 43)

वांकचिंग का कोन्याक गांव इस प्रकार के विश्वास का सबसे अच्छा उदाहरण है कि यौन संभोग क्रिया, खाद्यान्न की पूर्ति के लिए लाभकारी है। इस गांव में अमीर लोग अपने अनाज के भंडार गृहों के बरामदों में पर्दे लगा देते हैं और सोने के लिए जगह बना देते हैं, जहां गांव के युवक रात को अपने साथ लड़कियां ला सकते हैं। ये प्रबंध अलग अलग व्यक्तियों के साथ होता है या फिर कोई भी युवक जो इसका उपयोग करना चाहता है उसे वहां यौन

संभोग के लिए बरामदे में जगह दी जाती है। (वही. 43. टिप्पणी.)

नागा लोग भरपूर फसल प्राप्त करने के लिए यौन संभोग क्रिया को कितना अधिक महत्व देते हैं, इसका एक और रोचक उदाहरण यह है। कृषि कार्यों में से एक को रास्ता या मार्ग साफ करनें का समारोह कहा जाता है :

> पेलेकीमा जनजाति के जेंमी ग्रामीण (काछानागा) इस अवसर पर जगह साफ करके एक रास्ता बनाते हैं जहां स्त्री और पुरुष के यौन अंगों की संभोग क्रिया में रत एक प्रतिमा रखते हैं। स्त्री का गुप्तांग मिट्टी से बना हुआ होता है और उसके ऊपर सूखी घास लगी होती है जो गुप्तांग के बालों का प्रतीक है, और पुरुष के लिंग के प्रतीक के रूप में लकड़ी का एक डंडा उसमें गाड़ा जाता है। खेतों में जाने या वहां से आने वाले लड़के लड़कियों की टोलियां इनके पास रुकती हैं और एक युवक उस डंडे के साथ वैसे ही हावभाव करता है जैसे संभोग क्रिया में होते हैं। इससे इन टोलियों का मनोरंजन भी होता है। (वही. 83. टिप्पणी)

क्रुक का कहना है कि होली के त्योहार का मूल उद्देश्य पुरुषों, पशुओं और खेती की उत्पादकता में वृद्धि करना था और इस दिन अत्यंत स्वतंत्रता के साथ भ्रष्ट आमोद प्रमोद होता है।···उस दिन भारत में निश्चित रूप से दुराचार का वातावरण बन जाता है। (फोकलोर xxv. 83 और आगे)

राजमहल पर्वतीय क्षेत्र के परगनायित लोगों का वार्षिक कृषि त्योहार जब आता हैं तो अविवाहित लड़के लड़कियां खुल्लमखुल्ला स्वतंत्र रूप से यौन संभोग करते हैं (आई. जी. आई., संशोधित संस्करण, xxii. 68)। उड़ीसा के भुइया लोगों में वसंतोत्सव के समय, नाते रिश्तेदारों और पति के प्रति अंदर की भावना को ताक पर रख दिया जाता है (कलकत्ता रिव्यू ciii. 188)। नीलगिरि पहाड़ियों के कोटा लोग एक त्योहार मनाते हैं जिसमें लगातार यौन उच्छृंखलता होती है (67. iii. 198)। असम में जनजातियों की स्त्रियां बसंतोत्सव के दौरान अपनी इच्छा से चाहे जो करें, 'उनके चरित्र पर किसी प्रकार का कोई लांछन नहीं लगता'। (59. 226) ऐसे ही समारोह खोंडिस्तान में, मणिपुर और उत्तरी बर्मा की जंगली जातियों में भी होते हैं। (67. iii.198-9) ऐसे अनुष्ठानों और समारोहों के और उदाहरण देने की आवश्यकता नहीं है। किंतु यह दिखाने के लिए कि कृषि के संबंध में प्रारंभिक विचार यौन क्रिया के साथ कितने जुड़े हुए थे, हम यहां भाषाविज्ञान के आधार पर बागची द्वारा उल्लिखित कुछ रोचक जानकारी देते हैं :

> संस्कृत शब्द 'लांगलम्' का अर्थ 'हल' के साथ साथ, 'पुरुष का गुप्तांग अर्थात लिंग' भी है। दूसरी ओर विशेषकर सूत्रों और महाभारत में आए 'लांगुल' शब्द का अर्थ 'लिंग' और 'पूंछ' (पशु की) भी है।···अब 'लिंग' से 'हल' और 'पूंछ' के अर्थ तक पहुंचना कोई कठिन बात नहीं है। यौन संभोग क्रिया और हल जोतने की क्रिया के बीच प्रत्यक्ष समानता है। इस क्रिया के अंतर्गत बीज डालने के लिए पृथ्वी को खोदा जाता है। समस्या तब जटिल बनती है जब लगभग अनिवार्यतः अन्य दो शब्दों के साथ बहुत अधिक समानता रखने वाला शब्द 'लिंग' आ जाता है, जिसका अर्थ है 'पुरुष का गुप्तांग'। (65. 10)

स्वयं बागची इस विचार से सहमत थे कि यह शब्द मूलतः आस्ट्रो-एशियाटिक है। इसलिए उन्होंने निम्नलिखित कुछ और प्रमाणों का उल्लेख किया :

> इसके अलावा संथालों में, 'खोदने या गड्ढा' करने के लिए एक ही शब्द है 'ला'। लांगलम् आदि जैसे व्युत्पादित शब्दों का अर्थ है स्त्री। पृथ्वी में हल का प्रवेश। इसलिए विचाराधीन

भाषाओं (आस्ट्रो-एशियाटिक) में 'लिंग' और 'हल' शब्दों का क्रमशः अर्थ है वह अंग जो प्रविष्ट किया जाता है। (वही. 13)

आस्ट्रो-एशियाटिक लोग जुताई के लिए वास्तव में जिस उपकरण का उपयोग करते थे उसे देखते हुए इस धारणा की और संपुष्टि होती है :

अब भी कुछ आस्ट्रो-एशियाटिक लोग जुताई के लिए हल नहीं बल्कि एक सीधी तीखी नोक वाली लकड़ी उपयोग में लाते हैं, जिससे कि वे गड्ढे खोद कर उनमें बीज डालते हैं। यहां लिंग और खेती करने के उपकरण के बीच समानता यथासंभव पूर्ण रूप से स्पष्ट है··· मेलानेशिया और पोलिनीशिया में बहुधा जुताई करने वाली लकड़ी का आकार लिंग जैसा होता है। पोलिनीशिया की कुछ भाषाओं में 'लिंग' और खुदाई की लकड़ी के लिए एक ही शब्द है। संभव है कि भारत के मूल आदिवासियों को पहले इस लकड़ी के उपयोग का ज्ञान था और जमीन को खोदने वाले इस उपकरण का नाम 'हल की खोज होने के बाद भी नहीं बदला।' (वही. 14)

यह एक अलग प्रश्न है कि इन सब बातों से वास्तव में यह सिद्ध होता है कि नहीं कि संस्कृत भाषा पर आस्ट्रो-एशियाटिक प्रभाव था या नहीं। हमारे तर्क के संबंध में ये भाषायी प्रमाण बहुत रोचक हैं। स्पष्ट है कि इनमें ऊपरी समानताओं से अधिक कुछ है। जमीन में बीज बोने और खुदाई करने की कल्पना और यौन संभोग क्रिया की कल्पना में समता है। इन दोनों प्रक्रियाओं को मूल रूपसे समान माना गया है। उल्लेखनीय है कि हल के प्रयोग के समरूप हमें यहां पुरुष के दृष्टिकोण से संभोग क्रिया को देखने का अवसर प्राप्त हुआ हैं। इसके कुछ और कारण भी हैं। ऐसा मूल आदिवासियों की भाषा के कारण हुआ या नहीं किंतु संस्कृत तो वैदिक परंपरा की भाषा थी और यह परंपरा मुख्यतया पशुपालक समाज की परंपरा थी इसलिए यह समाज पितृसत्तात्मक था। तो भी यह तथ्य विशेष रूप से महत्वपूर्ण है कि इन पशुपालक पितृसत्तात्मक लोगों के साहित्य में कृषि का जो थोड़ा बहुत उल्लेख हुआ है उसे मानव की यौन संभोग क्रिया जैसा ही समझा गया। बीज बोने की क्रिया को स्त्री के गर्भ में वीर्यदान करने जैसा माना गया है। तैत्तिरीय संहिता में (iv. 2. 5. 5. अनु. कीथ 315) कृषि कार्यों के लिए यह मंत्र बताया गया है :

हलों को जुए में आवद्ध करो।
जुए की जोड़ी को खींचकर खोलो।
यहां तैयार किए गए गर्भ में बीज डालो, हमारे गीत का श्रवण हो और हम लाभान्वित हों,
परिपक्व (अनाज) हंसिए द्वारा धराशायी हो।

ऐसे ही विचार अन्य संहिताओं में भी मिलते हैं। इस प्रकार वैदिक ऋषियों ने कृषि कार्य को मानव की यौन संभोग क्रिया के साथ घनिष्ठ रूप से जोड़ा। संभवतः सबसे रोचक अंश वाजसनेयी संहिता में मिलता है (xxiii, 22 और आगे)। आधुनिक वैदिक विद्वानों को इस अंश के संबंध में काफी संकोच हुआ है। हमारी श्लीलता और नैतिकता की भावना को यह अत्यंत घृणास्पद और अश्लील प्रतीत होता है। इसमें वैदिक ऋषियों अध्वर्यु, उद्गत, ब्रह्मा, और उनकी स्त्री सहयोगिनियों कुमारी ववाता और महिषी के बीच वार्तालाप है। इस वार्तालाप में यौन संभोग क्रिया का काफी विस्तार से वर्णन है किंतु हमारी रुचि विशेष रूप से इस बात में है कि इस संभोग वार्तालाप में जगह जगह स्पष्ट रूप से कृषि कार्यों को विषयवस्तु बनाया गया है : 'शिते वते पुनन्निव'। भाष्यकारों ने इसका अर्थ यह लगाया है, 'जिस प्रकार धान (बीज) को सुखाने वाला किसान तीव्रता (बुआई करना) लाता है, इसे बार बार लेकर और छोड़ कर' इस अंश का कुछ भाग मुक्त छंद में नीचे दिया गया है और इसके साथ ही इसकी व्याख्या

करने वाली सबसे अधिक प्रसिद्ध टीका यहां दी गई है :

उसे (स्त्री को) ऊपर उठाओ जिस प्रकार आप कोई बोझ उठा कर पहाड़ों पर चढ़ते हैं; फिर उसके मध्य भाग को खोलो। जिस प्रकार उसको (अनाज) शीतल वायु में सुखाया जाता है। (वाज. सं. xxiii. 26)

उवात की टीका : उद्गत ववाता के साथ संभोग करता है। वह किसी से कहता है, 'इस स्त्री को ऊपर उठाओ। इस ववाता को ऊंचा उठाओ।' किस प्रकार ? जिस प्रकार किसी बोझ को बीच से पकड़ कर उठाया जाता है; उसी प्रकार उसे बीच से पकड़ कर ऊपर उठाओ। उसे इस प्रकार ऊपर करो कि उसका (इस ववाता का) कटि प्रदेश और योनि आगे निकल आए। तब उसे ऐसे थामे रहो कि यह खुल सके। जिस प्रकार कोई किसान धान (बीज) सुखाता है और बीज डालने की क्रिया को तीव्र करता है, इन्हें लेकर और छोड़कर।

उस पुरुष को ऊपर उठाओ जिस प्रकार आप पहाड़ी पर चढ़ते हुए बोझ उठाते हैं। तब उसके मध्य भाग को कार्य आरंभ करने दो। जिस प्रकार जौ (अनाज) शीतल वायु में सुखाया जाता है। (वाज. xxiii. 7) उवात की टीका : उत्तर में, ववाता ने उद्गत से कहा : 'तुम्हें भी इसी प्रकार क्रिया करनी चाहिए। यहां स्त्री एक पुरुष की भूमिका अभिनीत कर रही है जिस प्रकार बोझ उठा कर पहाड़ी पर चढ़ा जाता है। तब उसके मध्य भाग को कार्य आरंभ करने दो। अर्थात प्रजनन क्रिया में रत हो जाने दो। तब उसे नीचे दबा दो। जिस प्रकार कोई किसान शीतल वायु में जौ (बीज) सुखाते हुए बीज डालने का काम तीव्र कर देता है, इन्हें लेकर और छोड़ कर।

और इसी प्रकार वार्तालाप आगे चलता है। ऐसा ही अश्लील वार्तालाप अन्य वैदिक पुरोहितों तथा उनकी सहयोगिनियों के बीच होता था। यदि इसके संदर्भ में देखो तो प्रत्यक्ष हो जाएगा कि इस अंश को धार्मिक महत्व के उद्देश्य से लिखा गया था। यह अश्वमेध यज्ञ का अंग था। यहां यौन क्रिया को प्राकृतिक उत्पादकता की सहायक के रूप में प्रस्तुत किया गया है। 'इन 'रानियों' के लिए गर्भ धारणा करना आवश्यक था जिससे कि पृथ्वी भी फलदायिनी बन सके। (48. i. 158) इसके अलावा भाषा की अश्लीलता का भी एक सुनिश्चित उद्देश्य था :

विश्वास किया जाता है कि दैवी उत्पादन शक्ति, जो प्रकृति, पशुओं और स्त्रियों को उर्वरा बनाती हैं, न केवल यौन संभोग से बल्कि कामासक्त तथा वासनात्मक भाषा या क्रिया से भी उद्दीप्त होती है। (67. iii. 204)

इसलिए अश्लील हास परिहास तथा वार्तालाप पुरातन आदिम उर्वरता अनुष्ठान का एक महत्वपूर्ण पक्ष था। अब हम वैदिक कामाचार के प्रश्न पर लौटते हैं। इसके कई उदाहरणों का उल्लेख प्रथम अध्याय में किया गया है। वैदिक साहित्य में इस प्रकार के विचित्र विचारों का स्पष्टीकरण खोजना कठिन नहीं है। वैदिकजनों के पूर्वज भी सारे संसार के सभी लोगों के पूर्वजों की भांति किसी काल में असभ्यतापूर्ण परिस्थितियों में रहते थे और वे यौन संभोग क्रिया को प्रकृति की उत्पादकता में वृद्धि करने का साधन मानते थे। यही धारणा पशुधन की वृद्धि के संबंध में थी। उनके अपने पूर्वजों का यह पुरातन विश्वास ब्राह्मणों और उपनिषदों के रचयिताओं तक पीढ़ी दर पीढ़ी चला आया और ये लोग अपने ही ढंग से इसे तर्कसंगत बनाने का प्रयत्न कर रहे थे। स्पष्ट है कि तांत्रिकों ने यौन संभोग पर जो बल दिया उसका स्रोत भी यही आदिम विश्वास था।

तंत्रवाद की काम साधना की तुलना में वैदिक साहित्य में उल्लिखित वामाचार के अवशेषों में कुछ बातों पर ध्यान देना होगा। पहली बात यह है कि इस यौन संभोग से प्राकृतिक उर्वरता में वृद्धि होने की जो धारणा है वह वैदिक साहित्य में मुख्यतया पशुपालक समाज की भावना से अनुप्राणित है। वैसे कहीं कहीं इसे कृषि कार्यों के संदर्भ में भी देखा गया है। दूसरी बात यह है कि जिस पितृसत्तात्मक समाज में वे लोग रहते थे, उसी के अनुरूप वैदिक साहित्य में यौन संभोग का महत्व पुरुष की प्रधानता के संदर्भ में था। जैसाकि 'वृहद आरण्यक उपनिषद' (vi. 4.7) में कहा गया :

यदि वह स्त्री उसकी इच्छा की पूर्ति नहीं करती तो उसे कुछ रिश्वत दी जानी चाहिए।

यदि फिर भी वह उसकी इच्छा से सहमत नहीं होती तो, उसे बस में करने के लिए लकड़ी या हाथ से पीटना चाहिए।

हम यहां पुरुष के पक्ष के संबंध में एक और रोचक प्रमाण दे सकते हैं। भारत में पितृसत्तात्मक और मातृसत्तात्मक प्रणालियों के लिए परंपरागत शब्द है बीज प्राधान्य और क्षेत्र प्राधान्य (भारतेर संस्कृति 11)। कृषि से संबंद्ध यौन क्रिया के संबंध में जिन विचारों की विवेचना हम कर रहे हैं ये शब्द प्रत्यक्षतः उन्हीं से व्युत्पन्न हुए हैं। प्राधान्य का अर्थ है प्रमुखता। किंतु बीज और क्षेत्र शब्दों के दो दो अर्थ हैं। सामान्यतः इनका अर्थ है किसी पेड़-पौधे का बीज और खेत। इन अर्थों में ये शब्द ऋग्वेद काल में भी प्रयुक्त होते थे।(99.732) इसी प्रकार क्षेत्र शब्द का दूसरा अर्थ है 'पत्नी' का 'उर्वर गर्भाशय' और विधि संबंधी साहित्य में बसुधा। इसी अर्थ में इस शब्द का प्रयोग हुआ है। (वही. 332) बीज प्राधान्य के अर्थ के दृष्टिकोण से मानव संतान मूलतः पुरुष के वीर्य से उपजी है, जिस प्रकार अनाज के बीज से फिर अनाज उत्पन्न होता है। यही पुरुष पक्ष है और स्वाभाविक है कि इसका संबंध पितृसत्तात्मक समाज व्यवस्था से हो। किंतु क्षेत्र प्राधान्य के अर्थ के दृष्टिकोण से, मानव संतान मूलतः स्त्री के गर्भ से उत्पन्न होती है जिस प्रकार अनाज एक खेत से उत्पन्न होता है। यह स्त्री पक्ष को प्रस्तुत करता है और इसका स्वभावतः संबंध मातृसत्तात्मक समाज प्रणाली से है। वैदिक साहित्य में उर्वरता की अभिवृद्धि से संबद्ध जादू-टोने के अवशेषों को पुरुष पक्षधर कामाचार कहा जाएगा क्योंकि यह बीज प्राधान्य का प्रतिनिधित्व करते हैं। हम पहले ही देख चुके हैं कि वैदिकजनों की पशुपालक अर्थव्यवस्था किस प्रकार मूल रूप से पुरुष के पक्ष को आगे बढ़ाने के लिए एक प्रकार की नींव थी।

तीसरी बात यह है कि साहित्य में कामाचारी विश्वासों और क्रियाओं के इन अवशेषों के होते हुए भी इन्हें तंत्रवाद में न तो उतना प्रबल महत्व मिला और न ही इन पर विस्तारपूर्वक कुछ लिखा गया। कारण, जैसाकि हम कह चुके हैं, यह है कि कृषि के प्रारंभिक चरण में, जहां से तंत्र-वाद का उद्भव हुआ, एक निश्चित प्रकार के जादू-टोने और उनसे संबद्ध क्रियाएं थीं। इन विश्वासों और क्रियाओं के समान विश्वास तथा क्रियाएं तकनीकी विकास के किसी अन्य चरण में नहीं मिलेंगी। हम आगे चलकर जब तंत्रवाद से देहवाद और विश्वोत्पत्ति विज्ञान पर विचार करेंगे तो यौन संभोग पर दिए गए इस विशेष बल का संदर्भ भी आएगा। किंतु इससे पहले तंत्रवाद के संबंध में सामान्य रूप से जो त्रुटिपूर्ण विचार विद्यमान हैं, उन्हें स्पष्ट करना लाभकारी होगा।

8. तंत्र का अर्थ, उसकी पुरातनता और संप्रदाय

तंत्र शब्द का अर्थ क्या है ? तंत्रवाद कितना पुराना है ? तंत्रवाद के विभिन्न संप्रदायों के बीच के विभेद का वास्तविक महत्व क्या है ? हमारे कुछ आधुनिक विद्वानों ने तंत्र शब्द के अर्थ के बारे में एक विस्तृत विवाद उठाया है। (53. 151 और आगे) किंतु दुर्भाग्य की बात है कि इस शब्द

के सरलतम अर्थ पर ध्यान नहीं दिया गया। कारण यह है कि वे आमतौर पर इसी पूर्व धारणा को लेकर चलते हैं कि तंत्रवाद मूलतः एक रहस्यमय तत्व मीमांसा है और पूरक के रूप में इसकी कुछ अध्यात्मिक क्रियाएं हैं। किंतु इस शब्द के सीधे अर्थ से ये धारणाएं सिद्ध नहीं होतीं।

तन् धातु में स्त्रन् प्रत्यय लगने से तंत्र शब्द बना है। 'तनोति (तनुते) तन्यते वा इति तन् स्त्रन्'। तन् धातु का अर्थ है 'विस्तार करना, फैलाना'। क्या फैलाना? किसका विस्तार करना? मूलतः मानव परिवार का, संतानों की संख्या का। यानी अर्थ हुआ संतान उत्पन्न करने की क्रिया। मोनियर विलियम्स ने सिद्ध किया है कि हरिवंश और भागवत पुराण में इस शब्द का प्रयोग 'संतानोत्पत्ति' के अर्थ में किया गया है। (99. 435) यही बात साधारण रूप से प्रचलित 'संतान या तनय' (अर्थात बच्चे) जैसे शब्दों से भी सिद्ध होती है। ये शब्द भी तन् धातु से बने हैं। इसके अलावा, जैसाकि मोनियर विलियम्स ने आगे कहा है: इसी धातु से व्युत्पन्न शब्द 'तंतु' को 'कात्यायन श्रौत सूत्र' 'अपस्तम्ब धर्मसूत्र', और 'तैत्तिरीय उपनिषद' जैसे प्राचीन ग्रंथों में, 'वह जो नियमित रूप से अपने परिवार में संतान की अभिवृद्धि करता है' के अर्थ में प्रयोग में लाया गया है। एतरेय ब्राह्मण में इस शब्द का प्रयोग 'वंशजों का क्रम' अर्थ में किया गया है। 'तंतु कर्ता' का अर्थ है, 'परिवार के उत्तराधिकारी पैदा करना'। यहां तक कि संतानोत्पत्ति या प्रजनन के लिए सीधे 'तंत्र' शब्द का प्रयोग भी हुआ है। उदाहरण के लिए महाभारत में 'कुलस्य तंत्र' शब्दों का प्रयोग यह कहने के लिए किया गया है कि 'परिवार बनाए रखने के लिए प्रमुख क्रिया, अर्थात संतानोत्पत्ति'। (वही 436) ऐसे और उदाहरण देने की आवश्यकता नहीं है। तन् धातु का मूल अर्थ है प्रजनन। इस प्रकार 'तंत्र' शब्द तन् धातु से व्युत्पन होने के कारण प्रजनन के अर्थ का आभास देता है। यह बात तंत्रवाद की मूल विषय-वस्तु के साथ मेल खाती है।

अब हम इस प्रश्न का अध्ययन करेंगे कि तंत्रवाद कितना पुराना है। लिखित ग्रंथों के अध्ययन से विभिन्न तंत्रों की प्राचीनता निश्चित करने के प्रयत्न किए गए हैं। (आई.एच.क्यू. ix) किंतु इन प्रयत्नों से• किसी एक तांत्रिक ग्रंथ की रचना की तिथि तो निश्चित की जा सकती है, लेकिन यह निश्चित नहीं किया जा सकता कि स्वयं तंत्रवाद कितना प्रचीन है। तंत्रवाद, लिखित ग्रंथों से कहीं अधिक प्रचीन है और कुछ ग्रंथ तो थोड़े वर्ष पहले ही लिखे गए हैं। हम एक या दो उदाहरणों का उल्लेख कर सकते हैं। कहा जाता है कि प्रसिद्ध 'महानिर्वाण तंत्र' राम मोहन राय (1772-1883) के आध्यात्मिक गुरु ने लिखा था। (विश्वकोश. vii. 508) मेरु तंत्र नामक एक अन्य तांत्रिक ग्रंथ में लंडराजा (लंदन का निवासी), इंगरेज (अंग्रेज) जैसे शब्द आते हैं, इसलिए यह ग्रंथ बहुत पुराना नहीं हो सकता (वही, तुल. भारतवर्षीय उपासक संप्रदाय (बं.) i. 10 टि.) कुछ अन्य ग्रंथ ईसवीं सन की छठी या सातवीं शताब्दी के बताए जाते हैं। कुछ योग्य विद्वान यह बात पहले ही कह चुके हैं कि तंत्रवाद, तांत्रिक ग्रंथों से कहीं अधिक पुराना है, इसलिए उपलब्ध लिखित ग्रंथों का अध्ययन करके तंत्रवाद की प्राचीनता निश्चित नहीं की जा सकती। हम यहां कुछ टिप्पणियों का उल्लेख करेंगे:

> किंतु यह निश्चित करना संभव नहीं है कि ये तंत्र कितने पुराने हैं। अधिकांश वर्तमान ग्रंथ उन प्राचीन ग्रंथों की पुनरावृत्ति हैं जो अब उपलब्ध नहीं हैं। इन ग्रंथों में कुछ और अंश संभवतः जोड़े गए हैं यां उनमें संशोधन किया गया है। अपने वर्तमान रूप में ये ग्रंथ आमतौर पर छठी या सातवीं शताब्दी के समझे जाते हैं किंतु हो सकता कि ये उससे भी काफी पुराने हों। तांत्रिक क्रियाएं और सामान्य रूप से प्रचलित मंत्र आदि बहुत पहले के काल में विद्यमान थे। ये सब एक आदिम विचारधारा के नमूने हैं और वैसे भी आदिवासियों में कई शताब्दियों तक विचारधारा संबंधी परिवर्तन बहुत कम होते हैं। (ई. आर. ई. xii. 192)

तंत्रवाद के एक अति विख्यात विद्वान बंदोपाध्याय ने कहा है कि कुछ योग्य पुरातत्ववेत्ताओं के अनुसार तंत्रवाद, स्वयं वेदों से कम प्राचीन नहीं है। (रत्नावली. ii.259-60) इन पुरातत्ववेत्ताओं का विचार है कि जिस युग में गौर वर्ण के लोग अर्थात जिन्होंने वेदों की रचना की थी, इस देश में आए, लगभग उसी काल में अपेक्षाकृत श्यामवर्ण के आर्यों की जाति भी भारत में आई। ऐसा समझा जाता है कि इन लोगों ने प्राचीन ईरान या फारस से वर्तमान काबुल की उत्तरी घाटी की ओर बढ़ना शुरू किया और फिर टकला माकन को पार करके कश्मीर होते हुए भारत में प्रविष्ट हुए। इनमें से कुछ लोग गांधार को पार करके महाराष्ट्र पहुंचे और कुछ अन्य लोग पर्वतीय प्रदेशों से होते हुए बंगाल तक फैल गए। पुरातत्ववेत्ताओं का विचार है कि यही वे लोग थे जो तंत्रवाद को भारत में लाए।

जातियों के गमन-आगमन का यहां वर्णित चित्र बड़ा सुंदर है। किंतु दुर्भाग्य की बात है कि अधिक प्रगतिशील ऐतिहासिक शोध कार्यों से इस धारणा का समर्थन नहीं होता। इसका मतलब यह नहीं है कि भारत में तंत्रवाद का आगमन बाहर से होने का प्रश्न असंगत है। बागची ने यह प्रश्न पहले ही उठाया था और हाल में नीधम ने भी इसे फिर से उठाया। हम शीघ्र ही उनकी बातों पर विचार करेंगे। अभी तो केवल यही देखना महत्वपूर्ण है कि तंत्रवाद बहुत पुराना है, यहां तक कि उस युग से भी पुराना है जो बंदोपाध्याय ने अपने समय के कुछ पुरातत्ववेत्ताओं के निष्कर्ष के आधार पर निर्धारित किया। तंत्रवाद के कुछ भौतिक और ठोस अवशेष सिंधु सभ्यता के अवशेषों में प्राप्त हुए हैं। यह बात मार्शल (87.i.57 और आगे) और इसकी पुष्टि प्राणनाथ (आई. एच. क्यू. vii.1-52) तथा अन्य लोगों द्वारा हाल में लिखी गई पुस्तकों में हुई है। वास्तव में यह विश्वास करने के बहुत से आधार हैं कि सिंधु सभ्यता की अधिकांश कला और चित्रलिपि का तांत्रिक कलात्मक वस्तुओं के साथ गहरा संबंध है। (21.54) इसमें किसी प्रकार का कोई रहस्य नहीं है। सिंधु घाटी की नगर सभ्यता की संपत्ति पृथ्वी के उत्पादनों पर आधारित थी, इसलिए स्वाभाविक है कि इससे पहले के कृषि चरण के विश्वासों और क्रियाओं के अवशेष इस सभ्यता में भी बने रहे होंगे। यदि सिंधु सभ्यता के भग्नावशेषों में तंत्रवाद के लक्षणों का पता चलता है तो भारत में इसका इतिहास पांच हजार वर्ष से कम पुराना नहीं हो सकता।

किंतु साथ ही, देश में हुए असंतुलित विकास को देखते हुए हम तंत्रवाद की प्राचीनता को निर्धारित करते समय केवल कालक्रम के इतिहास पर निर्भर नहीं कर सकते। उनका आर्थिक विकास अवरुद्ध होने के कारण भारत में आज भी बहुत सी पिछड़ी हुई जनजातियां विद्यमान हैं जिनके बहुत से विश्वास और प्रथाएं ऐसे हैं जो तंत्रवाद में देखे जा सकते हैं। कहने का अर्थ यह है कि आज भी ऐसे लोग हैं जो अपने उन पूर्वजों जैसा जीवन व्यतीत कर रहे हैं जिन्होंने पांच हजार वर्ष पहले सिंधु सभ्यता के नगरों का निर्माण किया था। और हमें इसी जीवन के आधार पर तंत्रवाद के स्रोत खोजने हैं। इसलिए तंत्रवाद का मूलरूप केवल प्राचीन नहीं था, यह आधुनिक यहां तक कि समकालीन भी है। किंतु तंत्रवाद की अतिजीविता की समस्या और भी जटिल है। न केवल तंत्रवाद के मूलभूत विश्वास और प्रथाएं पिछड़ी जनजातियों में विद्यमान हैं बल्कि स्वयं भारत की संस्कृति पर भी गहरा तांत्रिक प्रभाव है। जैसाकि ऐवलन ने कहा : 'वास्तव में, हिंदू धर्म के लोकप्रचलित और रहस्यमय, दोनों पक्ष व्यावहारिक दृष्टि से मुख्यतया तांत्रिक हैं'। (6.1) कविराज ने कहा :

> शाक्त मत (तंत्रवाद) ने सामान्य भारतीय चिंतन पर गहरा प्रभाव डाला। भारत के भौगोलिक सर्वेक्षण से पता चलेगा कि देश में अलग अलग स्थानों पर कई शक्ति साधना

(तांत्रिक क्रियाएं) केंद्र हैं। यह साधना पहले भी व्यापक थीं और आज तक अबाध रूप से चली आ रही हैं। (106.i.402)

कृषि के प्रारंभिक चरण वाला जीवन व्यतीत करने वाली जनजातियों के विश्वासों और क्रियाओं में तंत्रवाद का मूल उद्‌गम खोजने से ही इसकी अतिजीविता की समस्या का समाधान नहीं हो जाता। इसके लिए यह धारणा भी स्वीकार करनी होगी कि जिन भौतिक परिस्थितियों में तंत्रवाद का प्रादुर्भाव हुआ, उनके कुछ ठोस तत्व किसी न किसी तरह से बाद में भारत के सामान्य सामाजिक ताने-बाने में जीवित बने रहे और इन सैद्धांतिक तत्वों को जीवित रखा। जनजातीय व्यवस्था के मूल स्वरूप में परिवर्तन लाने की अपूर्ण प्रक्रिया (तीसरा अध्याय) संबंधी हमारी धारणा से भारतीय संस्कृति का यह विशिष्ट पक्ष कहां तक स्पष्ट होता है, इस पर विचार किया जा सकता है।

9. तंत्रवाद के पंथ

बागची ने कहा : 'तंत्र हमारे लिए आज भी एक पहेली या रहस्य बना हुआ है। इस क्षेत्र में बहुत कम काम हुआ है और इसके सिद्धांतों की व्याख्या करने के कोई विशेष प्रयत्न नहीं किए गए हैं। किंतु फिर भी यह तथ्य है कि तंत्र पर बहुत सी सामग्री लिखी गई है और साहित्य ज्यादातर पांडुलिपियों के रूप में हैं।' (66.i.45) यह बात सही है। इस विषय पर बहुत सा साहित्य होते हुए भी हमारे विद्वत् जगत के लिए तंत्रवाद एक रहस्य बना हुआ है। इसके कारण काफी पेचीदे हैं और कभी कभी तो बिलकुल अनपेक्षित। हम इनमें से कुछ कारणों की संक्षिप्त समीक्षा करेंगे। सबसे पहले तो, यह भी एक विरोधाभास है कि तंत्रवाद पर लिखा गया विपुल साहित्य ही इसे सही तरह से समझने में बाधक है। तंत्र पर लिखे गए ग्रंथों से हमें इसके वास्तविक स्वरूप का पता नहीं चल पाता। यहां तक कि विद्वान लोग भी बहुधा भ्रम में पड़ जाते हैं। इसका यह अर्थ कतई नहीं है कि इस प्रकार के ग्रंथों में वास्तविक तंत्रवाद का कोई तत्व नहीं है। वास्तविक तंत्रवाद के बारे में भी इनमें बहुत कुछ है, किंतु साथ ही कई अन्य बातें भी हैं। अलग अलग ढंग से भिन्न दिशाओं से बहुधा दूसरे विरोधी विचारों को भी मूल तंत्रवाद पर बराबर थोपा जाता रहा और इससे इनग्रंथों में मूल तंत्रवाद को अलग करके समझना कठिन हो गया।

एक विशेष कठिनाई इस बात से उत्पन्न होती है कि तंत्रवाद के आधुनिक विद्वान आमतौर पर इन बाह्य तत्वों को अधिक अनुकूल मानते हैं क्योंकि ये उनकी अपनी पूर्वधारणाओं के अनुरूप हैं। इसलिए ये विद्वान सहज ही ऐसा मानते हैं कि तंत्रवाद की व्याख्या के लिए इन्हीं विचारों और सिद्धांतों के अध्ययन तक सीमित रहना पर्याप्त है जो वास्तव में मूल तंत्र पर ग्रंथों के लेखकों ने बाहर से ग्रहण करके थोपे। दूसरी बात यह है कि इन ग्रंथों में जो भी वास्तव में पुरातन था वह आधुनिक विद्वानों को घृणास्पद प्रतीत हुआ। इसीलिए उन्होंने या तो इन बातों को छिपाने का प्रयत्न किया या सीधे इनकी आलोचना कर दी।

हम इन थोपे हुए तत्वों के कुछ उदाहरण देखेंगे। कुछ ग्रंथों में बौद्ध दर्शन, विशेषकर महायान बौद्ध मत के सामान्य ढांचे में तंत्रवाद की व्याख्या करने के प्रयत्न किए गए। स्वाभाविक है कि ऐसे ग्रंथ बौद्ध शब्दावली से भरे पड़े हैं। इसी वजह से कुछ अति योग्य विद्वान भी भ्रम में पड़कर तंत्र को बौद्ध मत के अनुरूप समझने लगे। तंत्रवाद को महायान बौद्ध मत की एक शाखा बताया गया। वास्तव में इसे महायान बौद्ध मत का पतनशील रूप कहा गया। यह दृष्टिकोण एच. पी. शास्त्री जैसे प्रबुद्ध विद्वान ने प्रस्तुत किया और हमारे विद्वत् जगत में यह अति

लोकप्रिय हुआ। (बौद्ध धर्म, 66 और आगे) किंतु यह भी तथ्य है कि इन्हीं ग्रंथों में जो सिद्धांत प्रतिपादित किए गए और जो क्रियाएं बताई गईं, वे बौद्ध मत के भाववादी दर्शन तथा संयमशील क्रियाओं से बहुत भिन्न हैं। इन सभी ग्रंथों में व्यक्त किए गए मूलभूत दृष्टिकोण का आधार यौन संभोग जैसी परिकल्पनाएं हैं और इन ग्रंथों में जादू-टोने वाली बातें व्याप्त हैं। मुख्य विषयवस्तु है स्त्री और पुरुष का परस्पर संयोग। वैसे इनमें स्त्री और पुरुष के लिए शून्यता और करुणा, प्रज्ञा और उपाय, वज्र तथा पद्म जैसे शब्दों का उपयोग किया गया है। ये सभी शब्द बौद्ध दर्शन से ले लिए गए। इन दोनों के मिलन का अर्थ केवल स्त्री-पुरुष संयोग ही है। इन ग्रंथों का अनुष्ठान पक्ष प्रत्यक्ष यौन संभोग क्रिया पर आधारित है।

हम यहां दो विशिष्ट विद्वानों का हवाला देंगे। उनके कथनों का निहितार्थ केवल यही है कि इन बौद्ध 'तंत्रों' में बुद्ध धर्म और तंत्रवाद के बीच जो संबंध बताया गया है वह स्पष्ट रूप से कृत्रिम है। नीचे बोस का कथन दिया जाता है :

> बौद्ध तंत्रों में हमें वैसा ही वर्णन मिलता है जैसा हिंदू तंत्रों में है और जिनके बारे में हम अभी अभी विचार कर रहे थे। ऐसा प्रतीत होता है कि हिंदू तंत्रों के शिव, दुर्गा आदि नामों को बौद्ध तंत्रों में वज्रसत्व, बज्रडाकिनी आदि नाम देकर अपना लिया गया है। बौद्ध तंत्रों में चंडी, तारा, वराही आदि की उपासना भी प्रचलित है। जिस प्रकार शिव द्वारा उद्घाटित तंत्रों में विचित्र देवताओं की कल्पना की गई है उसी प्रकार बौद्ध 'तंत्रों' में भी हमें हेरुका तथा अन्य देवी देवता देखने को मिलते हैं…
>
> बौद्ध 'तंत्रों' में भी मालमंत्र, 'मातृक', कवच', 'हृदय' आदि हैं। इन्हें अत्यंत गुप्त समझा जाता है। बौद्ध 'तंत्रों' में भी यह निर्देश है कि इन विद्याओं को किसी ऐसे व्यक्ति को नहीं बताया जाना चाहिए जो दीक्षित न हो…
>
> बुद्ध के विचारों (अर्थात मूल बौद्ध धर्म) को व्यक्त करने वाले बौद्ध धर्मग्रंथों में पंच मकार की कड़ी निंदा की गई है। किंतु बौद्ध तांत्रिकों का आचरण इससे भिन्न है। इन बौद्ध तांत्रिकों की मूल विशेषता ही पंच मकार को अपनाना है। बौद्ध धर्मग्रंथों में जिस मद्य और मांस के प्रयोग की घोर निंदा की गई है उसकी बौद्ध तंत्रों ने महिमा बखानी है।
>
> …बौद्ध तंत्रों में भी उस व्यक्ति को वीरनायक कहा जाता है जो तांत्रिक क्रियाओं में प्रवीण हो जाता है। बौद्ध तांत्रिकों का यह भी विश्वास है कि यह विश्व स्त्री से उत्पन्न हुआ है (वामोद्भव)। इसके अलावा बौद्ध तंत्रों में चक्रपूजा, वीरभाग, भगपूजा आदि की क्रियाओं की कोई कमी नहीं है। (विश्व कोश, vii.547, छायानुवाद)

एल. डि ला वाले पौसिन का कहना है कि 'बौद्ध तंत्रवाद बौद्ध नाम की ओट में लगभग बौद्ध हिंदू धर्म, हिंदू धर्म, या शैव मत है' (ई. आर. ई. xii,193 अगला उद्धरण भी इसी लेख से है) यदि ऐसा ही है तो बौद्ध तंत्रवाद एक मिथ्या नाम बन जाता है। बौद्ध तंत्रवाद के दो भिन्न मतों के संबंध में इसी विद्वान द्वारा व्यक्त किए गए विचारों से बात स्पष्ट हो जाती है।

> …ये दो तांत्रिक मत कहते हैं कि सभी प्राणी बज्रसत्व हैं, वे अनोखे बज्रसत्व हैं। उनका यह भी कहना है कि बज्र की प्रकृति सभी प्राणियों में अंतरव्याप्त है और समुचित साधना तथा अनुष्ठानों द्वारा इसे सिद्ध किया जा सकता है।
>
> अब वामपंथी मत में बज्र की प्रकृति की कल्पना शैव मत के अनुसार की गई है। दक्षिणपंथी मत वेदांत या योग परंपरा के अधिक निकट है…शैव मत जैसे तंत्रों में हमें शैव और शाक्त मत का बौद्ध रूपांतरण देखने को मिलता है। इनमें बुद्ध के तीन शरीर तो बने ही हुए हैं, किंतु उनका चौथा शरीर है बज्रसत्व, जिसे 'आनंद शरीर' (आनंद, सुखमय, महा-

सुखकाय), बज्र शरीर का सत्य रूप मानते हैं। इसी शरीर से अमर 'तथागत' या 'भागवत' अपनी शक्ति, तारा या भगवती के साथ शाश्वत आलिंगन करते हैं। पुरुष या देव पुरुष के स्वभाव की इस कामोद्दीपक कल्पना का अर्थ है कि अपने मूल देव स्वरूप को सिद्ध करने के लिए साधक को किसी स्त्री, (योगिनी, मुद्रा), जो स्वयं भगवती का साकार रूप है, के साथ संभोग अनुष्ठान करना चाहिए। स्त्री, स्वयं भगवती है। जैसाकि कहा गया है :

'बुद्धत्वम् योषिद्योनि समाश्रितम्'

'अर्थात बुद्धत्व स्त्री की योनि में विराजता है।' इस सत्य की खोज शाक्य मुनि ने की थी। चंदमहारोशम के अनुसार शाक्य मुनि ने हरिम में तांत्रिक क्रियाओं की साधना से बुद्धत्व प्राप्त किया था। इस ग्रंथ का प्रमुख विषय है स्त्री पूजा। इस पूजा के अंतर्गत अश्लील और अपराध वृत्ति जैसी घृणित क्रियाएं होती हैं जिनमें सगे संबंधियों के साथ यौन संभोग भी शामिल है। इन क्रियाओं को पूर्णत्व की प्राप्ति के लिए बोधिसत्व का, 'वास्तविक अति कठिन आचरण' (दुहकरचर्या) कहा जाता है। बौद्ध देवकथाएं और रहस्यवाद, शाक्त मत के साथ बड़े स्वच्छंद रूप से घुलमिल गए हैं। इनमें वीर्य को पांच बुद्ध कहा गया है आदि···

यद्यपि इन विचारों में कुछ बौद्ध तत्व हैं, किंतु ये वास्तविक बौद्ध धर्म से बहुत दूर हैं। इसलिए तंत्रवाद के सच्चे स्वरूप को समझने के लिए हमें यह स्वीकार करना होगा कि इन ग्रंथों में जो बौद्ध तत्व हैं, वे कृत्रिम रूप से थोपे गए बाह्य तत्वों का परिणाम हैं। किंतु हमारे विद्वान इस सारी स्थिति को अर्थात बौद्ध शब्दावली इत्यादि सहित कामोद्दीपक विषयवस्तु को मूल बौद्ध धर्म का पतनशील रूप मानते हैं। एच. पी. शास्त्री (बौद्ध धर्म, 85.7) ने स्वयं प्रश्न उठाया कि महायान बौद्ध मत जो पहले इतने उच्च आदर्शों वाला था, कालांतर में इतना पतनशील कैसे हो गया? उन्होंने इसका जो उत्तर दिया वह भी महत्वपूर्ण है। उनका विचार था कि बिना सोचे समझे बौद्ध धर्म को बहुत लोकप्रिय बनाने के प्रयत्नों के कारण ऐसा हुआ है। जैसे जैसे जनसाधारण में बौद्ध धर्म का प्रसार होता गया, यह लोगों में प्रचलित सभी प्रकार के अंधविश्वासों से दूषित हो गया। तब यह एक निस्वार्थ संन्यासी का पवित्र धर्म न रह कर, जादू-टोने में विश्वास रखने वालों तथा साधारण जनों का मत बन गया।

यदि इसे सत्य मान लें तो हम केवल एक ही निष्कर्ष पर पहुंचते हैं कि साधारण जन में और तथाकथित बौद्ध तंत्रवाद में कुछ विश्वास और प्रथाएं पहले से विद्यमान थीं और बौद्ध विचारों को किसी न किसी प्रकार से कृत्रिम ढंग से इनके साथ संबद्ध कर दिया गया। यदि साधारण तत्वों के संपर्क के दूषण से मूल बौद्ध धर्म, बौद्ध तंत्रवाद बन गया तो तंत्रवाद का प्रादुर्भाव भी इन्हीं साधारण तत्वों में खोजना तर्कसंगत होगा। स्वाभाविक है कि मूल तंत्रवाद को समझने के लिए हमें बौद्ध धर्म के साथ इसका संबंध होने के विचार को अस्वीकार करना होगा और यह पता लगाना होगा कि देश की निम्न जातियों के लोगों के विश्वासों तथा प्रथाओं के स्रोत क्या थे। शास्त्री ने अपने ही दृष्टिकोण में निहित इन बातों पर ध्यान नहीं दिया।

ठीक यहीं पर हमें वह दूसरा कारण मिलता है जिसके रहते हुए हमारे आधुनिक विद्वानों ने तंत्रवाद को इतना गलत समझा। तंत्रवाद अपने मूल रूप में वास्तव में उन जातियों तथा व्यवसायों से घनिष्ठ रूप से संबद्ध रहा जिनके प्रति कई शताब्दियों तक घृणा का भाव था। इधर हमारे आधुनिक विद्वान इन नीची जातियों और व्यवसायों के प्रति इस परंपरागत घृणाभाव से अपने आपको अलग न रख सके। 'यह आवश्यक है कि अपने पूर्वग्रहों को ठीक करने के लिए हमें उनका पता हो।' (46.2) किंतु यह एक ऐसा कार्य है जिसकी हमारे आधुनिक लेखकों ने लगभग अनिवार्यतः उपेक्षा की है। इसका परिणाम यह हुआ कि उन्होंने तंत्रवाद पर लिखते समय इसके

अधिक सत्य रूप अर्थात उस रूप पर समुचित ध्यान नहीं दिया जिसमें यह पिछड़े लोगों और छोटी जातियों के विश्वासों तथा प्रथाओं में विद्यमान था। किंतु तंत्रवाद के संबंध में लिखित ग्रंथों की बात और है। ये ग्रंथ मुख्यतया उच्च जातियों के लोगों द्वारा लिखे गए थे और इनमें तंत्रवाद को उस सामान्य ढांचे में प्रस्तुत किया गया है जो उच्च जातियों की विश्वदृष्टि के अनुकूल था। इसलिए यह कोई अस्वाभाविक बात नहीं है कि हमारे अधिकांश आधुनिक विद्वानों ने तंत्रवाद की व्याख्या करते हुए मुख्यतया इसी ढांचे पर अपना ध्यान केंद्रित रखा। यह बात उनके तथाकथित हिंदू तंत्रों के प्रति भावनाओं में सबसे अधिक स्पष्ट होती है।

जिस प्रकार कुछ तांत्रिक ग्रंथों में बौद्ध विचारों और शब्दावली का बाहुल्य है उसी प्रकार कुछ अन्य ग्रंथों में विकसित हिंदू धर्म के प्रबल लक्षण व्याप्त हैं। इन ग्रंथों में पौराणिक देवी-देवताओं की उपस्थिति तो है ही साथ ही इनमें भक्ति, पूजा, मोक्ष इत्यादि पर विशेष बल दिया गया है। तथाकथित बौद्ध तंत्रों के बौद्ध दर्शन की भांति हिंदू तंत्रों के विकसित आध्यात्मिक विचार भी मूल तंत्रवाद से भिन्न और बाह्य है। हिंदू तंत्रों में आध्यात्मिक विचारों की परतों के नीचे वही स्त्री-पुरुष संभोग की विषयवस्तु छिपी हुई है। ब्रह्मांड स्तर पर मानव स्त्री-पुरुष संभोग को भी धार्मिक क्रिया जैसा महत्व दिया गया है। बाद के विद्वानों द्वारा इसे बड़ी चतुराई के साथ तर्कसंगत बताने के बावजूद यह मूलभूत विषयवस्तु इतनी पुरातन है कि भक्ति, पूजा और मोक्ष की परिकल्पनाओं के साथ मेल नहीं खा सकती।

अब हम बताएंगे कि तंत्रवाद के मूल सार तत्व यानी स्त्री-पुरुष संभोग के अनुष्ठान पर बाह्य विचारधाराएं थोपने के कितने विविध प्रयत्न किए गए। इस संभोग की कल्पना, बौद्ध तंत्रों में प्रज्ञा और उपाय के बीच, हिंदू तंत्रों में आम तौर पर शिव और शक्ति या हर और गौरी के बीच तथा वैष्णव सहजिया संप्रदाय में कृष्ण और राधा या रस और रति के बीच की गई है। (51. 134) एक अन्य प्रकार के ग्रंथ हैं जिनमें हिंदू या बौद्ध विचारों का प्रभाव होते हुए भी रसायन विद्या का आश्रय लिया गया है। इन ग्रंथों में संयोग की कल्पना पारे और अभ्रक के बीच की गई है

> जिन्होंने हर और अभ्रक और पारा गौरी के प्रभाव से अपने पुराने शरीर त्याग कर नए शरीर ग्रहण किए हैं उनकी स्तुति रस सिद्ध कह कर की जानी चाहिए। सभी मंत्रों को इन्हें सिद्धि प्राप्त है। इसलिए जो साधक इस जीवन में मोक्ष प्राप्त करना चाहता है उसे सबसे पहले अपने शरीर को वर्चस्वी बनाना चाहिए। और क्योंकि हर और गौरी के सर्जनात्मक संयोग से पारा उत्पन्न होता है, और गौरी से अभ्रक उत्पन्न होता है, इसलिए इस श्लोक में विभिन्न प्रकार से पारे और अभ्रक को हर और गौरी के समान कहा गया है :
>
> अभ्रक तुम्हारा बीज है और पारा मेरा बीज
> हे देवी, इन दोनों के मिलन से
> मृत्यु और निर्धनता का विनाश होता है। (118.i. भूमिका 1xxii)

मोक्ष या मुक्ति की यह अवधारणा पूर्ण रूप से शारीरिक दृष्टि से है। जैसा कि इसी ग्रंथ में एक अन्य स्थान पर मुक्ति की परिभाषा देते हुए कहा है : पारदिक शरीर प्राप्त कर लेने और इसे पारे के समान बना लेने पर यह जीवित रहते हुए मुक्त हो जाता है। (वही.i. भू. i) क्या यह आध्यात्मिक ढांचे में घोर भौतिकवाद को प्रस्तुत करने का प्रयत्न है? हम आगे चलकर तंत्रवाद के इस पक्ष की विवेचना करेंगे। अभी इतना ध्यान रखना पर्याप्त है कि तंत्रवाद के तथाकथित विभिन्न मत प्रस्तुत करने वाले ग्रंथों में आध्यात्मिक तथा अन्य शब्दों का अनाप-शनाप

प्रयोग किए जाने के पीछे एक ही विषय है यौन संभोग। इस प्रकार यह मान लेने में कोई हर्ज नहीं है कि यह तंत्रवाद के सार तत्व से जुड़ा हुआ विषय है। जिन शब्दों में इसे व्यक्त किया गया वे परिवर्तनशील होने के कारण तंत्रवाद के लिए बाह्य शब्द होंगे। यह बात इस विषय पर लिखी गई अधिक उन्नत पुस्तकों में स्वीकार की गई है :

> तंत्रवाद न तो बौद्ध धर्म से और न ही हिंदू धर्म से उपजा है। यह एक धार्मिक अंतर्धारा प्रतीत होती है जो मूलतः किसी भी गूढ़ तत्वमीमांसीय चिंतन से मुक्त थी और भारत के धार्मिक इतिहास में अत्यंत प्राचीनकाल से प्रवहमान थी। (51.27)

> सामान्य रूप से विदित धार्मिक चिंतन तथा क्रियाओं के साथ साथ भारत में रहस्यमय यौगिक क्रियाओं की एक महत्वपूर्ण अंतर्धारा प्राचीन काल से ही प्रवहमान रही है। जब से ये रहस्यमय क्रियाएं शैव और शाक्त मत के धार्मिक चिंतन के साथ संबद्ध हुई तब से शैव और शाक्त तंत्रवाद का प्रादुर्भाव हुआ। जब ये बौद्ध चिंतन के साथ संबद्ध हुईं तो बौद्ध तंत्रवाद की मिश्रित धार्मिक प्रणाली का जन्म हुआ। और फिर जब इनका संपर्क बंगाल के वैष्णव मत के चिंतन के साथ हुआ तो इन्हीं रहस्यमय क्रियाओं ने गूढ़ वैष्णव संप्रदाय को विकसित किया जिसे वैष्णव सहजिया आंदोलन के नाम से जाना जाता है। (वही. भू. xxxiv)

यदि यह सत्य है तो हमें मूल तंत्रवाद के वास्तविक स्वरूप को जानने के लिए रहस्यमय यौगिक क्रियाओं की इस अंतर्धारा पर दृष्टिपात करना होगा। हमने वास्तव में यही तरीका अपनाने का प्रयत्न किया और इस निष्कर्ष पर पहुंचे कि तंत्रवाद बौद्ध अथवा हिंदू धर्म का अंग नहीं है बल्कि इसका मूल कृषि में है। किंतु अभी हमें यह देखना है कि मूल योग का कोई संबंध कृषि तत्वों संबंधी अनुष्ठान के साथ था या नहीं।

इस प्रकार के दृष्टिकोण से यही आशा की जाती है कि रहस्यमय यौगिक क्रियाओं की यह अंतर्धारा पिछड़े लोगों और किसानों में अधिक स्पष्ट रूप से जीवित रही होगी। शास्त्री और सेन जैसे विद्वानों ने भिन्न भिन्न स्थानों पर जाकर कड़ी मेहनत करके जो खोज की है उसके लिए हम आभारी हैं और अब हमें यह मालूम है कि वास्तव में ऐसा ही हुआ था। जैसा कि सेन ने कहा है : 'बंगाल में इस प्रकार के सैकड़ों मत चुपचाप कार्य कर रहे हैं'। (133.351) और अलग अलग गांवों में इनके अलग अलग नाम होते हुए भी सेन ने सहजिया संप्रदाय के सामान्य विवरण के अंतर्गत इकट्ठा किया है। ये सभी संप्रदाय मूलतः एक जैसे हैं। किंतु दुर्भाग्य की बात है कि बौद्ध तत्वों के कृत्रिम सम्मिश्रण के कारण इन संप्रदायों ने सेन को भी भ्रम में डाल दिया :

> सहजिया मतावलंबी कभी भी यह नहीं मानेंगे कि वे बौद्ध थे। न ही वे किसी बौद्ध ग्रंथ की चर्चा करेंगे जिससे यह पता लगाना सरल हो सकता कि उनका मत वास्तव में कहां से विकसित हुआ। उनके सिद्धांतों और प्रथाओं में कई बौद्ध अनुष्ठानों तथा विचारों की अमिट छाप है... स्वयं आधुनिक सहजिया मतावलंबियों को भी यह पता नहीं है कि वे बौद्ध सिद्धांतों पर चल रहे हैं। उनके पूर्वज जब वैष्णव मत में शामिल हुए तो वे इस तथ्य को छिपाए रहे और अपने धार्मिक अनुष्ठानों में उन्हीं बौद्ध सिद्धांतों को अपनाए रहे। अब आज की स्थिति में हमारे इतिहासकारों और विद्वानों का कर्तव्य है कि वे इस भूसी के ढेर में से अनाज के दाने अलग करें और इन सहजिया लोगों के विचारों और क्रियाओं में असली बौद्ध तत्वों को पहचानें। (वही. 337-8)

'भूसी के ढेर से अनाज के दाने अलग करना' एक इतिहासकार के काम का सही वर्णन है। किंतु

प्रश्न यह है कि इस ढेर में कौन से तत्व भूसी हैं और कौन से अनाज हैं ?

10. तंत्रवाद और जातियां

हम कह चुके हैं कि तंत्रवाद को निष्पक्ष रूप से समझने के मार्ग में एक कठिनाई इस बात से उत्पन्न होती है कि अपने अपेक्षाकृत शुद्ध रूप में यह देश में निम्नतम स्तर की जातियों और व्यवसायों के साथ संबद्ध रहा है। यह बात अनेक प्रकार से सिद्ध होती है। उदाहरण के लिए हम देखते है कि तंत्रों में चंडाली, डोम्बी, राजकी, सवरी आदि (51.प्ले.1) को सर्वोच्च महत्व दिया गया है। ये सभी स्त्री नाम हैं। वे कुछ ऐसी निम्न जातियों की देवियां हैं जो अति गर्हित व्यवसायों में लगी हुई हैं। कहा जाता है कि कुबजिक मत के 'तंत्रों' का उदय 'हिंदुओं की एक छोटी जाति कुम्हार' में हुआ और इसीलिए इस जाति के लोगों को कुलाली कमनय कहा जाता है। (66.45) कुबजिक तंत्र में निर्देश दिया गया है कि धार्मिक अनुष्ठान किसी कुम्हार के घर में होना चाहिए। नाथ संप्रदाय, जो अपने मूल रूप में तंत्रवाद का ही रूप है, के एक संस्थापक का नाम गोरक्ष अर्थात ग्वाला था। इसी संप्रदाय से संबद्ध एक अन्य कथा बंगाल के प्रारंभिक कविता साहित्य (134.198) में मेनामती गान (मेनामती का गीत) में 'रानी' का अभिषेक एक अत्यंत घृणित समझी जाने वाली जाति के सदस्य हादी ने किया था। तांत्रिक क्रियाओं के कई अन्य मामलों में देखा जाता है कि पुजारी का काम किसी अत्यंत नीची जाति के सदस्य द्वारा किया जाता है। घृणित समझी जाने वाली जातियों से इस प्रकार संबद्ध होने के कारण यह अपेक्षित ही है कि तंत्रवाद में कोई जात-पात या ऊंची नीची जातियों का भेदभाव नहीं था। जैसा कि ऐवलन ने कहा है :

> हम देखते हैं कि तंत्रवाद में यह उच्च सिद्धांत माना गया कि इस मत में तथा इसके अनुष्ठानों और प्रथाओं में सब लोग समान रूप से भाग ले सकते हैं, चाहे वे स्त्री हों या पुरुष, भले ही वे किसी भी वंश या जाति के क्यों न हों। ये विचार वेदों के संकीर्णतापूर्ण निषेधों से कहीं उत्तम थे। अंग्रेज लेखकों ने वेदों के निषेधों को बहुधा तंत्रवाद का विरोधी बताया है। तंत्रवाद में शूद्र और स्त्री पर किसी प्रकार के वैदिक निषेध लागू नहीं हैं। (6.प्रिफे. xvii)

इसी बात पर सेन ने बंगाल के सहजिया मतावलंबियों पर अपने लेख में बल दिया है :

> हमारे देश के उच्च वर्ग के लोग कट्टरपंथी और रूढ़िवादी हैं, किंतु वे (सहजिया, जिसमें सेन के अनुसार अधिकांश लोग छोटी जातियों के हैं) बिल्कुल रूढ़िवादी नहीं है—शुद्धिकरण का जो कार्य कर रहे हैं वह उल्लेखनीय है···वे सभी धर्मों के लोगों को अपने मत में शामिल करते हैं। इनमें मुसलमान, ईसाई, और ब्राह्मण भी हैं।···सहजिया मतावलंबी सभी प्रकार के जातीय भेदभावों और पूर्वग्रहों से मुक्त हैं।··· इनमें समाज में किसी जाति के श्रेष्ठ या निम्न स्तर के होने या रूढ़िवादी विचार होने का कोई प्रश्न ही नहीं उठता। (339-40) विभिन्न मत आमतौर पर जात-पांत विरोधी हैं। हिंदू धर्म के मतों में पका हुआ भोजन खाने के मामले में कड़े धार्मिक निषेध हैं किंतु लगभग सभी इस तरह के मत पूर्वग्रह रहित हैं। (वही. 352)

जात-पांत या वर्ण व्यवस्था के प्रति उदासीनता को बहुधा वर्ण व्यवस्था के विरुद्ध खुला विद्रोह कहा जाता था। तांत्रिकों ने घोषणा कर दी कि मूलतः सभी स्त्री और पुरुष समान हैं। इसके साथ ही इन तांत्रिकों ने परंपरागत वैवाहिक नैतिकता को भी अस्वीकार कर दिया। आनंद गिरि ने अपने ग्रंथ 'शंकर विजय' में उच्छिष्ट गणपति के अनुयाइयों को वामाचारी संप्रदाय का बताया। आनंद गिरि के अनुसार, इन लोगों ने घोषणा की :

> किंतु हमारे मत के अनुसार दो मूल धर्म हैं जिनका पालन किया जाना चाहिए। विभिन्न जातियों के सभी पुरुषों को एक जाति के रूप में समझा जाना चाहिए। यह एक धर्म है। अलग अलग जातियों की सभी स्त्रियों को एक जाति समझा जाना चाहिए। यह दूसरा धर्म है। इनके परस्पर संयोग या वियोग में कोई पाप नहीं है। इस प्रकार का कोई नियम नहीं है कि 'अमुक पुरुष, अमुक स्त्री का पति है,—जातियां एक होने के कारण विवाह संस्था कोरी कपोल कल्पना है। (ख. xvii)

यह बड़ी चौंका देने वाली बात है। फिर भी यह वास्तविक तंत्रवाद का दृष्टिकोण प्रस्तुत करती है। नीचे दासगुप्त के विचार दिए जा रहे हैं :

> सहजिया लोगों ने धर्म के औपचारिक नियमों और विधान की कड़ी आलोचना की। सबसे तीखी आलोचना सरह पाद ने अपनी पुस्तक 'देहकोश' में की। उसका प्रथम विद्रोह समाज को चार वर्णों में विभाजित करने की उस रूढ़िवादी प्रणाली के विरुद्ध था जिसमें ब्राह्मणों को सबसे उच्च स्थान पर रखा गया था। सरह का कहना है कि एक जाति के रूप में ब्राह्मणों को श्रेष्ठतम पुरुष मानना युक्तिसंगत नहीं हो सकता क्योंकि यह कथन कि ब्राह्मण ब्रह्मा के मुख से उत्पन्न हुए थे, कुछ चतुर और धूर्त लोगों द्वारा गढ़ी गई कपोल कल्पना है। दूसरी ओर, यदि कोई व्यक्ति धार्मिक संस्कारों द्वारा ब्राह्मण बनता है तो नीची से नीची जाति का व्यक्ति भी ब्राह्मण हो सकता है—ब्राह्मण अपने घर में मिट्टी, जल और कुश घास हाथ में लेकर मंत्रोच्चारण करते हैं और यज्ञ करते हैं। वे अग्नि को व्यर्थ ही घी की आहुति देते हैं क्योंकि ऐसा करने से केवल गहरा धुवां उत्पन्न होगा जिससे उनकी आंखों को कष्ट होगा। वे एक सूत्र या तीन सूत्रों वाला पवित्र यज्ञोपवीत पहनते हैं, किंतु इसका कोई लाभ नहीं है जब तक कि उन्हें सत्य का बोध नहीं होता। मिथ्या भ्रमों से सारा विश्व धोखे में पड़ जाता है। किसी को उस सर्वोत्तम सत्य का ज्ञान नहीं है जिसमें धर्म और धर्मेतर में कोई भेद नहीं रह जाता और दोनों एक हो जाते हैं। ईश्वर के उपासक फिर सारे शरीर पर भभूत रमाते हैं, सिर के बालों को गूंथ लेते हैं और घर के एकांत कोने में बैठकर दिए जलाते और घंटियां बजाते हैं। वे एक बिंदु पर दृष्टि केंद्रित करके आसन लगाते हैं। वे लोगों (भोले-भाले) के कानों में बड़े बड़े धार्मिक सिद्धांतों की बातें करते हैं और इस प्रकार उनके साथ छल करते हैं। विधवाएं और मुंडी (वे स्त्रियां जो एक महीने तक व्रत रखने का संकल्प लेती हैं) तथा अन्य प्रकार के व्रतों वाली स्त्रियां इन साधुओं से दीक्षा लेती हैं और ये लोग भी दक्षिणा में मिलने वाले थोड़े से धन के लोभ में इन्हें दीक्षा देते हैं। (51.62-3)

ये धर्म के विरुद्ध आधुनिक समाजवादी शास्त्रार्थ नहीं है। यह जात-पांत प्रथा या वर्ण व्यवस्था के विरुद्ध एक सहजिया कवि के प्रभावपूर्ण विरोध की सहज अभिव्यक्ति है।

11. देह तत्व

प्रथम अध्याय में हमने तंत्रवाद में 'देहवाद' और विश्वोत्पत्ति विज्ञान की चर्चा की। अब हमें अपने तर्क के सामान्य संदर्भ में इनका विश्लेषण करना है। हमारा तर्क था कि तंत्रवाद कृषि संबंधी जादू-टोने से विकसित हुआ। कृषि संबंधी जादू-टोना इस सिद्धांत पर आधारित है कि प्रकृति की उत्पादकता (पृथ्वी एक स्त्री के रूप में) को मानव प्रजनन क्रिया के अनुकरण या संसर्ग से प्रोत्साहित किया जा सकता है या उसकी वृद्धि हो सकती है। इसके विपरीत मानव प्रजनन क्षमता भी प्राकृतिक उर्वरता पर निर्भर समझी जाती है। इसलिए यह तर्कसंगत है कि इस प्राचीन विश्वास में कहीं भी आत्मा, परमात्मा और मोक्ष, स्वर्ग, पूजा या यज्ञ का कोई

उल्लेख नहीं है। वास्तव में ऐसी कोई विशेष बात इसमें नहीं है जो सामान्यतः विकसित धर्मों के साथ संबंद्ध होती है। यदि हमारे पास इस अति पुरातन मत के मूल सिद्धांत को निर्धारित करने का कोई औचित्य है तो हम इसे एक ऐसा सिद्धांत कहेंगे जिसमें मानव देह का, प्रकृति के साथ समीकरण किया गया है। इन दोनों को एक ही मूलभूत सत्य के दो पक्ष समझा जाता है। इससे दो प्रत्यक्ष उप सिद्धांत बनते हैं। एक तो यदि हम मानव देह का रहस्य समझ जाएं तो प्रकृति के रहस्य को समझना संभव होना चाहिए। दूसरा विश्व की उत्पत्ति, मानव शिशु के जन्म से अधिक रहस्यमय नहीं है। तांत्रिक देहवाद और विश्वोत्पत्ति विज्ञान इन्हीं दो निहित उप सिद्धांतों का विस्तृत रूप हैं। जैसा कि अपेक्षित है, तंत्र संबंधी लिखित सामग्री में यह देह तत्व भी कई बाह्य विचारों में उलझ गया है, किंतु गड्डमड्ड विचारों के इस ढेर में से महत्वपूर्ण तत्वों को निकाल कर उनकी स्पष्ट व्याख्या करने के लिए हम बंदोपाध्याय के आभारी हैं :

> जो कुछ मानव शरीर में विद्यमान है वही सब ब्रह्मांड में भी है। 'ब्रह्मांडे ये गुणाः संति ते तिष्ठंति कलेवरे'— मानव देह एक सूक्ष्म ब्रह्मांड मात्र है। यह निष्कर्ष सभी तंत्रों का है। सभी लोग तंत्रवाद की प्रज्ञा को इसी सिद्धांत के आधार पर स्पष्ट करते हैं। पुराणों तथा अन्य शास्त्रों ने इस सिद्धांत को स्वीकार किया है ··
>
> इस प्रकार तांत्रिक सिद्धांत अर्थात क्रिया के दो पक्ष हैं। एक बाह्य पक्ष है जिसका संबंध ब्रह्मांड से है और दूसरा आंतरिक पक्ष है जो मानव देह से संबद्ध है। तांत्रिक क्रियाओं की सिद्धि इन्हीं दो रूपों में व्यक्त होती है। एक तो पृथ्वी के बाह्य स्वभाव का पक्ष है और दूसरा आंतरिक प्रकृति अर्थात मानव देह के रूप में प्रकृति का पक्ष है। आप अपनी आंतरिक सुप्त शक्तियों का विकास करके सिद्धि प्राप्त कर सकते हैं या फिर बाह्य अथवा प्राकृतिक शक्तियों पर नियंत्रण करके आप अपनी आंतरिक शक्तियों की अभिव्यक्ति की ओर अग्रसर हो सकते हैं···तंत्रों के अनुसार, चूंकि ब्रह्मांड और मानव देह समान सिद्धांतों और समान तत्वों से बने हैं और चूंकि इन दोनों में एक ही प्रकार की शक्तियां सक्रिय हैं, इसलिए शरीर की आंतरिक शक्तियों को विकसित करके आप ब्रह्मांड की शक्तियों को अपने पक्ष में करके उन पर नियंत्रण कर सकते हैं। जिन लोगों ने इस देश में सिद्धि प्राप्त की है उनका विचार है कि मानव देह से अधिक श्रेष्ठ कोई अन्य 'यंत्र' नहीं है। कोई भी इससे श्रेष्ठ 'यंत्र' का निर्माण नहीं कर सकता। इसलिए आप इस आश्चर्यजनक 'यंत्र' अर्थात मानव देह के अंदर सभी सुप्त शक्तियों को यदि विकसित तथा व्यक्त कर सकें तो बिना किसी अन्य 'यंत्र' की सहायता के आप अपनी सभी इच्छाएं पूरी कर सकते हैं। प्रकृति और मानव देह दोनों में सुप्त शक्तियों के बीच वास्तव में एक अनोखा संबंध है। जिन क्रियाओं के आधार पर इस घनिष्ठ संबंध का ज्ञान होता है, इसे स्थापित किया जाता है और नियंत्रणाधीन लाया जाता है, उन क्रियाओं को 'तंत्र साधना' कहते हैं। इसका आधार है देह तत्व अर्थात शरीर से संबद्ध मत। इसीलिए सारे तंत्रवाद में देह से संबद्ध प्रश्नों पर ही गहन रूप से ध्यान केंद्रित किया गया है। (रत्नावली ii. 284-5 छायानुवाद)

यदि यह पूर्ण रूप से भौतिकवाद नहीं तो कम से कम आदि भौतिकवाद तो है ही। 'कुलार्णव' तथा ऐसे ही अन्य तंत्रों में यह भौतिकवाद, जबरदस्ती थोपे गए आध्यात्मिक विचारों के कारण कुछ अस्पष्ट हो गया है। किंतु सहजिया लोगों के सरल किसान गीतों में यह मूल भौतिकवाद जीवित रहा। इस प्रकार के गीतों के कुछ उदाहरण देखिए :

> सभी वस्तुओं से अधिक महत्वपूर्ण है मनुष्य की अपनी देह। जब तुम्हें अपनी देह के रहस्य का ज्ञान हो जाएगा तभी तुम्हें शांति की प्राप्ति होगी। (70.44)

> जिस व्यक्ति को अपनी देह के रहस्य का ज्ञान हो गया ह वही सबसे प्रज्ञावान है। यह संदेश सभी धर्मग्रंथों का है। [सहजिया साहित्य (बं.) प्रिफे. ix]
>
> सभी ज्ञान शाखाओं का मूल आधार यह देह है। (70.45)
>
> यहां (इस देह के अंदर) गंगा और यमुना है, यहीं गंगा सागर, प्रयाग और काशी है और इसी में सूर्य तथा चंद्र हैं। यहीं पर सभी तीर्थस्थल हैं—पीठ तथा उपपीठ हैं। मैंने अपनी देह जैसा परम आनंद धाम और पूर्ण तीर्थ स्थल कभी नहीं देखा। (51.104)

ऐसे ही और गीत हैं। दासगुप्त ने सहजिया गीतों के देह तत्व को संक्षेप में इस प्रकार बताया है :

> धर्म में सभी प्रकार के कर्मकांड और रूढ़ियों के विरुद्ध विद्रोह की दृढ़ भावना के साथ साथ सहजिया साहित्य में मानव शरीर को बहुत महत्व दिया गया है। वे इसे सूक्ष्म ब्रह्मांड मानते हैं। हम संकेत दे चुके हैं कि जिन तंत्रों में यौगिक तत्व विद्यमान हैं उनमें यही विशिष्ट धारणा पाई जाती है। किंतु सहजिया लोगों ने सारा महत्व यौगिक तत्वों को यानी इस सिद्धांत को दिया कि मानव देह सारे ब्रह्मांड का प्रतिरूप है। (वही. 103)

इसके साथ ही इस बात पर भी ध्यान देना आवश्यक है कि तांत्रिक ग्रंथों में—यद्यपि प्रत्यक्षत: कृत्रिम रूप से ही—यह प्रयत्न किया गया कि इस मूल आदिभौतिकवादी दृष्टिकोण को आध्यात्मिक दृष्टिकोण में आत्मसात बताया जाए :

> हेवज्र तंत्र में हमें बताया गया है कि एक बोधिसत्व ने भगवान से पूछा कि जब वास्तव में सब कुछ शून्य है तो इस भौतिक जगत और भौतिक देह की क्या आवश्यकता है? भगवान ने उत्तर दिया कि 'देह के बिना परम आनंद की प्राप्ति संभव नहीं है।' इसीसे शरीर के महत्व का पता चलता है। (वही. 103.4)

या जिस प्रकार एक चर्या गीत में कहा गया है : 'कोई अशरीरी, इस देह में छिपा हुआ है। जिसे उसका बोध होता है, वह मोक्ष प्राप्त करता है।' (वही. 105) ये सब बातें जैसी भी रही हों, तंत्रवाद की असली भावना नहीं हैं। फिर भी यह बड़े आश्चर्य की बात है कि इस प्रकार के अस्पष्ट विचारों ने उच्चकोटि के विद्वानों को भी भ्रम में डाल दिया। दासगुप्त ने टिप्पणी की : 'यद्यपि सत्य शरीर के अंदर है और उसी से उपजता है, तो भी यह भ्रम नहीं होना चाहिए कि यह कोई भौतिक वस्तु है।' (वही 104) ऐसी टिप्पणी भ्रामक है। तांत्रिक लोग शरीर के अंदर आंतरिक सत्य की खोज करते हुए किसी सूक्ष्म अशरीरी आध्यात्मिक सिद्धांत पर नहीं पहुंचे बल्कि उन्होंने मानव देह के मूलत: भौतिक पक्ष के अनुरूप स्नायविक प्रणाली का पता लगाया। हमने संक्षेप में तांत्रिकों की स्नायविक प्रणाली की रूपरेखा का उल्लेख पहले ही किया है। जो पाठकगण विस्तार में जाना चाहते हों वे इस विषय पर दासगुप्त की पुस्तक देख सकते हैं। (वही. 106-7) हमारी रुचि विशेष रूप से यह जानने में है कि तांत्रिकों के इस सहजस्फूर्त भौतिकवाद ने उन्हें प्राचीन भारत में रचनात्मक विज्ञानों में योगदान करने के लिए किस प्रकार प्रेरित किया। कुछ विज्ञानों, विशेषकर शरीर रचना विज्ञान और शरीर क्रिया विज्ञान के क्षेत्र में हमारे देश में प्रमुख योगदान तांत्रिकों की ओर से हुआ। उन्होंने बहुत पहले ही यह पता लगा लिया था कि चेतना का निवास मस्तिष्क में है :

> चरक और सुश्रुत के अनुसार (अरस्तु की भांति) हृदय चेतना का स्थल तथा केंद्रीय अंग है। किंतु तांत्रिक ग्रंथों में (जिस प्रकार गेलेन में) चेतना का केंद्र मस्तिष्क-सुषुम्ना-स्नायु प्रणाली में है। (132. 218-9)

इस प्रकार की खोज, विशेषकर उस काल के संदर्भ में मामूली महत्व की नहीं हैं। तांत्रिकों के लिए इन विज्ञानों में अपना योगदान करना इसलिए संभव हो सका क्योंकि मानव देह में अर्थात

उनके भौतिकवादी दृष्टिकोण में उनकी बहुत अधिक रुचि थी। हम आगे चलकर देखेंगे कि किस प्रकार इसी कारण से केवल तांत्रिक ही भारत में रसविद्या और रसायन शास्त्र के क्षेत्र में योगदान कर सके। इसके विपरीत प्राचीन धर्म विशेषकर भाववादी मत, दो प्रमुख कारणों से शरीर रचना ज्ञान और शरीर विज्ञान के सिद्धांतों में कोई वास्तविक योगदान नहीं कर पाए। एक कारण तो यह था कि जीव या आत्मा का सत्य स्वरूप खोजने के उत्साह में इन मतों अथवा विचारधाराओं के दार्शनिक इतने व्यस्त रहे कि उन्होंने शरीर की ओर कोई ध्यान नहीं दिया। दूसरा कारण यह था कि उच्च जातियों के सदस्य किसी भी शव को हाथ लगाना अपवित्र मानते थे और यह कार्य केवल नीच जातियों जैसे डोम, चांडाल, हादी आदि ही कर सकते थे। इसके अलावा संभवतः तांत्रिक शव साधना के कारण ही मानव देह की संरचना आदि के संबंध में गहरा ज्ञान प्राप्त कर सके भले ही यह साधना आधुनिक लोगों को कितनी ही घिनौनी क्यों न प्रतीत होती हो। वैसे तो आधुनिक काल में भी उच्च जातियों के लोगों द्वारा किसी शव को हाथ लगाने या उसकी चीर-फाड़ करने में हिचकिचाने के कारण वैज्ञानिक ज्ञान में बाधा पड़ी है। जब कलकत्ता मेडिकल कालेज खुला था तो डाक्टरी की शिक्षा के लिए छात्रों का मिलना कठिन हो रहा था। (प्राचीन भारतीय सभ्यतार इतिहास. 107)

अब तंत्रवाद के देह तत्व से हम उसके विश्वोत्पत्ति विज्ञान की विवेचना करेंगे। जैसा कि बंदोपाध्याय ने कहा, तांत्रिकों का विश्वोत्पत्ति विज्ञान उनके देह तत्व से गहरा संबंध रखता था बल्कि यूं कहिए कि वह इसका अभिन्न पक्ष था। (रत्नावली. ii. 301) इसका कारण बड़ा सीधा सा है। यदि मानव देह को सूक्ष्म ब्रह्मांड समझा जाता है तो ब्रह्मांड के जन्म को केवल मानव शिशु के पैदा होने की क्रिया के साथ समानता के अनुसार ही समझा जा सकता है और तांत्रिक विश्वोत्पत्ति विज्ञान का यही केंद्रीय बिंदु है। तंत्र के अनुसार इस विश्व की उत्पत्ति काम से हुई थी। यह वामोद्भव अर्थात स्त्री से उत्पन्न है और पुरुष के साथ स्त्री के संयोग के परिणामस्वरूप उपजा है। यह देखना कठिन नहीं है कि किस प्रकार विश्वोत्पत्ति का यह सिद्धांत, कृषि संबंधी जादू-टोने में निहित विश्वास का एक विस्तृत रूप है। बंदोपाध्याय (वही. ii. 305-6 छायानुवाद) ने ठीक ही कहा है कि संभव है कि विश्वोत्पत्ति का यही सिद्धांत उड़ीसा के मंदिरों की शिल्पकारी का आधार रहा हो जिसे अत्यंत अश्लील समझा जाता है :

> बौद्ध तांत्रिकों में एक मत का प्रादुर्भाव हुआ जो कामवज्रयान कहलाता था। यह इस विचार पर आधारित था कि मानव का जन्म और विश्व की उत्पत्ति समान सिद्धांतों के अनुसार हुई—इस मत के ग्रंथ इतने अश्लील ब्यौरों से भरे पड़े हैं कि साधारण पाठक के पढ़ने के लिए इन्हें प्रकाशित नहीं किया जा सकता। इस मत के अनुसार विश्व का सृजन काम द्वारा हुआ है ठीक उसी प्रकार जैसे मनुष्य का जन्म होता है—इस मत के अनुयायियों के धार्मिक अनुष्ठान भी ब्रह्मांडीय काम तथा मानव काम के बीच समरूपता लाने के लिए होते हैं। इसलिए इस मत के अनुयायी निरंतर काम साधना में रत रहते थे—उन्होंने इस काम भावना को मंदिरों और मठों में प्रदर्शित किया—मेरा विचार है कि जगन्नाथ मंदिर (पुरी) मूलतः इन्हीं कामबज्रयानियों के प्रभाव के अधीन बना। देवी विमला (पुरी मंदिर) का धाम उनके लिए पवित्र स्थल था—इसी श्रीमंदिर (पुरी मंदिर का एक अन्य नाम) में ब्रह्मांडीय सृजन और मानव देह के सृजन के बीच सादृश्य स्थापित किया गया। इन सभी अश्लील शिल्पों में, प्रत्येक पुरुष कामबज्रयान मत का बौद्ध भिक्षु है और प्रत्येक स्त्री देवदासी है। इस सारे मंदिर का निर्माण कामबज्रयानी बौद्धों के सिद्धांतों के अनुरूप हुआ था।

उड़ीसा के मंदिरों में इस मूर्ति शिल्प के पीछे तांत्रिक प्रभाव होने की संभावना का यह अनुमान निश्चित रूप से महत्वपूर्ण है। इसके अलावा कोई अन्य स्पष्टीकरण नहीं नजर आता। ऐतिहासिक दृष्टि से यह बात सच हो सकती है कि इन मंदिरों का निर्माण करने वाले कामबज्रयानी तांत्रिक मतानुयायियों पर बौद्धधर्म का भी बहुत अधिक प्रभाव रहा हो। फिर भी इन निर्माताओं के बौद्ध विश्वासों पर विशेष बल देने से यह स्पष्टीकरण बहुत प्रबल नहीं हो जाता क्योंकि इन मूर्तियों में कोई भी बौद्ध प्रभाव दिखाई नहीं देता। यदि हम इस बौद्ध पक्ष से अपने आपको अलग करने पर सहमत हो जाएं तो हम इस मूर्ति शिल्प को ज्यादा अच्छी तरह समझ सकते हैं। और जब हम ऐसा करते हैं, तो हमें कृषि संबंधी जादू-टोने में निहित विश्वास का कोई एक रूप दिखाई देने लगता है। हो सकता है कि कोणार्क के भग्नावशेष भी किसी काल में बहुत भव्य स्तर पर कृषि संबंधी जादू-टोनों के साक्षी रहे हों।

जैसा कि हम तर्क देने का प्रयत्न कर रहे हैं, यदि यह विश्वोत्पत्ति विज्ञान कृषि संबंधी जादू-टोने से ही व्युत्पन्न हुआ है तो हम इससे यह अपेक्षा कर सकते हैं कि इसमें अन्य प्राचीन सभ्यताओं के प्रागैतिहासिक काल की विशेषताएं रही होंगी। प्राचीन चीन और प्राचीन मेसोपोटेमिया के प्रमाणों का उल्लेख करते हुए थामसन ने कहा : 'इस प्रकार के सभी विश्वोत्पत्ति सिद्धांत, जो प्रत्यक्षतः अत्यंत पुरातन काल के हैं, 'आनुवंशिक कहलाते हैं'। क्योंकि ये इसी विचार पर आधारित हैं कि भौतिक विश्व का सृजन यौनीय प्रजनन क्रिया द्वारा हुआ।' (48. ii. 91) स्वाभाविक है कि इस प्रकार का विश्वोत्पत्ति सिद्धांत आदिम विज्ञान होने के कारण आदिवासियों में ही पाया जाता है :

> पोलिनेशिया के विश्वोत्पत्ति सिद्धांत संबंधी संपूर्ण प्राचीन कथाचक्र में एक तथ्य, जिसके उदाहरण अन्य धर्मों में भी हैं, स्पष्ट है। ओ-टे-पापा, अर्थात आद्य बंध्या पृथ्वी या शिला, स्त्री सिद्धांत की प्रतीक है जिसे उर्वरता प्रदान करने वाला वर्षा का जल, फलदायिनी बनाता है और वह सभी प्राणवान वस्तुओं को जन्म देती है। यह जल उपरि स्थित पुरुष तंगालोआ अर्थात आकाश से आता है। (ई. आर. ई. iv. 175)

भारत तथा चीन के विश्वोत्पत्ति सिद्धांत के साथ पोलिनेशिया के सिद्धांत की समानता को देखकर आधुनिक विद्वानों का आश्चर्यचकित होना स्वाभाविक है। 'यह भी उल्लेखनीय है कि हिंदू, माओरी और ताओवादियों के अलग अलग सिद्धांतों में मैथुन से ही सृष्टि की उत्पत्ति बताई गई है।' (वही. iv. 126)

यहां 'हिंदू' शब्द से तात्पर्य केवल तांत्रिक ही हो सकता है। चीनी ताओवाद के विश्वोत्पत्ति सिद्धांत और भारतीय तंत्रवाद के बीच वास्तव में बहुत अधिक समानता थी। यह असाधारण समानता न केवल विश्वोत्पत्ति सिद्धांतों में बल्कि दोनों मतों के बीच भी थी। नीधम ने हाल में अपनी वृहद कृति 'साइंस ऐंड सिविलाइजेशन इन चाइना' में ताओवाद और तंत्रवाद के बीच इस गहरी समानता की ओर ध्यान आकृष्ट किया है। उन्होंने यह भी बताया है कि प्रकृति के संबंध में ताओवादियों का चिंतन ही, 'चीन के सभी विज्ञानों का आधार है।' (54. ii. 1) उन्होंने चीनी ताओवाद पर अपनी विवेचना से जो कुछ स्पष्ट किया है वह कुछ ऐसी बातों पर महत्वपूर्ण प्रकाश डाल सकता है जो अभी तक दुर्बोध हैं और जिन्हें मूल रूप से गलत समझा गया। ये बातें प्राचीन तंत्रवाद के संबंध में हैं।

12. तंत्रवाद और ताओवाद

नीधम ने कभी कभी तंत्रों को बौद्ध धर्म और हिंदू धर्म की सीमा रेखा की स्थिति वाले ग्रंथ (वही.

ii. 425) और कभी इन्हें बौद्ध धर्म के 'विभाग' या 'पक्ष' बताया है। (वही. ii. 425, 429) इन तंत्रों की चर्चा करते हुए उन्होंने निम्नलिखित रोचक टिप्पणी की कि 'आप तुरंत समझ सकते हैं कि आप एक ऐसी चिंतन शैली देख रहे हैं जो प्राचीन ताओवाद के पुरोहितवादी तथा चमत्कारवादी पक्ष से बहुत समानता रखती है।' (वही. ii. 426) फिर ताओवाद का उल्लेख करते हुए उन्होंने कहा :

> यह कहना आवश्यक है कि किसी न किसी कारण से अधिकांश यूरोपीय अनुवादकों और लेखकों ने ताओवाद को पूर्णतया गलत समझा। ताओवादी धर्म की उपेक्षा की गई और ताओ चमत्कारों को अंधविश्वास कहकर नकार दिया गया। ताओवादी दर्शन को विशुद्ध धार्मिक रहस्यात्मकता और कविता कहा गया। ताओवादी चिंतन के वैज्ञानिक या 'आद्य वैज्ञानिक' पक्ष की आम तौर पर अनदेखी कर दी गई। ताओवाद के राजनीतिक सिद्धांतों की तो और अधिक उपेक्षा की गई। (वही. ii. 34)

हम देखेंगे कि यह विचार किस सीमा तक तांत्रिकों पर भी लागू हो सकते हैं। किंतु पहले हम ताओवाद और तंत्रवाद के बीच समानताओं को देखेंगे। प्राचीन भारतीय चिंतन में पुरुष और प्रकृति के सिद्धांत के अनुरूप दो सिद्धांत प्राचीन चीन में भी थे। ये थे यांग और यिन। प्रत्येक पुरुषजातीय आलोकमय, ऊष्ण, शुष्क, कठोर और सक्रिय वस्तु 'यांग' है। इसी प्रकार प्रत्येक स्त्री-जातीय, अंधकारमय, शीतल, आर्द्र, नरम और निष्क्रिय वस्तु 'यिन' है। ये अवधारणाएं बहुत पुरानी हैं। जैसाकि फोर्क ने कहा :

> हमें कनफ्यूशियस और ताओवादियों की कृतियों में 'यिन' और 'यांग' का द्वैतात्मक सिद्धांत देखने को मिलता है। यह प्राकृतिक दर्शन का प्रथम मूल सिद्धांत अथवा अंकुर था जिसे सभी चीनियों ने स्वीकार किया, भले ही उनके धार्मिक विश्वास या दार्शनिक विचार कुछ भी रहे हों'। (ई. आर. ई. viii. 492)

निश्चित ही यह सत्य है किंतु इसमें एक महत्वपूर्ण परिस्थिति थी जिसकी ओर नीधम ने हमारा ध्यान आकृष्ट किया :

> यदि यह अकल्पनीय नहीं था (चीनी दृष्टिकोण से) कि 'यिन' और 'यांग' को एक दूसरे से पृथक किया जा सकता है तो फिर यह कहा जा सकता है कि ताओवाद यिन प्रधान और कनफ्यूशियसवाद यांग प्रधान चिंतन शैली थे। (54. ii. 61)

यानी तंत्रवाद की भांति ताओवाद भी स्त्री सिद्धांतोन्मुख दर्शन था :

> कनफ्यूशियस द्वारा प्रसारित ज्ञान पौरुषी और संचालक पक्षीय था। ताओवादियों ने इसकी निंदा की और वे स्त्रीसुलभ तथा ग्रहणशील ज्ञान की खोज में रहे जो प्रकृति को निरखने के लिए केवल निश्चेष्ट और समर्पण भाव से उपज सकता था। (वही. ii. 33)

नीधम ने ताओवाद में स्त्रीवाची प्रतीक के दो उदाहरणों का उल्लेख किया जो नीचे दिए जाते हैं :

> घाटी की आत्मा कभी नहीं मरती।
> इसका नाम रहस्यमयी है।
> और इस रहस्यमयी का द्वार ही,
> वह मूल है (जिससे) आकाश और पृथ्वी (उपजे)।
> यह शाश्वत रूप से बुना हुआ सूत्र है,
> और जो इसका उपयोग करते हैं वे सब कुछ प्राप्त कर सकते हैं। (वही. ii. 58)

> वह जो पुरुष को जानता है किंतु स्त्री से संलग्न रहता है।

एक गहरी कंदरा जैसा हो जाता है जो आकाश के नीचे सभी वस्तुएं ग्रहण करती है।
(वहां से) शाश्वत सद्गुणों का कभी क्षरण नहीं होता।
यह शैशवावस्था अथवा प्रारंभिक काल को लौटने की स्थिति है।
वह जो श्वेत को जानता है किंतु श्याम से चिपटा रहता है,
एक ऐसी कसौटी बनाता है जिस पर सभी वस्तुएं परखी जाती हैं
और इस प्रकार नियत सद्गुण है जो कभी पापमय नहीं बनता।
यह असीम की ओर लौटने की स्थिति है।
वह जो प्रतिष्ठा को जानता है किंतु फिर भी अप्रतिष्ठा को गले लगाता है,
उस घाटी जैसा बन जाता है जिसमें आकाश के नीचे सभी वस्तुएं पहुंचती हैं, (उसके लिए) अपरिवर्तनीय सदाचार सर्वपर्याप्त है। यह विभेदरहित स्थिति को लौटना है।
अब जब यह विभेदरहित खंडित होता है
(इसमें विभेद हो जाता है या यह बिखर जाता है) तो यह भिन्न भिन्न वस्तुओं में बंट जाता है।
किंतु यदि तपस्वी इसका उपयोग करता है तो वह सभी धर्माचार्यों में प्रमुख बन जाता है।
सत्य है कि महानतम मूर्तिकार सबसे कम पत्थर काटता है। (वही. ii. 58-2)

नीधम ने असीम और विभेदरहित जैसे प्रतीकों के विश्लेषण का जो स्पष्टीकरण दिया है वह महत्वपूर्ण और रोचक है। उनके अनुसार ये प्रतीक, 'कांस्य युग की आदि सामंतवादी समाज व्यवस्था में स्वामियों, पुरोहितों और योद्धाओं के पूर्ण विभेदों से पहले के समय के गांवों में विद्यमान आदिम सामूहिकतावाद' को इंगित करते थे, (वही. ii. 59-60) और यह संकेत उस समूहवादी समाज की ओर था जिससे ताओवाद ने कभी भी अपना संपर्क नहीं तोड़ा।

ताओवादियों की कविता और सहजिया मत के गीतों के बीच भी अत्यधिक समानता है। यह समानता केवल इसी बात में नहीं है कि दोनों में पहेलियां और विरोधाभास हैं। सहजिया गीतों में हम डोंबी, शवरी, नेरमणि और सहज सुंदरी के रूप में ताओवादियों की रहस्यमयी को देख चुके हैं। वैष्णव सहजिया लोगों के गीतों में भी हमें लगभग ऐसी ही पंक्ति देखने को मिलती है कि 'वह जो पुरुष को जानता है और फिर भी स्त्री से संलग्न रहता है' आदि आदि। विशेष बात यह है कि तंत्रवाद की भांति ताओवाद में भी स्त्रीवाची दृष्टिकोण और स्त्री सिद्धांत को पुरुष से अधिक स्तुत्य माना गया। नीधम का कहना है कि इससे ताओवादी, 'सहज ढंग' से 'विज्ञान और लोकतंत्र की जड़ों तक पहुंचे'। (वही. ii. 59) स्त्रीय दृष्टिकोण के कारण ताओवादियों ने प्रकृति को निरखने का निश्चेष्ट रवैया विकसित किया और ताओवादी दार्शनिकों का 'कालांतर में इस विशुद्ध निश्चेष्ट स्थिति से निकलकर प्रयोगात्मक युग में पहुंचना' निश्चित था। इस प्रकार वे विज्ञान के मूल में पहुंचे। साथ ही वे लोकतंत्र की जड़ों तक भी पहुंचे :

> ताओवादियों की अंतर्दृष्टि कितनी सूक्ष्म बातों की गहराई तक पहुंची थी इसका स्पष्ट आभास, महान अमरीकी कीट वैज्ञानिक विलियम मोर्टन व्हीलर और अर्नेस्ट बर्गमैन के अति विलक्षण निबंधों में मिलता है। इनमें कहा गया है कि पुरुष की आक्रामकता का परिसमापन सहकारी और समूहवादी समाज की सफलता के लिए एक अत्यंत महत्वपूर्ण बात रहा है। जैसे जैसे उच्चतम सामाजिक संस्थाओं के कार्य क्षेत्र और क्षमताएं बढ़ती जाती हैं, मानव समाज अनिवार्य रूप से इसी सहकारी और समूहवादी व्यवस्था की ओर अग्रसर होता जा रहा है। (वही. ii. 60)

ताओवाद में स्त्री प्रतीक के महत्व पर नीधम की समापन टिप्पणी हम अगले पृष्ठ पर दे रहे हैं :

> ताओवाद ने दो हजार वर्ष तक समाजवादी विचारों को प्रभावशाली बनाए रखा और स्वयं एक धर्मविरोधी मत के रूप में निरंतर बदनाम होता रहा। ताओवाद को अपने अंदर अज्ञात रूप से विज्ञान को समेटे रहना पड़ा। (वही)

ऐसे कथन स्तंभित कर देने वाले हैं। फिर भी ताओवाद में स्त्रीवाची प्रतीक के स्रोत तक पहुंचना आवश्यक है। तंत्रवाद पर विचार-विमर्श के दौरान हमने इसी महत्व को स्पष्ट करने का प्रयत्न किया और यह केवल मातृ अधिकार से ही उपजा होगा और यह मातृ अधिकार इसलिए स्थापित हुआ क्योंकि कृषि की खोज स्त्रियों ने की थी। ताओवाद में स्त्री प्रतीक का संबंध प्रारंभिक कृषि अनुष्ठान से रहा होगा, इसका आभास ताओवाद में जल प्रतीक को दिए गए महत्व से मिलता है जिसकी ओर स्वयं नीधम ने हमारा ध्यान आकृष्ट किया। (वही. ii. 57.) यह सभी जानते हैं कि जल प्रतीक का संबंध उर्वरता और कृषि संबंधी धार्मिक अनुष्ठान से है। इससे भी अधिक महत्व का प्रश्न है स्त्री सिद्धांत का मातृ अधिकार के साथ संबंध। दुर्भाग्य की बात है कि नीधम ने इस प्रश्न की ओर पर्याप्त ध्यान नहीं दिया यद्यपि उन्होंने इस प्रकार के कोई संबंध होने की संभावना से इनकार नहीं किया। आदिम समूहवादी समाज, जिसकी स्मृति ताओवादी परंपरा से पूर्णतया कभी भी विलुप्त नहीं हुई थी, की चर्चा करते हुए नीधम ने कहा :

> एक समानांतर अंश ·· कपड़ों के आविष्कार से भी पहले के आदिम जीवन का चित्र प्रस्तुत करता है। 'लोग भोले-भाले निष्पाप, शांतिपूर्ण और योग की भावना वाले थे। वे 'अपनी माता को जानते थे, 'किंतु उन्हें अपने पिता का ज्ञान नहीं था'। (ध्यान देने योग्य बात है कि यह कथन चुआंग चाऊ का है जो मातृसत्ता के संबंध में बात कर रहे थे। यह किसी आधुनिक विचारक पुरातत्ववेत्ता का कथन नहीं है।) (वही. 108)

नीधम ने अपनी टिप्पणी में आगे कहा; 'कुंगसुन यांग ने भी सामाजिक क्रम विकास का संक्षिप्त चित्र प्रस्तुत करते हुए ठीक यही बात कही है (कानूनी दृष्टिकोण से देखने पर) इस बात की बहुत अधिक संभावना प्रतीत होती है कि प्राचीन चीनी समाज में मातृसत्तात्मक व्यवस्था थी। (वही. ii. 108 टि.) नीधम ने इस संभावना की भी अनदेखी नहीं की कि यह मातृसत्तात्मक व्यवस्था शायद उस महत्व से संबद्ध थी जो ताओवादियों ने सिद्धांत रूप में और व्यावहारिक जीवन में स्त्रियों को दे रखा था। ताओवाद की पुजारिनियों अर्थात वू (तुलना तंत्रवादकी योगिनी और भैरवी) का उल्लेख करते हुए उन्होंने कहा :

> यहां स्त्रियों की प्रमुखता इस दृष्टि से अत्यंत महत्वपूर्ण है : (क) ताओवादी आदर्श समाज का मातृसत्तात्मक स्मृति के साथ संबंध, (ख) उनका स्त्रीवाची प्रतीक, (ग) यौन क्रियाओं पर बल। (वही. ii. 134)
>
> वास्तविक परिस्थितियों में स्त्रियों को महत्व दिया जाना, पुरुषों के साथ स्त्रियों की समता को मान्यता देना, यह विश्वास कि सुस्वास्थ्य और दीर्घायु के लिए स्त्रियों का सहयोग आवश्यक है, कुछ स्त्रैण मनोवैज्ञानिक विशेषताओं को निश्चित रूप से श्रेष्ठ मानना, समूह के मनोवेगों की तुष्टि के लिए यौन क्रियाओं को सामान्य आचरण में शामिल करना, तापस जीवन और वर्गभेद से समान रूप से मुक्त रहना, ये वे विशेषताएं हैं, जो एक बार फिर ताओवाद के ऐसे पक्षों को मुखर करती हैं जिनके प्रतिरूप कनफ्यूशियसवाद या साधारण बौद्ध धर्म में नहीं हैं। निश्चित ही इन बातों और आदिम जनजातीय समूहवाद के मातृ-सत्तात्मक तत्वों के बीच कोई संबंध रहा होगा, जो प्राचीन ताओवादी दर्शन में स्त्री प्रतीक की प्रमुखता का प्रतिबिंब रहा होगा। (वही. ii. 151)

उपरोक्त उद्धरणों में ताओवादियों द्वारा यौन क्रियाओं पर बल दिए जाने का उल्लेख हुआ है। इसे, जैसाकि नीधम ने बताया है, भौतिक अमरत्व (वही. ii. 139) की ताओवादी धारणा की पृष्ठभूमि में समझा जाना चाहिए। नीधम ने इस धारणा को, विज्ञान के लिए अत्यंत महत्वपूर्ण बताया है क्योंकि इसने रस विद्या की विधियों के विकास को प्रोत्साहन दिया है। (वही,) हम भारतीय तंत्रों में भी ऐसी ही अवधारणा को पहले देख चुके हैं और रोचक बात यह है कि विशेषकर उन तंत्रों में ये विचार विद्यमान हैं जिनका निश्चित झुकाव रसायन विद्या की ओर था। ताओवादियों के अनुसार 'यह शारीरिक अमरत्व' की प्राप्ति कई क्रियाओं पर निर्भर थी, जैसे, (1) श्वसन तकनीक, (2) सूर्य की किरणों से चिकित्सा, (3) व्यायाम क्रियाएं, (4) यौन क्रियाएं, (5) रासायनिक और औषधीय क्रियाएं, और (6) आहार संबंधी क्रियाएं। इनमें से कुछ क्रियाएं तो हमें तंत्रवाद की योग साधना के कुछ पक्षों का प्रबल स्मरण कराती हैं। तांत्रिकों ने भी स्वास्थ्य और व्यायाम की क्रियाओं को विकसित किया था जिन्हें प्राणायाम तथा आसन कहा जाता था। किंतु फिलहाल हम विशेष रूप से चौथी अर्थात यौन क्रिया तक ही अपना विचार-विमर्श सीमित रखेंगे।

जैसाकि नीधम ने कहा, 'यह दुर्भाग्य की बात है कि कनफ्यूशियसवादियों और बौद्धों के प्रतिरोध के कारण, 'इनमें से अधिकांश बातें अप्रकट ही रही हैं। (वही. ii. 146) इन कलाओं से संबद्ध सभी पुस्तकें मिंग राजवंश के दौरान ताओसांग से विलुप्त हो गईं। (वही. ii. 147) फिर भी अन्य कृतियों में उपलब्ध छोटे मोटे अंशों में से नीधम ने पर्याप्त जानकारी प्राप्त कर ली है जिसके आधार पर हम ताओवाद और तंत्रवाद के इस पहलू के बीच घनिष्ठ समानता देख सकते हैं :

> यिन यांग सिद्धांतों को आम तौर पर जो मान्यता मिली उसे देखते हुए मनुष्य के यौन संबंधों के बारे में ब्रह्मांडीय पृष्ठभूमि के संदर्भ में सोचना और यह मानना स्वाभाविक है कि सारी सृष्टि की रचना की प्रक्रिया के साथ इनका घनिष्ठ संबंध रहा होगा। ताओवादियों का विचार था कि 'ह्‌सीयेनत्व' (ह्‌सीयेन का अर्थ है सच्चा पुरुष। यह ताओवादी शब्द, शारीरिक अमरत्व की स्थिति का वर्णन करता है) की प्राप्ति में बाधक होने की बजाय यौन क्रिया को कई महत्वपूर्ण तरीकों से इसकी प्राप्ति में सहायक बनाया जा सकता है। (वही. ii. 146)

यह रोचक बात है कि उच्छिष्ट गणपति के अनुयायियों के बारे में आनंदगिरि ने या लोकायतिकों के संबंध में गुणरत्न ने जो विवरण दिया, उसी प्रकार ताओवादियों में भी बहुधा ये यौन क्रियाएं सामूहिक आधार पर होती थीं :

> ताओवाद की दार्शनिक तथा धार्मिक प्रथाओं का अत्यंत आश्चर्यजनक पक्ष (अधिकांश आधुनिक चीनियों के लिए भी आश्चर्यजनक) यह है कि इनमें ह्‌सीयेनत्व के जिज्ञासुओं के लिए सार्वजनिक समारोह और साधारण दांपत्य जीवन तथा गुप्त क्रियाएं होती थीं। इन सार्वजनिक पूजन विधियों को विभिन्न 'छी' को समान बनाने की सच्ची कला, या पुरुष और स्त्री की 'छी' का सम्मिलन कहा जाता था। इस धार्मिक अनुष्ठान का उद्देश्य 'पाप से मुक्ति पाना' था और यह अनुष्ठान उपवास के बाद शुक्ल पक्ष की प्रथम रात्रि या पूर्णमासी की रात को होता था। इसके अंतर्गत एक नृत्य का आयोजन किया जाता था··· जिसका समापन सार्वजनिक रूप से धर्मानुमोदित यौन संभोग के साथ या फिर मंदिर के प्रांगण के चारों ओर बने कक्षों में उन्मुक्त यौन संभोग के साथ होता था। (वही. ii. 150-1)

नीधम ने 'पाप से मुक्ति' की धारणा को काफी गंभीरतापूर्वक लिया है। उन्होंने कहा कि 'यह आधुनिक मनोविज्ञान की अलग अलग विचारधाराओं वाले वैज्ञानिकों के लिए अत्यंत उल्लेख-

नीय है'। (वही ii.150टि.) नीधम ने इस अनुष्ठान को 'समूह के मनोवेग का विरेचन' की विधि बताया। (वही. ii. 151) किंतु यह विचार अतिशयोक्तिपूर्ण प्रतीत होता है। 'पाप से मुक्ति' का विचार संभवतः बाद में जोड़ा गया होगा। स्पष्ट है कि यह प्रत्यक्षतः पुरातन क्रिया की अतिजीविता को आध्यात्मिक या अर्द्ध-आध्यात्मिक औचित्य प्रदान करने का एक मनमाना प्रयत्न था। यदि ताओवाद वास्तव में आदिम जादू-टोने से उपजा था, और स्वयं नीधम ने भी बड़े संतोष-जनक ढंग से यही तर्क दिया है तो इसमें इस प्रकार के किसी भी विचार के लिए कोई स्थान नहीं हो सकता था। जादू-टोने का लक्ष्य अनिवार्यतः व्यावहारिक है। दूसरी ओर यौन संभोग, जो कभी कभी सामूहिक रूप से भी होता था और जिसका लक्ष्य सदा ही प्रत्यक्ष रूप से चमत्कारी होता था, इस पर जो बल दिया गया वह केवल आदिवासी लोगों में ही था। इसके पीछे विचार केवल यही है कि प्रकृति की उर्वरता को प्रोत्साहित किया जाए या उसकी अभिवृद्धि हो। इस प्रकार पाप से मुक्ति का प्रश्न ही नहीं उठता। हमने तंत्रवाद की दुर्बोध क्रियाओं के संबंध में कोई जानकारी प्राप्त करने का ही प्रयत्न नहीं किया बल्कि इनके मूल सैद्धांतिक ढांचे को भी समझने का प्रयत्न किया। यदि तंत्रवाद और ताओवाद, जैसाकि स्वयं नीधम ने तर्क द्वारा सिद्ध करने का प्रयत्न किया है, वास्तव में एक दूसरे के अति निकट थे तो हम ताओवाद को समझने के लिए भी वही तरीका अपना सकते हैं जो तंत्रवाद को समझने के लिए अपनाया है। दुर्भाग्यवश नीधम ने यह आभास दिया है कि वे मुख्यतया प्राचीन ताओवाद के महत्व को ही जानना चाहते हैं और उन्होंने इस समस्या पर पर्याप्त ध्यान नहीं दिया है कि ताओवाद कैसे उत्पन्न हुआ। ताओवाद के महत्व का प्रश्न भी महत्वविहीन नहीं है, किंतु इसको पूरी तरह तभी समझा जा सकता है जब इसके प्रादुर्भाव के प्रश्न का समुचित उत्तर खोज लिया जाए। किंतु नीधम ने इसकी व्युत्पत्ति के प्रश्न को गौण माना और महत्वपूर्ण नहीं समझा इसलिए उन्होंने प्राचीन चीनी चिंतन के अज्ञेय पक्षों पर कुछ प्रकाश डालते वाले आदिम अनुष्ठानों या जादू टोने की क्रियाओं की संभावनाओं का पूर्ण रूप से विवेचन नहीं किया। दूसरी ओर थामसन ने प्राचीन ग्रीक चिंतन की समस्या पर विचार करते हुए यह सिद्ध किया है कि यह तरीका कितना अधिक लाभदायक हो सकता है।

इसके साथ ही हम यह कहना चाहते हैं कि नीधम की भांति तंत्रवाद को बौद्ध धर्म की एक उपशाखा या पक्ष के रूप में मानने के लिए हम तैयार नहीं हैं। किंतु ताओवाद और तंत्रवाद के बीच उन्होंने जो तुलना की है उसका लाभ हम उठा सकते हैं। 'इसलिए यह जानकारी अत्यंत महत्वपूर्ण है कि जिस प्रकार प्राचीन और प्रारंभिक मध्य युग में ताओवाद की रुचि यौन संबंधों में बहुत गहरी थी, उसी प्रकार यह तंत्रवाद का भी केंद्रबिंदु था।' (वही. ii, 426) उन्होंने तांत्रिकों के बज्र और पद्म सिद्धांत, मैथुन और स्त्री पूजा की क्रियाओं का उल्लेख किया है। 'ये सारी क्रियाएं प्रारंभिक मध्ययुगीन ताओवाद की क्रियाओं के साथ अत्यधिक समानता रखती हैं'। (वही) 'यह रोचक बात है कि ताओवाद की भांति तंत्रवाद ने भी स्त्रियों को अपनी क्रियाओं में दक्ष होने की प्रेरणा दी'। (वही. ii.427) समापन में उन्होंने कहा, 'जो भी हो, ताओवाद और तंत्रवाद के बीच कई छोटी छोटी बातों में विस्तृत समानता को देख पाना संभव है।' (वही. ii.428)

उदाहरण के लिए ताओवादियों की भांति तांत्रिक योग में भी प्राणायाम पर बहुत अधिक बल दिया गया है। 'विस्तृत औपचारिक क्रियाओं की समानता के अलावा तांत्रिक साहित्य में भी वैसे ही विरोधाभास हैं जो प्रारंभिक ताओवाद की विशेषता थे। (वही. ii.429)

शान वू-वेई ने यौन क्रिया प्रदर्शित करने वाली प्रतिमाएं तो स्वीकृत कर दीं किंतु चेतावनी दी कि मंदिरों के सार्वजनिक कक्षों में इन्हें न रखा जाए। इसी प्रकार भारत में भी तंत्र-

वादियों ने एक 'संध्याभाषा' का प्रयोग किया, जिसमें कही गई बातें उन व्यक्तियों की समझ से बाहर थीं जिन्हें दीक्षा प्राप्त नहीं हुई थी। यह एक प्रकार की तांत्रिक अंतर्भाषा थी। (वही. ii.427)

इन सब बातों से नीधम ने तंत्रवाद और ताओवाद के बीच संबंधों का प्रश्न उठाया। 'इसलिए प्रथम दृष्टि में तो ऐसा प्रतीत होता है कि तंत्रवाद भारत से चीन पहुंचा। किंतु और बारीकी से तिथियों आदि का निरीक्षण करने पर कम से कम इसकी संभावना तो प्रतीत होती ही है कि यह सब कुछ वास्तव में ताओवाद था।' (वही, ii. 427) ये तिथियां इस प्रकार हैं : चीन में ताओवादी यौन सिद्धांत तथा क्रियाएं ईसवी सन की दूसरी से छठी शताब्दी के बीच प्रचलित थीं। ये निश्चित रूप से 'भारत में इस मत के उदय से पहले का काल था'। (वही. ii. 428) किंतु हम पहले ही तंत्रवाद की आयु संबंधी समस्या पर विचार कर चुके हैं और यह देख चुके हैं कि इससे संबद्ध ग्रंथ चाहे कभी भी लिखे गए हों, किंतु तंत्रवाद इससे भी पहले सिंधु सभ्यता युग में विद्यमान था। इसलिए काल के आधार पर यह सिद्ध नहीं होता कि भारत में तंत्रवाद चीन से आए हुए ताओवाद का रूप था।

तिथियों के अलावा नीधम ने मुख्यतया भट्टाचार्य और बागची की कृतियों का उल्लेख करते हुए कुछ और प्रमाणों का संकेत दिया है जिनसे तंत्रवाद का प्रादुर्भाव चीन में होने की संभावना प्रतीत होती है। भट्टाचार्य का कहना था कि बौद्ध तंत्रवाद का प्रमुख केंद्र असम था। इसी असम (कामरूप) में ईसवी सन की सातवीं शताब्दी (वही) में ताओ से चिंग का संस्कृत अनुवाद हुआ था। इसी तरह तांत्रिक साहित्य में चीन (महाचीन) को काफी महत्वपूर्ण स्थान मिला हुआ है। यह प्रमाण मूलतः बागची ने दिया था और उन्हीं की पुस्तक से हम इसे उद्धृत करते हैं :

विद्वानों ने चीनाचार कहलाने वाली कुछ तांत्रिक क्रियाओं पर बहुत विचार किया है। हिंदू धर्म और बौद्ध धर्म दोनों द्वारा अंगीकार किए गए तारा तंत्र में कहा गया है कि चीनातारा मत महाचीन देश से आया। महानतम ब्राह्मण ऋषियों में से वशिष्ठ के बारे में कहा जाता है कि वे बुद्ध से भेंट करने के लिए महाचीन देश गए थे। क्योंकि बुद्ध उस समय न तो भारत में और न ही तिब्बत में कहीं नजर आए। वहां बुद्ध ने वशिष्ठ को चीनाचार की कुछ गुप्त क्रियाओं तथा सिद्धांतों का ज्ञान दिया और बाद में इनका प्रसार प्रचार करने के लिए वशिष्ठ मुनि भारत लौटे। इस चीनाचार में प्रोफेसर सिल्वियन लेवी को उन गुप्त संघों की निश्चित प्रतिध्वनि सुनाई देती है जो उन दिनों चीन में थे। (66.i. 45-6)

इसके अलावा बागची ने दो देवियों, महाचीनक्रम तारा तथा एकजाता के बीच मूल समानता की ओर ध्यान आकृष्ट किया। उनका कहना है कि इस समानता से यह सिद्ध होता है कि हिंदू तंत्रों की एकजाता देवी का प्रादुर्भाव वास्तव में चीन में हुआ था, फिर 'समारोह तंत्र' में 'मेरु पर्वत की पश्चिम दिशा में चोल नामक सरोवर, जो चीन देश में था,' का उल्लेख हुआ है। इसके लेखक ने तंत्रवाद का संबंध, 'विशुद्ध मंगोलियायी क्षेत्र' के साथ जोड़ा। (वही. 46)

बागची ने कहा कि 'यह सिद्ध करने के लिए पर्याप्त प्रमाण हैं कि भिन्न भिन्न तंत्रों का क्षेत्र भारत की प्राकृतिक सीमाओं से बहुत आगे तक था'। (वही) इन प्रमाणों का सविस्तार उल्लेख करने की आवश्यकता नहीं है और न ही इनके महत्व को चुनौती देना असंभव है। किंतु मूल प्रश्न बना ही रहता है। ये सभी प्रमाण वास्तव में क्या सिद्ध करते हैं? बागची ने कहा कि इनसे यही तर्क निकलता है कि तंत्रवाद में कुछ विदेशी बातें शामिल थीं। नीधम के अनुसार ताओवाद और तंत्रवाद के बीच मूलभूत समानता के संदर्भ में इनमें से कुछ विदेशी तत्व इस संभावना की ओर इंगित करते हैं कि ताओवाद मूल रूप से चीन से आया और बाद में

भारत में आकर उसने तंत्रवाद का रूप धारण कर लिया। इसलिए तंत्रवाद का चीन में आयात, नीधम के अनुसार एक पुनर्रायात रहा होगा। (54.ii.428) ईसवी सन की आठवीं शताब्दी में भारतीय बौद्ध तंत्रवाद के चीन में पहुंचने के तथ्य की व्याख्या उन्होंने इस प्रकार की है :

> इसीलिए संभवतः तंत्रवाद इस बात का एक और उदाहरण है कि विदेशी लोग चीनियों को ऐसे विषय का ज्ञान सद्भावपूर्वक दे रहे थे जिससे ये चीनी लोग पहले ही भलीभांति परिचित थे। (वही)

भारतीय तंत्रवाद की अत्यधिक पुरातनता को देखते हुए यह सिद्ध करना निश्चित ही असंभव है इसका उद्गम केवल ताओवाद से हुआ। फिर भी विद्वानों द्वारा बताए गए तथ्य और प्रमाण महत्वपूर्ण हैं। तंत्रों में बाह्य अथवा विदेशी तत्व रहे हैं। किंतु इनका आना केवल तभी संभव था जबकि तंत्रवाद का पूर्व ढांचा पहले ही विद्यमान था जिसमें इन बाह्य तत्वों को स्थान दिया जा सका। अन्य शब्दों में, चीन, तिब्बत और अन्य स्थानों पर कुछ मत और क्रियाएं प्रचलित थीं और ये कालांतर में भारतीय तंत्रवाद में विलीन हो गईं। यदि हम ऐसा मानने के लिए तैयार हो जाएं कि अंततः ये क्रियाएं मातृसत्तात्मक कृषि पर आधारित आदिम समाज से उत्पन्न हुई थीं तो इनके बीच इस मूलभूत समानता के बारे में कोई रहस्य वाली बात नहीं रह जाएगी। ऐसी ही टिप्पणी हम तंत्रवाद और ताओवाद के बीच संबंध के बारे में नीधम के विचारों पर भी कर सकते हैं।

बात यह है कि ताओवाद या तंत्रवाद दोनों में से कोई भी स्वसृजित नहीं है। दोनों की जड़ें ठोस भौतिक परिस्थितियों में रही होंगी। मार्क्सवादी इसको इस प्रकार कहेंगे : 'ये लोगों की भौतिक गतिविधियों और भौतिक आचरण के साथ सीधे संबद्ध रहे होंगे'। इस भौतिक आधार का स्पष्ट विश्लेषण किए बिना यह बात कहना कि किसी एक वाद ने दूसरे वाद से कुछ उधार लिया, एक रहस्य ही बना रहता है। जैसा कि थामसन ने इस सिद्धांत की चर्चा करते हुए कि येल्यूसिनियल रहस्य मिस्र से प्राप्त किए गए थे, कहा :

> इस प्रमाण से सिद्ध होता है कि दिमितर की पूजा पर किसी काल में मिस्र का प्रभाव रहा होगा; किंतु यह प्रभाव निश्चित रूप से कितना रहा इसका निर्णय तो इस रहस्यात्मक धर्म के सामाजिक कारणों की जांच के बाद ही किया जा सकता है।···'धार्मिक विचार तो व्यापार की समीर से उड़ कर दूर दूर फैलते हैं, किंतु ये उसी भूमि में जड़ें पकड़ते हैं जो इनके लिए पहले से तैयार होती है और आगे चलकर इन विचारों का विकास मुख्यतया तात्कालिक पर्यावरण की परिस्थितियों के अनुसार होता है। दोनों मतों की समानताओं के महत्व को आंकने के लिए आवश्यक है कि दोनों को कृषि के सामान्य इतिहास के साथ जोड़ा जाए और इनकी भिन्नताओं को दोनों मतों के पनपने वाले क्षेत्रों के विशेष इतिहास के संदर्भ में देखा जाए।' ऐसा करने के पश्चात ही हम प्रसार के प्रश्न को अलग से समझने की स्थिति में होंगे। (46.120-1)

हमने उपरोक्त उद्धरण के कुछ अंशों पर विशेष बल दिया है क्योंकि हो सकता है कि यह ताओ-वाद का प्रादुर्भाव भारतीय तंत्रवाद में होने की संभावना के बारे में नीधम की धारणा पर शब्दशः टिप्पणी हो। फिर भी ऐसा नहीं प्रतीत होता कि स्वयं नीधम को प्रसार संबंधी अवधारणा में कोई विशेष विश्वास रहा होगा। 'कुआन त्जू' (एक ताओवादी पुस्तक) और मिलेटस के थेल्स के विचारों के बीच समानता की चर्चा करते हुए उनका कहना है : 'मैं यह विश्वास नहीं करता कि विचारों के प्रसार का कोई प्रश्न हो सकता है। समान विचारों वाले लोग समान समस्याओं पर सोचते हुए समान परिणामों पर पहुंचेंगे ऐसी अपेक्षा की जा सकती है।' (54. ii. 42) यह

निश्चय ही सत्य है। किंतु हमें इस कथन के निहितार्थ को ताओवाद और तंत्रवाद के बीच संबंध के प्रश्न पर भी क्यों नहीं लागू करना चाहिए ?

13. शारीरिक श्रम और आदिविज्ञान

नीधम ने जितनी भी बातें कहीं हैं उनमें से सबसे अधिक चौंका देने वाली बात ताओवादियों की राजनीतिक स्थिति के संबंध में है। इस तथ्य को ध्यान में रखते हुए इसका विशेष महत्व हो जाता है, जैसाकि स्वयं नीधम ने विशेष बल देते हुए कहा है कि उनकी राजनीतिक स्थिति को उनकी आदिविज्ञान संबधी प्रवृत्तियों से अलग नहीं किया जा सकता। कहा जाता है कि ताओवादी समाज से पृथक होकर जीवन व्यतीत करते थे। संभवतः ऐसा रहा हो। किंतु इसका कारण यह है कि 'वे सामंतवादी समाज के ढांचे के ही विरुद्ध थे और समाज से अलग हो जाना उनकी ओर से एक प्रकार से विरोध प्रकट करने का एक तरीका था।' (वही. ii. 86) ताओवादियों ने सामंतों और उनके सैद्धांतिक प्रवक्ताओं, 'प्रबुद्ध ऋषियों और धर्मपरायण विद्वानों' की बड़ी तीव्र आलोचना की। इससे हमें शासक जातियों के दावों और पूर्वग्रहों की लोकायत और सहजिया मत द्वारा की गई आलोचना का स्मरण हो आता है। दो उदाहरण देखिए :

> निर्लज्ज लोग संपन्न बन जाते हैं। वाकपटु लोग उच्च अधिकारी बन जाते हैं।...छोटे मोटे चोरों को कारावास में डाल दिया जाता है, किंतु बड़े डाकू सामंत स्वामी बन जाते हैं और इन्हीं सामंतों के द्वार पर आपको 'धर्मपरायण विद्वान' नजर आएंगे। (वही. ii. 102)
>
> जिन लोगों को साधारण जन ज्ञानी पुरुष कहते हैं क्या वे इन बड़े चोरों के लिए कर उगाहने वाले लोग नहीं बन जाते ? और जिन्हें ऋषि मुनि समझा जाता है क्या वे इन बड़े चोरों के हितों के रक्षक नहीं सिद्ध होते ? यहां तो एक व्यक्ति (अपनी करधनी के लिए) एक बकसुआ चुराता है तो उसे मृत्युदंड दे दिया जाता है और उधर दूसरा व्यक्ति जो पूरा राज्य ही चुरा लेता है वह उसका राजा बन जाता है और ऐसे ही राजाओं के द्वार पर हम दया और सदाचरण का उपदेश सुनते हैं। क्या यह दया, सदाचार, प्रज्ञा, बुद्धिमत्ता और ऋषि मुनियों जैसे आचरण की चोरी नहीं है ? (वही)

सामंतवाद के विरुद्ध इस तीखी आलोचना के साथ ही ताओवादियों ने कौन सा विकल्प सुझाया था ?

> उन्होंने किसी नई बात का प्रस्ताव नहीं रखा, उन्होंने प्रगतिशील होकर नहीं देखा, और स्पष्ट रूप से कहा जाए तो वे इन्हीं बातों के कारण क्रांतिकारी नहीं कहे जा सकते; वे प्रतिगामी थे और जिस प्रकार के समाज की ओर वे लौटना चाहते थे वह आदिम जनजातीय समूहवाद के अलावा और कुछ नहीं हो सकता था। (वही. ii. 104)

समाज के वर्गीकृत होने से पूर्व के काल में इस समूहवाद का विचार ताओवादियों को कहां से प्राप्त हुआ ?

> यदि इस बात पर विश्वास करना कठिन है कि समाज के वर्गीकृत होने से पूर्व यह सामाजिक एकता की प्राचीन भावना की स्मृति काफी लंबे समय तक बनी रही होगी और इसने ताओवादियों को प्रेरित किया होगा तो हमें याद रखना चाहिए कि जो समूह इस प्रकार का जीवन व्यतीत कर रहे थे वे सामंती युग तक के चीनी समाज की बाह्य परिधि में बने रहे होंगे। इसमें कोई संदेह नहीं कि 'बर्बर लोग' जिनके विरुद्ध सामंतों ने बहुधा संघर्ष किया, ऐसा जीवन बिता रहे थे। (वही)

और भी उदाहरण इस संदर्भ में विचारणीय हैं :

> कई युगों के उन चीनी लेखकों के उद्धरण देना संभव है जो अपने काल की प्रथाओं को अपने प्राचीन युग से चली आ रही मानते हैं। (वही. ii. 104 टि.)

नीधम ने कई उल्लेखनीय अंशों का हवाला दिया जिनसे यह पता चला कि ताओवादियों की परंपरा में इस आदिम साम्यवाद की स्मृति कितनी प्रबल बनी रही और उनकी राजनीतिक प्रेरणा की जड़ें स्पष्टतः इसी में थीं। एक उदाहरण देखिए :

> संसार एक अविभक्त समष्टि था, एक विशुद्ध समूह जो टूटकर बिखरा हुआ नहीं था, भांति भांति के लोगों में अभिन्नता थी और सृष्टि की सभी वस्तुएं फल-फूल रही थीं। (वही. ii. 107)

ताओवादी पुस्तकों में कुछ पौराणिक विद्रोहियों का उल्लेख है जिनके विरुद्ध प्रारंभिक पौराणिक राजाओं को युद्ध करना पड़ा और उन्होंने इन विद्रोहियों का विनाश किया। (वही. ii. 115 और आगे) नीधम ने कहा कि यह संभव है 'कि हम इन पौराणिक प्रतीकों के पार्श्व में सामंती युग के पूर्व के अविभक्त समाज के नेताओं को देखें। (वही. ii. 119) इसके अलावा यह उल्लेखनीय है कि इन पौराणिक नामों का प्रत्यक्ष संबंध श्रमिक वर्ग से था (वही. ii. 117) : अर्थात उन लोगों से जिन्होंने धातु विज्ञान और धातुओं के हथियारों का आविष्कार किया, जिन्होंने नदियों के पुश्ते बांधने और दीवारें बनाने की विधि निकाली, जो लोग प्रमुख शिल्पी थे अर्थात तांबे की वस्तुएं बनाते थे। (वही. ii. 115-7) इनमें से एक नाम था कुंग कुंग जिसका शाब्दिक अर्थ था सामुदायिक श्रम। (वही. ii. 117)

इससे नीधम ने एक अत्यंत महत्वपूर्ण तर्क प्रस्तुत किया :

> यदि ताओवादियों के विचार वास्तव में राजनीतिक थे, और मैं समझता हूं कि यह सत्य है, तो हमें इनके और श्रमिक वर्ग के बीच घनिष्ठ संबंध होने के कुछ लक्षण मिलने की आशा होनी चाहिए। इस प्रकार के लक्षण विद्यमान हैं। (वही. ii. 120)

दो दार्शनिकों ह्सू ह्सिंग और छेन ह्सियांग (ईसा पूर्व 300) की गति विधियों में हमें सहकारिता के आधार पर कृषि कार्य किए जाने का कुछ धुंधला सा चित्र देखने को मिलता है जो इंगलैंड में 17 वीं शताब्दी में हुए खनिज आंदोलन की याद को ताजा करता है। (वही) कहा जाता है कि ये दार्शनिक किसान संप्रदाय के थे। किंतु हम देख सकते हैं कि ताओवादियों के साथ उनका घनिष्ठ संबंध रहा होगा।' (वही)

> शारीरिक श्रम और शिल्प विद्या के साथ ताओवादियों का एक और संबंध एक अति प्रचलित कहानी में भी देखा जा सकता है। इस प्रकार की कहानियां इतनी प्रचलित हैं कि इन्हें 'शिल्प कथाएं' कहा जा सकता है। इनकी मुख्य विषयवस्तु यही है कि विशिष्ट शिल्प सिखाए या हस्तांतरित नहीं किए जा सकते। किंतु ताओ पर सूक्ष्म एकाग्रता केंद्रित करके इनमें दक्षता प्राप्त की जा सकती है। यह ताओ सभी प्रकार की प्राकृतिक वस्तुओं में विद्यमान है। (वही)

ऐसी शिल्प कथाएं कसाई, संगीतज्ञ, टिड्डी पकड़ने वाले, नाविक, तैराक, तलवार, घंटियों के स्तंभ, तीर आदि बनाने वाले, रथकार, जानवरों को पालतू बनाने वाले तथा गणितज्ञों के संबंध में हैं। (वही. ii. 1[illegible]) नीधम ने संक्षेप में कहा : 'जो भी हो, बाद की सभी शताब्दियों के दौरान भौतिक वस्तुओं का उत्पादन और शारीरिक श्रम ताओवादी समाज की विशिष्टता बने रहे।' (वही)

शारीरिक श्रम और भौतिक वस्तुओं के उत्पादन के साथ ताओवादियों का यह संबंध अत्यंत महत्वपूर्ण है। इसी में हमें उनकी वैज्ञानिक या आदिवैज्ञानिक विश्व दृष्टि का संकेत मिलता है।

श्रम में एक प्रकार की वस्तुनिष्ठ बाध्यता होती है, यानी श्रम द्वारा वस्तुओं को अपने लिए उपयोगी बनाया जाता है। मनुष्य जब बाह्य जगत की वस्तुओं पर कार्य करता है तो वह उनकी सत्यता को समझने लगता है। अन्य शब्दों में, 'श्रमरत मनुष्य की चेतना इस जगत के ठोस भौतिक पदार्थों पर केंद्रित रहती है और वह परलोक या अन्य भाववादी कल्पनाओं में नहीं उलझती। जब सामाजिक विकास की प्रक्रिया के परिणामस्वरूप श्रम को घृणा की दृष्टि से देखा जाने लगता है, इसे पतन और हीनता का परिचायक समझा जाता है तो मानव चेतना अर्थात शासक वर्ग की चेतना अपने आपको श्रमरत होने की सीधी जिम्मेदारी से दूर हटा लेती है। यह शासक-वर्ग स्वयं को श्रम द्वारा ठोस भौतिक आवश्यकताएं जुटाने के कर्तव्य से मुक्त कर लेता है और अपने आपको सर्वशक्तिमान समझने लगता है। उसके अंदर यह गर्व आ जाता है कि वह इस बाह्य जगत का स्रष्टा है। (3. 328-9; 80. 19-20) यह भाववादी दृष्टिकोण है। जब चेतना के स्थान पर ईश्वर या आत्मा अथवा जीव शब्द का प्रयोग होने लगता है तो यह अध्यात्मवाद कहलाता है।

यह देखना कठिन नहीं है कि ऐसे दृष्टिकोण के आधार पर विज्ञान का विकास क्यों असंभव है। जब सारे विश्व को ही केवल चेतना अर्थात मानस, आत्मा या परमात्मा से उत्पन्न समझा जाता है तो यह एक मायाजाल या कल्पना चित्र से अधिक कुछ नहीं हो सकता और इसलिए इसके नियमों तथा रहस्यों को जानने के गंभीरतापूर्वक प्रयत्न करना व्यर्थ है। इसीलिए विश्व को नकारने वाले बौद्ध धर्म के चीन पहुंचने पर इस वैज्ञानिक अनुमान का इतना विरोधी हो गया। (54. ii. 396, 403) किंतु ताओवादियों की स्थिति भिन्न थी। सदा की भांति भौतिक वस्तुओं का उत्पादन और शारीरिक श्रम करते हुए वे स्वाभाविक सहज भौतिकवादी दृष्टिकोण भी बनाए रख सके जिसके आधार पर विज्ञान या आदिविज्ञान का विकास करना संभव था। जैसाकि नीधम ने कहा : 'सबसे निचले स्तर पर शिल्पी और ताओवादी यही विश्वास लेकर इकठ्ठ खड़े थे कि ताओ प्राकृतिक वस्तुओं में है और यह पारलौकिक तथा अनुभवातीत नहीं है' (वही. ii. 123) नीचे हम ताओवादियों के लेखांशों में से इस सहज स्वाभाविक भौतिकवाद का एक अत्यंत श्रेष्ठ उदाहरण देते हैं :

> सारा श्रम (निर्माण का) सभी महीनों और वर्षों के दौरान प्राकृतिक वस्तुओं की संभाल पर लगाया जाता है। किंतु लोग कहते हैं कि प्राकृतिक वस्तुओं के साथ बंध जाना उचित ताओ नहीं है। किंतु मेरा विश्वास है कि उचित ताओ, प्रकृति द्वारा दी गई वस्तुओं के प्रति निष्ठावान होने में है। यदि ऐसा न होता तो लोगों को साधारण दैनिक वस्तुओं का उपयोग करना न आता। यहां तक कि कंफ्यूशियसवादी विद्वान भी एक क्षण के लिए व्यावहारिक उपयोग की इन वस्तुओं से अलग नहीं हो सकते। (वही)

यह शारीरिक श्रम की प्रक्रियाओं द्वारा उत्पादित सहजस्फूर्त भौतिकवाद है। इसीके आधार पर ताओवादियों ने अपने वैज्ञानिक या आदिवैज्ञानिक दृष्टिकोण का विकास किया। प्राचीन चीन में लोकतंत्र और विज्ञान के संबंध में नीधम की समापन टिप्पणी विस्तार से दिए जाने योग्य है :

> ...विज्ञान के विकास के लिए विद्वान और शिल्पी के बीच के अंतर को पाटने की आवश्यकता है। यह एक ऐसा पक्ष है जिसपर हम फिर सोचेंगे, किंतु यहां यह उल्लेख करना आवश्यक है क्योंकि कंफ्यूशियसवादी लोग शिक्षित प्रशासकों के ही पक्ष में थे और शिल्पियों तथा श्रमिकों के साथ उनकी सहानुभूति नहीं थी। दूसरी ओर जैसाकि हम देख चुके हैं ताओवादियों का घनिष्ठ संपर्क इन्हीं लोगों से था (यह सुकरात से पूर्व के ग्रीस में प्रकृति दार्शनिकों जैसा ही एक और उदाहरण है)। यह प्रवृत्ति बाद के चीन के सारे इतिहासों में

पाई गई।···संपर्क संबंधी कुछ अन्य बातें भी उठाई जा सकती हैं। किंतु यह संकेत देने के लिए काफी कुछ कहा जा चुका है कि अपने पुरातन रूप में ताओवाद का संबंध प्रारंभिक चीनी विज्ञान और शिल्पविद्या के साथ तथा पूर्व सामंती चीनी समाज के प्राचीन समतावाद के आदर्शों के साथ होना कोई संयोग की बात नहीं है। (वही. ii. 131-2)

संभवतः इस अंतिम बात को और अधिक स्पष्ट करने की आवश्यकता है। वह कौन सी बात थी जिससे आदि विज्ञान और ताओवाद के आदि सामूहिक समाज के आदर्श के बीच संपर्क स्थापित हुआ ? इसका उत्तर आदि सामूहिक समाज में शारीरिक श्रम के प्रति दृष्टिकोण में मिलेगा। नीधम ने ताओवादियों के दो अत्यंत उल्लेखनीय प्रमाण दिए हैं :

'छिएन हान शू' में संदर्भग्रंथ सूची के संकलनकर्ता ने कृषि संप्रदाय के अनुयायियों के संबंध में कहा है, 'वे ज्ञानी राजाओं को महत्वपूर्ण नहीं मानते थे। वे तो चाहते थे कि राजा और प्रजा दोनों मिलकर खेतों में हल चलाएं। इसी इच्छा की पूर्ति के लिए उन्होंने छोटे या बड़े वर्गों में समाज का विभाजन करने की व्यवस्था को उखाड़ फेंका'। (वही. ii, 121)

(प्राचीन काल में) लोग स्थिर प्रकृति के थे। वे अपने लिए स्वयं कपड़े बुनते और अन्न पैदा करने के लिए खेत जोतते थे। इसी को हम सामूहिक जीवन की अच्छाई कहते हैं। वे लोग संगठित होकर एक ही समूह में रहते थे। इसी को हम प्राकृतिक स्वतंत्रता कहते हैं। (वही. ii, 106)

मार्क्सवादी विचारधारा के अनुसार आदिम समाज को विचार व्यवहार, और मानसिक श्रम और शारीरिक श्रम को एक दूसरे से पृथक होते देखना था। ऐसी ही समाजव्यवस्था में ताओवादी अपनी प्ररणा खोज रहे थे। किंतु आदिम समाज की विचारधारा जादू-टोना है और नीधम ने बार बार यही कहा है कि ताओवादियों का आदिविज्ञान भी चमत्कार या जादू-टोने पर आधारित था। वास्तव में चीन का ताओवाद मुख्यतया जादू-टोने पर आधारित होने के कारण भारतीय तंत्रवाद के साथ अत्यधिक समानता रखता था। इसी प्रकार हम देखेंगे कि तंत्रवाद भी भारतीय दार्शनिक परंपरा में आदि वैज्ञानिक प्रवृत्ति का प्रतिनिधित्व करता था। यदि यह सब कुछ विचित्र और उलझावपूर्ण प्रतीत होता है तो इसका असली कारण यह है कि आज का मनुष्य इस आदिम जादू-टोने के वास्तविक महत्व को गलत समझता है। इसमें कोई संदेह नहीं कि जादू-टोना अज्ञान पर आधारित है। किंतु अज्ञानता तो एक बात है जबकि भाववाद या अध्यात्मवाद बिल्कुल अलग बात है। जैसाकि फ्रेजर ने ध्यान आकृष्ट किया :

हमें प्राकृतिक नियम या विचार के बारे में इस आधुनिक धारणा का संकेत मिल सकता है कि किसी व्यक्ति विशेष के हस्तक्षेप के बिना ही प्राकृतिक घटनाएं एक निश्चित अपरिवर्तनीय और अनिवार्य क्रम में घटती हैं। (58.10)

इस प्रकार मूलतः यह आधुनिक विज्ञान की अवधारणा के समरूप है। सारी प्रणाली प्रकृति के सुविन्यस्त क्रम और नियमानुवर्तिता में निहित वास्तविक तथा दृढ़ विश्वास पर आधारित है—जादू-टोने में सबसे बड़ी गलती यह सोचने में नहीं है कि प्राकृतिक घटनाएं सामान्यतः एक नियमबद्ध क्रम में होती हैं, बल्कि त्रुटि यह है कि इस घटनाक्रम का नियंत्रण करने वाले विशिष्ट नियम को पूर्ण रूप से गलत समझा जाए। (वही. 49)

इसी दृष्टिकोण से फ्रेजर ने जादू-टोने को विज्ञान का निकटतम संबंधी बताया। (वही. 50) फिर भी फ्रेजर ने जादू-टोने को मुख्यतया स्वनिर्मित प्रक्रिया माना। उन्होंने इस प्रश्न को हल करने का प्रयत्न नहीं किया कि जादू-टोने में अपनी ही असंस्कृत और अज्ञान की परिस्थितियां होते

हुए भी यह विज्ञान के इतने निकट कैसे बना रहा ? इसी विषय पर नीधम के विश्लेषण से हमें सहायता मिलती है।

नीधम ने कहा कि 'प्रारंभिक चरणों में विज्ञान और जादू-टोने में कोई भेद करना असंभव है। (54. ii. 34) उनका कहना है कि यह एक ऐसी बात है जिसके महत्व पर 'बहुत अधिक बल नहीं दिया जा सकता। (वही. ii. 83) इस प्रकार ताओवाद, जो मूल रूप से जादू-टोना था, (वही. ii 83 और आगे 132 और आगे) भी इस प्रकार का आदिविज्ञान था। (वही. ii, 68-9) किंतु प्रश्न यह है कि यह आदिविज्ञान किस प्रकार था। जादू-टोना और विज्ञान प्रारंभ में ऐसे अविभाज्य कैसे हो गए ? यदि विज्ञान का आधार सहजस्फूर्त भौतिकवादी दृष्टिकोण है, और यदि जादू-टोना मुख्यतया विज्ञान का निकटतम संबंधी है, तो यह जादू-टोना ही पहले इसी सहजस्फूर्त भौतिकवाद पर आधारित रहा होगा। और इस संबंध में कोई रहस्यवादी बात नहीं है क्योंकि यह सहजस्फूर्त भौतिकवाद श्रम प्रक्रिया से उत्पन्न होता है। आदिम समाज में तब तक श्रम को हीन भाव से नहीं देखा जाता था; जादू-टोना जो इसकी एक विशेषता थी उसे भी सहज भौतिकवादी बने रहना पड़ा। इसलिए यह विज्ञान के अत्यधिक निकट था। हमें नीधम के इस साहसपूर्ण कथन को इसी दृष्टिकोण से समझना है कि 'जादू और विज्ञान मूलत: शारीरिक श्रम के अंतर्गत एक अभिन्न प्रक्रिया के रूप में संगठित थे'। (वही. ii. 426) वर्गीकरण होने से पहले के समाज के विघटन के साथ ही श्रम को हीन भाव से देखा जाने लगा। आदिम जादू-टोने या आदिविज्ञान का स्थान धर्म और भाववादी दृष्टिकोण ने ले लिया। ताओवाद, जिसकी जड़ें वर्गीकृत समाज से पहले की व्यवस्था में थी, जिसमें 'राजा और प्रजा को मिलकर खेतों में हल चलाना होता था' में परलोक संबंधी बातों के लिए स्वभावत: कोई स्थान नहीं था। यह स्पष्ट रूप से जादू था। किंतु साथ ही यह आदिविज्ञान भी था। बाद में यद्यपि उच्च वर्गों और उनके सैद्धांतिक प्रवक्ताओं द्वारा इसके प्रति घृणा का भाव व्यक्त किया गया, फिर भी श्रमिक वर्ग के साथ इसके संबंध बने रहे।

नीधम ने इन अत्यंत महत्वपूर्ण बातों के संबंध में किस प्रकार तर्क दिए, यह एक ऐसा प्रश्न है जिसके विस्तार में हम यहां नहीं जा सकते। और यह भी दुर्भाग्य की बात है कि उन्होंने जिन विलक्षण ताओवादी लेखांशों का उल्लेख किया और उनकी पुनर्व्याख्या भी की, हम उद्धृत नहीं कर सकते। वास्तव में हमारे लिए महत्वपूर्ण बात यह है कि उनके विश्लेषण से हम उन निहितार्थों को निकालें जो तंत्रवाद को समझने के लिए विशेष रूप से सहायक हो सकते हैं।

हमने कृषि के संबंध में शारीरिक श्रम में तंत्रवाद के स्रोत खोजने का प्रयत्न किया है। प्रारंभिक चरण में ये श्रम क्रियाएं जादू-टोने की आस्था और उससे संबद्ध क्रियाओं से भरी पड़ी थी। किंतु अज्ञानता और असभ्यतापूर्ण परिकल्पनाओं से ओत-प्रोत होते हुए भी कृषि संबंधी जादू-टोना, जिससे तंत्रवाद उपजा (क्योंकि इसका संबंध शारीरिक श्रम से था), सहज भौतिकवाद बना रहा। इस सहज भौतिकवाद के लक्षण तंत्रवाद के देहवाद में मुखर हुए जो, जैसाकि हम देख चुके हैं, प्राचीन कृषि संबंधी जादू-टोने के वैचारिक पक्ष के तुरंत बाद आया। बाद में यही तंत्रवाद परिवर्तित सामाजिक वातावरण में रहते हुए ठीक अपने ही विरोधी पक्ष में बदल गया। जो पहले सहज भौतिकवाद था वह बाद में भक्ति, पूजा, मोक्ष और न जाने अन्य कौन से आध्यात्मिक विचारों को ग्रहण करने लग गया। फिर भी मूल भौतिकवाद के अवशेष कभी पूर्ण रूप से विलुप्त नहीं हुए क्योंकि बाद के समय में भी तंत्रवाद के संबंध घृणित जातियों और श्रम-रत लोगों के साथ बने रहे। यदि ऐसा था तो हम तंत्रवाद को भारत की सांस्कृतिक परंपरा में वैज्ञानिक या आदिवैज्ञानिक प्रवृत्ति के साथ घनिष्ठ रूप से संबद्ध देखने की अपेक्षा कर सकते हैं।

13. आदिवैज्ञानिक प्रवृत्ति

नीधम का कथन है :

> स्वाभाविक है कि विक्टोरिया काल के विद्वान तंत्रवाद के बारे में बड़े आतंकित होकर बात करते थे। किंतु हम पूछ सकते हैं कि क्या ये विचार विश्व के बारे में चमत्कारी-वैज्ञानिक मत से संबद्ध नहीं थे ? वैसे इन विचारों को हम पाल द्वारा प्रतिपादित यौनविरोधी भावनाओं से दो हजार वर्ष तक प्रभावित सभ्यता के मानडंडों से नहीं आंक सकते। मैं पाठकों को स्मरण कराना चाहूंगा कि रसविद्याशास्त्रियों की भाषा में यौन प्रतीकों ने कितनी महान भूमिका निभाई है, यद्यपि इस बात का अनुमान तक नहीं लगाया गया है। कहीं ऐसा तो नहीं था कि स्त्री-पुरुष के संभोग को देखकर ही यह विचार बना हो कि विभिन्न रसायनों के बीच एक-दूसरे पर क्रिया-प्रतिक्रिया होती हैं ? (वही. ii. 426)

फिर चीन में तंत्रवाद के प्रणेताओं की चर्चा करते हुए उन्होंने कहा :

> ...सबसे प्रमुख तांत्रिक था भिक्षु इ-हुसिंग। (672-717 ई०) वह अपने समय में चीन का महानतम खगोलशास्त्री और गणितज्ञ था। इसी तथ्य को देखकर हमें कुछ सोचने के लिए बाध्य हो जाना चाहिए, क्योंकि इससे हमें सभी प्रकार के पर्यवेक्षणात्मक तथा प्रयोगात्मक विज्ञानों के लिए बौद्ध धर्म के इस रूप के संभावित महत्व का कुछ संकेत मिलता है। यदि इसमें किन्हीं रासायनिक संबंधों का पता न चले तो यह आश्चर्य की बात होगी...। (वही. ii. 427)

वास्तव में इसी रसविद्या के क्षेत्र में तांत्रिकों ने भारतीय विज्ञान को अपना उल्लेखनीय योगदान किया। रे ने अपनी पुस्तक 'हिस्टरी आफ हिंदू केमेस्ट्री' में इस विषय पर विस्तार से लिखा है। रे ने कहा, 'भारतीय रसविद्या को अधिकांश संपन्नता इसी से मिली है' (118.i. भूमिका. xxxv), अर्थात् तंत्रवाद से। तांत्रिक संप्रदाय, एक ओर तो रासायनिक प्रक्रियाओं और दूसरी ओर विकृत अश्लील और कभी कभी घृणास्पद क्रियाओं का विचित्र सम्मिश्रण है। (वही. i. भू. xxxviii) रासायनिक ज्ञान के दृष्टिकोण से सबसे महत्वपूर्ण तांत्रिक ग्रंथ ईसवी सन की आठवीं शताब्दी का है जिसका नाम था 'रसरत्नाकर'। (117.311) किंतु ऐसे कई अन्य ग्रंथ थे। रे ने कहा कि 'एक विस्तृत सूची देना लगभग असंभव है'। (118.ii, भू. xcvi) स्वयं रे ने जिन ग्रंथों के आधार पर अपनी पुस्तक लिखी वे मुख्यतया इस प्रकार हैं : 'रसरत्नाकर' (वही. ii. 1) 'रसार्णव', (वही. ii. 9) 'काकचंदेश्वरी मततंत्र' (वही. ii. 12) 'रसेन्द्रचूड़ामणि', (वही. ii. 14) 'रसप्रकाशसुधाकर' (वही. ii. 16) आदि। उन्होंने ऐसे अधिक महत्वपूर्ण ग्रंथों और उनके लेखकों के नामों की सूची तैयार की। इस सूची में कम से कम दो दर्जन नाम हैं (वही. ii. भू. xcvi)। इनमें से कुछ ग्रंथ तो अपने मूल रूप में विलुप्त हो चुके हैं किंतु तिब्बती भाषा में ये सुरक्षित हैं। कुछ अन्य लेखकों की कृतियों में प्रमुख रसायनशास्त्रियों के नाम और उनके योगदान का ब्योरा सुरक्षित है :

> वास्तव में बहुत से रसायन तथा औषधि ग्रंथों में कई नाम हैं जिनमें से कुछ ग्रंथ भावी पीढ़ियों को उपलब्ध हुए हैं। ये ग्रंथ कुछ महत्वपूर्ण आविष्कारों और विभिन्न धातुओं से बनाए गए पथ्यों के गुणकारी प्रभावों के कारण अगली पीढ़ियों को सौंपे गए। (वही. ii. भू. xcv)

मध्य भारत में नालंदा उदंतपुर और विक्रमशिला तथा मगध विश्वविद्यालय तंत्रवाद के विकास के प्रमुख केंद्र बन गए जिनमें, 'रसविद्या पाठ्यक्रम का एक अभिन्न विषय थी।' ऐसा अनुमान है कि वहां से इसका प्रसार दक्षिण भारत और तिब्बत (भोट) में हुआ।

(वही. ii, भू. xlix) दक्षिण भारत में तांत्रिक रहस्यवाद के विकास का हमारे लिए कुछ विशेष महत्व है और इस पर हम संक्षेप में विचार करेंगे। प्रारंभिक मध्ययुगीन बंगाल के चर्या गीतों की भांति तमिल साहित्य में बहुत सी काव्य रचनाएं सुरक्षित हैं जिन्हें उस समय के महान दक्षिण भारतीय तांत्रिकों की कृतियां माना जाता है। तमिल में उन्हें सित्तर (संस्कृत शब्द 'सिद्ध' यानी तंत्रवाद के महान ज्ञाता) कहा जाता था जो चर्या गीतों के सिद्धाचार्यों के समकक्ष थे। इनके संक्षिप्त वर्णन के लिए हम अय्यर के आभारी हैं। (117. 125-6)

इन तांत्रिक कृतियों में उल्लिखित 18 सित्तरों में से तमिल में एक का नाम था बोगर। कहा जाता है कि उसने कई औषधि तथा रसायन ग्रंथ लिखे। इन स्रोतों के अनुसार, वह असल में चीनी था जो ईसवी सन की तीसरी शताब्दी में भारत आया था। प्रारंभ में वह कुछ समय तक पटना और गया में रहा। ये ऐसे इलाके थे, जहां उन दिनों बौद्ध धर्म का अत्यधिक प्रभाव था। किंतु बोगर की कृतियों में कहीं भी बौद्ध धर्म का प्रभाव दिखाई नहीं देता। फिर उसने दक्षिण भारत जाकर वहां के सित्तरों से तंत्रवाद की दीक्षा ली। अंततः वह स्वयं एक अग्रणीय 'सित्तर' बन गया। उसने न केवल रसायनशास्त्र और औषधिविज्ञान पर पुस्तकें लिखी बल्कि ऐसा विश्वास किया जाता है कि स्वयं दक्षिण भारत के 'सित्तरों' ने इन विषयों के बारे में उससे बहुत कुछ सीखा :

> बताया जाता है कि वह अरब देश भी गया और फिर वहां से अपने देश लौटा। ऐसा भी माना जाता है कि उसके कुछ तमिल शिष्य उसके साथ ही चीन गए और कुछ तांत्रिक कलाएं सीखकर तमिलनाडु लौटे। (वही. 126)

दक्षिण भारतीय 'सित्तरों' में अकेला बोगर ही चीनी नहीं था। अय्यर ने एक और नाम का उल्लेख किया है जिसे तमिल में पुलिपानी कहा गया। ऐसा समझा जाता है कि वह बोगर के साथ ही भारत आया और तमिलनाडु में बस गया। स्पष्ट है कि वह भी कार्य करते करते उसी प्रकार 'सित्तर' के दर्जे तक पहुंच गया। जादू-टोने, औषधिविज्ञान और रसविद्या के बारे में कई कृतियां उसी की लिखी हुई हैं। ये भी तमिल में है और कहने की आवश्यकता नहीं कि ये तांत्रिक दृष्टिकोण से लिखी गईं। तमिल 'सित्तरों' की अधिकांश कृतियां दक्षिण भारत के विभिन्न पांडुलिपि पुस्तकालयों और मठों में आज भी बिखरी पड़ी हैं। यदि इनका समुचित ढंग से संपादन और विश्लेषण किया जाए तो ये भारतीय विज्ञान के इतिहास के पुनर्निमाण के लिए बहुत समृद्ध सामग्री देगी। एक सूचना स्रोत के रूप में उनका कितना महत्व है, इसका कुछ आभास हमें निम्नलिखित बात से मिल सकता है।

रेड्डी ने इस तरह की 27 पांडुलिपियों की एक सूची, और इनके विषय क्या हैं, के संबंध में लिखित टिप्पणियां हाल में प्रकाशित की हैं। (वही. 127) इन टिप्पणियों में भारतीय औषधि विज्ञान, रसविद्या और रसायनविज्ञान से संबद्ध महत्वपूर्ण जानकारी है। रेड्डी ने 38 और पांडुलिपियों का उल्लेख किया और कहा कि उनमें भी ऐसी ही सामग्री भरी पड़ी है। इस प्रकार तमिल 'सित्तरों' की इन कृतियों का दोहरा महत्व है। एक तो इनसे संकेत मिलता है कि भारत और चीन के बीच किसी न किसी तरह का वैज्ञानिक या आदिवैज्ञानिक विचारों का आदान-प्रदान होता था। 18 दक्षिण भारतीय 'सित्तरों' में से कम से कम दो तो निश्चित रूप से चीनी थे। क्योंकि तमिल स्रोतों ने इनके संबंध में जो तिथियां दी हैं वे यद्यपि विवादास्पद हो सकती हैं तो भी इस तथ्य की सत्यता पर संदेह करने का कोई आधार नहीं है कि बोगर और पुलिपानी मूलतः चीन से आए थे। दूसरी बात यह है कि इन तमिल स्रोतों के प्रमाण के अनुसार वैज्ञानिक जानकारी का आदान-प्रदान तंत्रवाद के माध्यम से हुआ। तो स्वाभाविक अनुमान यही

है कि तंत्रवाद में कुछ ऐसी विशेषता निहित थी जिसने वैज्ञानिक प्रवृत्ति के विकास को प्रोत्साहन दिया। वैसे भी तमिल 'सित्तर' शंकर के भाववादी दर्शन के कट्टर विरोधी थे। (वही. 126) और बोगर, जैसाकि हमने देखा, बौद्ध धर्म द्वारा कतई प्रभावित नहीं थे।

हमने यह बताने का प्रयत्न किया है कि तंत्रवाद में ऐसी कौन सी बात थी जिसने वैज्ञानिक प्रवृत्ति के विकास को प्रोत्साहन दिया। जो पाठकगण भारतीय औषधिविज्ञान रसविद्या और रसायनशास्त्र में तांत्रिकों के योगदान के संबंध में और विस्तृत जानकारी प्राप्त करना चाहते हों उन्हें रे की पुस्तक पढ़नी चाहिए। हमारे लिए यहां तांत्रिकों द्वारा निकाले गए विशिष्ट रासायनिक प्रक्रियाओं की बारीकियों में जाने की आवश्यकता नहीं है। इसकी बजाए हम साधारण सैद्धांतिक रुचि के कुछ व्यापक प्रश्नों तक ही अपना विचार सीमित रख सकते हैं।

यह सच है कि रसविद्या पर आधारित तंत्रों ने भी तथाकथित हिंदू या बौद्ध तंत्रों वाला ढंग अपनाया। इसकी विषय वस्तु बहुधा शिव और पार्वती के बीच वार्तालाप के रूप में प्रस्तुत की गई है। कहीं कहीं बुद्ध या तथागत या अवलोकितेश्वर को सर्वज्ञान स्रोत के रूप में स्मरण किया जाता है। फिर भी इन सबकी कृत्रिमता इस बात से विदित हो जाती है कि प्रायोगिक पर्यवेक्षण पर स्पष्ट रूप से बल दिया गया है और यही रसतंत्रों की स्थाई विषयवस्तु प्रतीत होती है। तांत्रिकों ने कई वास्तविक प्रयोगशालाओं के उपकरणों का आविष्कार किया था और इन्हें वे अपने रासायनिक प्रयोगों में काम में लाते थे। उन्होंने इनकी उपयोगिता और क्रिया के अनुसार इनका नामकरण किया। जैसे दोल यंत्रम, स्वेदनी यंत्रम, पातन यंत्रम अधस्पातन यंत्रम, ढेकी यंत्रम, वालुका यंत्रम, तिर्यक पातन यंत्रम, विद्याधार यंत्रम, धूप यंत्रम और कोष्ठि यंत्रम। इनके बड़े रोचक रेखाचित्र 'हिस्ट्री आफ कैमिस्ट्री इन एनसेंट ऐंड मेडेवल इंडिया', नामक पुस्तक में हैं। (वही. चित्र 30 ए, बी, डी, ई, जी इत्यादि) तांत्रिक रसविज्ञानियों ने न केवल इन उपकरणों का आविष्कार और प्रयोग किया बल्कि उन्होंने विभिन्न प्रयोगों के महत्व को सैद्धांतिक रूप दिया। 'रुद्रयमाला तंत्र' में कहा गया :

> मैंने उपरोक्त प्रयोग अपने हाथों से किए हैं और अपनी आंखों से देखे हैं। ये केवल सुनी सुनाई बातों से या किसी अध्यापक के व्याख्यान से नहीं लिखे गए हैं। इनका प्रसार और प्रचार मानव समाज के कल्याण के लिए किया जा रहा है। (वही. 157)

इसी प्रकार 'रसेन्द्रचिंतामणि' में घोषणा की गई : 'मैं केवल उन्हीं प्रक्रियाओं को प्रचारित करूंगा जिनकी सत्यता को मैं स्वयं प्रयोगों द्वारा प्रमाणित कर सका हूं। (118. ii. भू. xiv)

> एक अन्य स्थान पर इसी ग्रंथ के लेखक ने घोषणा की है कि 'पारे के केवल उन्हीं प्रयोगों को मेरी पुस्तक में स्थान मिला है जिन्हें मैं परख चुका हूं। जो लोग प्रयोग किए बिना ही अध्यापन करते हैं उनका श्रम व्यर्थ है' (वही)। क्या श्रुति और स्मृति वाले देश में इस प्रकार की बातें अत्यधिक उल्लेखनीय नहीं है? किंतु इन रसतंत्रों का सैद्धांतिक पक्ष केवल प्रयोगात्मक पर्यवेक्षण पर बल देने के साथ ही समाप्त नहीं हो जाता। इसी के अनुरूप हम इन ग्रंथों में देखते हैं कि भौतिकवादी दृष्टिकोण को सोच-समझ कर स्वीकार किया गया है, और यह विज्ञान या आदिविज्ञान का सैद्धांतिक आधार बनता है।

रे ने प्रश्न किया : 'वह कौन सी बात है जिसने तंत्रों को रसायन संबंधी ज्ञान का भंडार बना दिया? (वही. i. भू. xli) उन्होंने ठीक ही कहा कि इसका उत्तर स्वयं तांत्रिक ही दे चुके हैं। 'रसार्णव' के लेखक ने कहा :

> क्योंकि श्रेष्ठ साधक इसका प्रयोग सर्वोच्च लक्ष्य की प्राप्ति के लिए करते हैं इसलिए इसे पारद या पारा कहा जाता है।

हे देवी, मेरे ही अवयवों से उपजा यह मेरे समान है।
इसे रस कहा जाता है क्योंकि यह मेरे ही शरीर का निःस्रावण है।
यह तर्क दिया जा सकता है कि इन शब्दों का अभिधार्थ त्रुटिपूर्ण है, क्योंकि इसी जीवन में मुक्ति अथवा मोक्ष का कुछ और अर्थ भी लगाया जा सकता है।

यह आपत्ति स्वीकार्य नहीं है। दर्शन की छः प्रणालियों के अनुसार मुक्ति या मोक्ष की प्राप्ति मृत्यु के पश्चात होती है। इस धारणा पर निर्भर नहीं किया जा सकता और इसीलिए मुक्ति पाने के लिए किए जाने वाले किसी भी प्रयास या गतिविधि का परिणाम संदेहास्पद ही रहेगा।···इस मोक्ष का अनुभव ज्ञानेंद्रियों से उस प्रकार नहीं किया जा सकता जिस प्रकार कि हाथ में रखे हुए आंवले का। इसीलिए मनुष्य को पारे तथा रोपण द्रव्यों वाली औषधियों की सहायता से इस देह को सुरक्षित बनाए रखना चाहिए। (वही)

एक अन्य ग्रंथ में घोषणा की गई :

वे जिन्होंने हर और गौरी (यानी पारा और अभ्रक) के प्रभाव से, अपना शरीर त्यागे बिना नई देह प्राप्त की है, रससिद्ध के रूप में स्तुत्य हैं—
इसलिए जो साधक इसी जीवन में मुक्ति पाना चाहता है उसे पहले अपनी देह को तेजस्वी बनाना चाहिए। (वही)

यहां मोक्ष या मुक्ति संबंधी धारणा विशिष्ट रूप से देह के संदर्भ में है। तांत्रिकों की दृष्टि में मुक्ति का अर्थ था, देह का विकास और उसकी पूर्णता। जैसाकि कहा गया था : 'पारदीय (पारा युक्त) देह प्राप्त करके और उसी के साथ तादात्म्य स्थापित करने पर व्यक्ति जीवित ही मोक्ष प्राप्तकरता है।' (9.139 में उद्धृत. तुल. 117. 132, इस औषधि या रस को पीने से साधक का शरीर अक्षय हो जाता है,' तुल. 9.137, पारे को पारद कहा जाता है क्योंकि यह देहांतरगामी स्थितियों से पार ले जाने का साधन है') इस प्रकार शारीरिक अमरत्व की अवधारणा से ही तांत्रिकों को पारद (पारा) शब्द मिला। उनका कहना है कि पारे से बने मिश्रणों के उपयोग से शरीर अक्षय बन सकता है। ऐसी शारीरिक स्थिति तक पहुंचना ही सर्वोच्च लक्ष्य है। इस प्रकार,'सर्वोच्च सुख (पार) को देने वाला (द) पारद था।

हे महादेवी, देह का परिरक्षण पारद और श्वास नियंत्रण से किया जाता है। मूर्छापन्न पारद, कई रोगों का निदान करता है और जब इसे मारा जाता है, तो यह मृतक को फिर से जीवित कर देता है। (118.i. भू. xlii-ii) कोई व्यक्ति आपत्ति उठा सकता है : यदि हर और गौरी द्वारा पारद का सृजन सिद्ध किया गया है तो यह भी स्वीकार करना चाहिए कि शरीर को अजर अमर बनाया जा सकता है। किंतु इसे कैसे प्रमाणित किया जाएगा ? यह आपत्ति अस्वीकार्य है, क्योंकि इसे अठारह विद्याओं के विस्तरण से प्रमाणित किया जा सकता है। (वही i. भू. xliii)

शरीर के अमरत्व और तांत्रिकों की रसविद्या के साथ इसके संबंध का विचार, प्राचीन ताओवाद का प्रबल स्मरण कराता है। जैसाकि नीधम ने बताया, (54.ii. 139) ताओवादी, प्राणायाम, आसन, मैथुन और रसायन क्रियाओं को विशेष महत्व देते थे और ये सब भौतिक अमरत्व प्राप्त करने के लिए थीं। नीधम ने कहा कि भौतिक अमरत्व का यह विचार, 'विज्ञान के लिए असीम महत्व रखता था', क्योंकि इसने, 'रसायन विधियों के विकास को प्रोत्साहित किया'। (वही) हमने अभी देखा कि हमारे तांत्रिकों ने भी तत्ववाद के संबंध में ठीक यही बातें कही थीं। भारतीय दर्शन की भाववादी विद्याओं के अनुयायी तो देह के महत्व को गौण बताते थे, और आत्मा के

मोक्ष का स्वप्न देखते थे, किंतु इसके विपरीत तांत्रिकों ने भौतिक मानव देह (देहवाद) को सर्वोच्च महत्व देते हुए शरीर के विकास और परिष्कार (काया साधना) को ही मोक्ष कहा इसलिए कोई आश्चर्य की बात नहीं है कि ठोस भौतिक क्रियाओं में उनकी रुचि थी, जिनसे इस देह का विकास और परिरक्षण किया जा सकता था। इसी से रसायन विद्या और औषधि विज्ञान के क्षेत्र में उनका योगदान स्पष्ट होता है। संक्षेप में, तांत्रिकों का आदिभौतिकवाद उनकी आदि-वैज्ञानिक प्रवृत्तियों का सूचक संकेत था। [माध्व (9.136 – 44 में) हमें इस पारद प्रणाली के दार्शनिक आधार का विवरण देता है, किंतु चूंकि उसने इस दर्शन के आदिभौतिकवाद को महत्व नहीं दिया और इसे तांत्रिकों के देहवाद तथा काया-साधना के साथ नहीं जोड़ा इसलिए उसका विवरण भ्रामक और अधकचरा है.]

जैसाकि अपेक्षित है, यह आदिभौतिकवाद, पुरातन और सहज स्फूर्त था। तब तक यह ऐसी धार्मिक क्रियाओं में उलझा हुआ था जो एक अत्यंत पिछड़ी हुई शिल्पविधा का अंग थी। अब हम अगले अध्याय में बताएंगे कि किस प्रकार तंत्र में निहित इस पुरातन भौतिकवाद ने मूल सांख्य दर्शन में एक चेतन दार्शनिक प्रणाली का रूप ले लिया, और देश के प्रमुखतम भाववादी दर्शन अर्थात वेदांत का प्रबलतम विरोधी बन गया।

6

सांख्य : आदिभौतिकवाद से भौतिकवाद तक

> ऐसा प्रतीत होता है कि अधिकांश सांख्य साहित्य विलुप्त हो चुका है और प्राचीन काल से लेकर भाष्यकारों के युग तक परंपरा की निरंतरता भी नहीं रही है। जिस प्रकार के सुव्यवस्थित ग्रंथ हमारे पास हैं उनमें तत्व मीमांसा के चिंतन की एक महान प्रणाली का धूमिल चित्र हमें मिलता है। पद्य और रहस्यात्मकता के आवरण में इतना कुछ छिपा है कि हम इस प्रणाली का पुर्ननिर्माण करने के लिए लालायित हो उठते हैं। भाष्यकारों की टीकाओं से इस सामग्री को समझने में हमें कोई विशेष सहायता नहीं मिलती। सभी प्राचीन प्रणालियों की व्याख्या के लिए रचनात्मक प्रयत्नों की आवश्यकता है। किंतु हमारे पास जिन प्रणालियों का व्यापक साहित्य है और जिनकी परंपरा की शृंखला की निरंतरता बनी हुई है उनका पुर्ननिर्माण करने के लिए केवल विचारों का आधुनिक अवधारणाओं के अनुसार अनुवाद करना होता है। किंतु सांख्य में कई स्थानों पर खोई हुई कड़ियों को अपनी कल्पना के आधार पर जोड़ना होगा। यह जोखिम का काम है। किंतु जब तक ऐसा नहीं किया जाता तब तक सांख्य को एक दर्शन के रूप में नहीं समझा जा सकता। यह ऐसा कार्य है जिसे करना ही होगा। यह अत्यंत चित्ताकर्षक कार्य है, क्योंकि सांख्य एक साहसिक रचनात्मक दर्शन है—कृष्णचंद्र भट्टाचार्य (73.127)

'दुर्गा पूजा या काली पूजा या जगद्धात्री की पूजा के ढोल बजने की परिचित आवाज से हमें सांख्य दर्शन का स्मरण हो आता है।' उन्नीसवीं शताब्दी के बंगाल के विख्यात उपन्यासकार तथा चिंतक बंकिमचंद्र चट्टोपाध्याय [बंकिम रचनावली (बं.) ii 222] ने यह असाधारण टिप्पणी की थी। हम दुर्गा तथा अन्य देवी माताओं के संप्रदायों पर पहले ही विचार कर चुके हैं और हमने देखा है कि ये प्राचीन तंत्रवाद की उपशाखाएं थीं। किंतु तंत्रवाद में वह कौन सी बात है जो हमें सांख्य दर्शन की याद दिलाती है? बंकिमचंद्र का उत्तर था कि सांख्य दर्शन में प्रतिपादित 'पुरुष' और 'प्रकृति' के सिद्धांतों ने तंत्रवाद की नींव रखी।

1. तंत्र और सांख्य

इस बात में संदेह नहीं किया जा सकता कि तंत्रवाद की मूल सैद्धांतिक आवश्यकताओं और सांख्य सिद्धांतों के बीच आश्चर्यजनक समानता थी, वास्तव में वे एक ही थे। ये मूल अवधारणाएं थीं 'पुरुष' और 'प्रकृति' के संबंध में, और निश्चित रूप से प्राधान्य प्रकृति को मिला हुआ था। इससे स्वाभाविक रूप से तंत्र और सांख्य के बीच संबंध का प्रश्न उठता है। उन्नीसवीं शताब्दी में आम तौर पर इसका अर्थ यही था कि तंत्रवाद ने अपना सैद्धांतिक आधार सांख्य दर्शन से ग्रहण किया। बंकिमचंद्र ने इस उत्तर को स्वीकार किया। इस प्रकार, उदाहरण के लिए, क्रुक ने

'एन्साइक्लोपीडिया आफ रिलिजन ऐंड एथिक्स' में, हिंदू धर्म पर अपने निबंध में तंत्रवाद का उल्लेख करते हुए कहा :

> इसे एक दार्शनिक औचित्य प्रदान किया गया है—क्योंकि यह ब्रह्मांड की आत्मा (पुरुष) और आदि तत्व (प्रकृति) के संयोग संबंधी सांख्य सिद्धांत का लोकप्रिय रूप है। (ई. आर. ई. vi. 706. तुल. 52.i. 71)

हम तर्क देंगे कि यह विचार कितना ही प्रचलित क्यों न हो किंतु पुरुष को ब्रह्मांड की आत्मा कहना, संभवतः मूल सांख्य की भावना के अनुरूप नहीं था। इससे भी गंभीर भ्रांतिपूर्ण है यह सामान्य धारणा कि तंत्रवाद ने अपना सैद्धांतिक आधार सांख्य दर्शन से ग्रहण किया। यहां तक कि यदि कालक्रम के अनुसार देखें तो यह प्राक्कल्पना तुरंत ही संदेहास्पद हो जाएगी। हम पहले ही देख चुके हैं कि तंत्रवाद इतना प्राचीन है कि इसकी व्युत्पत्ति बहुत पुरानी सिंधु सभ्यता काल में देखी जा सकती है। और यह कहना तर्कसंगत नहीं होगा कि प्रकृति की सर्वोच्च महत्ता पहले इसमें नहीं थी।

इस प्रकार यदि तंत्र और सांख्य के बीच सामान्यतः स्वीकार्य समानता का स्पष्टीकरण हमें उचित प्रतीत नहीं होता तो क्या हमारे लिए यह उचित नहीं होगा कि हम पूर्वमान्य प्राक्कल्पन ा को उलट दें यानी यह कहें कि सांख्य दर्शन, तंत्रवाद में निहित सिद्धांतों को अधिक मुखर दार्शनिक रूप में फिर से प्रस्तुत करता है? हमारे पारंपरिक दर्शन शास्त्रों में जिसे वृद्ध सम्मति (बड़े-बूढों की सम्मति) कहा जाता है, उस संदर्भ में शुरू में ही कहा जा सकता है कि वास्तविक भारतीय दार्शनिक परंपरा में भी उपरोक्त प्राक्कल्पना का कुछ संकेत है। उदाहरण के लिए शंकर ने स्पष्ट शब्दों में कहा है कि कपिल का सांख्य दर्शन, 'तंत्र कहलाता है', (तंत्राख्य) (आन ब्र. सू. ii. 1.1) सांख्य की प्रामाणिकता का उल्लेख करते हुए उन्होंने कहा : 'ऐसी स्मृतियों को तंत्र कहते हैं जिनकी रचना ऋषि ने की थी और जिन्हें विशिष्ट व्यक्ति स्वीकार करते हैं।'

इसे इन तथ्यों के संदर्भ में समझा जा सकता है कि इसी संदर्भ में शंकर ने सांख्य दर्शन को 'कपिल का तंत्र' (कपिलस्य तंत्र, वही) कहा और किसी अन्य स्थान पर सांख्य दार्शनिकों को तंत्रान्तरिय : (वही. ii. 4.9) कहकर संबोधित किया। वस्तुतः थिबो इन अंतिम दो मामलों में तंत्र शब्द के साथ कोई तकनीकी अर्थ जोड़ने के पक्ष में नहीं थे। उन्होंने 'कपिलस्य तंत्र' का अर्थ लगाया 'कपिल की प्रणाली', (96.xxxiv. 295) और तंत्रान्तरियः को 'अन्य सिद्धांत के अनुयायी' बताया। (वही xxxviii. 86) किंतु तंत्र शब्द की व्युत्पत्ति से प्रणाली या सिद्धांत का अर्थ नहीं निकलता। शंकर ने प्रणाली या सिद्धांत के लिए आम तौर पर 'वाद' शब्द का प्रयोग किया है और यदि थिबो का अनुवाद सही है तो यह तथ्य अत्यंत उल्लेखनीय है कि शंकर ने तंत्र शब्द का प्रयोग केवल सांख्य के संदर्भ में किया, यानी उन्होंने इस शब्द का किसी अन्य प्रणाली के अर्थ में प्रयोग नहीं किया। इसके अतिरिक्त थिबो को स्वयं सिद्धांत अथवा प्रणाली के अर्थ में तंत्र के उपरिलिखित प्रयोग अनुचित लगे अतः उन्हें 'तंत्राख्य' का अर्थ लगाना पड़ा, 'वह जिसे तंत्र कहा जाता है'। (वही. xxixv.291)

किंतु इस प्रसंग में तंत्र शब्द से शंकर का अभिप्राय वास्तव में क्या था? सामान्य व्याख्या [शारीरिक भाष्य (ब.) ii. 2 टि.] यही है कि शंकर संभवतः सांख्य संबंधी एक प्राचीन ग्रंथ 'षष्टि तंत्र' का उल्लेख कर रहे थे जो अब विलुप्त हो चुका है। किंतु इस व्याख्या को स्वीकार करने में कुछ कठिनाइयां हैं। स्वयं शंकर की कृतियों में ऐसा कुछ नहीं है जिससे इस व्याख्या को उचित ठहराया जा सके। यह समझ में नहीं आता है कि शंकर यदि वास्तव में किसी निश्चित ग्रंथ का उल्लेख करना चाहते थे तो उन्होंने उसका निश्चित नाम क्यों नहीं लिया। कहीं ऐसा तो नह ीं

है कि शंकर ने तंत्र शब्द का प्रयोग केवल 'षष्टि तंत्र' के लिए किया हो ? यह युक्तिसंगत प्रतीत नहीं होता क्योंकि उनके काल में तंत्र शब्द का कोई निश्चित अर्थ रहा होगा। दूसरी बात यह है कि यह बड़ा संदेहास्पद है कि शंकर यहां किसी निश्चित ग्रंथ का उल्लेख कर रहे थे। हमें ऐसा आभास मिलता है कि शंकर इस तंत्र शब्द का प्रयोग एक व्यापक अर्थ में कर रहे थे जिसके अंतर्गत कुछ स्मृतियां भी आ जाती थीं जो यद्यपि शास्त्रों के रूप में तो नहीं थीं किंतु कुछ निश्चित स्तरीय व्यक्तियों की रचनाएं थी। इसके अलावा स्वयं 'सांख्य कारिका' के लेखक ने सांख्य दर्शन के लिए तंत्र शब्द का प्रयोग किया। (70, 'बहुधा कृत्रम तंत्रम' की एक मिश्र व्याख्या के लिए देखें 52.i. 211 तथा 20.158-9) यह एक ऐसी बात है जिसे इस तथ्य के संदर्भ में देखना होगा कि तांत्रिकों को छोड़ भारतीय दर्शन की किसी भी विधा के प्राचीन प्रणेताओं ने अपनी विद्या के लिए तंत्र शब्द का प्रयोग नहीं किया। वैसे भी 'षष्टि तंत्र' नाम अपने आपमें सांकेतिक है क्योंकि ऐसे नाम तांत्रिक ग्रंथों की विशेषताएं हैं। यह भी रोचक बात है कि 'सांख्य योग' पर एक ग्रंथ का नाम है 'पातंजल तंत्र'। (52. i. 235) रस विद्या संबंधी विषयों के भी उल्लेख हैं।

सांख्य के संबंध में इस प्रकार बार बार तंत्र शब्द का प्रयोग किया जाना कोई संयोग की बात नहीं हो सकती। हम देखेंगे कि गुणरत्न ने सांख्य पर एक अन्य विलुप्त ग्रंथ का उल्लेख किया था जिसका नाम था 'अत्रेय तंत्र'। किंतु इस सबसे अधिक महत्वपूर्ण है एक विशेष परिस्थितिजन्य प्रमाण जो हमें यह मान लेने के लिए प्रेरित करता है कि शंकर ने जब सांख्य या कपिल की प्रणाली को निश्चित शब्द में यानी तांत्रिक अर्थ में तंत्र शब्द से संबोधित किया तो वह 'ब्रह्मसूत्र' की वास्तविक भावना का प्रतिनिधित्व कर रहे थे। 'ब्रह्मसूत्र' के काफी बड़े भाग की रचना वेदांत के दार्शनिक और धार्मिक तत्वों की विरोधी विचारधाराओं का खंडन करने के लिए की गई थी। प्रत्यक्ष है कि ब्रह्मसूत्र के रचयिता विशेष रूप से उन विरोधी विचारधाराओं का खंडन करने के लिए उत्सुक थे जो उस समय अत्यंत प्रभावशाली थीं। हम पहले ही देख चुके हैं कि तंत्रवाद अत्यंत पुरातन काल से बहुप्रचलित और प्रभावशाली था। वास्तव में वह वैदिक विचारधारा का प्रबलतम विरोधी था। ऐसी परिस्थितियों में ब्रह्मसूत्र के रचयिता के लिए यह स्वाभाविक ही था कि वे तंत्रवाद का खंडन करते। किंतु विचित्र बात है कि इस ग्रंथ में एक भी सूक्ति या सूत्र, तंत्रवाद का सीधा खंडन नहीं करता। इसका स्पष्टीकरण केवल यही हो सकता है कि सूत्रों के लेखक ने सांख्य प्रणाली का विस्तारपूर्वक खंडन करना पर्याप्त समझा और 'तंत्रवाद' का अलग से खंडन करने की आवश्यकता नहीं समझी। इसका कारण संभवतः यह रहा हो कि उस काल में सांख्य और तंत्रवाद के मूलभूत सिद्धांतों के बीच कोई विशेष विभेद न रहा हो।

फिलहाल हमारी रुचि विशेष रूप से इस बात में है कि यदि यह प्राक्कल्पना ठीक है, यानी प्रारंभिक काल में यदि सांख्य दर्शन तंत्रवाद में निहित मूल सिद्धांतों का दार्शनिक प्रतिपादन था और यदि जैसा कि हमने कहना चाहा है, लोकायत शब्द मूलतः उन विश्वासों और क्रियाओं के लिए प्रयोग में लाया जाता था जिन्हें आमतौर पर तंत्रवाद कहा जाता है, तो मूल सांख्य को भारतीय दर्शन में लोकायत परंपरा के विकास के लिए अत्यंत महत्वपूर्ण समझा जा सकता है। जैन भाष्यकार शीलांक ने सांख्य और लोकायत के बीच कोई मूल अंतर न होने की जो बात कही वह युक्तिसंगत थी। शंकर ने भी यही कहा है कि सांख्य दार्शनिक लोकायतिकों के कथनों को प्रमाण के रूप में उद्धृत करते थे।

इन सब बातों का मतलब है कि मूल सांख्य कट्टर नास्तिकवाद और भौतिकवाद था। तथ्य

यह है कि वास्तव में प्राचीन भारतीय दार्शनिक परंपरा इसे ऐसा ही मानती थी। इसे बराबर 'निरीश्वर प्रधान कारणवाद' कहा जाता था। अर्थात यह आद्य तत्व का अनीश्वरवाद था। इसके अलावा यह प्रारंभ में उस शास्त्रसम्मत या वैदिक परंपरा का विरोधी रहा होगा जो आगे चलकर उपनिषदों का भाववादी सिद्धांत बन गई। वैदिक परंपरा के संबंध में इसी बात को शंकर जैसे शास्त्रसम्मत परंपरा के सच्चे प्रतिनिधियों और अन्य लोगों ने प्रतिपादित करने का सतत प्रयत्न किया। जेकोबी का विचार था कि देश में अति प्राचीन काल से चले आ रहे भौतिकवादी दर्शन का विकास मूलतः सांख्य के रूप में हुआ। राधाकृष्णन ने इस विचार को अस्वीकार्य ठहराने का प्रयत्न किया है। राधाकृष्णन ने कहा कि जेकोबी का प्रयत्न,

> सांख्य को पुराने भौतिकवादी मत का विकसित रूप बताने के प्रयत्न के समर्थन में कुछ भी नहीं है। सांख्य ने जीव को परम सत्य और स्वतंत्र घोषित करके स्वयं को, सभी बुद्धिगत आभासों को भौतिकवादी दृष्टि से आंकने की प्रवृत्ति का विरोधी बना लिया। हमें सांख्य के विकास के किसी भी चरण में ऐसा कोई लक्षण दिखाई नहीं देता जिसे भौतिकवाद कहा जा सकता है। (105.ii. 251)

ऐसा प्रतीत होता है कि राधाकृष्णन पर परवर्ती सांख्य लेखकों का अत्यधिक प्रभाव रहा है जबकि ये लेखक अब सांख्य दर्शन की मूल भावना का प्रतिनिधित्व नहीं करते। जैसाकि हम आगे चलकर देखेंगे, वास्तव में मूल सांख्य के इस भौतिकवादी दृष्टिकोण ने, भारतीय दर्शन के इतिहास में इसका विशेष महत्व बना दिया। इसी के कारण सांख्य दर्शन हमारी दार्शनिक परंपरा को व्यावहारिक विज्ञान के मूलभूत विचार उपलब्ध करा सका। इनमें सबसे अधिक महत्वपूर्ण थे, तत्व या पदार्थ का सिद्धांत, कारणवाद ज्ञान के सिद्धांत और विकास प्रक्रियाओं का सिद्धांत। इस अंतिम सिद्धांत का उल्लेख करते हुए सील ने कहा :

> सांख्य दर्शन का चिंतन के इतिहास में अपना अनोखा स्थान है क्योंकि ब्रह्मांड के विकास के संबंध में सबसे पहले स्पष्ट और व्यापक सिद्धांत इसी में प्रतिपादित किए गए। यह तात्विक परिकल्पना मात्र नहीं थी बल्कि एक यथार्थवादी सिद्धांत था जो ऊर्जा के पर्यवेक्षण, परिवर्तन और विकिरण पर आधारित था। (132.2)

सांख्य जैसी प्राचीन प्रणाली में ऐसे विचारों को देखना कुछ अति काल्पनिक बात प्रतीत हो सकती है, किंतु ऐसा नहीं है। मूल सांख्य ने भले ही इन सब सिद्धांतों को पूर्ण विकसित रूप में व्यक्त न किया हो, किंतु इनकी संभावनाएं तो उसमें विद्यमान थीं और सांख्य के भौतिकवादी आधार को देखते हुए यह बात युक्तिसंगत है। फिर भी, इस मूल रूप से धर्मविरोधी चिंतन प्रणाली को शुद्ध धार्मिकतावाली विचारधारा के प्रभाव में लाने के लगातार प्रयत्न किए गए और इसे भाववादी तथा अध्यात्मवादी दर्शन सिद्ध करने के लिए विभिन्न प्रकार के तर्कों का आविष्कार किया गया। इससे स्वाभाविक ही सांख्य दर्शन की आधुनिक व्याख्या में काफी अस्पष्टता आ गई है। इसलिए पहले हमें एक विशेष प्रकार की समस्या का सामना करना है। हमें मूल सांख्य का स्पष्ट चित्र कैसे प्राप्त हो सकता है?

2. मूल सांख्य की समस्या

सांख्य दर्शन का प्रभाव इस देश में कितना व्यापक था इसका आभास गार्बे द्वारा वर्णित इन परिस्थितियों से होता है कि ईसा पूर्व पहली शताब्दी से, महाभारत और मनु संहिता से आरंभ होने वाला सारा भारतीय साहित्य, विशेषकर पौराणिक कथाएं और श्रुतियां, जहां तक दार्शनिक चिंतन का संबंध है, सांख्य विचारधाराओं से भरी पड़ी हैं।' (ई. आर. ई. xi.189)

यहां तक कि सांख्य के महानतम विरोधी शंकर को न चाहते हुए भी बार बार स्वीकार करना पड़ा कि सांख्य दर्शन के पक्ष में बहुत सें प्रभावशाली तर्क हैं। (आन ब्र. सू. ii. 1.12.ii2.17) और कुछ प्रमुख विद्वानों और ज्ञानियों ने इसका समर्थन किया था। इसलिए यह आश्चर्य की बात है कि ऐसा होते हुए भी मूल सांख्य के बारे में सच्ची प्रामाणिक सामग्री लगभग न के बराबर है और जो थोड़ी बहुत सामग्री उपलब्ध है, वह बहुधा भ्रांतिजनक है।

परंपरागत विचार चला आ रहा है कि सांख्य प्रणाली के प्रणेता कपिल थे। किंतु स्वयं कपिल को ही कई परस्पर विरोधी कथाओं का रचयिता कहकर स्थिति को और अस्पष्ट तथा जटिल बना दिया गया है। (20.157;79.i.513-5) जैसाकि हम देखेंगे कि महाभारत के प्रमाण से तो यह सोचना पड़ जाता है कि कपिल कोई पुरुष था या स्त्री। यहां तक कि सांख्य शब्द के साथ भी रहस्य जुड़ा हुआ है, यद्यपि इसको कोई निश्चित अर्थ देने के कई प्रयत्न किए गए हैं। (69.ii. 412 गुणरत्न ने 'तर्क रहस्य दीपिका' 22, में सुझाया है कि यह 'सांख्य' शब्द हो सकता है जिसकी व्युत्पत्ति 'शंख' से है)

जहां तक सांख्य दर्शन को सीधे प्रस्तुत करने वाले मूल ग्रंथों का संबंध है, वास्तव में हमारे पास ऐसे केवल दो ग्रंथ है। इनमें एक 'सांख्य कारिका' है दूसरा 'सांख्य सूत्र' कहलाता है। 'सांख्य कारिका' तो बहुत छोटी है जिसमें केवल बहत्तर श्लोक हैं। दूसरा ग्रंथ बहुत बाद में लिखा गया और इसका अधिकांश कृत्रिमता लिए हुए हैं। कहा जाता है कि 'सांख्य सूत्र' के रचयिता स्वयं कपिल थे। इसकी वही पुरानी लेखन शैली है जिसमें बहुत से गूढ़ार्थक सूत्र हैं। किंतु वास्तव में यह किसी अज्ञात लेखक की कृति है जो निश्चित ही मध्य युग का था। गार्बे के अनुसार 'इस बात की पूरी संभावना है कि यह सूत्र इससे पुराने, कोई 1400 ईसवी के हैं'। (24. प्रिफे. xi) दासगुप्त इन्हें पांच सौ वर्ष पीछे करना चाहते थे, किंतु इसके लिए उन्होंने हमें कोई निश्चित कारण नहीं बताया है। (52.i.212) दूसरी ओर यह भी तथ्य है कि ईसवी सन की पंद्रहवीं शताब्दी से पहले के किसी लेखक ने 'सांख्य सूत्र' का उल्लेख नहीं किया है। मध्वाचार्य ने सांख्य के अपने वर्णन में केवल कारिका को उद्धृत किया है। (9.221-30) यहां तक कि गुणरत्न ने भी प्राचीन सांख्य संबंधी अनेक कृतियों का उल्लेख किया है किंतु उन्हें भी सांख्य सूत्रों का कोई पता नहीं था। (तर्क रहस्य दीपिका 99) इसके अलावा, हम मूल सांख्य के लिए प्रामाणिक स्रोत ग्रंथ के रूप में इन सूत्रों पर निर्भर नहीं कर सकते। इसका प्रमाण यह है कि इन सूत्रों में सांख्य और वेदांत के बीच सभी भेद मिटा देने के प्रयत्न किए गए हैं। जैसाकि गार्बे ने कहा :

> यहां तक कि स्वयं सांख्य सूत्रों में सांख्य मत अपने मूल शुद्ध रूप में प्रतिपादित नहीं दिखाई देता, क्योंकि एक ओर तो इन सूत्रों में आंतरिक अंतर्विरोधों को उचित बताने का प्रयत्न किया गया है और दूसरी ओर उपनिषदों और वेदांत के साथ इनके भेद दूर करने का प्रयास हुआ है। सांख्य सूत्रों का लेखक विशेष रूप से इस असंभव बात को सिद्ध करने के लिए प्रयत्नशील है कि व्यक्तिगत ईश्वर, सर्वव्यापी सर्वग्राही ब्रह्म, सर्वोच्च लक्ष्य की प्राप्ति अर्थात मोक्ष संबंधी सिद्धांतों से साथ सांख्य सिद्धांतों की विपरीतता ऐसी नहीं कि इनमें कोई संधि न होसकती हो। (24.प्रिफे.xi)

इस हास्यास्पद असंगति के प्रमाणों के रूप में गार्बे ने जिन सूक्तियों का उल्लेख किया है वे सचमुच बड़ी रोचक हैं (23.i. 95; i. 154; v.64; v.68; v.110; vi.51; vi.58; vi.59) मूल सांख्य और 'सांख्य सूत्र' की विचारधारा के बीच अंतर के संबंध में गार्बे की समापन टिप्पणी इस प्रकार है :

> सांख्य सूत्रों में अनेक स्थान पर वेदांत का प्रभाव स्पष्ट दिखाई देता है। यह विशेषक

सूत्र संख्या iv में अत्यंत स्पष्ट है जो कि वेदांत सूत्र iv.1.1. तथा v. 116 की शब्दशः पुनरावृत्ति है। इस 'सांख्य-सूत्र' में तो किसी समुचित सांख्य शब्द के बजाय वेदांत के विशिष्ट शब्द 'ब्रह्मरूपता' का प्रयोग किया गया है।

इसकी तुलना में 'सांख्य कारिका' अधिक प्राचीन है और माना जाता है कि इसे ईश्वरकृष्ण ने लिखा। गार्बे के अनुसार इस कारिका को पांचवीं शताब्दी का समझा जा सकता है। (ई. आर. ई. xi.189) किंतु दासगुप्त के अनुसार यह दूसरी शताब्दी की कृति है। (52. i. 212) किंतु अपेक्षाकृत अधिक प्राचीनता के बावजूद कुछ आधुनिक विद्वानों ने 'कारिका' में मूल सांख्य को खोजने के विरोध के निश्चित ऐतिहासिक कारण बताए हैं :

> जिस प्रकार ईश्वरकृष्ण ने सांख्य का वर्णन किया है और महाभारत के कुछ अन्य अंशों में इसका उल्लेख हुआ है वैसा उल्लेख चरक (78 ईसवी सन) ने नहीं किया। यह तथ्य इस बात का निश्चित प्रमाण है कि ईश्वरकृष्ण का सांख्य बाद में संशोधित रूप में लिखा गया जो चरक के समय में या तो अस्तित्व में ही नहीं था या इसे पुराना प्रामाणिक सांख्य मत नहीं माना जाता था। वासिलिएफ ने तिब्बत के स्रोतों के हवाले से कहा है कि विंध्यवासी ने अपने विचारों के अनुरूप सांख्य में परिवर्तन किया। ताकाकुश का विचार है कि विंध्यवासी ईश्वरकृष्ण का एक उपनाम था। (वही. i.218).

इन ऐतिहासिक बातों के अलावा, सांख्य कारिका का तार्किक विश्लेषण करने से स्पष्ट पता चलता है कि सांख्य विचारधारा में कुछ ऐसे दार्शनिक मत सम्मिलित करने की प्रवृत्ति थी जिनकी व्युत्पत्ति वास्तव में वेदांत से हुई थी। वैसे यह समावेशन उतने भद्दे ढंग से नहीं किया गया था जैसे 'सांख्य सूत्र' के लेखक ने किया था। बहरहाल मूल सांख्य के वर्णन के लिए इन परिस्थितियों में आलोचनात्मक भाव से 'सांख्य कारिका' पर निर्भर करना गलत है।

इसके अलावा 'सांख्य सूत्र' तो अधूरे वाक्यों का संकलन है और 'सांख्य कारिका' 'तकनिकी स्मृति पर आधारित श्लोकों' का संग्रह है। इन्हें समझने के लिए भाष्यकारों पर निर्भर करना आवश्यक है। भट्टाचार्य ने खेद व्यक्त किया है कि, 'प्राचीन काल से लेकर भाष्यकारों के युग तक परंपरा की शृंखला में कोई निरंतरता प्रतीत नहीं होती।' (73.i.218) किंतु स्थिति इससे भी अधिक खराब है। क्योंकि सच तो यह है कि दोनों ग्रंथों पर टीका लिखने वाला कोई भी ऐसा भाष्यकार हमें नहीं मिलता है, जो सांख्य का कट्टर अनुयायी हो। राजा नामक भाष्यकार को छोड़कर, कारिका पर सबसे अच्छी टीका लिखने वाले विख्यात भाष्यकार थे गौड़पाद और वाचस्पति मिश्र। राजा की कृतियां विलुप्त हो चुकी हैं। (52.i.212 टी.) यह न मानने का कोई निश्चित कारण दिखाई नहीं देता कि गौड़पाद वही व्यक्ति था जो वेदांत का दार्शनिक था और 'मांडूक्य' उपनिषद पर लिखे गए अपने भाष्य के लिए प्रसिद्ध था। कोलब्रुक उसे यही दार्शनिक मानते हैं। (20. प्रिफे.vi) कम से कम कारिका पर उनके भाष्य से वेदांत की ओर निश्चित झुकाव दिखाई देता है। इधर वाचस्पति मिश्र भी मध्ययुगीन वेदांती दार्शनिक थे जो अपने ईश्वरवाद के लिए प्रसिद्ध थे। उन्होंने मूल सांख्य के नास्तिक मत की सोच समझकर आलोचना की और वह उसे एक प्रकार के ईश्वरवादी दर्शन में परिवर्तित करना चाहते थे।

पंद्रहवीं शताब्दी का विशिष्ट वेदांती दार्शनिक अनिरुद्ध, 'सांख्य सूत्र' का प्रथम टीकाकार था। इसके बाद सोलहवीं शताब्दी का विज्ञान भिक्षु था जिसकी टीका 'प्रवचन भाष्य' सांख्य पर लिखी [illegible] संभवतः सबसे अधिक विख्यात कृति है। वास्तव में यह कृति विज्ञान भिक्षु द्वारा सांख्य [illegible] अनुरूप परिवर्तित करने के स्पष्ट रूप से कृत्रिम प्रयत्न के लिए भी विख्यात है।

और भी अधिक अनुपात में (यानी 'सांख्य सूत्र' में जितना है उससे अधिक) वेदांतिक प्रभाव, 'सूत्रों' पर विज्ञान भिक्षु के भाष्य में प्रदर्शित होता है···सांख्य और अपने ईश्वरवाद (जिसे वह गर्व से वेदांत कहता है) के बीच का अंतर दूर करने के लिए विज्ञान भिक्षु ने सांख्य के मूलभूत सिद्धांत अर्थात अनीश्वरवाद को दूर करने के लिए विचित्र तरीके अपनाए। (24. प्रिफे. xii)

किंतु, जैसाकि स्वयं गार्बे (वही. प्रिफे. xiii) ने भी देखा, इससे भी अधिक हास्यास्पद है उनका यह प्रयत्न जिससे उन्होंने माया को मिथ्या मानने के वेदांती सिद्धांत, और सांख्य के तत्व (प्रकृति या प्रधान, जिसे सांख्य में माया भी कहा गया है किंतु निश्चित रूप से विपरीत अर्थ में) की मूलभूत सत्यता के बीच एकरूपता लानी चाही है। मध्य युग के अंतिम काल में सांख्य पर कुछ कृतियां लिखी गई। किंतु यदि सांख्य पर उपलब्ध कृतियों के अति श्रेष्ठ भाष्यों और स्वयं इन कृतियों की प्रामाणिकता पर निर्भर नहीं किया जा सकता तो मूल सांख्य के बारे में कोई निष्पक्ष वर्णन तथा विचार बनाने के लिए मध्ययुग के अंतिम काल में लिखी गई इन कृतियों का महत्व तो और भी कम है।.

3. मूल सांख्य संबंधी स्रोतग्रंथ

सांख्य दर्शन पर कुछ अन्य प्राचीन ग्रंथ भी थे किंतु ये अब विलुप्त हो चुके हैं। संभवतः इनमें सबसे अधिक महत्वपूर्ण ग्रंथ था 'षष्ठि तंत्र' जिसका उल्लेख कारिका के अंत में किया गया है :

> सत्तर श्लोकों में प्रतिपादित जिन विषयों को यहां लिया गया है वे 'षष्टि तंत्र' में उपलब्ध सारे दर्शन (सांख्य) का निरूपण करते हैं। किंतु इनमें 'षष्टि तंत्र' के उपाख्यान और शास्त्रार्थ वाले अंश सम्मिलित नहीं हैं। (72. इसी की तरह इस अध्याय में उद्धृत, 'कारिका' के अधिकतर अंश कोलब्रुक के अनुवाद पर आधारित हैं)

कोलब्रुक (20. 160) का विचार है कि यहां सांख्य दर्शन पर किसी विशेष ग्रंथ का उल्लेख नहीं था; उन्होंने 'षष्टि तंत्र' शब्द का अनुवाद किया है, 'साठ विषयों वाला।' किंतु यह संभव नहीं है। सांख्य दर्शन का सार प्रस्तुत करने के लिए साठ विषयों की सूची बनाना तब तक संभव नहीं हो सकता जब तक कि 'राज वर्तिका' का चतुराई वाला तरीका न अपनाया जाए। राज वर्तिका का उल्लेख वाचस्पति मिश्र द्वारा 'कारिका' पर लिखे गए भाष्य में किया गया है। (वही) स्वयं कारिका (3) केवल पच्चीस वर्गों की सूची है और सर्वदर्शन संग्रह (9.223) में जिस प्रकार कहा गया है, प्रामाणिक शास्त्रसम्मत परंपरा में सांख्य को सदा ही पच्चीस विषयों वाले दर्शन के रूप में स्मरण किया गया है। इसके अलावा अन्य लेखकों ने 'षष्टि तंत्र' का उल्लेख एक अलग ग्रंथ के रूप में किया। इस प्रकार उदाहरण के लिए, हम इसका सारांश 'अहिरबुधन्य संहिता' (52.i.220) में देखते हैं, भले ही इस संक्षिप्त सारांश के गुण-दोष कुछ भी रहे हों। गुणरत्न ने इस ग्रंथ का थोड़ा सा बदला हुआ नाम बताया। इसके कारण दासगुप्त ने अनुमान लगाया कि हो सकता है यह 'षष्टि तंत्र' के किसी संशोधित रूप की ओर संकेत हो। (वही, i.220)

स्वयं गुणरत्न ने सांख्य पर दो अन्य प्रामाणिक कृतियों 'माथर भाष्य' तथा 'अत्रेय तंत्र' का उल्लेख किया। (तर्क रहस्य दीपिका 99) 'माथर भाष्य' के संबंध में तो कुछ पता नहीं है और 'अत्रेय तंत्र' के बारे में निश्चित रूप से कुछ नहीं कहा जा सकता, वैसे दासगुप्त का विचार था कि 'अत्रेय तंत्र' वहीर हा होगा, जिसमें 'चरक द्वारा निरूपित सांख्य दर्शन का वर्णन' रहा होगा।

(52.i.213). दासगुप्त का तर्क है कि चरक द्वारा रचित प्राचीन चिकित्सा शास्त्र में हमें सांख्य का कुछ वर्णन मिलता है और कहा जाता है कि चरक की इस कृति में प्रवक्ता का नाम अत्रि ऋषि है। इसलिए 'अत्रेय तंत्र' नाम इसी ऋषि के नाम से बना हो सकता है।

किंतु इससे भी अधिक महत्वपूर्ण यह तथ्य है कि 'चरक संहिता', 'सांख्य कारिका' से अधिक प्राचीन है और इन दोनों में सांख्य संबंधी वर्णनो में बहुत अंतर है। इसी से दासगुप्त ने सोचा कि 'चरक ने सांख्य का जो वर्णन किया है वह संभवतः प्राचीन मत का प्रतिपादन है'। (वही, i.212) गुणरत्न ने भी सांख्य के दो अलग अलग मतों 'मौलिक्य सांख्य' और 'उत्तर सांख्य' की चर्चा की है। (तर्क रहस्य दीपिका 99) पहले का अर्थ है मूल सांख्य और दूसरे का अर्थ है बाद का सांख्य। दासगुप्त ने कहा कि मूल सांख्य वही रहा होगा जैसा कि चरक ने वर्णन किया था। (52.i.217) इसके अलावा महाभारत में कुछ अंश ऐसे हैं जिनमें मिथिला नरेश जनक को सांख्य दर्शन का ज्ञान कराए जाने का विवरण है। दासगुप्त के अनुसार सांख्य का यह विवरण चरक के विवरण से बहुत मेल खाता है। (वही, i.216) यह तथ्य चरक द्वारा की गई सांख्य की व्याख्या के संबंध में उनकी अवधारणा की और अधिक पुष्टि करता है।

फिर भी निश्चित रूप से कुछ नहीं कहा जा सकता कि वास्तव में मूल सांख्य ठीक वैसा ही था या नहीं जैसा कि चरक के वर्णन में बताया गया। किंतु एक बात स्पष्ट है कि यद्यपि सांख्य के संबंध में उपलब्ध प्राचीनतम ग्रंथ ईश्वरकृष्ण रचित 'सांख्य कारिका' है, फिर भी हम मूल सांख्य की जानकारी प्राप्त करने के लिए इस कारिका पर आंख मूंद कर निर्भर नहीं कर सकते। असल में सांख्य अत्यंत प्राचीन है और आरंभ से ही इसमें निरंतर कुछ न कुछ परिवर्तन होते रहे। 'महाभारत' (23. भू. xxi) में सांख्य और योग को दो सनातन दर्शन (सनातने द्वे) कहा गया है जो सभी वेदों के समान थे। कौटिल्य ने केवल तीन दार्शनिक मतों का नाम दिया, (अर्थशास्त्र i.1; देखें ई. एं. xlvii. 102) ये मत थे सांख्य, योग और लोकायत। प्रमाणों के आधार पर गार्बे ने कहा : 'प्राचीनतम भारतीय दर्शन का नाम सांख्य है'। (ई.आर. ई. xi. 189)। अन्य लेखकों के साथ साथ (45.193) उन्होंने भी यह सिद्ध करने का प्रयत्न किया कि सांख्य बौद्ध काल से पूर्व था बल्कि वास्तव में बौद्ध दर्शन इसी से विकसित हुआ। बुद्ध के जन्मस्थान कपिलवस्तु का नाम संभवतः कपिल ऋषि के नाम पर रखा गया था। (23. भू. xx-xxi) शास्त्री इस विचार से पूर्ण सहमत थे। उन्होंने कहा : 'अश्वघोष ने स्पष्ट शब्दों में कहा है कि बौद्ध मत की व्युत्पत्ति सांख्य दर्शन से हुई। बुद्ध के दोनों उपदेशक आडार कालाम और उद्दक (रामपुत्त) सांख्य मत के समर्थक थे। [बौद्ध धर्म (बं.) 37]

ये सब बातें यही इंगित करती हैं कि सांख्य दर्शन बौद्ध काल से पहले विकसित हुआ। इसकी प्राचीनता का पता इस बात से भी चलता है कि सांख्य नाम और उसकी विशिष्ट पारिभाषिक शब्दावली कुछ उपनिषदों, विशेषकर 'कठ', 'मैत्री', 'श्वेताश्वेतर' और 'प्रश्न' उपनिषदों में मिलती है यद्यपि ये सब अन्य उपनिषदों की तुलना में काफी बाद में लिखे गए थे। इसी से कई आधुनिक विद्वानों ने उपनिषदों में सांख्य दर्शन के मूल तत्वों के संबंध में अनुमान लगाने शुरू कर दिए। किंतु हम उस परिस्थिति के विश्लेषण से आरंभ करेंगे जिसके कारण यह संभावना अत्यधिक क्षीण हो जाती है।

4. ब्रह्म सूत्र और सांख्य

यह बड़ी विचित्र बात है कि जिन आधुनिक विद्वानों ने मूल साख्य के बारे में अनुमान लगाए हैं वे अब तक आम तौर पर इसके एक अत्यंत महत्वपूर्ण स्रोत की उपेक्षा करते रहे हैं। यह स्रोत

है 'ब्रह्मसूत्र' या 'वेदांत सूत्र' जिसे बादरायण द्वारा लिखा गया माना जाता है। 'ब्रह्मसूत्र' में पहली बार उपनिषदों के दर्शन को एक सुनियोजित ढंग से प्रस्तुत करने का प्रयत्न किया गया है। इसमें 555 सूत्र या श्लोक वाक्य हैं (और बहुधा वाक्यों के स्थान पर अलग अलग शब्द हैं) जिन्हें चार चार अनुभागों वाले चार अध्यायों में लिखा गया है। दासगुप्त के अनुसार (52.i.418) अपने वर्तमान रूप में ये सूत्र संभवतः 'ईसा पूर्व दूसरी शताब्दी में लिखे गए थे।' किंतु थिबो (एस. बी. ई. xxxiv. भूमिका xii) का विचार है कि इनसे पहले उपक्रम के रूप में कई साहित्यिक प्रयत्न किए गए और ये सूत्र उन्हीं का सार हैं।' यदि दासगुप्त और थिबो दोनों विद्वानों के विचार सही हैं तो उपनिषदीय दर्शन को सुनियोजित रूप से प्रस्तुत करने का यह प्रयत्न भी अत्यंत प्रचीन समय में हुआ होगा। कुछ विद्वानों (127.भूमिका, viii और आगे) का तो यहां तक कहना है कि हो सकता है कि 'ब्रह्मसूत्र' भी बौद्ध काल से पहले का रहा हो। यह एक अतिशयोक्तिपूर्ण दावा होगा। हां यदि हम इसके एक भाग 'तर्क पद' को मूल सूत्रों के साथ बाद में जोड़ा गया मान लें या फिर यह कहें कि परंपरागत भाष्यकारों ने इसे गलत समझा तब यह दावा सही हो सकता है। परंपरागत भाष्यकार इस बात पर सर्वसम्मति से सहमत थे कि 'ब्रह्मसूत्र' का 'तर्क पद' नामक अंश बौद्ध दर्शन के विज्ञानवाद मत का स्पष्ट खंडन था। यह विज्ञानवाद स्वयं बुद्ध के बहुत समय के पश्चात लिखा गया था।

किंतु सच तो यह है कि हम 'ब्रह्मसूत्र' के प्रमुख भाष्कारों के मूल विचारों पर संदेह नहीं कर सकते। यदि ऐसा करते हैं तो ये सूत्र हमारे लिए निरर्थक शब्दों का पोथा मात्र बन कर रह जाएंगे। थिबो ने इसी दृष्टि से सिद्ध क्रिया है कि व्याकरण सूत्रों के रूप में 'ब्रह्मसूत्र' अन्य सूत्रबद्ध कृतियों से भिन्न थे। अन्य कृतियों का अधिकांश भाष्यों की सहायता के बिना समझना संभव है। किंतु 'ब्रह्मसूत्रों' को इन भाष्यों के बिना नहीं समझा जा सकता :

> इनका एक भी सूत्र ऐसा नहीं है जो टीका के बिना समझ में आ सके। इनमें विभिन्न स्थानों पर अत्यंत आवयश्क शब्द भी नहीं हैं। उदाहरण के लिए, ज्यादातर वाक्यों में कर्त्ता और विधेयवाची शब्दों को छोड़ ही दिया गया है। और जब कभी कोई ऐसा सूत्र आ जाता है जिसके शब्द विन्यास में कोई कमी नहीं है, तो वाक्य विन्यास ऐसा अस्पष्ट और दुर्बोध होता है कि भाष्य की सहायता के बिना हमें यह भी पता नहीं चल पाता कि सूत्र में किस विषय का उल्लेख हो रहा है। (96.xxxiv. भू. xiii-xiv)

यह बात महत्वपूर्ण है। 'ब्रह्मसूत्रों' का दार्शनिक मत केवल इनके भाष्यकारों पर निर्भर रह कर ही समझा जा सकता है। सबसे पहले और सुयोग्य भाष्यकार शंकर थे, यद्यपि उनके और 'ब्रह्म सूत्र' के बीच बहुत बड़ा कालांतर था। शंकर आठवीं शताब्दी में हुए थे। (आई. ए. xi. 174 और आगे; जे. बी. बी. आर. ए. एस. xvi.190; xviii.88, 203 आदि) फिर भी जैसा कि गोफ (30.231 और आगे) ने कहा, यह विश्वास करने के कुछ कारण हैं कि वेदांत के विभिन्न मत 'ब्रह्मसूत्र' के रचयिता से शंकर तक विभिन्न गुरुओं अथवा उपदेशकों के एक अबाध क्रम से पहुंचे।

'ब्रह्मसूत्र' के दूसरे भाष्यकार थे रामानुज। वह ग्यारहवीं शताब्दी में हुए थे। (ई. आर. ई. x.572) किंतु उनके पीछे भी एक प्राचीन और सशक्त परंपरा थी। (एस. बी. ई. xxxiv. भूमिका xvii) यह आपत्ति उठाई जा सकती है कि रामानुज और शंकर के मतों के बीच काफी अंतर था। इसके बावजूद 'ब्रह्मसूत्र' के मूल दार्शनिक मत को समझने के लिए हम शंकर और रामानुज दोनों पर निर्भर कर सकते हैं। इन दोनों के बीच मतभेद केवल एक सामान्य सहमति के संबंध में थे किंतु दोनों एक व्यापक विचार क्षेत्र के अंतर्गत ही चिंतनशील

थे। इसलिए यह तर्क वैध नहीं होगा कि चूंकि भाष्यकारों की कृतियों में ही कुछ ऐसे विचार हैं जो स्वयं 'ब्रह्मसूत्र' में स्पष्ट रूप से उल्लिखित नहीं हैं और इसलिए उन्हें 'ब्रह्मसूत्र' के विचार नहीं माना जा सकता। इन भाष्यों और 'ब्रह्मसूत्र' के बीच काफी बड़े कालांतर के बावजूद और दोनों प्रमुख भाष्यकारों (मैं बाद के भाष्यकारों को नहीं गिन रहा हूं जिन्होंने सभी प्रकार के आध्यात्मिक और दार्शनिक दृष्टिकोण से, यहां तककि शाक्त और सांख्य मत से ब्रह्मसूत्र की व्याख्या की) के मतों के बीच अंतर के बावजूद वास्तव में हम इनसे और विशेषकर शंकर से 'ब्रह्मसूत्र' के वास्तविक दार्शनिक मत के संबंध में बहुत कुछ जानकारी प्राप्त कर सकते हैं।

वर्तमान प्रसंग में हमारी सबसे अधिक रुचि इस बात में है कि 'ब्रह्मसूत्र' के रचयिता ने सांख्य दर्शन का खंडन करने का सतत प्रयत्न किया और इसे वेदांत दर्शन के लिए सबसे बड़ी चुनौती समझा। इस प्रकार 'ब्रह्मसूत्र' में जिस मत को सांख्य दर्शन कहकर उसका खंडन करने का प्रयत्न किया गया है उसी से हमें मूल सांख्य के स्वरूप के संबंध में असली संकेत प्राप्त हो सकते हैं। यह आपत्ति उठाई जा सकती है कि 'ब्रह्मसूत्र' में जिस प्रकार के सांख्य का खंडन किया गया है। वह बहुत हद तक वैसा ही है जिसका प्रतिपादन 'कारिका' में किया गया तो फिर हम मूल सांख्य के संबंध में कोई धारणा बनाने के लिए 'कारिका' पर संदेह और 'ब्रह्मसूत्र' पर विश्वास किस प्रकार कर सकते हैं?

जहां तक 'ब्रह्मसूत्र' पर शंकर के भाष्य का संबंध है, कम से कम उस सीमा तक तो इस आपत्ति में कुछ तथ्य हैं। क्योंकि यहां जिस सांख्य का खंडन किया गया है उसका वर्णन मुख्यतया 'कारिका' से लिया गया। फिर भी शंकर पर निर्भर करने का कुछ निश्चित लाभ है। कारिका का लेखक सांख्य दर्शन पर कुछ भाववादी विचारों के तत्व थोपना चाहता था और स्पष्टतया ये वेदांतिक विचार थे। शंकर की कृति इस प्रकार से उपजी आंतरिक विसंगतियों को प्रकाश में लाने में विशेष सहायक है। कहने का अर्थ यह है कि एक अति विलक्षण भाववादी दार्शनिक होने के कारण शंकर स्वयं यह स्पष्ट रूप से देख सकते थे कि वेदांतिक तत्वों (विशेषकर पुरुष को जीव या चेतना के रूप में देखने की वेदांतिक अवधारणा) को केवल आंतरिक विसंगतियों के साथ ही सांख्य दर्शन में सम्मिलित किया जा सकता था।

इसलिए यदि यह कहा जाए कि हमें मूल सांख्य के बारे में सही विचार बनाने के लिए 'ब्रह्मसूत्र' में किए गए इसके खंडन की सहायता लेनी चाहिए और फिर 'महाभारत', 'चरक संहिता', बाद के उपनिषदों और यहां तक कि स्वयं 'सांख्य कारिका' जैसे स्रोतों का अध्ययन करके यह पता लगाना चाहिए कि हम इनसे वास्तविक सांख्य के बारे में क्या कुछ जान सकते हैं तो यह तरीका गलत नहीं होगा। इस पर संदेह करने के लिए हमें यह कल्पना करनी होगी कि या तो बादरायण किसी काल्पनिक दर्शन के विरुद्ध संघर्ष कर रहे थे और फिर भी उसे उन्होंने सांख्य दर्शन कहा और या फिर उनके प्रमुख भाष्यकारों ने उनको पूरी तरह गलत समझा। स्पष्ट है कि ये दोनों संभावनाएं असंगत हैं।

5. भाववाद बनाम भौतिकवाद

सबसे पहले तो यह याद रखना आवश्यक है कि बादरायण ने सांख्य का जो खंडन किया उसमें कोई स्वेच्छाचारिता नहीं थी। यह तो मात्र तर्कसंगत आवश्यकता थी। सांख्य दर्शन, जैसाकि 'ब्रह्मसूत्र' से समझ में आता है 'प्रधानवाद' या 'प्रधान करणवाद' अर्थात् प्रधान का सिद्धांत या 'प्रधान ही प्रथम कारण अथवा परम सत्य है' का सिद्धांत कहलाता है। सांख्य में प्रधान शब्द प्रकृति का पयार्यवाची है और सांख्य दर्शन का उपरोक्त वर्णन यह बताता है कि इसमें पुरुष की

स्थिति स्पष्ट रूप से विसंगत थी। किंतु इस बात पर हम बाद में आएंगे। फिलहाल इसमें कोई संदेह नहीं है कि प्रधान के सिद्धांत का अर्थ था आदि पदार्थ या तत्व जो प्रथम अचेतन कारण है। इसके विपरीत वेदांत दर्शन ब्रह्मवाद या ब्रह्म कारणवाद था, जिसके अनुसार ब्रह्म प्रथम कारण था, परम सत्य था। ब्रह्म की व्याख्या के संबंध में रामानुज और शंकर के बीच जो भी मतभेद रहे हों, इसमें कोई संदेह नहीं कि सभी वेदांतियों के लिए ब्रह्म, चेतना का सिद्धांत था। इस प्रकार 'ब्रह्मसूत्र' के 'ब्रह्म कारणवाद और सांख्य के 'प्रधान कारणवाद' के बीच का विवाद केवल भाववाद और भौतिकवाद का विवाद था। भारतीय दर्शन की पारिभाषिक शब्दावली के अनुसार यह संघर्ष 'चेतन कारणवाद' और 'अचेतन कारणवाद' अर्थात् उन सिद्धांतों के बीच था कि सृष्टि का प्रथम कारण चेतना थी या अचेतन भौतिक तत्व था। इसलिए बादरायण को अपने भाववादी पक्ष की रक्षा के लिए सांख्य भौतिकवाद का खंडन करना ही था। उन्होंने सांख्य दार्शनिकों को अपने अग्रणीय विरोधियों के रूप में चुनने की जो तत्परता दिखाई उससे हम तुरंत देख सकते हैं कि बादरायण के काल में भौतिकवाद का प्रभाव कितना गहरा था और इस देश में भौतिकवाद तथा भाववाद के बीच विवाद कितना पुराना था।

बादरायण ने सांख्य भौतिकवाद का खंडन करने के काम को कितना महत्व दिया, यह देखने के लिए हम 'ब्रह्मसूत्र' की शैली पर दृष्टि डाल सकते हैं। पहले चार सूत्रों में ब्रह्म और वेदांत ग्रंथों के स्वरूप के संबंध में, अर्थात् ब्रह्म की खोज के लिए आवश्यक परिस्थितियां, या ब्रह्म ही इस विश्व की सृष्टि का प्रथम कारण है, या ब्रह्म से ही वेद उत्पन्न हुए, और वेदांत के सभी ग्रंथों में समान रूप से ब्रह्म के विषय की विवेचना की गई है। इसके अगले सात सूत्रों में लेखक ने यह तर्क दिया है कि ब्रह्म एक चेतन सिद्धांत है और इसे सांख्य के अचेतन 'प्रधान' जैसा नही समझा जाना चाहिए।

किंतु बादरायण ने केवल इन्हीं सूत्रों में सांख्य के भौतिकवादी दृष्टिकोण का खंडन करने का प्रयत्न नहीं किया। 'ब्रह्मसूत्र' में अन्य विरोधी मतों के विचारों का खंडन करने का भी प्रयत्न किया गया, किंतु इन मतों की ओर उतना ध्यान नहीं दिया गया जितना कि सांख्य की ओर। उपरोक्त सात सूत्रों के अलावा 'ब्रह्मसूत्र' के प्रथम अध्याय का सारा चतुर्थ पद और दूसरे अध्याय के प्रथम तथा द्वितीय पद के आरंभिक भागों में सांख्य का ही खंडन किया गया है। आंकड़ों की दृष्टि से इस ग्रंथ के कुल 555 सूत्रों में से कम से कम 60 सूत्र तो 'प्रधानवाद' के खंडन के लिए हैं और केवल 43 सूत्रों में अन्य विरोधी मतों का खंडन किया गया है। इन 43 में से केवल 4 सूत्रों में निश्चित रूप से जैन मतों का और 17 सूत्रों में बौद्ध दार्शनिक मतों का खंडन किया गया। (सांख्य का खंडन इन सूत्रों में हुआ : i. 1.5-11; i.4.1-28; ii.1. 1-11; ii.2.1-10, तुलना की दृष्टि से जैन विचारों का खंडन ii.2.33-6 तथा बौद्ध विचारों का ii.2.18-32 में हुआ है)

इन आंकड़ों के अलावा कुछ और भी परिस्थितियां हैं जिनके आधार पर हम यह अनुमान लगा सकते हैं कि सांख्य दर्शन वेदांत मत का सबसे शक्तिशाली विरोधी था। दूसरे अध्याय के प्रथम खंड में 'प्रधानवाद' का विस्तृत रूप से खंडन करने के पश्चात् लेखक ने कहा, 'इस प्रकार वे 'सिद्धांत' जिन्हें सुयोग्य व्यक्ति स्वीकार नहीं करते, स्पष्ट हो जाते हैं। (ii.1.12. एस. बी. ई. xxxiv 317)। शंकर ने (एस. बी. ई. xxxiv, 317-8) निम्न लिखित टिप्पणी की :

> अब तक हमने वेदांत ग्रंथों के विरुद्ध उन आपत्तियों का खंडन किया है जो तर्क के आधार पर इस सिद्धांत को मानते हैं कि विश्व का कारण 'प्रधान' है। किंतु अब कोई मूढ़ व्यक्ति तर्क के आधार पर एक और आपत्ति वेदांत के विरुद्ध उठा सकता है। यह आपत्ति अणुवाद के आधार पर हो सकती है। इसलिए 'सूत्रकार' 'सूत्रों के रचयिता,' इस आपत्ति का खंडन

> भी उसी आधार पर करता है जिस प्रकार उसने 'प्रधानवाद' का खंडन किया है। क्योंकि उसका विचार है कि सबसे भयंकर शत्रु को पराजित करके अन्य छोटे छोटे शत्रुओं पर विजय लगभग प्राप्त कर ली गई है। अन्य मतों जैसे अणुवाद, जिसका कोई भी अंश मनु या व्यास या अन्य प्रबुद्ध व्यक्तियों ने स्वीकार नहीं किया, को 'स्पष्ट हुआ' समझा जाना चाहिए। अर्थात् इसका भी उसी आधार पर खंडन हो चुका है जिस आधार पर हम 'प्रधानवाद' का खंडन कर सके हैं।

शंकर ने अपने तर्क को मल्ल युद्ध के नियमों पर आधारित किया : जब आप विरोधी पक्ष के सबसे बड़े योद्धा को पराजित कर देते हैं तो फिर उससे छोटे योद्धाओं को अलग अलग हराने की आवश्यकता नहीं है। (प्रधान मल्ल निर्बहण न्याय) रामानुज (एस. बी. ई. xlviii. 426) ने भी इस 'सूत्र' की लगभग यही व्याख्या की। उन्होंने इसमें विरोधियों की सूची कुछ विस्तार से दी :

> इस सूत्र का अर्थ है कि ऊपर सांख्य मत जो वेदों का अंग नहीं है, का खंडन कर दिए जाने के पश्चात अब शेष अन्य सिद्धांतों को भी, जो उसी के समान हैं, जैसे कणाद, अक्षपाद, जिन और बुद्ध के मतों का भी खंडन हुआ समझा जाना चाहिए।

वैसे उल्लेखनीय बात है कि इस सूची में लोकायत का नाम नहीं है। और न ही सारे 'ब्रह्मसूत्र' में कहीं कोई एक सूत्र लोकायत मत का खंडन करने के उद्देश्य से दिखाई देता है। इसका कारण संभवतः यह है कि 'ब्रह्मसूत्र' के लेखक का विचार था कि भौतिकवादी दृष्टिकोण का खंडन करने के लिए सांख्य का खंडन करना ही पर्याप्त होगा। कम से कम एक बात तो स्पष्ट है : वैदिक भाववाद के प्रारंभिक प्रतिनिधि सांख्य को एक भद्दा भौतिकवाद समझते थे। 'ब्रह्मसूत्र' में सांख्य दर्शन का पहला उल्लेख भौतिकवादी दृष्टिकोण के उल्लेख से हुआ है। शंकर के दृष्टिकोण से थिवो ने इसका अनुवाद इस प्रकार किया है :

> दिखाई देने अर्थात (चिंतन) से जो उपनिषदों में नहीं मिलता है (अर्थात प्रधान) या वह नहीं समझा जाना चाहिए (जिसका संकेत उपनिषदों में है) क्योंकि यह शास्त्रोक्त नहीं है। (i. 1. 5. एस. बी. ई. xxxiv 47)

रामानुज के पश्चात उन्होंने इसी सूत्र का पुन अनुवाद इस प्रकार किया :

> उसे देखने अर्थात् विचारणा या चिंतन से जो शास्त्रों के अनुसार नहीं है (अर्थात् 'प्रधान') वह नहीं है (जिसे शास्त्रों में विश्व की उत्पत्ति के संदर्भ में बताया गया है)। (एस. बी. ई. xlviii. 200)

ये दोनों अनुवाद लगभग एक जैसे हैं और इससे पता चलता है कि भौतिक प्रथम कारण के सिद्धांत का विरोध करने के प्रश्न पर दोनों भाववादी दार्शनिकों के बीच कोई मतभेद नहीं है। शंकर ने विस्तार से तर्क दिया कि सांख्य के 'प्रधान' की व्याख्या केवल अचेतन तत्व के रूप में की जा सकती है। रामानुज ने कहा :

> विचारणा की क्षमता, अचेतन 'प्रधान' में नहीं हो सकती। इसलिए शब्द 'ब्रह्म' (छांदोग्य उपनिषद का, इसके अनुसार ब्रह्मांड का स्रष्टा यही ब्रह्म है) केवल एक ही सर्वज्ञ, सर्वोच्च पुरुष के लिए हो सकता है जिसमें विचारणा की क्षमता है। (वही. xlviii. 201)

वास्तव में यदि सांख्य को भौतिकवाद नहीं समझा गया था तो वेदांतियों द्वारा इसका इतना दृढ़ विरोध किए जाने का कोई तुक ही नहीं था।

6. वेदविरोधी मतों का उद्भव

शास्त्रीय परंपरा के अनुसार केवल तीन दार्शनिक मतों, लोकायत, बौद्ध और जैन को विशेष रूप

से अवैदिक या नास्तिक मत माना जाता है जबकि सांख्य को एक प्रकार का आस्तिक दर्शन अर्थात वैदिक परंपरा से संबद्ध समझा जाता है। किंतु 'ब्रह्मसूत्र' का यह दृष्टिकोण नहीं हो सकता था। 'ब्रह्मसूत्र' के अनुसार सांख्य दर्शन स्पष्ट रूप से प्रबलतम अवैदिक या वेदविरोधी मत था।

'ब्रह्मसूत्र' तो उपनिषदों या वेदांत के दर्शन को व्यवस्थित करने का प्रयत्न मात्र था। इसके अनुसार दार्शनिक सत्य का बोध स्वतंत्र तर्क-वितर्क द्वारा नहीं हो सकता। यह तो वेदों और उपनिषदों में ईश्वरीय ज्ञान के रूप में उद्घाटित है। तर्क की भूमिका तो केवल इन ग्रंथों के निहितार्थ के विश्लेषण मात्र तक सीमित है। इसलिए यह युक्तिसंगत ही था कि 'ब्रह्मसूत्र' के रचयिता और इसके प्रमुख भाष्यकारों ने सांख्य का खंडन करते हुए यह सिद्ध करने का भरसक प्रयत्न किया कि इस दर्शन का वास्तविक वैदिक परंपरा के साथ कोई संबंध नहीं था और वेदों तथा उपनिषदों का कोई भी अंश 'प्रधानवाद' को उचित नहीं बता सकता था। 'ब्रह्मसूत्र में सांख्य का सीधा खंडन करने वाले 60 श्लोकों में से कम से कम 37 (i.1.5-11;1.4.1-28;ii.i. 1-2) का उद्देश्य यही सिद्ध करना था कि सांख्य दर्शन का चरित्र अवैदिक और वेदविरोधी था। यह बड़े खेद की बात है कि प्रामाणिक शास्त्रीय परंपरा के इस निर्णायक प्रमाण के होते हुए भी गार्बे, जिम्मर और शास्त्री ने बार बार यही तर्क दिया कि मूल सांख्य पूर्ण रूप से वेदविरोधी था।

मूल सांख्य के वेदविरोधी चरित्र के संबंध में 'ब्रह्मसूत्र' में उपलब्ध सभी प्रमाणों को उद्धृत करने की कोई आवश्यकता नहीं है और वैसे भी यह अत्यंत कष्टकारी काम होगा। कुछेक उदाहरणों से ही हमारा काम चल जाएगा। शंकर ने कहा :

> सांख्य दार्शनिकों की कल्पना की उपज अर्थात् अचेतन 'प्रधान' के लिए वेदांत में कोई स्थान बनाना असंभव है क्योंकि यह शास्त्रों पर आधारित नहीं है। ऐसा क्यों? इसलिए कि देखने का गुण अर्थात विचारणा या चिंतन की क्षमता शास्त्रों में कारण में बताई गई है। (आन. ब्र.सू. i.1.5. एस.बी. ई. xxxIv. 47)

बात स्पष्ट है। सांख्य, अचेतन अर्थात भौतिक प्रथम करण का दर्शन था जबकि उपनिषदों के अनुसार यह प्रथम करण एक आध्यात्मिक सिद्धांत था। मूल रूप से भाववादी ग्रंथों में भौतिकवादी दर्शन के लिए वास्तव में कोई स्थान नहीं हो सकता (अब हमें आठवें अध्याय में यही देखना है कि उपनिषदों का भाववादी दृष्टिकोण भी आद्य भौतिकवाद के अवशेषों पर ही उभरा)। इस संबंध में रामानुज का तर्क भी शंकर से कतई भिन्न नहीं था।

दोनों विद्वानों ने उपनिषदों के अनेकानेक अंशों को उद्धृत किया और इनका भलीभांति विश्लेषण किया जिससे यह किया जा सके कि इनमें सांख्य सिद्धांतों के होने का दावा झूठा है। आगे चलकर हम इनमें से कुछ अंशों का उस समय अध्ययन करेंगे जब उन आधुनिक लेखकों के इस विचार का उल्लेख आएगा कि उपनिषदों में मूल सांख्य के कुछ लक्षण दिखाई देते हैं। अभी तो हम केवल यह बताना चाहते हैं कि सचमुच शास्त्रसम्मत भारतीय परंपरा के जो दार्शनिक थे वे इस प्रकार के किसी भी दावे को मानने के लिए तैयार नहीं थे।

'ब्रह्मसूत्र' के दृष्टिकोण से तो सांख्य दर्शन पूर्णतया धर्मविरुद्ध था। 'श्रुति' (अर्थात सीधा ईश्वरीय ज्ञान यानी वेद और उपनिषद) से समर्पित होने की बात तो दूर रही, वेदांतियों के अनुसार सांख्य दर्शन स्मृति के आधार पर भी प्रामाणिकता का दावा नहीं कर सकता था। 'श्रुति' के विपरीत 'स्मृति' उन ग्रंथों को कहते थे जिनकी मूल रचना आधिकारिक ऋषियों मुनियों ने की थी और जिन्हें बाद के उपदेशकों ने स्मरण रखा। सांख्य मत के पक्षधर यह दावा कर सकते हैं कि चूंकि इसका प्रथम प्रतिपादन महान ऋषि कपिल ने किया था, इसलिए इस दर्शन का दर्जा

'स्मृति' का है। 'ब्रह्मसूत्र' के एक सूत्र (ii. 1. 1.) में इस दावे का उत्तर दिया गया है। शंकर और रामानुज दोनों की व्याख्या के अनुसार इस सूत्र की प्रमुख बातों का सारांश इस प्रकार हो सकता है :

आपत्ति : 'ब्रह्मसूत्र' द्वारा प्रतिपादित ब्रह्मवाद को स्वीकार नहीं किया जा सकता क्योंकि यह 'स्मृति' से अर्थात कपिल की 'स्मृति' से मेल नहीं खाता।

उत्तर : यह तर्क वैध नहीं हो सकता। यदि हम सांख्य के प्रधानवाद को स्वीकार कर लेते हैं तो हमें कुछ अन्य स्मृतियों के स्पष्ट उपदेशों को अस्वीकार करना होगा। जैसाकि शंकर ने कहा :

> यदि आप इस सिद्धांत के विरुद्ध आपत्ति उठाते हैं कि ब्रह्म विश्व का कारण है और यदि आपकी यह आपत्ति इस आधार पर है कि यह सिद्धांत कुछ अन्य स्मृतियों को निरर्थक बना देगा तो आप ऐसा करके कुछ अन्य ऐसो स्मृतियों को निरर्थक बना देंगे जो उपरोक्त सिद्धांत के पक्ष में हैं। (एस. बी. ई. xxxiv. 292)

शंकर (वही. xxxiv. 293) ने यह सिद्ध करने के लिए कि किस प्रकार इन सभी अन्य स्मृतियों में घोषणा की गई कि सृष्टि का प्रथम कारण एक चैतन्य सिद्धांत था, पुराणों, भागवत और 'आपस्तम्ब धर्म सूत्र' का हवाला दिया। रामानुज (वही. xlxiii. 410): 'मनुस्मृति' 'गीता' और 'महाभारत' का उल्लेख करके इस सूची को विस्तृत करना चाहते थे। इसलिए यदि सांख्य के एक स्मृति होने के दावे को वैध मान लें तो स्पष्टतः यह एक विसंगतिपूर्ण स्थिति बन जाती है : विभिन्न स्मृतियां एक दूसरे का खंडन कर रही थीं। शंकर (वही. xxxiv. 293) ने शास्त्रों की स्थिति को स्पष्ट किया :

> जिस प्रकार पूर्वपक्षी (विरोधी यानी सांख्य समर्थक), 'स्मृति' के आधार पर हमारा विरोध करता है, उसी प्रकार हम भी 'स्मृति' के आधार पर उसका उत्तर देते हैं। इसी के अनुसार 'ब्रह्मसूत्र' में प्रतिवाद नीति अपनाई गई है। यह पहले ही स्पष्ट हो चुका है कि 'श्रुतियों' का लक्ष्य इस धारणा को प्रतिपादित करना है कि ब्रह्म ही इस विश्व का कारण है और जहां कहीं भी विभिन्न स्मृतियों में परस्पर विरोध हो वहां एकमत के पक्षवाली स्मृतियों को स्वीकार किया जाना चाहिए और विरोधी स्मृतियों को अस्वीकार कर दिया जाना चाहिए। जो स्मृतियां श्रुति का अनुसरण करती हैं उनको ही प्रामाणिक मानो और अन्य सभी का तिरस्कार करो।

फिर

> भले ही ऐसे अनेक विद्वान हैं जिन्हें 'पारंगत' व्यक्ति के रूप में मान्यता दी गई है और किसी निर्णय के लिए उनसे अभ्यर्थना की जा सकती है, किंतु जब भी स्मृतियों के बीच उपरोक्त परस्पर विरोध की स्थिति उत्पन्न हो, तो अंतिम निर्णय श्रुतियों के आधार पर किया जाए अन्य किसी भी विधि से नहीं। (वही. xxxiv. 294)

इन 'पारंगत' व्यक्तियों में से मनु के पांडित्य को बिना किसी संदेह के स्वीकार किया जाना चाहिए। शंकर ने तर्क दिया, क्योंकि :

> एक 'श्रुति' वाक्य है जिसमें मनु की परम श्रेष्ठता घोषित की गई है। मनु ने जो कुछ कहा वह औषधि है। (तैत्तिरीय संहिता ii. 2.10.2) स्वयं मनु···कपिल के दार्शनिक मत को परोक्ष रूप से दोषपूर्ण बताते हैं। (वही. xxxiv. 294-5)

इन सब बातों के आधार पर शंकर ने सांख्य दर्शन को पूरी तरह वेदविरोधी कहा : 'कपिल का दर्शन वेद और वेद को मानने वाले मनु के सिद्धांत का विरोधी है। (वही. xxxiv. 295) किंतु

इससे हमें यह नहीं समझना चाहिए कि शास्त्रीय परंपरा के आरंभिक प्रतिनिधि एक पारंगत ऋषि के रूप में कपिल के कथित पांडित्य को वास्तव में स्वीकार करने के लिए तैयार थे। शंकर के अनुसार ऐसी प्राक्कल्पना बहुत संदेहास्पद है। क्योंकि यद्यपि कुछ शास्त्रों में कपिल नाम के किसी व्यक्ति की एक महान ज्ञानी ऋषि कहकर प्रशंसा की गई है तो भी वह सांख्य दर्शन का प्रतिपादक था ऐसा दावा करने का कोई उचित आधार नहीं है :

> पूर्वपक्षी (आपत्ति उठाने वाला) ने कपिल के ज्ञान की श्रेष्ठता सिद्ध करने के लिए जिस शास्त्रोक्ति का उल्लेख किया है उससे हमारे लिए कपिल (अर्थात कपिल नामक कोई व्यक्ति) के ऐसे दर्शन में विश्वास करने का कोई औचित्य नहीं है जो शास्त्रविरुद्ध है, क्योंकि उस अंश में केवल कपिल नाम का उल्लेख है (यह स्पष्ट नहीं किया गया कि कौन सा कपिल) और परंपरा से हमें एक अन्य कपिल का भी ज्ञान है जिसने सगर के पुत्रों को जलाकर भस्म कर दिया था और जिसका कुलनाम वासुदेव था। (वही. xxxiv. 294)

इन सबसे एक बात स्पष्ट है। स्वयं वैदिक परंपरा के प्रामाणिक प्रणेताओं के अनुसार सांख्य दर्शन अपने मूल रूप में निश्चित ही वैदिक परंपरा का विरोधी था। शंकर ने स्पष्ट शब्दों में कहा कि सांख्य दर्शन 'वेदविरुद्ध' और 'बेदानुसारी मनु वचन विरुद्धश्च' अर्थात वेदों का अनुसरण करने वाले मनु के वचनों का भी विरोधी है। अगले सूत्र पर अपनी टीका में शंकर ने कहा कि सांख्य सिद्धांतों का अनुमोदन न तो वेदों द्वारा और न ही सामान्य अनुभव से होता है (वेदे लोके वा उपलभन्ते) (आन ब्र. सू. ii. 1.-2)। और इस दृष्टि से रामानुज (एस. बी. ई. xlviii. 411) के साथ शंकर पूरी तरह सहमत थे। रामानुज का कहना था कि 'कपिल स्मृति, जिसमें शास्त्रविरुद्ध सिद्धांत है, तिरस्कृत की जानी चाहिए।'

अब हम सांख्य ग्रंथों यानी 'कारिका' और 'सूत्रों' की ओर लौटते हैं। हम यह देखने का प्रयत्न करेंगे कि इनमें सांख्य दर्शन के मूल वेदविरोधी विचार कहां तक बने रहे। उल्लेखनीय है कि यद्यपि ये दोनों ग्रंथ बहुत बाद में आए और यद्यपि 'कारिका' में प्रस्तुत सांख्य दर्शन बहुत हद तक शास्त्रसम्मत विचारधारा के साथ एक प्रकार का समझौता किए हुए था, तो भी यह महत्वपूर्ण तथ्य है कि सांख्य का वेदविरोधी मूल रवैया इन ग्रंथों में पूर्ण रूप से विलुप्त नहीं हुआ था। 'कारिका' में कहा गया : 'उद्घाटित विधि एक लौकिक विधि की भांति निष्फल है। कुछ प्रसंगों में तो यह दोषपूर्ण और कुछ अन्य में अतिरेकपूर्ण भी है'। इस लेखांश में 'उद्घाटित ज्ञान विधि' के लिए वास्तव में 'आनुश्रविक' शब्द प्रयोग में लाया गया है। भाष्यकार गौड़पाद ने कहा कि 'अनुश्रवति' का अर्थ है 'जिसे व्यक्ति बाद में सुनता है'; 'आनुश्रविक' अर्थात जो वेदों द्वारा अनुमोदित सत्य है। गौड़पाद ने काफी विस्तार से वेदों की प्रामाणिकता के प्रति सांख्य दर्शन की आपत्ति के कारणों को स्पष्ट किया है। विलसन ने इनका सारांश इस प्रकार दिया :

> वेदों ने रक्तपात (बलि आदि) का विधान बनाकर अपनी अमानुषिकता का परिचय दिया है और इसीलिए वे अक्षम्य हैं। वेदों में जिस प्रकार के सुफल मिलने का आश्वासन दिया गया है, वे भी अस्थाई हैं, क्योंकि स्वयं देवतागण नश्वर हैं, ससीम हैं जो काल के प्रत्येक चक्रावर्तन के साथ नष्ट हो जाते हैं। वेदों में जिस अमरत्व की बात कही गई है वह दीर्घायु मात्र है, या तब तक के लिए अस्तित्व है जब तक कि वर्तमान वस्तुओं का अवसान नहीं हो जाता। यह वेद दुख हरने की बजाय उसका कारण बनते हैं, क्योंकि इनमें जब एक व्यक्ति की तुलना में दूसरे व्यक्ति को मंगल और सुख का आश्वासन मिलता है तो जो लोग इससे वंचित रह जाते हैं उनके मन में ईर्ष्या और निराशा उत्पन्न हो जाती है। (20. 13)

वेदों के प्रति सांख्य के इस मूल विरोधी भाव के अवशेष 'सांख्यसूत्र' में भी देखने को मिलते हैं।

एक सूत्र (i. 6) में कहा गया है कि वेदों में दी गई निषेधाज्ञाएं इहलौकिक परंपराओं से भिन्न नहीं हैं। एक अन्य सूत्र (i. 82) में कहा गया है कि श्रुतियां (आनुश्रविक) मानव के सर्वोच्च लक्ष्य (अपुरुषार्थत्वम्) की प्राप्ति तक नहीं ले जा सकती; क्योंकि वैदिक अनुष्ठानों के फल कहीं न कहीं से आरंभ होते हैं। (साध्य) और इसलिए उनका कोई अंत भी है (आवृत्तियोगत)। गार्बे ने ठीक ही कहा है कि इन परिस्थितियों में :

> मूलतः सांख्य दृष्टिकोण 'ब्राह्मणों' में प्रतिपादित विचारधारा के ठीक प्रतिकूल रहा होगा, जैसाकि अन्य बातों के साथ साथ ब्राह्मणों के कर्मकांड के विरुद्ध इसके तर्क वितर्क से सिद्ध होता है। (ई. आर. ई. xi. 189)

साथ ही इस बात पर ध्यान देना भी आवश्यक है कि सांख्य संबंधी इन दो ग्रंथों में वेदों के प्रति मूल विरोधात्मक रवैये के अवशेष विद्यमान रहने के बावजूद शास्त्रीय विचारधारा के साथ समझौते के स्पष्ट लक्षण दिखाई दिए। यह बात 'सांख्यसूत्र' में विशेष रूप से उभर कर आई है। जिस सूत्र में 'आनुश्रविक' या 'श्रुति' द्वारा मानव के सर्वोच्च लक्ष्य तक पहुंचने की संभावना की आलोचना की गई है और उसका खंडन किया गया है, उसके तुरंत बाद के सूत्र में घोषणा की गई कि ये वेद कहते हैं कि जिस व्यक्ति ने विभेदक विवेकशीलता को विकसित कर लिया है उसका पुनर्जन्म नहीं होता : 'तत्र प्राप्तविवेकस्य अनावृतिः श्रुतिः'। (i. 83) स्पष्ट है कि सांख्य दर्शन में श्रुति की घोषणा को स्थान देने का प्रयत्न किया गया। ऐसे ही प्रयत्न कई अन्य सूत्रों में भी दिखाई देते हैं। (i. 154; iv. 3; vi. 51; vi. 58; vi. 59) यहां तक कि 'करिका' (4 और 5) में भी 'आनुश्रविक' की आलोचना के पश्चात घोषणा की गई कि वेद या श्रुति वैध ज्ञान के तीन स्रोतों में से एक थे। वास्तव में जिस शब्द का प्रयोग किया गया है वह है 'आप्त वचनाः' और इसको इस प्रकार स्पष्ट किया गया है, 'आप्त श्रुतिः' 'आप्त वचनाः' (आप्त शब्द से आशय है ज्ञानवान व्यक्तियों का कथन और श्रुति भी)।

वैदिक प्रामाणिकता अथवा सत्ता के प्रति ये दो दृष्टिकोण इसे अस्वीकार करना और स्वीकार भी करना—परस्पर विरोधी हैं और इस विरोध को तभी दूर किया जा सकता है जब यह मान लिया जाए कि वेद सत्ता की अस्वीकृति का दृष्टिकोण मूल सांख्य का था और स्वीकृति वाला दृष्टिकोण बाद में समझौते की प्रवृत्ति का परिणाम था। स्वयं 'ब्रह्मसूत्र' से यह बात प्रत्यक्ष प्रकाश में आती है कि बाद के कुछ दार्शनिक सांख्य दर्शन को परंपरागत शास्त्रीय दर्शन के अनुरूप बनाना चाहते थे। 'ब्रह्मसूत्र' में बार बार इस कथन का खंडन किया गया है कि श्रुतियों में सांख्य दर्शन के पक्ष वाले सूत्र खोजना संभव है। हो सकता है कि बादरायण के समय में भी इस प्रकार का विश्वास काफी प्रबल था। किंतु ऐसे दावे के बावजूद एक तथ्य पूर्ण रूप से स्पष्ट है कि मूल सांख्य दर्शन वैदिक सत्ता का कट्टर विरोधी था और इसलिए मान्य परंपराओं के प्रारंभिक अनुयायी शंकर और रामानुज जैसे लोगों को सांख्य दर्शन को प्रमुखतम सांख्य विरोधी मानने के लिए बाध्य होना पड़ा। कुछ आधुनिक विद्वानों ने इस प्रसंग को नए सिरे से उठाया है। सांख्य की चर्चा करते हुए जिम्मर ने कहा :

> यह, वैदिक और ब्राह्मणीय परंपरा की मूल विचारधारा का अंग नहीं है और न ही, सांख्य तथा योग की मूल शिक्षा में किन्हीं ऐसे देवी देवताओं का कोई संकेत है जो वैदिक देवताओं की भांति सांसारिक बंधनों से मुक्त थे। दोनों विचारधाराओं की विशिष्ट व्युत्पत्ति हुई है क्योंकि ये संसार के सृजन के संबंध में जैन दर्शन के यांत्रिक क्रिया सिद्धांत से संबद्ध हैं। जैसा कि हम देख चुके हैं, जैन दर्शन मूलतः अवैदिक अतीत में उपजा और इसका विकास आंशिक रूप से ऐतिहासिक और आंशिक रूप से पौराणिक बातों पर आधारित था। इसके विकास

क्रम में कई तीर्थंकर आए। (38.281)

गार्बे ने कहा :

> सांख्य दर्शन का मूल रूप तभी स्पष्ट हो सकता है जब हम यह समझ लें कि भारत के जिन क्षेत्रों में ब्राह्मणवाद का नगण्य प्रभाव था वहां इस संसार की उत्पत्ति और हमारे अस्तित्व के रहस्य को केवल तर्क द्वारा स्पष्ट करने का प्रथम प्रयत्न हुआ। क्योंकि सांख्य दर्शन मूलतः न केवल नास्तिक बल्कि वेदविरोधी दर्शन हैं। सांख्य संबंधी जिन ग्रंथों के बारे में हम विचार कर रहे हैं उनमें श्रुति के पक्ष वाले सभी अंश बाद में जोड़े गए। हम जबर्दस्ती लाए गए वैदिक तत्वों को यदि एकदम हटा दें तो भी इस दर्शन पर कोई प्रतिकूल प्रभाव नहीं पड़ेगा। सांख्य दर्शन प्रारंभ में भी और आज तक मूल रूप से अवैदिक है और ब्राह्मणीय परंपरा से मुक्त है। (23. भूमिका, xx-xxi)

गार्बे ने हमारा ध्यान इस तथ्य की ओर आकृष्ट किया है कि 'महाभारत' में सांख्य और योग को वेदों से पृथक, 'सभी वेदों के साथ साथ विद्यमान' बताया गया है। यदि ऐसी बात है तो फिर सांख्य को अंततः शास्त्रीय दर्शन प्रणालियों में किस प्रकार स्वीकार कर लिया गया? गार्बे ने इसके उत्तर में कहा :

> बाद के काल में सांख्य दर्शन, शास्त्रीय दर्शन प्रणालियों में सम्मिलित हुआ तो इसमें कोई आश्चर्य की बात नहीं है। इससे यह सिद्ध होता है कि यह प्रणाली अपनी शालीन स्पष्टता के कारण वेदांतिक अध्यात्मवाद के विरुद्ध अपने स्थान पर डटी रही और अंततः ब्राह्मणों को सभी महत्वपूर्ण बौद्धिक तत्वों का समाहरण करने को अपनी महान क्षमता के कारण इसे स्वीकार करना पड़ा···सांख्य दर्शन ने अंततः वेदों और ब्राह्मणों के प्रतिपादन को जो नाममात्र की मान्यता दी वह इसे शास्त्रीय दर्शन की श्रेणी में लाने के लिए पर्याप्त थी। यदि बौद्धों ने वेदों और ब्राह्मणों की प्रामाणिकता तथा सत्ता को मानने से इनकार न किया होता तो उन्हें भी बिना किसी मूल परिवर्तन के, एक ब्राह्मणीय संप्रदाय मान लिया जाता और अपने पूर्ववर्ती कपिल की भांति बुद्ध भी एक ऋषि बन गए होते। (वही: xxi-ii)

इस कथन का अंतिम भाग संदेहास्पद प्रतीत होता है। ब्राह्मणीय मस्तिष्क की काल्पनिक ग्रहण-शीलता के अलावा यह भी तथ्य है कि बाद के सांख्य दार्शनिकों को मान्यता तभी मिल सकी जब उन्होंने मूल सांख्य के प्रथम सिद्धांतों को शास्त्रीय परंपरा के समक्ष समर्पित कर दिया। हर प्रकार के दार्शनिक उद्देश्यों की दृष्टि से बाद का सांख्य केवल एक भाववादी तत्वमीमांसा बन कर रह गया और इसमें अपने मूल सिद्धांतों के प्रति केवल औपचारिक निष्ठा बनी रही।

फिर भी मूल सांख्य के वेदविरोधी स्वरूप के बारे में गार्बे के विचार महत्वपूर्ण हैं, विशेष-कर इसलिए कि उन्होंने इस तथ्य की ओर ध्यान दिलाया कि मूल सांख्य जिस क्षेत्र में सबसे पहले विकसित हुआ वह वैदिक प्रभाव से मुक्त था। उन्होंने (ई. आर. आई. xi.189) कहा कि यह माना जा सकता है कि सांख्य का अभ्युदय 'भारत के उसी क्षेत्र में हुआ जहां बौद्ध धर्म का आविर्भाव हुआ था।' शास्त्री ने इसी तर्क को आगे बढ़ाया। यहां हम शास्त्री को उद्धृत करते हैं :

> क्या सांख्य दर्शन वैदिक आर्यों के विचारों का प्रतिनिधित्व करता है? शंकर ने इसे बौद्ध दर्शन की भांति अवैदिक मत बताया।···प्राचीन परंपरा के अनुसार सांख्य दर्शन कपिल के विचारों का प्रतिपादन करता था। कपिल इस देश के उत्तरी क्षेत्र अर्थात बंगों, मागधों और चेरों के क्षेत्रों का रहने वाला था और यह स्थान गंगासागर की ओर जाने वाले मार्ग पर था। कपिल का गांव कवताक्ष के किनारे पर था। कपिलवस्तु भी उसका निवासस्थान

था। [बु. ध. (वं.) 37]

यह एक महत्वपूर्ण तथ्य है कि सांख्य का मूल विकासस्थल भारत के उत्तरपूर्वी क्षेत्रों को बताया गया है। क्योंकि इन्हीं क्षेत्रों में मातृसत्तात्मक प्रणाली और तंत्रवाद विद्यमान थे। यहां तक कि आज भी इन क्षेत्रों में इन दोनों के प्रबल अवशेष उपलब्ध हैं (दक्षिण भारत में मातृ अधिकार और तंत्रवाद के अवशेष और सांख्य के साथ इनके संभावित संबंध का गंभीरतापूर्वक अध्ययन किया जाना चाहिए)। इसलिए यह ऐतिहासिक प्रमाण हमारी इस धारणा के पक्ष में जाता है कि मूल सांख्य संभवतः तंत्रवाद का विकसित रूप था। हमें यहां 'महाभारत' में दिए गए उस उल्लेखनीय संकेत का सहज स्मरण हो आता है जिसके अनुसार सांख्य की असली प्रतिपादिका कपिला नामक स्त्री हो सकती थी न कि कपिल। हमें सांख्य के दो प्रारंभिक उपदेशकों के नाम उपलब्ध हैं। ये हैं पंचशिख और आसुरी। जैसाकि 'कारिका (70) में कहा गया है :

> ऋषि (कपिल) ने इस महान परिष्कारक (दर्शन यानी सांख्य) का ज्ञान अनुकंपा करके आसुरी को दिया और आसुरी ने इसे पंचशिख को दिया जिसने इसका व्यापक प्रसार किया।

'महाभारत' [शांतिपर्व, खं. 218 (चित्रशाला प्रेस)] में भी हमें आसुरी और पंचशिख नाम मिलते हैं और वहां भी इन दोनों के बीच गुरु-शिष्य का संबंध था। किंतु 'महाभारत' के इस प्रमाण की उल्लेखनीय बात यह है कि इसमें यह नहीं बताया गया कि आसुरी स्वयं कपिल का एक शिष्य था। इससे अधिक महत्वपूर्ण वह नाम है जो 'महाभारत' में पंचशिख के लिए वैकल्पिक नाम के रूप में प्रयोग में लाया गया है। यह नाम है—कापिल या कापिलेय या कपिलापुत्र अर्थात कपिला नामक स्त्री से जन्मा। 'महाभारत' के इस अध्याय का लेखक यह बताने को उत्सुक था कि पंचशिख का यह नाम कैसे पड़ा। लेखक ने बताया कि आसुरी की पत्नी का नाम कपिला था और जब पंचशिख एक शिष्य के रूप में आसुरी के पास रहता था तो कपिला उसे स्तनपान कराती थी। इससे पंचशिख का नाम कपिलापुत्र हो गया।

वास्तव में यह बड़ी विचित्र बात है कि किसी गुरु की पत्नी वयस्क शिष्य को स्तनपान कराए; 'महाभारत' में जिस रूप में यह कथा प्रस्तुत की गई वह प्रत्यक्षतः सत्य नहीं हो सकता। किंतु यह संभव है कि इस कहानी में सत्य के कुछ कुछ तत्व हों। हमें कपिला द्वारा पंचशिख को स्तनपान कराए जाने की इस कथा को अलंकारिक अर्थ में समझना होगा और तब इसका अर्थ यह हो सकता है कि सांख्य दर्शन की मूल प्रतिपादक एक स्त्री थी। कहीं ऐसा तो नहीं कि 'महाभारत' की यह कथा एक अत्यंत प्राचीन परंपरा की उपशाखा रही हो जिसके अनुसार प्रारंभिक सांख्य दार्शनिक, स्त्री गुरुओं के शिष्य थे और मूल नाम कपिला अंततः पितृसत्तात्मक परिस्थितियों में आकर कपिल नाम में परिवर्तित हो गया हो? यह विचार बहुत असंभव प्रतीत नहीं होगा यदि हम याद रखें कि कपिल के संबंध में निश्चित रूप से बहुत कम जानकारी उपलब्ध है। और सांख्य के मूल विकास का क्षेत्र वह था जो अत्यंत प्राचीन काल से ही मातृसत्तात्मक समाज व्यवस्था और तांत्रिक विचारधारा के प्रबल प्रभाव के अधीन था। सांख्य तंत्रवाद का विकसित रूप हो सकता है और तंत्रवाद में सबसे पहले केवल स्त्रियां ही गुरु होती थीं।

7. पुरुष का स्थान

हम पहले ही देख चुके हैं कि प्राचीनकाल में सांख्य को 'प्रधानवाद' के नाम से जाना जाता था। इसी निश्चित रूप में शंकर और रामानुज ने इसका उल्लेख किया। प्रधान का शाब्दिक अर्थ है मूल, प्रमुख या प्रथम। किंतु सांख्य में यह शब्द आदि या मूल तत्व के विशिष्ट अर्थ में प्रयोग

किया गया। इसका निश्चित अर्थ था अविकसित स्थिति में पदार्थ अर्थात पदार्थ की वह स्थिति जिससे अभी विश्व या ब्रह्मांड की उत्पत्ति होनी थी। यदि सांख्य को निरंतर प्रधानवाद ही कहा गया तो इसका स्पष्ट निहितार्थ यह है कि इस दर्शन के अनुसार आदि पदार्थ ही परम सत्य था, इस विश्व की व्युत्पत्ति का प्रथम कारण था।

'प्रधान' के लिए दूसरा शब्द है 'प्रकृति' या 'मूल प्रकृति'। जैसाकि गौड़पाद ने कहा : 'मूल प्रकृतिः प्रधानम्' (आन. सां. का. 3) यानी मूल प्रकृति को प्रधान कहते हैं। किंतु इस प्रधान या मूल प्रकृति के अलावा सांख्य में एक अन्य सिद्धांत को भी मान्यता थी। यह था 'पुरुष' या यूं कहिए कि अनेक पुरुष। पुरुष का शाब्दिक अर्थ है नर। किंतु 'ब्रह्मसूत्र' पर लिखे गए भाष्यों में जिस प्रकार के सांख्य का वर्णन है उसमें भी इस शब्द का प्रयोग निश्चित रूप से आत्मा या चेतना के सिद्धांत के अर्थ में किया गया है। इसलिए इस प्रश्न का उत्तर कि मूल सांख्य को भौतिकवादी दर्शन समझा जाना चाहिए या नहीं, केवल तभी दिया जा सकता है जब दो अन्य बातों पर विचार कर लिया जाए। पहली तो यह है कि पुरुष को आत्मा या चेतना मान लें तो भी हमें यह निर्धारित करना है कि मूल सांख्य के सामान्य प्रारूप में इसका समुचित स्थान क्या हो सकता था। दूसरी बात यह है कि हमें इस प्रश्न पर सोचना है कि 'पुरुष' शब्द का मूल अर्थ पहले आत्मा या चेतना का सिद्धांत न होकर कुछ और तो नहीं था। कहीं यह आत्मा या चेतना का सिद्धांत सांख्य पर वेदांत के प्रभाव का परिणाम तो नहीं था।

पहले 'पुरुष' की युक्तिसंगत स्थिति की चर्चा करेंगे। 'प्रकृति' के ठीक प्रतिकूल, सांख्य में 'पुरुष' की स्थिति गौण थी, यह 'अ-प्रधान' था। इसे आम तौर पर उदासीन भी कहा जाता था। पुरुष का यह उपनाम हमें 'ब्रह्मसूत्र' (शंकर आन ब्र. सू. ii, 2. 7) पर लिखे गए भाष्यों में मिलता है। यहां तक कि कारिका (20) में भी इस उपनाम का प्रयोग हुआ है। इससे हमारे मन में यह संदेह उठ सकता है कि यदि ये पुरुष इस विश्व की सृष्टि की वास्तविक प्रक्रिया के प्रति पूर्ण रूप से उदासीन थे और यदि पदार्थ अर्थात मूल अविकसित पदार्थ से विकसित होकर गोचर जगत बनने तक के विकासानुक्रम में इनकी कोई भूमिका नहीं थी तो फिर सांख्य के प्रतिपादकों को इस आत्मनिर्भर आदि सत्य से अलग इन पुरुषों को मान्यता देने की आवश्यकता क्यों पड़ी। वास्तविक परिस्थितियों में इनके लिए स्थान क्यों होना चाहिए? जैसाकि हम देखेंगे, इसका कारण केवल इतना ही था कि कुछेक दार्शनिक, इस 'प्रधानवाद' में विसंगतिपूर्ण स्थिति होने के बावजूद पुरुष के सिद्धांत को मान्यता देना चाहते थे। इसके पीछे कुछ और कारण भी थे। हमने जो विधि अपनाई है उसके अनुसार हम 'ब्रह्मसूत्र' के प्रमाण के विश्लेषण से आरंभ करेंगे। शंकर ने कहा :

> हम इन दोनों प्रणालियों (सांख्य और योग) के उन अंशों को सहर्ष स्वीकार करते हैं जो वेद विरुद्ध नहीं हैं। उदाहरण के लिए उन्होंने आत्मा (पुरुष) को सभी प्रकार के गुणों से मुक्त बताकर वेदों के अनुरूप विचार प्रस्तुत किए हैं। वेदों में जीव (पुरुष) को मूलतः शुद्ध बताया गया है। उदाहरण के लिए 'बृहदोपनिषद' (iv. 3.16) 'क्योंकि इस जीव का किसी के साथ कोई संबंध नहीं है।' (आन ब्र. सू. ii. 1.3. एस. बी. ई. xxxiv 298)

बाहरी तौर पर इस टिप्पणी का जितना महत्व दिखाई देता है यह उससे कहीं अधिक महत्वपूर्ण है। यदि सांख्य की निंदा न केवल इसलिए की गई थी कि यह वेदों के विरुद्ध था बल्कि इसलिए भी कि यह वेदों के सच्चे अनुयायियों के उपदेशों के भी विरुद्ध था तो ऐसी प्रणाली में, 'वेदों के अनुरूप आत्मा के विवरण' के लिए स्थान होना अत्यंत विचित्र बात रही होगी। हां यह विचित्रता उस परिस्थिति में नहीं रहती यदि यह मान लिया जाए कि वेदों के अनुरूप आत्मा के विवरण

वाली बात सांख्य के बाद के प्रणेताओं ने ऐसे दार्शनिकों से ग्रहण कर ली हो जो वास्तव में वेदों के अनुयायी थे। हमारा कहना है कि ईश्वरकृष्ण ने कारिका में निश्चित रूप से ऐसा ही किया। फिर भी वेदांत से इस प्रकार उधार लिया हुआ 'पुरुष' सिद्धांत कभी भी सांख्य के मूल सिद्धांतों के साथ पूरी तरह मेल नहीं खा सका। सांख्य के सिद्धांत थे : 'प्रधान' और 'परिणाम' (जैसे, परिणाम को सांख्य में सत्य माना गया है जबकि वेदांत में अंततः इसे मिथ्या कहा गया है और वेदांत के इस सिद्धांत को 'विवर्तवाद' नाम से जाना जाता है) और अनेक पुरुषों (पुरुष बहुत्वम्) का सिद्धांत। बाद के दार्शनिक मूल सांख्य के इन सिद्धांतों को छोड़ने के पश्चात ही पुरुष को विशुद्ध चेतना के रूप में इस प्रणाली में बनाए रख सके। इसलिए शंकर की टिप्पणी का वास्तविक अर्थ यही हो सकता है कि यदि सांख्य दार्शनिक पुरुष के इस दृष्टिकोण को बनाए रखने पर सहमत थे तो उनके साथ कोई विवाद नहीं होगा, क्योंकि ऐसा करने पर वे सांख्य के अनुयायी तो बने ही रह सकेंगे जबकि वास्तव में वे प्रच्छन्न वेदांती होंगे।

दूसरा विकल्प यही होगा कि शंकर की टिप्पणी का बाह्य अर्थ ही लिया जाए। किंतु हम ऐसा नहीं कर सकते। क्योंकि 'प्रधान,' 'परिणाम' और 'पुरुष बहुत्वम्' के साथ साथ 'पुरुष' का सिद्धांत स्वीकार करना शंकर के लिए वास्तव में स्वीकार्य नहीं था। इसको अस्वीकार करने के लिए शंकर को कई कारणों से बाध्य होना पड़ा। यहां हम दो कारणों का विवेचन करेंगे। पहला कारण यह है कि शंकर न केवल भाववादी बल्कि घोर अद्वैतवादी थे। उनके लिए आत्मा अथवा ब्रह्म ही परम सत्य था जो केवल एक था और उसका एकत्व पूर्ण तथा अनोखा था। इसके विपरीत मूल सांख्य की विशेषता थी 'पुरुष बहुत्वम्' और स्वयं कारिका का लेखक भी इस विशेषता को पूर्ण रूप से न छोड़ सका। दूसरा कारण यह था कि वेदांत के अनुसार यह आत्मा अथवा 'पुरुष' ही सत्य थे और इस जगत की अनेकता मिथ्या थी जो अविद्या का परिणाम थी। इसका मतलब यह है कि अंतिम विश्लेषण करने से यही निष्कर्ष निकला कि पुरुष से इस भौतिक जगत की व्युत्पत्ति मिथ्या थी (विवर्त) और यह किसी जादूगर द्वारा रंगमंच पर अपने जादू से उत्पन्न की गई किसी घटना जैसी बात थी। उधर सांख्य दृष्टिकोण से 'प्रधान' एक सत्य था और वह गोचर जगत इस प्रधान का वास्तविक परिणाम था।

इसीलिए यह भौतिक विश्व मूलतः सत्य था, फिर भी इसकी उत्पत्ति में 'पुरुषों' का कोई हाथ नहीं था। यहां तक कि कारिका के लेखक को आगे चलकर भले ही किन्हीं विचारों का समर्थन करना पड़ा हो, फिर भी वह 'प्रधानवाद' और 'परिणामवाद' को पूर्ण रूप से नहीं त्याग सका। और इसीलिए पुरुष के संबंध में उसके विचार को शंकर वास्तव में स्वीकार नहीं कर सके। और यदि हम कारिका से भी पहले के प्रमाणों पर ध्यान देने को तैयार हैं और मूल सांख्य का पुर्ननिर्माण मुख्यतया उसके 'प्रधानवाद' और 'परिणामवाद' के आधार पर करने का प्रयत्न करें (और सांख्य के मूल सिद्धांतों के साथ विषमता के कारण कारिका में प्रतिपादित 'पुरुष' के सिद्धांत को अस्वीकार कर दें) तो हमें एक ऐसे दर्शन की झलक मिलेगी जो शंकर के दृष्टिकोण का स्पष्ट विरोधी रहा होगा। जब सांख्य की भांति दृढ़तापूर्वक स्पष्ट शब्दों में यह कहा जाता है कि दृष्टिगोचर संसार अथवा भौतिक जगत सत्य है, और इसके सृजन में विभिन्न जीवों अथवा पुरुषों का कोई योगदान नहीं है तो समस्त दर्शन का सार यही निकलता है कि पुरुषों का स्थान (भले ही पहले यह कुछ भी रहा हो) पूर्णतया महत्वहीन है, व्यर्थ है, अनावश्यक है। उधर जब वेदांत की भांति पुरुष को परम सत्य और संसार को परम भ्रम समझा जाता है तो सारे दर्शन का यह उद्देश्य मानना होगा कि आत्मा या पुरुष को इतना सर्वाधिक महत्वपूर्ण बना दिया जाए कि इसकी तुलना में अन्य प्रत्येक वस्तु नगण्य हो जाए। इस प्रकार शंकर के लिए यह

असंभव हो गया कि वे पुरुषों के संबंध में अपनी दार्शनिक विचारधारा को सांख्यमत में देख पाते। और इसमें कोई संदेह नहीं कि शंकर ने वास्तव में सांख्य दर्शन के विरुद्ध तर्क दिया। एक तो सांख्य के अनुसार पुरुषों में बहुत्व है। शंकर का तर्क था :

> कपिल ने पुरुषों की अनेकता को मानकर एक सार्वत्रिक अथवा सर्वव्यापी पुरुष के सिद्धांत को अस्वीकार कर दिया है। 'महाभारत' में भी यह प्रश्न उठाया गया कि यहां अनेक पुरुष (आत्माएं) हैं या एक। इस पर अन्य लोगों के विचारों का उल्लेख किया गया। 'हे राजन् सांख्य और योग दार्शनिकों के अनुसार पुरुष अनेक हैं'; इस मत का प्रतिवाद किया गया है : 'जिस प्रकार अनेक लोगों के लिए उत्पत्ति का एक ही स्थान है (पृथ्वी) उसी प्रकार मैं आपसे कहूंगा कि सर्वव्यापी पुरुष अपने गुणों से उत्कृष्ट होता है', और अंत में यह घोषणा की जाती है कि केवल एक सर्वव्यापी पुरुष है। 'वह हमारे, आपके और अन्य सभी शरीर धारियों के अंदर का जीव है, जो सबका आंतरिक प्रत्यक्षदर्शी है और जिसका बोध किसी को नहीं हो सकता। वह सर्वबाहु, सर्वपाद, सर्वबुद्धि, सर्वदृष्टि और सर्वनासा है, स्वेच्छा और रुचि के अनुसार सभी जीवों में विचरता है'। और शास्त्र यह भी घोषणा करते हैं कि केवल एक सर्वव्यापी पुरुष है। (आन ब्र. सू. ii 1. i. एस.बी. ई. xxxiv.295)

शंकर के अनुसार पुरुषों के अनेकत्व का यह विचार ही वास्तव में सांख्य को पूर्ण रूप से वेद-विरोधी बना देता है। ध्यान देने योग्य बात है कि पुरुषों की अनेकता का यह सिद्धांत ही, जो प्रारंभिक वेदांत साहित्य से प्रत्यक्ष है, मूल सांख्य की सहज विशिष्टता था। जहां तक इस सिद्धांत के पक्ष में 'कारिका' ने निश्चित तर्क देने का प्रयत्न किया वह सांख्य की प्राचीन भावना को बनाए रखना चाहती थी। आगे चलने से पहले हम यहां इन तर्कों पर कुछ विचार करेंगे, क्योंकि इनसे सांख्य और वेदांत के बीच मूलभूत अंतर पर कुछ प्रकाश पड़ सकता है :

> चूंकि सबके लिए जन्म, मरण, और जीवन के साधन (ज्ञानेंद्रियां और कर्मेंद्रियां) अलग हैं, क्योंकि सबके कार्य सर्वव्याप्त और एक ही समय नहीं होते और चूंकि सबके अलग अलग गुण हैं, इससे प्रत्यक्ष है कि पुरुष अनेक हैं। (सा. का. 18)

अनेक पुरुषों अथवा आत्माओं के अस्तित्व के आधार इस प्रकार हैं :

1. विभिन्न व्यक्तियों के जन्म, मरण और ज्ञानेंद्रियों तथा कर्मेंद्रियों के बीच अंतर है। जैसाकि गौड़पाद (20.57-8) ने इस तर्क को स्पष्ट किया :

> इसलिए यदि एक ही जीव या आत्मा होती तो जब किसी एक व्यक्ति का जन्म हुआ तब सभी का जन्म होना चाहिए था; जब एक की मृत्यु होती तब सबको मरना चाहिए; यदि किसी एक व्यक्ति के अंगों अथवा इंद्रियों में कोई त्रुटि हो जाती जैसे यदि कोई बहरा, नेत्रहीन, गूंगा, अपंग हो जाता तब सभी बहरे, अंधे, गूंगे और अपंग हो जाते। किंतु ऐसी बात नहीं है; और इसलिए जब मृत्यु, जन्म, और जीवन के साधन अनेक हैं तो इनसे आत्माओं की अनेकता प्रदर्शित होती है।

गौड़पाद ने यहां आत्मा शब्द का प्रयोग किया किंतु यह 'कारिका' की भावना के अनुरूप नहीं रहा होगा। क्योंकि 'कारिका' के अनुसार कर्मेंद्रियों और ज्ञानेंद्रियों के बीच भेद को ही पुरुषों की अनेकता (पुरुष बहुत्वम्) का आधार माना गया अतः यह आत्मा की विशिष्टिता नहीं हो सकती थी। संभवतः 'कारिका' में पुरुष को साधारण भौतिक शरीर वाले व्यक्ति के अर्थ में लिया गया जो जन्मता और मरता है तथा जिसके शरीर में कर्मेंद्रियां और ज्ञानेंद्रियां हैं। यह आत्मा का तत्वमीमांसीय दृष्टिकोण नहीं है और स्पष्टतया 'पुरुष' के ऐश्वर्यपूर्ण अथवा विशुद्ध चेतना के अमूर्त अथवा काल्पनिक दृष्टिकोण से बहुत दूर है। यह बात 'कारिका' में पुरुषों की अनेकता के

अस्तित्व के लिए प्रस्तुत किए गए दो अन्य आधारों से भी विदित है।

2. विभिन्न व्यक्ति अपने कार्यों और गतिविधियों में एक दूसरे से भिन्न हैं। गौड़पाद ने इन तर्कों को इस प्रकार स्पष्ट किया :

> सब लोगों के व्यवसाय या क्रियाकलाप सर्वत्र एक ही समय पर एक जैसे नहीं होते। युगपत का अर्थ है, 'एक समय में', न कि एक ही समय पर या एक साथ। सब लोग एक ही समय पर सत्कार्य नहीं करते : कुछ लोग सत्कार्यों में और कुछ अन्य लोग कुकर्मों में रत रहते हैं; कुछ लोग संसार के प्रति उदासीन हो जाते हैं और कुछ सच्ची प्रज्ञा प्राप्त करते हैं इसलिए लोगों के विभिन्न कार्यों के एक ही समय पर न होने से यही निष्कर्ष निकलता है कि आत्माएं अनेक हैं। (वही. 5४)

3. विभिन्न लोग तीन 'गुणों' में भिन्नता के कारण एक दूसरे से भिन्न हैं। यह तर्क अत्यंत रोचक है। ये तीन 'गुण' प्रकृति के तीन अंग हैं जिन्हें 'सत्व, 'रजस' और 'तमस' कहा जाता है। चूंकि प्रकृति मूलतः भौतिक या पदार्थ है इसलिए इसके तीनों अंग भी भौतिक ही होंगे। इस प्रकार यदि 'कारिका' के तर्क के अनुसार पुरुषों की अनेकता का एक प्रमाण यह है कि अलग अलग लोगों में ये तीनों 'गुण' अलग अलग अनुपात में हैं, तो यह स्वीकार करना होगा कि 'कारिका' में किसी न किसी प्रकार के इन तीनों गुणों की कल्पना 'पुरुषों' के अनिवार्य अंग के रूप में की गई। इससे 'पुरुषों' के संबंध में हमारी जो धारणा बनती है वह वेदांत के इस विचार से बिल्कुल भिन्न है कि आत्मा विशुद्ध चेतना है।

तो वह कौन सी मूल मान्यता थी जिस पर पुरुषों की अनेकता के अस्तित्व के तीनों प्रमाण आधारित थे ? मान्यता यह थी कि यह भौतिक और दृष्टिगोचर संसार, जिसका अनुभव किया जा सकता है और जिसमें विभिन्न व्यक्ति जन्म लेते हैं, मरते हैं और जिनकी सभी प्रकार की कर्मेंद्रियां तथा ज्ञानेंद्रियां हैं और जिनके व्यक्तित्वों में भिन्नता है (कुछ लोगों में 'सत्व' गुण प्रबल है तो कुछ में 'रजस' या 'तमस' का प्राबल्य है), ऐसा संसार वास्तव में सत्य माना जाना चाहिए अन्यथा सभी तर्क निरर्थक हो जाएंगे। इससे हम दूसरी बात तक पहुंचते हैं जिसके अनुसार पुरुष संबंधी सांख्य मत, वेदांतिक मत से मूलतः भिन्न था।

सांख्य के अनुसार यह अनुभूत जगत वास्तव में सत्य था और इसकी उत्पत्ति में 'पुरुषों' का कोई सहयोग नहीं था। इसका प्रत्यक्ष अर्थ यह है कि 'पुरुषों' का कोई महत्व नहीं था। वेदांत के अनुसार भी वास्तविक विश्व प्रक्रिया में 'पुरुष' का कोई सहयोग नहीं था, किंतु इसका कारण यह था कि अंततः यह समस्त विश्व अवास्तविक या मिथ्या है और इसीलिए केवल 'पुरुष' ही परम सत्य था। इस प्रकार सांख्य और वेदांत के बीच भेद की समस्या एक ही प्रश्न को लेकर रह जाती है : इस अनुभूत जगत को सत्य माना जाए या नहीं ? सांख्य ने इसका उत्तर निश्चित रूप से यह कहकर दिया कि अनुभूत जगत सत्य है। यह बात इससे सिद्ध होती है कि वेदांत ने सांख्य के विचार का खंडन किया। मध्वाचार्य [स. द. सं. (कावेल) 221] ने अपने सर्वदर्शन संग्रह में शंकर का अनुसरण करते हुए सांख्य संबंधी विवेचना इस प्रश्न के साथ आरंभ की :

> किंतु हम मायामय अथवा भ्रामक उद्भव (वेदांत मत) के सिद्धांत को कैसे स्वीकार कर सकते हैं जबकि सांख्य द्वारा प्रतिपादित विकास संबंधी मत अभी तक बना हुआ है जिसका विरोध करना है ?

इस प्रकार शंकर की भांति मध्व ने भी सांख्य का खंडन करने की आवश्यकता महसूस की। वास्तव में सांख्य और वेदांत के बीच का विवाद जो कि 'ब्रह्मसूत्र' और उसके भाष्यों से विदित है, मुख्यतया 'परिणामवाद' और 'विवर्तवाद' के बीच विवाद था। यह तो दोनों मानते थे कि यह

संसार एक प्रकार का परिणाम है और इस परिणाम का बीज इसके कारण में विद्यमान था। किंतु दोनों मतों की भिन्नता केवल इस बात में थी कि यह परिणाम सत्य है या नहीं। सांख्य के अनुसार यह सत्य था (परिणामवाद) और इसलिए यह संसार भी (प्रधान के परिणाम के रूप में) सत्य था। यह धारणा वेदांत की विचारधारा के ठीक प्रतिकूल है। वेदांत के अनुसार परिणाम सत्य नहीं हो सकता (विवर्तवाद) और इसलिए यह जगत (ब्रह्म के परिणाम के रूप में) सत्य नहीं हो सकता। वास्तव में सांख्य में 'प्रधान' के अस्तित्व का प्रमाण ही इस मान्यता पर आधारित था कि यह अनुभूत जगत सत्य है।

मूल सांख्य में 'पुरुष' की संभावित स्थिति का अनुमान हमें इसी के संदर्भ में लगाना है। फिर एक निर्णायक प्रश्न है : क्या विश्व की प्रक्रिया में 'पुरुष' की वास्तव में कोई भूमिका थी? हमें देखना होगा कि 'कारिका' के लेखक ने इस प्रकार वेदांत के 'पुरुष' को छलपूर्वक सांख्य में सम्मिलित करने का प्रयत्न किया और फिर उसे इस प्रश्न का उत्तर देने के लिए कितनी परस्पर विरोधी बातें करनी पड़ी। किंतु हम शंकर की कृतियों से आरंभ कर सकते हैं, क्योंकि एक सजग भाववादी होने के नाते वे भाववाद और भौतिकवाद के बीच मूलभूत मतभेद को स्पष्ट रूप से देख सके थे और यह बता सके कि 'पुरुष' के इस भाववादी विचार को कृत्रिम मान्यता दिए जाने के बावजूद क्यों सांख्य के ईश्वरकृष्ण जैसे दार्शनिक मूल भौतिकवाद से अपना चंगुल न छुड़ा सके।

हम विशेष रूप से 'ब्रह्मसूत्र' के दूसरे अध्याय के द्वितीय भाग पर शंकर की टीका तक ही अपना विचारविमर्श सीमित रखेंगे। इसमें शंकर ने कहा कि मैं सांख्य दार्शनिकों के तर्कों का खंडन, वेदांत ग्रंथों की सहायता लिए बिना स्वतंत्र रूप से करूंगा। (आन ब्र. सू. ii.2.1) शंकर ने सांख्य की स्थिति को इस प्रकार प्रस्तुत किया :

> जिस प्रकार मिट्टी के बने मटके, थालियों और बर्तनों आदि का कारण सामान्य रूप से मिट्टी समझा जाता है उसी प्रकार हमें यह मान लेना चाहिए कि ऐसे सभी बाह्य और आंतरिक (अर्थात निर्जीव और सजीव) प्रभाव जिनमें 'सत्व' 'रजस' और 'तमस' गुण हैं उन सबका कारण सामान्य रूस से यही सत्व, रजस और तमस हैं। अपनी मान्यता लिए हुए यही तीनों मिलाकर 'प्रधान' के अंग हैं। यह प्रधान जो अचेतन है, स्वयं को सहजस्फूर्त ढंग से विविध रूपों में विकसित करता है जिससे वह चेतन आत्मा के लक्ष्यों (आनंद, मोक्ष आदि) के परिणाम प्रस्तुत कर सके। (वही. एस. बी. ई. xxxiv 364)

इस उद्धरण में हमने दो निश्चित बातों पर विशेष बल दिया है। पहली तो अचेतन (अर्थात भौतिक) 'प्रधान' स्वयं को सहजस्फूर्त ढंग से इस दृष्टिगोचर जगत में उद्भूत अथवा विकसित करता है। दूसरी, विकास की इस सारी क्रिया का लक्ष्य चेतन पुरुष के परिणाम प्रस्तुत करना है। इसमें कोई संदेह नहीं कि शंकर यहां 'कारिका' के अनुसार सांख्य विचारधारा प्रस्तुत कर रहे थे। किंतु इन दो में से दूसरी बात से यह स्पष्ट होता है कि बाद के सांख्य दार्शनिकों ने कृत्रिम और असंगत ढंग से भाववादी विचार तत्वों को सांख्य में ठूसने का प्रयत्न किया। 'प्रधान' या आदि पदार्थ के सहजस्फूर्त होकर वास्तविक दृष्टिगोचर संसार के रूप में विकसित होने वाली बात के साथ परवर्ती सांख्य के पक्ष का कभी पूर्ण रूप से तर्कसंगत तालमेल नहीं बैठा।

हमारे लिए विशेष ध्यान देने योग्य बात यह है कि शंकर के तर्क का प्रमुख लक्ष्य यही बात थी। उन्होंने कहा कि विवाद का असल विषय संसार का सृजन और अंततः इस संसार की सत्यता का दावा है। 'करिका' द्वारा प्रस्तुत सांख्य दर्शन में आत्मा की भाववादी अवधारणा को लाने और विकास प्रक्रिया का लक्ष्य, इस आत्मा के उद्देश्यों की पूर्ति करने, की बात कहने के बावजूद 'कारिका' में शंकर के विरुद्ध कड़ा दार्शनिक मत बना रहा क्योंकि इसमें जब यह कहा गया कि

संसार के उद्भव में चेतना की कोई भूमिका नहीं थी तो वही मूल भौतिकवादी दृष्टिकोण इस दर्शन में बना रहा। हमारी शंकर के तर्कों में और अधिक रुचि इसलिए है क्योंकि हम देख सकते हैं कि भाववादी विचार की यह चेतना ही इस विश्व का मूल कारण है, जो तार्किक दृष्टि से इस निष्कर्ष को जन्म देते हैं कि यह विश्व मिथ्या है, असत्य है। यह एक ऐसी स्थिति है जिसे सांख्य दार्शनिक तब तक स्वीकार नहीं कर सकते थे जब तक उनका विश्वास परिणामवाद में रहता। आइए, हम शंकर के तर्कों की रूपरेखा देखें। 'ब्रह्मसूत्र' (ii.2.1) में कहा गया :

> जिसे अनुमान के आधार पर माना गया है (सांख्य दार्शनिकों द्वारा अर्थात 'प्रधान'), वह कारण नहीं हो सकता (इस जगत का), क्योंकि क्रमबद्ध व्यवस्था (इस जगत की) असंभव है (इस प्राक्कल्पना के आधार पर)।

ध्यान देने योग्य बात है कि 'ब्रह्मसूत्र' जिस प्राक्कल्पना का खंडन करना चाहता था वह यह थी कि और कुछ नहीं, केवल अचेतन (पदार्थ) वह 'प्रधान' ही इस विश्व का मूल कारण है। हम देखेंगे 'प्रधान' के अस्तित्व के समर्थन में सांख्य का तर्क इसके कारणवाद पर आधारित था। परिणाम के स्वरूप से ही कारण के स्वरूप का अनुमान लगाया जा सकता है, अर्थात परिणाम जिस प्रकार का होगा कारण भी वैसा ही होगा। इसलिए भौतिक जगत की मूल विशेषताएं वही होंगी जो इसके कारण की विशेषताएं थीं। संभवतः कारणवाद का आधार प्रकृति के तथ्यों को देखने से बना, जिन्हें शंकर ने समानांतर घटनाएं (दृष्टांत वल) कहा। मटके, थालियां तथा अन्य वस्तुएं, जो मिट्टी की बनी हैं, उनका मूल कारण भी मिट्टी ही रही होगी। इसके कारण शंकर ने तर्क दिया :

> यदि आप सांख्य जन केवल समानांतर दृष्टांतों के आधार पर अपना सिद्धांत बनाते हैं तो हमारा कहना है कि कोई ऐसा अचेतन पदार्थ जो किसी चेतन जीव के मार्गदर्शन के बिना ही सहजस्फूर्त ढंग से ऐसे परिणामों को प्रस्तुत करता है जो किसी निश्चित व्यक्ति के लक्ष्य की पूर्ति कर सकते हों, विश्व में कहीं भी देखने को नहीं किलता। इसके विपरीत हम देखते हैं कि गृह, प्रासाद, शय्या, मनोरंजनस्थल आदि वस्तुएं जो परिस्थितियों के अनुसार सुख की प्राप्ति या दुख को दूर रखने के साधन हैं, बुद्धिमान या चेतन व्यक्तियों के कार्यों से निर्मित हैं। अब इस सारे विश्व को देखिए। एक ओर तो यह बाह्य (अर्थात अचेतन) है और पृथ्वी तथा अन्य रूपों में जीवों को इनसे अपने विभिन्न कार्यों के सुफल का भोग करने का अवसर मिलता है। दूसरी ओर चेतन शरीर के रूप में यह विभिन्न प्रकार के जीवों को बनाता है, इन शरीरों के सुनिश्चित क्रम और उपयोग के अवयव हैं। ये शरीर सुख भोग का साधन बनते हैं। हम कहते है कि इस संसार को देखो, जिसके संबंध में अति प्रज्ञावान लोग भी अपने मन में कोई परिकल्पना नहीं कर सके। और तब कहो कि क्या 'प्रधान' जैसी अचेतन वस्तु इसका सृजन कर सकती है? कम से कम पत्थर और मिट्टी के ढेलों में तो यह सृजन शक्ति नहीं है। हमें तो बल्कि यह मानना चाहिए कि जिस प्रकार कुम्हार और अन्य लोगों द्वारा मिट्टी विभिन्न रूप धारण कर लेती है उसी प्रकार 'प्रधान' का भी (विभिन्न परिणामों में परिवर्तित होने पर) नियंत्रण कोई चेतन सिद्धांत करता है। विश्व का प्रथम कारण कैसा है, इसका निर्धारण करते समय हमें केवल उन्हीं गुणों पर ध्यान देने की आवश्यकता नहीं है जो मिट्टी जैसे भौतिक कारणों की तरह हैं। हमें कुम्हार आदि बाह्य व्यक्तियों की ओर भी ध्यान देना है। (वही. एस. बी. ई. xxxiv. 364-5)

थिबो ने इस तर्क का समापन इस प्रकार करना चाहा :

> समानांतर दृष्टांतों के आधार पर व्यापक कारण का अनुमान लगाने का प्रयत्न करें, जैसे

मिट्टी के मटके का भौतिक कारण मिट्टी है, तो हमें याद रखना चाहिए कि मटके का रूप मिट्टी ने तब धारण किया जब किसी चेतन जीव अर्थात कुम्हार का सहयोग मिला। (एस. बी. ई. xxxiv. 3657)

कम से कम एक बात तो स्पष्ट है। शंकर द्वारा खंडन किए गए सांख्य में भौतिक कारण को इस संसार का सृजन करने के लिए पर्याप्त माना गया। किंतु साथ ही शंकर प्रत्यक्षतः यह जानते थे कि सांख्य में 'प्रधान' के अलावा एक 'पुरुष' सिद्धांत भी था जिसे 'कारिका' के लेखक जैसे कुछ सांख्य दार्शनिक, भाववादी विचारधारा के अनुरूप आत्मा या विशुद्ध चेतना कह रहे थे। इसलिए शंकर के लेखन का अर्थ यही हुआ कि भाववाद के प्रति यह झुकाव भी शंकर जैसे कट्टर भाववादी को संतुष्ट करने के लिए पर्याप्त नहीं था, क्योंकि चेतना को संसार का कारण नहीं कहा जा सकता था। और ऐसी परिस्थिति में भौतिक कारण से उत्पन्न यह भौतिक संसार एक सत्यता बना रहा। इस प्रकार पुरुष की भाववादी व्याख्या किए जाने के बावजूद 'कारिका' में वर्णित सांख्य में पुरुष की स्थिति विसंगतिपूर्ण ही रही।

अगले सूत्र पर अपनी टीका में भी शंकर ने ऐसा ही तर्क दिया जिससे 'प्रधानवाद' में 'पुरुष' की उसी विसंगत स्थिति के संबंध में हमारी धारणा और संपुष्ट हुई। सूत्र (ii.2.2) में कहा गया : 'और क्रियाशीलता (के असंभव होने) के कारण। 'शंकर की टिप्पणी थी :

अब हम संसार की रचना के विषय को छोड़ कर इसे उत्पन्न करने वाली क्रिया पर आते हैं…यह क्रिया या गतिविधि अकेले अचेतन 'प्रधान' की नहीं हो सकती। क्योंकि मिट्टी और ऐसे ही पदार्थों या रथ आदि में यह गतिविधि देखने को नहीं मिलती। हमने देखा है कि मिट्टी और ऐसे ही पदार्थ तथा रथ अपने आपमें अचेतन हैं। मिट्टी के संबंध में कुम्हार और रथ के संबंध में घोड़े जैसे चेतन जीवों की क्रिया से ही इन अचेतन वस्तुओं में गतिशीलता उत्पन्न होती है और इससे निश्चित परिणाम प्राप्त होते हैं। जो कुछ दिखाई देता है, उससे हम अप्रत्यक्ष का अनुमान लगाते हैं। इसलिए अचेतन को संसार का कारण नहीं कहा जा सकता क्योंकि यदि यह धारणा मान लें तो वह गतिविधि अथवा क्रिया जिसके बिना संसार का सृजन नहीं हो सकता, असंभव हो जाएगी। (एस. बी. ई. xxxiv. 367)

एक और बात स्पष्ट है। शंकर के युग के सांख्य दार्शनिक तब भी यही कहते थे कि सभी क्रियाएं अथवा गतिविधियां अचेतन 'प्रधान' स्वतंत्र रूप से करता है। शंकर ने भारतीय परंपरा के अनुसार इसके विरुद्ध कुछ संभावित आपत्तियां उठाकर अपने विचारों को स्पष्ट किया। यानी उन्होंने पहले तो सांख्य दृष्टिकोण से आपत्ति उठाई और फिर अपने ही दृष्टिकोण से इसका उत्तर दिया। उन्हेंने यह बताया कि सांख्य दृष्टि कोण से इस पक्ष को सिद्ध करना कितना निरर्थक है। यह स्पष्ट रूप से समझने के लिए कि सांख्य दार्शनिक तब भी किस प्रकार यह मानते थे कि संसार में होने वाले सभी परिवर्तन और संसार की संरचना जिस मूल परिवर्तन के कारण हुई वह सब उसी सक्षम आदि तत्व के माध्यम से हुआ। हम संबद्ध तर्क का सारांश इस प्रकार दे सकते हैं।

सांख्य के अनुसार गतिशीलता या परिवर्तन के लिए किसी बुद्धि या चेतना के सिद्धांत की आवश्यकता नहीं है। वास्तव में प्रकृति की घटनाओं (दृष्टांत वल) से पता चलता है कि गति और परिवर्तन सदा ही भौतिक तत्व में होते हैं न कि बुद्धि या चेतना में। इसलिए गति और परिवर्तन के लिए हम किसी बुद्धि या चेतना के सिद्धांत के बारे में क्यों सोचें? शंकर ने कहा :

हमारा उत्तर है कि जो वस्तु स्वयं गतिहीन है वह फिर भी अन्य वस्तुओं को गति प्रदान

> कर सकती है। चुंबक स्वयं गतिहीन होता है फिर भी वह लोहे को गति देता है; रंग और इंद्रिय ज्ञान की अन्य वस्तुएं यद्यपि स्वयं गतिहीन हैं फिर भी वे आंखों तथा अन्य ज्ञानेंद्रियों में गति उत्पन्न करती हैं। इसी प्रकार ब्रह्म भी जो सर्वव्यापी, सर्वात्मा, सर्वज्ञ और सर्वशक्तिमान है, यद्यपि स्वयं निश्चल है तो भी इस विश्व को गतिमान बनाता है। (आन ब्र. सू. ii. 2-2. एस. बी. ई.xxxiv. 369)

शंकर के इन दृष्टांतों का स्रोत जो भी रहा हो, वे इस तथ्य को भलीभांति समझते थे कि इस प्रकार का तर्क उनकी अपनी दार्शनिक विचारधारा के मूल सिद्धांतों के अनुकूल नहीं है। इसीलिए शंकर ने तुरंत कहा :

> यदि अंततः यह आपत्ति उठाई जाए कि (वेदांत में) किसी संचालक शक्ति के लिए कोई स्थान नहीं है, क्योंकि ब्रह्म (जो वेदांत के अनुसार परम सत्य, आत्मा या विशुद्ध चेतना है) के अद्वितीय (अद्वैत) होने के कारण, कोई गतिशीलता नहीं हो सकती; तो हमारा उत्तर है कि हम अनेक बार ऐसी आपत्तियों का खंडन कर चुके हैं। हमने इस तथ्य की ओर ध्यान आकृष्ट किया है कि माया (अवर्णनीय भ्रम, वेदांत के अनुसार जिसके कारण विश्व की प्रतीति होती है) के साथ ब्रह्म का काल्पनिक संबंध स्थापित किया गया। यह माया अविद्या में प्रतिभासित है। इसलिए एक सर्वज्ञ प्रथम कारण के साथ गतिशीलता का संबंध हो सकता है। (एस. बी. ई. xxxiv 369)

इस प्रकार शंकर ने भाववाद और भौतिकवाद के बीच दूसरे मुद्दे को बहुत स्पष्ट कर दिया। परिवर्तन और गतिशीलता को वास्तव में किसी चेतन प्रथम कारण के साथ तभी संबद्ध किया जा सकता है जब इनकी वास्तविकता को अस्वीकार कर दिया जाए। इसलिए यह विवाद न केवल इस प्रश्न को लेकर था कि आत्मा श्रेष्ठ है या कि पदार्थ, बल्कि यह विवाद परिवर्तन या गति की सत्यता की समस्या को लेकर भी था। तो अब हम स्पष्ट रूप से देख सकते हैं कि शंकर जैसे कट्टर भाववादी को भी सांख्य दार्शनिकों के परिणामवाद के विरुद्ध उतनी ही दृढ़ता के साथ तर्क देना पड़ा जितनी तन्मयता के साथ उन्होंने 'प्रधान कारण वाद' के विरुद्ध तर्क दिया था। ये प्रसंग एक दूसरे के साथ युक्तिसंगत ढंग से जुड़े हुए थे। किंतु इसके बारे में और बात आगे चलकर की जाएगी।

वर्तमान संदर्भ में हमारी विशेष रुचि एक अन्य प्रश्न में है। सांख्य दार्शनिकों ने परिवर्तन और गति की सत्यता को तो स्वीकार कर लिया किंतु वे इसको किस प्रकार सिद्ध करने का प्रयत्न कर रहे थे? ऐसा समझा जाता है कि सांख्य दर्शन में कहीं भी आत्मा का स्थान नहीं था। अर्थात केवल 'प्रधान' ही सभी प्रकार के परिवर्तनों का कारण था। किंतु प्रश्न यह है कि आदि पदार्थ से ये सभी परिवर्तन किस प्रकार होते हैं? ऐसा अनुमान लगाने के आधार हैं कि इस प्रश्न का उत्तर देने के लिए प्रारंभिक सांख्य दार्शनिकों ने एक सिद्धांत विकसित किया जो प्रकृति के नियमों के संबंध में वैज्ञानिक दृष्टिकोण के साथ आश्चर्यजनक समानता रखता है।

'ब्रह्मसूत्र' (ii. 2. 3) में लिखा गया है, 'यदि यह कहा जाए (कि 'प्रधान' गतिमान है) दूध या जल की भांति, (तो हमारा उत्तर है) कि यहां भी (यह गतिशीलता चेतना के कारण है)'। इस पर टिप्पणी करते हुए शंकर ने कहा कि सांख्य दार्शनिक अपना पक्ष इस प्रकार प्रस्तुत करेंगे :

> जिस प्रकार अचेतन दूध अपने स्वाभावानुरूप (स्वाभावेन एव) बहता है, पशु के बच्चे के आहार के लिए, और जिस प्रकार अचेतन जल अपने स्वाभवानुसार(स्वभावेन एव) प्रवाहमान होता है मानव जातिं के कल्याण के लिए, उसी प्रकार 'प्रधान' भी अचेतन होते हुए

अपने स्वभावानुसार (स्वभावेन एव) गतिमान होता है मनुष्य के सर्वोच्च लक्ष्य की प्राप्ति के लिए (पुरुषार्थ सिद्धये)। (एस. बी. ई. xxxiv. 369)

स्पष्ट है कि शंकर ने 'पुरुषार्थ सिद्धि' अर्थात 'पुरुष' के सर्वोच्च लक्ष्य की प्राप्ति का विचार सांख्य के 'कारिका' वर्णन में से लिया था और जैसाकि हम देखेंगे, कारिका के लेखक ने सांख्य दर्शन में इस विचार को लाते हुए कई विसंगतियां भी इसमें उत्पन्न कर लीं। किंतु हमारी रुचि इस बात में है कि शंकर ने सांख्य के पक्ष का वर्णन करते हुए 'स्वभाव' शब्द का प्रयोग किया। प्रत्यक्ष है कि सांख्य दार्शनिकों के अनुसार केवल प्राकृतिक नियमों (स्वभावेन एव) के कारण ही आदि पदार्थ स्वयं को परिवर्तित करके इस संसार में विविध रूप लेता है न कि कोई आध्यात्मिक सिद्धांत। यही मूल सांख्य की वास्तविक विचारधारा थी, यह बात भौतिकवादी दृष्टिकोण के साथ इसकी आंतरिक अनुरूपता से सिद्ध होती है। यदि अपने मूल रूप में सांख्य दर्शन केवल 'प्रधान वाद' था तो हमारा यह अपेक्षा करना भी स्वाभाविक है कि यह 'स्वभाववाद' भी था, क्योंकि 'स्वभाववाद' के बिना 'प्रधानवाद' अपूर्ण है। विशेष ध्यान देने योग्य बात है कि गौड़-पाद को सांख्य की व्याख्या करते समय सभी प्रकार के भाववादी हथकंडे अपनाने के बावजूद बड़े अनिच्छुक होकर स्वीकार करना पड़ा कि 'सांख्य दार्शनिकों के अनुसार एक प्रकार का कारण होता है जिसे स्वभाव कहते हैं। (आन. सां. का. 27)' यह स्वभाव का सिद्धांत हमें सहज ही उस 'स्वभाववाद' का स्मरण कराता है जिसे बहुधा लोकायतिकों की विचारधारा माना जाता है और जो प्राकृतिक नियमों का सिद्धांत था। वैसे कुछ आधुनिक विद्वानों ने भौतिकवाद के प्रति अपनी घृणा के कारण इस कारण को अस्वीकार करने वाला सिद्धांत, अर्थात अकारणवाद कह कर इसकी खिल्ली उड़ाने का प्रयत्न किया है। (ई. आर. ई. viii. 494)

प्रारंभिक सांख्य वास्तव में 'स्वभाववाद' का प्रतिपादन कर रहा था। इसका एक और प्रमाण 'ब्रह्मसूत्र' (ii. 2. 5.) के निम्नलिखित अंश से मिलता है :

और न ही (यह कहा जा सकता है कि 'प्रधान' अपने आपको सहज परिवर्तित करता है) घास आदि की भांति, (जो दूध में परिवर्तित हो जाता है); क्योंकि (दूध) कहीं अन्यत्र नहीं (केवल मादा पशु में) होता है।

शंकर ने इस पर टिप्पणी करते हुए कहा कि सांख्य दार्शनिक अपनी बात को इस प्रकार प्रस्तुत करना चाहेंगे :

जिस प्रकार घास, जड़ी बूटियां, जल आदि किसी अन्य साधनात्मक कारण (निमित्त अंतर निरपेक्ष) के बिना ही अपने स्वभाव के अनुरूप स्वयं को स्वतंत्र रूप (स्वभावात्) एवं दूध में परिवर्तित कर लेते हैं; इससे हम यह मान लेते हैं कि 'प्रधान' अपने आपको महान सिद्धांत (महत्) में परिवर्तित करता है, आदि आदि। और यदि आप यह पूछें कि हमें कैसे पता है कि घास किसी अन्य निमित्त कारण के बिना ही परिवर्तित करता है तो हम उत्तर देते हैं, 'क्योंकि ऐसा कोई कारण दिखाई नहीं देता।' क्योंकि यदि हमें कोई ऐसा कारण दिखाई देता तो हम निश्चित ही इसे घास आदि के लिए भी मानते और तब इस कारण का उपयोग करके अपनी इच्छानुसार दूध का उत्पादन कर लेते, किंतु वस्तुतः हम ऐसा कुछ नहीं करते। इसलिए घास तथा ऐसी ही अन्य वस्तुओं के परिवर्तन को केवल इनके स्वभाव के कारण ही समझा जाना चाहिए। और इससे हम यही निष्कर्ष निकालेंगे कि प्रधान का परिवर्तन भी इसी प्रकार होता है। (एस. बी. ई. xxxiv. 371)

शंकर ने इस 'स्वभाववाद' का जो खंडन किया है वह संतोषजनक नहीं है। उन्होंने खंडन करने के क्रम में लिखा है :

> घास केवल तभी दूध में परिवर्तित होती है जब इसे गाय या कोई अन्य मादा पशु खाता है। और यदि इसे नहीं खाया जाता या कोई बैल खाता है तो दूध नहीं बनता। यदि परिवर्तन का कोई विशिष्ट कारण न होता तो यह घास गाय के शरीर में जाए बिना भी अन्य परिस्थितियों में दूध में परिवर्तित हो जाती। (वही)

और इसी संदर्भ में उनका एक अन्य वक्तव्य भी उद्धरणीय है :

> मनुष्य भी अपनी क्षमता के साधनों का उपयोग करके घास और जड़ी-बूटियों से दूध बना सकता है : क्योंकि जब मनुष्य और अधिक दूध का उत्पादन करना चाहता है तो वह गाय को खूब अधिक चारा खिलाता है और इस प्रकार उससे अधिक मात्रा में दूध प्राप्त करता है। (वही. xxxiv. 371-2)

इस प्रकार के तर्कों में 'स्वभाववाद' की असली बात कुछ विकृत कर दी जाती है। प्रश्न यह है कि क्या परिवर्तन को स्पष्ट करने के लिए प्राकृतिक नियमों के अलावा किसी पराप्राकृतिक कारण की धारणा बनाना आवश्यक है? मादा पशु जैसे भौतिक साधन की आवश्यकता से किसी पराप्राकृतिक कारण का संकेत नहीं मिलता। 'स्वभाववाद' के दृष्टिकोण से तो दूध का कारण केवल घास नहीं बल्कि संपूर्ण प्राकृतिक विधि यानी गाय द्वारा घास का खाया जाना है। 'स्वभाववाद' का खंडन केवल इस बात को प्रदर्शित करके हो सकता है कि दूध के उत्पादन के लिए किसी अन्य आध्यात्मिक परिस्थिति की आवश्यकता है। गाय को अधिक चारा खिलाकर और अधिक दूध प्राप्त करने से केवल यही सिद्ध होता है कि 'मनुष्य प्रकृति के नियमों को मानकर और समझ कर ही प्रकृति पर विजय प्राप्त कर सकता है'।

हमारे पास यह सिद्ध करने के लिए कोई सीधा प्रमाण नहीं है कि प्रारंभिक सांख्य दार्शनिक सचमुच ही अपने 'स्वभाववाद' से इस तरह के निष्कर्ष निकाल रहे थे किंतु इसमें संदेह नहीं कि उनके विचारों में ऐसे अंकुर थे जो इस प्रकार के निष्कर्षों में प्रस्फुटित हो सकते थे। इसलिए उनका 'प्रधानवाद' (कि संसार का आदि कारण भौतिक पदार्थ है) ही था जिसने सांख्य दार्शनिकों को प्रकृति के नियमों के वैज्ञानिक दृष्टिकोण का प्रथम प्रतिपादक बनाया। 'कारिका' तक में भी हम इस बात के लक्षण देखते हैं कि सांख्य को भाववादी दृष्टिकोण से प्रस्तुत करने के स्पष्ट प्रयत्न हुए। इसीलिए स्वाभाविक है कि उस समय तक पहुंचकर मूल स्वभाववाद का कोई महत्व नहीं रह गया था। 'कारिका' के लेखक ने 'पुरुष' को लगभग वेदांतिक अर्थ में ही प्रस्तुत करने का भरसक प्रयत्न किया। एक ऐसा 'पुरुष' जो 'प्रधान' के मूल परिवर्तनों सहित सभी प्रकार के परिवर्तनों के लिए उत्तरदायी था। स्वयं शंकर, जिनका भाववाद काफी तर्कसंगत था, स्पष्ट रूप से यह समझ गए कि भाववाद और भौतिकवाद के मूलभूत सिद्धांतों के बीच कोई समझौता कराने के प्रयत्न एकदम व्यर्थ हैं। उन्हें यह सारा सिद्धांत ही घोर विरोधाभासों से भरा हुआ प्रतीत हुआ कि प्रकृति को गतिमान बनाने वाली शक्ति वह निश्चल पुरुष था :

> प्रधान से अलग (सांख्य के अनुसार) कोई ऐसा बाह्य तत्व विद्यमान नहीं है जो प्रधान को गतिशील बनने के लिए बाध्य कर सके या उसे गतिमान होने से रोक सके। जैसाकि हम जानते हैं, आत्मा (पुरुष) उदासीन है। यह न तो गतिमान बनाती है और न ही गतिमान होने से रोक सकती है। इसलिए चूंकि प्रधान का किसी से कोई संबंध नहीं है अतः यह समझना असंभव है कि वह कभी तो स्वयं को परिवर्तित करके महत बन जाता है और कभी नहीं भी बनता। (वही. xxxiv. 370)

शंकर ने अपने तर्क को आगे बढ़ाते हुए कहा कि सांख्य दृष्टिकोण से यह दावा नहीं किया जा सकता कि पूर्ण रूप से निश्चल होते हुए भी 'पुरुष' परोक्ष रूप से विश्व प्रक्रिया को प्रोत्साहित

और निर्देशित करता है, ठीक उसी प्रकार जैसे चुंबक स्वयं गतिमान हुए बिना लोहे को गतिशील बनाता है या जिस प्रकार कोई लंगड़ा व्यक्ति किसी नेत्रहीन व्यक्ति के कंधों पर निश्चल बैठ कर उसकी गतिविधियों का निर्देशन करता है। इस प्रकार से सांख्य का पक्ष लेने का अर्थ होगा उसके मूलभूत सिद्धांतों का समर्पण :

> सांख्य दर्शन के अनुसार 'प्रधान' स्वतंत्र रूप से अपने आप ही गतिमान होता है और (उदासीन तथा निश्चल) आत्मा में गति प्रदान करने की कोई शक्ति नहीं है। और वैसे भी उदासीन आत्मा 'प्रधान' को किस प्रकार गतिशील बना सकती है ? कोई व्यक्ति लंगड़ा होते हुए भी किसी नेत्रहीन व्यक्ति को शब्दों आदि के माध्यम से गति के लिए प्रेरित कर सकता है; लेकिन आत्मा, जिसमें किसी प्रकार का कर्म करने की शक्ति और गुण नहीं हैं कोई गतिशीलता उत्पन्न नहीं कर सकती। और न ही यह कहा जा सकता है कि वह केवल निकट आने से ही 'प्रधान' को उसी प्रकार गति प्रदान करती है जिस प्रकार चुंबक लोहे को गतिशील बनाता है; क्योंकि स्थाई रूप से निकट होने से (पुरुष का प्रधान के निकट होना) स्थाई गतिशीलता बनी रहेगी। इसके विपरीत लोहे के निकट चुंबक स्थाई रूप से नहीं रहता बल्कि यह इस बात पर निर्भर करता है कि चुंबक को कितना आगे पीछे किया गया है और यह किस निश्चित स्थिति में है; इस लिए लंगड़ा व्यक्ति और चुंबक वास्तव में कोई दृष्टांत नहीं हैं। 'प्रधान' के अचेतन होने से और 'पुरुष' के उदासीन होने से तथा इन दोनों को संपर्क में लाने वाला कोई तीसरा सिद्धांत न होने के कारण इन दोनों के बीच कोई संबंध नहीं हो सकता। (वही. xxxiv. 374)

चुंबक और लोहे तथा लंगड़े और नेत्रहीन के दृष्टांत 'कारिका' में दिए गए हैं और इसमें कोई संदेह नहीं कि शंकर उस सांख्य दर्शन की आलोचना कर रहे थे जिसका वर्णन 'कारिका' में है। इसलिए स्पष्ट है कि 'कारिका' के लेखक ने 'स्वभाववाद' को त्याग देने और 'पुरुष' को सभी प्रकार के लिए उत्तरदाई बताने के प्रयत्न में सांख्य विचारधारा को आंतरिक विसंगतियों से भर दिया। चूंकि इस तर्क-वितर्क का हमारे लिए कोई आधार नहीं है कि मूल सांख्य में आंतरिक विसंगतियां थीं और चूंकि, जैसाकि शंकर ने कहा, 'प्रधान' अचेतन है और 'पुरुष' उदासीन है इसलिए इन दोनों के बीच कोई संबंध नहीं हो सकता; और इसलिए इस बात के संदर्भ में कारिका में जिस प्रकार से संबंध स्थापित किया गया है, वह निश्चित ही बाद के दार्शनिकों की कपोल कल्पना रही होगी जिसे मूल सांख्य पर थोप दिया गया। इस प्रकार मूल सांख्य के स्वरूप के संबंध में हमारे पास केवल दो वैकल्पिक धारणाएं रह जाती हैं। या तो यह 'प्रधानवाद' नहीं था या फिर इसमें 'पुरुष' की भूमिका (यहां तक कि 'पुरुष' का अर्थ भी) उस भूमिका से भिन्न थी जिसे हम 'कारिका' के प्रभाव में आकर 'पुरुष' की भूमिका समझते हैं। 'ब्रह्मसूत्र' का प्रमाण पहले विकल्प के विरुद्ध था और इस प्रकार हमारे पास केवल दूसरा विकल्प रह जाता है।

किंतु यदि ऐसी बात थी और यदि कारिका में 'पुरुष' की भूमिका और अर्थ, मूल सांख्य से भिन्न थे तो मूल सांख्य और लोकायतिकों के भौतिकवादी दर्शन के बीच कोई विशेष अंतर नहीं रहा होगा। वस्तुतः इसी दृष्टिकोण से जैन भाष्यकार शीलांक इन दोनों को समान बताना चाहते थे।

> शीलांक का कहना है कि लोकायत और सांख्य के बीच मामूली सा अंतर है, क्योंकि यद्यपि सांख्य में आत्माओं के अस्तित्व को स्वीकार किया गया है, फिर भी ये आत्माएं कोई कार्य करने की क्षमता नहीं रखतीं और सभी कार्य प्रकृति द्वारा किए जाते हैं जो अपने अंदर पंच महाभूतों अर्थात स्थूल तत्वों के बीज छिपाए हुए है, इसलिए शरीर और तथाकथित मनस

> केवल इन्हीं महाभूतों के सम्मिश्रण हैं। यहां अलग अलग पुरुषों या जीवात्माओं के अस्तित्व को नाममात्र के लिए माना गया है। चूंकि ऐसी आत्मा कुछ कर नहीं सकती और किसी काम की नहीं है (अकिंचितकार) इसलिए लोकायतिकों ने इसके अस्तित्व को एकदम नकार दिया है। (52.iii.527)

मजे की बात तो यह है कि स्वयं शंकर के लेखन में भी इस बात का आभास मिलता है कि सांख्य और लोकायतों के दार्शनिक सिद्धांत एक दूसरे के बहुत निकट थे। शंकर द्वारा सांख्य दर्शन का खंडन वास्तव में भौतिकवाद का खंडन था। इसीलिए शंकर का यह कथन था कि सांख्य दार्शनिक भाववादी दृष्टिकोण से 'पुरुष' को जो भी दर्जा प्रदान करते, वह सांख्य के लिए आंतरिक विसंगतियां उत्पन्न करता। किंतु शंकर ने उदाहरण देकर यह भी बताया कि अपनी इस अवधारणा की पुष्टि के लिए कि गतिशीलता का गुण केवल अचेतन प्रधान में ही हो सकता है, सांख्य दार्शनिक लोकायत विचारधारा का हवाला देते थे :

> केवल इसी कारण के आधार पर कि बुद्धि या चेतना वहीं दिखाई देती है जहां शरीर होता है और शरीर के बिना इसका अस्तित्व नहीं है, लोकायत जन इस चेतना को भौतिक शरीर का गुणमात्र मानते हैं। इसलिए गतिशीलता केवल अचेतन में ही है। (एस. बी. ई. xxxiv 368)

यदि सांख्य के इस दृष्टि कोण में कोई सचाई है तो सांख्य और लोकायत भौतिकवाद के बीच मूलमूत अंतर की कल्पना करना गलत होगा। किंतु मूल सांख्य के भौतिकवादी स्वरूप का स्पष्ट प्रमाण इस बात में है कि इसमें पुरुष को नाममात्र का स्थान मिला हुआ है। कुछ आधुनिक विद्वानों ने भी इस ओर ध्यान दिया है। गार्बे ने इनके विचारों का सारांश इस प्रकार दिया है :

> जिस दार्शनिक प्रणाली में इस प्रकार के विचार हों उसमें आत्मा (पुरुष) के लिए क्या स्थान हो सकता है? विचित्र बात यह है कि पहले जिन विद्वानों ने सांख्य दर्शन में व्यापक शोध-कार्य किया, वे इस प्रश्न का उत्तर नहीं दे पाए। वे इस दार्शनिक प्रणाली में आत्मा को अनावश्यक मानते हैं और उनका कहना है कि यदि इस दर्शन के प्रतिपादक ने आत्मा के लिए कोई स्थान ही नहीं रखा होता तो यह अधिक युक्तिसंगत होता। (ई.आर.ई.xi. 191)

गार्बे ने मूल सांख्य में 'पुरुष के वास्तविक दरजे को समझने का प्रयत्न किया। उनके विचार के बारे में हम बाद में सोचेंगे और देखेंगे कि उन्होंने जिस पुराने मत को अस्वीकार किया, वह आम तौर पर अधिक सही था। फिलहाल हम कतिपय उन प्रमाणों पर विचार करेंगे जिन्हें दासगुप्त ने रखा है और इनसे मूल सांख्य के भौतिकवादी स्वरूप को जिस दृष्टि से हम समझ रहे हैं, उसकी पुष्टि होती है।

दासगुप्त (52. i. 217) के अनुसार चरक द्वारा दर्शन की विवेचना, 'सांख्य दर्शन के प्रारंभिक सुनियोजित सिद्धांत' का प्रतिनिधित्व करती है। चरक की कृति 'कारिका' से कहीं अधिक पुरानी थी। 'कारिका' में उल्लिखित सांख्य दर्शन भौतिकवादी दर्शन प्रतीत नहीं होता, क्योंकि इसमें 'पुरुष' संबंधी अवधारणा विशिष्ट रूप से भाववादी है। 'कारिका' में पुरुष का अर्थ था विशुद्ध चेतना। इसके लेखक ने यद्यपि 'प्रधानवाद,' 'परिणामवाद' और 'पुरुष बहुत्वम्' का वास्तव में परित्याग नहीं किया तो भी उसने इस भौतिक विश्व अथवा गोचर जगत के विकास की प्रक्रिया का लक्ष्य 'पुरुष' के 'आनंद और मोक्ष' की प्राप्ति बताया।

यदि 'पुरुष' के संबंध में यही धारणा है तो यह दर्शन भौतिकवादी नहीं प्रतीत हो सकता। इसलिए 'पुरुष' के संबंध में ईश्वरकृष्ण की व्याख्या के कारण ही अधिकांश आधुनिक विद्वानों को सांख्य दर्शन पूर्ण रूप से भौतिकवादी दर्शन प्रतीत नहीं हुआ। किंतु सांख्य संबंधी चरक के वर्णन

में भी 'पुरुष' के बारे में यही धारणा है। दासगुप्त ने इसके संबंध में जो विचार व्यक्त किए हमारे लिए उनका विशेष महत्व है :

> चरक के अनुसार विश्व में छः तत्व (धातु) हैं। अर्थात पांच तत्व जैसे आकाश, वायु आदि, और चेतना जिसे 'पुरुष' भी कहा जाता है। अन्य दृष्टिकोणों से चौबीस तन्मात्राएं (पंच भूतों का मूल सूक्ष्म रूप) कही जा सकती हैं। ये हैं : 10 इंद्रियां पांच ज्ञानेंद्रियां और पांच कर्मेंद्रियां, मनस, पंच महाभूत और प्रकृति के आठ प्रकार (प्रकृति, महत्, अहंकार और पंचतत्व)। (वही. i.21 3)

इस प्रकार सांख्य दर्शन को दो वैकल्पिक कोणों से देखा जा सकता है। प्रथम विकल्प के अनुसार 'पुरुष' या चेतना इन सुपरिचित पांच भौतिक तत्वों जैसा ही है। अर्थात यह स्वयं धात्विक (तत्वधातु) है। अब इस दृष्टिकोण का विशिष्ट भौतिकवादी स्वरूप प्रत्यक्ष है। दूसरे विकल्प में भी परोक्ष रूप से भौतिकवाद झलकता है। चौबीस तन्मात्राओं (पंचभूतों का मूल सूक्ष्म रूप) की इस सूची में दस तन्मात्राएं शरीरी हैं और एक मनस है। सांख्य दृष्टिकोण से ये सभी तत्व मूल रूप से पदार्थ अथवा भौतिक हैं। इसका अर्थ यह हुआ कि इस सूची में किसी आध्यात्मिक सिद्धांत का कोई स्थान नहीं है। इसमें पुरुष का कहीं नाम नहीं है। उसकी अनुपस्थिति इतनी स्पष्ट थी कि चरक के भाष्यकार चक्रपाणि (वही.i. 213 टिप्पणी) को इसके लिए कोई स्पष्टीकरण खोजना आवश्यक प्रतीत हुआ। 'प्रकृति और पुरुष दोनों अव्यक्त होने के कारण इन्हें एक माना गया है।' यदि यह स्पष्टीकरण वास्तव में चरक के विचारानुसार था तो इसका मतलब है कि 'पुरुष' का कोई स्वतंत्र अस्तित्व नहीं था। दासगुप्त (वही.i.214-5) ने प्रत्यक्षतः चक्रपाणि पर निर्भर कर सांख्य के इस वर्णन को निम्नलिखित रूप में प्रस्तुत किया :

> चरक ने प्रकृति के 'अव्यक्त' पक्ष को 'पुरुष' के समकक्ष बता कर इन्हें एक तन्मात्रा गिना है। 'प्रकृति' की विकास प्रक्रिया से उत्पन्न होने वाली तन्मात्राओं या 'विकारों' को 'क्षेत्र' कहा गया है जबकि प्रकृति के 'अव्यक्त' पक्ष को 'क्षेत्रज्ञ' बताया गया है। यह 'अव्यक्त' और 'चेतन' दोनों एक हैं। इस अव्यक्त 'प्रकृति' या 'चेतना' से बुद्धि, बुद्धि से अहंकार, अहंकार से पंच तत्व तथा ज्ञानेंद्रियां उत्पन्न होती हैं और जब उद्भव की यह प्रक्रिया पूर्ण हो जाती है तो हम कहते हैं कि सृजन हो गया। प्रलय के समय यह सभी उत्पाद फिर प्रकृति में लौट जाते हैं और उसी के साथ अव्यक्त हो जाते हैं। उधर 'पुरुष' अव्यक्त से नवसृजन के समय सभी व्यक्त रूप अर्थात बुद्धि अहंकार आदि अस्तित्व में आ जाते हैं।

यदि यह व्याख्या सही है तो सांख्य के संबंध में चरक की समझ के अनुसार 'पुरुष' प्रकृति का यानी चेतना का एक अंश मात्र है, वह आदि तत्व में निहित है।

यह दृष्टिकोण मूल सांख्य का था या नहीं यह बात निश्चित रूप से नहीं कही जा सकती यद्यपि दासगुप्त ने जिन प्रमाणों का उल्लेख किया है वे इसी विचार के पक्ष में जाते हैं। चरक ने केवल 24 तन्मात्राओं (पंच भूतों का मूल सूक्ष्म रूप) का उल्लेख किया था जबकि हम संभवतः ईश्वरकृष्ण के प्रभाव में आकर सांख्य को पच्चीस तन्मात्राओं की प्रणाली समझने लगे हैं जिसमें पच्चीसवां तत्व 'पुरुष' है। किंतु 'महाभारत' के एक अंश से स्पस्ट आभास मिलता है कि सांख्य की एक प्राचीन प्रणाली भी थी जिसमें केवल 24 तत्व माने गए थे। 'महाभारत' के एक अन्य अंश से भी यह आभास मिलता है कि स्वयं 'पुरुष' भी भौतिक तत्व था। दासगुप्त (वही.i.217-8) द्वारा एकत्र किए गए प्रमाण इस प्रकार हैं :

> महाभारत में (xii. 318) सांख्य के तीन मत उल्लिखित हैं : एक, जिसमें 24 तन्मात्राएं हैं (जिसका उल्लेख ऊपर कर चुके हैं), दूसरा जिसमें 25 तन्मात्राएं हैं (सुपरिचित प्राचीन

सांख्य प्रणाली), और तीसरा जिसमें 26 तन्मात्राएं समझी जाती हैं। इस अंतिम सांख्य मत में 'पुरुष' के अलावा एक सर्वोच्च जीव के अस्तित्व को भी माना गया है और यही 26 वीं तन्मात्रा थी। यह पुरातन योग प्रणाली और 'महाभारत' में उल्लिखित सांख्य के साथ मेल खाता है। यहां 24 और 25 तन्मात्राओं वाले सांख्य मत को असंगत मान कर उसे अस्वीकार कर दिया गया है। हमने ऊपर जिस प्रकार के सांख्य मत (उदाहणार्थ चरक के सांख्य की चर्चा की है वैसे ही कुछ अन्य मतों का उल्लेख 'महाभारत' के दूसरे अध्यायों (xii-203, 204) में हुआ है। अशरीरी जीव को नवचंद्र कहा गया है। ऐसी धारण है कि जिस प्रकार राहु को सूर्य से अलग नही देखा जा सकता उसी प्रकार जीव को देह से अलग नहीं देख सकते। इन जीवों (शरीरिना:) को प्रकृति से उद्भूत बताया जाता है।

उपरोक्त अंतिम विचार हमें जीव अथवा आत्मा के एक ऐसे सिद्धांत का आभास देता है जो लोकायतिकों जैसा ही था। यह इसलिए तो नहीं था कि शंकर को इस पुराने सांख्य का पता था और इसीलिए उन्होंने इस सांख्य दर्शन द्वारा लोकायत विचारधार: का हवाला दिया? जीव अथवा आत्मा संबंधी ऐसे विचार के अवशेष ही 'कारिका' में 'पुरुष बहुत्वम्' के पक्ष में दिए गए प्रमाणों के आधार तो नहीं थे?

कम से कम एक बात स्पष्ट है। 'चरक संहिता' और 'महाभारत' के कुछ अंशों को देखते हुए हम यह मानने के लिए बाध्य हो जाते हैं कि सांख्य का एक रूप 'कारिका' में वर्णित सांख्य से अधिक प्राचीन था जिसमें पुरुष को भौतिक तत्व समझा जाता था। इसलिए 'कारिका' में वर्णित पुरुष, जिसे विशुद्ध चेतना कहा गया, मूल सांख्य में नहीं था। इस प्रकार हमारे पास केवल दो विकल्प रह जाते हैं। या तो इसका आविष्कार स्वयं ईश्वरकृष्ण ने किया या उसने किसी अन्य दार्शनिक स्रोत से इसको ग्रहण किया। हम यही कहेंगे कि चेतना रूपी पुरुष को सांख्य में किसी अन्य स्रोत से लाया गया। इसके दो कारण हैं:

पहला, वैदिक पथानुगामियों अर्थात मूल रूप से सांख्यविरोधी दार्शनिकों में 'पुरुष' के बारे में भाववादी धारणा किस प्रकार विकसित हुई, इसके इतिहास का पुनर्निर्माण करना संभव है। इससे पता चलता है कि पुरुष को शाश्वत रूप से उदासीन विशुद्ध चेतना समझना वैदांतिक चिंतन की अंतर्मूत विशिष्टता थी, और इसलिए यदि यही धारणा सांख्य संबंधी किसी ग्रंथ में मिलती है तो हमें समझ लेना चाहिए कि इसे वेदांतियों से ग्रहण किया गया।

दूसरे, ईश्वरकृष्ण ने जिस प्रकार इस धारणा को सांख्य दर्शन में सम्मिलित किया उससे इस दर्शन में गंभीर तार्किक विसंगतियां उत्पन्न हो गईं। ये विसंगतियां सांख्य के अनुकूल तभी बन सकीं जब इस दर्शन के मूल सिद्धांतों को वेदांती विचारधारा के अनुरूप ढाला गया।

विशुद्ध चेतना के रूप में पुरुष के विकास का इतिहास वैदिक परंपरा के अनुयायियों में भलीभांति खोजा जा सकता है। यह विकास आकस्मिक नहीं रहा होगा। प्रारंभिक वैदिकजनों की पशुपालक अर्थव्यवस्था के कारण समाज में पुरुष का प्राधान्य हो गया और चूंकि पुरुष का शाब्दिक अर्थ है नर इसलिए हमें पुरुष तत्व को एक उच्च दर्शनिक स्तर तक उठाए जाने के सिद्धांत की खोज करनी चाहिए। दूसरी बात यह है कि संहिताओं से लेकर उपनिषदों तक अगाध साहित्य में हमें स्वयं विशुद्ध चेतना के भाववादी सिद्धांत के विकास का एक क्रमबद्ध चित्र मिलता है। इसी परंपरा के बाद के चरणों में हमें पहले पुरुष प्राधान्य वाले दृष्टिकोण का भाववादी दृष्टिकोण अर्थात पुरुप को विशुद्ध चेतना के रूप में परम सत्य बताने के सिद्धांत के साथ सम्मिश्रण देखने को मिलता है, और चूंकि मूल सांख्य निश्चित रूप से वैदिक परंपरा का विरोधी था इसलिए यह कल्पना करना तर्कसंगत नहीं होगा कि पुरुष को विशुद्ध चेतना के रूप में बताया

जाना इस मूल सांख्य की विशिष्टता थी।

अब हम वैदिक परंपरा में 'पुरुष' तत्व के विकास के इतिहास का अध्ययन करेंगे। इससे हमें मूल सांख्य के असली दृष्टिकोण को समझने में सहायता मिलेगी। यद्यपि यह इतिहास सांख्य के प्रति नकारात्मक रवैया लिए हुए है। बेलवल्कर और रानाडे (69. ii. 427-8) ने हमारा ध्यान पहले ही इस ओर आकृष्ट किया है कि वैदिक साहित्य के अपेक्षाकृत काफी बाद के अंशों में 'पुरुष' शब्द का अर्थ मात्र मनुष्य था। इस शब्द की व्युत्पत्ति के संबंध में आम तौर पर स्वीकृत धारणा की आलोचना करते हुए उन्होंने कहा :

> व्युत्पत्ति संबंधी ये धारणाएं हमें इस शब्द के मूल अर्थ से अवगत नहीं करातीं। यह अर्थ ब्राह्मणों में कुछ क्रियाओं और अन्य संदर्भों में पुरुष के बारे में किए गए उल्लेखों से स्पष्ट होता है। जैसे शतपथ ब्राह्मण, (vi. 2-2-9) 'पुरुष' में सत्रह भाग हैं (दस प्राण, चार अंग अर्थात दो हाथ दो पांव, पंद्रहवां धड़, सोलहवीं ग्रीवा और सत्रहवां सिर); ऐतरेय ब्राह्मण, (ii. 4) पुरुष' के पांच भागों से मिलकर बना हैं; बाल, 'त्वचा' मांस, अस्थि और मज्जा (तंडय, xxiii. 14-5) पुरुष के बीस भाग हैं क्योंकि हाथों और पैरों की दस दस उंगलियां है; तैत्तिरीय संहिता, (vi-4-5-7) पशुओं में तीन ऐसे हैं जो हाथ 'हस्त' से वस्तु पकड़ते हैं,: ये हैं मनुष्य या पुरुष, हाथी और बंदर। इससे स्पष्ट पता चलता है कि असल में पुरुष का अर्थ था विशिष्ट देहवाला मनुष्य, न कि उस देह के अंदर वास करने वाली कोई आत्मा।

लेकिन लेखकों ने इस बात की ओर पर्याप्त ध्यान नहीं दिया है कि मानव वाची कई शब्द होने के बावजूद इन स्रोतों ने विशेष रूप से ऐसा शब्द चुना जिसका अर्थ पुरुष अथवा नर था न कि स्त्री या मादा। संभवतः इसका कारण यह है कि चूंकि वैदिकजनों की अर्थव्यवस्था पशुपालन पर आधारित थी और इसलिए वे इतने अधिक पितृसत्तात्मक समाज में रहने लगे थे कि नर तथा मानव के लिए प्रयोग में लाए जाने वाले शब्द एक दूसरे के लगभग पर्यायवाची हो गए।

हम पहले ही देख चुके हैं कि ऋग्वेद के सबसे बाद के अंशों में पुरुष को एक ब्रह्मांडीय स्तर तक उठाने की प्रवृति किस प्रकार सामने आई। यह ब्रह्मांडीय सिद्धांत ही विश्व की उत्पत्ति का मूल माना जाता है। आगे चलकर जब वेदांत या उपनिषदों में भाववादी दृष्टिकोण पूर्ण रूप से उभरा और स्वयं विशुद्ध चेतना को भी परम सत्य माना जाने लगा तो स्वाभाविक है कि 'पुरुष' का इस विशुद्ध चेतना या ब्रह्म के साथ तादात्म्य स्थापित करने की प्रवृत्ति का प्रादुर्भाव हुआ। इस संदर्भ में उपनिषदों से कई उदाहरण मिल सकते हैं। पुरुष को विशुद्ध चेतना बताने के लिए सबसे पहले तो इस बात की आवश्यकता थी कि उसके पहले वाले मानवीय गुणों को उससे अलग कर दिया जाए। 'छांदोग्य उपनिषद' (iv. 15.5) में कहा गया कि, 'एक पुरुष है जो अ-मानव है।' 'एक पुरुष है जो अमानव है। यह उन्हें ब्रह्म तक ले जाता है। यही पथ है जो देवताओं तक पहुंचाता है। (v. 10.2) पुरुष को एक बार मानवीय सीमाओं और गुणों से ऊपर उठा दिया गया तो फिर इसे विशुद्ध चेतना या परमात्मा बताने में कोई कठिनाई नहीं रही। इस प्रवृत्ति का एक बहुत अच्छा उदाहरण 'वृहद् आरण्यक उपनिषद' में मिलता है :

> यह पृथ्वी सभी प्राणियों के लिए मधु है और सभी प्राणी इस पृथ्वी के लिए मधु हैं। यह दीप्तिमान अमर पुरुष जो इस पृथ्वी में है, और जो स्वप्रकाशित है, यह दीप्तिमान अमर पुरुष जो इस शरीर में है, वह वास्तव में यही आत्मा है, यही अमर, यही ब्रह्म, यही समष्टि है। (ii.5.1. 140.1)

यहां 'मधु' से क्या तात्पर्य? भाष्यकारों (107.201) ने इसकी व्याख्या इस प्रकार की है :

यह पृथ्वी और सभी प्राणी उसी प्रकार एक दूसरे पर परस्पर निर्भर हैं जिस प्रकार मधुमक्खियां और मधु। मधुमक्खियां शहद बनाती हैं और यह शहद इन मधुमक्खियों का पोषण करता है।

इसी प्रकार यह पृथ्वी सभी प्राणियों का पोषण करती है और प्राणिमात्र इस पृथ्वी का पोषण करते हैं। उपनिषद यही स्पष्ट करने का प्रयत्न कर रहे थे कि इन सभी सरस्पर संबद्ध बातों के पीछे वह दीप्तिमान अमर 'पुरुष' है जो ब्रह्म या परमात्मा है। इस 'बृहद् आरण्यक' के लेखांश में आगे कहा गया है :

यह जल सभी वस्तुओं के लिए मधु है और सभी वस्तुएं जल के लिए मधु हैं। यह दीप्तिमान अमर पुरुष जो इस जल में विराजमान है और स्वप्रकाशित है, यह दीप्तिमान अमर पुरुष जो वीर्य से बना है, वह यही आत्मा है, यही शाश्वत है, यही ब्रह्म है, यही समष्टि है। यह अग्नि सभी वस्तुओं के लिए मधु है और सभी वस्तुएं इस अग्नि के लिए मधु हैं। यह दीप्तिमान अमर पुरुष जो इस अग्नि में है और स्वप्रकाशित है, यह दीप्तिमान अमर पुरुष जो वाक् से बना है, वह यही आत्मा है, यही अमर, यही ब्रह्म, यही समष्टि है। (ii. 5. 2-3; 140. 102)

इसी प्रकार इन अंशों में दीप्तिमान अमर पुरुष को वायु, सूर्य, आकाश की दिशाएं, चंद्रमा, बिजली, मेघ गर्जन, अंतरिक्ष, धर्म और सत्य में बताया गया है। इस लेखांश का समापन इस प्रकार हुआ :

यह आत्मा सभी वस्तुओं के लिए मधु है और सभी वस्तुएं इस आत्मा के लिए मधु हैं। यह दीप्तिमान अमर पुरुष जो इस आत्मा में है और जो स्वयं प्रकाशित है, यह दीप्तिमान अमर पुरुष जो आत्मा के रूप में अस्तित्व में है, वह यही आत्मा, यही अमर, यही ब्रह्म, यही समष्टि है। वस्तुतः यह आत्मा सर्वस्वामी है। सारी समष्टि का शासक है। जिस प्रकार किसी पहिए के बाहरी घेरे और उसकी नाभि के बीच पहिए की सभी तीलियां एक साथ जुड़ी रहती हैं उसी प्रकार इस आत्मा में सभी वस्तुएं, सर्वदेवता, सर्वलोक, सर्वप्राणी, सर्वजीव एक होकर बंधे रहते हैं। (ii. 5, 14-5; 140. 103-4)

स्पष्ट है कि पुरुष को परम सत्य के सदृश बताया गया, और चूंकि इस परम सत्य की कल्पना ब्रह्म या आत्मा या विशुद्ध चेतना के रूप में की गई इसलिए स्वयं पुरुष को भी चेतना माना गया। वैदिक परंपरा में 'पुरुष' की परिकल्पना के विकसित होने का यही इतिहास है। ऐसा सोचना तर्कसंगत नहीं होगा कि कृषिप्रधान मातृसत्तात्मक परंपरा में भी पुरुष संबंधी परिकल्पना का ऐसा ही विकास हुआ होगा। जिसके सैद्धांतिक उत्पाद थे : तंत्र और सांख्य, इसका कारण बड़ा साधारण सा है। कृषिप्रधान समाज में पुरुष (नर) का स्थान गौण था। फिर भी यह तथ्य है कि मूल सांख्य का जो भी रूप रहा हो उसमें पुरुष तत्व विद्यमान था, क्योंकि सांख्य का कोई भी वर्णन ऐसा नहीं मिलता जिसमें पुरुष तत्व का उल्लेख न हुआ हो। इसलिए प्रश्न उठता है कि प्रारंभिक सांख्य दार्शनिकों ने इस पुरुष तत्व की कल्पना ही क्यों की और इससे उनका मूल आशय क्या था। अर्थात यह 'पुरुष' वास्तव में क्या था?

इसके उत्तर का संकेत संभवतः स्वयं 'चरक संहिता' में मिल सकता है। जैसाकि हम कह चुके हैं 'चरक संहिता' को दासगुप्त ने जिस रूप में समझा, वह चक्रपाणि के भाष्य पर आधारित है। इसमें हमें सृष्टि के सृजन और विलयन के सिद्धांत मिलते हैं। लेकिन चक्रपाणि से भी पहले के कुछ भाष्यकारों ने 'चरक संहिता' की व्याख्या की और यह चक्रपाणि की व्याख्या से कुछ भिन्न थी। इन भाष्यकारों का विचार था कि चरक किसी सृष्टि के सृजन अथवा उसके विलय की बात

नहीं कह रहे थे बल्कि वह जन्म और मृत्यु की बात कह रहे थे। (52. i. 215 टि.) यह भेद महत्वपूर्ण है, क्योंकि पुरानी विचारधारा यही इंगित करती है कि सांख्य दर्शन में मूल तत्व मानव जीवन से उपजे थे। संभवतः इसी पुरानी विचारधारा के कुछ अवशेष 'सांख्य कारिका' पर गौड-पाद के भाष्य में भी विद्यमान रहे। 'सांख्य कारिका' के अनुसार, 'जिस प्रकार पुरुष और स्त्री के संयोग से शिशु का जन्म होता है उसी प्रकार 'प्रकृति' और 'पुरुष' के संयोग से सृष्टि की उत्पत्ति होती है।' इस दृष्टिकोण से 'प्रकृति' या 'प्रधान' को 'कारिका' (11) में प्रसवधर्मी बताया जाना केवल एक मुहावरा नहीं था बल्कि इसके पीछे कुछ और भी तथ्य था। यदि मूल सांख्य में सृजन और विलय की ब्रह्मांडीय क्रिया को मानव जन्म और मृत्यु के समकक्ष समझा गया था तो यही विचार संभवतः सांख्य दार्शनिकों के मन में भ्रूण के विकास को देखते हुए सृष्टि के विकास के संबंध में बना होगा। और इसी दृष्टिकोण से हम तंत्र के साथ मूल सांख्य की निरंतरता को स्पष्ट देख सकते हैं।

इन सब बातों का अर्थ यही निकलता है कि मूल सांख्य के 'प्रकृति' और 'पुरुष' का आशय मानव स्त्री और पुरुष भी था। यह बात महत्वपूर्ण है क्योंकि इससे हमें मूल सांख्य में 'पुरुष' की विसंगत स्थिति की समस्या को समझने में सहायता मिल सकती है।

प्रत्यक्ष है कि 'प्रकृति' शब्द का आविष्कार प्रारंभिक सांख्य दार्शनिकों ने नहीं किया था, क्योंकि यह शब्द तंत्रवाद का मूल तत्व था और तंत्रवाद सांख्य से कहीं अधिक प्राचीन है। इस बात का भी खंडन नहीं किया जा सकता कि मूलतः 'प्रकृति' का अर्थ था स्त्री सिद्धांत। यदि इसका खंडन करें तो हमें मूल भारतीय सांस्कृतिक परंपरा पर भी संदेह करना होगा। 'प्रकृति' शब्द का प्रयोग शक्ति के लिए भी होता था जिसका अधिक मूर्त रूप मातृ देवियां थीं। तंत्रवाद में मानव देह विशेषकर स्त्री की देह को ब्रह्मांड का सूक्ष्म रूप माना जाता था और इसलिए 'प्रकृति' ही ब्रह्मांड का सिद्धांत बन गई। इसी दृष्टिकोण से तंत्रवाद में इस विश्व को 'वामोद्भूत' अर्थात स्त्री से जन्मा समझा गया। प्रारंभिक सांख्य दार्शनिक की महानता केवल इसी बात में हो सकती थी कि उन्होंने प्रकृति संबंधी मूल विचारों को अमूर्त रूप में प्रस्तुत किया जबकि मूल तंत्रवाद में इसी प्रकृति को आदिवासी अथवा असभ्य जनों के विचारों के अनुरूप ठोस अथवा मूर्त रूप में समझा गया। प्रकृति के प्रति यह विचार परिवर्तन अपना अलग ही महत्व रखता है। क्योंकि यह केवल आदिमजनों के विचारों के स्वरूप में परिवर्तन का प्रश्न नहीं था बल्कि एक नई धारणा के बीजारोपण का भी प्रश्न था, क्योंकि प्रकृति को एक अमूर्त सिद्धांत के रूप में प्रस्तुत करते हुए प्रारंभिक सांख्य दार्शनिकों को किसी देवता या सृजनकर्ता की कल्पना को सोच समझ कर अस्वीकार करना पड़ा और प्रकृति को अनाध्यात्मिक या भौतिक (अचेतन) बताना पड़ा। किंतु इस अचेतन प्रकृति में ठोस भौतिक जगत के बीज विद्यमान थे। हम आगे चलकर 'प्रकृति' या 'प्रधान' का विस्तृत अध्ययन करेंगे। अभी तो हम यह देखने का प्रयत्न करेंगे कि एक अमूर्त दार्शनिक सिद्धांत के रूप में भी इस प्रकृति में मूल स्त्री सिद्धांत कहां तक बना रहा। आश्चर्य की बात है कि 'सांख्य कारिका' और 'सांख्य सूत्र' में भी इसके अवशेषों के संकेत है। उदाहरण के लिए कारिका (59) में प्रकृति की तुलना एक नर्तकी से की गई हैं :

> जिस प्रकार एक नृत्यांगना अपना नृत्य प्रस्तुत करने के पश्चात नृत्य रोक देती है इसी प्रकार प्रकृति भी स्वयं को पुरुष के सामने दिखाकर फिर दूर हट जाती है।

गौड़पाद ने कारिका (65, 66) के दो और श्लोकों की व्याख्या इसी नर्तकी वाली उपमा के आधार पर की है। यहां तक कि 'सांख्य सूत्र' (iii. 69) में भी प्रकृति की तुलना नर्तकी से की गई (नर्तकीवत)। यह उपमा विचित्र है और सामान्यतः इस उपमा का जो भी अर्थ लगाया जाता

है उससे सांख्य की वास्तविक स्थिति पर कोई विशेष प्रकाश नहीं पड़ता। इसके विपरीत यदि यह तथ्य ध्यान में रखें कि सामाजिक विकास के प्रारंभिक चरणों में नृत्य को निश्चित रूप से जादू की एक क्रिया माना जाता था और सांख्य के मूल बीज प्राचीन समय में ही रोपे जा चुके थे तो यह अनुमान लगाना निराधार नहीं होगा कि नर्तकी वाली उपमा वास्तव में उपमा मात्र नहीं रही होगी बल्कि इससे कुछ और आशय भी होगा। कहने का मतलब यह है कि इसका कोई अनुष्ठानात्मक महत्व रहा होगा। यह निश्चित रूप से क्या था इसे तभी समझा जा सकता है जब हमें प्राचीन भारतीय मातृसत्तात्मक समाज और उसके विशेष क्रियानुष्ठानों का ज्ञान हो। कारिका (61) में कुछ इसी प्रकार के तथा ऐसे ही गूढ़ उल्लेखों को देखते हुए हमारा अनुमान और पुष्ट होता है :

> मेरे विचार से कोई अन्य वस्तु 'प्रकृति' से अधिक सुकुमार नहीं है। एक बार पुरुष द्वारा देख लिए जाने (दृष्ट) के पश्चात वह फिर 'दिखाई' देने वाली वस्तु नहीं बनती।

गौड़पाद ने इसका जो अर्थ लगाया है वह प्रत्यक्ष रूप से मनोःकल्पित है। उनकी व्याख्या से यह स्पष्ट है कि सांख्य के अनुसार विश्व का सर्जन ईश्वर ने किया। उपरोक्त अंश की अन्य व्याख्याएं भी बहुत संतोषजनक नहीं हैं। इसलिए यह असंभव नहीं है कि 'कारिका' के अंश में किसी प्राचीन मातृसत्तात्मक समाज के अनुष्ठान का उल्लेख था जिस पर भाष्यकारों का ध्यान नहीं गया। इस संबंध में यह याद रखना लाभकारी होगा कि एक समकालीन दार्शनिक कृष्णचंद्र ने कहा था :

> (सांख्य ग्रंथों में) कवित्व या रहस्यात्मकता के परदे में इतना कुछ छिपा हुआ है कि भाष्यकारों की टीकाओं और व्याख्याओं से हमें बहुत सहायता नहीं मिलती। किंतु यह सामग्री इतनी सांकेतिक है कि हम इस दर्शन का नए सिरे से निर्माण करने के लिए लालायित हो उठते हैं।

हम यहां यह कहना चाहते हैं कि प्राचीन मातृसत्तात्मक समाज के अनुष्ठानों के अध्ययन से इस दर्शन के पुनर्निर्माण में सहायता मिलेगी। हो सकता है कि नर्तकी के साथ प्रकृति की उपमा या पुरुष द्वारा देखे जाने के उल्लेख के वास्तविक अर्थ को हम अभी तक न समझ पाए हों, किंतु एक बात पूर्णतया स्पष्ट है। 'कारिका' में सांख्य का जो वर्णन है, उसमें 'प्रकृति' के मूल स्त्री स्वभाव के तत्व पूरी तरह विलुप्त नहीं हुए थे। यह भी एक रोचक बात है कि विज्ञान भिक्षु (20. 68) ने अपनी एक प्रारंभिक कृति 'सांख्य सार' में 'शक्ति' शब्द को 'प्रकृति' का समानार्थक बताया। 'प्रकृति' के लिए एक अन्य सुपरिचित समानार्थक शब्द था 'माया' (किंतु यह वेदांत के विचार के विपरीत अर्थ में था) और यह कहा जाता है कि इस शब्द की व्युत्पत्ति 'मा' धातु से हुई थी जिसका अर्थ था नापना। (वही) स्पष्ट है कि संस्कृत का 'मातृ' शब्द भी इसी धातु से व्युत्पन्न हुआ है। 'प्रकृति' के लिए आम तौर पर एक अन्य समानार्थक शब्द प्रयोग में लाया जाता है। यह शब्द है 'अजा' अर्थात अजन्मी। इससे हमें 'श्वेताश्वतर उपनिषद' (iv. 5; 140. 403) में सांख्य मत के उल्लेख का स्मरण हो आता है :

> एक अजा, लाल, सफेद और काली
> जो अपने जैसे अनेक जीव उत्पन्न करती है,
> उसके साथ एक अज पुरुष शयन करता है,
> और आनंद लेता है।
> एक अन्य अज पुरुष उसके साथ आनंद भोगने के पश्चात,
> उसे त्याग कर चला जाता है।

यह प्रमाण निर्णायक है। इसलिए निम्नलिखित विचारों के साथ सहमत न होना असंभव है :

> संस्कृत व्याकरण के अनुसार, 'प्रकृति' शब्द स्त्रीलिंग है। किंतु 'अव्यक्त' या 'प्रधान' जैसे इसके पर्यायवाची शब्द स्त्रीलिंग नहीं हैं। संस्कृत में शब्द के लिंग के अनुसार उस वस्तु का लिंग निर्धारित नहीं होता जिसके लिए वह शब्द प्रयोग में लाया जाता है। वर्तमान प्रसंग में भी शब्द के लिंग का प्रमुख महत्व नहीं है। इसमें कोई संदेह नहीं कि यह शब्द जिस वस्तु के लिए प्रयोग में लाए जा रहे थे 'वह निश्चित रूप से स्त्री थी' [देखें यू. सी. भट्टाचार्य : भा. द. सा. (बं), 149]

और अब पुरुष शब्द के बारे में देखें। यह मूलतः नर मानव के लिए प्रयुक्त हुआ। इस धारणा पर तभी संदेह किया जा सकता है जब हम यह स्वीकार न करें कि सांख्य के प्रारंभिक दार्शनिकों ने इस शब्द का चुनाव सोच समझ कर किया था। इस शब्द का वास्तविक अर्थ मानव पुरुष है और यदि सांख्य दर्शन के प्रतिपादकों ने इसका प्रयोग करना उचित समझा तो निश्चित ही वे जानते थे कि वे क्या कर रहे हैं। अन्य शब्दों में, यदि पुरुष शब्द से उनका आशय मानव पुरुष नहीं था तो उनके लिए अपने वास्तविक आशय की अभिव्यक्ति के लिए कोई अन्य शब्द खोजना कठिन नहीं था। किंतु 'कारिका' में इस शब्द में अन्य निहितार्थ ठूस दिए गए जो इसके मूल अर्थ से बहुत भिन्न थे। तो भी इसका मूल पुरुष स्वरूप पूर्णतया समाप्त न हुआ। हमें 'कारिका' में पुरुष के लिए पुमन् (11) और पुंसाः (अर्थात नर) (60) शब्द विकल्द के रूप में मिलते हैं।

और सांख्य में इस मानव पुरुषवाची तत्व की बड़ी विचित्र तथा विसंगतिपूर्ण स्थिति थी। यहां तक कि 'कारिका' (19) में इस पुरुष की कल्पना एक, 'साक्षी दर्शी, केवल एकाकी दर्शक और निष्क्रिय,' के रूप में की गई और ये सब बातें वेदांत के दृष्टिकोण से मेल नहीं खाती थीं। सांख्य का निष्क्रिय दर्शक वास्तव में एक सत्य संसार की प्रक्रिया का दर्शक था। यह याद रखते हुए कि असल में 'पुरुष' और 'प्रकृति' का अर्थ था पुरुष (नर) और स्त्री। अब हम मूल सांख्य में 'पुरुष' की इस विसंगत स्थिति का आभास वर्तमान जातियों के वंशानुक्रम के अध्ययन में देख सकते हैं।

खासी जनजाति में एक कहावत है, 'स्त्री से कबीला जन्मा'। (48. i. 153) इसी प्रकार, 'चीनी भाषा में कबीले के लिए प्रयुक्त शब्द का अर्थ है स्त्री से जन्मा।' आधुनिक विद्वानों ने इसे प्राचीन काल में मातृसत्ता का प्रमाण माना है। (ई.आर.ई.viii. 858) देखना कठिन नहीं है कि मातृसत्तात्मक समाज में इस तरह की कहावतें क्यों बनीं। 'अपने बच्चों के साथ पिता का कोई संबंध अथवा रिश्ता नहीं है। ये बच्चे माता के कुल के हैं।' (29.xix) इस प्रकार पिता को एक बाह्य व्यक्ति और एक अतिथि मात्र समझा जाता है। 'जोवाई में वह न तो अपनी पत्नी के घर में रहता है और न ही वहां खाता है। वह केवल रात्रि में उस घर में जाता है।' (वही.) ऐसी परिस्थितियों में पुरुष के लिए कोई विशेष स्थान नहीं है। एक पति के नाते वह अपनी पत्नी के सगे-संबंधियों के लिए अजनबी है। पत्नी के रिश्तेदार उसे उपेक्षा भाव से जनक कह कर पुकारते हैं।' (48.i.153) इससे हमें मातृसत्तात्मक समाज में पुरुष की विसंगत स्थिति का कुछ आभास मिल जाता है। एक ओर तो कम से कम मानव प्रजनन के ज्ञान के अपेक्षाकृत विकसित चरण में यह तथ्य माना गया कि पुरुष को स्त्री के पास जाना होता था और प्रजनन के लिए उसके साथ संभोग करना होता था। दूसरी ओर चूंकि वह वास्तविक पितृत्व का दावा नहीं कर सकता था इसलिए उसे एक बाह्य व्यक्ति समझा जाता था और उसका कोई महत्व नहीं था। तभी तो उसे केवल, जनक कहा जाता था।

पुरुष की यह विसंगतिपूर्ण स्थिति सांख्य में प्रतिभासित होती है। संभवतः मानव जीवन के

आधार पर विश्व के रहस्य को समने की तांत्रिक प्रवृत्ति के विस्तारण के कारण एक ओर तो प्रारंभिक सांख्य दार्शनिकों ने निश्चित ही यह कल्पना की होगी कि जिस प्रकार पुरुष और स्त्री के संयोग से बच्चा पैदा होता है उसी प्रकार यह विश्व भी पुरुष और प्रकृति के संयोग का परिणाम था। दूसरी ओर, जिस प्रकार मातृसत्तात्मक समाज में बच्चे का अपने पिता के साथ कोई वास्तविक रिश्ता नहीं होता है उसी प्रकार सत्य होते हुए भी इस विश्व का पुरुष के साथ कोई वास्तविक संबंध नहीं है। इसीलिए पुरुष की यह विसंगतिपूर्ण स्थिति उस दर्शन में आई। इस स्थिति को प्रारंभिक रूढ़िवादी भाववादियों ने मूलतः प्रधानवाद के नाम से जाना। पुरुष तत्व तो मूल सांख्य में विद्यमान था ही, यद्यपि हम स्पष्टतः यह नहीं कह सकते कि इसकी आवश्यकता क्या थी। प्रत्यक्ष है कि इसके लिए प्रारंभिक दार्शनिकों के व्यक्तिगत विचारों के अलावा भी कुछ बातें रही होंगी। इस दर्शन में जिस सामाजिक ढांचे की झलक मिलती है उसमें पुरुष की केवल विसंगतिपूर्ण स्थिति ही हो सकती थी।

यही सामाजिक प्रणाली अनेक पुरुषों (पुरुष बहुत्वम्) के सिद्धांत को समझने में कितनी सहायक हो सकती है, एक ऐसा प्रश्न है जो पूछा जा सकता है। अनुमान है कि प्राचीन भारत में मातृ अधिकार के संबंध में और विस्तृत ज्ञान होने से इस प्रश्न पर कुछ प्रकाश डाला जा सकता है। किंतु अभी हम इस प्रश्न को नहीं उठाएंगे। इसकी बजाय हम इस ओर ध्यान आकृष्ट कराना चाहते हैं कि मूल सांख्य में पुरुष की यह विसंगत स्थिति उसकी सबसे बड़ी दुर्बलता बनी रही। इसके कारण बाद के विचारकों को सांख्य दर्शन में बाह्य विचार ठूंसने का अवसर मिल गया। इसका उदाहरण है 'कारिका'। मूल सांख्य अत्यंत प्राचीन रहा होगा। गार्बे ने जो काल-क्रम निर्धारित किया है यदि उसे स्वीकार कर लिया जाए तो हमें यह भी मानना होगा कि मूल सांख्य और 'कारिका' के बीच बहुत लंबा कालांतर रहा होगा। इस अवधि के दौरान पुरुष संबंधी विचार विकसित हुआ होगा और अंत में यह स्पष्ट रूप से आत्मा या विशुद्ध चेतना जैसे भाववादी सिद्धांत में बदला होगा। किंतु यह परिवर्तन उन विचारकों की धारणाओं में आया होगा जो मूल सांख्य के प्रत्यक्ष विरोधी थे (अर्थात वेदांत)। 'कारिका' के लेखक और विशेषकर गौड़पाद, अनिरुद्ध और विज्ञान भिक्षु जैसे बाद के सांख्य लेखकों ने सांख्य दर्शन में पुरुष के इस नए तत्व को लाने का भरसक प्रयत्न किया और उन्होंने इसे लगभग वेदांत बना दिया। इन बाद के लेखकों का झुकाव वैदांतिक विचारधारा की ओर है और इसे सब जानते हैं। चूंकि इस धारणा को चुनौती दी जा सकती है कि 'कारिका' में वर्णित सांख्य में तब तक वैदांतिक विचारों ने प्रवेश करके उसे दूषित कर दिया था इसलिए हम अपना ध्यान विशेषकर 'कारिका' पर देंगे।

क्या 'कारिका' की प्रामाणिकता पर संदेह करने का कोई आधार है? सांख्य दर्शन पर सबसे प्राचीन उपलब्ध ग्रंथ तो यही है और यदि इसमें पुरुष का मतलब परमात्मा या चेतना है तो क्या इसका निष्कर्ष यह नहीं होना चाहिए कि मूल सांख्य में भी पुरुष के बारे में यही दृष्टिकोण था? निस्संदेह गुणरत्न ने मूल सांख्य और बाद के सांख्य के बीच विभेद किया। किंतु हमारे पास इस बात का कोई सीधा प्रमाण नहीं है कि मूल सांख्य में पुरुष से क्या आशय था। यदि हमारे पास 'षष्टि तंत्र' और 'अत्रेय तंत्र' जैसे अधिक प्राचीन ग्रंथ उपलब्ध होते तो संभवतः हमें कुछ पता चलता। किंतु ऐसे प्रमाण उपलब्ध न होने की स्थिति में क्या यह युक्तिसंगत नहीं है कि हम उसी ग्रंथ के प्रमाण पर निर्भर करें जो इस दर्शन पर लिखा गया प्राचीनतम उपलब्ध ग्रंथ है?

हमारा कहना है कि इस प्रकार निर्भर करना युक्तिसंगत नहीं है। यह सच है कि 'कारिका' में वर्णित पुरुष के विरुद्ध हमारे पास कोई ऐसा निर्णायक प्रमाण नही है जिसे हम सीधा अथवा

बाह्य प्रमाण मान सकें। लेकिन हमारे पास इसके विरोध में कुछ प्रमाण हैं जो यद्यपि परिस्थिति-जन्य और आंतरिक हैं फिर भी कम निर्णायक नहीं हैं। हम आंतरिक प्रमाणों से आरंभ करते हैं।

यदि 'कारिका' में घोर विसंगतियां न आ गई होतीं तो पुरुष के संबंध में 'कारिका' में जो दृष्टिकोण प्रस्तुत किया गया, उसे इसकी युक्तियुक्त विशिष्टता माना जा सकता था। 'कारिका' का निष्पक्ष अध्ययन करने से यह आभास मिलता है कि इसके लेखक ने जब सांख्य दर्शन में 'पुरुष' के बारे में लगभग वैदांतिक दृष्टिकोण अपना लिया तो उसके बाद लेखक को समझ में नहीं आ रहा था कि वह इसका क्या करे। यानी उसे यह पता नहीं चल रहा था कि सांख्य के मूल सिद्धांतो के साथ 'पुरुष' के इस वैदांतिक दृष्टिकोण का समन्वय किस प्रकार करे। लेखक के पास एकमात्र तरीका यही बचा कि इस समावेश के लिए प्रच्छन्न रूप से सांख्य के मूल सिद्धांतों का परित्याग कर दिया जाए। अधिकांश आधुनिक विद्वानों ने, प्राचीन सुविख्यात भाष्यकारों की भांति 'कारिका' की इस विचित्र स्थिति की अनदेखी कर दी है और इसका कारण संभवतः यही है कि उनका झुकाव भाववादी (बहुधा निश्चित रूप से वैदांतिक) दृष्टिकोण की ओर था। 'कारिका' का लेखक जितना वेदांत के निकट होता गया और सांख्य के मूल सिद्धांतों को त्यागता गया उतना ही अधिक यह दर्शन उन्हें आंतरिक रूप से युक्तिसंगत और दार्शनिक दृष्टि से स्वीकार्य प्रतीत हुआ। अंततः इस तथ्य के महत्व को लगभग भुला दिया गया कि वेदांत के दृष्टिकोण को सुविन्यस्त बनाने वाले प्रथम दार्शनिक बादरायण ने सांख्य को वेदांत का प्रबलतम विरोधी माना और इधर बादरायण के योग्यतम भाष्यकार शंकर ने 'पुरुष' संबंधी 'कारिका' दृष्टिकोण को सांख्य के मूल सिद्धांतों के साथ पूर्णतया बेमेल समझा।

इस दर्शन के मूल सिद्धांतों से हमारा आशय है:(1) 'प्रधानवाद' यानी इस दृष्टिगोचर विश्व का प्रथम कारण भौतिक पदार्थ है (2) परिणामवाद यानी परिणाम ही मूल कारण का परिवर्तित सत्य रूप है; और(3) पुरुषों की अनेकता का सिद्धांत। वास्तव में ये इस दर्शन के मूल सिद्धांत थे, यह बात 'ब्रह्मसूत्र' से प्रमाणित होती है जिसमें सांख्य का खंडन करने के लिए विशेष रूप से इन्हीं सिद्धांतों का खंडन किया गया है। यहां तक कि स्वयं 'कारिका' के लेखक के लिए भी यह कहना कठिन हो गया कि ये सिद्धांत सांख्य दर्शन के नहीं हैं। किंतु लेखक यह बताने में असमर्थ रहा कि विशुद्ध चेतना रूपी पुरुष के साथ इन सिद्धांतों का सांमजस्य किस प्रकार हो सकता था।

यह सिद्ध करने के लिए कि पुरुष के संबंध में 'कारिका' का दृष्टिकोण लगभग वैसा ही था जैसा कि आत्मा के संबंध में वेदांत का, जिस प्रकार शक्ति को एक दर्शक मात्र बताया गया है, उसी प्रकार 'कारिका' में 'पुरुष' भी दर्शक मात्र है (19) उपनिषदों के 'विज्ञाता' की भांति यह पुरुष भी केवल 'ज्ञ' है (2) उसका स्वभाव आदि पदार्थ ('प्रकृति' या 'अव्यक्त') और उसके उत्पादों (व्यक्त) के पूर्ण विपरीत है (11) और इसलिए केवल यही विशुद्ध चेतन तत्व है। यह चेतना जो इस दृष्टिगोचर जगत की कुछेक वस्तुओं में विद्यमान प्रतीत होती है, अंततः और कुछ नहीं केवल पुरुष की चेतना है जो इनमें प्रतिबिंबित है (20) आदि आदि। पुरुष और वेदांत में वर्णित आत्मा के बीच कोई भेद नहीं है। किंतु ईश्वरकृष्ण ने जब सांख्य में वेदांत की इस धारणा को 'पुरुष' के सिद्धांत के समकक्ष बना कर इसे इस दर्शन में मिला लिया तो यह सांख्य के मूल सिद्धांतों के साथ कभी भी मेल न खा सका। हम 'पुरुष' के अस्तित्व के संबंध में 'कारिका' में दिए गए प्रमाणों से आरंभ कर सकते हैं।

'प्रधान' सत्य है और यह दृष्टिगोचर जगत एक वास्तविक परिवर्तन ('परिणाम') है इस 'प्रधान' का। वास्तव में सांख्य ने 'प्रधान' की सत्यता का अनुमान दृष्टिगोचर जगत की सत्यता

से लगाया : कार्यंत:तत उपलब्धि: (8) जैसाकि 'कारिका' में कहा गया। यह भी रोचक बात है कि इसी दृष्टिगोचर जगत को 'पुरुष' के अस्तित्व का प्रमाण बताया गया।

> चूंकि इंद्रियग्राह्य वस्तुओं का समायोजन किसी अन्य के उपभोग के लिए है; चूंकि इसका विलोम, तीनों गुणों तथा अन्य (पूर्वचर्चित) विशेषताओं के साथ अस्त्वि में रहना चाहिए; चूंकि कोई अधिष्ठान होना चाहिए; चूंकि कोई उपभोग करने वाला होना चाहिए; चूंकि पृथकता की प्रवृत्ति विद्यमान है (कैवल्यार्थम् प्रवृत्तिःच और चूंकि संसार के प्रति अनासक्त रहने की इच्छा भी है), इसलिए 'पुरुष' का अस्तित्व है। (17)

ये हैं वे प्रमाण जो 'कारिका' में पुरुष के अस्तित्व के लिए दिए गए हैं और हम यह कहने जा रहे हैं कि इनमें कारिका के प्रमुख विरोधाभासों और विसंगतियों के बीज थे। नीचे इन प्रमाणों को विस्तार से प्रस्तुत किया जा रहा है :

1. पुरुष का अस्तित्व होना ही चाहिए, क्योंकि वस्तुओं का समायोजन किसी अन्य के उपभोग के लिए है। गौड़पाद ने (20.55) इस तर्क को स्पष्ट किया :

> जिस प्रकार एक शय्या, रस्सियों, कपास, चादर, तकिए आदि के समायोजन से बनती है और इसका उपयोग वह स्वयं नहीं करती बल्कि किसी अन्य के लिए है; और जिन भिन्न-भिन्न घटकों से यह बनी है वे एक दूसरे की कोई सेवा नहीं करते; इससे यह निष्कर्ष निकलता है कि कोई पुरुष है जो इस शय्या पर सोता है और जिसके उपभोग के लिए यह बनी है। उसी प्रकार पांच तत्वों के समायोजन से बना यह शरीर भी किसी अन्य के उपभोग के लिए है; या, कोई आत्मा (पुरुष) है जिसके उपभोग के लिए यह भोग्य शरीर है जिसमें बुद्धि तथा अन्य विशिष्टताओं का समायोजन है।

संभवतः इस टिप्पणी में शरीर शब्द के स्थान पर 'प्रकृति' (मानव देह सहित दृष्टिगोचर जगत) शब्द होना चाहिए था जिससे कारिका के दृष्टिकोण को और सही ढंग से समझा जाता, क्योंकि इस ग्रंथ में अन्य उल्लेखों से स्पष्ट हो जाता है कि 'वस्तुओं का समायोजन' पदों का अर्थ प्रकृति था। यह ध्यान देने योग्य बात है कि यही तर्क 'सांख्यसूत्र' (1.66) में भी आया है और भाष्यकार विज्ञान भिक्षु ने समाहत (समायोजन) शब्द का अर्थ लगाया है—'प्रकृति कार्य साधारण', अर्थात साधारणतया प्रकृति के परिणाम। इस प्रकार इस तर्क का सार यह है कि चूंकि दृष्टिगोचर जगत विभिन्न वस्तुओं के समायोजन से बना है अतः यह पहले ही मान कर चलना चाहिए कि इसका उपभोग करने वाला भी कोई है जो 'पुरुष' ही होगा।

किंतु प्रश्न यह है कि जिस उपभोक्ता के संबंध में पूर्वधारणा बनाई गई है वह निश्चित रूप से 'पुरुष' ही क्यों होना चाहिए? इसका उत्तर अगले तर्क में दिया गया है।

2. पूर्वकल्पित उपभोक्ता 'प्रकृति' या इसके उत्पाद नहीं हो सकते, क्योंकि ये सभी उस समायोजन के ही अंग हैं, और तीन 'गुणों' के मिश्रण से बनें हैं। इसलिए कोई ऐसी वस्तु जो 'प्रकृति' और इसके उत्पादों के स्वभाव के प्रतिकूल होगी केवल वही इनका उपभोग कर सकती है और ऐसा उपभोक्ता 'पुरुष' ही है। इसलिए 'पुरुष' का अस्तित्व होना ही चाहिए। यह तर्क 'सांख्यसूत्र' (i. 141) में भी आया है।

3. निश्चित ही 'पुरुष' का अस्तित्व है, क्योंकि कोई अधिष्ठता अथवा निरीक्षण (अधिष्ठान) करने वाला होना चाहिए। गौड़पाद (20.55-6) ने इस तर्क को स्पष्ट करते हुए कहा : 'जिस प्रकार कोई सारथी रथ का संचालन करते हुए, घोड़ों को कूदने, सरपट दौड़ने, पिछली टांगों पर खड़ा होने जैसे काम करने के लिए बाध्य कर सकता है, उसी प्रकार आत्मा इस देह का निर्देशन करती है।' यहां भी देह शब्द के स्थान पर संभवतः प्रकृति शब्द होना चाहिए, क्योंकि 'कारिका'

में इसी विषय पर आए अन्य उल्लेखों का यही अर्थ निकलता है। स्वयं गौड़पाद ने षष्ठि तंत्र (आन सां. का. 17) का उल्लेख किया और कहा कि इस तंत्र में कहा गया है कि 'प्रधान' पर 'पुरुष' आरोहण करता है और यह प्रधान इस स्थिति में ही विद्यमान है (प्रवर्तते), इसके अलावा यही तर्क इसी निहितार्थ के साथ 'सांख्यसूत्र' में भी मिलता है। (i. 142)

4. 'पुरुष' का अस्तित्व होना ही चाहिए क्योंकि कोई उपभोग करने वाला होगा ही। यह पहले तर्क की ही पुनरावृत्ति है। यहां तक कि गौड़पाद (20.56) ने भी इसकी व्याख्या इसी प्रकार की है :

> जिस प्रकार मीठा, खट्टा, नमकीन, तीखा, चरपरा और कसैला भोजन करने के लिए कोई व्यक्ति होना चाहिए उसी प्रकार, चूंकि बुद्धि और प्रकृति के अन्य उत्पादों में उपभोग की क्षमता नहीं है (भोक्तृत्व भाव, अर्थात् भोग की प्रवृत्ति), इसलिए निश्चित ही कोई आत्मा होनी चाहिए जो इस देह का भोग करती है।

ठीक यही तर्क 'सांख्यसूत्र' (i. 143) में भी मिलता है :

5. पुरुष का अस्तित्व निश्चित ही है, क्योंकि (कोलब्रुक द्वारा 'कारिक' के अनुवाद के अनुसार) पृथक होने की प्रवृत्ति विद्यमान है। 'कारिका' में इस प्रवृत्ति के लिए 'कैवल्य' शब्द का प्रयोग किया गया है जिसका अर्थ है अकेलापन। गौड़पाद (20.56) ने कहा :

> कैवल्य एक भाववाची संज्ञा है जो 'केवल' शब्द (एकमात्र अथवा अकेला) से बनी है। कैवल्य (स्वयं को अलग रखने की) प्राप्ति के प्रयत्नों (या इस प्रवृत्ति) को देखते हुए अनुमान लगाया गया है कि आत्मा का अस्तित्व है। अर्थात ज्ञानी और अज्ञानी, सभी लोग समान रूप से इस सांसारिक गमन-आगमन के बंधनों से अविनाशेय मुक्ति पाने के इच्छुक हैं।

विज्ञान भिक्षु ने 'सांख्यसूत्र' (i. 144) में दिए गए इसी तर्क पर भाष्य में इस बात को स्पष्ट किया : कैवल्य का अर्थ, 'दुःख का पूर्ण रूप से उन्मूलन।' संक्षेप में, तर्क यह है कि चूंकि मोक्ष की इच्छा बनी हुई है, इसलिए 'पुरुष' निश्चित रूप से होना चाहिए जो यह इच्छा कर सकता है। किंतु प्रश्न यह है कि 'पुरुष' किससे मुक्ति अथवा मोक्ष पाना चाहता है? प्रत्यक्ष है कि इस संसार के बंधनों से, अर्थात 'प्रकृति' और उसके उत्पादों के बंधनों से; क्योंकि 'कारिका' में 25 तत्वों की सूची दी गई है और इनके अलावा 'पुरुष' से अलग और कोई तत्व नहीं। 'पुरुष' स्वयं तो अपने बंधनों का कारण नहीं हो सकता।

'कारिका' में पांच प्रमाणों को इस तरह स्पष्ट किया गया है। अब हमें एक प्रश्न पूछना है क्योंकि ये सभी प्रमाण 'प्रकृति' और इसके उत्पादों का उल्लेख करते हैं तो फिर 'पुरुष' और 'प्रकृति' के बीच किस प्रकार का संबंध है जिसके आधार पर ये प्रमाण दिए गए हैं? स्पष्ट है कि इस प्रश्न का कोई सरल उत्तर नहीं हो सकता; संबंधों के बारे में मूल धारणा सबके मन में समान रूप से नहीं प्रतीत होती। किंतु तीन अलग-अलग विचारणीय भेद दिखाई देते हैं :

(क) 'पुरुष' और 'प्रकृति' के बीच भोगने वाले और भोग्या का संबंध है। 'पुरुष' 'प्रकृति' और उसके उत्पादों का भोग करता है।

(ख) संबंध निर्देशक और निर्देशित वाला है। 'पुरुष' 'प्रकृति' का अधीक्षण करता है और विकास प्रक्रिया का अधिष्ठाता है।

(ग) यह संबंध बंधन में जकड़े हुए, और बंधनों में जकड़ने वाले के बीच का है। 'पुरुष' 'प्रकृति' और इसके उत्पादों से अलग होना चाहता है और इस प्रकार एक ऐसे कैवल्य की प्राप्ति करना चाहता है जिसे मोक्ष अथवा मुक्ति कहा जाता है।

ये सभी अर्थ 'कारिका' में हैं। और शंकर के लेखन से स्पष्ट हो जाता है कि किस प्रकार 'कारिका' के लेखक को इन सभी धारणाओं को बनाए रखने और 'पुरुष' को एक उदासीन दर्शक के रूप में दिखाने और इसके साथ ही सांख्य के मूल सिद्धांतों अर्थात 'परिणामवाद' और 'प्रधान-वाद' को भी बनाए रखने के लिए परस्पर विरोधाभासों में फंसना पड़ा। इन विरोधाभासों का अध्यन करने के लिए हम शंकर के लेखन का अध्ययन कर सकते हैं। हम पहले अधीक्षण (अधिष्ठान) संबंधी तर्क को लेंगे।

'कारिका' के अनुसार पुरुष के अस्तित्व को, 'प्रकृति' के परिवर्तनों की धारणा के कारण पहले से मान लिया गया है, क्योंकि ये परिवर्तन किसी अधिष्ठान के बिना नहीं हो सकते और 'प्रकृति' अपने ही परिवर्तित रूपों का निरीक्षण स्वयं नहीं कर सकती। किंतु यदि 'प्रकृति' सत्य है और दृष्टिगोचर जगत इस सत्य का परिवर्तित रूप है तो इसे भी सत्य मानना होगा कि इन रूपों का निरीक्षण होता है। किंतु निरीक्षण एक प्रकार की क्रिया है जिसे पुरुष की क्रिया नहीं कहा जा सकता। क्योंकि वह तो एक निश्चल दर्शक है। 'कारिका' (20) ने स्वीकार किया है कि गतिशीलता केवल 'प्रकृति' में ही हो सकती है और 'प्रकृति' के साथ संयोग के कारण ही इस 'अजनबी' (पुरुष) को भ्रम से गतिशील मान लिया गया। 'कारिका' (21) का लेखक 'प्रकृति' के परिवर्तनों का निरीक्षण निष्क्रिय पुरुष द्वारा कराने की इस कठिनाई से बचना चाहता था। इसके लिए उसने लंगड़े और अंधे की सुपरिचित कथा का आश्रय लिया। किंतु यह दृष्टांत वास्तव में संतोषजनक नहीं हो सकता, क्योंकि यदि इसे गंभीरतापूर्वक लें तो इसका अर्थ होगा कि सांख्य के मूल सिद्धांतों को त्याग दिया गया। जैसाकि शंकर (आन ब्र. सू. ii. 2.7. एस. बी ई. xxxiv. 373) ने कहा :

> हां तो सांख्य कुछ समानांतर दृष्टांत देकर अपने सिद्धांत को उचित बताने का प्रयत्न करते हुए कहता है कि जिस प्रकार चलने-फिरने से लाचार किंतु देखने की क्षमता रखने वाला लंगड़ा व्यक्ति एक नेत्रहीन व्यक्ति की पीठ पर चढ़कर उसे दिशानिर्देश देते हुए स्वयं भी गतिशील हो जाता है,…उसी प्रकार आत्मा, प्रधान को गतिशील बनाती है। हमारा उत्तर है कि तब भी आपका सिद्धांत त्रुटियों से मुक्त नहीं हो पाया; क्योंकि आपकी इस नई धारणा का अर्थ है पुराने सिद्धांतों का परित्याग करना। आपके पुराने सिद्धांतों के अनुसार 'प्रधान' अपने आपको स्वयं गतिशील बनाता है और उदासीन तथा निष्क्रिय आत्मा में गतिशील बनाने की क्षमता नहीं है।

इसके अलावा लंगड़े द्वारा नेत्रहीन व्यक्ति का संचालन करना वास्तव में निष्क्रिय प्रक्रिया नहीं है। (वही) इसलिए जैसाकि शंकर ने बताया, यदि सांख्य दार्शनिक तर्कसंगत होकर यही दृष्टि-कोण बनाए रखना चाहता था कि पुरुष शुद्ध रूप से एक निष्क्रिय दर्शक है तो उसके लिए प्रकृति के परिवर्तनों का कोई तर्कसंगत स्पष्टीकरण खोजना असंभव था।

> 'प्रधान' से आगे कोई अन्य वाह्य सिद्धांत नहीं है जो 'प्रधान' को गतिशील होने के लिए बाध्य करता या उसकी गतिशीलता को रोक सकता। आत्मा (पुरुष) जैसाकि हम जानते हैं उदासीन है और न तो गति प्रदान करता है और न ही गति पर कोई रोक लगाता है। इसलिए चूंकि 'प्रधान' का कोई संबंध नहीं है, ऐसी स्थिति में यह समझना बड़ा कठिन है कि 'प्रधान' अपने आपको कभी तो 'महत्व' में परिवर्तित करता है और कभी नहीं। (आन ब्र. सू. ii. 24 एस. बी. ई. xxxiv.370)

शंकर (आन ब्र. सू. ii.2. 7 एस. बी. ई. xxxiv. 374) ने तर्क को आगे बढ़ाते हुए कहा कि यदि इस निष्क्रिय निरीक्षण के सिद्धांत को वास्तव में स्वीकार कर लिया जाता है तो सांख्य

दृष्टिकोण के अनुसार मुक्ति असंभव होगी ? 'निरीक्षण की क्षमता के स्थाई होने का अर्थ यही होगा कि अंतिम रूप से मुक्ति असंभव है। संक्षेप में यदि सांख्य दार्शनिकों को तर्कसंगत बनना है तो उन्हें इन दो स्थितियों में से एक को चुनना होगा। पहली, 'पुरुष' निरीक्षक तो है लेकिन वास्तविक अर्थों में नहीं। अर्थात अंतिम विश्लेषण के अनुसार प्रकृति का परिवर्तित रूप भी असत्य है। किंतु फिर यह सांख्य का दृष्टिकोण नहीं रह जाएगा बल्कि यह वेदांत का दृष्टिकोण हो जाएगा। जैसाकि शंकर (आन ब्र. सू. ii. 24 एस. बी. ई. xxxiv.370-1) ने कहा : 'ब्रह्म की क्रियाशीलता या निष्क्रियता तर्कविरुद्ध नहीं है क्योंकि उसका संबंध माया की शक्ति से है।' यह स्वतः युक्तियुक्त भाववाद है जिसे सांख्य दर्शन अपने मूल सिद्धांतों 'प्रधानवाद' और 'परिणामवाद' का परित्याग किए बिना स्वीकार नहीं कर सकता था।

दूसरा विकल्प यही था कि वह 'प्रधान' और 'परिणाम' के सिद्धांतों पर आधारित भौतिकवादी दृष्टिकोण पर डटा रहता और इसके लिए सांख्य दार्शनिकों को 'प्रकृति' के परिवर्तनों को 'पुरुष' के अधिष्ठान की बजाय 'स्वभाव' या प्राकृतिक नियम का परिणाम समझना पड़ा। इसके अलावा 'प्रकृति' का एक गुण है 'रजस्' या क्रियाशीलता की क्षमता। तब फिर सांख्य दार्शनिकों को 'प्रधान' की क्रियाशीलता या परिवर्तनों को 'पुरुष' के निष्क्रिय प्रभाव पर निर्भर क्यों समझना चाहिए ? स्पष्ट है कि यदि सांख्य दार्शनिक अपने मूल भौतिकवादी सिद्धांत को अपनाए रखते और ईश्वरकृष्ण के भ्रामक सुझाव से बचते तो शंकर के लिए उन पर आंतरिक विसंगतियों का आरोप लगाना असंभव हो जाता। तब इस विलक्षण भाववादी की अन्य संभव आपत्तियां इन तर्कसंगत भौतिकवादियों के विरुद्ध कुछ भी होतीं लेकिन उनमें कोई तथ्य न होता।

किंतु सच तो यह है कि 'कारिका' के लेखक ने इनमें से किसी भी विकल्प को नहीं चुना। वह विभिन्न तरीकों से 'पुरुष' को विशुद्ध चेतना के सिद्धांत के रूप में 'प्रधानवाद' में लाना चाहता था और इस प्रकार उसने सांख्य दर्शन को घोर विसंगतियों से भर दिया। यह बात भोग या 'भोक्तृत्व' संबंधी उसके तर्क से और भी स्पष्ट होती है। उसने बार बार यही कहा कि 'प्रकृति' के परिवर्तन की सारी क्रिया 'पुरुष' के भोग के लिए है :

> विभिन्न साधन (कारण अर्थात आंतरिक और बाह्य अंग जो स्वयं प्रकृति के उत्पाद हैं), पारस्परिक आग्रह (आकृति, इच्छा और क्रिया के लिए प्रेरणा) पर प्रेरित होकर अपने अपने कार्य करते हैं। आत्मा (पुरुष) का उद्देश्य ही प्रेरक शक्ति है। लेकिन साधन को कोई भी क्रियाशील नहीं बनाता। (सां. का. 31)

यहां बड़ी विचित्र विरोधाभासपूर्ण स्थिति है जिसमें भौतिकवादी 'स्वभाववाद' और भाववादी आत्मा का सिद्धांत एक साथ आ जुटे हैं। 'प्रकृति' के उत्पाद अपने अपने स्वभाव या आकृति के अनुसार क्रियाशील होते हैं और कोई बाह्य शक्ति उन्हें गति प्रदान नहीं करती (इसकी तुलना में 'पुरुष' द्वारा निरीक्षण किए जाने के विचार को देखिए) और फिर भी इनकी क्रियाओं का उद्देश्य आत्मा को अपने लक्ष्य की प्राप्ति में सहायता करना है। यह कतई तर्कसंगत बात नहीं थी। इससे भी अधिक अतर्कपूर्ण था 'कारिका' का यह दावा कि सृष्टि के विकास की सारी प्रक्रिया का उद्देश्य 'पुरुष' के लक्ष्य की प्राप्ति था जिसे कभी 'पुरुष' द्वारा उपभोग और कभी 'पुरुष' का मोक्ष कहा गया। कुछ उदाहरण देखिए :

> उदार प्रकृति गुणों से संपन्न होकर विविधि विधियों से अपने लाभ के बिना कृतघ्न आत्मा (अनुपकारिनः पुरुषः) की इच्छा पूरी करती है जबकि वह गुणों से विहीन है। (अगुणा) (60)

एक दूसरे से भिन्न स्वभाव वाले और अलग अलग गुणों के प्रभाव वाले साधन बुद्धि (जो

स्वयं प्रकृति से उत्पन्न हुई है) को आत्मा का सारा लक्ष्य बता देते हैं और एक दीपक की भांति उसे (बुद्धि) प्रकाशित करते हैं। (36)

अब चूंकि बुद्धि ही आत्मा के उपभोग के लिए सब कुछ जुटाती है इसलिए वही मुख्य सिद्धांत (प्रधान) और आत्मा के बीच विभेद करती है। (37)

आत्मा की इच्छा की पूर्ति के लिएं यह सूक्ष्म तत्व उसके समक्ष एक नाट्य कलाकार की भांति साधनों और परिणामों के द्वारा और प्रकृति के प्रभाव की सहायता से प्रदर्शन करता है। (42)

आदि, आदि। मुख्य बात यह है कि 'कारिका' के अनुसार 'प्रकृति' का विकास 'पुरुष' के लक्ष्य की प्राप्ति कराने के लिए होता है, इस विचार से सांख्य के अंदर स्वाभाविक रूप से गहरे अंतर्विरोध उत्पन्न हो गए। इसके संबंध में जो कुछ कहने की आवश्यकता है वह शंकर पहले ही कह चुके हैं। (आन ब्र. सू. ii.2.6. एस. बी. ई. xxxiv. 372-37)

यदि 'प्रधान' की सहजस्फूर्त क्रियाशीलता का, जैसाकि आप कहते हैं, किसी अन्य बात के साथ कोई संबंध नहीं है तो इसका संबंध न केवल किसी सहायक सिद्धांत के साथ ही बल्कि किसी लक्ष्य अथवा उद्देश्य के साथ भी नहीं होगा। इसके परिणामस्वरूप आपका यह सिद्धांत कि 'प्रधान' पुरुष के लक्ष्य (पुरुषार्थ) की प्राप्ति के लिए सक्रिय होता है, युक्ति-संगत नहीं रहेगा। यदि आप उत्तर देते हैं कि 'प्रधान' वास्तव में किसी सहायक सिद्धांत पर निर्भर नहीं है, किंतु लक्ष्य को मान्यता देता है तो हम कहते हैं कि ऐसी स्थिति में हमें विभिन्न संभावित लक्ष्यों के बीच अवश्य भेद करना चाहिए। लक्ष्य यो तो आत्मा द्वारा उपभोग, या अंतिम रूप से उसकी मुक्ति या फिर दोनों होने चाहिए। यदि लक्ष्य उपभोग है तो कैसा उपभोग जबकि आत्मा किसी सुख या दुःख का अनुभव करने की क्षमता नहीं रखता? इसके अलावा यदि आत्मा उपभोग करता है तो फिर उसकी मुक्ति का कभी कोई अवसर नहीं आ सकता। यदि लक्ष्य मुक्ति है तो 'प्रधान' की क्रियाशीलता निरर्थक होगी, क्योंकि 'प्रधान' के गतिशील होने से पहले भी आत्मा मुक्त स्थिति में है; इसके अलावा स्वर की अनुभूति आदि के लिए कोई अवसर नहीं हो सकता। यदि लक्ष्य उपभोग और मुक्ति दोनों हैं तो आत्मा द्वारा भोगी जाने वाली 'प्रधान' जन्य वस्तुओं की संख्या अगणित होने के कारण आत्मा के लिए अंतिम रूप से मुक्ति का कोई अवसर नहीं आएगा। न ही इच्छापूर्ति को 'प्रधान' की गतिशीलता का लक्ष्य समझा जा सकता है, क्योंकि न तो अचेतन 'प्रधान' और न ही मूल रूप से विशुद्ध आत्मा किसी इच्छा का अनुभव कर सकते हैं।

और अंततः यदि आप 'प्रधान' को क्रियाशील मानते हैं क्योंकि अन्यथा देखने की शक्ति (जो चेतन स्वभाव होने के कारण आत्मा के अंदर है) और सृजन शक्ति (जो 'प्रधान' में है) निरर्थक हो जाएगी तो इसका अर्थ यह होगा कि चूंकि 'प्रधान' की सृजनशक्ति, आत्मा की अवलोकन शक्ति की भांति कभी समाप्त नहीं होती इसलिए दृष्टिगोचर जगत का कोई अंत नहीं होगा और आत्मा को अंतिम रूप से कभी मुक्ति नहीं मिल सकती।

इसलिए यह बात सिद्ध करना असंभव है कि प्रधान आत्मा के लक्ष्य की प्राप्ति के लिए गतिशील होता है।

यही वे विरोधाभास थे जो सांख्य में 'पुरुष' के संबंध में वैदांतिक दृष्टिकोण को लाने और इसे 'प्रधान' का उपभोग करने वाला बताने का प्रयत्न करने से 'कारिका' में उत्पन्न हुए। भौतिक-वाद और भाववाद के बीच कोई संधिस्थल नही हो सकता। यदि आप 'प्रधान' को दृष्टिगोचर जगत

का मूल कारण मानते हैं और इस दृष्टिगोचर जगत को 'प्रधान' का परिवर्तित सत्य रूप (परिणाम) समझते हैं तो आपके दर्शन में एक निरीक्षक या विश्व प्रक्रिया का उपभोग करने वाले के रूप में विशुद्ध चेतना के लिए कोई तर्कसंगत स्थान नहीं हो सकता। दूसरी ओर यदि आप विशुद्ध चेतना के सिद्धांत पर गंभीरतापूर्वक डटे रहना चाहते हैं तो आपको 'प्रधानवाद' और 'परिणामवाद' का परित्याग करना होगा और विश्व प्रक्रिया को अंततः असत्य मानना होगा। वेदांत का यही दृष्टिकोण है और यह देखना बड़ा रोचक होगा कि किस प्रकार ईश्वरकृष्ण मोक्ष अथवा मुक्ति संबंधी अपने विचार को लेकर इस तरह के दृष्टिकोण की ओर झुकते चले गए। कुछ विशिष्ट उदाहरण देखिए :

> बुद्धि से पंच महाभूत तक का प्रकृति का यह विकास प्रत्येक आत्मा की मुक्ति के लिए होता है, जैसे यह अपने लिए होता है वैसे ही किसी अन्य के लिए होता है। (56)
>
> जिस प्रकार अचेतन वस्तु दूध का कार्य बछड़े का पोषण करना है उसी प्रकार 'प्रधान' का कार्य (प्रवृत्तिःप्रधानस्य, प्रधान की इच्छा) आत्मा को मुक्त करना है। (57)
>
> जिस प्रकार लोग अपनी इच्छाओं की पूर्ति के लिए कर्म करते हैं उसी प्रकार अचेतन प्रकृति आत्मा की मुक्ति के लिए क्रियाशील होती है। (58)

इन सब बातों से हमें एक अवचेतन उद्देश्यवाद का आभास मिलता है। प्रकृति के विकास की सारी प्रक्रिया का उद्देश्य एक लक्ष्य को पूरा करना है, यह लक्ष्य है आत्मा की मुक्ति। बड़ी सरलता से देखा जा सकता है कि सांख्य दार्शनिक के लिए अपनी अन्य अवधारणाओं के साथ इस दृष्टिकोण को युक्तिसंगत बनाए रखना क्यों कठिन है। एक तो इस दृष्टिकोण को बनाए रखने के लिए इस सिद्धांत को त्यागना पड़ेगा कि 'प्रकृति' का विकास 'पुरुष' के उपभोग के लिए है। किंतु इस सिद्धांत को त्यागना एक गंभीर बात होगी क्योंकि इसका अर्थ यह होगा कि 'पुरुष' के अस्तित्व के लिए दो महत्वपूर्ण प्रमाण भी हाथ से निकल जाएंगे। दूसरी बात यह है कि अवचेतन उद्देश्यवाद के इस सिद्धांत में भी आंतरिक विसंगतियां है। मुक्ति का अर्थ है बंधनों में जकड़े हुए को छुड़ाना और 'कारिका' के दृष्टिकोण से बंधन केवल 'प्रकृति' और उसके उत्पाद ही हो सकते हैं। तो फिर 'प्रकृति' का विकास 'पुरुष' के बंधन का कारण और साथ ही उसे मुक्ति दिलाने के लक्ष्य की प्राप्ति के लिए कैसे हो सकता है। तीसरी बात, यदि 'प्रकृति' सत्य है और दृष्टिगोचर जगत का विकास एक सत्य प्रक्रिया है तो 'पुरुष' अथवा आत्मा का बंधन भी सत्य बन जाता है और इसलिए तार्किक दृष्टिकोण से उसकी मुक्ति असंभव है। जैसाकि शंकर ने (आन ब्र. सू. ii.2.10. एस. बी. ई. xxxiv. 380-1) तर्क दिया :

> किंतु संभवतः आप (सांख्यजन) यह कहेंगे कि दुःख (आत्मा के लिए) एक वास्तविकता है। ऐसी परिस्थिति में मुक्ति मिलने की बात निश्चित रूप से असंभव हो जाती है विशेषकर तब जबकि दुःख के कारण ('प्रधान') को शाश्वत माना गया है—और यदि (इस कठिनाई से निकलने के लिए) आप कहते हैं कि दुःख सहन करने की क्षमता (आत्मा की) और दुःख देने की क्षमता (प्रधान की) दोनों यद्यपि शाश्वत हैं फिर भी दुःख को वास्तविक बनने के लिए दोनों का संयोग आवश्यक है। और यह संयोग एक विशेष कारण पर निर्भर करता है यानी आत्मा द्वारा 'प्रधान' को न पहचान पाना—इसलिए जब यह कारण नहीं रहता तो दोनों का संयोग पूर्ण रूप से समाप्त हो जाता है और आत्मा की सदा के लिए मुक्ति संभव हो जाती है। हम आपके इस स्पष्टीकरण को स्वीकार नहीं कर सकते क्योंकि अविवेक (न पहचान पाना) का आधार तमोगुण है (जो प्रकृति के तीन गुणों में से एक है) और आप इसे शाश्वत मानते हैं। और चूंकि किसी एक गुण के प्रभाव के बढ़ने या कम

होने का कोई निश्चित नियम नहीं है, इसलिए उस कारण की समाप्ति का भी कोई निश्चित नियम नहीं है जो 'आत्मा' और 'प्रधान' के संयोग को प्रभावित करता है (अविवेक); इसलिए इन दोनों का विच्छेद अनिश्चित है।

इसलिए सांख्य जन इस आरोप से नहीं बच सकते कि उनके दर्शन में अंतिम रूप से मुक्ति का कोई अवसर विद्यमान नहीं है।

शंकर ने ठीक ही कहा कि विशुद्ध चेतना के रूप में आत्मा के विचार के साथ मेल खाने वाला मुक्ति संबंधी एकमात्र तार्किक दृष्टिकोण वेदांत में मिलता है जिसके अनुसार यद्यपि आत्मा का बंधन सांसारिक दृष्टि से सत्य है तो भी संसारातीत स्तर पर अंततः यह असत्य है क्योंकि स्वयं यह दृष्टिगोचर जगत ही मिथ्या है :

दूसरी ओर किसी वेदांती को स्वप्न में भी अंतिम मोक्ष असंभव होने का विचार नहीं आ सकता क्योंकि वह केवल एक ब्रह्म का अस्तित्व मानता है और जब कोई एक ही वस्तु होती है तो वह भोग करने वाले भोग्य के जंजाल में नहीं पड़ सकती। वैसे भी शास्त्रों ने घोषणा की है कि परिणामों की अनेकता वाणी से उत्पन्न होती है। दूसरी ओर यह भौतिक जगत दुःख और इससे पीड़ित लोगों से बना है और जैसा यह दिखाई देता है वैसा ही है। इस पर न तो कोई आपत्ति हो सकती है और न ही इसका खंडन करने की आवश्यकता है। (वही. एस. बी. ई. xxxiv. 381)

क्या 'कारिका' के लेखक के लिए इस प्रकार का दृष्टिकोण स्वीकार करना संभव था? स्पष्ट है कि नहीं। कम से कम तब तक नहीं जब तक कि वह 'प्रधान' के सिद्धांत को छोड़ने और इस दृष्टिगोचर जगत को अविद्या के कारण उत्पन्न समझने के लिए तैयार नहीं था अर्थात जब तक कि वह 'पुरुष' के बंधन को अंततः असत्य मानने के लिए तैयार नहीं था। शंकर (वही. एस. बी. ई .xxxiv. 379-80) ने इस बात पर पहले ही तर्क दिया है :

और यदि आप कहें कि आत्मा मानो पीड़ा अनुभव करती है क्योंकि यह सतोगुण की ओर प्रवृत्त होती है तो हम कहेंगे कि मानो शब्द प्रयोग होने का मतलब है कि आत्मा वास्तव में पीड़ा का अनुभव नहीं करती। यदि यह मान लिया गया कि पीड़ा वास्तविक नहीं है तो हमें मानो शब्द का प्रयोग करने पर कोई आपत्ति नहीं है। क्योंकि दुमुखा सर्प विषैला नहीं हो जाता क्योंकि यह मानो सर्प (सांप जैसा) है। और न ही कोई सांप विषविहीन हो जाता है क्योंकि यह 'दुमुखा सर्प जैसा' है। इसलिए आपको यह मानना चाहिए कि दुःख और दुःख भोगने वाले, दोनों की उत्पत्ति के कारणों के बीच संबंध वास्तविक नहीं हैं बल्कि अविद्या का परिणाम हैं।

शंकर ने ठीक ही कहा कि इसमें और वेदांत के दृष्टिकोण में लगभग कोई अंतर नहीं है। इसलिए संक्षेप में कहा जाएगा कि सांख्य के मूल सिद्धांतों का परित्याग करके और वेदांत के दृष्टिकोण को लगभग अपना कर ही 'कारिका' का लेखक (या बाद में उसी की भांति सांख्य का कोई अन्य दार्शनिक) मुक्ति अथवा मोक्ष के सिद्धांत को तर्कसंगत बता सका। इसी सिद्धांत पर ईश्वरकृष्ण के सांख्य वर्णन में 'पुरुष' के अस्तित्व का निर्णायक प्रमाण आधारित था। आश्चर्य की बात है कि अंततः 'कारिका' में इसी दृष्टिकोण को अपना लिया गया। उसने 'पुरुष' के सिद्धांत को बनाए रखा यद्यपि सांख्य के मूल सिद्धांतों का परित्याग कर दिया।

वस्तुतः प्रत्येक पुरुष न तो बंधन में जकड़ा है, न ही मुक्त है और न ही प्रवास करता है; अपितु केवल 'प्रकृति' ही विभिन्न प्राणियों की तुलना में बंधनों में जकड़ी हुई है, मुक्त होती है और प्रवास करती है। (64)

गोड़पाद (20.147) ने टिप्पणी की :

> क्योंकि आत्मा का स्वच्छंद स्वभाव है और सब जगह जाता है तो फिर वह प्रवास कैसे करे ! प्रवास किसी ऐसी वस्तु की प्राप्ति के लिए किया जाता है जो पहले प्राप्त न हो। इसलिए ये शब्द कि आत्मा बंधनों में जकड़ा है, आत्मा मुक्त होता है या प्रवास करता है, प्रवास के संबंध में अज्ञान के कारण उत्पन्न होते हैं। आत्मा के लक्ष्य और अस्तित्व के संबंध में ज्ञान होने से आत्मा के वास्तविक स्वभाव का ज्ञान हो जाता है। अभिव्यक्त होने के कारण आत्मा अकेला, पवित्र, मुक्त, और अपने स्वभाव में स्थिर है।

यह अंश किसी भी वास्तविक वैदांतिक ग्रंथ का भाग हो सकता था। किंतु यही वह स्थिति थी जिसकी ओर स्वयं 'कारिका' का लेखक अग्रसर हो रहा था :

> इसलिए निर्णायक, अकाट्य सिद्धांत के अध्ययन के माध्यम से एकमात्र यही ज्ञान प्राप्त होता है कि न तो मैं हूं न ही कोई वस्तु मेरी है और न ही मेरा कोई अस्तित्व है। (64)

इसी बात को विलसन (20.151) ने स्पष्ट किया :

> इस प्रकार के वाक्य चाहे कितने ही असंगत या संशयात्मक हों, इनसे हमें यह नहीं समझना चाहिए कि आत्मा का अस्तित्व नहीं है। ऐसा समझना इस दर्शन का एक निश्चित तत्व होने की बात का सीधा खंडन करना होगा। आत्मा को सांख्य दर्शन के पच्चीस मूल तत्वों में से एक माना गया है। वास्तव में यह कहा गया है कि आत्मा कोई सक्रिय भाग नहीं लेता, उसका कोई व्यक्तिगत स्वार्थ या संपत्ति नहीं है, मानवीय दुःखों या भावनाओं से उसका कोई संबंध नहीं है। मैं हूं, मैं कार्य करता हूं, मैं दुःख भोगता हूं, इनका अर्थ भौतिक है या प्रकृति के कुछ उत्पादों (काफी हद तक) के साथ इनका संबंध है जो अस्तित्व में है, क्रिया करता है या दुःख भोगता है; और यह सब आत्मा के साथ नहीं होता जो अपरिवर्तनीय और उदासीन है, जिस पर सुख या दुःख का कोई प्रभाव नहीं है और उनमें केवल प्रतिबिंबित होता है या इनको ढूंढ़ता हुआ प्रतीत होता है क्योंकि वह प्रकृति के निकट है। वास्तव में इन सभी सुखों और दुःखों का अनुभव प्रकृति को होता है; क्योंकि वेदों के अनुसार आत्मा पूर्णतया अस्तित्व संपन्न है, शाश्वत, प्रज्ञावान सत्य, मुक्त और सार्वभौम सुख-दुःख से अप्रभावित है।

विलसन ने अपने आपसे यह प्रश्न नहीं पूछा, यद्यपि वेदांत की विचारधारा के अनुकूल होते हुए भी इस प्रकार का दृष्टिकोण कहां तक 'प्रधानवाद' और 'परिणामवाद' के साथ मेल खा सकता था ? इस भौतिक जगत में आत्मा के सक्रिय भाग लेने को असत्य या मिथ्या समझा जा सकता है केवल ऐसी परिस्थिति में जबकि इस विश्व को आत्मा के नैकट्य के साथ साथ अंततः मिथ्या मान लिया जाए। आत्मा द्वारा सक्रिय भाग लेने के भ्रम को ज्ञान से दूर किया जा सकता है। यदि 'कारिका' वास्तव में ऐसी ही स्थिति की ओर अग्रसर हुई होती तो इसका एकमात्र निहित अर्थ यही होगा कि उसने वेदांत से आत्मा संबंधी विचार ग्रहण करके सांख्य के मूल सिद्धांतों को त्याग दिया। यह बात निम्नलिखित अंश से और पुष्ट होती है :

> इस (आत्मज्ञान) को प्राप्त करके आत्मा निरापद होकर प्रकृति के संबंध में सोचता है। यह 'प्रकृति' अब व्यापक परिवर्तन से निषिद्ध हो जाती है (निवृत्ति प्रसवम् प्रकृतिम्)। (सां. का. 65)

कहने का अर्थ यह है कि 'पुरुष' को जब आत्मज्ञान हो जाता है तो 'प्रकृति' की विकास प्रक्रिया वास्तविक नहीं रहती। किंतु तार्किक दृष्टि से इसकी कल्पना केवल तभी की जा सकती है जब सारी विकास प्रक्रिया को स्वभाव या प्रकृति में निहित नियमों का परिणाम न समझ कर अविद्या

का परिणाम माना जाए। यह स्पष्ट रूप से वेदांत के समक्ष सांख्य का घुटने टेकना है। ईश्वर-कृष्ण वास्तव में यही कर रहे थे :

> अंततः जब बोध हो जाने के पश्चात आत्मा का इस भौतिक देह से विच्छेद हो जाता है और 'प्रकृति' की क्रिया रुक जाती है तब पूर्ण तथा अंतिम रूप से मुक्ति मिल जाती है। (68)

सारांश : 'कारिका' में प्रस्तुत की गई पुरुष संबंधी अवधारणा, सांख्य के मूल सिद्धांतों के साथ कभी मेल नहीं खा सकी क्योंकि वास्तव में यह आत्मा के संबंध में वेदांत में व्यक्त किए गए दृष्टिकोण जैसी ही थी। मूल सांख्य के सिद्धांत वेदांत के इस दृष्टिकोण के विरुद्ध थे। इसलिए परोक्ष रूप से ही सांख्य के मूलभूत सिद्धांत का त्याग करके ईश्वरकृष्ण 'पुरुष' के संबंध में अपने विचार को तर्कसंगत बना सके। अर्थात 'पुरुष' के बारे में अपने विचार के पक्ष में उन्होंने सांख्य को वेदांत में और परिणामवाद को विवर्तवाद में लगभग परिवर्तित कर लिया। मूल सांख्य को प्रच्छन्न वेदांत में परिवर्तित किए जाने के संबंध में एक रोचक विशिष्टता है जो स्पष्ट रूप से 'कारिका' में तो नहीं मिलती, किंतु गौड़पाद के लेखन और 'सांख्यसूत्र' में स्पष्ट हो जाती है। यह विशिष्ट बात है 'पुरुष' की अनेकता (पुरुषबहुत्वम्) के मूल सिद्धांत का पुरुष के अद्वैत रूप में बदल जाना और इसके बिना परोक्ष परिवर्तन कभी पूरा नहीं हो सकता था।

'कारिका' के ग्यारहवें श्लोक में लेखक ने 'प्रकृति' की अव्यक्त स्थिति में और इसके उत्पादन (व्यक्त) के रूपों में निश्चित गुणों का विवरण देने का प्रयत्न किया और कहा कि 'पुरुष' में वे गुण नहीं थे जो 'अव्यक्त' और 'व्यक्त' दोनों में विद्यमान थे। 'पुरुष' में केवल वही गुण थे जो विशेष रूप से 'अव्यक्त' प्रकृति में थे। इसी बात को देखकर गौड़पाद को पुरुषों की अनेकता के सिद्धांत को त्याग देने का सुअवसर मिल गया। उन्होंने कहा कि चूंकि 'व्यक्त' अनेक है और 'अव्यक्त' केवल अकेला (एक) है और चूंकि 'पुरुष' में 'अव्यक्त' और 'व्यक्त' में भेद करने की क्षमता है, इसलिए पुरुष भी निश्चित रूप से एक या अकेला होगा। यह तर्क पुरुष अनेकत्व के सिद्धांत के स्पष्ट विपरीत है जबकि जैसाकि हम देख चुके हैं, स्वयं 'कारिका' के लेखक ने इस सिद्धांत का दृढ़तापूर्वक पक्ष लिया। यहां तक कि 'सांख्यसूत्र' में भी इस तर्क का उल्लेख आया। (i. 149)

इस प्रकार आधुनिक विद्वानों को गौड़पाद की विचारधारा कुछ विचित्र प्रतीत हुई। कुछ विद्वानों ने तो उसे उचित बताने का प्रयत्न किया यद्यपि वे संतोषजनक ढंग से ऐसा नहीं कर सके। उदाहरण के लिए विल्सन (20. 41) ने कहा :

> इसलिए या तो गौड़पाद से गलती हुई, या उन्होंने जो 'एक' शब्द का प्रयोग किया है उसका अर्थ यह नहीं है कि सामान्य रूप में आत्मा एक है, बल्कि इसका आशय यह है कि आत्मा अपने अलग अलग जन्मों में एक या अनेक है। या फिर जैसाकि श्री कोलब्रुक ने कहा, यह व्यक्तिगत है।

किंतु साथ ही उन्होंने यह समझ लिया कि गौड़पाद की ऐसी व्याख्या तर्कसंगत नहीं हो सकती, क्योंकि एक आत्मा का सिद्धांत निश्चित रूप से वेदांती सिद्धांत था :

> आत्मा की अनेकता की बात वेदांत के इस सिद्धांत के पूर्ण विपरीत है कि एक विश्वव्यापी परम आत्मा है जिसमें से सभी जीव उपजे हैं, जैसाकि इस प्रकार के ग्रंथों में कहा गया है : 'सभी जीवों में केवल एक ही सत्य आत्मा विराजता है; इसकी अनेकता उसी प्रकार दिखाई देती है जिस प्रकार स्थिर या आलोड़ित जल में चंद्रमा का प्रतिबिंब दिखाई देता है। परमात्मा शाश्वत, सर्वव्यापी, अबाध, पवित्र, एक है और इसकी अनेकता माया शक्ति के कारण है जो इसका अपना स्वभाव नहीं है।' निस्संदेह यह वेदों का दर्शन है और जो सांख्य आचार्य इन वेदों को प्रामाणिक मानते हैं उन्हें अपने सिद्धांतों के प्रतिकूल इन ग्रंथों की

व्याख्या विचित्र ढंग से करने के लिए बाध्य होना पड़ा है। (वही. 59)

प्रत्यक्ष है कि लेखक यह भूल गया कि मूल सांख्य दार्शनिकों को अपनी विचारधारा को वेदों और उपनिषदों के अनुकूल बताने की कोई फिक्र नहीं थी क्योंकि वे भी वेदांत के उतने ही विरुद्ध रहे होंगे जितने कि प्रारंभिक वेदांती उनके विरुद्ध थे। यह तो बाद के दार्शनिक, प्रच्छन्न वेदांती थे जिन्होंने इस प्रकार की कोई चिंता प्रदर्शित की। इस प्रकार उदाहरण के लिए 'सांख्य सूत्र' (i. 154) के लेखक 'पुरुष' की अनेकता के अपने प्रमाण को लेकर 'पुरुष' के अद्वितीय होने के वैदांतिक मत के साथ अतार्किक ढंग से सांमजस्य बैठाने का प्रयत्न कर रहे थे :

> प्रजाति की व्यापकता (जातिपरत्वात्) के कारण, शास्त्रों (वेदों) की अद्वैत (परम आत्मा) की घोषणा के साथ (पुरुष अनेकता के इस सिद्धांत का) कोई विरोधाभास नहीं है।

अर्थात प्रजाति के रूप में आत्मा एक है; सभी आत्माओं में इसका स्वभाव और गुण विद्यमान हैं। ऐसा आत्मा एक होते हुए भी प्रकृति के समग्र उत्पादों के साथ संबंध होने के कारण अनेक रूपी हो जाता है। और जैसाकि अपेक्षित है, विज्ञान भिक्षु ने इसी विचारधारा को और तर्कसंगत बनाने का प्रयत्न किया। इन सबके होते हुए भी, यह तथ्य है कि सांख्य का 'पुरुष' अनेकत्व का सिद्धांत स्पष्टतः परमात्मा के अद्वैत होने के वेदांती मत के विरुद्ध था। इसलिए 'पुरुष' अनेकत्व को अद्वैत परमात्मा के अनुकूल बनाने का प्रयत्न, मूल सांख्य को वेदांतानुकूल बनाने का कुप्रयास मात्र था। अब हम मूल सांख्य में 'पुरुष' के स्थान के संबंध में अपने तर्कों का समापन कर सकते हैं :

1. सांख्य दर्शन मूलतः 'प्रधान' या 'प्रकृति' का सिद्धांत था क्योंकि प्रारंभिक वेदांतियों ने इनका ही खंडन किया।

2. इसके बावजूद सांख्य में 'पुरुष' के लिए स्थान था भले ही यह अत्यंत असंगत था। ऐसे दर्शन में जो मुख्यतया 'प्रधानवाद' था, 'पुरुष' की इस विसंगत स्थिति का कारण संभवतः मातृसत्तात्मक समाज में मानव पुरुष की विसंगत स्थिति में खोजा जा सकता है। यह अनुमान इस तथ्य को देखते हुए सही प्रतीत होता है कि मूल सांख्य तंत्रवाद में निहित सैद्धांतिक पूर्वधारणाओं की दार्शनिक अभिव्यक्ति था जबकि तंत्रवाद का उद्‌भव, जैसाकि चंदा और अन्य विद्वान पहले ही तर्क कर चुके हैं, मातृसत्तात्मक सामाजिक परिस्थितियों में हुआ। यदि यह अनुमान सही है तो हमें स्वीकार करना होगा कि सांख्य में 'पुरुष' शब्द का मूल अर्थ जो भी रहा हो, यह 'पुरुष' वेदांत के अनासक्त चेतना या परम आतमा वाला पुरुष कभी नहीं रहा होगा।

3. पुरुष को अनासक्त चेतना बताने वाली विचारधारा सांख्य दार्शनिकों से अलग कहीं अन्यत्र विशेषकर वेदांतियों में विकसित हुई थी।

4. मूल सांख्य में 'पुरुष' के सिद्धांत का भले ही कोई महत्व न रहा हो, और इसका मूल अर्थ जो भी रहा हो, किंतु यह दर्शन के लिए एक अत्यंत जटिल तथा कष्ट दायक समस्या बना रहा। अपेक्षाकृत बाद के काल में, जब कुछ दार्शनिक वैदांतिक विचारों को सांख्य में लाने का प्रयत्न कर रहे थे, उन्होंने स्वाभाविक रूप से देखा कि ऐसा करने का सबसे सरल तरीका यही था कि पुरुष के सिद्धांत को उसी अर्थ में देखा जाए जिस प्रकार वेदांत के दार्शनिकों ने इसकी व्याख्या की थी। जहां तक उपलब्ध जानकारी से हम अनुमान लगा सकते हैं, यह प्रक्रिया बहुत पहले यहां तक कि महाभारत काल में आरंभ हो गई थी, क्योंकि महाभारत में सांख्य का जो वर्णन आता है वह पहले ही भाववादी अध्यात्मवाद से प्रभावित हो चुका था। ईश्वरकृष्ण के साथ तो यह प्रक्रिया और भी मुखर हुई। किंतु अब शंकर के लिए जो स्वयं अत्यंत जागरूक भाववादी दार्शनिक थे, केवल यह सिद्ध करने का काम बच रहा कि आत्मा के संबंध में यह अत्यंत भाववादी अवधारणा मूल सांख्य के भौतिकवादी सार तत्व के साथ कभी भी सामंजस्य में नहीं आ

सकती थी, जैसाकि विशेष रूप से "प्रधान' और 'परिणामवाद' से विदित था। इस प्रकार एक ओर तो शंकर के लेखन में हमें सांख्य के इन मूल सिद्धांतों पर गहरा आघात देखने को मिलता है और दूसरी ओर उन सांख्य दार्शनिकों के विचारों में विरोधाभास स्पष्ट प्रदर्शित होते हैं जिन्होंने 'प्रधान' और 'परिणामवाद' जैसे मूल सिद्धांतों को त्यागे बिना वेदांतिक दृष्टिकोण अपनाने का प्रयत्न किया। अंततः स्वयं ईश्वरकृष्ण ने 'प्रधान' और 'परिणामवाद' को त्याग कर वेदांत की 'पुरुष' संबंधी अवधारणा को बनाए रखना श्रेयस्कर समझा। किंतु ऐसा करते हुए उन्होंने सांख्य को एक प्रकार के प्रच्छन्न वेदांत में परिवर्तित कर दिया और हम सोचते हैं कि यदि सांख्य का यह रूप वास्तविक मूल रूप था तो वेदांत मत को सुविन्यस्त बनाने वाले सबसे पहले दार्शनिक ने सांख्य को अपने वेदांत मत का प्रबलतम विरोधी क्यों समझा।

अब हम स्पष्ट देख सकते हैं कि शंकर ने जब यह कहा कि जहां तक सांख्य दार्शनिकों का मत है कि परमात्मा सभी गुणों से मुक्त है अर्थात अनासक्त चेतना है, वहां उनके साथ हमारा कोई विवाद नहीं है तब इससे शंकर का क्या अभिप्राय था? उन्हें भलीभांति ज्ञात था कि इस प्रकार का दृष्टिकोण अपनाने का अर्थ होगा वेदांत के समक्ष सांख्य के मूल सिद्धांतों का पूर्ण समर्पण। यदि सांख्य दार्शनिक इसे अपना लेते तो फिर शंकर का इनके साथ कोई विवाद क्यों होता? किंतु शंकर अच्छी तरह समझते थे कि 'पुरुष' के इस मत को 'प्रधान' और 'परिणामवाद' के साथ सामंजस्य में लाने का कोई तरीका नहीं था क्योंकि ये दोनों वाद 'कारिका' में वर्णित सांख्य में मूल सांख्य से अवशेषों के रूप में आए थे। इसीलिए उन्होंने सांख्य का खंडन करते समय मुख्यतया 'प्रधानवाद' का खंडन किया यानी इस सिद्धांत का कि अचेतन अथवा भौतिक तत्व ही सृष्टि का प्रथम कारण था और दृष्टिगोचर जगत इससे उदभूत हुआ जो एक वास्तविक प्रक्रिया थी।

8. सांख्य का उद्भव

सांख्य दर्शन पर लिखे गए प्राचीनतम उपलब्ध ग्रंथ 'कारिका' के होते हुए भी सांख्य के मूल रूप का पुनर्निर्माण करने की आवश्यकता पर बल दिया जाना कोई नई बात नहीं है। ओल्डनबर्ग, जैकोबी, डालमान और यहां तक कि गार्बे जैसे प्रमुख आधुनिक विद्वानों ने इसी दिशा में प्रयत्न किए। बेलवलकर और रानाडे (69. ii. 412-24) ने इन प्रयत्नों का सारांश दिया है। ओल्डनबर्ग यह विश्वास करने के लिए तैयार नहीं थे कि किसी एक दार्शनिक ने सांख्य को एक परिपूर्ण दर्शन के रूप में प्रतिपादित किया और फिर कई शताब्दियों के दौरान यह अपने मूल और अपरिवर्तित रूप में चलता हुआ नई पीढ़ियों तक पहुंचा। पुरातन दार्शनिक प्रणालियों के मामले में आम तौर पर यही हुआ है कि अति प्राचीन काल में किसी विचारक ने कुछ मूल सिद्धांत सुझाए और बाद में आने वाले चिंतकों ने इन्हें एक पूर्ण दर्शन के रूप में विकसित कर दिया:

> तो इसके परिणामस्वरूप पीछे लौटना पड़ता है और जो कठिनाई बताई गई हैं उसे देखते हुए, पूर्व प्रतिपादित आधारभूत सिद्धांतों में कुछ परिवर्तन करने पड़ते हैं। इससे कभी कभी तो एक दार्शनिक मत, दो या इससे अधिक मतों में विभाजित हो जाता है। (वही. ii. 419)

ओल्डनबर्ग का कहना है कि यही बात सांख्य के साथ हुई। मूल सांख्य स्पष्ट रूप से दो पृथक दर्शनों में विभाजित हो गया जिन्हें ओल्डनबर्ग ने, 'महाकाव्ययुगीन सांख्य' और 'शास्त्रीय सांख्य' का नाम दिया। महाकाव्ययुगीन सांख्य से उनका अभिप्राय था 'महाभारत' में विशेषकर 'श्रीमद्भगवत् गीता' में वर्णित सांख्य और शास्त्रीय सांख्य से उनका आशय 'कारिका' में वर्णित सांख्य से था। ओल्डनबर्ग के अनुसार ये दोनों अलग अलग दार्शनिक मत थे जिनसे मूल सांख्य विकसित

हुआ और ये दोनों मत अपने अपने स्थान पर युक्तिसंगत थे। किंतु यदि वास्तव में ऐसा ही था तो वह विभाजन रेखा कौन सी थी जहां पहुंच कर मूल सांख्य विभाजित हुआ? ओल्डनबर्ग ने उत्तर दिया कि 'मूल सांख्य के तत्वों को उपनिषदों में विशेषकर 'कठ' और 'श्वेताश्वतर' उपनिषद के प्रथम अध्याय में देखा जा सकता है। और चूंकि उनके विचार से मूल सांख्य के बीज उपनिषदों में पाए जा सकते हैं इसलिए ओल्डनबर्ग यह मानने को तैयार नहीं थे कि मूल सांख्य वेद या उपनिषद विरोधी था।

आइए पहले इस धारणा को लें कि उपनिषदों में सांख्य के मूल तत्व पाए जा सकते हैं, क्योंकि अन्य विद्वानों (उदाहरणार्थ. 52. i. 211) ने भी इस संभावना पर गंभीरतापूर्वक विचार किया है। कहा जाता है कि 'कठ' और 'श्वेताश्वतर' उपनिषदों के अलावा 'प्रश्न और मैत्री' उपनिषदों के कुछ अंशों में भी सांख्य के तत्व विद्यमान हैं। वैसे जैकोबी का विचार है कि यदि सांख्य का उद्‌गम उपनिषदों में खोजना संभव है तो हमें 'छांदोग्य' उपनिषद का वह अंश देखना चाहिए जिसमें सांख्य जैसे मत का कुछ पूर्वाभास मिलता है। उनके इस प्रस्ताव पर बाद में विचार किया जाएगा, क्योंकि जब जैकोबी का संदर्भ आएगा तब इसकी विवेचना करना अधिक लाभकारी होगा। जिन उपनिषदों में सांख्य के कुछ तत्व पाए जा सकते हैं उनकी सूची इस प्रकार है : 'कठोपनिषद' i. 3. 10 और 11; ii. 3. 7 और 8; 'श्वेताश्वतर उपनिषद' : i. 8; i. 10; iii. 12; iv. 5; iv. 10; v. 2; v. 7; v. 8; vi. 10; vi. 13; vi. 16; 'प्रश्न उपनिषद' : iv. 8 और 'मैत्री उपनिषद' के कुछ अंश।

अब हम उपनिषदों के इन अंशों का प्रामाणिक अनुवाद उद्धृत कर सकते हैं और यह देख सकते हैं कि हम पहले जो कुछ कह चुके हैं उसके संदर्भ में इनमें सांख्य के तत्व वास्तव में कहां तक हैं।

'कठ' उपनिषद से एक उद्धारण यहां प्रस्तुत किया जा रहा है :

ज्ञानेंद्रियों से श्रेष्ठ है, इंद्रीयार्थ पदार्थ।
इंद्रीयार्थ पदार्थ से श्रेष्ठ है, मनस;
और मनस से श्रेष्ठ है, बुद्धि।
बुद्धि से श्रेष्ठ है, आत्मा महान।
आत्मा महान से श्रेष्ठ है, अव्यक्त।
अव्यक्त से श्रेष्ठ है, पुरुष।
पुरुष से श्रेष्ठ कुछ भी नहीं है।
यही ध्येय है। यही श्रेष्ठतम पथ है। (140. 352)

इंद्रियों से श्रेष्ठ मनस है;
मनस से श्रेष्ठ सत्व है।
सत्व से श्रेष्ठ महान आत्मा अर्थात बुद्धि है;
महान आत्मा से श्रेष्ठ अव्यक्त है।
किंतु अव्यक्त से श्रेष्ठ है पुरुष,
जो सर्वव्यापी और अलिंग है,
जिसका बोध होने पर मनुष्य मुक्ति पा जाता है
और अमरत्व को प्राप्त होता है।

'श्वेताश्वतर' उपनिषद से एक और उदाहरण इसी संदर्भ में प्रस्तुत है :

वह जो नश्वर और अनश्वर,
व्यक्त और अव्यक्त रूप में संयुक्त है—ईश इन सबका प्रतिपालन करता है
अब, ईश के बिना आत्मा बंधनों में जकड़ा है, क्योंकि वह उपभोक्ता है;
देव का बोध होने से मनुष्य सभी बंधनों से मुक्ति पा जाता है। (वही 395)
नश्वर है आदि पदार्थ (प्रधान)।
अमर और अनश्वर है हार ('धारक', आत्मा)।
नश्वर और आत्मा दोनों पर देव का शासन है।
उसका ध्यान करने से, उससे लौ लगाने से, उसमें विलीन होने से,
अंततः प्रत्येक भ्रम से मुक्ति (माया निवृत्ति) होती है। (वही 396)

एक प्रभु पुरुष है,
सत्व को जाग्रत करके,
उच्चतम विशुद्धता के स्तर तक लाने वाला,
शासक अथवा स्वामी जो एक अमर ज्योति है। (वही. 401)

एक अजा, लाल, सफेद और काली,
जो अपने जैसे अनेक जीव उत्पन्न करती है,
उसके साथ एक अज शयन करता है
और आनंद लेता है।
एक अन्य अज उसके साथ आनंद भोगने के पश्चात,
उसे त्याग कर चला जाता है। (वही. 403)

अब मनुष्य को यह बोध होना चाहिए कि प्रकृति माया है और (महेश्वर) मायिन् (माया का सृष्टा)
यह सारा संसार जीवों से भरा पड़ा है जो उसके अंश हैं। (वही. 404)
वह प्रत्येक उद्भव का नियंत्रक है,
सर्वरूपों और सर्व स्रोतों का अधिपति है;
जो मनुष्य के विचारों में विद्यमान है, और उसके जन्म पर उसे देखता है, वह लाल (कपिल) द्रष्टा [कपिल शब्द पर ह्यूम की टिप्पणी है: यह संदर्भ सांख्य दर्शन के संस्थापक कपिल ऋषि के लिए हो सकता है, किंतु इसी तरह के पद्यांश (iv. 12 तुलनीय iii. 4) में यह संदर्भ हिरण्यगर्भ के लिए है, (140. 406)] सर्वप्रथम विद्यमान हुआ। (वही. 405)

जिसमें गुण हैं वह क्रियाएं करता है जो फल देता हैं:,
और ऐसी क्रियाओं का उसे परिणाम भोगना होता है।
तीनों गुणों से प्रभावित विविध रूपों में वह त्रिपथगामी हो,
जीव अपने कर्मों के अनुसार विचरता है। (वही. 407)

संकल्प और अहंकार के साथ युग्मित होने पर
उसका आकार एक अंगुष्ठ जितना और रूप सूर्य जैसा हो जाता है।

किंतु केवल बुद्धि और आत्मगुणों से ही जीव का रूप एक सूजे की आंख जैसा प्रतीत होता है। (वही)

एकमात्र ईश जो स्वयं को
एक मकड़ी की तरह जाले के सूत्रों से ढक लेता है,
जिन्हें अपने स्वभावानुसार प्रधान उत्पन्न करता है,
वह हमें ब्रह्म में विलीन होने का सुअवसर दे। (वही. 409)

जो सभी चल वस्तुओं में अचल, प्रज्ञाओं में प्रज्ञावान, विभिन्न रूप में एक, जो कामनाओं की पूर्ति करता है,
वह आदिकारण जिसे विवेचना और विचारणा (सांख्य योग) से प्राप्त किया जा सकता है,
ऐसे ईश्वर का बोध होने से मनुष्य सभी बंधनों से मुक्त हो जाता है। (वही. 410)
वह जो सृष्टिकर्ता है, सर्वज्ञ है, स्वजन्य है,
प्रज्ञावान है, काल, गुणों का सर्जक है, त्रिकालज्ञ है,
आदि तत्व (प्रधान) और आत्मा क्षेत्रज्ञ तथा गुणों का नियंता है,
संसार तथा मोक्ष और बंधनों में जकड़े रखने का कारण है। (वही)

'प्रश्न' उपनिषद से भी इसी संदर्भ में एक उदाहरण दिया जा सकता है :

जिस प्रकार पक्षी बसेरे के लिए वृक्ष का आश्रय लेता है। उसी प्रकार है मित्र, यहां प्रत्येक वस्तु परमात्मा का आश्रय लेती है। पृथ्वी और उसके तत्व (मात्रा), जल और उसके तत्व, ऊष्णता (तेजस्) और उसके तत्व, वायु और उसके तत्व, आकाश और उसके तत्व, दृष्टि और द्रष्टव्य, श्रवण और श्रव्य, गंध और गंधयुक्त, स्वाद और स्वादयुक्त, स्पर्श और स्पर्श्य वाक् और वाक्य, हस्त और ग्रहणीय, लिंग और भोग्या, मलद्वार और मल, पद और पथ, मनस् और अनुभूत, बुद्धि और कल्पनीय, अहंकार और 'स्व' से संबद्ध करने योग्य, चित्त और विचारणीय, तेजस् और आलोक्य, प्राण और पोषणीय।

वस्तुतः यह द्रष्टा, स्पर्शकर्ता, श्रवणकर्ता घ्राणशक्तिसंपन्न, विचारक (मंत्री), कल्पनाशील (बोद्धृ), क्रियाशील चेतन (जीव नृविज्ञान) आत्मा पुरुष की शरण अनश्वर आत्मा में है। (वही 386-7)

'मैत्री' उपनिषद के अंशों के उद्धरण देना आवश्यक नहीं है, क्योंकि उसकी मूल विषयवस्तु भिन्न नहीं है। इसके अलावा यह ग्रंथ उपेक्षाकृत काफी समय के बाद आया, यहां तक कि जो लोग उपनिषदों में सांख्य के मूल तत्व होने का दावा करते हैं वे भी इसे विशेष महत्व नहीं देते। अब हम आलोचनात्मक दृष्टि से इन अंशों को देखेंगे और पता लगाएंगे कि इनसे हमें मूल सांख्य के संकेत कहां तक मिलते हैं। निस्संदेह इनमें ऐसे शब्द आए हैं जो स्पष्ट रूप से सांख्य दर्शन के हैं। वैसे भी ऐसे विचारों के संबंध में भी स्पष्ट उल्लेख हुए हैं जो निश्चित रूप से सांख्य दर्शन के हैं। किंतु इससे यह निष्कर्ष नहीं निकलता कि यह सांख्य के मूल तत्वों को उद्घाटित करते हैं। क्योंकि किसी दार्शनिक मत का उल्लेख और उसकी विशिष्ट शब्दावली का उपयोग उस मत का खंडन करने के लिए ही हो सकता है और यह समझना कठिन नहीं है कि उपनिषदों में भी सांख्य के जो उल्लेख हुए उनका कोई अन्य उद्देश्य नहीं हो सकता था।

'कठ' उपनिषद में कहा गया कि अव्यक्त (प्रकृति) से श्रेष्ठ 'पुरुष' है और उससे श्रेष्ठ कुछ भी नहीं। फिर कहा गया कि 'अव्यक्त' से श्रेष्ठ 'पुरुष' है जिसका बोध होने से मनुष्य मुक्ति पा

जाता है। क्या हमें यहां सांख्य का कोई विचार या उसका खंडन दिखाई देता ? यदि हम यह याद रखें कि 'ब्रह्मसूत्र' में जिस प्रकार के सांख्य का खंडन किया गया है वह मूल रूप से 'प्रधान' ('अव्यक्त') वाद था और इसमें 'पुरुष' का स्थान गौण ('अप्रधान' और वास्तव में उदासीन या अनासक्त) था तो इस प्रश्न का केवल एक ही उत्तर हो सकता है। वास्तव में यदि प्रकृति अव्यक्त (या आदि तत्व), मूल सांख्य का प्रथम सिद्धांत न होती तो यह समझ में न आता कि इस दर्शन में प्रकृति को संबोधित करने के लिए 'प्रधान' शब्द क्यों चुना गया।

लेकिन उपनिषदों की मुख्य प्रवृत्ति मूल सांख्य के इस आदि तत्व को पूर्णतया महत्वहीन बना देने की यहां तक कि अंततः इसे एक भ्रम के स्तर तक पहुंचा देने की थी। तभी तो जब 'श्वेताश्वतर' उपनिषद में घोषणा की गई कि ईश्वर ने 'प्रधान' से (किंतु वास्तव में अपने ही स्वभाव के अनुसार 'स्वभावात्' और इसलिए एक मकड़ी की भांति) प्रत्येक वस्तु की सृष्टि की तो स्पष्ट है कि इसका उद्देश्य इस धारणा को स्थापित करना था कि ईश्वर ही प्रथम कारण है 'परम सत्य' है। और यदि ऐसा ही था तो दृष्टिगोचर जगत के सृजन में 'प्रधान' की भूमिका और भी स्पष्ट हो जाती है। इस उपनिषद में कहा गया कि ईश्वर ही, 'सर्वस्रष्टा, सर्वज्ञ, स्वजन्य, प्रज्ञावान, त्रिकालज्ञ, प्रधान और क्षेत्रज्ञ का नियंता और सर्वगुणाधिपति है।' इस प्रकार सांख्य में जिस 'प्रधान' को इस सृष्टि का कारण घोषित किया गया था, वह एक माया बन गई। उपनिषद में कहा गया, 'मनुष्य को ज्ञान होना चाहिए कि प्रकृति एक माया है और सर्वशक्तिमान ईश्वर इस माया का स्रष्टा (मायिन) है।' यह निश्चय ही वेदांत का दृष्टिकोण है यद्यपि इसमें आस्तिकता की ओर झुकाव है जो रामानुज द्वारा प्रतिपादित दर्शन का आधार बन सकता है।

यह बात विशेष ध्यान देने योग्य है कि यहां सांख्य का उल्लेख किए बिना वेदांत का प्रतिपादन नहीं हुआ। इसकी बजाय हमें प्रत्यक्ष दिखाई देता है कि सांख्य के अवशेषों पर वेदांत को प्रतिष्ठापित करने के प्रयत्न किए गए। इससे पता चलता है कि उपनिषदों के दर्शन के रूढ़िवादी प्रणेताओं, बादरायण और शंकर जैसे दार्शनिकों ने अपनी दार्शनिक परंपराओं को कुछ आधुनिक विद्वानों की अपेक्षा कहीं अधिक अच्छी तरह से समझा। ग्रंथों को पढ़ने से ही वे समझ गए थे कि उपनिषदों के अंशों की सहायता से सांख्य की विचारधारा को उचित नहीं ठहराया जा सकता; सांख्य तो केवल उपनिषदों का प्रमुख विरोधी दर्शन बना रहा। अन्य शब्दों में ओल्डनबर्ग और अन्य लेखकों ने उपनिषदों के जिन अंशों में सांख्य के बीज देखे उनका समीक्षात्मक अध्ययन करने से केवल यही स्पष्ट होता है कि बादरायण और अन्य दार्शनिकों (जिन्होंने बाद में उपनिषदों का पक्ष लेते हुए सांख्य का खंडन किया), अर्थात उपनिषदों के रचयिताओं ने अपने ही ढंग से यही लक्ष्य प्राप्त करने के प्रयत्न किए थे।

संक्षेप में ओल्डनबर्ग के इस दावे की पुष्टि की कोई संभावना नहीं है कि मूल सांख्य को उपनिषदों में खोजा जा सकता है। और यदि ऐसा है तो उनका यह दावा और भी अविश्वसनीय हो जाता है कि अंततः यह उपनिषद वाला सांख्य महाभारत के सांख्य और शास्त्रीय सांख्य में विभाजित हो गया। हम उन कारणों की विवेचना पहले ही कर चुके हैं जिनसे यह तर्क उठा था कि ओल्डनबर्ग का तथाकथित शास्त्रीय सांख्य अर्थात् 'कारिका' वर्णित सांख्य मुख्यतया वेदांत की मूल विषयवस्तु को सांख्य पर भोड़े तरीके से थोपे जाने का परिणाम था। तथाकथित महाभारतीय सांख्य, विशेषकर गीता में जिसका वर्णन आध्यात्मिक सांख्य दर्शन के रूप में किया गया है, वास्तव में सांख्य के मूल सिद्धांतों का पूर्ण त्याग प्रदर्शित करता है।

ओल्डनबर्ग और अन्य लेखकों ने जिस बात पर ध्यान नहीं दिया वह थी मूल सांख्य का पूर्णतया वेदविरोधी स्वरूप। सांख्य को शास्त्रसम्मत दर्शन की परिधि में स्वीकार करने वाले

बाद के विचारों से भ्रमित होकर वे इस बात को भूल गए कि वास्तविक शास्त्रसम्मत दर्शन के पुराने प्रणेताओं अर्थात बादरायण और उनके भाष्यकारों ने सांख्य की निंदा मुख्यतः उसके वेद-विरोधी होने; उसमें वेदविरोधी भावना होने के कारण की। यह तो अपेक्षित ही है कि गार्बे जैसे विद्वानों ने, जिन्होंने मूल सांख्य के इस वेदविरोधी स्वरूप को ही आरंभ बिंदु माना, उपनिषदों और 'महाभारत' के सुविख्यात अंशों में, सांख्य का मूल खोजने का प्रयत्न करने की गलती से बचना चाहा। गार्बे (69.ii, 414) के अनुसार इस तरह के अंश वास्तविक सांख्य विचारों को उपनिषदों के दर्शन से जानकरबूझकर दूषित करने के प्रयत्न के परिणाम हैं :

> वास्तव में मूल सांख्य, श्वेताश्वतर उपनिषद, महाभारत और भगवत्गीता तथा बाद में, आस्तिक विचारधारा वाले योग और कई अन्य वेदांत प्रभावित पुराणों में विकृत हो गया। (वही.ii. 415)

गार्बे के अनुसार कालांतर में आने वाले कुछ सांख्य दार्शनिकों ने ब्राह्मणीय शास्त्रों का समर्थन प्राप्त करने और पुराने शास्त्रसम्मत विचारों वाले लोगों को प्रसन्न रखने के लिए, सांख्य को कुछ अलग थलग वैदांतिक लेखांशों के आधार पर उचित ठहराने का प्रयत्न किया और इसके लिए वह सैद्धांतिक परिवर्तन करने को भी तैयार थे। इस प्रकार वे धार्मिक कर्मकांड, जैसे वैदांतिक विचारों को सर्वोच्च लक्ष्य अर्थात नित्य शुद्ध मुक्त (शाश्वत रूप से शुद्ध और मुक्त) आत्मा की ओर अग्रसर होने की पूर्व तैयारी मान रहे थे; वे योग दर्शन में साम्य के आधार पर 'विवेक' के तीन विभेदों और आत्मा के सर्वव्यापी स्वरूप को स्वीकार कर रहे थे। फिर भी इस प्रकार के संशोधन तथा परिवर्तन सांख्य की वास्तविक भावना के लिए बाह्य ही रहे।

किंतु एक प्रश्न है; गार्बे के अनुसार मूल सांख्य के आधारभूत सिद्धांत क्या थे? इन्हीं के उत्तर के अनुसार ये सिद्धांत थे : भौतिक और आध्यात्मिक बातों का एक दूसरे से पूर्ण रूप से अलग रहना; तीन गुणों सत्व, रजस और तमस से बनी 'प्रकृति' अथवा 'प्रधान' कहलाने वाले पदार्थ सिद्धांत का स्वतंत्र और अनश्वर अस्तित्व; प्रकृति से एक सुविन्यस्त प्रक्रिया और विकास क्रम का उद्भव : ईश्वर के अस्तित्व को न मानना; विशिष्ट ज्ञान मीमांसा को केवल एक यांत्रिक प्रक्रिया मानना जो आत्मा की आध्यात्मिक शक्ति से आलोकित थी; लिंग शरीर का सिद्धांत अर्थात सूक्ष्म शरीर और प्रकृति और पुरुष के बीच भेद करने' अर्थात विवेक शक्ति द्वारा मोक्ष प्राप्ति का विश्वास।

निस्संदेह, जैसाकि बेलवलकर और रानाडे (वही) ने कहा, ये सभी सिद्धांत 'कारिका' में मिलते हैं और इसलिए मूल सांख्य के संबंध में गार्बे के विचार, 'कारिका' के वर्णन जैसे ही हैं। और यहीं पर उनका विश्लेषण तर्कसंगत नहीं रहता। यह सच है कि 'कारिका' में वेदांती पुरुष तत्व था : फिर भी, जैसा कि हम पहले ही देख चुके हैं, इस सिद्धांत का समावेश मूल सांख्य के आधारभूत सिद्धांतों के साथ तर्कसंगत रूप से नहीं किया जा सका। इसलिए सांख्य का 'कारिका में दिया गया वर्णन, जो पुरुष के संबंध में वेदांती सिद्धांत का अनुसरण कर रहा था, निश्चित ही मूल सांख्य से बाह्य रहा होगा, और इनमें सबसे प्रमुख बात थी ज्ञान बोध द्वारा मुक्ति प्राप्त होने का सिद्धांत। इन सब बातों से केवल एक ही निष्कर्ष निकलता है कि मूल सांख्य निश्चित ही आदिभौतिकवाद का एक रूप रहा होगा।

इसी स्थिति में मूल सांख्य के संबंध में जैकोबी के विचार (वही. ii. 416) हमारे लिए काफी रुचि का विषय है। संभवतः वह एकमात्र आधुनिक विद्वान थे जिन्होंने हमारा ध्यान इस संभावना की ओर आकृष्ट किया कि सांख्य वास्तव में आदिभौतिकवाद का विकसित रूप था। वह गार्बे की इस बात से सहमत थे कि सांख्य बौद्धकाल से पूर्व का था महाकाव्यीय सांख्य (अर्थात

महाभारत तथा गीता के सांख्य) को शास्त्रीय सांख्य (अर्थात 'कारिका' का सांख्य) और वेदांत के संयोग से उत्पन्न संकर स्वरूप मानने के लिए भी वह गार्बे से सहमत थे किंतु गार्बे की इस बात से वह सहमत नहीं थे कि कोई 'शास्त्र पक्षीय' आरंभिक सांख्य नहीं था। जेकोबी का विचार है कि इस प्रकार का सांख्य दर्शन विद्यमान था। जेकोबी के अनुसार यह मूल या शास्त्रपूर्व सांख्य की भांति केवल तत्व मीमांसा के उद्देश्य के लिए नहीं था; इसका एक व्यावहारिक उद्देश्य था, क्योंकि यह जन साधारण के लिए था, न कि प्रशिक्षित तार्किकों के लिए। इस प्रकार हमारे मन में यह प्रश्न उठता है कि क्या मूल सांख्य उसी दोहरे अर्थ में दर्शन था जैसाकि हमने इसे समझने का प्रयत्न किया है? संभवत: जेकोबी इससे सहमत नहीं होंगे। फिर भी उनके अपने ही विचारों में कुछ स्पष्ट संकेत हैं जिन पर ध्यान देने की आवश्यकता है। इनमें से एक तो यह है कि आरंभिक शास्त्र पूर्व सांख्य निश्चित ही आदिभौतिकवाद का एक रूप रहा होगा।

इस बात पर विशेष रूप से विचार करना महत्वपूर्ण है क्योंकि मूल सांख्य को समझने के लिए इसका महत्व होने के साथ साथ, यह प्राचीन भारतीय दर्शन में भाववादी दृष्टिकोण के प्रादुर्भाव के प्रश्न पर भी कुछ अनपेक्षित प्रकाश डालता है। इस विचार से आरंभ करके कि मूल सांख्य किसी न किसी रूप में भौतिकवाद रहा होगा, जेकोबी ने उपनिषदों में कोई ऐसा अंश खोजना शुरू किया जो इस प्रकार के दृष्टिकोण का पूर्वाभास दे सकता। उन्हें इस तरह का अंश 'छांदोग्य' उपनिषद में मिल गया। इसमें श्वेतकेतु आरुणेय की उस कथा का वर्णन है जिसमें वह अपने पिता से सर्वोच्च ज्ञान का स्रोत जानना चाहता है। उसके पिता ने कहा:

> हे प्रिय, जिस प्रकार मिट्टी के एक ढेले से इस मिट्टी से बनी प्रत्येक वस्तु को समझा जा सकता है और इसके विभिन्न परिवर्तित रूप केवल शाब्दिक भेद मात्र हैं, किंतु वास्तव में वे 'मिट्टी' मात्र हैं। हे प्रिय, जिस प्रकार तांबे के एक आभूषण से तांबे की बनी प्रत्येक वस्तु को जाना जा सकता है और परिवर्तित रूप मात्र शाब्दिक भेद है, नाम है, किंतु वास्तविकता केवल 'तांबा' है।
>
> हे प्रिय, जिस प्रकार नाखून काटने की एक कैंची से लोहे की बनी प्रत्येक वस्तु को जाना जा सकता है, विभिन्न परिवर्तित रूप केवल शाब्दिक भेद है, नाम है, किंतु वास्तविकता केवल 'लोहा' है।
>
> इसी प्रकार यह ज्ञान है। (140.240-1)

यहां प्रत्येक वस्तु के पीछे एक मूल सिद्धांत खोजने का प्रयत्न किया गया है जिसका नाम है सत अर्थात अस्तित्व।

> हे प्रिय, प्रारंभ में यह जगत केवल सत् था, एकमात्र था, अद्वितीय था। निश्चित ही कुछ लोग कहते हैं: 'प्रारंभ में यह जगत एकमात्र, अद्वितीय असत् था; इस असत् से सत् उपजा।'
>
> किंतु वस्तुत: हे प्रिय, यह कहां से हो सकता था?…असत् से सत् की उत्पत्ति कैसे हो सकती है? हे प्रिय, इसके विपरीत प्रारंभ में यह विश्व केवल मात्र सत् था, एक अद्वतीय था।
>
> उसने सोचा मैं अनेक होता तो कितना अच्छा था। मैं अपने जैसे और उत्पन्न करूंगा। उसने ऊष्मा उत्पन्न की। ऊष्मा ने सोचा, मैं भी अनेक बन जाऊं। मैं अपने जैसे और उत्पन्न करूंगी। उसने जल का सृजन किया। इसलिए जब भी कोई व्यक्ति संताप करता है या ऊष्मा के कारण, उसे पसीना आता है तो (आंसुओं या स्वेद कणों के रूप में) जल उत्पन्न होता है।

जल ने विचार किया : यदि मैं अनेक होता। मैं स्वप्रजनन करूंगा। उसने अन्न का उत्सर्जन किया। इसीलिए जब कभी वर्षा होती है, अन्न की प्रचुरता हो जाती है। इस प्रकार भोजन के लिए अन्न केवल जल से उत्पन्न होता है। (वही 241)

इस प्रकार यह परिचर्चा आगे चलती है :

अब यहां जितने प्राणी है उनकी उत्पत्ति तीन प्रकार से हुई है। वे प्राणी जो अंडज हैं, वे जो जीव से उत्पन्न हुए हैं, और वे जो अंकुर से प्रस्फुटित हुए हैं।

इस दैवी प्राणी ने सोचा, मैं इस जीवात्मा के साथ इन तीनों अर्थात ऊष्मा, जल और अन्न में प्रविष्ट होकर भिन्न-भिन्न नाम रूप ग्रहण करूंगा।

मैं इनमें से प्रत्येक को त्रिपक्षीय बनाऊं' वह दैवी प्राणी इस जीवात्मा के साथ इन तीनों दैवी प्राणियों में प्रविष्ट हुआ और रूप को अलग कर दिया।

उसने प्रत्येक को त्रिपक्षीय बना दिया।

हे प्रिय, अब मुझसे यह जानो कि इन तीनों में से प्रत्येक किस प्रकार त्रिपक्षीय बनते हैं। (वही, 241-2)

अग्नि का जो भी लाल रूप है, वह ऊष्मा का रूप है; जो कुछ श्वेत है वह जल का रूप है; जो कुछ अश्वेत है वह अन्न रूप है। सूर्य से सूर्यत्व विलग हो गया है : परिवर्तन केवल शाब्दिक भेद है, नाम है। वास्तविकता केवल ये 'तीन रूप हैं।' (वही, 242)

और इसी प्रकार चंद्रमा और विद्युत आदि के संबंध में बताया गया है। संक्षेप में, यह प्राचीन काल के विद्वानों का ज्ञान था कि लाल रंग की प्रत्येक वस्तु ऊष्मा का रूप थी, जो कुछ श्वेत था वह जल का रूप था, और प्रत्येक अश्वेत वस्तु अन्न रूप थी। ये तीनों जब मनुष्य तक पहुंचती हैं, वे त्रिपक्षीय हो जाती हैं :

अन्न जब खाया जाता है तो तीन भागों में विभाजित हो जाता है। इसका स्थूलतम भाग मल बन जाता है; मध्य भाग मांस बन जाता है और सूक्ष्मतम अंश मन का रूप ले लेता है ;

जब जल पिया जाता है तो तीन भागों में विभाजित होता है, सबसे अपरिष्कृत अंश मूत्र बन जाता है : मध्य अंश रक्त बन जाता है और सूक्ष्मतम अंश प्राण का रूप ले लेता है।

ऊष्मा का भक्षण होने पर यह तीन भागों में विभक्त हो जाती है। स्थूलतम अंश हड्डी बन जाता है; मध्यम भाग मज्जा बन जाता है और परिष्कृत भाग स्वर का रूप ले लेता है।

क्योंकि, हे प्रिय, मन का सृजन अन्न से, प्राण का जल से, और स्वर का ऊष्मा से हुआ है। (वही 443)

हे प्रिय, जमे हुए दूध का जब मंथन किया जाता है तो परिष्कृत तत्व ऊपर आ जाता है और यह मक्खन होता है।

उसी प्रकार हे प्रिय, वस्तुतः जब अन्न खाया जाता है तो इसका परिष्कृत तत्व ऊपर उठता है और मन बन जाता है।

हे प्रिय, जल पिए जाने पर इसका परिष्कृत तत्व ऊपर उठता है और प्राण बन जाता है।

हे प्रिय, ऊष्मा खाने पर इसका परिष्कृत तत्व ऊपर उठता है और स्वर बन जाता है।

> इस प्रकार हे प्रिय, मन अन्न है; प्राण जल है और स्वर ऊष्मा है। (वही)

यहां इसी बात पर बल दिया गया है कि मन केवल अन्न से बना है और किसी अन्य वस्तु से नहीं। इसके लिए दिया गया प्रमाण भी बड़ा रोचक है :

> पिता उद्दालक आरुणी ने अपने पुत्र श्वेतकेतु आरुणी को बताया : 'हे प्रिय, व्यक्ति सोलह भागों से मिलकर बना है। पंद्रह दिन तक कुछ न खाओ, इच्छानुसार जल पान करो। जो पानी पीता रहता है, उसकी श्वांस नहीं रुकेगी क्योंकि यह जल से बनी है।' श्वेतकेतु ने पंद्रह दिन तक अन्न नहीं खाया और फिर अपने पिता के पास जाकर पूछा : तात, मैं क्या कहूं? उद्दालक ने उससे वेदोच्चारण करने को कहा। पुत्र ने कहा : वस्तुतः यह मुझे नहीं आते। पिता ने स्पष्ट किया। हे प्रिय, जिस प्रकार जुगुनू के आकार का कोयला किसी बहुत बड़ी प्रज्ज्वलित अग्नि से बच रहे, किंतु बहुत अधिक समय तक उससे आग नहीं जल सकती, उसी प्रकार हे प्रिय, तुम्हारे सोलह भागों मे से एक भाग बचा रह सकता है किंतु इससे तुम वेदों को नहीं समझ पा रहे हो। इसलिए भोजन करो। तब मुझसे ज्ञान प्राप्त कर सकोगे। तब श्वेतकेतु ने भोजन किया और फिर पिता के पास पहुंचा। तब उसके पिता ने जो कुछ पूछा, उसने उसका उत्तर दिया। पिता ने इस बात को स्पष्ट करते हुए कहा : 'हे प्रिय, जिस प्रकार एक बहुत बड़ी आग से बचा हुआ, जुगुनू के आकार का एक कोयला, जब घास-फूस से ढक दिया जाता है, तो बहुत देर तक आग जलती रहती है, उसी प्रकार तुम्हारे सोलह भागों में से एक भाग बच रहा है। अन्न से ढक दिए जाने पर यह पूर्ण रूप से प्रज्ज्वलित हो उठा है। इसके होते हुए अब तुम वेदों को समझने लगे हो 'क्योंकि, हे प्रिय, अन्न से मन, जल से प्राण और ऊष्मा से स्वर बना है।' और तब श्वेतकेतु समझ गया। (छां. उप. vi 7i 7.1-5)

इस सारे प्रवचन का वास्तविक उद्देश्य ऊष्मा, जल और अन्न के इन सिद्धांतों से भी ऊपर, प्रत्येक वस्तु की सूक्ष्मतम तत्व, यानी सत् तक पहुंचना था :

> हे प्रिय, जान लो कि यह (देह) एक अंकुर है जो प्रस्फुटित हुआ है। यह बिना मूल के नहीं हो सकता।
>
> अन्न को छोड़, अन्य कौन सी वस्तु इसकी मूल हो सकती है?
>
> उसी प्रकार हे प्रिय, अन्न अंकुर है और इसका मूल जल है, उसी की खोज करो। ऊष्मा, अंकुर है और सत् उसका मूल है, उसी की खोज करो। हे प्रिय, यहां सभी प्राणियों का मूल सत् है, सत् ही उनका आवास, और उनका पोषक है···वह जो सूक्ष्मतम तत्व है, जो इस संसार की आत्मा है। यही सत्य है। वह आत्मा है। श्वेतकेतु, वह तुम हो। (140. 245-6)

इस अध्याय के शेष भाग में इसी विषयवस्तु की पुनरावृत्ति हुई है। अब हम जैकोबी के इस दावे का अध्ययन कर सकते हैं, 'छांदोग्य' उपनिषद के इस अध्याय में सांख्य के विचारों के पूर्व-लक्षण विद्यमान थे। प्रश्न उठता है कि क्या सत में सांख्य दर्शन की प्रकृति के मूल तत्व उपस्थित थे? ऐसा कहना कठिन है। क्योंकि सांख्य दार्शनिकों ने प्रकृति को यद्यपि उतना ही सूक्ष्म और मूलभूत माना, जितना कि उपनिषद के इस अंश में सत् था, फिर भी यह स्पष्ट है कि 'प्रकृति' एक भौतिक सिद्धांत था जबकि उपनिषद का प्रमुख लक्ष्य इस सत् को आत्मा जैसा बताना था। कम से कम, जहां तक प्रामाणिक व्याख्या का संबंध है, इस आत्मा की परिकल्पना स्पष्टतया एक आध्यात्मिक तत्व के रूप में की गई। दूसरी बात यह है कि उपनिषद के अंश में तीन तत्वों (प्रकृति के सत्व, रजस और तमस की भांति) ऊष्मा, जल और अन्न का उल्लेख तो हुआ किंतु

इन्हें सत् के घटक नहीं माना गया, बल्कि ये सत् से उद्भूत समझे गए। इसके अलावा सांख्य में उल्लिखित प्रकृति न केवल आदि पदार्थ तत्व थी, बल्कि यह स्त्री सिद्धांत भी थी। उधर उपनिषद में सबका ऐसा कोई संबंध किसी से नहीं था। यह हो भी नहीं सकता था क्योंकि अंततः यह एक दार्शनिक सिद्धांत था जिसकी कल्पना 'पुरुष' की प्रधानता वाली विचारधारा के दृष्टिकोण से की गई थी। यह विभेद निर्णायक है। सांख्य की प्रकृति और उपनिषद का सत्, दो भिन्न विश्व दृष्टिकोणों के अंग थे। इसलिए उपनिषद में सांख्य का पूर्वाभास नहीं हो सकता था।

फिर भी जेकोबी द्वारा प्रतिपादित विचार हमारे लिए विशेष रोचक हैं। 'छांदोग्य' उपनिषद के इस अंश की ओर हमारा ध्यान आकृष्ट करके और यह बताकर कि इसमें आदि भौतिकवादी दृष्टिकोण के स्पष्ट लक्षण थे, उन्होंने अनजाने ही हमारा ध्यान उपनिषद साहित्य में उद्भव की समस्या की ओर आकृष्ट किया है। उपनिषदों को सामान्यतः आध्यात्मिक ज्ञान का भंडार समझा जाता है जिनमें भाववादी दर्शन की एक ही परंपरा का सविस्तार प्रतिपादन है। किंतु वास्तविक स्थिति कहीं अधिक जटिल है। इसमें कोई संदेह नहीं कि जिस भाववादी दृष्टिकोण को आगे चलकर सुविन्यस्त रूप में वेदांत दर्शन कहा गया, वह इन ग्रंथों की प्रमुखतम विषयवस्तु था। किंतु आमतौर पर इस तथ्य की ओर ध्यान नहीं दिया जाता कि यह भाववादी विचारधारा एक आदिभौतिकवाद के भग्नावशेषों पर उभरी जिसके संकेत इन ग्रंथों में जहां तहां मिलते हैं। उपनिषदों में इस आदिभौतिकवाद के एक रूप को कोसंबी (21.123) ने 'अन्नदर्शन' की संज्ञा दी है। इसके अनुसार सभी प्राणी अन्न से उपजते, अन्न पर पलते और अंत में अन्न में ही विलीन हो जाते हैं। साथ ही, उपनिषदों के रचयिता अपने पूर्वजों के आदि-भौतिकवादी विश्व दृष्टिकोण से स्वयं को मुक्त कराने के सतत प्रयत्न कर रहे थे। संभवतः इसका समुचित उदाहरण 'तैत्तिरीय' उपनिषद (ति. उ. iii.i और आगे) में भृगु वारुणी की कथा है। हम आठवें अध्याय में देखेंगे कि वैदिक जनों के सामाजिक जीवन में आए मूलभूत परिवर्तनों ने उनकी चेतना के इस परिवर्तन को किस सीमा तक प्रोत्साहित किया जिसके होने से वैदिक जनों में आदिभौतिकवाद के महत्व को समाप्त कर देने और भाववादी दृष्टिकोण की ओर अग्रसर होने की प्रवृत्ति का उदय हुआ।

इस समय हमारी विशेष रुचि यह देखने में है कि उपनिषदों में उपलब्ध आदिभौतिकवाद के ये अवशेष मूल सांख्य के भौतिकवाद से कितनी समानता रखते थे। क्योंकि हमें भले ही इनमें सांख्य मत का वास्तविक पूर्वाभास दिखाई न दे तो भी प्रकृति के सिद्धांत की भांति 'छांदोग्य' उपनिषद के तीन भौतिक तत्वों (ऊष्मा, जल और अन्न) और विशेषकर इस मत में कि मन की रचना अन्न से हुई है और वह अन्न पर ही निर्भर है, भौतिकवाद पर विशेष बल निहित है। इससे पता चलता है कि मूल सांख्य और वेदांत के बीच चाहे कितना भी घोर विरोध रहा हो, किंतु वेदांत का अपना ही इतिहास था और अधिक प्राचीन काल में सांख्य के भौतिकवादी दृष्टिकोण के प्रति इसकी विरोधी भावना अति कटु नहीं रही होगी। वैसे ये दोनों प्राचीन भारत के सांस्कृतिक इतिहास में एक दूसरे के विरोधी के रूप में विकसित हुए क्योंकि सांख्य कृषि प्रधान मातृसत्तात्मक समाज में उद्भूत हुआ जबकि वेदांत का उदय पशुपालक पितृसत्तात्मक समाज में हुआ। यह सच है कि वेदांत में से पूर्णतया भाववादी प्रवृत्ति उभरी जो उपनिषदों का प्रमुख दर्शन बन गई। उपनिषदों में ही इस भाववादी दृष्टिकोण ने कभी कभी स्पष्ट और सीधे तौर पर सांख्य के मूलभूत सिद्धांतों का विरोध किया। फिर भी उपनिषदों में एक प्रकार के आदि-भौतिकवाद के कुछ लक्षण होने से यह आभास मिलता है कि इन ग्रंथों के रचयिताओं के पूर्वजों

को उस समय भी भौतिकवादी दृष्टिकोण के प्रभाव से मुक्त होना बाकी था। आठवें अध्याय में हम तर्क देने जा रहे हैं कि प्रारंभिक वैदिक युग का यह आदिभौतिकवाद पशुपालक पितृ-सत्तात्मक समाज के उन लोगों की चेतना को प्रतिभासित करता है जो समाज के वर्गीकृत होने पूर्व के चरण में थे। अभी तो हमारे लिए यह देखना रुचिकर होगा कि समाज के वर्गीकृत होने से पूर्व के कृषिप्रधान मातृसत्तात्मक समाज में जीवन व्यतीत करने वाले लोगों के साथ सांख्य भौतिकवाद का संबंध खोज पाना किस सीमा तक संभव है। इसके लिए सांख्य और योग के परस्पर संबंधों के इतिहास का अध्ययन करना होगा।

9. सांख्य और योग

वैदिक साहित्य में योग शब्द का मूल अर्थ था जुए में बांधना या जोतना। (52.i.226) किंतु इस शब्द का अर्थ केवल यही नहीं रहा। अति प्राचीन युग से ही यह शब्द कुछ ऐसी क्रियाओं के लिए प्रयोग में लाया जाता था जो सर्वोच्च लक्ष्य की प्राप्ति के लिए सहायक होती जाती थीं। अंततः यही इस शब्द का प्रमुख अर्थ बन गया। किंतु दार्शनिक साहित्य में यह शब्द दर्शन के एक निश्चित मत के लिए प्रयोग में आने लगा। इस दार्शनिक मत को 'योगसूत्र' नामक ग्रंथ में प्रणालीबद्ध रूप में लिखा गया और कहा जाता है कि इस ग्रंथ के रचयिता पतंजलि थे [जेकोबी (जे. ए. ओ. एस. xxxi. 24 और आगे) का विचार है कि यह व्यक्ति पुराने वैयाकरण पतंजलि नहीं हैं; योगसूत्र की रचना संभवतः 540 ई. के लगभग हुई. दासगुप्त (52. i. 232) ने कहा कि ये दोनों एक ही व्यक्ति हैं और इस तरह योगसूत्र का रचनाकाल 147 ई. पू. हुआ (52. i. 212)] हमारी दिलचस्पी इस बात में है कि सांख्य के साथ योग का क्या संबंध था।

बाद के काल में इन दोनों के बीच इस संबंध को इतने उत्साह के साथ स्थापित किया गया कि आज सांख्य-योग के दो अलग अलग दार्शनिक मतों की बजाय एक मिश्रित दर्शन कहा जाने लगा है। किंतु यह संबंध कितना पुराना है, इसके बारे में निश्चित रूप से कुछ नहीं कहा जा सकता। योग में ईश्वर संबंधी अवधारणा को मनमाने ढंग से प्रस्तुत कर दिया गया है अन्यथा इसमें सांख्स से कोई भिन्नता नहीं है। इसके अलावा सांख्य सिद्धांत के बारे में जो अति प्रारंभिक उल्लेख हुए थे वे यौगिक क्रियाओं के संबंध में भी थे। इस बात को देखते हुए यह निष्कर्ष निकालना उचित है कि सांख्य और योग के बीच का संबंध बाद के दार्शनिकों के जोड़तोड़ का परिणाम नहीं रहा होगा। बाद में जिन लोगों ने इन दोनों का संबंध जोड़ने का प्रयास किया, वास्तव में वे एक सच्ची प्राचीन परंपरा को पुनः स्थापित कर रहे थे। अनुमान यह है कि मूल सांख्य भी विशुद्ध रूप से केवल सैद्धांतिक नहीं था और न ही मूल योग केवल क्रियात्मक था। हो सकता है कि मूलतः कोई सैद्धांतिक और क्रियात्मक पक्ष रहे हों जिनमें से ये दोनों मत उपजे। इस दृष्टिकोण ने, सांख्य और योग को इतिहास के तीन विशिष्ट चरणों में बांट दिया है। पहला चरण है सिद्धांत और क्रियाओं का आदि मिश्रित रूप। दूसरा, इन दोनों का समानांतर दार्शनिक मतों के रूप में एक दूसरे में विलय। और तीसरा, इन दोनों के पुरातन संबंध का पुनः प्रतिपादन जिससे बाद में हमें सांख्य योग मिला।

यदि इस अनुमान में कुछ तथ्य है, और जैसाकि हम देख चुके हैं यदि बाद के सांख्य में भाववादी विचारधारा के अनुरूप सैद्धांतिक परिवर्तन किए गए तो यह विश्वास करने के लिए कोई दृढ आधार नहीं बनता कि बाद के काल का योग अर्थात 'योगसूत्र' में वर्णित योग अपना मूल स्वरूप बनाए रख सका जो आदिसैद्धांतिक क्रियात्मक पक्ष था। संक्षेप में, इस बात की पूरी संभावना है कि 'योगसूत्र' में वर्णित योग, मूल यौगिक क्रियाओं से बहुत भिन्न था। इस

विचार में कोई नवीनता नहीं है। योग्य विद्वान इसे तर्क द्वारा गलत सिद्ध कर चुके हैं। इनमें से कुछ विद्वानों का तो यहां तक कहना है कि योग का प्रादुर्भाव आदिम समाज के लोगों की जादू टोने की क्रियाओं से हुआ। किंतु यह तर्क नहीं दिया गया कि यदि सांख्य और योग का संबंध बाद के विचारकों के प्रयत्नों से नहीं हुआ है तो फिर यह पता लगाने से कि योग का उद्भव कहां से हुआ, सांख्य के प्रादुर्भाव पर भी प्रकाश पड़ सकता है। दासगुप्त ने कहा :

> पतंजलि का सांख्य मत, योग का विषय है···संभवतः पतंजलि सबसे विलक्षण व्यक्ति थे क्योंकि उन्होंने न केवल योग की विभिन्न विद्याओं का संकलन किया और योग के साथ संबंध की संभावना वाले विभिन्न विचारों को एकत्र किया, बल्कि इन सबको सांख्य तत्व-मीमांसा के साथ जोड़ दिया, और इन्हें वह रूप दिया जो हम तक पहुंचा है। पतंजलि के 'योगसूत्र' पर सबसे प्रारंभिक भाष्य, 'व्यास भास' पर टीका लिखने वाले दो महान भाष्यकार वाचस्पति और विज्ञान भिक्षु हमारे इस विचार से सहमत हैं कि पतंजलि योग के प्रतिष्ठापक नहीं बल्कि संपादक थे। सूत्रों के विश्लेषणात्मक अध्ययन करने से भी इस विचार की पुष्टि होती है कि इनमें कोई मौलिक प्रयत्न नहीं किया गया बल्कि एक दक्षतापूर्ण तथा सुनियोजित संकलन किया गया और साथ ही समुचित टिप्पणियां भी लिखी गईं। (52. i. 229)

यह आवश्यक नहीं है कि पतंजलि के अपने योग संबंधी विचारों को सांख्य तत्वमीमांसा पर आरोपित किया होगा। यदि उन्हें अपने काल से पहले से चली आ रही योग क्रियाओं की जानकारी थी और संभावना है कि ऐसा हुआ भी होगा तो उन्हें इनके अत्यंत महत्वपूर्ण रूप का भी पता होगा जो तंत्रवाद का सार तत्व था। इस तरह की क्रियाएं पुराकाल से इस देश में प्रचलित थीं और 'प्रकृति' और 'पुरुष' इस तंत्रवाद की मूल विशेषताएं थे। इसका अर्थ यही हो सकता है कि योग क्रियाएं पहले ही उन धारणाओं के साथ संबंद्ध हो चुकी थीं जो बाद में सांख्य का मूल सिद्धांत वनीं। इसलिए यह सोचना गलत होगा कि पतंजलि ने योग क्रियाओं को अपनी मनमरजी से सांख्य तत्वमीमांसा पर आरोपित किया। वास्तव में उन्होंने संभवतः यही किया कि इन क्रियाओं और 'प्रकृति' तथा 'पुरुष' की सैद्धांतिक परिकल्पनाओं के बीच पुराने संबंधों को फिर से प्रतिपादित किया।

किंतु दासगुप्त के कथन का महत्वपूर्ण पक्ष यह है कि मूल योग क्रियाएं, 'योगसूत्र' में वर्णित विचारों से कही अधिक प्राचीन रही होंगी। यदि ऐसा था तो फिर मूल योग संबंधी विचारों को पतंजलि के 'योगसूत्र' में खोजना गलत होगा। बाद के सांख्य के साथ बाद के योग की समता यहीं पर मिलती है। बाद के सांख्य में भाववादी विचारधारा के अनुरूप काफी परिर्तन किए गए थे। 'योगसूत्र' का योग भी ऐसे ही परिवर्तनों का परिणाम रहा। पतंजलि के 'योगसूत्र' में मूल योग में इस प्रकार के भाववादी परिवर्तन सैद्धांतिक और क्रियात्मक दोनों प्रकार के हुए। सैद्धांतिक पक्ष में इसकी झलक इस बात से मिलती है कि योग प्रणाली में मनमाने ढंग से ईश्वर की अवधारणा लादी गई। यह बात गार्बे की टिप्पणी से स्पष्ट हो जाएगी :

> योग प्रणाली द्वारा सांख्य दर्शन में व्यक्तिगत ईश्वर की अवधारणा को सम्मिलित करने का उद्देश्य केवल आस्तिक लोगों को संतुष्ट करना और सांख्य द्वारा प्रतिपादित विश्व रचना संबंधी सिद्धांत को प्रचारित करना था। योग प्रणाली में ईश्वर संबंधी विचार निहित नहीं बल्कि यूंही ही सम्मिलित कर लिया गया था। 'योगसूत्र' के जिन अंशों में ईश्वर का प्रतिपादन हुआ है, वे एक दूसरे से असंबंद्ध हैं और वास्तव में योगदर्शन की विषयवस्तु तथा लक्ष्य के ठीक विपरीत हैं। ईश्वर न तो विश्व का सृजन करता है और न ही संचालन। वह

> मनुष्य को उसके कर्मों के अनुसार पुरस्कार या दंड नहीं देता। ईश्वर में विलीन होने को मनुष्य (कम से कम प्राचीन योगदर्शन के अनुसार) अपने जीवन का सर्वोच्च लक्ष्य नहीं मानता···प्रत्यक्ष है कि ईश्वर का जो अर्थ हम लगाते हैं यह उस प्रकार के ईश्वर का मूल नहीं है और हमें काफी उलझे हुए विचारों का सामना करना पड़ता है जिनका लक्ष्य इस दर्शन के मूल नास्तिक स्वरूप को छिपाना तथा ईश्वर को मूल विचारों के अनुकूल जैसे तैसे बनाना है। स्पष्ट है कि ये उलझे हुए विचार इस बात को सिद्ध करते हैं यदि किसी प्रमाण की आवश्यकता हो तो कि वास्तविक योग में किसी व्यक्तिगत ईश्वर के लिए कोई स्थान नहीं है···किंतु योग प्रणाली में एक बार ईश्वर संबंधी विचार को सम्मिलित कर लेने के बाद यह आवश्यक हो गया कि ईश्वर और मानव जगत के बीच कोई संबंध स्थापित किया जाए क्योंकि ईश्वर केवल अपने ही लिए अस्तित्व में बना नहीं रह सकता था। मनुष्य और ईश्वर के बीच का यह संबंध इस तथ्य को लाकर स्थापित किया गया कि जहां ईश्वर आपको इहलौकिक या नैसर्गिक जीवन प्रदान नहीं करता (क्योंकि यह तो व्यक्ति के सुकर्मों अथवा कुकर्मों के अनुसार मिलते हैं), वहां ईश्वर अपनी करुणा दिखाकर मनुष्य की सहायता करता है और यह मनुष्य उसके प्रति पूर्ण आस्था रखता है ताकि मोक्ष प्राप्ति के मार्ग में आने वाली बाधाएं दूर हो सकें। किंतु ईश्वर में मानव की आस्था और दैवी कृपा पर आधारित यह क्षीण संबंध भी योग दर्शन में सम्मिलित होकर दुर्बोध सा प्रतीत होता है। (ई. आर. ई. xii.831-2)

यदि योग प्रणाली में ईश्वर के विचार को इस प्रकार मनमाने ढंग से सम्मिलित करना, भाववादी या अध्यात्मवादी विचारधाराओं के अनुरूप इनमें परिवर्तन लाने के प्रयत्नों का परिणाम था तो 'योगसूत्र' में जिस प्रकार योग के क्रियात्मक पक्ष को प्रस्तुत किया गया, वह भी एक ऐसा ही प्रयत्न था। 'योगसूत्र में काफी विस्तार के साथ योग के क्रियात्मक पक्ष पर लिखा गया है। यह यौगिक क्रिया ध्यान लगाने की औपचारिक कला, मानव की आंतरिक स्थिति में परिवर्तन लाने, और मानव चेतना को पूर्णरूप से अंतर्मुखी बनाने से संबद्ध थी :

> इन ग्रंथों में बताया गया है कि किस प्रकार ज्ञानेंद्रियों को ज्ञानानुभूति वाले पदार्थों से हटाकर निष्क्रिय बनाया जा सकता हैं जिससे उनकी स्वाभाविक प्रवृत्ति को उलट दिया जाए और वे अंतर्मुखी स्वरूप वाली बन जाएं और लगे कि इस आंतरिक अंग से ही ये प्रस्फुटित हुई हैं। इस प्रकार आगे चलकर मन की क्रिया, जिसमें सभी कार्य बाह्य जगत के प्रभाव पर निर्भर हैं, रोक लिए जाते हैं और इनका पूरा ध्यान आत्मा पर केंद्रित हो जाता है : और अंत में यह बताया गया है कि किस प्रकार लीन होने के अंतिम चरण में विचार और इसके लक्ष्य पूर्णतया समरूप हो जाते हैं। योग क्रियाओं को नियमित रूप से करने पर हमारी स्वाभाविक प्रवृत्तियों से उपजने वाली बाधाएं, जो मोक्ष प्राप्ति के लिए ज्ञान तक पहुंचना इतना कठिन बना देती हैं, सफलतापूर्वक दूर हो जाती हैं। जब ध्यान लगाने की क्षमता इतनी उच्च स्तर तक या गहराई तक पहुंच जाती है कि बाह्य वस्तुओं की ओर विचारों का भटकना संभव नहीं रहता, जब मन भी भटकना बंद कर देता है तब आत्मा और बाह्य जगत के पदार्थों के बीच के मूलभूत भेद का ज्ञान, सहजस्फूर्त रूप में उद्घाटित होता है और इसके साथ ही मानव प्रयत्नों का अंतिम लक्ष्य प्राप्त हो जाता है। (वही. xii. 832)

संक्षेप में, भौतिक जगत की ओर से चेतना के पूरी तरह विमुख हो जाने और स्वयं जीव पर इसके केंद्रित हो जाने के साथ ही यह जीव इस भौतिक जगत के बंधनों से मुक्त हो जाता है और

इस प्रकार भौतिक जगत की सत्यता किसी न किसी प्रकार उसकी चेतना से विलुप्त हो जाती है। इस प्रकार 'योगसूत्र' में इन यौगिक क्रियाओं को भाववादी स्तर पर ले आया गया। किंतु योग के इस रूप के विकास का एक लंबा इतिहास है :

> योग प्रणाली में योगियो के ध्यान लगाने की विभिन्न क्रियाओं की ये परिस्थितियां लंबे समय से चल रही एक प्रकार की प्रक्रिया का परिणाम हैं जिनको देखते हुए हमारा ध्यान अति प्राचीन काल में असंस्कृत जनों के अत्यंत उत्साहपूर्ण धार्मिक अनुष्ठानों की ओर जाता है और जिनके कुछ लक्षण वेदों में भी मिलते हैं। (वही. xii. 833)

इस बात पर सबसे पहले गोफ ने तर्क दिया था। चूंकि योग क्रियाओं का प्रादुर्भाव असंस्कृत लोगों की क्रियाओं से हुआ इसलिए आर्यों ने जब आक्रमण किया तो उन्होंने देश के मूल निवासियों से इन क्रियाओं को ग्रहण किया होगा :

> वे (वैदिक आराधक) अर्ध असभ्य जातियों के साथ मिल रहे थे और उन्हें समुन्नत कर रहे थे। इन्हीं असभ्य जातियों से अब वे शरीर और इसके अवयवों को एक प्रतिमा जैसी शांत मुद्रा में स्थिर और निश्चल रखनेकी क्रिया सीख रहे थे। इस क्रिया के अंतर्गत इंद्रिय ज्ञान-शून्यता अथवा व्यामोह और संवेगहीनता की स्थिति को प्राप्त करना होता था, जो सामान्य मानव जीवन से उच्च स्थिति थी (इस क्रिता को योग के नाम से जाना जाता है) इस स्थिति में चेतना, एक अनिर्वचनीय गुणविहीनता में विलीन हो जाती है। इस प्रक्रिया में एक असाधारण स्नायविक मस्तिष्कीय आनंदातिरेक होता है और आत्म यातना में भी प्रत्यक्ष ज्ञान तथा कल्पना के बीच का भेद समाप्त हो जाता है। इस व्यक्ति को तथा उसे देखने वालों को ऐसा प्रतीत होता है मानों उसमें अतिमानवीय शक्तियां आ गई हैं। (30. 18)

हम आगे चलकर देखेंगे कि योग क्रियाओं के संबंध में गोफ के विचार कहां तक मान्य हैं। किंतु इसमें कोई संदेह नहीं कि आदिम समाज के लोगों की क्रियाओं में योग के उद्गम को खोजने का उनका प्रयास अपने आपमें काफी महत्वपूर्ण है। अपनी धारणा की पुष्टि के लिए उन्होंने टेलर की पुस्तक, 'प्रिमिटिव कल्चर' से दो उद्धरण चुने हैं :

> निम्न जातियों में, और उनसे काफी अधिक विकसित स्तर के लोगों में, ध्यान, उपन्यास, मादक द्रव्यों के सेवन, और उद्वेग या मानसिक विकार से उत्पन्न असाधारण हर्षोन्माद की स्थिति का पौराणिक भाववाद से संबंध, विशेष वर्गों में एक सामान्य और सम्मानजनक स्थिति समझा जाता है। (उद्धरण, वही. 19)

> निचले स्तर की सभ्यता में सदा से लोगों का दृढ़ विश्वास उन प्रेतवत व्यक्तियों की वास्तविकता में रहा है जो मानसिक उद्वेग या मादक द्रव्यों के प्रभाव से रुग्ण या शिथिल हो जाते हैं। उपवास रखने, जप-तप करने, मादक द्रव्यों का सेवन करने और असाधारण आनंदातिरेक की स्थिति लाने के अन्य तरीके अपनाने का एक प्रमुख कारण यह है कि ये रोगी भूतप्रेतों को देख सकें और उनसे आध्यात्मिक ज्ञान, यहां तक कि सांसारिक शक्ति भी प्राप्त कर सकें। (वही)

टेलर की अवधारणा की समीक्षा करने से पहले आइए देखिए कि बाद के विद्वानों ने आदिम क्रियाओं में योग के उद्गम के संबंध में गोफ के विचार को किस प्रकार बढ़ाया। बेलवलकर और रानाडे ने गोफ की अवधारणा को लगभग शब्दशः स्वीकार कर लिया है। बौद्ध ग्रंथों में वर्णित तपस्वियों के घुमंतू दलों का उल्लेख करते हुए उन्होंने कहा :

> यहां यह अनुमान लगाना अधिक स्वाभाविक है कि ब्राह्मण युग में जब आर्य लोग भारत के

भीतरी भागों में आगे बढ़ रहे थे तो वे एक भिन्न संस्कृति के लोगों के संपर्क में आए। हो सकता है आक्रणमकारी आर्यों ने इन लोगों को बेघर कर दिया हो, या वे बंजारों या पर्वतीय जीवन के चरण तक विकसित न हों। इसी बात की अधिक संभावना दिखाई देती है। इस प्रकार के लोग आज भी पूर्णतया विलुप्त नही हुए हैं। और यह कहना भी अतिशयोक्ति नहीं होगी कि इन लोगों की क्रियाएं तथा अनुष्ठान और आराधना विधि विचित्र रही होगी। जब आर्य धर्म में इन क्रियाओं और आराधना विधि को सम्मिलत कर लिया गया होगा तो हो सकता है कालांतर में विकसित होते-होते ये योग के नाम से प्रसिद्ध हो गई हों। ब्राह्मण ग्रंथों में ज्ञान की खोज की तत्परता प्रत्यक्ष दिखाई देती है और उनमें यह क्षमता थी कि अपनी दार्शनिक विचारधारा में वे लगभग प्रत्येक विचारधारा का विलयीकरण करके उसे एक निश्चित स्थान और काल में प्रतिष्ठापित कर देते थे। और ऐसा करते समय इन अन्य विचारधाराओं को सदा ही यज्ञ करने वाले सर्वोच्च महत्व के दार्शनिक मत से गौण रखा गया। और जब अधिकांश लोग इन घुमंतू संन्यासियों की विचित्र और रहस्मय क्रिया विधियों से प्रभावित हो गए तो ब्राह्मण भी बहुत अधिक समय तक इस वहुप्रचलित रीति से अछूते नहीं रहे होंगे। (69.ii.18)

इस कथन का उथलापन स्पष्ट दिखाई देता है। बे घरबार होना और एक स्थान से दूसरे स्थान में भटकने जैसे जीवन का योग के सार के साथ कोई संबंध नहीं था और इस कपोल कल्पना को भी बहुत पहले खंडित किया जा चुका है कि ब्राह्मणों में भी अत्यधिक ज्ञान की पिपासा थी। किंतु आगे चलकर ये लेखक फिर इसी विषय पर आए और सौभाग्य की बात है कि इस पर यौगिक क्रियाओं के आदिम प्रादुर्भाव के संबंध में उनके विचार सुस्पष्ट थे :

योग का यह आधारभूत विश्वास है कि 'अति प्राकृतिक या दैवी' शक्तियां प्राप्त करना संभव है।···हम पहले ही कह चुके हैं कि वैदिक यज्ञों से संबद्ध कई क्रियाएं और विधियां इस सिद्धांत के आधार पर पूर्णतया स्पष्ट हो जाती हैं कि ये यज्ञ एक प्रकार के सम्मोहक जादू-टोने थे जिनका प्रमुख उद्देश्य कुछेक शक्तियों और क्षमताओं पर नियंत्रण पाना था और इनका लाभ यज्ञ करने वाले व्यवित और परिवार को हो सकता था। ऐसी तुलना अन्य आदिम जातियों की क्रियाओं आदि के साथ करने से पता चलता है कि यज्ञ करने वाले अथवा बलि देने वाले को दीक्षा लेने का विधान भी एक प्रकार का सम्मोहक जादू टोना है ··और इस दीक्षा ग्रहण क्रिया में भी कई विचित्र आहार संबंधी नियम, त्याग और आत्मनिग्रह की क्रियाएं हैं। जिस प्रकार योग का सुनिनोजित दर्शन आरंभिक वैदिक यज्ञों से उद्भूत हुआ, जैसाकि हमने देखा, जो प्रकृति पूजा के कुछ साधारण रूपों और कुछ सर्व आत्मवादी या टोटमवादी विचारों का सम्मिश्रण है। ये विचार समकालीन अनार्य लोगों की क्रियाओं से ग्रहण किए गए थे। योग के अनुयायियों के लिए यह एक परम सत्य है कि प्राणायाम और अन्य शारीरिक व्यायाम करने से मस्तिष्क का सुगठन और विस्तार होता है और इसके विपरीत ध्यान लगाने तथा अन्य 'आध्यात्मिक' क्रियाओं से शरीर के अंगों पर अत्यधिक प्रभाव पड़ता है। आदिवासी धार्मिक जीवन और व्यावहारिक जीवन मुख्यतया इसी स्वयं सिद्ध सत्य से प्रभावित है। इसलिए कोई आश्चर्य की बात नहीं है कि योग शब्द का विशिष्ट अर्थ बनने से वहुत पहले इस तथ्य को सामान्य रूप से मान्यता मिल चुकी थी और वह वास्तव में उस समय के धार्मिक अनुष्ठानों तथा यज्ञों की विधियों का आधार बन चुका था। (वही.ii.405)

उपरोक्त कथन में वास्तविक महत्व की बात यह नहीं है कि आरंभिक वैदिक यज्ञ तथा अन्य धार्मिक क्रियाएं मुख्यतया प्रकृति पूजा का साधारण सा रूप थीं और न ही यह बात वास्तविक

महत्व की है कि प्रारंभिक आर्यों ने अपने पड़ोसी अनार्यों से. उनके विश्वासों और. क्रियाओं के आदिम तत्व ग्रहण किए। वास्तविक महत्व इस बात का है कि यौगिक क्रियओं का प्रादुर्भाव आदिम लोगों की सम्मोहक जादू टोने की उन क्रियाओं से हुआ जिनका उद्देश्य प्रकृति पर नियंत्रण पाना था। इन आदिम जादू टोने वाली क्रियाओं में योग के प्रादुर्भाव से संबद्ध इस बात के और अधिक विस्तार में जाने से पहले हमारे लिए इस विचार के संबंध में स्पष्ट होना आवश्यक है कि विकसित कहलाने वाले आर्यो ने अपने आसपास के पिछड़े हुए अनार्य जनों के विश्वासों और क्रियाओं से कुछ तत्व ग्रहण कर लिए। हम देख चुके हैं कि किस प्रकार गोफ ने इस अवधारणा पर काम किया और किस प्रकार वेलवलकर और रानाडे ने कोई आलोचना किए बिना इसे स्वीकार कर लिया।

आधुनिक ऐतिहासिक शोध से पता चलता है कि अनार्य या आर्यो के आगमन से पहले के स्थानीय लोग अनिवार्यतः उतने आदिम और पीछड़े हुए नहीं थे जितने कि इस अवधारणा से प्रतीत होता है। और न ही आर्य लोग उतनी प्रगति कर चुके थे अथवा उस समय के संदर्भ में आधुनिक बन चुके थे जैसाकि इस अवधारणा के प्रतिपादकों का दावा है। इसके अलावा यह भी स्पष्ट नहीं होता कि प्रगति किए हुए ये लोग किसी पीछड़े हुए तथा आदिम जनसमूहों के विश्वासों तथा क्रियानुष्ठानों को ग्रहण करने के लिए उत्सुक क्यों थे। किंतु इस अवधारणा का सबसे गंभीर दोष यह है कि इसमें इस तथ्य की ओर ध्यान नहीं दिया गया है कि विकसित अथवा उन्नत कहलाने वाले इन आर्यों को भी अपने जीवन का समारंभ अन्य जातियों की भांति एकदम निचले स्तर से करना पड़ा और ये धीरे-धीरे उन्नति की ओर अग्रसर हुए। संक्षेप में, इन लोगों का अतीत भी आदिम रहा होगा। इसलिए अपेक्षाकृत उन्नत विश्वास या अनुष्ठान जो भी आदिम तत्व रहे होंगे वे इसलिए नहीं कि उन्हें अविकसित लोगों से ग्रहण कर लिया गया। संभवतः ये उनके अपने ही असंस्कृत अतीत की अतिजीविता या अवशेष थे।

इसमें भी कोई आश्चर्य की बात नहीं है कि बाद के आर्यो और अनार्यों दोनों के विश्वासों और क्रियानुष्ठानों में ऐसे ही आदिम अतीत की अतिजीवता बनी रही क्योंकि दोनों का अतीत आदिम स्तर से उभरा यद्यपि यह भी सच है कि आर्यों का आदिम अतीत मुख्यतः पशुपालक अर्थव्यवस्था पर आधारित था। इसलिए चूंकि योग का मूल आदिम जनों की क्रियओं में था तो इसका अर्थ यह नहीं है कि इसे आर्यों ने अनार्यो से ग्रहण किया। हां, यह संभावना है कि प्रारंभिक कृषक जनों में, जो आर्यो के प्रभाव क्षेत्र से बाहर थे इस प्रकार की क्रियाएं अधिक व्यापक रूप से विकसित हुईं। गार्बे ने भी इसी आधार पर तर्क दिया है :

> आज के युग के आदिवासियों के जीवन को देखते हुए हम विश्वास के साथ कह सकते हैं कि उस प्रारंभिक काल में यह मत था कि तपस्या आदि करके जीवात्माओं के साथ संपर्क साधने की शक्ति प्राप्त करना संभव है और बड़े अद्भुत ढंग से प्रकृति के साधारण नियमों को बदला जा सकता है। प्राचीन भारत में एक शब्द का प्रयोग होता था 'तापस'। इसका सीधा शाब्दिक अर्थ था 'ऊष्मा' 'गर्मी', 'व्यग्रता' या 'उत्साह'। फिर इसका अर्थ बना 'आत्म-यंत्रणा द्वारा उत्पन्न स्वेद' और 'इस प्रकार उत्पन्न आंतरिक उत्साह कीं स्थति', अर्थात 'हर्षोन्माद'। जिस प्रकार आज अमरीका के रेड इंडियनों और निग्रो लोग मांत्रिक विभिन्न क्रियाएं करते हैं ठीक उसी प्रकार प्राचीन भारतीय क्रियानुष्ठानों के अनुसार, सोमरस की भेंट चढ़ाने वाले लंबे समय तक उपवास करके स्वयं को अनुष्ठान के लिए तैयार करते थे। वे जंगली जानवरों की चमड़ी का परिधान पहनते थे और 'रुक-रुक कर बोलते थे' तथा जादू टोने के लिए प्रज्ज्वलित की गई अग्नि के पास खड़े हो जाते थे।

'तापस' शब्द का आलंकारिक अर्थ सबसे पहले 'ऋग्वेद' में बहुत बाद के श्लोकों में मिलता है। इसका अर्थ यह नहीं है कि उपरोक्त विचार या इनका क्रिया रूप अत्यधिक प्राचीन नहीं है ; क्योंकि ऋग्वेद में जिस. विषयवस्तु से संबद्ध विचार हैं उनका तपस्वियों की क्रिया के साथ कोई संबंध नहीं है। 'यजुर्वेद' 'अर्थवेद' में 'तापस' शब्द की पुनरावृति अधिक हुई है और ब्राह्मण ग्रंथों अथवा उपनिषदों में यह शब्द बहुत बार आया है। चूंकि यहां 'तापस' को ब्रह्मांडीय शक्ति प्राप्त है जिसके माध्यम से विश्व का सृजनकर्ता जीव और जड़ वस्तुओं को उत्पन्न करता है, अतः इससे यह स्पष्ट होता है कि उस समय तक तपस्या का प्रभाव शास्त्रीय संस्कृत साहित्य में बताए गए प्रभाव से किसी प्रकार भी कम नहीं था। शास्त्रीय संस्कृत साहित्य में 'तापस' जन अत्यधिक शक्तिशाली चामत्कारिक प्रतीत होते हैं। इस प्रकार जहां मूलतः हर्षोन्माद की उस स्थिति में जिसमें मनुष्य स्वयं को उन्नत क्षेत्रों की ओर अग्रस होने में सक्षम मानता है और जिसके लिए मुख्यतया उपवास और अन्य आत्म यंत्रणा के साधन अपनाता है, भारत में आध्यात्मिक जीवन का अंतर्मुखी पक्ष अधिक होने के कारण ध्यान और तन्मयता पर और अधिकाधिक बल दिया है। इसलिए योग की अवधारणा 'तापस' की अवधारणा से विकसित हुई। योग शब्द का प्रयोग इस अर्थ में 'तापस' शब्द के बहुत बाद में मिला। किंतु जैसाकि ऊपर कहा जा चुका है इस विशिष्ट योग मत को मान्यता बहुत पहले यहां तक कि बौद्ध काल से भी पहले ही मिल चुकी थी। (ई. आर. ई. xii. 833)

ऊपर जो कहा गया है उसे देखते हुए गोफ के मत की ओर अधिक आलोचनात्मक समीक्षा की आवश्यकता नही है क्योंकि जिस बात को वह इतिहास में दूसरों से ग्रहण करना कहते हैं वह वास्तव में भारतीय-जर्मन जाति के अत्यंत प्राचीन काल की देन है। (वही)

यहां इस बात पर ध्यान दिया जाना चाहिए कि उपनिषदों में 'श्वेताश्वतर', 'कठ' और विशेषकर 'मैत्री' उपनिषद में योग का उल्लेख स्पष्ट रूप से मिलता है। इसलिए यह कोई संयोग की बात नहीं है कि ये सभी उपनिषद 'कृष्ण यजुर्वेद' के साथ जोड़े गए। यह वेद वैदिक जनों के मंत्रों के प्रारंभिक संकलनों में से एक है। इस प्रकार इस बात की पूरी संभावना है कि वैदिक परंपरा में योग का प्रादुर्भाव स्वयं प्रारंभिक वैदिक जनों के जादू टोनों और उनसे संबद्ध क्रियाओं से हुआ। यह अपेक्षित ही है कि इन उपनिषदों में योग का रूप भाववादी विचारधारा वाला हो। अर्थात इसे ध्यान तथा तन्मयता की प्रक्रिया कहा गया क्योंकि भाववादी विचारधारा पहले ही उपनिषदों में प्रभावित हो चुकी थी और मूल योग को इनके अनुरूप बनाने के लिए उसमें परिवर्तन करने पड़े।

इसी दृष्टिकोण के आधार पर हमारा गार्बे के अन्य महत्त्वपूर्ण कथनों के साथ सहमत होने में हिचकिचाना स्वाभाविक है। ऐसा प्रतीत होता है कि वह यह मानते हैं कि भारतीय चिंतन के विकास की प्रक्रिया में आध्यात्मिक जीवन में एक अंतर्मुखी प्रवृत्ति थी। और यही बात थी जिसने अंततः आदिकाल के प्रारंभिक वैदिक जनों के 'तापस' को, ध्यान और तन्मयता को विधिवत कला में बदल दिया जो बाद में योग बन गए। प्रत्यक्ष है कि इस स्थिति का सामान्यीकरण इसलिए किया गया है कि क्योंकि प्राचीन भारतीय संस्कृति अर्थात अवैदिक संस्कृति की अनदेखी कर दी गई। गार्बे ने जिस अंतर्दर्शनात्मकता की चर्चा की है वह उस भाववादी दृष्टिकोण का स्वाभाविक परिणाम है जिसे भारतीय संस्कृति की केवल एक प्रवृत्ति अर्थात वैदिक प्रवृत्ति में प्रमुखता मिली और यह भाववाद उपनिषदों में अपनी उन्नति के चरमबिंदु पर पहुंचा। पशुपालक लोगों के पितृसत्तात्मक समाज में इसकी जड़ें होने के कारण इस प्रवृत्ति में

'पुरुष' को सदा ही परम सत्य माना गया और जैसा कि हम देख चुके हैं, जब उपनिषदों में भाववादी दृष्टिकोण पूर्णतया उभरा तो पुरुष को एक उदासीन द्रष्टा या विशुद्ध चेतना (इसके लिए उपनिषदों में प्रयुक्त शब्द है शुभ्र प्रज्ञा) कहा गया। इसीसे स्पष्ट होता है कि उपनिषदों में वर्णित योग का संबंध भाववादी दृष्टिकोण से प्रतिपादित 'पुरुष' के सिद्धांत के साथ कभी भी नहीं टूटा।

हमारे सांस्कृतिक इतिहास में कृषि पर आधारित प्रारंभिक अर्थव्यवस्था वाले मातृसत्तात्मक समाज से उपजी अन्य प्रवृत्ति में 'प्रकृति' या स्त्री सिद्धांत को परम सत्य और पूर्णतया भौतिक प्रथम कारण माना गया। इस प्रवृत्ति का प्रतिनिधित्व मुख्यतया तंत्रवाद और सांख्य मत ने किया। जो आदिम कृषि संबंधी जादू टोने की विशेष क्रियाएं थीं वे तांत्रिक क्रियाओं का मूलभूत आधार बन गईं। हमें उपनिषदों और 'योगसूत्र' में योग के भाववादी वर्णन की बजाय इनमें योग के प्रादुर्भाव की खोज करनी है क्योंकि वैदिक प्रवृत्ति में जिस प्रकार योग के सिद्धांतों में परिवर्तन हुए वैसे परिवर्तन इस अवैदिक प्रवृत्ति में नही हुए।

यौगिक क्रियाओं का आदिम या मूल महत्व क्या रहा होगा? आदिम जनों के संबंध में आज हमें जितनी जानकारी मिल चुकी हैं उसे देखते हुए अब उनके विश्वासों और क्रियाओं को रहस्यमय तथा निरर्थक समझने की आवश्यकता नहीं है। हम आदिम जनजीवन में जादू टोने की भूमिका का विवेचन पहले ही कर चुके हैं। यह वास्तविक विधि की सहायता के लिए एक मायावी तकनीक थी। एक तरह से, आदिम समाज का अस्तित्व ही इन जादू टोने की सफलता पर निर्भर था। इसीके अनुसार, जादू टोना करने वाले मांत्रिक को स्वयं को उन्माद की एक चरम स्थिति में लाना होता था। उसे यह अनुभव करना होता था कि उसके अंदर असाधारण और अतिमानवीय शक्ति आ गई है जिसकी सहायता से ही वह प्रकृति की शक्तियों को अपने नियंत्रण में लाने की आशा कर सकता था। इस प्रकार की असाधारण शक्ति कोई भौतिक शक्ति तो नहीं हो सकती। इसे निश्चित ही एक मनोवैज्ञानिक सत्य होना था। आदिम समाज के मांत्रिक को यह मान लेना था कि उसके अंदर यह शक्ति है। उसने अपने अंदर ऐसी प्रबल शक्ति की भावना को जाग्रत करने के लिए विभिन्न विधियां अपनाई। इन विधियों में कुछ शारीरिक क्रियाएं भी थीं जैसे प्राणायाम, इंद्रिय निग्रह अथवा भोग संयम, आत्मयातना, और मादक द्रव्यों का सेवन। निश्चित ही इनसे 'एक असाधारण स्नायविक और मस्तिष्कीय आनंदातिरेक' और कभी कभी तो 'इंद्रियज्ञानशून्य कठोरता तथा संवेगहीनता' उत्पन्न होती थी। हमें यौगिक क्रियाओं के प्रादुर्भाव को इनमें ही देखना है न कि इस बात में कि आदिम लोगों की विचारधारा में एक काल्पनिक भाववाद' की स्वाभाविक प्रवृत्ति थी। और इन विभिन्न शारीरिक क्रियाओं का मूल उद्देश्य प्रकृति को अपने नियंत्रण में लाना था न कि 'आत्माओं के साथ संपर्क' करना।

यह संभव है कि वैदिक साहित्य के प्रारंभिक अंशों में कहीं कहीं इस प्रकार की आदिम लोगों की क्रियाओं के संकेत मूल रूप में दिखाई देते हैं। फिर भी इनकी खोज वैदिक विद्या के बाहर करना अर्थात 'प्रारंभिक कृषक समाज की प्रवृत्ति में इन्हें खोजना अधिक लाभकारी होगा। इसके दो कारण हैं: पहला, प्रारंभिक वैदिक जनों की पशुपालक अर्थव्यवस्था, प्रारंभिक कृषिप्रधान अर्थव्यवस्था की तुलना में चमत्कारों से संबद्ध विश्वासों और क्रियाओं पर उतनी अधिक निर्भर नहीं थी। दूसरा वैदिक विचारधारा जब शासक वर्ग की विचारधारा में परिवर्तित हो गई तब अपने आदिम अतीत से इसने जो तत्व ग्रहण किए वे कालांतर में पूर्णतया अपने विपरीत अर्थों में समझेजाने लगे और ऐसी धारणा बन गई कि यह आत्मा और परमात्मा पर ध्यान लगाने की

औपचारिक कला है । किंतु अवैदिक विचारधारा दूसरों के परिश्रम पर निर्भर लोगों की विचार-धारा (लोक) में प्रचलित (आयत) रही । इस विचारधारा के विश्वास और क्रियाएं, 'साधारण जन की अति प्रचीन योग क्रियाओं के साथ घनिष्ट रूप से संबंद्ध रहीं । (प्राचीन चीन में आदिम शमनवाद के प्रतिनिधियों के बारे में नीधम के विचार 54. ii. 35)

इस अवैदिक विचारधारा का सप्रवृंमुख रूप तंत्रवाद था और हमें मूल योग का वास्तविक रूप इसी में खोजना चाहिए ।

तंत्रवाद में आदिम जादू टोने तो थे ही, इसके अलावा यह 'प्रकृति' और 'पुरुष' के मूल तत्वों पर आधारित था । इससे हमें बरबस ही सांख्य का स्मरण हो जाता है । इस प्रकार हम ठीक उसी अवधारणा पर वापस लौटते हैं जिसे मानकर हम चले थे । सांख्य और योग के बीच का संबंध, बाद के विचारकों का आविष्कार नहीं था; और न ही मूल योग मात्र व्यावहारिक क्रियाओं का निर्देश देता था । वास्तव में आदिम जनों के कृषि संबंधी अनुष्ठानो, सिद्धांत और क्रियाओं का एक आदि मिश्रित रूप था ।

10. नया रूप और उसके मूल तत्व

मूल सांख्य का प्रादुर्भाव कुछ भी रहा हो, किंतु यह आदिम जनों का कृषि संबंधी जादू टोना नहीं था । यह तंत्रवाद जैसा भी नहीं था, जिसका सैद्धांतिक आधार प्रकृति थी जिसमें लंबे चौड़े अनुष्ठान और कथाएं थीं । सांख्य एक ऐसे दर्शन का एक सचेत रूप था जो भाववादी दृष्टिकोण के प्रारंभिक प्रतिनिधियों, प्रतिपादकों का विरोधी था और इसी प्रकार वे भी इसके विरोधी थे । तंत्रवाद के आदिभौतिकवादी विचारों ने एक संचेत दार्शनिक प्रणाली का रूप किस प्रकार ले लिया इसकी जानकारी के लिए इतिहास में और शोध कार्य करना होगा । गार्बे का विचार है कि सांख्य का प्रादुर्भाव उपनिषदों के भाववादी दर्शन का सतत और प्रबुद्ध विरोध करने से हुआ :

> …मेरा विचार है कि इसमें कोई संदेह नहीं हो सकता कि उपनिषदों में ब्रह्म-आत्मा संबंधी भाववादी दर्शन जो वेदों से उत्पन्न हुआ और बाद के वेदांत दर्शन का केंद्रबिंदु है, अन्य सभी दार्शनिक प्रणालियों के प्रमुख विचारों से अधिक प्रचीन है । ऐसा प्रतीत होता है कि सांख्य दर्शन, उस भाववाद के प्रचार के विरुद्ध प्रतिक्रिया के रूप में उपजा जो जनसाधारण में प्रचलित हो रहा था और उत्साहपूर्वक स्वीकार किया जा रहा था । (23. भूमिका. xix.)

स्वयं गार्बे ने ही सांख्य को अति पुरातन बताया है । इसलिए हम उनके कथन के प्रथम भाग से सहमत नहीं होते । फिर भी संभव है कि मूल सांख्य का प्रादुर्भाव तंत्रवाद से हुआ और यह वास्तव में उपनिषदों के भाववाद के प्रति एक सजग विरोध की भावना का परिणाम था । हमारे लिए यह याद रखना अधिक महत्वपूर्ण है कि यह रूप परिवर्तन मात्र नहीं था । क्योंकि आदिम आदि-भौतिकवाद में क्रांति अपने साथ साथ इसके मूल तत्वों में परिवर्तन लाई । आरंभिक सांख्य दार्शनिकों को भाववाद का सचेत विरोध करने वाले भौतिकवाद के रूप में आदिम लोगों के विश्वासों के सिद्धांतों का पुर्नप्रतिपादन करते समय इसके मूल तत्वों में नए और महत्वपूर्ण परिवर्तन लाने पड़े ।

हमारे अध्ययन के लिए मूल सांख्य के इस नए रूप का तथा उसके तत्वों का संक्षिप्त वर्णन आवश्यक है । लेकिन वही पुरानी समस्या फिर से उठ खड़ी होती है : 'चूकि अधिकांश सांख्य साहित्य हमारे लिए विलुप्त हो चुका है' और चूंकि, 'प्राचीन काल से लेकर भाष्यकारों के काल तक की परंपरा में कोई निरंतरता नहीं है' तो फिर हम किसी ऐसी विचारधारा या सिद्धांत का

निर्धारण कैसे कर सकते हैं जो मूल सांख्य के रूप या विषयवस्तु का संकेत दे सकते हों ? सौभाग्य की बात है कि अपने अध्ययन के दौरान हम जिस चरण में पहुंचे हैं वहां हम अपेक्षाकृत और सरल विधि पर निर्भर कर सकते हैं। हम पहले ही देख चुके है कि मूलतः सांख्य दर्शन 'प्रधान' का सिद्धांत था और यद्यपि 'कारिका' में पुरुष' का वर्णन भाववादी दृष्दि से किया गया है, तो भी यह समझ बाद के सांख्य दार्शनिकों ने वेदांतियों से ग्रहण की। सांख्य में बाद के दार्शनिक वास्तव में इस दर्शन को प्रच्छन्न वेदांत का रूप देने का प्रयत्न कर रहे थे। इसलिए बाद के ग्रंथों में जो विचार 'प्रधान' के सिद्धांत से मेल खाते हैं या इस सिद्धांत से उपजे हैं उन्हें मूल सांख्य के विचार समझा जाना चाहिए। और जो विचार 'पुरुष' के भाववादी दृष्टिकोण से उपजे हैं उन्हें मूल सांख्य से बाहर के विचार समझा जाना चाहिए। यह सब हो सकता है कि बाद के भाष्कारों ने 'प्रधान' के सिद्धांत से जो मत प्रतिपादित किए वे इतिहास की दृष्टि से इस दर्शन के प्रारंभिक रूप में निहित न हों। किंतु यह तथ्य कि इनसे इस तरह के मत और निष्कर्ष निकाले जा सकते थे, अपने आप में सिद्ध करता है कि वे मूलतः इसी दर्शन के तत्व रहे होंगे।

गार्बे ने लिखा है कि सारा सांख्य दर्शन तर्कनापरक या तर्कवादी है, (ई. आर.ई.xi. 190) स्पष्ट है कि इसीलिए शंकर ने 'प्रधानवाद' को अति गंभीर तर्कों पर आधारित (गुरुतर तर्कवल) कहा। (आन. ब्र. सू. ii.1. 12) मूल सांख्य को समझने के लिए यह बात याद रखना आवश्यक है कि प्रारंभिक सांख्य दार्शनिक का यह तर्कवादी रवैया संभवतः उपनिषदों के रहस्यमय भाववाद के प्रति प्रबुद्ध विरोध का परिणाम था। उपनिषदों (या और निश्चित रूप से कहें तो इन उपनिषदों को सुविन्यस्त रूप देने वाले बाद के दार्शनिकों) के दृष्टिकोण से इस तर्क की अपने आप में कोई वैधता नहीं थी। 'श्रुति' या शास्त्रों द्वारा सीधे प्रतिपादित सिद्धांतों को ही मूलभूत सत्य माना जा सकता था; तर्कवितर्क केवल 'श्रुति' का सहायक हो सकता था। और सांख्य वेदांत के मूलभूत दृष्टिकोणों में इसी संघर्ष के कारण 'ब्रह्मसूत्र' के लेखक ने सांख्य का खंडन करते समय ऐसी विशेष सूक्तियों की रचना करना आवश्यक समझा जो तर्कवितर्क की स्वतंत्र महत्ता तथा वैधता को गलत बता सकें। शंकर ने टिप्पणी की :

> शास्त्रों द्वारा उद्घाटित विषयों के लिए केवल तर्कना पर निर्भर नहीं किया जा सकता क्योंकि मनुष्य के विचारों पर कोई बंधन नहीं है और जो तर्कवितर्क शास्त्रों को महत्व नहीं देते और व्यक्तिगत विचारों पर निर्भर हैं उनका कोई उचित आधार नहीं है। हम देखते हैं कि कुछ चतुर व्यक्तियों द्वारा परिश्रम से सोच कर निकाले गए गलत तर्कों को अन्य अधिक प्रज्ञावान लोग किस प्रकार गलत सिद्ध कर देते हैं और फिर इन लोगों के तर्कों को भी कोई अन्य व्यक्ति आकर खंडित कर देता है। इसलिए मनुष्य के विचारों की विविधता के कारण, मात्र तर्कना को दृढ़ आधार मानना संभव नहीं है, और न ही किसी विख्यात प्रज्ञावान व्यक्ति, चाहे वह कपिल हों या कि कोई अन्य, द्वारा दिए गए तर्क को युक्तिसंगत मानने की कठिनाई से बचा जा सकता है, क्योंकि हम देखते हैं कि कपिल, कणाद और अन्य दार्शनिक मतों के प्रतिपादकों जैसे अति प्रज्ञावान लोगों ने भी एक दूसरे के विचारों का खंडन किया है। (एस. बी. ई. xxxiv, 314-5)

इसलिए तर्क पर आधारित ज्ञान, जिसका विषय स्थाई रूप से अपरिवर्तनीय नहीं है, सम्यक ज्ञान किस प्रकार हो सकता है ? और यह भी नहीं कहा जा सकता कि जो व्यक्ति 'प्रधान' को सृष्टि का कारण बताता है वह सर्वश्रेष्ठ तार्किक है और सभी दार्शनिक उसे ऐसा ही मानते हैं, जिससे हम भी उसके द्वारा प्रतिपादित विचार को सम्यक ज्ञान के रूप

में स्वीकार कर लें। और न ही किसी एक समय और स्थान पर भूत, वर्तमान और भविष्य के सभी तार्किकों को एकत्र कर सकते हैं ताकि वे (आपस में सहमत होकर) यह निर्धारित करें कि कौन से अपवर्तनीय विषय अथवा वस्तु को सम्यक् ज्ञान समझा जाए। इसके विपरीत वेद जो शाश्वत और सर्व प्रकार के ज्ञान के स्रोत हैं, पूर्णतया प्रतिष्ठापित बातों पर अधिकारपूर्वक मत व्यक्त कर सकते हों। इसलिए भूत, वर्तमान या भविष्य का कोई भी पारखी वेदों पर आधारित ज्ञान की पूर्णता का खंडन नहीं कर सकता। (वही, xxxiv. 317)

यह एक भिन्न प्रश्न है कि इस प्रकार के तर्क से शास्त्रों द्वारा दैवी ज्ञान प्रकट किए जाने के पक्ष में तर्कसंगत चिंतन के दावे का पूर्णतया खंडन होता है या नहीं। इस समय हमारा ध्यान विशेष रूप से एक अन्य बात पर है: यदि शंकर जैसे घोर भाववादियों ने 'प्रधानवाद' का प्रतिपादन करने वालों के विरुद्ध इस प्रकार तर्क देना आवश्यक समझा तो इसका प्रत्यक्ष अर्थ यही है कि 'प्रधानवाद' के समर्थक अपने विचारों को पूर्णतया तार्किक आधार पर प्रतिपादित करने का प्रयत्न कर रहे थे। इसलिए बाद के जो सांख्य दार्शनिक अपने विचारों का औचित्य सिद्ध करने के लिए शास्त्रों को आधार बना रहे थे वे मूल सांख्य के सिद्धांतों से हट गए और उन्होंने वेदांत के साथ परोक्ष रूप से समझौता कर लिया। किंतु शंकर के लेखन से स्पष्ट हो गया कि मूल सांख्य तत्वों का परित्याग किए बिना इस प्रकार के समझौते से सांख्य दर्शन में घोर असंगतियां उत्पन्न हो गईं। शंकर जैसे अत्यधिक उच्च रूप से सजग भाववादी का विचार था कि तर्कनापरक भौतिकवाद के साथ रहस्यमय भाववाद का समावेश नहीं हो सकता। वेदांत और सांख्य के संबंध में उन्होंने कहा :

दोनों ने जो विकल्प बताए हैं वे अपने आपमें सर्वतःपूर्ण हैं। इसलिए दोनों में से एक को अनिवार्यतः स्वीकार किया जाना चाहिए (साधारणत्वत न अन्यतरस्मिन् पक्षे चौदैतव्य भवति इति)। (आन ब्र. सू. ii.1.10)

मूल सांख्य के इस दृढ़ तर्कनावाद को ध्यान में रखते हुए अब हम यह देखेंगे कि इस दर्शन के आरंभिक निरूपकों ने किस प्रकार यह सिद्ध करने का प्रयत्न किया कि प्रधान नामक आदि भौतिक तत्व ही परम सत्य हो सकता था। भाववादी और भौतिकवादी दोनों दार्शनिक मतों के प्रारंभिक सांख्य दार्शनिकों के लिए परम सत्य की समस्या, सृष्टि के प्रथम कारण की समस्या थी : अपने तर्कनावादी दृष्टिकोण के अनुरूप प्रारंभिक सांख्य दार्शनिकों का विचार था कि विश्व के प्रथम कारण के संबंध में कोई मत तभी बन सकता है जब वह किसी संतोषजनक कारणवाद पर आधारित हो। इसलिए उनकी जिज्ञासा का समारंभ कारणवाद के सामान्य सिद्धांत के अन्वेषण से हुआ। शंकर ने कारणवाद के संबंध में सांख्य दृष्टिकोण का सारांश इस प्रकार दिया :

एक दूसरे से पूर्णतया भिन्न स्वभाव वाली वस्तुओं के बीच कारण और परिणाम वाला संबंध नहीं हो सकता। उदाहरण के लिए, स्वर्ण आभूषणों का भौतिक कारण मिट्टी नहीं हो सकती और न ही मिट्टी के बर्तनों का भौतिक कारण सोना हो सकता है; किंतु मिट्टी के स्वभाव वाले परिणामों का कारण मिट्टी और सोने के स्वभाव वाले परिणामों का कारण सोना ही होता है। (एस. वी. ई. xxxiv. 300-1)

इस विचार के पक्ष में 'सांख्य कारिका' में अनेक प्रमाण दिए गए :

परिणाम विद्यमान रहता है (कारण के सक्रिय होने से भी पूर्व) क्योंकि जो अस्तित्व में नहीं है उसे कोई भी कारण सक्रिय होकर अस्तित्व में नहीं ला सकता। पदार्थ वही चुना जाता है जो अभीष्ट के लिए उपयुक्त हो : प्रत्येक वस्तु किसी भी पदार्थ से नहीं बन

> सकती : जिसमें उपयुक्तता है, वही क्रिया के योग्य हैं; और किसी निश्चित स्वभाव वाली वस्तु से वैसी ही स्वभाव वाली वस्तु उत्पन्न होती है। (9)

गौड़पाद (आगे उद्धरणों का अनुवाद 20.28 से किया गया है) ने पांच भिन्न-भिन्न तर्कों द्वारा इसका विश्लेषण किया। पहला, यदि परिणाम, कारण के स्वभाव से पूर्णतया भिन्न है तो जो अस्तित्व में नहीं है वह अस्तित्व वाली वस्तु को उत्पन्न कर सकता है किंतु यह असंभव है। 'इस संसार में कोई ऐसी वस्तु नहीं बन सकती जिसका अस्तित्व नहीं है; जैसे बालू से तेल निकालना; इसलिए सहायक कारण उसी को उत्पन्न करता है जो विद्यमान है, क्योंकि वह पहले से रोपित है। दूसरा, निश्चित परिणाम के लिए निश्चित भौतिक अथवा तात्विक कारण की आवश्यकता है' इस प्रकार जीवन में यदि किसी व्यक्ति को किसी वस्तु की इच्छा है तो वह ऐसी वस्तु को चुनता है जिससे इच्छित वस्तु का उत्पादन हो सके; जैसे दही की प्राप्ति की इच्छा करने वाला व्यक्ति, दूध लाता है जल नहीं।' तीसरा, 'प्रत्येक साधन से प्रत्येक वस्तु संभव नहीं होती। प्रत्येक वस्तु का एक सार्वभोम कारण होना संभव नहीं है; जैसे चांदी में सोने का होना या घास में मिट्टी या बालू का होना।' चौथा, 'जिसमें जो कुछ करने की क्षमता और योग्यता है वह वही करता है; जैसे कुम्हार एक समक्ष कर्ता है; उसके उपकरण, चिकनी मिट्टी का लोंदा, उसका चाक, कपड़े की चिंदी, रस्सी, जल इत्यादि (इनमें क्षमता है) जिनसे वह पात्र बनाता है जो मिट्टी से बन सकता है।' और अंतिम, निश्चित स्वभाव वाली वस्तु से वैसे ही स्वभाव वाली वस्तु उत्पन्न होती है : 'जैसे जौ से जौ और चावल से चावल उत्पन्न होता है।'

इन तर्कों में बार बार दैनिक जीवन के दृष्टांतों से यह समझना कठिन नहीं है कि किस आधार पर सांख्य दार्शनिक इस कार्यकारणवाद तक पहुंचे। जैसा कि शंकर ने कहा, इनके पीछे वास्तविक शक्ति यह थी कि प्रकृति की घटनाओं को देखा गया, 'दृष्टांत वल'। चूंकि शंकर ने इस कार्यकारणवाद का खंडन करने का भरसक प्रयत्न किया, जिससे यह परिलक्षित होता है कि उन्हें अपने आध्यात्मिक प्रथम कारण के भाववादी सिद्धांत के लिए खतरा दिखाई दे रहा था। जैसाकि उन्होंने सांख्य के तर्क को स्वयं प्रस्तुत किया :

> वेदांत का यह मत कि प्रज्ञावान ब्रह्म इस विश्व का भौतिक कारण है, स्वीकार्य नहीं है क्योंकि ऐसी स्थिति में परिणाम का स्वभाव कारण के स्वभाव से पूर्णतया भिन्न होगा। यह विश्व जिसे वेदांती लोग ब्रह्म का परिणाम मानते हैं, अप्रज्ञावान या जड़ है और अशुद्ध है। इसीलिए यह ब्रह्म के स्वभाव से भिन्न है; इधर धार्मिक ग्रंथों में ब्रह्म का स्वरूप इस विश्व के स्वरूप से भिन्न बताया गया है अर्थात ब्रह्म प्रज्ञावान या चेतन और विशुद्ध अथवा शुभ है। (एस. बी. ई. xxxiv 300)

दूसरी ओर कारणवाद के इस दृष्टिकोण से सांख्य ने विश्व के प्रथम कारण को भौतिक बताने का जो निष्कर्ष निकाला वह बड़ा सरल था : यदि परिणाम के स्वभाव से कारण के स्वभाव का पता चलता है तो विश्व का कारण अनिवार्यतः भौतिक रहा होगा, क्योंकि स्वयं विश्व भी भौतिक है। शंकर ने इस बात का समापन इस प्रकार किया : '...यह विश्व जो अचेतन है और जो सत्व, रजस और तमस से बना है वह किसी ऐसे कारण का परिणाम हो सकता है जो स्वयं अचेतन हो; और सत्व, रजस और तमस से बना हो।' (वही, xxxiv. 301) हम गार्बे का उद्धरण दे सकते हैं जिन्होंने सांख्यवाद के कारणवाद और उससे निकाले गए भौतिक प्रथम कारण के निष्कर्ष का सारांश इस प्रकार दिया :

> इस भौतिक विश्व के प्रादुर्भाव का पता एक सही दार्शनिक विधि से लगाया गया है और कहा गया है कि इसका कोई प्रथम कारण था। सांख्य दर्शन इस सिद्धांत को लेकर चलता

है कि कुछ भी परिणाम के रूप में दिखाई दे रहा है वह और कुछ नहीं केवल विकास प्रक्रिया के एक निश्चित चरण में 'भौतिक कारण' मात्र है और इससे पहले के चरणों का अनुमान इसीसे लगाना होगा जो हमारे सामने है। इसका अर्थ यह है कि अंततः एक प्रथम सिद्धांत का पता लगा लिया गया जो केवल कारण था और यह कारण स्वयं किसी अन्य कारण का परिणाम नहीं था। यह प्रथम कारण है आद्य पदार्थ जिसे 'प्रकृति' कहा जाता है और जिससे एक नियमित प्रक्रिया में इस विश्व का विकास हुआ है। इसमें आगे बताया गया है कि सारे भौतिक विश्व का अस्तित्व तीन गुणों से बना है जो असमान और असंतुलित अनुपात में एक दूसरे से मिले हैं। इनमें से पहला (सत्व) गुण शुभ्रता, आलोक और आनंद को प्रदर्शित करता है। दूसरा (रजस) गति, समवेदन और पीड़ा का द्योतक है। तीसरा (तमस) बोझ, बाधा और प्रमाद उपजाता है। इस प्रकार अनिवार्य निष्कर्ष यही है कि आद्य तत्व भी इन्हीं तीनों गुणों से बना। अव्यक्त आदि भौतिक तत्व का मतलब है, 'तीनों गुण समान अनुपात में संतुलित स्थिति में हैं।' इस संतुलन के बिगड़ने से भौतिक विश्व का विकास प्रारंभ हुआ । (ई. आर. ई. xi.190)

साथ ही यह याद रखना आवश्यक है कि प्रकृति या 'अद्य तत्व' संबंधी इस सांख्य दर्शन का विलक्षण समापन करने के बावजूद गार्बे मूल सांख्य को भौतिकवाद का एक रूप मानने के लिए तैयार नहीं थे :

यह असृजित तत्वों को मानता है जो आदिकाल से अस्तित्व में हैं किंतु मूल रूप से स्वभाव में एक दूसरे से भिन्न हैं। ये हैं (1) पदार्थ, जिसे कपिल ने उपनिषदों के मत के विपरीत एक भ्रम नहीं माना बल्कि इसे सत्य समझा, और (2) आत्माएं जो विश्वात्मा से अद्भूत नहीं बल्कि अलग अलग आत्माओं का अपरिमित समूह हैं। (वही)

इस प्रकार सांख्य दर्शन में 'पुरुष बहुत्वम' के सिद्धांत (और इससे निकलने वाले मोक्ष संबंधी दर्शन) के कारण गार्बे सांख्य दर्शन को भौतिकवाद का रूप नहीं मान सके। उनके विचार से 'पुरुष' या आत्माओं की अनेकता का सिद्धांत सांख्य के लिए अनिवार्य था, क्योंकि इस दर्शन में इन 'पुरुषों' की कम से कम दो निर्णायक भूमिकाएं थीं। पहली यह कि इनके बिना यह स्पष्ट नहीं किया जा सकता था कि सृष्टि की विकास प्रक्रिया कहां से आरंभ हुई। दूसरी यह कि सांख्य का ज्ञान प्राप्ति संबंधी सिद्धांत अनेक 'पुरुषों' के सिद्धांत पर विशेष रूप से निर्भर था। पहले हम विकास प्रक्रिया के आरंभ का प्रश्न उठाते हैं। गार्बे का कहना है :

अचेतन आद्य तत्व तब अपनी पूर्ण संतुलन की स्थिति से बाहर आता है और विकासोन्मुख होता है। और जब तक यह विश्व अस्तित्व में रहता है तब तक यह भौतिक तत्व नए उत्पादकों का सृजन करता रहता है। इस प्रक्रिया के लिए कोई कारण होना आवश्यक है। अचेतन भौतिक तत्व या पदार्थ के निरंतर विविध विकास और संयोजन होते रहने की प्रक्रिया को तब तक नहीं समझा जा सकता जब तक उनके पीछे कोई आध्यात्मिक सिद्धांत अथवा तत्व न हो। यह सिद्धांत है उन अलग-अलग आत्माओं के अपरिमित समूह का प्रभाव जो स्वयं तो कोई क्रिया या गतिशीलता लाने में अक्षम हैं किंतु अनादिकाल से पदार्थ के संचालन का द्रष्टा है। आत्माएं पदार्थ पर सचेतन इच्छा से अपना प्रभाव नहीं डालतीं। इनकी यांत्रिक उपस्थिति मात्र ही भौतिक तत्व को गतिमान और विकासोन्मुख कर देती है जिस प्रकार चुंबक का प्रभाव लोहे पर पड़ता है। (वही)

यह समझ में नहीं आता कि गार्बे को अलग अलग आत्माओं के अपरिमित समूह के संयुक्त प्रभाव का वचार कहां से मिला। हां, निश्चल प्रभाव का सिद्धांत और लोहे तथा चुंबक का दृष्टांत तो

सुपरिचित है, किंतु जब कारिका के लेखक ने इनका उल्लेख किया तो उन्होंने अपनी सुविधानुसार 'पुरुषों' की अनेकता की कोई चर्चा नहीं की। स्पष्ट है कि गार्बे 'पुरुषों' के सामूहिक प्रभाव के सिद्धांत का आविष्कार करके ईश्वरकृष्ण की स्थिति को अधिक युक्तिसंगत बनाने का प्रयत्न कर रहे थे। फिर भी यह आविष्कार भी सांख्य के विकास संबंधी विचारों के लिए 'पुरुषों' के निर्णायक महत्व को प्रतिष्ठापित नहीं कर सका। इसका कारण यह था कि स्वयं गार्बे भी बिना किसी विवेचना के इस भाववादी दृष्टिकोण पर निर्भर कर रहे थे कि यदि कोई आध्यात्मिक सिद्धांत न लगाया गया तो जड़ पदार्थ के विकास और संयोजन प्रक्रिया की व्याख्या नहीं की जा सकेगी। प्रकृति के नियमों के अनुसार इस प्रकार का विकास और संयोजन असंभव बात नहीं है। जड़ पदार्थ को गतिमान बनाने के लिए केवल इन्हीं नियमों की आवश्यकता है। हो सकता है कि मूल सांख्य ही वास्तव में गतिमान पदार्थ का सिद्धांत रहा हो। कम से कम प्रारंभिक सांख्य दार्शनिकों को इस आधार पर तर्क देने में कोई कठिनाई नहीं थी क्योंकि हम देख चुके हैं कि ये दार्शनिक 'स्वभाववाद' या प्राकृतिक नियमों को मानते हैं। दूसरी ओर बाद में आनेवाले कुछ सांख्य दार्शनिकों ने इस स्वभाववाद का परित्याग कर दिया और येनकेन प्रकारेण 'पुरुषों' को 'प्रकृति' में परिवर्तन लाने का उत्तरदायी बनाने का प्रयत्न किया और इस प्रकार मूल सांख्य का रूप परिवर्तन हो गया और इसमें असंगतियां भर गईं। ईश्वरकृष्ण ने वास्तव में यही विधि अपनाई और शंकर ने इस विधि से उत्पन्न असंगतियों को अनावृत किया। गार्बे ने जिस अन्य कारण से यह धारणा बनाई कि सांख्य दर्शन के लिए 'पुरुषों' का केंद्रीय महत्व था, उसका संबंध सांख्य के ज्ञानवाद से है :

> किंतु यहां हम मनुष्य के जीवन में आत्मा द्वारा पूर्ण किए जाने वाले कहीं अधिक महत्वपूर्ण कार्य के संबंध में विचार कर रहे हैं। यह सत्य है कि मूल आलेखों में केवल अलंकारमय भाषा का प्रयोग किया गया है; किंतु जब इसमें यह कहा जाता है कि आंतरिक अवयव में दीप्ति लाने की प्रक्रिया आत्मा द्वारा चलाई जाती है तो इस भाषा को गलत समझने की कोई संभावना नहीं है। जब तक आत्मा 'निकट न होने के कारण' इन्हें दीप्तिमान नहीं करती, अर्थात इनमें चेतना नहीं लाती, तब तक ये सभी प्रक्रियाएं वास्तव में पूर्णतया यांत्रिक और अचेतन रहती हैं। (वही. xi. 191)

किंतु यह स्पष्ट नहीं है कि ज्ञानबोध प्रक्रिया में दीप्तिमान होने की बात को स्पष्ट करने के लिए आदि तत्व 'प्रकृति' या 'प्रधान' से ऊपर एक विशेष तत्व चेतना को लाना सांख्य के लिए अनिवार्य क्यों हो गया। क्योंकि दीप्ति की सभी संभावनाएं तो स्वयं 'प्रधान' में ही विद्यमान हैं जिसका एक गुण है तत्व जो आनंद और दीप्ति लाता है। इस प्रकार हम देखते हैं कि जिन दोनों कारणों के आधार पर गार्बे ने 'पुरुषों' को सांख्य दर्शन में मर्मभूत महत्व और अनिवार्य आवश्यकता बताया, वे कारण मान्य नहीं हैं। इसलिए हमें उन प्राचीन विद्वानों के साथ सहमत होना पड़ेगा जो 'सांख्य दर्शन में आत्मा के अस्तित्व को पूर्णरूपेण निरर्थक' मानते थे। और यदि आत्मा का वास्तव में कोई महत्व, कोई काम नहीं था तो सांख्य दर्शन अपनी समग्रता में पूरी तरह भौतिकवादी दर्शन था वास्तव में प्रारंभिक वेदांतियों ने 'प्रधानवाद' या 'प्रकृतिवाद' को ऐसा माना। अब हम सांख्य के जैविक विकास के सिद्धांत पर विचार करेंगे जिसके कारण भारतीय दर्शन के इतिहास में सांख्य को एक विशिष्ट स्थान मिला। इसमें भी पहले कार्य-कारणवाद पर विचार किया जाता है।

सांख्य कारणवाद को बहुधा इस प्रकार समझा जाता है कि कारण के अंदर ही परिणाम पहले से विद्यमान है। यदि इस बात को भलीभांति याद न रखा जाए कि संभावना और वास्त-

विकता के बीच क्या भेद है तो उपरोक्त विचार भ्रामक प्रतीत होगा। बीज के अंदर वृक्ष है : फिर भी वृक्ष बीज नहीं है और न ही बीज को वृक्ष कह सकते हैं। अन्य शब्दों में वृक्ष बीज के अंदर संभाव्य रूप में विद्यमान है। इसी दृष्टिकोण से यह देखा जाता है कि इस बीज से कौन सा वृक्ष उपजेगा या किस वृक्ष से कैसा बीज निकलेगा। जैसाकि गौड़पाद ने स्पष्ट किया : धान (व्रीहि) के पौधे से हम अनुमान लगाते हैं कि यह धान से उत्पन्न हुआ होगा या शालि के पौधे से हम अनुमान लगा सकते हैं कि यह शालि के बीज से उत्पन्न हुआ होगा। (आन. सां. का. 9) ऐसा ही संबंध इस दृष्टिगोचर जगत और 'प्रकृति' के बीच है। यह दृष्टिगोचर जगत प्रकृति का उत्पादन या परिणाम है इसलिए इस जगत की मूलभूत भौतिकता से हम अनुमान लगा सकते हैं कि स्वयं 'प्रकृति' भी अनिवार्यः भौतिक है। किंतु इसका अर्थ यह नहीं है कि प्रकृति को दृष्टिगोचर जगत मान लिया जाए और इसलिए इसका नाम 'प्रकृति' रख दिया गया है जैसाकि कुछ विद्वानों ने किया (उदाहरणार्थ कोल बुक बार बार इसे दोहराते हैं) यह कुछ भ्रामक हैं। दृष्टिगोचर जगत अपनी समग्रता में, 'प्रकृति' में संभाव्य हैं किंतु इस दृष्टिगोचर जगत को 'प्रकृति' नहीं कहा जा सकता।

सांख्य दार्शनिकों ने 'प्रकृति' के उत्पाद के रूप में इस दृष्टिगोचर प्रकृति और दृष्टिगोचर जगत के कारण के रूप में 'प्रकृति' के बीच भेद करने के लिए 'व्यक्त' और 'अव्यक्त' शब्दों का प्रयोग किया अर्थात दृष्टिगोचर को व्यक्त प्रकृति और मूल प्रकृति को अव्यक्त कहा। कारिका (10) में इस भेद को इस प्रकार प्रस्तुत किया गया है : 'व्यक्त कारणभूत, अशाश्वत, परिवर्तनशील, अपरिव्याप्त, क्रियाशील, बहुसंख्यक, परनिर्भर, नश्वर, बहुभागीय और उपयोगी (दूसरे के लिए) हैं। अव्यक्त, इसके ठीक विपरीत है।' कारिका (11) का कहना हैं कि व्यक्त के साथ अव्यक्त की समानता इस बात में है कि वह तीन गुणों से बनी है (त्रिगुणम्) और विवेचनक्षमताविहीन (अविवेकी), वस्तुनिष्ठ (विषयाः), सार्वत्रिक (सामान्यम्) जड़(अचेतनम्) और 'प्रसवधर्मी' है। कम से कम एक बात स्पष्ट है 'प्रधान' या आदिजड़ तत्व अपनी मूलभूत भौतिकता के होते हुए भी ऐंद्रिय संगठन के दृष्टिकोण से गोचर जगत से भिन्न है। स्पष्ट है कि सांख्य दार्शनिक किसी ऐसे भौतिक प्रथम कारण की खोज का प्रयत्न कर रहे थे जो ऐंद्रिय जगत की ठोस वस्तुओं की अपेक्षा कहीं अधिक सूक्ष्म और अस्पष्ट था। इसी प्रयास में प्रारंभिक सांख्य दार्शनिकों ने सहज ही तत्व विज्ञान संबंधी मूल सिद्धांतों अथवा विचारों का पता लगाया। सील का कहना है :

> सांख्य में गोचर जगत का उद्गम, अगोचर अथवा अव्यक्त 'प्रकृति' में देखा गया है जिसे अरूप, अविभेदी, असीम, सर्वव्यापी, अविनाशी, अक्षय, अमूलक, अनियंत्रित, अनादि और अनंत माना गया है। (132. 2-3)

विकसित होने से पूर्व की आदिम स्थिति में प्रकृति के अंदर तीनों गुण सत्व, रजस् और तमस एक दूसरे के साथ पूर्ण संतुलन में थे। हम निश्चित रूप से यह नहीं कह सकते कि ये तीनों गुण वास्तव में किसलिए थे; 'विज्ञान भिक्षु से पहले की किसी भी कृति में इन गुणों के संबंध में कोई निश्चित स्पष्टीकरण नहीं मिलता; (52. i. 224) फिर भी यदि हम इन गुणों की प्रत्यक्ष प्रज्ञा (सत्व), प्रत्यक्ष ऊर्जस्विता अर्थात क्रियाशीलता (रजस) और प्रत्यक्ष जड़ता अथवा गतिहीनता (तमस) के रूप में व्याख्या करें तो हम पुराने और बाद के ग्रंथों की भावना के बहुत विपरीत बात नहीं कहेंगे। 'कारिका' (12) के अनुसार ये तीनों गुण सदा ही एक दूसरे के साथ संयोजन, वियोजन और फिर संयोजन की प्रक्रिया में रत रहते हैं। प्रकृति के तीनों गुणों के आदि संतुलन अथवा साम्य अवस्था में संतुलन होने के साथ ही संसार का विकास क्रम प्रारंभ हुआ। हमें यह निश्चित

जानकारी नहीं है कि प्रारंभिक असंतुलन के कारण को मूल सांख्य में किस प्रकार देखा गया। बाद के सांख्य दार्शनिक इस असंतुलन की बात को यह कहकर स्पष्ट करना चाहते थे कि 'प्रकृति' पर 'पुरुष' के निश्चल प्रभाव के कारण ऐसा हुआ। यह व्याख्या सांख्य को कुछ सीमा तक ऐनेक्सा गोरास के दर्शन के समान बना देती है। किंतु इस व्याख्या से सांख्य में आंतरिक असंगति भी आ जाती है। 'प्रकृति' की भांति 'पुरुष' भी शाश्वत है। इसलिए इसका निश्चल प्रभाव भी शाश्वत ही रहा होगा। फिर यदि 'प्रकृति' के आदि संतुलन को बिगाड़ने का कारण 'प्रकृति' पर 'पुरुष' का निश्चल प्रभाव ही था तो इस संतुलन के बिगड़ने की प्रक्रिया कैसे आरंभ हुई, इसकी कल्पना करना असंभव हो जाएगा। फिर भी यह तथ्य है कि सांख्य में इस प्रक्रिया के आरंभ होने की निश्चित रूप से कल्पना की गई। यदि हम यह कल्पना कर लें कि तीनों गुणों के बीच एक दूसरे के प्रति आकर्षण या संघर्ष या फिर प्रकृति के अंदर ही इनके संयोजन और वियोजन की प्रक्रिया हुई और किसी न किसी प्रकार से वह मूल संतुलन बिगड़ गया जिससे संसार के विकास की प्रक्रिया आरंभ हो गई तो हम संभवतः सांख्य दृष्टिकोण के संबंध में कुछ युक्तिसंगत बात देख सकते हैं। किंतु प्रकृति के अंदर इन तीन गुणों के संतुलन के बिगड़ने का प्रारंभिक कारण मूल सांख्य में जो भी समझा गया हो, इसमें कोई संदेह नहीं कि सांख्य दार्शनिकों ने यह कल्पना कर ली कि ये तीनों गुण जो स्पष्टतया प्रज्ञा, ऊर्जस्विता और जड़ता के संभाव्य साधन नहीं रहे थे, प्रकृति के सभी उत्पादों की विशेषताएं बन गए। कहने का अर्थ यह है कि सत्व, रजस और तमस इस ठोस दृष्टिगोचर जगत की सभी वस्तुओं के सार तत्व हैं। किंतु इन उत्पादों के अंदर इन तीनों गुणों का समान अनुपात और संतुलन नहीं है बल्कि किसी उत्पाद में कोई गुण अधिक तो किसी अन्य उत्पाद में कोई अन्य गुण कम है :

> उदाहरण के लिए, किसी भी भौतिक प्रणाली में पदार्थ समूह प्रत्यक्ष है, ऊर्जस्विता अप्रत्यक्ष अथवा लुप्त रहती है, और चेतनाभिव्यक्ति अधोगुप्त होती है। किसी भी चल वस्तु में ऊर्जस्विता या गतिशीलता का प्राबल्य होता है और जड़ता या उससे उत्पन्न अवरोध समाप्त हो जाता है। गतिमान अध्यवसायी चेतना में ऊर्जस्विता (या रजस द्वारा किया गया कार्य) का रूपांतरण और चेतनाभिव्यक्ति का प्राबल्य साथ साथ चलते हैं जबकि जड़ता यद्यपि अप्रत्यक्ष रहती है तो भी उसका अनुमान इस बात से लगाना होता है कि जिस अवरोध को समाप्त किया गया वह कितना था। (132. 5)

किंतु संसार के जिन दृश्यों अथवा घटनाओं को हम चेतनावस्था कहने के अभ्यस्त हैं उनमें क्या होता है ? सील ने यह प्रश्न संभवतः इसलिए नहीं उठाया कि इसका उत्तर उसी व्याख्या के अनुरूप सांख्य को अत्यधिक प्रत्यक्ष भौतिकवादी बना देता। क्योंकि इस दृष्टिकोण से यह चेतनावस्था एक ऐसी स्थिति समझी जानी चाहिए जिसमें यद्यपि सत्व का प्राबल्य है तो भी उसमें गुप्त और अधोगुप्त रूप में ऊर्जस्विता और जड़ पदार्थ अथवा जड़ता यानी रजस और तमस भी होने चाहिए। अर्थात विभिन्न चेतन अवस्थाएं भी पूर्णतया मात्र चेतना नहीं है बल्कि इनमें भी जड़ पदार्थ की विशेषताएं अप्रत्यक्ष रूप से विद्यमान होनी ही चाहिए। हमारे मन में यहां यह टिप्पणी करने की उत्कट लालसा हो रही है कि यदि हम इस दृष्टिकोण के साथ बाद के वैज्ञानिक ज्ञान का सश्लेषण करने पर सहमत होते हैं तो फिर यही कहना होगा कि चिंतन या चेतना एक अप्रत्यक्ष मस्तिष्कीय प्रक्रिया से विहीन नहीं है। यह मत ज्ञान के भौतिकवादी सिद्धांत का मूल आधार होगा, यद्यपि कुछ आधुनिक दार्शनिकों ने 'इसका खंडन या विनाश करने या फिर इसे दुर्बोध बनाने के लिए बड़े बड़े ग्रंथ लिख डाले हैं'। (48. ii. 21) जो भी हो, प्रारंभिक सांख्य दार्शनिकों को यद्यपि तब तक चेतना अथवा प्रज्ञा और मस्तिष्कीय प्रक्रिया के बीच किसी प्रकार

का संबंध होने का ज्ञान नहीं था, फिर भी इसमें कोई संदेह नहीं कि वे बुद्धि, अहंकार, मनस और ज्ञानेंद्रियों को मूलतः पदार्थ के उत्पाद के रूप में समझने का प्रयत्न कर रहे थे। यह बात सृष्टि और जीवों के विकास से संबद्ध उनके सिद्धांत से स्पष्ट है।

सांख्य के विकास सिद्धांत पर विचार आरंभ करने से पहले दो अन्य बातों की विवेचना करना आवश्यक है। पहली यह कि यद्यपि ईश्वरकृष्ण ने इस प्रक्रिया को दो प्रकार से 'पुरुष' के सिद्धांत के साथ जोड़ने का प्रयत्न किया (एक ओर तो पुरुष के निश्चल प्रभाव से विकास प्रक्रिया का आरंभ होना और दूसरी ओर समस्त विकास प्रक्रिया का 'पुरुष' के आनंद और मुक्ति के लक्ष्य की ओर अग्रसर होना), किंतु हम पहले ही देख चुके हैं कि इस प्रकार के संबंधों की कल्पना ईश्वरकृष्ण ने मनमाने ढंग से कर ली थी और इसके कारण सांख्य दर्शन में आंतरिक असंगतियां उत्पन्न हो गईं। इसलिए सांख्य के विकास सिद्धांत पर विचार करते समय उपरोक्त विचारों को अस्वीकार करना तर्कसंगत होगा। दूसरे, यदि मूल सांख्य में वास्तव में तंत्रवाद के सारभूत विश्वासों के विकास को प्रस्तुत किया गया, जिसकी कि पूरी पूरी संभावना है, तो प्रारंभिक सांख्य दार्शनिकों द्वारा इस विश्व की उत्पत्ति अर्थात प्रकृति से दृष्टिगोचर जगत के विकास को मानव की उत्पत्ति के अनुरूप समझा जाना स्वाभाविक ही था। अन्य शब्दों में, मूल सांख्य में भ्रूण विकास और ब्रह्मांड की उत्पत्ति संबंधी विचार एक दूसरे के साथ उलझे हुए थे। इसीसे यह बात स्पष्ट होती है कि सांख्य दर्शन में मानव देह का एक निश्चित रूप होने से संबद्ध विचार, सृष्टि की उत्पत्ति के सिद्धांत का एक महत्वपूर्ण अंग क्यों था। और यह एक ऐसी बात थी जिसके कारण इस मत को आगे चल कर समझने में काफी कठिनाई हुई। हम प्रारंभिक सांख्य दार्शनिकों से आधुनिक भौतिकवाद की आशा तो नहीं रख सकते और न ही यह अपेक्षा कर सकते हैं कि वे सृष्टि के विकास के आधुनिक सिद्धांत जैसा ही कोई दर्शन प्रतिपादित करते। वास्तविक महत्व की बात यह है कि उन्होंने सृष्टि की उत्पत्ति के मूल कारण को भौतिक बताया और फिर उन्होंने इसी से कल्पना की कि इस प्रथम भौतिक तत्व से सृष्टि की प्रत्येक वस्तु उपजी। इसी के अनुरूप यह माना गया कि प्रकृति में सभी भौतिक तत्व मूलतः पदार्थ हैं। इन बातों को ध्यान में रखने के बाद अब हम प्रारंभिक सांख्य के विकासवाद को समझने का प्रयत्न कर सकते हैं।

'मूल संतुलन के बिगड़ने से विकास प्रक्रिया आरंभ होती है। ऐसा यंत्रवत किस प्रकार होता है यह स्पष्ट नहीं है।(132. 69) हमने इसे केवल तीन गुणों के संदर्भ में समझने का प्रयत्न किया है; गुणों की एक दूसरे के साथ संयोजन और नियोजन की निरंतर प्रक्रिया किसी एक निश्चित चरण में आकर टूट जाती है, बुद्धि, ऊर्जस्विता और जड़ता के समप्रसार से असमान संघठन होता है और इसीलिए कोई गुण अन्य गुणों की अपेक्षा अधिक प्रबल हो जाता है। इस प्रकार इन गुणों के बीच सर्जनात्मक संश्लेषण होता है। जिसके परिणामस्वरूप उत्पादन क्रिया आरंभ हो जाती है। सील ने भी संक्षेप में सांख्य के विकासवाद को संघटन में विभेदीकरण यानी ऐक्य में अनैक्य बताया :

> विकास की औपचारिक परिभाषा है संघटित में विभेदीकरण, अथवा एकीकृत में अनेकता। अर्थात विकास प्रक्रिया के अंतर्गत, समग्रता के अंदर विभेदीकरण का, अनिर्धारित में निर्धारित का, सामंजस्य में असामंजस्य का विकास होने लगता है। विकासक्रम एक निश्चित नियमानुसार होता है और यह विकास इस नियम से स्वतंत्र नहीं हो सकता। विकासक्रम, संपूर्ण से अंशों की ओर या अंशों से संपूर्ण की ओर अग्रसर नहीं होता, बल्कि यह अपेक्षाकृत अल्पविभेदीकृत, अल्पनिर्धारित, अल्पसामंजस्यपूर्ण समग्रता से, अपेक्षाकृत अधिक विभेदीकृत अधिक सुनिश्चित, अधिक सामंजस्यपूर्ण समग्रता की ओर चलता है। (वही. 7)

इस विकास क्रम में हमारा ध्यान विशेष रूप से इस बात की ओर आकृष्ट होता है कि कौन सी स्थिति ने किस प्रकार की स्थिति को उत्पन्न किया। इसके लिए सील द्वारा दिए गए संक्षिप्त सारांश को उद्धृत करने से अधिक अच्छी बात और क्या हो सकती है। सांख्य दार्शनिकों के विचार से सृष्टि के विकास की विभिन्न अवस्थाएं क्या थीं, यह बात सील ने इस प्रकार प्रस्तुत की है :

1. कल्पनातीत, अज्ञेय, अरूप, अलिंग, तत्व जिसमें 'प्रकृति' या तीनों गुण साम्यावस्था में मौजूद हैं।

2. ज्ञेय, इंद्रियानुभवात्मक विश्व, अनुभूत ज्ञान का ब्रह्मांडीय तत्व, चेतनासंपन्न पदार्थ (लिंग) जिनमें ब्रह्मांड का बुद्धिगम्य सारतत्व 'महत' ही है, जो अरूप, अलिंग, अज्ञेय प्रकृति के अंदर सामंजस्य और विभेदीकरण की प्रक्रिया से उद्भूत है।

3. किंतु एक अनिर्वचनीय, अनिर्धारित तत्व दो श्रेणियों, आत्मानुभव और वस्तुगत अनुभव में विभाजित; इनमें से एक ओर तो आत्मानुभव वाली श्रेणी में (अस्मिता अनिर्वचनीय परिबोधन, समरूपता या अहंकार समन्वित रूप में कार्य करता है और दूसरी ओर यद्यपि इस आत्मानुभव रूप अर्थात अस्मिता या अहंकार के माध्यम से) अनिर्वचनीय पदार्थ की अंतरिम क्षमताएं जो स्थितिज ऊर्जा के प्रवाह के लिए सूक्ष्म साधन है (तन्मात्रा, सूक्ष्मभूत), वे वस्तुगत श्रेणी के मूलतम सूक्ष्म घटक हैं। पिछली अवस्था अर्थात अनुभूत ज्ञान का ब्रह्मांडीय तत्व (लिंग, महत), सामंजस्य और विभेदीकरण द्वारा अपने अंदर ही एक विशिष्टीकृत किंतु अनिर्वचनीय तत्व को विकसित करता है जो दो समकक्ष शृंखलाओं आत्मा शृंखला और वस्तु शृंखला में विकसित होता है। ये दोनों एक दूसरे के साथ आत्मा शृंखला के माध्यम से जुड़ी हुई हैं।

4. अनिर्वचनीय तत्व के अंदर और विभेदीकरण तथा सामंजस्य से निश्चित तत्व (विशेष) का उद्भव होता है, अर्थात आत्मानुभव, ज्ञानेंद्रिय तथा कर्मेंद्रिय शृंखला, और उधर वस्तुगत शृंखला में परमाणवीय तत्व में भी तदनुरूपी परिवर्तन होते हैं जिसमें अंतःक्षमताओं अथवा समभाग शक्तियों को निश्चित बाह्य रूप मिलता है जिनका अनुभव किया जा सकता है। इस दूसरी शृंखला में विभिन्न प्रकार के जड़ पदार्थों (स्थूलभूत) के विभिन्न परमाणुओं के वर्ग आते हैं।

5. संश्लिष्ट और समन्वित पदार्थ तत्व, भिन्न भिन्न तत्व, अपने अपने सामान्य और विशिष्ट गुणों से संपन्न, किंतु जो पूर्णतया निश्चित नहीं हैं बल्कि परिवर्तनीय हैं, क्योंकि इनमें त्रिगुणात्मक परिवर्तन होते रहते हैं, जिससे यह तत्व निरंतर विकास प्रक्रिया में रत रहते हैं।

6. और इस प्रकार ब्रह्मांडीय शृंखलाएं साम्यावस्था में अस्थिरता के विभिन्न चरणों की ओर आरोहण करती चली जाती हैं (विसदृश परिणाम) और यह तब तक चलता रहता है जब तक कि अवरोहण की प्रक्रिया आरंभ नहीं हो जाती और साम्यावस्था तथा ऊर्जाविच्छिन्नता (सदृश परिणाम और साम्यावस्था) होने लगती है। यह प्रक्रिया विकास और ऊर्जा रूपांतरण की प्रक्रिया के साथ साथ चलती रहती है और अंततः समस्त विश्व विच्छिन्न होकर मूल अव्यक्त अथवा अविकस्ति अज्ञेय 'प्रकृति' में विलीन हो जाता है। (वही. 8-10)

सांख्य के प्रारंभिक इतिहास के शोध का कार्य अब तक जिस चरण में पहुंचा है उसमें यह निश्चित करना संभव नहीं है कि सांख्य दार्शनिकों को विश्वोत्पत्ति तथा विकास के इस प्रकार के सिद्धांत का विचार कैसे और क्यों आया और न ही निश्चित रूप से यह कहा जा सकता है कि उपरोक्त सिद्धांत में विश्वोत्पत्ति संबंधी सभी विचार मूल सांख्य में बहुत चिंतन और सोच समझ कर प्रतिपादित किए गए थे। (सील ने मुख्यतया 'योगसूत्र' पर व्यास के भाष्य को अपने विचारों

का आधार बनाया है, जबकि वस्तुत यह भाष्य बहुत बाद में लिखा गया। फिर भी यह तथ्य है कि मूल सांख्य में इस विकासवाद को प्रतिपादित किया गया था और सांख्य दार्शनिकों के मूलभूत विचारों में इस प्रकार के विकासवाद के कुछ तत्व विद्यमान थे, क्योंकि उनके 'प्रकृति' या 'प्रधानवाद' का यही तर्कसंगत परिणाम था। इस प्रकार 'प्रधानवाद' (यानी यह धारणा कि विश्वोत्पत्ति का मूल कारण भौतिक पदार्थ था) ने मूल सांख्य को भारतीय दर्शन के इतिहास में विशिष्ट स्थान दिलाया। इसीसे प्रारंभिक सांख्य ने हमारी दार्शनिक परंपरा को तत्व विज्ञान के लिए आधारभूत विचार दिए।

7

संघ और नियति

विभ्रम और यथार्थ का अध्ययन

प्राचीन भारतीय दर्शदन पर लिखने वाले आधुनिक विद्वान (52. iii. 520 और आगे ; 130. 1-2) अजित केसकंबली और मक्खलि गोसाल जैसे कुछ दार्शनिकों को लोकायत मतानुयायी मानते हैं इसलिए हमें लोकायत के अध्ययन के लिए इनके दार्शनिक मतों की समीक्षा करनी होगी किंतु हम बौद्ध धर्म के प्रादुर्भाव और उसकी आरंभिक भूमिका पर विचार किए बिना ऐसा नहीं कर सकते। इसके दो कारण हैं : पहला, दार्शनिक जिनका उल्लेख बौद्ध और जैन ग्रंथों में आया है, संभवतः बुद्ध के समकालीन थे। इस प्रकार बुद्ध का युग ही एक स्वभाविक पृष्ठभूमि बनता है जिसमें हम इन दार्शनिकों को समझ सकते हैं। दूसरे, ऐतिहासिक दृष्टिकोण से ये दार्शनिक जीवन में कुछ न कर पाए और उनका दर्शन भी मूलतः निराशा और निरर्थकता का दर्शन था। उनकी यह विफलता भी बुद्ध की सफलता की तुलना में देखी जा सकती है। किंतु बुद्ध की सफलता और उसकी ऐतिहासिक भूमिका का महत्व भी एक विवाद का विषय बना हुआ है। और हम इनके संक्षिप्त वर्णन के साथ अपनी बात प्रारंभ करते हैं।

1. प्रारंभिक बौद्ध धर्म के संबंध में दो मत

रिस डेविड्स ने इस विवाद का सारांश इस प्रकार दिया है, 'बौद्ध धर्म पर लिखने वाले कुछ लेखक गौतम को एक सफल राजनीतिक सुधारक कहने से नहीं हिचकिचाते और यह कहते हैं कि बुद्ध ने अमीरों और सुविधा प्राप्त वर्गों के विरुद्ध गरीबों और घृणित लोगों के लिए संघर्ष किया और जातपांत समाप्त करने के लिए बहुत कुछ किया। अन्य लेखक बुद्ध का परिहास करते हैं क्योंकि बुद्ध के संघ के अधिकांश नेता संभ्रांत और विशिष्ट वर्गों से आए थे और अपनी सामाजिक स्थिति के अनुरूप ही शिक्षित थे; ये लेखक बुद्ध की इस बात के लिए निंदा करते हैं कि निर्धन और अभागे लोगों की उपेक्षा की और जातपांत के नियमों या उनकी कठोरता को समाप्त करने अथवा कम करने के लिए अपने प्रभाव का उपयोग नहीं किया।' (113. 96)

रिस डेविड्स (113. i. 96) की भांति हम भी यही कहेंगे कि 'ये दोनों मत समान रूप से अनैतिहासिक हैं' यद्यपि हमारे तर्क का आधार इस प्रमुख विद्वानों के तर्क से भिन्न होगा। किंतु आइए पहले हम इन दो मतों को देखें। ऐसा प्रतीत होता है कि रिस डेविड्स स्वयं भी बुद्ध को दलित लोगों के साथ सहानुभूति रखने वाला व्यक्ति मानते थे।

> पहली बात तो यह है कि जहां तक उनके अपने धर्म अथवा संघ का संबंध है, और जिस पर उनका पूरा नियंत्रण था, उन्होंने जन्म, व्यवसाय और सामाजिक प्रतिष्ठा से उत्पन्न विशेष लाभों अथवा सुविधाओं या असुविधाओं की पूर्णतया उपेक्षा कर दी और धार्मिक या सामाजिक दूषणता संबंधी मनमाने नियमों के कारण उत्पन्न सभी बाधाओं

> और अयोग्यताओं को समाप्त कर दिया। (वही। i.102)

इस प्रकार के विचार को उचित बताने के लिए नीचे कुछ प्रमाण दिए जाते हैं। स्वयं बुद्ध ने कहा है कि :

> हे शिष्यो, जिस प्रकार बड़ी बड़ी नदियां चाहे वे जितनी भी हो : गंगा, यमुना अचिरावती, सरयू, माही आदि जब महासागर में पहुंचती हैं तो वे अपना पुराना नाम-धाम त्याग देती हैं और उनका केवल एक नाम 'महासागर' हो जाता है उसी प्रकार हे शिष्यो, ये चार जातियां, क्षत्रिय, ब्राह्मण, वैश्य और शूद्र जब तथागत के द्वारा निर्दिष्ट नियमों के अनुसार अपना घर त्याग देते हैं और गृहविहीन अवस्था में आ जाते हैं तो अपना पुराना नाम व वंश त्याग देते हैं और फिर उनका केवल एक नाम रह जाता है, भिक्षु जो साक्य वंश के बुद्ध के अनुयायी हैं, । (7.152)

वास्तव में बुद्ध के उपदेश जन्म और वंशगत अभिमान के पूर्णतया विपरीत पड़ते थे :

> प्रज्ञा और सदाचार की श्रेष्ठतम पूर्णता में—जन्म या वंश या इस गर्वोक्ति के लिए कोई स्थान नहीं है कि 'तुम उतने ही प्रतिष्ठत हो जितना कि मैं' या 'तुम उतने प्रतिष्ठत नहीं हो जितना मैं।' इस प्रकार की चर्चा केवल विवाह संबंध तय करते समय होती है। क्योंकि हे अम्बथ, जो व्यक्ति जन्म, कुल या सामाजिक प्रतिष्ठा या वैवाहिक संबंधों की श्रेष्ठता के विचारों के बंधन में जकड़े हुए हैं वे उत्कृष्ट प्रज्ञा और सदाचार से परे हैं। इस प्रकार के बंधनों से मुक्ति पाकर ही व्यक्ति पूर्ण सद्बुद्धि और सदाचार वाला बन सकता है। (113. ii. 123)

इससे यही निष्कर्ष निकलता है कि बौद्ध संघ में ऊंची और नीची जाति यहां तक कि राजा और दास के बीच भी कोई भेद नहीं रहा होगा। एक बार बुद्ध ने राजा अजात शत्रु से प्रश्न किया कि यदि राजगृह का कोई भेद नहीं रहा होगा। एक बार बुद्ध ने राजा अजातशत्रु से प्रश्न किया कि 'यदि राजगृह का कोई दास प्रासाद छोड़कर भगवे वस्त्र धारण करके संघ में आ जाए और मन, कर्म और वचन से भी किसी प्रकार की कोई गलती न करते हुए एक भिक्षु का जीवन व्यतीत करे तो क्या आप तब भी यह कहेंगे कि उस व्यक्ति को लौट आना चाहिए और फिर से दास बन जाना चाहिए ?' और राजा ने उत्तर दिया :

> नहीं प्रभु, हम तो उसका आदर करेंगे, आसन छोड़कर खड़े हो जाएंगे और उसे आसन ग्रहण करने का आग्रह करेंगे। और हम उससे वस्त्र, पात्र, विश्राम स्थल, और रोगियों के लिए औषधि (ये सभी वस्तुएं तपस्वियों या वैरागियों के उपयोग की हैं) ग्रहण करने का अनुरोध करेंगे। और फिर हम नियमानुसार उसकी सुरक्षा की व्यवस्था भी करेंगे। (वही. i. 77)

कहा जाता है कि बुद्ध ने बहुजन हिताय बहुजन सुखाय के लक्ष्य और देवताओं तथा मनुष्यों के लिए, कल्याण और सुख की प्राप्ति के लिए अपने को समर्पित कर दिया (7. 153) इसलिए कोई आश्चर्य की बात नहीं कि कई छोटी जातियों के लोग बुद्ध के धर्म संघ में महत्वपूर्ण पदों पर पहुंचे। रिस डेविड्स ने एक रोचक सूची तैयार की है :

> बुद्ध के संघ के अत्यंत महत्वपूर्ण व्यक्तियों में से एक था उपालि जो संघ के नियमों के अनुसार गौतम के पश्चात प्रमुख पद पर आसीन था। वह पहले नाई था। उसके व्यवसाय को घृणित व्यवसायों में माना जाता था। इसी प्रकार सुनीत भी एक नीची जनजाति 'पुक्कुस' से आया था, जबकि वह उन बंधुओं की श्रेणी में था, जिनकी रचना, थेरगाथा में सम्मिलित करने के लिए चुनी गई थीं। जबरदस्त नास्तिकता का प्रचारक सती नामक व्यक्ति धीवर

जाति का था। धीवरों को बाद में नीची जाति माना गया था वैसे उन दिनों में भी बर्बरता के कारण लोगों को इस व्यवसाय से घृणा थी। नंद एक ग्वाला था। दो पंथक, एक कुलीन परिवार की अविवाहित कन्या से किसी दास के साथ उसके यौन संबंध के फलस्वरूप उत्पन्न हुए थे। ...चापा नामक लड़की एक शिकारी की पुत्री थी। पुन्ना और पुन्निका दास पुत्रियां थीं। सुमंगलमाता सनीठे के वनों में काम करने वाले लोगों की पुत्री और पत्नी थी। सुभा एक लोहार की लड़की थी। निःसंदेह और उदाहरण भी दिए जा सकते हैं, जब कुछ और ग्रंथ प्रकाशित होंगे तो ऐसे कई अन्य उदाहरण मिलेंगे। (113. i.102)

कुछ अन्य विद्वानों ने बौद्ध धर्म को देखने के इस दृष्टिकोण को कड़ी चुनौती दी है। ओल्डनवर्ग का कहना है कि :

आज के युग में इतिहास की विवेचना करने वालों को धार्मिक आंदोलनों के सामाजिक प्रभाव को प्रमुखता देकर या इनके प्रभाव का पता लगा कर इन आंदोलनों के संबंध में अपने ज्ञान की वृद्धि करने में बहुत सुख मिलता है। हम भलीभांति समझ सकते हैं कि इतिहासकारों की इस प्रवृत्ति ने बुद्ध को किस प्रकार एक ऐसा समाजसुधारक बना दिया जिसने जातपांत के बंधनों को तोड़ा और जिस धर्मसंघ की उसने स्थापना की थी उसमें निर्धनों और दलितों को स्थान दिया। किंतु जो भी व्यक्ति बुद्ध के प्रयासों का वर्णन करने का प्रयत्न करता है, उसे यदि सत्य में निष्ठा है, तो इस विचार का दृढ़ता से खंडन करना होगा कि बुद्ध की प्रसिद्धि उसके समाजसुधार के कारण हुई थी। यदि कोई व्यक्ति यह कहता है कि बौद्ध धर्म में लोकतंत्र था तो उसे यह याद रखना चाहिए कि राष्ट्रीय जीवन का पुनर्निर्माण, एक आदर्श राज्य की स्थापना, या कोई आदर्श धर्म चलाने जैसी वातें बौद्ध धर्म के संघ के लिए पूर्णतया वाह्य थीं। उस समय भारत में सामाजिक उथल पुथल जैसी कोई बात नहीं थी। बुद्ध के स्वभाव में वह उत्साह और लगन ही नहीं थी जो पीड़ितों को अत्याचारियों से बचाने का बीड़ा उठाने वाले लोगों में होती है। राज्य और समाज जैसे हैं वैसे ही रहने दो। इनके संचालन और क्रियाकलाप के साथ ऐसे धार्मिक व्यक्ति का कोई संबंध नहीं होना चाहिए। जिसने भिक्षु बनकर संसार को त्याग दिया है, उसके लिए वर्ण भेद का कोई मूल्य नहीं है, क्योंकि अब उस पर सांसारिक बातों का कोई प्रभाव नहीं होता। किंतु उसको यह विचार कभी नहीं आता कि जो लोग सांसारिक परिस्थितियों में फंसे हुए हैं और उससे बहुत पीछे रह गए हैं उनके कल्याण के लिए वह वर्ण व्यवस्था को समाप्त कराने या उसके नियमों की कठोरता को तोड़ने का प्रयास करे। (7. 153-4)

यहां तक कि संघ की सदस्यता सभी जातियों के लोगों के लिए खुली रहने की बात, जिसके बारे में अन्य विद्वानों ने इतना कुछ कहा है, बुद्ध धर्म की नवीनता नहीं थी :

बुद्ध के समय से पूर्व, संभवतः उसके काल से बहुत पहले ऐसे धार्मिक संप्रदाय थे जिनमें सभी जातियों की स्त्रियों और पुरुषों को सम्मिलित किया जाता था। (वही, 154)

और यदि गौर करें तो संघ के अंदर सबकी समानता औपचारिकता मात्र थी :

...बुद्ध को घेरे रखने वाले वास्तविक लोगों और प्रारंभिक धर्माचार्यों में जो लोग थे उन्हें देखने से प्रतीत होता है कि समानता के सिद्धांत का पालन नहीं होता था—प्राचीन बुद्ध धर्म में कुलीन व्यक्तियों के प्रति विशेष झुकाव बना हुआ प्रतीत होता है जो अतीत की देन था। (वही, 155)

नीचे कुछ उदाहरण दिए जाते हैं : 'धर्म का प्रचार करने वाले विश्व के प्रथम प्रचारक' तापस और भल्लिक व्यापारी वर्ग से थे (वही, 119), तब बनारस में उपदेश के पश्चात :

···शीघ्र ही बुद्ध में आस्था रखने वालों की संख्या बढ़ी। बाद में संघ में आने वाला दूसरा व्यक्ति यसं था जो बनारस में एक संपन्न परिवार का सदस्य था; उसी की भांति उसके माता-पिता और पत्नी, बुद्ध का प्रवचन सुनते ही सामान्य बंधु और सामान्य भगिनी की भांति इस धर्म के अनुयायी बन गए। इसी यस के बहुत से मित्र, बनारस और उसके आसपास के स्थानों में रहने वाले अग्रगण्य परिवारों के युवक युवतियां संघ में शामिल होते हैं। (वही, 131)

तब उरुवेल में बुद्ध के बहुत से चमत्कारों का आरंभ एक सर्पराज को वश में करने से हुआ और इस प्रकार एक हजार ऐसे ब्राह्मण बुद्ध मतावलंबी बन गए जो पहले कस्सप परिवार के तीन भाइयों के नेतृत्व में साधु बने हुए थे। (वही, 132) उरुवेल से एक हजार से अधिक भिक्षुओं के साथ बुद्ध मगध की राजधानी राजगृह गए और मगध नरेश, सेनिय बिंबिसार और मगध के ब्राह्मण तथा कुलीन परिवारों के बारह सदस्य बुद्ध का प्रवचन सुनने गए और उनके अनुयायी बन गए। (वही, 133) यहीं पर राजगृह में दो ब्राह्मण युवक सारिपुत्त और मोग्गल्लान, जो पहले 'परिब्बाजक' के अनुयायियों के रूप में धार्मिक जीवन बिता रहे थे, गेरुवे वस्त्र पहन कर संघ में सम्मिलित हुए (वही, 133-4) अंततः सारिपुत्र और मोग्गल्लायन बुद्ध के पश्चात प्रथम श्रेणी के भिक्षुओं के रूप में प्रतिष्ठित हुए। इस प्रकार हमें बुद्ध धर्म की दीक्षा लेने वाले प्रारंभिक व्यक्तियों के बारे में कुछ जानकारी होती है। जैसाकि ओल्डनवर्ग ने समापन करते हुए कहा है :

···यहां हैं सारिपुत्त, मोग्गल्लायन जैसे युवक ब्राह्मण, आनंद, राहुल, अनिरुद्ध जैसे कुलीन कुल के सदस्य, यस जैसे लोग जो बड़े बड़े व्यापारियों और नगरपरिषद के गणमान्य व्यक्तियों के पुत्र थे, अनिवार्यतः ये सब लोग और युवक तत्कालीन समाज के अत्यंत कुलीन वर्गों के थे और उनकी शिक्षा भी उनके सामाजिक स्तर के अनुरूप थी। (वही, 156)

जो लोग 'बुद्ध धम्म' और संघ की शरण में गए थे उनमें हमें राजकुमार और कुलीन व्यक्ति, ब्राह्मण और व्यापारी भी दिखाई देते हैं जो उपासक बन गए। ऐसा प्रतीत होता है कि यहां भी संपन्न और बड़े घरों के लोग शामिल थे; बौद्ध धर्म में संभवतः ऐसा नहीं था कि निर्धन, अभागे और दुःखी जनों को कोई संबल दिया जाए। अनुयायियों में प्रमुख व्यक्तियों की श्रेणी में बुद्ध के दो मित्र थे जिनमें से एक मगध का राजा बिंबिसार था और दूसरे कौसल नरेश पसेनदि। दोनों की आयु लगभग बुद्ध जितनी ही थी और वे जीवन भर बौद्ध धर्म के सच्चे रक्षक बने रहे। (वही, 163)

यह भी याद रखा जाना चाहिए कि राजाओं और अमीर व्यापारियों ने बुद्ध को बड़े मूल्यवान उपहार दिए थे। राजा बिंबिसार का क्रीड़ावन 'वेलुवन' बुद्ध और उनके संघ को भेंट में दे दिया गया था बुद्ध द्वारा स्वीकार किया जाने वाला यह प्रथम, 'आराम' था। और एक नियम पारित करके भिक्षुओं को इस प्रकार का 'आराम' स्वीकार करने की अनुमति दे दी गई थी। (79.ii.936)

जब महिंद ने 'देवानांपियतिस्स' से अनुराधापुर में महामेघवन की भेंट स्वीकार करने का निश्चय किया तो उसने वेलुवन भेंट किए जाने की घटना का दृष्टांत दिया था। (वही, ii.936 टि.)

किंतु इस प्रकार के उपहारों में से श्रेस्ठतम उपहार महान श्रेष्ठी (सेठ) अनार्थापिडिक ने दिया था। उसने सावत्थि (श्रावस्ती) के निकट एक क्रीड़ा उद्यान जेतवन भेंट कर दिया था :

जब बुद्ध ने सावत्थि आने का अनाथपिंडिक का निमंत्रण स्वीकार कर लिया तो उसने बुद्ध के निवास के लिए कोई उचित स्थान खोजते समय इस उद्यान का पता लगाया जो जेतकुमार का था। अनाथपिंडिक ने जब इसे खरीदने की अनुमति मांगी तो जेतकुमार ने उत्तर दिया : 'आप चाहे इस सारे स्थान को मुद्राओं से आच्छादित कर दें तो भी नहीं बेचूंगा।' इस पर अनाथपिंडिक ने कहा कि मैं इस मूल्य पर यह उद्यान खरीद लूंगा। और जब जेतकुमार ने कहा कि यह सौदा करने का मेरा कोई इरादा नहीं है तो यह मामला न्यायाधीश के समक्ष लाया गया जिन्होंने निर्णय दिया कि यदि उक्त मूल्य चुका दिया जाए तो अनाथपिंडिक को इसे खरीदने का अधिकार है। अनाथपिंडिक ने बड़ी बड़ी बैलगाड़ियों में स्वर्ण मुद्राएं भरवाकर मंगवाईं और एक दूसरे के साथ सटा कर मुद्राएं रखी गईं और इस प्रकार सारे जेतवन को ढक दिया गया। पहली बार जब मुद्राएं लाई गईं तो देखा गया कि मुख्य द्वार के निकट के छोटे से हिस्से को ढकने के लिए भी पर्याप्त नहीं थीं। तब अनाथपिंडिक ने और मुद्राओं के लिए अपने अनुचर दौड़ाए, किंतु उसकी निष्ठा और आस्था को देख कर जेतकुमार को प्रेरणा मिली और उसने यह भूखंड भेंट में देने की अनुमति मांगी। अनाथपिंडिक सहमत हो गया और जेतकुमार ने वहां एक बड़ा द्वार बनवाया जिसके ऊपर एक कक्ष भी था। अनाथपिंडिक ने उद्यान के अंदर निवासकक्ष, विश्रामकक्ष, भंडारकक्ष और बड़े बड़े सेवाकक्ष, आग तापने, सामान रखने की व्यवस्था वाले विशालकक्ष, भिक्खुओं के रहने के लिए स्थान, व्यायाम आदि के कक्ष, कुंवें, स्नानागार, तालाब और खुले तथा छत वाले स्थान, आदि का निर्माण कराया।...कहा जाता है कि स्वयं अनाथपिंडिक ने इस उद्यान को खरीदने और वहां विभिन्न भवनों के निर्माण पर 54 करोड़ रुपए के मूल्य की मुद्राएं खर्च कीं। (वही, i.963-4)

हम यह तो मान सकते हैं कि इस कहानी में स्पष्टतया कुछ अतिशयोक्ति है लेकिन यह पूर्णतया अस्वीकार नहीं की जा सकती :

केवल धर्मग्रंथों से ही नहीं बल्कि स्मारकों से, जैसे हाल की खुदाई में मिले भरुहुत स्थित स्तूप पर उत्कीर्ण आलेखों से भी यह विदित होता है कि बौद्ध धर्म के प्रारंभिक दिनों से ही अनाथपिंडिक के इस उपहार को कितना उच्च महत्व दिया गया था। (7.144)

और कहा जाता है कि (सांकृत्यायन : द. दी. 541) बुद्ध ने ऐसे नियम बनाए जो राजाओं और व्यापारियों और साहूकारों के लिए निश्चित रूप से लाभकारी थे। इसके रोचक उदाहरण 'विनय पिटक' के 'महावग्ग' में मिलते हैं। राजा बिंबिसार के कुछ सैनिकों ने सेना से भागकर बुद्ध संघ की शरण ले ली। राजा को इस पर बहुत रोष हुआ। उसे संतुष्ट करने के लिए बुद्ध ने नियम बना दिया कि राजसेवा में रत किसी भी व्यक्ति को संघ में प्रवेश नहीं दिया जाए :

अब अनेक विख्यात योद्धाओं ने सोचा : 'हम लोग (युद्ध में) जाकर लड़ाई में आनंद लेते हैं और बहुत पाप करते हैं। अब हमें पाप से बचने और अच्छे काम करने के लिए क्या करना चाहिए ?' फिर इन योद्धाओं ने सोचा : 'ये साक्यपुत्तिय समन (अर्थात बौद्ध संघ के भिक्षु) वास्तव में सदाचार और शांति का पवित्र जीवन व्यतीत करते हैं; वे सत्यभाषी हैं; वे नैतिक धर्म का पालन करते हैं और सभी सदगुणों से संपन्न हैं। यदि हम साक्यपुत्तिय समनों से 'पब्बज्जा' (अर्थात संघ में प्रवेश की प्रारंभिक प्रव्रज्या जो अंतिम दीक्षा या उपसंपदा के लिए पूर्व तैयारी के रूप में होती है) ले लें तो हम पापाचार से बच सकते हैं और सदाचार का पालन कर सकते हैं।'

इसलिए ये योद्धा भिक्खुओं के पास गए और उनसे 'पब्बज्जा' देने का अनुरोध किया; भिक्खुओं ने उन्हें 'पब्बज्जा' और 'उपसंपदा' दीक्षा दी।
सेना के उच्च अधिकारियों ने सैनिकों से पूछा : 'क्या बात है कि अमुक अमुक योद्धा कहीं दिखाई नहीं देसे।
'श्रीमन् इन योद्धाओं ने भिक्षुओं के पास जाकर धार्मिक जीवन अपना लिया है।'

इसपर ये सैनिक अधिकारी रुष्ट हुए और उन्हें क्रोध आ गया :
'साक्यपुत्तिय समन राजकीय सेवा में रत व्यक्तियों को किस प्रकार प्रव्रज्या दे सकते हैं।'

इन सैनिक अधिकारियों ने यह सूचना मगध सम्राट सेनिय बिंबिसार को दी और मगध सम्राट सेनिय बिंबिसार ने न्याय अधिकारियों से पूछा : 'हे महानुभावो, उस व्यक्ति को क्या दंड मिलना चाहिए जो राजकीय सेवारत व्यक्ति को प्रव्रज्या देता है?'

महाराज, उपज्झा (अर्थात जो प्रव्रज्या देता है) का सिर काट लिया जाना चाहिए; जो व्यक्ति 'कम्मवच्च' का उच्चारण करता है उसकी जिह्वा खींच ली जानी चाहिए। जो लोग किसी याजक सभा का गठन करते हैं उनकी आधी पसलियां तोड़ दी जानी चाहिए।

तब मगध सम्राट सेनिय बिंबिसार उस स्थान पर गए जहां तथागत थे; निकट पहुंच कर विनयपूर्वक प्रणाम करके वे उनके सामने बैठ गए। फिर उन्होंने तथागत से कहा : 'प्रभु, कुछ नास्तिक राजा हैं जिनका धर्म में विश्वास नहीं है; इस बात की अशंका है कि वे छोटी छोटी घटनाओं को लेकर भिक्खुओं को कष्ट पहुंचाएं। इसलिए, भगवन, ये आदरणीय भिक्खु राजकीय सेवारत व्यक्तियों को 'पब्बज्जा' न दें'—इसके फलस्वरूप इस अवसर पर बुद्ध ने एक धार्मिक प्रवचन के पश्चात भिक्खुओं को संबोधित किया : 'हे भिक्खुओं, जो व्यक्ति राज्यसेवा में हो उसे पब्बज्जा नहीं मिलनी चाहिए। जो भी ऐसे व्यक्ति को पब्बज्जा देता है वह 'दुक्कट' अपराध (एक छोटा सा अपराध) का दोषी है। (एस. बी. ई. xiii. 194-6)

यह सच है कि अपराध के रूप में दुक्कट उतना गंभीर नहीं है जितना 'पाराजिक' आदि अन्य अपराध जिनका उल्लेख 'विनय पिटक' में आया है। किंतु इसका अर्थ यह नहीं है कि संघ के अंदर 'दुक्कट' कोई गंभीर अपराध नहीं था। और यह ध्यान देने योग्य बात है कि बुद्ध ने यह भी घोषणा की कि यदि कोई व्यक्ति किसी ऋणी या भागे हुए दास को 'पब्बज्जा' देता है तो वह इसी 'दुक्कट' अपराध का दोषी होगा :

उस समय एक व्यक्ति जिसके ऊपर कर्ज चढ़ा हुआ था, भाग गया और उसने जाकर भिक्खुओं से दीक्षा ले ली। उससे पैसा लेने वालों ने जब उसे देखा तो बोले, 'वह रहा हमारा कर्जदार; आओ हम उसे ले चलें (कारागार की ओर)।' लेकिन कुछ लोगों ने उत्तर दिया : 'श्रीमन् ऐसा न करिए। मगध सम्राट सेनिय बिंबिसार ने राजाज्ञा जारी की है : 'जो लोग साक्यपुत्तिय समनों द्वारा दीक्षित हैं उन्हें कोई व्यक्ति हानि न पहुंचाए; उनका दर्शन अच्छा है; दुख के पूर्ण निवारण के लिए उन्हें पवित्र जीवन व्यतीत करने दो।'

लोग झुंझलाहट और क्रोध से बड़बड़ाने लगे : 'वस्तुतः ये साक्यपुत्तिय समन तो प्रत्येक बात

से मुक्त हैं; उनके विरुद्ध कुछ करने की अनुमति नहीं है। किंतु वे किसी कर्जदार व्यक्ति को किस प्रकार संघ में प्रविष्ट कर सकते हैं?'

उन्होंने यह बात बुद्ध तक पहुंचाई।

'हे भिक्षुओ, किसी भी कर्जदार को 'पब्बज्जा' नहीं मिलनी चाहिए। जो भी किसी कर्जदार व्यक्ति को पब्बज्जा देता है वह वह दुक्कट अपराध का दोषी है। (वही. xiii. 199)

राहुल सांकृत्यायन (द. दी. 541) का कहना है कि इस प्रकार के नियम को इस तथ्य के संदर्भ में देखना चाहिए कि उन दिनों यदि किसी कर्जदार के साथ इतनी संपत्ति नहीं होती थी कि उसे कुड़क कर लिया जाए तो साहूकार को यह विधि सम्मत अधिकार था कि वह कर्जदार के शरीर को अपने अधिकार में ले ले अर्थात उसे अपना दास बना ले। इसीलिए बहुत से कर्जदार व्यक्ति इस निरंकुश नियम से बचने के लिए बौद्ध संघ की शरण लेने भागते थे। किंतु बुद्ध ने यह नियम बनाकर बचाव के इस सरल उपाय को समाप्त कर दिया। हमने राजा अजातसत्तु और बुद्ध के बीच हुए जिस वार्तालाप का अभी उल्लेख किया उसका सार कुछ भी रहा हो किंतु तथ्य यह है कि भागे हुए दासों के प्रति यह दृष्टिकोण कोई बहुत अच्छा नहीं था। 'विनय पिटक' में स्पष्ट रूप से यह घोषणा कर दी गई कि किसी भी भागे हुए दास को संघ में शरण न दी जाए। ऐसा उल्लेख आया है कि बुद्ध ने कहा :

'हे भिक्षुओ, किसी भी दास को पब्बज्जा नहीं मिलनी चाहिए। जो भी किसी दास को पब्बज्जा देता है वह दुक्कट अपराध का दोषी है।' (एस. बी. ई. xiii. 199)

यदि इस प्रकार के लेखांश वास्तव में प्रामाणिक हैं, (वही. xiii. भूमिका. xxv) तो हमें ओल्डनवर्ग के इस कथन पर संदेह करने का कोई अधिकार नहीं है कि बुद्ध ने इस पृथ्वी से दुख निवारण का जो मीमांसीय सिद्धांत प्रतिपादित किया, उसका उद्देश्य अपना खून पसीना बहाने वाले साधारण जनों के वास्तविक दुःखों को दूर करना नहीं था : 'निम्न जातियों के लोगों, मेहनत मजदूरी करने वालों और अपने अस्तित्व के लिए संघर्षमय जीवन व्यतीत करने वालों के लिए, हर प्रकार के जीवन के साथ दुःख जुड़ा होने की घोषणा नहीं की गई।' (7. 157)

2. निर्णायक प्रश्न

किंतु आरंभिक बौद्ध धर्म के प्रति ये दोनों दृष्टिकोण ऐतिहासिक दृष्टि से संतोषजनक नहीं हैं। यह सच है कि आरंभिक दिनों से ही बौद्ध धर्म को राजाओं और व्यापारियों का संरक्षण तथा प्रोत्साहन मिला हुआ था। यह भी सच है कि बुद्ध के अग्रणी साथियों में उस समय के बहुत से संपन्न और कुलीन परिवारों के लोग थे। इसके अलावा जैसाकि हम देखेंगे, बौद्ध धर्म ने मगध साम्राज्य और मगध के व्यापार के विस्तार में सहायता भी की। फिर भी बौद्ध धर्म में केवल यही बातें थीं, ऐसा विचार बड़ा अपरिपक्व होगा। अन्य शब्दों में, बौद्ध तो अनजाने ही इतिहास का एक साधन मात्र बन गए थे और बुद्ध धर्म की स्थापना ही ऐसी परिस्थितियों में हुई थी कि उसे भारतीय इतिहास में संभवतः सबसे बड़ा सामाजिक-धार्मिक आंदोलन बनना था। राजाओं और व्यापारियों का संरक्षण इतना अधिक नहीं था कि वह इस की उल्लेखनीय सफलता का मूल आधार बनता। क्योंकि बौद्ध धर्म के पवित्र ग्रंथों में इस धर्म के अनुयायियों में साधारण जनों की संख्या भले ही बढ़ा चढ़ा कर दी गई हो तो भी इस तथ्य को मानना ही होगा कि जनसाधारण इस धर्म की ओर आकृष्ट तो हुआ ही था। हो सकता है कि वर्गभेद अर्थात जात-पांत प्रणाली के कारण होने वाले अन्याय या ब्राह्मणों के कर्मकांड की निरर्थकता के प्रति बुद्ध के विचारों के कारण

ही साधारण जन इसकी ओर आकृष्ट हुए हों। किंतु प्रारंभिक बौद्ध धर्म की सफलता का वास्तविक कारण कहीं और खोजना होगा। प्रश्न यह है कि प्रारंभिक बौद्ध धर्म में वह कौन सी विशेषता थी जिसने एक ओर तो लोगों को आकृष्ट किया और साथ ही व्यापार और साम्राज्य के विस्तार में सहायक हुआ ? इस प्रश्न का समुचित ढंग से उत्तर देने के लिए हमें बौद्ध धर्म को ऐतिहासिक परिप्रेक्ष्य में देखना होगा। जब हम ऐसा कहते हैं तो हमें एक विचित्र स्थिति देखने को मिलती है जिसमें समकालीन धार्मिक नेताओं अथवा साधु संतों में से केवल बुद्ध ही अपने काल के लोगों को स्वतंत्रता, समता और भ्रातृत्व का धर्म उपलब्ध करा सके जबकि वास्तविकता यह थी कि सामाजिक प्रवृत्ति के नियमों के अनिवार्य परिणामस्वरूप इस स्वतंत्रता, समता और बंधुत्व को कुचला जा रहा था। इसी परिस्थिति में हमें प्रारंभिक बौद्ध धर्म के वैभव और सीमा का पता चलता है।

3. असमान विकास

हम यहां अपनी बात बुद्धकालीन भारत में विकास की समानता से प्रारंभ करते हैं। गंगा की घाटी में ईसा पूर्व लगभग 6 सौ वर्ष पहले कई सामाजिक समूह भिन्न भिन्न अस्तित्व लिए हुए विकास के भिन्न भिन्न चरणों में थे। (21. 140) ईसवी सन की दूसरी शताब्दी (ई. आर. ई.) में लिखे गए एक संस्कृत बौद्ध ग्रंथ 'अवदान शतक' में हमें एक उल्लेखनीय वाक्य मिलता है जिससे बौद्धकालीन उत्तरपूर्वी भारत में सामाजिक विकास की मूलभूत विशेषताओं का सारांश मिलता है। यह वाक्य उत्तरी भारत के मध्यवर्ती भाग के व्यापारी समूह की कथा में आता है जो दक्षिण को गया था। दक्षिण के राजा ने उनसे पूछा : 'भद्र व्यापारियों, वहां किस राजा का शासन है (अर्थात उत्तरी भारत में) ?' व्यापारियों ने उत्तर दिया : 'महाराज वहां के कुछ क्षेत्रों में गणों का शासन है जबकि कुछ अन्य क्षेत्रों में राजा शासन चलाता है : 'देव, केचित् देशाः, गुणाधिना केचित् राज धिनाः इति'। (37. i. 31)

वस्तुतः बौद्धकालीन भारत में ऐसी ही आर्थिक और सामाजिक असमानता थी। उन दिनों कुछ ही क्षेत्र ऐसे थे जहां राज सत्ता और राजाओं के शासन की प्रणाली का उदय हो रहा था जबकि अन्य क्षेत्रों में प्रशासनिक कामकाज तब भी जातियां अथवा जनजातीय सभाएं चला रही थीं। ये अनिवार्यतः असभ्य जनजातियां नहीं थीं, क्योंकि इनमें से कुछेक तो विकास के ऐसे चरण में पहुंच चुकी थीं जहां जनजातीय संगठन का आंतरिक विघटन आरंभ हो चुका था।

बौद्ध धर्म के उदय के लिए इस विषमतापूर्ण विकास के महत्व को समझने के लिए हमें यह भी याद रखना है कि प्रारंभिक काल के शासक दूसरों को पराजित करने और अपने राज्य का विस्तार करने के अभियान में बड़े योजनाबद्ध ढंग से तत्कालीन स्वतंत्र जनजातियों का समूल विनाश कर रहे थे। और जहां जहां उनका सीधा प्रभुत्व हो चुका था, 'वहां लोभ की नीच वृत्ति' बर्बरता, कामुकता, परस्पर घृणा, अपने स्वार्थ के लिए सार्वजनिक संपत्ति को लूटने' जैसी बातें हो रही थीं जो हाल तक के जनजातीय जीवन में नहीं थी। इतिहास के इसी क्रांतिक काल में बुद्ध आगे आए और कहा कि उन्होंने सभी समस्याओं का वास्तविक समाधान ढूंढ निकाला है। उन्होंने लोगों से अपने धर्म संघों में सम्मिलित होने को कहा। जैसाकि हम देखेंगे, इन संघों में जनजातियों वाले लोकतंत्र की प्रणाली थी। इस प्रकार ये संघ एक विलुप्त हो चुकी जीवन-पद्धति के श्रेष्ठतम विकल्प थे।

किंतु आश्चर्य की बात है कि कोसंबी (जे. बी. बी. आर. ए. एस. xxvii. ii. 180-213; 21. छठा अध्याय) को छोड़ कर अन्य सभी आधुनिक विद्वानों ने बौद्ध काल के भारतीय इतिहास

की इस विशेषता और प्रारंभिक बौद्ध धर्म में इसकी विचारधारा के लक्षणों की ओर कोई ध्यान नहीं दिया। यहां तक कि फ़िक (56- अध्याय xi-ii) ने जातक कथाओं का जो अनुपम विश्लेषण किया, उसमें बुद्धकालीन भारत में जनजातियों की सामाजिक व्यवस्था की ओर बहुत सुसंगत ढंग से ध्यान नहीं दिया गया। निस्संदेह, रिस डेविड्स ने 'कबीलों' और उनके रीति रिवाजों की चर्चा की है। (112. अध्याय ii.) किंतु उन्होंने कबीलों की व्यवस्था के वास्तविक स्वरूप को स्पष्ट रूप से उजागर नहीं किया, और उन्होंने प्रारंभिक बौद्ध संघ और विचारधारा पर इनके संभावित प्रभाव का प्रश्न उठाया। यह सत्य है कि जायसवाल (47. i. 45-55) ने साहसपूर्वक तर्क दिया कि बुद्ध अपने समय के इन गणों या संघों को अपने भिक्षु संघ का आदर्श मानते थे। मजूमदार (76. 286-328) ने कुछ बौद्ध संघों के संबंध में इसी दृष्टिकोण से कुछ रोचक टिप्पणियां की हैं। किंतु गणों या संघों के असली रूप को न समझ सकने के कारण इन टिप्पणियों का कोई महत्व नहीं रहा। जायसवाल ने इन गणों या संघों को प्राचीन लोकतांत्रिक राज्य समझा, जबकि मजूमदार ने इन्हें 'सामूहिक जीवन' कहा जो इतनी अस्पष्ट सी बात है कि इसका कोई अर्थ नहीं है। स्वाभाविक है कि उनके मन में यह प्रश्न नहीं उठा कि बुद्ध ने अपने धर्म संघ की स्थापना अपने काल की जनजातीय सामाजिक व्यवस्था के अनुरूप क्यों की, और इस संगठनात्मक प्रणाली की अभिव्यक्ति सैद्धांतिक स्तर पर किस प्रकार की।

भारतीय दर्शन के मानक स्तर के इतिहास इस स्थिति को और गड़बड़ा देते हैं। सामान्यत: इनमें प्रारंभिक बौद्ध धर्म को एक प्रकार का स्वयंसिद्ध सत्य और सद्विचारों तथा आदर्शों का संकलन मान लिया गया है, मानो ये विचार, ब्राह्मणीय कर्मकांड के विकारयुक्त विकास के विरुद्ध बुद्ध की व्यक्तिगत पवित्रता, त्याग और तापस जीवन के रूप में प्रतिक्रिया हों। राधाकृष्णन के लेखन को इसका एक विशिष्ट उदाहरण समझा जा सकता है :

> कोई भी कल्पनाशील व्यक्ति जब यह देखेगा कि ईसा से 6 सौ वर्ष पूर्व भारत में एक राजकुमार था जिसकी आध्यात्मिक अनाशक्ति, भव्य भाववाद, उत्कृष्ट जीवन और मानव जाति के प्रति स्नेह की बराबरी न तो उससे पहले और न उसके बाद कोई कर सका तो वह आश्चर्यचकित रह जाएगा। (105. i. 347)

उस समय की परिस्थितियों की चर्चा करते हुए उन्होंने कहा कि निस्संदेह 'तब एक विशाल भारतीय साम्राज्य नहीं था बल्कि कुछ निश्चित जनजातियों और कबीलों के रजवाड़े थे जो छोटे छोटे राज्य स्थापित करने का प्रयत्न कर रहे थे'। (वही. i. 352) लेकिन यह एक साधारण सी टिप्पणी थी और बौद्ध धर्म के उद्भव को समझने के लिए इसमें कोई गंभीर निष्कर्ष नहीं निकाला गया था। उनके अनुसार वास्तविक परिस्थितियां आध्यात्मिक या आदर्शवाद के तत्वों से भरी थीं :

> उन दिनों का वातावरण परस्पर विरोधी कल्पनाओं और धारणाओं से ओतप्रोत था जिन्हें कुछ लोग स्वीकार कर रहे थे तो कुछ अन्य लोग उनसे सहमत नहीं थे और ये कल्पनाएं और सिद्धांत भिन्न भिन्न व्यक्तियों के अनुसार भिन्न भिन्न थे जिनसे इनके प्रतिपादकों के व्यक्तिगत चरित्र, भावनाओं और इच्छाओं की झलक मिलती है। (वही.)

राधाकृष्णन के अनुसार मानसिक असंतोष की इन्हीं परिस्थितियों ने बौद्ध धर्म के उदय होने में वास्तविक सहायता की :

> बुद्ध ने आलोचना और बोध के युग की अनिवार्य त्रुटियों को बड़ी उग्रता से अनुभव किया। यह एक ऐसा युग था जब प्राचीन विश्वास दुर्बल हो रहे थे और ब्रह्मज्ञान संबंधी परिकल्पनाएं किसी स्वप्न की भांति विलुप्त हो रहीं थी। मनुष्य की आत्मा असंतोष और

> निराशाजनक असहमति से भरी हुई थी और साथ ही लोग आध्यात्मिक बातो में विश्वास नहीं कर पा रहे थे बल्कि वे किसी नए सिद्धांत की खोज में थे। इस युग की खोज की भावना, प्रारंभिक बौद्ध धर्म की भावना में प्रतिबिंबित हुई। बुद्ध ने इस बात को उजागर किया कि मानव मन सत्यं शिवं और सुंदरम् का जिज्ञासु है। (वही. i 357)

कवित्व की दृष्टि से यह अंश बहुत ही सुंदर है किंतु आइए कविता को छोड़ कर इसमें निहित तथ्यों को देखें।

4 जनजातियां और राज्य

थामस ने प्रारंभिक बौद्ध धर्म के भौगोलिक प्रभावक्षेत्र के संबंध में एक अति श्रेष्ठ टिप्पणी की है। जिसमें कहा गया है: बौद्ध धर्म आज के दक्षिण बिहार, पश्चिम बंगाल और गंगा के दक्षिणी भागों में था। यह मगध देश था जिसकी राजधानी राजगृह (राजगीर) थी। इनके पूर्व दिशा में अंग जनपद था जिसका मुख्य नगर चंपा था। मगध साम्राज्य के उत्तर में और गंगा के दूसरी ओर वज्जी जनजातियां थीं (प्रमुख नगर वैशाली) और इससे आगे उत्तर की ओर मल्ल जन थे। मगध के पश्चिम में काशी जनपद था, जिसका प्रमुख नगर गंगा के तट पर बसा हुआ बनारस था। कोसल राज्य (राजधानी सावत्थि या श्रावस्ती) काशी जनपद के उत्तर में हिमालय तक फैला हुआ था और उत्तरी सीमाओं पर शाक्य जन बसे हुए थे। इनके पूर्व में कोलीय थे। ये सब जनजातियों के नाम थे और इन्हें अंग, मगध आदि क्षेत्रीय नामो के रूप में प्रयोग में लाना भ्रामक है। ईसा पूर्व छठी शताब्दी में मगध और कोशल जनपद दो प्रतिद्वंद्वी राज्यों के रूप में जन-जातीय संगठनों से विकसित हुए थे। इनमें से काशी जनों को कोशलों ने और अंग जनों को मागधों ने अपने में विलीन कर लिया था। ये हैं वे लोग जो बुद्ध के जीवन की घटनाओं से संबंद्ध होने का कोई दावा कर सकते हैं। (45.13)

थामस ने शाक्यों जैसी उच्च जनजातियों के साथ साथ जंगली जातियों का उल्लेख नहीं किया,(21. 147) किंतु स्पष्ट है कि इन छोटी जनजातियों ने बौद्ध धर्म के उदय में कोई विशेष भूमिका नहीं निभाई। फिर भी बौद्ध ग्रंथों में मौर्य नामक एक अन्य जनजाति का उल्लेख है। 'महापरिनिब्बान सुत्त (113. ii. 189) में उल्लेख मिलता है कि 'पिप्फलिवन' के मौर्य जनों ने बुद्ध के पवित्र अवशेषों के कुछ अंश पर अपना दावा किया था। लेकिन उन्हें नगण्य सा भाग मिला। संभवतः इसलिए कि तब तक वे उतने महत्वपूर्ण नहीं हुए थे। लेकिन आगे चलकर शीघ्र ही यही मौर्य जन भारत के इतिहास में अत्यंत महत्वपूर्ण भूमिका निभाने वाले थे। प्रारंभिक शक्तिशाली राज्यों में से सबसे बड़ा मौर्य राज्य इन्हीं से बना। अशोक का दादा चंदगुत्त (चद्रगुप्त) मौर्य था। वह मोरिय जाति के सरदार की 'रानी' का पुत्र था। (79. ii. 673) अशोक की माता भी एक मोरीय राजकुमारी थी। (वहो) ऐसा कहा गया है कि यह नाम मोर शब्द से बना। (वही) इससे इन जनजाति के टोटमवादी उद्गम का संकेत मिलता है। मोरीय जनों का मोर पक्षी के साथ संबंध कभी भी पूर्णरूप से विलुप्त नहीं हुआ। उन्होंने जिस नगर की स्थापना की उसके भवन मोर की गर्दन की भांति नीले पत्थर के थे और नगर में हर समय मोर पक्षियों के स्वर सुनाई देते रहते थे। (वही) यहां तक कि यह कल्पना भी की जा सकती है कि गौतम (बेल) की भांति मोरीय भी मूलतः शाक्य जनजाति का एक कबीला था:

> कहा जाता है कि मोरीय जन वास्तव में कपिलवस्तु के शाक्य राजकुमार थे जो विदुडभ के आक्रमणों से बचने के लिए हिमालय क्षेत्रों में भाग गए थे और वहां जाकर उन्होंने नगर बसाया था। (वही)

यहां महत्वपूर्ण बात यह तथ्य है कि बुद्ध के समय में महान मौर्य राज्य के लोग अभी जनजातीय चरण में थे और तब तक वे बहुत अधिक प्रमुखता प्राप्त नहीं कर सके थे। इस प्रकार बौद्धकाल एक ऐसा युग था जब जनजातीय संगठनों के गर्भ में राज्य संगठनों का विकास होना आरंभ हुआ था अजौर मागधों तथा कौशलों के संदर्भ में वे जनजातीय संगठनों के अवशेषों पर पहले ही उद्भूत हो चुके थे। किंतु ये दो राजसत्ताएं अब भी जनजातीय समाज से घिरी हुई थीं। जैसाकि हम देखेंगे कि इन जातियों का स्वतंत्र अस्तित्व बहुत अधिक समय तक नहीं रह सका। इस दृष्टि से बुद्धकाल में गंगा की घाटी में अत्यंत महत्वपूर्ण सामाजिक उथल पुथल हुई।

यदि हम दो विकसित राज्यसत्ताओं, कौशल और मगध तथा उच्च जनजातियों यानी अंग, वज्जो शाक्य, काशी, कोलीय और मल्ल पर ध्यान दें तो सामाजिक परिवर्तनों का काफी स्पष्ट चित्र हमें मिल सकता है। हम शाक्यों से आरंभ कर सकते हैं। बुद्ध स्वयं शाक्य थे। यह याद रखना आवश्यक है कि उस समय शाक्य जनजातीय चरण में थे यद्यपि विकास के काफी उच्च स्तर तक पहुंच चुके थे। कुछ अग्रणी विद्वान भी इस तथ्य को नहीं पकड़ पाए। ओल्डनबर्ग ने कहा, शाक्य राज्य कुलीन लोगों द्वारा चलाए जाने वाले कुछेक ऐसे राज्यों में से था जो बड़े भारतीय राजतंत्र की बाह्य परिधि पर विद्यमान थे। राधाकृष्णन ने कहा :

> वह (बुद्ध) शाक्य राज्य का युवराज था····भौतिक जगत की रिक्तता को देखते हुए उसने सुख, सत्ता और राज प्रासाद के ऐश्वर्य को त्याग कर शाश्वत मूल्यों पर ध्यान लगाया और अपने साथियों के लिए इस जीवन की व्यर्थता और शारीरिक भ्रम से बचाव का मार्ग प्रशस्त किया। (105. i. 347-8)

इस प्रकार के विवरण भ्रामक हैं। शाक्य आखिरकार एक जनजाति थी। (79. ii. 969) उनमें वंशानुगत राजा बनाने की कोई प्रथा नहीं हो सकती थी जैसाकि मल्ल शेखर ने कहा, 'प्रत्यक्षतः शाक्यों का कोई राजा नहीं था। उनकी गणतांत्रिक सरकार थी और संभवतः समय समय पर नेता का चुनाव होता था'। (79. ii. 969) रिस डेविड्स ने और विस्तृत विवरण दिया है :

> कबीले का प्रशासनिक और न्यायिक काम काज जनसभा में होता था जिसमें कपिलवस्तु के संथागार में बूढे और युवक सभी उपस्थित रहते थे। ऐसा ही संसद या अधिवेशन में राजा पसेनदि द्वारा (अपने लिए शाक्यों की किसी कन्या को वधू बनाने) रखे गए प्रस्ताव पर विचार किया गया था। जब अम्बस्थ किसी कार्य से कपिलवस्तु गया तो संथागार में शाक्यों की सभा चल रही थी। जब आनंद मल्ल जनों के संथागार में बुद्ध के निर्वाण प्राप्ति की घटना की घोषणा करने गया तो इसी विषय पर विचार के लिए सभा चल रही थी। किसी एकनेता को पदाधिकारी के रूप में चुना जाना था जो जनसभाओं का सभापतित्व करता था और जिन दिनों सभाएं नहीं होती थीं तो राजकाज का संचालन करता था। यह नहीं कहा जा सकता कि उसका चुनाव किस विधि से और कितनी अवधि के लिए होता था। उसे राजा कहा जाता था जो रोम के कांडसल या ग्रीस के आरकन (प्रमुख अधिकारी) जैसा रहा होगा। हमें लिच्छिवियों की त्रिशासक प्रणाली जैसी प्रणाली कहीं और देखने को नहीं मिलती और न ही उपरोक्त मागधों तथा कौशलों के वास्तविक राजाओं की भांति कहीं अन्यत्र राजकीय प्रभुसत्ता के कार्यों का उल्लेख मिलता है। किंतु इतना हमें निश्चित रूप से देखने को मिला कि बुद्ध के एक युवा चचेरे भाई भद्दिय को एक बार राजा कहा गया और किसी अन्य ग्रंथ में बुद्ध के पिता शुद्धोदन को राजा कहा गया और कहीं कहीं उसे एक साधारण नागरिक की भांति शाक्य शुद्धोदन कह कर संबोधित किया गया। (112.13-4)

रिस डेविड्स ने बार बार जनजाति के लिए कबीले शब्द का प्रयोग भी किया है। और इसी कबीले के लिए राज्य शब्द का प्रयोग भी किया है। उन्होंने एक वास्तविक जनजातीय संगठन के लिए राज्य शब्द का प्रयोग किया जिससे भ्रम उत्पन्न हो सकता है। वास्तव में शाक्य जनजाति में बहुत से कबीले थे, जिनमें से एक कबीले गौतम के नाम से बुद्ध का नाम गौतम पड़ा :

> शाक्य जनजाति के अंदर संभवतः कई कबीले 'गोत्त' थे। स्वयं बुद्ध गोतम 'गोत्त' से थे। ऐसा कहा गया है कि यह एक ब्राह्मण कबीला था जो प्राचीन इषी (ऋषि) गोतम के वंशज होने का दावा करते थे किंतु इसका प्रमाण बहुत मामूली है। हमें कहीं भी यह नहीं मिलता कि शाक्य स्वयं को ब्राह्मण कहते हों। दूसरी ओर कई ऐसे कबीले हैं जो इस आधार पर बुद्ध के अवशेषों के कुछ भाग पर अपना दावा करते हैं कि बुद्ध की भांति वे भी खत्तिय थे। (डी. पी. पी. एन. ii. 969)

हम यहां इस विवाद में नही पड़ना चाहते हैं कि खत्तिय शब्द का अर्थ क्या था। स्पष्टतः इसका अर्थ था योद्धा। अर्थात इसमें वर्णाश्रम वाली बात नहीं थी। (56. 17 ए) और न ही हम यहां शाक्यों के मूल के संबंध में किसी प्रकार की गल्प कथाओं में उलझना चाहते हैं, भले ही उनकी कुछेक बातें कितनी ही आकर्षक क्यों न हों। (45. अध्याय i) हम तो शाक्यों के जनजातीय गठन पर ध्यान दे रहे हैं जिसकी एक प्रमुख विशेषता का उल्लेख बौद्ध ग्रंथों में है। यह विशिष्टता थी जन परिषद जिसकी सभा संथागार में होती थी। मोरगन ने कहा कि जनजातीय समाज की महान विशेषता उसकी परिषद थी। (101. 84) इसलिए यही अपेक्षा की जा सकती है कि बुद्धकालीन भारत में अन्य जनजातियों ने भी इस व्यवस्था को बनाए रखा। हमें मल्ल जनों और लिच्छिवियों के संथागार होने की बात भी देखने को मिलती है। (113. 113 n., 79. ii970n),

बुद्ध ने शाक्य जनजाति का सदस्य होने के अपने गौरव को कभी नहीं भुलाया। ग्रंथों में उनके लिए सबसे अधिक प्रचलित और विशिष्ट संबोधन था 'शाक्यपुत्र'। अपने पूर्वजों की व्यवस्थाओं के लिए उनके मन में अत्यधिक आदर था। जनजातीय व्यवस्थाओं को उनके अपने जीवनकाल में ही नवोदित राज्य सत्ताओं से खतरा पैदा हो गया था और जनजातीय व्यवस्थाओं की विशेषता थी लोकतंत्र, एक ऐसी धरोहर जिसपर स्वयं बुद्ध को गर्व था। इसका उदाहरण वज्जी संघ के विरुद्ध अजातसत्तु का अभियान है। 'मैं इन वज्जियों को उखाड़ फेंकूगा' राजा ने कहा (113. ii. 78)। 'मैं वज्जियों का विनाश कर दूंगा, मैं इन वज्जियों का सत्यानाश कर दूंगा'। बौद्ध ग्रंथ में राजा के इस भयंकर निश्चय का कोई कारण नहीं बताया गया। जैन ग्रंथ (64. 69) में एक कारण का उल्लेख किया गया है : यह कारण था एक विशेष हाथी और एक कंठहार को हस्तगत करने का राजा का लोभ। यह बड़ा साधारण सा कारण प्रतीत हो सकता है। निश्चय ही इसके पीछे कुछ और बात रही होगी। हम तीसरे अध्याय में इस पर पहले ही विचार कर चुके हैं। कौटिल्य के 'अर्थशास्त्र' में हमें संकेत मिलता है : जब तक मुक्त संघ थे जो सीधे सैनिक आक्रमणसे नष्ट नहीं किए जा सकते थे और आस पड़ोस में अस्तित्व में थे तब तक उदीयमान राजाओं की स्थिति दृढ़ होने की कोई आशा नहीं थी। उसके अलावा संघों की लोकतांत्रिक प्रणालीइन राजतंत्रों के लिए खतरा थी। इस प्रकार जिन राजसत्ताओं का उदय हो रहा था; उनकी नीति अनिवार्यतः यही थी कि संघों का विनाश किया जाए।

'मुख्य संघर्ष अंततः कोसल और मगध के बीच था। किंतु साथ ही दोनों मिलकर जनजातियों के विरुद्ध लड़े'। (21. 146) जैसाकि कोसंबी ने कहा, यह त्रिकोणात्मक संघर्ष की स्थिति थी (वही)। इस संघर्ष के बारे में हमारी विशेष रुचि जनजातियों के विरुद्ध राज्यों के नेतृत्व में किए गए आक्रमणों में है।

कौशल जन पहले ही काशीजनों को पराजित कर चुके थे :

> कौसलों का दक्षिण दिशा में बनारस की ओर अभियान पहले ही एक गाथा बन चुका था। बनारस के विलक्षण राजा ब्रह्मदत्त को कौसल के राजा दिधीती और उसकी पत्नी को पकड़ने और उन्हें मृत्युदंड देने में सफलता मिल चुकी थी कौसल राजकुमार दीघाव जान बचाकर भाग गया था। उसने अपना राज्य वापस प्राप्त किया और संभवतः ब्रह्मदत्त के दामाद के रूप में उसने काशी को भी अपने अधिकार में लिया। यही कथा कोसल राजकुमार चट्ट के संबंध में भी कही जाती है। इसने अपने पिता की पराजय के पश्चात ब्रह्मदत्त से कौसल को वापस प्राप्त किया और श्रावस्ती की रक्षा व्यवस्था को सुदृढ़ करके उसे अपराजेय बनाया। यह राजकुमार तीन वेदों का अध्ययन करने के लिए तक्षशिला भाग गया था। जातक कथा 303 में कौसल नरेश दब्बसेन ने काशी को अपने अधिकार में लिया, जातक कथा 355 में यह कार्य वंक ने किया। जातक कथा 532 में बताया गया है कि बनारस नरेश मनोज के समक्ष कौसल जनों ने आत्म समर्पण किया। इन नामों का कोई महत्व नहीं है किंतु कथाओं का महत्व है जिनके अनुसार काशी पर कौसल जनों का प्रभुत्व हुआ और यह घटना वास्तविक इतिहास प्रतीत होती है। (वही. 147-8)

यह वही कौसल था जिसमें संभवतः बुद्ध के जीवन काल में शाक्यों पर आक्रमण किया था और उनकी स्त्रियों तथा बच्चों सहित नरसंहार किया था। इसका बहाना यह बनाया गया कि किसी विवाह में एक प्रकार का छल किए जाने का बदला चुकाया गया। कौसल नरेश पसेनदि (प्रसेनजित) जो बुद्ध के जीवनकाल में सबसे शक्तिशाली नरेश था, एक शाक्य कुमारी को अपनी वधू बनाना चाहता था। संभवतः इसके पीछे उद्देश्य एक राजनीतिक गठजोड़ करके शाक्यों को अपने पक्ष में करना था। (देखिए अर्थशास्त्र) किंतु अपनी जनजातीय परंपरा के अनुरूप शाक्य इस प्रस्ताव को तुरंत ही स्वीकार नहीं कर सकते थे। अपनी जनजाति से बाहर विवाह करना नियम विरुद्ध था। फिर भी वे राजा के प्रस्ताव को तिरस्कारपूर्वक अस्वीकार करने से स्वाभाविक ही डरते थे। इसका कोई रास्ता निकालने के लिए बुलाई गई जनसभा में दो अलग अलग मत व्यक्त किए गए। पहला : 'हम कौसल नरेश के आधिपत्य में हैं। यदि हम अपनी जनजाति की एक कन्या उसे नहीं देते तो बहुत बड़ी शत्रुता हो जाएगी; किंतु यदि हम ऐसा करते हैं तो हमारे कबीले की परंपरा टूट जाएगी। तो फिर क्या किया जाए?' दूसरा : 'राजा हमारा शत्रु है। इसलिए वह जो कुछ मांगता है यदि हमने न दिया तो वह हमारा विनाश कर देगा। इसके अलावा वह हमारे समान स्तर पर नहीं जन्मा है। तो क्या किया जाए'? (जे. बी. बी. आर. ए. एस. xxvi. ii. 184 5)

> वे नाग-मुंडा नामक दासी के गर्भ से जन्मी, महानाम शाक्य की सुंदर पुत्री वसभ-खत्तीया को देकर कौसल नरेश के साथ धोखा करते हैं; लड़की की माता का नाम दो विख्यात वन्य जातियों के नामों से मिल कर बना है। लड़की के जन्म के संबंध में पसेनदि धोखे में आ गया और उसने इस लड़की को कुछ समय के लिए अपनी पटरानी बना लिया। बाद में उसे इस धोखे का पता चल गया किंतु बुद्ध के बीच बचाव करने पर उसने लड़की को क्षमा कर दिया। (वही. 185)

किंतु इसी लड़की के पुत्र और पसेनदि के उत्तराधिकारी विडुडभ ने इसी धोखे को बहाना बना कर शाक्यों पर आक्रमण किया और उनका संहार किया :

> उसने शाक्यों से बदला लेने का दृढ़ निश्चय कर रखा था। और सिंहासनारूढ़ होते ही उसने शाक्य प्रदेश पर आक्रमण करके उनके नगर को हथिया लिया और इस कबीले के बहुत से

सदस्यों को स्त्री पुरुष या बच्चे बूढ़े का भेदभाव किए बिना मौत के घाट उतार दिया। (112. 8)

स्वयं बुद्ध भी इस विभीषिका को न रोक सके, उन्हें अपने काल की इस महान सत्ता द्वारा अपने लोगों का संहार देखना पड़ा। वैसे भी विदुडभ के मन में अपने पिता के लिए कोई विशेष आदर भाव नहीं था, क्योंकि उसने पसेनदि के साथ छल किया और कौसल राज्य के सिंहासन पर आरूढ़ हुआ। मगध राज्य का उदय और विस्तार भी इसी प्रकार जनजातीय लोकतंत्रों के हिंसात्मक विनाश से ही हुआ। यहां तक बुद्ध के समय से भी पहले अंग जनों को पराजित करके मगध शासन के अधीन लाया गया था। 'हमें कहीं भी यह पता नहीं चलता कि अंग जनों को फिर से अपनी पुरानी स्वाधीनता मिली। इस बात का उल्लेख अवश्य हुआ है कि दोनों जनपदों के बीच युद्ध परंपरा थी'। (79. i. 17) अजातसत्तु के पुत्र बिंबिसार ने सिंहासन ग्रहण करते ही वज्जियों के विरुद्ध अपना बर्बर अभियान आरंभ कर दिया। पसेनदि और बिंबिसार के पुत्रों ने स्वाधीन जनजातियों को समाप्त करने का जो काम अधूरा छोड़ दिया था उसे उनके बाद के राजाओं ने जारी रखा :

> ईसा पूर्व लगभग 350 वर्ष पहले मगध के राजा महापद्मनंद ने विदुडभ और अजातसत्तु का कार्य पूरा करने के लिए कुछ एक बची खुची प्राचीन क्षत्रिय जनजातियों (जैसे कुरु और पांचाल) को सुनियोजित ढंग से समाप्त कर दिया। उनका आंतरिक विघटन तो बदली हुई आर्थिक परिस्थितियों में निश्चित ही था किंतु ये नए राजा अपने अस्तित्व को बनाए रखने के लिए लोकतंत्र जैसी खतरनाक बात को जीवित नहीं रहने दे सकते थे। (21. 153)

5 नई विपत्तियां

बुद्धकालीन भारत के इतिहास की अन्य विशेष बातों में प्रारंभिक बौद्ध धर्म की भूमिका को समझने की दृष्टि से महत्वपूर्ण बात थी राजसत्ताओं के कार्यक्षेत्र में कुछ नई प्रवृत्तियों का प्रादुर्भाव जनजातीय चरण से राज्यस्तर तक की संक्रमणावधि में प्रशासनिक व्यवस्था ठीक अपने विपरीत रूप में परिवर्तित हो गई होगी। अपना काम काज स्वतंत्र रूप से चलाने वाले जनजातीय संगठन की बजाय, वह अपने पड़ोसियों को लूटने और उनका दमन करने वाला संगठन बन गया। और इसी प्रकार इसकी कार्य संचालन व्यवस्था भी, जन इच्छा को कार्य रूप देने वाले माध्यम की बजाय, अपने ही लोगों पर शासन करने और उनका दमन करने का निरंकुश माध्यम बन गई। (4. 268)

ऐतिहासिक दृष्टि से ऐसा होना ही था। हम फिक्र द्वारा किए गए जातक कथाओं के विश्लेषण के अध्ययन से देखेंगे कि बुद्धकालीन भारत में वास्तव में ऐसा कैसे हुआ। यानी जो लोग कुछ समय पहले तक जनजातियों में स्वच्छंद और बराबरी के सदस्य थे, और जिनके पड़ोस की कुछ जनजातियों का स्वरूप आगे भी ऐसा ही बना रहा, उदीयमान राजाओं ने उन्हें किस प्रकार लूटा-खसोटा तथा उनका दमन किया :

> साधारण धर्मपरायण बौद्ध जिस आदर्श पर चलता है, राजा का आचरण उस आदर्श के सदा ही अनुरूप नहीं होता। हम बहुधा देखते हैं कि वह निरंकुश और क्रूर बन गया है और अपनी सनक तथा पूर्वग्रहों के अनुसार कार्य करता है। 'वह अपनी प्रजा का दमन करता है, उन्हें दंड देता है, उन्हें यातनाएं देता है, उनसे कर वसूल करता है और उन्हें लूटता है। ठीक उसी प्रकार जैसे चीनी के कारखाने में चीनी को कूटा जाता है। उसको प्रजा उतनी ही घृणास्पद प्रतीत होती हैं जितना कि आंख में चुभने वाला बालू का कण, चावल में कंकड़

या हाथ में चुभ कर पीड़ा पहुंचाने वाला कांटा।' 'दसराजधम्म' में उल्लिखित सदाचारी जनों की दृष्टि में राजा के अंदर कई बुराइयां हैं, ये बुराइयां मानो किसी मुद्रा का दूसरा पक्ष प्रस्तुत करती हैं जिनमें राजा के असली चरित्र को दर्शाया गया हो, अर्थात उसकी मदोन्मत्तता और क्रूरता (खंतिवादी जातक और चुल्लधम्म पाल जातक में), भ्रष्टता (भारु जातक में), असत्यवादिता और दुराचार (चेतीय जातक में)··· आध्यात्मिक और लौकिक विषयों में उसके परामर्शदाताओं का सदाचरण ही—उसकी मनमानी और निरंकुशता को रोकने की स्थिति में हो सकता है। जहां यह प्रतिरोधक शक्ति विद्यमान नहीं थी और उसके मंत्री या पुरोहित ऐसे राजा की इच्छाओं की पूर्ति में सहायक बनते थे, वहां बहुधा ऐसी परिस्थितियां उत्पन्न हो जाती थीं जिनमें लोगों को एकमात्र उपलब्ध मार्ग, अर्थात खुले विद्रोह का मार्ग अपनाने के लिए बाध्य होना पड़ता था। (56. 101-3)

फिक ने इस प्रकार के विद्रोहों के उदाहरण 'पदकुसलमानव' जातक और 'सच्चचकीर' जातक से लिए हैं। यहां तक कि कुछ पड़ोसी जनजातियां भी निरंकुश शासन के विरुद्ध विद्रोह कर रही थीं। विभिन्न राजा इन्हें दबाने में व्यस्त रहते थे :

युद्ध अभियानों की कोई कमी नहीं है। इस प्रकार के अभियान अधिकतर, सीमावर्ती जनजातियों के विद्रोहों के कारण होते थे और इनके बारे में हमें अक्सर पढ़ने को मिलता हैं; आदिवासी जातियों को पर्वतीय क्षेत्रों में खदेड़ दिया जाता है और केवल नाममात्र के लिए उन्हें अधीनस्थ किया जाता था। इन जातियों ने आर्य आक्रमणकारियों को बहुत व्यस्त रखा। सीमांतों पर स्थित सेनाएं (पच्चांते थितयोद्धा) इन विद्रोहों को दबाने के लिए सदा पर्याप्त नहीं थी। 'बंधनमोहू' जातक के वर्णन के अनुसार विद्रोहियों (जिन्हें चोर कहा जाता है) के साथ कई लड़ाइयों के बाद, वे राजा को सूचना भेजते हैं कि वे युद्ध को जारी नहीं रख सकते। तब राजा सेना इकट्ठी करता है (बलाकायाम समाहरित्व) और रणभूमि जाता है। (वही)

जैसाकि कोसंबी ने इंगित किया है, यह याद रखना आवश्यक है कि नई सेना का स्वरूप पूर्णतया बदला हुआ था :

इन दोनों राजाओं ने समस्त पुरानी सशस्त्र जनजाति के स्थान पर एक नए ढंग की सेना बनाई। यह ऐसी सेना थी जिसका कोई जनजातीय आधार नहीं था और जिसकी निष्ठा केवल राजा के प्रति थी—नियमित रूप से कर लगाने और व्यापक रूप से राजस्व इकट्ठा करने के बिना इस प्रकार की सेना को नहीं रखा जा सकता था। (21. 150)

परिणाम हुआ कर प्रणाली का आतंक। फिक ने हमें इसका आभास दिया है :

यदि प्रजागण स्वेच्छा से कर नहीं देते या राजा कर वृद्धि करके उन्हें परेशान करना चाहता था (जैसाकि जातक कथाओं में वर्णित घटनाओं से प्रतीत होता है)·· तो वह अपने अधिकारी भेजता था जिन्हें राजकोष भरने के लिए लोगों पर अत्याचार करने पड़ते थे। जातक कथाओं के अनुसार, इन कर समाहर्ताओं (बलिपतिग्गहक, निग्गहक, बलिसाधक) का जनजीवन में कोई साधारण स्थान नहीं था : लोग इन्हें कैसा समझते थे, इसका संकेत 'गग्ग' जातक के निष्कर्षों से मिलता है, जिसमें बोधिसत्व द्वारा विजित एक नरभक्षी दानव (यक्ख) को राजा ने बलिपतिग्गहक के पद पर नियुक्त किया था। (56. 120-1)

कर वसूल करने वाले व्यक्ति का 'निग्गहक' (शाब्दिक अर्थ यातना देने वाला) नाम अपनी ही कहानी कहता है। कभी कभी तो इन यातनाओं का कोई अंत ही नहीं था। फिक ने एक उदाहरण दिया है :

> करों के बोझ से पीड़ित (बलिपीडित) लोग पशुओं की भांति अपनी पत्नियों और बच्चों के साथ वनों में रहते थे; जिन स्थानों पर कभी कोई गांव था, वहां अब कुछ नहीं रहा। राजा के लोगों के भय से साधारणजन अपने घरों में नहीं रह सकते थे। वे अपने घरों के चारों ओर झाड़ियों आदि का घेरा लगा देते थे और सूर्यास्त के पश्चात वन को चले जाते थे। दिन में राजा के लोग (राजपुरुष) लूटते थे और रात को चोर। (वही. 121)

बहुधा, जैसाकि जातक कथाएं हमें बताती हैं, राजा के अधिकारी चोरों के साथ साठगांठ कर लेते थे। फिक ने कुछ और रोचक तरीके बताए हैं। जिनसे राजा अपनी प्रजा से धन ऐंठता था। वास्तव में भाड़े के सैनिकों को रखना काफी मंहगा पड़ता था जबकि ऐसी सेना के बिना राजसत्ता न तो स्थिर रह सकती थी और न ही उसका विस्तार हो सकता था।

पैसा ऐंठने का काम केवल राजा ही नहीं करते थे। जैसाकि कोसंबी ने कहा : 'समाज में परिवर्तन नई संस्थाओं से भी अभिव्यक्त होता है : संपत्ति को रेहन रखना, ब्याज लेना और सूदखोरी करना'। (21. 139) इन नई प्रथाओं के विकास की कहानी कैसे शुरू हुई यह स्पष्ट नहीं हुआ है। बड़ी बड़ी जातक कथाएं इतिहासकारों को इस संबंध में पर्याप्त सामग्री दे सकती हैं और 'अर्थशास्त्र' हमें बताता है कि अंततः ये प्रथाएं किस प्रकार स्थाई हो गईं। यह याद रखना आवश्यक है कि इन्हीं तरीकों पर मुख्यतया निर्भर करने वाली राजसत्ताओं के साथ साथ, उन दिनों एक शक्तिशाली और प्रभावशाली व्यापारी वर्ग का भी उदय हुआ, जिसके साथ ही वाणिज्य जनित सभी सामाजिक बुराइयां भी उत्पन्न हुईं :

> सीधी हिंसा द्वारा राजसत्ता का नियंत्रण करने की नई प्रवृत्ति से एक बहुत बड़ा परिवर्तन आया। जनजातीय चुनाव या जनजातीय अनुमति की जो आवश्यकता पहले समझी जाती थी वह पंजाब में तो बनी रही किंतु गांगेय प्रदेश के बड़े राज्यों में यह विलुप्त हो गई। वस्तुतः ये राज्य जनजातीय परिस्थितियों में अपना विस्तार नहीं कर सकते थे। दूसरी ओर इस बात का कोई उल्लेख नहीं है कि जनजातियों के बड़े-बूढ़ों का स्थान लेने के लिए कोई नियमित दरबारी अभिजातवर्गीय पुरुष रहे हों। इसका निष्कर्ष यही है कि लोगों का एक संपूर्ण नया वर्ग जो व्यापार, वस्तुओं के उत्पादन, या परिवार की जमीन पर अपनी आवश्यकता से अधिक अनाज उगाने के काम में लगा हुआ था, अर्थात निजी संपत्ति बना रहा था, उसे इस आवश्यकता का अनुभव हो रहा था कि जनजातियों की ओर से उसके काम में कोई अड़चन नहीं पड़नी चाहिए और न ही उन्हें कोई लाभांश देना पड़े। इस वर्ग का हित इसी बात में था कि कोई राजा हो जो उन्हें तथा संपत्ति के नवप्राप्त अधिकारों के लिए सुरक्षा प्रदान कर सके; कोई राजा विशेष नहीं, बल्कि कोई भी राजा जो जनजातीय नियमों और संपत्ति पर सारे समाज के साझे अधिकार की प्रथा को ही फिर से प्रचलित न होने दे। यह सब बहुत सरल था क्योंकि मगध साम्राज्य में राजपुरुषों के माध्यम से अनाज और अन्य वस्तुओं को कर के रूप में लेने का व्यापक व्यापार चल रहा था। और फिर राजा ने वे सभी अधिकार अपने हाथ में ले लिए जो पहले जनजाति या कबीले के सरदार के थे; लेकिन ये सरदार जो दायित्व निभाते थे उनमें से राजा ने बहुत कम दायित्व अपने ऊपर लिए। (वही 150-1)

यह सब सत्य है। फिर भी एक और ऐसी बात है जिस पर यदि ध्यान न दिया जाए तो हो सकता है कि हम प्रारंभिक बौद्ध धर्म की सफलता में योग देने वाली एक अत्यंत महत्वपूर्ण बात को न समझ सकें। यदि लोगों को फिर से जनजातीय नियमों की ओर लौटने से रोकना आवश्यक था तो स्वतंत्रता, समता और बंधुत्व वाले विलुप्त जनजातीय मूल्यों के स्थान पर उन्हें कोई विकल्प

देना भी आवश्यक था। ये मूल्य किसी प्रकार की संहिता के रूप नहीं थे तो भी जनजातीय जीवन के मूल सिद्धांत थे। (4. 147) हमारा तर्क होगा कि बौद्ध धर्म इसीलिए इतना सफल हुआ, क्योंकि वह ठीक ऐसा ही विकल्प दे सका।

इसलिए बुद्ध के संदेश की वास्तविक सफलता को समझने के लिए इस बात को स्पष्ट रूप से जान लेना आवश्यक है कि जनजातीय समाज के अवशेषों पर राजसत्ता के उदय से जनजातीय जीवन के पुराने मूल्य नष्ट हो गए होंगे। एंगेल्स ने इस प्रक्रिया का विवरण इस प्रकार दिया है :

> इन आद्य समुदायों की शक्ति को तोड़ना आवश्यक था और ऐसा ही किया गया। किंतु इस शक्ति को उन प्रभावों के माध्यम से तोड़ा गया जो बाह्य रूप से हमें सामान्य अवनति प्रतीत होते हैं, अर्थात प्राचीन असभ्य समाज के सहज नैतिक वैभव का अधोपतन। निम्न-कोटि के स्वार्थ जैसे घृणित लिप्सा, बर्बर कामुकता, कुत्सित लोलुपता, साझी संपत्ति की स्वार्थपूर्ण लूट-खसोट आदि से एक नए सभ्य समाज का निर्माण होता है जो वर्गीकृत समाज हैं; चोरी, बलात्कार, धूर्तता और विश्वासघात जैसे अत्यंत दुराचारी तरीकों से पुराने वर्गविहीन समाज को खोखला करते हैं, उसे धराशायी कर दिया जाता है और इस नए समाज का रूप अपने ढाई हजार वर्ष के अस्तित्व के दौरान केवल यही रहा है कि बहुसंख्यक शोषित तथा पीड़ित लोगों की दुर्दशा पर एक अल्पसंख्यक वर्ग पनपा और पहले की अपेक्षा आज यह प्रवृत्ति कहीं अधिक है। (वही. 163)

एंगेल्स बड़े स्नेह से संजोए हुए कुछ मूल्यों के ह्रास पर खेद नहीं प्रकट कर रहे थे। जनजातीय स्थिति से राजसत्ता तक की प्रगति एक महत्वपूर्ण कदम था। किंतु हमें इसे बड़े साधारण दृष्टि-कोण से नहीं देखना चाहिए। जैसाकि एंगेल्स ने कहा, एक पत्नी विवाह महान ऐतिहासिक प्रगति थी, किंतु साथ ही इसने दास प्रथा और निजी संपत्ति के साथ साथ उस युग का समारंभ किया जो आज तक चल रहा है और जिसमें प्रत्येक प्रगति वास्तव में अपेक्षाकृत पीछे की ओर लौटने जैसी बात है और इन परिस्थितियों में किसी एक वर्ग का कल्याण और विकास अन्य वर्गों की दुर्गति तथा दमन से होता है। (वही. 109)

6. सत्य का साम्राज्य

एक 'सुत्त' में बुद्ध ने कहा, इस संसार में मैं देखता हूं कि धनवान लोगों ने जितनी वस्तुएं जमा की हैं अथवा संपत्ति ग्रहण की है उसमें से वह कुछ भी दूसरों को नहीं देते और यह उनकी भूल है; वे बड़ी उत्सुकता के साथ अधिक से अधिक संपदा जुटाते चले जाते हैं और सुख भोग में दिनों दिन बढ़ते जाते हैं। राजा ने यद्यपि इस पृथ्वी के सभी राज्यों को जीत लिया हो, भले ही उसने सारी भूमि पर अपना शासन स्थापित कर लिया हो तो भी उसकी तृष्णा नहीं मिटेगी और वह समुद्र के पार भी जो कुछ है उसे प्राप्त करना चाहेगा। राजा और कई अन्य लोग अपूर्ण इच्छाओं को लिए हुए काल के ग्रास बन जाते हैं ··और संबंधी, मित्र या संगी साथी कोई भी इस मरने वाले व्यक्ति को नहीं बचा सकता; उसके उत्तराधिकारी उसकी संपत्ति ले लेते हैं; किंतु जो व्यक्ति मर जाता है उसके साथ कोई धन अथवा संपत्ति नहीं जाती और न ही पत्नी, पुत्र, संपदा या राज्य उसके साथ जाते हैं। उसे केवल अपने कर्मों का फल प्राप्त होता है। (7. 64)

एक अन्य 'सुत्त' में बुद्ध ने एक महत्वपूर्ण बात कही है कि राज्यों के नरेश, विपुल संपदा के स्वामी सभी एक दूसरे को लोभ दृष्टि से देखते हैं और अपनी कुइच्छाओं की तृप्ति के लिए सदा तरसते रहते हैं। यदि ऐसे लोग भी असंतुष्ट रहते हैं और अपनी लिप्सा अथवा विषय वासना से नश्वरता और क्षणिकता की सरिता में बहते चले जाते हैं, तो फिर इस पृथ्वी पर कौन सा

व्यक्ति शांतिपूर्वक विचरण कर सकता है ? (वही.)

बुद्ध बढ़ाचढ़ा कर कुछ नहीं कह रहे थे। जनजातीय नैतिकता के प्रबल संस्कारों और शाक्य-पुत्र होने के गर्व के प्रभाव में बुद्ध को ये नई यथार्थ स्थितियां अत्यंत घृणास्पद प्रतीत हुई होंगी। उन्होंने स्त्रियों और बच्चों सहित अपने ही लोगों का क्रूर संहार होते देखा। उन्होंने देखी अत्यधिक लिप्सा और कभी न पूरी होने वाली तृष्णा जिसके कारण राज्यों के नरेश 'क्षणिकता के सागर में बह रहे थे'। बुद्ध के मित्र पसेनदि के साथ उसके पुत्र विडुडभ ने ही छल कपट और विश्वास-घात किया और निश्चित ही पसेनदि बुद्ध के समय का महानतम शासक था। उनके अन्य मित्र राजा बिंबिसार को उसी के पुत्र अजातसत्तु ने कारावास में बंदी बनाया और भूखों मार दिया। और यदि बुद्ध कुछ समय तक और जीवित रहते तो वे यह भी देख सकते थे कि कभी पूरी न होने वाली लिप्सा और ऐश्वर्य तथा सत्ता प्राप्ति की इच्छा से जनित यही प्रक्रिया उस युग के राजनीतिक इतिहास की विशिष्टता बनी रही (45. 168-9) : अजातसत्तु को उसके पुत्र उदयभद्द ने मार डाला; उदयभद्द को उसके पुत्र अनुरुद्धक ने, अनुरुद्धक को उसके पुत्र मुंड ने और फिर मुंड को उसके पुत्र नागदसक ने मार डाला :

> तब नागरिकों ने कहा : 'यह पितृहत्या करने वालों का वंश है'। उन्होंने नागदसक को सिंहासन से उतार दिया और मंत्री सुसुनाग का राज्याभिषेक किया। उसने 18 वर्ष राज्य किया और फिर उसका पुत्र कालासोक, 'काला अशोक,' राजा बना। (वही. 169)

यह सच है कि यह वर्णन देने वाले ग्रंथ पूर्णतया विश्वसनीय न रहे हों। यह भी सच है कि बाद में होने वाली ये सभी पितृहत्याएं बुद्ध ने स्वयं नहीं देखीं और निश्चित है कि बुद्ध के उपदेशों के मूलभूत सिद्धांत ये घटनाएं होने से पूर्व ही तय हो चुके थे। किंतु ये घटनाएं तो राजसत्ता के उदय और जनजातीय नैतिकता के पतन के कारण बने नए मूल्यों की अभिव्यक्ति मात्र थीं। अन्य शब्दों में, सिंहासन के लिए पितृहत्या करना कोई संयोग की बात नहीं थी बल्कि यह नए मूल्यों के प्रादुर्भाव का अनिवार्य परिणाम था :

> 'अर्थशास्त्र' में कहा गया है कि राजा और युवराज के बीच इस प्रकार का तनाव निश्चित रूप से होता है। 'अर्थशास्त्र' में राजा को परामर्श दिया जाता है (1-17) कि उसे राजकुमार पर किस प्रकार कड़ी नजर रखनी चाहिए। और उधर (1-18) 'अर्थशास्त्र' में यह भी बताया जाता है कि राजकुमार को अपने संदेह करने वाले पिता के साथ किस प्रकार छल करना चाहिए। (21. 150)

जीवन पर इन नई शक्तियों का प्रभुत्व होते देख कर 'मन की शांति' की इच्छा करना बुद्ध के लिए स्वाभाविक ही था। स्वयं को यथार्थ से दूर हटा कर उन्होंने इस शांति को खोज निकाला। उन्होंने लंबे समय तक साधना और तपस्या की और चिरकाल से जिस शांति की खोज कर रहे थे उसे पा लिया। किंतु उन्हीं के समय के अन्य लोग जो नई शक्तियों को अपना चुके थे, क्या वे बुद्ध को समझ सके ?

> मैं इस दर्शन की गहराई में गया हूं, जो दुर्बोध है, जिसे देखना समझना कठिन है, जो मन को शांति प्रदान करता है, जो श्रेष्ठ है, जिसे तर्क वितर्क से नहीं समझा जा सकता, जो गूढ़ है और जिसे केवल प्रज्ञावान लोग ही समझ सकते हैं। दूसरी ओर सामान्य जम इच्छा और उसकी पूर्ति के लिए लोलुप हैं, इसी में सुख मानते हैं। ऐसे लोगों के लिए कारणवाद और कार्य-कारण श्रृंखला को समझना कठिन होगा; इससे भी कठिन होगा यह समझना कि सभी संस्कारों को समाप्त किया जा सकता है, जीवन के साथ बांध कर रखने वाली बातों से छुटकारा पाया जा सकता है, इच्छाओं का दमन किया जा सकता है, आसक्तियों से बचा

जा सकता है, और मन की शांति अर्थात निर्वाण की प्राप्ति हो सकती है। अब यदि मैं इस दर्शन का प्रचार करता हूं और दूसरे लोग मेरे उपदेशों को समझने में असमर्थ हैं तो वे मुझसे विरक्त और रुष्ट हो जाएंगे। और फिर तथागत को विचार आया : 'बड़े कष्ट और परिश्रम से मैंने इसे प्राप्त किया है। बहुत हो गया। मैं क्यों इसका प्रचार करूं? जो लोग आसक्तियों और घृणा में लिप्त हैं उनके लिए इस दर्शन को समझना सरल नहीं होगा। वासना में फंसे तथा गहन अंधकार से घिरे ये लोग नहीं देख पाएंगे कि (उनके मन के लिए) कौन सी बात दुर्बोध तथा गूढ़ है, जिसे देखना समझना कठिन है, और जो अति सूक्ष्म है।' जब तथागत ने इस विषय पर सोचा तो उन्होंने इस दर्शन का प्रचार करने के बजाय मौन तथा शांतिपूर्वक रहना ठीक समझा। (एस. बी. ई. xiii. 84-5)

इस प्रकार एक गंभीर संकट उत्पन्न हो गया, 'हा, विश्व का अंत हो रहा है! हा! विश्व का विनाश हो रहा है। यदि पूर्ण तथागत पूर्ण संबुद्ध मौन रहते हैं और उपदेश नहीं देते'। (वही xiii. 86) फिर इस ग्रंथ में एक कथा है जिसके अनुसार बुद्ध को दैवी प्रेरणा मिली और उन्होंने उपदेश दिए जिन्हें लोगों ने सुना। निःसंदेह लोग बुद्ध की बातों को सुनते थे। केवल दैवी हस्ताक्षेप के चमत्कार की वास्तव में कोई आवश्यकता नहीं थी। क्योंकि चमत्कार तो स्वयं तथागत के संदेश में ही था यह उस जीवन का संदेश था जिसमें न्याय और धर्मपरायणता का साम्राज्य था और जिसे क्रूरता, दमन और लिप्सा, कामुकता और घृणा की शक्तियों ने छिन्न-भिन्न कर दिया था :

मुझे शांति और निर्वाण की प्राप्ति हो गई है। सत्य के साम्राज्य की स्थापना करने के लिए मैं काशीजनों के नगर में जा रहा हूं; मैं इस अंधकारमय संसार में उस शाश्वत की भेरी बजाऊंगा। (वही xiii. 91)

और काशीजनों के नगर में जाकर उन्होंने घोषणा की :

शाश्वत (अमृत) को जीत लिया गया है, मैं आपको बताऊंगा; आपको मैं इस दर्शन का उपदेश देता हूं। जिस मार्ग को मैं बताऊं यदि आप उस पर चलें तो शीघ्र ही आप सत्य तक पहुंच चुके होंगे। क्योंकि आपको इसका बोध हो चुका होगा। इसके समक्ष आ चुके होंगे; और तब आप पवित्र जीवन का सर्वोच्च लक्ष्य प्राप्त कर लेंगे, जिसके लिए कुलीन घरों के लोग संसार को त्यागकर बेघर हो जाते है, रमते जोगी बन जाते हैं। (वही. xiii. 92-3)

किंतु कहां था वह संसार जिसमें सत्य का साम्राज्य था और जिसका प्रचार करने के लिए बुद्ध निकल पड़े थे? उल्लेखनीय है कि उन्होंने वह नहीं देखा जो हो रहा था अर्थात उन्होने नवोदित राजसत्ताओं की दिनों दिन बढ़ने वाली तड़क-भड़क और वैभव की ओर ध्यान नहीं दिया। इसकी बजाय वह पीछे मुड़ कर देख रहे थे कि किस प्रकार उनकी आंखों के सामने ही जनजातीय समूहों को खतरा पैदा किया जा रहा था और वे खोखले हो रहे थे।

इस बात के पक्ष में दो स्पष्ट आधार हैं। पहला, बौद्ध काल की परंपरा में उस विलुप्त सामूहिक जीवन की स्मृति सदा बनी रही जिसे अतीत का स्वर्ण युग समझा जाता था। दूसरा जो जनजातीय लोकतांत्रिक व्यवस्था तब भी विद्यमान थी, उसी के ढंग पर बहुत सोच समझ कर बुद्ध अपने संघ को रूप दे रहे थे। इन दो आधारों में से दूसरा आधार निर्णायक है, यद्यपि पहले आधार का भी अपना ही महत्व है। कोसंबी ने 'दीघ निकाय' के अग्गन्नसुत्त की चर्चा करते हुए कहा है :

एक वर्ग रहित भेदभावविहीन समाज की स्मृति एक स्वर्णिम युग की कथा बनी रही जब यह मंगलमयी धरती बिना किसी श्रम के सहज ही पर्याप्त अन्न उपजाती थी क्योंकि इस

में काल न तो मनुष्य की कोई व्यक्तिगत संपत्ति थी और न ही उसके अंदर कोई लोभ की भावना थी। (21.162)

'महावस्तु अवदान' में भी आमतौर पर ऐसी ही कथा और वर्गीकृत समाज से पहले के शांत युग की ऐसी ही स्मृति मिलती है। जैसाकि शास्त्री ने समापन किया, इस ग्रंथ में राजतंत्र का प्रादुर्भाव मूलत: इस प्रकार हुआ :

प्रारंभ में लोग स्नेह पर जीते थे और शांति तथा आनंद रूपी गृह में रहते थे। स्नेहरूपी अन्न और शांतिरूपी गृह में वे इसी प्रकार अपना जीवन व्यतीत करते थे और जो कुछ करते थे वही 'धम्म' था। फिर उनमें वर्णभेद आया। किसी का वर्ण (रंग) अच्छा था किसी का बुरा। इस प्रकार झूठे दंभ का जन्म हुआ और इसके साथ ही 'धम्म' की मृत्यु हो गई। तब स्नेह और परस्पर प्रेम का मधु समाप्त हो गया जिसके आधार पर वे चिरकाल से जी रहे थे। फिर उन्हें अन्न के नए स्रोत खोजने के लिए जाना पड़ा। उन्होंने कुकुरमुत्ता और उसके बाद जड़ी-बूटियों की खोज की। फिर उन्होंने सालीधान का पता लगाया। उस युग में किसी के मन में कोई भी वस्तु अपने लिए जमा करने का विचार नहीं आया था। किंतु धीरे धीरे अनाज जमा करने का विचार आया। और यह जमाखोरी की लालसा बढ़ती चली गई। इसके साथ ही स्त्री और पुरुष का भेद मुखर हुआ। आरंभ में तो किसी स्त्री विशेष और पुरुष विशेष का केवल एक दूसरे के साथ रहना नैतिकता का घोर उल्लंघन समझा जाता था किंतु बाद में इस प्रकार जोड़े बना कर रहने की प्रथा स्थापित हो गई और इसे स्वीकार कर लिया गया। तब घरेलू कामकाज स्त्रियों के कार्यक्षेत्र में आ गया।

अधिक से अधिक अन्न जमा करने का लालच बढ़ता गया। उन्होंने खेती-बाड़ी शुरू कर दी जिससे अंतत: जमीन के सामूहिक स्वामित्व को बनाए रखना संभव नहीं रहा। तब अलग अलग व्यक्ति के लिए अलग अलग भूखंड दे दिए गए। प्रत्येक की खेती योग्य भूमि के निर्धारण के लिए सीमा बांध दी गई। निर्णय किया गया कि किसी को भी दूसरे की जमीन का उल्लंघन नहीं करना चाहिए। यह प्रबंध कुछ समय तक ठीक ठाक चलता रहा।

बाद में कुछ नई समस्याएं और उलझनें पैदा होने लगीं। किसी ने सोचा, 'अच्छा तो यह मेरी जमीन है और इससे मुझे इतनी फसल मिलती है। लेकिन यदि कभी फसल अच्छी न हो तो?' तब उसने सोचा : 'मैं किसी और के खेत में जाकर अनाज हथिया लूंगा चाहे इसकी अनुमति हो या न हो, इसकी मुझे चिंता नहीं है।' उस व्यक्ति ने चोरी की और किसी तीसरे व्यक्ति ने उसको पकड़ा। इस तीसरे व्यक्ति ने उसकी पिटाई की और उसे चोर कहा। तब उस चोर ने शोर मचाया : 'देखो भाइयो, मुझे मारा जा रहा है। देखो भाइयो, मेरी पिटाई हो रही है। यह अन्याय है। यह अन्याय है।'

और इस प्रकार चोरी, झूठ और दंड देने जैसी बातें शुरू हुईं। तब सब लोगों ने सभा की और निर्णय लिया : 'आइए हम आपस में से किसी एक व्यक्ति को चुनें जो हम सबके खेतों की सीमा की देखभाल करेगा। यह व्यक्ति बलिष्ठ और सूझबूझवाला तथा सबके प्रति निष्पक्ष होना चाहिए। उसकी सेवाओं के लिए हम सबको हममें से प्रत्येक को अपने उत्पादन का कुछ भाग उसे देना चाहिए। वह अपराधी को दंड देगा और सही मार्ग पर चलने वालों की रक्षा करेगा तथा प्रत्येक व्यक्ति के खेत की सीमा का ध्यान रखेगा'। इस प्रकार उन्होंने आपस में मिलकर एक व्यक्ति को चुना। सबकी सहमति से वह राजा बन गया।

इसीलिए राजा को 'महा सम्मत' कहा जाता है। [शास्त्री : बौ. ध. (बं). 142 और आगे]

शास्त्री ने ठीक ही कहा है कि यद्यपि बाद में इस कथा में कुछ नई बातें जोड़ दी गई, फिर भी इसके अंदर के मूल सार तत्व को निश्चित रूप से ग्रहण किया जा सकता है। ऊपर हमने इसी सारतत्व को प्रस्तुत किया है। बुद्ध धर्म को छोड़ कर भारत के इतिहास में कहीं भी इसके बराबर की कोई कथा नहीं मिलती। ऐसा कहा गया है कि महाभारत के कुछ अंशों में भी वर्गरहित समाज से वर्गीकृत समाज तक के संक्रमण की स्मृति के लक्षण मिलते हैं (41.59 और आगे) किंतु इस बौद्ध कथा के संबंध में विशेष ध्यान देने योग्य बात यह है कि इसमें कहीं भी ईश्वर या सृजनकर्ता के लिए कोई स्थान नहीं है। सारी कथा में घोर भौतिकवादी दृष्टिकोण की प्रमुखता है यद्यपि यह आदिम भौतिकवाद था।

बहरहाल इस तरह के लेखांशों से पता चलता है कि सामूहिक जीवन की स्मृति बौद्ध परंपरा से पूर्ण रूप से विलुप्त नहीं हुई थी और इस प्रकार के जीवन को अतीत का स्वर्ण युग माना जाता था। बुद्ध ने जब सत्य और सदाचार के साम्राज्य की चर्चा की थी तो उनके मन में किसी प्रकार के जीवन का चित्र था। यह बात और भी स्पष्ट हो जाती है जब हम संघ के प्रादुर्भाव के स्रोतों का अध्ययन करते हैं।

7. संघ और आदिम साम्यवाद

'ईसा मसीह के विपरीत, बुद्ध ने अपने जीवनकाल में ही एक संघ या धार्मिक संप्रदाय की स्थापना की थी; पैंतालीस वर्ष तक इस संघ के प्रधान बने रहने के दौरान जब कभी आवश्यक हुआ उन्होंने इसके संचालन के लिए बहुत से नियम बनाए।' (123. 392) यह सत्य है और यहां हमें एक ऐसी महत्वपूर्ण बात मिलती है जिससे प्रारंभिक बौद्ध धर्म की सफलता के कारणों का पता चलता है :

नियमों से संचालित सामूहिक जीवन के एक आरंभिक रूप का अस्तित्व में आना कोई आश्चर्य की बात नहीं होनी चाहिए—बुद्ध के संघ से पूर्व और उसके समकालीन तथा उतने ही प्रभावशाली अन्य धार्मिक संघ, और इन सबके लिए एक ही स्रोत अर्थात ब्राह्मण धर्म ने एक धर्म संघ के गठन के लिए ठीक उसी प्रकार परिस्थितियां उत्पन्न कीं जिस प्रकार रूढ़िबद्ध चिंतन के मामले में हुआ था। बौद्ध धर्म को तो केवल इस तैयार सामग्री में से कुछ को अपने लिए ग्रहण करना था। (7.331-2)

यह बात सच नहीं है और उस महत्वपूर्ण तथ्य को ध्यान में नहीं लाया गया है जिससे प्रारंभिक बौद्ध धर्म की सफलता के कारणों का संकेत मिलता है। बुद्ध, अपने संघ के लिए तत्कालीन मुक्त जनजातियों को आदर्श मानते थे और ऐसा करते समय उन्होंने अपने समय के या उससे पहले के धार्मिक संप्रदायों के संचालकों से पूर्णतया भिन्न मार्ग अपनाया। बुद्ध ने बड़े सोच विचार के साथ इन संघों का गठन इस प्रकार किया कि इनसे यह आभास मिले कि यथार्थ में जिस बात को पूर्ण योजनाबद्ध ढंग से समाप्त किया जा रहा था, उसका विकल्प यही संघ है। तीसरे अध्याय में उल्लिखित 'महा परिनिब्बान सुत्त' में हमें इस बात का संकेत मिला था। राजा अजातसत्तु वज्जी जनों के विरुद्ध जोरदार आक्रमण करने का विचार कर रहा था। उसने अपने महामंत्री ब्राह्मण वस्सकार को बुद्ध का आशीर्वाद लेने के लिए भेजा। बुद्ध ने वस्सकार को कोई उत्तर नहीं दिया किंतु आनंद को संबोधित करते हुए कहा :

'आनंद, जब तक ये वज्जी जन बहुधा इसी प्रकार मिलते रहेंगे और अपने कबीले की सार्व-

जनिक सभाएं करते रहेंगे तब तक यही अपेक्षा की जानी चाहिए कि उनका पतन नहीं बल्कि समृद्धि होगी।

और इसी प्रकार बुद्ध ने 6 और परिस्थितियां गिनाई जिनके कारण वज्जी जनों की सुरक्षा और सफलता निश्चित थी। महामंत्री को बुद्ध का आशीर्वाद नहीं मिला और वह वहां से चला गया। फिर ग्रंथ में आगे कहा गया है।

उसके जाने के शीघ्र पश्चात तथागत ने श्रद्धेय आनंद से कहा :

'आनंद अब जाकर उन सभी भिखुओं को सभाकक्ष में एकत्र करो जो राजगृह के आसपास रहते हैं।'

और उसने ऐसा ही किया। लौटकर आनंद ने तथागत से कहा :

'भिक्षुओं की सभा एकत्र हो गई है। अब आप जो उचित समझें कीजिए।'

और तथागत उठकर सभाकक्ष में गए और अपना आसन ग्रहण करने के बाद भिक्षुओं को संबोधित करते हुए कहा : 'हे भिक्षुओं, मैं आपको समाज के कल्याण की सात परिस्थितियों के संबंध में बताऊंगा। ध्यानपूर्वक सुनो।'

भिक्षुओं ने समवेत स्वर में बुद्ध से कहा : 'जैसी आपकी आज्ञा,' और बुद्ध ने कहा :

हे भिक्षुओं, जब तक सब बंधु एक दूसरे के साथ बहुधा मिलते जुलते रहते हैं और अपने संघ अथवा समुदाय की औपचारिक सभाओं में उपस्थित रहते हैं, जब तक वे पूर्ण सहमति से रहते हैं और संघ के कर्तव्यों का पालन पूर्ण सहमति से करते हैं, जब तक वे कोई ऐसी बात अथवा कार्य नहीं करते जो पहले से विधान में नहीं बताई गई है और कोई ऐसा काम नहीं त्यागते जिसका निर्देश पहले से दिया जा चुका है, और संघ द्वारा निर्दिष्ट नियमों के अनुसार कार्य करते हैं, जब तक सभी बंधु अपने से बड़े अनुभवी व्यक्तियों का सम्मान, आदर और समर्थन करते हैं तथा संघ के आचार्यों और नेताओं को सम्मान देते हैं और उनकी बातों को सुनना और समझना अपना कर्तव्य मानते हैं, जब तक सब बंधु उस तृष्णा के प्रभाव में नहीं आते जो उनके अंदर उपजती है और जिससे नव अस्तित्व की लालसा आती है, जब तक सभी लोग एकांत जीवन में सुख अनुभव करते हैं, जब तक सब लोग आत्मसंयम के लिए स्वयं को मानसिक रूप से तैयार नहीं करते जिससे सदाचारी लोग उनके पास आएं और सुख अनुभव करें, तब तक यही अपेक्षा की जानी चाहिए कि उनका पतन नहीं होगा और वे समृद्ध होंगे। जब तक यह सात बातें इन बंधुओं में विद्यमान रहेंगी, जब तक वे इनको भलीभांति समझते हैं तब तक यही अपेक्षा है कि उनका पतन नहीं बल्कि समृद्धि होगी। (113.ii.81-2)

इस अंश में विशेष रुचि वाली बात यह है कि यहां जो सात बातें कहीं गई हैं वे वही हैं जो बुद्ध ने इस प्रवचन से तुरंत पहले वज्जी जनों के जातीय जीवन की समृद्धि के संबंध में घोषित की थीं। इस प्रकार यह समझना कठिन नहीं है कि बुद्ध ने अपने संघ के लिए किसको आदर्श माना था। यह कोई संयोग की बात नहीं है कि उन्होंने अपने धार्मिक संप्रदाय के लिए संघ शब्द चुना जिसका अर्थ था जनजातीय समाज। 'हे ब्राह्मण एक बार जब मैं वैसाली में सारंद मठ में ठहरा हुआ था तो मैंने वज्जी जनों को कल्याण की इन शर्तों के संबंध में बताया था,' बुद्ध ने कहा (वही ii.80)। स्पष्ट है कि पुस्तक में यहां एक ऐतिहासिक तथ्य प्रस्तुत किया गया यद्यपि

बुद्ध के प्रति श्रद्धा के कारण इसे उल्टे ढंग से प्रस्तुत किया गया : जिस जनजातीय संघ का अनुकरण बुद्ध ने किया था वह उनकी तुलना में कहीं अधिक प्राचीन रहा होगा।

इस प्रकार भारतीय इतिहास में एक महत्वपूर्ण चरण में उस समय की स्वतंत्र जनजातियों को बड़ी निर्दयता के साथ समाप्त किया जा रहा था और विस्तृत हो रही राजसत्ताओं के अंदर लोग पुरानी जनजातीय क्षमता के अवशेषों पर नए मूल्यों को उदय होते देख रहे थे, और इधर दूसरी ओर बुद्ध अपने संघ को जनजातीय समाज के मूल सिद्धांतों के अनुरूप बना रहे थे और भिक्षुओं को परामर्श दे रहे थे कि वे इन्हीं सिद्धांतों के अनुसार अपने अपने जीवन को ढालें। यह एक प्रमुख बात है। अपने संघों का निर्माण करते हुए बुद्ध को अपने काल के लोगों को जनजातीय सामूहिक जीवन की विलुप्त हो रही सभ्यता का एक विकल्प देने का अवसर मिल रहा था। केवल बुद्ध जैसा अति विलक्षण प्रज्ञा का धनी व्यक्ति ही ऐसा तर्कसंगत और पूर्ण विभ्रम निर्मित कर सकता था। उन्होंने न केवल वर्गीकृत समाज से पहले के समय के समाज के आधार पर अपने संघों का सफलतापूर्वक निर्माण किया, बल्कि उन्होंने इस बात का बहुत ध्यान रखा कि इन संघों के सदस्य भिक्षु पूर्ण रूप से उदासीन अथवा तपस्वी जीवन व्यतीत करें अर्थात शेष समाज में जो महान ऐतिहाहिक परिवर्तन हो रहे थे और जिनको नियंत्रण में रखने की शक्ति उनमें नहीं थी, उन परिवर्तनों से ये भिक्षु लोग दूर रहें। भिक्षुओं को यही निर्देश था कि वे सांसारिक विषयों में न पड़ें और फिर स्वयं संघों में भी उनका एक ही लक्ष्य था कि वे व्यक्तित्व का आदर्श परिवर्तन करें, व्यक्तिगत दृष्टिकोण का रूपांतरण करें, भले ही वास्तविक जीवन में कुछ भी हो रहा हो, और यह व्यक्तित्व परिवर्तन वर्गीकृत जीवन से पहले के जनजातीय जीवन के सहज नैतिक वैभव के अनुरूप होना चाहिए। जैसाकि हम देखेंगे कि केवल इसी दृष्टिकोण से हम बुद्ध द्वारा बनाए गए प्रसिद्ध नैतिक नियमों को समझ सकते हैं। वास्तव में बुद्ध इससे भी कुछ आगे बढ़ गए। उन्हें आध्यात्मिक बातों से घोर विरक्ति थी, फिर भी उन्होंने ऐसी महान चिंतन प्रणाली का विकास किया जो उस खोई हुई समता और सदाचार के इस भ्रम में रम जाने की उनकी बात को उचित ठहरा सकती थी। उनके दर्शन में यह प्रयत्न किया गया कि उन दिनों जो वास्तविक दुःख और पीड़ा का अनुभव लोगों को होता उसे सार्वभौम दुःख आध्यात्मिक सिद्धांत में बदल दिया गया और साथ ही इसका स्पष्टीकरण भी उतना ही तत्वमीमांसीय स्तर का था।

बुद्ध के समकालीन ऋषि-मुनि यहीं पर विफल रहे। वे बुद्ध की भांति उस समय के अनुरूप एक पूर्ण युक्तियुक्त विभ्रम का निर्माण नहीं कर सके। जैसाकि हम देखेंगे कि मक्खलि गोसाल उस विराट ऐतिहासिक परिवर्तन की अनिवार्यता को सहन नहीं कर पाए। उन्हें प्रत्येक घटना में नियति दिखाई देने लगी। बुद्ध ने अपने संघ के भिक्षुओं को जिस वज्जी संघ के सामाजिक संगठन को आदार्श बताया था उनके निर्लज्जतापूर्ण संहार से गोसाल को ऐसा आघात पहुंचा कि ने वास्तव में पागल हो गये और अंत तक ऐसे ही रहे। पूरन कस्सप जैसे अन्य लोगों ने उचित और अनुचित, पवित्र और अपवित्र का भेद करने के प्रयत्न को पूर्णतया निरर्थक समझा। अजित केस कंबलि का यही कहना था कि नैतिकता और तत्वज्ञान सब बेकार की बातें हैं। पकुध कच्चायन को प्रत्येक बात में व्यर्थता दिखाई देती थी। संजय वेलत्थि पुत्र का विचार था कि विश्व के संबंध में प्रत्येक दृष्टिकोण एक दूसरे से अधिक खराब हैं। ये सभी जीवनदर्शन निराशा और निरर्थकता के थे। महावीर को छोड़ कर, बुद्ध के समय के ये ही प्रमुख ऋषि-मुनि थे। महावीर की सफलता भले ही बुद्ध जितनी न हुई हो फिर भी वे उस समय के अनुरूप विभ्रम प्रस्तुत करने की अपेक्षाकृत क्षमता रखने के कारण सफल हुए। इसलिए कोई आश्चर्य

की बात नहीं है कि, जैसाकि सामञ्ज फल सुत्त (वही) में कहा गया, इन अन्य ऋषि-मुनियों में से कोई भी संन्यासी जीवन के औचित्य या इसके निश्चित लाभ को सफलतापूर्वक स्पष्ट नहीं कर पाया। केवल बुद्ध ही ऐसा कर सके। क्योंकि केवल वही अपने युग के विभ्रम को प्रतिपादित कर सके जो अपनी आंतरिक तर्कसंगतता के कारण अद्‌भुत था। इस प्रकार बुद्ध की सफलता को उनके समकालीन अन्य ऋषि-मुनियों की विफलता की पृष्ठभूमि में समझा जा सकता है और उनकी सफलता का रहस्य उनके संघों में मिलता है।

हम पहले ही देख चुके हैं कि बुद्ध को अपने संघों के लिए आदर्श कहां से मिला। किंतु उन्होंने इस आदर्श का अनुकरण किस सीमा तक किया? इस प्रश्न का उत्तर देने के लिए हमें तीन प्रमुख समस्याओं पर विचार करना होगा। इन समस्याओं का संबंध (1) संघ में प्रवेश की विधि; (2) संघ के आंतरिक प्रशासन और (3) संघ के अंदर व्यक्तिगत या निजी संपत्ति से है। इनका प्रमुख स्रोत' 'विनय-पिटक' है। किंतु इसे समझने के लिए हमें मुख्य सहायता मोरगन द्वारा प्राचीन समाज के विशिष्ट अध्ययन वाली पुस्तक से मिलती है। आदिवासी समाज में पूर्ण सदस्यता से पहले एक प्रकार का समारोह या अनुष्ठान होता है, जिसका सारतत्व है मृत्यु और पुनर्जन्म का स्वांग। युवक युवक के रूप में ही मरता है और पुनर्जन्म लेकर जनजाति का पूर्ण सदस्य बन जाता है। यह दीक्षा लेना है। प्राचीन धर्मों में हमें इस धार्मिक क्रिया के कुछ अवशेष दिखाई देते हैं यद्यपि इनका मूल उद्देश्य वह नहीं रहा। जैसाकि थामसन ने कहा, जो सामाजिक व्यवस्थाएं अथवा संस्थाएं आर्थिक प्रगति के कारण पुरानी पड़ जाती हैं उन्हें धर्म की शरण लेनी पड़ती है (48.i.66) इस प्रकार उदाहरण के लिए 'ऐतरेय ब्राह्मण' में हमें काफी विस्तार से इस मृत्यु और पुनर्जन्म के स्वांग का वृत्तांत मिलता है। (12.103) बौद्ध संघ में प्रवेश से पूर्व 'पब्बज्जा' और 'उपसम्पदा' समारोह अथवा क्रियाएं होती हैं। संघ के पूर्ण सदस्य बनने के लिए ये दो चरण थे, जिसमें पहला चरण अर्थात पब्बज्जा दूसरे चरण अर्थात उपसम्पदा के लिए तैयारी के रूप में होता था:

> पब्बज्जा (प्रव्रज्या) का अर्थ है 'बाहर जाना' : इस समारोह के द्वारा व्यक्ति अपने जन्म की पूर्वस्थिति से बाहर जाता है—उपसम्पदा का अर्थ है 'पहुंचना', और यह संघ के पूर्ण मान्यता प्राप्त सदस्यों के वृत्त में प्रवेश है। (ई. आर. ई. vii.319)

यहां व्यक्ति को अपना सिर मुंडाने और भगवा वस्त्र पहनने होते थे तथा इन दो बातों को छोड़ कर अन्य कोई ऐसी बात नहीं थी जिसकी समानता जनजातीय मृत्यु तथा पुनर्जन्म स्वांग से या इसके धार्मिक रूप से हो। इसकी बजाय प्रमुखतम विशेषता, विशेष कर उपसम्पदा की विशेषता यह थी कि संघ में प्रवेश की अनुमति प्राप्त करने के लिए सभी पूर्ण सदस्यों की सहमति लेने की एक विस्तृत विधि थी। जनजातीय समाज में प्रवेश के लिए इस प्रकार की जन सहमति लेने की कोई विशेष आवश्यकता नहीं थी। जनजातीय समाज मूलतः सगे संबंधियों से बनता था और उसकी सदस्यता का निर्धारण वंश के अनुसार होता था।

किंतु बौद्ध संघ इस प्रकार के संबंधियों का संगठन नहीं था। इसकी सदस्यता का निर्धारण वंश के आधार पर नहीं किया जा सकता था। संक्षेप में यही कहा जाएगा कि संघ में प्रवेश की विधि को जनजातीय आधार नहीं दिया जा सका था। बुद्ध इस बात को भलीभांति समझते थे। तो फिर उनकी इस विधि का मूल आदर्श क्या था? इस प्रश्न का उत्तर एक अन्य प्रश्न को उठाकर दिया जा सकता है : यदि कोई व्यक्ति खून के रिश्ते से जुड़ा हुआ नहीं है तो उसे जनजातीय समाज में किस प्रकार प्रवेश मिलता है? तब उसे अंगीकार किया जाता है और इससे पूर्व एक असाधारण रूप से विस्तृत लोकतांत्रिक विधि होती है। मोरगन ने बताया है, इरोकी

आदिवासियों में अंगीकरण समारोह एक जन परिषद में होता था जो एक प्रकार की धार्मिक क्रिया ही बन गई थी।' (101.80-1) मोरगन को इस विधि का व्यक्तिगत ज्ञान था। क्योंकि स्वयं उन्हें भी सैनेका जनजाति के हाक (गिद्ध) कबीले ने अंगीकार किया था। (ई.बी. xv 802) उन्होंने इस विधि का विवरण इस प्रकार दिया है :

> परिषद भवन में लोगों के एकत्र होने के बाद एक सरदार उठ कर व्यक्ति के संबंध में कुछ सूचना देता था, और उसके अंगीकरण का कारण, और अंगीकार करने वाले व्यक्ति का नाम तथा कुल और नवदत्तक को दिए गए नए नाम की जानकारी देता था। फिर दो सरदार नवदत्तक की बाहें पकड़ कर उसके साथ परिषद भवन में पैदल घूमते थे और साथ ही अंगीकरण गीत गाते थे। प्रत्येक पद के अंत में सब लोग समवेत स्वर में उत्तर देते थे। जब तक सभी पद समाप्त नहीं हो जाते तब तक इनका घूमना चलता रहता। यह तीन चक्करों में पूरा होता था। इसके साथ ही समारोह समाप्त हो जाता था···(101.81टि.)

मोरगन ने यह नहीं बताया कि पद में क्या कहा जाता था। स्पष्ट है कि इसका उद्देश्य जन सहमति प्राप्त करना था। अब हम बौद्ध समारोह पर विचार करेंगे और देखेंगे कि इरोकी समारोह से इसपर कोई प्रकाश पड़ता है या नहीं। 'विनय पिटक' के 'महावग्ग' (i.28;i.76) में प्रमुख रूप से जानकारी मिलती है। इसके कुछ अंश यहां दिए जाते हैं :

> तब तथागत ने···भिक्षुओं को इस प्रकार संबोधित किया :'·· हे भिक्षुओं ! मैं निर्देश देता हूं कि आप संघ के विधिवत् क्रिया द्वारा उपसम्पदा दीक्षा प्रदान करें जिस विधिवत् क्रिया के अंतर्गत घोषणा (नत्ति) के बाद तीन प्रश्न होते हैं।
>
> 'और हे भिक्षुओ ! आपको यह उपसम्पदा दीक्षा इस प्रकार देनी चाहिए : किसी विद्वान योग्य भिक्षु को संघ के समक्ष यह नत्ति (प्रस्ताव की घोषणा) करनी चाहिए :
>
> 'हे श्रद्धेय जनो, संघ, मेरी बात सुनें। यह व्यक्ति न. न. परम आदरणीय न. न. (अर्थात् परम आदरणीय न. न. उसका उपज्झय होगा) से उपसम्पदा दीक्षा ग्रहण करना चाहता है। यदि संघ तैयार हो तो संघ न. न. को उपसम्पदा दीक्षा प्रदान करे जिसमें न. न. उसका उपज्झय हो, यह नत्ति है।
>
> 'आदरणीय महानुभावो, संघ, मेरी बात सुनें। यह व्यक्ति न. न. परम आदरणीय न. न. से उपसम्पदा दीक्षा ग्रहण करना चाहता है। संघ न. न. को उपसम्पदा दीक्षा प्रदान करता है और न. न. उसका उपज्झय है। श्रद्धेय बंधुओ में से जो भी न. न. को उपसम्पदा दीक्षा दिए जाने और न. न. के उसका उपज्झय बनने के पक्ष में है वह मौन रहे और जो इसके विपक्ष में हो वह बोले।
>
> और अब मैं दूसरी बार आपसे यही बात कहता हूं : संघ मेरी बात सुने···(इत्यादि पहले की भांति)।
>
> 'और अब मैं तीसरी बार आपसे कहता हू : संघ मेरी बात सुने···(आदि पहले की भांति)
>
> 'न. न. को संघ से उपसम्पदा दीक्षा प्राप्त हो गई है और न. न. उसका उपज्झय है। संघ इसके पक्ष में है इसीलिए वह मौन है। यही मैं समझता हूं।' (एस. बी. ई. xiii. 169-70)

बाद में जैसे जैसे संघों का विकास होने लगा, कुछ नई समस्याएं अनिवार्यतः उत्पन्न हुई, जिसके कारण उपसम्पदा समारोह के दौरान कुछ नए नियमों का पालन करने की आवश्यकता पड़ गई। (वही xiii.151-238) किंतु जनजातीय अंगीकरण विधि के अनुकरण वाला इसका मूल स्वरूप कभी विलुप्त नहीं हुआ। संघ की अनुमति प्राप्त करने की निम्नलिखित विधि सदा ही अंतिम क्रिया बनी रही :

> तब कोई विद्वान तथा योग्य भिक्षु संघ के समक्ष इस नत्ति की घोषणा करे : 'आदरणीय महानुभावो, संघ, मेरी बात सुने। यह व्यक्ति न. न., परम आदरणीय न. न. से उपसम्पदा दीक्षा लेने का इच्छुक है; वह सभी प्रकार की अयोग्यताओं से मुक्त है; उसका भिक्षापात्र और वस्त्र तैयार हैं। न. न. संघ से उपसम्दा दीक्षा ग्रहण करने की अनुमति चाहता है और न. न. को अपना उपज्झय बनाना चाहता है। यदि संघ तैयार है'''आदि, जैसे पहले दिया गया है। (वही. xiii. 233)

अंगीकरण की इस प्रकार की विधि से हमें कुछ आभास मिल जाता है कि बुद्ध अपने संघों में किस प्रकार का लोकतंत्र लाने का प्रयत्न कर रहे थे। जब हम उनके आंतरिक प्रशासन से संबद्ध सामान्य नियमों पर ध्यान देते हैं तो यह और भी स्पष्ट हो जाता है। हमारे कुछ विद्वान इस बात पर पहले ही ध्यान दे चुके हैं कि संघों का विधान अति लोकतांत्रिक था। मजूमदार का कथन है :

> भिक्षुओं की महासभा को सर्वोच्च सत्ता प्राप्त थी और इसके अधिवेशनों की विधि पूर्णतया निश्चित थी'''सबसे पहले तो किसी समुदाय के पूर्ण दीक्षित सभी भिक्षु इस सभा के सदस्य थे। इनमें से केवल उसी व्यक्ति को मताधिकार प्राप्त नहीं था जो किसी अपराध के लिए दंडित हो चुका हो। अन्यथा सभी सदस्यों को मत देने का अधिकार था। कोई भी सभा तब तक विधिसम्मत नहीं मानी जाती थी जब तक मताधिकार प्राप्त सभी सदस्य उपस्थित न हों या यदि अनुपस्थित हों तो कम से कम अपना मत विधिवत् घोषित कर चुके हों। किसी नियम को स्वीकार करने के लिए सदस्यों की एक न्यूनतम संख्या निर्धारित थी, या यूं कहिए कि 'महावग्ग' में नियम निर्धारित था कि न्यूनतम संख्या कितनी हो'''सभा एकत्र होने पर प्रस्तावक को सबसे पहले तो उपस्थित भिक्षुओं के समक्ष उस प्रस्ताव की घोषणा करनी होती थी जो वहां प्रस्तुत किया जाने वाला है; इस घोषण को 'नत्ति' कहा जाता था। 'नत्ति' के बाद भिक्षुओं के समक्ष प्रश्न रखे जाते थे कि क्या वे प्रस्ताव का अनुमोदन करते हैं। प्रश्न एक बार या तीन बार किया जाता था '' (76-310-1)

और यदि संघ इस प्रस्ताव को अस्वीकार नहीं करता था तो फिर क्या होता था ?

> संघ के समक्ष एक या तीन बार, जैसी स्थिति हो, प्रस्ताव विधिवत् प्रस्तुत कर दिए जाने के पश्चात यदि उपस्थित सदस्य मौन रहते थे तो यह प्रताव स्वतः पारित माना जाता था। यदि किसी ने इसके विरुद्ध कुछ कहा और किसी प्रकार के मतभेद हुए तो बहुमत का निर्णय स्वीकार किया जाता था। नियमानुसार मत लिए जाते थे और इसके लिए संघ द्वारा विधिवत एक व्यक्ति नियुक्त होता था जो मतसंग्रह करता था। (वही. 312)

बौद्ध संघों का संविधान वास्तव में अति लोकतांत्रिक था। किंतु यह लोकतांत्रिक प्रणाली बुद्ध का आविष्कार नही थी; यह जनजातीय लोकतंत्रों या जनजातीय लोकतांत्रिक विधि का अनुकरण मात्र थी। जायसवाल ने भले ही संघ या गण के वास्तविक अर्थ तथा स्वरूप को गलत समझा हो किंतु उन्होंने स्पष्टतया इस बात को महत्व दिया :

> बुद्ध का जन्म लोकतांत्रिक लोगों में हुआ था। उनके अड़ोस-पड़ोस में संघ ही थे जिनके बीच वे बड़े हुए थे। जिस समुदाय की स्थापना उन्होंने की, उसका नाम उन्होंने भिक्षु संघ या भिक्षुओं का लोकतंत्र रखा था। अपने धार्मिक संघ की स्थापना करते समय उन्होंने संभवतः अपने समकालीन गुरुओं का अनुकरण किया और राजनीतिक संघों के नाम और संविधान को अपनाया। (37.i.45)

जैसाकि जायसवाल ने बताया है, बुद्ध ने अपने संघ के सदस्यों की गणना की ठीक वैसी ही विधि

अपनाई जैसी संघों या गणों की थी :

भिक्षा लेने के लिए आने वाले भिक्षुओं से तब लोग पूछते थे :

'श्रद्धेय महानुभावो, वहां कितने भिक्षु हैं ?'

भिक्षुओं ने उत्तर दिया; मित्रो, हमें जानकारी नहीं।'

लोगों को रोष हुआ, वे कुछ बुदबुदाने लगे और क्रोधित हुए :

'शाक्यपुत्तिय समनों को एक दूसरे के बारे में भी कुछ पता नहीं है; अन्य कौन सी अच्छी बातें वे जानते होंगे ?'

उन्होंने यह बात तथागत से कही।

'भिक्षुओ, मैं निर्देश देता हूं कि आप भिक्षुओं की गणना करें।

अब भिक्षुओं ने सोचा : 'हमें भिक्षुओं की गणना किस समय करनी चाहिए ? 'उन्होंने यह बात तथागत से कही।

'हे भिक्षुओ, मैं निर्देश देता हूं कि आप गणों की विधि (गण मग्गेन गषेतुम) से उपोसथ दिवस पर गणना करें या आप मतशलाखाएं ले जाएं। (महावग्ग ii.18)

यहां महत्वपूर्ण बात है 'गणमग्गेन गणेतुम' शब्दों का प्रयोग, जिसे जायसवाल ने ठीक ही समझा, किसी गण में गणना प्रणाली थी। नीचे, बुद्ध की अपनी जाति में वास्तव में प्रचलित लोकतांत्रिक विधि का एक रोचक उदाहरण दिया जाता है। यह ऐसी विधि थी जो स्पष्ट रूप से बुद्ध ने अपने संघों के लिए अपनाई थी। कौशल नरेश ने जब शाक्य राजधानी पर घेरा डाला और आत्मसमर्पण करने या न करने के संबंध में निर्णय लिया जाना था तो वे बहुमत जानने के लिए एकत्र हुए :

तब राजा ने शाक्यों के यहां अपना दूत भेजा और यह संदेश दिया कि 'हे महानुभावो, यद्यपि आप मुझे प्रिय नहीं हैं, फिर भी मेरे मन में आपके प्रति घृणा नहीं है। सब कुछ समाप्त हो चुका है; इसलिए शीघ्र ही नगरद्वार खोल लीजिए।' तब शाक्यजनों ने कहा : 'आइए हम सब इकट्ठे होकर विचार करें कि हमें द्वार खोलने चाहिए या नहीं।' जब वे एकत्र हुए तो कुछ शाक्यों ने कहा : 'द्वार खोल दो,' और अन्य शाक्यजनों ने कहा कि ऐसा न किया जाए। कुछ ने कहा : 'चूंकि अलग अलग मत व्यक्त किए गए हैं, इसलिए हम बहुमत का पता लगाएंगे।' और तब उन्होंने इस विषय पर मत लेने शुरू किए। (104.118-9)

'विनय पिटक' में दिए गए उदाहरणों से संघों के आंतरिक लोकतंत्र के संबंध में बुद्ध की विशेष चिंता का चित्र मिलता है। कुछ उदाहरण देखिए :

उस समय चब्बग्गीय भिक्षु निम्नलिखित प्रकार से आधिकारिक कार्य करते थे : वे अपूर्ण सभा के समक्ष अवैध कार्य करते थे···वे पूर्ण सभा के समक्ष विधिसम्मत प्रतीत होने वाले कार्य करते थे : वे 'नत्ति' की घोषणा के बिना और 'कम्मवाच' के बिना कार्य करते थे: वे कम्मवाच की घोषणा के बिना और 'नत्ति' के बिना कार्य करते थे; वे 'नत्ति' के बिना और 'कम्मवाच' की घोषणा के बिना कार्य करते थे; वे धम्मविरुद्ध कार्य करते थे; वे विनयविरुद्ध कार्य करते थे; वे तथागत के उपदेशों के प्रतिकूल कार्य करते थे; और वे ऐसे कार्य करते थे जो विधानविरुद्ध, आपत्तिजनक और अवैध थे तथा जिनके प्रति (उपस्थित भिक्षु) आपत्ति उठाते थे।

जो भिक्षु संयत प्रकृति के थे वे उद्विग्न हो गए। इन भिक्षुओं ने यह बात तथागत से कही।'

हे भिक्षुओ, जैसाकि सुनने में आया है क्या वह सच है कि चब्बग्गीय भिक्षु···?'

'यह सच है भगवान, आदि···'

इस प्रकार उनकी भर्त्सना करके और एक धार्मिक प्रवचन देखकर उन्होंने भिक्षुओं को संबोधित किया :

'हे भिक्षुओ, यदि कोई आधिकारिक कार्य किसी अपूर्ण सभा द्वारा अवैध रूप से किया जाता है तो वह वास्तविक कार्य नहीं है और उसे नहीं किया जाना चाहिए आदि ··यदि कोई आधिकारिक कार्य, हे भिक्षुओ, ऐसा किया जाता है कि जो विधिसम्मत नहीं है, आपत्ति-जनक है और अवैध है और जिसके विरुद्ध (उपस्थित भिक्षु) आपत्ति उठाते हैं तो वह वास्तविक कार्य नहीं है और उसे नहीं किया जाना चाहिए।

हे भिक्षुओ, 6 प्रकार के आधिकारिक कार्य हैं (जिन्हें कोई संघ कर सकता है); अवैध कार्य, अपूर्ण सभा द्वारा किया गया कार्य, पूर्ण सभा द्वारा किया गया कार्य विधि सम्मत प्रतीत होने वाला कार्य जिसे कोई अपूर्ण सभा करती है, विधिसम्मत प्रतीत होने वाला कार्य जिसे पूर्ण सभा करती है, और विधिसम्मत कार्य जो पूर्ण सभा द्वारा किया गया हो।

'और हे भिक्षुओं, अवैध कार्य कौन सा है ? यदि कोई व्यक्ति नत्ति दुतीय कार्य करता है किंतु एक 'नत्ति' की उद्घोषणा होती है और 'कम्मवाच' की घोषणा नहीं होती तो ऐसा कार्य अथवा क्रिया अवैध है। हे भिक्षुओ, यदि कोई व्यक्ति दो 'नत्ति' उद्घोषणाओं के साथ 'नत्तिदुतीय' कार्य करता है किंतु 'कम्मवाच' की घोषणा नहीं करता···यदि एक 'कम्मवाच' की उद्घोषणा होती है किंतु 'नत्ति प्रस्ताव नहीं किया जाता ··दो कम्मवाच उद्घोषणाएं होती हैं किंतु 'नत्ति' प्रस्ताव घोषित नहीं होता, इस प्रकार का कार्य अवैध है।

'हे भिक्षुओं, यदि कोई 'नत्तिचतुत्थ' कार्य करता है और उसमें एक बार 'नत्ति' की घोषणा होती है किंतु 'कम्मवाच' की घोषणा नहीं करता तो ऐसा कार्य अवैध है। यदि हे भिक्षुओ, कोई व्यक्ति 'नत्तिचतुत्थ' कार्य करता है जिनमें 'नत्ति' की घोषणा दो···तीन···चार, बार होती है, किंतु 'कम्मवाच' की घोषणा नहीं होती तो ऐसा कार्य अवैध है। हे भिक्षुओ. यदि कोई व्यक्ति 'नत्तिचतुत्थ' करता है किंतु उसमें एक बार 'कम्मवाच जिसमें···दो बार · तीन बार···चार बार कम्मवाच का प्रावधान है की घोषणा होती है किंतु 'नत्ति' प्रस्ताव घोषित नहीं होता तो ऐसा कार्य अवैध है। हे भिक्षुओं, इस प्रकार के कार्यों को अवैध कार्य कहा जाता है।

'और हे भिक्षुओं, अपूर्ण सभा द्वारा किया जाने वाला कार्य कौन सा है ?

'हे भिक्षुओ, यदि किसी 'नत्तिदुतीय' कार्य के समय मताधिकार प्राप्त सभी भिक्षु उपस्थित नहीं हैं और यदि उन लोगों का छंद (अर्थात् किसी अनुपस्थित व्यक्ति की सहमति की सूचना) प्राप्त (सभा को) नहीं हुआ है, जिन्हें अपने छंद की सूचना देनी चाहिए और यदि उपस्थित भिक्षु इस पर आपत्ति उठाते हैं तो ऐसे कार्य को अपूर्ण सभा द्वारा किया गया कार्य माना जाएगा।'

हे भिक्षुओं, किसी 'नत्तिदुतीय' कार्य के समय मताधिकार प्राप्त सभी भिक्षु उपस्थित हैं किंतु जिन्हें (सभा को) अपने अपने छंद की सूचना देनी चाहिए उन्होंने नहीं दी है, और यदि उपस्थित भिक्षु आपत्ति उठाते हैं तो इसे अपूर्ण सभा द्वारा किया गया कार्य समझा जाएगा।

'और हे भिक्षुओं, पूर्ण सभा का कार्य कौन सा है ?

हे भिक्षुओ, यदि किसी 'नत्तिदुतीय' कार्य के समय मताधिकार प्राप्त सभी भिक्षु उपस्थित हैं और सभा को उन सभी के छंद' की सूचना दे दी गई है जिन्हें अपने छंद की घोषणा करनी चाहिए, और यदि उपस्थित भिक्षु कोई आपत्ति नहीं उठाते तो इस प्रकार के कार्य को पूर्ण सभा द्वारा किया गया समझा जाना चाहिए।

'हे भिक्षुओ, यदि नत्तिचतुत्थ' कार्य के समय···(शेष वही है जैसा पिछले अंश में था)।

'हे भिक्षुओ, इस प्रकार के सभी कार्य पूर्ण सभा के कार्य कहे जाते हैं।

'और हे भिक्षुओ, किसी अपूर्ण सभा द्वारा किया गया वैध प्रतीत होने वाला कार्य कौन सा है?

'हे भिक्षुओ यदि किसी 'नत्तिदुतीय' कार्य के समय पहले 'कम्मवाच' की घोषणा की जाती है और बाद में 'नत्ति' प्रस्ताव लाया जाता है, और मताधिकार प्राप्त सभी भिक्षु उपस्थित नहीं हैं··· (आदि) इस अनुच्छेद में दिए गए 6 प्रकरणों में से तीन जो 'नत्तिदुतीय' कार्य और तीन जो 'नत्तिचतुत्थ' कार्य से संबद्ध हैं; उपरोक्त प्रकरणों तथा इन 6 के बीच अंतर केवल यह है कि इनके साथ जोड़े गए वाक्यों में 'नत्ति' तथा 'कम्मवाच' की स्थिति एक दूसरे से बदल दी गई है (अर्थात अब 'कम्मवाच' पहले और नत्ति' बाद में आते हैं)।

'और हे भिक्षुओ, किसी पूर्ण सभा द्वारा किया जाने वाला वैध प्रतीत होने वाला कार्य कौन सा है?

'हे भिक्षुओ, यदि किसी 'नत्तिदुतीय' कार्य के समय पहले 'कम्मवाच' की घोषणा की जाती है और 'नत्ति' प्रस्ताव बाद में आता है, यदि मताधिकार वाले सभी भिक्षु उपस्थित हैं·· आदि। यह अनुच्छेद उस अनुच्छेद के साथ उसी प्रकार से संबद्ध है जिसमें पूर्ण सभा के कार्य की बात कही गई है और जिसमें उस अनुच्छेद का संबंध अपूर्ण सभा के कार्य के साथ है।···

'और हे भिक्षुओ पूर्ण सभा द्वारा किया जाने वाला वैध कार्य कौन सा है?

'हे भिक्षुओ, यदि 'नत्तिदुतीय' कार्य में पहले 'नत्ति' प्रस्ताव लाया जाता है और बाद में एक 'कम्मवाच' के साथ कार्य किया जाता है, और मताधिकार वाले सभी भिक्षु उपस्थित हैं, यदि 'छंद' की घोषणा करने वालों के 'छंद' की सूचना (सभा को) दे दी गई है, और यदि उपस्थित भिक्षु आपत्ति नहीं उठाते तो ऐसा कार्य वैध है और इसे पूर्ण सभा द्वारा किया हुआ माना जाए।

'हे भिक्षुओ, 'नत्तिचतुत्थ' कार्य में यदि 'नत्ति' प्रस्ताव पहले लाया जाता है और बाद में तीन 'कम्मवाचों' के साथ कार्य किया जाता है, यदि मताधिकार वाले सभी भिक्षु उपस्थित हैं, आदि, ऐसा कार्य वैध है और इसे पूर्ण सभा द्वारा किया हुआ माना जाए। (एस. बी. ई. xvi 265-8)

इस प्रकार के लेखांशों में हमारी विशेष रुचि है। और उदाहरणों के लिए पाठकगण जायसवाल की पुस्तक पढ़ सकते हैं (37.i. ट.3—17)। बुद्धकालीन भारत में जनजातीय संगठनों के गठन के संबंध में कई अच्छी अच्छी पुस्तकें हैं (112 अध्याय ii; जे. ए. एस. बी. vii. में टर्नर, पृ. भ93 और आगे) किंतु सीधे ऐतिहासिक प्रमाण बहुत कम हैं। किंतु यदि बुद्ध वास्तव में अपने संघों को जनजातीय संगठनों के सिद्धांतों के अनुरूप संचालित कर रहे थे तो संघ नियमों से हमें, स्वयं जनजातीय संगठनों के स्वरूप के बारे में बहुत कुछ पता चलना चाहिए।

प्रारंभिक जनजातीय समाज न केवल लोकतांत्रिक था बल्कि साम्यवादी भी था। इस समाज में निजी या निजी स्वामित्व वाली संपत्ति जैसी कोई बात नही थी। किंतु संघों के अंदर संपत्ति संबंधी साम्यवादी सिद्धांतों को बुद्ध ने कहां तक लागू किया? मजूमदार का कथन है:

> ···बौद्ध संघ में व्यक्ति को सारे संघ में विलीन कर दिया जाता था।···बुद्ध के इस धर्मादेश में कि प्रत्येक वस्तु संघ की संपत्ति है किसी भिक्षु विशेष की नहीं, और उस भिक्षु को केवल वही मिल सकता है जो निश्चित रूप से उसके लिए निर्धारित किया गया है, यही बात प्रतिबिंबित होती है कि व्यक्ति और समूह के बीच किस प्रकार का संबंध था। और यह नियम ठीक इसी सिद्धांत के अनुरूप है कि किसी भिक्षु की मृत्यु के बाद उसकी संपत्ति संघ को मिल जाती थी। (76.316—8)

बौद्ध ग्रंथों के उन लंबे लंबे लेखांशों को जो इस कथन का आधार हैं, उद्धृत करना उकता देने

वाला काम होगा। वास्तव में 'अधिग्रहण संबंधी' 'पच्चितीय' अपराधों की पूरी श्रृंखला ही संपत्ति संबंधी साम्यवादी दृष्टिकोण पर आधारित थी।' (एस. बी. ई. xiii. 18) यह बात इन नियमों के संबंध में रिस डेविड्स और ओल्डनबर्ग की टिप्पणियों से विदित हो जाएगी :

> निम्नलिखित नियम, जिनमें अधिकांश अब प्रचलित नहीं रहे, अधिकतर प्राचीन विरादरी की साम्यवादी प्रथाओं पर आधारित हैं···किसी भी स्थान पर संघ या भिक्षु समाज में 'वस्साकाल' (वर्षा ऋतु) के समाप्त होने पर किसी एक भिक्षु को संघ अथवा समाज को सभी वस्त्र दे देने की प्रथा थी। यहां इस बात पर ध्यान देना चाहिए किसी भी भिक्षु के पास अपने निजी वस्त्र अलग से नहीं होते थे; यद्यपि आमतौर पर ये उसके अपने उपयोग के लिए होते थे। वास्तव में तो ये उसके अपने लिए थे किंतु नियम के आधार पर देखा जाए तो ये सारे संघ की संपत्ति थे। उपरोक्त भिक्षु इन सारे वस्त्रों को सूखने के लिए डाल देता था और बाद में उन भिक्षु बंधुओं की आवश्यकता पूरी करता था जिनके वस्त्र वर्षा में भीग जाने या किसी अन्य कारण से खराब हो जाते थे। (वही. xiii. 18 टिप्पणी.)

स्पष्ट है कि बुद्ध संघ के अंदर निजी संपत्ति के कड़े विरोधी थे। यह तर्कसंगत था। जिस दुख से वे बचना चाहते थे, और जिसके संबंध में वे बार-बार कहते थे, वह दुख लालच का परिणाम था, जिसे वे अपने चारों ओर देख रहे थे। बुद्ध जानते थे कि इस लोभ का मूल निजी संपत्ति की शक्ति है। वे समाज को सुधारने के मामले में तो असमर्थ थे, किंतु संघ के अंदर उनकी सत्ता सर्वोच्च थी। वे स्वर्ण की शक्ति के अधीन कभी नहीं आना चाहते थे :

> जो भी भिक्षु सोना या चांदी प्राप्त करेगा, या अपने लिए इसे प्राप्त करने के वास्ते किसी अन्य व्यक्ति से कहेगा या किसी के पास इसे जमा रखेगा, वह 'पच्चितीय' अपराध का दोषी होगा और यह सोना-चांदी जब्त कर लिया जाएगा। जो भी भिक्षु कोई ऐसा आचार व्यवहार करेगा जिसमें चांदी का प्रयोग होता हो, वह पच्चितीय अपराध का दोषी होगा और वह चांदी जब्त कर ली जाएगी। (वही xiii. 26)

इसके लिए जो निराकरण बताए गए वे भी अपने आपमें कम रोचक नहीं हैं :

> दोषी भिक्षु को सोना या चांदी अपने संघ को दे देना होगा···तब जहां भी कोई आराभिक या उपासक आएगा तो उसे यह सोना या चांदी संघ के लिए घी तेल आदि खरीदने के लिए दे दिया जाएगा; और जो कुछ भी खरीदा जाएगा वह सारे संघ की साझी संपत्ति होगी, किंतु दोषी भिक्षु के लिए इसमें कोई हिस्सा नहीं होगा। यदि सामान्य जन इस सोने या चांदी को खर्च करने के लिए तैयार नहीं होगा तो उसे कहा जाएगा कि वह इन मुद्राओं को फेंक दे। या फिर यदि ऐसा नहीं हो सकता तो अंतिम तरीका यही होगा कि किसी भिक्षु को विधिवत इन स्वर्ण या रजत मुद्राओं को हटाने के काम पर नियुक्त किया जाएगा और उसे इन मुद्राओं को कहीं अन्यत्र जाकर फेंक आना होगा तथा उस स्थान पर कोई निशान नहीं लगाया जाएगा। (वही)

ऐसे ही और उदाहरण भी हैं। (चुल्लवग्ग vi. 15) हम पहले ही देख चुके हैं कि रिस डेविड्स और ओल्डन बर्ग जैसे विद्वानों ने संघ के अंदर संपत्ति संबंधी नियमों का उल्लेख करने के लिए 'साम्यवादी प्रथा' शब्दों का प्रयोग करना आवश्यक समझा। यहां तक कि मजूमदार ने भी प्रारंभिक बौद्ध धर्म के 'संपत्ति संबंधी साम्यवादी सिद्धांत' की चर्चा की। (76.319) किंतु इस बात की विवेचना नहीं की गई कि बुद्ध को यह सिद्धांत कहां से मिला और उन्होंने इसको इतना महत्व क्यों दिया ?

8. ईश्वररहित धर्म

थामसन ने कहा : 'परिवार और ईश्वर निजी संपत्ति के साथ साथ चलते हैं।' (48. i. 85) जहां तक प्रारंभिक बौद्ध धर्म का संबंध है, यह उल्लेखनीय है कि निजी संपत्ति के लिए कोई विशेष आदर न होते हुए भी इस धर्म में ईश्वर के प्रति किसी प्रकार की आस्था का संकेत नहीं है। बुद्ध ने अपने समकालीन लिच्छवि जनजाति के महावीर की भांति न केवल ईश्वर में कोई आस्था नहीं रखी बलिक उसके अस्तित्व के विरुद्ध कई तर्क प्रस्तुत किए (52.i. 203 और आगे) किंतु इस बात को कुछ स्पष्ट करने की आवश्यकता है। गेडेन की निम्नलिखित टिप्पणी से पता चल जाएगा कि आधुनिक विद्वान इस बात पर एकमत नहीं हैं कि बुद्ध सजग नास्तिक थे :

> यह धारणा संभवतः गलत है कि गौतम बुद्ध के मूल उपदेशों से यह विदित होता है कि वे पूर्ण और निश्चित रूप से नास्तिक थे तथा उनका विचार था कि यह संसार भौतिक पदार्थों से बना है और ईश्वर का कोई अस्तित्व नहीं है। यह कहना संभवतः ठीक है कि उन्होंने इस संसार को भौतिक बताया और उन्होंने यह विचार प्राचीन सांख्य दर्शन से ग्रहण किए जिसमें प्रत्येक वस्तु को आत्म और भौतिक तत्व (पुरुष और प्रकृति) का उत्पादन माना गया है तथा किसी दैवी शक्ति की आवश्यकता नहीं समझी गई है। किंतु यह दूसरी धारणा कि 'बौद्ध धर्म के संस्थापक स्पष्टतया नास्तिक विचारों को व्यक्त करना चाहते थे, बुद्ध के रवैये के बारे में बौद्ध ग्रंथों में मिलने वाले वर्णन पर आधारित प्रतीत होती है। इस वर्णन के अनुसार परलोक के संबंध में बुद्ध का जो विचार था या आत्मा या अगोचर के बारे में उन्होंने अपने शिष्यों के प्रश्नों का कोई उत्तर नहीं दिया, कोई प्रकाश नहीं डाला, जबकि वे ऐसा कर सकते थे। इसलिए स्पर्श न किए जा सकने वाले अगोचर ईश्वर के बारे में अंधकार और अनिश्चितता बनी रही। (ई. आर. ई. vi. 269-70)

इस टिप्पणी के दो पक्षों के बीच मेल बैठाना कठिन है। यदि बुद्ध ने वास्तव में मूल सांख्य के भौतिकवाद को स्वीकार किया तो उन्होंने इस दर्शन के निश्चित नास्तिकवाद को भी अपनाया होगा क्योंकि यह नास्तिकवाद विश्व के भौतिकवादी दृष्टिकोण का स्वाभाविक निष्कर्ष है। किंतु गेडेन का संदेह पूर्णतया भिन्न परिस्थिति के संदर्भ में उपजा।

बौद्ध धर्म के जो संशोधित ग्रंथ आज हमारे पास उपलब्ध हैं, उनमें वास्तविक संशोधन किए जाने का काम बुद्ध के कई शताब्दियों के पश्चात हुआ। इससे यह प्रश्न उठता है कि हम इन ग्रंथों से किस सीमा तक यह मान लें कि इनमें व्यक्त किए गए विचार स्वयं बुद्ध के मूल विचार थे। जहां तक आस्तिकताविरोधी तर्कों की प्रामाणिकता का संबंध है, वहां स्थिति और भी खराब है। क्योंकि ये तर्क तो प्रारंभिक धार्मिक साहित्य में भी उपलब्ध नहीं हैं। ये हमें सबसे पहले अश्वघोष (ईसवीं सन की पहली शताब्दी) के 'बुद्धचरित' में मिलते हैं। इससे पहले के ग्रंथों में हम देखते हैं कि ईश्वर और परलोक संबंधी प्रश्नों पर बुद्ध ने मौन धारण कर रखा था और इसका कोई कारण समझ में नहीं आता। आधुनिक विद्वानों ने इस मौन के महत्व की व्याख्या अलग अलग ढंग से की है। गेडेन का कहना है :

> किंतु यह निष्कर्ष निकालना निश्चित रूप से गलत है कि आधिदैविक या अति प्राकृतिक बातों में तथा ईश्वर के अस्तित्व में बुद्ध को जो विश्वास नहीं था उसे वे अपने शिष्यों पर भी थोपना चाहते थे ··वे जिस प्रकार का दृष्टिकोण अपनाना चाहते थे वह न तो नास्तिक था और न ही पूर्णतया अज्ञेयवादी। किंतु उनके श्रोताओं के लिए इस बात का कोई महत्व नहीं था कि उत्तर हां में मिलता है या ना में; इसके अलावा इस विषय पर किसी प्रकार के

चिंतन मनन को प्रोत्साहन नहीं दिया जाता था या उसे रोक दिया गया था ताकि ऐसा न हो कि बुद्ध अपने अनुयायियों के मन में आत्मनिर्भरता की जो दृढ़ भावना उत्पन्न करना चाहते थे उसमें कोई बाधा पड़े···उन्होंने अपने शिष्यों को वह ज्ञान देने से ही इनकार कर दिया जो उनके विचार से इस व्यावहारिक जीवन के लिए आवश्यक था और जिस पर चिंतन करने से हानि होने की आशंका थी। (वही. vi. 270)

यह देखना कठिन नहीं है कि बुद्ध के मौन की यह व्याख्या किस प्रकार एक सचमुच निर्णायक प्रश्न के प्रति बड़े साधारण दृष्टिकोण पर आधारित है। चूंकि बुद्ध ने बार बार स्वयं को यही बताया कि उन्हें पूर्ण बोध प्राप्त हुआ है और यहां तक कि वे सर्वज्ञ हो गए हैं (तथागत या बुद्ध), तो यह कल्पना करने का कोई कारण ही नहीं है कि बुद्ध के मन में ईश्वर के प्रश्न को लेकर किसी प्रकार का कोई संदेह था। यदि इसके बावजूद उन्होंने अपने शिष्यों द्वारा ईश्वर संबंधी चिंतन को निरर्थक समझा तो इससे यही सिद्ध होता है कि स्वयं बुद्ध को भी ईश्वर के अस्तित्व में कोई विश्वास नहीं था। ईश्वर में विश्वास करना और फिर भी मानव नियति के लिए उसके अस्तित्व को निरर्थक मानना संभव नहीं है। यह सच है कि बुद्ध ने सदा यही प्रयत्न किया कि उनके शिष्य दुःख निवारण जैसी व्यावहारिक समस्या पर ध्यान दें और तत्वमीमांसीय चिंतन मनन को उन्होंने आत्मभ्रम माना। इसके बावजूद गौतम बुद्ध ने अपने व्यावहारिक कार्यक्रम को न्यूनतम सैद्धांतिक आधार दिया। जैसाकि हम देखेंगे कि इस कार्यक्रम में ईश्वर के लिए कोई स्थान नहीं था। इससे सिद्ध होता है कि स्वयं बुद्ध भी ईश्वर के अस्तित्व के प्रति कोई तटस्थ दृष्टिकोण नहीं रख सकते थे। प्रत्यक्ष है कि वे नहीं चाहते थे कि उनके शिष्य उन बातों पर चिंतन करके अपना समय और शक्ति व्यर्थ गंवाए जिनका कोई अस्तित्व ही नहीं है।

इसी दृष्टिकोण से अन्य विद्वानों ने कहा कि बुद्ध एक सजग नास्तिक थे। वाल्ले पुस्सियां ने कहा : 'एक दार्शनिक प्रणाली के रूप में बौद्ध धर्म ईश्वर या परमात्मा के विचार के आमूल विरुद्ध है। इस तरह वह पाश्चात्य दृष्टिकोण से मेल खाता है'। (ई. आर. ई. ii. 183) पुस्सियां ने ठीक ही कहा है कि बौद्ध धर्म में कर्म के सिद्धांत को वही स्थान मिला है जो सामान्यतः परमात्मा का होता है :

किंतु सामान्यतः इसी नियम में विश्वास बना हुआ है कि कर्मों का फल अपने आप ही मिलता है क्योंकि ये अनश्वर हैं। यह दर्शन नास्तिक दर्शन है क्योंकि इसमें उस ईश्वर के लिए कोई स्थान नहीं है जो, 'कर्मों का लेखा-जोखा' रखता है और जिसके बारे में उनके ग्रंथों में कहीं कहीं उल्लेख आता है। (वही)

इस प्रकार, बुद्ध के मौन के अलावा भी उनके दर्शन का स्वरूप ही ऐसा है कि जिसमें ईश्वर में विश्वास एक निरर्थक बात हो जाती है। इसलिए हम आश्वस्त होकर यह मान सकते हैं कि अश्वघोष ने 'बुद्धचरित' में जब बुद्ध के मुख से आस्तिकताविरोधी कई तर्क दिलवाए तो वे वास्तव में उनके मूल उपदेशों की भावना को प्रस्तुत कर रहे थे। हो सकता है कि ये तर्क स्वयं बुद्ध ने प्रतिपादित न किए हों; किंतु ये उनके मूल उपदेशों के तर्कसंगत परिणाम के रूप में रहे होंगे। कुछ उदाहरण देखिए :

यदि सृष्टि का निर्माण ईश्वर ने किया होता तो यहां कोई परिवर्तन, कोई विनाश नहीं होना चाहिए, दुख या विपत्ति, सही या गलत कुछ नहीं होना चाहिए, क्योंकि शुद्ध और अशुद्ध सभी वस्तुएं उसी ईश्वर से उपजी होंगी। यदि दुख और आनंद, स्नेह और घृणा जो सभी चेतन प्राणियों में उत्पन्न होते हैं, ईश्वर ने दिए हैं तो स्वयं उसे भी दुख और सुख, प्रेम और घृणा का अनुभव होता होगा और यदि ऐसी बात है तो पूर्ण किस प्रकार कहा जा सकता

है ? यदि ईश्वर सृजनहार है, और यदि सभी प्राणियों को अपने सृजनहार की शक्ति के समक्ष नतमस्तक हो जाना है तो सदाचार की क्या आवश्यकता है ? अच्छा या बुरा काम करना एक ही बात होगी क्योंकि ये सभी कर्म तो वही करवाता है और उसके समक्ष इन दोनों में कोई भेद नहीं होता होगा। किंतु यदि दुख और पीड़ा किसी अन्य कारण से होते हैं तो कोई ऐसी बात अवश्य है जो ईश्वर ने नहीं बनाई। तब फिर जो कुछ अस्तित्व में है वह सब ईश्वर के बिना ही क्यों न हो ? फिर यदि ईश्वर सृजनहार है तो वह किसी उद्देश्य के साथ या बिना उद्देश्य के कार्य करता है। यदि वह किसी उद्देश्य को लेकर काम करता है तो उसे पूर्ण नहीं कहा जा सकता, क्योंकि उद्देश्य का अनिवार्य निहितार्थ है किसी कमी की पूर्ति करना। और यदि वह बिना उद्देश्य के काम करता है तो वह किसी पागल या नवजात शिशु की भांति होगा। इसके अलावा यदि ईश्वर सृजनहार है तो लोगों को उसके समक्ष आदरभाव से समर्पण क्यों नहीं करना चाहिए, उन्हें केवल संकट के समय ही ईश्वर के सामने दुहाई क्यों देनी चाहिए ? और लोगों को एक से अधिक देवताओं की पूजा क्यों करनी चाहिए ? इस प्रकार तर्क के आधार पर ईश्वर झूठ सिद्ध होता है और इस प्रकार के सभी परस्परविरोधी कथनों को प्रकाश में लाया जाना चाहिए। (105.i.455)

'बुद्धचरित' के अनुसार बुद्ध ने 'सभी गोचर जगत के पीछे पूर्ण स्वयंभू, अनंत और अज्ञेय' के संभावित अस्तित्व का खंडन करने के लिए इसी प्रकार के तर्क दिए :

तथागत ने अनाथपंडित से कहा : 'यदि स्वयंभू का अर्थ है सभी ज्ञेय वस्तुओं से अलग कोई चीज तो हेतुविद्या द्वारा उसके अस्तित्व को सिद्ध नहीं किया जा सकता। हम यह कैसे जान सकते हैं कि अन्य वस्तुओं से असंबद्ध किसी चीज का अस्तित्व है ? जिस विश्व को हम जानते हैं वह समस्त विश्व संबंधों की एक प्रणाली है : हम किसी ऐसी बात को नहीं जानते जो असंबद्ध है या हो सकती है। जो वस्तु किसी पर निर्भर नहीं है, किसी से संबद्ध नहीं है, वह ऐसी वस्तुओं का निर्माण कैसे कर सकती है जो एक दूसरे से संबद्ध हैं और अपने अस्तित्व के लिए एक दूसरे पर निर्भर हैं ? फिर, यह स्वयंभू एक है या अनेक ? यदि यह एक है तो वह विभिन्न वस्तुओं के लिए कारण किस प्रकार बन सकता है क्योंकि हम जानते हैं कि भिन्न-भिन्न वस्तुओं के अलग अलग कारण हैं ? यदि अलग अलग वस्तुओं के लिए भिन्न-भिन्न स्वयंभू हैं तो इसका एक दूसरे के साथ संबंध किस प्रकार हो सकता है ? यदि स्वयंभू सभी वस्तुओं और समस्त अंतरिक्ष पर आच्छादित है, परिव्याप्त है तो वह उनको कैसे बना सकता है क्योंकि बनाने के लिए कुछ है ही नहीं, इसके अलावा, यदि यह स्वयंभू निर्गुण है, तो इससे उत्पन्न होने वाली सभी वस्तुएं भी गुणों से रहित होनी चाहिए। किंतु वास्तव में इस संसार की सभी वस्तुए गुणों से सीमित हैं। इसलिए इन वस्तुओं का प्रथम कारण यह स्वयंभू नहीं हो सकता। यदि इस स्वयंभू को गुणों से भिन्न समझा जाए तो फिर वह निरंतर ऐसी वस्तुओं का निर्माण किस प्रकार करता है जिनमें गुण हैं, और वह उनके द्वारा अपने आपको किस प्रकार अभिव्यक्त करता है ? फिर, यदि यह स्वयंभू अपरिवर्तनीय है, तो सभी वस्तुएं भी अपरिवर्तनीय होनी चाहिए, क्योंकि परिणाम का स्वभाव कारण के स्वभाव से भिन्न नहीं हो सकता। किंतु इस संसार में सभी वस्तुएं परिवर्तनशील और नश्वर हैं। फिर यह स्वयंभू किस प्रकार अपरिवर्तनीय और अनश्वर हो सकता है ? इसके अलावा यह सर्वव्याप्त स्वयंभू यदि सभी वस्तुओं का कारण है तो फिर हमें मोक्ष की प्राप्ति का प्रयास क्यों करना चाहिए। क्योंकि स्वयं हमारे अंदर ही यह स्वयंभू है और हमें उसके द्वारा निर्मित प्रत्येक दुःख और पीड़ा को धैर्यपूर्वक निरंतर झेलना चाहिए। (वही)

यहां हमारा उद्देश्य इन आस्तिकता विरोधी तर्कों का गुण-दोष देखना नहीं है। हमारा प्रमुख ध्यान इस बात पर है कि उन्होंने ईश्वर के अस्तित्व को इस प्रकार स्पष्ट शब्दों में नकारने के पश्चात इतना सशक्त धार्मिक आंदोलन किस प्रकार आरंभ किया ? कुछ आधुनिक धर्मशास्त्रों ने धर्म की परिभाषा देते हुए कहा है कि यह मूलतः ईश्वर में विश्वास है। (86. i. 1-2) उनके लिए बिना ईश्वर वाले बौद्ध धर्म को स्पष्ट रूप से समझना स्वभावतः कठिन हो गया है। जाहिर है कि धर्म का सार किसी और बात में है। मार्क्स ने धर्म का सार इस प्रकार दिया है :

> मनुष्य धर्म को बनाता है, धर्म मनुष्य को नहीं बनाता। किंतु मनुष्य कोई ऐसी अमूर्त वस्तु नहीं है जो संसार से बाहर बैठी हुई है। मनुष्य यह संसार है, राज्य और समाज है। यह राज्य, यह समाज, धर्म की एक प्रतिलोमी विश्व चेतना को जन्म देते हैं, क्योंकि वे एक प्रतिलोमी विश्व हैं। धर्म, इस प्रतिलोमी विश्व की सांत्वना और औचित्य के लिए एक सामान्य सिद्धांत है, उसके सार्वभौम कार्य, लोकप्रिय तर्क, उसके आध्यात्मिक उत्कर्ष, उसके उत्साह, उसके नैतिक अनुमोदन और उसकी समग्रता का व्यापक आधार है··· धार्मिक संकट, वास्तविक संकट और उसके प्रति विरोध की भावना की अभिव्यक्त है। धर्म पीड़ित प्रताड़ित लोगों का विश्वास है। इस हृदय हीन संसार का मानस है, ठीक उसी प्रकार जैसे यह विवेकहीन परिस्थिति का विवेक है। यह लोगों के लिए अफीम है। लोगों के वास्तविक सुख के लिए आवश्यक है कि सुख का भ्रम पैदा करने वाले इस धर्म को समाप्त कर दिया जाए। स्थिति के भ्रम को छोड़ने की मांग का अर्थ है उस परिस्थिति को त्यागने की मांग करना जिसे भ्रम की आवश्यकता है। इस लिए धर्म की आलोचना का मूल लक्ष्य दुःख और पीड़ा को स्वीकार करने की उस भावना की आलोचना करना है, जिसको धर्म के प्रभामंडल से सजा दिया गया है। (81.41-2)

यहां हमें न केवल बुद्ध की सफलता के बल्कि उनके समकालीन ऋषि मुनियों के विफलता के कारणों के संबंध में सभी प्रकार के संकेत मिलते हैं। बुद्ध का युग एक ऐसा युग था जिसमें उत्पादन शक्ति के विकास के परिणामस्वरूप भारत के उत्तरी क्षेत्रों में जनजातीय समाज के भग्नावशेषों पर क्रूर राजसत्ता का उदय हो रहा था। व्यापार और युद्ध से साधारण जन का जीवन इतना दयनीय हो चुका था जिसकी कल्पना नहीं की जा सकती; निजी संपत्ति बटोरने के लोभ की कोई सीमा नहीं रही। फिर भी उत्पादक शक्तियां इतनी विकसित नहीं हुई थीं कि सबकी आवश्यकताएं पूरी हो सकें। इसकी बजाए उत्पादक शक्तियों के और विकास से जहां अंततः वास्तविक सुख मिल सकता था वहां यह भी निश्चित था कि और अधिक क्रूरता के साथ शोषण हुआ होगा और इसके साथ ही लोगों की और दुर्दशा हुई होगी। ऐसी परिस्थितियों में 'उस परिस्थिति को, जिसके लिए विभ्रम की आवश्यकता हो, छोड़ देने की मांग ऐतिहासिक दृष्टि से बड़ी हास्यास्पद थी। दूसरा विकल्प (वास्तव में उस समय के अनुरूप एकमात्र संभव विकल्प यही था कि उस युग के लिए सही ढंग का भ्रम उत्पन्न किया जाए जो 'उसकी सांत्वना तथा औचित्य के लिए उत्साह, नैतिक अनुमोदन, समग्रता का सार्वभौम आधार बने।' और बुद्ध ने ऐसा ही भ्रम उत्पन्न किया, 'एक विवेकहीन स्थिति के लिए विवेक' का सृजन किया। 'थेरगाथा' में सुनीत ने अपने धर्मपरिवर्तन की कथा का वर्णन दिया है :

> मैं एक छोटे परिवार से आया हूं, मैं निर्धन और जरूरतमंद था। जिस कार्य को मैं करता था वह बहुत नीच प्रकार का था। मैं कुम्हलाए हुए फूलों को झाडू से साफ करता था। लोग मुझे घृणा की दृष्टि से देखते थे। मैं बड़ी विनम्रता से सबके प्रति आदरभाव व्यक्त करता था। तब मैंने बुद्ध को अपने भिक्षुओं के साथ देखा। वे, वह महान नायक, मगध के

सबसे महत्वपूर्ण नगर में जा रहे थे। तब मैंने अपना बोझ उतार फेंका और दौड़कर उनके सामने आदरभाव के साथ नतमस्तक हो गया। मुझ पर दया करके वह श्रेष्ठ मानव रुक गया। मैंने प्रभु के चरणों में दंडवत किया और उस श्रेष्ठ मानव के समक्ष जाकर विनती की कि वे मुझे भिक्षु बना ले। तब उस उदार प्रभु ने जो सभी लोकों के करुणा के भंडार हैं, मुझसे कहा : 'हे भिक्षु यहां आओ।' इस प्रकार मुझे दीक्षा प्राप्त हुई। (7.157)

फिर 'थेरगाथा' में कोसल के एक निर्धन ब्राह्मण की कन्या मुक्ता ने बताया है कि किस प्रकार उसे एक कुबड़े ब्राह्मण के साथ ब्याह दिया गया था और बौद्ध धर्म में दीक्षा लेने के पश्चात उसे किस प्रकार स्वतंत्रता मिली और उसका मन खुशी से नाच उठा :

अहा ! सचमुच स्वतंत्र हुई मैं आज,
तीन विकृतियों से मुक्ति पाई,
चक्की, ओखली और कुबड़े स्वामी से छुट्टी पाई।
सत्य ही मैं मुक्त हुई,
पुनर्जन्म व मृत्यु से,
जिस जुवे ने पीछे खींचा,
उतार फेंका मैंने उसे। (114.i.115)

सुमंगलमाता ने भी अपनी मुक्ति का गीत गाया :

हे नारी, अच्छी हुई तो मुक्त ! कितनी मुक्त हूं मैं आज !
कैसी पूर्ण स्वतंत्रत हुई मैं चूल्हे-चक्की से आज।
बर्तन भांडों की कालिख से हाथ-पैर सब सने हुए थे।
मेरे क्रूर पति तो वैसी छाया भी न दे पाए जिसमें बैठे बैठे वे कपड़ा बुनते रहते थे।

किंतु लिप्सा घृणा से पूर्ण मुक्त हुई मैं आज
तरुवर की फैली डालों की छाया में बैठी सोच रही,
कितनी सुखी हुई मैं आज,
कितनी मुक्त हुई मैं आज। (वही.i.25)

यह, 'पीड़ित-प्रताड़ित जनों के न:स्वार्थ, हृदयहीन जगत के विवेक', के कुछेक उदाहरण हैं। किंतु प्रारंभिक बौद्ध धर्म वास्तव में इससे कहीं अधिक गहरे अर्थों में ऐसा ही था। इस धर्म ने उन लोगों के बीच समता और 'धम्म' की भावना को प्रोत्साहित किया जिन्हें यथार्थ जीवन में बड़ी क्रूरता के साथ इनसे वंचित रखा गया था। यह बात न केवल संघों के संगठनात्मक सिद्धांतों के विश्लेषण से विदित होती है बल्कि प्रारंभिक बौद्ध धर्म के सैद्धांतिक आधार से भी इसकी पुष्टि होती है।

9. सैद्धांतिक आधार

कार्न का कथन है :

जब बुद्ध को पूर्ण बोध प्राप्त हो गया तो उन्होंने दो सूत्र तैयार किए और इन्हें सब प्राणियों में प्रचारित किए। ये सूत्र हैं, चार आर्य सत्य और बारह कड़ियों वाला प्रतीत्य समुत्पाद। ये दोनों उनके उपदेशों के मूल सत्य थे। (17.46)

चार आर्य सत्य दुख की समस्या से संबद्ध हैं। 'प्रतीत्य समुत्पाद' कारण और परिणाम की एक शृंखला की व्याख्या थी जिसका उद्देश्य इस बात को साफ साफ उजागर करना था कि बुराई

की जड़ क्या है।

कार्न ने कहा : 'यह देखना कठिन नहीं है कि यह चार सत्य और कुछ नहीं केवल भारतीय चिकित्सा विज्ञान के चार आधारभूत नियम हैं जिन्हें मानवमात्र के आध्यात्मिक उत्थान के लिए प्रयोग में लाया गया। (वही. 46-7) इसी प्रकार, प्रतीत्य समुत्पाद' और चार 'आर्य सत्यों' के बीच वैसा ही संबंध है जैसा 'सारी चिकित्सा विज्ञान प्रणाली के साथ शरीर क्रिया विज्ञान का संबंध है।' कार्न ने 'ललित विस्तर' नामक ग्रंथ के एक अंश का उल्लेख किया है जिसमें यह बताया गया है कि 'चिकित्सा विज्ञान के साथ आर्य सत्यों का संबंध स्वयं बौद्धों के लिए भी कोई अनजानी बात नहीं थी।'

बुद्ध अपने युग के दुःखों और पीड़ा को एक प्रकार की बीमारी या रोग मानते थे। यहां तक कि वे अपने समय के चिकित्सा विज्ञान के सिद्धांतों के अनुसार ही इसका निदान करना चाहते थे। यद्यपि उन्होंने स्वयं को तथागत घोषित कर दिया तो भी हम उनसे यह अपेक्षा नहीं करते कि उन्होंने इस रोग की वास्तविक सामाजिक जड़ का पता लगा लिया था। अर्थात हमें यह आशा नहीं है कि उन्होंने उस समय चल रहे महान ऐतिहासिक परिवर्तनों का विश्लेषण कर लिया, न ही इस बात को समझ पाए होंगे कि उत्पादन तकनीक की इतनी बड़ी प्रगति के साथ ही इतना मानव दुःख और नैतिक पतन क्यों हो रहा था। ऐतिहासिक दृष्टि से देखा जाए तो उनके लिए केवल यह करना रह गया था कि वास्तविक समस्या को एक आदर्श समस्या में परिवर्तन कर दिया जाए और बाह्य घटनाओं को आंतरिक दृष्टिकोण से देखा जाए; संक्षेप में, उनका काम 'एक प्रतिलोमी विश्व चेतना' का सृजन करना था। इसका परिणाम यह हुआ कि उस काल की जनसाधारण की दुर्दशा को तत्वमीमांसीय दुर्दशा में बदल दिया गया। इस प्रकार प्रारंभिक बौद्ध धर्म उस युग का सबसे परिपूर्ण भ्रम बन गया :

> यह सच है कि विचारधारा वह प्रक्रिया है जिसे तथाकथित चिंतक, सचेतन रूप से पूरा करता है। किंतु यह चेतना मिथ्या है। वास्तविक प्रेरक शक्तियों से वह अनभिज्ञ रहता है; यदि ऐसा न हो तो यह कभी सैद्धांतिक विचारधारा की प्रक्रिया नहीं हो सकती। इसीलिए वह मिथ्या या बाह्य रूप से प्रतीत होने वाली प्रेरक शक्तियों की कल्पना कर लेता है। चूंकि यह एक चिंतन प्रक्रिया है, वह इसका रूप-स्वरूप भी विचारों से बनाता है, जो या तो उसके या अपने, उसके पूर्वजों के होते हैं। वह केवल विचार सामग्री से कार्य करता है, जिसे वह बिना परखे ही विचारों का परिणाम मान कर स्वीकार कर लेता है और विचारों से अलग किसी अन्य स्रोत की खोज नहीं करता; वस्तुतः यह उसके लिए दैनिक जीवन की साधारण सी बात है क्योंकि जब सारी क्रियाएं विचार शक्ति से ही संचालित हैं तो उसे ऐसा प्रतीत होता है कि अंततः यह विचारों पर निर्भर हैं। (82.541)

हर युग की अपनी ही मिथ्या चेतना होती है जो वास्तव में उस युग का प्रमुख विभ्रम बन जाती है। (48.ii.342 और आगे) प्रारंभिक बौद्ध धर्म की अंतर्निहित मिथ्या चेतना बुद्ध के समय की विचारधारा वन गई, एक अद्वितीय विभ्रम बन गई। हम इसी दृष्टिकोण से चार आर्य सत्य और प्रतीत्य समुत्पाद के सिद्धांत की समीक्षा करेंगे। 'महावग्ग' ऐसा ग्रंथ है जिसमें हमें बुद्ध के जीवन के सबसे अधिक महत्वपूर्ण समय के इतिहास का प्राचीनतम वर्णन मिलता है। (एस. बी. ई. xiii 73 टि.) इसके अनुसार बुद्ध इस संसार को दुःखों से मुक्त कराने का अपना संदेश लाने से पूर्व इस वास्तविक संसार से अलग हो गए थे और, 'सात दिन तक निर्बाध रूप से बोधिवृक्ष के नीचे पद्मासन लगाकर बैठे थे और मुक्ति का आनंद ले रहे थे।' (वही, xiii. 74) इस पुस्तक के अनुसार बुद्ध ने अपने उपदेश आरंभ करने से पूर्व सात दिन तक

संसार को त्यागने का अपना यह कार्य चार बार किया। (7.114) स्पष्ट है कि इसी प्रकार उन्होंने 'विशुद्ध चिंतन' से अपने विचार प्राप्त किए। 'धम्मचक्क-पवत्तन सुत्त' से इस बात की पुष्टि होती हे :

> कि दुख के संबंध में यही आर्य सत्य था। हे भिक्खुओ, यह मुझे पूर्वप्रतिपादित सिद्धांतों से नहीं मिला, बल्कि मेरे अंतस्तल का ज्ञानचक्षु खुला, प्रतीति हुई, प्रज्ञा का उदय हुआ, और मन आलोकित हो गया।
>
> और फिर, हे भिक्खुओ, मैं समझ लूं कि दुःख के संबंध में यही आर्य सत्य था, यद्यपि यह मुझे पूर्वप्रतिपादित सिद्धांतों से नहीं मिला था। इसलिए मेरे अंतस्तल का ज्ञानचक्षु खुला, प्रतीति हुई, प्रज्ञा का उदय हुआ, और मन आलोकित हो गया।
>
> और फिर, हे भिक्खुओ, चूंकि मैंने समझ लिया था कि यही आर्य सत्य है, यद्यपि यह मुझे पूर्वप्रतिपादित सिद्धांतों से नहीं मिला था, इसलिए मेरे अंतस्तल का ज्ञानचक्षु खुला, प्रतीति हुई, प्रज्ञा का उदय हुआ, और मन आलोकित हो गया। (एस. बी. ई. xi.150-1)

आदि, आदि। ग्रंथ में प्रत्येक आर्य सत्य के लिए बार बार इसी बात की पुनरावृत्ति हुई। किंतु ये तथ्य कि चारों सत्य दुःख की निरंकुशता से संबद्ध थे और इतिहास के ऐसे काल में प्रतिपादित किए गए थे जिसमें राजसत्ता और निजी संपत्ति की निरंकुशता वास्तव में विद्यमान थी तथा यह तथ्य कि बुद्ध के चारों ओर साधारण जन वास्तव में दुःख और पीड़ा के सागर में डूबते उतराते दिखाई दे रहे थे, इस बात को स्पष्ट करते हैं कि बुद्ध को इन सत्यों को प्रतिपादित करने की प्रेरणा देने वाली शक्ति विशुद्ध चिंतन से नहीं उत्पन्न हुई थी। उन्होंने संपत्ति की शक्ति और इससे उत्पन्न होने वाली अतोषणीय लिप्सा को देखा था। उन्होंने देखा कि किस प्रकार उनके परम सखा सम्राट बिंबिसार को राजकुमार अजात शत्तु ने भूख से तड़पा तड़पा कर मारा। उन्होंने कोसल के सिंहासन को अपने सगे-संबंधियों के रक्त से सना हुआ देखा। बुद्ध को अपनी जनजातीय विरासत पर सदा गर्व रहा था किंतु नई परिस्थितियों और घटनाओं को देखकर उन्हें बहुत पीड़ा और चोट पहुंची। संक्षेप में बुद्ध जिस समस्या को सुलझाने का प्रयत्न कर रहे थे वह उनके विचारों से नहीं उपजी थी। फिर भी बुद्ध ने जब यह कहा कि 'मेरे अंतस्तल का ज्ञानचक्षु खुला और मन आलोकित हुआ' तो यह अतिशयोक्ति नहीं थी; किंतु यह केवल उनके द्वारा सुझाए गए समाधान के लिए ही उपयुक्त था। क्योंकि दुःख को समझने और इसके अंत के लिए पथ खोजने के वास्ते उन्हें अंतर्मुखी होना पड़ा।

बनारस के अपने विख्यात प्रवचन में उन्होंने चार आर्य सत्य इस प्रकार बताए :

> हे भिक्खुओ, दुःख के संबंध में यही परम सत्य है : जन्म दुःख है, वृद्धावस्था दुःख है, रुग्णावस्था दुःख है, मृत्यु दुःख है; अप्रियजन के साथ मिलन दुःख है, प्रियजन से बिछोह दुःख है; अभीष्ट की प्राप्ति न होना दुःख है; संक्षेप में पांच प्रकार की अनुरक्तियां (इस संसार में) दुःख हैं।
>
> हे भिक्खुओ, दुःख की उत्पत्ति के संबंध में यही परम सत्य है :
>
> यह अस्तित्व में आने की तृष्णा है जिससे मनुष्य बार बार जन्म लेता है और साथ ही साथ लालसा और इच्छा चलती हैं, जिनकी तुष्टि यहां और वहां करने का प्रयत्न किया जाता है : सुख भोग की तृष्णा, अस्तित्व में आने की तृष्णा, सत्ता तथा वैभव की तृष्णा। हे भिक्खुओ, दुःख निरोध के संबंध में यही परम सत्य है; इच्छा के पूर्ण दमन से इस तृष्णा का अंत करना, उसे त्याग देना, अपने को स्व से निष्कासित करना।

हे भिक्खुओ, दुःख निरोध मार्ग के संबंध में यही परम सत्य है। यह अष्टसूती पुनीत पथ है : सम्यक दृष्टि, सम्यक संकल्प, सम्यक वाक्क, सम्यक कर्म, सम्यक जीव, सम्यक व्यायाम, सम्यक स्मृति और सम्यक समाधि।

दुःख के संबंध में यही परम सत्य है। इस प्रकार, हे भिक्खुओ, मेरी आंखें उन विचारों के प्रति खुलीं जो मुझसे पूर्व कोई नहीं समझ पाया था, और मेरी विवेक शक्ति, संज्ञान, अंतः प्रज्ञा और कल्पना दृष्टि मुखर हुई। 'दुःख संबंधी इस परम सत्य को जानना आवश्यक है।' 'मुझे दुःख संबंधी इस परम सत्य का ज्ञान हुआ है।' इस प्रकार, हे भिक्खुओ उन विचारों के प्रति मेरी आंखें खुलीं जो मुझसे पूर्व कोई नहीं समझ पाया था, और मेरी विवेक शक्ति संज्ञान, अंतःप्रज्ञा, और कल्पना दृष्टि मुखर हुई।

ऐसे ही लेखांश अन्य तीन सत्यों के संबंध में हैं। इस प्रकार बुद्ध ने अपने युग की सबसे विकट समस्या को पूर्णतया मनोगत स्वरूप प्रदान कर दिया; उन्होंने अपने काल के अन्य प्राणियों के ठोस भौतिक दुःख को शाश्वत दुःख के सार्वभौम सिद्धांत में बदल दिया और इसे एक प्रकार का भावात्मक या तत्वमीमांसीय दुःख बना दिया :

प्राणीमात्र की यात्रा (सांसारिक जीवन) अनादि काल से चली आ रही है। इसका आरंभ नहीं खोजा जा सकता जहां से चलते हुए ये प्राणी अविद्या में फंसे, और जीवन की तृष्णा से पीड़ित होकर इधर उधर भटकते रहते हैं। हे शिष्यो, आपका क्या विचार है, क्या चार महासागरों का जल अधिक है या कि वे अश्रु जो आपने इस लंबी यात्रा के दौरान भटकते हुए तथा दुःख और पीड़ा के कारण बहाए हैं, क्योंकि जिस बात से आपको घृणा थी, वही आपके भाग्य में बंधी थी और जो आपको प्रिय थी वह आपके भाग्य में नहीं थी। माता की मृत्यु, पिता की मृत्यु, या भाई, बहन या पुत्र या पुत्री या सगे संबंधियों की मृत्यु, संपत्ति की हानि, यह सब युगयुगांतर से आप अनुभव करते आ रहे हैं और जब आपका यह अनुभव चल रहा था तो साथ ही आपने इस लंबी यात्रा के दौरान दुःख और पीड़ा में बहुत आंसू बहाए हैं क्योंकि आपको इससे घृणा थी, किंतु यही आपका भाग्य था और जो आपको अधिक प्रिय है वह आपके भाग्य में नहीं थे तो ये आंसू चारों महासागरों के पानी से कहीं अधिक हैं। (वही. 217-7)

ऐसे अनादि, अतिशयोक्तिपूर्ण और असंगत दुःख की काल्पनिक कथा के समक्ष नई सामाजिक परिस्थितियों से उत्पन्न होने वाला वास्तविक दुःख पूर्णतया तुच्छ हो गया। इस सार्वभौम, तत्व-मीमांसीय दुःख का कारण इस भौतिक जगत में नहीं हो सकता था, क्योंकि यह कारण भी उतना ही तत्वमीमांसीय होना चाहिए था। बुद्ध ने इस प्रकार का कारण खोजा अस्तित्व की अभिलाषा में; जन्म लेने की इच्छा में और अस्तित्व में आने की तृष्णा में। किंतु वे बस यहीं तक आकर नहीं रुक सकते थे। सही मायने में किसी धर्म की स्थापना के लिए या यथार्थ परिस्थितियों के प्रति विरोध की भावना व्यक्त करने के लिए बुद्ध को दुःख से मुक्ति का संदेश लेकर आगे बढ़ना पड़ा। उन्होंने घोषणा की कि दुःख का निग्रह हो सकता है और इसका एक निश्चित मार्ग है। किंतु दुःख जब स्वयं अस्तित्व के साथ ही जुड़ा हुआ है तो फिर इससे छुटकारा पाने का मार्ग क्या हो सकता था? यहीं पर बुद्ध के उपदेशों पर बाह्य वास्तविकता ने परोक्ष रूप से अपनी छाप छोड़ी। उन्होंने आत्म-विनाश का सुझाव नहीं दिया। उन्होंने स्वयं को यातनाएं देने वाले तपस्वी बन जाने का सुझाव नहीं दिया क्योंकि इसे वे सदा ही 'पीड़ादायक, अवांछनीय और अहितकर' मानते थे। (एस. बी. ई. xi. 147) इसकी बजाए उन्होंने साधारण समाज की

साधारण नैतिकता को पुनर्जाग्रत करने का सुझाव दिया यद्यपि यह एक भावात्मक आधार पर था। उन्होंने सम्यक दृष्टि, सम्यक संकल्प, सम्यक वाक, सम्यक कर्म, सम्यक जीव, सम्यक व्यायाम, सम्यक स्मृति और सम्यक समाधि की चर्चा की। जातक कथाओं से बड़ी सरलतापूर्वक हम यह समझ सकते हैं कि समकालीन समाज में उन दिनों यही मूल्य थे जिनका बड़ी तीव्रता से ह्रास हो रहा था। और संभवतः बुद्ध यह भलीभांति जानते थे कि जिस संसार में वे रहते हैं उसमें इन मूल्यों को आदर देने, परिपालन करने की बात कहना कितना निरर्थक है। इसलिए बुद्ध ने लोगों से 'पब्बज्जा' और 'उपसम्पदा' दीक्षा लेने को कहा जिसका अर्थ था वास्तविक समाज से 'बाहर जाना' और संघ जीवन में आना। संघों के अंदर स्थिति भिन्न थी। समाज के वर्गीकरण से पूर्व की परिस्थितियों के अनुरूप होने के कारण केवल ये संघ ही जनजातीय जीवन के सहज नैतिक आचरण का अवसर दे सकते थे। वर्गीकृत समाज के अंदर ये संघ वर्गरहित सामाजिक समूहों के रूप में उन परिस्थितियों का आदर्श विकल्प थे जो विलुप्त हो चुकी थीं। इसी से यह बात समझ में आती है कि तत्वमीमांसीय सामान्य दुःख के लिए संघ कितने उपयुक्त थे : इस प्रकार के सार्वभौम दुःख और संघ की परिकल्पना ने मिलकर एक पूर्ण विभ्रम का सृजन किया।

बुद्ध ने अपने दूसरे आर्य सत्य अर्थात दुःख के कारणों के संबंध में कुछ विस्तार से बातचीत की। उन्होंने ऐसा करना क्यों आवश्यक समझा, यह समझना कठिन नहीं है। दुःख के कारण से संबद्ध प्रश्न उनके दुःख संबंधी तत्वमीमांसीय कल्पना की दुखती रग बना रहा। यदि बुद्ध संतोषपूर्वक यह स्पष्ट न कर सकते कि वास्तविक दुःख का वास्तविक कारण इस ठोस भौतिक जगत के बाहर कहीं खोजना होगा तो उनके इस भव्य ढांचे का आधार ही ढह जाता। वे यदि ऐसा करने में सफल न होते तो लोगों ने हिंसा का मार्ग अपना लिया होता। इसलिए बुद्ध को अपने दूसरे आर्य सत्य को यथासंभव संतोषप्रद तथा दृढ़ ढंग से प्रस्तुत करना आवश्यक प्रतीत हुआ। इसीसे उन्होंने अपने सैद्धांतिक उपदेशों के एक अन्य मूलभूत सिद्धांत अर्थात 'प्रतीत्य समुत्पाद' के सिद्धांत को प्रतिपादित किया। 'महाबग्ग' में इस सिद्धांत का सारतत्व इस प्रकार दिया गया है :

> तब रात्रि के प्रथम प्रहर में महाप्रभु ने सीधे और प्रतिकूल क्रम में कारण शृंखला पर अपना ध्यान लगाया : 'अविद्या से संस्कार, संस्कारों से चेतना, चेतना से नामरूप, नामरूप से छः क्षेत्र (छः ज्ञानेंद्रियों के) इन छः क्षेत्रों से स्पर्श, स्पर्श से संज्ञा, संज्ञा से तृष्णा (इच्छा), तृष्णा से अनुराग, अनुराग से अस्तित्व, अस्तित्व से जन्म, जन्म से वृद्धावस्था और मृत्यु, वेदना, संताप, दुःख खिन्नता और निराशा उत्पन्न होते हैं। यही इस समस्त दुःख समुदाय की व्युत्पत्ति है। फिर, अविद्या का विनाश करने से अर्थात काम लिप्सा के पूर्ण परित्याग से संस्कारों का विनाश होता है, इससे चेतना विनष्ट होती है, चेतना के विनाश से नामरूप का अंत होता है, नामरूप के विनाश से छः क्षेत्रों का अंत होता है, इन छः क्षेत्रों के विनाश से स्पर्श समाप्त हो जाता है, स्पर्श के विनाश से संज्ञा शून्य हो जाती है, संज्ञा के विनाश से तृष्णा का अंत होता है, तृष्णा के विनाश से अनुरक्ति नहीं रहती, अनुराग के विनाश से अस्तित्व का विनाश हो जाता है और अस्तित्व न रहने से जन्म नहीं होता तथा जन्म न होने से वृद्धावस्था, मृत्युवेदना, दुःख, खिन्नता और निराशा विनष्ट हो जाती हैं। इस समस्त दुःख समुदाय का इसी प्रकार अंत होता है। (वही. xiii. 75-8)

इस प्रकार मीमांसीय चिंतन के प्रति अत्यधिक अरुचि होते हुए भी बुद्ध ने एक चिंतनशील तत्वमीमांसा की अद्भुत प्रणाली की आधारशिला रखी। और तत्वमीमांसा की सभी प्रणालियों की

भांति इस प्रणाली में भी एक ऐसा उज्ज्वल प्रभामंडल स्थापित किया जिसमें सभी आत्मिक अनुभवों का अर्थ और वास्तविकता समाप्त हो गई। मनुष्य के सभी दुःखों का अंतिम कारण अविद्या बताया गया अर्थात यह अविद्या एक काल्पनिक दैत्य बन गई। इस समस्या को सुलझाने के लिए इतना ही पर्याप्त था कि इसे वास्तविकता के धरातल से दूर कर दिया जाए।

10. बुद्ध और उनके समकालीन

सारे पालि धर्मग्रंथों में बुद्ध के उपदेशों और संघ के क्रियाकलापों तथा अनुशासन को, छः अन्य उपदेशकों तथा उनके अनुयायियों के धार्मिक आचार विचार से भिन्न बताया गया। ये बुद्ध के समकालीन व्यक्ति थे और निस्संदेह वे भी बुद्ध की भांति रूढ़िगत ब्राह्मण धर्म प्रणाली से असंतुष्ट थे। असंतोष की यह लहर ईसापूर्व छठी और पांचवी शताब्दी में सारी गंगा की घाटी में व्याप्त थी। (64-10)

यह सत्य है, किंतु इसके साथ ही एक अपवाद भी है। यह तथ्य है बुद्धकालीन भारत में असंतोष व्याप्त था। यह भी सच है कि बुद्ध और उनके समकालीन उपदेशकों ने इसका प्रचार किया। यद्यपि उनके तरीके भिन्न थे। किंतु बाशम ने इस असंतोष का जो कारण बताया है वह सही नहीं है। गंगा की घाटी में 'रूढ़िगत ब्राह्मण धर्म' का वास्तव में प्राबल्य था या नहीं, यह अनिश्चित है। इस बात का भी केवल अनुमान ही लगाया जा सकता है कि इस रूढ़िगत ब्राह्मण धर्म के कारण कितना असंतोष फैला हुआ था। जातक कथाओं और अन्य प्रारंभिक धार्मिक साहित्य में इसका कोई स्पष्ट चित्र नहीं मिलता। किंतु इसका यह अर्थ कदापि नहीं है कि बुद्ध ने रूढ़िगत ब्राह्मण धर्म की ओर ध्यान नहीं दिया या उसके विरुद्ध प्रवचन नहीं किए। बुद्ध ने वर्णभेद के विरुद्ध 'असत्व सुत्त' में, पशुबलि के विरुद्ध 'कूटदंत सुत्त' में, और तीन वेदों के ज्ञान के विरुद्ध 'तेविज्ज सुत्त' में तर्क दिए। किंतु धार्मिक साहित्य के व्यापक सर्वेक्षण से पता चलता है कि बुद्ध को ये सब समस्याएं गौण, या उस बड़ी समस्या के लिए अप्रभावकारी समाधान प्रतीत हुईं, जिस पर वे दिन रात सोचते रहते थे। वह बड़ी समस्या थी 'मनुष्य के दुःख और पीड़ा के सागर की, मनुष्य के अश्रुओं के परिणाम की जो चारों महासागरों के पानी से भी कहीं अधिक था। बुद्ध ने कभी यह नहीं कहा कि इस दुःख और पीड़ा की जड़ 'रूढ़िगत धर्म' था और न ही इतनी सारी जातक कथाओं में, 'रूढ़िगत ब्राह्मण धर्म' की निरंकुशता की सामाजिक वास्तविकता का कुछ पता चला। तथ्य यह है कि 'रुढ़िगत ब्राह्मण धर्म' के प्रसार से, इसका वास्तविक अर्थ चाहे कुछ भी रहा हो, हमारे इतिहासकारों को एक अनुकूल अवधारणा मिल गई, जिसके आधार पर वे इतिहास में वर्गीकृत समाज के उद्भव और उससे उत्पन्न असंतोष के ऐतिहासिक तथ्य का वास्तव में निष्पक्ष या भौतिकवादी विश्लेषण करने से बच सके। हमने यह बताने का प्रयत्न किया है कि इस प्रकार का विश्लेषण बुद्ध की सफलता को समझने के लिए कितने निर्णायक महत्व का है। इसके विपरीत इसी विधि से हमें बुद्ध के समकालीन उपदेशों की विफलता को समझने में भी सहायता मिल सकती है।

महावीर को छोड़कर, जिनकी सफलता बुद्ध की तुलना में लगभग नगण्य थी, बुद्ध के समय के अन्य ऋषि और दार्शनिक पूर्णतया विफल ही रहे। इसके कारण के संबंध में संकेत वर्ग विभाजित समाज से पूर्व की स्थिति से संक्रमण की विशेष परिस्थिति में मिलता है। यह परिस्थिति थी इस संक्रमणकाल में एक खास प्रवृत्ति का उभरना और इस संक्रमण प्रक्रिया के संबंध में किसी प्रकार की किसी चेतना का न होना :

समाजवादी आंदोलन में उत्पादक और उत्पादन शक्तियों के बीच नए संबंधों का विकसित

> होना वैसी सहजस्फूत प्रक्रिया नहीं है जैसी यह पूंजीवाद में होती है, बल्कि यह प्रक्रिया पूर्ण चेतना और बोध के साथ होती है। यदि प्राचीन समाज से सामंतवाद की ओर संक्रमण के बारे में देखें तो पता चलेगा कि सामंतीय संबंधों का विकास अगले युग के पूंजीवादी संबंधों की तुलना में कहीं कम चेतना और अधिक सहजता के साथ हुआ; और आदिम साम्यवाद से प्राचीन समाज तक के संक्रमण काल में इसी बात को और अधिक तीव्रता की स्थिति में देखा जा सकता है। (48.ii.179)

उस सहजस्फूर्ति और जनचेतना की कमी का एक परिणाम यह रहा होगा कि परिवर्तन के कारणों तथा वास्तविक स्वरूप के बारे में जो लोग समझना चाहते थे वे ऐसा नहीं कर पाए। बौद्धकालीन भारत के दार्शनिक इस ब्रह्मांड को अर्थात जिस संसार में वे रहते थे उसे जानना चाहते थे, उसके बारे में ज्ञान बोध चाहते थे। यह विश्व उन्हें निश्चित ही बड़ा विचित्र प्रतीत हुआ होगा क्योंकि उस समय तक मानव संबंध एकदम उलट पलट हो चुके थे। उन्होंने अपने पूर्वजों द्वारा स्थापित संस्थाओं तथा रीति रिवाजों को टूटते देखा और उनके स्थान पर अन्याय तथा असत्य की नई शक्तियों को उभरते देखा। इन सब परिवर्तनों के मूल में थी उत्पादक शक्ति (21.अ.vi) जिसको विकसित होते निश्चित ही वे नहीं देख पाए या यदि उन्होंने इसे देखा भी हो तो उस समय के मानव के पतन के साथ उन्हें इसका कोई संबंध दिखाई नहीं दिया होगा। फिर भी वे वास्तविकता को समझना चाहते थे और इसके परिणामस्वरूप निराशा भरे विचारों का एक दुर्बोध सा झुंड इकट्ठा हो गया। केवल बुद्ध ने इस सबसे बचना चाहा, इसलिए नहीं कि उन्हें असली प्रश्न का सही उत्तर मिल गया था बल्कि इसलिए कि उन्हें सही विभ्रम (सही धर्म) मिल गया था जो वास्तविकता का स्थान ले सकता था।

संभवतः बुद्ध स्वयं इस बात को समझते थे। इसको समझने का उनका अपना ही ढंग था। महावीर के निधन का समाचार उन्हें चुंड ने लाकर दिया और बताया कि महावीर के अनुयायियों ने आपस में लड़ाई-झगड़ा शुरू कर दिए हैं तो बुद्ध की टिप्पणी थी :

> चुंड अब संसार में कितने उपदेशक हैं जो इतनी अग्रगण्य तथा प्रसिद्धि की स्थिति तक पहुंचे है जहां तक मैं पहुंचा हूं। मुझे ऐसा कोई उपदेशक दिखाई नहीं देता। हे चुंड आज संसार में कई धार्मिक संघ हैं, लेकिन मुझे ऐसा कोई संघ दिखाई नहीं देता जिसने भिक्षु संघ जितनी अग्रगण्य प्रसिद्धि वाली स्थिति प्राप्त की हो। यदि कोई व्यक्ति किसी धर्म को हर प्रकार से सफल, पूर्ण, त्रुटिरहित और सुस्थापित बताना चाहेगा तो वस्तुतः वह इसी धर्म का नाम लेगा। (113.iii.118)

बुद्ध के इस कथन को मात्र गर्वोक्ति कहना गलत होगा। उन्होंने अपने धर्म को हर प्रकार से पूर्ण समझे जाने के लिए निश्चित कारण बताए। उन्होंने कहा कि अपने समकालीन उपदेशकों के विपरीत मैं अपने अनुयायियों से यही कहना चाहता हूं कि वे 'संसार के आदि और परलोक संबंधी विचारों से, दूर रहें। (वही. iii. 129, 130) और केवल अपनी आंतरिक स्थितियों में परिवर्तन लाने की विधियों पर ध्यान दें :

> हे चुंड, मैं मानसिक मद को अंकुश में रखने का उपदेश देता हूं। इस मन को भ्रष्ट करने वाली प्रवृत्तियां इसी जीवन में उत्पन्न होती हैं। मैं यह नहीं बताता कि दूसरे जीवन में मन को पथभ्रष्ट करने वाली वृत्तियों का दमन किस प्रकार किया जाए। मेरा तो केवल यही प्रयास है कि इस जीवन में इन पर किस प्रकार अंकुश लगाया जाए तथा मृत्यु के पश्चात भी इन्हें कैसे रोका जाए। (वही. iii.121)

बुद्ध का कहना था कि 'मन को मदमत्त बनाने वाली या पथभ्रष्ट करने वाली वृत्तियों का इस

प्रकार दमन करने से मनुष्य सांसारिकता से दूर, राग-द्वेष से दूर, शांति, उच्च ज्ञान, बोध और निर्वाण की ओर अग्रसर होता है। (वही. iii. 122.123) इस प्रकार इतिहास के एक ऐसे समय में जबकि मानव दु:खों के कारणों को बाह्य परिस्थितियों में समझने की कोई संभावना नहीं थी और न ही इन दु:खों के किसी वास्तविक समाधान की कोई आशा दिखाई दे रही थी, बुद्ध ने एकमात्र संभाव्य समाधान का आश्रय लिया और वह समाधान था मन को मदमत्त करने वाली अर्थात पथभ्रष्ट करने वाली प्रवृत्तियों का दमन करना। यदि यह बाह्य संसार में संभव नहीं था तो कम से कम बुद्ध द्वारा स्थापित संघों या वर्गरहित बस्तियों में अवश्य ही संभव था।

बुद्ध के समकालीन अन्य महापुरुष विफल रहे क्योंकि उन्होंने यह रास्ता नहीं अपनाया। एक प्रकार से वे असंभव को संभव बनाने का प्रयत्न कर रहे थे। उन्होंने इस सृष्टि के आदि और मृत्यु के पश्चात की बातों के संबंध में प्रश्न उठाए। संक्षेप में, किसी विभ्रम की शरण लेने की बजाए वे यथार्थ या वास्तविकता को समझने का प्रयत्न कर रहे थे। यही उनके निराशा से भरे दर्शन के कारणों का संकेत है।

बुद्ध के समकालीन व्यक्तियों में हम विशेष रूप से 6 दार्शनिकों के संबंध में सुनते हैं। ये थे पूरण कस्सप, अजित केस कम्बलि, पकुध कच्चायन, संजय वेलेत्थिपुत्त, मक्खलि गोसाल और निगंठ नाथपुत्त। यह अंतिम नाम जैन धर्म के संस्थापक महावीर का था। यहां जैन धर्म की समीक्षा-विवेचना करने की गुंजाइश नहीं है। किंतु हम मक्खलि गोसाल के दर्शन पर कुछ अधिक विस्तार से अलग से विचार करेंगे। उनके जीवन और उपदेशों की विफलता, बुद्ध की सफलता का पूर्ण तथा नाटकीय प्रतिकूल रूप था। यहां हम संक्षेप में बुद्ध के चार अन्य समकालीन दार्शनिकों की समीक्षा कर सकते हैं।

दीग्घ निकाय के 'सामज्ज फल सुत्त' में इनके उपदेशों का सबसे अधिक विस्तार से वर्णन मिलता है। यह वर्णन एक कथा के रूप में किया गया है। एक बार बुद्ध राजगृह में राजा अजातसत्तु के बाल चिकित्सक जीवक के आम्रकुंज में ठहरे हुए थे। उस समय पूर्णमासी के दिन राजा अजातसत्तु अपने प्रासाद के एक ऊपरी प्रकोष्ठ में अपने मंत्रियों के साथ बैठे हुए थे। राजा ने उनसे प्रश्न किया : ऐसा कौन सा संन्यासी या ब्राह्मण है जिसके पास हम आज रात जा सकते हैं और जो हमारे मन को शांति दे सकता है? (वही. i.66) एक के बाद एक छ: मन्त्रियों ने बुद्ध के समकालीन संन्यासियों के नाम बताए।

> प्रत्येक का परिचय एक जैसे विशेषणों और शब्दों में किया गया, पालि धर्मग्रंथों में ये विशेषण और शब्द छ: नास्तिकों के लिए प्रयोग में लाए जाते हैं। इस शब्दावली का कुछ महत्व है, क्योंकि इससे कम से कम यह संकेत मिलता है कि प्रारंभिक बौद्ध परंपरा में इन छ: उपदेशकों को कितना श्रेष्ठ समझा जाता था और इनके दर्शन का क्या प्रभाव था। (64.11)

प्रत्येक को 'एक धार्मिक संप्रदाय का संस्थापक, बहुत से अनुयायियों वाला, एक मत का उपदेशक, जनश्रद्धा का पात्र, एक सुविख्यात संन्यासी, अनुभवी व्यक्ति और वयोवृद्ध संन्यासी बताया गया। (113.i.66) किंतु राजा अजातसत्तु इन सबके नाम सुनने के पश्चात भी मौन रहे। जीवक राजा के पास चुपचाप बैठे हुए थे, राजा ने उनसे कहा : 'मित्र जीवक आप क्यों नहीं बोलते?' तब जीवक ने बुद्ध का नाम सुझाया : 'महाराज उनके दर्शनों को चलें। इस बात की पूर्ण संभावना है कि उनके दर्शन करने से आपके मन को शांति मिलेगी।' राजा ने कहा : 'श्रद्धेय मित्र जीवक, सवारी वाले हाथी तैयार किए जाएं' जीवक ने पांच सौ हथिनियों को और राजा के के लिए राजकीय हाथी को तैयार कराया।

तब राजा ने अपनी पांच सौ स्त्रियों को एक एक हथिनी पर बैठाया और स्वयं राजकीय

> ठाठ बाट के साथ राजगृह से वैद्य जीवक के आम्रकुंज गए। उनके आगे आगे मशालें उठा कर चलने वाले अनुचर थे। (वही.i.67)

आम्रकुंज में पहुंच कर राजा ने बुद्ध को भिक्षुओं की सभा में, 'एक निर्मल झील के जल की भांति शांत तथा पूर्ण मौन की मुद्रा में बैठे हुए देखा।' तब राजा ने बुद्ध को झुककर प्रमाण किया और संघ के सदस्यों के समक्ष दोनों हाथ जोड़कर नमस्कार किया। फिर राजा ने बुद्ध से एक प्रश्न पूछने की अनुमति मांगी। बुद्ध ने कहा : 'हे राजा ! तुम्हारी जो इच्छा हो पूछो।' इसके बाद राजा ने प्रश्न किया :

> प्रभु, इस समाज में कई साधारण शिल्प हैं : महावत, अश्वारोही, सारथी, धनुर्धर, ध्वज उठाकर चलने वाले, शिविर रक्षक, शिविरों के पीछे चलने वाले, कुलीन परिवारों में जन्मे उच्च सैनिक अधिकारी, सैनिक गुप्तचर — ये सभी इसी जीवन में अपने अपने कौशल का फल प्राप्त करते हैं — तो भगवन, क्या आप हमें यह बता सकते हैं कि एक संन्यासी बनने से इसी संसार में और इसी जीवन में इस तरह का कोई फल मिल सकता है ? (वही. i.68—9)

बुद्ध ने पूछा : 'हे राजन् ! क्या आप यह स्वीकार करते हैं कि आपने यही प्रश्न अन्य संन्यासियों या ब्रह्मणों से भी पूछा है ?' राजा ने यह बात स्वीकार की और जब बुद्ध ने बार बार पूछा कि उन लोगों के क्या उत्तर थे तो राजा को छः समकालीन दार्शनिकों से जो उत्तर प्राप्त हुए थे उनके संबंध में उन्होंने बताया। ये उत्तर बड़े विचित्र थे क्योंकि इनमें से कोई भी उस निश्चित प्रश्न का वास्तविक उत्तर नहीं था। यह बताने के बजाए कि संन्यासी जीवन के क्या लाभ हैं, इन सबमें केवल अपने अपने दर्शन के मूल सिद्धांतों की ही व्याख्या थी। जैसाकि अजातसत्तु ने कहा :

> भगवन्, इस प्रकार जब पूरण कस्सप से पूछा गया कि संन्यासी जीवन के तात्कालिक लाभ क्या हैं तो उन्होंने अपने अकर्मण्यता के सिद्धांत की व्याख्या कर दी। प्रभु, जिस प्रकार यदि किसी व्यक्ति से पूछा जाए कि आम क्या है और वह किसी अन्य फल के संबंध में बताने लगे, ठीक उसी प्रकार जब पूरण कस्सप से पूछा गया कि वर्तमान संन्यासी जीवन का लाभ क्या है तो उन्होंने अकर्मण्यता के दर्शन की व्याख्या कर दी। (वही. i.70)

इस असंगति का अपना ही महत्व है। प्रश्न बड़ा सीधा सा था और उपदेशकों ने इन्हें निश्चित ही ठीक ढंग से समझ लिया होगा। प्रत्यक्ष है कि उनके अपने दृष्टिकोण से इस प्रश्न का कोई वास्तविक उत्तर नहीं था। इनमें से किसी को भी संन्यासी जीवन के यथार्थ लाभ का ज्ञान नहीं था। हम जब उनके दर्शनों का विश्लेषण करते हैं तो यह बात और भी स्पष्ट हो जाती है। अजातसत्तु ने इन लोगों के दर्शन का सारांश दिया। 'पूरण कस्सप के दर्शन का सारांश इस प्रकार हैं :

> हे राजन्, जो व्यक्ति कोई कर्म करता है या किसी अन्य से कर्म कराता है, किसी का अंग-भंग करता है या कराता है, किसी को दंड देता है या दंड दिलवाता है, किसी को दुःख अथवा यातना देता है, प्रकंपित होता है या दूसरों को भयातुर करता है, किसी प्राणी की हत्या करता है, किसी ऐसी वस्तु को ले लेता है जो उसे नहीं दी गई है, दूसरों के घरों में बलपूर्वक घुस जाता है, डकैती या चोरी या राह चलते लूटपाट या परस्त्रीगमन या मिथ्या. भाषण करता है, उसके इन कर्मों से उसपर कोई दोष नहीं आता। यदि वह किसी तेज धार वाले चक्र को लेकर इस पृथ्वी के सभी प्राणियों का वध कर डाले और उनके मांस का ढेर लगा दें तो उसके इस कर्म से उसके ऊपर कोई दोष नही आता और उसके अंदर दुष्कृति

की भावना में वृद्धि नहीं होगी। यदि वह गंगा के दक्षिणी तीर के साथ साथ चलता जाए और लोगों का संहार अथवा दमन कराए, तो भी इससे कोई दोष नहीं आता और न ही दुष्कृति की भावना में कोई वृद्धि होगी। यदि वह गंगा के उत्तरी किनारे पर चलता हुआ भिक्षा देता जाए और लोगों को वस्तुएं भेंट करने का आदेश देता जाए, बलि दे या बलि दिलवाए, तो उसके इस कृत्य से कोई पुण्य नहीं मिलेगा या पुण्य में वृद्धि नहीं होगी। उदारता, आत्मसंयम, इंद्रियनिग्रह, सत्यवादिता आदि में कोई पुण्य नहीं है और न ही इनसे पुण्य में वृद्धि होती है। (वही. i.69-70)

अजित केस कम्बलि के दर्शन को इन शब्दों में प्रस्तुत किया गया है :

हे राजन्, भिक्षा या बलि या भेंट देने जैसी कोई वस्तु नहीं है। अच्छे या बुरे कामों का कोई परिणाम और फल नहीं हैं। इहलोक या परलोक जैसी कोई बातें नहीं हैं। न कोई पिता न कोई माता है और न ही इनके बिना जीवन प्राप्त करने वाले कोई प्राणी हैं। इस संसार में कोई संन्यासी या ब्राह्मण ऐसा नहीं है जो श्रेष्ठतम स्तर तक पहुंचा हो, पूर्णता को प्राप्त हुआ हो और अपनी ही बुद्धि द्वारा इस लोक और दूसरे लोक को समझने के पश्चात दूसरों को अपना ज्ञान देता हो।

मनुष्य चार तत्वों से बना है। मृत्यु होने पर पार्थिव तत्व वापस मिट्टी में, तरल तत्व जल में, ऊष्मा अग्नि में, प्राण वायु में और उसकी इंद्रियां आकाश में विलुप्त हो जाती हैं। अर्थी उठाने वाले चार व्यक्ति उसके पांचवें तत्व अर्थात मृतक शरीर को ले जाते हैं और जब तक वे श्मशान घाट तक नहीं पहुंचते तब तक उसका गुणगान करते चले जाते हैं किंतु वहां पहुंच कर उसकी अस्थियां ध्वस्त हो जाती हैं और उसके सारे यत्न भस्म बन जाते हैं। ये भेंट आदि देने जैसी बातें मूर्खों का दर्शन है। यह थोथा झूठ है। जब लोग कहते हैं कि भेंट देने से लाभ होता है। ये बैठे ठाले लोगों की बातें हैं। मूर्ख और ज्ञानी दोनों शरीर के क्षय हो जाने पर समाप्त हो जाते हैं और मृत्यु के पश्चात कुछ नहीं बचता। (वही, i.73-4)

पकुध कच्चायन के दर्शन को इन शब्दों में व्यक्त किया गया है :

हे राजन्, सात ऐसी बातें हैं जो न बनाई जाती हैं और न ही आदेशानुसार बनती हैं, न उनका सृजन होता है और न सृजन कराया जा सकता है, वे बांझ हैं (इसलिए इनमें से कुछ भी उत्पन्न नहीं होता), वे पर्वत श्रृंग की भांति स्थिर और स्तंभ की भांति दृढ़ हैं। वे अचल हैं, कहीं उनमें परिवर्तन नहीं हो सकता न एक दूसरे के ऊपर आ सकती हैं, और न ही उनसे सुख या दुःख या दोनों प्राप्त हो सकते हैं। ये सात वस्तुएं क्या हैं? चार तत्व पृथ्वी, जल, अग्नि और वायु तथा सुख, दुःख और जीव। इस प्रकार न कोई हंता है और न हनन कराने वाला या व्याख्याता। जब कोई व्यक्ति किसी तेज धार वाली तलवार के साथ किसी के सिर के दो भाग कर देता है तो किसी का जीवन समाप्त नहीं करता बल्कि यह तो एक ऐसी घटना है जिसमें तलवार इन सात मूल तत्वों के बीच के अंतर में प्रविष्ट हो गई है। (वही. i.74)

संजय बेलत्थिपुत्त का दर्शन इस प्रकार है :

यदि आप मुझसे पूछें कि क्या कोई दूसरा लोक है या नहीं, तो यदि मेरे विचार में दूसरा लोक है तो मैं ऐसा ही कहता। किंतु मैं ऐसा नहीं कह रहा। और मैं यह भी नहीं समझता कि यह ऐसा है या वैसा है। और मैं नहीं समझता कि यह किसी अन्य प्रकार से ही है। और मैं इसका खंडन भी नहीं करता। और मैं यह भी नहीं कहता कि यह है और न ही

> यह कहता हूं कि यह दूसरा जगत नहीं है। और यदि आप संयोग से उत्पन्न होने वाले प्राणियों के बारे में पूछते हैं; या कोई अच्छे अथवा बुरे कर्मों का कोई परिणाम कोई फल है या नहीं है; या कोई व्यक्ति जिसने सत्य को पा लिया है वह मृत्यु के पश्चात अस्तित्व में रहता है या नहीं, तो इन सभी प्रश्नों का उत्तर वही है जो मैं दे चुका हूं। (वही, i.75)

इन चारों समकालीन दार्शनिकों के विचारों का सारांश 'सामञ्ज फल सुत्त' में इसी प्रकार दिया गया है। फिर भी इन लोगों के व्यक्तित्वों या उनके दार्शनिक विचारों के संबंध में निश्चित रूप से कुछ कहना असंभव है। अन्य बौद्ध और जैन ग्रंथ हमें परस्पर विरोधी सूचना देते हैं। इन सबका संकलन और विश्लेषण करने के लिए हम बरुआ (62.277—332), मलालशेखर (79. i.37-8; ii.89-90; ii.242-3; ii.999-1000) और बाशम (64.10-26) के आभारी हैं। यह भी एक संदेहास्पद बात है कि हम इन सभी दार्शनिकों को बुद्ध के समकालीन कह सकते हैं या नहीं। कुछ ग्रंथों में इन्हें बुद्ध से पहले के काल का बताया गया है जबकि कुछ अन्य ग्रंथों से यह आभास मिलता है कि वे बुद्ध के बहुत समय बाद आए। 'महाबोधि जातक' (जातक v 246) के अनुसार बुद्ध ने अपने पूर्वजन्मों में पूरण, मक्खलि, पकुध, अजित और निगंठ के विचारों का खंडन किया था। ये पांचों बनारस के राजा ब्रह्मदत्त के नास्तिक परामर्शदाता थे: स्पष्ट है कि इसका निहितार्थ यह है कि वे बुद्ध से बहुत पहले के थे। इसकी और अधिक पुष्टि संयुत्त निकाय' (i.68) से भी होती है जिसमें बताया गया है कि राजा पसेनदि बुद्ध से कहते हैं कि वे अजित की तुलना में बहुत छोटे और नौसिखुए हैं। फिर बरुआ ने 'सामञ्ज फल सुत्त' के पकुध कच्चायन को 'प्रश्न उपनिषद' का काकुध कात्यायन बताते हुए तर्क दिया है :

> हमें इस बात में संदेह है कि राजा अजातसत्तु को इन दार्शनिकों से भेंट करने का कोई अवसर प्राप्त हुआ होगा, क्योंकि उन्होंने बुद्ध के महापरिनिर्वाण से केवल आठ वर्ष पूर्व मगध के सिंहासन को हथियाया था। दूसरी ओर उदयि के कथन से यह स्पष्ट है कि स्वयं बुद्ध के जीवनकाल में ही इन दार्शनिकों की स्मृति एक अतीत की घटना बन चुकी थी। (62.281)

किंतु एक अन्य ग्रंथ 'मिलिंद पण्ह' के अनुसार ये सभी दार्शनिक बुद्ध के समय से बहुत बाद में आए। इस ग्रंथ में एक बौद्ध धर्माचार्य और ग्रीक राजा मिनांडर (मिलिंद) के बीच वार्तालाप है। मिनांडर ने ईसा पूर्व 125-95 के बीच सिंधु क्षेत्र, गुजरात और गांगेय घाटी पर शासन किया था। (ई. आर. ई. viii) इस ग्रंथ (64.21) में 'सामज्ज फल सुत्त' के छः दार्शनिकों को राजा मिलिंद के समकालीन बताया गया है और यदि यह सत्य है तो इसका अर्थ यही है कि वे बुद्ध के बहुत समय बाद आए। हमारे आधुनिक विद्वान 'मिलिंद पण्ह' के प्रमाण को बहुत गंभीरतापूर्वक नहीं लेते। बरुआ का कहना है कि 'मिलिंद पण्ह में राजा मिलिंद की जिस भेंट का उल्लेख है वह स्पष्टतया किसी बाद के बौद्ध लेखक द्वारा बड़े भोंडे तरीके से की गई एक साहित्यिक चोरी है।' (62.281) मलालशेखर का कहना है कि 'यह सारा वर्णन या तो 'सामञ्ज फल सुत्त' से की गई साहित्यक चोरी है या फिर जिन दार्शनिकों का उल्लेख हुआ है, वे उन्हीं विचारधाराओं को मानने वालों में से थे'। (79.ii.80) मलालशेखर द्वारा सुझाए गए दूसरे विकल्प को गंभीरतापूर्वक लेना कठिन है क्योंकि यह सिद्ध नहीं किया जा सकता कि इन छः दार्शनिकों द्वारा बताए गए मत बुद्ध के बाद इतनी शताब्दियों तक जीवित रहे। इस प्रकार 'मिलिंद पण्ह' में जो वर्णन है वह 'सामज्ज फल सुत्त' से सीधी साहित्यिक चोरी ही हो सकता था और इसलिए यह सिद्ध नहीं होता कि ये दार्शनिक बुद्ध के बहुत समय बाद आए।

यदि इन दार्शनिकों को बहुत देर के बाद आने वाला बताने वाला ग्रंथ विश्वसनीय नहीं है

तो वे ग्रंथ भी उतने ही विश्वसनीय हैं जिनमें इन दार्शनिकों को बहुत पहले के काल का बताया गया है। पहली बात तो यह है कि किसी एक जातक कथा को धार्मिक साहित्य की अपेक्षा ऐतिहासिक दृष्टि से कहीं अधिक प्रामाणिक मानने का कोई आधार नहीं है। दूसरे, 'महाबोधि जातक' का वह अनुच्छेद, जिसमें इन दार्शनिकों के मतों का वर्णन है, कहीं कहीं 'सामज्ज फल सुत्त' के लेखांशों के ही भाव लेकर लिखा गया है'। (64.18) इसके अलावा बुद्ध के समकालीन दार्शनिकों के विचारों को 'सामज्ज फल सुत्त' के लेखांशों से भावार्थ करके प्रस्तुत करने की यही प्रवृत्ति अन्य बौद्ध ग्रंथों में भी देखने को मिलती है। इस प्रकार 'मज्झिम निकाय' के 'संदक सुत्त' में आनंद ने उच्चतर जीवन के चार प्रतिपक्ष प्रस्तुत किए हैं। इनमें से एक तो शब्दशः 'सामज्ज फल सुत्त' में वर्णित अजित केस कम्बलि के दर्शन को रखा गया है। दूसरा पूरण के दर्शन की पुनरावृत्ति है, तीसरा लगभग वही दर्शन है जो मक्खलि गोसाल ने प्रतिपादित किया था और चौथा, पकुध और मक्खलि के दर्शन का, 'सामज्ज फल सुत्त' में जैसाकि वर्णन है, विचित्र सम्मिश्रण है (वही. 18-9)। निस्संदेह यहां इन दार्शनिकों के नामों का उल्लेख नहीं हुआ। फिर भी, इस बात में कोई संदेह नही है कि 'संदक सुत्त' का लेखक चाहता था कि 'सामज्ज फल सुत्त' को बुद्ध के समकालीन दार्शनिकों के वर्णन का प्रामाणिक ग्रंथ माना जाए या संभवतः दोनों ग्रंथों के लेखक किसी समान स्रोत से प्रेरित हुए थे। यही बात कुछ अन्य बौद्ध गंथों के संबंध में भी कही जा सकती है। (वही. 20) इसलिए इन 6 दार्शनिकों को बुद्ध के समकालीन बताने वाले 'सामज्ज फल सुत्त' की सामान्य प्रामाणिकता पर संदेह करना कोई सरल बात नहीं है। इसके अलावा निगंठ नाथपुत्त (एस. बी. ई. xiv. भू. xx-xxi) (महावीर) और मक्खलि गोसाल के नामों को इनमें शामिल किया जाना इस ग्रंथ की प्रामाणिकता का सर्वाधिक निर्णायक प्रमाण समझा जा सकता है। क्योंकि जैन मत और आजीवक मत के इन दो प्रतिनिधियों को इतिहास में बुद्ध का वास्तविक समकालीन व्यक्ति माना गया है।

यदि मान भी लें कि पूरण, अजित, पकुध और संजय वास्तव में बुद्ध के समकालीन व्यक्तियों में से थे तो भी उनके व्यक्तिगत जीवन के संबंध में जानकारी बहुत कम है। बुद्धघोष के अनुसार, पूरण कस्सप एक भागे हुए दास थे (सुमंगल बिलासिनी. i. 142)। उनका नाम भी किसी दासता की वजह से पड़ा : जिस परिवार में वे दास बने थे उसमें पहले 99 दास थे और उनके आने से शतक पूर्ण (पूरण) हुआ। बाद में वे अपने स्वामी को छोड़कर भाग गए और इधर-उधर नग्नावस्था में भटकते रहे क्योंकि चोरों ने उनके वस्त्र चुरा लिए थे। इस दार्शनिक के व्यक्तिगत जीवन के संबंध में इस संक्षिप्त सूचना पर आधुनिक विद्वान संदेह करते हैं। संदेह का आधार यह है कि कस्सप एक गोत्र नाम था जो ब्राह्मण थे और इसलिए पूरण भी दासपुत्र नहीं रहे होंगे बल्कि किसी ब्राह्मण परिवार में जन्मे होंगे। जैसाकि बरुआ ने कहा है :

> प्रत्यक्ष है कि यह बुद्धघोष द्वारा दिया गया वर्णन सत्य नहीं है क्योंकि, जैसाकि नाम से विदित है, कस्सप एक ब्राह्मण परिवार में जन्मे थे। पालि भाषा के विशेषण पूरण का वास्तविक महत्व यह प्रतीत होता है कि कस्सप का यह दावा था कि उन्हें पूर्ण ज्ञान प्राप्त हो चुका है या उनके शिष्यों को विश्वास था कि वे पूर्ण ज्ञान के भंडार हैं। (62.277)

इस प्रकार का तर्क समाजविज्ञान की कमी और विशुद्ध कल्पना पर आधारित है। यह सच है कि कस्सप वास्तव में ब्राह्मणों में एक प्रमुख गोत्रनाम था। किंतु गोत्रनाम का अनिवार्य अर्थ यह नहीं है कि उसके सदस्य ब्राह्मण वंश के थे। यहां तक कि ब्राह्मणों में भी यह गोत्र कछुवे टोटम का अवशेष था और ब्राह्मणों के बाहर भी पिछड़े लोगों में यही गोत्र इसी टोटमवादी उद्भव वाला था और न यह अतीत में कोई असाधारण गोत्र था और न ही आज। इस

प्रकार गोत्रनाम कस्सप से यह सिद्ध नहीं होता कि पूरण एक ब्राह्मण थे और इसलिए वह दास नहीं हो सकते थे। बरुआ ने पूरण नाम की जो वैकल्पिक व्याख्या दी है.(पूर्ण ज्ञान) वह भी मनगढंत है। यदि हमें बौद्ध स्रोतों पर विश्वास करना है तो हम यह नहीं कह सकते कि केवल पूरण ही ऐसे व्यक्ति थे जिन्होंने सर्वज्ञ होने का दावा किया। अन्य लोग भी ऐसे थे जिन्होंने इस प्रकार के कार्य किए। इसलिए यह बात बड़ी विचित्र प्रतीत हो सकती है कि इस प्रकार के साधारण दावे के आधार पर उस युग के केवल एक दार्शनिक को कोई निश्चित नाम दे दिया गया।

पूरण के व्यक्तिगत जीवन के संबंध में हमारी जानकारी का अन्य स्रोत है 'धम्मपद' भाष्य। (79.ii. 243 तुलनीय 65.84 और आगे) यदि बुद्धघोष के 'सुमंगल विलासिनी' ग्रंथ से हमें उस दासता के दुर्दशापूर्ण जीवन का पता चलता है जो पूरण ने प्रारंभिक वर्षों में बिताया तो 'धम्मपद' भाष्य की कथा से उनके दुःखद अंत का संकेत मिलता है। यह दुःखद अंत संभवतः इसलिए हुआ क्योंकि वे अपने काल में एक अवतार (पैगंबर) बनने में विफल रहे।

बुद्ध एक 'गंडम्ब' नामक आम्रवृक्ष के नीचे दो चमत्कार दिखाने जा रहे थे। बुद्ध के समकालीन ऋषियों ने उन्हें ऐसा करने से रोकने के भरसक प्रयत्न किए, किंतु सफल नहीं हुए और जब बुद्ध ने सचमुच चमत्कार कर दिखाया तो ये अन्य ऋषि ग्लानि और लज्जा के कारण वहां से भाग गए। इनमें पूरण कस्सप भी थे। जब वे भाग रहे थे तो रास्ते में एक किसान मिला जो उनके अनुयायियों में से एक था। वह रस से भरा हुआ एक पात्र और एक रस्सी लेकर पूरण से मिलने जा रहा था। पूरण ने वह पात्र और रस्सी ले ली, नदी के किनारे गए, अपने गले में वह पात्र बांध लिया और स्वयं को पानी में डुबो दिया। बाद में अविची में उनका पुनर्जन्म हुआ। यह एक ऐसा स्थान था जहां जघन्य अपराध करने वालों को सुधारने की व्यवस्था की गई थी। हो सकता है कि जिस रूप में यह कथा कही गई है वह सत्य न हो, किंतु हम इसे एकदम अस्वीकार भी नहीं कर सकते। यह कल्पना की जा सकती है कि किसी ऐतिहासिक तथ्य को आधार बना कर उसके आसपास यह कहानी गढ़ी गई हो। यह भी संभव है कि बौद्ध लेखक यहां पूरण की आत्महत्या का यथार्थ वर्णन प्रस्तुत कर रहा हो यद्यपि उसमें कुछ बौद्ध पुट दे दिया हो और नाटकीयता भी भर दी हो। यदि पूरण की आत्महत्या की कहानी सच्ची थी तो इस आत्महत्या के लिए जो कारण बताया गया अर्थात विफलता तथा निराशा, वह भी अनिवार्यतः झूठा नहीं था। प्रारंभ से अंत तक अपने जीवन को परिस्थितियों के अनुकूल ढाल सकने में पूर्णतया विफल होने (एक दास जो इससे मुक्ति पाने का प्रयत्न करता है और अंततः नदी में कूद कर स्वयं को समाप्त कर लेता है) वाले जीवन से उस विचारधारा पर कुछ प्रकाश पड़ सकता है जो पूरण ने प्रतिपादित की।

यह पूर्ण नैतिक पतन और इसके परिणामस्वरूप संपूर्ण मानव प्रयासों की व्यर्थता की विचारधारा थी। सदाचारी और दुराचारी, संत और पापी, अच्छे और बुरे में कोई भेद नहीं था। कर्म करना व्यर्थ था और मानव प्रयास पूर्णतया निरर्थक थे : उदारता, आत्मनियंत्रण, संयम और सच्चरित्रता उतने ही निरर्थक थे जितना किसी को मारना, पंगु बनाना, यातना देना इस प्रकार की निरर्थकता और निराशा की भावना का तर्कसंगत परिणाम था अहेतुवाद या अक्रियावाद। बौद्ध और जैन ग्रंथो में इस वाद को चलाने वाले का नाम पूरण दिया गया है। (62.278.9) इस वाद के अनुसार किसी भी घटना की व्याख्या किसी तर्कसंगत कारण को लेकर नहीं की जा सकती और मानव प्रयास बेकार हैं। इस प्रकार के दर्शन में ऐसे संसार को प्रतिबिंबित किया गया है जो दार्शनिक के लिए पूर्णतया औचित्यविहीन था।

अजित, पकुध और संजय के व्यक्तिगत जीवन के संबंध में लगभग कुछ भी पता नहीं हैं। यहां तक कि इस मामले में हमें बुद्धघोष से कोई सहायता नहीं मिलती। उदाहरण के लिए बुद्धघोष ने बताया है कि अजित का नाम केसकम्बलि (शाब्दिक अर्थ है जो मनुष्य के बालों से बना हुआ कंबल लपेट कर रखता है) इसलिए पड़ा क्योंकि वह मात्र बालों का बुना हुआ कंबल पहनता था : यह सभी प्रकार के कपड़ों में से सबसे घटिया रहा होगा क्योंकि ठंढे मौसम में इससे ठंढ और गर्मी के मौसम में गर्मी लगती होगी तथा इससे बदबू आती होगी और देखने में भी बड़ा गंदा लगता होगा। (सुमंगल विलासिनी, i.144)। बुद्धघोष ने पकुध के बारे में केवल इतना ही बताया हैं कि पानी के इस्तेमाल के बारे में वह अनेक प्रकार के अनुष्ठान करता था : वह ठंढा पानी नहीं केवल गरम पानी का इस्तेमाल करता था और यदि उसे गरम पानी नहीं मिलता था तो स्नान ही नहीं करता था, यदि वह कोई नदी नाला पार करता था, जिसे वह पाप मानता था तो मिट्टी का एक लोंदा बनाकर प्रायश्चित करता था। (वही) संजय के व्यक्तिगत जीवन के संबंध में बुद्धघोष ने हमें कुछ नहीं बताया है। क्या संजय वही संजय है जिसे संजय परिब्बाजक कहा जाता था (सारिपुत्त और मोग्गल्लायन का असली गुरु) जिसके संबंध में मलालशेखर ने लिखा :

> कहा जाता है कि जब ये दोनों शिष्य संजय को छोड़कर बुद्ध के अनुयायी बन गए तो ढाई सौ अन्य लोग भी उनके साथ गए। तब संजय अचेत होकर गिर पड़ा और उसके मुंह से उष्ण रक्त बहने लगा। (76.ii.1000)

हो सकता है यह एक और निराश व्यक्ति के दुखद अंत की कहानी हो। किंतु हमें यह दावा करने का अधिकार नहीं हैं कि मलालशेखर उसी व्यक्ति की चर्चा कर रहे थे। यद्यपि अजित, पकुध और संजय के जीवन का निश्चित तथा प्रामाणिक विवरण हमारे पास नही है तो भी हम काफी सीमा तक इस बात का सच्चा चित्र खींच सकते हैं कि ये लोग कितनी आध्यात्मिक पीड़ा और अपने अपने विश्वासों में घोर निराशा की भावना से संतप्त थे।

बरुआ के लेखन से हमें ऐसा आभास मिला कि वे पकुध, संजय और अजित के विचारों में प्रारंभिक ग्रीक दर्शन के साथ समानता खोजने को बहुत उत्सुक थे। उन्होंने कहा कि पकुध (79.283) को भारत का एंपीडोक्लीज कहलाने के अधिकार से वंचित नहीं रखा जा सकता और संजय के संबंध में बरुआ का कहना है कि वह बौद्धकालीन भारत का पायरो था :

> इन सभी बातों में संजय के शिष्य और पायरो के शिष्य, विशेषकर तिमोन, एक जैसे हैं। पायरो की भांति संजय ने भी संशयवाद को एक वैज्ञानिक सिद्धांत बना दिया और इस प्रकार दर्शन में अन्वेषण के लिए आलोचनात्मक विधि का मार्ग प्रशस्त किया। (वही. 327.8)

इसी प्रकार भारतीय दर्शन में अजित की ठीक वैसी ही स्थिति थी जैसी प्रारंभिक ग्रीक दर्शन में एपीक्यूरस की थी। एपीक्यूरस की भांति अजित को भी उसके समकालीन तथा बाद की पीढ़ियों ने बहुत गलत समझा : 'सत्य तो यह है कि भारत के अजित केस कम्बलि और ग्रीस के एपीक्यूरस दोनों मन के बहुत अच्छे व्यक्ति थे और सादे जीवन तथा उत्कृष्ट विचारों के प्रेमी थे। (वही. 290)

इसमें कोई संदेह नहीं कि बरुआ को अपनी विचित्र अवधारणा के अनुकूल बनाने के लिए भारतीय तथा ग्रीस के दार्शनिकों के विचारों को कुछ तोड़ना-मरोड़ना पड़ा। उन्होंने जो तुलना की है उससे बुद्ध के समकालीन दार्शनिकों की वास्तविक स्थिति समझने में सहायता मिलने के बजाए, अस्पष्टता और परस्पर विरोधाभास उत्पन्न हो गए हैं। हम छोटी छोटी बिस्तारपूर्ण बातों को छोड़कर केवल उन बातों पर ध्यान देंगे जो इन दार्शनिकों के संबंध में

बरुआ की व्याख्या में अति गंभीर और सीमित प्रतीत होती हैं। बरुआ आधुनिक अर्थों में या ग्रीस के अर्थों में पकुध, अजित, संजय और अन्य लोगों को अलग अलग दार्शनिक मानना चाहते थे। किंतु उनका यह विचार कितना त्रुटिपूर्ण था यह इस संबंध में बाशम के विचारों से विदित होता है :

> डाक्टर बी. एम. बरुआ के उस मत को स्वीकार करने की आवश्यकता नहीं है जो उनकी पुस्तक 'प्रिबुद्धिस्टिक इंडियन फिलासफी' में आंतरिक रूप से निहित और बाह्यरूप से सुस्पष्ट है। उनका कहना है कि ये लोग आज के अर्थों में दार्शनिक या अध्यात्मवादी थे। ऐसा प्रतीत होता है कि ईसा पूर्व छठी शताब्दी में भारतीय जनमानस में एक हलचल मची हुई थी, और विश्व तथा उसमें मनुष्य की स्थिति के संबंध में बहुत सारी परस्पर विरोधी विचारधाराएं व्याप्त थीं। इनमें से कुछ तो लगभग ऊटपटांग कल्पनाशीलता थी किंतु कुछ अन्य विचार तर्कसंगत थे। (64.12)

बाशम जिस बात की अनदेखी कर गए, किंतु जो उनके द्वारा एकत्र की गई सामग्री से ही पूर्णतया स्पष्ट हो जाती है, वह यह है कि बौद्ध और जैन ग्रंथों में बार बार संकेत मिलता है कि जहां तक इन दार्शनिकों के अपने विश्वासों पर आधारित विचारों का संबंध है, वे उनके निजी और नवीन विचार नहीं थे। जहां किसी संदर्भ में कोई एक सिद्धांत किसी एक दार्शनिक का बताया गया है तो वहीं किसी अन्य संदर्भ में उस विचार को दूसरे दार्शनिक का बता दिया गया। ऐसा इतना अधिक हुआ है कि इससे समग्र परिणाम के रूप में अस्पष्ट विश्व दृष्टिकोणों का जमघट सा लग गया जिन्हें बुद्ध और महावीर के समकालीन लोगों ने बिना सोचे समझे अपना लिया। यदि हम याद रखें कि विश्व के बारे में दृष्टिकोणों का यह जमघट नैतिकता के पतन और निराशा की भावना से भरा था तो बाशम ने जिन परस्पर विरोधाभासों की ओर ध्यान आकृष्ट किया है वे हमें उतने गंभीर प्रतीत नहीं होंगे। इस प्रकार बुद्ध के समकालीन दार्शनिक मूलतः निराशावादी थे, यद्यपि इस निराशावाद का आधार तत्वमीमांसीय था किंतु यह बहुधा अस्पष्ट, दुर्बोध और यहां तक कि बेसिरपैर का था। हम कुछ उदाहरणों का अध्ययन कर सकते हैं।

जैसाकि हमने अभी देखा पूरण 'अक्रियावाद' में विश्वास रखते थे और इसके अनुसार मानव प्रयास हर प्रकार से निरर्थक थे, व्यर्थ थे। बुद्ध और महावीर दोनों ने पकुध कच्चायन का भी यही दृष्टिकोण बताया। किंतु पकुध ने पूरण के 'अक्रियावाद' से भी बढ़कर जो कुछ कहा वह केवल इस अक्रियावाद को तत्वमीमांसीय आधार देने का प्रयत्न मात्र था। यह बात स्वयं बरुआ के कथन से स्पष्ट है :

> संभवतः यह प्रश्न पूछा जाएगा कि महावीर और बुद्ध ने कच्चायन के दर्शन को अक्रियावाद क्यों समझा ? इस प्रश्न के संबंध में हम कच्चायन के तत्वमीमांसीय चिंतन के नैतिक पक्ष का अध्ययन करने के अलावा और कुछ नहीं कर सकते। यदि जीव के कार्य शाश्वत रूप से विद्यमान और अपने स्वभाव के कारण अपरिवर्तनीय हैं, यदि वे अपने आंतरिक सुख और दुख के अनुसार यंत्रवत संयुक्त और विभक्त होते हैं, अन्य शब्दों में यदि कोई भी क्रिया चेतना प्रेरित नहीं है, तो फिर पुण्य और पाप, ज्ञान और अज्ञान आदि के विचार या भेद का आधार कहां रह जाता है ? उसके कथन की शाब्दिक व्याख्या का सीधा निष्कर्ष यही निकलता है कि किसी की हत्या करने या कुछ सुनने, कुछ जानने या कहने जैसी कोई क्रिया वास्तव में नहीं है। (62.286)

यदि यह सच है तो पूरण और पकुध के विचारों को भिन्न भिन्न नहीं समझा जाता था : पकुध तो केवल पूरण की नैतिक पक्षधरता के लिए तत्वमीमांसीय आधार देने का प्रयत्न कर रहा था।

बरुआ ने इस तत्वमीमांसीय आधार को जिस रूप में समझा है वह भी संदेह से परे नहीं है। पकुध ने वास्तव में इन तत्वों के दुःख और सुख की निहित शक्ति द्वारा यंत्रवत संयुक्त और विभक्त होने की बात नहीं कही थी। इस तरह की व्याख्या से यही सिद्ध होता है कि बरुआ पकुध को एपीडोक्लीज के समकक्ष बनाने के लिए कितने उत्सुक थे। पाप और पुण्य के बीच कोई भेद न होने के बारे में पकुध का कारण कुछ और ही था। स्वयं बरुआ ने पकुध के कथन की शाब्दिक व्याख्या का उल्लेख किया है। यदि यह मान लें कि 'सामज्ज फल सुत्त' में पकुध के कथन की जो बात कही गई है वह वास्तव में सत्य थी तो पकुध के इस अक्रियावाद का कुछ और ही आधार हम समझते है। पकुध ने 'बंझा' शब्द का प्रयोग किया है। पाली का 'बंझा' शब्द और संस्कृत का वंध्या शब्द एक ही है। इस प्रकार पकुध को प्रत्येक बात में बांझपन दिखाई दिया। पृथ्वी, जल, अग्नि, वायु, सुख, दुःख, जीवन। ये सातों उसे निरर्थक या बांझ दिखाई दिए और उसने इन्हें अपरिवर्तनीय, 'पर्वत की भांति दृढ़ और स्तंभ की भांति स्थिर माना।' यदि हम इस विचारधारा का कोई आधुनिक दृष्टांत देने में किसी प्रकार का कोई औचित्य समझते हैं तो यह दृष्टांत पिछले महायुद्ध के बाद इस संसार की कविता में मिलता है: 'एक मृत पर्वत का सड़े-गले दांतों वाला मुख जो थूक भी नहीं सकता।' बहरहाल जो भी हो, स्वयं पकुध ने इस बात में कोई अस्पष्टता नहीं छोड़ी कि बांझपन से उसका क्या आशय था। यह मानव प्रयासों का बांझपन था या यूं कहिए कि नैतिक प्रयासों का कोई अस्तित्व नहीं बचा था। यह एक क्रूर संसार था जो अच्छाई और बुराई के प्रति तथा मृत्यु और विनाश के प्रति पूर्णतया उदासीन था और यही विचार पकुध के अक्रियावाद के तत्वमीमांसीय आधार में प्रतिबिंबित हुआ : अच्छाई या पवित्रता से कुछ भी नहीं मिलता था और इसी अर्थ में इस संसार की प्रत्येक वस्तु सूखी और बांझ थी। यह एक 'बंजर भूमि, कांटेदार नागफनी वाली भूमि' का दर्शन था। यह नकारात्मक, निरर्थकता नैराश्य और निस्सारता का दर्शन था।

साथ ही 'सामज्जफल सुत्त' में पकुध कच्चायन का जो विश्व दृष्टिकोण प्रस्तुत किया गया है उसमें स्पष्ट रूप से भौतिकवादी दृष्टिकोण की ओर झुकाव प्रतीत होता है। पकुध ने ईश्वर, आत्मा और परलोक की कोई बात नहीं कही। वास्तव में इसमें ऐसा कुछ भी नहीं था जिसे आध्यात्मिक सिद्धांत कहा जा सकता हो। पकुध ने जिन सात तत्वों की बात की है वे ठोस भौतिक और इहलौकिक थे। भौतिकवाद की ओर यह झुकाव आदिम विश्व दृष्टिकोण से विरासत में मिला था और यही झुकाव अजित केस कम्बली के दर्शन में अधिक प्रमुखता लिए हुए था। अजित के इस भौतिकवाद के कारण बरुआ (वही. 288) और बाशम (64.17) को कहना पड़ा कि वह बाद में आने वाले चार्वाक दार्शनिकों का अग्रदूत रहा होगा। ऐतिहासिक दृष्टि से यह बात सत्य है या नहीं, यह एक भिन्न प्रश्न है। किंतु इसमें कोई संदेह नहीं कि अजित का दर्शन कट्टर भौतिकवाद था।

अजित के संबंध में लिखने वाले लगभग सभी लेखकों (52.iii.521) ने इस भौतिकवाद को महत्व दिया है। किंतु अजित के विश्व दृष्टिकोण की एक अन्य विशेषता को महत्व नहीं दिया जो हमारे तर्क के लिए अत्यधिक महत्वपूर्ण है। बुद्ध और महावीर के अन्य समकालीन दार्शनिकों की भांति अजित भी मानव अस्तित्व को बहुत निराशाजनक मानते थे। वह भी पूरण कस्सप और पकुध कच्चायन से कम निरर्थकता और नैतिक पतन के दृष्टिकोण वाला दार्शनिक नहीं था। उसके समय के कुछ संन्यासियों और ब्राह्मणों ने प्रज्ञा और चरित्र की पूर्णता की प्राप्ति का जो दावा किया था वह उसे मात्र मूर्खतापूर्ण आत्मभ्रम प्रतीत हुआ। 'दान आदि देने की बात करना मूर्खों का काम है। जो लोग कहते हैं कि इनसे लाभ मिलता है, वे झूठ बोलते हैं, बेकार की बात

करते हैं।' क्योंकि सब बातों का अंत मृत्यु के पश्चात कुछ नहीं है। यदि एक बार फ़िर आधुनिक दृष्टांत दिया जाए तो यही कहा जाएगा कि अजित का दर्शन श्मशान घाट का दर्शन था। यहां तक कि 'सामज्ज फल सुत्त' में अजित के नाम से जो छोटा सा लेखांश है, उसमें भी वह मृत्यु की छाया से आतंकित है।

'सामज्ज फल सुत्त' में ज़िन विचारों को संजय का दर्शन बताया गया है उनमें यद्यपि निस्सारता की भावना सीधी स्पष्ट दिखाई नहीं देती तो भी यह दर्शन निस्सारता का दर्शन ही रहा होगा, हालांकि यह भावना केवल बौद्धिक स्तर तक रही होगी। संजय ने इस आशय की कोई बात स्पष्ट शब्दों में नहीं कही क्योंकि ऐसा करना भी अन्य बातों की भांति व्यर्थ था। प्रत्येक बौद्धिक विश्वास अपने आपमें खोखला और निरर्थक था। इस प्रकार यह पूर्ण बौद्धिक उथल-पुथल का दर्शन था जो उस समय की अस्तव्यवस्तता का परिणाम था।

इन सबका सारांश यह है कि 'सामज्ज फल सुत्त' में जिन विचारों को पूरण, पकुध, अजित और संजय के विचार बताया गया है वे यद्यपि अलग अलग प्रकार से भिन्न भिन्न तत्वमीमांसीय आधारों पर व्यक्त किए गए थे फिर भी ये सभी गहरी निराशा की अभिव्यक्ति करते थे। इन विचारों के बीच अंतर को कितना महत्व दिया जा सकता है, यह एक संदेहास्पद बात है। बौद्ध और जैन ग्रंथों में मनमर्जी से कोई भी विचार किसी भी दार्शनिक का बता दिया गया। बाशम पहले ही इस प्रश्न का आद्योपांत अध्ययन कर चुके हैं और उन्होंने एक रोचक सूची तैयार की है जिसमें बताया गया है कि किस प्रकार विभिन्न स्रोतों ने अलग अलग संगठनों में भिन्न भिन्न विचार एक ही दार्शनिक के विचार बताए और किस प्रकार कुछ भी निश्चित रूप से समझे बिना इन्हीं विचारों को अलग अलग दार्शनिकों के मत बता दिए। (64.22-3) यह मानते हुए कि विभिन्न स्रोत एक ही परंपरा से सामग्री एकत्र कर रहे थे, हम विभिन्न दार्शनिकों के विचारों को एक दूसरे से अलग मानने का कोई औचित्य नहीं समझते : कुल मिलाकर यही निष्कर्ष निकलता है कि कुछ अस्पष्ट, रूपहीन दार्शनिक विचारों का एक जमघट था जिसे विभिन्न दार्शनिकों ने अंधाधुंध स्वीकार किया और इन सभी विचारों में मानव की निराशा और जीवन की निरर्थकता की गहरी भावना का प्राबल्य था। हम यही तर्क देंगे कि इस प्रवृत्ति की सबसे स्पष्ट और सुसंगत अभिव्यक्ति, बुद्ध के एक अन्य समकालीन दार्शनिक आजीवक संप्रदाय के प्रधान मक्खलि गोसाल के जीवन तथा उद्देश्यों में हुई है।

11. भाग्यवाद

मक्खलि गोसाल के जीवन और उपदेशों का एक तारतम्यपूर्ण विवरण आज हमें उपलब्ध है जिसका श्रेय बाशम द्वारा हाल में किए गए व्यापक शोधकार्य को जाता है। हम गोसाल के नियति या भाग्य संबंधी दर्शन की विवेचना करते समय मुख्यतया बाशम द्वारा प्रस्तुत किए गए विवरण पर निर्भर करेंगे। बाशम का कहना है कि कम से कम पूरण, पकुध और गोसाल के विचारों की विवेचना अलग अलग नहीं की जा सकती क्योंकि इस बात की पूरी संभावना है कि मूलतः ये किसी एक दार्शनिक विचारधारा के अंग थे :

> पालि धर्मग्रंथों के कुछ अन्य लेखांशों में इन छः उपदेशकों के दार्शनिक मतों का विवरण इस प्रकार से बदल कर किया गया है कि इस बात का प्रबल आभास होने लगता है कि 'सामज्ज फल सुत्त' में मक्खलि, पूरण और पकुध के नाम से जिन दार्शनिक विचारों का वर्णन किया गया है वे सब एक ही उपदेश समवाय के अंश थे। (वही. 18 तुल. 80 और आगे)

बाशम के अनुसार यह 'एक ही उपदेश समवाय', आजीवक मतावलंबियों अर्थात मक्खलि गोसाल के अनुयायियों का केंद्रीय मत था। यह केंद्रीय मत क्या था? बाशम का कहना है कि आजीवक संप्रदाय का मूल सूत्रवाक्य था : 'नत्थि पुरिसकारे' (शाब्दिक अर्थ : मानव प्रयास निष्प्रभाव हैं, अकारथ हैं)। (वही. 9)

यदि ऐसी बात थी तो अजित और संजय को पूरण, पकुध और मक्खलि से अलग रखने का कोई निश्चित कारण नहीं हो सकता था। क्योंकि उनके दार्शनिक विचारों में भी ऐसी कोई बात नहीं थी जो इस सूत्रवाक्य के विरुद्ध हो। इसके विपरीत 'सामाज्ज फल सुत्त' में दिए गए वर्णन से यही प्रतीत होता है कि संजय का दर्शन भी जहां तक बौद्धिक उद्यम का संबंध है, मानव प्रयासों की निर्थकता को प्रतिपादित करता है। अजित ने भी यही कहा कि जिन क्रियाओं को अच्छा समझा जाता है वे पूर्णतया निरर्थक हैं, मूर्खता हैं। इसके अलावा, जैसाकि बाशम ने कहा है, 'सामज्ज फल सुत्त' में जिस दार्शनिक सिद्धांत को मक्खलि गोसाल का सिद्धांत बताया गया उसके दूसरे भाग में वर्णित विचारों को तिब्बती भाषा में लिखे गए बौद्ध धर्मग्रंथ 'दुलवा' में अजित के विचार बताया गया है और इसी प्रकार अन्य ग्रंथों में मक्खलि के दर्शन के प्रथम भाग को पूरण के विचार बताया गया। (वही, 22-3) इसलिए यह असंभव बात नहीं हो सकती कि अजित और संजय के विचार भी उसी विचार समूह का अंश हों जिसे बाशम ने 'एक ही उपदेश समवाय' कहा है और इस समवाय के कुछ पहलुओं को पूरण, पकुध और मक्खलि का दार्शनिक मत कहा है।

बहरहाल जो भी हो, इसमें कोई संदेह नहीं कि बुद्ध और महावीर के समकालीन दार्शनिकों में मक्खलि गोसाल सबसे महत्वपूर्ण दार्शनिक था। इसके अलावा मक्खलि का निजी जीवन भी नाटकीय तत्वों से भरा हुआ था जो उसके नियतिवाद पर कुछ महत्वपूर्ण प्रकाश डाल सकते हैं। मक्खलि गोसाल के जन्म के संबंध में हमें दो कथाएं मिलती हैं। इनमें से एक कथा 'भगवती सूत्र' नामक जैन ग्रंथ में और दूसरी 'सामज्ज फल सुत्त' पर बुद्धघोष के भाष्य में मिलती है। इन दोनों कथाओं के बीच कुछ महत्वपूर्ण समानताएं हैं।

'भगवती सूत्र, में मक्खलि के जन्म की कथा का वर्णन महावीर द्वारा कराया गया है। (वही. 35) महावीर के अनुसार मक्खलि के पिता एक मंख थे जिसका नाम मंखली था। यह निश्चित रूप से नहीं कहा जा सकता कि मंख शब्द का अर्थ क्या था। होएनर्ले का विचार है कि इस शब्द का कोई निश्चित अर्थ नहीं था किंतु बाशम का विचार इसके विपरीत है। 'हेमचन्द ने अभिधान चिंतामणि पर अपने भाष्य में इस मंख शब्द को मगध के बराबर बताया है जिसका अर्थ भाट या चारण है।' मक्खलि का पिता कोई घुमंतू भाट रहा होगा और उन दिनों में यह कोई असाधारण बात नहीं थी। 'भगवती सूत्र' की कथा से यही आभास मिलता है कि वह वास्तव में घुमंतू भाट था। मक्खलि की माता का नाम भद्दा था। मक्खलि जब उसके गर्भ में था तो वह अपने पति के साथ सरावन नामक स्थान पर आई (सरावन का शाब्दिक अर्थ है सरकंडों का झुरमुट)। वहां गोबहुल (शाब्दिक अर्थ बहुत सी गायों को रखने वाला) नामक एक संपन्न व्यक्ति रहता था। भद्दा का पति गांव में रहने के लिए कोई स्थान खोजने के लिए जाने से पहले गोबहुल के 'गोसाल' (गोशाला) में अपनी पत्नी को छोड़ गया। किंतु वह रहने के लिए कोई स्थान नहीं ढूंढ पाया। ये दंपत्ति उसी गोशाला के एक कोने में रहते रहे और भद्दा ने वहीं पर मक्खलि को जन्म दिया। मंखली नामक मंख का पुत्र होने के कारण इस बालक का नाम मक्खलि पड़ गया और गोशाला में पैदा होने के कारण उसे गोसाल कहा गया।

बुद्धघोष ने यह बात कहकर कि गोशाला में उत्पन्न होने के कारण यह नाम पड़ा है, परोक्ष रूप से मक्खलि गोसाल के संबंध में कही कई इस कथा को स्वीकार कर लिया है। (वही. 37) किंतु बुद्धघोष के अनुसार मक्खलि नाम एक अन्य परिस्थिति के कारण भी पड़ा। गोसाल एक दास था जिसनें अपने स्वामी से भागने का प्रयत्न किया। एक दिन वह तेल से भरा हुआ मटका उठाकर कीचड़ वाले स्थान से जा रहा था। उसके स्वामी ने जोर से आवाज देकर कहा कि 'अरे भई, फिसल मत जाना' (तत माखल इति) लेकिन गोसाल लापरवाह था और उसने तेल गिरा दिया। स्वामी के क्रोध के डर से उसने भागना शुरू कर दिया। स्वामी ने पीछा किया और अपने दास के वस्त्र (दासकन्ना) को पकड़ लिया। गोसाल ने वस्त्र वहीं उतार फेंका और नग्नावस्था में भाग खड़ा हुआ। उसके बाद वह नग्न संन्यासी बन गया। उसके स्वामी ने सचेत करने के लिए जो 'मा खल' शब्द कहे थे उसी से उसका नाम मक्खलि पड़ गया। गोसाल का मक्खलि पड़ने के संबंध में यह कथा बहुत विश्वसनीय नहीं है। किंतु बाशम इस कथा को पूर्णतया अस्वीकार करना चाहते थे :

> यह कहानी विशुद्ध रूप से मनगढंत है और संभवत: स्वयं बुद्धघोष ने आजीवक संप्रदाय के इस नेता के नामों के उद्भव को कोई आधार देने के लिए कहा है। ऐसा करते हुए उसने मक्खलि की नग्नता को भी ध्यान में रखा और मक्खलि के संप्रदाय का अपमान करने के लिए उसे एक दास बताया। (वही)

किंतु कोई निर्णायक प्रतिकूल प्रमाण न होने के कारण इस सारी कथा को पूर्णतया अस्वीकार कर देना किसी प्रकार भी उचित नहीं है। इसके विपरीत यह अनुमान है कि चूंकि मक्खलि गोसाल के जन्म के संबंध में हमारे पास यही दो कथाएं उपलब्ध हैं, इसलिए बौद्ध और जैन दोनों ग्रंथों में कुछ महत्वपूर्ण सत्य तत्व रहे होंगे यद्यपि इनके लेखकों ने सत्य को कुछ तोड़ मरोड़ कर प्रस्तुत किया होगा क्योंकि वे आजीवक मतावलंबियों के विरोधी थे। इस बात से इनकार करने का अर्थ होगा गोसाल के जीवन के इतिहास के प्रारंभिक भाग का पुनर्निर्माण करने की सभी आशाओं को छोड़ देना। क्योंकि आजीवक मत के ग्रंथों आदि में गोसाल के जन्म के संबंध में कुछ नहीं मिलता इसलिए यह पूर्णतया संभव है कि गोसाल का जन्म वास्तव में किसी गोशाला में हुआ था और वह एक दास था जो इस दासता के जीवन से मुक्ति पाने के लिए भाग जाना चाहता था और उसके पिता उन दिनों के मंख या घुमंतू भाटों में से एक थे। स्वयं गोसाल भी घुमंतू भाट बन गए और इस व्यवसाय को उन्होंने बाद में महावीर के प्रभाव में आकर त्याग दिया। यह बात जैन स्रोतों में मिलती है। (वही. 50)

फिर गोसाल के जीवन के बीच के वर्षों के लिए हमें पुन: जैन स्रोतों विशेषकर 'भगवती सूत्र' पर निर्भर करना पड़ेगा। किंतु हम कोई संदेह अथवा आलोचना किए बिना ऐसा नहीं कर सकते क्योंकि इन ग्रंथों का प्रमुख उद्देश्य गोसाल का उपहास करना था। ये कथाएं चाहे कितनी ही अपमानजनक क्यों न हों, हमें इनसे गोसाल के संबंध में यह महत्वपूर्ण सूचना मिलती है कि वह कई वर्षों तक महावीर के साथ रहे और उन्होंने योगियों जैसी सिद्धियां प्राप्त करने का भरसक प्रयत्न किया। किंतु उसे इन सब प्रयासों में कोई वास्तविक संतोष नहीं मिला। वह महावीर से अलग हो गए जिसके कारण महावीर को बहुत रोष हुआ। जैन ग्रंथों में कहा गया है कि गोसाल कुछ व्यक्गित स्वार्थों को लेकर महावीर से अलग हुए। किंतु गोसाल के अंतिम दिनों के संबंध में उपलब्ध सूचना से विदित है कि वास्तविक कारण कुछ और हैं। गोसाल ने देखा कि जीवन असह्य है और यहां तक कि संन्यास तथा महावीर की धार्मिक प्रणाली से भी कोई संतोष नही मिल रहा। यह अति संवेदनशील कवि, घुमंतू भाट अपना मानसिक संतुलन खो बैठा और

पागलपन की स्थिति में पहुंचने के बाद उसकी मृत्यु हो गई।

जैन ग्रंथों ने अपने हितों को ध्यान में रखते हुए यही कहा कि महावीर के समक्ष बार बार नीचा देखने के कारण गोसाल अपना मानसिक संतुलन खो बैठा था। किंतु इसका अर्थ यह नहीं है कि इन ग्रंथों में गोसाल के जीवन के अंतिम दिनों के बारे में कोई महत्वपूर्ण बात नहीं मिलती। वास्तव में 'भगवती सूत्र' में गोसाल के मानसिक असंतुलन की अवस्था के वर्णन से हमें अत्यंत महत्वपूर्ण संकेत मिलता है। विक्षिप्तावस्था में प्रलाप करते हुए गोसाल ने आठ अंतिम अवस्थाओं (वही. 68 और आगे) की घोषणा की। इनमें से छठी और सातवीं अवस्था थी : 'सुगंध का अंतिम छिड़काव करने वाला हाथी' (चरिमे सेयने गंध हत्ती) और सातवीं थी, 'बड़ी बड़ी शिलाओं से लड़ा गया अंतिम युद्ध' (चरिमे महाशिलाकातै संगामे)। इन दोनों अंतिम अवस्थाओं का महत्व बाह्य रूप से उतना प्रतीत नहीं होता जितना वास्तव में है। इन दोनों में, वज्जी जनों के विरुद्ध अजातसत्तु के अभियान की ओर संकेत किया गया है। इस संबंध में होएर्नले, और बाशम (वही) दोनों विस्तारपूर्वक तर्क दे चुके हैं।

नीरवलिक ने एक सुंदर कामार्त हाथी की कथा बताई है जो मगध राजसभा की स्त्रियों के स्नान करते समय उन पर जल छिड़कता था। यह 'सुगंध का छिड़काव करने वाला हाथी' था। राजा बिंबिसार ने अपने छोटे पुत्र वेहल्ल को यह हाथी और एक अमूल्य कंठहार उपहार में दिया था। अजातसत्तु ने सिंहासनारुढ़ होने के पश्चात वेहल्ल से ये दोनों वस्तुएं मांगी। वेहल्ल ने इन्हें देने से इनकार कर दिया, किंतु इसके परिणाम का अनुमान लगाते हुए वह इन्हें लेकर अपने मामा चेदग के पास भाग गया। चेदग लिच्छिवियों का नायक था और वज्जी परिसंघ में यह लिच्छवी जन अत्यंत प्रमुख जाति थे। अजातसत्तु ने लिच्छिवियों पर आक्रमण कर दिया और भयंकर युद्ध हुआ। इस युद्ध की चर्चा 'रहमूसले' युद्ध के नाम से की गई है। एक अन्य जैन ग्रंथ में बताया गया कि दो युद्ध हुए थे जिनमें से एक का नाम 'महासिलाकाते' (बड़ी बड़ी शिलाओं के साथ लड़ा गया युद्ध) और दूसरे का 'रहमूसिले' था।

> सुगंध का छिड़काव करने वाले हाथी और बड़ी बड़ी शिलाओं से लड़े गए युद्ध के नाम से यह छठी और सातवीं अंतिमावस्थाओं से आशय इन्हीं दोनों घटनाओं का रहा होगा। (वही. 69)

इस विचार के संबंध में किसी प्रकार का कोई संदेह नहीं हो सकता। किंतु होएर्नले और बाशम ने यह प्रश्न नहीं उठाया कि गोसाल ने इस युद्ध को अंतिमावस्था, या अंतिम विपत्ति क्यों समझा? इसका एक ही उत्तर हो सकता है। वज्जी जनों के विनाश में उसे सर्वनाश दिखाई दिया। क्योंकि वज्जीय लोग उस समय जीवित स्वतंत्र जनजातियों में अंतिम प्रमुख जाति थे। इस घुमंतू भाट को वज्जी जनों के विनाश में आद्य या जनजातीय परंपरा की अंतिम आशा का अंत दिखाई दिया जबकि वह इसी परंपरा के साथ जुड़े रहने का भरसक प्रयत्न कर रहा था। इस प्रकार यह घटना एक ऐसे 'प्रलयंकारीं मेघ' जैसी थी जिसने गोसाल की दृष्टि से मानवमात्र की सभी आशाओं का अंत कर दिया। यह घटना खाने-पीने और नाचने-गाने तथा गुरुजनों के प्रति श्रद्धाभाव को समाप्त कर देने वाली घटना थी। यहां हमें गोसाल के विक्षिप्त अवस्था के प्रलाप में 'अंतिम अवस्थाओं' के संबंध में संकेत मिलता है : (1) अंतिम पेय (चरिमे पाने); (2) अंतिम गीत (चरिमे गेये); (3) अंतिम नृत्य (चरिमे नत्ते); (4) अंतिम अभिनंदन (चरिमे अंजलिकम्मे); और (5) अंतिम प्रलयंकारी महामेघ (चरिमे पक्खाल-समवाते महामेहे)।

यहाँ यह याद रखना आवश्यक है कि गोसाल जनजातीय समाज की परंपराओं को बहुत मानते थे और इसलिए गीत और नृत्य का उनके लिए सामान्य से अधिक महत्व था। उनके

संप्रदाय मे ये दोनों एक प्रकार के पथ या 'मग्ग' थे। (वही. 117) यह अनुमान उचित है कि गोसाल के लिए नृत्य और गीत का धार्मिक महत्व था। (वही. 194) स्वयं गोसाल भी एक हलाहल नामक कुम्हारिन के घर में अपना अंतिम प्रलाप करते समय नाच और गा रहे थे। वे जब इस प्रकार की मानसिक अवस्था में थे तो उनके एक परम अनुयायी आयमपुल ने किसी दुर्बोध प्रश्न की व्याख्या उनसे पूछनी चाही। आयमपुल को गोसाल ने केवल इतना ही कहा : 'हे प्रिय वीणा बजाओ, हे प्रिय वीणा बजाओ'। (वही. 63) जब घुमंतू भाट को अपनी आंखों के सामने सारा संसार विनष्ट होता दिखाई दे रहा था तो वह अपने अनुयायी से और क्या कह सकता था ?

किंतु गोसाल मात्र एक भाट या चारण या कवि नहीं था। वह एक भविष्यद्रष्टा और दार्शनिक भी था। वह विश्व के संबंध में कोई दृष्टिकोण बनाना चाहता था, अर्थात वह संसार को समझना चाहता था, जिसमें वह रह रहा था। यही परिस्थितियां थीं जो गोसाल के लिए घातक बंधन बन रहीं थीं और यही अनुभव बुद्ध ने भी किया। जनजातियों का ह्रास होते जाना या नवोदित राजसत्ताओं की भीषण शक्ति के हाथों इनका विनाश होना ऐसे विकट सामाजिक परिवर्तन थे जिनका औचित्य उस युग के महानतम चिंतक की समझ से भी बाहर था। इसलिए बुद्ध समझ गए कि इन घटनाओं के कारणों के संबंध में कोई प्रश्न उठाने के बजाए लोगों के तप्त हृदय को शांति दिलाना अच्छा होगा। यथार्थ से जूझने की बजाए किसी समुचित भ्रम का आश्रय लेना होगा। यही बात हमें बुद्ध की सफलता और गोसाल की विफलता को समझने में सहायक होती है। बुद्ध अपने युग का सर्वाधिक सुसंगत व्यामोह उत्पन्न करने के कार्य में रत हो गए। जबकि गोसाल यथार्थ से जूझने और ऐतिहासिक बंधनों को तोड़ने के प्रयास करते रहे। वह अपने युग के सबसे बड़े ऐतिहासिक परिवर्तन अर्थात जनजातीय व्यवस्था के पतन और राजसत्ता द्वारा प्रदत्त नए मूल्यों के उदय को समझना चाहते थे। और वह इस कार्य में विफल हो गए उन्हें ऐसा प्रतीत हुआ मानो संसार का संचालन कोई बहुत बड़ी, प्रचंड, अथाह और अज्ञात शक्ति कर रही है जिसे हम नहीं जानते। यह शक्ति थी भाग्य। यही उनका नियति दर्शन था।

> आजीवक दर्शन का सार तत्व भाग्य था, जिसे सामान्यतः नियति कहा जाता था। बौद्ध और जैन ग्रंथ दोनों मानते हैं कि गोसाल कट्टर नियतिवादी था जिसने नियति को विश्व के प्रेरक तत्व और सभी परिवर्तनों को एक मात्र कर्ता के स्तर तक पहुंचा दिया—उसका विचार था कि स्वतंत्र इच्छा शक्ति की बात करना साधारण अज्ञानी लोगों की भूल है। दुर्बल, निठल्ले और भीरु व्यक्ति की भांति, सबल शक्तिशाली और साहसी व्यक्ति भी उसी एक सिद्धांत के पूर्ण नियंत्रण में हैं जो समस्त संसार का संचालन करता है। जिस प्रकार सूत के गोले को फेंकने पर वह पूरा खुल जाता है उसी प्रकार मूर्ख और ज्ञानी दोनों ही अपने पथ पर चलते चलते, दुःख का अंत कर देंगे। (वही. 224.5)

खंड : चार

भाववाद

8

वरुण और माया

भाववादी विचारधारा का प्रादुर्भाव

वेदांतियों ने, अर्थात भारतीय भाववाद के प्रमुख मत का प्रतिनिधित्व करने वाले बाद के दार्शनिकों ने अपनी विचारधारा को सदा ही उपनिषदों के कुछ अलग-थलग लेखांशों की प्रामाणिकता के आधार पर उचित ठहराने का प्रयत्न किया है; इनमें से कुछ ने तो सारे उपनिषदों पर ही भाष्य लिखने का प्रयास किया यद्यपि यह इस प्रकार लिखा गया कि उनके दृष्टिकोण के अनुरूप रहे। मुख्यतया इन्हीं प्रयासों के कारण साधारण पाठक गण बहुधा यह समझने लगता है कि उपनिषद भाववादी दृष्टिकोण का प्रतिपादन करने वाले समरूपी ग्रंथों का संग्रह है। यह स्पष्टतया एक भ्रांति है। भाववादी मत के अनुयायी उपनिषदों में, जितनी वास्तव में है, उससे कहीं अधिक तारतम्यता पाते हैं। इसके अलावा भाववादी लोग वास्तविक जटिलताओं की ओर से आंख मूंद लेते हैं। फिर भी यह तथ्य है कि ऐतिहासिक दृष्टि से देखा जाए तो भाववादी दृष्टिकोण सबसे पहले इन्हीं ग्रंथों के कुछ भागों में उद्भूत हुआ। इस प्रकार उपनिषदों में भाववाद के अनुरूप भावी चिंतन की कुछ क्षमताएं तो विद्यमान थीं हीं। इसी को ध्यान में रखते हुए कहा जा सकता है कि बाद के भाववादी दार्शनिक उपनिषदों के अंशों पर यदि निर्भर करते रहे तो यह उचित ही था।

किंतु बहुधा इस बात की विवेचना नहीं की जाती कि उपनिषदिक चिंतकों के लिए इस भाववादी दृष्टिकोण तक पहुंचने का अर्थ था दो अलग अलग मोर्चों पर संघर्ष। एक तो यह उन दार्शनिकों के भौतिकवादी विचारों के विरुद्ध संघर्ष था जो वैदिक परंपरा से बाहर थे और वास्तव में इसके कड़े विरोधी थे। हम देख चुके हैं कि यह भौतिकवाद कृषि संबंधी जादू-टोने में निहित विश्वासों से उभरा था और तंत्रवाद की विशेषता बन गया और फिर मूल सांख्य में इसने एक दर्शन का रूप ले लिया। स्वाभाविक है कि प्रारंभिक भाववादियों ने इसे प्रधानवाद के रूप में देखा जो उनके अग्रगण्य दार्शनिक विरोधियों की विचारधारा का प्रतिनिधित्व करता था। दूसरे, भाववादी दृष्टिकोण का विकास इन प्रारंभिक दार्शनिकों के लिए एक प्रकार का आंतरिक संघर्ष बन गया। यह उनके अपने पूर्वजों के विश्बासों में निहित स्वाभाविक आद्य भौतिकवाद से मुक्ति पाने का संघर्ष था यद्यपि यह आद्य भौतिकवाद पशुपालक पितृसत्तात्मक परंपरा का अंग होते हुए भी प्रधानवाद या प्रकृति के सिद्धांत जैसा रूप न ले सका जो कृषिप्रधान मातृसत्तात्मक जीवन पद्धति से उपजा था। फिर भी भौतिकवाद के नाते इन दोनों में समानताएं थीं। इस प्रकार हमें यहां अवैदिक परंपरा के कुछ पक्षों और वैदिक परंपरा के पक्षों के बीच आश्चर्यजनक समानता का और उदाहरण मिलता है।

इस अध्याय में हम इन दोनों में से दूसरी बात पर विशेष ध्यान देंगे। हम तर्क देने जा रहे हैं कि भारतीय दार्शनिक चिंतन के इतिहास में भाववादी दृष्टिकोण पहले आदिमजनों के आद्य

भौतिकवाद के अवशेषों पर उभरा। यह आदिमजनों का भौतिकवाद आदिकालीन वर्गविहीन समाज में रहने वाले लोगों की चेतना के सामान्य स्वरूप को दर्शाता है और इस बात को वैदिक साहित्य की पुनर्समीक्षा से बताया जा सकता है यद्यपि यह बड़ी संक्षिप्त समीक्षा होगी।

1. वैदिक साहित्य

एक पहलू से वैदिक साहित्य, सभी दार्शनिकों द्वारा उठाए गए मूलभूत प्रश्न यानी भौतिकवाद बनाम भाववाद को समझने के लिए, विशेष महत्व का है। इस साहित्य में हमें दार्शनिक विचार न केवल पूर्वपरिष्कृत स्थिति में मिलते हैं जिसके कारण इनके रूप को सरलतापूर्वक समझा जा सकता है बल्कि उस समय यह विचार अभी उदभव तथा विकास की प्रक्रिया में थे। साहित्यिक चिंतन की विशाल सामग्री, जो वेदों के प्रारंभिक अंशों से आरंभ हुई और उपनिषदों तक जाकर समाप्त हुई, वास्तव में मोटे अनुमान के अनुसार एक लंबी अवधि तक विकसित होती रही होगी। फिर भी इन विचारों में एक विशिष्ट निरंतरता बनी हुई है। विकास की इस लंबी प्रक्रिया की समाप्ति पर, अर्थात उपनिषदों के अत्यंत परिष्कृत चिंतन वाले अंशों में भाववादी दृष्टिकोण का ठोस रूप मिलता है। रुचिकर बात है कि इन्हीं अंशों में भाववाद के आदि रूप से मुक्ति पाने के स्पष्ट प्रयासों की झलक भी मिलती है जो संभवतः प्रारंभिक वैदिक मुनियों अर्थात पूर्वजों के विश्वासों को प्रतिपादित करते हैं या कम से कम इन्हीं औपनिषदिक दार्शनिकों से पहले के चितकों के विचार दिखाई देते हैं जो भाववादी दृष्टिकोण का विकास कर रहे थे। उपनिषदों के अन्य अंशों में इस आद्य भौतिकवाद के अवशेष और भी प्रबलता से दिखाई देते हैं। संक्षेप में, वैदिक साहित्य में हमें उन विभिन्न चरणों के प्रमाण मिलते हैं जिनसे गुजर कर भाववादी दृष्टिकोण ने अपना रूप और स्वरूप ग्रहण किया।

किंतु यह साहित्य मात्र चिंतन प्रक्रिया के विकास का इतिहास नहीं है। इन वैदिक ग्रंथों में ऐसे महत्वपूर्ण संकेत भी मिलते हैं जिनसे हम जनसाधारण की भौतिक परिस्थितियों के चित्र का पुनर्निर्माण कर सकते हैं जिन लोगों के विचारों की प्रक्रिया को इन ग्रंथों में लिपिबद्ध किया गया है। ये भौतिक परिस्थितियां बदल रही थीं या विकसित हो रही थीं और जैसाकि हम देखेंगे कि विकास की इस प्रक्रिया का एक निर्णायक चरण वह था जिसमें सामूहिक श्रम पर आधारित प्रारंभिक जीवन प्रणाली टूट गई और उसके अवशेषों पर स्पष्ट रूप से नए सामाजिक संबंध उभरे जो वर्ग विभाजन और वर्ग वैमनस्य पर आधारित थे और शारीरिक श्रम के प्रति इनमें घृणाभाव था। संक्षेप में हमारा तर्क यह है कि बाद के वैदिक साहित्य की ये दो विशेष बातें अर्थात भाववादी दृष्टिकोण का जन्म और प्रारंभिक सामूहिक जीवन की मृत्यु, एक दूसरे से असंबद्ध नहीं थी। भाववादी दृष्टिकोण के उदय का संकेत सामूहिक जीवन के ह्रास से मिलता है। इसका निष्कर्ष यह होगा कि आद्य भौतिकवाद जिसके अवशेष उपनिषदिक चिंतन के कुछ स्तरों में देखे जा सकते हैं, प्रारंभिक वैदिक जनों की सामान्य चेतना का प्रतिनिधित्व करता है और इसका भौतिकवादी स्वरूप उन्हीं लोगों के सामूहिक श्रम वाले जीवन से निर्धारित हुआ था। विचारों और अवधारणाओं को यदि आर्थिक जीवन की नींव पर खड़े हुए ढांचे के रूप में देखा जाए तो हमारे लिए यही तर्कसंगत है कि वैदिक विश्व दृष्टिकोण के सामान्य स्वरूप का अध्ययन हम वैदिक जनों के सामान्य आर्थिक जीवन से संबद्ध प्रश्नों को लेकर आरंभ करें।

2. आधुनिक सादृश्य

वैदिक शब्दों का सबसे पुराना भाष्य निघंटु है जो 700 ईसा पूर्व से भी पुराना था। इसमें गो

शब्द को पृथ्वी का एक पर्याय बताया गया है। (i.1) गो का अर्थ है गाय और पृथ्वी का अर्थ है—धरती। इससे सायण ने 'ऋग्वेद' के बाद के एक 'ऋक्' में गो शब्द की व्याख्या पृथ्वी से की है। (x.31.10) 'निघंटु' के अनुसार 'अदिति' शब्द के पर्याय हैं गो (ii.11) और पृथ्वी। (i.1) इसी प्रकार इला शब्द पृथ्वी, (वही) गो (ii.11) वाक् (i.11) और अन्न (ii.7) का पर्याय है। यह अनेकार्थता अपनी ही कहानी कहती है: वैदिक ऋषि-मुनियों के लिए गाय ही सब कुछ थी। वही वाक्, अन्न और वास्तव में सारा जगत थी। एक ऋषि ने तो स्तुति करते हुए स्वयं वैदिक देवताओं को ही गाय से जन्मे (गौजातः) (ऋ. वे. vi.50.11) बताया है। पंचविंश ब्राह्मण (xvi.8.1; xxi.1.9) में कहा गया है कि भूलोक और स्वर्गलोक के बीच की दूरी को एक हजार गउओं को एक दूसरे के ऊपर खड़ी करके नापा जा सकता है।

प्रत्यक्ष है कि इस तरह के विचार केवल पशुपालक लोगों के मन में ही आ सकते थे जिनके लिए गाय और पशु ही सर्वोच्च महत्व की वस्तुएं थीं। जैसाकि विंटर नित्स ने 'ऋग्वेद' की मूलभूत विशेषता का सारांश देते हुए कहा : 'गायों और बैलों को अत्यधिक मूल्यवान संपत्ति समझा जाता है।' (124.i.64-5) इन अतिशयोक्तिपूर्ण कथनों से उन्हें सहज ही कुछ आदिवासियों का स्मरण हो आया जो आज भी पशुपालक अर्थव्यवस्था के स्तर पर जी रहे हैं। इसलिए उन्होंने एक टिप्पणी में कहा कि, 'यह अफ्रीका में डिंका और काफिर जातियों के समान ही हैं जिनकी वर्तमान आर्थिक दशा व प्रणाली वैदिक आर्यों के साथ समानता रखती है।'

विंटरनित्स जैसे विख्यात विद्वान के अधिकारपूर्ण विचारों को आसानी से नकारा नहीं जा सकता और न ही उनके इस कथन के महत्व को बढ़ाचढ़ा कर कहा जा सकता है। इसलिए औपनिवेशिक शासन के प्रभाव के कारण हुए परिवर्तनों को ध्यान में रखते हुए हम इन अफ्रीकी आदिवासियों का अध्ययन कर सकते हैं। जिससे प्रारंभिक वैदिक जनों की भौतिक परिस्थितियों का कुछ आभास मिल सके।

यदि इस प्रकार के अध्ययन को गंभीरतापूर्वक किया जाए तो कम से कम प्रत्येक बात पर रहस्य का आवरण चढ़ा देने की प्रक्रिया पर कुछ अंकुश लगेगा। आज तक इसी के कारण वैदिक जनों और उनके साहित्य के बारे में एक प्रकार का रहस्य बना रहा है। यह सच है कि यह साहित्य कई पहलुओं से अति पुरातन होने के कारण केवल आंशिक रूप से समझा जा सकता है। (वही, i.69 और आगे) किंतु इन ग्रथों को आमतौर पर गलत समझे जाने का केवल यही कारण नहीं है। कारण वास्तव में यह है कि बड़े परोक्ष रूप से सदियों से चल रहे प्रचार-प्रसार के कारण अधिकांश वेदों के प्रति श्रद्धा और भक्ति की भावना लोगों के मन में घर कर गई है जिसके कारण ये एक रहस्यात्मकता के आवरण में छिपे हुए हैं। यदि हम कहें कि जो व्यक्ति वेदों को केवल पवित्र और धार्मिक भावना के रूप में देखता है और इसलिए इन पर वह आलोचनात्मक तथा तर्क संगत ढंग से नही सोच सकता तो यह गलत नहीं होगा। ऐसी परिस्थितियों में हमारे लिए यही ठीक रहेगा कि इस बात को याद रखा जाए कि आज भी जीवित कुछ पिछड़े आदिवासियों के अवरुद्ध आर्थिक विकास में कुछ ऐसी विशिष्टताएं विद्यमान हैं जो प्रारंभिक वैदिक जनों की थी।

अफ्रीका के डिंका आदिवासियों का जीवन और विचार उनकी पशुपालक अर्थव्यवस्था पर आधारित थे। इसीलिए 'अपने पड़ोसियों के पशु हथिया लेने की उनकी प्रवृत्ति के कारण आदिवासी जातियों के बीच आम तौर पर आक्रमण प्रत्याक्रमण होते रहते हैं और डिंका लोगों की लड़ाइयां चलती हैं।' (ई. आर. ई. iv.705) और ठीक यही कारण है कि प्रारंभिक वैदिक जनों ने 'युद्ध' के लिए सबसे पहले जिस शब्द (गविष्ठि) का प्रयोग किया उसका मूल अर्थ था 'पशु प्राप्त करने

की इच्छा। (124.i.64) इसी प्रकार जैसा कि मोनियर विलियम्स (99.363) ने सिद्ध किया है, ऋग्वेद (ii 25.4; v.45.9; viii.71.5) में 'गम' (जाना) धातु के साथ 'गोषु' (गायों के बीच) उपसर्ग लगाने का सीधा-सा अर्थ था 'युद्ध के लिए प्रस्थान करना।'

लोगों के शब्दों पर आर्थिक जीवन का यह प्रभाव कोई अपवाद नहीं था। एक और रोचक उदाहरण देखिए : डिंका और वैदिक जन दोनों में कबीले या गोत्र के लिए जिस शब्द का प्रयोग किया जाता है उस शब्द का अर्थ 'पशुओं का बाड़ा' भी होता है :

> डिंका जनजातियां बहुत सी बहिर्गोत्रीय कबीलों में बटी हुई हैं जिन्हें बोर डिंका लोग 'उत:' तेन, अलियब 'गोल' और शीश 'देब' कहते हैं। इन शब्दों के अर्थों की विवेचना यहां नहीं की जा सकती यद्यपि यह विशेष महत्वपूर्ण है कि पशुपालन करने वाली जनजातियों में कबीलों के पशुओं के बांधने के स्थान के लिए भी इन्हीं शब्दों का प्रयोग होता है। (ई. आर. ई. iv.705)

इस बात से हमें वैदिक जनों के गोत्र शब्द का स्मरण हो जाता है जिसका अर्थ था वे कबीले जिनके अंदर लड़के लड़कियों का विवाह नहीं किया जाता था। वैदिक जनों की सामाजिक व्यवस्था बहिर्गोत्रीय विवाह वाली थी। (95.vi.i.235) ऋग्वेद में 'गोत्र' शब्द का अर्थ गाय को बांधने का स्थान भी था। (रोथ : एस. पी. डी. s.v) इंद्र ने अंगीरसों के लिए 'गोत्र' खोला (i.513.ii.17.i) बृहस्पति ने इंद्र की सहायता से गायों को पर्वत के पीछे छिपे 'गोत्र' से छुड़ाया। (ii.23.18) इंद्र ने अपनी जाति के लोगों के लाभ के लिए दूसरों के 'गोत्र' लूटे; (iii.39.4; iii.43.7) आदि। निघंटु (i.1) इसी 'गोत्र' शब्द का अर्थ पृथ्वी या संसार भी था। स्पष्ट है कि प्रारंभिक वैदिक जन अपने अपने कबीलों की पहचान उनकी गौशालाओं या गौशालाओं की पहचान उनके कबीलों से करते थे और उन लोगों के लिए जिस प्रकार गाय का महत्व था उसी प्रकार गोशाला ही उनका संसार थी।

'ऋग्वेद' में गोत्र संबंधी कुछ उल्लेख वैदिक देवता इंद्र के नेतृत्व में शत्रु की गौशालाएं लूटे जाने की घटनाओं के संदर्भ में हुआ। वैदिक जन इंद्र को अपना सेनानायक मानते थे और जूलू जनजाति के अफ्रीकी जिस सर्वोच्च सैनिक तानाशाह के अधीन संगठित हैं वह भी इंद्र जैसा ही कहा जा सकता है। (ई. आर. ई. iv. 704) किंतु जैसाकि हम देखेंगे, इंद्र का यह सैनिक प्रभुत्व यह दर्शाता है कि पशुपालक अर्थव्यवस्था प्रगति के काफी आगे के चरण में पहुंच चुकी थी और विभिन्न आदिवासी जातियों के बीच बराबर लड़ाई होती रहती थी। रोथ और उन्हीं की भांति व्हिटनी ने तर्क दिया है कि 'पुराने देवताओं की श्रेणी में पहले जो श्रेष्ठ स्थान वरुण को मिला हुआ था वह ऋग्वैदिक काल में इंद्र को प्राप्त हुआ। (94.65) इससे यह समझा जा सकता है कि वैदिक जन मुख्य रूप से युद्धप्रिय होने की स्थिति में आने से पूर्व वरुण को प्रमुख देवता मानते थे। इसी प्रकार डिंका आदिवासी जो अभी किसी सैनिक योद्धा के अधीन संगठित नहीं हुए हैं (ई. आर. ई. iv.704), एक ऐसे सर्वोच्च देवता को मानते हैं जो वैदिक देवता वरुण के साथ बहुत अधिक समानता रखता है :

> वे एक बड़े देवता देगंदित की पूजा करते हैं जिसका शाब्दिक अर्थ है 'महावर्षा'। कभी कभी उसे न्यालिच भी कहा जाता है।···न्यालिच शब्द का अर्थ है 'ऊपर' और शाब्दिक अर्थ होगा, 'जो ऊपर है'। किंतु इसका प्रयोग केवल देगंदित के पर्यायवाची शब्द के रूप में किया जाता है। (वही. iv.707)

किंतु यहां पूजा शब्द का प्रयोग करना उचित नहीं है। यह बात डिंका लोगों का वर्णन लिखने वाले लेखक की कुछ हिचकिचाहट से भी प्रयत्क्ष है :

दक्षिणी डिंका लोग (नीचे का वर्णन विशेष रूप से उन्हीं के बारे में है) प्रार्थना की किसी निश्चित विधि का प्रयोग नहीं करते बल्कि सीधे सामान्य वाक्यों में यही मांग करते हैं कि उनकी तात्कालिक आवश्यकता पूरी हो। उनके अनेक भजन हैं, जिन्हें वे सूखे की स्थिति या बीमारी से बचने के लिए बैल का बध करते समय गाते हैं। लेकिन जैसाकि श्री शा ने लेखक को बताया, लोग इन भजनों को छोटे मोटे काम करते समय भी गाते हैं और हाल में एक भयंकर तूफान के समय भी दैव को शांत करने के लिए सबने मिलकर बड़े उत्साह के साथ भजन गाए। (वही)

इस प्रकार डिंका जनों के भजन जो दैनिक इच्छाओं की सीधी सादी अभिव्यक्ति हैं, सामान्य अर्थों में समझी जाने वाली प्रार्थना या पूजा नहीं है। और यदि उनके भजन हमारी प्रार्थना जैसे नहीं हैं तो उनके देवता भी देवता नहीं हो सकते। इन्हें पूर्ण देवत्व का दर्जा प्राप्त करने के लिए अपने मानवीय उद्भव के अवशेषों से मुक्ति पानी होगी। उदाहरण के लिए नील डिंका जनों में देगंदित 'कोई अदृश्य देवता नहीं है जो कभी मनुष्य के रूप में उनकी जाति पर शासन करता था।' (वही)

इससे हमें टोडा आदिवासियों के तथाकथित देवताओं का स्मरण हो आता है। आज भारत में पशुपालक जनजाति केवल यही है। इनके विस्तृत अध्ययन के लिए हम रिवर्स के आभारी हैं। किंतु स्वयं रिवर्स को भी टोडा लोगों के देवताओं को समझने में बहुत कठिनाई हुई : 'टोडा लोगों की पुरातन लोक कथाओं के किसी भी पक्ष को समझने में मुझे उतनी कठिनाई नहीं हुई जितनी उनके देवताओं का अध्ययन करने में'। (111.183) इसका कारण यह नहीं है कि अपने देवताओं के संबंध में टोडा आदिवासियों के मन में उनकी प्राचीन कथाओं में कोई जटिलताएं या परस्पर विरोधाभास थे। इसकी बजाय कारण यह था कि जिस अर्थ में हम देवता को समझते हैं वे वैसे देवता नहीं थे। यह बात रिवर्स के निम्नलिखित कथन से स्पष्ट होगी :

> टोडा लोगों का देवता स्पष्ट रूप से मानवरूपी है और उसे तियू कहा जाता है। उनकी कथाओं में इस देवता का जीवन साधारण टोडा आदिवासी जैसा है जो नश्वर है, और गायें भैंसे रखता है···उनके देवता ठीक टोडा लोगों की भांति सभाएं करते हैं, एक दूसरे के साथ परामर्श करते हैं और ऐसा विश्वास किया जाता है कि सामान्य टोडा लोगों की भांति वे भी समान उद्देश्यों तथा विचारों से प्रेरित होते हैं। (वही. 182)

यदि देवत्व का अर्थ है देवता को मनुष्य के रूप में देखना तो इसका युक्तिसंगत निष्कर्ष यही होगा कि देवत्व का विचार पहले से विद्यमान था और इसलिए टोडा आदिवासियों जैसे पिछड़े लोगों के संदर्भ में इस शब्द का प्रयोग करना एक प्रकार का कालदोष होगा, क्योंकि टोडा आदिवासी अभी देवत्व का सही अर्थ समझने के स्तर तक नहीं पहुंचे हैं। हम जब टोडा लोगों की पूजा विधि के संबंध में रिवर्स के विचारों का अध्ययन करेंगे तब इस संबंध में और बात होगी। अभी तो हम टोडा देवताओं के संबंध में उनके कुछ सामान्य विचारों को उद्धृत करेंगे क्योंकि इससे प्रारंभिक वैदिक जनों के देवातओं के बारे में कुछ रोचक जानकारी मिल सकती है :

> टोडा लोगों के सृजन से पूर्व देवतागण अकेले ही नीलगिरि पर्वत पर रहते थे और ऐसा माना जाता है कि फिर एक समय आया जब देवता और मनुष्य इस पर्वत पर इकट्ठे रहने लगे। ये देवता, मनुष्य पर शासन करते थे और उन्होंने निर्देश दिया कि लोगों को किस प्रकार रहना चाहिए। इससे इन लोगों के विभिन्न रीति रिवाज बने। आज टोडा लोग निश्चित रूप से यह नहीं कह सकते कि वे उस स्थिति से निकल कर वर्तमान स्थिति में कैसे पहुंचे··· प्रत्येक टोडा कबीले का एक अलग देवता है जिसे नोदरोद्ची कहा जाता है

और ऐसा विश्वास है कि जब देवता और मनुष्य इकट्ठे रहते थे तो वह विशेष देवता उस विशेष कबीले पर शासन करता था। (वही. 183)

यहां सबसे रोचक बात यह है कि टोडा लोगों के तथाकथित देवताओं का स्वरूप विशुद्ध रूप से मानव स्वरूप था और जनजाति के सदस्यों के साथ उनका संबंध भी स्पष्टतया वैसा था जैसा दो मानवों के बीच होता है। यहीं पर हमें वैदिक देवताओं और टोडा देवताओं के बीच आश्चर्यजनक समानता दिखाई देती है यद्यपि टोडा आदिवासी वैसी समृद्ध और विस्तृत कवित्वमय साहित्यक रचनाओं का सृजन नहीं कर सके जैसाकि वैदिक जनों ने अपने अभियानों और विस्तार के युग में किया था। 'ऋग्वेद' के कुछ उदाहरण देखिए।

3. वैदिक देवता

इंद्र का आह्वान केवल 'मनुष्य' के रूप में किया गया है: 'मैं मनुष्य (नरमः) इंद्र का आह्वान करता हूं जो अपने पुरातन निवास से बहुजन की इच्छाओं की पूर्ति करता है ठीक उसी प्रकार से जैसे अतीत में हमारे पूर्वज करते थे। (i.30.9) अग्नि को 'नृवतसखा सभावान' अर्थात मानव मित्र और जनजातीय सभा का सदस्य कहा गया है। (iv.2.5) इंद्र और अग्नि प्राचीन ऋषियों कण्व, अत्रि और मनु को जानते थे, 'जो कार्यकुशल थे और देवताओं के साथ रहते थे।' (i. 139.9) ये प्राचीन ऋषि देवसंगति में आनंदपूर्वक रहते थे और मंत्रोच्चारण करके उषाओं का सृजन करते थे। (vii.76.4) इंद्र को पुरुषों का प्रमुख (नृताम) कह कर उसकी स्तुति की जाती है और वह अन्य मानवप्राणियों के साथ (नृभिः सकैः) नृभिः साकैं संपत्ति का विभाजन (विभक्त) करता है (iv.17.11) हम विभक्त या सबको उनका भाग बांटने वाला शब्द की रोचक व्याख्या बाद में करेंगे। अभी हम वैदिक देवताओं को मनुष्यत्वविहीन बनाने की अपूर्ण प्रक्रिया पर विचार करेंगे।

अग्नि को मनुष्यों में श्रेष्ठतम मनुष्य कह कर (नृनाम नृतामः) संवोधित किया गया है। (i.77.4) पुरुष में प्रमुख (नृनाम् नृपते) (ii.1.1) मनुष्यों में श्रेष्ठ (नृतामः) (v.4.6; iii.i. 12;iv.5.2) भी अग्नि के लिए संबोधन हैं। उसका आह्वान इसलिए किया जाता है कि वह मनुष्य की भांति (नृवत) बहुत बड़ी मात्रा में अन्य मनुष्यों (नृनाम्) के लिए उत्पादन (बृहत्त कृधि) करें (v.18.5) अग्नि को संबोधित एक अन्य ऋचा में कहा गया है कि मनुष्य की भांति हमें संपत्ति दो और हमारे पुत्रों और पौत्रों को पशुधन दो (vi.1.12) मित्र और वरुण का आह्वान किया जाता है कि वे मनुष्यों की संगति में बैठकर सोमरस पान करें। (i.137.3) 'हे इंद्र और विष्णु, मनुष्य की भांति हमें आवास दो'। (iv.554) अश्विनों और अगस्त्य को मनुष्यों में श्रेष्ठ बताया जाता है। (i.180.8)

किंतु मनुष्यों में श्रेष्ठ का विशेषण बहुधा इंद्र के लिए प्रयोग में लाया जाता है। वह सभी मानवों में श्रेष्ठतम है (नृनाम् नृताम्) (iii. 514; तुल. iv. 16. 4., vii. 19. 10) अन्य मनुष्यों के साथ मिलकर वह युद्ध जीतता है। (i. 178. 3) और उसके साथ बैठकर भोजन करता है। (i. 178. 4) यजमानों (यज्ञ करने वालों) से कहा जाता है कि वे इंद्र को पिंड दें जो मनुष्यों में सबसे शूरवीर है (नृनाम् वीरात्मय) और उस समय उपस्थित है। (iii. 52. 8) पुरुष श्रेष्ठ (नृनाम् नृताम्) होने के कारण वह युद्धों में शत्रुओं को विक्षत कर डालता है। (vi. 33. 3) 'हम उस इंद्र के लिए सोम तैयार करेंगे जो मनुष्यों के लिए लाभकारी सभी कार्यों का अग्रणीय है, मनुष्यों में श्रेष्ठतम है, (नरे नरयाय नृतमय नृनाम्)'। (iv. 25. 4) वह मनुष्यों में सबसे बलवान नायक है। (सविस्थम् नृनाम् नरम्) (viii. 40. 2) अतीत में वह पुरुषों में प्रमुख था

(पुरा चित शूर नृनाम्)। (viii. 66. 5) पुरुषों के प्रमुख होने के कारण वह बादलों को फैला देता है और वर्षा कराता है। (iv. 22. 2) पुरुष श्रेष्ठ होने के कारण उसका आवास अन्य मनुष्यों जैसा है (मनुष्यानाम् सम लोकह नृतामह)। (vi. 18. 7) वह बोलता भी मनुष्यों की भांति है (नृवत वदन) और हमारे पास आता है और हमें अन्न देता है। (x. 28; 13) मनुष्य की भांति वह शत्रु की सेना में प्रविष्ट हुआ। (iii. 34. 5) मनुष्य की भांति शोर करते हुए (नृवत नोनवंत) उसने वायु का संचरण किया। (iv. 22. 4) और फिर मनुष्य की भांति ही उसने शक्ति की अभिवृद्धि की। (vi. 19. 1) 'हे इंद्र, जो मनुष्य की भांति हो, तुमसे हम अन्य जननायकों के साथ संपत्ति की इच्छा की पूर्ति चाहते हैं।' (vi. 19. 10) अन्न की व्यवस्था करने के कार्य में इंद्र सभी पुरुषों में श्रेष्ठ है : जिस ऋचा में यह आया है वह ऋग्वेद के तृतीय मंडल में स्थायी टेक के रूप में है और यह कम से कम बारह सूक्तों (30, 31, 32, 34, 35, 36, 38, 39, 43, 48, 49, 50) की अंतिम ऋचा है और दसवें मंडल में भी दो बार आई है। (x. 89. 18, x. 104. 11) इससे यही अनुमान है कि वैदिक ऋषि इसे बहुत महत्व देते थे। एक अन्य ऋचा में इंद्र को न केवल मनुष्यों में प्रमुख (नृनाम् नृतामह) बल्कि उनमें 'सामान्य' (कहीं समान तो नहीं ?) भी कहा गया हैं। (नरायह) (x. 29. 1) इन सब प्रमाणों को देखते हुए यह अनुमान कर लेना गलत नहीं होगा कि इंद्र मूलतः कुछ वैदिक जनजातियों की संस्कृति का नायक मात्र था जो बाद में देवत्व के स्तर तक पहुंचा दिया गया।

हमारे रूढ़िवादी विद्वान इस निष्कर्ष को कड़ी चुनौती देंगे। लेकिन उन्हें हम यह उत्तर दे सकते हैं कि महान रूढ़िवादी भाष्यकार सायण ने यह आश्चर्यजनक स्वीकारोक्ति की है कि 'ऋग्वेद' की रचना के दौरान वास्तविक मनुष्यों को वैदिक देवताओं का दर्जा दिया जा रहा था। प्रमाण इस प्रकार है : एक ऋचा [i. 129. 2. यह बात महत्वपूर्ण है कि बाद में मरुवों को लोक देवता के रूप में याद किया गया—13. भू. cv. उन्हें पृथ्वीपुत्र (प्रिश्नि-मातराः)—सायण आन ऋ. वे. i. 85. 2] में इंद्र को महायुद्धों में शत्रु का वध करने वाला और अन्य मनुष्यों की सहायता से मानव कौशल की अभिवृद्धि करने वाला कहा गया है। किंतु जिस संदर्भ में यह आया है उससे आभास मिलता है कि इंद्र यह सभी काम मरुतों की सहायता के साथ कर रहे थे। इसके कारण स्वाभाविक है कि सायण के सामने समस्या उठ खड़ी हुई : ऋचा में उल्लिखित मनुष्य मरुत भी कैसे हो सकते थे ? और उन्होंने उत्तर दिया : 'मनुष्य का अर्थ है वे लोग जो मूलतः मानव थे लेकिन जिन्होंने बाद में देवताओं का दर्जा प्राप्त किया और मरुत कहलाए' (नृभिः मनुष्यैः इव सद्भिः पश्चात् देवत्वम् आपन्नेः मरुदाभिः)।

यह व्याख्या काफी उत्तेजनाजनक है और हमें विषय से हटकर कुछ कहने की इच्छा का दमन करना संभव प्रतीत नहीं हो रहा। यदि सायण सचमुच वैदिक परंपरा को मान कर यह सब कुछ कह रहे थे तो मरुतों द्वारा देवत्व की प्राप्ति को ऋग्वैदिक ऋषियों की सजीव स्मृति समझा जाना चाहिए। और यदि यह सच है तो 'ऋग्वेद' में देवता के रूप में मरुतों की विशिष्टताओं का अध्ययन करके उनके मूल मानव रूप की विशिष्टताओं का अनुमान लगाना हमारे लिए संभव होना चाहिए। विशेष महत्व इस बात का है कि सभी वैदिक देवताओं में से केवल मरुत ही ऐसे थे जिन्होंने आदर्श सामूहिक जीवन को बनाए रखा। बहुधा उनकी चर्चा करते हुए यही कहा जाता था कि वे गणों या जनजातीय समूहों में रहते थे। (i.14.3; i.38.15; i.64.9; i.64.12; iii.35.9; v.52.13; v.52.14; v.53.10 आदि) वे आपस में भाइयों की तरह थे और ऐसा विश्वास किया जाता है कि वे समता का जीवन व्यतीत करते थे। (i.165.1; v.59.6; v.60.5 आदि) वे इकट्ठे ही बड़े हुए (v.56.5; vii.58.1) एक ही स्थान पर जन्मे (v.53.1) और

सबका एक ही निवास था। (i.165.1; vii.56.1) वे पूर्णतया एक शक्ति, एक मैत्री और एक जन्म के थे। (viii.20.1; viii.20.21)

इस प्रकार 'ऋग्वेद' में मरुतों का विशेष महत्व था कि उन्होंने न केवल मानव उद्भव के इतिहास के बल्कि वर्गीकृत समाज से पूर्वकाल के साम्यवाद के स्पष्ट अवशेषों को भी बनाए रखा मनुष्य के रूप में वे निश्चित ही पहले ऐसे ही समाज में रहे होंगे। इसलिए कोई आश्चर्य की बात नहीं कि 'छांदोग्य उपनिषद' में उल्लिखित मंत्रोच्चारक श्वानों की भांति, 'ऋग्वेद में इनका वर्णन सामूहिक श्रमिक गीत गाते हुए किया गया है। इन्हें अनेक स्थानों पर गायक कहकर संबोधित किया गया है। (i.166.7; v.57.8; v.59.3; vii.35.9) यह वास्तव में श्रमगीत थे। इसका प्रमाण निम्नलिखित बातों से मिलता है : गीत गाते हुए उन्होंने स्वर्ग में एक भवन का निर्माण किया और इंद्र की शक्ति बढ़ाई। (i.85.2) जब इंद्र ने मकर का वध किया तो उन्होंने उसके लिए गीत गाया और सोमरस बनाया। (v.29.2; v.30.6. देखें. 94.80)

किंतु आइए हम फिर वैदिक देवताओं के मानव मूल की ओर लौटें। सायण ने कहा कि ऋभु जो मूलतः मनुष्य थे अंततः देवत्व को प्राप्त हुए। (आन. ऋ. वे. i.20.1) ऋभुओं की यह वंशावली सायण का आविष्कार नहीं है क्योंकि स्वयं 'ऋग्वेद' में हमें यह आश्चर्यान्वित करने वाली घोषणा मिलती है कि ऋभुओं ने नश्वर होते हुए भी अमरत्व प्राप्त किया। (i.110.4) (मार्तंसः शांतः अमृतत्वम् अनसूः) सायण ने लगभग यही बात वह्नियों के संबंध में भी कही : 'पूर्वम् मनुष्यत्वेन मरणयोग्यः अपि अमृतत्व लाभेन प्राणम् धरितवंतः' अर्थात यद्यपि पहले वे मनुष्य थे, नाशवान थे फिर भी बाद में अमर बन गए। (आन. ऋ. वे. i.20.8) निस्संदेह वे कोई बड़े देवता नहीं थे किंतु अश्विनों का महत्व इतना कम नहीं था और स्वयं 'ऋग्वेद' में स्पष्ट रूप से यह कहा है कि 'अश्विनों' को देवत्व का दर्जा दिया गया (देवाः भवथ) (iii.54.17) उल्लेखनीय है कि देवत्व प्राप्त कर लेने पर भी ऋभुओं ने सामूहिक जीवन प्रणाली के कुछ तत्व नहीं त्यागे। सायण ने इस बात की ओर ध्यान आकृष्ट किया है कि 'ऋग्वेद' में ऋभुओं को एक वचन में संबोधित किया जाता था। (आन. ऋ. वे. i.20.1) (जनमने) क्योंकि उन्होंने संघ बनाया था और वह स्वयं अश्विन भी साधारण मनुष्यों के साथ समता तथा मैत्री का संबंध रखते थे :

> हे अश्विनो, आपके साथ हमारी मैत्री हमारे पूर्वजों के समय से चली आ रही है। मैत्री में आप और हम समान स्तर के हैं; आपके और हमारे पितामह एक ही थे (युवो हिनः सख्य पितृयाणि समानः बंधुः उत तस्य विस्तम्; यहां बंधु शब्द का अर्थ सायण की व्याख्या के अनुसार है)। (vii.72.2)

यह बात ध्यान देने योग्य है कि वैदिक जनों ने मूल रूप से यह मैत्री और मानवीय संबंध अपने अन्य प्रमुख देवताओं के साथ ही रखा। नीचे कुछ उदाहरण हैं यद्यपि इनका चुनाव बड़े सोच विचार के साथ नहीं किया गया है। इंद्र वस्तुतः मित्र था। वह मित्रों के साथ मित्र था; वह मित्र, हितकारी और रक्षक था। (i.63.4; i.100.4) वह स्वर्गलोक से आने वाला मित्र था जो हमें अपना मित्र बना कर हमारा गौरव बढ़ाता था। (iii.31.8) एक ऐसा मित्र था जो अन्य निष्ठावान मित्रों के साथ आता था। (iii.39.5) एक मित्र के रूप में अन्य मित्रों की प्रशंसा सुनता था। (iii.43.4) इंद्र के मित्रों ने उसके लिए सोमरस ढाला। (iii.30.1)

किंतु ऐसे प्रसंग बहुत कम हैं और इनसे इस बात का सही आभास नहीं मिलता कि इंद्र को कितना निरंतर आग्रहपूर्वक, 'देवताओं में सर्वाधिक मानवतुल्य कहा जाता था—जिसे ऋषि मुनि अपने जैसा मानते थे, (ii.433) और मित्र कहकर संबोधित करते थे। फिर भी हम यहां एक और ऋचा का उल्लेख कर सकते हैं क्योंकि इसमें इंद्र के साथ वैदिक ऋषियों के प्रगाढ़

मैत्री संबंध होने का पता तो चलता ही है, साथ ही अतीत का भी विशेष उल्लेख हुआ है। इस उल्लेख में हमारी विशेष रुचि है : 'हे इंद्र तुम घोड़ों, गायों, जौ, संपदा आदि के दाता हो, जिस प्रकार तुम अतीत में हमारी इच्छाएं पूर्ण करते थे। तुम हमारे ऐसे ही सखा हो, हमसे बात करो, हम जो तुम्हारे मित्र हैं'। (i.53.2)

अग्नि देवता एक पिता समान था जिसके साथ मैत्री, सभी प्रकार की मैत्रियों से श्रेष्ठ थी (सखा, सख्ये वरेण्याः)। (i.26.3) सर्वजन मित्र (जनानाम् जमीः) और सभी मित्रों में सर्वाधिक प्रशंसनीय सखा (सखा सखिभ्यः इड्य i.75.4) वह सखा और परामर्शदाता था और मित्रों के प्रति सम्भाव रखता था। (iii.14.1) सुरक्षा के इच्छुक ऋषि-मुनि स्वयं को उसके मित्र कहते थे। (iii.9.1) 'हे अग्नि देवता, हमारे पास कृपादृष्टि लेकर आना; तुम एक मित्र या माता-पिता की भांति हमारी इच्छाओं की पूर्ति करते हो चूंकि मनुष्य (शत्रु) मनुष्यों का दमन करता है इसलिए तुम हमारे शत्रुओं को भस्म कर दो। (iii.18.1) इसी प्रकार और प्रसंग हैं। वस्तुतः 'ऋग्वेद' में अग्नि के साथ अत्यंत मैत्रीपूर्ण संबंधों के ऐसे उल्लेख भी इंद्र के प्रति इसी प्रकार के संबोधनों की संख्या इससे कम नहीं है।

विश्वदेवों को मित्र कहकर संबोधित किया जाता था। (iii.29.4) पिता के समय से चली आ रही बंधुत्व की यह भावना अत्यंत पुरातन थी। (iii.54.9) वैदिक ऋषियों ने अश्विनों के प्रति भी इसी प्रकार के संबंध माने होंगे : उनकी यही इच्छा थी कि अश्विनों के साथ पुरातन मैत्री संबंधों को पुनर्जीवित किया जाए और इस मैत्री को समता के आधार पर इकट्टे बैठकर मधुपान करके प्रगाढ़ बनाया जाए (पुनः पुराणम् साख्यम् कृण्वानः साख्य मध्व मदेन सहः नु समानः) (iii.58.6) इसी प्रकार सोम (i.91.8; i.91.15; i.91,17) ब्राह्मणस्पति (ii.24.1) सवितृ (i.22.8) वरुण (i.41.7) मित्र (वही) आर्यमान (वही) तथा अन्य देवता, वैदिक ऋषियों और उनके संबंधियों के साथ स्नेहपूर्ण मैत्री संबंध बनाए हुए थे। किंतु सखा के रूप में वरुण, मित्र और आर्यमान अग्रगण्य थे। मैकडानल्ड का कहना है :

> 'ऋग्वेद' में आर्यमान का उल्लेख लगभग सौ बार आया है। किंतु उसकी व्यक्तिगत विशिष्टताएं इतनी कम हैं कि 'नैघंटुक' देवताओं की सूची में उसका नाम ही नहीं है। केवल दो लेखांशों को छोड़कर अन्यत्र उसका नाम दूसरे देवताओं के साथ आता है और विशेषकर मित्र और वरुण के साथ यह नाम बहुत बार आया है। एक दर्जन से कम लेखांशों में आर्यमान शब्द के साथ मित्र शब्द का प्रयोग हुआ है या फिर इस शब्द को किसी अन्य देवता के साथ जोड़ा गया है। इस प्रकार एक बार अग्नि को संबोधित करते हुए कहा गया है : 'बाला के साथ प्रणय करते समय तुम आर्यमान हो'। व्युत्पादित विशेषण आर्यम्य, 'सखा के संदर्भ में है,' एक बार मित्र शब्द के पर्यायवाची अर्थ में आता है। इस प्रकार ऐसा प्रतीत होता है कि आदित्य मित्र 'पक्का मित्र,' के अर्थ से आर्यमान शब्द का अर्थ भिन्न नहीं है। यह आर्यमान शब्द भारत-ईरानी काल का है क्योंकि अवेस्ता में भी आया है। (94.45)

इसी प्रकार मैकडानल्ड का कहना है कि वरुण अपने आराधक के साथ मैत्री संबंध रखता था। (वही. 27) यह आराधक शब्द वैदिक ऋषियों और उनके संबंधियों तथा वैदिक देवताओं के बीच संबंधों का किस सीमा तक परिचायक है इसका वास्तव में अध्ययन होना चाहिए। किंतु अभी तो हम एक महत्वपूर्ण संकेत का, जो वरुण के प्रति अतीत की मैत्री के संबंध में स्पष्ट रूप से मिलता है, अध्ययन करेंगे :

> तुम्हारे साथ हमारी उस प्राचीन काल की मैत्री को क्या हुआ जो वैमनस्यविहीन थी ? हम इस मैत्री को और प्रगाढ़ बनाएंगे और तुम्हारे सहस्त्र द्वारों वाले निवास में आएंगे; इसलिए

कि तुम अन्न के भण्डार जो हो। (vii.88.5)

वरुण के विशिष्ट इतिहास के संदर्भ में अतीत के इस उल्लेख का कुछ विशेष महत्व है। 'ऋग्वेद' में भी इसका कुछ सामान्य महत्व है जिसका हम यहां अध्ययन करेंगे। बात यह है कि 'ऋग्वेद' में सभी ऋचाओं की रचना के काम में कई शताब्दियां लगी होंगी। (92.45) ऐसा सोचने का कोई आधार नहीं दिखाई देता है कि इन कई सौ वर्षों के दौरान वैदिक जनों के जीवन और विचार अपरिवर्तित बने रहे होंगे। इसलिए स्वाभाविक ही है कि 'ऋग्वेद' में वैदिक जन जिन विभिन्न विकास चरणों से गुजरे होंगे उनमें भिन्न प्रकार के विचार आ गए हों। प्रमुख वेद वेत्ताओ ने 'ऋग्वेद' के विभिन्न स्तरों के संबंध में पहले ही धारणाएं प्रतिपादित की हैं। किंतु ये धारणाएं मुख्यतया दार्शनिक विचारों पर आधारित हैं और इस बात की आशंका है कि औपचारिकता के बंधन में जकड़ी होकर ये हमें भ्रम में डाल दें और यह अपेक्षा होने लगे कि वैदिक जनों की प्रारंभिक परिस्थितियां वैसी ही थीं जैसी वेदों की प्रारंभिक ऋचाओं में देखने को मलती हैं। दू मरी ओर यह संभावना भी बनी रहती है कि यदि कोई ऋचा भाषा के आधार प बाद में रचित मानी गई हो तो भी अतीत की स्मृति को जाग्रत करके वह विकास के अपेक्षाकृतर प्रारंभिक चरण में वैदिकजनों के जीवन पर कुछ प्रकाश डालती है। वैदिकजनों और उनके देवताओं, विशेषकर वरुण के बीच मैत्री संबंधों के ऐसे ही उल्लेख में हमें बहुधा अतीत का उल्लेख मिलता है। इन उल्लेखों से हम यह निष्कर्ष निकाल सकते हैं कि वैदिकजनों के इतिहास पूर्व काल में जितना हम अधिक जाएंगे उतना ही हमें स्पष्ट दिखाई देता है कि उनके देवता पूर्णतया मानवीय थे और जनजाति के सदस्यों के साथ उनके मैत्री संबंध थे। भाषाविज्ञान की दृष्टि से भी इसी धारणा की पुष्टि होती है। एक अत्यंत सारगर्भित ऋचा देखिए :

हे अग्नि के असुर, हमारा यह यज्ञ गायों, भेड़ों (अविमन), घोड़ों, अन्न और बेल फल से पूर्ण है; आप हमारी सभा में सदा शांत भाव से बिना क्रोध के एक मानव मित्र (नृवत् सखा) की भांति रहें और आपके पास सदा ही अपार संपदा और जलराशि बनी रहे (iv.2.5)

अग्नि को असुर नाम से संबोधित करना वास्तव में उल्लेखनीय है; (तुल viii 90.6, यहां इंद्र को असुर कहा गया है, असुर संबोधन से वैदिक देवताओं के उल्लेख को प्रायः भारतीय ईरानी काल का सूचक माना जाता है क्योंकि 'अवेस्ता' में यह शब्द असम्मान जनक नहीं था) सायण को इसके बारे में टिप्पणी करने में बहुत कठिनाई हुई। इससे संकेत मिलता है कि यह ऋचा उस काल की है जब 'ऋग्वेद' के ऋषियों के लिए असुर शब्द कोई अपशब्द नहीं था। संभवतः इससे भी अधिक महत्वपूर्ण शब्द 'अविमान' है जिसका अर्थ है, 'बहुत सी भेड़ों वाला।' सारे 'ऋग्वेद' में (अविभिः शब्द चार बार आया है किंतु यह छन्नी के अर्थ में आया है जो संभवतः भेड़ के ऊन की बनी होती थी) भेड़ों को संपत्ति के रूप में बताने वाला यही एकमात्र शब्द है। इससे संकेत मिलता है कि यह ऋचा ऐसे काल में रची गई जब वैदिक ऋषि भेड़ पालते थे, बाद में यह काम निश्चित रूप से छोड़ दिया गया होगा। इस प्रकार ये प्रमाण इस बात को सिद्ध करते हैं कि इस ऋचा को 'ऋग्वेद' में अति प्राचीनकाल में रचा गया था। और यहीं एक ऋचा है जिसमें 'नृवत् सखा' 'मनुष्य जैसा मित्र' शब्द आया है। अपेक्षाकृत प्रारंभिक काल में अपने देवताओं के प्रति वैदिकजनों का मैत्री संबंध वस्तुतः प्रत्यक्ष रूप से मानवीय संबंध था।

मानवीय मैत्री संबंधों की चर्चा करते हुए हमें यहां वैदिक साहित्य में मिलने वाले एक रोचक प्रमाण का स्मरण होता है। 'ऋग्वेद' में मित्र के लिए प्रयुक्त शब्दों में एक शब्द है जामिः अग्नि को जनानाम जामिः (i.75.4) सभी मनुष्यों का मित्र कह कर संबोधित किया गया है। सायण ने 'उनादि' सूत्र के आधार पर इस शब्द की इस प्रकार व्याख्या की है : 'जमु अदाने', जमंति सः

एकस्मिन् पात्रे अदंति इति जमाय: बांधव:; 'जम' धातु का अर्थ है—भोजन करना: 'वे जो एक ही पात्र में इकट्ठे बैठकर खाना खाते हैं। वे मित्र हैं, जमाय।' एक बात स्पष्ट है, मित्र के लिए जामि: शब्द की व्युत्पत्ति, एक ही पात्र से भोजन करने की परिस्थिति से व्युत्पन्न हुई। साम्य-वाद के साथ मित्र शब्द का संबंध वास्तव में बहुत पुराना है। किंतु इसके बारे में बाद में चर्चा होगी।

आइए, वैदिक देवताओं के आधुनिक सादृश्यता को देखें। अफ्रीकी डिंका जनजाति के धार्मिक विश्वासों के अनुसार स्वर्ग को पृथ्वी से अलग करने वाला देवता डेंगदित था। (ई. आर. ई. iv.707) वैदिकजनों ने लगभग यही बात वरुण के संबंध में मानी। वरुण के नियम और शक्ति के कारण ही भूलोक और स्वर्गलोक एक दूसरे से शाश्वत रूप से पृथक रहे। (vi.70.1) वरुण ने पृथ्वी और स्वर्गलोक को अपने अपने स्थानों पर स्थापित कर दिया। (vii.86.1) वरुण ने स्वर्गलोक और भूलोक को पृथक स्थितियों में स्थिर रखा। (viii.41.4)

उल्लेखनीय यह है कि यह पौराणिक कथा केवल अफ्रीकी डिंका जनों या वैदिक जनों की ही नहीं है। यह एक विश्वव्यापी विश्वास का अंग थी जिसके अवशेष प्राचीन चीन, मैसोपोटिमिया और मिस्र में मिलते हैं और जो पोलिनेसिया के लोगों में भी विद्यमान हैं। (48.ii.90) तो इस विश्वव्यापी पौराणिक कथा का स्रोत क्या हो सकता है? थामसन ने इस प्रश्न का उत्तर अमरीकी रेड इंडियनों के विश्वोत्पत्तिविज्ञान के विश्लेषण के आधार पर दिया है: यह इस बात की स्मृति है कि किसी काल में यह जनजाति दो भागों में विभक्त हो गई थी किंतु ये दोनों अर्धांश आपस में विवाह करते थे। (वही. ii.52,91) इसलिए यह तथ्य कि यह अति प्राचीन प्रथा वैदिक ऋषियों का जीवंत विश्वास बन गई, इस बात को सिद्ध करता है कि वे वास्तविक आदिम परिस्थितियों से बहुत आगे नहीं निकले होंगे।

संभव है कि आदिम शब्द को अपमानजनक समझा जाए। फिर भी हमें इसी से वैदिक देवताओं के सत्य स्वरूप का संकेत मिलता है। जब आदिवासी जन देवता शब्द का प्रयोग करते हैं तो उनके मन में किसी एक प्रकार के प्राणी का चित्र होता है जबकि हम इस शब्द का प्रयोग करते समय किसी भिन्न प्राणी के बारे में सोचते हैं। (58.92 और आगे) यह तो तथ्य है ही कि अपने अर्थ की अपेक्षा शब्द का परिवर्तन धीमी गति से होता है। आदिवासियों के देवता हमारे देवताओं जैसे नहीं हैं और यदि देवताओं में समानता नहीं है तो उनके लिए रची गई प्रार्थनाएं तथा अन्य रचनाएं भी भिन्न भावनाओं से प्रेरित हुई होंगी। यह बात भी वैदिक ऋचाओं को समझने के लिए महत्वपूर्ण है। किंतु इनकी विवेचना से पहले कुछ अन्य आधुनिक सादृश्यों पर ध्यान देना काफी लाभकारी होगा। आइए टोडा आदिवासियों का एक बार फिर से अध्ययन करें।

4. टोडा

रिवर्स ने टोडा लोगों की 'प्रार्थनाओं' का उल्लेख किया है यद्यपि वे इस संबंध में निश्चित नहीं थे कि इन्हें प्रार्थनाएं कहना उचित होगा या नहीं:

> मैंने पशुपालन आदि के संबंध में इन मंत्रों को प्रार्थनाएं माना है, और मेरा विचार है कि निस्संदेह ये एक प्रकार की याचनाएं हैं और ऐसा विश्वास प्रचलित है कि इनसे पवित्र गाय भैंसों की रक्षा के लिए देवताओं की सहायता प्राप्त होती है। किंतु यह मानना पड़ेगा कि इन मंत्रों में देवताओं का सीधा आह्वान किए जाने के संबंध में कोई वास्तविक प्रमाण नहीं है। आह्वान के रूप में किसी देवता का नाम नहीं आता। कुछ प्रार्थनाओं में किसी देवता

> का नाम (यदि देवता शब्द को पर्वत शिखरों पर रहने वाले मानवरूपी प्राणियों के अर्थ में लिया जाए) लगभग न के बराबर आया है।
>
> देवताओं और मंत्र के बीच निश्चित संबंध 'इदिथ' शब्द के निश्चित अर्थ पर निर्भर करता है और यह अर्थ पूर्णतया स्पष्ट नहीं है। इस शब्द का अर्थ जो भी हो किंतु यह बात स्पष्ट है कि इसका प्रयोग देवता के संदर्भ में भी उसी प्रकार किया जाता है जिस प्रकार कि किसी भैंस, स्थान, दुग्धपात्र, या किसी अन्य साधारण वस्तु के संदर्भ में। (iii.229)

टोडा आदिवासियों की इन तथाकथित प्रार्थनाओं से पता चलता है कि रिवर्स इन्हें 'प्रार्थनाएं' कहने में क्यों हिचकिचा रहे थे। इन मंत्रों की एक सूची नीचे दी गई है जिसका अनुवाद रिवर्स ने अंगरेजी में तैयार किया और जिसे हम नीचे हिंदी में दे रहे हैं :

1. तनेन्मा	सर्व सुख हो या मंगलकारी हो।
2. तरमामा	सर्व सुख हो, या दया बनी रहे।
3. इर कार्क तनेन्मा	भैंसे और बछड़े ठीक रहें।
4. नुव अर्क मा	कोई रोग न हो।
5. काजून अर्क मा	कोई विनाश न हो।
6. नुद्रे अर्क मा	कोई विषैला जंतु न हो।
7. कावेल अर्क मा	कोई जंगली जानवर न हो।
8. पर कार्त पा मा	ऊंची पहाड़ियों से गिरने से बचे रहें।
9. पुश्त कार्त पा मा	बाढ़ से बचे रहें।
10. तुत अर्क मा	कोई आग न लगे।
11. मा उन मा	वर्षा हो।
12. माज ईयू मा	बादल घुमड़ कर आएं।
13. पुल पुव मा	खूब घास उगे।
14. नीर उर मा	जल उपलब्ध हो। (वही. 215)

वेदों के अध्येवता के लिए यह सूची प्रत्यक्ष रूप से रुचिकर है। यदि इन मंत्रों को वेदों की भाषा में अनुवाद किया जाए तो इस सूची का प्रत्येक मंत्र ऋग्वेद की किसी भी ऋचा का अंश बड़ी सरलता से बन सकता था। ये सभी मंत्र ऐसे लोगों की दैनिक इच्छाओं की सरल अभिव्यक्ति हैं जो पशुधन से आगे किसी भी बात को मूल्यवान समझने की स्थिति में नहीं आए थे। इससे यही निष्कर्ष निकलता है कि यदि भैंसों या पशुपालन से संबद्ध प्रत्येक बात उनके लिए पवित्र थी, सर्वोच्च श्रद्धा की पात्र थी तो इसका कारण यह नहीं है कि उन्होंने इन चीजों के प्रति हमारी भांति धार्मिक दृष्टिकोण अपनाया बल्कि इसका सीधा सा अर्थ यह है कि पशुधन ही उनके लिए सब कुछ था। उनके अनुष्ठानों का उद्देश्य जादू-टोने द्वारा अपने पशुओं की अभिवृद्धि और रक्षा करना है; उनकी कल्पना यही है कि रक्षा के ये मंत्र अत्यंत प्रभावशाली हैं। इसलिए यही अपेक्षित है कि यदि हम अपने विचारों के अनुसार टोडा लोगों में धर्म को ढूंढ़ने का प्रयत्न करते हैं तो हमारी खोज व्यर्थ जाएगी या हम रिवर्स की भांति यही कहेंगे कि टोडा जनों का धर्म एक निम्न और पतित धर्म था।

रिवर्स ने टोडा आदिवासियों के धर्म के पतन संबंधी अवधारणा इस अनुमान (उन्होंने इसे अनुमान ही माना है) के आधार पर बनाई कि वास्तव में टोडा लोग 'अपने पूर्णतया विकसित देवताओं' के साथ देश के किसी अन्य भाग से जाकर नीलगिरि पहाड़ियों में बस गए और उनके

वर्तमान वंशजों ने धीरे धीरे इन अति विकसित देवताओं को भुला दिया :

> जिस प्रकार टोडा लोगों की प्रार्थनाएं पतनोन्मुख होती हुई आज केवल निरर्थक और प्रभाव हीन मंत्र बन कर रह गई हैं उसी प्रकार यह भी विश्वास किया जा सकता है कि भक्तिभाव जो निश्चित रूप से इन लोगों के मन में है, देवताओं से हट कर उन भौतिक वस्तुओं में केंद्रित हो गया है जो देवताओं की पूजा अर्चना के काम आती हैं। 'मैं स्वीकार करता हूं पशुधन संबंधी मंत्रों के मामले की भांति इस मामले में भी किसी निश्चित आधार को नहीं पकड़ पाया हूं' किंतु टोडा लोगों के विश्वासों और धार्मिक रीतिरिवाजों के अध्ययन से मेरा सामान्य विचार यही बना है कि पूजा के संबंध में उनकी धार्मिक वृत्ति अब देवताओं से हटकर ऐसी वस्तुओं की ओर केंद्रित हुई है जो पशु संबंधी अनुष्ठानों के काम आती हैं। यदि मेरे यह 'अनुमान' ठीक हैं तो हम देखते हैं कि टोडा लोगों का धर्म आज पतनोन्मुख होने की प्रक्रिया में है। मैं नहीं समझता कि यह पतन उस छोटी सी अवधि के दौरान आरंभ हुआ जिसमें टोडा लोग बाह्य संसार के हानिकारक संपर्क में आए। टोडा आदिवासियों के धर्म के अध्यन से मुझे इस बात की बहुत अधिक संभावना प्रतीत होती है कि टोड़ा जन अपने वर्तमान स्तर से कहीं उच्च स्तर का धर्म लेकर नीलगिरि पहाड़ियों में आए और उनके देवता भी उच्च स्तर तक विकसित थे तथा ऐसा विश्वास किया जाता था कि वे लोगों के जीवन का निर्देशन तथा संचालन करते हैं। धीरे धीरे एक लंबी प्रक्रिया के दौरान ये देवता मिथ्या बन गए, उनके मार्ग निर्देश और सहायता के बारे में लोगों की याचना केवल एक यांत्रिक क्रिया बन कर रह गई और भक्ति की भावना देवताओं से हट कर पशु या प्रस्तर मूर्तियों की ओर भी नहीं बल्कि घंटियों और दुग्धपात्रों पर केंद्रित हो गई है। (वही. 453-4)

यह तो कोई अवधारणा ही नहीं है बल्कि, जैसाकि स्वयं रिवर्स ने स्वीकार किया है, एक प्रकार का 'सामान्य आभास' अथवा 'अनुमान' मात्र है जिसका कोई ठोस आधार नहीं है। इस सामान्य आभास का एकमात्र आधार यह कल्पना है कि टोडा लोगों के पूर्वजों का धर्म किसी काल में अतिविकसित था और उनके देवता भी विकसित थे और इन्हें लेकर वे नीलगिरी पहाड़ियों में पहुंचे। ऐसी परिस्थितियों में रिवर्स अपनी इस कल्पना को केवल एक अन्य कल्पना की सहायता से सुदृढ़ कर सकते थे : टोडा लोगों के पुराने देवताओं का स्थान नए देवताओं ने ले लिया होगा। लेकिन रोचक बात है कि ये तथाकथित नए देवता जिनके बारे में केवल रिवर्स के पास ही कोई प्रत्यक्ष प्रमाण था, सभी मूलतः मानव थे :

> मेरा ऐसा विश्वास बन रहा है कि—लंबे कालांतर में इन पुराने देवताओं की वास्तविकता धीरे धीरे विलुप्त हो गई; कुछ प्रसिद्ध साहसी और बहादुर व्यक्तियों को देवताओं का दर्जा दे दिया गया और इन जननायकों का जीवन किसी सीमा तक यथार्थ तथ्यों पर आधारित है और टोडा लोग इन्हीं को याद रखते हैं तथा इनकी स्मृति अगली पीढ़ियों तक चलती है जबकि पुराने देवताओं की कथाएं धीरे धीरे विलुप्त होती जा रही हैं। (वही. 452. तुल. 205-7 टोडाओं के बीच प्रचलित यह मिथक कि क्वोटो नामक व्यक्ति सभी देवताओं में श्रेष्ठ मिलितार बन गया है)।

यहां हमें बाह्य क्षेत्र में जाकर खोज करने वाले मानव विज्ञानशास्त्री के स्थान पर एक चिंतक के विचार दिखाई देते हैं, क्योंकि रिवर्स यह नहीं बता रहे कि उन्होंने वास्तव में क्या देखा है बल्कि उन बातों पर अधिक निर्भर कर रहे हैं जिनके संबंध में उनका 'विश्वास बन रहा है'।

टोडा आदिवासियों के धर्म को कोई मूल विकसित रूप होने के वास्तविक प्रमाण के अभाव

में केवल यह तथ्य कि इन लोगों के विचार और रीतिरिवाज यथार्थ में जिस प्रकार के हैं वे सही मायने में धर्म नहीं कहला सकते, धर्म के पतन संबंधी अवधारणा को युक्तिसंगत नहीं बना सकता। और यदि यह अवधारणा युक्तिसंगत नहीं है तो एकमात्र वैकल्पिक अवधारणा यही है कि टोडा लोगों के विश्वास और अनुष्ठान आदि उनकी चेतना के धर्मपूर्व चरण का प्रतिनिधित्व करते हैं जिसमें उनके देवता अपने मानवीय उद्भव से पूर्णतया मुक्त नहीं हो सके थे।

टोडा लोगों के संबंध में हमने यह बात इसलिए कही क्योंकि वैदिक साहित्य को जिस प्रकार से हम समझते हैं और जिसमें धर्म के प्रादुर्भाव की ऐसी प्रक्रिया के प्रमाण विद्यमान हैं, उस पर इसका सीधा प्रभाव पड़ता है। इसका अर्थ यह नहीं है कि वैदिक साहित्य समग्र रूप से यही बताता है कि धर्म के आविर्भाव से पूर्व की सामाजिक चेतना का चरण भी समान रूप से वैसा ही था। स्वयं 'ऋग्वेद' में अनेक स्थानों पर हमें पूर्ण रूप से विकसित देवता मिलते हैं जिनका उल्लेख विभिन्न प्रकार के आह्वानों के रूप में आया है। किंतु इस बात की अनदेखी नहीं की जानी चाहिए कि कई अन्य ऋचाओं में यह रूप नहीं है और इन देवताओं को उस समय तक अपनी मानवीय व्युत्पत्ति और अर्ध मानवीय विशिष्टताओं से ऊपर उठना था। इससे भी अधिक महत्वपूर्ण बात यह है कि जहां तक ऋग्वेद के प्रारंभिक अंशों का संबंध है, इन ऋचाओं की रचना करने वाले ऋषि मुनियों की चेतना में हमें परलोक या विशुद्ध रूप से आध्यात्मिक मूल्यों के कोई लक्षण दिखाई नहीं देते। यदि गीतों अथवा भजनों के इतने बाहुल्यपूर्ण संकलन की कोई आधारभूत विषयवस्तु खोजना संभव है तो वह केवल पशुपालक जनों द्वारा इहलौकिक वस्तुओं की प्राप्ति की इच्छा की है।

5. इहलौकिक इच्छाएं

अफ्रीका के डिका आदिवासियों के स्त्रोत या देवगीत मौखिक रूप से रचे गए थे। इसी प्रकार टोडा आदिवासियों की 'प्रार्थनाएं' या 'मंत्र' भी मौखिक रूप से एक पीढ़ी से दूसरी पीढ़ी तक चलते आए। इसका कारण बड़ा सीधा सा है। पशुपालक लोगों ने अभी पढ़ना लिखना नहीं सीखा था। उनकी भाषा की लिपि तब तक विकसित नहीं हुई थी। निश्चित ही, डिका आदिवासियों के सीधे सरल स्तोत्र या टोडा आदिवासियों के निर्व्याज मंत्र वैदिक जनों की विस्तृत तथा महान साहित्यिक रचनाओं का मुकाबला नहीं कर सकते। फिर भी कुछ बातों में समानता है जो हमारे लिए विशेष रुचिकर हैं। पशुपालक समाज में रहने के कारण वैदिक ऋषियों को भी किसी लिपि का ज्ञान नहीं था। जिन ऋचाओं या गीतों की रचना उन्होंने की थी वह मौखिक रूप से हुई थी और ये रचनाएं मौखिक रूप से ही एक पीढ़ी से दूसरी पीढ़ी तक पहुंची (श्रुति)। घोर के पुत्र कण्व ऋषि ने मरुतों को इस प्रकार संबोधित किया :

> अपने मुख से ईश गीतों की रचना करो (अस्ये); मेघों की भांति इनका प्रसार करो; इन 'उक्थ्य' (स्त्रोतों) को गायत्री छंद में गाओ। (i. 38. 14)

'मुख से ईश गीतों की रचना करना' तो समझ में आता है। किंतु 'मेघों की भांति इनका प्रसार करने' की बात का क्या अर्थ हो सकता है? सायण ने इनका संकेत दिया : 'जिस प्रकार मेघ जल को प्रसारित करता है, उसी प्रकार।' संक्षेप में, मेघ की भांति, इन स्त्रोतों का उद्देश्य भी वृष्टि करना था। और हमने 'छंदोग्य उपनिषद' के मंत्रोच्चारक श्वानों के प्रसंग पर विचार करते समय यह देखा था कि वैदिक मंत्रों अथवा ऋचाओं से किस चीज की वृष्टि होनी थी। यह इच्छाओं की पूर्ति की वृष्टि थी। इसीलिए वैदिक ऋचाओं को कामवर्षी भी कहा गया अर्थात अन्न, संपत्ति, पशुधन, संतान, शक्ति और सुरक्षा की इच्छाओं की पूर्ति। उनकी इच्छा

कभी भी मोक्ष की नहीं थी। बाद के वेद समर्थकों के लिए यह शब्द उच्चतम आदर्श बन चुका था किंतु वैदिक ऋषियों को वास्तव में इसका कोई ज्ञान नहीं था।

हम यहां 'ऋग्वेद' की कुछ ऋचाओं को उद्धृत कर सकते हैं। इनका अनुवाद करते समय कुछ छूट ली गई है फिर भी इनमें निहित इच्छाओं का इहलौकिक स्वरूप निश्चित ही आंखों के सामने से बच नहीं सकता :

अति इच्छित संपदा प्रतिदिन हमारे चारों ओर रहे।
अन्न हमें अपने कार्य के लिए प्रेरित करे। (vi. 8. 7)
हे अग्नि ! हमें प्रचुर मात्रा में अन्न दो। हे अग्नि ! हमें अपार संपदा दो। (iii. 1. 22)
ब्राह्मणस्पति, हमें प्रतिदिन सुनियमित अन्न प्रदान करने वाली संपदा प्राप्त हो; हम वीरो की संख्या में वीरों द्वारा (पुत्र) अभिवृद्धि करो,—तुम महानतम हो, अन्न के साथ किए गए हमारे आह्वान को स्वीकार करो। (ii. 24. 15)

सायण ने ब्राह्मणस्पति शब्द की जो व्युत्पत्ति बताई है वह काफी ज्ञानवर्धक है : ब्राह्मणा : अन्नस्य परिवृद्धस्य कर्मणाः वा पतिः पालयति, जो अन्न उत्पादन की क्रिया अथवा अध्यवसाय या गति विधि को प्रोत्साहित करता है। यह सायण का आविष्कार ही था। (आन. ii. 23. 1) 'निघंटु' में पहले ही बताया गया है कि ब्रह्म शब्द अन्न के पर्यायवाची शब्दों में से एक था। (ii. 7) केवल इसी में से वैदिक देवताओं की भौतिकबादी अवधारणा प्रत्यक्ष होती है; इससे यह भी पता चलता है कि उपनिषदों का वह भाववादी दृष्टिकोण, जिसमें विशुद्ध अथवा शुद्ध चेतना के रूप में ब्रह्म को परम सत्य समझा गया था, वेदों से कितना दूर था। प्रासंगिक है कि 'निघंटु' (i. 187) के अनुसार अन्न का एक और पर्यायवाची शब्द था 'पितु'। किंतु एक वैदिक देवता का नाम भी पितु था जिसके लिए ऋग्वेद में एक संपूर्ण सूक्त रचा गया। इस सूक्त की विशेष रुचि वाली बात है—इसका विशुद्ध भौतिकवाद :

मैं पितु की स्तुति करता हूं, जो महान है, रक्षक, बलशाली है और जिसकी बलवर्धक शक्ति से तृता (सुप्रसिद्ध) ने विकृत वृत्र को यातना दी।
सुस्वादु पितु ; मधुमय पितु; हम तुम्हारा स्वागत (वरिमहे) करते हैं। तुम हमारे रक्षक बनो।

हे कल्याणकारण पितु, तुम हितकारी सहायता लेकर हमारे पास आओ; तुम सुख के स्रोत हो; एक सम्मानित मित्र हो और वैमनस्यविहीन हो।
हे पितु, तुम्हारी सुगंध सभी दिशाओं में उसी प्रकार व्याप्त है, जिस प्रकार सभी दिशाओं में रजकण फैल जाते हैं—जिस प्रकार आकाश में समीर प्रसृत होती है।
वे (लोग), हे पितु, जो तुम्हारा वितरण करते हैं, अति सुस्वादु पितु, वे जो तुम्हारा और तुम्हारे रस का उपभोग करते हैं; तुम्हारी भांति ही बढ़ते हैं और उनकी ग्रीवा लंबी होती है।

हे पितु, बड़े बड़े देवताओं का ध्यान तुम पर केंद्रित है; तुम्हारी सक्रिय सहायता से (इंद्र ने) अहि का बध किया।
हे पितु, जिस संपदा का संबंध पर्वतों से है वह तुम्हारे पास आई; हे सुस्वादु, श्रवण करो और हमारे उपभोग के लिए उपलब्ध हो जाओ।
और क्योंकि हमें प्रचुर मात्रा में जल और वनस्पति का सुख प्राप्त है; इसलिए हे शरीर, तुम

और सुगठित बनो।

और क्योंकि हम उबाले हुए दूध या उबाले हुए जौ के साथ तुम्हें मिलाकर बनाए हुए सोमरस का पान करते हैं इसलिए हे शरीर, तुम और सुगठित बनो।

हे करम्भ नामक अनाज, हमारे अवयव (वृक्ख) को सुगठित और सक्रिय बनाओ; इसलिए हे शरीर तुम शीघ्र विकसित होओ।

हे पितु, जिस प्रकार यज्ञ में आहुति देने के लिए गाय घी प्रदान करती है उसी प्रकार अपने शब्दों की सहायता से हम तुम्हारे रस को ग्रहण करते हैं; तुम देवताओं के साथ बैठ कर आनंदपूर्वक भोजन करते हो, हमारे साथ बैठो और आनंदपूर्वक भोजन ग्रहण करो। (i. 187)

इस प्रकार पितु या अन्न (एक वैदिक देवता जो देवताओं और मनुष्यों के साथ बैठता था) भोज्य था और शरीर को मांसल तथा सुगठित बनाता था। यहां आत्मा की कोई कल्पना नहीं की गई है। इस सारे सूक्त में निहित विचार किसी प्रकार भी धार्मिक या आध्यात्मिक नहीं था। हम यह देखने के लिए कि ये वैदिक ऋषि भौतिक इच्छाओं से कितने ग्रस्त थे, 'ऋग्वेद' के कुछ और उदाहरणों को उद्धृत करेंगे। नीचे आर. घोष द्वारा दिए गए अनुवाद को प्रस्तुत किया जाता है जिन्होंने सायण की व्याख्या के आधार पर निर्भर करते हुए, जहां तक संभव हुआ, इन ऋचाओं में आध्यात्मिक विचारों को देखा। फिर भी इन ऋचाओं का प्रमुख रूप से इहलौकिक स्वरूप स्पष्ट है :

हे अग्नि, शक्तिपुत्र अन्न और पशुधन के देवता, हमें प्रचुर मात्रा में भोजन दो, तुम, जो अस्तित्व वाली सभी वस्तुओं के ज्ञाता हो। (i.79.4) शुभ कार्य, अबाधित और शत्रु दमन करने वाले मंगलमय कार्य, सभी दिशाओं से हमारे निकट आएं; देवतागण हमसे विमुख न हों बल्कि प्रतिदिन हमें संरक्षण देते रहें और हमारे कल्याण तथा प्रगति के लिए सदा हमारे साथ रहें। (i.89.1)

हे ऊषा, अन्न के स्वामी हमें वे विविध संपदा लाकर दो जिससे हम पुत्र-पौत्रों का भरण पोषण कर सकें। (i.92.13) हे आश्विनो, जब आप संपदा बिखेरने वाले रथ को तैयार करते हैं, मधु के रसास्वादन से हमारी शक्ति को पुनर्जागृत करते हैं, हमें प्रचुर मात्रा में अन्न देते हैं; वीरों के संघर्ष में हम संपत्ति का अधिग्रहण करें। (i.157.2)

हे अग्नि, हम अन्य लोगों में अश्व तथा अन्न से अपनी शक्ति और तेज को व्यक्त करें, और हमारी असीम संपदा पांच प्रकार के प्राणियों की संपदा से कही अधिक चमक-दमक के साथ सूर्य की भांति हो। (ii.2.10) कोई भी शत्रु, चाहे वह देवता हो या मनुष्य, हमारे ऊपर हावी न हों; इन दोनों प्रकार के शत्रुओं से हमारी रक्षा करो। (ii.7.2) माताओं में श्रेष्ठ, नदियों में श्रेष्ठ, देवियों में श्रेष्ठ सरस्वती हम अज्ञात प्राणियों की भांति हैं; हे मां, हमें विशिष्टता प्रदान करो। (ii.41.16)

तुम जो महान और सर्वव्याप्त हो, हमारे पास मैत्री, मंगल और शक्ति लेकर आओ : हमें प्रचुर संपदा का वर दो, हम बहुचर्चित हों, वांछनीय बनें और ख्यातिप्राप्त हों, हमें कोई शारीरिक कष्ट न हो। (iii.1.19)

हम देवताओं का आह्वान करने वाले श्रद्धेय अग्नि देवता से संपत्ति की याचना करते हैं।

हे देव तुम शुभ्र, श्रेष्ठ, सबको देखने वाले, रथ की भांति विविध रंगों वाले, मनोहारी छवि वाले और मानवमात्र के साथ सदा मैत्री रखने रखने वाले एकरूपी और प्रशंसनीय हो। (iii.2.15)

हम तुम्हारे नश्वर मित्र हैं और केवल तुमसे ही सुरक्षा की अपेक्षा करते हैं। तुम देवतुल्य, जल के पौत्र, मंगलकारी, तेजस्वी, पापरहित हो। (iii.9.1)

हम रोगमुक्त रहकर अन्न सेवन करते हुए इस बिशाल धरती पर स्वच्छंद विचरण करते हुए आदित्य की निष्ठापूर्वक पूजा करते हुए (आदित्यस्य व्रतम् उपक्षीयंतः, इसका शाब्दिक अर्थ है आदित्य के व्रत या अनुष्ठानों के निकट रहना) सदा ही मित्र के कृपापात्र बने रहें। (iii.59.3)

हे मित्र और सुंदर (अग्नि) तुम अपने मित्र (वरुण) को हमारे पास लाओ, जिस प्रकार दो बलिष्ठ अश्व क्षिप्र गति से चलने वाले रथ को मार्ग से ले जाते हुए गंतब्य तक पहुंचते हैं : हे अग्नि हमारी हवि स्वीकार करो और साथ में वरुण को लाओ तथा सर्व दिशाओं को आलोकित करने वाले मरुत भी आएं; हे तेजोमय अग्नि हमारे पुत्रों और पौत्रों को सुख प्रदान करो; हे मनोहारी अग्नि हमें भी सुख दो। (iv.1.3)

हमें दिनों दिन संपदा प्राप्त हो और अन्न हमारी प्रतीक्षा करे तथा लोगों को हमसे ईर्ष्या हो। (iv.8.7)

अरि दमन करने वाले इंद्र और वरुण की ओर से हमें सुरक्षा प्रदान हो; (जिससे हमें) अच्छे पुत्र और पौत्र, उर्वर भूमि और दीर्घायु प्राप्त हों और हम वीर्यवान बनें। (iv.6)

अप्रतिकार्य कौशल वाले अग्नि देव, हमें अति शक्तिशाली राशि दो; हमारे पास सर्वदिशाओं की संपदा हो और बहुलता के पथ हमारे लिए प्रशस्त हों। v.10.1)

हे महाशक्तिशाली अग्नि ! हमें तेजस्वी पुत्र दो; क्योंकि तुम वास्तव में आश्चर्यजनक हो और अन्न तथा पशु धन के दाता हो। (v.23.2)

हे देवतागण, हम सदा अबाध सुख का भोग करें। हम आश्विनों के मार्ग दर्शन और कृपा के पात्र बने रहें : हे आश्विनो, तुम अमर हो। हमें संपत्ति, पुत्ररत्न और सभी अच्छी वस्तुओं का दान दो। (v.17-8)

हे अग्नि हम जो संपन्न हैं, उन्हें शीघ्रातिशीघ्र आश्चर्यजनक संपदा, बहुल भोज्य सामग्री और सुरक्षा प्रदान करो। जिस प्रकार अन्य व्यक्तियों को आप संपदा, अन्न और पुरुष वंशजों का दान देते हैं। (vi.10.5)

वह हमें सभी इहलौकिक वस्तुणों से श्रेष्ठ संपत्ति दे, अपनी महानता से अपने शत्रुओं का नाश करे और सदा अविजित हो। vi.16.20)

पहले की भांति आज भी पान करो और यह आपको स्फूर्ति दे : हे ब्रह्मा, हमारी प्रार्थना सुनो और हमारी स्तुति से प्रसन्न होओ; सूर्य को दृष्टिगोचर बनाओ, अन्न के साथ हमारा पोषण करो, हमारे शत्रुओं का नाश करो और पशुओं की रक्षा करो। (vi.17.3)

हे भाग, यज्ञों के प्रमुख भाग, संपत्ति के दाता भाग, हमारी इच्छाएं पूरी करते हुए इस यज्ञ को सफल बनाओ, हमें पशु तथा घोड़े देकर संपन्न करो; हमारे वंशज पुरुष हों और पुरुष ही अनुयायी हों। (vii.41.3)

हे हमारे आवास रक्षक, हमें पहचानो। हमें सुंदर आवास दो, तुम जो रोगमुक्त रखते हो; हम जो कुछ आपसे मांगें हमें प्रसन्नतापूर्वक दो; हमारे द्विपादों और चतुर्पादों के सुखदाता बनो। (vii.54.1)

नासत्य देवो, अपने पशु, अश्व, और संपत्ति देने वाले रथ को लेकर आओ; सर्वस्तुतियां तुम्हारी ही हैं और तुम पुरुषों जैसे ही तेजस्वी और प्रशंसनीय सौंदर्य के स्वामी हो। (vii. 72.1)

(विरोधी) लोगों का दमन करने वाले इंद्र और अग्नि हमारे पास अन्न लेकर आओ; कोई भी कुविचारों वाला व्यक्ति हम पर हावी न हो। (vii.94.7)

हे आश्विनो, हमारे पास पशु, पुरुष वंशज, रथ, घोड़े और अन्न लेकर आओ। (viii. 5.10)

हमें सैकड़ों और हजारों के अनुपात में संपत्ति दो, जिसकी हम इच्छा करते हैं और जिससे सभी का पोषण होता है। (viii.5.15)

हमें महान प्रज्ञावान बनाकर प्रसिद्धि, शक्ति, विजय, सुख और समृद्धि के पात्र बनाओ। (viii.9.20)

आवासदाता प्रबुद्ध अग्नि, दुराचारियों और शत्रुओं से हमारे कार्य की रक्षा करो। (viii. 44.30)

हमें प्रचुर संपदा दो, हमारे बच्चों को प्रचुर संपदा दो, आवास को संपन्न बनाओ और हमारी जीवन संबंधी इच्छा को परिपूर्ण करो। (viii.68.12)

हे सोम, हमें शक्ति और प्रेरणा दो, शत्रुओं का विनाश करो और हमारे कल्याण के लिए क्रियाशील बनो। (xi.4.3)

कांतिमान सोम हमें हजार गुनी संपत्ति और महान शक्ति प्रदान करें। (ix.13.5)

हे सोम, भरपूर वर्षा लाओ, सारे आकाश में जल ही जल हो, अन्न का असीम भंडार लाओ। (xi.49.1)

इन कुछ वैदिक ऋचाओं से इनकी पौराणिक जटिलताओं और दुर्बोधता का असली चित्र संभवतः हमें न मिक सके, फिर भी इनसे हमें 'ऋग्वेद' की मूल विषयवस्तु अर्थात इहलौकिक वस्तुओं की इच्छा के संबंध में कुछ आभास निश्चित रूप से मिलता है। ये उदाहरण सोच समझ कर चुने नहीं गए बल्कि जहां तहां से ले लिए गए हैं। संभवतः यह कहा जाए कि उदाहाणों के रूप में भी जो थोड़ी बहुत ऋचाएं यहां उद्धृत की गई हैं वे 'ऋग्वेद' का संतोषजनक चित्र प्रस्तुत करने के लिए अत्यंत अपर्याप्त हैं। ऐसा अनुमान लगाया गया है कि 'ऋग्वेद' के जो अंश आज विद्यमान हैं वे अपनी संपूर्णता में होमर की उपलब्ध कविताओं के बराबर हैं। (22.41) इसलिए हम मूल्यांकन के लिए एक अन्य मानदंड अपनाएंगे जिसे मैक्डानल ने सांख्यिकी मानदंड कहा है,

और इससे हम देखेंगे कि वैदिक ऋषियों का ध्यान मूलतः भौतिक इच्छाओं पर ही केंद्रित था। इसे आंकने की विधि यही है कि इस ग्रंथ में किसी बात की कितनी बार आवृत्ति हुई है।

निघंटु में अन्न के लिए अनेक पर्यायवाची शब्द आए हैं। (ii.7) नीचे एक सामान्य अनुमान के अनुसार बताया गया है कि 'ऋग्वेद' में पर्यायवाची शब्द और उनसे व्युत्पन्न शब्द कितनी बार आए हैं : अंधः 119; वजः 218; पयः 113; प्रयाः 110; श्रावः 218; प्रिया 4[illegible]; पितुः 61; वयाः 24; सुतः 181; शिनामा 3; अवः 229; क्षु 14; धाशीः 12; इळा 7; इला 58; ईशम 253; उर्क 89; रसः 64; स्वाध 106- अकिः 108; छद्म 2; नेम 13; ससम 33; नामः 111; आयुः 117; सुमृत 48; ब्रह्मा 232; वर्चाः 17; किलालम 1; यशः 75; अन्नम् 53।

इस प्रकार कुल योग तीन हजार से अधिक होता है जो 'ऋग्वेद' की कुल ऋचाओं का लगभग एक तिहाई है। और अन्न के पर्यायचाची शब्द लगभग सदा ही अन्न की इच्छा के निश्चित संदर्भ में आए हैं। किंतु इस तरह की गणना से हमें इस बात का बहुत मामूली आभास होता है कि 'ऋग्वेद' में इहलौकिक इच्छाओं की अभिव्यक्ति कितनी अधिक व्याप्त है। निघंटु में उदक (जल) के लिए 101 वल (ii.9) या शक्ति के लिए 28, गौ (ii.11) या गाय के लिए 9, धन (ii.10) या भौतिक संपत्ति के लिए 28 और अपत्य (ii.2) या संतति के लिए 15 पर्यायवाची शब्दों का उल्लेख हुआ है। एक विशिष्ट उदाहरण देखिए : ऋग्वेद में गौ शब्द तथा इससे व्युत्पन्न शब्द, पशु धन की इच्छा के निश्चित संदर्भ में कम से कम एक हजार बार आया है। इस प्रकार यदि हम इसकी गणना करने के उकता देने वाले काम के लिए तैयार हों कि 'ऋग्वेद' में जल, शक्ति गाय, और संतान और भौतिक संपत्ति के द्योतक सभी शब्द कुल कितनी बार आए हैं तो यह संख्या बहुत विशाल होगी, और वह भी तब, जबकि बहुत से स्थानों पर अनेकार्थक होने के कारण कई शब्दों को गिना नहीं गया है। फिर भी इस सूची में अनेक ऐसे शब्द नहीं आ सके होंगे जो स्पष्टतया भौतिक इच्छाओं को अभिव्यक्त करते हैं।

इस प्रकार हमने यहां-वहां जो उदाहरण दिए हैं उनसे मिलने वाले आभास की पुष्टि मैकडानल द्वारा बताए गए सांख्यिकी मानदंड से होती है। वैदिक ऋषियों का कोई स्तोत्र या ऋचा ऐसी नहीं थी जो इच्छाओं की पूर्ति से संबद्ध न हो और न ही उनकी कोई ऐसी इच्छा थी जो निश्चित रूप से भौतिक न हो। और यदि उनकी इच्छाएं इतनी इहलौकिक थीं तो यह सोचना गलत होगा कि उनका कोई पारलौकिक या आध्यात्मिक विश्वदृष्टिकोण था, विशेषकर यदि हमारा यह विचार उस क्षीण प्रमाण पर आधारित हो जो उनकी रचनाओं के ऐसे विशाल संकलन के कुछ अंशों की संदिग्ध व्याख्या को लेकर प्रमाण के रूप माना गया हो।

यहां एक टिप्पणी करने की उत्कट इच्छा होती है। पुरातन या बाद की वैदिक परंपरा के अनुसार मानव के चार प्रकार के आदर्श हैं। ये हैं : धर्म, अर्थ, काम और मोक्ष। भौतिकवादियों की निंदा अनिवार्यतः इस बात से होती है कि वे इन आदर्शों में से पहले और चौथे को स्वीकार नहीं करते। निंदा केवल इसी बात को लेकर की जाती है कि ये भौतिकवादी 'अर्थ-काम-प्रधानः' हैं अर्थात ऐसे लोग हैं जो केवल अर्थ (भौतिक संपदा) और काम (यौन इच्छा, या व्यापक अर्थ में सामान्य इच्छा) को मनुष्य का सर्वोच्च लक्ष्य मानते हैं। इसलिए यह देखने के लिए कि स्वयं प्रारंभिक वैदिक ऋषि उन भौतिकवादियों से कितने भिन्न थे, जिनकी निंदा आने वाले वेद समर्थकों ने की है, हमें यह निश्चित करना होगा कि ऋग्वेद में धर्म और मोक्ष के आदर्शों का कितना महत्व था। कणाद ऋषि ने धर्म की परिभाषा इस प्रकार की है : 'वह, जिससे इस संसार में समृद्धि (अभ्युदयः) और अंतिम मुक्ति (निःश्रेयसः) प्राप्त होती हैं।' (सूत्र, ii.2) मोक्ष का

अर्थ था अंतिम रूप से मुक्ति। यदि ऋग्वेद के वास्तविक प्रारंभिक अंशों की किसी एक ऋचा से यह पता लगाया जा सके कि मोक्ष का आदर्श प्रारंभिक वैदिक जनों को प्रेरणा देता था तो यह एक दुर्लभ उपलब्धि होगी और यदि ऐसा था तो धर्म को उनका एक आदर्श बताना अनुचित होगा, क्योंकि जैसाकि हमने अभी देखा, शास्त्रों में मोक्ष का आदर्श धर्म का ही अंग है। अन्य शब्दों में, ऋग्वेद के प्रारंभिक ऋषि तब तक धर्म और मोक्ष के आदर्शों से परिचित नहीं हुए थे और हमें ऐसा प्रतीत होता है कि ये भौतिकवादियों से बहुत भिन्न भी नहीं थे। इनके संबंध में यदि कोई बात निश्चित रूप से कही जा सकती है तो वह यह है कि वे अर्थ और काम के आदर्शों से अत्यधिक प्रेरित थे, यद्यपि उन्होंने तब तक इन आदर्शों को किसी दर्शन का रूप नहीं दिया था।

यह कहा जा सकता है कि ऋग्वेद के संबंध में इस तरह के दृष्टिकोण का खंडन इस तथ्य से हो जाता है कि ऋग्वेद में अनेक वैदिक देवताओं का उल्लेख हुआ है। इस आपत्ति का आधार यह है कि देवी-देवताओं का उल्लेख होते ही हम धर्म की बात सोचने लगते हैं और इस लिए परलोक तथा आध्यात्मिक बातों की ओर प्रवृत्त होते हैं। किंतु हम देख चुके हैं कि ऋग्वेद के तथाकथित देवतागण, जैसाकि अनेक लेखांशों से विदित होता है, वास्तव में देवत्व को प्राप्त नहीं हुए थे। यदि यह भी सिद्ध कर दिया जाए कि कुछ अन्य लेखांशों में वे देवत्व के अधिक विकसित विचार के निकट पहुंचे थे तो अनुमान यही होगा कि उनका लगभग देव स्तर, जैसाकि इन अंशों में विदित होता है, इस बात का द्योतक है कि विकास से पूर्व का एक ऐसा चरण था जिसमें वे मानव और अर्धमानव रहे होंगे और जिनका उल्लेख कुछ अन्य लेखांशों में हैं। इसके अलावा ये प्रारंभिक ऋषि विशुद्ध भौतिक मूल्यों की इच्छा में इतने रत थे कि उन्होंने अपने देवताओं के संबंध में भी मुख्यतया इन्हीं भौतिक मूल्यों के संबंध में कल्पना की।

सरस्वती के स्तनों में संपत्ति है (रत्नधा) और वे' संपत्ति के ज्ञाता है (वसु वित्त) (I. 164. 49)। संपत्ति लाने वालों में रिघु अग्रगण्य हैं (रत्न धातमः)। (i. 20 1) और अग्नि देव भी ऐसा ही है। (ci. 1. 17) इंद्र अन्नदाता है (वजदा) (iii. 36. 5) अन्न को उषा जन्म देती है (बज प्रसूता)। (i. 92. 8 .) रोचक बात यह है कि यही विशेषण मनुष्यों के लिए भी प्रयोग में लाए गए। मनुष्यों में श्रेष्ठ पुरुष अग्नि उन (लोगों) को संपत्तिवान (मघवानः), अन्न उपजाने वाले (वज प्रमूताः) और अन्न का उत्पादन करने वाले (ईशयन्ताः) बनाता है। (i. 77. 4) अग्नि स्वयं संपत्ति का देवता (रादिनाम्पतिः) और अन्न की अभिवृद्धि करने वाला (वजम् भारः) है। (i. 60. 5) पाणिनि ने यह बताने के लिए सायण का उदाहरण दिया है कि अग्नि के वैदिक नामों (संज्ञा)में से एक नाम यह भी था। अग्नि अन्न का निर्माण करता है (वजयाते) और इंद्र ऐसा है जिसके मित्र अन्न उपजाते हैं (श्राबयतसखा)। (viii. 35 12) इंद्र अन्नवान है (वजबान) (iii. 60. 6) और आश्विन, अन्न के धारक हैं (वजवंतः)। (viii. 35. 15) अग्नि संपत्तियों में (रायिनाम) (i. 60. 4; i72. 1) देवता है (रायिपतिः) माहस्वान अग्नि के पास जाता है जो संपत्ति जैसा है (रायिमश्व)। (i. 60. 1) संपत्ति का इंद्र, संपत्ति से परिपूर्ण है (एशवान)। (i. 126. 6)अग्नि अन्नवर्धक (अन्नवृद्धः) है और अन्न के साथ साथ विचरता है (प्रति चरित अन्नं)। (x. 1. 4)

किंतु ऐसे सभी विशेषणों में हमारी सर्वाधिक रुचि उनमें हैं जिन्हें वैदिक ऋषियों ने लगभग किसी भेदभाव के बिना अपने देवताओं और संबंधियों के लिए प्रयुक्त किया। इनमें से एक विशिष्ट नाम है अरकिन अर्थात अन्न का धारक। मरुतों के गण को अन्नधारक (अरकिन) कह कर (i. 38. 15) संबोधित किया गया है; किंतु साथ ही मनुष्यों को भी अरकिनाः (i. 7. 1, i. 10. 1) संबोधित किया गया है; ऐसा ही एक विशिष्ट नाम है वजरत्न (शाब्दिक अर्थ अन्न

के कारण तेजिस्विता लिए हुए)। आश्विनों (iv. 43. 7) को वजरत्न कहा गया है और रिघु को भी इसी प्रकार संबोधित किया गया है। (iv. 34. 2; iv. 35. 5) साथ ही ऋषियों का एक स्तोत्र है: हम संपत्तिवान बन कर अन्न के साथ तेजिस्वता प्राप्त करें (वजरत्ना:)। (v. 49. 4) इंद्र से हमारे ज्ञान (धिया अर्थात क्रियाएं) को अन्न के साथ प्रदीप्त करने के लिए कहा गया है। (vi. 35. 1) एक तीसरा रोचक उदाहरण है वजयान। यहां तक कि सायण (आन iii. 60. 7) को भी कहीं कहीं इस विशेषण की, 'अन्न का निर्माण करते हुए' के अर्थ में व्याख्या करने पर बाध्य होना पड़ा। इंद्र को अन्न का उत्पादन करने वाला (वजयांतम) कहकर (vili. 98 12) संबोधित किया गया है। सोम अन्न का उत्पादन कर रहा हैं (वजयान)। (ıx. 68. 4) धारक रिघुओं के साथ साथ अन्न का उत्पादन करते हुए वजयान से भी यज्ञशाला की ओर अग्रसर होने का अनुरोध किया गया है। (iii. 60. 7) किंतु इसका बार बार उल्लेख मनुष्यों के संदर्भ में हुआ है: 'अन्न का उत्पादन करते समय (वजयान इव) अग्नि की स्तुति करो जो अन्न में श्रेष्ठतम है (यशास्तमस्य)। (ii.8. 1) हे इंद्र, हम अन्न उपजाते समय (वजयंता:) तुम्हारे ऊपर सोम की वृष्टि करते हैं'। (i. 132. 1) पुरुष (नर:) अन्न का उत्पादन करते समय यज्ञ में इंद्र का आह्वान करते हैं'। (i. 132. 1) अग्नि को संपत्ति का देवता (वसुपति) कहकर संबोधित किया गया है जिसकी सहायता से 'हम अन्न का उत्पादन करते समय (वजयंता:) अन्न प्राप्त करें (वजयंतं जयेम)। (v. 4. 1.) हम अन्न उपजाते समय (बजयंता:) अपनी सुरक्षा के लिए लड़े गए युद्धों में अग्नि का आह्वान करते हैं, वह अग्नि जो युद्धों में संपत्तिबर्धक है'। (viii. 11. 9) अनेकानेक प्रसंगों में अन्न का उत्पादन करने की क्रिया के साथ आह्वान इंद्र का होता है: 'हे इंद्र, हम अन्न उपजाते हुए तुम्हारा आह्वान करते हैं'। (ii. 19. 4) अन्न का उत्पादन करते हुए हम इंद्र और वायु का आह्वान करते हैं कि वे हमें अन्न दें। (vii. 90. 7) (vii. 91. 7) अन्न उत्पादन करने वाले शब्दों का संबोधन इंद्र के लिए हैं। (viii. 3. 15) इंद्र, अन्न उत्पादक के साथ रहता है। (v. 31. 1) 'हे इंद्र, हमारी (अन्न का उत्पादन करने वालों की) रक्षा करो'। (v. 35. 7) किंतु अत्यंत आश्चर्यजनक बात यह है कि ऋग्वेद के काल में भी ऐसे ऋषि थे जिनका विचार था कि अन्न का उत्पादन करना मानव के लिए पर्याप्त महत्व का कार्य था और इसके लिए इंद्र का आह्वान करना व्यर्थ था: 'हे लोगो, (जना:) आप अन्न उपजाते समय इंद्र की स्तुति करते हैं, मानो वह वास्तव में विद्यमान है। किंतु इंद्र को कभी किसी ने देखा है? इसलिए हम किसकी स्तुति करें?' (viii. 109. 3.) (इस सूक्त के रचयिता भृगु वंश के नेम थे। इस सूक्त की परवर्ती ऋचाओं में इंद्र नेम के सामने उपस्थित हुए, उनकी शंका का निवारण किया और अपनी प्रशंसा की।)

उदाहरण भी सोच समझ कर नहीं चुने गए हैं बल्कि यों ही अलग अलग लेखकों से उठाए गए हैं। इसमें कोई संदेह नहीं कि ऋग्वेद का कोई भी अध्येता वि शेष प्रयत्न किए बिना ही इस तरह के बहुत सारे और उदाहरण खोज सकता है। ऋग्वेद के ऋ षि मुख्यतया भौतिक मूल्यों से घनिष्ट रूप से संबद्ध थे, उन्हें किसी ऐसे देवता का ज्ञान नहीं था या उसकी स्तुति नहीं करते थे जो इन भौतिक मूल्यों के साथ विशेष रूप से संबद्ध न रहा हो। और कहीं हम बहुत उतावले होकर यह न मान लें कि इन प्रारंभिक वैदिक ऋषियों को आध्यात्मिक विचारों की चेतना जाग्रत हो चुकी थी, इसलिए यहां कुछ चेतावनी वाले शब्द कहना लाभकारी सिद्ध होगा। शब्दों के अर्थ तेजी से वदलते हैं और उनकी अपेक्षा शब्द कुछ धीमी गति से रूपांतरित होते हैं। इसलिए बहुधा ऐसा होता है कि नई परिस्थितियों में एक पुराने शब्द को पूर्णतया नई घटनाओं की व्याख्या के लिए रख लिया जाता है। ऋग्वेद को आध्यात्मिक विषयवस्तु वाला मानने की यह सामान्य

धारणा भी बहुत हद तक इसी भ्रम का परिणाम है। बहुत से शब्द ऐसे हैं जिनका ऋग्वेद में मूलतः केवल भौतिकवादी अर्थ था लेकिन बाद की संस्कृत भाषा में ये कुछ आध्यात्मिक अर्थ लेकर जीवित रहे। संक्षेप में इन शब्दों के अर्थ अपने मूल अर्थ से ठीक विपरीत बन गए।

इसका सबसे अच्छा उदाहरण संभवतः भगवान शब्द होगा। आजकल हम आमतौर पर ईश्वर के लिए इसी शब्द का प्रयोग करते हैं। किंतु ऋग्वेद में भाग का सीधा सा अर्थ था भौतिक संपत्ति या उसका कुछ अंश। इस प्रकार भगवान का अर्थ था, 'वह जिसके पास भौतिक संपत्ति है,' या 'जो इस संपत्ति के कुछ अंश' को प्राप्त करने का अधिकारी है।

एक और उदाहरण हैं ईश्वर शब्द। किंतु ऋग्वेद के ऋषि इस शब्द को आजकल के भगवान वाले अर्थ में प्रयोग में नहीं लाते थे। निघंटु में इसके लिए चार समानार्थक शब्दों का उल्लेख हुआ है : रस्त्रि, आर्याः, नियुतवान और इनैना। (ii. 22) इन सबका संकेत 'प्रसार अथवा फैलाव' की क्रिया से था। किंतु वृद्धि या अभिवृद्धि किस चीज की? ऋग्वेद में जिन संदर्भों में ये शब्द वास्तव में आए हैं उनको यदि युक्तिसंगत दृष्टिकोण से देखें तो हमें इस प्रश्न के उत्तर के संबंध में किसी प्रकार का संदेह नहीं रह जाता : यहां भौतिक संपत्ति विशेषकर अभिवृद्धि करने के संदर्भ में ये शब्द प्रयोग में लाए गए। इस प्रकार एक आर्य के रूप में इंद्र वैदिक गायकों को पशु-धन भेजता था और जो लोग इस पृथ्वी पर दूसरों को अन्न देते थे 'उन्हें अन्न की पूर्ति करता था। (i. 33. 3. i. 31. 6) अतीत में एक आर्य के रूप में अग्नि, लोगों को अन्न की बहुलता लाने वाले स्थानों पर ले जाता था। (i. 70. 1. 2) एक आर्य के रूप में वह संपत्ति का वर्धन करता था और ऋतयानी ऋत के नियमों को बनाए रखता था और देवताओं तथा मनुष्यों को अन्न देकर उनका पोषण करता था। (i. 7. 3) नियुतवान के रूप में वायु का आह्वान किया जाता था कि वह वेद मंत्रोंच्चारण करने वाले गायकों के सुख के लिए संपत्ति लेकर आए। (i. 135. 4) इंद्र के स्वामी होने के नाते इंद्र, घोड़े, गायें, जौ आदि देता था और अपने मित्रों का सखा बन कर उनकी इच्छाएं पूरी करता था। (i. 53 2) इनैन के रूप में अग्नि, संपत्ति का देवता और संपत्ति का रक्षक था (i. 149. 7) और इसी प्रकार आगे भी है। और अधिक उदाहरण उद्धृत करना कष्टकारी कार्य होगा। किंतु यह याद रखने की आवश्यकता है कि यदि ऋग्वेद के देवतागण भौतिक संपत्ति की अभिवृद्धि की गतिविधि के साथ इतने संबद्ध प्रतीत होते हैं, विशेषकर अन्न की अभिवृद्धि के लिए तो यह निष्कर्ष निकाला जा सकता है कि वे वास्तव में इस प्रकार की सारी संपदा का उत्पादन करते थे। एक रोचक तथ्य यह है कि निघंटु में ऐश्वर्य कर्मणाः अर्थात भौतिक संपत्ति तैयार करने या उसका उत्पादन करने या आजीविका के साधनों को उपलब्ध करने की गतिविधियों के लिए चार पर्यायवाची शब्दों का उल्लेख किया गया है। (ii. 21) और कहने की आवश्यकता नहीं कि इन चारों शब्दों में स्वयं देवताओं की गतिविधियों का संदर्भ है।

6. तुलनात्मक विधि

संक्षिप्त पुनर्कथन—'ऋग्वेद' के मंत्रों या ऋचाओं की रचना के लिए जिस बात ने प्रेरित किया वह थी पशुपालक जनों की साधारण दैनिक इच्छाएं। यहां तक कि जिन देवताओं की स्तुति करते हुए ये ऋषि-मुनि हर्षातिरेक का अनुभव करने लगते थे वे देवता उन इच्छाओं का साकार रूप समझे जाते थे जो पूर्ण हो चुकी थीं। अन्य शब्दों में वही सामान्य दैनिक इच्छाएं थीं जिनसे वैदिक देवता बने। बहुधा इनका आह्वान एक मित्र द्वारा दूसरे मित्र को किए गए इस अनुरोध के रूप में होता था कि वे इन ऋषियों तथा इनके संबंधियों की इच्छाएं पूरी करें। इस तरह के

अनुरोध को उस प्रकार की पूजा नहीं कहा जा सकता जिन अर्थों में हम समझते हैं। क्योंकि अनेक मंत्रों या ऋचाओं में ये देवता केवल मनुष्य या अर्द्ध मानव प्राणी थे और यदि कुछ अन्य मंत्रों में ये मानवीय नहीं रहे तो भी इससे यही पता चलता है कि ये देवता इससे पूर्व के चरण में विकास की प्रक्रिया में रहे थे। अर्थात यद्यपि कुछ वैदिक ऋषि उस भावना की ओर बढ़े जिसे हम धर्म कहते हैं तो भी उनके पूर्वज धर्म की ओर अग्रसर नहीं हुए थे। हमारा संबंध यहां उन्हीं पूर्वजों के अनुभवों से है।

यह आपत्ति उठाई जा सकती है कि 'ऋग्वेद' के संबंध में इस तरह के दृष्टिकोण अपनाते हुए इन मंत्रों की एक अत्यंत महत्वपूर्ण विशिष्टता की उपेक्षा कर दी गई हैं। ये मंत्र साधारण अर्थों में गीत नही थे बल्कि इन्हें यज्ञों में प्रयोग (विनियोग) में लाया जाना था। और इसका अर्थ यह है कि यदि हम वैदिक मंत्रों अथवा ऋचाओं के मूल महत्व को समझना चाहते हैं तो हमें वैदिक यज्ञों के उद्भव के प्रश्न का अध्ययन करना होगा। यह एक प्रकार से वैदिक साहित्य को समझने की कुंजी है। किंतु यज्ञ के उद्भव के प्रश्न का अध्ययन करने से पूर्व यह आवश्यक है कि हम उस तुलनात्मक विधि को स्पष्ट रूप से समझ लें जिसकी चर्चा द्वितीय अध्याय में की गई है।

यदि वैदिक समाज को वैदिक यज्ञों से अलग रख कर नहीं समझा जा सकता तो स्वयं वैदिक यज्ञ भी वैदिक समाज से अलग करके नहीं समझे जा सकते। वैदिक समाज को समझने के लिए वैदिक जनों की पशुपालक अर्थव्यवस्था को समझना होगा। इसलिए अपनी विधि के अनुरूप हम इस प्रश्न से आरंभ कर सकते हैं : आर्थिक विकास के पशुपालक चरण में रहने वाले लोगों के सामाजिक संगठन की मूल विशिष्टताओं के संबंध में सामान्य रूप से क्या जानकारी उपलब्ध है? इस प्रश्न को लेकर हमें चौथे अध्याय के दूसरे भाग की ओर लौटना होगा जहां हमने आर्थिक विकास के दृष्टिकोण से वर्तमान जनजातियों के वर्गीकरण की विवेचना की है। यहां विशेष रूप से तर्कसंगत बात यह हैं कि कृषि अर्थव्यवस्था की तीसरी श्रेणी की भांति पशुपालक अर्थ-व्यवस्था की दूसरी या अधिक विकसित श्रेणी एक ऐसा बिंदु है जहां आकर वर्गीकृत समाज से पूर्व के या वास्तविक जनजातीय समाज की समाप्ति हो गई है : यहीं से जनजातीय समाज का विघटन शुरू होता है, अन्य शब्दों में दो समानांतर पथ जिनसे चलकर वर्गीकृत समाज से पूर्व के लोग उस विघटन बिंदु पर पहुंचे। ये दो पथ हैं : कृषि अर्थव्यवस्था और पशुपालक अर्थव्यवस्था का विकास। किंतु यह अंतिम विशिष्ट परिवर्तन अर्थात वर्गीकृत समाज से पूर्व की व्यवस्था का वर्गीकृत समाज में पूर्ण परिवर्तन केवल इस बात का परिणाम रहा होगा कि उत्पादकता संबधी मानव श्रम में धीरे धीरे वृद्धि हुई जिसके कारण अपनी आवश्यकता से अधिक उत्पादन होने लगा यानी इस बात की संभावना उत्पन्न हो गई कि कुछ लोग बहुत से लोगों के श्रम पर जीवित रहें। यह एक मूल परिस्थिति थी जिससे समाज में वर्गभेद आ गया। हम वैदिक साहित्य में प्रतिबिंबित इस प्रक्रिया के कुछ पहलुओं को देखने का प्रयत्न करेंगे। इस समय हमें केवल इतना याद रखना है कि पशुपालक अर्थव्यवस्था का विकास एक लंबी प्रक्रिया थी जिसके अंत में ही वर्गीकृत समाज-पूर्व की व्यवस्था अंतिम रूप से टूट गई।

'ऋग्वेद' की रचना पशुपालक लोगों ने की थी लेकिन इस सारे वेद की रचना करने में कई शताब्दियां लगी होंगी। इस लंबी अवधि में वैदिक जनों की उत्पादन क्षमता में भी बहुत अधिक अभिवृद्धि तथा अनेक परिवर्तन आए होंगे जिससे वैदिक पूर्व काल से वर्गीकृत समाज तक के संक्रमण के लिए भौतिक परिस्थितियां उत्पन्न हुईं। इस प्रकार सामाजिक विकास के सामान्य नियम के अनुसार निष्कर्ष यही होगा कि 'ऋग्वेद' अपनी समग्रता में लंबी संक्रमण विधि का साहित्य था जिसमें एक ओर वर्गपूर्व समाज, उसकी विशिष्ट आस्थाओं और रीति रिवाजों की

स्मृति (कहीं कहीं उसकी झलक) बनी रही, और दूसरी ओर इसमें वर्गीकृत समाज का पूर्वाभास था।

यह तो सभी जानते हैं कि वैदिक जन मूलतः आदिवासी अथवा जनजातीय लोग थे। आधुनिक विद्वानों में जो अग्रणी हैं उन्होंने उनकी सामाजिक व्यवस्था को जनजातीय व्यवस्था कहने में कोई संकोच नही किया। (सी. एच. आई. 1.28 और आगे; वी. ए. 245 और आगे) किंतु तुलनात्मक विधि का विशेष लाभ यह है कि इससे हमें एक कदम और आगे बढ़ने अर्थात जनजातीय समाज को स्पष्ट रूप से समझने में मदद मिलती है और इस प्रकार हम वर्तमान जनजातीयों के संबंध में अपनी जानकारी के संदर्भ में 'ऋग्वेद' की अपेक्षाकृत प्रत्यक्ष विशिष्टताओं को समझ सकते हैं। यहां कम से कम एक ऐसा उदाहरण दिया जा सकता है कि किस प्रकार हमारे आधुनिक वैदिक विद्वानों ने भी इस तुलनात्मक विधि को न अपना कर ऐसे निष्कर्ष निकाले जिनमें कोई गहराई नहीं थी। यहां हम विंटरनित्स का कथन प्रस्तुत करते हैं :

> किंतु जैसा कि मैक्समूलर ने कहीं कहीं किया है, हमें प्राचीन भारत की नैतिक परिस्थितियों और स्तर को बहुत उच्च नहीं मान लेना चाहिए। इसका कोई बहुत आदर्श चित्र मन में नहीं बिठा लेना चाहिए। हमें 'ऋग्वेद' की ऋचाओं में कौटुंबिक व्यभिचार, सतीत्तव हरण, दांपत्य जीवन में एक दूसरे के साथ धोखाधड़ी, गर्भपात कराने, छल-कपट, चोरी और डकैती जैसी बातों का उल्लेख मिलता है। किंतु इन सबसे यह सिद्ध नहीं होता कि 'ऋग्वेद' पुरातन नहीं था। अधुनिक मानव जाति विज्ञान में, 'प्रकृति की निर्मल संतान' के बारे में भी इससे अधिक जानकारी नहीं है जितनी यह कि सभी आदिम जन क्रूर जंगली या नरभक्षी थे। मानव जाति विज्ञान के ज्ञाता को यह पता है कि आदिम जनों से अर्धसभ्य जनों तक और फिर वहां से सभ्य राष्ट्र बनने की स्थिति तक पहुंचने के लिए असंख्य भिन्न भिन्न सांस्कृतिक परिस्थितियों की एक श्रृंखला हैं। इसलिए यह कल्पना नहीं कर लेनी चाहिए कि 'ऋग्वेद' काल के लोग बहुत ही सीधे-साधे, छलकपटहीन चरवाहे थे या क्रूर, वर्बर लोगों का एक समूह था और न ही हम पूर्णतया यह मान लें कि वे अति सुसंस्कृत लोग थे। 'ऋग्वेद' की ऋचाओं में जिस प्रकार की संस्कृति की झलक मिलती है उससे पता चलता है कि भारतीय आर्य क्रियाशील, प्रसन्नचित्त और योद्धा लोग थे जिनका दैनिक जीवन बहुत सादा था किंतु फिर भी वे लोग आंशिक रूप से बर्बर थे। वैदिक मंत्रोच्चारण करने वाले गायक, इन ऋचाओं में देवताओं से विनय करते हैं कि वे शत्रु के विरुद्ध उनकी सहायता करें, युद्ध में विजय हो, उनका गौरव बढ़े और बहुत सी संपदा हाथ लगे; वे संपत्ति, ढेर सारे स्वर्ण, असंख्य पशुओं की प्राप्ति, अपने खेतों के लिए वर्षा, संतान के लिए शुभाशीष और दीर्घजीवन का वरदान मांगते हैं। 'ऋग्वेद' की ऋचाओं में तब तक हमें भारतीय चरित्र का सुकुमार, त्यागमय और निराशावादी पक्ष नहीं दिखाई देता जो बाद के भारत के साहित्य में हमें बार बार देखने को मिलता है। (124.i67.8)

यह मैक्समूलर द्वारा खींचे गए कवित्वमय चित्र और कई शताब्दियों के दौरान उपजी रहस्यमय श्रद्धा को खंडित करने वाला ठोस किंतु नकारात्मक कथनमात्र है। और इस कथन का नकारात्मक महत्व इस बात का परिणाम है कि भले ही आंशिक रूप से माना गया हो, किंतु यह स्वीकार किया गया है कि तुलनात्मक विधि थोड़ी बहुत अपनाई जाए और साथ ही यह माना गया है कि आधुनिक मानवजाति विज्ञान 'ऋग्वेद' जैसे प्राचीन साहित्य पर महत्वपूर्ण प्रकाश डाल सकता है। ग्रीक पौराणिक कथाओं में वर्णित एथीना लोगों की भांति वैदिक जन अपने पूर्ण कवच आदि से सजधज कर पृथ्वी से अचानक ही उत्पन्न नहीं हुए होंगे। इसके विपरीत संसार के कई अन्य

लोगों की भांति उनको भी सामाजिक विकास की सीढ़ी के सबसे निम्नतम स्तर से अपना जीवन आरंभ करना पड़ा होगा, या जैसा कि विंटरनित्स ने कहा, उन्हें वर्बरता और जंगली जीवन से चलकर सभ्य जीवन तक धीरे धीरे सीढ़ियां चढनी पड़ीं। इसके अलावा, यह ठीक ही कहा गया है कि 'ऋग्वेद' में भी असभ्य जनों की रीतियों आदि के अवशेष विद्यमान थे जो स्पष्ट है कि तब तक नहीं समझे जा सकते जब तक कि उन्हें आज के युग में अत्यंत पिछड़े लोगों में विद्यमान ऐसी ही रीतियों के संदर्भ में न देखा जाए।

किंतु विंटरनित्स जिन निष्कर्षों पर पहुंचे, वे अत्यंत तुच्छ और निश्चित रूप से भ्रामक हैं। इसका कारण यह है कि ये निष्कर्ष निकालते समय तुलनात्मक विधि को पर्याप्त गंभीरतापूर्वक नहीं अपनाया गया है। आधुनिक मानवजाति विज्ञान यह नहीं कहता कि आदिवासी लोग भी कौटुंबिक व्यभिचार, सतीत्वहरण, दांपत्य जीवन में धोखाधड़ी, गर्भपात, छलकपट, चोरी और डकैती जैसी बातों में उतने ही रत हैं जितने कि सभ्य लोग; अर्थात सामाजिक बुराइयों में आदिवासी लोग सभ्य लोगों का मुकाबला करते हैं। जैसाकि एंगेल्स ने इस बात को स्पष्ट किया है, हमारे लिए अपने मानदंड के अनुसार आदिवासी समाज की यौन नैतिकता को समझना असंभव है; इसलिए, यद्यपि विभिन्न आदिवासी जातियों के बीच आपसी लड़ाई और इसी के कारण चोरी-डकैती आदि, पशुपालक अर्थव्यवस्था के कुछ अधिक विकसित चरण में एक नियमित बात बन गई होगी, तो भी वास्तविक आदिवासी समाज में विभिन्न जनजातियों के अंदर अलग अलग चोरियां आदि होने की भौतिक परिस्थितियां उत्पन्न नहीं थीं क्योंकि इसका सीधा सा कारण यह है कि उस समय तक संपत्ति सारी जाति की साझी होती थी। (4. 60 और आगे) इसलिए यदि 'ऋग्वेद' में सामाजिक बुराइयों को आधुनिक अर्थों में खोज पाना असंभव है तो जिन लेखांशों में इन बुराइयों के उल्लेख हुए हैं, उन्हें सामाजिक विकास के इस चरण का संकेत समझा जाना चाहिए जिसमें वास्तविक आदिम परिस्थितियां विघटित होनी शुरू हो गईं। किंतु 'ऋग्वेद' की प्रमुख विशेषता सामाजिक बुराइयों को उस अर्थ में उद्घाटित नहीं करती जिस अर्थ में इसे हम आज समझते हैं।

हम आगे चलकर 'ऋग्वेद' में 'ऋत' के संबंध में फिर विचार करेंगे और देखेंगे कि जैसा एंगेल्स ने कहा, कि यह 'ऋत' 'प्राचीन असभ्य समाज के सीधे साधे नैतिक वैभव' को दर्शाता है। (वही. 163) किंतु पहले हम सामाजिक संगठन की प्रमुखतम विशिष्टता को लेंगे। हम अपनी विधि के अनुरूप सबसे पहले यह देखेंगे कि वैदिकजनों का विकास जिस स्तर तक हो चुका था उस चरण तक आज जिन जनजातियों का विकास हो चुका है, उनमें हमें कौन सी विशिष्टताएं प्रत्यक्ष दिखाई देती हैं। विंटरनित्स ने यह स्वीकार किया है कि अफ्रीका की काफिर नामक जनजाति ऐसी ही आदिवासी जातियों में से एक है। किड ने इनके सामाजिक गठन की प्रमुखतम विशिष्टता के संबंध में कहा है :

> काफिर कबीले का व्यक्ति यह अनुभव करता है कि 'जो व्यवस्था उसे कबीले के साथ बांधे रखती है' वह सारे कबीले के लिए है। काफिर कबीले के अंदर जो पूर्ण एकता और संगठन की भावना है, उसकी तुलना में यूरोप में परिवार के अंदर एकता की भावना बहुत क्षीण है। कबीले के अधिकारों के समक्ष व्यक्ति के अधिकार पूर्णतया नगण्य हो जाते हैं। जनजातियों की भूमि-पट्टे की प्रणाली, जो इतने सुचारु ढंग से चलती रही है कि इससे किसी भी समाजवादी का स्वप्न साकार हो सकता है, कबीले की संघबद्ध संयुक्तता अथवा समवेत एकता की भावना का स्थाई उदाहरण है। यूरोपवासियों का सौभाग्य है कि यह एकता की भावना कबीले या जनजाति तक ही सीमित है, अन्यथा दक्षिण अफ्रीका में कोई भी

> गोरा व्यक्ति बचा नहीं रह सकता था। पुराने जमाने में जब कबीले का सरदार किसी सदस्य से गोरे लोगों के लिए काम करने और इससे होने वाली सारी या लगभग समूची आय सरकार को दे देने को कहता था तो उस व्यक्ति में किसी व्यक्तिगत हानि की भावना उत्पन्न नहीं होती थी। यह धन कबीले के अंदर ही रहता था। कबीले के हित को ही व्यक्ति का हित, या व्यक्ति के हित को कबीले का हित माना जाता था। इस बात की ओर ध्यान आकृष्ट किया जाना चाहिए कि कबीले के लोगों को अपने व्यक्तिगत स्वार्थ की ओर ध्यान देने का पाठ न केवल मिशनरी पादरी पढ़ाता है बल्कि व्यापारी, खान मालिक और किसान इस स्वार्थपरता को जाग्रत करता है। कबीले की समवेत एकता की भावना की विशेषता यह है कि इसे सोच-समझ कर कानून बना कर अनिच्छुक लोगों पर बाहर से नहीं थोपा गया। यह तो अनुभव पर आधारित व्यवस्था है जो सहज ही उत्पन्न हो गई और इसका आधार था न्यूनतम विरोध। यदि कबीले का एक भी व्यक्ति कष्ट भोगता है तो बाकी सारे सदस्य भी कष्ट का अनुभव करते हैं। यह मात्र भावात्मक बात नहीं है, बल्कि एक तथ्य है। समवेत एकता की भावना केवल मन को प्रसन्न करने की श्रेष्ठ धार्मिक कल्पना नहीं थी। यह एक वास्तविक अनुभूति थी जो सर्वहित की भावना को विकसित करने का एक श्रेष्ठ आधार थी। घोर स्वार्थपरता को नियंत्रण में रखा जाता था, मन की आकुलता को संयम के पाश में बांधा जाता था, ऐसा व्यक्ति के अंदर सहजस्फूर्त भावना से होता था न कि किसी के कहने पर। (10. 74 और आगे)

यदि आधुनिक काफिर लोग अब भी विकास के उस स्तर पर हैं जिसे हजारों साल पहले वैदिक जन पार कर चुके हैं और यदि समवेत एकता की वह भावना जो 'किसी समाजवादी के स्वप्न को साकार कर सकती है',तथा काफिर लोगों के सामाजिक संगठन को समझने की कुंजी है तो हमारे लिए यह अपेक्षा करना युक्तिसंगत होगा कि वैदिकजनों के साहित्य में भी इसी समवेत एकता की झलक या अवशेष होने चाहिए।

जिन अंशों की चर्चा की जा चुकी है उनमें 'ऋग्वेद' की एक प्रमुख विशिष्टता प्रत्यक्ष दिखाई देती है। इहलौकिक वस्तुओं की इच्छा जो परोक्ष या अपरोक्ष रूप से वैदिक ऋचाओं का मूल आधार थी, मुख्यतया सामूहिकता का आधार लिए हुए थी। अन्य शब्दों में यह व्यक्तिगत समृद्धि की इच्छा नहीं थी बल्कि समूह की समग्र समृद्धि की निश्चित इच्छा थी। ऐसा कहने का अर्थ यह नहीं हैं कि यह दावा किया जा रहा कि 'ऋग्वेद' में किसी ऐसे लेखांश को ढूंढ़ पाना असंभव है जिसमें व्यक्तिगत इच्छा की अभिव्यक्ति की गई हो। इस तरह के लेखांश भी हैं और स्पष्ट है कि इनसे पता चलता है कि वैदिकजनों के आदिम सामूहिक जीवन का विघटन हो रहा था। किंतु हमारा आरंभिक बिंदु यह है 'ऋग्वेद' में सामूहिकता की चेतना थी जो वैदिकजनों के प्रारंभिक जीवन की सामूहिकता को प्रतिबिंबित करती है।

'ऋग्वेद' में सामूहिकता की यह भावना इतनी प्रबल रूप से प्रत्यक्ष है कि इसकी अनदेखी करना असंभव है। अन्न, पशुधन और अन्य भौतिक संपत्ति के साथ साथ संतान, विशेषकर लड़कों की इच्छा भी सारे समूह के लिए की जाती थी : इस इच्छा को व्यक्त करते समय 'हमारे लिए' शब्द का प्रयोग किया जाता था न कि 'मेरे लिए'। (उदाहरणार्थ i.73; ii.11.21; आदि बड़ी संख्या में संदर्भ की सूची वनाई जा सकती है।) ऐसी परिस्थितियों में यह बड़े आश्चर्य की बात है कि प्रमुख वैदिक विद्वान, वैदिक ऋचाओं की इस प्रबल और स्पष्ट विशेषता के बारे मे मौन हैं। इसका कारण केवल वही बात हो सकती है जिसे मार्क्स ने महानतम विद्वानों की 'न्यायिक अंधता' (जुडीशियल ब्लाइंडनेस) कहा है और जैसाकि हम देख चुके हैं इस व्याधि का

निदान प्राचीन काल के अध्ययन की तुलनात्मक पद्धति ही है।

7. सामूहिक जीवन के अवशेष

तीसरे अध्याय के सातवें और बारहवें भाग में, वैदिक ग्रंथों में गण और व्रात के प्रसंग पर विचार करते समय हमें वैदिक जनों के सामूहिक या वर्गपूर्व संगठन के कुछ पहलू देखने को मिले थे। 'ऋग्वेद' में इसके या इसके अवशेषों के कई और रोचक प्रमाण हैं। इन्हें शीर्षकों के अधीन देखना लाभकारी होगा। (1) सामान्य प्रकार के प्रमाण और (2) अधिक विशिष्टतापूर्ण प्रमाण। इस दूसरे वर्ग के प्रमाणों में उत्पादन, वितरण और प्रशासन के प्रश्न आएंगे। युक्तिसंगत है कि उत्पादन की बात पहले आए। किंतु इस समस्या की बहुत सी जटिलताओं को देखते हुए हम इस पर वितरण और प्रशासन की समस्याओं पर विचार करने के बाद ध्यान देंगे। क्योंकि वैदिक जनों के वितरण और प्रशासन के तरीके से जो बात स्पष्ट होती है, वह उनके उत्पादन के तरीके के दुर्बोध पहलुओं पर प्रकाश डाल सकती है; अर्थात यदि उनका वितरण और प्रशासन का तरीका स्पष्टतया सामूहिक हो तो यही अनुमान लगाया जाएगा कि उनकी उत्पादन विधि भी वैसी ही रही होगी। किंतु सामान्य प्रकार के प्रमाणों को पहले लीजिए। याद रखने वाली बात यह है कि समता की भावना, सामूहिकता की भावना की समकक्ष है। यहां 'ऋग्वेद' की एक के बाद एक, दो ऋचाएं दी जाती हैं :

> वे प्राचीन कवि (कवयः पूर्वव्यासः) ऋत का पालन करने वाले, देवताओं की सुखदायक संगति में थे। (देवानाम् साधा मदाः आसन्); उन पूर्वजों (पितराः) को रहस्यमय प्रभा की प्राप्ति हो गई थी; सत्य के मंत्रों से उन्होंने उषस् को उत्पन्न किया।
>
> सबके साझे पशु (समाने उर्वः—सायण के अनुसार सर्वेषाम् साधारणो गोसमूहे) होने के कारण वे संगठित थे (अधिसंगतः) और सबके बिचार भी एक जैसे बन गए (ते सम जनतेः—सायण के अनुसार ते एक बद्धायः भवंति); मानो वे संयुक्त रूप से श्रम करते हैं (न यतंते मिथाः ते), और न ही वे देवताओं के अनुष्ठानों अथवा व्रतों (व्रतानि) को हानि पहुंचाते हैं : एक दूसरे को हानि पहुंचाए बिना ही वे संपत्ति के साथ विचरते हैं (अमर धन वसुभिः यदमाना)। (vii.76.4-5)

ध्यान देने योग्य बात है कि यहां हमें वैदिक जनों के जीवन के अत्यंत प्राचीन चरण का उल्लेख मिलता है क्योंकि ये ऋचाएं ऋग्वेद में उस काल में बनीं जो बहुत प्राचीन है और इसके अलावा इनमें अतीत का स्पष्ट उल्लेख है। इनका विशेष महत्व इसलिए भी है कि छोटी मोटी बातों के दुर्बोध होते हुए भी आदिम साम्यवाद और उसकी सामूहिकता की चेतना का एक व्यापक चित्र काफी स्पष्ट है। आदिम साम्यवाद की यह स्मृति उस युग की भी स्मृति थी जब लोग देवताओं की सुखद संगति में रहते थे और स्वयं देवता भी बैठे ठाले खाने की बजाय अपने अपने कार्य करते थे और लोग उनकी आलोचना या समर्थन कर सकते थे। साम्यवाद की ऐसी परिस्थितियों में रहने वाले वैदिक जनों के सीधे सादे नैतिक वैभव की उपेक्षा नहीं की जा सकती : प्राचीन कवि ऋत का पालन करते थे और उनमें परस्पर ईर्ष्या कहीं भी विद्यमान नहीं थी।

इन ऋचाओं में उल्लिखित प्राचीन कवियों को अंगीरस कहते थे। यहां हम विषय से थोड़ा हटकर 'ऋग्वेद' में अंगीरसों से संबद्ध कथाओं पर विचार करेंगे, क्योंकि इन कथाओं में हमें वैदिक कवियों और वैदिक देवताओं के बीच मूल संबंधों के बारे में महत्वपूर्ण संकेत मिलते हैं। इन कथाओं का संकलन करने के लिए हम मैकडानल (94.142.2) के आभारी हैं। वेबर का विचार है कि ये अंगीरस, भारत-ईरानी काल के ऋत्विज या पुजारी थे। अथर्ववानों के साथ उनके

घनिष्ठ संबंध से इस बात की पुष्टि होती है, यद्यपि इस बात की भी अधिक संभावना है कि न ऋत्विज अथवा पुजारी होने के बजाय आदिम ओझा या जादू टोना करने वाले थे। जो भी हो, इसमें कोई संदेह प्रतीत नहीं होता कि वे मूलतः मनुष्य थे और कुछ नहीं। 'ऋग्वेद' के कवियों ने उन्हें 'पिता,' (x.62.2) 'हमारे पिता' (i.71.2) और 'हमारे प्राचीन पिता' (i.62.2) कहकर संबोधित किया है। इन पूर्वजों में 'प्राचीन अंगीरसों' (i 139.9) का उल्लेख भी आया है। उन्हें अथर्वनों और भृगुओं (x.14.6), जो वास्तव में मनुष्य थे, के साथ साथ पिता भी कहा गया। अनुक्रमणी (94.143) में बताया गया है कि ऋग्वेद के नवें मंडल की रचना विभिन्न अंगीरसों ने की थी और यह भी संकेत दिया है कि परंपरागत स्मृति के अनुसार ये प्राचीन कवि या कवि जादूगर थे।

साथ ही 'ऋग्वेद' में इनसे संबद्ध अन्य कथाओं में हम देखते हैं कि किस प्रकार ये धीरे धीरे देवत्व के स्तर तक पहुंचे। यज्ञ द्वारा उन्होंने अमरत्व और इंद्र की मैत्री प्राप्त की। (x.62.1) इंद्र ने उनके साथ जाकर वल (ii.11.20) का छेदन किया और गायें उत्पन्न की। (vi.17.6) उनकी स्तुति से प्रेरित होकर इंद्र ने यही किया। (ii.15.8; iv.16.8) उनका नेतृत्व करने के कारण इंद्र को अंगीरसतामः कहा जाता था। (i.100.4;i.130) मैकडानल का कहना है कि 'विचित्र बात यह है कि गायों वाली कथा में इंद्र की स्थिति अंगीरसों से गौण है।' (94.142-3) इस प्रकार कहा जाता है कि अंगीरसों ने गौशालाओं और अश्वशालाओं को खाली कर दिया और इस कार्य में इंद्र उनका सहयोगी था। (x.62-7) यहां हमें वह संक्रमणकाल देखने को मिलता है जिसमें इंद्र के नाम का उल्लेख होना बंद हो गया और जो विशेष कार्य वह करता था वे स्वयं अंगीरस करने लगे। कर्मकांड से उन्होंने गायों को बाहर भगाया और वल का छेदन किया, (x.62-2) सूर्य को आकाश में जाने के लिए बाध्य किया और धरती माता का विस्तरण किया। (x 62-3) कर्मकांड द्वारा उन्होंने शिला को भेदा और गायों के साथ उच्च स्वर में कोलाहल किया। (iv.3-11) 'यदि अंगीरसों ने इस प्रकार इंद्र द्वारा किए जाने वाले अधिकांश विशेष कार्य स्वयं करने शुरू कर दिए तो इसका एकमात्र कारण यही रहा होगा कि वे न केवल इंद्र के मित्र बन गए बल्कि कुछ मामलों में तो उसके बराबर हो गए। अर्थात अंगीरस, जो पहले केवल मनुष्य थे, अंततः देवता बन गए। हम इसी दृष्टिकोण से यह समझ सकते हैं कि किस प्रकार बृहस्पति शिलाओं का छेदन करते हुए और गायों को पकड़ते हुए (vi.73.1; 3) या भाग के रूप में (x.68.2) गायें देते हुए अंगीरस कहलाया। अग्नि को, यद्यपि कहीं कही महा अंगीरस. (i.75.2; i.31.1) कहा गया, किंतु बहुधा वह भी अंगीरस कहलाया। (i.127.2 में अग्नि सभी अंगीरसों के बीच वरिष्ठतम थे और vi.11.3 में वह उनमें से सर्वाधिक बुद्धिमान थे।) मैकडानल ने बताया कि 'एक लेखांश में (i.31-17) कवि आह्वान करता है, 'हे अग्नि, जिस प्रकार तुम मनु और अंगीरस के पास जाते हो उसी भांति हे अंगीरस हमारे पास भी आओ।' यह नाम पूर्वज तथा अग्नि दोनों का द्योतक है। (94.143) इसलिए कोई आश्चर्य की बात नहीं है यदि हम यह देखते हैं कि उन्हें सोम दिया गया (ix.62.9) और देवताओं के रूप में उनका आह्वान किया गया। (iii.53.7)

ऐसी ही प्रक्रिया का परिणाम हम मरुतों और रिभुओं के मामले में भी देख चुके हैं। हमने यह भी देखा कि देवत्व प्राप्ति के बाद भी उन्होंने सामूहिक जीवन की प्रमुख विशेषताएं अपनाए रखीं और वे संभवतः मनुष्य के रूप में ऐसा ही सामूहिक जीवन व्यतीत कर रहे थे। इसलिए कोई आश्चर्यजनक बात नहीं है कि अंगीरसों के बारे में भी यही वैशिष्ट्य देखने को मिले। 'ऋग्वेद' के बाद के कुछ अंशों में एक पूरा सूक्त उनकी स्तुति में लिखा गया। (x-62) इसमें

उन्हें देवताओं के रूप में संबोधित किया गया है। किंतु सूक्त की प्रमुख विशेषता यह है कि सभी जगह अंगीरसों को एक समूह के रूप में संबोधित किया गया। संभवतः वे न केवल मूलतः मनुष्य थे बल्कि ऐसे मनुष्य थे जो वर्गीकृत समाज से पूर्व सामूहिक जीवन व्यतीत कर रहे थे। जिन दो ऋचाओं से हमने यह विवेचन आरंभ किया था उनसे इस बात की पुष्टि होती है। इन प्राचीन कवियों की साझी गायें थी और सामूहिक चेतना थी।

अब हम फिर अपने विचार-विमर्श की मुख्य बात यानी 'ऋग्वेद' में सामूहिक जीवन के अवशेषों पर आते हैं। यदि भौतिक संपत्ति के सामूहिक स्वामित्व का उल्लेख केवल इन्हीं दो ऋचाओं तक सीमित रहता तो यह एक विशेष बात होती। किंतु सत्य यह है कि अन्य ऋचाओं में भी हमें ऐसे ही उल्लेख मिलते हैं। सामूहिक स्वामित्व और अतीत की चर्चा का एक और उदाहरण देखिए :

> अतीत की भांति (पूर्ववतः), उसने (अग्नि) साझी संपत्ति (समानम् धनम्) सभी मनुष्यों के लिए उत्पन्न की। (lii. 2. 12)

कुछ अन्य उदाहरणों में अतीत का उल्लेख नहीं आता है :

> सबकी साझी गाय (समानम् नाम धेनु) क्षिप्र गति से चले।(vi. 66. 1) हम साझी संपत्ति (समानम् वसवानम्) के रक्षक और संपत्तिदाता (वयु जुवम्) इंद्र का आह्वान करते हैं कि हमारी रक्षा करे। (viii. 99. 8.)
>
> हे इंद्र, जिस प्रकार अपने पिता के साथ रहने वाली कन्या बराबरी का हिस्सा (भागम्) लेती है, उसी प्रकार वह संपत्ति लाओ और हमें हमारा भाग दो (कृंधि उप मसि); हमें हमारे शरीर के लिए भाग दो (तनवा)। (ii. 17. 7)

इस अंतिम ऋचा में उत्तराधिकार संबंधी नियम कुछ दुर्बोध हो सकता है किंतु इसका स्पष्ट झलकने वाला भौतिकवादी दृष्टिकोण दुर्बोध नहीं है क्योंकि जिस बात की भी इच्छा की गई, वह शरीर के लिए थी। एक अन्य रोचक ऋचा में गायों के साझे स्वामित्व का अधिकार प्रारंभिक वैदिक जनों के ऋत अर्थात सहजस्फूर्त नैतिकता से उद्भूत प्रतीत होता है :

> हे अग्नि, तुम्हारी दीप्ति हम तक पहुंचती है और तुम ऋत की गायें समान भाग में हम तक लाए (ऋतधेनाः अनवन्ताः सश्रुताः— सायण ने इसकी व्याख्या करते हुए सश्रुताः को समानम् गच्छंताः बताया)। (i. 141, 1)

वे मनुष्य जिनकी सहायता देवताओं को बहुधा प्राप्त रहती थीं, एक दूसरे के लिए समान बताए जाते थे। उन व्यक्तियों के साथ जो आपस में समान हैं (समानैः नृभिः यत् युक्ताः), 'हे अग्नि, तुमने असुरों का संहार किया' (i. 69. 8) मनुष्य देवताओं के बराबर हो गए (i. 127. 8), और यह 'पिताओं' (vii. 72. 2) के युग से हुआ। अग्नि सब लोगों के समान थे (i. 127. 8)। इंद्र ने गायों की रक्षा की, वृत्र को मारा और सबके समान थे। (iv. 30. 22) स्वयं देवताओं के बीच भी किसी प्रकार की समानता का संकेत दिया गया है। जुड़वां बंधुओं की भांति इंद्र और अग्नि एक ही कुल के थे। (vii. 59. 2) नसत्यों ने सभाओं में बैठकर मनुष्यों के साथ सोमपान किया (vii. 73. 2) (v. 87. 4), अश्विनों की मैत्री और मूल उत्पत्ति समान है (viii.73. 12), मरुत अपने साझे निवास (v. 87. 4) से बाहर आ रहे थे और कुछ देवता सबके लिए दिए गए हव्य का उपभोग कर रहे थे। (l. 25. 6) यहां तक कि देवताओं को सामूहिक रूप से श्रम करते हुए देखना भी असंभव नहीं है :

> हे रिभुओ, हमारे यज्ञ, हमारे कार्य, हमारे भोजन और हमारी संतान के लिए मिल जुलकर अन्न उत्पन्न करो जिससे हम सभी नायकों और लोगों के साथ मिल कर रहें। हमारे

अवयवों को शक्ति प्रदान करो। (i. 111. 2)

किंतु 'ऋग्वेद' में सामूहिकता के सभी अवशेषों में से संभवतः सबसे उल्लेखनीय अवशेष इसके अंतिम सूक्त में मिलता है और यह सूक्त समय के संदर्भ में भी बहुत बाद के चरण में लिखा गया था। इस सूक्त की अंतिम तीन ऋचाओं में उस समता और सामूहिकता की उत्कट इच्छा व्यक्त की गई है जो अतीत में वैदिकजनों और उनके देवताओं के बीच विद्यमान थी किंतु जो बाद में स्पष्टतया विलुप्त हो गई :

> आप एक दूसरे के साथ सहमत रहें; आप एक दूसरे के साथ घनिष्ठतापूर्ण संबंध रखें, आपके अंदर वैसा ही मतैक्य रहे जैसाकि प्राचीन काल के देवताओं की बीच अपने अपने भाग के संबंध में रहता था (देवाःभागम् यथा पूर्वे संज्ञानः उपवसते)।
>
> उनका परामर्श (मंत्र) वैसा ही हो, उनका पथ वैसा ही हो (व्रत), उनके उद्देश्य समान हों (सह); मैं आपके लिए वैसी ही आहुति देता हूं; आप उसी विचार के अंदर एक साथ प्रविष्ट हों (चेतस्)।
>
> आपका लक्ष्य समान हो, आपके हृदय समान हो, आपके विचार समान हों, जिससे आप सबके लिए सुखकारी हों (x. 191. 2. 4. तुल. अ. वे. vi. 64 अनु. किटनी)।

वैदिक जीवन की आदिम सामूहिकता को तोड़ना ही था और इसे तोड़ा गया। किंतु जैसा कि हम देखेंगे, इस सामूहिकता को कुछ ऐसी शक्तियों के साथ भंग किया गया जो अधिक संवेदनशील कवियों को एक प्रकार का पतन प्रतीत हुआ। वे उस जीवन के लिए विलाप कर रहे थे जो खो गया था और अतीत की स्मृति को पुनर्जाग्रत करने का उन्मुक्ततापूर्ण प्रयत्न कर रहे थे मानो इससे वह आनंददायी समता और एकता पुनर्स्थापित हो जाएगी जो उनके पूर्वजों के काल में थी।

निर्णायक महत्व की बात इन शब्दों में है : देवाः भागम् यथा पूर्वे संज्ञानः उपवसते, अर्थात जिस प्रकार देवतागण अतीतकाल में अपने सामूहिक जीवन में अपने अपने भाग स्वीकार करते थे। स्पष्ट है कि परिस्थितियां बदल गईं थीं। इंद्र अधिग्रहीत संपत्ति में दूसरों से अधिक हिस्सा मांग रहा था। (vii. 32. 12)

किंतु यहां अंश अथवा 'भाग' का क्या अर्थ है और देवताओं के अपने अपने भाग का क्या अर्थ है? इस प्रश्न से हम उस विशेष विधि पर आते हैं जिसके अनुसार आदिम साम्यवादी व्यवस्था में वितरण होता था और जिसके अवशेष ऋग्वेद में मिलते हैं।

8. भाग और अंश : वितरण

डारविन का कथन है कि फ्यूजियन आदिम जातियों के लोगों में पूर्ण समता थी। डारविन को यह आशंका थी कि इस समता के कारण वे कभी भी सभ्य लोग नहीं बन सकते (42. 242) क्योंकि इस समता को एक विचित्र प्रकार की वितरण विधि द्वारा बनाए रखा गया था और इसके अनुसार उनके पास जो कुछ था उसे सब लोगों में समान रूप से वितरित किया जाता था : 'यहां तक कि यदि किसी एक व्यक्ति को कपड़े का टुकड़ा दिया जाता है तो उसे छोटी छोटी चिंदियों में फाड़कर बांट दिया जाता है और किसी भी व्यक्ति के पास दूसरे व्यक्ति की अपेक्षा कुछ भी अधिक नहीं रहता।' बेली ने यही बात श्रीलंका के वेद्धा लोगों में देखी। (67. ii. 494 में उद्धृत)

यहां हमें न केवल 'वेद' में संपत्ति का भाग बांटने की बहुचर्चित प्रथा का सूत्र संकेत मिलता है बल्कि दो अन्य विशिष्ट वैदिक देवताओं 'भाग' और 'अंश' के उद्भव के संबंध में भी कुछ जानकारी मिलती है। इन दोनों शब्दों का अर्थ है 'हिस्सा' और इन दोनों देवताओं का आर्थिक कार्य वैसा ही था जैसा कि प्राचीन मातृसत्तात्मक ग्रीस की देवी मोयरा का था। किंतु हमारी

तुलनात्मक विधि के लिए आवश्यक है कि वर्गीकृत समाजपूर्व के आदिम समाज की विशिष्ट वितरण प्रणाली के बारे में सामान्यतः जो जानकारी उपलब्ध है, पहले उसका विस्तृत अध्ययन किया जाए।

निम्न स्तर के जंगली लोगों में यह आम प्रथा है कि शिकार, मछली, भोज्य-कंद मूल यहां तक कि उपहार में दी गई किसी भेंट पर किसी एक व्यक्ति का अधिकार नहीं है। जिस समतावादी समाज में वह रहता है उसमें उसके समूह के अन्य सदस्यों का भी बराबर का अधिकार बनता है। कुछ रोचक उदाहरण देखिए। पामर ने, 'नोट्स आन सम आस्ट्रेलियन ट्राइब्स' लेख में इस बात पर टिप्पणी करते हुए कहा है :

> शिकार करके लाए गए जानवर का बंटवारा एक सुस्थापित नियम के अनुसार किया जाता है और यह बंटवारा करते समय वे काफी त्याग की भावना का परिचय देते हैं, यहां तक कि शिकार करके लाने वाला व्यक्ति स्वयं अपने लिए बहुत कम हिस्सा लेता है ताकि अन्य लोगों को उनका उचित हिस्सा मिल सके। जब किसी कंगारू को मारा जाता है तो शिकार करने वाले के पिता को उस कंगारू की पिछली टांग और पीठ का हिस्सा दिया जाता है। दूसरी टांग पिता के भाई को, पूंछ बहन को; कंधा भाई को मिलता है। वह स्वयं जिगर खाता है। कभी कभी तो शिकार करने वाले के अपने परिवार के लोग हिस्से से वंचित रह जाते हैं लेकिन ऐसी स्थिति में यह नियम प्रतीत होता है कि लड़की का भाई अपने शिकार में से हिस्सा देता है या उसके परिवार का कोई अन्य सदस्य ऐसा करता है। काली जाति के ये आदिवासी भले ही स्वयं कुछ न लें और ऐसा आभास दें कि उन्हें भूख नहीं है, किंतु वे यह कलंक नहीं लेना चाहते कि वे अपने समूह में रहते हुए लालच करते हैं या अतिथि सत्कार के कर्तव्यों की उपेक्षा करते हैं। (67. ii 493. 4 में उद्धृत)

उत्तर मध्य आस्ट्रेलिया की जनजातियों में कुछ थोड़े से परिवर्तन के साथ यही सिद्धांत लागू किया जाता है। शिकार करने वाला व्यक्ति अपने लिए केवल आंतरिक भाग और रक्त लेता है। फिर वह कुछ अन्य शिकारियों से जो उससे संबंधित होते हैं, अपना हिस्सा प्राप्त करने की प्रतीक्षा करता है। (67. ii. 494 पर उद्धृत, इसी व्यवहार के उन्होंने बहुत से अन्य संदर्भ भी दिए हैं। शिकार करने वाले लोगों के बीच वितरण के नियम के अन्य संदर्भों के लिए, देखें, 48. i. 297.) बिफ्रो ने एक प्रथा की चर्चा की है जिसमें यदि एक मछली या एक सांप भी हो तो उसका भी हिस्सा बांट किया जाता है। (67. ii. 494) रिडली ने विवरण में बताया है कि किस प्रकार आस्ट्रेलिया के मूल निवासी भेंट में मिले उपहारों को आपस में बांटते हैं :

> जब ये काले लोग जिनके परंपरागत नियमों संबंधी विचारों में कोई परिवर्ततन नहीं हुआ है, जब स्टेशनों पर आते हैं और उपहार या पुरस्कार ग्रहण करते हैं तो ये अपने साथियों में बांट लिए जाते हैं; और ऐसी बात नहीं है कि उनके पास जो कुछ था उसका वे मूल्य नहीं समझते या बिना सोचे समझे बांट लेते हैं। और न ही यह काम किसी प्रकार के परोपकार की भावना से किया जाता है। जब कभी किसी एक व्यक्ति को कपड़े मिलते हैं तो जिस समूह में वह रहता है उसके किसी एक व्यक्ति के पास कोट, किसी के पास पैंट दिखाई देती है। कई पीढ़ियों से चले आ रहे इस श्रद्धास्पद नियम के अधीन ही वे हिस्सा बांट करते हैं।' (110. 7.)

बिफ्रो ने आदिवासी लोगों के हिस्सा बांटने के संबंध में इस श्रद्धास्पद नियम' के कई और रोचक उदाहरण एकत्र किए हैं। यहां हम इनमें से कुछ उदाहरणों का उल्लेख करेंगे :

एस्कीमो लोगों में अपने शिकार पर कोई व्यक्तिगत अधिकार नहीं होता है। शिकार को

गांव के सभी निवासियों में बांटा जाता है। कोई छोटी चीज हो या बड़ी, किसी भी एस्कीमो गांव में खाद्यान्न या औजारों के रूप में जो कुछ भी होता है वह सबकी साझी संपत्ति होती है। यदि मांस का एक टुकड़ा भी है तो वह सबके लिए है। ऐल्यूत लोगों में शिकार करके जो कुछ प्राप्त होता है उसका बंटवारा भी इसी प्रकार किया जाता है। एलिस द्वीप समूह में यदि कोई व्यक्ति ढेर सारी मछलियां पकड़ने में सफल होता है तो यह उसके लिए लगभग दुर्भाग्य की बात हो जाती है क्योंकि जैसे ही वह किनारे पर पहुंचता है वैसे ही उसकी नौका को घेर लिया जाता है और हर व्यक्ति अपनी पसंद की मछली उठा लेता है। उगेनविल कहते हैं : 'ऐसा प्रतीत होता है कि जहां तक जीवन के लिए आवश्यक वस्तुओं का संबंध है, किसी की कोई निजी संपत्ति नहीं है और प्रत्येक व्यक्ति की है…न्यू कैलेडोनिया में सारा खाद्यान्न सारे कबीले में बांटा जाता है…नाइजीरिया के सूगम्मा लोगों में शिकारी जो कुछ लाता है बह सारे गांव में बांटा जाता है।' (67.ii.494 और आगे)

इस प्रकार उत्पादन की निम्नस्तरीय तकनीक होने के कारण उत्पादन और उपभोग एक सामूहिक क्रिया बन जाते हैं। (अन्य अनेक संदर्भों के लिए देखें, 48.i.297) उनका यह सुनियोजित साम्यवाद उनके इस अनुल्लंघनीय नियम के कारण संभव होता है कि कबीले का प्रत्येक सदस्य सारे कबीले द्वारा या उसके किसी एक सदस्य द्वारा अर्जित भौतिक संपत्ति का समान भागीदार है। वस्तुतः अभी उनमें कबीले के किसी व्यक्ति द्वारा अर्जित की गई संपत्ति और सारे कबीले द्वारा प्राप्त की गई संपत्ति के बीच किसी प्रकार का भेद करने की चेतना उत्पन्न नहीं हुई है। जैसाकि लाहोनतान ने बताया है :

> इन जंगली लोगों में तेरा मेरा का कोई ज्ञान नहीं है क्योंकि यही कहा जा सकता है कि जो वस्तु एक व्यक्ति की है वह दूसरे की भी है। केवल वही लोग पैसे का इस्तेमाल करते हैं जो क्रिश्चियन हैं और हमारे नगरद्वारों के पास रहते हैं। अन्य लोग पैसे को हाथ नहीं लगाएंगे। वे उसे 'फ्रांसीसियों का सांप' कहते हैं… वे जब देखते हैं कि किसी व्यक्ति के पास दूसरों से अधिक वस्तुएं हैं तो उन्हें आश्चर्य होता है और उनके लिए यह भी आश्चर्यजनक बात है कि जिन लोगों के पास अधिक वस्तुएं हैं उन्हें कम वस्तुओं वाले लोगों से श्रेष्ठ समझा जाता है। ये लोग कभी आपस में लड़ाई झगड़ा नहीं करते और न ही एक दूसरे की चोरी करते हैं या बुराई करते हैं। (67.ii.496-7 में उद्धृत)

इसी प्रसंग में एक अन्य फ्रांसीसी लेखक का कथन है :

> बाह्यरूप से पूर्णतया भिन्न दिखाई देने वाले इन लोगों की आश्चर्यजनक विशेषता यह है कि वे एक दूसरे के साथ बड़ा विनम्र व्यवहार करते हैं। यह व्यवहार तो अति सभ्य राष्ट्रों के साधारण लोगों में भी देखने को नहीं मिलता। निस्संदेह परस्पर विनम्रता की यह प्रकृति किसी हद तक इस तथ्य से उत्पन्न होती है कि इन जंगली लोगों में तेरा मेरा की कोई भावना नहीं है, जिसका उल्लेख करते हुए सेंट क्रिसोस्तोम ने कहा कि ये सब हमारे मन में परोपकार की भावना का अंत कर देते हैं और लोभ की भावना को उत्पन्न करते हैं। (वही.ii.499)

ध्यान देने योग्य बात है कि बंटवारे का यही नियम अपनी इसी अनुल्लंघनीयता के कारण इन लोगों में तेरा और मेरा की भावना उत्पन्न नहीं होने देता :

> मैंने उन्हें शिकार या मांस मछली आदि आपस में बांटते देखा है, और मुझे ऐसे किसी अवसर का स्मरण नहीं है जबकि वे इस बात को लेकर आपस में लड़े हों या बंटवारे को

उन्होंने असमान अथवा अन्य प्रकार से आपत्तिजनक बताया हो। (वही)
यह सब कहने का सारांश यह है कि हमारी जानकारी वाले निम्नस्तर जंगली लोगों में निजी या व्यक्तिगत संपत्ति का कोई विचार नहीं है क्योंकि 'एक श्रद्धास्पद नियम कई पीढ़ियों से चला आ रहा है जो उन्हें आपस में बंटवारा करने के लिए बाध्य करता है। इसलिए यदि वैदिक जनों का प्रागैतिहास भी विश्व के अन्य सभी लोगों के प्रागैतिहास जैसा ही है तो उनका तर्क वैसा ही रहा होगा और यही अपेक्षित है कि उनका प्रारंभिक साहित्य अनिवार्यतः अपने पूर्वजों की परंपराओं के प्रति श्रद्धाभाव से भरा हुआ होना चाहिए और इसमें उसी अनुल्लंघनीय नियम के स्मृति के चिह्न बने रहने चाहिए जिसके अनुरूप प्रत्येक व्यक्ति जन्म से ही अपने समूह की भौतिक संपत्ति का भागीदार था। (भले ही जिस समय यह साहित्य लिखा गया उस समय उनके आर्थिक विकास का स्तर चाहे कुछ भी रहा हो।)

बंटवारे का नियम अपने सीधे स्पष्ट रूप में, आखेट द्वारा अपनी जीविका चलाने वाली जनजातियों में प्रचलित है। किंतु वैदिक जन विकास के इस चरण से बहुत आगे थे। 'ऋग्वेद' में परिलक्षित इनकी अर्थव्यवस्था मुख्यतया पशुपालक लोगों की अर्थव्यवस्था थी। इस पशुपालक अर्थव्यवस्था को अपनाना ही अपने आपमें इन प्राचीन लोगों द्वारा निजी संपत्ति के अर्जन की दिशा में एक निर्णायक कदम था और इसलिए अंततः उनके आद्य सामूहिक जीवन का पतन हुआ। (4.259 और आगे) इसलिए हम 'ऋग्वेद' की प्रथाओं को इन आखेट करने वाली जन-जातियों की कसौटी से नहीं आंक सकते। ऋग्वेद काल के लोग साधारण आखेट अर्थव्यवस्था से बहुत आगे बढ़ चुके थे। किंतु यह भी सत्य है कि उनके पूर्वज उतनी प्रगति नहीं कर पाए थे। इसलिए इन पूर्वजों के जीवन में संपत्ति के विभाजन का वही नियम प्रचलित रहा होगा और उतना ही अनुल्लंघनीय रहा होगा जितना कि यह आज विद्यमान आखेट करने वाली जातियों के जीवन में है। और जिन्होंने 'ऋग्वेद' की रचना की उनमें बहुधा अपने पूर्वजों की प्रथाओं के प्रति श्रद्धाभाव उमड़ता होगा। इसीलिए यदि इस पुरातन नियम के कुछ स्मृतिचिह्न बचे रहे हैं तो कोई आश्चर्य की बात नहीं है। निस्संदेह संपत्ति विभाजन के इस प्राचीन नियम का मूल महत्व इन सभी स्मृतिचिह्नों में समान रूप से प्रत्यक्ष नहीं हो सकता। 'ऋग्वेद' कुल मिलाकर कई लेखांशों का संकलन था और इनमें से अनेक लेखांशों के बीच कई शताब्दियों का अंतराल था। (124.i.127) 'ऋग्वेद' के कुछ कवि इन प्राचीन प्रथाओं के बहुत निकट थे जबकि कई अन्य इनसे काफी दूर निकल चुके थे और इसलिए यह स्वाभाविक है कि कुछ लेखांशों में इस प्राचीन प्रथा का सीधा उल्लेख मिलता है और कुछ में नहीं। ये स्मृति संकेत कालांतर की दृष्टि से जितने दूर होंगे उतना ही उनमें प्रथा का मूल महत्व कम दिखाई देगा। जब बाद के कवियों ने नई परिस्थितियों में रहते हुए उस प्राचीन काल पर ध्यान दिया तो उन्होंने अपने पूर्वजों की प्रथाओं को ऐसा महत्व दिया जो उनकी अपनी परिवर्तित परिस्थितियों का परिणाम था। किंतु वैदिक जनों के प्रागैतिहासकाल का अन्वेषण करते समय हमारा ध्यान मुख्यतया प्राचीन प्रथाओं के नए रूप के महत्व पर नहीं जाता बल्कि उसका मूल महत्व हमें आकृष्ट करता है, जो इन स्मृति अवशेषों में दुर्बोध और विलुप्तप्राय बना रहा। इसे खोजने का केवल एक ही तरीका है कि तुलनात्मक विधि को अपनाया जाए।

एक और बात है जिसके महत्व की उपेक्षा नहीं की जानी चाहिए। विभाजन अथवा बंट-वारे के प्राचीन नियम के विकास का अपना ही इतिहास है। इसका मूल रूप आखेट युग में खोजा जाना चाहिए, जब यह बंटवारा मुख्यतया भोज्य वस्तुओं का होता था। किंतु यह प्रथा थोड़े बहुत परिवर्तन के साथ पशुपालक समाजव्यवस्था और कृषिप्रधान समाजव्यवस्था वाले

युगों के प्रारंभिक चरणों तक बनी रही। इस बात की पुष्टि थामसन द्वारा किए गए उस सुंदर विश्लेषण से होती है जिसमें उन्होंने बताया है किस प्रकार प्रारंभिक ग्रीक लोगों को इस प्राचीन नियम से मोयरा देवी की परिकल्पना मिली। (46.38 और आगे. तुल. 48.i.297.247) थामसन द्वारा प्रस्तुत विवरण पूरी तरह पढ़ने योग्य है। इसलिए नहीं कि यह आधुनिक व्याख्या की एक विशिष्ट कृति है बल्कि विशेष रूप से इसलिए भी कि उन्होंने ग्रीक प्रमाणों का जो विश्लेषण किया है उससे हमारे वैदिक साहित्य की बहुत सी गूढ़ और दुर्बोध बातों पर महत्वपूर्ण प्रकाश पड़ता है। हम उनके प्रमाणों के कुछ अंश और निष्कर्षों की केवल रूपरेखा ही दे सकते हैं :

> मोयरा शब्द का मूल अर्थ है भाग या अंश···मोयरा के साथ एक अन्य शब्द लाचोस जुड़ा हुआ है जिसका अर्थ है पांसा फेंककर या पर्चियां डालकर दिया गया अथवा प्राप्त किया गया भाग। मोयराई (भाग्य की देवियां) में से एक का नाम था लाचेसिस यानी नियति अथवा आवंटन की देवी। इस अर्थ में लाचोस शब्द, क्लीरोस शब्द का पर्यायवाची है जिसका प्रयोग सामान्यतः एक भूखंड के अर्थ में किया जाता है और जिसका असली अर्थ था भाग्य का निर्णय करने के लिए फेंका जाने वाला लकड़ी का पांसा।···
>
> ऐटिका (यूनान)का गफीराईमोई कबीला कादमोस वंश मूलक है। यह लोग बोईयोतिया में जा बसे थे जहां उन्हें तनागरा का एक भूभाग दे दिया गया था। (इसे इसराईली जनजातियों द्वारा अपने धर्मग्रंथों में उल्लिखित पवित्र भूमि पर जा बसने की घटना के संदर्भ में समझा जा सकता है) पर्चियां डालकर, विभिन्न जातियों में भूमि बांटी जाती थी और फिर प्रत्येक जनजाति को प्राप्त भूमि को, उसके कबीलों के परिवारों में बांटा जाना था।
>
> सातवें ओलंपियन में पिंडार बताता है कि किस प्रकार हेलियोस के पुत्रों ने रोडस द्वीप को तीन मोयराई में विभाजित किया। होमर ने उन्हीं प्राचीन परंपराओं का जो वर्णन दिया है उससे स्पस्ट हो जाता है कि ये तीन मोयराई, तीन आव्रजक जनजातियों की आवश्यकताओं के अनुरूप थे। यह स्पष्ट रूप से नहीं कहा गया है कि ये तीनों मोयराई पांसा फेंक कर या लाटरी डालकर विभाजित किए गए थे। किंतु इसका अनुमान उस वर्णन से लगाया जा सकता है जो इस द्वीप के उद्भव के संबंध में पिंडार ने अपने काव्य में दिया है। जब ओलंपिया के देवताओं में नव विजित प्रदेश के विभाजन के लिए लाटरी डाली तो उस समय हेलियोस उपस्थित नहीं था और इसलिए वह क्लीरोस के बिना ही प्रस्थान कर गया···
>
> लूट के माल का वितरण भी इसी प्रकार होता था। जिस प्रकार हेलियोस को दिए गए रोडस द्वीप को पिंडार ने उसका लाचोस या गेरास, अर्थात उसका प्रदत्त अंश या उसका विशेष अधिकार बताया है, उसी प्रकार मोयरा या लाचोस गेरास आदि शब्दों का प्रयोग प्रत्येक योद्धा को दिए गए लूट के माल की संज्ञा के रूप में भी होता है। पहले की भांति ही इस वितरण प्रणाली को दासमोस कहा जाता है··
>
> जो विधि भूमि और लूट के माल के वितरण के लिए थी वही खाद्यान्न के लिए भी थी। प्लूटार्क लिखता है कि प्राचीन काल में जब मोयरा या लाचेसिस समता के आधार पर भोजन परोसती थी तो प्रत्येक वस्तु बड़े सुंदर और उदारतापूर्ण ढंग से रखी जाती थी; और अपने दृष्टिकोण के समर्थन में वह बताता है कि भोजन के लिए प्राचीन काल में प्रयुक्त शब्द का अर्थ था 'विभाजन'···

प्लूटार्क आगे कहता है कि विलासिता की प्रवृत्ति के विकास के कारण कालांतर में सहभोज वाली समता का अंत हो गया। किंतु विश्व विजित हो गया, हेलियास अनुपस्थित था इसलिए बिना क्लीरोस का चला गया...

इसलिए यह निष्कर्ष निकाला जा सकता है कि खाद्यान्न, हथियाए गए माल और भूमि के मामले में मोयरा का सिद्धांत लागू किए जाने की कथा में यह बात प्रतिबिंबित होती है कि जनजातीय समाज के विकास के तीन चरणों तक संपत्ति का सामूहिक वितरण होता था। पुरातनतम वितरण तो खाद्य पदार्थ का होता था जो आखेट युग की बात है। उसके बाद युद्ध में जीती गई चल तथा अचल संपत्ति के वितरण की बात आई जो आखेट वृत्ति का ही विकसित रूप थी; और अंत में आया कृषि कार्यों के लिए भूमि का विभाजन। लाटरी डालने का एक ही उद्देश्य था कि सबके साथ निश्चित रूप से समान व्यवहार हो। माल का विभाजन यथासंभव समानता के आधार पर होता था और फिर चूंकि वितरण को पूर्णतया समता के आधार पर करना मानव क्षमता से बाहर था इसलिए इन अंशों को बांटने का वह तरीका अपनाया गया जिसमें किसी के साथ पक्षपात होने की गुंजाइश नहीं थी। और इसी कारण मोयराई या नियति की देवियों से याचना करना एक चमत्कारी क्रिया मानी जाती थी क्योंकि वे प्रत्येक मनुष्य का भाग निर्धारित करती थीं। निजी संपत्ति के विकसित होने से लाटरी का इस्तेमाल बराबर कम होता चला गया और मोयराई के संबंध में सामान्य विचारों में भी तदनुरूप परिवर्तन किया गया। अब वे मनुष्य के जीवन में मिलने वाली वस्तुओं का निर्धारण करने वाली देवियां बन गई। (46. 3४. 44)

अब हम वैदिक सामग्री पर विचार कर सकते हैं। हम एक ऐसे अस्पष्ट ओर धूमिल अतीत में पहुंचते हैं जब वैदिक जनों की भाषा भी अभी पूर्णतया विकसित नहीं हुई थी। 'ऋग्वेद' में वास्तव में शब्दों का प्रयोग जिस प्रकार हुआ है और 'निघटु' में भी इस बात की पुष्टि हुई है कि निश्चित विचारों की अभिव्यक्ति के लिए अनिवार्यत: कुछ निश्चित शब्दों का प्रयोग नहीं किया जाता था, विशेष कर अन्न, भौतिक संपदा और गाय संबंधी विचारों के बीच विभेद के लिए अलग शब्द नहीं थे। इस प्रकार यदि हम 'निघंटु' के रचयिता पर कुछ विश्वास कर सकते हैं (और हमें करना ही चाहिए क्योंकि और कुछ नहीं तो कम से कम वे 'ऋग्वेद' के अति निकट हैं) तो ब्रह्म, श्रावस या यशस शब्दों का अर्थ अन्न या भौतिक संपदा में से कुछ भी हो सकता था। स्पष्ट है कि ये एक ऐसे युग का आभास देते हैं जब अन्न और सामान्य भौतिक संपदा के बीच भेदभाव का कोई विशेष महत्व नहीं था, क्योंकि उस समय के लोगों के लिए तब तक अन्न ही प्रमुख संपदा थी। ऐसी परिस्थितियों में हमें जब 'ऋग्वेद' में संपत्ति के विभाजन का उल्लेख मिलता है (और वह बहुधा होता है) तो हम निश्चित रूप से यह नहीं कह सकते कि यह उल्लेख अन्न के विभाजन के लिए नहीं था। फिर भी हम कुछ और स्पष्ट तथा निश्चित प्रणाली को देखेंगें।

भौतिक संपत्ति के लिए एक शब्द है वार्य। 'ऋग्वेद' में यह शब्द और इससे व्युत्पन्न शब्द कम से कम 69 बार आए हैं। बहुधा यह शब्द बहुवचन (वार्यनाम्) में प्रयुक्त हुआ है और सायण ने इस बहुवचन की व्याख्या पशुधन(गावादि धनम्) (viii. 71. 11) के रूप में की है और कहीं पर इसका अर्थ कृषिधन (वृहि-यवदिनाम्) x. 9. 5) बताया है। इससे यही अनुमान लगाया जा सकता है कि यह शब्द सामान्य रुप में संपत्ति के एक विकसित विचार का द्योतक था। हमें यहां इस तथ्य को भी ध्यान में रखना है कि इसके बावजूद इस शब्द के अंदर आद्य साम्यवाद का यह विचार छिपा हुआ था कि संपत्ति सबकी साझी थी और इसे सबमें बराबर बांटा जाना

था। आर्य, शब्द 'वृम' धातु से व्युत्पन्न हुआ है जिसका अर्थ है 'विभाजन करना' (समभक्तौ सायण आन् ऋ. वे. 1. 24. 3) अर्थात आर्य का अर्थ था वह जो विभाजनीय है। इस प्रकार विभाजन के प्राचीन नियम ने वैदिक जनों को संपत्ति के लिए एक शब्द दिया।

'ऋग्वेद' में जिस प्रकार यह शब्द आया है, उसका आमतौर पर अर्थ संपत्ति ही है उसमें विभाजन या हिस्सा देने का निश्चित निहितार्थ नहीं है किंतु कम से कम एक स्थान पर इस शब्द का प्रयोग संपत्ति के रूप में हुआ है, साथ ही इसका स्पष्ट अर्थ वही है जो प्राचीन विभाजन नियम था और जिससे यह शब्द उत्पन्न हुआ :

> हे सवित्र, हमारी संपत्ति की अभिवृद्धि और निरंतर रक्षा करने वाले हम तुमसे दृढतापूर्वक अपना भाग मांगते हैं (अभित्व देव सवितः ईशनम् वार्यनम् सदा अवान भागम् इमाहे) (i. 24. 3)

संभवतः यह ऋचा बहुत पुरानी नहीं है। आमतौर पर इसे 'ऋग्वेद' के मध्यकाल की रचनाओं में से माना जाता है। किंतु ऋषि कवि शुनःशेष, जिन्हें इस ऋचा का रचयिता माना जाता है, अतीत की स्मृति को जाग्रत कर और समकालीन समाज के अन्याय की निंदा करने के लिए इस ऋचा को गाते थे; इसलिए इस ऋचा में अपना हिस्सा (भागम्) प्राप्त करने की जो इच्छा व्यक्त की गई है वह अतीत की स्मृति ही रही होगी। आगे चलकर हम शुनःशेष की रोचक कथा पर आएंगे। फिलहाल अभी हम उन्हीं द्वारा रचित एक अन्य ऋचा का उल्लेख करेंगे जिसमें विभाजन संबंधी उसी प्राचीन नियम का लगभग वैसा ही उल्लेख हुआ है : 'हे संपत्ति के विभक्त भाग भक्तास्य आपके द्वारा दी गई शक्ति से कम अतिशय संपत्ति की अभिवृद्धि करने लगे हैं। (i. 24. 5) इस ऋचा में भी पहले की भांति पवित्र को संबोधित किया गया है और सारे 'ऋग्वेद' में भाग-भक्ता संज्ञा केवल यहीं पर आई है। इस संज्ञा का अपना ही महत्व है। क्योंकि 'ऋग्वेद' में भाग का अर्थ या तो संपत्ति है या फिर निश्चित रूप से हिस्सा (भाग)। इसलिए भाग-भक्ता का अर्थ या तो संपत्ति का विभाजन करने वाला या भाग निश्चित करने वाला था। यहां भी हमें भाग शब्द में छिपा वही रोचक इतिहास मिलता है। यदि 'संपत्ति' के लिए प्रयुक्त शाब्द, 'भाग' के लिए भी प्रयोग में लाया जाता था तो इसका निहितार्थ यही है कि पहले ऐसी कोई संपत्ति नहीं थी जिसमें साझा नहीं था।

पवित्र की यह संज्ञा भले ही अनोखी रही हो किंतु इससे कार्य संबंधी जो संकेत मिलता है वह अनोखा नहीं था। अग्नि से अनुरोध किया गया कि वह चित्रभानु के रूप में आकर सबका भाग निर्दिष्ट करे। (i. 27. 6) सवित्र को विविध संपदा का विभक्ता या भाग का आवंटन करने वाला कह कर संबोधित किया गया। (i. 22 7) उस को संबोधित करते हुए कहा गया कि वह आर्य मनुष्यों में संपत्ति का आवंटन करने जा रहा था। (i. 123) अग्नि और इंद्र अतीत में संपत्ति का बंटवारा करते थे। (i. 109. 5)। सवित्र का विवरण ऐसे व्यक्ति के रूप में दिया गया जो आते समय हिस्सों (भागों) संपत्ति (रत्न) और दीर्घजीवन (आयु) का आवंटन करता था। (v. 49. 1) केवल इंद्र ही संपत्ति का आवंटन करता है। (vii. 26. 4) जब इंद्र एक अपार संपत्ति के छोटे और बड़े हिस्से कर रहा था तो उसके दोनों हाथों में राशि थी। (vii. 37. 3) 'हम' वहां उपस्थित रहेंगे जब सवित्र धन का बंटवारा करेगा और 'हमें' देगा। (vii. 40. 1) इंद्र से अनुरोध किया गया कि वह उनके भाग परिपूर्ण कर दे जो स्तुति करते हैं। (ii. 11 21 15. 10, 16, 9; 17. 9; 18. 6; 18 19. 9; 20. 9) जिस ऋचा में यह इच्छा व्यक्त की की गई है वह 'ऋग्वेद' के प्राचीनतम अंशों में किसी गीत की स्थायी टेक की भांति बार बार आता है। 'हे सोम, तुम अपनी वुद्धि के चातुर्य से संपत्ति के हिस्से (भागम्) हमें भेजो; युद्ध में

हमारी रक्षा करो। (गविशतो) (i. 91. 23) हे नास्पेत्यो, हमारे पास संपत्ति, अन्न और योद्धा पुत्र लेकर आओ। तुम भी हम लोगों को जो जाह्न प्रदेश के वासी हैं एक दिन में अन्न के तीन भाग दो।' (i. 116. 19) 'हे अग्नि, हमारे पास मैत्रीभाव से आओ और हमें प्रभायुक्त भागों में (शुभाचम् भागम् में) अपार धनराशि दो।' 'हे रिभुओ, आपकी मैत्री के इच्छुक जन आपको चाहते हैं; आप अपनी माया से वज्र के भागों को बिखेरो,(यज्ञीयम् भागम्) जो शत्रु पर हावी हो सकते हैं। (iii. 60. 1) हम (हिस्सों के अभिरक्षक) सवित्र से अपने विभिन्न हिस्से (भाग) मांगते हैं, वह सवित्र जो संपत्तिदाता है।' (v. 82. 3) मरुत अपनी शक्ति के साथ इंद्र की संपदा को उनमें बांटते हैं जो जन्म ले चुके हैं और जो अभी अजन्मे हैं। हममें से प्रत्येक को वह मिले (प्रतिभागम् न दिधीमा) के रूप में'।(viii.99. 3) 'हे इंद्र, असुर, हम वस्तुतः आपसे संपदा के हिस्से (भागम्) मांगते हैं; आप हम सबमें सुख का संचार करते हैं'। (viii. 99. 6) 'हे इंद्र, हमें उस संपदा का हिस्सा (अंश) दो जो हमें नहीं मिला है; हमें उसी प्रकार यह हिस्सा दो मानो कि आपने हमें इसका वचन दिया हो। जैसे कोई व्यक्ति वृक्ष पर लाठी मार कर पके हुए फल को गिराता है, उसी प्रकार आप हमें संपदा भेजें।' (iii 45. 4)

वैदिक देवताओं द्वारा हिस्सा तय करने की भूमिका निभाने के ये कुछ थोड़े से उदाहरण हैं। ये देवता साम्यवाद के प्राचीन सिद्धांत के अभिरक्षक थे। इसीसे हमें कुछ आभास मिलेगा कि वैदिक कवियों के मन में इस प्राचीन सिद्धांत के प्रति कितनी आस्था और श्रद्धा थी। इसलिए स्वाभाविक है कि उन्होंने भाग या अंश की परिकल्पना को देवता बना दिया। दो छोटे वैदिक देवताओं का. भाग और अंश का आविर्भाव इसी प्रकार हुआ :

> 'अंश' शब्द जो 'ऋग्वेद' में बारह बार से कम आया है, भाग का पर्याय है, जिसका अर्थ हिस्सा और 'हिस्सा देने वाला' दोनों है। एक देवता के रूप में यह शब्द केवल तीन बार आया है और इनमें से केवल एक लेखांश में उस देवता के नाम के अतिरिक्त कुछ और भी कहा गया है। यहां अग्नि को 'अंश' कहा गया है, जो उत्सव अथवा सहभोज में उपस्थित दानशील देवता (भजायु) है। (i. 1.4' 94. 45-6)

ध्यान देने वाली बात है कि भजायु शब्द का अर्थ है 'वह जो हिस्से करता है', और यह शब्द अग्नि के लिए विशिष्ट नाम के रूप में 'ऋग्वेद' के प्राचीनतम लेखांशों में आया है। किंतु एक वैदिक देवता के रूप में भाग का महत्व अपेक्षाकृत अधिक था। मैकडालन ने इससे संबद्ध प्रमाणों का समापन इस प्रकार किया है :

> 'ऋग्वेद' की एक ऋचा (vii-41) मुख्यतया भाग की स्तुति में रची गई है यद्यपि उसमें कुछ अन्य देवताओं का भी आह्वान किया गया है; और इस भाग देवता का नाम साठ से अधिक बार आया है। इस शब्द का अर्थ है 'आवंटन करने वाला, अथवा देने वाला' और ऐसा प्रतीत होता है कि यह शब्द बीस से अधिक बार गुणात्मक अर्थों में प्रयोग में लाया गया है और कहीं कहीं यह नाम सवित्र के नाम के साथ आया है। वैदिक ऋचाओं में इस देवता को संपत्ति का आवंटन करने वाला कहा गया है और भाग के साथ तुलना करने का उद्देश्य इंद्र और अग्नि की उदारहृदयता की प्रशंसा करना है। ऋग्वेद में लगभग बीस बार भाग शब्द का प्रयोग 'बहुलता, संपदा, संपन्नता', के अर्थ में हुआ है और इस शब्द की अनेकार्थकता को कहीं कहीं उभारा गया है। इस प्रकार एक लेखांश (vi-41-2) में जहां भाग को आवंटनकर्त्ता (विधर्ता), कहकर संबोधित किया गया है, उस लेखांश में कहा गया है कि लोग इस देवता के संबंध में कहते हैं, 'मैं भाग में साझीदार बनूं' (भागम् भक्षी)। एक अन्य सूक्त में (5-46-6) उसे 'आवंटनकर्ता अथवा देने वाला' विभक्ता (यह शब्द भज

धातु से निकला है) कहा गया है और उपासक गण उसका आह्वान करते हुए याचना करते हैं कि वह बहुत सारे भाग लेकर आए (भागवान)। (वही. 45)

अब तक जो प्रमाण दिए गए हैं उनका संबंध 'सामान्य भौतिक संपत्ति' के विभाजन या बंटवारे से है। उन दिनों संपत्ति के लिए प्रयोग में लाए जाने वाले सामान्य शब्दों का अर्थ अन्न, पशु, जल, चारा और यहां तक कि लूट का माल भी हो सकता था। इसलिए ये प्रमाण अपने आपमें इतने पर्याप्त नहीं हैं कि इनकी सहायता से हम विभाजन संबंधी प्राचीन नियम के विकास के उन विभिन्न चरणों को समझ सकें जो थामसन ने ग्रीस की प्राचीन सामग्री के विश्लेषण से उद्घाटित किए हैं। किंतु कुछ अन्य प्रमाणों से हमें सहायता मिलती है क्योंकि अन्य प्रकरणों में हमें ये शब्द कुछ अधिक निश्चित अर्थों में प्रयुक्त किए गए दिखाई देते हैं या फिर कहीं कहीं उन्हीं सामान्य शब्दों को और निश्चित अर्थों में प्रयोग में लाया गया।

'ऋग्वेद' में अन्न के लिए प्रयुक्त निश्चित शब्दों में से एक है वजः, निश्चित ही, 'निघंटु' के अनुसार इस शब्द का अर्थ शक्ति (वल) भी हो सकता था। (ii. 9) किंतु बंटवारे या हिस्सा करने के संदर्भ में प्रयोग में लाए जाने के कारण इसका अर्थ शक्ति नहीं रहा होगा। कुछ उदाहरण देखिए जिनमें इस शब्द को विभाजन के संदर्भ में प्रयोग में लाया गया। इंद्र को स्पष्टतया अन्न (वजम्) के हिस्सों (भागम्) का विभाजन करने वाला (विभक्ता) बताया गया है। (iii. 49. 4) फिर अन्न के विभक्ता (वजनम् विभक्ता) के रूप में वह सभी देवताओं से शक्तिशाली है। (vi. 36. 1) किंतु अन्न के बंटवारे और सहभोज के स्पष्ट अर्थों में सबसे महत्वपूर्ण उल्लेख 'अथर्ववेद' में मिलता है :

> आपका मद्यपान सबके समान हो, आपके अन्न का भाग सबके समान हो; उसी पंक्ति में मैं आपके साथ सम्मिलित होता हूं; सब मिलकर एक चक्र के बीच की डंडियों की भांति संयुक्त रूप से अग्नि की उपासना करें। (iii. 306 अनुवाद विटनी अ. पे. i. 138-9)

महत्वपूर्ण है कि 'अर्थववेद' के इस छंद से तुरंत पहले एक अन्य छंद है जिसमें सामूहिक श्रम के संबंध में भी उतना ही स्पष्ट उल्लेख है। विटनी ने इसका अनुवाद इस प्रकार किया है :

> श्रेष्ठ और कृतसंकल्प होते हुए आपके बीच कोई मतभेद न हो, सब मिलकर संयुक्त रूप से श्रमरत हों और सफलता प्राप्त करें; एक दूसरे को मान्य बातें करते हुए यहां आइए; मैं आपको संगठित करता हूं, समान विचारों वाला बनाता हूं।

सामान्यत. 'अर्थववेद' को मंत्रों का संकलन माना जाता है। इन मंत्रों को जादू टोने के अनुष्ठानों में प्रयोग में लाया जाता था। उनको बाद के कर्मकांड संबंधी साहित्य जैसे 'अथर्ववेद' के 'कौशिक सूत्र' में स्पष्ट किया है। 'कौशिक' सूत्र के अनुसार जिस ऋचा (अर्थववेद, 3-30) को हमने अभी उद्धृत किया है, वह 'अथर्ववेद' के सात मंत्रों के प्रारंभ में आती है और इन मंत्रों को 'सम मनस्यानि' अर्थात विचारैक्य उत्पन्न करना था। (एस. बी. ई. xlii, 361 और आगे) ये मंत्र सामूहिक जीवन का परिणाम नहीं रहे होंगे क्योंकि इस जीवन में तो समूह के अंदर मतैक्य और सद्भाव तो एक स्थापित सत्य था। इसलिए ये ऋचाएं और जादू टोने की क्रियाएं जिनमें इनका प्रयोग किया जाता था, ऐसे समाज के संदर्भ में देखी जानी चाहिए जो उस समय तक एक अविभाजित समाज नहीं रहा था। इसलिए यह कोई कम महत्व की बात नहीं है कि इन जादू टोने की क्रियाओं का उद्देश्य एक विभाजित समाज में सद्भाव और सामंजस्य उत्पन्न करना था। उनमें न केवल ऐसे गीतों अथवा ऋचाओं को गाया जाता था जिनमें प्राचीन सहभोज और खाद्य वितरण की स्मृति थी बल्कि सहभोज की प्राचीन प्रथा को वास्तव में अभिनीत किया जाता था। ब्लूमफील्ड ने 'कौशिक सूत्र' में वर्णित इस अनुष्ठान का जो सारांश दिया है उसको देखने के बाद

यह बात एकदम स्पष्ट हो जाती है :

घी के साथ अभिषेक करके जल का एक पात्र भीड़ (आपस में लड़ रहे लोग) में लाकर उलट दिया जाता था। इसी प्रकार मद्य (सुरा) से भरा पात्र लाकर उलटा जाता था। (जो लोग शांति के इच्छुक थे) उन्हें तीन वर्ष की आयु की गाय का पका हुआ मांस खाने को दिया जाता था। पेय वितरण स्थल (सार्वजनिक ?) से घी अभिषिक्त खाद्य सामग्री, सुरा और जल दिया जाता था और (इसका उपभोग होता था)। (वही. xlii. 362)

इस अनुष्ठान में प्राचीन साम्यवाद की इस प्रथा को अभिनीत करके वे उन दिनों की सामूहिकता की चेतना को पुनर्जीवित करने की आशा रखते थे। किंतु इस प्राचीन सामूहिकता के टूटने का क्या कारण था जिससे कि एक अनुष्ठान में इसे अभिनीत करने की आवश्यकता पड़ी ? स्पष्ट है कि यह कारण था उत्पादन तकनीक का विकास, जो वैदिक जनों के मामले में तब शुरू हुआ जब उन्होंने पशुपालन आरंभ किया। किंतु समान वितरण के प्राचीन नियम के आधार पर समता के पुराने संबंधों को पूर्णतया समाप्त करने की स्थिति एक लंबी अवधि के बाद आई होगी। इसलिए कोई आश्चर्य की बात नहीं है कि स्वयं 'ऋग्वेद' में भी पशु धन के वितरण के उल्लेख विद्यमान हैं। 'हमें पशुधन का अपना अपना भाग, अपने हाथ में रखने की क्षमता प्रदान करो (कृषि नाःभाग-धेयम्) जिनकी तुमने (इंद्र) 63 मारुतों के साथ मिलकर अभिवृद्धि की; इस प्रार्थना को लेकर हम आपके पास आए हैं।' (viii. 96. 8) इसी प्रकार ब्राह्मणस्पति को शक्तिशाली तकनीक (महि इव रीतिः) के साथ मनुष्यों में गौएं बांटते हुए बताया गया है। (ii. 24. 14)

यह सर्वविदित है कि पशुपालक अर्थव्यवस्था में आमतौर पर लड़ाइयां और विभिन्न जन-जातियों के बीच आक्रमण-प्रत्याक्रमण होते रहते थे। हम पहले ही देख चुके हैं कि किस प्रकार 'ऋग्वेद' में गाय प्राप्ति की इच्छा के लिए प्रयुक्त शब्द 'गविष्ठ' का अर्थ युद्ध भी था। गायों के बीच जाने का अर्थ था युद्ध पर जाना। स्वाभाविक है कि 'ऋग्वेद' में युद्ध और जनजातियों के बीच परस्पर विरोधी अभियानों के बहुत से उल्लेख हैं और आमतौर पर ये अभियान इंद्र के नेतृत्व में होते थे। किंतु यहां इस बात पर ध्यान देने की आवश्यकता है कि इस तरह के अभियान आरंभ होने के बाद भी विभाजन का प्राचीन नियम प्रचलित रहा और वैदिक कवि लूट के माल का हिस्सा प्राप्त करने की सदा ही इच्छा रखते थे। स्पष्ट है कि इस प्राचीन नियम की स्मृति को पूर्णतया भुलाने में बहुत समय लगा।

जिन लोगों की आस्था कर्मकांड आदि में नहीं थी उनसे लूट कर लाई गई संपत्ति का बंटवारा करते हुए इंद्र पहुंचे। (i.103.6) मरुतों से आग्रह किया गया, हमें विजित संपदा में भागीदार बनाइए। (vii.56.21) 'हे इंद्र, तुम्हारे साथ संयुक्त होकर हम शत्रु को पराजित करते हैं; हमारे हिस्से (अंश) की विभिन्न युद्धों के बीच रक्षा करो। (i.102.4) अग्नि ने अश्विनों की सहायता से अतीत में युद्ध में 'हमारे' भाग प्राप्त किए। (i.121,1) भाग और सवित्र के साथ इंद्र से अनु-रोध किया गया है कि वह विजित संपदा के भाग। (vi.42.4) आदि आदि।

ये अंशदाता अथवा भागदाता, पहले उद्धृत प्रकरणों की भांति देवता ही थे। किंतु ऐसे प्रकरण भी हैं जहां वैदिक ऋषियों ने बताया है कि यही कार्य मनुष्य भी करते थे। 'हे इंद्र हमें पुत्र और संपत्ति दो; संपत्ति के विभाजन से हम महानता को प्राप्त होंगे (रायः वल्नारः वृहताः स्याम्), (iii.30,18) एक अन्य ऋचा में स्वयं मनुष्य ही अंश निर्धारक बताए गए हैं। (ii,13.4) यहां तक कि ऐसी ऋचाएं भी हैं जिनमें देवताओं और मनुष्यों के बीच का संबंध उलटा हो गया है; इनमें मनुष्य अंशदाता हैं और देवता अंशग्राही। एक उदाहरण देखिए :

हे अग्नि, अन्न से परिपूर्ण यजमान आपके निर्देशन में अन्न का प्रसार करे; हम अन्न की

वृद्धि करने में सक्षम हों; हम युद्धों में अन्न की अभिवृद्धि कर सकें और इसके भाग देवताओं को दें। (सनेम वाजम् समिथेषु भागं देवेषु दधान :) (i.73.5)

ऋचा के इस भावार्थ पर आपत्ति उठाई जा सकती है। यह तर्क दिया जाएगा कि इसमें एक निर्णायक बात छोड़ दी गई है। यह सत्य है कि 'भाग' शब्द इसमें है किंतु यह देवताओं को दी गई हवि के संदर्भ में प्रयुक्त हुआ है। यह बात ठीक हो सकती है। किंतु हम केवल यहीं पर नहीं रुक सकते, हमें प्रश्न उठाना होगा कि 'भाग' शब्द का अर्थ देवताओं के लिए हवि किस प्रकार हो सकता था। इस प्रश्न का उत्तर देने के लिए हमें वेदों में हवि संबंधी अनोखे इतिहास का अध्ययन करना होगा।

'हवि' 'अनिवार्यत: देवताओं से संबद्ध थी और इससे पूर्व का इतिहास स्वयं देवताओं के प्रागैतिहासिक काल से ही संबद्ध हो सकता है। हम कुछ ऐसे प्रमाणों की समीक्षा पहले ही कर चुके हैं जिनसे हम देवत्व प्राप्ति के स्तर तक पहुंचने की प्रक्रिया के संबंध में निश्चित धारणा बना चुके हैं। वैदिक ऋषि जानते थे कि वैदिक देवता मूलत: मानवीय गुणों से संपन्न थे और मनुष्यों के साथ उनके घनिष्ठ बंधुत्व के संबंध थे। यदि ऐसा था और फिर यदि प्राचीन समाज के अनुल्लंघनीय नियम के अनुसार, सभी मनुष्य अपने समुदाय की भौतिक संपत्ति के समान साझीदार थे तो स्वयं देवता भी इस प्राचीन नियम के प्रभाव क्षेत्र से बाहर नहीं रहे होंगे। कहने का मतलब यह है कि मूलत: जब वे मनुष्य थे तो उनका भी हिस्सा रहता होगा जिसे उन्होंने वास्तव में प्राप्त किया होगा किंतु धीरे धीरे जब वे देवत्व को प्राप्त हुए तो उन्हें पुरुषोचित गुणों से अलग करने की अनिवार्य प्रक्रिया आरंभ हुई। किंतु प्राचीन नियय की स्मृति एक विचित्र निरंतरता के साथ बनी रही। यहां तक कि जब ये बहुत पुराने देवता बन गए तो भी वैदिक ऋषि इन देवताओं को उनके पुराने देय भाग से वंचित रखने की बात नहीं सोच सकते थे। किंतु अब इन भागों की उसी पुराने रूप में कल्पना नहीं की जा सकती थी क्योंकि ये देवता अब जनजातियों के सामूहिक श्रम में साझीदार नहीं थे। धीरे धीरे ये देवता दूसरों की कमाई पर जीने वाले स्वामी बन गए। और इस प्रकार जो पहले भाग के रूप में दिया जाता था, वह 'हवि' बन गया। केवल शब्द बना रहा जो प्राचीन यथार्थता का स्मरण कराता रहा।

इस संबंध में हमारे पास केवल परिस्थितिजन्य प्रमाण है। यह प्रमाण है देवताओं के बीच भौतिक संपत्ति का विभाजन किए जाने के उल्लेख की पुनरावृत्ति और हवि का बाह्य यज्ञों में देवताओं के लिए निर्धारित भाग के रूप में उल्लेख होना। किंतु जब हम यह देखते हैं कि अति प्राचीन काल के लेखांशों में हमें देवतागण अपनी भौतिक संपत्ति को आपस में बांटते हुए दिखाई देते हैं तो हमारा अनुमान संपुष्ट हो जाता है। ब्राह्मणस्पत्ति ने देवताओं में भी गायों के भाग बांटे। (ii.24.14) वायु ने पुरुषों और देवताओं दोनों के बीच अपना निर्धारित अंश प्राप्त किया। (i.135.2) उसे हवि का अपना अंश मिला। (i.135.3) पुषाण का भाग 'यह' बकरी है (i.162.3) अश्विन अपने अपने भाग प्राप्त कर रहे थे। (i.183.4) यज्ञ में वह्नियों ने देवताओं के भाग लाकर रखे। (i.20.8) ब्रह्मणस्पति यज्ञ के भागों को देवताओं में प्रसारित करता है। शत्रु को पराजित करने के पश्चात् अग्नि से अपना भाग ग्रहण करने के लिए कहा जाता है। (ii.10.6) इंद्र से पूछा जाता है तुम्हारा भाग कौनसा है और तुम्हारा अन्न कौन सा है? (vi.22.4) उससे कहा जाता है कि वह अपना भाग ग्रहण करे। (viii.36.1.6 इन ऋचाओं का दूसरा हिस्सा स्थायी टेक के रूप में है) भाग देय शब्द जिसका अर्थ भाग प्राप्त करने वाला (अपनी अनुपस्थिति में ?) या निर्धारित भाग, दोनों हो सकते थे, देवताओं और पुरुषों दोनों के संदर्भ में समान रूप से प्रयोग में लाया जाता था। 'हे अग्नि, प्रज्ञावान लोग तुम्हारे भाग से (तव भागदेयम्) ईर्ष्या नहीं करते'।

(iii.28.4) एक अन्य ऋचा में यही भागदेय शब्द स्पष्ट और निश्चित रूप से मनुष्य के संबंध में प्रयोग में लाया गया है। (viii.96.8) '(हे विश्व देवो) मुझे होता नियुक्त किया गया है; मुझे अपने भागदेय के संबंध में बताइए। (x.52.1) जिस स्थान पर वे दोनों (अर्थात पति और पत्नी, इसलिए यह यज्ञस्थल के संदर्भ में होगा) बैठे हुए थे वहां देवताओं ने अपने भाग लिए (देवाः दहिरे भाग देयम्)। (x,114.2) इंद्र को खुद संपत्ति का हिस्सा (अंश) दिया गया जो छिपा कर रखी हुई थी। (ii.19.5) 'ये दोनों (इंद्र और अग्नि) नश्वर मनुष्यों की भांति प्रतिदिन बढ़ते हैं। ये दोनों देवता अश्व प्राप्त करने के लिए अपने अंश के साथ आगे आते हैं (यहां इस शब्द का अर्थ अपने भाग का दावा प्रतीत होता है)। (v.86.5)

'ऋग्वेद' के अंतिम चरण में रचित दसवें मंडल में देवताओं के भाग ने स्पष्ट रूप से हवि का रूप ले लिया। प्रथम मंडल में भी इस शब्द का यही अर्थ है। यह मंडल भी बाद के चरण में ही लिखा गया। किंतु निश्चित रूप से नहीं कहा जा सकता कि अन्य मंडलों, विशेषकर द्वितीय मंडल (जो प्राचीनतम रचनाओं में से एक है), में हवि का अर्थ ठीक वही था। यदि देवताओं में ब्राह्मणस्पति गायों के भाग बांट रहे थे तो ये देवताओं के लिए हवि तो नहीं रहे होंगे। इसी प्रकार प्राचीनतम लेखांशों वाले पांचवें मंडल में बताया गया है कि इंद्र और अग्नि घोड़ों के रूप में अपने भाग बांट रहे थे। निश्चित ही, यह पुरोहितों द्वारा देवताओं को हवि दिए जाने के चित्र नहीं है। तो क्या इन प्रमाणों से यह निष्कर्ष निकलता है कि जैसे जैसे हम 'ऋग्वेद' के पुराने लेखांशों की ओर जाते हैं वैसे वैसे वैदिक हवि का प्रागैतिहासिक काल का चित्र स्पष्ट होता है? यह पूर्णतया असभव नहीं है।

अब थोड़ी देर के लिए इस प्रश्न को छोड़कर हम एक अन्य रोचक समस्या पर आते हैं। ऋग्वेद में यह संकेत दिया गया है कि जिस स्थान पर प्राचीन काल में भाग बांटने का काम होता था उसे विदथ कहते थे। हम देखेंगे कि यद्यपि इस शब्द के मूल अर्थ के संबंध में परस्पर विरोधी धारणाएं थीं तो भी इसका अर्थ केवल सभा या एक स्थान पर एकत्र हुआ जनसमूह था। केवल एक प्रमाण देखिए। समिति शब्द का स्पष्ट अर्थ था सभा और इसी शब्द को विदथ शब्द के पर्याय के रूप में भी प्रयोग में लाया जाता था। यह निर्णायक रूप से लुडविग के मत के विरुद्ध है। (95.ii.296.7) लुडविग का कहना है कि विदथ एक प्रकार का शरणस्थल था। और अब देखिए कुछ ऋचाएं जिनमें संकेत मिलता है कि बहुधा संपत्ति विभाजनस्थल को विदथ कहा जाता था:

> अहा! सभा का सुख ऐश्वर्य (सृष्टिः विदथ्य) हमें मिले; हम द्रुतगामियों की स्तुति करते हैं; क्योंकि आज संपत्ति का परिरक्षक सवित्र इस संपत्ति का बंटवारा कर रहा है (अस्य रत्निनाः न विभागें)। (vii.40.1)
>
> सभा (विदथ) में सुपर्ण निरंतर जल भाग प्रदान कर रहा है। (i.164.21)
>
> हे देव (अग्नि) समुचित सुख भोग के लिए तुमने सभा में संपत्ति के भाग वितरित किए (त्वम् अमसः विदथे देवा भाजयुः) (ii.1.4)
>
> हे अग्नि हमारी यह सभा (समिति) देवताओं में दीप्तिमान है।
>
> हे अन्न के परिरक्षक (स्धावान), आप संपत्ति का विभाजन करें और हमें संपत्ति से परिपूर्ण भाग दें (रत्न विभाजसि भागम् नाः अत्र वसुमनतम् वितत) (x.11.8)

इस प्रकार सभा अथवा विदथ का उल्लेख बहुधा उस स्थान के लिए होता था जहां भाग बांटे जाते थे। 'सभा' शब्द का प्रयोग उसी स्थान के लिए होता जहां वैदिक जन पांसे का प्रयोग करके भागों का बंटवारा करते थे। इसलिए क्या ऐसा हो सकता है कि वैदिक जनों के लिए भी पांसा फेंककर बंटवारा करने की क्रिया का वैसा ही महत्व था जो प्राचीन ग्रीक लोगों के लिए था?

अन्य शब्दों में क्या पांसे के प्रयोग की क्रिया भी मूलतः संपत्ति के विभाजन में समता या निष्पक्षता बनाए रखने के लिए अपनाई गई थी? इस प्रकार की संभावना के बारे में बहुत संदेह व्यक्त किया जाएगा। पांसे का प्रयोग, जैसाकि 'ऋग्वेद' के अक्ष शब्द से इंगित होता है। सामान्यतः जुआ खेलने के लिए किया जाता था। इसलिए मैकडानल और कीथ ने अनुमान लगाया कि पांसे का खेल और घुड़दौड़ वैदिक जनों के प्रमुख मनोरंजन थे। (95.i.2)

इसमें कोई संदेह नहीं कि वैदिक जनों को जुआ खेलना और उसमें पांसे का प्रयोग करना आता था। किंतु वैदिक जनों के विकास के किस चरण में यह अक्ष क्रीड़ा आरंभ हुई? 'ऋग्वेद' (x.34) का एक प्रसिद्ध 'अक्ष सूत्र' है जिससे पता चलेगा कि वैदिक जन कभी कभी जुआ खेलने में किस सीमा तक चले जाते थे। यहां एक जुआरी का वर्णन मिलता है जो अपनी सारी संपत्ति और पत्नी को जुए में हार कर विलाप कर कर रहा था। किंतु यह नहीं भूलना चाहिए कि यह वर्णन 'ऋग्वेद' के अंतिम चरण में आया है। इसके अलावा इस सूक्त के संबंध में ऐसे संकेत हैं जिन्हें केवल इस अनुमान के आधार पर नहीं समझा जा सकता कि वैदिक जन अक्ष को केवल जुआ खेलने के काम की वस्तु समझते थे। 'अनुक्रमणी' के लेखक को यह सूक्त काफी जटिल प्रतीत हुआ। इस सूक्त के कुछ लेखांश तो अक्ष की स्तुति से भरे पड़े थे। और इनकी विषयवस्तु कृषि थी, जबकि कुछ अन्य लेखांशों में अक्ष की निंदा की गई है और इसका संबंध जुए से था। दूसरी ओर; प्रत्येक सूक्त के लिए किसी देवता का उल्लेख करने की सामान्य प्रवृत्ति के अनुरूप इससूक्त के लेखक को किसी देवता का उल्लेख करना था जिसको इसमें संबोधित किया गया हो। सामान्य परिस्थितियों में तो संभवतः वह कहता कि स्वयं अक्ष ही इस सूक्त का देवता है। किंतु वह ऐसा नहीं कर सका, क्योंकि यहां अक्ष का अर्थ दो प्रकार का था और इसलिए इसके प्रति दो प्रकार की धारणाएं व्यक्त की गईं। जब यह समस्या उनके सामने आई तो उसने कहा कि इस सूक्त का देवता 'अक्ष-कृषि प्रशंसा अक्ष-कितब-निंदा च' है। इसका शाब्दिक अर्थ है, 'कृषि से संबद्ध अक्ष की प्रशंसा और साथ ही जुआ (कितब) से संबद्ध अक्ष की निंदा।' यहां ध्यान देना चाहिए कि इस सूक्त में कृषि की प्रशंसा अपने आपमें इस बात का संकेत है कि यह सूक्त कितना बाद में लिखा गया; क्योंकि हमारे आधुनिक विद्वान पहले ही यह कह चुके हैं कि वैदिकजनों ने काफी देर बाद कृषि कार्य आरंभ किए।

कम से कम कृषि से संबद्ध अक्ष में यह प्रशंसा उल्लेखनीय है। किंतु यह भी कम उल्लेखनीय नहीं है कि आमतौर पर वैदिक विद्वानों ने इस ओर कोई ध्यान न देना ही ठीक समझा। इसका कारण संभवतः यह है कि वे अनिवार्यतः इसी मान्यता को लेकर चले थे जिसमें अक्ष का अर्थ था जुआ, और अन्य किसी भी परिस्थिति में जुए के अलावा इसका कोई अन्य उपयोग और नहीं हो सकता था। किंतु यदि यह अनुमान सत्य था, तो कृषि से संबद्ध अक्ष की प्रशंसा का कोई अर्थ नहीं रह जाता। इसलिए अक्ष-कृषि-प्रशंसा शब्दों की अनदेखी करना आवश्यक था।

दूसरी ओर यदि इसे हम आज के युग में जीवित पिछड़े लोगों के बारे में सामान्य जानकारी के संदर्भ में देखें तो हो सकता है कि हम इन शब्दों की यों ही उपेक्षा न करें। इन लोगों में कृषि के मामले में पांसे अथवा अक्ष का बहुत महत्व है; इसका प्रयोग समय समय पर खेती योग्य भूमि के पुनर्वितरण के कार्य में समता या निष्पक्षता बनाए रखने के लिए किया जाता था। बैडन पावेल ने आधुनिक काल तक पेशावर में विद्यमान इस प्रथा का विवरण दिया है :

> पांसे की सहायता से भूमि ली जाती थी ···यदि वितरित की जाने वाली भूमि का कोई हिस्सा अच्छा और कोई खराब होता था तो कबीले के बड़े बूढ़े अनेक चक्र या क्रम निर्धारित करते थे जिनमें अच्छी खराब और मध्य तीनों प्रकार की भूमि होती थी···या फिर

विभेद करने के लिए कोई अन्य विधि अपनाई जाती थी। तब साझे में भूमि लेने वाले लोगों के दल प्रत्येक प्रकार की थोड़ी थोड़ी भूमि लेते थे ··· जो भी हो, भूमि के इस वर्गीकरण के बावजूद जोतों के मामले में असमानता बिल्कुल समाप्त नहीं हो सकती थी, इसलिए समय समय पर भूमि के पुनर्वितरण की प्रणाली काफी लंबे काल तक चलती रही। (63.253-5. इसी अथवा इस तरह की अन्य प्रथाओं के संदर्भ के लिए देखिए 48. i.305 और आगे)

यह निश्चित रूप से कहना कठिन है कि यही या ऐसी ही प्रथा का संकेत 'अनुक्रमणी' के उस उल्लेख में आया है, जो कृषि से संबद्ध अक्ष के बारे में था। किंतु यह याद रखना आवश्यक है, जैसाकि कोसंबी ने कहा है कि अपने अवरुद्ध आर्थिक विकास के कारण कुछ वैदिक जनजातियां 'प्रारंभिक वैदिक जनजातीय चरण' से लेकर ग्रीक आख्याताओं(ईसापूर्व 330)के काल तक विद्यमान रहीं। (21.91-2) स्त्राबो ने इन लोगों में प्रचलित साम्यवाद का विवरण इस प्रकार दिया है:

> अन्य जनजातियों में साझी खेती होती है और जब कटाई के बाद फसल इकट्ठी की जाती है तो प्रत्येक व्यक्ति अपने लिए एक वर्ष की आवश्यकता जितनी फसल ले लेता है, बाकी फसल को जला दिया जाता है।

शेष फसल जला देने के संबंध में या तो कुछ भ्रम हो गया है या अतिशयोक्ति। किंतु आदिम साम्यवाद का चित्र स्पष्ट है। और पंजाब में जिन वैदिक जनजातियों का अपक्षय (तड्य महाब्राह्मण के व्रत्यस्तोम के व्रात्य) हो चुका था उनमें यदि साम्यवाद का सिद्धांत व्यवहार रूप में बना रहा तो इसका निहितार्थ है कि सभी वैदिक जनजातियां अपने विकास के प्रारंभिक चरण में इस सिद्धांत पर चल रही थीं। और यदि ऐसा था तो हम यह निष्कर्ष निकाल सकते हैं कि अक्ष का उनके जीवन में उद्देश्य यही था जो वर्गीकृत समाज से पूर्व के काल वाले चरण में रहने वाली आज की जनजातियों में है।

निश्चित ही यह एक अनुमान है और जब तक आगे शोधकार्य नहीं होता तब तक इसे सिद्ध करने के लिए कोई सीधा प्रमाण मिलना संभव नहीं है। फिर भी कुछ परिस्थितिजन्य बातें हैं जिनकी हम अनदेखी नहीं कर सकते।

एक तो, यदि हम इस संभावना को अस्वीकार कर देते हैं तो हमारे पास एकमात्र वैकल्पिक मत यही रह जाता है कि प्रारंभिक वैदिकजनों ने अक्ष या पांसे का निर्माण केवल जुआ खेलने के लिए किया था। किंतु इसके आधार पर यह स्पष्ट करना असंभव है कि वैदिक साहित्य में यह अक्ष इतनी श्रद्धा का पात्र किस प्रकार बन गया। स्वयं उस प्रसिद्ध 'अक्षसूत्र' में हमें निम्नलिखित अंश मिलता है जिसमें अक्ष को संबोधित किया गया है:

> (हे अक्ष) तुम जो अपने महान गण के नेता और व्रात के प्रथम नायक (राजा) बन गए हो, मैं उसे संबोधित करता हूं और घोषणा करता हूं कि मैंने अपने पास कोई संपत्ति नहीं रखी है; मैं अपनी दसों उंगलियों को खोलकर सत्य (ऋत्) बोल रहा हूं। (x.34.12)

यहां जितनी बातें आई हैं उनके निश्चित अर्थ के संबंध में कुछ कह सकना कठिन है। किंतु कोई संपत्ति अपने पास न रखने वाली बात से कोई ऐसा संकेत मिल सकता है जिसका संबंध जुए से न होकर किसी अन्य बात से हो। हां यदि हम कोई आलोचना किए बिना इस व्याख्या को मान लें कि कवि का संभवतः यह कहना था कि बिना सोचे समझे सब कुछ दाव पर लगा दिया जाता था, तो एक बात स्पष्ट नहीं हो पाती कि कवि को इस क्रिया के प्रति इतनी अधिक श्रद्धा दिखाने की क्या आवश्यकता थी। मैकडानल और कीथ ने कहा है कि अन्य स्थानों पर वैदिक देवताओं की पांसा फेंके जाने की क्रिया के साथ तुलना की गई है और कहा गया है कि वे

संपत्ति दे रहे थे या उसे नष्ट कर रहे थे। (95.i.3)

दूसरे, यह धारणा कि अक्ष को मूलतः केवल जुआ खेलने के काम में लाया जाता था, संभवतः इस अत्यंत निर्णायक प्रमाण के आधार पर गलत सिद्ध होती है कि वैदिक साहित्य में अक्ष का महत्व यज्ञों के लिए भी था। कम से कम दो प्रमुख वैदिक यज्ञ ऐसे थे जिनमें अक्ष की भूमिका अत्यंत महत्वपूर्ण थी। ये थे राजसूय यज्ञ और अग्नधेय यज्ञ; इन यज्ञों का विस्तृत वर्णन देने की आवश्यकता नहीं है : मैकडानल और कीथ इन यज्ञों में अक्ष के प्रयोग के संबंध में मुख्य मुख्य संदर्भ पहले ही एकत्र कर चुके हैं। (वही.i.1) हमारा केवल यह कहना है कि वैदिक जनों के पूर्वजों की उन्हीं संस्थाओं और प्रथाओं को बाद के यज्ञों में स्थान मिला जिनकी कोई निश्चित आर्थिक उपयोगिता थी। आज जैसे जुए की आर्थिक उपयोगिता उन दिनों कुछ नहीं रही होगी। दूसरी ओर यह भी विदित है कि निष्पक्ष वितरण के लिए पांसे का प्रयोग करने की विधि पिछड़े लोगों में थी। इसके अवशेष अन्य असभ्य जनों के थोड़े विकसित चरण तक पहुंचने के काल तक के इतिहास में विद्यमान रहे। मार्क्स ने टैसीटस के इस विख्यात लेखांश की चर्चा की है : 'हरवा पर एन्नास म्यूतां एत सुपरेस्त एजर' जिसका अर्थ है : वे पांसे की सहायता से खेतों (हरवा) का आदान प्रदान करते हैं। (इसलिए असभ्य जनों की बाद की सभी नियम संहिताओं में पांसे का उल्लेख आता है), और साझी भूमि बच रहती है।' (82.242)

अंतिम बात यह है कि हम पहले ही देख चुके हैं कि वैदिक सभा का उल्लेख उस स्थान के लिए किया गया जहां पांसे का खेल व पांसा फेंकने की क्रिया होती थी और इसी सभास्थल पर संपत्ति के विभाजन का कार्य किया जाता था। जो पांसा फेंकता था उसे सभास्थाणु कहा जाता था। (95.i.157) इसका शाब्दिक अर्थ है सभा का स्तंभ। आधुनिक विद्वानों ने यह धारणा बनाकर कि पांसा फेंकने की क्रिया का अर्थ केवल जुआ खेलना ही हो सकता था, यह निष्कर्ष निकाला कि यह एक व्यंग्यात्मक नाम था जिसकी व्युत्पत्ति जुआ खेलने के स्थान के प्रति जुआरी के मोह से हुई थी। (वही. तुल. ii.426) किंतु वैदिक ग्रंथों में इस प्रकार के व्यंग्य को खोजना व्यर्थ है; यह याद रखना चाहिए कि अक्ष संबंधी उल्लेख वैदिक यज्ञों के विवरण के संदर्भ में हुए हैं और यह कल्पना नहीं की जानी चाहिए कि इन ग्रंथों के लेखकों के मन में उस समय कोई व्यंग्य का भाव था जब वे अपने अत्यंत पवित्र यज्ञों के संबंध में लिख रहे थे। 'सभागार' (अर्थात जहां वैदिक जनों की सभा होती थी) का प्रयोग स्पष्टतया अक्ष क्रीड़ा के लिए होता था, संभवतः उस समय जब इस सभा में कोई सार्वजनिक हित का कार्य नहीं चल रहा था। (वही. ii.426) किंतु जैसाकि हम देखेंगे, वैदिक जनों की सभा जनजातीय प्रशासन व्यवस्था का अंग थी और यदि यह बात ठीक है तो समतापूर्ण विभाजन के मामले में निष्पक्षता बरतने के लिए पांसे का प्रयोग स्वयं 'सार्वजनिक हित' के कार्य की प्रमुख विशिष्टता रहा होगा। इस अवधारणा से यह संभावना अलग नहीं है कि धीरे धीरे जनजातीय संगठन के विघटन और निजी संपत्ति के उदय के साथ यह पांसा जुआ खेलने का एक साधन बन गया।

9. सभा और समिति : प्रशासन

सभा शब्द वैदिक जनों के एक स्थान पर इकट्ठे होने के लिए ही तथा उस 'कक्ष' के लिए भी प्रयोग में लाया जाता था जहां ये लोग एकत्र होते थे। 'ऋग्वेद' में और उसके बाद भी यह शब्द कई बार आया है किंतु इसका वास्तविक स्वरूप क्या था उसके बारे में कुछ निश्चित नहीं है। (वही) इसके विपरीत हमारा कहना है कि मोरगन ने जनजातीय प्रशासन का जो उच्चकोटि का अध्ययन किया है उसमें सभा के निश्चित स्वरूप का संकेत मिल सकता है :

एशिया, यूरोप और अमरीका के प्राचीन समाज में परिषद एक महान विशिष्टता थी जो असभ्य कबीलों (जैन) से लेकर सभ्य समाज तक विद्यमान रही। यह परिषद, सरकार का संचालन करने का माध्यम थी और कबीलों, जनजातियों तथा इनके परिसंघों पर इसकी सर्वोच्च सत्ता थी। साधारण मामले तो कबीलों या जनजातियों के सरदार निपटा देते थे किंतु जो मामले सार्वजनिक हित के होते थे उनका समाधान परिषद करती थी। चूंकि परिषद एक असभ्य सामाजिक संस्था से उत्पन्न हुई इसलिए ये दोनों, युगों युगों से एक साथ चलती आ रही हैं। कबीलों के सरदारों की परिषद, मानव प्रज्ञा को मानव के जीवन में उपयोग में लाने की क्रिया की द्योतक है। इसके असभ्य, जनजातीय, और परिसंघीय इतिहास से विदित होता है कि सरकार की स्थापना के विचार का विकास किस प्रकार हुआ और किस प्रकार राजनीति बीच में आ टपकी जिसके कारण यह परिषद एक राजसभा में परिवर्तित हो गई।

परिषद का साधारणतम और प्रारंभिक रूप एक कबीले का था। यह एक लोकतांत्रिक सभा थी, क्योंकि प्रत्येक वयस्क स्त्री तथा पुरुष को इस सभा के विचाराधीन सभी प्रश्नों पर अपना मत व्यक्त करने का अधिकार था। यह सभा अपने अगुआ और सरदारों का चुनाव भी करती थी और उन्हें पद से हटाती भी थी। यह सभा अपने धर्माचार्यों का चुनाव करती थी, किसी भी साधारण व्यक्ति की हत्या के मामले में पक्ष तथा विरोध में निर्णय देती थी और लोगों को कबीलों में प्रवेश देती थी। यह, जनजातीय परिषद का मूल रूप थी और इसी प्रकार जनजातीय संघों के लिए भी यह एक नींव का पत्थर थी। विभिन्न स्तरों की इन सभी परिषदों में जनसाधारण के प्रतिनिधि के रूप में उनके सरदार होते थे। (101.84-5)

संक्षेप में जनजातियों के प्रशासन का संचालन सभी स्तरों पर जनजातीय परिषद करती है। जनजाति की प्रथम इकाई है कबीला और इसके कार्य का संचालन कबीले के सभी वयस्क सदस्यों की एक लोकतांत्रिक सभा में होता है। यह सभा अपने सदस्यों में से एक अगुआ अर्थात आंतरिक प्रशासन के मामलों के लिए एक नेता चुनती है और इसके अलावा युद्ध के लिए कुछ नायकों का चुनाव करती है। इन युद्ध नायकों का चुनाव उनकी शूरवीरता, सूझबूझ या फिर परिषद में उनकी वक्तृता की क्षमता के आधार पर किया जाता है। और यद्यपि वे लोग सत्ता में नहीं थे तो भी वे योग्यता की दृष्टि से एक श्रेष्ठ वर्ग थे' (वही .71) परिषद को अपने अगुआ और युद्ध नायकों को पद से हटाने का भी अधिकार था इसलिए यद्यपि इन पदों पर ये 'लोग सामान्यतः अपने संपूर्ण जीवनकाल के लिए नियुक्त होते थे, किंतु उनका कार्यकाल इस बात पर निर्भर करता था कि सत्ता में आने के पश्चात उनका व्यवहार और आचरण ठीक रहना चाहिए अन्यथा पदच्युत करने के परिषद के अधिकार का उपयोग किया जाएगा।...यदि किसी का व्यवहार उचित नहीं होता था और लोगों का विश्वास उठ जाता था तो उसे पद से हटाने के लिए ये दोनों कारण पर्याप्त थे। जब किसी अगुआ या नायक को कबीले की परिषद द्वारा विधिवत रूप से हटा दिया गया तो उस पद के लिए उसकी मान्यता समाप्त हो जाती थी और फिर वह एक साधारण व्यक्ति बन जाता था' (वही. 73) मोरगन की टिप्पणी है :

स्पेन के लेखकों ने (अमरीकी) रेड इंडियन कबीलों के सरदारों को सामंत बताया है जिन्हें ऐसी भूमि और लोगों पर स्वामित्व का अधिकार मिला हुआ था जो उनके अधीन कभी नहीं थे। किसी (अमरीकी) रेड इंडियन कबीले के सरदार को यूरोपीय ढंग का सामंत समझना एक गलत धारणा है क्योंकि इसके लिए जिस प्रकार की सामाजिक परिस्थितियों

की आवश्यकता होती वे विद्यमान नहीं थी। सामंती अधिकार पैतृक होता है जो शेष जनता के अधिकारों का दमन करके विशेष कानून द्वारा किसी व्यक्ति को दिया जाता है। सामंतशाही का अंत हो जाने के पश्चात सामंतों के लिए ऐसे कोई कर्तव्य नहीं है जैसे किसी राजा के होते हैं। इसके विपरीत (अमरीकी) रेड इंडियन कबीले का सरदार अपने पद पर पैतृक अधिकार से नहीं पहुंचता। उसे एक क्षेत्र के लोग चुनते हैं और उन्हें सरदार को पद से हटाने का अधिकार होता है। सरदार को अपने निर्वाचकों के हित के लिए कुछ कर्तव्य निभाने होते हैं। कबीले के सदस्यों या संपत्ति या भूमि पर उसका कोई अधिकार नहीं होता। इस प्रकार यह स्पष्ट है कि सामंत तथा उसकी उपाधि और कबीले के सरदार तथा उसके पद के बीच कोई समानता नहीं हैं। सामंत, राजनीतिक समाज का सदस्य है और वह इस बात का प्रतीक है कि किस प्रकार कुछ लोग बहुत से लोगों के जीवन पर अतिक्रमण करते हैं, जबकि सरदार साधारण असभ्य समाज का सदस्य है और उसका पद पर बने रहना, कबीले के सदस्यों के साझे हित पर निर्भर करता है। कबीलों, उपजातियों और जनजातियों में अधिकारों की असमानता के लिए कोई स्थान नहीं है। (वही.208)

एक जनजाति में अनेक कबीले होते हैं। संपूर्ण जनजाति के हितों को प्रभावित करने वाले कार्यों का संचालन एक उच्च परिषद करती है जिसमें विभिन्न कबीलों के निर्वाचित सरदार होते हैं। जनजातीय पद परिषद के लिए इन सरदारों का चुनाव करने के अलावा कबीले के सदस्य (बड़े बूढ़े) 'धर्म रक्षकों' का चुनाव करते हैं। मोरगन ने कुछ हिचकिचाहट के साथ, इन 'धर्म रक्षकों' के काम को कबीले के धार्मिक कार्य बताया है। मोरगन ने 'कबीलों के धार्मिक अनुष्ठानों' के बाद प्रश्नचिह्न लगाया है (101.81) वे इसलिए हिचकिचाए क्योंकि स्वयं मोरगन के शब्दों में अमरीकी रेड इंडियन जनजातियां धार्मिक विकास के उस स्तर तक नहीं पहुंची थी जो धर्म जनजातियों अर्थात ग्रीक और लैटिन जनजातियों पर बड़ी दृढ़ता के साथ थोपा गया। (वही)। निम्न स्तर से मध्य स्तर तक, विशेषकर मध्य स्तर से असभ्य जीवन से उच्चतर स्तर तक मानव समाज की प्रगति के साथ ही ये कबीले धार्मिक प्रभाव और धार्मिक विकास के केंद्र बन गए। (वही) संक्षेप में जनजाति के विखंडन के समय धार्मिक विश्वासों का प्रभाव अधिक स्पष्ट दिखाई देता है। इसलिए मोरगन ने जनजातियों के तथाकथित धार्मिक समारोहों को उनके 'मेले या त्यौहार' कहा। 'धर्मरक्षक' के कार्यों का वर्णण मोरगन ने इस प्रकार किया है :

> प्रत्येक कबीले के कुछ स्त्री पुरुष 'धर्मरक्षक' होते थे जिनका काम इन मेलों अथवा त्योहारों (इरोकी रेड इंडियनों के छः वार्षिक मेले थे, मेपिल वृक्ष से संबद्ध त्योहार, पौध रोपण त्योहार, गेहूं आदि की बोआई का त्यौहार, हरी फसल का त्योहार, फसल कटाई का त्योहार, और नववर्ष मेला) को मनाने का प्रबंध करना था...वे त्योहारों की तिथियां निर्धारित करते थे, इनके लिए प्रबंध करते थे और जनजाति के अगुआ तथा सरदारों के साथ मिलकर इन मेलों का संचालन करते थे। अगुआ और सरदार होने के कारण वे धर्मरक्षक भी थे। इनमें कोई विधिवत प्रधान धर्मरक्षक नहीं था, किसी प्रकार की कोई पुरोहिताई नहीं थी और उन सबके समान कार्य थे। स्त्री धर्मरक्षकों को विशेष रूप से भोज तैयार करने का काम सौंपा जाता था, जो सभी परिषदों में भाग लेने वाले लोगों को हर रोज शाम को दिया जाता था। यह रात्रि का सहभोज होता था। इन त्योहारों से संबद्ध धार्मिक क्रियाओं को महा आत्मा तथा छोटी आत्माओं के प्रति आभार प्रकट करना और जीवन की सुखकर वस्तुएं देते रहने का अनुरोध मात्र समझा जाना चाहिए। (वही.82)

सारांश: यह कि इरोकी रेड इंडियनों में कबीला सभा होती थी। कबीले के सभी लोग इस सभा के

सदस्य थे। एक जनजातीय-परिषद थी, जिसमें कबीलों के निर्वाचित सरदार थे। और एक धर्म रक्षक संस्था थी जिसके सदस्यों को, 'प्रत्येक कबीले के अनुभवी बड़े बूढ़े चुनते थे। कबीला-सभा का काम अपने निर्वाचित सरदार के नेतृत्व में कबीले के आंतरिक प्रशासन का संचालन करना था।' यह लोकतंत्रात्मक सभा थी जिसमें सभी समस्याओं के संबंध में कबीले के प्रत्येक वयस्क स्त्री पुरुष को अपना मत व्यक्त करने का अधिकार था'। (वही. 85) सरदारों की जनजातीय परिषद मुख्यतया जनजातियों के बीच युद्ध के प्रश्नों पर विचार करती थी और धर्म रक्षकों की संस्था मेलों त्यौहारों का प्रबंध करती थी। संभवतः ये धर्म रक्षक बाद के पुरोहित वर्ग के पूर्वगामी थे ठीक उसी प्रकार जैसे कबीलों के सरदार बाद में आने वाले युद्धप्रिय सामंतों के पूर्वगामी थे।

अब हम वैदिक सामग्री पर विचार कर सकते हैं। यह जानते हुए कि वैदिक जन भी मूलतः जनजातीय समाज में रहते थे, ऐसा सोचना युक्तिसंगत है कि वे भी ऐसे ही चरण से गुजरे होंगे वैसे कुछ कारणों से जिनकी चर्चा बार बार की जा चुकी है, उनका समाज मुख्यतया पितृसत्तात्मक रहा होगा। इस प्रकार बाद के काल में उनका पुरोहित वर्ग अर्थात ब्राह्मण, उनके धर्म रक्षकों से ही विकसित हुआ होगा (इसके और वैदिक शब्द ऋतत्पः i. 113. 12; vi. 3. 1; vii, 20: 6) तथा यावः(v. 8. 1, v. 54. 12. x. 115. 7) के बीच के रोचक साम्य की अनदेखी नहीं की जानी चाहिए। जिस प्रकार उनके युद्धप्रिय शासक अर्थात राजन्य और बाद के क्षत्रिय, उसके सेनानायकों से विकसित हुए। और यदि यह सत्य है तो वैदिक गायकों (राजा, सेनानी सम्राट आदि) के लिए सामान्यतः प्रयोग में लाए जाने वाले विशिष्ट नाम भले ही बड़े भव्य हों किंतु वे गुलाम से शासक या राजा नहीं हुए। जो भी हो, इस बात में वहुत संदेह है कि ये वर्ग बाद के ब्राह्मण और क्षत्रिय जातियों के रूप में स्वयं ऋग्वेद काल में विकसित हो चुके थे। (सी. एच. आई 12 और आगे; वी. ए. 385 और आगे) 'ऋग्वेद' में इन जातियों का स्पष्ट उल्लेख केवल पुरुष सूक्त (x. 90) में मिलता है और यह बात स्वीकार की गई है कि यह सूक्त बहुत बाद में रचा गया। अब यह 'ऋग्वेद' के प्रारंभिक काल में जनजातियों के सरदार बाद के क्षत्रिय या उस समय के धर्म रक्षक बाद के ब्राह्मणों जैसे नहीं थे तो यह अपेक्षा करना युक्तिसंगत है कि उस साहित्य में कबीला सभा और जनजातीय परिषद के प्राचीन वैभव के तत्व मिलें। वस्तुतः हमें ये तत्व 'ऋग्वेद' के प्रारंभिक लेखांशों में मिलते हैं।

'ऋग्वेद में जन समागम के लिए एक शब्द है सभा। एक अन्य शब्द है समिति, जिसका स्पष्ट आशय था सभा। और जैसाकि जायसवाल ने ठीक ही कहा है, यद्यपि 'ऋग्वेद में समिति का उल्लेख केवल उन लेखांशों में मिलता है जो बाद में रचित माने जाते हैं। (37. 1 13.) हम आगे चलकर इसके संभावित महत्व को देखेंगे। विदथ शब्द का अर्थ भी सभा था यद्यपि इस शब्द के कुछ अन्य आशय भी थे जो हमारे लिए कुछ महत्व रखते हैं।

आधुनिक विद्वानों ने वैदिक साहित्य में इन सबके महत्व पर ध्यान दिया है। किंतु तुलनात्मक विधि की उपेक्षा करके उन्होंने हमें इनके संबंध में केवल कुछ अस्पष्टे अनुमान दिए हैं। मैकडानल और कीथ ने इस तरह के अस्पष्ट अनुमानों की सूची तैयार की है। (95. ii. 296, 426, 430 आदि) इन सबको उद्धृत करने की आवश्यकता नहीं है। इनके उदाहरण के तौर पर हम इन दोनों विद्वानों द्वारा उत्पन्न की गई अस्पष्टता पर विचार कर सकते हैं। उनका कहना है कि सभा का अर्थ था, 'लोगों का सभाभवन'। (वही. ii. 308) इन लेखकों ने समिति शब्द का अर्थ 'लोगों की सभा या समागम' लगाया। (वही. ii. 415) ये दोनों ही अर्थ सही हैं। किंतु यह बात ठीक से स्पष्ट नहीं की गई है कि वे इन अर्थों के साथ ही निम्नलिखित बात किस

प्रकार कह सकते हैं :

> लुडविग के अनुसार, सभा, सब लोगों का समागम नहीं था बल्कि ब्राह्मणों और मघवानों (संपन्न संरक्षकों) का समागम था। इस विचार का समर्थन सभेवा शब्द से किया जा सकता है जिसका अर्थ था 'सभा के योग्य', और यह शब्द ब्राह्मण के लिए प्रयोग में लाया जाता था। दूसरा समानर्थक शब्द था रयी: सभावान, जिसका अर्थ था 'सभा के योग्य संपत्ति।' (वही. ii. 426-7)

प्रत्यक्ष है कि इसका निहितार्थ यह था कि सभा धनी या अभिजात वर्ग के लोगों की मंडली थी। एक तो इन्हीं विद्वानों ने सभा और समिति के लिए जो अर्थ दिए हैं यह बात उनके विपरीत जाती है और दूसरे इसके पक्ष में जो एकमात्र प्रमाण दिया गया है वह 'ऋग्वेद' के दो मंत्रों की अत्यंत संदेहास्पद व्याख्या मात्र है। इस ग्रंथ में कहीं भी इस प्रकार का संकेत नहीं है कि सभेय शब्द, 'सभा के योग्य' के अर्थ में ब्राह्मणों के लिए प्रयोग में लाया गया है। मैकडानल और कीथ ने जिस ऋचा (ii. 24. 13) का उल्लेख किया है उसमें सभेया: विप्रा: शब्द आए हैं और स्वयं सायण, जो व्याख्याकारों में सबसे अधिक ब्राह्मण समर्थक थे, विप्रा: शब्द का अर्थ मेधावी बताते हैं। इसके अलावा वैदिक सभा को हम ब्राह्मणों और मघवानों की मंडली कैसे कह सकते हैं जबकि तथ्य यह है कि ऋग्वेदकाल के दौरान एक जाति के रूप में ब्राह्मण का उदय नहीं हुआ था? मैकडानल और कीथ इस विचार से सहमत नहीं हैं :

> यह निश्चित प्रतीत होता है कि 'ऋग्वेद' में यह ब्राह्मण एक अलग जाति बन चुकी थी जो युद्ध करने वाली क्षत्रिय और कृषिकार्यरत जातियों से भिन्न थी। शास्त्रों में सभी जगह इन्हें क्षत्रियों से श्रेष्ठ बताया गया है और ब्राह्मण अपने मंत्रों तथा कर्मकांड से साधारण जनों और क्षत्रियों के विभिन्न वर्गों के बीच झगड़े करा सकता है। (95. ii. 81)

किंतु प्रश्न यह है कि कौन से शास्त्र और किस काल के शास्त्र? रोचक बात यह है कि मैकडानल और कीथ ने अपने इस मत के समर्थन में 'ऋग्वेद' के किसी अंश की चर्चा नहीं की है। इसकी बजाए वे 'यजुर्वेद' और 'ऐत्तरेय', 'शतपथ' और 'पंचविंश' ब्राह्मणं ग्रंथों के कुछ संशोधित संस्करणों का उल्लेख करते हैं। इस प्रकार के ग्रंथ यह सिद्ध नहीं करते कि ऋग्वेदकाल में ब्राह्मण जाति का उदय हो चुका था, क्योंकि ये सब ग्रंथ तो 'ऋग्वेद' के बहुत बाद में आए।

सभा को धनी व्यक्तियों (मघवानों) की मंडली कहने की बात संभवत: वैदिक लेखांशों की गलत व्याख्या पर आधारित है। अपने मत के समर्थन में इन दो विद्वानों ने केवल एक ऋचा की चर्चा की है। किंतु वास्तव में इस ऋचा में ऐसी कोई बात दिखाई नहीं देती जिससे इस संभावना की पुष्टि होती हो। यह सच है कि इस ऋचा में रयि: और सभावान शब्द आए हैं। किंतु यह नहीं भूलना चाहिए कि ये दोनों शब्द अग्नि के विशिष्ट नामों में से थे जिसे यहां संपत्ति का वर्धक (पृथु-बुध्नाः) और मनुष्यों जैसा मित्र (नृवतसखा) कह कर उसका आह्वान किया गया है। हम इस सारी ऋचा को पहले ही उद्धृत कर चुके हैं : हे अग्नि, हे असुर, हमारा यह यज्ञ गायों, भेड़ों, अश्वों, अन्न और संतति से परिपूर्ण हो; आप सदा ही क्रोधरहित रहें, हमारी सभा में मनुष्य की भांति मित्र हों, अतुल संपत्ति और असीम जल के स्वामी हों।' हम देख चुके हैं कि यह अति प्राचीन ऋचाओं में से एक है जिसमें वैदिक ऋषियों ने उन वस्तुओं की प्राप्ति की उत्कट इच्छा व्यक्त की है जिन्हें वे भौतिक संपत्ति के विभिन्न रूप मानते थे; और सभा के सदस्य के रूप में अग्नि का महत्वपूर्ण आह्वान संभवत: इसलिए हुआ क्योंकि सभा को इस यज्ञ का स्थल माना गया और वैदिक ऋषियों का विचार था कि इस यज्ञ से संपत्ति की अभिवृद्धि होना निश्चित है। जो भी हो, यहां इस धारणा को उचित ठहराने वाली ऐसी कोई बात नहीं है कि सभा केवल

अभिजात या धनीवर्ग की मंडली थी।

एक ही लेखांश में संपत्ति और सभा का उल्लेख होने का अर्थ यह नहीं है कि वह केवल अभिजात वर्ग की सभा थी और इसको सिद्ध करने के लिए एक और प्रमाण देखिए। 'हे अग्नि, यह समिति यज्ञ करने वाले देवताओं में दीप्तिमान है; हे अन्न के स्वामी, हमें संपत्ति से परिपूर्ण भाग मिले जिस संपत्ति का आप विभाजन करते हैं'। (x.11.8) प्रत्यक्ष है कि यहां भाग और बिभाजन का उल्लेख वितरण की जनजातीय विधि के सूचक हैं। निस्संदेह यह धारणा कि वैदिक सभा केवल अभिजात वर्ग की सभा थी, लुडविग की है; मैकडानल और क़ीथ तो केवल और संभावित प्रमाणों की खोज कर रहे थे। किंतु स्वयं लुडविग ने कौन से प्रमाण बताए हैं? उन्होंने विशेष रूप से दो ऋचाओं पर बल दिया। (95.ii.426.टि.) ये हैं :

> हे इंद्र आपका रूपवान मित्र घोड़ों, रथों और गायों का स्वामी है। संपत्ति के गृहीता होने के कारण वे सदा इकट्ठे होकर अन्न के साथ सभा में आते हैं और प्रसन्न होते हैं। (viii.4.9)
>
> सभी मित्र सभा के योग्य (सभासर) मित्रों के साथ प्रसन्न हैं क्योंकि सोम है : यह सोम शत्रुओं का नाशक, अग्न का वर्धक और अन्न के स्वामी के कल्याण के लिए पर्याप्त है। (x.71.10)

रोचक बात है कि मैकडानल और कीथ दोनों ने इन लेखांशों को पूर्णतया अस्पष्ट (95. ii.426. टि.) माना। बहरहाल यहां कोई ऐसा संकेत नहीं है कि सभा के सदस्य केवल अभिजात वर्ग के लोग थे और इनमें कोई साधारण व्यक्ति नहीं था। ऋषियों ने सभासह जैसे विशेषण संभवतः अपने संबंधियों और बाह्य लोगों के बीच विभेद के लिए लगाए थे; इस बात का कोई संकेत नहीं है कि इनका प्रयोग एक वर्ग को दूसरे वर्गों से अलग बताने के लिए किया गया। (सु-जात पर हिल ब्रांट के विचार के लिए देखें, वही. ii 427) और संपत्ति के उल्लेख मात्र (गायें, रथ, घोड़े और अन्य) को इतना बढ़ा चढ़ा कर महत्व देना गलत होगा जबकि हम देख चुके हैं कि यह तो वैदिक ऋषियों की एक विशेषता थी। संयोग की बात है कि स्वयं सायण ने भी सखायः (मित्र) शब्द, जो उपरोक्त दो ऋचाओं में से दूसरी में आया है, का अर्थ यह लगाया कि ये लोग स्तर और ज्ञान में समान थे। यह बात एक बार फिर जनजातीय लोगों के समतावादी समाज को इंगित करती है।

यहां यह भी बता दिया जाना चाहिए कि मैकडानल और कीथ ने लुडविग के मत का समर्थन करते हुए (और जिस दृढ़ता के साथ यह समर्थन किया गया है उसका मूल्यांकन करना सरल नहीं है) यह भी कहा है कि सभा और समिति दोनों शब्दों का आशय वैदिक जनजातियों की सभाएं था। उनके कुछ कथन इस प्रकार हैं :

> सभा वैदिक काल के भारतीयों के 'सम्मेल' और जहां यह होता था उस 'कक्ष' का नाम है। (वही. ii. 426)
>
> हिलब्रांट का यह मत सही प्रतीत होता है कि सभा और समिति में कोई भेद नहीं किया जा सकता। (वही. ii.427)
>
> समिति से आशय है वैदिक जनजाति की 'सभा' इसका उल्लेख ऋग्वेद में हो चुका है और बहुधा बाद में भी और कभी कभी सभा के संदर्भ में भी हुआ है। (वही. ii.430)

यदि यह सब कुछ सत्य है तो सभा और समिति को केवल अभिजात वर्ग अर्थात ब्राह्मणों और धनी लोगों का सम्मेलन मानने का कोई आधार नहीं है। यदि मैकडानल और कीथ इस बात को नहीं देख पाए तो इसका कारण संभवतः यह है कि उन्होंने तुलनात्मक विधि की उपेक्षा की। अब

हम जनजातीय सभाओं के संबंध में प्राप्त सामान्य जानकारी के दृष्टिकोण से सभा और समिति को समझने का प्रयत्न कर सकते हैं। हम एक निर्णायक प्रमाण से आरंभ करते हैं :

> जिस स्थान पर जड़ी बूटियां (औषधीः) एकत्र होती हैं किसी सभा में राजाओं की भांति (राजानः समितौ इव) वहां प्रज्ञावान (विप्राः) को चिकित्सक (भिषक), रोगों और व्याधियों का नाश करने वाला कहा जाता है। (ऋ. वे. x.97.6)

यहां ऋषि जड़ी-बूटियों और चिकित्सक की बात कर रहा है। समिति का उल्लेख तो एक संज्ञा के रूप में आया है। फिर भी हम इसका प्रयोग किए जाने के महत्व की उपेक्षा नहीं कर सकते। प्रमुख बात यह है कि इसका प्रयोग बहुवचन में हुआ : राजानः समितौ इव (जिस प्रकार समिति में राजा लोग एकत्र होते हैं)। स्पष्ट है कि ये राजा लोग हमारे शासकों वाले अर्थ में राजा नहीं होंगे क्योंकि बहुत से राजाओं का सभा में इकट्ठा होने की बात का कोई तर्कसंगत अर्थ नहीं निकलता। और यदि वे शासक नहीं थे तो केवल युद्धनायक रहे होंगे। और यदि वे युद्धनायक थे तो उनकी समिति नायकों अथवा सरदारों की जनजातीय परिषद ही हो सकती थी, जिसका सर्वाधिक महत्वपूर्ण कार्य, जैसाकि हम देख चुके हैं, जनजातियों के बीच होने वाले युद्ध का संचालन करना था।

अब हम समझ सकते हैं कि 'निघंटु' (ii.17) ने इस शब्द को युद्ध के पर्यायवाची शब्दों में से एक क्यों बताया : 'निघंटु' के अनुसार समिति, 'संग्राम-नामानि' शब्दों में से एक थी। युद्धनायकों की सभा होने के कारण इसका प्रमुख विचारणीय विषय युद्ध ही था। संक्षेप में सरदारों अथवा नायकों की जनजातीय सभा का अर्थ था युद्ध। सायण ने भी बहुधा इस शब्द की व्याख्या इसी अर्थ में की है।

हम शीघ्र ही देखेंगे कि पशुपालक अर्थव्यवस्था के विकास का अनिवार्य परिणाम यही था कि धीरे धीरे वैदिक जनों का मुख्य कार्य अन्य जातियों के साथ युद्ध करना हो गया। संभवतः इसी दृष्टि से यह स्पष्ट हो सकता है कि समिति शब्द का महत्व वैदिक ग्रंथों में बाद के लेखांशों में इतना विशेष प्रकार का क्यों हो गया है। उनका जीवन मुख्यतया एक दूसरे के विरुद्ध अभियानों का जीवन हो गया था और वैदिक ऋषि समिति के प्रति विशेष जागरूक होते गए थे। यही कारण है कि समिति शब्द ऋग्वेद के दसवें मंडल में विशेष रूप से उल्लिखित हुआ है। हमारे आधुनिक विद्वानों ने इस विशिष्टता पर ध्यान दिया है यद्यपि उनकी व्याख्या संतोषजनक नहीं है। जायसवाल कहते हैं :

> यह ध्यान देने की बात है कि समिति संबंधी उल्लेख ऋग्वेद के केवल उन अंशों में मिलते हैं जिन्हें बाद के लेखांश माना जाता है। इसलिए हम निष्कर्ष निकाल सकते हैं कि यह समिति प्रारंभिक वैदिक काल का नहीं बल्कि वैदिक जनों के विकसित चरण का परिणाम थी। वाद विवाद का उच्च स्तर, शास्त्रार्थ का प्रत्यक्षतया स्वतंत्र अधिकार, दूसरों के विचारों पर विजय प्राप्त करने की उत्सुकता, ये सभी बातें एक ऐसी संस्कृति को इंगित करती हैं जो काफी उच्च स्तर तक विकसित हो चुकी थी। (37.i.13)

लेकिन इस बात की स्पष्ट अनदेखी कर दी गई है कि स्वयं ऋग्वेद के अत्यंत प्राचीन काल के लेखांशों में भी जनसभाओं, वादविवाद और सार्वजनिक व्याख्यानों के उल्लेख मिलते हैं। जनसभा और व्याख्याताओं की वक्तृता उतनी ही प्राचीन हो सकती है जितना जनजातीय समाज।

'ऋग्वेद' में सम्मेलनों के लिए और शब्द भी हैं, जिनमें से दो विशेष रूप से प्रमुख हैं। ये शब्द हैं सभा और विदथ। जिन विद्वानों ने सभा और समिति के बीच संभावित विभेद की अनदेखी

कर दी है वे गलती पर थे। निस्संदेह दोनों का अर्थ लोगों का सम्मेलन था किंतु सभा शब्द कबीला परिषद के लिए रहा होगा जबकि समिति शब्द युद्धनायकों की जनजातीय परिषद के लिए रहा होगा। स्पष्ट है कि जनजातियों के सरदार अपनी अपनी युद्ध परिषदों में भाग लेने के अलावा कबीला परिषदों में भी भाग लेते थे : 'राजा सभा में भी उतना ही आता था जितना कि समिति में'। (95.ii.427 टि.) लेकिन यहां 'राजा' से कुछ अस्पष्टता आ सकती है। 'ऋग्वेद' में युद्ध-नायक या सेनानी के लिए सबसे सामान्य शब्द था राजा, जिसका अर्थ बाद में 'राजा' अर्थात शासक बन गया। इस शब्द के अपेक्षाकृत आधुनिक अर्थ के कारण हमारे कुछ विद्वानों ने ऋग्वेद में ही राजा और शासक समझ लिए जिससे उन्होंने यह अनुमान लगा लिया कि वैदिक युग में किसी विशेष प्रकार का लोकतांत्रिक राजतंत्र विद्यमान था। ऋग्वेदकाल के राजा वैसे शासक नहीं हो सकते थे जैसे बाद के राजा हुए, यह बात इस तथ्य के संदर्भ में निर्णायक रूप से सिद्ध हो जाती है कि वे जनजातीय समाज के सरदारों की भांति साधारण लोगों द्वारा निर्वाचित होते थे। लोगों द्वारा राजा के निर्वाचित होने की बात का स्पष्ट संदर्भ 'अर्थववेद' में मिलता है :

> आपने लोगों को स्वयं को राजा पद के लिए निर्वाचित करने दिया, आर ये पांच दैवी दिशाएं हैं; आप सत्ता के शिखर पर हैं; हे अपराजेय आप वहां से अच्छी अच्छी वस्तुओं के भाग बांटे। (iii.4.2. अनु. पिटनी, तुल. 11.481 राजसूय का अनुष्ठान जनता की सहमति से होने वाले चयनात्मक राजत्व की याद दिलाता है।)

वैदिक ऋषियों की ये अत्युक्तियां उस समय और भी अतिशयोक्तिपूर्ण हो जाती हैं जब इनका अनुवाद करने वाले आधुनिक लोग इन बाद के विचारों से प्रभावित रहते हैं। किंतु इन सब बाद की बातों में छिपी हुई है जनजातीय लोगों की वह प्रथा जिसके अनुसार साधारण जन अपना सरदार चुनते थे और वह सरदार साधारण जनों में संपत्ति बांटता था। यदि इस बात को ध्यान में न रखा गया तो हो सकता है कि बड़े से बड़े विद्वान भी गंभीर असंगतियां कर बैठें। इसका एक उदाहरण कैंब्रिज हिस्टरी आफ इंडिया में मिलता है :

> अब तक हमारी जानकारी के स्रोतों में, अपूर्ण होते हुए भी, पर्याप्त सामग्री उपलब्ध है जिससे वैदिक समाज की मुख्य रूपरेखा अंकित की जा सकती है। लेकिन दुर्भाग्य की बात है कि हम जब राजनीतिक संगठन की विस्तृत बातों पर और चतुराई से विचार करते हैं तो यही प्रमाण अत्यंत अपर्याप्त रह जाते हैं। (सी. एच. आई. i. 94)

किंतु रोचक बात यह हैं कि जब यह कहा जाता है कि वैदिक जनों का समाज वास्तव में जन-जातीय संगठन नहीं था तो यही 'अत्यंत अपर्याप्त' प्रमाण लेकर इतिहासकार कुछ निश्चित कार्य करते हैं :

> ऋग्वेदकाल की जनजातियां निश्चित रूप से किसी राजा के शासनाधीन थीं; 'ऋग्वेद' में ऐसा कोई अनुच्छेद नहीं हैं जिसमें किसी अन्य प्रकार के शासन का संकेत मिलता हो, जबकि राजन पद नाम से राजा का उल्लेख कई बार आता है। ऐसे समाज में इस प्रकार की शासन व्यवस्था अपेक्षित ही है जो न केवल पितृसत्तात्मक समाज था बल्कि आर्यों और मूल निवासियों को शत्रु मानकर निरंतर युद्ध की स्थिति में रहता था। इसके अलावा यह राज-सत्ता सामान्यतः पैतृक थी, यहां तक कि 'ऋग्वेद' में कहीं कहीं हम उत्तराधिकार के कुछ लक्षण देख सकते हैं। जैसे वध्र्यस्व, दिवोदश, पिजवान और सुदास, या दुर्गः, गिरिक्षित, पुरुकुत्स और त्रासदस्यु, या मित्रातिथि, कुरुश्रवण और उपमाश्रवस। (वही)

नामों की यह सूची निश्चित ही बहुत बड़ी है और इसमें कोई संदेह नहीं कि कम से कम कुछेक मामलों में तो 'ऋग्वेद' में वंशावली का वास्तव में संकेत मिलता है। इस प्रकार के उदाहरण से

तो ऐसा प्रतीत होता है कि त्रासदस्यु सचमुच ही पुरुकुत्स का पुत्र था और पुरुकुत्स के पिता दुर्गः नामक व्यक्ति था। (viii.19.36; iv.42.8-9) किंतु इस प्रकार के वंशानुक्रम भी भ्रांतियों से मुक्त नहीं हैं। इस प्रकार त्रासदस्यु के पुत्र को कहीं तो त्रिक्षी और कहीं कुरुश्रवण बताया गया है। (viii.22.7; x.33.4) वैसे यह भी हो सकता है कि एक ही व्यक्ति के ये दोनों पुत्र हों। किंतु जो असंभव बात प्रतीत होती हैं वह यह है कि ये दोनों वैदिक जनजातियों के पैतृक आधार पर राजा थे। इसके अलावा यह भी बड़े संदेह की बात है कि जिन अर्थों में हम पैतृक राजा को समझते हैं, इनमें से कोई भी वैसा राजा था या नहीं। यहां तक की सायण ने भी कहा कि पुरुकुत्स का पुत्र त्रासदस्यु एक ऋषि था। (आन. ऋ. वे. viii.8.21) इसी प्रकार उन्होंने कुरुश्रवण नाम की व्याख्या करते हुए उसे कुरुओं का ऋत्विक बताया। (वही. x.32.9) इस व्याख्या को विलसन ने मान लिया और इस शब्द का अर्थ 'कुरुओं की स्तुति करने वाला' बताया। किंतु एक अन्य ऋचा (x.33.4) में राजा का विशेषण उसी व्यक्ति के नाम के साथ जोड़ा गया जिससे सायण ने इसे राजा का नाम बना दिया। किंतु जिस प्रकार उन्होंने यह किया वह तरीका पूर्णतया स्पष्ट रूप से कृत्रिम था : 'कुरुश्रवण का अर्थ था 'कुरुओं का ऋत्विक; वह व्यक्ति जो उनकी स्तुति सुनता था, इस नाम का राजा था'। किंतु तथ्य इससे कहीं सरल रहा होगा : इस ऋचा में राजा शब्द किसी के सम्मान के रूप में प्रयुक्त हुआ होगा।

इस प्रकार 'ऋग्वेद' उल्लिखित वंशानुक्रम को ज्यों का त्यों विचार करने में ऐसी ही कुछ कठिनाइयां हैं। इसके अलावा केवल वंशानुक्रम का उल्लेख होने से वह पैतृक राजसत्ता का वैध प्रमाण नही बन जाता, विशेषकर जब हम 'अथर्ववेद' में उस उल्लेख को देखते हैं जिससे पता चलता है कि राजा का चुनाव लोगों द्वारा किया जाता था। इसी प्रकार 'ऋग्वेद' में जिस वर्णन में यह बताया गया कि बहुत से राजा समिति में एकत्र हुए, वह भी पैतृक राजसत्ता वाली बात को गलत सिद्ध करता है। निश्चित ही हम आगे चलकर देखेंगे कि जनजातीय संगठन का विखंडन आरंभ होने के साथ ही यह परंपरा बन गई कि सरदार का चुनाव उसी परिवार से किया जाने लगा जिस परिवार से पहला सरदार था; उसी परिवार से उत्तराधिकारी चुनने की प्रथा जनजातीय संगठन के विखंडन के कारण पैतृक उत्तराधिकार में बदल गई। इस प्रकार अधिक से अधिक यही हो सकता है कि 'ऋग्वेद' में इन लेखांशों में उल्लिखित वंशानुक्रमों से हमें वैदिक जनजातीय समाज के विघटन के संकेत मिलते हैं। इसमें कोई अनोखी बात नहीं है, किंतु महत्वपूर्ण बात यह है कि यदि हम 'ऋग्वेद' के वास्तविक पुरातन लेखांशों को देखते हैं तो हमें ऐसे प्रमाण मिलते हैं जो वैदिक जनजातियों में वंश के आधार पर राजसत्ता की अवधारणा को और भी असंभव करते हैं। यहां हम केवल एक प्रमाण का उल्लेख कर रहे हैं।

तथाकथित वंशानुगत राजाओं की सूची में एक नाम है, उपमाश्रवसा। ऋग्वेद (x. 33. 6-7) के अंतिम चरण के लेखांशों में इसे मित्रातिथि का पुत्र बताया गया है। (यद्यपि कुरुश्रवण का नहीं, जैसाकि उपरोक्त वंशावली में उल्लिखित है) किंतु इन उल्लेखों से उसके वंशानुगत राजा होने का कोई संकेत नहीं मिलता। इसके विपरीत 'ऋग्वेद' के प्राचीनतम लेखांशों (ii. 23. 1) में एक शब्द आया है, 'उपमाश्रवस्तमम' और स्वयं सायण भी इसे राजा नाम नहीं बना सके। स्पष्टतः वह शब्द ब्राह्मणस्पति को गणाधिपति के रूप में संबोधित करते समय अतिशयोक्तिपूर्ण विशेषण के रूप में प्रयोग में लाया गया था। इसका अर्थ था 'अन्न बाहुल्य में अद्वितीय'। इस प्रकार यदि निष्पक्ष होकर यह सिद्ध कर भी दिया जाए कि ऋग्वेदकाल के अंतिम चरण तक आते आते सरदार और राजा की नियुक्ति की वंशानुगत प्रणाली विकसित हो चुकी थी, तो भी इससे समस्त ऋग्वेदकाल के संदर्भ में कुछ भी सिद्ध नहीं होता। इसके विपरीत, कबीला परिषद

और जनजातीय सभाओं के संबंध में 'ऋग्वेद' में उपलब्ध प्रमाण कम संदेहास्पद हैं और कहीं कहीं अत्यंत स्पष्ट हैं जिससे सिद्ध होता है कि वैदिक जन उस समय जनजातीय चरण में थे और ऐसी समाज संरचना में वंशानुगत राजत्व के लिए कोई स्थान नहीं था। सच तो यह है कि यदि 'ऋग्वेद' में उपलब्ध संकेतों को सामान्य जनजातीय संरचना के संदर्भ में नहीं देखा जाता तो वैदिक जनजातियों की राजनीतिक व्यवस्था सदा ही एक रहस्य बनी रहेगी।

और अब हम उस मुख्य बात पर आते हैं जिसे कैंब्रिज हिस्टरी आफ इंडिया का लेखक नहीं पकड़ पाया; वह वैदिक जनजातियों की राजनीतिक व्यवस्था की विवेचना तो करना चाहता था किंतु सामान्य जनजातीय संरचना के प्रश्न को नहीं उठाना चाहता था। यह मुख्य बात बड़ी स्पष्ट सी है : वंशानुगत राजा और वास्तविक जनजातीय संरचना परस्पर विरोधी हैं।

स्पष्ट है कि जिन विद्वानों ने वैदिक जनजातियों को 'राजतंत्रीय' कहा वे 'ऋग्वेद' के 'राजन्' शब्द के कारण भ्रम में पड़ गए थे। यह बात कैंब्रिज हिस्टरी आफ इंडिया के वैदिक काल संबंधी लेख से विदित होती है : 'इस काल में राजतंत्र प्रणाली सामान्यतः विद्यमान थी। राजन् शब्द 'ऋग्वेद' में बार बार आया है'। (वी. ए. 352) यह आधारवाक्य तो सत्य है किंतु उसका निष्कर्ष युक्तिसंगत नहीं हैं। राजन् शब्द तो 'ऋग्वेद' में विद्यमान है किंतु इससे यह सिद्ध नहीं होता कि उस समय राजतंत्र प्रणाली थी। यहां हम दो निर्णायक प्रमाण देंगे। 'ऋग्वेद' के अंतिम चरण के लेखांशों में (x.34. 12) 'राजा व्रातस्य' गुणवाची शब्द आता है और यह 'गणस्य सेनानिः' के एक पर्यायवाची शब्द के रूप में आया है। इसका अर्थ जनजाति के सरदार के अलावा और कुछ नहीं है। दूसरी बात, 'ऋग्वेद' में एक प्रसिद्ध युद्ध का 'दसराज्ञ' के नाम से उल्लेख किया गया है; इस निश्चित विचार को लेकर कि राजा का अर्थ शासक के अलावा और कुछ नहीं हो सकता यदि हम युद्ध को देखें तो इसका अर्थ होगा दस राजाओं का युद्ध (सी. एच. आई. i. 81. वी. ए. 245. अगला सवाल सी. एच. आई. i. 82 से है) किंतु ये दस 'राजा' कौन थे? इन तथाकथित राजाओं की सूची तैयार करते हुए कैंब्रिज हिस्टरी के लेखक को भी 'जनजाति' शब्द का प्रयोग करने के लिए बाध्य होना पड़ा : 'दस जनजातियों में से पांच जनजातियां कोई विशेष महत्व नहीं रखतीं। ये पांच जनजातियां हैं, अलिन···पक्थ, भालनस, शिव और विशनिन अन्य पांच जातियां 'ऋग्वेद' में प्रसिद्ध है। ये जातियां अनु, भृगु, द्रुहयु···तुरवश और यदु···और पुरु हैं।' यदि ये सभी जनजातियां थी तो इनके विरुद्ध युद्ध 'दस राजाओं' का युद्ध नही हो सकता था। और यदि ऐसा था तो फिर 'ऋग्वेद' में राजन् शब्द का प्रयोग किया जाना, वंशानुगत राजतंत्र का ठोस प्रमाण नहीं है।

'स्त्रियां सभा में नहीं जाती थीं क्योंकि उन्हें राजनीतिक गतिविधि से अलग रखा गया था'। (95. ii. 427) वैदिक जनों के अति विकसित पितृसत्तात्मक समाज में ऐसा होना युक्तिसंगत था। वस्तुतः 'मैत्रायणी संहिता' (iv. 7.4) में घोषणा की गई : 'स्त्री दुर्बल है, पुरुष सशक्त है इसलिए पुरुष सभा में जाते हैं; स्त्रियां नहीं।' किंतु यह ग्रंथ 'ऋग्वेद' के बहुत बाद के काल का है और स्वयं 'ऋग्वेद' भी अति दीर्घकाल तक रचित 'ऋचाओं' का एक वृहत संकलन है। इसलिए इसमें प्राचीन काल के उस समय के अवशेष मिलने की संभावना हो सकती है जब स्त्रियां भी सभा में जाती थीं। बहरहाल 'ऋग्वेद' में केवल एक बार एक रोचक शब्द आया है 'सभावती' सभा में उपस्थित स्त्री : 'सभा में उपस्थित एक स्त्री सभा के लिए उपयुक्त शब्द बोलती है' (i.167. 3) फिर, कुछ दुर्बोध प्रकार की एक ऋचा में तीन सत्यभाषी स्त्रियों का उल्लेख आया है जो दिन में तीन बार सभा में जाती थी। (iii. 56.5)

मैकडानल और कीथ का कहना है कि, 'सभा द्वारा किए जाने वाले कार्य का एक बार भी

उल्लेख नहीं आया है'। (95. ii. 427) यह बात पूर्णतया सही नहीं है। 'ऋग्वेद' में हमें सभा में दिए गए वक्तव्यों के उल्लेख मिलते हैं। (vi. 28.6) इसके अलावा यदि जायसवाल (37. i. 14) की व्याख्या सही है तो हमें लोगों द्वारा 'राजा' का चुनाव किए जाने के भी उल्लेख मिलते हैं। (x. 173. 1-5, तु. अ. वे. vi. 87; vi. 88. 1-2) और यदि लोग अपने सरदार का चुनाव करते थे तो यह केवल सभाओं में ही होता होगा।

यह आपत्ति उठाई जाएगी कि ये सब बातें अनुमान मात्र हैं। किंतु जब हम वैदिक सभा के उल्लेखों में 'विदथ' शब्द पर विचार करते हैं तो हमें प्रतीत होता है कि हम किसी ठोस आधार पर चल रहे हैं। स्पष्ट है कि 'विदथ' के बहुत प्रकार के उपयोग थे। हम देख चुके हैं कि इनमें से एक काम था संपत्ति विभाजन जो निश्चित ही बहुत पुरानी प्रथा रही होगी। 'विदथ' में वाद-विवाद और विचारविमर्श आदि भी होते थे, यह निश्चित है। सभा में एक अच्छा वक्ता बनने की इच्छा कई स्थानों पर व्यक्त की गई है : 'हे इंद्र, हम सदा के लिए तुम्हारे प्रिय और महान सेनानी हैं, हम सभा में बोलते हैं (विदथम अवदेम) (ii.12.15 तुल. अ. वे. ii.27. विवाद में विरोधियों को मंत्रमुग्ध करने के लिए)' 'हम सभा में उच्च स्वर में बोलें, वीर पुरुषों में हम श्रेष्ठ हों (बृहत्त वदेम विदथे सुवीराः) [ii.1.16 आदि, (अनु.) ओल्डेनबर्ग के अनुसार देखें जे. ए. ओ. एस. xix.15]' यह किसी गीत की टेक की भांति बार बार आया है और 'ऋग्वेद' (देखें 71) में जिन लेखांशों को अति प्राचीन माना गया है उनमें द्वितीय मंडल में कम से कम बाइस बार ये शब्द आए हैं। यदि हम याद रखें कि जनजातीय समाज में परिषद में एक अच्छा वक्ता होना सरदार चुने जाने के आधारों में से एक है तो हम इसका महत्व समझ सकते हैं। (101. 71)

'विदथ' के अन्य कार्यों में जनजातीय विवाद सुलझाना और जनजाति के नियमों का उल्लंघन करने वालों को दंड देना भी शामिल था। (i.31.6; vii.93.5) विदथ में जनजातीय प्रज्ञा या भावी कार्यविधि अपनाने (धीभिः) का कार्य होने के भी स्पष्ट उल्लेख हैं। (ii..38.5) वास्तव में 'ऋग्वेद' में सभा के लिए प्रयोग में लाए गए तीन शब्दों में से विदथ शब्द का प्रयोग सबसे अधिक बार हुआ। विदथ के कार्य कितने विविध थे इसका अनुमान आधुनिक विद्वानों द्वारा इस शब्द के लिए दिए गए विभिन्न अर्थों से लगाया जा सकता है। मैकडानल और कीथ कहते हैं :

> विदथ शब्द अत्यंत प्राचीन और दुर्बोध है और यह मुख्यतया ऋग्वेद में आया है। राथ के अनुसार, इसका मूल अर्थ है 'आदेश,' और इस प्रकार आदेश देने वाली संस्था, धार्मिक या गैर धार्मिक या युद्ध के लिए 'सभा'···लुडविग का विचार है कि इसका मूल अर्थ 'सभा' विशेषकर मघवानों और ब्राह्मणों का सम्मेलन था। गेल्डनर का कहना है कि मूलतः इस शब्द का अर्थ है—ज्ञान। (95.ii.296)

मोनियर विलियम्स ने इस शब्द के निम्नलिखित अर्थ बताए हैं :

> ज्ञान, प्रज्ञा, (विशेषकर) 'अन्य लोगों को दिया गया ज्ञान,' अर्थात, निर्देश, मार्ग निर्देशन, आदेश, प्रबंध, वृत्ति, नियम, परमादेश; एक बैठक, सभा (विचार विमर्श के लिए या त्योहारों अथवा धार्मिक उत्सवों को मानने के लिए) परिषद, समूह, सम्मेलन, जमाव··· (99.963)

किंतु विटनी द्वारा दिया गया अर्थ सर्वाधिक युक्तिसंगत प्रतीत होता है। (अ. वे.i.15) उन्होंने इसे 'परिषद' बताया है। अन्य विद्वानों ने इसी शब्द के जो अन्य अर्थ बताए हैं वे संभवतः इसलिए कि ऋग्वेद में परिषद या सभा के विभिन्न कार्यों के संदर्भ में यह शब्द आया। आधुनिक विद्वानों

ने इस पुरातन शब्द की व्याख्या करते समय इन कार्यों पर अधिक ध्यान दिया है न कि उस सभा पर, जो यह कार्य करती थी। जनजातीय समाज में नियम या आदेश या प्रवृत्ति की भांति उच्चतम प्रज्ञा और श्रेष्ठ ज्ञान का अविर्भाव केवल परिषद में ही होता है और इस बात की पुष्टि यह विदथ शब्द ही करता है।

आधुनिक विद्वानों में संभवतः ब्लूमफील्ड ही एकमात्र ऐसे व्यक्ति हैं जिन्होंने इस शब्द की इस प्रकार की व्याख्या को प्रबल चुनौती दी है। (जे. ए. ओ. एस. xix.11 और आगे) उनका कहना है कि विदथ का अर्थ परिषद या सभा कदापि नहीं हो सकता; इसका वास्तविक अर्थ था परिवार या कुटुंब। किंतु उनका यह विचार न तो किसी अकाट्य प्रमाण और न ही किसी ठोस तर्क पर आधारित प्रतीत होता है। जिस प्रमाण पर वे सबसे अधिक निर्भर करते हैं वह है 'ऋग्वेद' में स्त्रियों द्वारा विदथ में जाने का उल्लेख : स्त्रियों को वैदिक जनों की राजनीतिक गतिविधियों से अलग रखा गया था फिर भी वे विदथ से अलग नहीं थीं; इसलिए विदथ का अर्थ केवल परिवार कुटुंब ही हो सकता है। किंतु विदथ में एक 'राजा' के आसीन होने के स्पष्ट उल्लेख हैं : 'विदथ्याः सम्राट' (iv.21.2), जो विदथ में वक्तृता या विदथ में संपत्ति विभाजन के उल्लेखों की भांति कोई अर्थ नहीं रखता यदि विदथ का अर्थ कुटुंब या परिवार मान लिया जाए। अपनी विशिष्ट अवधारणा के लिए उन्हें इन उल्लेखों की इसी काल्पनिक व्याख्या का आश्रय लेना पड़ा। ब्लूमफील्ड ने स्त्रियों द्वारा विदथ में जाने के उल्लेख को प्रबल प्रमाण माना है। किंतु जैसाकि हम कह चुके हैं; इस उल्लेख से संभवतः वैदिक समाज के कुछ और पुरातन सत्यों का संकेत मिलता है। और यदि ऐसा ही है तो हम उस पुराने विचार को स्वीकार करने के लिए प्रेरित होते हैं जिसके अनुसार विदथ और सभा (जे. ए. ओ. एस. xix.13) एक ही बात थी। किंतु हम इतना अवश्य कहते हैं कि विदथ सभा से अधिक पुराना शब्द था और इसलिए यह शब्द वैदिक समाज के संबंध में कुछ अधिक प्राचीन यथार्थताओं को इंगित करता था। इस विचार का अनुमोदन न केवल विदथ में संपत्ति के बंटवारे के उल्लेखों से बल्कि स्वयं देवताओं के अपने विदथ होने के उल्लेखों से भी होता है। अग्नि 'हमारे विदथ' से हवि लेकर देवताओं के विदथ में जाता है; वह इन दोनों के बीच संदेशवाहक कार्य करता है। (viii.39.1)

किंतु ब्लूमफील्ड के विचार के विरुद्ध सबसे प्रबल प्रमाण यह है कि वैदिककालोत्तर प्राचीन परंपराओं में विदथ, सभा और समिति पूर्णतया विलुप्त हो गए। इसका स्पष्टीकरण इस अनुमान के आधार पर नहीं हो सकता कि विदथ का अर्थ था घर या परिवार, क्योंकि यह कल्पना करने का कोई आधार नहीं दिखाई देता कि वैदिककालोत्तर युग में वैदिक परंपरा के समर्थक गृहविहीन हो गए। इसके विपरीत, यदि विदथ का अर्थ परिषद या सभा था तो यह अपेक्षा करना युक्तिसंगत ही है कि वेदोत्तरकाल में इसका महत्व समाप्त हो गया क्योंकि स्वयं 'ऋग्वेद' के अंतिम चरण में अंतरजनजातीय युद्धों के कारण वैदिक जनों की जनजातीय समाजव्यवस्था विखंडित होने लगी थी। हम शीघ्र ही देखेंगे कि वेदोत्तरकाल में किस प्रकार विदथ का ह्रास हो गया। किंतु जनजातीय सभा के विखंडन के संबंध में जो सामान्य जानकारी उपलब्ध है उसी से आरंभ करना उपयोगी हो सकता है। हम एंगेल्स को उद्धृत करते है :

> जनता का सेनानायक (रेक्स, बैसिल्यू, थियूडान्स), अपरिहार्य और स्थाई अधिकारी बन गया। जहां कहीं भी सभा नहीं थी वहां इसकी स्थापना की गई। असभ्य समाज जिस प्रकार के सैनिक लोकतंत्र में विकसित हुआ उसमें सेना नायक, परिषद और जनसभा, समाज के प्रमुख अंग बन गए। सैनिक लोकतंत्र इसलिए, क्योंकि अब युद्ध और इसका संचालन करना लोगों के सामान्य जीवन के नियमित कार्य बन गए। पड़ोसियों की संपत्ति

ने लोगों की लिप्सा जाग्रत की और संपत्ति अधिग्रहण करना उनके जीवन का प्रमुख उद्देश्य बन गया। वे असभ्य थे : लूटपाट करना उन्हें सरल प्रतीत हुआ यहां तक उन्होंने इसे उत्पादक कार्यों से भी श्रेष्ठ माना। एक समय ऐसा था जब किसी आक्रमण का बदला लेने या अपर्याप्त क्षेत्र का विस्तार करने के लिए युद्ध किया जाता था। किंतु अब यह युद्ध केवल लूटपाट करने के लिए होने लगा और यह लोगों का नियमित व्यवसाय बन गया। इसलिए नए बसे नगरों के चारों ओर ऊंची ऊंची दीवारें बनाई जाती थीं; उनकी बड़ी बड़ी खाइयां असभ्य जनों की कब्र बन गई और ऊंची मीनारें सभ्यता को छूने लगीं थीं। आंतरिक मामलों में भी ऐसा ही परिवर्तन आया। लूट अभियानों से सर्वोच्च सेनानायक और उपनायकों की सत्ता में अभिवृद्धि हुई। विशेषकर पितृसत्तात्मक प्रणाली के आरंभ होने के बाद, उत्तराधिकारी को उसी परिवार से चुनने की प्रथा, धीरे धीरे पैतृक उत्तराधिकार में बदल गई। पहले तो इसे लोगों ने सहन कर लिया फिर उत्तराधिकारी इसपर अपना दावा जताने लगे और अंततः यही प्रथा पूर्णतया स्थापित हो गई। वंशानुगत राजत्व और वंशानुगत सामंतवाद की नींव तैयार हो गई। इस प्रकार असभ्य की संरचना के अंग कबीलों उपजातियों और जनजातियों के लोगों के जीवन से अलग हो गए और सारा आदिम समाज ही अपने विलोम के रूप में परिवर्तित हो गया। अपने कार्यों का स्वतंत्र संचालन करने वाले जनजातिय संगठन की बजाए यह अपने पड़ोसियों को लूटने और उनका दमन करने वाला संगठन बन गया। इसी प्रकार इसके अंग जन इच्छा को कार्यरूप देने के माध्यमों की बजाए, अपने लोगों का दमन करने और उनपर शासन करने के साधन बन गए। यदि साधारण भोले भाले लोग संपति के लालच में पड़ कर अमीर और गरीब वर्ग में न बंट जाते। यदि कबीले के अंदर संपत्ति के भेदभाव के कारण साझे हित की भावना परस्पर वैमनस्य में न बदल गई होती (मार्क्स); और यदि दास प्रथा ने मेहनत मजदूरी करके पेट पालने को लूट खसोट से भी हेय न बना दिया होता तो यह सब परिवर्तन न आते। (4.267-9)

यहां हमें 'ऋग्वेद' के अंतिम अंशों से आगे वैदिक समाज के विकास के संबंध में सभी संकेत मिल जाते हैं। 'ऋग्वेद' के अंतिम लेखांशों में समिति शब्द ने, 'निघंटु' के अनुसार जिसका अर्थ युद्ध था, प्रमुखता प्राप्त कर ली। इसलिए कैंब्रिज हिस्ट्री आफ इंडिया में 'वंशानुगत राजाओं की सूची में संपूर्ण सत्य इस तथ्य के सिवाय और कुछ नहीं हो सकता कि ऋग्वेदकाल के अंत में एक ही परिवार से उत्तराधिकारी को चुनने की प्रथा पैतृक उत्तराधिकार में परिवर्तित होने लगी थी, जिसे पहले सहन कर लिया गया, फिर उत्तराधिकारी अपना दावा जताने लगे और अंततः यही प्रथा पूर्णतया स्थापित हो गई। हम आगे चलकर जनजातीय संगठन के इस रूपांतरण या विखंडन के कुछ और पक्ष देखेंगे : व्यक्तिगत स्वार्थ के लिए सामूहिक हितों की बलि दिया जाना, वरुण और उसके सीधे सादे नैतिक गौरव का ह्रास, और लोभ तथा सत्तालोलुपता जैसे नए मूल्यों का उदय। अभी हम सभाओं के प्रश्न पर ही अपना ध्यान केंद्रित रखेंगे।

'ऋग्वेद' के अंतिम काल के लेखांशों में समिति को दिए गए महत्व से यदि यह संकेत मिलता है कि उस समय सैनिक लोकतंत्र का विकास हो चुका था तो यह जनजातीय लोकतंत्र के अवसान का भी पूर्व लक्षण था। लूट अभियानों से न केवल आदिवासियों की संपत्ति बढ़ी बल्कि जनजाति के सदस्यों की व्यक्तिगत संपत्ति के लालच में भी वृद्धि हुई और इस प्रकार अंततः उनके समाज में परस्परविरोधी भावनाएं आ गईं। समाज के विखंडन का अनुमान संभवतः इस बात से लगाया जा सकता है कि एकता के लिए निराशोन्मत्त स्वर में आग्रह किया जाने लगा। यह

विखंडन 'ऋग्वेद' के अंतिम चरण में स्पष्ट दिखाई देने लगा और बहुधा अतीत का स्मरण किया जाने लगा। हम 'ऋग्वेद' के अंतिम चरण के अंतिम सूक्त का उल्लेख पहले ही कर चुके हैं : 'आप एकमत हों, घनिष्ठ हों; आपके विचार समान हों, जिस प्रकार देवतागण अपने अपने भाग लेकर एक दूसरे से सहमत थे' यदि जनजाति की एकता और समूह के बंधन उस समय भी एक वास्तविकता होते तो एकता के इस निराशोन्मत्त आग्रह की आवश्यकता न होती। प्रत्यक्ष है कि वैदिक समाज का विघटन आरंभ हो चुका था। और ऋग्वेद (जो सभी पुरातन तत्वों से पूर्ण होते हुए भी ऋग्वेद के बहुत बाद का संकलन था) में कई मंत्र ऐसे थे जिनका उद्देश्य भाई बंधुओं में एकता बनाए रखना था। कुछ उदाहरण प्रस्तुत हैं :

> आपके शरीर, विचार और लक्ष्य संगठित रहें। ब्राह्मणस्पति ने आपको यहां संगठित किया है। भाग ने आपको संगठित किया है।
>
> मैं आपके लिए मन तथा मस्तिष्क का सामंजस्य लाया हूं। और भाग के प्रत्यनों से मैं आपके अंदर सर्वसम्मति उत्पन्न कर रहा हूं। जिस प्रकार आदित्य और वसु, वैमनस्यरहित रुद्र और मरुत संगठित हुए हैं, हे त्रिनाम (अग्नि) आप बिना किसी वैमनस्य के यहां एकत्र लोगों को सममत बनाएं। [अ. वे. vi. 74. 1-3 (अनु.) ब्लूमफील्ड]
>
> हम अपने सगे-संबंधियों के साथ और अपरिचितों के साथ सद्भावपूर्वक रहें : हे अश्विनों, हम सबमें मतैक्य स्थापित करो। हमारे विचारों में समानता हो, हम एक दूसरे के साथ लड़ाई-झगड़े न करें जिसे देखकर देवतागण अप्रसन्न हो जाए। बार बार युद्ध और रक्त-पात न हो। जब इंद्र के आगमन का दिन आए तो कोई तीर न चलें। (अ. वे. vii. 52. 1-2)
>
> वरुण, सोम और अग्नि इधर आएंगे, वृहस्पति, वसुओं के संग यहां आएंगे; हे स्वजनों, आप सब एकमत होकर यहां आएं और इस शक्तिमान संरक्षक की स्तुति करें। जो ज्वाला आपके अंतर में है, जो षड्यंत्र आपके मन में है, मैं अपने घी की आहुति से उसे विफल करता हूं : हे स्वजनों, मुझसे आप प्रसन्न होंगे। यहीं बने रहो, हम से दूर मत जाओ; थोड़ी दूरी पर (मार्ग) आपके लिए पूषण अलंघनीय बना देगा !
>
> वस्तोस्पति आपको तुरंत वापस बुला लेगा; हे स्वजनों. मुझसे आप प्रसन्न होंगे। (अ. वे. iv.73. 1-3)

निश्चित ही यह चित्र का केवल एक पक्ष है। दूसरा पक्ष, जैसाकि स्वाभाविक रूप से अपेक्षित है, व्यक्ति द्वारा समाज को अपने नियंत्रणाधीन करने की उत्कट (लगभग रहस्यात्मक) इच्छा को विशेष रूप से दर्शाता है। इसके लिए कुछ मंत्र देखिए :

> मैं अपनी इच्छा शक्ति से आपके मन को अपने नियंत्रण में लाता हूं, अपने विचारों के साथ आप मेरे विचारों का अनुसरण करें। मैं आपके हृदय अपने नियंत्रणाधीन लेता हूं : आप मेरे द्वारा प्रशस्त मार्ग पर अग्रसर हों। मैंने आकाश और पृथ्वी का आह्वान किया है, मैंने देवी सरस्वती का आह्वान किया है, मैंने इंद्र और अग्नि दोनों का आह्वान किया है : हे सरस्वती हम इस कार्य में सफल हों। (अ. वे. vi. 94. 2-3)

ब्लूमफील्ड (एस. बी. ई. xlii. 508) ने कहा : "इस मंत्र की विशेषता है एक शब्द 'सम-नम' अर्थात 'किसी की इच्छा शक्ति को मोड़ना'...अथर्ववेद की यह ऋचा (iv-39) इस प्रकार का एक अत्यंत विस्तृत प्रस्तुतीकरण है"। विटनी ने इसका अनुवाद किया है :

> पृथ्वी दुधारू गाय है, अग्नि उसका बछड़ा है; वह अपने अग्नि बछड़े के साथ मेरे लिए अन्न स्वल्पाहार, (मेरी) इच्छा, प्रथम जीवन काल, संतान, समृद्धि, संपत्ति उपलब्ध कराने के

> लिए दूध का दोहन करे : जय हो...वायु मंडल दुधारु गाय है; वायु उसका बछड़ा है, अपने वायु बछड़े के साथ मेरे...आदि आदि...दूध का दोहन करे। (अ. वे. i. 216)

सामूहिक इच्छा, और 'ऋग्वेद' के प्रारंभिक काल के ऋषियों को प्रेरित करने वाले विभाजन संबंधी नियम के साथ इसका दूर का भी नाता नहीं है। व्यक्ति के स्वार्थ और इच्छा ने समाज के हित और इच्छा को गौण बना दिया है। जैसाकि होना ही था, इस नए ढांचे में सामूहिक समाज की प्राचीन प्रशासनिक व्यवस्था अपने विलोम में परिवर्तित हो गई, ऋग्वेदोत्तरकाल में प्राचीन विदथ की प्रतिष्ठा विलुप्त हो गई और सभा तथा समिति व्यक्तिगत इच्छा की अभिव्यक्ति का मंच बन गई :

> सभा और समिति प्रजापति की दो पुत्रियां समान रूप से मेरी सहायता करें। मैं जिस किसी से भी मिलूं वह मेरे साथ सहयोग करे, हे पितरों, मैं यहां एकत्र जनों के साथ सद्भावपूर्वक बात करूं।
>
> हे सभा, हम आपका नाम जानते हैं : वस्तुतः आपका नाम 'उल्लास' है : जो यहां आपके अंदर एकत्र हों वे मेरे विचारों के अनुकूल बात करें ! जो लोग यहां एकत्र होकर बैठे हैं मैं उनकी सत्ता और बुद्धि अपने हाथ में लेता हूं। हे इंद्र, इस समस्त सम्मेलन में मुझे सफलता दो !
>
> यदि आपका ध्यान कहीं दूर चला गया है या यहां इसी जगह केंद्रित हो गया है तो हम उसे इस ओर मोड़ते हैं : आपका मन मुझसे प्रसन्न हो। (अ. वे. vii. 12. 1-1)

यहां समिति को 'उल्लास' कहा गया है। हो सकता है कि एक समय ऐसा हो जब सभा जनजातीय उत्सवों आदि का स्थल रहा हो ! किंतु इसकी पहले वाली स्वायत्तता पर जब व्यक्ति ने पूर्ण अधिकार कर लिया तो फिर इस विश्वास का कोई आधार नहीं बनता कि यह उसके बाद भी उत्सव आदि मनाने का स्थल बनी रही। उपनिषदों (ब्र. उ. vi. 2; छां. उ. v. 3) में समिति का रूप राजसभा में बदल गया था जिसमें राजा के चाटुकार (राजन्य बंधु) होते थे। (छां. उ. v. 3.5. यहां यह उल्लेखनीय है कि इस शब्द का निहितार्थ निश्चय ही अप्रतिष्ठाजनक था) ऐसी ही राजसभाओं में उपनिषदकाल के राजा भौतिक वस्तुओं के उत्पादन के उत्तरदायित्व से मुक्त हो गए थे और चाटुकारों द्वारा घिरे रहकर उन्होंने भारतीय दर्शन में भाववादी चिंतन के मूल तत्व निर्धारित किए। किंतु इस संबंध में और बातें आगे चलकर होंगी।

यदि समिति शब्द उपनिषदों में बना रहा (यद्यपि यह अपने पूर्व रूप का एक खोखला ढांचा मात्र था) तो हम देखते हैं कि बाद की नियम संहिताओं और अन्य वैदिक ब्राह्मणीय परंपरागत ग्रंथों में यह पूर्णतया विलुप्त हो गया। 'बौद्ध ग्रंथों, महाभारत और संहिताओं में सभा, सरकार के संचालन के एक प्रभावशाली अंग के रूप में विलुप्त हो गई।' (95. vi. ii. 431) किंतु यहां एक स्पष्ट बात और कही जानी है। क्योंकि हम बौद्ध ग्रंथों में सभा का गौरव पहले ही देख चुके हैं। फिर भी जहां तक महाभारत और संहिताओं का संबंध है उपरोक्त कथन पूर्णतया सही है। संभवतः हापकिन्स ही एकमात्र आधुनिक विद्वान हैं जिन्होंने यह सही अंदाज लगाया है कि प्राचीन सभा का ह्रास अभिजात युद्ध परिषदों और गुप्त पुरोहित समूहों के कारण हुआ। उनका कहना है कि 'महाभारत' तक आते आते सभा का ह्रास पूर्ण हो गया। यद्यपि स्वयं 'महाभारत' में ही इसके पतन के विभिन्न चरणों का विवरण है :

> आर्य भारत में राजनीतिक मामलों के निपटारे के लिए सबसे पहली सभा वही थी जो कबीला सभा थी और 'सभा' कहलाती थी (जर्मन भाषा में सिपे)—हम देखते हैं कि

'महाभारत' में लोगों के किसी भी प्रकार के जमाव को सभा कहा गया है—उपरोक्त स्थिति में, जहां लोग 'सभाओं में' एकत्र होकर राजनीतिक विषयों पर विचार करते थे, हमें संभवतः जनसभा के मूल कार्यों का कुछ आभास मिल सकता है, यद्यपि लोगों की इस प्रकार की गोष्ठी ने सभा जैसा वास्तविक स्वरूप खो दिया था (परामर्श आदि के लिए ग्रामसभा जैसा) और न ही यह अति प्राचीनकाल की असली सभा जैसी रही, न ही राज्य परिषद, जिसमें राजा भाग लेता था (समिति) क्योंकि, राज्य परिषद अब केवल अभिजात वर्ग अथवा कुलीन लोगों और राजा की गोष्ठी का रूप ले चुकी थी।—'महाभारत' के योद्धा वैसे नहीं हैं जैसे (बाद में जोड़े गए अंशों में) उन्हें प्रस्तुत किया गया। वे अपनी इच्छानुसार कार्य करते हैं—यह सैनिक परिषद है। इसका अर्थ स्पष्ट है। जनसभा अब अभिजात अथवा कुलीन वर्ग की सभा बन चुकी थी। अब जन सैन्य शक्ति पर राजा का आधिपत्य हो चुका था। 'महाभारत' की कथा में सार्वजनिक विषयों के संबंध में पुरोहित वर्ग लगभग मौन है और लोगों का दमन किया जाता है। जिस प्रकार की पौराणिक कथाओं का उल्लेख ऊपर किया गया है और जिन्हें हमारी कथा में 'प्राचीन कथाएं' कहा गया है, केवल ऐसी ही कहानियों में जनसत्ता बनी रहने का आभास मिलता है, और वह भी केवल नागरिक विषयों में, सैनिक मामलों में नहीं—इस प्रकार इस महाकाव्य में तीन राजनीतिक चरण प्रतिबिंबित होते हैं : जनसभा, जो केवल नागरिक मामलों तक ही सीमित होती थी; युद्ध आदि जैसे विषयों के लिए अभिजात या कुलीन वर्ग की सभा; और सभी विषयों के लिए पुरोहित परिषद। (जे. ए. ओ. एस. xiii. 148-51)

10. यज्ञ : उत्पादन का अनुष्ठान

मैकडानल ने प्राचीन वेदों से कर्मकांड के ग्रंथों अर्थात 'ब्राह्मणों' तक के संक्रमण का संक्षिप्त विवरण इस प्रकार दिया हैं :

वेदों का रचनात्मक युग अंततः समाप्त हुआ। इसके बाद एक ऐसा युग आया जिसमें देवताओं के लिए नई प्रार्थनाएं करने की आवश्यकता प्रतीत नहीं हुई, किंतु यह धारणा बन गई कि पुरानी पीढ़ियों के पवित्र ऋषि मुनियों ने जो प्रार्थनाएं तैयार की थीं और जो विभिन्न पुरोहित परिवारों में पिता ने पुत्र को सिखाई थी, उन्हीं को बार बार उच्चरित करना अधिक श्रेष्ठ है। इस प्रकार इन प्राचीन ऋचाओं का सफलतापूर्वक संकलन किया गया और वेद के रूप में इनकी पवित्रता में अभिवृद्धि हुई। कविता की रचना का कार्य बंद करने के पश्चात पुरोहित वर्ग ने अपनी रचनात्मक शक्तियों को यज्ञ संबंधी कर्मकांड की विस्तृत व्याख्या करने में लगाया। इसके परिणामस्वरूप एक ऐसी कर्मकांड प्रणाली बनी जो संसार में किसी भी स्थान की प्रणाली से अधिक जटिल थी। पुरानी वैदिक ऋचाओं और मंत्रों का मुख्य महत्व अब यज्ञ की असंख्य छोटी छोटी बातों के लिए हो गया। पवित्र ऋचाओं और क्रियाओं के सम्मिश्रण के चारों ओर एक नई पुरोहिती परंपरा के सिद्धांत बन गए जिन्होंने 'ब्राह्मण' धर्मग्रंथों का निश्चित रूप ले लिया। स्पष्ट है कि ये धर्मग्रंथ तब तक नहीं बने थे जिस समय तक ये ऋचाएं प्राचीन और पवित्र उद्घाटित सत्य नहीं बन गई थीं, और पुरोहित वर्ग इन्हें अब भलीभांति नहीं समझ पा रहा था क्योंकि भाषा में काफी परिवर्तन आ चुका था। ये ग्रंथ गद्य रूप में लिखे गए थे—फिर भी किसी भी साहित्य में उपलब्ध कर्मकांड के प्राचीन ग्रंथों के रूप में, धर्मों के इतिहास के अध्येयता के लिए ये बहुत महत्वपूर्ण हैं और इसके अलावा विशेषकर भारतीय पुरातनता का अध्ययन करने वालों के लिए

इन ग्रंथों में बहुत महत्वपूर्ण सामग्री है। (92. 31-2)

वैदिक जनों के 'रचनात्मकता' के काल में कुछ साहित्यिक रचनाओं के उदाहरणों की समीक्षा हम पहले ही कर चुके हैं। ये कविताएं और गीत थे जो सामूहिक जीवन की स्मृतियों से परिपूर्ण थे और सांसारिक वस्तुओं (अन्न, संपत्ति, संतति और सुरक्षा) की प्राप्ति की उत्कट इच्छा से प्रेरित थे। यहां तक कि स्वयं देवता भी ऐसी ही इच्छाओं के अवतार थे जो मनुष्यों की तरह थे और सामूहिक संपत्ति में से अपने अपने भाग प्राप्त करने के लिए सभाओं में आकर बैठते थे। संक्षेप में जिस समाज में ये कवि रहते थे और अपने गीत गाते थे वह अभी परस्परविरोधी वर्गों में पूर्णतया विभक्त नहीं हुआ था और उनकी चेतना में स्पष्ट रूप से आध्यात्मिक मूल्यों का उदय नहीं हुआ था। अब हम प्रश्न उठा सकते हैं : इस कोरे कर्मकांडवाद के काल में विद्यमान वैदिक समाज की प्रमुख विशेषताएं क्या थीं ? मैकडानल ने उत्तर दिया :

> भारतीय समाज के इतिहास में ब्राह्मण ग्रंथों का युग एक अत्यंत महत्वपूर्ण युग है। क्योंकि इसमें चतुर्वर्ण प्रणाली ने एक निश्चित रूप लिया और जिस प्रकार के जांत-पांत की जटिल प्रणाली को आज हम देखते हैं उसके लिए ढांचे का काम किया। चतुर्वर्ण प्रणाली में पुरोहित वर्ग, जिसे पहले वैदिक काल में भी काफी प्रभावशाली स्थान प्राप्त था, अपने लिए एक प्रबल सत्ता का स्थान रखा जो तभी से बना हुआ है—जहां अन्य प्रारंभिक समाजों में प्रमुख सत्ता राजाओं और कुलीन योद्धाओं के हाथ में रही वहां भारत में पुरोहित वर्ग का प्राबल्य तब संभव हुआ जब प्रारंभिक वैदिक काल में उत्तर पश्चिम क्षेत्र में विजय अभियानों के सक्रिय जीवन के पश्चात मैदानी क्षेत्रों में आने पर एक प्रकार की अकर्मण्यता या आलस्य का युग आरंभ हुआ। इन परिवर्तित परिस्थितियों के कारण यह सुसंस्कृत वर्ग जिसे सर्वशक्तिशाली यज्ञ का रहस्य मालूम था, शारीरिक शक्ति पर मानसिक शक्ति का प्राबल्य स्थापित करने में सफल हो गया। (वही. 33-4)

इस कथन के साथ कुछ प्रत्यक्ष अपवादों को भी जोड़ना होगा। यह सत्य है कि 'ऋग्वेद' के अंतिम चरण से आरंभ होने वाले वेदोत्तरकाल में चार वर्णों का उदय हुआ। इनमें पुरोहित या ब्राह्मण वर्ण का स्थान सबसे प्रबल था। किंतु यह सच नहीं है कि प्रथम वैदिक काल से ही ब्राह्मणों को श्रेष्ठ या प्रबल स्थान प्राप्त था, क्योंकि यह अत्यंत संदेहास्पद है कि इन प्रारंभिक दिनों में कोई अलग पुरोहित वर्ग उभरा भी था या नहीं। इसके अलावा यह भी पूर्णतया सत्य नहीं है कि ब्राह्मण ग्रंथों के काल में राजाओं और अभिजात या कुलीन वर्ग के योद्धाओं का महत्व गौण हो गया था और पुरोहित वर्ग के हाथ में सत्ता थी। जैसाकि हम देखेंगे, इस वर्ग की श्रेष्ठता कुलीन योद्धाओं के साथ एक स्पष्ट समझौते पर आधारित थी। यह समझौता इन दोनों वर्गों के बीच सत्ता के लिए काफी लंबे संघर्ष के बाद हुआ। दूसरी बात यह है कि यदि इस काल का साहित्य 'शारीरिक अकर्मण्यता और आलस्य' का प्रमाण है, जो वास्तव में है, तो इन इन रचनाओं को शासक वर्ग की विशिष्टताएं समझना होगा और इनके कारणों को उत्तर-पश्चिमी क्षेत्र से मैदानी क्षेत्रों में आने जैसी भौगोलिक बातों में नहीं खोजना है बल्कि इसके पीछे आर्थिक बातें हैं, जैसे वैदिक जनों की बढ़ी हुई उत्पादकता। उन्होंने अतिरिक्त उत्पादन करके इस बात की संभावना उत्पन्न कर दी कि कुछ थोड़े से लोग बहुत से लोगों के श्रम से लाभ उठा कर जी सकें। तीसरी बात यह है कि कोई वास्तविक 'शारीरिक शक्ति पर मानसिक शक्ति की श्रेष्ठता' नहीं थी। इसके विपरीत ब्राह्मणग्रंथकाल में शारीरिक शक्ति या हिंसा को मानो नई गति दी गई थी जिसका उद्देश्य नवोदित राजसत्ता को बनाए रखना था। वास्तव में तो भौतिक श्रम पर मानसिक श्रम की श्रेष्ठता स्थापित हुई। क्रियाशीलता पर विचारशीलता हावी हुई, लेकिन इस

श्रेष्ठता ने अपना अंतिम रूप ब्राह्मण ग्रंथों के अंत में जोड़े गए ग्रंथों अर्थात उपनिषदों में आकर लिया। इन सबका संकेत था एक अकर्मण्य और निठल्ले वर्ग का उदय। 'क्रियाशील हाथों के साधारण उत्पादन पृष्ठभूमि में ढकेल दिए गए। ऐसा इसलिए भी हुआ कि जिस मस्तिष्क ने श्रम प्रक्रिया की योजना निर्धारित की, वह इस नियोजित श्रम को अपने हाथों से करने के बजाए दूसरों के हाथों से करवाता था।' संक्षेप में, प्राचीन जनजातीय संगठन का विखंडन पूर्ण हुआ। इससे उपनिषदों के भाववादी दृष्टिकोण का उदय कैसे हुआ, अब इसका अध्ययन करने की आवश्यकता है। किंतु यहां हम केवल एक प्रश्न पर अपना विचार-विमर्श सीमित रखेंगे : जनजातीय समाज के इस विखंडन का वैदिक यज्ञों पर क्या प्रभाव पड़ा ?

ब्राह्मण ग्रंथों में दावा किया गया कि पहले के वेदों में संकलित साहित्यिक रचनाएं किसी यज्ञ में प्रयोग (विनियोग) के लिए थीं। यह दावा पूर्णतया काल्पनिक नहीं है, क्योंकि ऐसा विश्वास करने का कोई कारण नहीं है कि वैदिक जनों के पूर्वज आज भी विद्यमान आदिवासी जनों की तुलना में मूल रूप से भिन्न थे। उन्हें विशुद्ध कवित्व या गीतों से कोई लगाव नहीं था। द्वितीय अध्याय में हम पहले ही कह चुके हैं कि आदिम जनों की कविता केवल ऐसे गीत हैं जो अनिवार्यतः जादू टोने से संबद्ध हैं और इनमें निहित मूल भाव इच्छाओं की पूर्ति है। इसलिए ऐसा मान लेना युक्तिसंगत नहीं है कि वैदिक जनों की प्रारंभिक कविता भी जादू टोने वाली थी और इसी कारण इस कविता के साथ साथ किसी न किसी प्रकार के अनुष्ठान के होने की भी संभावना है। इसलिए हम यह निष्कर्ष निकाल सकते हैं कि ब्राह्मण ग्रंथों के दावों के पीछे यही तथ्य था कि वैदिक ऋचाओं का निश्चित यज्ञों के लिए उपयोग था।

किंतु इसका अर्थ यह कतई नहीं है कि मूलतः इन ऋचाओं का प्रयोग यज्ञों के लिए होता था जैसाकि ब्राह्मण ग्रंथों में संकेत दिया गया है। हमारे कथन का कारण बड़ा स्पष्ट है। वेदों के पुराने लेखांशों में ऐसा कोई संकेत नहीं मिलता कि प्रारंभिक वैदिक जन यज्ञों आदि के बारे में उसी निश्चित अर्थ को जानते थे जिसका विवरण ब्राह्मण ग्रंथों में दिया गया। वस्तुतः बाद के काल के यज्ञ तो पुरानी क्रियाओं के भ्रष्ट उत्पाद थे। आज का कोई भी विद्वान इस बात पर संदेह प्रकट नहीं करेगा। साथ ही ये यज्ञ बाद के काल के नए पुरोहित वर्ग के अविष्कार नहीं हो सकते। भले ही ये कितने भी विस्तृत रहे हों और बाद के कर्मकांड में इन यज्ञों का जो भी रूप रहा हो, हमारे लिए यह देख पाना कठिन नहीं है कि बाद के वैदिक यज्ञों का मूल आधार आदिमजनों के जादू टोने की क्रियाएं ही थीं।

संभवतः इस बात में कोई नया सत्य नहीं है। योग्य विद्वान पहले ही कह चुके हैं कि वैदिक यज्ञ आदिकालीन जादू टोने का ही नया परिवर्तित रूप है। और 'बाद में जिन्हें ब्राह्मण कहा गया वे मूलतः जादू टोने करने वाले थे और मंत्र आदिकाल के लोगों की कविता थी जिसमें से बाद में प्रार्थना का उदय हुआ ठीक उसी प्रकार जैसे जादू टोना करने वाले मांत्रिक से बाद में धार्मिक पुरोहितों का आविर्भाव हुआ।' (यह हेनरी का दृष्टिकोण है. देखें सार संक्षेप 11.399) किंतु यह संपूर्ण सत्य नहीं है। इस मत में एक कमी यह है कि आदिकालीन जादू टोने को भौतिकवादी दृष्टिकोण से नहीं समझा गया। हम दूसरे अध्याय में देख चुके हैं कि जादू टोने कि क्रिया पूर्णतया व्यर्थ नहीं जाती। यह भ्रम उत्पन्न करने की एक विधि है जो वास्तविक स्थिति की सहायक या पूरक बनती है और आदिम जीवन की सामूहिकता पर इस भ्रमोत्पादक विधि की पूर्ण निर्भरता है। अन्य शब्दों में जब तक सामूहिक जीवन का विखंडन नहीं होता तब तक ये जादू टोने स्वयं उत्पादन की विधि से महत्वपूर्ण संबंध बनाए रखते हैं। वस्तुतः उत्पादन विधि का विकास जितना कम होगा उतनी अधिक निर्भरता जादू टोने पर होगी। इच्छित

स्थिति को यथार्थ स्थिति बता कर इन जादू टोने से प्रतिकूल प्राकृतिक परिस्थितियों में निस्सहायता की भावना दूर होती है। इसी प्रकार वास्तविक तकनीक जितनी अधिक अविकसित होगी यह निस्सहायता की भावना उतनी ही अधिक होगी अर्थात जादू टोने की आवश्यकता ज्यादा महसूस की जाएगी। उत्पादन की तकनीक के विकास से प्रकृति अधिकाधिक मानव नियंत्रणाधीन हो जाती है और इससे जादू टोने की मूल आर्थिक प्रभावकारिता विलुप्त हो जाती है। किंतु अनुष्ठानों के मामले में ऐसा नहीं है। ये क्रियाएं नए रूप और लक्ष्यों के साथ बनी रहती हैं। उत्पादक शक्तियों के इसी विकास से समाज परस्परविरोधी वर्गों में बंट जाता है और 'शासकवर्ग विशिष्ट स्थिति को सुदृढ़ करने के लिए जादू टोने की विधि का विकास करता है और इसे दैव अनुमोदित घोषित कर देता है।' (47.9) वास्तव में यही वह रूप है जिसमें हम बाद के काल में वैदिक यज्ञों को पाते हैं। जो क्रियाएं पहले उत्पादक विधि के पक्ष में थीं वे बिशिष्ट वर्ग की समृद्धि की अभिवृद्धि करने और उनकी सत्ता को बनाए रखने के लिए यज्ञों में रूपांतरित हो गई। प्राचीन मंत्र शासकवर्ग के अस्त्र घोषित कर दिए गए। मनु (xi.33) ने कहा कि अथर्ववेद के चमत्कारी मंत्र ब्राह्मणों के अस्त्र हैं जिन्हें वे अपने शत्रुओं के विरुद्ध बिना किसी हिचकिचाहट के प्रयोग में लाएंगे। यह उस दावे का विस्तार था जो 'ऋग्वेद' (x.109.4) के अंतिम चरण में प्रतिपादित हुआ। दावा यह था कि तप की चमत्कारी शक्ति (शाब्दिक अर्थ ऊष्मा, किंतु इसमें इंद्रिय दमन, जैसे उपवास और मौन आदि भी शामिल थे और यह धारणा थी कि इनसे अति मानवीय शक्ति प्राप्त की जा सकती है), केवल ब्राह्मणों के पास है और जो भी व्यक्ति उन्हें हानि पहुंचाएगा उसपर घोर विपदा आ जाएगी। इस प्रकार, जो आदिकाल में मांत्रिक था वह अब पुरोहित बन चुका था और प्राचीन मांत्रिक शक्ति एक वर्ग को प्रबल बनाने के माध्यम के अस्त्र के रूप में परिवर्तित हो चुकी थी। किंतु हमारी रुचि वैदिक यज्ञ की प्रागैतिहासिक स्थिति में है। हम सामूहिक रूप से उत्पादन विधि के साथ यज्ञ के मूल संबंधों की विवेचना से आरंभ कर सकते हैं। (41.32 और आगे. मैं समझता हूं कि डांगे यह सुझाव देने वालों में पहले हैं कि यज्ञ मूलतः प्रारंभिक वैदिक जनों के बीच उत्पादन का सामूहिक तरीका था। यहां पर मैंने जो संशोधन रखा है वह यह है कि यज्ञ उसका आनुष्ठानिक पक्ष था। आदिम जनों का सामूहिक श्रम जादू टोने वाले अनुष्ठानों के साथ बहुत विकट ढंग से जुड़ा हुआ है और ये अनुष्ठान अंततः जब स्वयं श्रम की प्रक्रिया से अलग कर दिए गए तो उन्होंने वैदिक यज्ञों का मारक रूप, जैसाकि बाद में समझा गया, ग्रहण कर लिया)।

यज्ञ, जिस रूप में इसे बाद में देखा गया और ब्राह्मण ग्रंथों में जिसका सविस्तार वर्णन किया गया, वह पुरोहितों द्वारा किया जाने वाला अनुष्ठान था (आम तौर पर बहुत से ब्राह्मण मिलकर यज्ञ करते थे), किंतु यह उनके अपने कल्याण के लिए नहीं बल्कि किसी धनी व्यक्ति, यजमानों के लिए किया जाता था और वह इन ब्राह्मणों को दक्षिणा के रूप में पारिश्रमिक देता था। इसी के अनुरूप मोनियर विलियम्स ने 'यजमान' शब्द के अर्थ इस प्रकार दिए : 'जो व्यक्ति यज्ञ का खर्च देता है, जो व्यक्ति यज्ञ कराता है (99.839 और इसके लिए किसी पुरोहित या पुरोहितों को बुलाता है। ये पुरोहित किसी परिवार या परिवारों के लिए कई पीढ़ियों से यही काम करते आ रहे हैं), कोई संरक्षक, संपन्न व्यक्ति, किसी परिवार अथवा 'जनजाति का अगुआ'। किंतु हम 'जनजाति के अगुआ' के संबंध में आश्वस्त हो सकते हैं कि वह यजमानों की श्रेणी में नहीं रहा होगा क्योंकि वास्तविक जनजातीय समाज में किसी संपन्न संरक्षक के रूप में कोई 'अगुआ' नहीं हो सकता। इसे छोड़कर मोनियर विलियम्स द्वारा दिए गए अर्थ यजमान का यथार्थ चित्र प्रस्तुत करते हैं जो बाद के ग्रंथों में भी प्रतिबिंबित होता है : यह यजमान यज्ञ

का सारा खर्च देता है किंतु स्वयं कर्मकांड में भाग नहीं लेता। वह यज्ञ का फल प्राप्त करने के लिए केवल वहां बैठता है (कभी कभी अपनी पत्नी के साथ)।

यजमान शब्द की व्युत्पत्ति भी ऐसे चित्र के विरुद्ध पर्याप्त प्रमाण है। यह शब्द 'यज्' धातु से व्युत्पन्न हुआ है और सनच प्रत्यय के जुड़ने से बना है। यह प्रत्यय विशेष महत्व का है : व्याकरण के नियमों (पा. सू. i. 3. 72) के अनुसार यह केवल तभी लगता है जब क्रिया करने वाला ही क्रियाफल का उपभोग करने वाला होता है, अर्थात जब व्यक्ति स्वयं किए गए कार्य का लाभ उठाता है। इस प्रकार इस शब्द की व्युत्पत्ति से इसकी प्रागैतिहासिक स्थिति का संकेत मिलता है जब संरक्षक और दक्षिणा प्राप्त करने वाले पुरोहित के बीच कोई विभेद नहीं हुआ था। संभवतः उन दिनों स्वयं यजमान ही यज्ञकर्ता थे। क्या इस शब्द की व्युत्पत्ति के प्रमाण के कोई संकेत 'ऋग्वेद' में है ? वास्तव में ऐसे अनेक संकेत हैं किंतु हम यहां केवल कुछ एक का उल्लेख करेंगे।

वैदिक ऋचाओं की रचना की प्रेरक शक्ति कोई न कोई इच्छा थी। हम अनेक लेखांशों में देख चुके हैं कि इच्छाएं अथवा कामनाएं सामूहिक हित के लिए थीं। यहां तक कि सायण को भी 'हम' शब्द की व्याख्या-यजमान शब्द का बहुवचन रूप बताकर करनी पड़ी। इसी बात से यह धारणा खंडित हो जाती है कि ये वैदिक श्लोक आदि मूलतः किसी एक संरक्षक या बाद के अर्थों वाले यजमान के लाभ के लिए प्रयोग में लाए जाते थे।

ब्लूमफील्ड ने कहा : 'यजमान या यज्ञ करने वाला सदा एक ही व्यक्ति होता है; यज्ञ का फल उसे और उसके परिवार को प्राप्त होता है।' (जे. ए. ओ. एस. xix. 13) जहां तक बाद के ग्रंथों में यजमान के चित्र का संबंध है, यह सत्य है; किंतु यह 'ऋग्वेद' में मिलने वाले प्रमाणों से मेल नहीं खाता। क्योंकि 'ऋग्वेद' में हमें न केवल यजमानों के समूह का स्पष्ट संकेत मिलता है बल्कि यह आश्चर्यजनक तथ्य भी सामने आता है कि ये यजमान साधारण जनजातीय लोग थे। एक निर्णायक प्रमाण प्रस्तुत है :

> हम, यजमानगण, उपकारक मंत्रों से तुम्हारा (अग्नि) आह्वान करते हैं, तुम जो स्तुत्य जनों में श्रेष्ठ और अंगिरसों में अग्रणी हो, देदीप्यमान केशों वाले हो, सूर्य की भांति विचरने वाले हो, लोगों (विशः) और चर्शनियों की मनोकामनाएं पूर्ण करते हो। (i. 127. 2)

इसमें कोई संदेह नहीं हो सकता कि इस ऋचा में यजमान और साधारण जन एक ही थे। स्वयं सायण को भी यह स्वीकार करना पड़ा। उन्होंने 'विशः' शब्द की व्याख्या, यजमान-रूप-प्रजाः अर्थात यजमान के रूप में प्रजा कहकर की। उतनी ही रोचक टिप्पणी उन्होंने 'चर्शनिनाम' शब्द के संबंध में की : 'लोगों का अर्थात यजमानों का या चर्शनिजनों का जो पहले मनुष्य थे किंतु बाद में यज्ञों द्वारा उन्होंने देवत्व का दर्जा प्राप्त किया और इस प्रकार देवताओं का आह्वान करने योग्य बन गए।' कम से कम एक बात स्पष्ट है : यजमान तब तक कोई ऐसा व्यक्ति बना था जो अपने निजी लाभ के लिए यज्ञ करता था।

नीचे कुछ और ऋचाएं दी जाती हैं जिनमें यजमान शब्द बहुवचन में है और संभवतः इसका प्रयोग भौतिक संपत्ति की कामना करने वाले व्यक्तियों के अर्थ में किया गया है :

> हे अग्नि यजमानगण प्रतिदिन तुम्हारे समक्ष श्रेष्ठतम संपत्ति प्रस्तुत करते हैं। आपके साथ मिलकर संपत्ति की कामना करते हुए इन समझबूझ वाले लोगों ने गायों से भरी हुई गोशाला के द्वार पूरी तरह खोल दिए। (x. 45.11)

> देवतागण और यजमानगण वायु के रक्षक श्रद्धा देवी का स्मरण करते हैं, अति तीक्ष्ण भावना के साथ उसका आह्वान करते हैं और श्रद्धा की कृपा से संपत्ति प्राप्त करते हैं।

(x. 151.4)

(हे इंद्र), मनोरथ पूरे करने वाले, अन्य यजमानों को अपनी चिकनी पीठ वाले दो सुंदर घोड़ों को आनंदित न करने दो, सदा उनकी उपेक्षा करके हमारे पास आ जाओ। हम तुम्हें निस्यंदित सोम से प्रसन्न करेंगे। (iii. 35. 5)

हे इंद्र, यह पी लो जो मादकता लाता है, अपने गतिमान दोनों घोड़ों को यहीं छोड़ जाओ, अन्य यजमान तुम्हें बहुत अधिक प्रसन्न न कर सकें, इसलिए यह सोम केवल तुम्हारे लिए है। (x. 160.1)

किंतु इससे भी अधिक महत्वपूर्ण दो ऋचाएं हैं जिनमें वर्णन किया गया है कि यजमान जनजातीय संपत्ति कें भाग (भागम्) ले रहे हैं और साथ ही परिषद में भी (विदथ) उपस्थित हैं :

जिसका आह्वान हमारे पितरों ने किया और जो दक्षिण दिशा से आकर यज्ञस्थल पर आच्छादित है वह सरस्वती हम यजमानों को हमारे अन्न के भाग दे और हमारी संपत्ति को सहस्र गुना बढ़ाए। (x. 17.9)

हे अग्नि, अन्न के स्वामी, वशिष्ठ के कुशाग्र पुत्रों ने सभाओं में (विदथेषु) तुम्हारी स्तुति करके तुम्हारा आह्वान किया; हम यजमानों को और अधिक संपत्ति दो और अपने शुभ आशीष का संरक्षण दो। (x. 122. 8)

ये सभी ऋचाएं 'ऋग्वेद' के अंतिम चरण में उपलब्ध हैं और इन्हें देखते हुए यह अनुमान लगाना उचित ही होगा कि यजमान का जो अर्थ बाद में बना वह ऋग्वेदकाल के अंतिम चरण तक भी प्रचलित नहीं हुआ था, क्योंकि इन ऋचाओं में तब भी यजमानगण लोगों का एक समूह था जिनकी भौतिक संपत्ति की इच्छा ही प्रारंभिक वैदिक श्लोकों आदि की मूल विषयवस्तु थी।

निस्संदेह ये वैदिक गीत वास्तविक आदिम जनों (सारे विश्व में) के गीतों की भांति किसी अनुष्ठान प्रक्रिया के अंग थे। हमारे लिए इन अनुष्ठानों के सही चित्र का पुनर्निर्माण करना संभव नहीं हो सकता जिनमें ऋग्वेद के श्लोकों को पहले पहल प्रयोग में लाया गया। कर्मकांड की पुस्तकों में यज्ञों का वर्णन जिस रूप में है वे यज्ञ बाद के रूपांतरित रूप में हैं। किंतु यदि यह मान भी लें कि ये परिवर्तित रूप वाले यज्ञ बाद के पुरोहितों के आविष्कार नहीं हैं बल्कि मूल अनुष्ठानों को अपने असली संदर्भ से अलग करके उनको युक्तिसंगत रूप दिया गया है तो भी हमारे लिए इन मूल अनुष्ठानों की कुछ विशेषताओं का थोड़ा बहुत आभास प्राप्त करना संभव है। ये विशेषताएं यज्ञों के बाद के रूपों में भी बराबर बनी रहीं। इनमें से एक है तर्पण देना। अधिकतर सोमरस का तर्पण दिया जाता है। इसलिए हम तर्क दे सकते है कि यह क्रिया मूल अनुष्ठान का अंग रही होगी भले ही उस समय इसका कोई भी महत्व रहा हो, हमारे वर्तमान अध्ययन के दृष्टिकोण से हमारे लिए दिलचस्प बात यह है कि यद्यपि बाद के यज्ञों में यह क्रिया यजमान द्वारा धन देकर बुलाए गए पुरोहितों की क्रियाओं का अंग रही किंतु हम वैदिक यज्ञ की प्रागैतिहासिक स्थिति का जितना गहराई से अध्ययन करते हैं उतना ही यह देखते हैं कि यजमान स्वयं यह क्रिया करता था। इसका निहित निष्कर्ष यह है कि उस समय पुरोहित और यजमान के बीच विभेद नहीं था। यजमान स्वयं ही याज्ञिक था। कुछ विशिष्ट प्रमाण देखिए :

यजमान हवि के साथ शासन करना है (शासते यजमानः हविर्भिः) (1.24.11)

(हे इंद्र), तुम हवि देने वाले यजमान को अपनी विशाल संपत्ति में शिक्षित करते हो (यजमानया शिक्षसि शुन्वते भूरि ते वसु)। (i.81.2)

(इंद्र) हवि देने वाले यजमान को लाभकारी शक्ति प्रदान करता है। (i.83.3)

यजमान के लिए, जो सुकार्य करता है, आहुति देता है, हवि देता है...(i.92.3)

हे पूषण, हम यजमानों की गायों के पीछे पीछे आएं, हम जो हवि देते हैं और स्तुति करते हैं…(vi.54.6)

हे इंद्र तथा अग्नि, हवि देने वाले यजमान की पुकार सुनो। (vi.60.15)

इसका अर्थ यह नहीं है कि सारे 'ऋग्वेद' में ही यजमान और पुरोहित के बीच कहीं कोई विभेद नहीं था। एक लंबी अवधि तक असंख्य श्लोकों की रचना होती रही, जिनका संकलन होने के कारण 'ऋग्वेद' में एक ओर तो आदिकालीन अतीत के अवशेष बने रहे और दूसरी ओर इसमें भावी परिस्थितियों का स्पष्ट पूर्वाभास मिला। बहुत सी ऋचाओं (i.51.8; iii.53.3; v.44.13; v.45.5; vi.15.16; आदि) में यजमान और पुरोहित के बीच का बढ़ते हुए विभेद का संकेत मिलता है। हम यहां दो रोचक उदाहरण देंगे। 'असिकनी (चिनाब नदी) के तट पर यजमान इस प्रकार उपस्थित है मानो वह स्वयं ही होता हो (असिकन्याम यजमानः ना होता)'। (iv.17.15) होता बाद के पुरोहितों में से एक विख्यात पुरोहित था। इस ऋचा की विशेषता ना अर्थात 'मानो' शब्द का प्रयोग है। स्पष्ट है यह वैदिक जनों के असंतुलित विकास का संकेत है : रचनाकार का अपना अनुभव यह था कि होता और यजमान दो अलग अलग व्यक्ति थे और इसीलिए वह असिकनी के तट पर रहने वालों के बीच इस विभेद के न होने के कारण आश्चर्य कर रहा है।

यजमान और पुरोहित के बीच अंततः इस विभेद अर्थात पुरोहितों के एक अलग वर्ग के रूप में विकसित होने का एक परिणाम यह हुआ कि यजमान का स्तर एक बैठे ठाले व्यक्ति वाला बन गया विशेषकर जहां तक यज्ञ का संबंध है। यह बात 'ऋग्वेद' में जोड़े गए बहुत बाद के लेखांशों में स्पष्ट रूप से मिलती है (वलखिल्य सूक्त : ये इतने बाद में रचे गए कि सायण ने इन्हें टिप्पणी योग्य नहीं समझा) :

जब पुरोहित (ऋत्विक) गण स्वयं ही समझबूझकर यज्ञ का उत्तरदायित्व अपने ऊपर ले लेते हैं तो यजमान के लिए फिर इसके प्रति सचेत होने की क्या आवश्यकता है। (vii. 58.1)

निष्कर्ष रूप में कहा जा सकता है कि स्वयं यजमान शब्द का प्रमाण यह सिद्ध करता है कि वैदिक यज्ञ मूलतः किसी संरक्षक के लाभ के लिए पुरोहितों द्वारा किया जाने वाला अनुष्ठान नहीं था जो यज्ञ के लिए खर्च देता था। अर्थात यह बाद के अर्थ वाला यज्ञ नहीं था। किंतु यदि ऐसी बात है तो फिर इसका मूल रूप क्या था? यहां हमारे लिए उस मूल अनुष्ठान के पूर्ण चित्र के पुनर्निर्माण का प्रयत्न करने की आवश्यकता नहीं है जिसमें 'ऋग्वेद' के प्रारंभिक श्लोक आदि प्रयोग में लाए जाते थे और न हीं ऐसा करना संभव है। वैदिक यज्ञ के संबंध में हम केवल दो बातें कहेंगे : पहली, वैदिक परंपरा के अत्यधिक प्रामाणिक लेखांशों में यज्ञ को वैसा नहीं बताया गया है जैसाकि बाद की कर्मकांड की पुस्तकों में वर्णन है। दूसरी, मूलतः जिस प्रकार से यज्ञ किया जाता था, उसका संबंध उत्पादन विधि से था और वह वास्तव में उसका अभिन्न पक्ष था। इस बात का अनुमोदन भी स्वयं प्रामाणिक वैदिक परंपरा ने किया। ऐतरेय ब्राह्मण के कुछ लेखांश देखिए :

यज्ञ देवताओं से दूर हो गया; उन्होंने आहुतियां देकर इसे आरंभ करना चाहा; आहुतियों से आरंभ करने का प्रयत्न होने के कारण इन आहुतियों के लिए उनके नाम हैं। उन्होंने यज्ञ को ढूंढ़ निकाला। जो यज्ञ को पा जाता है वह समृद्धि को प्राप्त होता है [1.2. (अनु) 12.108]

यज्ञ देवताओं से दूर हो गया; देवता कुछ न कर पाए, वे उसे न समझ पाए। उन्होंने अदिति से कहा : 'आप हमारी यज्ञ को पहचानने में सहायता कीजिए।' अदिति ने कहा : 'तथास्तु,

किंतु आपको मुझे एक वर देना होगा।' 'मांगिए' (उन्होंने उत्तर दिया)। अदिति ने वर मांगा : 'यज्ञ मुझसे आरंभ होकर मेरे साथ ही समाप्त होगा।' 'ऐसा ही हो' (उन्होंने उत्तर दिया) इसलिए आरंभिक आहुति के रूप में अदिति को फलों के गूदे की आहुति दी जाती है और समापन आहुति में भी अदिति को फलों का गूदा अर्पित किया जाता है, क्योंकि उसने यही वर मांगा था। [1.7. (अनु.) 12.111]

यज्ञ देवताओं से दूर हो गया; उन्होंने दिशाओं के साथ उसे आरंभ करना चाहा; क्योंकि उन्होंने दिशाओं के साथ आरंभ करना चाहा इसीलिए दिशाओं के नाम उन्हीं के नाम पर हैं (प्रेष)। इसे उन्होंने पुरोरसों के साथ दीप्तिमान बनाया; इसीलिए पुरोरसों को उनके नाम मिले हैं। इसे उन्होंने वेदी पर पाया। क्योंकि इसे वेदी पर पाया गया था इसीलिए यह नाम पड़ा। इसे जब उन्होंने ढूंढ़ निकाला तो उन्होंने पात्रों के साथ इसका आहरण किया। क्योंकि वे इसे पात्रों के साथ आहृत करके ले गए थे इसलिए पात्रों पर उनके नाम हैं (ग्रह)।

इसे ढूंढ़ निकालने के बाद उन्होंने इसे निविदों द्वारा विख्यात किया। क्योंकि इसे ढूंढ़ने के बाद निविदों द्वारा (न्यवेदयन्) विख्यात किया गया इसीलिए निविदों के नाम हैं। जो व्यक्ति खोए हुए को पाना चाहता है वह किसी बड़ी या छोटी वस्तु की इच्छा करता है; जो बड़ी वस्तु की इच्छा करता है उसकी इच्छा श्रेष्ठ है; जो यह जानता है कि दिशाएं सदा महान हैं, उसे उनका अधिक अच्छा ज्ञान है, क्योंकि खोए हुए को पाने के लिए दिशाएं माध्यम हैं; इसलिए खड़ा होकर आगे की ओर झुक कर वह दिशा निर्देश देता है। (iii.9; 12.170)

इन सब परिकल्पनओं की कुछ बातों की कृत्रिमता प्रत्यक्ष है। और उतनी ही प्रत्यक्ष यह बात भी है कि 'ऐतरेय' ब्राह्मण के रचयिता को इस प्रकार के जबरदस्ती के विचारों को लाने की आवश्यकता क्यों पड़ी। वे यज्ञ का मूल रूप खो चुके थे और अपनी प्रज्ञा के अनुसार वे इसका पुनर्निर्माण करना चाहते थे। इस बात का संकेत 'ऐतरेय' ब्राह्मण में बार बार आने वाले इस वाक्य से मिलता है कि, 'यज्ञ देवताओं से दूर चला गया।'

किंतु यज्ञ के जाने से देवता इतने चिंतित क्यों हुए और उसे फिर से पाने के लिए उन्होंने इतने सतत प्रयत्न क्यों किए? इसका उत्तर 'ऐतरेय' ब्राह्मण में ही मिल जाता है जिससे किसी प्रकार की कोई शंका नहीं रहती। मूलतः यज्ञ का संबंध अन्न प्राप्ति की विधि से था और यज्ञ के खो जाने का अर्थ था जीवनयापन के साधन का खतरा :

यज्ञ यह कहते हुए देवताओं से दूर चला गया कि 'मैं तुम्हारा अन्न नहीं बनूंगा।' 'नहीं,' देवताओं ने उत्तर दिया : 'वस्तुतः तुम्हीं हमारा अन्न बनोगे।' देवताओं ने उसे क्षत विक्षत कर डाला। इसके टुकड़े टुकड़े कर देने के बाद वह उनके लिए पर्याप्त नहीं था। देवताओं ने कहा : 'टुकड़ों में यह हमारे लिए पर्याप्त नहीं होगा; आओ इस यज्ञ को फिर से जोड़ें।' फिर उन्होंने कहा : 'चलो ऐसा ही करो।' 'उन्होंने उसके टुकड़े इकट्ठे किए फिर अश्विनों से कहा : 'आप दोनों इसे स्वस्थ करो,' 'अश्विन, देवताओं के चिकित्सक हैं, अश्विन और अध्वर्यु : इसलिए दो अध्वर्युओं ने कड़ाहे को लाकर कहा :' 'हे ब्राह्मण हम पर्वंज्ञ आहुति देंगे; हे होतृ तुम मंत्र उच्चारण करो।' (i.18; 12.121)

इस प्रकार देवताओं के पास मूल यज्ञ के केवल टुकड़े ही बच रहे जिसे हिंसा द्वारा मर्दित कर दिया गया था और जिसे स्वस्थ करने के लिए अश्विनों के कौशल की आवश्यकता थी; और वे लोग इसके पुनर्निर्माण की इतनी उत्सुकता से प्रतीक्षा कर रहे थे और ऐसे सतत प्रयत्नों में लगे

थे क्योंकि यज्ञ उनके लिए अन्न प्राप्ति की प्रमुख विधि था। 'ऐतरेय' ब्राह्मण में यह कोई इक्का-दुक्का उदाहरण नहीं है :

अन्न के रूप में यज्ञ देवताओं से अलग हो गया; देवताओं ने कहा : 'अन्न के रूप में यज्ञ हमें छोड़ गया है; इस अन्न को हमें ढूंढ़ना है।' उन्होंने कहा : 'हम कैसे खोजें ?' 'ब्राह्मण और छंदों की सहायता से, उन्होंने कहा।' उन्होंने ब्राह्मण को छंदों से पवित्र किया; उसके लिए उन्होंने अंत तक यज्ञ किया; उन्होंने देव पत्नियों के लिए संयुक्त आहुतियां दीं। इसलिए अब भी यज्ञ आहुतियों में वे अंत तक यज्ञ करते हैं और देव पत्नियों को संयुक्त आहुतियां अर्पित करते हैं···उन्होंने अथितियों का सत्कार किया; इसके साथ ही वे उसके निकट पहुंचे; उन्होंने यज्ञ क्रिया और तेज कर दी। उन्होंने हवि के अन्न [इडा; यह मूलतः साधारण अन्न रहा होगा और यह शब्द ऋग्वेद में इला का समनार्थक है ; (99.164) जो भी हो यहां संकेत इस बात का है कि अथितियों के साथ सहभोज में भाग लेना यज्ञ का समापन होना है] के साथ इसे समाप्त किया।

इसलिए अतिथि भोज इडा में समाप्त होता है।···उसे (यज्ञों को) प्राप्त करके उन्होंने (देवताओं ने) कहा : 'हमें भोजन परोसो'; 'नहीं' उसने उत्तर दिया, 'मैं आपको कैसे परोस सकता हूं ?' जब वह केवल देखता रहा। उन्होंने उससे कहा : 'ब्राह्मण और छंद एक हो गए हैं, इसलिए तुम अन्न के रूप में हमारी सेवा करो।' 'ऐसा ही हो' (उसने उत्तर दिया) इसलिए अब भी यज्ञ, ब्राह्मण और छंद के साथ संयुक्त होकर देवताओं को यज्ञ अर्पित करता है। (iii.45.12.193-4)

निस्संदेह, ये देवतागण वैदिकजनों के अति पुरातन पूर्वज थे और यज्ञ जो ब्राह्मण ग्रंथों के काल में पुनर्निमित हुआ था, उसका स्वरूप अत्यंत ब्राह्मणीय था। इस बात की पुष्टि इस ग्रंथ के निम्नलिखित लेखांश से स्पष्ट रूप से होती है :

प्रजापति ने यज्ञ का सृजन किया; इसके पश्चात पुण्य शक्ति (ब्राह्म) और राजोचित शक्ति (क्षात्र) का निर्माण हुआ; इन दोनों के पश्चात दो प्रकार की संतान उत्पन्न हुई, वह जो हव्य खाती है, और वह जो हव्य नहीं खाती; पुण्य शक्ति की संतान हव्य खाती है और राजोचित शक्ति की संतान हव्य नहीं खाती। हव्य खाने वाली संतान हैं ब्राह्मण; और हव्य न खाने वाली संतान में आते हैं राजन्य वैश्य और शूद्र। इनसे यज्ञ अलग हो गया। पुण्य शक्ति और राजोचित शक्ति दोनों ने उसका पीछा किया। पुण्य शक्ति ने अपने अस्त्रों से पीछा किया; पुण्य शक्ति के अस्त्र यज्ञ के अस्त्र है; राजोचित शक्ति के अस्त्र हैं अश्व, रथ, कवच, और तीर कमान। राजोचित शक्ति यज्ञ को प्राप्त किए बिना लौट आई; यज्ञ उसके अस्त्रों से भयभीत होकर चला गया। पुण्य शक्ति ने उसका पीछा किया और उसे प्राप्त कर लिया; उसे प्राप्त करने के पश्चात पुण्य शक्ति ने ऊपर से ही उसका मार्ग अवरुद्ध किया; इसे प्राप्त कर लिए जाने और ऊपर से मार्ग रोक लिए जाने, और अपने ही अस्त्रों को पहचान लेने के कारण वह पुण्य शक्ति के पास आया। इसलिए आज भी यज्ञ को पुण्य शक्ति और ब्राह्मणों का समर्थन मिलता है। तब राजोचित शक्ति ने उसका पीछा किया; उसने कहा : 'इस यज्ञ में आप मुझसे मिलें।' 'ऐसा ही हो,' उसने उत्तर दिया : 'अपने अस्त्र एक ओर रख दो, और पुण्य शक्ति के अस्त्रों के साथ, पुण्य शक्ति के रूप में पुण्य शक्ति बन कर आप यज्ञ में आओ।' 'ऐसा ही हो,' (उसने कहा)। इस प्रकार राजोचित शक्ति···अपने अस्त्र छोड़ कर, पुण्य शक्ति के अस्त्रों के साथ, यज्ञ को गई। इसलिए आज भी क्षत्रिय, एक यजमान के रूप में, अपने अस्त्र अलग रख कर, पुण्य शक्ति के अस्त्रों

के साथ, पुण्य शक्ति के रूप में, पुण्य शक्ति बन कर यज्ञ को जाता है। (vii.19.12.-301-10)

इस लेखांश में यह स्पष्ट वर्णन मिलता है कि किस प्रकार बाद के युगों में वर्णभेद के आ जाने पर यज्ञ का पुनर्निर्माण हुआ। पुण्य शक्ति और राजोचित शक्ति के एक-दूसरे से अलग होने के पूर्व भी यज्ञ का प्रचलन था। और बाद में ही यह पुण्य शक्ति अर्थात ब्राह्मणों का विशेषाधिकार बना। इसके अलावा यह कथा कि देवताओं को छोड़ देने के पश्चात ब्राह्मणों और क्षत्रियों ने यज्ञ का पीछा किया और अंततः वह ब्राह्मणों के पास लौटने पर सहमत हुआ क्योंकि उनके अस्त्र यज्ञ के अस्त्र थे, हमारे तर्क के लिए स्पष्ट महत्व रखती है। बाद के काल के पुरोहित, आदिम काल के मांत्रिकों से विकसित हुए थे। यह ठीक वैसी ही बात थी जैसे आदिम जादू-टोने की क्रियाएं बाद के काल में यज्ञ बन गई। पुरोहितीय शक्ति की श्रेष्ठता वास्तव में राजोचित शक्ति के साथ एक निश्चित समझौते पर आधारित थी। यह बात 'ऐतरेय' ब्राह्मण के निम्नलिखित लेखांश से स्पष्ट होती है। यह लेखांश, 'यज्ञ के ह्रास को रोकने' के लिए बताई गई बातों के संदर्भ में आया है :

> ···उसे ये बातें निश्चित रूप से कहनी चाहिएं : 'मैं पुण्य शक्ति तक पहुंच सकता हूं; यह पुण्य शक्ति, राजोचित शक्ति से मेरी रक्षा करे; पुण्य शक्ति की जय हो !'···इस प्रकार प्रसन्न होकर वह राजोचित शक्ति से उसकी रक्षा करता है। तब गऊ दान संबंधी अंतिम मंत्रों के पश्चात वह कहता है : 'मुझे राजोचित शक्ति का आश्रय प्राप्त है; राजोचित शक्ति, पुण्य शक्ति से मेरी रक्षा करें; राजोचित शक्ति की जय हो !'···जिसे राजसत्ता का आश्रय प्राप्त है उसे राजोचित शक्ति का आश्रय भी प्राप्त है, क्योंकि राजसत्ता भी राजोचित शक्ति है। जिसे राजोचित शक्ति का आश्रय प्राप्त है इसे पुण्य शक्ति नहीं दबा सकती। 'राजोचित शक्ति, पुण्य शक्ति से मेरी रक्षा करे,' वह कहता है, ताकि राजोचित शक्ति पुण्य शक्ति से उसकी रक्षा करे; 'राजोचित शक्ति की जय हो !' (वह कहता है) : इस प्रकार वह उसे प्रसन्न करता है। इस प्रकार प्रसन्न होकर वह पुण्य शक्ति से इसकी रक्षा करता है। ये दो तर्पण हैं, यज्ञ को त्रास से बचाना और दान; इसलिए ये दोनों तर्पण किए जाने चाहिए। (vii.22.12.311)

संक्षेप में अब केवल राजा और पुरोहित दोनों को प्रसन्न करके ही यज्ञ की रक्षा हो सकती थी। इसके बिना ये दोनों शासकवर्ग यज्ञ को विनष्ट करने के लिए आक्रामक रवैया अपनाते। स्पष्ट है कि बाद के काल में जिस प्रकार से यज्ञ की फिर से खोज की गई या उसे पुनर्निर्मित किया गया, वह बताता है कि इसका संबंध विशिष्ट वर्ग से स्थापित हो चुका था। वस्तुतः, इससे यज्ञ का जो चित्र सामने आता है, वह प्राचीन गीतों से मिलने वाले चित्र से बहुत भिन्न है; इन प्रारंभिक गीतों अथवा श्लोकों में यज्ञ अनुष्ठानमात्र था जिसका उद्देश्य सामूहिक पूर्ति करना था।

किंतु आइए हम केवल इन्हीं प्रमाणों पर अपना ध्यान केंद्रित रखें कि यज्ञ मूलतः आजीविका प्राप्त करने के साधनों से संबद्ध था। संकेत सुस्पष्ट हैं। 'अन्न के रूप में यज्ञ देवताओं से अलग हो गया; देवताओं ने कहा : 'अन्न के रूप में यज्ञ हमें छोड़ गया है; आइए हम इस अन्न, इस यज्ञ की खोज करें।' 'यज्ञ वही था जिसके खो जाने पर आजीविका के साधन भी विलुप्त हो गए थे और जिसे देवतागण पुनः प्राप्त करके आजीविका के साधनों को फिर से प्राप्त करना चाहते थे तो मूलतः यज्ञ का संबंध आजीविका के साधन प्राप्त करने की विधि से रहा होगा। किंतु इसका यह संबंध किस प्रकार हो सकता था? केवल जादू-टोने की क्रियाओं के रूप में जिससे आदिम श्रम प्रक्रिया बनी रहे। यह उत्पादन की एक भ्रम तकनीक थी जो वास्तविक

तकनीक में सहायक थी। किंतु अंततः, अर्थात जैसाकि 'ऐतरेय' ब्राह्मण में इसे फिर से खोजा या इसका पुनर्निर्माण किया गया, यह भ्रमोत्पादक तकनीक, वास्तविक तकनीक से पूर्णतया अलग थी (अर्थात यह जादू-टोने की प्रक्रिया से भिन्न थी) इस प्रकार यह एक विशुद्ध भ्रम बन गया : निष्फल निर्थरक और असंगत। इसके अलावा, अब इसके समक्ष वास्तविक तकनीक की कोई बाधा न होने के कारण यह विशुद्ध भ्रम की विचित्र तार्किकता के अनुरूप अंततः एक विकृत निर्थरकता अर्थात बाद के काल के यज्ञ के रूप में परिवर्तित हो गया। किंतु अतीत में स्थिति इससे भिन्न थी। यजुर्वेद नाम का अतीत में उल्लेख पहले ही आ चुका था। यह बाद के अर्थों में यज्ञ के रूप का पूर्वाभास देने वाला प्राचीनतम ग्रंथ था। यजुः शब्द का वास्तविक अर्थ ज्ञान (वेद) था जिसे 'यजुर्वेद' में संकलित किया था : '(वे) पुरातन अतीत में यज्ञ करते थे। यज्ञ ने हमें आलोकित किया।' इस प्रकार अतीत के उल्लेख के साथ साथ बहुवचन के प्रयोग से, प्राचीन सामूहिक कार्यविधि का उल्लेख भी हुआ है।

एक संशोधित संस्करण है 'वाजसनेयी संहिता'। इसमें यह वेद सुरक्षित है। संहिता का अर्थ है संकलन। किंतु वाजसनेयी का अर्थ क्या है? स्पष्ट है कि यह शब्द 'वाज' से उत्पन्न हुआ है जिसका अर्थ है अन्न। जो अन्न में वृद्धि करता है, वह वाजसन है। निहितार्थ यह है इस संहिता में संकलित क्रियाओं का ज्ञान उत्पादन की तकनीक पर सीधा प्रभाव डालता था। 'यजुर्वेद' के सभी संशोधित संस्करणों में एक अनुष्ठान का उल्लेख है जिसका नाम है वाजपेय। यह शब्द भी वाज शब्द से उत्पन्न हुआ है और वाज का अर्थ है अन्न। पेय शब्द का अर्थ पीने योग्य पदार्थ। यहां तक कि प्रामाणिक शास्त्रीय परंपरा के अनुसार भी इस अनुष्ठान का शाब्दिक अर्थ था 'अन्न और पेय', और अन्न उत्पादन, कृषि उत्पादन के कार्यों के साथ इस अनुष्ठान का मूल संबंध बाद के चिंतन में भी मूलतः लुप्त नहीं हुआ था। यह बात कीथ के कथन से स्पष्ट है :

> उसके (यजमान के) लोगों के ऋत्विज या पुरोहित अश्वत्थ यानी पीपल की पत्तियों में नमक रखकर या अश्वत्थ मंजूषा के साथ उसके शरीर का स्पर्श कराते हैं। यह स्पष्ट रूप से उत्पादकता वृद्धि का एक साधन है जिससे पता चलता है कि इसका आशय किसी व्यक्ति विशेष की प्रतिष्ठा बढ़ाने के लिए केवल जादू-टोना करना नहीं बल्कि इसका कुछ और निहितार्थ भी है। सांख्यायन। (xv.1.1) में इसी के अनुरूप इस बात पर बल दिया गया है कि यह अनुष्ठान अन्नद्य (भोजन करने की क्रिया) के इच्छुक प्रत्येक व्यक्ति के लिए है और इस नाम की व्याख्या 'अन्न और पेय' के रूप में की गई है। और यह स्वयं शतपथ में उपलब्ध है। इसके अलावा यज्ञ करने वाले व्यक्ति के साथ स्पर्श के समय अन्नायत्व (अर्थात अन्न के उद्देश्य से आपके लिए) मंत्रोच्चारण के भी अनुरूप यह क्रिया है और सांख्यायन (xvi.17.4) का यह नियम भी इसी के अनुरूप है कि यह तर्पण किसी वैश्य के लिए भी किया जा सकता है। इसके अलावा वाजसनेयी (ix.22.व) में कृषि के लिए यज्ञ करने वाले व्यक्ति के पवित्रीकरण की क्रिया भी जोड़ी जा सकती है। संभवतः इस क्रिया से 'मनुष्यों में देवताओं' अर्थात मरुतों का भी संबंध है। (13.भू.x.) यहां यह स्मरणीय है कि 'यजुर्वेद' 'ऋग्वेद' से बहुत बाद का है अतः यजुर्वेद के काल तक वैदिक जन कृषि सीख चुके थे।

कीथ के अनुसार ये सभी बातें इस अनुष्ठान की प्रचलित 'विशेषताएं' थीं। कीथ ने कहा कि कर्मकांड की बाद की पुस्तकों के अनुसार यह अनुष्ठान मूलतः पुरोहितीय बन चुका था,' किंतु इसे धार्मिक रंग देते हुए पुरोहितों ने इसकी प्रचलित विशिष्टताओं को बनाए रखा। (वही) यह निश्चित रूप से सही है; किंतु हमें केवल इतनी बात और कहनी है कि अनुष्ठान की प्रागैतिहासिक

स्थिति के संकेतों के रूप में ये प्रचलित विशिष्टताओं के अवशेष अंततः हमें यह बात दर्शाते हैं कि वैदिक जनों के आदिम पूर्वज सामूहिक जादू-टोने करते थे और उन लोगों की उत्पादन की वास्तविक तकनीक लगभग अविकसित होने के कारण वे जादू-टोने की भ्रमोत्पादक तकनीक पर बहुत निर्भर थे और यही इस अनुष्ठान का मूलभूत तत्व थी। इस प्रकार यज्ञ मूलतः उत्पादन का अनुष्ठान था बाद में भले ही इसमें विकृति आ गई हो।

कीथ इस बात पर पहले ही काफी कुछ लिख चुके हैं कि बाद के कर्मकांड संबंधी पुस्तकों के अनुसार इन यज्ञों में जादू-टोने के तत्व बहुत अधिक थे। (11 अ.22) यदि यह बात ठीक है तो इन मांत्रिक तत्वों को मूल यज्ञ के अवशेष समझा जाना चाहिए अर्थात बाद के यज्ञ इन आरंभिक जादू-टोनों का कृत्रिम रुपांतरित रूप थे। किंतु कीथ ने विशेष रूप से इसी बात पर बहुत संदेह प्रकट किया। वस्तुतः उन्होंने जादू-टोने की महत्ता संबंधी पूर्वकल्पित धारणा के विरुद्ध तर्क दिया। (वही. 379) :

> 'ऋग्वेद' में देवताओं को दिए गए अभूतपूर्व सम्मान में जादू-टोने जैसी निम्नस्तर की क्रियाओं के लिए कोई स्थान नहीं हो सकता। किंतु हम यह विश्वास नहीं कर सकते कि कभी ऐसा युग भी था जबकि वैदिक यज्ञों में जादू-टोने के तत्व न रहे हों। हम निश्चित रूप से केवल इतना ही कह सकते हैं कि ब्राह्मण ग्रंथों के काल में प्रत्येक घटना में चमत्कार देखने की इच्छा बढ़ती जा रही थी। इन 'ब्राह्मण ग्रंथो ने यज्ञ को दैव के प्रति विनती के बजाए इस संसार की ऐसी सर्वोच्च शक्ति का रूप दे दिया जो देवताओं पर भी नियंत्रण रख सकती है और ऋत्विज जो चाहें इसके द्वारा उत्पन्न कर सकते हैं। (वही.379.80)

यदि यह बात सच समझी जाए तो जादू-टोने को यज्ञ के रूप में परिवर्तित हो जाने के संबंध में हमारी धारणा स्वीकार्य नहीं रहती। इसलिए हमें 'चमत्कार' और 'यज्ञ' के बीच संबंध की समस्या को वैदिक साहित्य में दैव को प्रसन्न करने के अर्थ में ध्यानपूर्वक देखना होगा। समस्या महत्वपूर्ण है और वैदिक साहित्य में उपलब्ध प्रमाण कम से कम प्रत्यक्ष रूप से तो पूर्णतया विचित्र हैं। इसलिए हमें इसके विस्तार में जाना होगा। यह विचार-विमर्श मैकडानल ने आरंभ किया और हम भी उन्हीं के कथन से आरंभ कर सकते है।

सबसे पहले उन्होंने 'यज्ञ' और 'चमत्कार अथवा जादू-टोने' के बीच मूलभूत विभेद पर ध्यान दिया। यज्ञ का उद्देश्य 'देवताओं को प्रसन्न करना है' जबकि चमत्कार अथवा जादू-टोना 'परिस्थितियों का नियंत्रण करता है'। (ई. आर. ई. viii.312) इन दोनों के संबंधों की समस्या वैदिक प्रमाणों की बाह्य विचित्रता से उत्पन्न होती है। 'ऋग्वेद' सबसे प्राचीन वैदिक साहित्य है। आम तौर पर यही माना जाता है कि इसमें देवताओं को प्रसन्न करने के लिए प्रार्थनाएं हैं। मैकडानल का कहना है कि 'इसकी 1028 ऋचाओं में से लगभग 12 ऋचाओं का संबंध जादू-टोने से है। (वही. viii.311) जादू-टोने के तत्व बाद की कृतियों जैसे 'अथर्ववेद' 'यजुर्वेद' और 'ब्राह्मण' ग्रंथों में उत्तरोत्तर स्पष्ट होते गए। इस परिस्थिति में वैदिक प्रमाण सामान्य क्रम के प्रतिलोमन को इंगित करते प्रतीत होते हैं। ऐसा लगता है कि धर्म का पतन हो गया और वह जादू-टोने में बदल गया। इस प्रकार धर्म का आविर्भाव जादू-टोने से पूर्व हुआ होगा :

> 'ऋग्वेद' में यज्ञ से संबद्ध किसी जादू-टोने की क्रियाओं के बारे में हमें कोई सूचना नहीं मिलती। उधर 'अथर्ववेद' की मुख्य विषयवस्तु जादू-टोना है। यह छंदबद्ध मंत्रों का संकलन है और ये मंच उन अनुष्ठानों के समय बोले जाते थे जिनका उद्देश्य मांत्रिक का कल्याण करना या उसके शत्रुओं को हानि पहुंचाना था। जहां तक जादू-टोने का संबंध है यजुर्वेद का स्थान इन दोनों वेदों के बीच में है। यजुर्वेद के मूल भाग में गद्यात्मक मंत्र हैं और उसमें

देवताओं का स्थान गौण है। इसमें देवताओं का संबंध यज्ञ के कर्मकांड के साथ यांत्रिक है। इस प्रकार इस वेद का स्वरूप धार्मिक न होकर जादू टोने की क्रियाओं वाला है। इस युग में बराबर यही धारणा बनी हुई थी कि जटिल कर्मकांड में हर छोटी छोटी बात पर ध्यान देना होगा और कहीं भी चूक नहीं होनी चाहिए। ऐसी परिस्थितियों में एक नई अवधारणा बनी कि यज्ञ का लक्ष्य देवताओं को संतुष्ट करना नहीं बल्कि प्रकृति पर सीधा नियंत्रण करना है। गद्यात्मक धर्मग्रंथ जिन्हें 'ब्राह्मण' कहा जाता है, वैदिक साहित्य के अगले चरण का प्रतिनिधित्व करते हैं और कर्मकांड की सभी छोटी छोटी क्रियाओं की व्याख्या प्रस्तुत करते हैं। इस प्रकार इनमें हमें जादू टोने की उन सभी क्रियाओं और विचारों का आभास मिलता है जो इन यज्ञों के साथ घनिष्ठ रूप से जुड़ी हुई थीं। (वही. viii.311-12)

किंतु इन सबके होते हुए भी मैकडानल सीधे स्पष्ट रूप में यह कहने में हिचकिचाए कि 'ऋग्वेद' में केवल धर्म और यज्ञ थे जिनपर आगे चलकर जादू टोने की क्रियाएं हावी हो गई :

इस प्रकार यह मान लेना असंभव है कि 'ऋग्वेद' के ऋत्विक, प्राचीन ऋचाओं के रचयिता जादू टोने की उन क्रियाओं से अछूते थे जो बहुत पहले के युग में प्रचलित हो गई थीं और बाद के काल में पुरोहितीय साहित्य में बनी रहीं। वस्तुतः 'ऋग्वेद' की ऋचाओं का सूक्ष्म अध्ययन करने से यह प्रमाणित होता है कि उन में भी देवताओं से अलग मांत्रिक शक्ति में विश्वास किए जाने के संकेत मिलते हैं—ब्राह्मण ग्रंथों और कर्मकांड के सूत्रों के प्रत्येक पृष्ठ से पता चलता है कि यज्ञ संबंधी सारे कर्मकांड में यह विचार अंतर्निहित था कि यज्ञ करने से मनुष्य देवताओं को वश में करता है और उनके हस्तक्षेप के बिना भी परिस्थितियों और घटनाओं पर सीधा प्रभाव डाल सकता है। इसका एक परोक्ष आभास 'ऋग्वेद' में ही मिलता है जिसके कई लेखांशों में कहा गया है कि प्राचीन ऋषि मुनियों को मांत्रिक शक्तियां प्राप्त थीं—इन लेखांशों के रचयिताओं ने उन सभी शक्तियों को यज्ञ में निहित मान लिया होगा जो अतीत में व्यक्तियों की शक्तियां समझी जातीं थीं। (वही. viii.312)

फिर भी मैकडानल के अनुसार, 'ऋग्वेद' में जादू टोने के स्वभाव वाली ऋचाएं बहुत कम और बहुत बाद के चरणों में पाई जाती हैं। अपनी समग्रता में 'ऋग्वेद' प्रार्थना और यज्ञों का ग्रंथ था और बाद के यज्ञ साहित्य में इन पुराने यज्ञों को, जादू टोने का रूप दे दिया गया और फिर इन मांत्रिक क्रियाओं को, 'यज्ञों का बाना पहना दिया गया। (वही.) संक्षेप में वैदिक जनों का इतिहास विचित्र और अनोखा था क्योंकि उनके मामले में यज्ञों और प्रार्थनाओं को धीरे धीरे जादू टोने की क्रियाओं में परिवर्तित कर दिया गया अर्थात धर्म ने जादू टोने का रूप ग्रहण कर लिया।

क्या हम इतिहास की इस विचित्र प्रक्रिया को स्वीकार करने के लिए वास्तव में बाध्य है? इसके विरोध में कुछ सामान्य बातों पर ध्यान देना आवश्यक है। यह मत कि वैदिक जनों में धर्म का धीरे धीरे पतन हुआ और वह जादू टोने में बदल गया, दो प्रमुख पूर्वग्रहों पर आधारित है। पहला, 'ऋग्वेद' की ऋचाएं विशुद्ध रूप से प्रार्थनाएं थीं। दूसरा, मंत्रों और जादू टोने के ग्रंथ 'अर्थववेद' से पहले 'ऋग्वेद' आया था।

यह सत्य है कि बहुधा आधुनिक विद्वान समग्र 'ऋग्वेद' को प्रार्थनाओं और यज्ञों का एक संकलन मानते हैं। किंतु इस विचार में अतिसरलीकरण का जोखिम है, क्योंकि यह तथ्य है कि 'ऋग्वेद' न केवल बहुत विस्तृत और व्यापक है बल्कि अत्यंत जटिल भी है और जैसाकि हम देख चुके हैं, शब्दों में परिवर्तन उनके अर्थों के परिवर्तन की गति से कहीं धीमा होता है। दूसरी बात यह है कि पूर्णतया शास्त्रीय तथा रूढ़िवादी परंपरा (ऋ. वे. पर भाष्य में सायण की भूमिका देखें) में भी 'ऋग्वेद' की वास्तविक भावना के प्रति दो मूलतः भिन्न दृष्टिकोणों का

उल्लेख होता है अर्थात इस ग्रंथ की भिन्न भिन्न व्याख्याएं थीं। इससे यह सिद्ध होता है कि 'ऋग्वेद' को प्रार्थनाओं का संकलन मानने वाली व्याख्या ही एक मात्र वैध व्याख्या नहीं है। इसके अलावा, जैसाकि हम विस्तृत रूप से तर्क दे चुके है, अनेक प्रसंगों में 'ऋग्वेद' के देवतागण वास्तव में पूर्ण देवत्व को प्राप्त नहीं हुए थे ; और यदि ऐसा था तो किसी ऋचा में किसी देवता का उल्लेखमात्र इस बात का अकाट्य प्रमाण नहीं है कि वह ऋचा आधुनिक अर्थों में कोई प्रार्थना थी। और फिर यदि ये प्रार्थनाएं नहीं थीं तो इनके द्वारा देवताओं को प्रसन्न करने का कोई प्रश्न ही नहीं उठता। इस प्रकार यज्ञ का अर्थ भी काफी भिन्न हो जाता है ; क्योंकि स्वयं मैकडानल ने स्वीकार किया है कि यज्ञ को जादू टोने से अलग मानने के पीछे यही देवताओं को प्रसन्न करने वाला दृष्टिकोण है ; इसका स्पष्ट अर्थ यह नहीं है कि हम आधुनिक अर्थों में देवताओं को नहीं देख सकते और इसलिए 'ऋग्वेद' में प्रार्थनाओं और यज्ञों के लक्ष्य भी नहीं पाए जा सकते। यदि वास्तव में यही स्थिति होती तो यह एक आश्चर्यजनक बात होती क्योंकि अत्यंत पुराणपंथी कालानुक्रम के आधार पर भी विभिन्न ऋचाओं के बीच कई शताब्दियों का अंतर रहा होगा। इस प्रकार यदि कुछ ऋचाओं में वैदिक देवता पूर्ण देवत्व को प्राप्त हो चुके थे और इनमें प्रार्थनाओं और यज्ञों का स्पष्ट लक्ष्य अभिव्यक्त होता है तो भी ये वैदिक जनों के विकास के उस चरण को इंगित करती हैं जिसमें देवताओं को पूर्ण देवत्व की प्राप्ति नहीं हुई थी। किंतु प्रश्न यह है कि यदि उस पूर्ण चरण में वैदिक जनों के देवता, प्रार्थनाएं और यज्ञ वैसे नहीं थे जैसे हम समझते हैं तो फिर इनका उद्देश्य क्या रहा होगा और ये यज्ञ तथा प्रार्थनाएं किस काम में लाई जाती थीं ? यह तो निश्चित है कि ये ऋचाएं आधुनिक अर्थ में कविता मात्र नहीं रही होंगी। इसका सीधा सा कारण यह है कि आदिम जन कविता से बहुत दूर थे। यह व्याख्या भी सही नहीं हो सकती कि सभी ऋचाएं वास्तव में यज्ञों के लिए रची गई थीं जैसाकि ब्राह्मण ग्रंथों में प्रतिपादित किया गया है। हम देख चुके हैं कि ब्राह्मण ग्रंथों वाले यज्ञ 'ऋग्वेद' से बहुत बाद में आए होंगे। इस प्रकार हम यह मानने पर बाध्य होते हैं कि ऋचाओं का कोई अनुष्ठानात्मक उपयोग अवश्य रहा होगा, भले ही यह स्पष्ट रूप से वैसा न रहा हो जैसाकि ब्राह्मण ग्रंथों में कहा गया है। और फिर हम भले ही यह न जान सकें कि वे मूल अनुष्ठान कैसे थे जिनमें इन ऋचाओं का प्रयोग किया जाता था फिर भी तुलनात्मक विधि से हम अनुमान लगा सकते हैं कि ये अनुष्ठान जादू टोने जैसे रहे होंगे जिनका परिपालन आज भी विद्यमान आदिवासी जातियां करती हैं। इस प्रकार यदि 'ऋग्वेद' में संकलित कुछ ऋचाएं प्रार्थनाओं और देवताओं को प्रसन्न करने के माध्यम का रूप ले चुकी थीं तो भी ऐसा सोचना एक प्रकार का अतिसरलीकरण होगा कि समस्त 'ऋग्वेद' केवल प्रार्थनाओं और यज्ञों का संकलन था जिन्हें हम विकसित धर्मों में देखते हैं।

दूसरे यह मत कि वैदिक जनों में धर्म का धीरे धीरे पतन हुआ और वह निम्नकोटि की जादू-टोने की क्रियाओं में परिवर्तित हो गया, इस बात पर आधारित है कि 'ऋग्वेद' और 'अथर्ववेद' के तुलनात्मक कालक्रम को यांत्रिक दृष्टिकोण से देखा जाता है। कहा जाता है कि मंत्रों का संकलन ग्रंथ 'अथर्ववेद,' प्रार्थनाओं के ग्रंथ अर्थात 'ऋग्वेद' के बहुत बाद में रचा गया ; और इस प्रकार हमें यहां इस बात का अकाट्य प्रमाण मिलता है कि जादू टोने का आविर्भाव धर्म के अभ्युदय से पूर्व हुआ। किंतु यह तर्क इतना साधारण है कि इसे विश्वसनीय नहीं कहा जा सकता। इतना कहना पर्याप्त नहीं है कि 'अथर्ववेद' 'ऋग्वेद' के बाद में आया है ; इससे आगे यह भी प्रश्न उठता है कि बाद में आने का क्या अर्थ है ? एक संकलन के रूप में वास्तव में यह बाद में आया, और इसलिए इसमें कुछ ऐसे अंश थे जो बाद में रचे गए। किंतु इससे उसकी पुरातनता

के विरुद्ध कोई प्रमाण नहीं मिलता। जैसाकि विंटरनित्स ने स्पष्ट रूप से कहा है :

> किंतु यह निश्चित होते हुए भी कि 'अथर्ववेद' संहिता का हमारा ग्रंथ 'ऋग्वेद' संहिता के बाद में आया, यह निष्कर्ष नहीं निकलता कि इसकी ऋचाएं भी 'ऋग्वेद' कीं ऋचाओं से बहुत बाद में रची गई। यही निष्कर्ष निकलता है कि 'अथर्ववेद' की बाद की ऋचाएं ऋग्वेद की अंतिम चरण की ऋचाओं के पश्चात रचित हुई। यह तो निश्चित है कि 'अथर्ववेद' की ऋचाओं में बहुत सी ऐसी हैं जो ऋग्वेद की अधिकांश ऋचाओं के बाद रची गई किंतु यह भी निश्चित है कि 'अथर्ववेद' की जादू टोने वाली ऋचाएं यदि 'ऋग्वेद' की यज्ञ संबंधी ऋचाओं से अधिक पुरानी नहीं तो कम से कम उतनी ही पुरातन अवश्य हैं। 'अथर्ववेद' के अनेक लेखांश 'ऋग्वेद' के पुरातनतम लेखांशों जितने ही प्रागैतिहासिक हैं। 'अथर्ववेद का युग' कहने से ही काम नहीं चलेगा। 'ऋग्वेद' संहिता की भांति 'ऋग्वेद' में भी बहुत से लेखांश ऐसे हैं जिनके बीच अनेक शताब्दियों का अंतर है। 'अथर्ववेद संहिता' के कुछ समय बाद के अंशों के लिए ही केवल यह कहा जा सकता है कि इनमें से अधिकांश की रचना ऋग्वेद की ऋचाओं के अनुरूप की गई थीं। (124. .. 127)

वास्तव में पुरातन भारतीय परंपरा में 'अथर्ववेद' का नाम अथर्वांगिरसः था अर्थात अथर्वन और अंगीरस। ध्यान देने योग्य बात है कि ऋग्वेद के ऋषि मुनियों ने इन दोनों नामों को प्राचीन मांत्रिकों के नाम मान कर स्मरण किया : 'चमत्कारी मंत्रों से पूर्वजों (अंगीरसों) ने गुप्त आलोक को खोज निकाला और उषा का निर्माण किया (vii. 76. 4)। पूर्वजों और अंगीरसों ने अलंकृत किया ठीक उसी प्रकार जैसे काले घोड़े को मोतियों से सजा आकाश को सितारों से या जाता है ; उन्होंने रात्रि में अंधकार और दिवस में आलोक को प्रतिष्ठित किया। (x. 68. 11) 'अंगीरसों ने अपनी प्रज्ज्वलित अग्नि से गउओं और घोड़ों को ढूंढ लिया, जिन्हें पाणि ने छिपा दिया था। (i. 83. 4) उन्होंने (अंगीरसों ने) अपने ऋत द्वारा सूर्य को आकाश में आरूढ़ किया (x.62. 3) अथर्वो ने अपनी क्रियाओं द्वारा पहले तो पथ निर्मित किए; तब विधि विधानों के अभिरक्षक सूर्य का जन्म हुआ (i. 83. 5) आदि। क्या इन सबसे यह संकेत नहीं मिलता कि मूल मंत्र जिनके ज्ञान का संकलन बाद में अथर्ववेद संहिता में किया गया, एक ऐसे काल में उद्भूत हुए जिसका स्मरण 'ऋग्वेद' के कुछ ऋषियों ने भी किया है।

'ऋग्वेद' और 'अथर्ववेद' के सापेक्ष कालक्रम को निर्धारित करते समय विशेष रूप से इस बात पर ध्यान देना होगा कि अंततः दोनों ऐसी रचनाओं के संकलन थे जो पुरातन अतीत से पीढ़ी दर पीढ़ी चलती हुई संकलनकर्त्ताओं तक पहुंची। इन परिस्थितियों में यह संभावना बनी रही कि पूर्वजों की रचनाओं के कुछ अंश इन दोनों ग्रंथों में स्थान पा गए। वस्तुतः ऐसा ही हुआ। 'अथर्ववेद' के बीसवें मंडल में उन ऋचाओं के अलावा और कुछ नहीं है जो 'ऋग्वेद' में भी पाई जाती हैं ; इसके अलावा 'अथर्ववेद' के एक तिहाई भाग में वही ऋचाएं हैं जो 'ऋग्वेद' में हैं। (124.i.121) इस विशेषता को आमतौर पर इस अनुमान के आधार पर स्पष्ट किया जाता है कि 'अथर्ववेद' के संकलनकर्ताओं ने इन्हें 'ऋग्वेद' से उठाया होगा जिसका संकलन पहले ही हो चुका था किंतु इस धारणा को सिद्ध करने के लिए कोई निर्णायक प्रमाण नहीं है। इसके विपरीत इस बात की संभावनाएं अधिक हैं कि इन दोनों वेदों के संकलनकर्ता एक ही प्रकार के स्रोतों से सामग्री इकट्ठी कर रहे थे अर्थात वे अपने पूर्वजों की उन्हीं रचनाओं के भंडार में से सामग्री ग्रहण कर रहे थे जो पीढ़ी दर पीढ़ी मौखिक रूप से उन तक पहुंची थी। यदि वास्तव में यही तथ्य हैं तो हमारे लिए निश्चित रूप से यह कहना सचमुच असंभव हो जाता है कि अंततः 'ऋग्वेद' में जो ऋचाएं सम्मिलित की गई वे

मूलतः जादू टोना न होकर प्रार्थनाएं या देवताओं को प्रसन्न करने की रचनाएं थीं।

इस प्रकार यह निश्चित करने के लिए कि वैदिक जनों में पहले जादू टोना आया था अथवा धर्म, हम संकलनों के रूप में इन वेदों के केवल सापेक्ष कालानुक्रम पर निर्भर नहीं रह सकते। यदि यह प्रश्न उठाया जाए कि संकलनपूर्व के प्रागैतिहासिक काल में इन ऋचाओं का क्या उपयोग होता था तो अधिक लाभकारी होगा। क्योंकि अगली पीढ़ियों तक पहुंचाने की प्रक्रिया में इन मूल रचनाओं की मौखिक शुद्धता बनाए रखने के वास्ते वैदिक परंपरा में किए गए सभी उपायों के होते हुए भी यह तथ्य है कि इन प्राचीन रचनाओं को उत्तराधिकार में प्राप्त करने वाले लोग बदली हुई परिस्थितियों में रह रहे थे और इसलिए उन्हें अपने दृष्टिकोण से इन ऋचाओं को देखने के लिए बाध्य होना पड़ा। इसी कारण से यह संभावना बनती है कि वैदिक परंपरा के बाद के इन उत्तराधिकारियों ने इन प्राचीन ऋचाओं को नया महत्व प्रदान किया जो वास्तव में उनकी अपनी परिवर्तित परिस्थितियों का परिणाम था।

इस बात को संभवतः स्वयं 'अथर्ववेद' के उदाहरणों से ही स्पष्ट किया जा सकता है। हम 'ऋग्वेद' के प्रारंभिक लेखांशों में प्रतिबिंबित सामूहिकता की भावना के अत्यधिक महत्व को देख चुके हैं किंतु 'अथर्ववेद' में संकलित मंत्रों के समक्ष इस भावना का महत्व बहुत कम हो गया। क्योंकि ये मंत्र मुख्ततया व्यक्तिगत हितों के लिए थे। इसका अर्थ यह हुआ कि 'अथर्ववेद' में जिस प्रकार जादू टोने की ये ऋचाएं संकलित हुई उनमें इनका मूल चमत्कारी स्वरूप विलुप्त हो चुका था और ये अभिचार क्रिया का रूप ग्रहण कर चुके थे। जादू टोने और अभिचार क्रिया अर्थात सम्मोहन विद्या के बीच इस विभेद को समझना अत्यंत महत्वपूर्ण है : अभिचार क्रिया में व्यक्ति उस जादू टोने का दुरुपयोग करता है जिसका मूल उद्देश्य सारे समूह का कल्याण करना था। (48.i.132) वास्तविक जनजातीय समाज जिन दो अपराधों को प्रमुख और गंभीर मानता है उनमें से एक था अभिचार क्रिया। (वही) ब्राह्मण ग्रंथों में यज्ञों में की जाने वाली अभिचार क्रिया के समक्ष जादू टोने के सामूहिक हित का लक्ष्य पूर्णतया गौण हो जाता है। क्योंकि यज्ञ के लिए खर्चा पानी देने वाले संपन्न व्यक्ति के लिए ही इन यज्ञों को कल्याणकारी माना गया। किंतु ऐसा प्रतीत होता है कि 'अथर्ववेद' ने कुछ बीच की स्थिति प्रस्तुत की। इसमें संकलित मंत्र यद्यपि व्यक्तिगत हितों के कारण दूषित हो चुके हैं तो भी इनमें सामूहिक हित के मूल लक्ष्य के संकेत मिलते हैं। इस विचार की पुष्टि विंटरनित्स के निम्नलिखित कथन से होती है यद्यपि यह दुर्भाग्य की बात है कि लेखक ने अपनी कृतियों में जादू टोने और अभिचार क्रिया के बीच कोई स्पष्ट भेद नहीं रखा :

> 'अथर्ववेद' में जादू टोने के मंत्र, जो अपनी मुख्य विषयवस्तु के अनुसार निश्चित ही सर्वसाधारण में लोकप्रिय और अति प्राचीन हैं, संहिता में अपने मूल रूप में नहीं हैं बल्कि यह ब्राह्मणीय हैं। ये जंतर मंतर जिनके रचयिता अन्य लोगों के, जादू टोनों के मंत्रों आदि के रचयिताओं की भांति अज्ञात हैं, और जो अन्य स्थानों के जादू टोनों की भांति उतने ही सर्वजनीन गद्य काव्य थे 'अथर्ववेद संहिता' में अपना लोकप्रिय स्वरूप आंशिक रूप से खो चुके हैं। हम पग पग पर देखते हैं कि इनका संकलन पुरोहितों ने किया था और अनेक ऋचाओं की रचना भी पुरोहितों ने ही की थी। संकलनकर्ताओं और कुछ हद तक 'अथर्ववेद' की ऋचाओं के रचयिताओं का यह पुरोहितीय दृष्टिकोण, कहीं कहीं की गई तुलनाओं और विशेषणों में परिलक्षित होता है। उदाहरण के लिए, कृषि के

> लिए हानिकारक कीड़े के विरुद्ध प्रयोग में लाए जाने वाले मंत्र में कहा जाता है कि कीड़े अनाज की बालियों को हानि पहुंचाए बिना चले जाएं क्योंकि ब्राह्मण यज्ञ के लिए उपयोग में लाए जाने वाले अवशिष्ट अनाज को हाथ नहीं लगाता। 'अथर्ववेद' की ऋचाओं की एक पूरी श्रृंखला ही केवल ब्राह्मणों के हितों से संबद्ध है, जैसे पुरोहितों का भोजन, यज्ञ कराने के बाद उन्हें दान दक्षिणा देना आदि। स्पष्ट है कि ये ऋचाएं पुरोहितों की कृतियां हैं। (124.i.123-4)

ऐसी परिस्थितियों में यह स्वाभाविक है कि जादू टोने वाले ये मंत्र जिस प्रकार मुख्यतया पुरोहितों का पक्ष लेने वाले रूप में 'अथर्ववेद' में संकलित किए गए, इनका सामूहिक हित वाला मूल पक्ष विलुप्त हो गया और ये व्यक्ति हित साधन के लिए इस्तेमाल होने लगे। इसमें कोई संदेह नहीं कि आज जिस रूप में 'अथर्ववेद' हमें उपलब्ध है उसके अधिकांश मंत्र व्यक्तिगत हितसाधन के लिए हैं। किंतु इस बात की अनदेखी नहीं की जानी चाहिए कि इन मंत्रों में पुरोहित पक्षीय भावना के होते हुए भी संहिता में इनका आदिम चरित्र पूर्णतया विलुप्त नहीं हुआ। विंटरनित्स का कहना है :

> जादू टोने की क्रियाओं की भांति इनसे संबद्ध अधिकांश मंत्र वस्तुतः कल्पनाओं के अंग हैं जो विश्वव्यापी हैं। सभी देशों के भिन्न भिन्न आचार विचार वाले लोगों की कल्पनाओं में आश्चर्यजनक समानता है। उत्तरी अमरीका के रेड इंडियनों, अफ्रीका की नीग्रो जातियों, मलय और मंगोलों, प्राचीन ग्रीक और रोमन लोगों में और आज के यूरोपीय किसानों के जादू टोने के मंत्रों और क्रियाओ में ठीक वैसे ही विचार और इनके विकास का क्रम दिखाई देता है जैसे प्राचीन भारतवासियों के 'अथर्ववेद' में हमें मिलते हैं। इस प्रकार 'अथर्ववेद' में अनेक मंत्र हैं जिनका स्वरूप और जिनकी विषयवस्तु, अमरीकी रेड इंडियनों और तातारियों के मांत्रिकों और प्राचीनतम जर्मन कविता में उपलब्ध मेर्सबर्ग जादू टोनों के मंत्रों से भिन्न नहीं हैं। (वही)

विंटरनित्स ने अपने कथन की पुष्टि के लिए जो उदाहरण प्रस्तुत किए हैं वे वास्तव में बड़े रोचक हैं। यहां हमारी रुचि इस बात में भी है कि यदि इन सब बातों को सच भी मान लिया जाए तो भी 'अथर्ववेद' में संकलित जादू टोने संबंधी मंत्रों के प्रागैतिहासिक रूप की गहराई तक पहुंचने का एक मात्र रास्ता यही है कि आज भी विद्यमान आदिवासियों के मंत्रों और जादू-टोने की क्रियाओं का निष्पक्ष अध्ययन किया जाए। इस अध्ययन से यह तथ्य सामने आएगा कि बाद के काल वाले वैदिक यज्ञ की इस घातक वृद्धि के मूल में छिपा था आदिमजनों का जादू, वह भ्रमोत्पादक विधि जो वास्तविक व्यावहारिक विधि की सहायक थी और सामूहिक हित साधन के लिए थी। कहने का अर्थ यह है कि वैदिक यज्ञ अपने मूल रूप में प्राचीन काल के वैदिक जनों का उत्पादन अनुष्ठान मात्र था।

11. वरुण की अवनति और ऋत

अंगीरसों और अथर्वजनों का मंत्र और टोने टोटके 'अथर्ववेद' के मूल अंतर्भाग थे। 'ऋग्वेद' के आरंभिक चरण के ऋषियों ने भी इन अंगीरसों और अथर्वजनों को अपने श्रद्धेय पूर्वजों के रूप में स्मरण किया। वे उन्हें पितर, हमारे पितामह, प्राचीन ऋषि आदि कहते थे। यह मान्यता थी इन पूर्वजों ने कई महान चमत्कार किए थे। यह भी कहा गया कि वे प्राचीन सामूहिक जीवन व्यतीत करते थे। एक ऐसी जीवनपद्धति जिसमें कोई किसी से द्वेष नहीं रखता था और यह जीवन प्रणाली 'ऋत' के परिपालन पर आधारित थी :

> ऋत का पालन करने वाले वे पुरातन ऋषि, देवताओं की सुखकारी संगति में रहते हैं, इन पूर्वजों को रहस्यमय तेज की प्राप्ति हुई; अपने सत्य मंत्रों से उन्होंने उषस् का निर्माण किया है। साझे पशुधन के कारण एकता के सूत्र में बंधे ये लोग समान विचारों वाले बन गए, वे संयुक्त प्रयासों में रत हैं और देवनिर्दिष्ट क्रियाओं का उल्लंघन नहीं करते। एक दूसरे को कोई हानि न पहुंचाते हुए वे संपत्ति के साथ प्रगति के पथ पर अग्रसर होते हैं। (vii.76.4-5)

इस प्रकार वैदिक ऋषि अपने प्राचीन सामूहिक जीवन का स्मरण व्याकुलतापूर्ण आनंद की भावना से करते थे। किंतु यह 'ऋत' क्या था जिसका परिपालन करके अंगीरस इतने श्रेष्ठ और शक्तिशाली बन गए?

'ऋत' संबंधी अवधारणा अत्यंत निर्णायक और महत्वपूर्ण है। यदि हमारी यह धारणा उचित है कि प्राचीन वैदिक ऋषियों का एक सुस्पष्ट दर्शन था तो इसकी पुष्टि के लिए सबसे महत्वपूर्ण प्रमाण इसी में खोजना होगा। हम तर्क देने जा रहे हैं कि 'ऋत' का विश्लेषण करने से स्पष्ट हो जाता है कि उनका दर्शन आध्यात्मवादी या पारलौकिक नहीं था। चूंकि 'ऋत' शब्द अनेक पुरातन विचारों के संश्लेष का निरूपण करता है, इसलिए इसका सामान्य प्रतिपादन नहीं हो सकता। किंतु इस बात में कोई संदेह नहीं है कि मूलतः 'ऋत' विशिष्ट नैतिक तथा भौतिक नियमों का संश्लेषण था। विंटरनित्स ने ब्राह्मण के नियमन के अर्थ में इसका प्रयोग किया है। (124.i.144) मैकडानल ने इसका 'अर्थ' भौतिक और नैतिक नियम लगाया। (92.75) हम 'ऋग्वेद' में देखते हैं कि ऋत (घटनाक्रम की प्रक्रिया) नामक सामान्य विधान, पहले तो यज्ञ संबंधी निश्चित नियमों पर, और उसके पश्चात नैतिकता (सदाचरण) के नियमों पर लागू हुआ। (वही.67) कीथ के अनुसार 'यह संज्ञा ब्रह्मांड की सुव्यवस्था और नैतिक नियमों के लिए थी' (11.248) : ब्रह्मांड व्यवस्था के लिए संज्ञा थी ऋत, और इसका विलोम अनृत शब्द भी नैतिक नियमों को व्यक्त करता है।

आधुनिक भाववादी यह दावा करते हैं कि 'ऋग्वेद' में उनका अपना विश्व दृष्टिकोण प्रतिभासित होता है, उनके विपरीत वैदिक ऋषियों ने इस ब्रह्मांडीय, नैतिक विधान के सिद्धांत को अति उच्च स्तर तक पहुंचा दिया :

> ऋत के अनुसार ही प्रातःकाल में उषाओं का उदय होता है; पूर्वजों ने ऋत के अनुसार ही सूर्य को आकाश में स्थापित किया है; सूर्य, ऋत का कांतिमय मुखमंडल है, और ग्रहण का अंधकार, नियम अथवा व्रत विरुद्ध है। वर्ष, बारह तीलियों वाले ऋत चक्र हैं। श्वेत अश्रांत गाय का कच्चा लाल दूध, ऋत के निर्देशन में गाय का ऋत है। जलराशि और वनस्पति में छिपी अग्नि को मनुष्य जलाने योग्य लकड़ी की चिप्पियों से उत्पन्न करता है और वह ऋत से उत्पन्न ऋत बन जाती हैं। ऋत के विधान के अनुसार ही सरित प्रवाह होता। (वही. 83)

उन परिस्थियों में, प्राचीन भारतीय दर्शन के भाववादी भाष्यकार के लिए, इस मूलतः भाववाद पूर्व की अवधारणा को भाववादी रंग देने के सिवाय कोई अन्य विकल्प नहीं था। राधाकृष्णन ने कहा :

> ऋत का शाब्दिक अर्थ है 'नियत घटनाक्रम'। इसमें अंतर्निहित है सामान्य नियम और न्याय। ऋत संबंधी परिकल्पना मूलतः तब की गई होगी जब सूर्य, चंद्रमा और तारों का नियमित रूप से उदय और अस्त होना देखा गया होगा। और जब यह भी देखा गया होगा कि किस प्रकार दिन के बाद रात आती है और किस प्रकार एक नियमित क्रम में ऋतुओं का गमनागमन

होता है। ऋत, संसार में होने वाली प्रत्येक प्रक्रिया के क्रम का सूचक है। इस ब्रह्मांड में जो कुछ होता है उसका कोई ऋत सिद्धांत है। यह ऋत, प्लेटो के सार्वभौम सिद्धांत (यूनीवर्सल) के समकक्ष है। यह अनुभूत विश्व, ऋत की छाया या प्रतिबिंब है। ऋत तो एक सनातन सत्य है जो इस परिवर्तन की ऊहापोह में अपरिवर्तनीय रहता है। सर्वव्यापी तत्व, अंशव्यापी तत्व से पूर्व उद्भूत है। इसी लिए वैदिक ऋषि कहता है कि सभी द्रष्टव्य तत्वों के व्यक्त रूप बनने से पूर्व ही ऋत विद्यमान है। परिवर्तनीय विश्वक्रम तो भिन्न भिन्न रूपों इसी में नित्य ऋत की अभिव्यक्ति है। इसलिए ऋत को सर्वजनक कहा गया है। (105.i.78-9)

प्लेटो के विचारों के साथ ऋत की यह तुलना काल्पनिक है। प्रकृति में किसी प्रकार की सुव्यवस्था के बारे में सोचने का अनिवार्य अर्थ यह नहीं है कि प्रकृति को उसकी छाया मात्र बना दिया गया है। वैदिक ऋषियों की कभी भी यह धारणा नहीं रही कि यह विश्व किसी प्रकार की कोई छाया है। हम देख चुके हैं कि जिस संसार में वे रहते थे उसके साथ उनका कितना प्रगाढ़ लगाव और रुचि थी। स्वयं राधाकृष्णन को भी यह स्वीकार करना पड़ा :

किंतु (ऋग्वेद) तपस्या और वैराग्य के भाव का प्राबल्य नहीं है। हम देखते हैं कि ऋचाओं में प्रकृति के सौंदर्य, उसकी महत्ता, वैभव का रसास्वादन है, उसके कारुण्य की अभिव्यक्ति है। यज्ञों का प्रेरक उद्देश्य है इस संसार की सुखकारी वस्तुओं के प्रति लगाव। इन ऋचाओं में हमें नैराश्य की भावना से मुक्त जीवन और संसार का आनंद भोगने का भाव मिलता है। (वही. i. 111)

किंतु निश्चित ही, राधाकृष्णन कहेंगे कि धीरे धीरे वैदिक ऋषि इस भौतिक संसार के प्रति अनुराग से मुक्त हुए और इस संसार में अंतर्निहित देव की परिकल्पना की ओर आकृष्ट हुए। वास्तव में राधाकृष्णन ने ऋत की कल्पना को इसी बात का प्रमाण माना :

एक अपरिवर्तनीय सत्यता की रहस्यवादी अवधारणा की प्रवृत्ति के प्रथम लक्षण यहां दिखाई देते हैं। अपरिवर्तनीय नियम ही सत्य है। जो कुछ गोचर है, वह एक अस्थिर प्रदर्शन है, एक अपूर्ण प्रतिरूप है'''शीघ्र ही यह ब्रह्मांडीय व्यवस्था, एक सर्वोच्च ईश्वर की पूर्वनिश्चित इच्छा बन जाती है; यह नैतिक विधान और सदाचार कहलाता है। यहां तक कि देवता भी उसका उल्लंघन नहीं कर सकते। ऋत की परिकल्पना में हमें दैहिक से दैविक की ओर विकसित होने की प्रवृत्ति दिखाई देती है। ऋत का मूल अर्थ था, 'इस विश्व, सूर्य, चंद्र तारों, प्रातःकाल और संध्याकाल का नियत पथ अथवा अनुक्रम।' धीरे धीरे यह नैतिकता का पथ बद गया जिसपर मनुष्य को चलना था। यह न्यायपरायणता का विधान बन गया जिसका पालन देवताओं को भी करना होता था। (वही. i. 79)

ऋत को विशुद्ध भौतिकता से देवत्व के स्तर तक के विकास का द्योतक बनाने वाले ऐसे मत के लिए प्रमाण नहीं है जिसपर यह टिक सके। इसके विपरीत इस बात के निश्चित प्रमाण हैं कि आरंभ से ही ऋत उतना ही नैतिक नियम था जितना कि भौतिक। वैदिक ऋत की अवेस्ता के अस (उर्त) के साथ घनिष्ठ समानता इस बात का निर्णायक प्रमाण है :

भौतिक जगत में एक नियमित व्यवस्था ऋत का शासन है और इसका नियमित रूप से पालन किया जाता है और यह भारत ईरानी युग की देन है, क्योंकि अस (उर्त) शब्द अवेस्ता में मिलता है और इसका वही त्रिपक्षीय अर्थ है जैसाकि वैदिक भारत में था अर्थात ब्रह्मांड की भौतिक व्यवस्था, यश की समुचित अनुक्रमणिका और विश्व में नैतिक नियम—वेदों और अवेस्ता के वाक्यों की समानता पूर्णतया सिद्ध हो जाती है जब 'ऋत का स्रोत' जैसे

शब्दों को हम देखते हैं। यह वाक्य अवेस्ता और ऋग्वेद में शब्दशः एक जैसा है :(11.83) इस प्रकार इस धारणा का कोई आधार नहीं है कि वेदों में ऋत संबंधी प्रमाण प्राकृतिक नियम के नैतिक नियम में विकसित होने के इतिहास को उद्घाटित करते हैं। इस लिए यह 'किसी सर्वोच्च देवता की निश्चित इच्छा' के रूप में तो हो ही नहीं सकता। वस्तुतः 'ऋग्वेद' में हम देखते हैं कि इस प्रकार का कोई विकास होने की बजाए यह अवधारण धीरे धीरे क्षीण होती चली गई। अंततः वैदिक ऋषियों ने ऋत के पतन का अनुभव किया, जिससे वे ऋतहीन नई व्यवस्था को कोसने लगे और इसके पुनर्जागरण की दोहाई देने लगे। इस प्रकार राधाकृष्णन द्वारा ऋत को प्लेटो के सार्वभौम सिद्धांत के समकक्ष बताया जाना इसके विकास के एक काल्पनिक इतिहास पर आधारित है और इसीलिए निरर्थक है। इसकी बजाए यदि भारत ईरानी ग्रंथों से अलग किसी बात के साथ ऋत की तुलना करना उचित है तो हम यह तुलना प्राचीन चीनी दार्शनिकों के ताओ सिद्धांत के साथ भी कर सकते हैं। स्वयं राधाकृष्णन ने यों ही एक आध स्थान पर उसकी संभावना का संकेत दिया था, किंतु उन्होंने इसके निहित परिणामों की पूर्णतया की अनदेखी कर दी थी। (105. i. 79 टि.)

ताओवादियों के ताओ की भांति शब्दविज्ञान के अनुसार ऋत शब्द का निकटतम अर्थ होगा 'मार्ग' या 'क्रम' अथवा व्यवस्था, और इस प्रकार इसका अर्थ होगा 'प्रकृति का क्रम'। वैदिक ऋषियों की भांति ताओवादियों की भी यही धारणा थी कि प्रत्येक वस्तु में ताओ विद्यमान है और वही उनका संचालक है : 'ताओ ने इसे जन्म दिया। गुणों (ताओ के) ने उसका पोषण किया —इसलिए (जैसाकि) ताओ ने उन्हें जन्म दिया, ताओ के गुण ने उनका पोषण किया, उनकी अभिवृद्धि की, उन्हें शरण दी, और पौष्टिकता प्रदान की। (54.ii. 37) इसी प्रकार वैदिक ऋषियों के ऋत की भांति ही ताओवादियों के ताओ को भी आधुनिक विद्वानों ने गलत समझा और इसे 'परमेनिडीज का एकांकी अथवा अनन्य तत्व बताया जो हेराक्लाइटस के निरंतर परिवर्तनशील संसार में व्याप्त था। (वही. 11. 37. टि.) इस गलती को नीधम ने स्पष्टरूप से प्रत्यकक्ष किया। ताओ संबंधी इस अवधारणा को लेकर प्राचीन चीनी चिंतकों के विचार गोचर विज्ञान के मूल तत्वों तक किस प्रकार पहुंचे यह जानने के लिए पाठकगण स्वयं नीधम की वृहद कृति पढ़ सकते हैं। वैदिक ऋत का स्रोत और मूल निहितार्थ संभवतः वही था फिर भी इसके विकास का इतिहास वैसा नही था। 'ऋग्वेद' के बाद के अंशों में ऋषियों ने ऋत के विलुप्त होने पर विलाप करना आरंभ कर दिया था और दार्शनिक चिंतन के वेदोत्तर युग में ऋत का उल्लेख तो आकस्मिक तौर पर भी नहीं हुआ (मुख्य उपनिषदों में यह शब्द केवल 7 बार आया है। तैत्तिरीय i, 1, 1, i 9. 1, i. 12. 1, ii.4. 1. iii; 10. 6. कठ iii, 1, v. 2) प्रत्यक्ष है कि उपनिषदों के चिंतको को अपने विश्वदृष्टिकोण के सामान्य भाववादी ढांचे में 'प्रकृति की सुव्यवस्था' की प्राचीन प्रतिष्ठा को स्थान देने की कोई गुंजाइश दिखाई नही दी जबकि उन्हीं के पूर्वजों ने इस सुव्यवस्था का आत्मविभोर होकर गुणगान किया था। प्रकृति की सत्यता और उसके अंदर विद्यमान सुव्यवस्था की परिकल्पना धीरे धीरे महत्वविहीन हो गई। हम तर्क देने जा रहे हैं कि यह स्थिति औपनिषदिक चिंतकों वाले वेदोत्तर समाज में शारीरिक श्रम के प्रति हीन भावना के कारण उत्पन्न हुई। प्राचीन चीन के ताओवादियों की ताओ की परिकल्पना के साथ ऐसा नहीं हुआ क्योंकि जैसाकि नीधम ने युक्तिसंगत ढंग से बताया है, ताओवादी वर्गीकृत सामंती समाज (54.ii.100 और आगे) के प्रति विद्रोह कर चुके थे और उन्होंने श्रमिक वर्ग, श्रम और शिल्प के साथ अपना घनिष्ठ संबंध बनाए रखा। (वही ii.121 और आगे) उनका मानसिक श्रम भौतिक श्रम से पृथक नहीं था और इसीलिए उनका विश्व-

दृष्टिकोण भी संसार से मुक्त नहीं था (80,19-20. हमने पृ. 229. पर जो उदाहरण दिया है उसे देखें)। उल्लेखनीय है कि 'ऋग्वेद' में जिन अंशों में 'ऋत' का गुणगान हुआ है, उनका प्रत्यक्ष या परोक्ष प्रभाव आजीविका के साधन प्राप्त करने की प्रक्रिया पर पड़ा।

हे अग्नि, तुम्हारी दीप्ति हम तक पहुंचती है और तुमने ऋत की गायें भी हमें पहुंचाई (ऋतस्य धेनाः अन्यंता सा-श्रुताः। सायण ने सा-श्रुता को समानम् गच्छंत्याः बताया)'। (i.141.1) हे मित्र और वरुण, आप यजमानों के लिए ऋत लाते हैं और यज्ञ को बाहुल्यता प्रदान करते हैं। (i.151.3) हे इंद्र, अतीत की भांति, तुम अन्न और ऋत के अभिरक्षक बने हुए हो; तुम गायों की खोज करने के कार्यों में हमारी सहायता करते हो और हमारे मित्र हो। (i.132.3) हे मित्र और वरुण, हे असुरों, (ऋताधिपतियों), आप उच्च स्वर में ऋत का घोष करते हो क्योंकि आप दोनों देवलोक के महान विज्ञ हो। गायों और जल के साथ हमारा संपर्क करो'। (i.151.4) आप दोनों (मित्र और वरुण), ऋताधिपति, यज्ञ में गायें प्रदान करने वाले अग्रणी हो......। (i.151.8) वह जो ऋत के निष्ठावान अनुयायियों को दान देता है और जिसे आदित्य गण और बढ़ाते हैं, वह एक रथ में आरूढ़ होकर संपत्ति लेकर सबसे आगे जाकर सभाओं में उसका वितरण करता है,। (ii.127.12) अतीत में विस्तृत जलराशि और अन्न के साथ अबाध रूप से महान अग्नि की अभिवृद्धि हुई; वह दानशील स्वभाव का होने और जल का मित्र होने के कारण ऋत के स्रोत (ऋतस्य यौनौ) में जाकर लेट गया' (iii.1.11.) निघंटु (i.12) में सुझाव है कि 'ऋतस्य योनि' शब्द जल का पर्यायवाची है। ऋत का अभिरक्षक और स्वामी अग्नि, मनुष्यों के नायक भाग जैसा है। (iii.20.4) हे विश्व देवों, वह जो ऋत को धारण करता है उस वरिष्ठतम व्यक्ति को आप बहुत बड़ी संख्या में गायें उपलब्ध कराते हैं। (iii.56.2.) उषस दिव व पृथ्वी (स्वर्ग और धरती) की भांति ऋत और संपत्ति का अभिरक्षक' है। (iii.61.6) हे दिव व पृथ्वी, आपका ऋत विद्यमान रहे जिससे हमें अन्न के साथ साथ संपत्ति प्राप्त हो'। (iii.54.3) जिस प्रकार हमारे पूर्वजों (अंगीरसों) ने अतीत में ऋत का प्रसार किया तो उन्हें हृष्ट पुष्ट गायों का पता चला'। (iv.2.16) प्राचीन काल से ही ऋत के पास अनेक जल और विपुल प्रज्ञा है जो अवांछनीय तत्वों को अस्वीकार कर देती है; ऋत के श्लोकों ने बधिर व्यक्तियों के कान खोल दिए'। (iv.23.8.) ऋत की निधि अक्षय है, ऋत के विविध रूप मनोहारी हैं, उसके उपासक अन्न बहुलता के इच्छुक हैं ऋत की कृपा से गायें प्राप्त होती हैं और वे (गायें) ऋत में प्रवेश करती हैं'। (iv.23.9) ऋत को प्रसन्न करके उसके उपासक शक्ति और जल प्राप्त करते हैं; यह पृथ्वी केवल ऋत के कारण ही श्रेष्ठ गायें देती है और यह केवल ऋत के कारण ही अपरिमित है'। (iv.23.10) प्राचीन काल में उषस् ऋत से जन्मी सत्य थीं, और वह अनुरोध करते ही संपति प्रदान कर देती थीं और उक्थ के साथ उनकी स्तुति करने से संपति प्राप्त होती थी'। (iv.51.7) ऋत के निवास को जानने वाली देवी उषस् गायें बनाती थीं'। (iv.51.8) अश्विनों की मित्र उषस् गायों की जननी और ऋत की अभिरक्षक थीं'। (iv.51.2) हे अग्नि, अतीत में हमारे पूर्वज ऋत की प्राप्ति और अपनी रक्षा के लिए तुम्हारी स्तुति करते थे। हे अग्नि, हे अंगीरस, तुम नश्वर प्राणियों को आनंद और अन्न देते हो (और आवासगृह के स्वामी हो)। (v.8.1) हे मित्र और वरुण, ऋत की इच्छा रखने वाला कौन है जो आपको प्राप्त कर सकता है? ऋत के आवास गृह में हमारी रक्षा करो; जो यज्ञ के इच्छुक हैं उन्हें पशुधन और अन्न दो'। (v.41.1) (वरुण और अन्य) ऋत के अभिरक्षक, ऋत के जन्मे, ऋत के वर्धक और अनृत (ऋत का विलोम) के भयंकर शत्रु हैं; हम और अन्य योद्धा आपके आवासगृह में सुख संपदा के साथ रहें'। (vii.66.13) ऐसे हीं

कई अन्य श्लोक हैं [ऋ. वे. (पूना संसकरण) की शब्द सूची देखकर इस तरह के अनेक संदर्भ पाए जा सकते हैं]।

स्पष्ट है कि हम इन श्लोकों को दार्शनिक चिंतन नहीं कह सकते। यह तो आदिम कविता के रूप में प्राचीन ऋषियों द्वारा सहज भाव से अनुभूत ऋत के वैभव की अभिव्यक्ति थी। किंतु एक बात पूर्णतया स्पष्ट होनी चाहिए। ऋत की जिस परिकल्पना को विविध रूपों में व्यक्त किया गया वह उदासीन चिंतन का परिणाम नहीं थी। इसके विपरीत अस्तित्व की समस्या के साथ इसका गहरा संबंध था। ऋत द्वारा ऋषियों को गायें, जल, अन्न और वस्तुत: भौतिक संपत्ति समझी जाने वाली प्रत्येक वस्तु प्राप्त होने का आश्वासन था। इस प्रकार मूलत: ऋत का घनिष्ठ संबंध दैनिक व्यावहारिक बातों से था और तब तक इसका कोई आध्यात्मिक सहत्व विकसित नहीं हुआ था। प्रकृति के नियस के रूप में ऋत को प्राचीन ऋषियों और उनके संबंधियों ने एक ऐसी शक्ति माना जो उनके लिए आजीविका के साधन सुनिश्चित कर सकती थी। और इस बात में कोई संदेह नहीं हो सकता कि प्रारंभिक वैदिक ऋषियों के विश्व दृष्टिकोण के बारे में संकेत हमें ऋत की ऐसी ही परिकल्पना में मिलता है न कि हंसवती ऋचा और (ऋ. वे. vi. 40.5, 'ऋक' के शाब्दिक अर्थ में तो कम से कम ऐसी कोई बात नहीं है जो सायण जैसे परवर्ती भाष्यकारों द्वारा इसमें देखे जाने वाले उच्च भाववादी दर्शन को न्यायसंगत ठहराता हो) पुरुष सूक्त (x. 90. यह 'ऋग्वेद' में जोड़ा गया सबसे बाद का अंश है और प्रारंभिक उपनिषदों का समकालीन भी हो सकता है) और भश्माडीय सूक्त (x.129. बहुत परवर्ती होने के अलावा इसका सही अर्थ भी बहुत अस्पष्ट है देखे, (11.436) जैसे कुछेक लेखांशों से।

अब हम उस प्रश्न का उत्तर और विस्तार से दे सकते हैं जो इस पुस्तक में पहले उठाया गया था। शक्तिशाली देवताओं वाले प्रारंभिक वैदिक साहित्य की प्रज्ञा को क्या हम इतना विकसित मान लें कि वह आध्यात्मिक या धार्मिक विशिष्टता के चरण तक पहुंच चुकी थी?

धर्म की विशिष्टता दो मान्यताओं पर आधारित होती है। (58.51) पहली यह कि प्रकृति का घटनाक्रम ईश्वर या देवेच्छा द्वारा नियंत्रित है। दूसरी यह कि ईश्वर या देवेच्छा को उपासना और यज्ञों द्वारा अपने अनुकूल बनाया जा सकता है और हम प्रकृति के नियंत्रक इन महान देवताओं को घटनाक्रम को अपने हितानुकूल मोड़ देने के लिए राजी कर सकते हैं, वह घटनाक्रम जो अन्यथा किसी और रूप में घटित होता। इस प्रकार वैदिक ऋषियों की चेतना धर्म के स्तर तक विकसित हो चुकी थी या नहीं, इस प्रश्न का उत्तर तभी दिया जा सकता है जब यह पता लगाया जाए कि इन ऋषियों की साहित्यिक कृतियों में धर्म की प्रभेदक ये दो मान्यताएं स्पष्ट रूप से प्रतिभासित होती हैं या नहीं।

ऋत की कल्पना वास्तव में इस बात की पूर्व चेतावनी है कि जिस अर्थ में हम धार्मिक चेतना को समझते हैं वैसी ही चेतना प्रारंभिक वैदिक ऋषियों में विद्यमान होने की कल्पना न कर ली जाए। क्योंकि यदि ऋत को सही ढंग से समझा जाए तो यह धर्म की इन दो विशिष्ट मान्यताओं के प्रतिकूल है। जैसाकि वैदिक ऋषियों का विचार था, यह ईश्वर या देवेच्छा नहीं थी बल्कि ऋत का सिद्धांत था जो ब्रह्मांड की व्यवस्था का द्योतक था। ऋत और देवताओं के बीच संबंध के विश्लेषण से यह बात स्पष्ट हो जाती है।

ऋषियों ने अपने देवताओं के लिए जिन अतिशयोक्तिपूर्ण संज्ञाओं का प्रयोग किया उनको ऊपरी तौर पर देखने से हम भ्रम में पड़कर यह कल्पना कर सकते हैं कि देवताओं को प्रकृति के घटनाक्रम का निर्धारक समझा गया। किंतु बात यह है कि देवता के रूप में वे वास्तव में प्रकृति का संचालन नहीं कर रहे थे, इसके विपरीत वे केवल ऋत के परिपालक या प्रेक्षक के

रूप में ही ऐसा कर सकते थे। यहां तक कि ऋत के कारण ही देवताओं का अस्तित्व माना गया, क्योंकि अनेक स्थानों पर बहुधा यही कहा गया कि ये देवता स्वयं ऋत से ही उपजे थे। इन सब बातों को इस तथ्य के साथ साथ समझना होगा कि वैदिक ऋषियों ने मनुष्यों के बारे में भी ऐसी ही धारणा बनाई थी। जैसाकि हम देख चुके हैं, अंगीरस, देवताओं की सुखकारी संगति में बैठते थे और वह भी ऋत के प्रेक्षक के रूप में। वैदिक देवताओं में मित्र और वरुण विशेषकर वरुण का उल्लेख ऐसे देवताओं के रूप में बहुत बार आया है जो प्रकृति का पथ निर्धारण करते थे :

> वरुण की शक्ति इतनी महान है कि आकाश में उड़ने वाले पक्षी, और प्रवाहमान नदियां उसके क्षेत्र, उसकी शक्ति तथा उसके कोप की सीमा तक नहीं पहुंच सकते (i-24-6)...वह प्राणिमात्र के गृहों में व्याप्त है। (viii-41-और 7) वरुण सर्वज्ञ है। उसे आकाश में पक्षियों, समुद्र में जहाजों व स्वच्छंद रूप से दूर दूर तक बहने वाली वायु के मार्ग का ज्ञान है और वह उन सभी रहस्यों का ज्ञाता है जो हो चुके हैं या होने वाले हैं (i-25-7;9 और 11)...कोई प्राणी उसकी अनुमति के बिना पलक नहीं झपका सकता। (ii-28-6) वरुण यह निर्धारित करता है कि किसी व्यक्ति की पलकें कितनी बार झपेंगी और मनुष्य जो भी करता सोचता या कल्पना करता है, वरुण उसे जानता है। (अथर्ववेद iv-16-2; 5) और (94.26)

ये सभी बातें सत्य हैं फिर भी प्रश्न उठता है कि वरुण के पास इतनी अपार शक्ति कहां से आई? वैदिक ऋषियों ने स्पष्ट शब्दों में इसका उत्तर दिया है। वे यह कहने में कभी नहीं अघाए कि सभी वैदिक देवताओं में से वरुण (और बहुधा मित्र के साथ) का ऋत के साथ घनिष्ठतम संबंध था। वरुण मित्र ऋत के संरक्षक थे (ऋतस्य गोप) और इसी नाते वे नदियों के संचालक और अन्न तथा वर्षा के दाता थे। (vii.64.2) वे ऋत को उद्घाटित करने वाले और उसकी अभिवृद्धि (या परिपालन) करने वाले थे किंतु विशेष बात यह है कि वे ऋत की सहायता से ही ऐसा कर सकते थे। (i.23.5) हे मित्र और वरुण, आप ऋत का स्पर्श करते हैं और ऋत की सहायता से ऋत की अभिवृद्धि करते हैं और यज्ञ की अभिवृद्धि के लिए अपना विस्तार करते हैं। (i.2.8) मित्र और वरुण को ऋत के निवास पर ऋत द्वारा आच्छादित देखा गया'। (v.62.1) अग्नि के संदर्भ में मुख्य रूप से प्रयुक्त संज्ञा ऋत का पालन करने वाला (ऋतवान), का प्रयोग अनेक बार वरुण और मित्र के लिए भी किया गया है'। (94.26)

अब यदि मित्र और वरुण के साथ ऋत का इस प्रकार का संबंध था तो फिर हमारे पास यह धारणा बनाने का क्या आधार है कि ऋत देवतानों पर निर्भर था या वह देवेच्छा की अभिव्यक्ति था? इसका कोई आधार नहीं है और स्वयं कीथ को भी यह स्वीकार करना पड़ा यद्यपि उनकी स्वीकारोक्ति भी आंशिक है :

> वरुण के ऋत से अनुसार ही सरिताएं अपने पथ पर अग्रसर होती हैं; पृथ्वी और आकाश मित्र के ऋत का वर्धन करते हैं और दोनों देवता ऋताधिपति प्रतीत होते हैं। किंतु दूसरी और उनका स्तर कुछ कम हो जाता है क्योंकि वे ऋत के सारथी, ऋत के संरक्षक के रूप में भी बताए जाते हैं। (11.84)

ऋत की सहायता से ऋत की मर्यादा बनाए रखने से संबद्ध उपाधि का प्रयोग यद्यिप मुख्यतया मित्र और वरुण के लिए किया गया था, किंतु यही उपाधि सामान्य रूप में आदित्यों और देवताओं के लिए भी प्रयोग में लाई गई। (94.26) आदित्यों और अग्नि तथा सोम को ऋत के परिपालक समझा जाता था (वही)। बहुधा देवताओं को ऋत से जन्मा बनाया गया : राजा और देवता सोम, ऋत से जन्मा था और उसने ऋत की सहायता से ऋत की कई गुना

वृद्धि की (ऋतेन यः ऋतजातः विवृद्धे राजा देवः ऋतम् बृहत्)। (ix.108.8) इसलिए कोई आश्चर्य की बात नहीं है कि सोम को ऋत के सदृश माना गया। (ix.62.30) ऋत से अग्नि का जन्म हुआ और इसीलिए वह देदीप्यमान था (कवि के लिए)। (i.36.19) ऋत से अग्नि के जन्म की घटना के साथ ही अतिपुरातन अतीत का भी एक रोचक उल्लेख है। ऋग्वेद की एक अत्यंत प्राचीन ऋचा में उसे 'ऋत जातः पूर्वीह' (iii.20.2) कहकर संबोधित किया गया। अश्विन भी ऋत से ही जन्मे थे। (iii.58.8) ऋत से उत्पन्न होने के कारण मरुतों का गण अनिंद्य था। (v.61.14) स्वयं देवतागणों का आचरण भी ऋतानुसार होता था। सोम, ऋत के साथ दीप्तमान होकर, ऋत के अनुरूप बोलता हुआ शुद्ध हो गया और इंद्र की ओर प्रभाविल हुआ। (ix.113.4) विश्वदेव (सभी देवता) ऋत का परिपालन करते थे (ऋत-धितायाः)। (v.51.2) ऋत के कारण ही अग्नि को अमरत्व प्राप्त हुआ। (i.68.4) और उदाहरणों की आवश्यकता नहीं है। प्रत्यक्ष है कि वैदिक ऋषियों के लिए ऋत का सिद्धांत वैदिक देवताओं की काल्पनिक इच्छा से कहीं अधिक मूलभूत था।

कहीं हम ऋत को देवेच्छा न समझ लें, इसलिए यह याद रखना अच्छा होगा कि ऋत का संबंध केवल देवताओं से ही नहीं था। यहां तक कि गायों ने ऋत को रंभाते हुए ऋत की तकनीक ग्रहण कर ली। (x.61.10) सरमा नामक कुत्ते ने ऋत की (v.45.7) सहायता से गायों को फिर ढूंढ निकाला जिस प्रकार विश्वदेवों ने ऋत का संवर्धन करके गायें प्राप्त कीं। (iii.56.27) किंतु जैसाकि हम पहले ही इंगित कर चुके हैं, अंततः वैदिक ऋषियों को ऋत की कमी महसूस हुई। हम तर्क देंगे कि ऋत के ह्रास के कारणों का संकेत हमें स्वयं ऋत के स्रोतों या इसके मूल में मिलेगा और ऋत की परिकल्पना के मूल का संकेत इसमें निहित अन्य पक्ष में मिलेगा। ऋत न केवल प्रकृति या भौतिक जगत की व्यवस्था का अनुक्रम था बल्कि मानव संबंधों की व्यवस्था का क्रम भी था।

यहां हमें ऋत के इस नैतिक पक्ष के विस्तार में जाने की आवश्यकता नहीं है। वैदिक साहित्य पर लिखने वाले लगभग सभी आधुनिक लेखक यह कार्य कर चुके हैं। (उदाहरणार्थ 11.83; 105.i, और आगे 94.26 आदि) किंतु इन विद्वानों के साथ हमारा मतभेद, ऋत में निहित उस सापेक्ष प्राथमिकता को लेकर है जो ब्रह्मांड और नैतिक व्यवस्था क्रम को दी गई है। कैंब्रिज हिस्टरी आफ इंडिया (i.103) में ऋत संबंधी लेख लिखने वाले विद्वान के अनुसार ऋत का अर्थ पहले ब्रह्मांडीय और उसके बाद नैतिक व्यवस्था था। इस विद्वान ने एक अन्य स्थान पर कहा : 'भौतिक स्तर पर ऋत की परिकल्पना हो जाने के पश्चात इसको नैतिक स्तर पर लागू करना बहुत सरल है···और फिर यज्ञ के स्तर पर भी यह ऋत सरलतापूर्वक लागू हुआ'। (11.83) राधाकृष्णन ने कहा : 'मूल रूप से ऋत का अर्थ था इस संसार का सुनिश्चित पथ···धीरे धीरे यह नैतिक पथ बन गया जिस पर मनुष्य को चलना था और सदाचार का नियम बन गया जिसका पालन स्वयं देवता भी करते थे' (105.i. 79) आदि आदि। वास्तव में भौतिक नियम से नैतिक नियम तक ऋत के विकास के इस दृष्टिकोण को वेदों के आधुनिक अध्येताओं ने लगभग सामान्य रूप से स्वीकार कर लिया है।

यद्यपि यह धारणा लोकप्रिय है फिर भी अब तक किसी भी दिद्वान ने इसके समर्थन में 'ऋग्वेद' से कोई आंतरिक प्रमाण प्रस्तुत नहीं किया है। संभवतः ग्रंथ इस प्रकार का है कि उसमें से इस विषय पर कोई निर्णायक प्रमाण निकाल पाना असंभव है। ऐसे किसी प्रमाण के अभाव में विद्वानों को संभवतः सामान्य बातों पर निर्भर करने के लिए बाध्य होना पड़ा। वैसे तार्किक दृष्टि से देखा जाए तो नैतिक व्यवस्था संबंधी चेतना भौतिक व्यवस्था की चेतना के पश्चात

विकसित हुई होगी।

इस अवधारणा पर विचार करते समय यदि हम सामान्य बातों से शुरु करें तो गलत नहीं होगा। थामसन का कहना है कि 'आरंभ से ही बाह्य विश्व के संबंध में मानव की चेतना का निर्धारण व्यक्ति और उसके प्राकृतिक पर्यावरण के बीच संबंधों से नहीं बल्कि अपने संगी-साथियों के साथ उत्पादन के विकास की प्रक्रिया के दौरान स्थापित संबंधों से हुआ···केवल इसी तरह यह बात स्पष्ट हो सकती है कि बाह्य विश्व संस्कृति के अलग अलग स्तरों वाले लोगों को इतना भिन्न क्यों प्रतीत होता है···इस प्रकार की बातें तभी बोधगम्य हो सकती हैं जब हम यह समझ जाते हैं कि अपने आसपास के संसार के बारे में मानव की चेतना एक सामाजिक प्रतिबिंब है, समाज का उत्पाद है।' (48. ii. 45-6)

अपनी विधि के अनुरूप इसके आधार पर आगे बढ़ते हुए हम प्रश्न उठा सकते हैं। वास्तविक जनजातीय समाजों में आज भी विद्यमान पिछड़े लोगों की नैतिक चेतना के संबंध में सामान्य रूप से जो कुछ ज्ञात है उससे यही आभास मिलता है कि प्रारंभिक वैदिक ऋषियों की नैतिक चेतना भी मूलतः वैसी ही रही होगी।

यहां एंगेल्स की पुस्तक के कुछ अंश उद्धृत किए जाते हैं :

> असभ्य जनों की व्यवस्था के वैभव और साथ ही सीमित दायरे में शासक और शासित के लिए कोई स्थान नहीं था। उनके अंतर में तब तक अधिकारों और कर्तव्यों के बीच कोई विभेद उत्पन्न नहीं हुआ था; इरोकी रेड इंडियन लोगों के मन में कभी यह प्रश्न नहीं उठा कि जनसाधारण से संबद्ध मामलों में भाग लेना, खून का बदला खून से लेना या किसी प्रकार की हानि पहुंचाए जाने की स्थिति में प्रतिशोध लेना कर्तव्य था या अधिकार; उसे यह प्रश्न उतना ही हास्यास्पद प्रतीत होता जितना यह प्रश्न कि खाना, सोना या शिकार करना उसका अधिकार है या कर्तव्य। (4. 258)
>
> जनजाति कबीला और उनकी सामाजिक प्रथाएं उनके लिए पवित्र तथा अनुल्लंघनीय थीं, एक सर्वोच्च सत्ता थी जिसे स्वयं प्रकृति ने स्थापित किया था और जिसके प्रति मन, क्रम वचन से प्रत्येक व्यक्ति निष्ठावान था। इस युग के लोग भले ही हमें बड़े भव्य प्रतीत होते हों, किंतु वे एक दूसरे से किसी प्रकार भिन्न नहीं हैं। जैसाकि मार्क्स ने कहा 'वे अब भी आदिम समाज की गर्भनाल के साथ जुड़े हुए हैं। इन आदि समाजों की सत्ता को भंग करना था और इसे भंग किया गया। किंतु यह कार्य कुछ ऐसे प्रभावों के माध्यम से किया गया जो बाह्य रूप से हमें पतन प्रक्रिया प्रतीत होते हैं, प्राचीन असभ्य समाज के सीधे सरल नैतिक वैभव का पतन। निम्नकोटि के स्वार्थ जैसे घोर लालच, बर्बर कामुकता, विकृत वैमनस्य, साझी संपत्ति की लूट खसोट आदि ने नए सभ्य समाज, वर्गीकृत समाज को अवतरित किया है।

मानव संबंधों के पहलू से यह वैदिक ऋत मूलतः निश्चित रूप से वही रहा होगा जिसे एंगेल्स ने 'प्राचीन असभ्य समाज का सरल, नैतिक वैभव कहा था। वर्गीकृत समाज के पूर्व की स्थिति में उन्होंने अन्य व्यक्तियों के साथ संबंधों का नियमन करने वाले नियमों को पवित्र और अनुल्लंघनीय माना था और इसे प्रकृति द्वारा स्थापित उच्च सत्ता समझा, जिसके प्रति मन क्रम वचन से व्यक्ति की निष्ठा पूर्णतया बनी रही। यदि ऐसा था तो बाह्य जगत के प्रति उनकी चेतना एक सामाजिक प्रतिबिंब होने के कारण समाज की स्थिति को ही परिलक्षित कर सकती थी। इसी से प्रारंभिक वैदिक ऋषियों ने ऋत की परिकल्पना की जो भौतिक और नैतिक नियम का आदि सम्मिश्रण था और इतना पवित्र तथा अनुल्लंघनीय था कि बड़े से बड़े देवता भी उसी से उपजे थे।

इस व्याख्या को हठधर्मितापूर्ण कहकर यह आपत्ति उठाई जा सकती है कि सीधी वैदिक सामग्री पर आधारित व्याख्या होने के बजाए यह कुछ पूर्वनिर्धारित आग्रहों के अनुकूल बनाने के लिए की गई है। दूसरी अवधारणा भी कि ऋत का नैतिक पक्ष अपने मूल भौतिक पक्ष के बाद का विकास है, भी वेदों के आंतरिक प्रमाणों से समर्थित नहीं है। फिर भी किसी एक अवधारणा की हठधर्मिता को किसी अन्य उतनी ही हठधर्मी अवधारणा को स्वीकार करने का आधार नहीं माना जा सकता। किंतु सौभाग्य की बात है कि हमें स्वयं वैदिक साहित्य में ही अपनी अवधारणा की पुष्टि के लिए एक प्रकार से नकारात्मक प्रमाण मिलता है। यदि ऋत का मूल आरंभ वैसा ही हुआ जैसा हम कहने जा रहे हैं तो प्राचीन सामूहिक जीवन का विघटन होने के साथ ही न केवल ऋषि-मुनियों को ऋत की कमी का अनुभव हुआ होगा बल्कि उन्हें यह भी महसूस हुआ होगा कि लोभ और वैमस्य जैसी नई शक्तियो का जो वर्गीकृत समाज में मानव संबंधों पर हावी हुइ; प्राबल्य हो गया। इस संबंध में वैदिक सामग्री में स्पष्ट संकेत परिलक्षित होते हैं।

यह सर्वविदित है कि वैदिक ऋषियों की चेतना से धीरे धीरे ऋत की कल्पना क्षीण होती चली गई और इसके साथ ही वरुण की प्राचीन प्रतिष्ठा का भी ह्रास हुआ। इसका कारण स्पष्ट है। सभी वैदिक देवताओं में से वरुण ही एक ऐसा देवता था जिसके संबंध ऋत के साथ घनिष्टतम थे। 'ऐसा प्रतीत होता है कि आरंभ से ही ऋत की परिकल्पना के साथ वरुण का संबंध बना रहा···और उसकी प्रतिष्ठा के ह्रास के साथ ही भारतीय चिंतन में इन कल्पनाओं (ब्रह्मांडीय और नैतिक व्यवस्था) का भी ह्रास हो गया'। (सी. एच. आई. i.103) ऋत का इस प्रकार विलुप्त हो जाना विचित्र तो लगता ही है किंतु हमारे आधुनिक विद्वानों को इस बात को समझने में आमतौर पर हिचकिचाहट दिखाना भी कोई कम विचित्र बात नहीं है। इसका एकमात्र अपवाद संभवतः कीथ हैं जिन्होंने ऋत के विलोप होने की घटना को समझने का प्रयत्न किया। हम उनके तर्क के अध्ययन से आरंभ कर सकते हैं।

कीथ के अनुसार, वेदों के वरुण और अवेस्ता के अहूर तथा ऋत और कस के बीच गहरी समानता इस बात को इंगित करती है कि इनका मूल इरानी सभ्यता में था। किंतु भारत में आने पर इन कल्पनाओं को समुचित संबल नहीं मिला और वे क्षीण होती चली गई :

> अहूर मजदा को वरुण से अलग नहीं किया जा सकता। वरुण को असुर की संज्ञा दी गई है और यही संज्ञा अन्य वैदिक देवताओं के लिए भी थी किंतु बाद की संहिताओं में उन लोनों को असुर बना दिया गया जो देवताओं के शत्रु थे। अहूर की भांति वरुण को ऋत का स्वामी बताया गया है और यह अवेस्ता में उसके समकक्ष है : 'जिस प्रकार अहूर का मिथरा के साथ घनिष्ठ संबंध है उसी प्रकार जैसे वरुण का मित्र के साथ है इन संयोगों के अलावा दोनों देवताओं के नैतिक वैभव को देखें तो यही धारणा बनती है कि इन दोनों का मूल स्रोत एक ही है' : भारत में वरुण का इतिहास बताता है कि पहले वह नैतिक स्तर पर ऊपर उठा किंतु बाद में धीरे धीरे विलुप्त हो गया। यह भी संभव है कि इस स्थिति का स्पष्टीकरण किसी अन्य तरीके से किया जाए न कि इस रूप में कि उसे देवता के रूप में भारत में लाया गया जबकि कुछ अन्य प्रतिकूल परिस्थितियों में उसका नैतिक गुण विलुप्त हो गया। इस अवधारणा के आधार पर पारसी धर्म की सफलता और अहूर को एकमात्र महान देवता के रूप में चुनने की बात को समझना आसान है। यह कोई नवसृजन नहीं था बल्कि ईरान के लोगों में पहले से विद्यमान विचार का शुद्धिकरण मात्र था। और ऋत का विचार ऐसा है कि जिसका वरुण के नैतिक उत्कर्ष की भांति भारत के इतिहास में कोई भविष्य नहीं है। ऐसी परिस्थिति में यह प्रबल संकेत मिलता है कि वह भारत में

सृजित नहीं था बल्कि विरासत में प्राप्त विचार था जो नई परिस्थितियों में अधिक समय तक जीवित न रह सका। (वही. 35)

अब वरुण और ऋत दोनों का मूल भारतीय-ईरानी मानते हुए हमें एक बात को अब भी स्पष्ट करना होगा। 'नई परिस्थितियों' में निश्चित रूप से ऐसी कौन सी बात थी जिसके कारण वरुण का नैतिक वैभव और ऋत की परिकल्पना जीवित न रह सकी? इन नैतिक मूल्यों के प्रति भारत में वातावरण इतना विरोधी क्यों था? जनचेतना में इतने महत्वपूर्ण परिवर्तनों को देश के मौसम तथा अन्य भौगोलिक विशिष्टताओं के आधार पर स्पष्ट करने का प्रयत्न एक फूहड़ किस्म का भौतिकवाद होगा। लेकिन आश्चर्य की बात है कि भौतिकवाद से घृणा होते हुए भी कीथ को इस तरह का स्पष्टीकरण गढ़ने में कोई हिचकिचाहट नहीं हुई:

हो सकता है कि ईरान में जीवन की कठिन परिस्थितियों के कारण जहां अनथक मेहनत करके ही खेती हो सकती है और किसान को हर बंजारे लोगों का डर बना रहता हो, वहां जरस्तुत्रीय मत पनपा हो···उधर भारत में जलवायु, जीवन और विभिन्न जातीय सम्मिश्रण की परिस्थितियां अलग होने के कारण विचारों के कर्म के स्थान पर चिंतन का रूप ले लिया और जीवन को अच्छाई और बुराई के बीच संघर्ष समझने की बजाए उसके अंदर समरूपता और एकता दिखाने की प्रवृत्ति उपजी। इस वैम्सय के कारण जरस्तुत्र को इस संसार को एक ऐसी समिष्ट के रूप में देखना कठिन हो गया जो एक आत्मा द्वारा अनुप्राणित थी। भारत में यह बात संभव थी। और एक पूर्ण तत्व को मान्यता मिल गई जिसके अंदर अच्छा या बुरा भौतिक या आध्यात्मिक सब कुछ था। इससे अनिवार्यत: वरुण की सत्ता का ह्रास हुआ। योद्धाओं और सामान्य जन के देवता के रूप में इंद्र शक्तिशाली और लोकप्रिय बना रहा। इसी प्रकार ब्रह्म के समक्ष ऋत की कल्पना विलुप्त हो गई। (वही. 469)

इस प्रकार के कथनों से हमारा विशेष ज्ञानवर्द्धन नहीं होता। जलवायु और जीवन तथा जातीय सम्मिश्रण की भिन्न परिस्थियियों' के संबंध में कुछेक अस्पष्ट उल्लेखों से उन दूर गामी सैद्धांतिक परिवर्तनों को स्पष्ट नहीं किया जा सकता जिनकी चर्चा हो रही है। मान लिया जाए कि भारत में विद्यमान परिस्थितियां कुछ कम कठिन थीं तो भी यह समझ में नहीं आता कि इंद्र को वरुण से अधिक मान्यता कैसे मिल गई और ऋत का स्थान ब्रह्म ने कैसे ले लिया। इसलिए इन अनुमानों को अस्पष्ट और अलाभकारी मान कर छोड़ देते हैं और हम एक महत्वपूर्ण प्रश्न उठाते हैं: 'वे कौन सी नई विशेष बातें थीं जो वैदिकजनों के सामाजिक जीवन में अंततः उभरी और क्या उनसे वरुण के पतन और ऋत की भावना के विलुप्त होने पर कोई प्रकाश डाला जा सकता है?' विदथ के ह्रास के प्रश्न पर विचार करते समय हम पहले ही देख चुके है कि किस प्रकार पशुपालक अर्थव्यवस्था के विकास से अंततः वैदिक जनों के आदिम वर्ग पूर्व समाज की व्यवस्था का ह्रास हुआ। ऋत के विलुप्त होने और वर्गपूर्व समाज के आदिम जीवन के सरल नैतिक वैभव का ह्रास होने की परिस्थितियां तथा कारणों के बारे में हमें इन्हीं बातों से संकेत मिल सकता है। निश्चित है कि ऋत और विदथ के पतन की घटना एक दूसरे से असंबद्ध तो नहीं रही होगी। ऋ. वे. के अनेक अंशों में ऋत तथा विदथ का संबंध बहुत घनिष्ट था, (देखें, i. 151. 1. i. 159. 1; ii. 37. 12. आदि 'ऋत' और 'यज्ञ' के बीच ऐसे ही संबंध के लिए देखें i 151. 3; i. 151.8; iv.56.7.) वास्तव में आधुनिक विद्वानों ने बहुधा यह तर्क दिया है कि 'ऋत' का अर्थ यज्ञ भी था: (11. 83.) इसे एतरेय ब्राह्मण की उस विषय वस्तु के संदर्भ में समझा ज़ा सकता जहां 'यत्र' देवताओं को छोड़ रहा है।

पशुपालक अर्थव्यवस्था के विकास के परिणामस्वरूप डाकुओं के युद्ध बढ़ जाने के संबंध

में हम एंगेलस का उदाहरण दे चुके हैं। इन परिस्थितियों में एक युद्ध देवता की सर्वोच्च सत्ता की परिस्थितियां उत्पन्न होती हैं। इसी दृष्टिकोण से हम राथ और विटनी के विचार को समझ सकते हैं कि नैतिकता के संचालक वरुण का प्राचीन गौरव अंततः इंद्र ने हथिया लिया जो युद्ध और लूट खसोट का बेजोड़ देवता था। (94-95) इस विचार के समर्थन में ऋग्वेद का एक आंतरिक प्रमारण प्रस्तुत है :

> हे इंद्र, अमैत्री पूर्ण और बाधाएं पहुंचाने वाले मनुष्यों का दल निकट आ रहा है ; आज के शुभ दिन तुम उनकी संपत्ति छीन कर हमें दे दो। मायावान वरुण जिस अनृत (ऋत का विलोम) को हम में देखता है आप उसे विखंडित कर दें। (vii.28. 4 तुल. iv. 42. 1-10)

यह ऋचा 'ऋग्वेद' के एक पुराने अंश की है। स्पष्ट है कि पहले के युग के ऋषिगण अभी भूले नहीं थे कि वरुण के मानदंड के अनुसार, डाकू का अर्थ था ऋत का विलोम। इसीलिए लूट खसोट करने की इच्छा व्यक्त करते समय वे इंद्र से इस बात की भी याचना कर रहे थे कि वह नैतिकता के देवता के कोप से उनकी रक्षा करे। डाकू युद्ध के और बढ़ जाने पर वैदिक ऋषियों को यह इच्छा करनी पड़ी कि वरुण का स्थान इंद्र ले ले : 'हे दृश्यमान (इंद्र), मित्र और वरुण की भांति तुम माया के साथ संयुक्त होकर हमारे अन्य भाग के दाता बनो'। (x 147. 5.) यह ऋचा 'ऋग्वेद' के अंतिम अंशों में आती है। यद्यपि विभाजन के पुरातन नियम की स्मृवि शेष थी, फिर भी इसमें किसी वैकल्पिक देवता की कामना स्पष्ट भासित होती है। प्रत्यक्ष है कि वैदिक जनों के जीवन की बदली हुई परिस्थितियों को देखते हुए यह मांग एक अनिवार्य आवश्यकता बन गई।

इससे भी अधिक रोचक है स्वयं वरुण का रूपांतरण। बाद के वैदिक साहित्य में नैतिकता या सदाचार का यह प्रतिपालक एक लोभी देवता के रूप में सामने आता है जो अपनी कमी न पूरी होने वाली मांगों के कारण अत्यंत भोंडा प्रतीत होता है। एंगेलस का कथन है कि 'प्राचीन सर्वहितैषी समाज को, परस्परविरोधी कबीलों में रूपांतरित करने वाला' प्रमुख कारण था संपत्ति का लोभ (4. 268) वरुण के रूपांतरण का कारण केवल इसी संदर्भ में देखा जा सकता है। हम ऐतरेय ब्राह्मण (11. 299-309) में वर्णित शुनः शेष की कथा से आरंभ करते हैं। हरिश्चन्द्र एक राजा का पुत्र था : 'उसकी एक सौ पत्नियां थीं किंतु किसी से भी उसे पुत्र न मिला।' पुत्र की आवश्यकता के संबंध में नारद ने उसे परामर्श दिया :

> पुत्रहीन व्यक्ति स्वर्ग में नहीं जा सकता,'
> सभी पशु यह जानते हैं :
> इसलिए पुत्र अपनी माता
> और अपनी बहन पर आरूढ़ होता है।
> यही विस्तृत और कल्याणकारी पथ है।
> जिस पर अनजान पुरुष, दुःखों से मुक्त होकर अग्रसर होते है,
> इसी पथ पर पशु और उनके झुंड चरते हैं,
> इसके लिए वे अपनी माता के साथ भी संभोग करते हैं। (वही. 300-1)

उपरोक्त विस्तृत और कल्याणकारी पथ हमें विचित्र प्रतीत हो सकता है (देखें बीच की रोचक टिप्पणी : वही 301 टि.) जो भी हो, इसने राजा हरिश्चन्द्र को काफी निराशोन्मत्त कर दिया होगा तब वह 'राजा वरुण के पास जाकर (बोला) :' मुझे पुत्र की प्राप्ति हो : उसे मैं तुम्हें भेंट चढ़ा दूंगा।' तथास्तु (वरुण ने उत्तर दिया) और इस प्रकार आगे चलकर हरिश्चन्द्र के यहां

रोहित नाम का पुत्र उत्पन्न हुआ।' (वही 301)

जब रोहित पैदा हुआ तो वरुण ने राजा हरिश्चन्द्र के पास जाकर अपनी मांग रखी : 'तुम्हारे यहां पुत्र हुआ है : तुम मुझे उसकी बलि दो।' इरिश्चन्द्र कुछ समय प्राप्त करने के लिए बहाना बनाने लगा : 'जब बलि दिया जाने वाला प्राणी दस दिन से अधिक आयु का हो जाता है तब वह बलि के लिए उपयुक्त होता है।' 'ऐसा ही सही,' वरुण ने कहा। रोहित को पैदा हुए दस दिन से अधिक हो चुके थे। वरुण ने फिर आकर अपनी मांग रखी। 'रोहित दस दिन से अधिक आयु का हो चुका है; मुझे उसकी बलि दे दो।' हरिश्चन्द्र ने फिर बहाना बनाया : 'जब बलि दिए जाने वाले प्राणी के दांत उग आएं तो।' वरुण फिर अपनी अनवरत मांग पूरी कराने पहुंचा : 'उसके दांत निकल आए हैं, अब मुझे उसको बलि दो।' हरिश्चन्द्र पहले की भांति फिर बहाने बनाने लगा : 'जब बलि वाले प्राणी के दांत गिर जाते हैं तब वह बलि के उपयुक्त होता है ; उसके दांत टूट जाने दो फिर उसे तुम्हारी भेंट कर दूंगा।' 'ऐसा ही सही,' वरुण ने कहा। रोहित के दांत टूट गए। वरुण फिर आया और बोला, 'उसके दांत टूट चुके हैं, अब उसे मुझे दे दो।' जब बलि के प्राणी के दांत दोबारा उगते हैं, तब वह बलि योग्य बनता है। उसके दांत फिर उगने दो तब मैं उसकी बलि दूंगा ;हरिश्चन्द्र ने कहा। अच्छी बात है, वरुण ने उत्तर दिया। रोहित के दांत दोबारा उग आए, और वरुण फिर आ धमका। 'उसके दांत फिर निकल आए है, अब मुझे उसकी बलि चाहिए।' 'जब क्षत्रिय अपने शास्त्र धारण करता है तब वह बलि योग्य होता है' हरिश्चन्द्र ने कहा। 'ठीक है' वरुण ने उत्तर दिया। रोहित ने वयस्क होने पर शस्त्र धारण किए और उधर तुरंत वरुण आ पहुंचा : 'जब उसने शस्त्र धारण कर लिए हैं, अब मुझे उसकी बलि चाहिए।' 'जैसी आपकी इच्छा' कहते हुए हरिश्चन्द्र ने अपने पुत्र को संबोधित किया : 'हे मेरे परम प्रिय, तुम मुझे इसकी कृपा से प्राप्त हुए थे ; आओ मैं इसको तुम्हारी बलि दे दूं।' 'नहीं' रोहित ने कहा और अपना धनुष लेकर बन में चला गया और एक वर्ष तक वही विचरण करता रहा। (वही. 301-2)

इस कथा से हमारे सामने वरुण के एक ऐसे रूप का चित्र उभरता है जो हमारे समाज के लिए सुपरिचित है। यह रूप शेक्सपीयर के 'मर्चेंट आफ बेनिस' में शायलाक का है; 'तीन महीने के लिए तीन हजार डयूकर उधार, और एंटोनियों प्रतिबद्ध।' किंतु यह वरुण का वह रूप है जिससे आरंभिक वैदिक जन पूर्णतया अनभिज्ञ थे। वे उसे मित्रों के सखा, रक्षक और उपकारी के रूप में जानते थे जो उनकी कामनाएं पूर्ण करता था। वे उसे महान नैतिक वैभवशाली और ऋत के परिपालक देवता के रूप में जानते थे। वे ऐसे वरुण से परिचित नहीं थे जो भोंडी मांग रखने वाला निर्दयी दैत्य था और मनहूस मांगे करता था : 'दंड भागों और अपने अनुबंध से मुक्त हो जाओ।'

वरुण के ऐसे रूपांतरण का क्या कारण था ? 'ऐतरेय ब्राह्मण' शुनः शेप की कथा के शेष भाग में हमें इसका स्पस्ट उत्तर मिल जाता है। सामाजिक व्यवस्था बदल चुकी थी और प्राचीन सामूहिक चेतना का स्थान सर्वव्याप्त लोभ की भावना ने ले लिया था। जैसाकि हम देखेंगे, लोभ के कारण ही भूख से पीड़ित पिता को तो गउओं के लिए अपने पुत्र को बेचना पड़ा। इसी लोभ ने तो और गउओं के लिए पिता को अपने पुत्र पर तलवार उठाने के लिए प्रेरित किया। अतीत में सामूहिक जीवन के उन सुंदर दिनों में ऐसी घटना की कल्पना भी नहीं की जा सकती थी। वास्तव में बेचारा देवता विवश था। वह मानव के समान तो था ही, इसलिए उसे अपना स्वभाव भी उन नए मूल्यों के अनुरूप बदलना पड़ा जो लोगों के जीवन पर हावी होने लगे थे। 'ऐतरेय ब्राह्मण' में कथा का शेष भाग इस प्रकार है :

रोहित वहां से भाग गया और एक वर्ष तक जंगल में भटकता रहा। प्रतिशोध पूर्ण वरुण ने हरिश्चन्द्र को रोगग्रस्त कर दिया। हरिश्चन्द्र का पेट फूलने लगा। इस बात का पता चलते ही रोहित बन से लौटकर गांव आ गया। किंतु इंद्र के कहने पर वह फिर छिप गया। एक वर्ष और भटकने के बाद वह दोबारा गांव लौटा। इंद्र ने फिर उसे 'भटकने' की सलाह दी। इंद्र ने रोहित को जान बचाकर भागने की जो सीधी सादी सलाह दी उसके आधार पर जो ऊंची आदर्श पूर्ण तत्वमीमांसा खड़ी की गई, वह वास्तव में अद्भुत है। वह तीसरी बार एक वर्ष तक भटकने के बाद गांव वापस आया। इस बार इंद्र ने मानव रूप धारण किया और उसे बन में वापस जाने को कहा। रोहित एक बार फिर बन को भागा और चौथे वर्ष भी इधर-उधर-भटकता रहा। फिर वह वन से गांव को लौटा और इंद्र ने फिर यही कहा कि 'तुम भटकते रहो'। रोहित पाचवें वर्ष भी वनों में घूमता रहा। किंतु गांव वापस आने पर इंद्र ने फिर उसे भाग जाने को कहा और रोहित छठे वर्ष भी वनों में भटकता रहा।

वन में उसे अजिगर्त सौयवासी नामक व्यक्ति मिला जो भूख से पीड़ित था। उसके तीन पुत्र थे, शुनःपुच्छ शुनःशेप और शुनोलागूंल। रोहित ने अजिर्गत से कहा : हे ऋषि, मैं आपको एक सौ गउएं भेट करता हूं ; अपने पुत्रों में से एक को मुझे दे दो जिससे मैं मुक्त हो सकूं। सबसे बड़े बेटे को अपने पास रखते हुए उसने कहा, 'इसे नहीं दूंगा।' और माता ने सबसे छोटे पुत्र को अपने पास रखते हुए कहा, 'इसे भी नहीं।' उन्होंने मंझले बेटे शुनःशेप के बारे में एक समझौता किया। एक 'सौ गउएं देकर रोहित ने उसे ले लिया और वनों से निकल कर गांव की ओर चल पड़ा।

अपने पिता के पास जाकर रोहित ने कहा : 'हे प्रिय पिताजी, मुझे इसके बदले प्रतिबद्धता से मुक्त होने दीजिए।' हरिश्चन्द्र ने राजा वरुण से जाकर कहा : 'मैं इसकी बलि देना चाहता हूं।' 'तथास्तु' वरुण ने उत्तर दिया : 'क्षत्रिय से ब्राह्मण श्रेष्ठ है।' उसने घोषणा की कि राजसूय यज्ञ में शुनःशेप की बलि दी जाएगी। अभिषेक वाले दिन शुनः शेप को बलि के लिए स्वीकार किया गया।

चार ऋत्विक उपस्थिति थे, किंतु जब शुनःशेप को लाया गया तो उनमें से कोई भी शुनःशेप को बलि स्तंभ से बांधने को तैयार नहीं था। अजिगर्त ने कहा,' 'मुझें सौ गउएं और दे दो तो मैं इसे बांध दूंगा। 'उन्होंने उसे सौ गउएं और दे दीं और उसने शुनःशेप को बलि स्तंभ से बांध दिया।

अब शुनःशेप बंध चुका था और अग्नि श्लोकों का उच्चारण किया जा चुका था, किंतु उन्हें उसका बध करने के लिए कोई व्यक्ति न मिल सका। अजिगर्त ने कहा : 'मुझे एक सौ गउएं और मिल जाएं तो मैं इसका बध कर दूंगा'। उन्होंने उसे एक सौ गउएं और दे दीं। और वह छुरे की धार को तेज करते हुए आगे बढ़ा।

तब शुनःशेप ने सोचा, यह एक पशु की भांति मेरा बध कर देंगे। क्यों न मैं देवताओं की शरण मांगूं। शुनःशेप ने प्राचीन वैदिक देवताओं, प्रजापति, अग्नि, सवितृ, वरुण, सर्वदेवताओं, इंद्र, अश्विनों और उषस की स्तुति की। उसके बंधन खुल गए और हरिश्चन्द्र रोगमुक्त हो गया। (11.302-4)

कहा जाता है कि जिस समय शुनःशेप बलिस्तंभ के साथ बंधा हुआ था उस समय उसने अनेक श्लोकों की रचना की। 'ऋग्वेद' के प्रथम मंडल में इनका संकलन किया गया। इन श्लोकों में उसने वैदिक देवताओं के प्राचीन वैभव की दुहाई दी। एक श्लोक में हमारी विशेष रुचि है :

हमें निऋति (ऋतच्युत होने) से बचाओ, हमने जो पाप किया है, हमें उससे मुक्ति दो। (i.24.9)

यह नई व्यवस्था की भर्त्सना थी। यह अतीत की स्मृति (ऋत की प्राचीन प्रतिष्ठा) की पुनरावृत्ति का प्रयत्न भी था। जब एक पिता भूख से पीड़ित होकर अपने पुत्र को सौ गायों के लिए बेच देता है, जब लोभ में आकर सौ गायों के लिए वह अपने पुत्र को बलिस्तंभ से बांधने को तैयार हो जाता है, और फिर सौ गाएं और प्राप्त होने की आशा में भ्रष्टमति होकर वह तलवार लहराता हुआ अपने पुत्र का बध करने दौड़ता है तो स्वाभाविक है कि पुत्र को निऋति की नई सत्ता के अधीन बनी नई व्यवस्था के प्रति अनास्था हो गई।

और केवल शुनःशेप ही नई व्यवस्था की भर्त्सना करने वाला एकमात्र ऋषि नहीं था। अन्य ऋषियों ने भी, जो स्पष्टतः उसी आरंभिक वैदिक काल के थे, इसी प्रकार नई व्यवस्था की भर्त्सना की। इनमें से एक कुत्स ऋषि थे। उनके श्लोक भी 'ऋग्वेद' के प्रथम मंडल में संकलित किए गए। हम यह नहीं जानते कि नई व्यवस्था के प्रति उनके असंतोष का निश्चित कारण क्या था। 'ऋग्वेद' में उनसे संबद्ध कई कथाएं थी। (95.vi. i.161) किंतु वह निश्चित रूप से विद्रोही थे। यह बात न केवल उनकी रचनाओं के विप्लवी भावों से स्पष्ट होती है, बल्कि ब्राह्मण ग्रंथों (वही) में उनसे संबद्ध कथाओं में भी प्रतिभासित होती है। यहां तक कि 'ऋग्वेद' के एक दृष्टांत में वर्णन आया है कि उन्होंने इंद्र को बंदी बना लिया था। (x.38.5) 'सर्वानुक्रमणी' में तो केवल यह कह दिया गया कि वह एक कुएं में गिर गए थे किंतु उन्होंने प्रामेथियस वाले उद्‌गारों के अनुरूप नई व्यवस्था को जिस प्रकार कोसा है उसको स्पष्ट करने के लिए यह विवरण पर्याप्त नहीं है :

हे पुरातन यज्ञ, मैं तुमसे अनुरोध करता हूं (अवमान सायण ने इसे प्रथम देवता अग्नि का संबोधन माना है) उसका (यज्ञ का) दूत समुचित सोच-विचार के पश्चात बोले : अतीत का ऋत कहां गया? वह नवीन (नूतनः) कौन है जो उसे पकड़े हुए है? हे पृथ्वी और आकाश यह तुम मुझसे जानो। (i. 105.4)

'नूतनः' शब्द पर सायण की टिप्पणी उल्लेखनीय है : 'यदि कोई ऐसा (नवीन) होता तो मेरी वर्तमान स्थिति न होती, इसलिए ऐसा कोई नहीं है'। इस ऋचा में चुनौती की जिस भावना की अभिव्यक्ति की गई है वह भी कुछ कम रोचक नहीं है। यह भावना उन अन्य ऋचाओं में भी भासित होती है जो उसी ऋषि द्वारा रचित मानी जाती हैं :

हे तीनों लोकों के सर्वदेवों, आपका ऋत कहां गया? ऋत की अनुपस्थिति कहां? अतीत की भांति हमारे यज्ञ (आहुतिः) कहां हैं? हे पृथ्वी और आकाश यह मुझसे जानो। (i.105.5)

हे देवताओं, ऋत पर कौन चलता है।? वरुण की सतर्कता कहां है? आर्यमान की महान परंपराओं का पथ कहां है? और इसीलिए हम पतित हो गए हैं और कष्टग्रस्त हैं। हे पृथ्वी और आकाश! यह मुझसे जानो। (i.105.6)

हम पथ के ज्ञाता और अन्न के सृजक वरुण से कहते हैं, मैं अपने हृदय से यह कह रहा हूं कि ऋत का पुनर्जन्म हो (नव्यःजायतम् ऋतम्)। हे पृथ्वी और आकाश यह मुझसे जानो। (i.105.15)

यह भाषा स्पष्ट रूप से एक विद्रोही की भाषा है और नई व्यवस्था की भर्त्सना भी दोटूक शब्दों में की गई है। क्या वह कुएं में गिर गया था या उसे कुएं में धकेल दिया गया था? यह तो हम नहीं जानते लेकिन हमें एक अन्य ऋषि की जानकारी है जो ऋग्वेद के अंतिम

काल में हुआ था (और यह काल ऐतरेय की भांति प्रारंभिक ब्राह्मण ग्रंथों के काल के बहुत निकट रहा होगा) और जिसने हत्या की आशंका से आतंकित होकर (सर्वानुक्रमणी आन x.57) यह तीव्र कामना की कि प्राचीन सामूहिक जीवन या जनजातीय सामूहिकता के द्योतक बातों का पुनर्निर्माण हो :

> हमारे पूर्वज (सायण के अनुसार अंगीरसों के संघ) और देवताओं की सभा हमें फिर से हमारा चिंतन लौटा दे, जिससे हम अपने जीवंत व्रातों को पुनः प्राप्त कर सकें। (x. 57.5)

हम 'व्रात' शब्द का अर्थ पहले ही देख चुके हैं। स्पष्ट है कि व्रात और प्राचीन ॠत से उत्पन्न हुई सहज नैतिकता के विलुप्त हो जाने पर 'ॠग्वेद' के अंतिम चरण के कुछ ॠषियों को अत्यधिक दुख हुआ था। कम से कम एक ॠषि कुत्स ने तो स्पष्ट शब्दों में कहा कि यह प्राचीन असभ्य किंतु सौम्य समाज के सरल नैतिक वैभव का पतन था। किंतु अब हम नई व्यवस्था के कारण प्राचीन काल के नैतिक धर्म के संरक्षक वरुण के पतन की घटना पर लौटते हैं। कीथ ने इस पर विस्तार से लिखा है।

वरुण के नैतिक स्वरूप को अत्यंत दृढ़ शब्दों में बार बार व्यक्त किया गया है (11. 246) यह 'ॠग्वेद' के आरंभिक चरण का उल्लेख है। किंतु उसकी कथा का अंत इसी जगह नहीं होता :

> यह मानना होगा कि वरुण की साख वैदिक धर्म के विकास के साथ साथ नैतिक मूल्यों के दृष्टिकोण से नहीं बढ़ी⋯वरुण का स्मरण एक ऐसे देवता के रूप में किया गया है जो हाथ में बेड़ियां पकड़े हुए है और ब्राह्मण ग्रंथों में तो वह एक ऐसा भयानक देवता बताया गया है जिसके अनुष्ठान एक प्रकार से प्रेतात्माओं और मृतकों की क्रियाओं जैसे हैं। अग्निस्तोम यज्ञ की समापन क्रिया के रूप में स्नान के पश्चात ॠत्विक वहां से प्रस्थान कर जाता है और वरुण की दृष्टि से बचने के लिए पीछे मुड़कर नहीं देखता। इसी प्रकार अश्वमेध यज्ञ के पश्चात स्नान के समय विचित्र रूप रंग वाले एक आदमी को जल में ले जाया जाता है और उसके सिर के ऊपर एक भेंट चढ़ाई जाती है मानो वह वरुण का प्रतिनिधित्व कर रहा हो; अनिष्टमोचन का यह रूप सारे संसार में एक ही विचार से प्रेरित है और इससे यही ज्ञात होता है कि वरुण का दर्जा कुछ कम हो गया था और 'ॠग्वेद' के देवताओं की प्रतिष्ठा से वह गिर गया था। (वही. 247-8)

वरुण के इस पतन के साथ ही सामान्यतः वैदिक देवताओं ने सभी प्रकार की नैतिकता त्याग दी। ब्राह्मण ग्रंथों में तो देवताओं का यही चित्र प्रस्तुत किया गया है। जैसा कि कीथ ने उचित ही कहा है, इन ग्रंथों में नैतिकता की समस्या पर कोई विशेष ध्यान नहीं दिया गया। ये ग्रंथ नैतिकता के किसी सिद्धांत को विकसित करने में सहायक नहीं होते। (वही.470,124. i.207) वास्तव में ये ग्रंथ इहलौकिक आधार पर भी नैतिकता या सदाचार को प्रोत्साहित नहीं करते। इनमें जो कथाएं वर्णित हैं उनकी यही विशेषता है कि नैतिक दृष्टि से सदाचरण के प्रति उदासीनता झलकती है; देवतागण अपने स्वार्थ के लिए स्वतंत्र रूप से पाप कर्म करने को तैयार हैं। कीथ ने इसके कई रोचक उदाहरण दिए हैं जिनमें से कुछ इस प्रकार हैं :

देवताओं ने यह आश्वासन देकर राक्षसों से असुरों के विरुद्ध सहायता प्राप्त की कि संयुक्त प्रयासों से विजयी होने के पश्चात जो कुछ हाथ लगेगा, उसे बराबर बराबर बांट लिया जाएगा; किंतु जब विजयश्री मिली तो उन्होंने अपना वचन पूरा करने से इनकार कर दिया। ये देवतागण, 'मनुष्यों से जलते हैं और उन्हें सशरीर अमर होने का सुख प्राप्त नहीं करने देते।'

यह भी वर्णन आता है कि प्रजापति ने पशु रूप धारण करके कौटुंबिक व्यभिचार किया। 'अन्य देवता एक दूसरें से निरंतर ईर्ष्या रखते हैं; वे अलग अलग आवासों में रहते हैं और एक दूसरे के प्रति स्नेह और मैत्री की बजाए द्वेषभाव से प्रेरित रहते हैं। देवतागण मूल रूप से स्वार्थी हैं; वे मनुष्य को 6 अमंगलकारी बातें देते हैं-निद्रा, प्रमाद, क्रोध, भूख, अक्षक्रीड़ा और स्त्रियों का मोह। लेकिन कीथ ने आगे कहा कि ये देवता अपने सभी दुर्गुणों के होते हुए भी ब्राह्मण ग्रंथो में वर्णित इंद्र की तुलना में अपेक्षाकृत सदाचारी जन प्रतीत होते हैं :

> वह नमूची के साथ एक समझौता करता है और फिर उसका उल्लंघन करने के तरीके खोजगे में व्यस्त हो जाता है और अंततः अपना वचन तोड़ने में सफल हो जाता है; इंद्र ने त्वस्त्री के पुत्र विश्वरूप का अकारण ही वध किया वह अहल्या के साथ तभी संभोग कर पाया जब उसके पति का रूप धारण कर लिया। उसने कुछ तपस्वियों को लकड़बग्घा का शिकार बना दिया जो एक कुकृत्य था। परस्त्रीसंभोग के उसके दुष्कृत्य का बदला भी उसे इसी प्रकार मिला; क्योंकि उसकी अपनी जंघा से उत्पन्न पुत्र कुत्स औरव ने अपने पिता की पत्नी शची पौलेम्नि का प्रणय प्राप्त करने के लिए अपने पिता के समान स्वयं के रूप रंग का लाभ उठाया। किंतु अंततः इससे अधिक अपमानजनक और क्या हो सकता है कि इंद्र भूखा मर रहा था और एक पुजारी से कुछ खाने को मांग रहा था, और फिर रोटी हाथ में लेकर भागा, या, कुत्स ने उसे बांध रखा था और दासता के बंधन को तोड़कर भाग जाने की प्रेरणा उसे लूषा से मिल रही थी। यहां तक कि वह अपने ही प्रजाजनों मरुतों को लूटता है और इसे राजा द्वारा प्रजा से लाई गई भेंट स्वीकार करने का कृत्य बताकर उचित ठहराता है। (वही)

यह था नए युग का देवता इंद्र जिसने प्राचीन वरुण का स्थान ले लिया था। कीथ का कहना है कि, महान और श्लाघ्य देवता (वरुण) के पतन के साथ ही भारतीय दर्शन या धर्म में नैतिक सदाचरण का महत्व भी कम हो गया। निस्संदेह वैदिक साहित्य में यहां वहां अनेक नैतिक सूक्तियां मिलती हैं, किंतु यह स्वीकार करना होगा कि इनमें सदाचार का कोई वास्तविक या महत्वपूर्ण सिद्धांत खोज पाना नितांत असंभव है,। (वही. 434) यह एक अत्यंत महत्वपूर्ण दृष्टिकोण से भी सही है। वरुण के अपकर्ष और उसके ऋत के ह्रास के साथ ही स्पष्टतया वर्गीकृत समाज का आरंभ हो गया और इसके पश्चात जो आचार संहिताएं बनीं वे अनिवार्यतः शासकवर्ग के दृष्टिकोण तथा हितों से प्रभावित थीं। इंद्र द्वारा वरुण का स्थान ले लेने के साथ ही प्राचीन ऋत नियम का स्थान कर्म के सिद्धांत (अनु. ह्यूम) ने ले लिया। इस प्रकार बहुत आरंभिक काल में ही अर्थात 'छांदोग्य उपनिषद' (v. 10.7.) काल में ही जातीय शासन और जातीय शोषण को उचित ठहराने के लिए कर्म का सिद्धांत प्रतिपादित किया गया :

> इसके अनुसार, जिनका आचरण इस लोक में अच्छा है वे किसी सुखकर गर्भ में जाएंगे जो या तो किसी ब्राह्मण, या क्षत्रिय या वैश्य स्त्री का होगा। किंतु जिनका आचरण इस लोक में कुत्सित होगा वे वस्तुतः कुत्सित गर्भ में अर्थात किसी कुतिया या सुअरी या चांडालिका के गर्भ में जाएगा।

इसमें कोई संदेह नहीं कि बाद में भारतीय दर्शन के इतिहास के सारे काल में नैतिक मत जो भी रहे हों किंतु कर्म का सिद्धांत सर्वोच्च रहा।

पुस्तक के इस अनुभाग का समापन कुत्स ऋषि की पूर्वोद्धृत ऋचाओं पर टिप्पणी के साथ करने की उत्कट इच्छा हो रही है। समाज के वर्गीकृत होने के आरंभिक काल में रहते हुए उसने नई व्यवस्था की भर्त्सना की थी और प्राचीन ऋत की पुनरावृत्ति की कामना की थी :

मैं सच्चे हृदय से कहता हूं कि ऋत का फिर आविर्भाव हो (व्युर्णोति हृदय मतिन् नव्यो जायतम् ऋतम) जिसकी वह कामना कर रहा था वह स्पष्टतया असंभव था। यहां तक कि वैदिक ऋषियों के प्रबलतम मंत्रो में भी यह सामर्थ्य नहीं थी कि वे इतिहास के नियम को उलट सकते आदिम समाज की जीवन पद्धति को भंग करना ही था, और ऐसा किया भी गया। फिर भी आज वर्गीकृत समाज के अंतिम चरण में रहते हुए हमारे लिए उस प्राचीन ऋषि के इस श्लोक का एक अनोखा महत्व है। क्योंकि हमारे सामने एक नई आचार प्रणाली, नई नैतिक भावना के उद्भव की आशा बनी हुई है जो वर्गों में विभाजित समाज के अधीन होने वाले अनुभवों के कारण बलवती होती जा रही है। यह आशा आधारित है एक ऐसे समाज के निर्माण की संभावना पर जिसमें एक वर्ग अपने स्वार्थ के लिए दूसरे वर्गों का शोषण नहीं कर पाएगा और तब प्राचीन वर्गपूर्व समाज के काल की निर्धनता नहीं होगी बल्कि बाहुल्य का युग होगा । वह व्यवस्था प्राचीन वर्गपूर्व समाज के ऋत जैसी होगी। और इससे हमें एंगेल्स की पुस्तक 'ओरिजिन आफ फैमिली' के उपसंहार में उद्धृत मोर्गन के कथन का स्मरण होता है :

> शासन में लोकतंत्र, समाज में बंधुत्व, अधिकारों व सुविधाओं की समानता सार्वभौम शिक्षा में, ऐसे सिद्धांत हैं जो समाज के उस आगामी उच्च स्तर का पूर्वाभास दे रहे हैं जिसकी ओर बुद्धि, ज्ञान, और जीवन के अनुभव, मनुष्य को आगे बढ़ा रहे हैं। वह ऐसी स्थिति होगी जिसे प्राचीन कबीलों में प्रचलित स्वतंत्रता, समता, और बंधुत्व का परिष्कृत रूप कहा जाएगा। (101. 562)

12. माया : भाववाद का उदय

'ऋग्वेद' के आरंभिक काल के ऋषियों की स्मृति के अनुसार वरुण न केवल ऋत का अभिरक्षक था बल्कि माया नामक महाशक्ति का अधिपति भी था। मैकडानल ने कहा कि 'वरुण और मित्र के आधिपत्य वाले दैवी क्षेत्र को बहुधा माया शब्द से संबोधित किया जाता है' (94.24)। किंतु मैकडानल ने इस बात की ओर ध्यान नहीं दिया कि वरुण की इस माया को ऋत से पृथक नहीं किया जा सकता था :

> मित्र और वरुण की माया, ऋत के मूल में उसी प्रकार परिव्याप्त थी जिस प्रकार चंद्रमा सभी वस्तुओं को आलोकाच्छादित कर देता है। (iii. 61.7) आप दोनों (मित्र और वरुण), ऋताधिपति हो और यज्ञ में गउएं देने वालों में अग्रणी हो······
>
> हे मित्र और वरुण आप संपत्ति और अन्न के रक्षक हैं, जो आप अपनी माया शक्ति से मनुष्यों को देते हैं; यहां तक कि पाणि भी आपकी शक्ति, संपत्ति या नदियों को अपने नियंत्रणाधीन नहीं ला सके। (i. 151. 8-9)

माया और ऋत का यह घनिष्ट संबंध एक ऋचा से और भी स्पष्ट होता है। इसमें इंद्र को 'ऋत का अभिरक्षक और बार बार मायावी कार्य करने वाला' कहकर संबोधित किया गया है। (iii. 53. 8) वैसे इस प्रकार की उपाधियों से इंद्र को उधार का यश और कीर्ति दिलाई गई थी, क्योंकि ऋत की भांति माया का संबंध भी 'ऋग्वेद' में निश्चित रूप से वरुण के साथ ही वर्णित है। इस बात के सीधे प्रमाण भी उपलब्ध हैं : 'हे दृश्यमान (इंद्र) हमें संपत्ति दो; मित्र और वरुण की भांति मायावान होने के कारण तुम हमें अन्न देने वाले तथा हमारा भाग निर्धारित करने वाले बनो।' (x. 147. 5)

ऐसी परिस्थितियों में वरुण की अवनति का तर्कसंगत परिणाम न केवल ऋत का ह्रास बल्कि माया की पूर्ण अवनति भी होना चाहिए था। यहां हमें भारतीय दर्शन में भाववादी दृष्टिकोण

के उदय का मूल संकेत मिलता है। हम अब तक जो कुछ कह चुके हैं, (यानी, वरुण की अवनति, वर्गपूर्व समाज की व्यवस्था के रूपांतरण की प्रतीक थी) इसके संदर्भ में हम यहीं सिद्ध करने का प्रयत्न करेंगे कि प्राचीन भारत में भाववाद का उदय समाज के वर्गीकृत होने का परिणाम था। किंतु माया के इतिहास की विवेचना वेदोत्तर काल (अर्थात औपनिषदिक) के चिंतन से आरंभ करना लाभकारी होगा। इसके बाद हम विशिष्ट वैदिक ग्रंथों में उपलब्ध सामग्री पर ध्यान दे सकते हैं।

जैसाकि सभी जानते हैं, भारतीय भाववाद के प्रमुखतम मत, अर्थात शंकर के दर्शन के लिए माया का सिद्धांत निर्णायक महत्व रखता है। उसके दर्शन को आम तौर पर मायावाद कहा जाता है। किंतु सही मायने में देखा जाए तो यह उनके दर्शन के नकारात्मक पक्ष को प्रमुखता देता है इसलिए अच्छा यही होगा कि इसे कुछ और यानी वेदांत, या और उपयुक्त हो कि अद्वैत वेदांत कहा जाए। वेदांत का अर्थ है वेदों का अंत या उपसंहार। भारतीय भाववाद के आरंभिक रूप को यह नाम दिया गया, क्योंकि इसके प्रतिवादक इस बात को स्वीकार नहीं करना चाहते थे कि यह उनके अपने मस्तिष्क की उपज है। उनका कहना था कि यह उपनिषदों द्वारा उद्घाटित दर्शन था। यह उपनिषद, वेदों के अंत में जोड़ दिए गए थे इसलिए इनमें निरूपित दर्शन का नाम वेदांत पड़ा।

बादरायण पहला व्यक्ति था जिसने उपनिषदों के दार्शनिक मत को सुव्यवस्थित क्रमबद्ध रूप में प्रस्तुत किया, यद्यपि यह भाष्य गूढ़ार्थक सूत्रों और सूक्तियों में लिखा गया हैं। इसीलिए यह कृति वेदांत सूत्र के नाम से प्रसिद्ध है। इसका दूसरा नाम 'ब्रह्मसूत्र' है। यह नाम औपनिषदिक दर्शन के भावात्मक दृष्टिकोण को इंगित करता है : 'ब्रह्म नामक स्वदीप्त शुभ्र प्रजा ही परम सत्य है। उपनिषदों में इस ब्रह्म को आत्मा के समान बताया गया है। इसका तर्कसंगत परिणाम यही है कि अनुभवग्राह्य संसार और इसकी अनुभूति करने वाला जीव अंततः एक भ्रम मात्र है। भ्रम का यही सिद्धांत माया है। इसलिए शास्त्रीय मतानुसार ब्रह्म और उसका स्वाभाविक परिणाम माया ही उपनिषदों का सार हैं। भारतीय दर्शन के इतिहास में महानतम भाववादी शंकर का तो कम से कम यही दावा है। आधुनिक विद्वानों में इस प्रश्न को लेकर कुछ मतभेद हैं कि शंकर का यह दावा वास्तव में किस सीमा तक निष्पक्षता लिए हुए है। क्या उसका दार्शनिक मत वही था जो उपनिषदों में निरूपित हैं।

थिबो को इस बात में संदेह था। उनके अनुसार जितने भी बाद के दार्शनिकों ने उपनिषदों के आधार पर कोई पूर्ण दार्शनिक प्रणाली प्रतिपादित करने का प्रयत्न किया, वे असंभव को संभव बनाना चाहते थे : उद्घाटित सत्य के रूप में ढेर सारे ग्रंथ जिन बाद की पीढ़ियों को विरासत में मिले, उनके ऊपर ऐसी प्रणालियां स्थापित करने का दायित्व आ पड़ा जिनके आधार पर इन ग्रंथों में से किसी पर भी कोई आपत्ति न उठाई जा सके । किंतु सच तो यह है कि यह असंभव कार्य था। निस्संदेह यह एक ऐसा कार्य था जिसे निष्पक्षता और न्याय संगत ढंग से पूरा करना असंभव था। (एस.बी.ई. xxxiv भू. cvi) थिबो ने कहा कि एक बार इस दर्शन को सुव्यवस्थित और क्रमबद्ध बनाने का काम सौंप दिया गया तो हम यह मानने को तैयार हैं कि संभवतः शंकर का दार्शनिक मत ही श्रेष्ठमत था। (वही. xxxiv भू० cxxii)

इस कथन में, कम से कम ऐतिहासिक दृष्टिकोण से, कुछ तथ्य हैं जिसे गलत कहना न तो आवश्यक है और न ही संभव। उपनिषद, आधुनिक अर्थ में दार्शनिक ग्रंथ नहीं थे। इनमें यथार्थ के संबंध में कोई तर्कसंगत व्याख्या की आशा करना गलत होगा। यहां तक वेदांत के दर्शन के आधुनिक समर्थकों में से प्रमुखतम को भी यह स्वीकार करना पड़ा कि, 'कहीं कहीं तार्कि-

कता लाने के प्रयत्न भी किए गए हैं किंतु वे अपने आप में विश्वासप्रद और तर्कसंगत नहीं हैं और बहुधा इन तर्कों में लगभग बचकानापन हैं। (73.3) इन तर्कों के अलावा, ये ग्रंथ अधिकतर तो संकलन (बहुधा छोटी छोटी कथाओं के रूप में) हैं, उन घटनाओं या आख्यानों के जो इस विश्व तथा इसमें मनुष्य की स्थिति के बारे में चिंतत करने वालों को उस युग में सत्य प्रतीत हुए। किंतु ऐसा कोई कारण नहीं दिखाई देता जिसके आधार पर कहा जाए कि इन ग्रंथों में वास्तव में कहीं अधिक सामंजस्य और सुविन्यस्तता थी। जिन विभिन्न चिंतकों के विचारों को इन उपनिषदों में निरूपित किया गया उनकी दार्शनिक अमूर्त विचारण का स्तर एक जैसा प्रतीत नहीं होता और वे सब के सब, भाववादी दृष्टिकोण का प्रतिपादन समान ढंग से नहीं करते। जैसाकि हम आगे चल कर देखेंगे, इनमें से कुछ तो स्वयं भाववादी दृष्टिकोण से भी बहुत पीछे थे। संक्षेप में, थिबो का कथन इस दृष्टि से महत्वपूर्ण है कि यह हमें उपनिषदों में वर्णित विचारों के विभिन्न स्तरों से अवगत कराता है।

साथ ही ऐसा लगता है कि थिबो ने बाद के चिंतकों के वास्तविक लक्ष्य को नहीं समझा। ये विचारक उपनिषदों का एक सुविन्यस्त तथा क्रमबद्ध दर्शन विकसित करने का प्रयत्न कर रहे थे। उनका यह दावा प्रत्यक्षतः एक अतिशयोक्ति है कि उपनिषदों के सभी लेखांशों में एक ही सामंजस्यपूर्ण दार्शनिक मत परिलक्षित हैं। किंतु कुछ एक ऐसे विशिष्ट विचारों पर उनका ध्यान केंद्रित होना उचित ही था जो उपनिषदों में बार बार आए। साथ ही उनका यह कहना भी उचित था कि ये विचार इन ग्रंथों के उत्कृष्टतम ज्ञान का प्रतिनिधित्व करते हैं। दार्शनिक भाष्यकार और दार्शनिक मतों को क्रमबद्ध करने वाले व्यक्तियों के नाते उन्हें यह कहने का भी पूरा पूरा अधिकार था 'कि एक ग्रंथ प्रतिपादित सत्य को उचित ढंग से व्यक्त नहीं किया गया है और अन्य ग्रंथों के संदर्भ में उस सत्य को और अच्छी तरह स्पष्ट किया जाना चाहिए। (वही) इस प्रकार, जिसे बाद में वेदांत दर्शन कहा गया वह संभवतः अपने पूर्ण विकसित रूप में, उपनिषदों में न रहा हो तो भी शंकर ने उपनिषदों के उत्कृष्टतम ज्ञान का प्रतिनिधित्व करने वाले विचार बताकर जिन लेखांशों को चुना, उनमें इन सभी विचारों की संभावनाएं विद्यमान रही होंगी।

इसका सबसे अच्छा उदाहरण शायद शंकर का मायावाद है। थिबो का कहना है कि यह उपनिषदों में नहीं था। हां; कुछ संदिग्ध महत्व वाले अंशों में यह अविकसित रूप में शायद रहा हो। साथ ही उन्होंने स्वीकार किया कि 'सार्वभौम आतम का अर्थात ब्रह्म के साथ आत्मा की अंतिम रूप से पूर्ण सादृश्य को स्पष्ट शब्दों में व्यक्त किया गया है। (एस.बी.ई. xxxivभू.cxxii) इस संदर्भ में भट्टाचार्य का कथन है :

> यदि इस विषय को ऐतिहासिक विद्वता का विषय न मान कर दर्शन का विषय समझें तो यह समझना कठिन नहीं होगा कि मायावाद, मोक्षप्राप्त जीवात्मा के ब्रह्म होने के मत का अनिवार्य तर्कसंगत परिणाम है। क्योंकि इसी सादृश्य में मनुष्य यह समझ सकता है कि उसके अलग अस्तित्व की बात एक भ्रम थी और आंतरिक तथा बाह्य विभेद केवल इसी अलग व्यक्तित्व के द्वारा ही संभव था इसलिए यह भी एक भ्रम है। (73.4-5)

संक्षेप में मायावाद, 'सार्वभौम आत्मा अर्थात ब्रह्म के साथ आत्मा के अंतिम रूप से पूर्ण कम सादृश्य', का तर्कसंगत परिणाम था और यदि इस सादृश्य को उपनिषदों में स्पष्ट शब्दों में व्यक्त किया गया तो यह भी स्वीकार किया जाना चाहिए कि माया भी इन्हीं ग्रंथों में कम से संभाव्य रूप में थी। उच्च कोटि के और सामंजस्यपूर्ण विचारों वाले दार्शनिक शंकर ने यह ठीक ही समझा कि उपनिषदों के दर्शन को सुविन्यस्त बनाने के लिए पहला काम यही है कि

इसमें अंतर्निहित संभावनाओं को इनके तर्कसंगत परिणाम तक लाया जाए। इस प्रकार शंकर और उपनिषदों के दर्शन के बीच संबंध की समीक्षा करते समय हमारे लिए केवल यही प्रश्न उठाना पर्याप्त नहीं है कि शंकर इन ग्रंथों के लिखित शब्दों के प्रति किस सीमा तक आस्थावान रहे। इससे अधिक महत्वपूर्ण प्रश्न यह है कि क्या वह मूल निहितार्थों द्वारा तार्किक सीमाओं को सचमुच लांघ गया? इसका स्पष्ट उत्तर है कि उसने ऐसा नहीं किया। इस दृष्टिकोण से हम यह भी कह सकते है कि यह भट्टाचार्य के उद्धरण के विपरीत है कि यदि उपनिषदों के कुछ लेखांशों में ब्रह्म और आत्मा के अंतिम रूप से एकरूप होने का संकेत मिलता है तो स्वयं ऐतिहासिक दृष्टिकोण से हमें यह स्वीकार करने के लिए बाध्य होना पड़ेगा कि मायावाद की संभावनाएं भी उपनिषदों के उन्नत चिंतन में अनिवार्य रूप से विद्यमान थीं। वैसे यह हो सकता है कि इन ग्रंथों के निहितार्थ के प्रति यदि तथ्यवादी रवैया अपनाया जाए तो उससे हमें इस मायावाद के अंकुर का केवल हल्का सा आभास मिलता है।

सारांश के रूप में हम कह सकते हैं कि उपनिषदों में दार्शनिक चिंतन के विकास के विभिन्न चरणों का वर्णन मिलता है और इनमें सबसे उन्नत था अद्वैत वेदांत दर्शन, यद्यपि यह शंकर द्वारा दिए गए पूर्ण विकसित रूप की तुलना में एक संभाव्य रूप में था। अन्य शब्दों में, औपनिषदिक दर्शन की चरम परिणति आत्मा और ब्रह्म के एकरूप होने के मत और इसके तर्कसंगत परिणाम मायावाद में हुई। ब्रह्म नामक स्वदीप्त शुभ्र प्रज्ञा ही परम सत्य थी और अनुभवग्राह्य संसार तथा इसकी अनुभूति करने वाला जीव अंततः एक अनिर्वचनीय भ्रम अर्थात माया का उत्पाद था।

मायावाद के बाद के व्याख्याकारों के बीच इसके सूक्ष्म निहितार्थों को लेकर क्या मतभेद थे, उनमें हमारी विशेष रुचि नहीं है। हम यह सिद्ध करना चाहते हैं कि यह भाववादी दृष्टिकोण जो उपनिषदों के दर्शन के उन्नततम विकास का प्रतिनिधित्व करता है स्पष्ट रूप से आदिम आद्य भौतिकवादी दृष्टिकोण के अवशेषों पर उद्भूत हुआ और इस भौतिकवाद के अवशेष उपनिषदों के कुछ लेखांशों में भी विद्यमान थे। कुछ अन्य लेखांशों से यह विदित होता है कि उपनिषदों के अन्य दार्शनिकों ने पूर्ण सोच विचार के साथ इन अवशेषों से मुक्त होने का प्रयत्न किया। स्पष्ट है कि यह आद्य भौतिकवाद अपने आदि रूप में उपनिषदों के दार्शनिकों के पूर्वजों का विश्व दृष्टिकोण था अर्थात यह विश्व दृष्टिकोण वैदिक साहित्य के आरंभिक अंशों में अंतर्निहित था। यह बात ब्रह्म और माया के विचारों के आधार के विश्लेषण से स्पष्ट हो जाती है क्योंकि उपनिषदों का भाववादी दृष्टिकोण मूलतः ब्रह्म और माया के विचारों पर आधारित था।

पहले माया के विचार को लीजिए। आरंभिक वैदिक ऋषि-मुनि माया से तो परिचित थे यद्यपि मायावाद का उन्हें कोई ज्ञान नहीं था। इसके विपरीत इस विचार की प्रागैतिहासिक स्थिति से पता चलता है कि सिद्धांत और क्रिया, ज्ञान और कर्म का एक आदि सम्मिश्रण था। माया शब्द के मूल अर्थ के संबंध में मार्ग निर्देश हमें प्राचीनतम और अतिविश्वसनीय 'निघंटु' से मिलता है। इसके अनुसार 'प्रजा' शब्द के लिए एक अन्य शब्द था माया—'प्रज्ञा-नामानि। (iii.9) प्रज्ञा का सामान्य अर्थ है—बुद्धि, ज्ञान। किंतु 'निघंटु' के अनुसार प्रज्ञा का एक और पर्यायवाची था 'धी'। (वही) और धी शब्द का अर्थ क्रिया या कर्म भी था—कर्म नामानि। (ii.1) स्पष्ट है कि प्रारंभिक वैदिक ऋषियों के लिए कोई ऐसी प्रज्ञा नहीं थी जो कर्म न हो वे केवल एक ही प्रज्ञा को जानते थे जो व्यावहारिक क्रियाओं अथवा गतिविधियों की प्रज्ञा थी। इस बात की और पुष्टि भी स्वयं 'निघंटु' से होती है। कर्म के लिए एक अन्य पर्याय था 'ऋत'

। (वही) इसी शब्द का अर्थ प्रज्ञा भी था। (ii. 9) कर्म (iii.1) और प्रज्ञा (iii. 9) दोनों का एक और समानार्थक शब्द था—'शचि'। निहितार्थ स्पष्ट है। पहले कर्म के बिना प्रज्ञा का विचार अकल्पनीय था। इसलिए यदि माया का मूल अर्थ प्रज्ञा था तो यह प्रज्ञा वैसी नहीं होगी जैसी हम मानते हैं अर्थात कर्म से पृथक प्रज्ञा।

इस प्रकार प्रज्ञा तथा कर्म को संयुक्त होने की इस आदिम अवधारणा के कारण इस बात की पूरी संभावना है कि माया मूलतः चमत्कार का अर्थ रखती थी। इसी दृष्टिकोण से हम मैकडानल द्वारा की गई व्याख्या को स्वीकार कर सकते हैं;

> अंगरेजी भाषा में इसका (माया का) लगभग पूर्णतया समानार्थक शब्द है 'क्राफ्ट' जिसका प्राचीन काल में एक अर्थ था 'अज्ञात शक्ति, जादू; और कौशल, कला; और दूसरा अर्थ था, 'छलयुक्त कौशल, 'मक्कारी'। माया का शुभ अर्थ, असुर शब्द की भांति, मुख्यतः वरुण और मित्र से जुड़ा हुआ है और अशुभ अर्थ में इसका संबंध दानवों और राक्षसों से जुड़ा हुआ है।' (94.24)

'निघंटु' पर टिप्पणी करते हुए 'निरुक्त' में कहा गया है:

> यह शब्द 'माम्' धातु से व्युत्पन्न हुआ है। 'माम् का अर्थ हैं मापना। इसके साथ 'या' प्रत्यय लगाने पर अर्थ हो जाता है, 'जिससे वस्तुओं को निश्चित आकार मिलता है' मियन्ते परिच्छिद्यन्ते आनय पदार्थाः। (आन iii. 9)

निरुक्त लेखक ने माया के इस अर्थ को स्पष्ट करने के लिए 'ऋग्वेद' से यह अंश उद्धृत किया:

> हे इन्द्र, तुमने अपनी मायाओं से माया के धारक शुष्ण का वध किया; प्रज्ञावान व्यक्तियों को तुम्हारे बारे में इसका ज्ञान है और इसलिए तुम उनके अग्नि में अभिवृद्धि करते हो। (i. 11. 7) कोई भी इस देवता (वरुण) की महान माया का अपमान नहीं कर सकता। यह देवता महानतम भविष्यद्रष्टा (कवितामहः) है; इसलिए वह एक सागर से से नहीं भरता बल्कि सभी नदियों पर जल छिड़कता है। (v. 85.6)

यद्यपि उपरोक्त ऋचाओं में से दूसरी ऋचा का अर्थ अस्पष्ट है तो भी इससे पता चल जाता है कि वैदिक ऋषि माया का कितना महत्व समझते थे। इसपर टिप्पणी करते हुए सायण ने माया का अर्थ प्रज्ञा लगाया और स्पष्ट है कि यह निघंटु' में बताए गए प्रज्ञा-कर्म के अर्थ में था। इसी प्रकार सायण का कहना है कि कवितामहः का अर्थ प्रकृष्ट-प्रज्ञाः अर्थात श्रेष्ठतम प्रज्ञा वाला था।

इन दोनों ऋचाओं से हमें कुछ आभास मिल जाता है कि मूलतः माया की अवधारणा, बाद के काल में इसके घृणित पक्ष अर्थात भ्रम या अविद्या से कितनी अलग थी। वस्तुतः प्रारंभिक वैदिक ऋषियों को अविद्या शब्द का ज्ञान ही नहीं था। यह शब्द 'ऋग्वेद' में कहीं भी नहीं आया। प्रत्यक्ष है कि इसका कारण यही रहा कि ये ऋषि एक ऐसे समाज में रहते थे जिसमें कर्म या कार्य करने के प्रति घृणा का भाव उत्पन्न नहीं हुआ था। इसीलिए प्रज्ञा-कर्म का पुरातन विचार 'ऋग्वेद' में इतना महत्वपूर्ण है यद्यपि रचयिताओं ने इसे पौराणिक कल्पनाओं से आच्छादित कर दिया।

हे अग्नि, अन्न के अभिरक्षक, मायिनों (जिनके पास माया की शक्ति थी) की प्राचीन मायाएं तुम्हारी थीं; हम जो तुम्हारा आह्वान कर रहे हैं (यजमान), तुम उनके मित्र बन जाओ (iii. 20. 3) हे इन्द्र और वरुण तुमने पूर्वजों को लाभ पहुंचाया; हे मायावियों, आपके बिभिन्न कार्य (विरूप कृतानि) सभी देखते हैं, (iii. 38.9) इन्द्र ने अपनी माया के बल पर प्राचीन पर्वतों को स्थिर कर दिया, बादलों में से जल को पृथक कर दिया, अपनी शक्ति के द्वारा

उसने पृथ्वी और आकांश को गिरने से बचाया (ii. 17. 5)। आदित्यों की मायाएं उनके पाशों से आक्रांता शत्रु की ओर बढ़ीं (ii: 27.16), देवता (अग्नि) जो होता है और अमर है, माया के साथ अग्रसर होता है और सभाओं को सक्रिय करता जाता है (प्रचोदयन विदयानी)। (iii. 27.7) हे इंद्र तुमने अपयी माया से उसी मृग का बध किया जो स्वयं मायाभिभूत थी। (सायण के अनुसार यह मृग के रूप वृद्ध था)' (i.180.7)। इंद्र ने अपनी माया के साथ आकाश को गिरने से बचा लिया और उसे स्थिर कर दिया' (ii. 17. 5)। वह अग्नि, जो अपने माता-पिता का पुत्र है और जिसके पास धी (धीरः) है और सुरक्षा (पवित्र) है, मायायुत विश्व को शुद्ध करता है और वह शुभ और अश्रांत गौ के दूध और वीर्यवान बैल के वीर्य का दोहन करता है। (i. 160. 3) जिनकी माया से (मायाभिः) पृथ्वी तक जल नहीं पहुंच सका और संपत्ति देने वाले (धनदान) पर इसकी वृष्टि न हो सकी, उन्हें इंद्र ने अपने बज्र तथा अपनी ज्योति की सहायता से, अंधकार से बाहर निकाला'। (i. 33. 10) इस अंतिम ऋचा पर सायण का भाष्य भी रोचक है। उन्होंने धनदान की व्याख्या, 'धन-प्रदाम-भूमिम्' अर्थात संपत्ति प्रदान करने वाली भूमि के अर्थ में की है। ऐसा प्रतीत होता है कि यह भूमि को उर्वर बनाने के लिए पर्वतीय प्रदेश से बह कर आने वालें वर्षा जल का उल्लेख था; इंद्र ने अपने बज्र से मेघ को चीर डाला और जल को नीचे लाने में सहायता की। विशेष महत्व की बात है—जल के संबंध में मायाभिः शब्द का प्रयोग किया जाना। इसका स्पष्ट निहितार्थ यही है कि वर्षा के जल में भूमि को उर्वर बनाने का गुण भी उसमें छिपी माया के कारण था। इसी के अनुसार सायण ने मायाभिः शब्द का अर्थ 'शस्य उपकरणादिभिः-कर्मभिः' यानी अनाज की फसल को उपजाऊ बनाने वाली गतिविधियां लगाया। इस प्रकार माया की अवधारणा पर आरंभिक वैदिक कृतियों में ऐसी देव कथाओं के आवरण के होा हुए भी एक बात स्पष्ट है : कोई ऐसा कार्य नहीं है जो माया के कारण न हो और वर्षा के जल के द्वारा भूमि को उर्वर बनाने का कार्य भी इसका अपवाद नहीं हो सकता। यदि ये सभी वातें हमें विचित्र प्रतीत हो रही हैं तो इसका कारण यही है कि हम प्रकृति और अपने कार्यों को एक समान समझने के आदि नहीं हैं। किंतु प्रारंभिक वैदिक ऋषियों के साथ ऐसी बात नहीं थी। हम पहले ही देख चुके हैं कि वे ब्रह्मांड की व्यवस्था को मानव संबंधों की व्यवस्था के अनुसार देखना चाहते थे और इस प्रकार इससे उनके मस्तिष्क में ऋत का विचार आया।

हमने ऋत और माया के बीच का घनिष्ठ संबंध भी देखा। इसलिए यह अपेक्षित ही है कि ऋत की भांति माया भी वरुण की विशेष शक्ति रही होगी। 'हे प्रज्ञावान मित्र और वरुण, हमारे व्रतों की असुर की माया से रक्षा करो और सूर्य को उसके बहुरूपी रथ के साथ आकाश में स्थिर रखो'। (v. 63. 7) सुप्रसिद्ध असुर वरुण की महान माया की चर्चा है। उसने अपने मानदंड से सूर्य को आकाश में पृथक और स्थिर किया' (v. 85.5)। हे मित्र और वरुण आपकी माया आकाश में परिव्याप्त है जहां देदीयमान सूर्य आपके विशिष्ट अस्त्रों के साथ भ्रमण करता है,। (v. 63. 4) हे मित्र और वरुण, आप हमारे लिए संपत्ति के साथ अन्न की व्यवस्था करते हो। हे नायकगण, आप अपनी मायाओं के साथ हमारी ओर आते हो। आपकी महानता के कारण यह दिवस या आकाश या समुद्र आपपर आच्छादित नहीं हो सकते जिस प्रकार वाणी भी उनकी संपत्ति के साथ आप पर हावी न हो सकी। (i.151.9) यह रोचक बात है कि 'उषस्' की माया स्पष्टतया वरुण से अधिग्रहण की गई थी : 'उषस्' ने परिवर्धक वर्षा के साथ विशाल आकाश और पृथ्वी को ऋत के माध्यम से प्रसूत की बनाया; जिस प्रकार चंद्रमा सूर्य के आलोक का विस्तार करता है अथवा उसे प्रतिबिंबित करता है उसी प्रकार ऊषस् भी

मित्र और वरुण महान माया का व्यापक विस्तार करती है। (iii. 61. 7) साथ ही यह माया स्पष्ट रूप से मनुष्य के संदर्भ में भी कभी कभी प्रस्तुत की गई। उन्होंने (सायण के अनुसार, यजमानों ने) उसके लिए (इंद्र के लिए) वांछनीय गायों को उनके नामों (गो) के साथ सृजित (मामीरे, सायण के अनुसार दोहन) किया; मायाधारी मनुष्यों (कायिनाः) ने असुरों को अधिकाधिक अपने वश में करते हुए इसे रूप दिया (मामीरे रूपं अस्मिन)। (iii. 38. 7) होता अपनी माया के साथ व्रत को ऊपर उठाए हुए आ रहा है और सुदर्शना 'धी' को भी साथ लिए हुए है'। (i. 144. 1) इस प्रकार माया जो वरुण की विशेष शक्ति थी, यजमानों को अपने पशुधन का संवर्धन करने में सहायक होती थी और होता को व्रत का पालन करने के लिए भी सहायक बनती थी।

हमारे तर्क के लिए विशेष महत्व इस बात का है कि वैदिक ऋषियों की पौराणिक कल्पनाओं में वरुण का पतन प्राचीन सामूहिक जीवन के विघटन का प्रतीक था और इससे उन्हें न केवल ऋत के विलुप्त होने बल्कि माया के संबंध में प्राचीन विचार के स्पष्ट ह्रास का आभास हुआ जबकि माया को वे पुरातन प्रज्ञा तथा कर्म का मिश्रण मानते थे। समाज जब मुट्ठी भर विशिष्ट वर्ग और बहुसंख्यक क्रियाशील वर्ग में विभक्त हो जाता है तो विशिष्ट वर्ग तो सुख और विलास का जीवन व्यतीत करते हुए विशुद्ध ज्ञान की जिज्ञासा में रत रहता है और क्रियाशील वर्ग को मानसिक श्रम और चिंतन जैसी गतिविधियों से वंचित रखा जाता है तथा भौतिक या शारीरिक श्रम या सामान्य कर्म से पृथक कर दिया जाता है तो वह घृणित वर्ग बन जाता है और धीरे धीरे उसपर पतित वर्ग होने का कलंक लग जाता है।' हमने मार्क्स और एंगेल्स (प्रबोध चंद्रोदय, 229) के उन महत्वपूर्ण लेखांशों का उद्धरण पहले ही दे दिया है जिनमें यह प्रक्रिया स्पष्ट की गई है। अब हम देखेंगे कि यही बात वैदिक साहित्य में किस प्रकार उजागर होती है।

राथ ने जो यह तर्क दिया कि 'ऋग्वेद' में अंततः वरुण का स्थान गौण हो गया और इंद्र श्रेष्ठ बन गया, उसका मुख्य प्रमाण यह है कि दसवें मंडल में वरुण के लिए एक भी संपूर्ण ऋचा नहीं है जबकि इंद्र की स्तुति 45 ऋचाओं में हुई।' ऐतिहासिक प्रमाण के रूप में यह निश्चित ही महत्वपूर्ण है। 'ऋग्वेद' का दसवां मंडल कालांतर की दृष्टि से इतनी देर से रचा गया कि संभवतः उसके कुछ अंश तो प्रारंभिक ब्राह्मण ग्रंथों के काल में ही लिखे गए होंगे। यह भी संभव है कि प्रारंभिक उपनिषदों का काल भी लगभग उसी समय आरंभ हुआ हो। दसवें मंडल में वरुण की प्राचीन प्रतिष्ठा का लगभग पूर्ण ह्रास हो चुका था। इसलिए यह कोई साधारण महत्व की बात नहीं है कि इस मंडल में हमें माया के ह्रास का भी स्पष्ट प्रमाण मिलता है। यह ज्ञान की महत्ता बढ़ जाने का परिणाम था और अब उसके लिए यह प्रमाण प्रस्तुत है: 'ऋग्वेद' के दसवें मंडल की एक ऋचा किसी अज्ञात देवता को संबोधित की गई है। (x. 71) इसे स्पष्ट करते हुए सायण ने कहा:

> इस ऋचा में ऋषि ने परब्रह्म के ज्ञान (मानव के उच्चतम आदर्श की प्राप्ति में सहायक ज्ञान) की स्तुति की है इसलिए वही देवता है। 'बृहत-देवता' के अनुसार 'बृहस्पति ने इस सूक्त में उस ज्ञान की प्रशंसा की है जो अति द्युतिमान परब्रह्म की भांति सर्वत्र व्याप्त है।
>
> 'सर्वानुक्रमणी' के अनुसार इस ऋचा में बृहस्पति ने बृहस्पति के ज्ञान की स्तुति की।

ऐसी परिस्थितियों में यदि आधुनिक विद्वान यह कहें कि इस ऋचा का देवता ज्ञान था तो उनका विचार पूर्णयता उचित है [125. vi. 127; ऋ. वे. (पूना) (v. 103]। अन्य शब्दों में यह सारी ऋचा ही विशुद्ध ज्ञान की स्तुति के लिए थी। यहां इस बात का विस्तृत तर्क देने

की आवश्यकता नहीं है कि एक अमूर्त विचार को वैदिक देवता का दर्जा प्राप्त हो गया जो इस बात का निश्चित प्रमाण है कि यह ऋचा बहुत बाद में लिखी गई। 'निघंटु' के लेखक ने वैदिक देवताओं की जो सूची बनाई उसमें इस देवता की भूरिभूरि प्रशंसा की गई है। निम्नलिखित ऋचा पूर्णतया निर्णायक समझी जा सकती है :

> तुम (ज्ञान) अन्न से परिपूर्ण (वजिनेषु) स्थलों पर अपनी मैत्री (साख्य) के लिए विश्वसनीय समझे जाते हो और कोई भी तुम्हें हानि नहीं पहुंचाता; दूसरा इधर-उधर भटकता रहता है, उसकी माया गउओं से वंचित है, वह ऐसे शब्दों का श्रवण करता रहता है जो फल और पुष्प रहित हैं (अफलम्-अपुष्पम्)। (x. 71.5)

यहां हमें माया के साथ ज्ञान का स्पष्ट वैषम्य दिखाई देता है। इसके अलावा ज्ञान का दृढ़ स्थान बन चुका था जबकि माया बांझ हो गई थी। 'अफलम-अपुष्पम' पर सायण की टिप्पणी से यह स्पष्ट हो जाता है : 'जिस प्रकार एक बंध्या किंतु हृष्ट-पुष्ट गाय भ्रम उत्पन्न करती है; जिस प्रकार एक सूखा पेड़ कभी कभी कुछ नई पत्तियों के उग आने से यह आभास देता है कि वह हरा भरा होकर फल देगा; उसी प्रकार वह व्यक्ति अपनी बांझ माया के साथ घूमता-फिरता है और अपने शब्द बार बार बोलता है।' इससे अगले चरण में माया अद्‌वैत वेदांत का अंधकारमय अनिर्वचनीय ब्रह्मांडीय व्यामोह का सिद्धांत बन जाएगी। कम से कम इस ऋचा में जिस ज्ञान की स्तुति की गई है वह निश्चित ही गूढ़ ज्ञान था (11.489 .ई.आर.ई.xii. 541) जो उपनिषद शब्द का असली अर्थ है। इसी सूक्त की यह ऋचा इस बात को और स्पष्ट करती है :

> जब ब्राह्मण, जो मित्र हैं, अपनी अपनी तीक्ष्ण बुद्धि के साथ विवेचना के लिए (मानसःजबेषु कहीं यह चिंतन की स्वच्छंद कल्पना की उड़ानों की ओर संकेत तो नहीं था ?) एकत्र होते हैं तो वे उस (अज्ञानी) व्यक्ति को यज्ञ स्थल से बाहर भगा देते हैं और फिर वेद ज्ञान के महात्म्य का बखान करते हैं। (x. 71.8)

ध्यान योग्य बात है कि यहां एक अलग वर्ग के रूप में ब्राह्मणों का उदय हुआ जो अपने गूढ़ ज्ञान को गुप्त रखने में सतत प्रयत्नशील थे। इसका कोई भी संकेत 'ऋग्वेद' के आरंभिक अंशों में नहीं है। किंतु इससे भी अधिक महत्वपूर्ण प्रश्न यह है कि अज्ञानी घोषित किए गए उस व्यक्ति की क्या गति होती है जिसे वेदज्ञान विवेचन से पूर्व ब्राह्मण बाहर निकाल देते हैं? हमारे तर्क की दृष्टि से तो यही अपेक्षित है कि इस ऋचा से स्पष्ट इंगित होता है कि वह व्यक्ति उस जनसमूह में जा मिला जो भौतिक अथवा शारीरिक श्रम में रहते थे :

> वे अज्ञानी लोग, जो ब्राह्मणों या देवताओं, या सोम का अर्घ्य देने वालों की संगति में उठते बैठते नहीं हैं वे धर्मोल्लंघक शब्द बोलने और सिरीःसीरः होने के कारण तंत्र का प्रसार करते हैं क्योंकि वे ज्ञानविहीन हैं (तन्वते तंत्रम्)। (x. 71.9)

सारे 'ऋग्वेद' में केवल इसी ऋचा में सिरीः शब्द आया है और इसका अर्थ कुछ अस्पष्ट सा है। मोनियर विलियम्स (98.1217) और मैकडानल (95.11.450) ने कुछ झिझकते हुए विचार व्यक्त किया कि इसका अर्थ 'जुलाहा', संभवतः 'जुलाहा स्त्री' था। लेकिन विलसन (ऋ. वे. vi. 129) ने इसका अर्थ हलवाहा या किसान बताया। स्पष्ट है कि सायण की इस व्याख्या के अनुसार वह यह अर्थ लगा रहा था कि सिरीः शब्द वास्तव में सीरिन था जिसका अर्थ था वे व्यक्ति जिनके पास सीर या हल होता है। यदि हम इस व्याख्या को स्वीकार कर लें तो जिन व्यक्तियों को यज्ञस्थल से बाहर निकाल दिया गया वे खेतिहर मजदूर या किसान रहे होंगे। किंतु दूसरी व्याख्या के अनुसार ये लोग जुलाहे थे। जो भी हो, ये दोनों व्याख्याएंएक ही बात को

इंगित करती हैं। इस प्रकार के लोग उन लोगों में जा मिले जो मजदूरी करते थे। इसीलिए इस ऋचा का यह प्रमाण पूर्णतया निर्णायक है। यहां हमें न केवल मानसिक श्रम या विशुद्ध ज्ञान की श्रेष्ठता का पता चलता है साथ ही मजदूरी या शारीरिक व भौतिक श्रम के प्रति हीन भावना भी दिखाई देती है। हम तर्क देने जा रहे हैं कि इसी के कारण भाववादी दृष्टिकोण के उद्भव के लिए भौतिक परिस्थितयां उत्पन्न हुईं और अंततः यह उपनिषदों में विकसित हुआ।

किंतु इस पहलू पर विचार करने से पहले हम विषय से थोड़ा हटकर इस ऋचा के एक अन्य रोचक संकेत पर ध्यान देंगे। इस ऋचा में 'तन्वते तंत्रम्' शब्दों का प्रयोग किया गया है। सारे ऋग्वेद' में केवल इसी जगह तंत्र शब्द आया है। सायण ने 'तन्वते तंत्रम्' को 'कृषि-लक्ष्मणम् विस्तारयन्ति कुर्वन्ती' अर्थात कृषि कार्य करना या उसका प्रसार करना बताया। इसके साथ साथ ऐसा प्रतीत होता है कि इस ग्रंथ में इस कार्य के साथ वेद विरोधी या अवैदिक मंत्रों के कुछ संबंध होने का संकेत है। वाचम् अभिवद्य पाणय अर्थात धर्म विरुद्ध अथवा पापमय शब्द बोलना। इसके बाद सायण ने वाचम् शब्द के साथ गुणवाची शब्द लगाया 'लौकिकम' जिसका अर्थ है 'इहलौकिक' या लोगों का। चूंकि 'ऋग्वेद' में वाचम् शब्द कुछ जादू अथवा चमत्कारी क्रियाओं के संदर्भ में आया है इसलिए सायण के 'लौकिकम वाचम्' शब्द का अर्थ केवल लोकप्रचलित या इहलौकिक मंत्र ही हो सकना था जो सायण के अनुसार कृषि कार्यों से संबद्ध थे। इसलिए हमारा यह प्रश्न उठाना उचित ही है कि क्या हमें यहां मूल तंत्रवाद के साथ कृषि अनुष्ठान के किसी संबंध का संकेत मिलता है? इसके उत्तर के बारे में निश्चित रूप से कुछ कहना असंभव है। किंतु कुछ बातों की उपेक्षा नहीं की जानी चाहिए। 'ऋग्वेद' में केवल एक ही बार आए इस तंत्र शब्द की अब तक हमें कोई वैकल्पिक व्याख्या नहीं मिली है और क्योंकि तंत्रवाद अत्यंत प्राचीन है, इसलिए 'ऋग्वेद' के अंतिम चरणों के ऋषि-मुनियों का तंत्र शब्द के साथ परिचित होना कोई असंभव बात नहीं है। इसके अलावा 'तन्वते तंत्रम्' की सायण की व्याख्या को पूर्णतया निराधार मानना होगा जब तक कि यह न मान लिया जाए कि वह किसी ऐसी प्राचीन परंपरा का सहारा ले रहा था जिसमें वास्तव में तंत्रवाद को खेतीबाड़ी से संबद्ध माना गया था। और जब फिर कुल्लक भट्ट ने (आन मनुःii. 1) श्रुति को दो दिशाओं (वैदिकी और तांत्रिकी) में विभक्त हो जाने का उल्लेख किया तो वह वास्तव में एक अत्यंत प्राचीन परंपरा के आधार पर ऐसा कर रहे थे। कुल्लक भट्ट ने हारीत को प्रामाणिक मानकर यह बात कही थी। बताया जाता है कि हारीत को अत्यंत प्राचीन काल स्तम्ब और वशिष्ठ के काल में उद्धृत किया गया था। (8. i. 70) इसलिए क्या ऐसा हो सकता है कि उपरोक्त ऋचा इस विभेद का स्पष्ट उल्लेख करने वाली प्राचीनतम ऋचा रही हो भले ही इसमें तंत्रवाद के प्रति घृणा भाव व्यक्त किया गया हो क्योंकि इसका संबंध कृषि कार्यों के रूप में शारीरिक श्रम के साथ था? किंतु आइए हम फिर अपनी मुख्य बात पर लौटें अर्थात उपनिषदों में भाववादी दृष्टिकोण के उदय की बात। हमारा कहना है कि भाववाद तब अस्तित्व में आया जब सिद्धांत और व्यावहारिक क्रिया को एक दूसरे से अलग कर दिया गया और वैचारिक सिद्धांतों को उच्च स्तर पर तथा व्यावहारिक क्रियाओं को निम्न कोटि का बताया गया।

हमने जिन ऋचाओं का अभी उदाहरण दिया वे इस बात को इंगित करती हैं कि किस प्रकार स्वयं 'ऋग्वेद' के अंतिम चरणों में ज्ञान को श्रेष्ठ बनाया गया और कर्म अथवा शारीरिक श्रम को हीन बना दिया गया। स्पष्ट है कि यही प्रक्रिया उपनिषदों में भी चलती रही और इसी से इन ग्रंथों का नाम 'ज्ञानकांड' पड़ा। यह पहले के अनुष्ठान संबंधी कार्यों के ठीक विपरीत था

जिनका नाम 'कर्मकांड' रखा गया था। यह आपत्ति उठाई जा सकती है कि ज्ञान और कर्म के बीच का यह वैषम्य वास्तव में दार्शनिक ज्ञान और यज्ञ कर्म के बीच का विभेद था। किंतु हम पहले ही देख चुके हैं कि इन यज्ञों की अपनी प्रागैतिहासिक पृष्ठभूमि हैं जब वे वास्तविक श्रम के साथ विशेष रूप से संबद्ध थे। जो भी हो, इस बात में कोई संदेह नहीं किया जा सकता कि उपनिषदों में, कम से कम जैसा शंकर ने इन्हें समझा, ज्ञान की महत्ता को कर्म के महत्व की बलि देकर उत्कृष्ट बनाया गया। व्यावहारिक क्रियाओं वाले जीवन से चेतना को इस प्रकार पूर्णतया पृथक करने का तर्कसंगत अर्थ यही था कि चेतना को व्यावहारिक क्रियाकलापों वाले भौतिक जगत की यथार्थता को स्वीकार करने के दायित्व से मुक्ति मिल गई। यह ऐसी स्थिति थी जिसमें विचार को बाह्य जगत से हटा कर आत्मा पर केंद्रित किया गया। ऐसी आत्मा जो बाह्य जगत के साथ सभी प्रकार के कल्पनीय संपर्कों से पूर्णतया मुक्त थी; जिसकी शुद्धता की अनुभूति केवल निस्वप्न निद्रा में ही हो सकती थी; क्योंकि चेतनावस्था मे अनुभूतिगम्य पदार्थों या स्वप्न में दिखाई देने वाली छायाओं के संपूर्ण प्रभाव केवल निःस्वप्न निद्रा की स्थिति में ही शून्य हो जाते हैं (छां उ. viii. 11 और 12. इस प्रश्न पर उपनिषदों के नजरिए की आधुनिक व्याख्या के लिए देखें 73.11—30)। उपनिषदों के उन्नत भाववादी दार्शनिकों ने आत्मा को उसकी पूर्ण शुद्धता में इसी प्रकार जाना और उनका कहना था कि यही परम सत्य या ब्रह्म है।

इस प्रकार का दार्शनिक मत उपनिषदों में किस प्रकार विकसित हुआ, यह प्रक्रिया हमारे आधुनिक विद्वान सविस्तार बता चुके हैं (ई. आर. ई. xii. 456 और आगे: 107. 52-95 उपनिषदों की आधुनिक व्याख्याओं की विस्तृत पुस्तक सूची के लिए देखें 140. 461-515) किंतु हमारी विशेष रुचि इस बात में है (और जिसमें हमारे आधुनिक विद्वान भौतिकवाद के प्रति अपनी सामान्य घृणा के कारण विशेष रुचि नहीं रखते) कि इस प्रकार का भाववादी मत उपनिषदों में केवल आदिम आद्य भौतिकवादी मत का अवशेष था। संभवतः यह स्वयं औपनिषिदिक दार्शनिकों के पूर्वजों की मान्यताओं का प्रतिपादन करता था और इसका भौतिकवादी स्वरूप इसलिए बना कि क्योंकि पूर्वजों की इस मान्यता के समक्ष अभी माया की अवनति नहीं हुई थी (वह माया काल में प्रज्ञा तथा कर्म के मिश्रित विचार की द्योतक थी)। इस आदय भौतिकवाद के अध्ययन के लिए हम विशेष रूप से ब्रह्म की अवधारणा की प्रागैतिहासिक स्थिति का अध्ययन कर सकते हैं।

जे. गोंडा ने इस विषय पर अपने विद्वत्तापूर्ण निबंध के आरंभ में इस अवधारणा के संबंध में आधुनिक विचारों का लगभग मतिभ्रम पैदा करने वाला ढेर लगा दिया है। (28-1.9) किंतु यह भी दुर्भाग्यपूर्ण तथ्य है कि ये सभी विचार मुख्यतया विशुद्ध वैदिक परंपरा से अलग बातों पर आधारित हैं क्योंकि ज्यादातर तुलनात्मक भाषा विज्ञान या शब्दार्थ विज्ञान के सामान्य नियमों पर आधारित हैं। इस प्रकार के विचारों का अपना प्रत्यक्ष महत्व है। लेकिन यह महत्व तभी हो सकता है जब हम एक मूलभूत प्रश्न का उत्तर दे सकें। प्रारंभिक सुस्पष्ट वैदिक परपंरा के अनुसार हम शब्द का प्रयोग करने वाले लोगों अर्थात बैदिक ऋचाओं के प्रारंभिक रचयिताओं और उच्चारण करने वाले लोगों के मन में इस शब्द से कौन से विचार अथवा भाव आए, इस प्रश्न का उत्तर देने के लिए हमें एक बार फिर 'निघंटु' का आश्रय लेना होगा। 'निघंटु' के अनुसार ब्रह्म अन्न (ii.7) या संपत्ति (ii.10) का पर्यावाची है। पहले पर्याय पर टिप्पणी करते हुए निरुक्त ने कहा :

> यह शब्द 'बृह' (बृम्हि) धातु से व्युत्पन्न हुआ है जिसके साथ 'मनिन' प्रत्यय लगने से इसका अर्थ बनता है अभिबृद्धि करना। इसलिए ब्रह्म का शाब्दिक अर्थ है वह जिसकी

बृद्धि सभी पशु करते हैं, जिसका सदा भक्षण होने के बाद भी उसमें कोई कमी नहीं आती, जो स्वभाव से ही बढ़ता रहता है क्योंकि उसमें सारे संसार का पोषण करने का गुण है, या जिसके द्वारा सभी प्राणियों में वृद्धि होती है। [तैत्तिरीय उपनिषद (11.2.2) जातानि अन्नेन 'वर्द्धन्ते' जन्म के पश्चात् अन्न की सहायता से बढ़ो।']

हम देखेंगे कि 'तैत्तिरीय' का यह अंश आरंभिक वैदिक काल के आदिम आद्य भौतिकवादी मत के अवशेष की ओर इंगित करता है। उस काल के मत के अनुसार अन्न ही मूलभूत सत्य था। यह पूर्वजों का भौतिकवाद था। उपनिषदों के प्रगतिशील विचारक इसी से मुक्त होने का सतत प्रयत्न कर रहे थे। जो भी हो, यह उद्धरण इस बात को पूरी तरह स्पष्ट कर देता है कि ब्रह्म शब्द से निरुक्त के लेखक का आशय अन्न था और अन्न के अलावा कुछ नहीं। लेखक ने दाबा किया कि ब्रह्म शब्द का यह अर्थ 'ऋग्वेद' के निम्नलिखित अंश से स्पष्ट होता है :

हे इंद्र, यजमानों के धी (ज्ञान या कर्म) से प्रेरित होकर भव् (पुजारी) जो सोम के साथ हैं, अपने अन्नों (ब्रमानि) की ओर आते हैं। (i.3.5)

जैसा कि पहले बताया जा चुका है, वेद मंत्र हमें एक ऐसे युग में ले जाते हैं जिसमें मानव की संपत्ति अन्न को समझा जाता था। इसलिए कोई आश्चर्य की बात नहीं है कि 'निघंटु' में कहा गया कि यही ब्रह्म शब्द संपत्ति अर्थात धन के अर्थ में भी आया है। इसपर टिप्पणी करते हुए 'निरुक्त' ने एक बार फिर इसमें निहित 'अभिवृद्धि' पर बल दिया। 'भोव्मम 'बृम्ह्हाकम' अर्थात् वह जो पोषक आहारों की अभिबृद्धि करता है। 'निरुक्त' के अनुसार यह अर्थ 'ऋग्वेद' की निम्नलिखित ऋचा से स्पष्ट होता है :

हे मित्र और वरुण, आपको स्तुति (नमस्) के साथ अन्न की भेंट चढ़ाई जानी चाहिए ताकि हमारी रक्षा हो; युद्ध में हमारी संपत्ति (ब्रह्म) श्रेष्ठ रहे; आकाश से हमारी वर्षा अच्छी उर्वरक हो। (i.153.7)

'निरुक्त' के इन प्रमाणों की अनदेखी नहीं की जा सकती। इस प्रकार यदि अत्यंत प्रामाणिक वैदिक परंपरा की दृष्टि से इन दो ऋचाओं में ब्रह्म शब्द का अर्थ अन्न और धन (संभवत: अन्न के रूप में) था तो 'ऋग्वेद' में अन्य स्थानों पर भी जहां कहीं यह शब्द आया है वहां इसका कोई अन्य अर्थ लगाना उचित नहीं होगा। फिर भी, जैसा कि सर्वविदित है, सायण ने लगभग निरंतर ही इस शब्द की व्याख्या करते हुए इसे स्तोत्र या स्तुति गीत कहा। हम नहीं कह सकते कि उन्होंने किस परंपरा के आधार पर यह व्याख्या की। किंतु मान लीजिए कि यह प्राचीन वैदिक व्याख्या के प्रतिकूल नहीं थी तो सायण की व्याख्या को हम संभवत: 'छांदोग्य उपनिषद' के मंत्रोच्चारक श्वानों के दृष्टिकोण से स्वीकार कर सकते हैं। इन श्वानों के लिए कोई ऐसा गीत नहीं था जो अन्न के लिए न हो। अन्य शब्दों में स्तोत्र के अर्थ में ब्रह्म शब्द यदि मान्य है तो इसे केवल व्युत्पादित अर्थ के रूप में लिया जा सकता है। स्तोत्र अन्न प्राप्ति का एक साधन था इसलिए अन्न के लिए प्रयुक्त शब्द को भी कहीं कहीं स्तोत्र कहा जा सकता था।

किंतु यास्क ने इस बात पर बल दिया है कि 'ब्रह्म' की अवाधारणा में निहित अभिवृद्धि करना' अर्थ स्तोत्र के अर्थ में सही नहीं बैठता। इसके अलावा 'ब्रह्मम' की अभिवृद्धि की इच्छा ही बहुधा व्यक्त की जाती थी और यह मान लेना अपने दिमाग पर बोझ डालना है कि वैदिक ऋषि मूलत: अपने स्तोत्र की अभिवृद्धि की इच्छा रखते थे जबकि स्पष्ट और प्रत्यक्ष तथ्य यह है कि उनका ध्यान हर समय अन्न और धन वृद्धि पर केंद्रित रहता था। इसलिए जब 'ऋग्वेद' में जिस संदर्भ में यह शब्द आया है वह अभिवृद्धि की इच्छा का संदर्भ है तो

'निघंटु' और 'निरुक्त' की परंपरा की उपेक्षा करके इस शब्द का अर्थ स्तोत्र मान लेने का कोई औचित्य नहीं है। अधिकांश प्रसंगों में इस शब्द का अर्थ अभिवृद्धि के संदर्भ में ही आया है।

'स्तुति से प्रसन्न होकर इंद्र ने अंगीरसों के साथ मिलकर ब्रह्म की अभिवृद्धि की और साथ ही पथ का निर्माण कर रहा था। (ब्रह्म तुतोत गतुम् ईशनान्') (ii.20.5)··· जिसके ब्रह्म में सोम की भांति अभिबृद्धि होती है (यस्य ब्रह्म बर्द्धनम् यस्य सोमाः)' (ii.12. 14)' हे मरूतो, हमें वह दो जो अन्न से परिपूर्ण है, जो दिन प्रतिदिन अन्न की वृद्धि करता है (ब्रह्माचितायत); हम स्तुति करने वालों को अन्न भी दो जिससे कि युद्ध में हम अपराजेय शक्ति प्राप्त कर सकें और शत्रु से पराजित न हों और मेधावी बनें'। (ii.34.7) हे इंद्र अग्नि, समिधा की वृद्धि करो, हव्य की वृद्धि करो, अन्न की वृद्धि करो (ब्रह्म जोशी), स्तुति करने वाले जनों की समृद्धि में वृद्धि करो······' (ii.37.6) हे ग्रितसमदो, आश्विनो, स्तुति करो जो अन्न का बर्द्धन करते हैं (ब्रह्म वर्द्धनानि); इनका सुख भोग करने वाले लोग तुम्हारी ओर गए······' (ii.39.8)' हे इंद्र, तुम हमारी मनोकामना पूर्ण करने वाले हो इस लिए हमारे पास आओ, हमें योद्धा पुत्र दो, अन्न का सुख दो और पूर्वजों के साथ मिलकर हमारे शत्रुओं का नाश करो (स्थबिरेविः); हमें सब प्रकार की सुरक्षा प्रदान करते हुए, अन्न की वृद्धि करते हुए (ब्रह्म जुसानहु) हमारे पास आओ, तुम जो अश्वाधिपति हो' (vii.24.4)। आदि। इन सभी प्रसंगों में सायण ने ब्रह्म की स्तोत्र के रूप में व्याख्या की। किंतु इन ऋचाओं में ऐसा कोई विशेष कारण दिखाई नहीं देता जिसके आधार पर हम 'निघंटु' और 'निरुक्त' की प्रामाणिकता के प्रतिकूल किसी बात पर विश्वास करें।

यहां यह उल्लेख करना उचित होगा कि सायण को ब्रह्म शब्द की कुछ व्युत्पत्तियों की व्याख्या करते हुए यास्क का खंडन करना असंभव प्रतीत हुआ। उन्होंने 'ब्रह्म-चोदानिम' का अर्थ 'ब्रह्मणाः अन्नस्य प्रेरयित्रीम्' अर्थात अन्न भेजने वाला या अन्न की अभिवृद्धि करने वाला बताया।' हे देदीप्यमान पूषाण, जिस अन्नवर्धक को तुम अपने हाथों में लिए हुए हो, उसने सबके मन को आकृष्ट कर लिया है; कृपा करके अपनी पकड़ ढीली करो'। (vii.53.8) उसने ब्रह्मणस्पति शब्द का अर्थ अन्न उत्पादन क्रिया को पोषित करने वाला बताया। (आन.ii. 23.1) कुछ अन्य प्रसंगों में वह ब्रह्म के इस अर्थ के साथ कुछ अनुष्ठानात्मक महत्व जोड़ना चाहता था। इस प्रकार उसने ब्रह्म का निर्माण करने वाले अर्थात 'ब्रह्मकारः; की व्याख्या 'ब्राह्मणः अन्नस्य हविः-लक्षणस्य कर्तारः (आन.vi. 29.4) के रूप में की जिसका अर्थ था हवि के रूप में अन्न का सृजन करने वाले। क्या इस भाष्यकार ने यह अनुष्ठानात्मक महत्व इसलिए जोड़ा कि क्योंकि वह ब्रह्म के संबंध में भाववादी विचारों से अघा जाने के पश्चात् हिचकिचा रहा था क्योंकि वह इस शब्द को अन्न और संपत्ति जैसी स्थूल भौतिक आवश्यकताओं के साथ संबद्ध नहीं देखना चाहता था?

किंतु प्रारंभिक वैदिक ऋषियों के मामले में स्थिति भिन्न थी। वे स्वयं उपनिषदों के भाववादी दृष्टिकोण से उतने ही दूर थे जितने कि उपनिषदों के भाववादी दार्शनिक अपने पूर्वजों के आद्य भौतिकवाद से दूर थे। अन्न और भौतिक संपत्ति को उन्होंने जो इतनी अधिक महत्ता दे रखी थी उससे यह आद्य भौतिकबाद स्पष्ट परिलक्षित होता है। इसी से यह बात भी स्पष्ट होती है कि ब्रह्म शब्द अपने व्युत्पादित शब्दों के साथ अकेले 'ऋग्वेद' में ही कम से कम दो सौ बत्तीस बार आया है। इसी प्रकार 'अथर्ववेद' में भी यह शब्द अनेकों बार आया है। इस अवधारणा की प्रागैतिहासिक स्थिति का सुव्यवस्थित अध्ययन करने से हमें यह पता चल जाएगा कि इन सभी उल्लेखों की समीक्षा करने पर क्या हम यास्क की प्रामाणिकता

पर संदेह करके उसे छोड़ सकते हैं और अन्न तथा संपत्ति से इतर भी कोई अर्थ लगाया जा सकता है ? किंतु इस समय इतना ही कहना पर्याप्त है कि वेदों के आरंभिक अंशों में इस शब्द का अर्थ परम सत्य के रूप में विशुद्ध आत्मा किसी भी प्रकार नहीं भासित होता। इसके विपरीत यदि वेदों में आए ब्रह्म शब्द का कोई दार्शनिक महत्व है तो इस दर्शन को पूर्णतया भौतिकवादी दर्शन मानना होगा यद्यपि वह दर्शन एक असभ्य समाज का होगा। इससे हमें विश्व दृष्टिकोण के संबंध में कुछ आभास मिलता है जिसके अवशेषों पर अंततः उपनिषदों का भाववादी दर्शन विकसित हुआ।

अब हम दो अन्य बातों पर विचार के साथ ही अपने तर्क का समापन कर सकते हैं। पहली, उपनिषदों के कुछ लेखांशों में इस पुरातन विश्व दृष्टिकोण के अवशेष दृढ़तापूर्वक विद्यमान रहे। दूसरी, उपनिषदों के कुछ अन्य लेखांशों से यह पता चलता है कि इस युग का भाववादी दर्शन इस पुरातन विश्व दृष्टिकोण से मुक्ति पाने के सतत प्रयत्नों का परिणाम था। इन दोनों बातों पर हम कुछ संक्षेप में विचार करेंगे। हम देख चुके हैं कि यास्क ने हमें पहली बात का संकेत दिया। यह स्पष्ट करते हुए ब्रह्म का अर्थ अन्न था, उसने 'तैत्तिरीय उपनिषद' का उदाहरण दिया जिसमें संशोधित रूप के साथ इस प्राचीन विचार के अवशेष विद्यमान थे। उपनिषद काल तक आते आते यह शब्द एक सर्वव्यापी परम सत्य का अर्थ ग्रहण कर चुका था। इस प्रकार तैत्तिरीय उपनिषद' में अन्न को परम सत्य बताया गया है :

अन्नाद्वै प्रज्ञाः प्रजायन्ते। याः काश्च पृथ्वीं श्रिताः।
अथो अन्नेनैव जीवन्ति। अथैनदपि यन्त्यन्ततः।
अन्नंहि भूतानां ज्येष्ठम्। तस्मात् सर्वौषधमुच्यते।
सर्वं वे ते न्नमाप्नुवन्ति। येन्नं ब्रह्मोपासते।
अन्नं हि भूतानां ज्येष्ठम्। तस्मात् सर्वौषधमुच्यते।
अन्नाद् भूतानि जायन्ते। जातान्यन्नन वर्धन्ते।
अद्यतेति च भूतानि। तस्मादन्नं तदच्यत इति।

इस पृथ्वी के जितने भी प्राणी हैं वे वस्तुतः अन्न से उपजे हैं। अन्न पर ही वे निर्भर हैं और अंत में अन्न में विलीन हो जाते हैं। वस्तुतः सभी प्राणियों में प्रथम उत्पन्न अन्न है। इसलिए इसे सर्वनिदान औषधि कहा जाता है। वस्तुतः जो ब्रह्म की अन्न के रूप में उपासना करते हैं उन्हें सभी प्रकार का अन्न प्राप्त होता है। क्योंकि वस्तुतः अन्न ही सभी प्राणियों से पूर्व जन्मा। इसलिए यह सभी प्राणियों का निदान करने वाली औषधि कहलाता है। जन्म लेने के पश्चात वे अन्न से ही बढ़ते हैं। अन्य का भक्षण किया जाता है और वह अन्न वस्तुओं का भक्षण करता है। इसलिए उसे अन्न कहा जाता है (ii. 2.अनु.107)

निश्चित ही ये उपनिषद के दार्शनिक के विचार नहीं थे। इस लेखांश के लेखक ने इसके तुरंत बाद के लेखांश में यह वर्णन किया है कि' जिसमें अन्न का सार तत्व है वह जीवनधारी आत्मा है और कितनी भिन्न है' आदि। फिर भी इस लेखांश में हमारे लिए कुछ बहुत महत्वपूर्ण बातें हैं। इससे संकेत मिलता है कि उपनिषद काल तक किस प्रकार का आद्य भौतिकवाद शेष रहा जिसके प्रभाव से हमारे देश के प्रारंभिक भाववादी अपने आपको मुक्त कराने के प्रयत्नों में लगे हुए थे। इसके साथ ही हम दूसरी बात पर आते हैं जो वरुण और उसके पुत्र भृगु से संबद्ध सुप्रसिद्ध कथा से स्पष्ट होती है। यह कथा भी इसी उपनिषद में आती है। (iii.1-6)

वरुण का पुत्र भृगु अपने पिता के पास जाकर बोला; श्रीमन् ब्रह्म की व्याख्या करो।' पिता ने पुत्र को ब्रह्म के स्वभाव के संबंध में सामान्य मंत्र बताया : 'यतो वा इमानि भूतानि

जायन्ते। येन जातानि जीवन्ति। यत्प्रयन्त्यभिसविशन्ति। तद्विजिज्ञासस्व। तन् ब्रह्ममोति।' 'वस्तुतः वह जिसमें से यहां के प्राणी जन्म लेते हैं, और जन्म लेने के पश्चात जिसके आधार पर जीवित रहते हैं, वह जिसमें वे मृत्यु के पश्चात विलीन हो जाते हैं और जिसका ज्ञान प्राप्त करने की इच्छा रहती है, वही ब्रह्म है।' भृगु ने इसी के आधार पर ब्रह्म के स्वरूप का ध्यान किया। उसके चिंतन का प्रथम परिणाम यह बोध था कि ब्रह्म निश्चित ही अन्न है।' वस्तुतः यहां सभी प्राणी अन्न से उपजे हैं और जन्म लेने के पश्चात अन्न पर ही जीवित रहते हैं तथा मृत्यु के पश्चात अन्न में विलीन हो जाते हैं।' इस निष्कर्ष से पिता संतुष्ट नहीं हुए और उन्होंने भृगु से एक बार फिर ध्यान लगाने को कहा। इस बार पुत्र ने सोचा कि मनस् ही परम सत्य है। यह भी संतोषजनक विचार नहीं था और इसलिए भृगु ने पुनः ध्यान लगाया और सोचा कि विज्ञान या बुद्धि ही ब्रह्म है किंतु वरुण ने उसे फिर ध्यान लगाने को कहा और पुत्र को अपने ध्यान के इस अंतिम चरण में बोध हुआ कि आनंद ही ब्रह्म है।

यह मत कि ब्रह्म का अर्थ आनंद है, वेदांत के भाववाद को किस प्रकार प्रतिपादित करता है इस बात पर उपनिषदों के परंपरागत और आधुनिक भाष्यकारों ने बहुत कुछ कहा है। किंतु हमारी विशेष रुचि इस बात में है कि इस मत तक पहुंचने के लिए 'तैत्तिरीय उपनिषद' के दार्शनिक को सबसे पहले तो उस अपरिपक्व भौतिकवादी दृष्टिकोण से स्वयं को मुक्त कराना पड़ा होगा जिसके अनुसार अन्न ही परम सत्य था। उपनिषद काल में वास्तव में ऐसा भौतिकवादी दृष्टिकोण प्रचलित था जिसका प्रतिवाद भाववादी दार्शनिकों ने इतनी सक्रियता के साथ किया। यह बात 'बृहत आरण्यक उपनिषद' के निम्नलिखित अंश से विदित हो जाएगी :

> कुछ लोग कहते हैं कि 'ब्रह्म अन्न है। यह सत्य नहीं है क्योंकि वास्तव में प्राण के बिना अन्न सड़-गल जाता है। कुछ लोग कहते हैं कि 'प्राण ब्रह्म है' ऐसा नहीं है। क्योंकि अन्न के बिना प्राण नही रहते। किंतु जब ये दोनों देवता एक हो जाते हैं तो श्रेष्ठतम स्थिति को प्राप्त होते हैं।
>
> तब ध्रुव प्रत्रिद ने अपने पिता से कहा : 'जिसे इस बात का ज्ञान है मैं उसका क्या कल्याण कर सकता हूं या उसे क्या हानि पहुंचा सकता हूं ?
>
> अपना हाथ हिलाते हुए पिता ने कहा 'नहीं; नहीं, प्रत्रिद इन दोनों के साथ संयुक्त होकर (केवल इतने से ही) कौन श्रेष्ठतम स्थिति को प्राप्त हो सकता है ? (v.12. अनु. 107)

और इसके बाद पिता ने भाववादी दृष्टिकोण की व्याख्या आरंभ कर दी। इस प्रकार यहां भी हम देखते हैं कि आद्य भौतिकवाद के प्रभाव से मुक्ति पाने के सचेतन प्रयत्न किए गए। ये प्रयत्न उपनिषदों के दार्शनिकों द्वारा ही नहीं किए गए थे, यह बात 'छांदोग्य उपनिषद' में वर्णित नारद और सनत कुमार की प्रसिद्ध कथा से सिद्ध होती है। दार्शनिक सनत कुमार ने नारद को यह मत स्वीकार करने के लिए प्रेरित किया कि आत्मा ही परम सत्य या ब्रह्म है। उसने उस काल में प्रचलित कुछ अन्य विचारों को एक एक करके खंडित करने की विधि अपनाकर अपने इस कार्य में सफलता पाई। सनत कुमार प्रचलित इन अन्य विचारधाराओं को निम्नकोटि की प्रज्ञा की अभिव्यक्ति मानता था। उसके द्वारा खंडित एक विचारधारा इस प्रकार थी :

> वस्तु शक्ति से बड़ा अन्न है यदि इसलिए कोई व्यक्ति दस दिन तक भोजन नहीं करता तो वह भले ही जीवित रहे फिर भी वस्तुतः वह देख, सुन, सोच और समझ नहीं सकता, कोई कर्म नहीं कर सकता, किसी बात का ज्ञान उसे नहीं हो सकता। किंतु अन्न प्राप्ति के पश्चात वह यह सभी कार्य कर सकता है। इसलिए अन्न पर ध्यान लगाओ।

जो अन्न को ब्रह्म के रूप में अपने ध्यान का केंद्र बनाता है वह अन्न और पेय प्राप्त करता है। जब तक अन्न प्राप्त होता रहता है तब तक ब्रह्म को अन्न के रूप में ध्याने वाला व्यक्ति असीम स्वतंत्रता को प्राप्त रहता है।

'श्रद्धेय श्रीमन्' क्या अन्न से भी श्रेष्ठ कोई वस्तु है' ? नारद ने पूछा।

'हां, अन्न से बड़ी भी कोई वस्तु है,' सनत कुमार ने कहा 'श्रद्धेय श्रीमन् मुझे उसके संबंध में बताइए। (vii.9.1-2 अनु. 107)

प्राचीन अन्न दर्शन से उबरने के प्रयत्नों के ये कुछेक उदाहरण हैं। (21.123 में कोसंबी ने तै. उ. ii.2 और मै. उ. vi.11-2 में अभिव्यक्त विचारों को 'अन्न दर्शन' कहा है, उन्होंने इसकी व्याख्या 'अत्यंत परिष्कृत टोटमवाद' के रूप में की है। किंतु स्वयं टोटमवाद की उत्पति और उपनिषदों में इस दृष्टिकोण के बचे रहने की विशिष्ट समस्या इन दोनों से संबंधित आम सवाल से जुड़े अनेक दावों को मद्दे नजर रखते हुए इस व्याख्या को स्वीकार करने में हिचकिचाहट है)। हमारी रुचि इस बात में अधिक है कि यह प्राचीन मत कितना दृढ़ाग्रही था। यही कारण है कि उपनिषदों में कहीं कहीं लगभग अविकृत रूप में इसकी अतिजीविता बनी रही। तैत्तिरीय उपनिषद में वरुण और भृगु की कथा से परिलक्षित होता है कि इस पुरातन मत के प्रभाव से मुक्ति पाने के प्रयत्न हुए। फिर भी इसमें लगभग अकस्मात ही घोषणा की गई :

अन्न न निन्यात्। तद व्रतम्। प्राणो वा अन्नम्। शरीरमन्नादम्। प्राणे शरीरं प्रतिष्ठितम्। शरीरे प्राणः प्रतिष्ठितः। तदेतदन्नमन्ने प्रतिष्ठितम्। स य एतदन्नमन्ने प्रतिष्ठितं वेदं प्रतिष्ठति। अन्नवानन्नादों भवति। महानभवति प्रजया वशुभिर्ब्रह्म-वर्चसेन। महान् कीर्त्या।

अन्न न परिचक्षीत। तद्व्रतम्। आपो वा अन्नम्। ज्योति-रन्नादम्। अप्सु ज्योतिः प्रतिष्ठितम्। ज्योतिष्यामः प्रतिष्ठिताः। तदेतदन्नमन्ने प्रतिष्ठितम्। स य एतदन्नमन्ने प्रतिष्ठितं वेद प्रतिष्ठति। अन्नवान्नादो भवति। महान्भवति प्रजया पशुभिर्ब्रह्मवर्चसेन। महान्कीर्त्या। अन्नं बहु कुर्वीत तद् व्रतम्……

अन्न की निंदा न करो। यही नियम है। प्राण वस्तुतः अन्न है। शरीर अन्न का भोक्ता है। प्राण में शरीर प्रतिष्ठित है। शरीर में प्राण प्रतिष्ठित है। इस प्रकार अन्न प्रतिष्ठित हो जाता है। वह अन्नवान और अन्नादः (अन्न का भोक्ता) बन जाता है। वह संतान पशुधन और पवित्र प्रज्ञा में महान बनाता है। महान कीर्ति प्राप्त करता है।

अन्न से घृणा न करो। यही व्रत है। जल वस्तुतः अन्न है। ज्योति अन्न की भोक्ता है। जल में ज्योति प्रतिष्ठित है। ज्योति में जल प्रतिष्ठित है। इस प्रकार अन्न में अन्न प्रतिष्ठित है जिसे यह ज्ञान है कि अन्न में अन्न प्रतिष्ठित है। वह प्रतिष्ठित हो जाता है। वह अन्नवान और अन्नादः (अन्न का भोक्ता) बन जाता है। वह संतान, पशुधन और पवित्र प्रज्ञा में महान बनता है, महान कीर्ति प्राप्त करता है।

अपने लिए अन्न की अभिवृद्धि करो। यही व्रत है (iii. 7-9 अनु. 107)

इस लेखांश की निश्छलता और सादगी, निश्चित ही प्रारंभिक वैदिक ऋचाओं की स्मरणकारी है। उपनिषदों में ऐसे आदिम दृष्टिकोण की अतिजीविता को केवल तभी समझा जा सकता है जब यह याद रखा जाए कि अन्य उपनिषदों की (ई.आर.ई.xii.541.124.i.236) भांति 'तैत्तिरीय उपनिषद' भी किसी एक व्यक्ति के मस्तिष्क की उपज नहीं था। स्वाभाविक है कि इस ग्रंथ में विभिन्न विचार संग्रहीत हैं इनमें से कुछ विचार तो आरंभिक काल के वैदिक ऋषियों के विचारों के साथ बहुत साम्य रखते हैं और कुछ विचार बाद के भाववादी दृष्टिकोण

को प्रतिपादित करते हैं। किंतु इस बात की ओर ध्यान आकृष्ट किया जा सकता है कि संभवतः अपनी समग्रता में 'तैत्तिरीय उपनिषद' में आरंभिक वैदिक काल की स्मृति प्रबलतम रूप में बनी रही। इस धारणा के कम से कम दो स्पष्ट कारण हैं। पहला, इसमें प्राचीन वैदिक देवताओं (मित्र, वरुण, आर्यमान इन्द्र, बृहस्पति, विष्णु) के प्रति आस्था और श्रद्धा को फिर से जाग्रत किया गया, जबकि अन्य उपनिषदों में इनकी स्मृति क्षीण होकर महत्वविहीन हो गई थी। दूसरा केवल 'तैत्तिरीय उपनिषद' में प्राचीन ऋतु की महिमा का स्मरण किया गया [तैत्तिरीय से बाहर 'ऋत्' शब्द केवल कठोपनिषद (iii. 1 और v. 2) में आया है और उसमें भी उसका पुराना महत्व शेष नहीं है]। इसलिए कोई आश्चर्य की बात नहीं है कि इस उपनिषद का उप संहार, प्राचीन अन्न दर्शन के प्रति विशेष रहस्यात्मक उल्लास की अभिव्यक्ति से हुआ :

अहा, अद्भुत ! अद्भुत ! अद्भुत !
मैं अन्न हूं ! मैं अन्न हूं ! मैं अन्न हूं !
मैं अन्न खाता हूं ! मैं अन्न खाता हूं ! मैं अन्न खाता हूं !
मैं श्लोक रचयिता हूं ! मैं श्लोक रचयिता हूं ! मैं श्लोक रचयिता हूं !
मैं ऋत् की प्रथम संतान हूं !
अमरत्व की नाभि में, देवताओं से पूर्व !
जो मेरा रहस्य उद्घाटित करता है, वस वास्तव में मेरी सहायता करता है।
मैं जो अन्न हूं, अन्न खाने वाले का भक्षक हूं।
मैंने सारे संसार को वशीभूत कर लिया है। (iii. 10.6. अनु. 140, किंतु हमने, श्लोक कृत का अनुवाद श्लोक रचयिता के रूप में किया है)

यह हमें 'छांदोग्य उपनिषद' के उन मंत्रोच्चारक श्वानों का स्मरण करता है जो केवल अन्न और अन्नभोग की बात कर रहे थे। और यह स्पष्टतया ऋग्वेदकाल के ऋषि अगस्त्य की याद दिलाता है जो अन्न देवता पितु का ध्यान करते ही हर्षोन्मत्त हो गया था। निस्संदेह यह सब अत्यंत आदिकालीन और असंस्कृत लोगों का विचार है। किंतु इस बात को तो मानना ही होगा कि यह सब अत्यंत अपरिष्कृत होते हुए भी दार्शनिकों के भाववादी दृष्टिकोट का अधस्तल था।

कम से कम इतना तो कहा ही जा सकता है कि उपनिषदों में इस लेखांश का बने रहना एक विशिष्टता है। इसमें किसी प्रकार का कोई आध्यात्मिक या भाववादी आडंबर नहीं है। मूलतः अध्यात्मवाद पूर्व का लेखांश होने की दृष्टि से यह उस दृष्टिकोण का प्रतिपादन करता है जिसे हमने आद्य भौतिकवाद कहा है। किंतु इसके बावजूद उपनिषद मूलतः भाववादी ग्रंथ हैं जो सबसे पहले ब्रह्म और आत्मा की समता को सिद्ध करने का प्रयत्न कर रहे हैं। इसलिए इस आद्य भौतिकवाद की, उपनिषदों में अतिजीविता वैसी ही है जैसे आज के युग में कहीं कहीं आदि वासी जातियों का अस्तित्व। यह ऐसी जातियां हैं जो आज से हजारों वर्ष पूर्व के हमारे पूर्वजों के आध्यात्मिक आचरण को प्रतिबिंबित करती हैं।

यहां से हम फिर अपने मुख्य तर्क पर आते हैं। उपनिषदों का अधस्तल यह आद्य भौतिकवाद, स्वयं उपनिषदकाल के दार्शनिकों के पूर्वजों की मान्यताओं का निरूपण करता है। इन दार्शनिकों के काल तक पुरानी प्रज्ञा कर्म मिश्रित विचार वाली माया की अवनति नहीं हुई थी। किंतु ऋग्वेद के अंतिम चरण में इसका पूर्वाभास मिल चुका था। यह भी भासित हो रहा था कि इसके परिणाम स्वरूप, बिशुद्ध ज्ञान को उत्कृष्टता के शिखर पर पहुंचा दिया जाएगा और यह केवल गिने चुने निठल्ले लोगों के नवोदित वर्ग की बपौती बन जाएगा।

यदि वेदोत्तर काल में माया के अधोपतन से हमें उपनिषदों के भाववाद का संकेत मिलता है तो 'ऋग्वेद' में माया की जो पुरानी कीर्ति संजो कर रखी गई थी, उससे लोकायत और वैदिक विश्व दृष्टिकोण के गहनतम विचारों की अद्‌भुत समानता का संकेत मिलता है। लोकायत का मूल आधार कृषिप्रधान मातृसत्तात्मक परंपरा थी जबकि वैदिक परंपरा का आधार पशु पालक पितृसत्तात्मक परंपरा में था। इसके परिणाम स्वरूप, लोकायत और वैदिक परंपरा के बीच सभी प्रकार के अंतर होते हुए भी, लोकायत और उपनिषदों के अधस्तल के बीच समानता (आद्य भौतिकवाद के रूप में) केवल इसी कारण से हो सकती थी कि दोनों स्थितियों में मानव चेतना को अभी शारीरिक या उत्पादक श्रम से पृथक होना था, और ऐसा विश्व दृष्टिकोण विकसित करना था जिसमें आत्मा का स्थान पदार्थ से उच्च हो।

वेदोत्तर काल के समाज में निठल्ले वर्ग का अभ्युदय होने पर शारीरिक श्रम को दास वृत्ति (शूद्रों का कार्य) समझा जाने लगा। स्वयं वैदिक परंपरा का आद्य भौतिकवाद भी महत्वहीन हो चुका था। इस प्रकार भाववादी दृष्टिकोण के लिए अनुकूल परिस्थितियां उत्पन्न हो चुकी थी। किंतु जिन आरंभिक दार्शनिकों पर, इसे सुव्यवस्थित और प्रणालीबद्ध करने का दायित्व पड़ा, उन्हें दो मोर्चों पर एक प्रकार का सैद्धांतिक युद्ध लड़ना पड़ा। एक तो उन्हें अपने ही पूर्वजों की मान्यताओं के शेष प्रभाव को समाप्त करना था, और दूसरी ओर प्रधानवाद का प्रतिवाद करना पड़ा। जैसा कि हम देख चुके हैं, यही प्रधानवाद एक स्वचेतन भौतिकवादी दर्शन के रूप में लोकायत के विकास को निरूपित करता है।

निस्संदेह हम लोकायत या वैदिक परंपरा के आद्य भौतिकवाद को लेकर उल्लासातिरेक में डूब नहीं सकते, क्योंकि यह अपरिष्कृत और असंस्कृत समाज का भौतिकवाद, मूल सांख्य के स्वचेतन भौतिकवादी दर्शन की, या आज के विज्ञानयुग के भौतिकवाद की बराबरी नहीं कर सकता। फिर भीं आधुनिक भौतिकवादी के लिए, आद्य भौतिकवाद को मान्यता देने का महत्व है। इसके महत्व की तुलना, वैज्ञानिक समाजवादी द्वारा आदिम साम्यवाद को दी गई मान्यता से की जा सकती है। वह इस आदिम साम्यवाद को महत्व इसलिए नहीं देता कि वह उसी स्थिति की ओर लौटने का स्वप्न देखता है। उसका लक्ष्य तो यह बताना है कि निजी स्वामित्व और वर्गों के शोषण पर आधारित मानव संबंधों को अनादि और अनंत न माना जाए। इनका अंत उतना ही अवश्यंभावी है जितना उनका उदय था। इसी प्रकार बहुधा जिसे भारतीय दर्शन में निहित भाववाद कहा जाता है उसका अंत भी निश्चित है। जिस प्रकार अतीत में, इस भाववाद, निजी स्वमित्व और वर्ग-शोषण के बिना काम चल सकता था, उसी प्रकार भविष्य में भी हो सकता है।

परिशिष्ट

भाववाद का भौतिक आधार*

हम भाववादियों से यह अपेक्षा नहीं करते कि वे भाववाद के भौतिक आधार के संबंध में प्रश्न उठाएंगे। इस प्रकार के आधार की संभावना को मानते हुए यदि यह प्रश्न उठाया जाता है तो इसका अर्थ यह होगा कि आत्मा को प्रकृति की तुलना में गौण मान लिया गया है, जबकि भाववाद का मूल आधार ही आत्मा की श्रेष्ठता है। इसलिए अपनी विचारधारा के पक्ष को सुरक्षित रखने के लिए भाववादियों को यह प्रश्न अवैध कहकर अस्वीकार कर देना होगा।

किंतु भौतिकवादियों, विशेषकर मार्क्सवादियों के लिए यह एक भिन्न बात होगी। भाववादी दृष्टिकोण की सामान्य रूपरेखा (उसकी आंतरिक विविधताएं चाहे कुछ भी हों, और भौतिक परिस्थितियों के विरुद्ध उनकी प्रतिक्रिया कितनी ही तीव्र क्यों न रही हो) मूलतः अधि-रचनात्मक है। यह ढांचा भौतिक आधार के बिना नहीं हो सकता। यदि भौतिकवादियों ने यह प्रश्न अब तक पर्याप्त गंभीरता के साथ नहीं उठाया है तो इसका अर्थ यह नहीं है कि उनके दृष्टिकोण से यह प्रश्न महत्वहीन है। इस प्रश्न का महत्व केवल भाववाद को समझने तक ही सीमित नहीं है। यह (भले ही नकारात्मक ढंग से) स्वयं भौतिकवादी दृष्टिकोण की सारभूत बातों को समझने में सहायक हो सकता है, और मार्क्सवादी विचारधारा यह कहती है कि भाववाद का एकमात्र युक्तिसंगत विकल्प भौतिकवाद है।

हम यहां इसी प्रश्न के संबंध में मार्क्सवाद के विचारों की विवेचना करने का प्रयत्न करेंगे। यह विचारविमर्श भाववादी दृष्टिकोण के उद्‌भव के संबंध में होगा न कि इसके महत्व या ऐतिहासिक भूमिका के संबंध में। साम्यवादी घोषणापत्र (कम्युनिस्ट मैनिफैस्टो) में मार्क्स और एंगेल्स ने कहा है :

> अतीत के सभी समाजों का इतिहास, वर्ग वैमनस्य से भरा हुआ है, जो विभिन्न युगों में, भिन्न भिन्न रूपों में था। किंतु यह वर्ग-संघर्ष किसी भी रूप में रहा हो, सभी पुराने युगों में एक बात समान रूप से विद्यमान थी। सदा ही समाज के एक वर्ग ने दूसरे वर्ग का शोषण किया। इसलिए कोई आश्चर्य की बात नहीं है कि पुराने युगों में विविधता और बहुरूपता के होते हुए भी सामाजिक चेतना कुछ निश्चित रूपों या सामान्य विचारों तक ही सीमित रही और यह तब तक पूर्णतया विलुप्त नहीं हो सकती जब तक वर्गों के बीच का वैमनस्य और परस्पर विरोध समाप्त नहीं हो जाता। (83.i.129)

यह सर्वविदित है कि मार्क्स और एंगेल्स ने जब घोषणापत्र का आलेख तैयार किया 'तो इतिहास में लिखित रूप में उपलब्ध जानकारी से पूर्व की सामाजिक स्थिति के संबंध में कुछ पता नहीं था।' मोरगन द्वारा किए गए महान् शोधकार्य की कृपा से ही हमारे सामाजिक विकास के ज्ञान में प्रागैतिहासिक आदिम समाज के तथ्यों की अभिवृद्धि हुई। उस समाज में तब तक वर्ग भेद

*'न्यू एज' (मासिक) के अगस्त 1958 अंक में प्रकाशित लेख का अंश।

और वर्ग वैमनस्य नहीं आया था। यह आदिम साम्यवादी समाज था। इस प्रकार हम मानव समाज के विकास के तीन प्रमुख चरण देख सकते हैं: आदिम वर्गभेदपूर्व का समाज, वर्गीकृत समाज और भविष्य का वर्गहीन समाज।

यह बात महत्वपूर्ण है। इसका निहितार्थ यह है कि ये सामान्य विचार या सामान्य रूप जिनके अंदर, मार्क्स और एंगेल्स के मतानुसार अतीत के युगों की सामाजिक चेतना विद्यमान रही, (क्योंकि वर्गवैमनस्य और वर्गशोषण के साथ इसका गहरा संबंध था), उन सामान्य विचारों और रूपों को न तो वर्गभेद पूर्व के पुरातन समाज में और न ही वर्गहीन भावी समाज में खोजना होगा। किंतु वर्गभेद वाले समग्र समाज की विशिष्ट सामाजिक चेतना के इन सामान्य विचारों या सामान्य रूपों से उनका आशय क्या था? मार्क्स ने इन्हें वर्गीकृत समाज की जीवन प्रक्रिया का रहस्यात्मक आवरण कहा है। 'समाज की जीवन प्रक्रिया, जो भौतिक वस्तुओं के उत्पादन की प्रक्रिया पर निर्भर है, तब तक इस रहस्यात्मक आवरण को नहीं हटाती जब तक इसे मुक्त रूप से संगठित लोगों द्वारा उत्पादन की प्रक्रिया नहीं माना जाता और जब तक ये लोग एक सुनिश्चित योजना के अनुसार सोच समझकर इसका नियमन नहीं करते'। (84.i.80) एंगेल्स ने हेगेल के शब्दों का प्रयोग करते हुए इसे 'मिथ्या चेतना' बताया:

> 'यह सच है कि तथाकथित विचारक यदि किसी सिद्धांत को प्रतिपादित करता है तो यह उसकी सफलता है किंतु उसे यह सफलता एक मिथ्या चेनना से मिलती है। वह तब भी नहीं समझ पाता कि वास्तव में उसको किन शक्तियों ने प्रेरित किया; अन्यथा यह सैद्धांतिक प्रक्रिया नहीं हो सकती। इसलिए वह मिथ्या या बाह्य रूप से प्रतीत होने वाली प्रेरक शक्तियों की कल्पना कर लेता है। चूंकि यह एक वैचारिक प्रक्रिया है इसलिए वह इसके रूप और विषयवस्तु को विशुद्ध विचारों से ही ग्रहण करता है जो या तो उसके अपने होते हैं या अपने से पूर्व के चिंतकों के। वह केवल वैचारिक सामग्री से काम करता है और इसे वह बिना परखे एक वैचारिक उत्पाद के रूप में स्वीकार कर लेता है और इस बात की आगे चलकर कोई जांच नहीं करता कि इसका स्रोत कोई विचारेतर बात भी हो सकती है; वस्तुत: उसके लिए यह एक सामान्य बात है क्योंकि जब सभी क्रियाएं विचार संचालित हैं तो उसे यही प्रतीत होता है कि यह भी अंतत: विचार पर आधारित है।' (82.541)

एक बात स्पष्ट है। वर्गीकृत समाज की सारी अवधि की सामाजिक चेतना का सामान्य रूप मिथ्या चेतना का है क्योंकि यह कल्पना की जाती है कि यह चेतना विशुद्ध विचाराधीन है और इसका रूप और विषयवस्तु दोनों केवल वैचारिक तत्व हैं। हम शीघ्र ही इसके महत्व को देखेंगे। अभी हम एक अन्य प्रश्न को उठाते हैं। यद्यपि वर्गीकृत समाज के अंदर कुछ सामान्य विशिष्टताएं हैं तो भी इसके विभिन्न चरणों में स्पष्ट और वास्तविक भेद है। इसलिए मार्क्सवादी दृष्टिकोण से, वर्गीकृत समाज की सामान्य मिथ्या चेतना में वर्गीकृत समाज में विभिन्न युगों के दौरान इसके निश्चित रूप से भिन्न रूप दिखाई दे सकते हैं। इन निश्चित रूपों को हम क्या और कैसे समझें? जार्ज थामसन का कहना है कि इसका उत्तर हमें उस बात में मिल सकता है जिसे मार्क्स और एंगेल्स ने 'जर्मन आइडियोलोजी' नामक पुस्तक में 'प्रत्येक युग का अपना भ्रम कहा है'। (80.29) प्रत्येक युग का यह भ्रम, उस युग की मिथ्या चेतना है। इस प्रकार समाजवादी समाज की एक उपलब्धि यह है कि यह समाज अपने आपको मिथ्या चेतना से मुक्त करा लेता है जबकि यह मिथ्या चेतना वर्गीकृत समाज की सामान्य विशेषता है और इसके रूप हर युग के अनुसार भिन्न होते हैं। [(उस युग का भ्रम) ('कम्युनिस्ट रिव्यू' अगस्त 1952, 240-1 में थामसन)]

सबसे पहले तो हमें इस मिथ्या चेतना के संकेत की खोज करनी है। मार्क्सवादी विचारधारा के अनुसार यह मिथ्या चेतना समाज के परस्पर विरोधी वर्गों में विभाजित होने के परिणाम स्वरूप बाह्य सामाजिक ढांचे में परिलक्षित हुई और सारे वर्गीकृत समाज की चेतना पर हावी रही। एंगेल्स ने इसका विस्तृत स्पष्टीकरण देते हुए कहा :

> पीढ़ी दर पीढ़ी, मानव भिन्न होता चला गया, वह अधिक पूर्णता की ओर, अधिक विविधता की ओर अग्रसर हुआ। पहले शिकार और पशुपालत होता था, फिर इसके साथ साथ खेतीबाड़ी का काम होने लगा, और फिर कटाई, बुनाई, लोहे की चीजें बनाने का काम, मिट्टी के बर्तन आदि बनाने का काम भी होने लगा और फिर जहाजरानी की गतिविधियां शुरू हो गई। व्यापार और उद्योगों के विकास के साथ अंततः कला और विज्ञान का प्रादुर्भाव हुआ। जनजातियों से राष्ट्रों और राज्यों का विकास हुआ। कानून और राजनीति का उदय हुआ और इनके साथ ही मानव मस्तिष्क में मानव वस्तुओं के अद्भुत चिंतन का परिणाम निकला धर्म। यह सारा सृजन जो आरंभ में मानव मस्तिष्क की देन प्रतीत हुआ और मानव समाज पर हावी रहा, एक ऐसी स्थिति ले आया जिसमें श्रमिक के हाथों की मेहनत से उत्पन्न की जाने वाली वस्तुओं का महत्व गौण हो गया। ऐसा इसलिए भी हुआ कि जिस मस्तिष्क ने समाज में नवविकसित श्रम प्रक्रिया का आयोजन किया वह इस नियोजित श्रम को स्वयं करने की बजाए दूसरों से करवाने में सफल हुआ। सभ्यता की तीव्र प्रगति का सारा श्रेय मस्तिष्क की कुशाग्रता को मिला। लोग अपने कार्यों को अपनी आवश्यकताओं की बजाए अपने विचारों से प्रेरित मानने के आदी हो गए और इस प्रकार कालांतर में विश्व के संबंध में वह भाववादी दृष्टिकोण उदभूत हुआ जो प्राचीन काल के समाज के पतन के पश्चात जनमानस पर विशेष रूप से हावी हो गया और आज भी उसका प्राबल्य बना हुआ है ...'। (3.238-9)

यदि एंगेल्स यह चाहते थे कि हम वर्गीकृत समाज की विशिष्टता अर्थात मिथ्या चेतना के उद्भव को इसी रूप में देखें तो फिर यही निष्कर्ष निकलता है कि भाववादी दृष्टिकोण निश्चित ही मिथ्या चेतना है और वर्गीकृत समाज के विभिन्न युगों में इसके भिन्न भिन्न रूप थे।

एंगेल्स ने यह भी बताया कि समाज में वर्गभेद आने के साथ साथ भाववादी दृष्टिकोण के आने को एक आकस्मिक संयोग क्यों नहीं समझा जा सकता है। वर्गभेद वाले समाज में ही कुछ ऐसी बात निहित थी जिससे भाववादी दृष्टिकोण उपजा। जब समाज अलग अलग वर्गों में विभाजित हो गया तो विचार और क्रिया का सामंजस्य भी टूट गया, मानसिक क्रिया और शारीरिक श्रम एक दूसरे से अलग हो गए। शारीरिक श्रम अर्थात मेहनत मजदूरी को हेय समझा जाने लगा, जैसाकि एंगेल्स ने एक अन्य स्थान पर कहा : 'दास प्रथा के विकसित होने के कारण यह भावना उत्पन्न हो चुकी थी कि मेहनत मजदूरी करके अपना पेट भरना, एक प्रकार की गुलामी करना है और यह तो लूटपाट करने से भी अधिक गया बीता काम है'। (4.269) इसके विपरीत, यह कहा जाने लगा कि सभ्यता की इतनी तीव्र प्रगति वैचारिक शक्ति से हुई है क्योंकि इसी से तो मेहनत मजदूरी सुनियोजित हुई। कहने का आशय यह है कि मानसिक श्रम करने या सोचने विचारने का ठेका शासकवर्ग ने ले लिया और इस वर्ग की चेतना में यह बात घर कर गई कि मस्तिष्कीय या वैचारिक शक्ति ही सर्वोपरि है। इसका परिणाम यह हुआ कि आत्मा या वैचारिक शक्ति सारे वर्गीकृत समाज के विश्व दृष्टिकोण की प्रमुख विशिष्टता बन गई, क्योंकि किसी भी युग का विश्व दृष्टिकोण इस बात से निर्धारित होता है कि उस समय के शासकवर्ग की चेतना पर किस बात का सर्वाधिक प्रभाव है। 'प्रत्येक युग में शासकवर्ग के विचार ही शासक या

सर्वोपरि विचार होते हैं यानी जो वर्ग समाज की प्रमुखतम भौतिक शक्ति होता है वही उस समय की शासक बौद्धिक शक्ति भी होता है। जिस वर्ग के हाथ में भौतिक वस्तुओं के उत्पादन के साधन होते हैं वही वर्ग बौद्धिक विचारों का नियंता होता है। इस प्रकार जिन लोगों के पास बौद्धिक विचारों पर प्रभाव डालने के कोई साधन नहीं होते उनके विचार इस प्रभावशाली वर्ग के विचारों के अधीनस्थ होते हैं।' (80.37-8)

यदि यह इस बात को स्पष्ट करता है कि वर्गीकृत समाज के सारे इतिहास में श्रमिकवर्ग की चेतना उस समय की प्रमुख चेतना क्यों न बन सकी तो सारे वर्गीकृत समाज में शासकवर्ग की चेतना के भाववादी दृष्टिकोण के प्राधान्य का कारण इन परिस्थितियों में खोजना होगा कि वर्गीकृत समाज के सभी युगों में शासकवर्ग सदा ही सुख और आराम भोगने वाला वर्ग रहा। यह ऐसा वर्ग था जो अपने आपको मेहनत मजदूरी करने के कष्ट से बचाए रख सकता था क्योंकि यह बोझ उठाने के लिए मजदूर वर्ग होता ही था। मार्क्सवाद के बारे में अपने प्रथम पूर्ण वक्तव्य में मार्क्स और एंगेल्स ने इस बात को बिल्कुल स्पष्ट कर दिया है : 'सही मायने में श्रमविभाजन तब होता है जब भौतिक और मानसिक श्रम का विभाजन होता है। विभाजन के इस क्षण के बाद चेतना को वास्तव में वर्तमान प्रचलित चेतना से भिन्न कहलाने का श्रेय मिलता है और तब कहा जा सकता है कि कि वह सचमुच किसी चीज का निर्माण कर रही है न कि किसी वास्तविक वस्तु की कल्पना कर रही है। इसके बाद चेतना स्वयं को विश्व के चंगुल से मुक्त करने की स्थिति में हो जाती है और फिर वह 'विशुद्ध' सिद्धांतों, अध्यात्मविद्या, दर्शन, नीतिशास्त्र आदि का प्रतिपादन कर सकती है।' (वही. 19-20)

इस प्रकार, भाववादी दृष्टिकोण बनाने के लिए चेतना को विश्व से अलग होना होता है और इसके लिए पहली शर्त यही है कि बुद्धिजीवी वर्ग शारीरिक श्रम करने के लिए उत्तरदायित्व से मुक्त रहे। इसका कारण स्पष्ट है। श्रम प्रक्रिया मूल रूप से प्रकृति और भौतिक मानव देह के बीच क्रिया प्रतिक्रिया है और इसमें बाह्य पदार्थों को अपनी आवश्यकताओं के अनुकूल बनाने का भाव है। कहने का मतलब यह है कि भौतिक विश्व प्रकृति की यथार्थता तब तक मानव चेतना पर अपनी छाप बनाए रखती है जब तक मनुष्य श्रमसाध्य कार्यों में रत रहता है। यह बात मार्क्स द्वारा श्रम प्रक्रिया के संबंध में किए गए सुविख्यात विश्लेषण से पुष्ट होती है : 'पहली बात तो यह है कि श्रम एक ऐसी प्रक्रिया है जिसमें मनुष्य और प्रकृति दोनों की भूमिका है और मनुष्य स्वयं ही अपने और प्रकृति के बीच की भौतिक प्रतिक्रियाओं का नियमन और नियंत्रण आरंभ कर देता है। वह प्रकृति की अपनी ही शक्तियों में से एक शक्ति के रूप में उसका विरोध आरंभ करता है और अपनी देह की प्राकृतिक शक्तियों यानी हाथ, पैर, सिर आदि को सक्रिय करता है ताकि अपनी आवश्यकताओं के अनुसार प्रकृतिप्रदत्त संपदा का ठीक ढंग से अनुकूलन कर सके।' (84. i. 177)

मार्क्स ने श्रम प्रक्रिया का यह विश्लेषण काफी विस्तार से किया है और हम देख सकते हैं कि किस सीमा तक यह प्रक्रिया भौतिक जगत या प्रकृति की भौतिक यथार्थता को स्वीकार करने पर निर्भर करती है। श्रम प्रक्रिया से संबद्ध सभी कारक जैसे मनुष्य की अपनी क्रियाएं, कार्य के विषय (जो पहले के श्रम से छनकर निकला होता है और जिसे कच्चा माल कहा जाता है) और श्रम के साधन, ये सभी भौतिक विश्व या प्रकृति के उत्पाद हैं। 'भूमि अपनी अधूरी अवस्था में मनुष्य को उसकी आवश्यकता की वस्तुएं या आजीविका के साधन उपलब्ध कराती है किंतु इस अवस्था में वह मनुष्य से स्वतंत्र होकर विद्यमान रहती है और सारे संसार का मानव श्रम इसी अछूती प्रकृति को अपने अनुकूल बनाने पर लगाया जाता है। सभी वस्तुएं जिन्हें श्रम उनके

पर्यावरण से अलग मात्र करता है, वे श्रम के लिए प्रकृति द्वारा सहज रूप से प्रदत्त विषय हैं······ श्रम का साधन वह वस्तु या वस्तुओं का समूह है जिन्हें श्रमिक अपने और श्रम के इन विषयों के बीच लाता है और यह साधन उसकी गतिविधियों का परिचालन करते हैं। कुछ पदार्थों को अपने लक्ष्यों की पूर्ति करने के अनुकूल बनाने के लिए मनुष्य कुछ अन्य पदार्थों के यांत्रिक, भौतिक और रासायनिक गुणों का उपयोग करता है ···इस प्रकार प्रकृति उसकी गतिविधियों का एक अंग बन जाती है। इस अंग को वह अपने शरीर के अंगों के साथ जोड़ लेता है और बाइबल अथवा धर्मग्रंथ भले ही उसे क्षुद्र बताए तो भी वह अपना स्तर ऊंचा उठा लेता है। जिस प्रकार पृथ्वी सबसे पहले उसे भोजन उपलब्ध कराती थी उसी प्रकार यह पृथ्वी उसका मूल यंत्र कक्ष है।'(वही. i. 178-9)

यदि श्रम प्रक्रिया बाह्य विश्व या प्रकृति पर इतनी निर्भर करती है तो मानव चेतना स्वयं को उसके प्रभाव से मुक्त किए बिना भाववादी दृष्टिकोण की ओर किस प्रकार अग्रसर हो सकती है क्योंकि भाववाद की पहली शर्त यही है कि आत्मनिर्भर या स्वतंत्र प्रकृति के अस्तित्व को नकार दिया जाए। किंतु भाववादी दृष्टिकोण के संबंध में मार्क्स के विचारों में कुछ और बातें भी हैं। भाववाद न केवल प्रकृति के अस्तित्व को न मानने वाला एक नकारात्मक सिद्धांत है बल्कि इसमें यह निश्चित सिद्धांत भी है कि आत्मा या चेतना ही परम सत्य है और मानव मस्तिष्क ही वास्तविकता का संचालन करता है। मार्क्स के अनुसार भाववादी दृष्टिकोण समाज के विकास की प्रक्रिया का परिणाम था और इसकी विशिष्टता यह नहीं है कि इसमें शारीरिक श्रम की भूमिका समाप्त हो जाती है बल्कि इसे सामाजिक यथार्थता से गौण बना दिया जाता है यहां तक कि इस शारीरिक श्रम का स्तर इतना गिरा दिया जाता है और इसके प्रति ऐसा घृणा भाव उत्पन्न कर दिया जाता है कि वह विश्व दृष्टिकोण की स्थापना में किसी प्रकार की भूमिका निभाने का दावा न कर सके।

इन दो बातों को समझने के लिए हमें श्रम प्रकिया की और उसकी विशेषताओं का विश्लेषण करना होगा। मार्क्स ने हमारा ध्यान आकृष्ट करते हुए कहा है :

> हम पहले से यह मानकर चलते हैं कि श्रम केवल मानव के कार्यक्षेत्र में है। एक मकड़ी इस प्रकार जाले बुनती है जैसे कोई बुनकर कपड़ा बुनता है। एक मधुमक्खी जब अपने छत्ते का निर्माण करती है तो अच्छे अच्छे शिल्पियों को पीछे छोड़ जाती है। किंतु घटिया से घटिया वास्तुकार और श्रेष्ठतम मधुमक्खी के बीच यही अंतर है कि वास्तुकार सचमुच कोई निर्माण करने से पहले अपनी कल्पना में उसका ढांचा तैयार करता है। प्रत्येक श्रम प्रक्रिया के अंत में हमें वह परिणाम प्राप्त होता है जो कार्य आरंभ होने के समय श्रमिक की कल्पना में पहले से विद्यमान था। वह जिस सामग्री को लेकर काम करता है उसमें न केवल रूप परिवर्तन लाता है बल्कि अपने लक्ष्य की ही प्राप्ति करता है। यही लक्ष्य उसे कार्यविधि संबंधी नियम प्रदान करता है और श्रमिक अपनी इच्छा शक्ति को इसी लक्ष्य की प्राप्ति के लिए लगाता है।' (वही. i. 178)

इस प्रकार, प्रारंभ में एक विचार होता है। हां यह विचार किसी अमूर्त अर्थ में विशुद्ध विषय नहीं है क्योंकि यह स्वयं भौतिक परिस्थितियों का परिणाम है : यह व्यक्ति और शेष विश्व के बीच संबंधों की ठोस भौतिक आवश्यकताओं के कारण उत्पन्न होता है। फिर भी जो भौतिक परिस्थितियां इस विचार को उत्पन्न करती हैं, यह विचार उन जैसा नहीं होता। इन दोनों में युगात्मक भेद है। कहने का तात्पर्य यह है कि एक विचार के रूप में उसके अंदर एक प्रकार की वास्तविक विषयात्मकता आ जाती है जिसकी उपेक्षा करना एक भोंडा भौतिकवाद होगा। मानव

श्रम की निर्णायक विशेषता यही है कि श्रम प्रक्रिया के प्रारंभ में विचार आता है और इस प्रक्रिया को आरंभ करता है। इसी प्रकार इस प्रक्रिया के अंत में यह विचार इस बाह्य जगत में साकार रूप ले चुका होता है। यह बाह्य जगत उस विचार की तुष्टि करता है जिसने श्रम प्रकिया आरंभ की थी। वस्पुगत परिस्थितियों की बाध्यता के अंतर्गम जितना भी मानव श्रम है वह इन्हीं दो छोरों के बीच होता है। किंतु जब अंतिम परिणाम प्राप्त हो जाते हैं तो आरंभ से अंत तक, बीच के सभी चरणों के लक्ष्य दिखाई नहीं देते। 'जैसाकि मार्क्स ने कहा, प्रक्रिया परिणाम में विलुप्त हो जाती है। परिणाम यानी उत्पाद की उपयोगिता है। प्रकृतिप्रदत्त पदार्थ को मनुष्य की आवश्यकताओं के अनुकूल रूपांतरित कर दिया गया। श्रम ने स्वयं को अपने विषय में समाहित कर लिया यानी श्रम ने भौतिक रूप ले लिया। और विषय का रूप परिवर्तन हो गया।' (वही. i. 180)

मानव चेतना अर्थात शासकवर्ग की चेतना में मनुष्य और प्रकृति के बीच के क्रियाकलाप की सारी प्रक्रिया का महत्व जब टूट जाता है तब क्या होता है इसे समझना कठिन नहीं है। तब केवल प्रारंभ में विचार और अंत में बाह्य विश्व में इस विचार की साकार प्रतिमूर्ति अर्थात आत्मा या चेतना की मांग के समक्ष प्रकृति के समर्पण का आभास बच रहता है। निश्चित रूप से यह प्रतीत होने लगता है कि मानव विचार विश्व का संचालन कर रहे हैं और चेतना वास्तव में परम सत्य जैसी भासित होने लगती है। यही भाववादी दृष्टिकोण का सार है।

जब तक किसी एक श्रमिक का मामला रहता है तब तक तो इस प्रकार का दृष्टिकोण विकसित होने की कोई संभावना नहीं होती। स्वयं श्रम प्रक्रिया में रत होने के कारण इस बाह्य विश्व की निकटतम यथार्थता को उसकी व्यक्तिगत चेतना से दूर नहीं रखा जा सकता। यह बाह्य विश्व उसके श्रम का विषय है, उसकी कार्यशाला है और उसके भौतिक अस्तित्व का आधार है। इसी प्रकार जब तक वर्गीकृत समाजपूर्व का सामूहिक जीवन विद्यमान था तब तक किसी का यह दृष्टिकोण बनने का कोई प्रश्न ही नहीं था क्योंकि ऐसे समाज में उसके श्रम में सारे समाज में साझीदार होने के बिना कोई अस्तित्व ही नहीं हो सकता था। किंतु भाववादी दृष्टिकोण के उद्गम स्रोतों को स्पष्ट करते समय मार्क्स और एंगेल्स इन दो दृष्टिकोणों में से किसी एक की भी चर्चा नहीं कर रहे थे। वह तो विशेष रूप से इस बात का निरूपण कर रहे थे कि किस प्रकार यह समाज परस्पर विरोधी वर्गों में बंट गया और बैठे ठाले जीवन बिताने वाले वर्ग के विश्व दृष्टिकोण पर समाज के इस विघटन का क्या प्रभाव पड़ा।

महत्वपूर्ण बात यह है कि वर्गभेदों के उदय के कारण, श्रम प्रक्रिया के माध्यम से भौतिक विश्व में 'जिस योजना, उद्देश्य, कल्पना' को साकार किया जाना है वह मानव श्रम से विलग हो जाते हैं क्योंकि योजनाएं बनाना, लक्ष्य निर्धारित करना, और परिकल्पनाएं करना केवल शासक वर्ग का काम हो जाता है और मजदूरवर्ग के हिस्से में केवल शारीरिक श्रम आता है। मजदूर जिस विचार को साकार करता है वह अब उसका अपना विचार नहीं होता। उधर जिन लोगों के विचार को मजदूर वर्ग साकार रूप देता हैउनका श्रम प्रक्रिया में कोई हाथ नहीं होता। इसका आरंभ तब हुआ जब वास्तव में उत्पादन करने वाले और उत्पादन कार्यों का संचालन करने वालों के बीच विभाजन हो गया और जब उत्पादन कार्य का संचालन करने वालों ने (जो पहले उत्पादन के साधनों के अभिरक्षक मात्र थे) अपने आप को मालिक बना लिया तो स्थिति ने एक स्पष्ट रूप ले लिया। इस चरण में आकर समाज अंततः शासकवर्ग और श्रमिक वर्ग में विभक्त हो गया।

भाववादी तर्क की वास्तविक शक्ति को हम शासक वर्ग के दृष्टिकोण से ही समझ सकते हैं।

मिस्र के प्राचीन फैरो शासकों ने विचार किया कि यहां पिरामिड होने चाहिए और पिरामिड बन गए। निश्चित ही विचारों ने यथार्थता पर शासन करना आरंभ कर दिया। और चूंकि विचार उस वर्ग के होते थे जिसकी चेतना में लाखों दासों के शारीरिक श्रम की कोई महत्ता नहीं रही थी इसलिए विचार और वास्तव में उसे साकार करने के बीच के चरणों का सामान्य विश्व दृष्टिकोण में योगदान करने का दावा नहीं रहा। परिणाम यह हुआ कि विचार के सर्वशक्ति मान होने का भ्रम पैदा हुआ। इसीमें हमें भाववादी तर्क का असली स्रोत मिलता है, वह है समग्र वर्गीकृत समाज की मिथ्या चेतना।

स्वाभाविक है कि भौतिकवाद को क्रांति का दर्शन बनना पड़ा। (ब्रिटिश क्रांति का भौतिक वाद और फ्रांसीसी क्रांति का भौतिकवाद) ये क्रांतियां ऐसी परिस्थितियों का परिणाम थीं जिनमें मजदूर वर्ग सामाजिक यथार्थता की अग्रिम पंक्ति में आ गया। एंगेल्स का कथन है : यद्यपि आम-तौर पर, सामंतशाही के विरुद्ध अपने संघर्ष में मध्य वर्ग, उस काल के श्रमिक वर्ग का प्रतिनिधि होने का दावा कर सकता है किंतु प्रत्येक मध्यवर्गीय आंदोलन, एक ऐसे वर्ग की स्वतंत्रता की अभिव्यक्ति है जो आधुनिक सर्वहारा वर्ग का लगभग विकसित पूर्वगामी रूप था।···अभी अपरिपक्व वर्ग के इन सशस्त्र क्रांतिकारी आंदोलनों के साथ साथ सामानांतर सिद्धांतों का भी आविर्भाव हुआ।' (83.i.152)

हमें यहां उन युगों के भौतिकवादी दर्शन के संबंध में संकेत मिलता है। साथ ही उन क्रांतियों की कमियों के अनुरूप भौतिकवादी दर्शनों में भी कमियां थी। इन क्रांतियों ने मजदूरवर्ग की सामाजिक श्रेष्ठता को स्थापित करने की बजाए केवल इतनां किया कि एक शोषक वर्ग के स्थान पर दूसरा शोषक वर्ग ला बैठाया। इन भौतिकवादी दर्शनों में इनके विरोध के तत्व विमान थे। अंततः यह दर्शन भी प्रच्छन्न या प्रत्यक्ष भाववाद बन गए। यह देखने लायव बात है कि आधुनिक युग में वर्गीकृत समाज की मिथ्या चेतना ने किस प्रकार इस युग के एक निश्चित भ्रम का रूप ले लिया है।

भाववादी दृष्टिकोण (चिंतन को शारीरिक काम से अलग मानना) की जड़ें सामाजिक विकास के इतिहास में बहुत पहले से जमनी आरंभ हो गई थीं। जैसे जैसे उत्पादन तकनीक विकसित होती गई, उसी गति से यह भाववादी दृष्टिकोण पनपता चला गया और आधुनिक युग में पहुंच कर इसने जो रूप ग्रहण किया उसे मार्क्स ने 'औद्योगिक व्याधिविज्ञान' (इंडस्ट्रियल पैथालाजी) की संज्ञा दी। विभिन्न वस्तुओं के उत्पादन अथवा निर्माण की आधुनिक प्रक्रिया में श्रम के विभाजन की चर्चा करते हुए मार्क्स ने कहा :

> श्रमिक की असीम उत्पादन क्षमताओं का उपयोग करने की बजाए उसके कौशल को एक निश्चित कार्य तक ही सीमित करने से वह एक पंगु विकृताकार जीव बनकर रह जाता है ···न केवल भिन्न भिन्न व्यक्तियों को कोई निश्चित कार्य सौंपा जाता है बल्कि व्यक्ति (84.i. 360), को एक आंशिक कार्य प्रक्रिया का एक स्वचालित यंत्र मात्र बना दिया जाता है और जिस ज्ञान, विवेक और इच्छा शक्ति का उपयोग (भले ही थोड़ा सा) एक स्वतंत्र किसान और हस्तशिल्पी करता है······उसके उन्हीं गुणों और क्षमताओं को अब केवल कार्यशाला के दायरे में उपयोग में लगाया जाता है। उत्पादन कार्य में बुद्धि एक ही दिशा में विस्तृत होती है। क्योंकि यह कई अन्य दिशाओं से विलुप्त हो जाती है। श्रमिक जिस चीज से वंचित हो जाता है वह, उसे रोजगार दिलाने वाली पूंजी में केंद्रीभूत हो जाती है। अब उत्पादन की भौतिक प्रक्रिया की बौद्धिक क्षमताओं को श्रमिक एक शासक शक्ति, और किसी अन्य व्यक्ति की विशिष्टता समझने लगता है।

यह भावना उत्पादन क्रिया में श्रम विभाजन का परिणाम हैं। (वही.i.361)

इस प्रसंग में मार्क्स ने ऐडम स्मिथ को उद्धृत किया है :

> जिस व्यक्ति का सारा जीवन कुछ मामूली से छोटे मोटे काम करने में ही गुजर जाए उसे अपनी बुद्धि का प्रयोग करने का अवसर ही नहीं मिलता—उसे एक ही ढर्रे में चलने वाले जीवन की एकरूपता के कारण उसका बौद्धिक साहस कुंठित हो जाता है······किंतु प्रत्येक सभ्य समाज में बेचारा श्रमिक वर्ग, जो समाज का बहुसंख्यक वर्ग है, अनिवार्यतः इसी प्रकार कोल्हू के बैल जैसा जीवन व्यतीत करता है।' (वही.i.362)

ऐडम स्मिथ के इस कथन पर मार्क्स की टिप्पणी थी :

> श्रम विभाजन के कारण मानव समाज के बहुसंख्यक वर्ग की स्थिति की अवनति न होने देने के लिए ऐडम स्मिथ कहते हैं कि सरकार लोगों को प्रशिक्षित करे किंतु यह काम सोच समझ कर और धीरे धीरे होना चाहिए। फ्रांसीसी भाषा में स्मिथ की कृतियों का अनुवाद और भाष्य लिखने वाले जी. गार्नियर (जो प्रथम फ्रांसीसी साम्राज्य में सीनेटर के स्तर तक पहुंचे थे), उनके विचारों से सहमत नहीं थे। गार्नियर का कहना है कि 'जन साधारण को शिक्षित करना, श्रम विभाजन के मूलभूत नियम का उल्लंघन करना है और इसके साथ ही 'हमारी सारी सामाजिक प्रणाली अवैध हो जाएगी'। उनका कहना है कि 'अन्य सभी प्रकार के श्रम विभाजन की भांति जैसे जैसे समाज की संपदा बढ़ती है, शारीरिक और मानसिक श्रम का अंतर उसी अनुपात में बढ़ता जाता है। (समाज की संपन्नता के लिए उन्होंने पूंजी, भूसंपत्ति, जैसे शब्दों का प्रयोग किया है जो प्रासंगिक है) अन्य प्रकार के प्रत्येक श्रम विभाजन की भांति यह श्रम विभाजन भी, अतीत का परिणाम तथा भावी प्रगति का कारण है—तो क्या सरकार को इस प्रकार के श्रम विभाजन के विरुद्ध कार्य करके इसकी स्वाभाविक प्रगति के मार्ग में बाधाएं खड़ी करनी चाहिए? क्या सरकार को सार्वजनिक धन का कुछ भाग श्रमिकों के दो वर्गों को मिलाने पर खर्च करना चाहिए जो विभाजन और संबंध विच्छेद के लिए संघर्षरत हैं?'(वही.i.ड62-3)

मार्क्स ने अपनी टिप्पणी में आगे कहा कि फर्गूसन पहले ही विचार व्यक्त कर चुके थे कि 'संबंध विच्छेदन के उस युग में स्वयं चिंतन भी एक विशिष्ट कला बन सकता है, (वही.i.362 टि.) इसलिए कोई आश्चर्य नहीं कि इस युग के दार्शनिक विशुद्ध चिंतन के पक्षधर बन गए हैं और घोषणा करते हैं कि वे अपने सभी क्रिया कलापों में अपनी विशुद्ध विचार क्रिया का सबसे अधिक स्पष्ट और निश्चित अनुभव करते हैं। जैसाकि सर्वविदित है, डेकार्ट ने अपने दर्शन का आरंभ इस आधार वाक्य से किया :

> मैं चिंतन करता हूं '(कोजीतो)' मैं निश्चयपूर्वक कह सकता हूं कि हाल में मैंने जिन गुणों को इस शरीर के गुण बताया है उनमें से एक भी गुण मेरे अंदर नहीं हैं? इन पर गंभीर चिंतन के पश्चात मैं देखता हूं कि इनमें से किसी भी गुण को मेरा अपना गुण नहीं कहा जा सकता। इनका सविस्तार पुनर्वर्णन करना व्यर्थ और उकताहट भरा है इसलिए आइए इन्हें छोड़ कर आत्मा के गुणों और विशेषताओं पर ध्यान दें—विचारशीलता आत्मा का एक और गुण है, और यहां मुझे वह गुण मिलता है, जो स्पष्टतया मेरा है। केवल वही गुण ऐसा है जिसे गुण से पृथक नही किया जा सकता। मैं हूं—मेरा अस्तित्व है; यह निश्चित है; किंतु कहां तक? तब तक, जब तक मैं विचारशील हूं; क्योंकि संभवतः ऐसा भी हो सकता है कि यदि मेरी चिंतन क्षमता पूर्णतया समाप्त हो जाए तो साथ ही मेरा अस्तित्व भी समाप्त हो जाएगा। (डेकार्टः मेडिटेशंस 87-8)

डेकार्ट को आधुनिक दर्शन का जनक कहा जाता है। वह आधुनिक काल के भ्रम की सर्वाधिक महत्वपूर्ण अभिव्यक्ति करने वाला प्रथम व्यक्ति था। आधुनिक यूरोपीय दर्शन का विकास मुख्य रूप से डेकार्ट के इसी 'मैं चिंतन करता हूं' (कोजीतो) के सिद्धांत को सुनिश्चित आरंभ बिंदु मान कर इसी को आगे विकसित करने का प्रयास है। इस सिद्धांत को इसकी तार्किक सीमा तक ले जाने का शेष कार्य हेगल और उनके अनुयायियों ने किया: 'इस प्रकार हेगल ने विचार को उसका समुचित स्थान फिर से दिलाया। विचार परम तत्व के अन्य रूपों जैसा ही एक अस्तित्वान रूप नहीं है: यह स्वयं ही परम तत्व है जो आत्मा का ठोस समरूप है; यह विचार है जो स्व के पास लौटा आया है, (यह विचार जो स्वयं को प्रकृति का सत्य और उसकी शक्ति मानता है)। (श्विगलर: हिस्टरी आफ फिलासफी. 316)

किंतु यदि एक ओर इस आधुनिक निर्माण युग ने भाववादी मत की तीव्र अभिव्यक्ति के लिए परिस्थितियां उत्पन्न कीं तो दूसरी ओर इसी युग ने भाववादी मत के अंतिम रूप से खंडन की प्रक्रिया को भी तीव्रता प्रदान की। क्योंकि आधुनिक निर्माण युग में इसी श्रम विभाजन ने उत्पादन शक्ति का इतना ज्यादा विकास किया है, और इसे ऐसा अतिसामाजिक रूप दे किया है कि अंततः यह उत्पादन संबंधों के प्रति विद्रोह कर देगा और वर्गीकृत समाज के ढांचे को ही खतरा पैदा कर देगा।

आरंभिक भौतिकवादियों ने भाववादी दृष्टिकोण का खंडन करने और उसे अस्वीकार करने का प्रयत्न किया। किंतु वे इसकी सामाजिक जड़ें ढ़ूढ पाने में विफल रहे। उदाहरण के लिए, दिदेरो स्पष्टतः क्षुब्ध हो उठे:

> जो दार्शनिक भाववादी कहलाते हैं और जिन्हें केवल अपने अस्तित्व और अनुभूतियों का ज्ञान है, किसी अन्य बात के अस्तित्व को स्वीकार नहीं करते, यह एक ऐसा तर्कहीन दर्शन है, जिसका प्रतिपादन मेरे विचार से केवल किसी अंधे व्यक्ति ने ही किया होगा। यह प्रणाली मानव की बुद्धि और दर्शन पर एक कलंक है। अत्यंत हास्यास्पद होते हुए भी इसका खंडन करना दुष्कर है। (122.27 में लेनिन द्वारा उद्धृत)

लेनिन ने टिप्पणी की कि दिदेरो समकालीन भौतिकवाद (मार्क्सवाद) के बहुत निकट तक आ गए। केवल तर्क और युक्तियों से भाववाद का खंडन नहीं किया जा सकता:

बात यह है कि केवल दार्शनिक तर्कों के बलबूते पर भाववाद का खंडन करना असंभव है। भले ही वे कितने ही विलक्षण हों। दार्शनिक तर्क भी तो अंततः विशुद्ध चिंतन पर निर्भर हैं, (इसमें पृथक और स्वतंत्र चेतना को व्यर्थ के स्वभाव की सर्वोपरि अभिव्यक्ति माना गया है), और यही स्वयं भाववाद का भी मूल पतिपादन है। जैसाकि भाववादी तर्क देते हैं, पदार्थ की प्रधानता अथवा श्रेष्ठता को सिद्ध करना असंभव है क्योंकि प्रमाणों को समझने और उन्हें प्रस्तुत करने वाला माध्यम भी तो स्वयं विचार ही होगा। इसका निहितार्थ यही हुआ कि आत्मा श्रेष्ठ है, वही प्रधान है। किंतु इस प्रकार के तर्क स्वतंत्र और पृथक चिंतन पर निर्भर हैं जबकि यह चिंतन स्वयं उन सामाजिक परिस्थितियों से उत्पन्न होता है जिनमें विचारण प्रक्रिया को वास्तव में क्रिया से अलग करके इसकी महत्ता का गुणगान किया जाता है।

यदि भाववादी दृष्टिकोण, विचार को क्रिया से पृथक करने का परिणाम है तो इसका खंडन इन पृथक हो गए तत्वों में से एक की सहायता से नहीं हो सकता। भाववाद का खंडन तो तभी हो सकता है जब इन दोनों का फिर से समन्वय हो जाए। किंतु यह संश्लेषण भी, वर्गीकृत समाज के मूल ढांचे को ही बदले बिना संभव नहीं है। अन्य शब्दों में, वर्गीकृत समाज की मिथ्या चेतना को अंतिम रूप से समाप्त करने के लिए समाज के वर्गीकृत ढांचे को ही उलट देना होगा।

मार्क्स और एंगेल्स ने इतिहास के बारे में अपनी भौतिकवादी अवधारणा को स्पष्ट करते हुए कहा था; इतिहास संबंधी भाववादी मत की भांति, भौतिकवाद को प्रत्येक गुण में किसी वर्ग को नहीं खोजना पड़ता बल्कि वह इतिहास के यथार्थ धरातल पर निरंतर विद्यमान रहता है; और इसी के अनुरूप भौतिकवाद का निष्कर्ष है कि चेतना के सभी रूपों और उत्पादों को, बौद्धिक आलोचना से 'आत्मचेतना' से, या 'अलौकिक रूपों, बैतालिक रूपों' और 'काल्पनिक रूपों' आदि में परिवर्तित करके समाप्त नहीं किया जा सकता। यह कार्य तो केवल उन वास्तविक सामाजिक संबंधों को सचमुच उखाड़ फेंकने से पूरा होगा जिन्होंने इस भाववादी पाखंड को जन्म दिया; इतिहास धर्म, दर्शन, सभी प्रकार के सिद्धांतों की प्रेरक शक्ति है क्रांति न कि आलोचना। (80.27) हम केवल इसी दृष्टिकोण से मार्क्स द्वारा फायरबाख पर लिखे गए बहु उद्धृत ग्यारहवें शोध प्रबंध में क्रांति पर दिए गए बल का दार्शनिक महत्व समझ सकते हैं: 'दार्शनिकों ने भिन्न भिन्न ढंग से संसार की केवल व्याख्या की है; किंतु असल कार्य तो इस संसार को बदलना है।' (83.i. 354)

संदर्भ ग्रंथ सूची

खंड एक : अंग्रेजी पुस्तकें

1. अय्यर, एल. के. ए. : मैसूर ट्राइब्स ऐंड कास्ट्स (मैसूर, 1935-36)
2. एंगेल्स, एफ. : ऐंटी-डुहरिंग (मास्को, 1957)
3. एंगेल्स, एफ. : डायलेक्टिक्स आफ नेचर (मास्को, 1954)
4. एंगेल्स, एफ. :दि ओरिजिन आफ दि फैमिली, प्राइवेट प्रापर्टी ऐंड दि स्टेट (मास्को, 1952)
5. एहरेन्फल्स, ओ. आर. : मदर-राइट इन इंडिया (हैदराबाद, 1941)
6. ऐवलान, ए. : प्रिंसिपल्स आफ तंत्र (लंदन, 1914)
7. ओल्डेनबर्ग, एच. : बुद्ध : हिज लाइफ, हिज टीचिंग्स, हिज आर्डर (कलकत्ता, 1927)
8. काणे, पी. वी. : हिस्टरी आफ धर्मशास्त्र (खंड-1 पूना, 1930, खंड-2, 1941)
9. कावेल, ई. बी. ऐंड गौफ., ए. ई. : दि सर्वदर्शन संग्रह, अनु. (लंदन, 1914)
10. किड, डी. : सैवेज चाइल्डहुड (लंदन, 1906)
11. कीथ, ए. बी. : रिलीजन ऐंड फिलासफी आफ दि वेद ऐंड उपनिषद (एच. ओ. एस. 31-32) (कैंब्रिज, 1925)
12. कीथ, ए. बी. : ऋग्वेद ब्राह्मणाज एच. ओ. एस. 25 (कैंब्रिज, 1920)
13. कीथ, ए. बी. : दि वेदाज आफ दि ब्लैक यजुस स्कूल (एच. ओ. एस. 18-19) (कैंब्रिज 1914)
14. क्रुक, डब्ल्यू : पापुलर रिलीजन ऐंड फोकलोर आफ नार्दन इंडिया (वेस्ट मिंस्टर, 1896)
15. क्रुक, डब्ल्यू : रिलीजन ऐंड फोकलोर आफ नार्दन इंडिया (आक्सफोर्ड, 1926)
16. केनेडी, के. : रिसर्चेज इनटु दि नेचर ऐंड एफिनिटी आफ एंशेंट हिंदू माइथोलाजी (लंदन 1831)
17. कर्न, जे. एच. सी, मैनुअल आफ इंडियन बुद्धिज्म (स्ट्रासबुर्ग, 1896)
18. कैंपबेल, जी. : माडर्न इंडिया (लंदन 1852)
19. कोलब्रुक, एच. टी. : मिसेलेनियस एसेज (लंदन, 1837)
20. कोलब्रुक, एच. टी. : दि सांख्य कारिका (कलकत्ता, 1887)
21. कोसंबी, डी. डी. : ऐन इंट्रोडक्शन टु दि स्टडी आफ इंडियन हिस्टरी (बांबे 1956)
22. कोल, एच. : सेंसस रिपोर्ट : पंजाब (लाहौर, 1912)
23. गार्बे, आर. : अनिरुद्धाज कमेंट्री आन दि ओरिजिनल पार्ट्स आफ वेदांतिन, महादेवाज कमेंट्री आन दि सांख्य सूत्राज (कलकत्ता 1892)
24. गार्बे, आर. : दि सांख्य प्रवचन भाष्य (एच. ओ. एस. 2) (कैंब्रिज, 1895)
25. गेट, एफ. ए. : सेंसस आफ इंडिया, 1911, खंड 1 इंडिया रिपोर्ट (कलकत्ता)
26. गेटी, ए. : गणेश (आक्सफोर्ड, 1928)

27. गेटी, ए. : गाड्स आफ नादर्न बुद्धिज्म (आक्सफोर्ड, 1928)
28. गोंडा, जे. : नोट्स आन ब्राह्मण (उट्रष्ट, 1950)
29. गोर्डोन, पी. आर. टी. : दि खारीज (लंदन 1914)
30. गौफ, ए. ई. : फिलासफी आफ दि उपनिषद्राज (लंदन 1882)
31. घुर्ये, जी. एस. : कास्ट ऐंड रेस इन इंडिया (लंदन, 1932)
32. घोष, एम. एन. : ऋग्वेद (अनु.) (कलकत्ता, 1906)
33. चंदा, आर. पी. : इंडो-आर्यन रेसेज़ (राजशाही, 1916)
34. चाइल्ड, बी. जी. : दि आर्यन्स (लंदन, 1926)
35. चाइल्ड, वी. जी. : न्यू लाइट आन दि मोस्ट एंशेंट ईस्ट (चौथा संस्करण, लंदन, 1954)
36. चाइल्ड, वी. जी. : व्हाट हैपेंड इन हिस्टरी (संशोधित संस्करण, लंदन, 195)
37. जायसवाल, के. पी. : हिंदू पोलिटी (पहला संस्करण, कलकत्ता, 1924)
38. जिमर, एच. : फिलासफीज आफ इंडिया (लंदन, 1951)
39. टायलर : प्रबोधचन्द्रोदय (अनुवाद)
40. टेपलिन, जी. : दि फोकलोर, मैनर्स कस्टम्स ऐंड लैंगुएजेज आफ दि साउथ आस्ट्रेलिया एबओरिजिन्स (एडिलेड, 1879)
41. डांगे, एस. ए. : इंडिया फ्राम प्रिमिटिव कम्युनिज्म टु स्लेवरी (बांबे, 1949)
42. डार्विन, सी : ए नेचुरलिस्ट्स व्याएज राउंड दि वर्ल्ड (लंदन, 1890)
43. डुरां, डब्ल्यू : अवर ओरियंटल हेरिटेज (न्यूयार्क, 1942)
44. थर्सटन, ई. ऐंड रंगाचारी, के. : कास्ट्स ऐंड ट्राइब्स आफ सदर्न इंडिया (मद्रास 1909)
45. थामस, ई. जे. : दि लाइफ आफ बुद्ध (लंदन, 1931)
46. थामसन, जी. : एसकिलस ऐंड एथेंस (दूसरा संस्करण, लंदन, 1941)
47. थामसन, जी. : रिलीजन (लंदन, 1950)
48. थामसन, जी. : स्टडीज इन एशेंट ग्रीक सोसायटी (लंदन, खड । 1949, खंड 2, 1955)
49. दत्त, आर. पी. : इंडिया टुडे (बांबे, 1946)
50. दत्त, आर. सी. : पीजैंट्री आफ बंगाल (मद्रास, 1874)
51. दासगुप्त, एस. बी. : आब्स्क्योर रिलीजस कल्ट्स ऐज बैकग्राउंड आफ बेंगाली लिटरेचर (कलकत्ता, 1951)
52. दासगुप्त, एस. एन. : ए हिस्टरी आफ इंडियन फिलासफी (केंब्रिज 1922-55)
53. दासगुप्त, एस. एन. फिलासफिकल एसेज (कलकत्ता, 1951)
54. नीधम, जे. : साइंस ऐंड सिविलाइजेशन इन चाइना, खंड 11 (केंब्रिज, 1956)
55. नेहरू, जे. : दि डिसकवरी आफ इंडिया (कलकत्ता, 1956)
56. फिक, आर. : दि सोशल आर्गनाइजेशन इन नार्थ-ईस्ट इंडिया इन बुद्धाज़ टाइम (कलकत्ता, 1920)
57. फ्रेजर, जे. जी. : एडोनिस, अतिस, ओरिसिस (लंदन, 1907)
58. फ्रेजर, जे. जी. : दि गोल्डेन बाउ (संक्षिप्त संस्करण, लंदन, 1949)
59. बटलर, जे. : ट्रेवेल्स ऐंड ऐडवेंचर्स इन दि प्राविंसेस आफ असम (लंदम, 1855)
60. बरनाल, जे. डी. : साइंस इन हिस्टरी (लंदन, 1954)

61. बरुआ, बी. एम. : ओल्ड ब्राह्मी इंस्क्रिप्शंस आफ दि उदयगिरि ऐंड खंडगिरि केव्स (कलकत्ता, 1929)
62. बरुआ, बी. एम. : ए हिस्टरी आफ दि प्रि-बुद्धिस्टिक इंडियन फिलासफी (कलकत्ता 1921)
63. बाडेन-पावेल, वी. एच. : दि इंडियन विलेज कम्युनिटी (लंदन, 1896)
64. बाशम, ए. एल. : हिस्टरी ऐंड डाक्ट्रिन्स आफ दि आजिविकाज (लंदन, 1951)
65. बागची, पी. सी. : प्रि-आर्यन ऐंड प्रि-द्रविडियन इन इंडिया (कलकत्ता, 1929)
66. बागची, पी. सी. : स्टडीज इन दि तंत्राज (कलकत्ता, 1939)
67. ब्रिफो, आर. : दि मदर्स (दूसरा संस्करण, लंदन, 1952)
68. बोडिंग, पी. ओ. : ए संथाल डिक्शनरी (ओसलो, 1934)
69. बेलवलकर, एस. के. ऐंड रानाडे आर. डी. : हिस्टरी आफ इंडियन फिलासफी (पूना, 1927)
70. बोस, एम. एम. : पोस्ट चैतन्य सहजिया आफ बंगाल (कलकत्ता, 1930)
71. ब्लूमफील्ड एम. : वेदिक कन्काडेंस (एच. ओ. एस.) 10 (कैंब्रिज, 1906)
72. भंडारकर, आर. जी. : वैष्णविज्म, शैविज्म ऐंड माइनर रिलीजस सिस्टम्स (स्ट्रासबुर्ग, 1913)
73. भट्टाचार्य, के. : स्टडीज इन फिलासफी (कलकत्ता, 1956)
74. मजुमदार, डी. एन. : रेसेज ऐंड कल्चर आफ इंडिया (इलाहाबाद, 1947)
75. मजुमदार, डी. एन. : दि अफेयर्स आफ ए ट्राइब्स (लखनऊ, 1950)
76. मजुमदार, आर. सी. : कारपोरेट लाइफ इन एंशेंट इंडिया (कलकत्ता, 1919)
77. मजुमदार, आर. सी. (सं.) : हिस्टरी आफ बंगाल, खंड 1 (ढाका, 1943)
78. मजुमदार, आर. सी. (सं.) : वेदिक एज (लंदन 1951)
79. मल्लशेखर, जी. पी. : डिक्शनरी आफ पालि प्रापर नेम्स (लंदन 1937-38)
80. मार्क्स, के. ऐंड एंगेल्स, एफ. : जर्मन आइडियोलाजी (कलकत्ता)
81. मार्क्स, के. ऐंड एंगेल्स, एफ. : आन रिलीजन (मास्को, 1957)
82. मार्क्स, के. ऐंड एंगेल्स एफ. : सेलेक्टेड करस्पाडेंस (मास्को, 1946)
83. मार्क्स, के. ऐंड एंगेल्स एफ. : सेलेक्टेड वर्क्स (मास्को, 1946)
84. मार्क्स, के. : कैपीटल खंड 1 (मास्को, 1954)
85. मार्क्स, के. ऐंड एंगेल्स एफ. : आन ब्रिटेन (मास्को, 1953)
86. मार्टिन्यू, जे. : ए स्टडी आफ रिलीजन (आक्सफोर्ड, 1926) नया संस्करण
87. मार्शल, जे. : मोहनजोदड़ो ऐंड दि इंडस सिविलाइजेशन (लंदन, 1931)
88. मित्र, ए. : सेंसस रिपोर्ट, 1951 वेस्ट बंगाल, वाल्युम आन दि ट्राइब्स ऐंड कास्ट्स आफ वेस्ट बंगाल (कलकत्ता, 1953)
89. मित्र, आर. : इंडो-आर्यन्स (कलकत्ता, 1881)
90. मिल्स, जे. पी. : दि रेंगमा बागाज (लंदन, 1937)
91. मेन, एच. एच. : विलेज कम्युनिटीज इन ईस्ट ऐंड वेस्ट (लंदन, 1890)
92. मैकडोनेल, ए. ए. : हिस्टरी आफ संस्कृत लिटरेचर (लंदन, 1905)
93. मैकडोनेल, ए. ए. : संस्कृत इंगलिश डिक्शनरी (आक्सफोर्ड, 1883)

94. मैकडोनेल, ए. ए. : वैदिक माइथ़ोलाजी (स्ट्रासबुर्ग, 1897)
95. मैकडोनेल, ए. ए. : ऐंड कीथ ए. बी. : वैदिक इंडेक्स (लंदन, 1912)
96. मैक्समूलर, एफ. (सं.) सैक्रेड बुक्स आफ दि ईस्ट (आक्सफोर्ड, 1879)
97. मैक्समूलर, एफ. : सिक्स सिस्टम्स आफ इंडियन फिलासफी
98. मोनियर-विलियम्स, एम. : संस्कृत इंगलिश डिक्शनरी (आक्सफोर्ड, 1899)
99. मोनियर-विलियम्स, एम. : इंडियन विजडम (लंदन, 1875)
100. मोरेट, ए. ऐंड डेवी जी. : फ्राम ट्राइब टु अंपायर (लंदन, 1926)
101. मौर्गन, एल. एच. : एंशेंट सोसायटी (कलकत्ता)
102. म्यूर, जे. : ओरिजिनल संस्कृत टेक्स्ट्स (लंदन, 1873)
103. रसेल, आर. वी. ऐंड हीरालाल रायबहादुर : दि ट्राइब्स ऐंड कास्ट्स आफ दि सेंट्रल प्राविंसेज आफ इंडिया (लंदन, 1916)
104. राकहिल, डब्ल्यू. : लाइफ आफ बुद्ध ऐंड अर्ली हिस्टरी आफ हिज़ आर्डर (लंदन, 1884)
105. राधाकृष्णन, एस. : इंडियन फिलासफी (खंड 1, लंदन 1923, खंड 2, 1948)
106. राधाकृष्णन, एस. (सं.) : हिस्टरी आफ फिलासफी, ईस्टर्न (लंदन, 1953)
107. राधाकृष्णन, एस. (सं.) : प्रिंसिपल उपनिषद् (लंदन, 1953)
108. रायचौधरी, एच.सी. : पोलिटिकल हिस्टरी आफ एंशेंट इंडिया (कलकत्ता, 1938)
109. राव, टी. जी. एन. : एलीमेंट्स आफ हिंदू आइकोनोग्राफी (मद्रास, 1916)
110. रिडले, डब्ल्यू. : दि एबओरिजिंस आफ आस्ट्रेलिया (सिडनी, 1864)
111. रिवर्स, डब्ल्यू. एच. आर. : दि टोडाज (लंदन, 1906)
112. रिस-डेविड्स, टी. डब्ल्यू. आर. : बुद्धिस्ट इंडिया (प्रथम भारतीय संस्करण, कलकत्ता, 1950)
113. रिस-डेविड्स, टी. डब्ल्यू. आर. : डायलाग्स आफ दि बुद्ध (लंदन, खंड 1, 1899, खंड 11, 1910, खंड 3, 1921)
114. रिस डेविड्स श्रीमती : साम आफ अर्ली बुद्धिज़्म
115. रिसले, एच. एच. : पीपुल आफ इंडिया (कलकत्ता, 1915)
116. रिसले, एच. एच. : दि ट्राइब्स ऐंड कास्ट्स आफ बेंगाल (कलकत्ता, 1891)
117. रे, पी. (सं.) : हिस्टरी आफ केमिस्ट्री इन एंशेंट ऐंड मीडिवल इंडिया (कलकत्ता 1956)
118. रे, पी. सी. : हिस्टरी आफ हिंदू केमिस्ट्री (खंड 1, लंदन, 1907, खंड 2, कलकत्ता, 1925)
119. रे, पी. सी. : दि महाभारत, (अनु.) (कलकत्ता, 1883-1895)
120. रे, पी. सी. : दि मुंडाज ऐंड देयर कंट्री (कलकत्ता, 1912)
121. रोज, एच. ए. : सेंसस रिपोर्ट आफ पंजाब ऐंड नार्थ वेस्ट फ्रंटियर प्राविंस (शिमला, 1920)
122. लेनिन, वी. आई. : मैटिरियलिज्म ऐंड इंपीरियो-क्रिटिसिज्म (मास्को, 1947)
123. वारेन, एच. सी. : बुद्धिज्म इन ट्रांसलेशन (एच. ओ. एस. 31, केंब्रिज, 1898)
124. विंटरनिट्ज, एम. : हिस्टरी आफ इंडियन लिटरेचर, (खंड 1, कलकत्ता, 1927)

125. विल्सन, एच. एच. : ऋग्वेद, (अनु.) (कलकत्ता)
126. विल्क्स, एम. : हिस्टारिकल स्केचेज आफ दि साउथ इंडिया (लंदन, 1810)
127. वीरेश्वरानंद, एस. : ब्रह्मसूत्राज (अल्मोड़ा, 1936)
128. व्हीलर, एम. : दि इंडस सिविलाइजेशन, कैंब्रिज हिस्टरी आफ इंडिया का पूरक खंड (कैंब्रिज 1953)
129. शास्त्री, एच. पी. : एब्सार्प्शन आफ दि व्रात्याज (ढाका, 1926)
130. शास्त्री, एच. पी. : लोकायत (ढाका, 1925)
131. शास्त्री, डी. आर. : ए शार्ट हिस्टरी आफ इंडियन मैटिरियलिज्म, सेंसेशनिज्म ऐंड हीडोनिज्म (कलकत्ता)
132. सील, बी. एन. : पाजिटिव साइंसेज आफ दि एंशेंट हिंदूज (लंदन, 1915)
133. सेन, डी.सी. : चैतन्य ऐंड हिज एज (कलकत्ता)
134. सेन, डी. सी. (सं.) : टिपिकल सेलेक्शंस फ्राम दि ओल्ड बेंगाली लिटरेचर (कलकत्ता 1914)
135. हंटर, डब्ल्यू. डब्ल्यू. : दि इंपीरियल गजेटियर आफ इंडिया। (पहला संस्करण, लंदन, 1881)
136. हुक, एस. : फ्राम हेगेल टु मार्क्स (लंदन, 1936)
137. हेगेल, जी. डब्ल्यू. एफ. : लेक्चर्स आन दि फिलासफी आफ हिस्टरी (लंदन, 1914)
138. हेमेंडौर, सी. एफ. : दि एबओरिजिनल ट्राइब्स आफ हैदराबाद (लंदन, 1943)
139. हैरिसन, जे. ई. : एंशेंट आर्ट ऐंड रिचुअल (पांचवा संस्करण, लंदन, 1935)
140. ह्यूम, आई. ई. : थर्टीन प्रिंसिपल उपनिषद् (आक्सफोर्ड, 1921)

खंड दो : सामान्य संदर्भ ग्रंथ

ए.	दि आदिवासीज (दिल्ली, 1955)
सी. एच. आई.	दि कैंब्रिज हिस्टरी आफ इंडिया (खंड 1, कैंब्रिज, 1922)
डी. पी. पी. एन.	डिक्शनरी आफ पालि प्रापर नेम्स, जी. पी. मल्लशेखर (लंदन, 1937-38)
ई. बी.	एनसाइक्लोपीडिया ब्रिटानिका (14 वां संस्करण, 1939)
ई. आर. ई.	एनसाइक्लोपीडिया आफ रिलीजन ऐंड एथिक्स, (सं.) जे. हेस्टिंग्स (एडिनबरा, 1908-18)
एच. ओ. एस.	हार्वर्ड ओरियंटल सिरीज
एच. पी. ई. डब्ल्यू	हिस्टरी आफ फिलासफी, ईस्टर्न ऐंड वेस्टर्न, (सं.) एस. राधाकृष्णन (लंदन, 1952)
आई. जी. आई.	इंपीरियल गजेटियर आफ इंडिया, (सं.) डब्ल्यू. डब्ल्यू. हंटर (लंदन, 1881, संशोधित संस्करण, आक्सफोर्ड, 1907-9)
एन. आई. एन. क्यू	नार्थ इंडियन नोट्स ऐंड क्वेरीज (इलाहाबाद 1891-95)
पी. टी. एस.	पालि टेक्स्ट सोसायटी डिक्सनरी, टी. डब्ल्यू. रिस डेविड्स और डब्ल्यू. स्टीड कृत पालि-इंगलिश डिक्शनरी (सरी, 1925)
एस.	ए. ए. मैकडोनल कृत संस्कृत इंगलिश डिक्शनरी (लंदन, 1893)

एस. बी. ई.	सैक्रेड बुक्स आफ दि ईस्ट, (सं.) एफ. मैक्समूलर
एस. डी.	एच. एच. विलसन कृत संस्कृत इंगलिश डिक्शनरी (कलकत्ता, 1819)
एस. ई. सी.	मोनियर विलियम्स कृत संस्कृत इंगलिश डिक्शनरी (आक्सफोर्ड, 1899)
एस. पी. डी.	आर. रोथ तथा ओ. बोटलिंक कृत सेंट पीटर्सबर्ग डिक्शनरी (सेंट पीटर्सबर्ग, 1855-84)
वी. ए.	वैदिक एज, (सं.) आर. सी. मजुमदार (लंदन, 1951)
वी. के. (बं.)	विश्वकोश, बंगाली एनसाइक्लोपीडिया, (सं.) एन. एन. बोस (कलकत्ता)

खंड : तीन पत्रिकाएं

बी. एम. एफ. ए. बी.	बुलेटिन आफ दि बोस्टन म्युजियम आफ फाइन आर्टस
बी. वी.	भारतीय विद्या
सी. आर.	कैलकटा रिव्यू
एफ.	फोकलोर
आई. ए.	इंडियन ऐंटिक्वेरी
आई. एच. क्यू.	इंडियन हिस्टारिकल क्वार्टर्ली
जे. ए. ओ. एस.	जरनल आफ दि अमेरिकन ओरियंटल सोसायटी
जे. एन. एस. बी.	जरनल आफ दि ऐंथ्रोपालिजिकल सोसायटी आफ बांबे
जे. ए. एस. बी	जरनल आफ दि एशियाटिक सोसायटी आफ बंगाल
जे. बी. बी. आर. ए. एस.	जरनल आफ दि बांबे ब्रांड आफ दि रायल एशियाटिक सोसायटी
जे. बी. ओ. आर. एस.	जरनल आफ दि बिहार ऐंड ओरिसा रिसर्च सोसायटी
जे. जी. आर. एस.	जरनल आफ दि गुजरात रिसर्च सोसायटी
जे. एल. डी.	जरनल आफ दि डिपार्टमेंट आफ लेटर्स, कैलकटा यूनिवर्सिटी
जे. आर. ए. आई.	जरनल आफ दि रायल ऐंथ्रोपोलाजिकल इंस्टिट्यूट
जे. आर. ए. एस.	जरनल आफ दि रायल एशियाटिक सोसायटी
एम. ए. एस. आई.	मेमायर्स आफ दि आर्कियोलाजिकल सर्वे आफ इंडिया
एम. आई.	मैन इन इंडिया
एन. ए. एम.	न्यू एज मंथली
पी. ए. ओ. एस.	प्रोसीडिंग्स आफ दि अमेरिकन ओरियंटल सोसायटी
पी. आई. पी. सी.	प्रोसीडिंग्स आफ दि इंडियन फिलासाफिकल कांग्रेस
वी. डी. (बं.)	वंग दर्शन

खंड 4 : संस्कृत और पालि ग्रंथ

ऐ.	**अर्थशास्त्र**
ए. बी.	**ऐतरेय ब्राह्मण**
ए. बी.	**अथर्ववेद**

बी. एस.	बृहत संहिता
बी. एस. यू.	बृहत सूत्र
बी. यूपी.	बृहद आरण्यक उपनिषद
सी. एच. यूपी.	छांदोग्य उपनिषद
के. एस. एस.	कात्यायन श्रौत्र सूत्र
एम.	महाभारत
पी.	प्रबोधचंद्रोदय
पी. एस.	पाणिनि सूत्र
आर. वी.	ऋग्वेद
एस. डी. एस.	सर्वदर्शन संग्रह
एस. के.	सांख्य कारिका
एस. डी. एस.	षड् दर्शन समुच्चय
एस. वी.	सुमंगल विलासिनि
टी. आर. डी.	तर्क रहस्य दीपिका
वी. एस.	वाजसनेयी संहिता

खंड 5 : बंगाली तथा हिंदी पुस्तकें

बी. डी. (बं.)	बौद्ध धर्म, लेखक एच. पी. शर्मा
डी. डी. एस. (बं.)	भारत दर्शन सार, लेखक यू. सी. भट्टाचार्य
बी. आर. (बं.)	बंकिम रचनावली, लेखक बंकिमचंद्र चट्टोपाध्याय
बी. एस. (बं.)	भारतेर संस्कृति, लेखक के. सेन
बी. यू. एस. (बं.)	भारत वर्षीय उपासक संप्रदाय, लेखक ए. के. दत्त
बी. वी. (बं.)	बांगलार व्रत, लेखक ए. टैगोर
डी. डी. (हिं.)	दर्शन दिग्दर्शन, लेखक राहुल सांकृत्यायन
जे. बी. (बं.)	जातिभेद, लेखक के. सेन
के. के. वी. (बं.)	क्रिया कांड वारिधि
पी. बी. एस. आई. (बं.)	प्राचीन भारतीय सभ्यतार इतिहास, लेखक पी. सी. घोष
आर. वी. (बं.)	ऋग्वेद, लेखक डी. लाहिड़ी
एस. बी. (बं.)	शारीरिक भाष्य, लेखक के. वेदांतवागीश
एस. डी. (बं.)	सांख्य दर्शन, लेखक के. वेदांतवागीश
एस. एस. (बं.)	सहजिया साहित्य, लेखक एम. एम. बोस
एस. एस. (बं.)	शिक्षा और सभ्यता, लेखक ए. सी. गुप्त
टी. पी. (बं.)	तंत्र परिचय, लेखक एस. भट्टाचार्य
आर. (बं.)	रचनावली, लेखक पी. बंदोपाध्याय
वी. डी. (ब.)	वंगदर्शन, (सं.) बंकिमचन्द्र चट्टोपाध्याय
वी. के. (बं.)	विश्वकाश, (सं.) एन. एन. बोस

अनुक्रमणी

अक्रियावाद, 40
अजात सत्तु, 137-9, 147, 367, 372, 374, 378, 381, 402-3, 414
अजित केसकंबली, 361, 383, 402, 406 408, 410-2
'अज्ञेय तंत्र', 289-90
अथर्ववेद, 74, 117, 133, 164, 203, 212, 388, 456, 469-70, 480, 488-93, 521
'अथर्ववेद संहिता', 66, 492
'अनुक्रमणी', 460-1
अपर्ट, 207
अय्यर, 68, 279
'अर्थशास्त्र,' 126, 129, 136, 140, 147, 212, 378
अवदान शतक, 368
अवेस्ता, 496, 502
अश्वघोष, 290, 391-2
'अश्वालयन गृह्य सूत्र', 213
'असत्व सूत्र', 400
असुर, 13, 29, 33-55, 37, 40-1, 44-6, 49
अहूर मजदा, 45, 502
अहेतुवाद, 407
आजीवक, 412-3, 415
आनंदगिरी, 102, 260, 269
आपस्तंब धर्म सूत्र, 131, 166, 172, 253, 296
ईश्वर कृष्ण, 288, 290, 305, 312-3, 321, 328-32, 355, 358
उगेनविल, 450
'उत्सव संकेत', 124
उदयन, 10
उपसंपदा, 366, 399
एंगेल्स, 6, 57, 149-50, 177, 377, 443, 473, 501, 504, 510, 516, 527-30, 532-3, 535
एपीक्यूरस, 408
एवलन, आर्थर, 58
एहरेनफेल्स, ओ. आर., 6, 201-4 416, 210,
'ऐत्तरेय ब्राह्मण,' 55, 86, 101, 253, 384, 483-8, 504-5
ऐवलन, 254, 260
ओल्डन बर्ग 32, 70, 72, 332, 336, 363-4, 367, 371, 390, 472
कठ उपनिषद, 38, 290, 333-4
कठ संहिता, 203
कपिल, 49, 284-5, 287, 295-7, 299-300, 303, 339
कविराज, 259
'काठक संहित', 62
काणे, 31, 109, 155, 164, 172, 198
कात्यायन, 7, 122, 132, 159
'कात्यायन स्रोत सूत्र', 131, 253
कापालिक, 15
कार्न, 395-6
कार्यकारणवाद, 353, 355

कावेल, 18
किड, 443
कीथ, 62, 70-2, 194-5, 460-2, 465-7, 471-2, 487-8, 494, 499, 502-3, 508-9
कुमार स्वामी, 109
कुमारिल, 32-3
कुल्लूक भट्ट, 22, 40, 518
'कूटदंत सुत्त', 17
कूवियर, 5
केन्स, 68
केर्न, 31
कैनेडी, 107
कैंपबैल, 148, 150
कोडिंगटन, 109
कोलब्रुक, एच. टी., 4, 153-4, 198, 289, 323, 330, 356
कोवेल, ई. बी., 3
'कोशितकी ब्राह्मण', 35
कोसंबी, डी. डी., 63, 112, 146, 156, 158, 165, 200, 341, 368, 372, 375-6, 379, 524
कौटिल्य, 21, 67, 129, 134, 136, 138-41, 146-7, 166, 212, 290
'कौशिक सूत्र', 164
कृष्णचंद, 318
कृषि अनुष्ठान, 224
क्रक, 52, 233, 249, 283
क्रिस्टेनसन, 45
क्रिसोस्तोम, 450
खासी, 187, 189-90, 200, 319
गण, 86, 101-2, 110, 114-25, 127, 131-2, 134, 179-80, 368-9, 386-7, 445, 461, 471
गणेश उपनिषद, 106
गणेश गीता, 107
गणेश चतुर्थी व्रत, 183, 196, 198
गणपति तत्व, 106
गणेश पुराण, 106
गार्बे, 7-8, 26, 286-90, 295, 228-9, 312, 320, 332, 337-8, 343, 347-8, 353-5
गार्नियर, जो., 534
गिलिस, 199
गीता, 29, 40-1, 48-50, 107, 296, 332, 337
ग्रिम, 94-5
ग्रियर्सन, 62
गुणरत्न, 3, 14, 42-4, 49, 52, 269, 285, 287, 289, 320
गुप्ते, 183-4
गुह, 100
गेल्डनर, 96, 472
गेडेन, 391
गोंडा, जे. 519
गोफ, 291, 345, 347-8
गोभिल गृह्यसूत्र, 194, 213
गोराम, एनेक्सा, 357
गोविंदराज, 103
गौणपाद, 49, 288, 297, 301, 303-4, 317-8, 320, 329-30, 353, 356
गौरी, 183-5
गृह्यसूत्र, 103
ग्रोनबेख, 28, 170
घोष, आर. 434
घोष, बी.के. 45
चंदा, आर. पी., 6, 208, 230
चक्रपाणि, 313, 316
चट्टोपाध्याय, बंकिमचंद्र, 283
चरक, 263, 288, 312-3
चाइल्ड, गोर्डन, 93
चार्वाक, 4, 7, 11, 14-5, 23-9, 33, 41-3, 48-9, 62
चुल्लबग्ग, 31-2
छांदोग्य उपनिषद, 12, 35, 37, 40, 44, 53-4, 61-4, 67, 69, 71, 74, 76-83 85-6, 91, 95-6, 315, 333, 338, 340-1. 426, 509, 520,

523, 525
जयंत, 20, 38
जादू-टोना, 73-5, 84, 211, 213, 216-7, 228, 231, 233, 242, 245-6, 252, 261, 265, 270, 276-7, 479, 488-90, 492-3
जायसवाल, 112-3, 116, 9 118-22, 124-5, 153-5, 369, 386, 389, 465, 468, 472
जिम्मर, 298
जेकोबी, 286, 332-3, 337-8, 340-2
जैन, 136, 294, 298
'जैमिनीय उपनिषद ब्राह्मण, 62
टेलर, 345
टैपलिन, 73
टोटमवाद/वादी, 69-73, 88, 93, 110, 112-4, 118, 123, 161, 163, 166, 168, 196, 370, 406
टोडा, 186-7, 192, 423-4, 429-30
ठाकुर, अवनीन्द्रनाथ, 88-91
डायोनिसस, 215
डारविन, 448
डालमान, 332
डिलवान्नपोलियों, एल., 220
डुहरिंग, 149
डेविड्स, रिस, 7-9, 13, 1 -7, 27, 32, 38-9, 64, 120-1, 159, 188-9 361-2, 369, 390
डेवी, 113-4
ड्यूसन, 82
तंड्य महाब्राह्मण, 131
तंत्रसार, 198
ताओ, 274, 496
ताओवाद, 52, 216-7, 233, 265-74, 276-7, 281
तुची, 7-8, 13-4, 23, 26
तैत्तिरीय उपनिषद, 520-1 523-5
तैत्तिरीय संहिता', 110, 203, 212, 250, 253, 296,, 315, 341
थर्स्टनं, 68
थामस, 43, 120, 370
थामसन, जी. 5-6, 57, 61, 69-70, 74-5, 93-4, 110, 151, 170, 175, 185, 189-90, 196-8, 213, 221, 232, 239, 265, 270, 272, 384, 391, 429, 456, 501, 528
थिबो, 291, 294, 306, 511-2
थेरगाथा, 394
दत्त, 145, 159, 161
'दश ब्राह्मण जातक', 170
दासगुप्त, एस.एन., 3-4, 7, 12-3, 20-2, 24, 35, 37-8, 41-2, 44-5, 51, 220-1, 261, 263, 287-90 312-3, 316, 342-3
दिदेरो, 535
'दिव्यदान', 4, 31
दुर्गा, 229-30
दुलवा, 412
देकार्त 534-5
देहकोश, 261
देहवाद, 35, 37-41, 43-5, 252, 261--2, 277
धर्म, 73-4, 110
धर्मसूत्र, 104, 109
नारद पुराण, 106
नायर, सर शंकरन, 119
निगंठ नाथपुत्त, 402
निघंट, 420, 433, 437, 440, 453, 468, 474-4, 513-4, 517, 519, 521
निरयवलिक, 139
निरुक्त, 514, 519-21
नीधम, जोसेफ, 52, 216-7, 233, 254 265-78, 281, 496
नीलकंठ, 95, 124, 129, 154
नेहरू, 176-7
पंच मकार, 241, 245-6, 256 408-12

पतंजलि, 7, 122-3, 179-80, 342-3
पकुध कच्चायन, 383, 402, 404-6,
पब्बजा, 365-6,399
परस्कर गृह्यसूत्र, 131
परिणाम, 302, 304, 308, 312, 324, 329-30, 332
पाणिनि, 121-3, 125, 127, 132, 164, 179, 438
पामर, 49,
पावेल, बेडन, 150-2
पिंडार, 452
पितृ अधिकार, 203
पितृ सत्तात्मक, 201-2, 215, 218, 239, 241, 250, 252, 348, 419, 469, 471, 474, 526
पुरंदर, 23-4
पुरुष, 302-3, 305, 307, 310-1, 313-7, 319-23, 325-36, 343, 354-5, 357-8
'पुरुष बहुत्वम्', 312-8 314
पूरण कस्सप, 402-3, 407, 409-10, 412
पूसैं, एल द ला वाली,' 9
पौसिन, 256
प्रकृतवाद, 183
प्रकृति, 312-9, 322-3, 328-8, 330-1, 337, 343, 354-7, 359
प्रधान, 292-5, 300-2, 305-12, 317, 320-1, 323-9, 331-2, 336-7, 355, 419, 526
प्रबोधचन्द्रोदय, 9, 58
प्रभाकर, 32
प्रवचन भाष्य, 288
प्रश्न उपनिषद, 290, 333-4
प्लूटार्क, 452-3
प्रूधों, 95
फरगूसन, 57, 534
फाउचर, 107, 110
फायरबाख, 536
फिक, 159-60, 164, 167-8, 369, 374-6
फ्रेजर, 70, 208, 224-6, 228, 246, 276
फ्लीट, 120-1
बंदोपाध्याय, 230, 254, 262, 264
बकदाल्भ्य, 61-3, 76, 86, 91
बनर्जी, 32, 45, 47
बरनाल, जे. डी. 199
बरूआ, 405-6, 409-10
बर्गमैन, अर्नेस्ट, 267
बर्नेल, 82
बागची, 218, 249, 254-5, 271
बादरायण, 291-3, 298, 321, 336-7, 511
बाशम, 138-9, 400, 409, 411, 414
बार्हस्पत्य, 7
ब्रिफो, 6, 188, 198-9 205, 211, 214, 216-7, 221, 225-6, 229, 233-4, 239, 246-8, 449
बुद्ध, 137-9, 167, 256, 280, 361-5, 367-74, 377, 381-2, 386-7, 389-403, 406-7, 409-10, 412, 415
बुद्धचरित, 391-3
बुद्ध घोष, 4, 20, 138, 406-8
बेचोफेन, 188
बेलवल्कर, एस.के., 8, 26, 33, 50, 315, 332, 337, 345, 347
'बेवेली', 144
बोस, 222, 256
बौद्ध महायान, 15
बोधायन, 49, 104, 109, 165, 173, 192
'बोधायन धर्मसूत्र', 131
ब्रह्मजाल सूत्र,' 17-38
ब्रह्मवैवर्त पुराण,' 104, 106, 108
'ब्रह्मसूत्र', 4, 37, 265, 291-6, 298, 301, 304, 306, 308-9, 321,

336, 412-3, 511
'ब्राह्मण पुराण', 105
ब्राह्मण, 132, 489
ब्राह्मणवाद, 202
'बृहस्पति सूत्र,' 7
बृहद आरण्यक उपनिषद, 19, 38, 40, 56, 58, 79, 82, 85-86, 252, 301, 315-6 523
ब्लूमफील्ड, 473, 475, 481
भंडारकर, 45, 109, 116, 120-1, 195, 222, 236
'भगवती सूत्र', 139, 412-4
भट्टदीपिका, 154
भट्टाचार्य, कृष्णचंद, 50, 271, 283, 288, 512-3
भट्टोजि, 122, 132, 179-80
भागवत पुराण, 253
'भारद्वाज गृह्यसूत्र,' 313
भास्कराचार्य, 7
मक्खलि गोसाल, 361, 383, 402, 406, 411-3, 415
मजूमदार, 118, 187, 386, 389-90
मणिभद्र, 4, 24
मध्वाचार्य, 3-5, 8-19, 23, 27, 29, 40, 51, 59, 154, 287, 304
मनु, 21-2, 30-1, 103, 108, 160, 166, 171, 192, 286, 294, 296 480
मनुसंहिता, 159
मनुस्मृति, 103, 111, 114, 296
मलालशेखर, 405, 40३
'महापरिनिब्बान सुत्त', 137-8, 370
महाबोधि जातक, 406
महाभारत, 26-9, 33, 63, 95, 102, 107, 109, 122-4, 126, 130-1, 147, 160, 253, 286, 288, 290, 299-300, 314-4, 331-2, 336-7, 476-7
महावग्ग, 365, 385-6, 396, 399
महावीर, 167, 409-10, 400-1, 412
महाशील, 32
महिधर, 102
माथर भाष्य, 289
मानव गृह्यसूत्र', 103, 106-7, 109, 111, 114
मानव सूत्र, 103
माया, 318, 510, 510, 513, -7, 519
मायावाद, 512-3
मारेर, वान, 149-50
'मार्कण्डेय पुराण', 205, 229
मार्क्स, 25, 57, 93-5, 100, 148-9, 158, 178, 180, 304, 444, 462, 516, 527-8, 530-4, 536,
मार्क्सवाद, 180, 272, 276, 527, 529-30
मार्शल, 6, 207, 209, 229, 254
मातृ अधिकार, 200-1
मातृ सत्तात्मक, 202-3, 207-8, 252, 319-20, 419, 526
मित्र मिश्र, 154
मित्र, राजेन्द्रलाल, 52, 117, 192
मिश्र, वाचस्पति, 288-9
मुखोपाध्याय, राजकृष्ण, 4
मेधातिथि, 21-2, 30-1
मेत्रायणी उपनिषद, 34-5, 40, 471
मेन, 148-50, 152, 171-2, 176
मेरु तन्त्र, 253
मैक्डानल, 62, 67, 72, 120, 427 436-7, 445-6, 455, 460-2, 465-7, 471-2, 477-8, 488-90, 494, 510, 524, 517
मैक्समूलर, 65, 442
मैत्री उपनिषद, 290, 333-4, 348
मोरगन, 6 69, 92-4, 130, 151, 162, 174, 372, 384-5, 462-4, 510 527
मोरे, 72, 113-4
म्वायर, 11-2, 32, 34

यजुर्वेद, 77, 348; 487-8
यास्क, 520-2
यांग, 266
याज्ञवल्क्य, 38, 103-4, 106, 131, 169
याज्ञवल्क्य स्मृति, 103, 106-7, 111-4,
यिन, 226
योग 342
योग सूत्र, 349; 359
रसल, 201
रसार्णव, 280
रसेन्द्र चिंतामाणी, 280
राईनाख, 72
राधाकृष्णन, एस.; 4, 9, 11, 64-5, 96, 193, 195, 286, 369, 371, 494-6, 500
रानाडे, आर. डी., 8, 26, 33, 50, 315, 332,337; 345, 347
रामानुज, 64,291, 293-7, 300, 336
रामायण, 12
रायचौधरी 189
राय, राममोहन, 171, 253
राव, 196
ऋगवेद, 12,47-48, 70, 77, 86-8, 96, 101-2, 107, 115-6, 118, 133-4 164, 191, 193, 195, 203, 212, 235, 252, 315, 348, 421-2, 424-7, 430, 432-4, 436, 438-9, 441-5, 447-8, 451, 453-5, 457, 456-60, 462, 465-71, 474-5, 478, 480-3, 485, 488-91, 494, 496-8, 500, 506-8, 510, 514, 517-8, 520-1, 525
ऋग्वेद संहिता, 65
रिज्ली, 449
रिडली, रेवरेंड, 73
ऋत 494-503, 507, 509-10, 525
ऋतस्य योनि, 497
रिवर्स, 423, 429-31
रिसली, 68, 161, 169
रे, 280
रेड्डी, 279
रोथ, 422, 504, 516
'ललित विस्तर', 112, 396
लाहोनतान, 450
लुडविग, 459, 466-7 472
वाचस्पति, 343
'वाजसनेयी संहिता' 48, 54, 102, 109, 117, 250, 487
वामकेश्वर तंत्र, 218
वामाचार, 213, 218-9, 223
वार्हस्पत्य, 43
वाल्ले पुस्सियां, 392
वाहीकजन, 127-9
विज्ञान भिक्षु 288-9, 318, 320, 322 331, 343, 356
विटनी, 456
विंटरनित्स, 77, 84, 107, 191, 421, 442.3, 491-4
विदथ, 468, 472-3, 503
विनय पिटक, 13,.31, 365-7, 384-5, 387
विलियम्स, मोनियर, 4, 58, 102, 104, 107, 117, 120-1, 154, 207, 253, 422, 472, 480, 518
विल्क्स, 148, 150, 153, 157
विल्सन, एच. एन. 58; 101-2, 119, 169, 329-30, 470, 517
विवर्तवाद, 302, 304, 330
विश्वोत्पत्तिवि ज्ञान, 252, 261-2 264-5, 429
विष्णु, 195
विष्णु पुराण', 33, 40
वीनोग्रादोफ, 151
वेखानस, 166
वेदांत, 182, 193, 282,.336,338, 341, 353, 511-2, 523
वेदांत सूत्र, 291

बेवर, 62, 445
वैदिक 183, 212, 245, 251-2, 285-6 348, 420, 432, 441, 452, 473, 478, 489, 498, 500, 502, 504, 509, 513, कृषि अर्थव्यवस्था, 441, पशु पालक अर्थव्यवस्था, 441, 443, 457, 468, 503
वृहस्पति, 125
'वृहस्पति सूत्र', 43, 58
व्हिट्नी, 422, 472, 475, 504
व्हीलर, विलियम मोर्टन, 267
शंकर, 4, 25, 38 287, 291-3, 295-6, 300-1, 303-10, 312, 321, 324-8, 331-2, 336, 353, 355, 511-3, 519
'शंकर विजय', 260
शंकराचार्य, 4, 37
'शतपथ ब्राह्मण', 55, 165, 173
समूहवाद, आदिम जनजातीय, 268, 273
सरस्वती, 193
सरह्वपाद, 261
'सर्वदर्शन संग्रह', 3, 5, 8, 11, 15, 18, 27, 304
वेबर, 62, 445
वैदिक, 183, 212, 245, 251-2, 285-6
'सर्वानुक्रमणी, 507-8, 516
सहजिया, 15
सांकृत्यायन, राहुल, 365, 367
'सांख्य कारिका', 49, 287-9, 292, 297, 300-1, 303, 305, 307, 309-12, 314, 317-21, 323-30, 336-7, 356
सांख्यसार, 318
सांख्य सूत्र, 287-9, 297-8; 317, 322-3, 330-1
सांख्यायन, 487
सामज्ज फल सुत्त', 402, 405-6, 410-2
सामवेद, 77-8, 80, 89
साम्यवाद, 177, 387-90, 426, 453, 455, 457, 461, आदिम, 72-3, 110, 177-8, 274, 401, 445, 448, 461, 526, 528
सायण, 46-8, 88, 116, 132, 132-3, 425-6, 428, 433-4, 439, 445, 466-8, 470, 481, 483, 498, 507-8, 515-8, 520-1
सीबोम, 151
सील, 286, 356-9
सुकरात, 9
सुमंगलविलासिनी, 138, 407
सुश्रुत, 263
सूत्रकृतंग सूत्र, 51
सेन, 117, 259-60
सेनगुप्त, 159
सेनार्ट, 158, 161
'स्कंद पुराण'; 106, 108
स्टारबक, 204, 206-7
स्टीनेन, वान डेन, 199
स्त्री राज्य, 113
स्त्री सिद्धांत, 204-7,245
स्लेटर,171
स्वभाववाद, 309-11, 325
स्मिथ, 153
'षडदर्शन समुच्चय, 3, 41
'षष्टितंत्र', 284-5, 289
शास्त्री एच. पी. 3, 15, 43-7, 52, 132, 223, 255, 257, 259, 295, 299, 380-1
शास्त्री, डी. आर. 15-6
शिव, 101, 195
शीलांक, 311
'शुक्रनीति सार', 21
शुन शी, 14
शेक्सपियर, 505
श्रीधर, 40-1
'श्लोकवार्त्तिक', 32
श्वेताश्वतरउपनिषद, 290, 318, 333, 337, 348

संजय वेलत्थि, 383, 402, 404, 406, 408
411-2
संथाल, 145, 211
संस्वायन गृह्य सूत्र', 213
सत, 338
'सद्धर्म पुण्डरीक', 31
सभा, 462-8, 471-3, 476
समिति, 462, 467-8, 476
हंटर, 145
हर्षचरित, 27
हरिभद्र, 3-4
हापकिन्स, 70-1, 207, 476
हाबहाउस, 151
हेगेल, 146, 148, 528
हैरिसन, जेन, 74
होएनलें 412, 414
होमर, 436, 452
ह्यूम, 19, 61, 64, 96, 334